TRAVEL DICTIONARY
German

German-English
English-German

Authors:
Holger Freese, Helga Krüger, Brigitte Wolters

Neither the presence nor the absence of a designation that any entered word constitutes a trademark should be regarded as affecting the legal status of any trademark.

This edition: © 2000 APA Publications GmbH & Co. Verlag KG
Singapore Branch, Singapore

*© 1999 Langenscheidt KG, Berlin and Munich
Printed in Germany by
Druckhaus Langenscheidt, Berlin-Schöneberg*

Contents

Guide for the User	5
German-English Dictionary	17
English-German Dictionary	357
States of Germany, Austria and Switzerland	642
Alphabetical List of the German Irregular Verbs	644
Alphabetical List of the English Irregular Verbs	649
Numerals	652
German Weights and Measures	655
Rules for Conversion of Temperatures	656

Guide for the User

1. German and English entry words

1.1 Strict alphabetical order of the entries has been observed throughout, including the irregular forms and various pronoun forms (e.g. ihr – ihnen, her – them). In the German-English section the umlaut forms *ä ö ü* are treated as *a o u*. *ß* is treated as *ss*.

1.2 The tilde (~) represents either the complete entry word or that part of the word up to a vertical line (|):

Enkel ... **~in** (= *Enkelin*)
hand|writing ... **~written** (= *handwritten*)

1.2.1 In the case of the phrases in boldface italics, the tilde represents the entry word immediately preceding, which itself may also have been formed with the help of a tilde:

kommen ... *~* (= *kommen*) *lassen*
ab|blenden ... *~bringen: j-n ~* (= *abbringen*) *von*
brain ... *~storm: have a ~* (= *brainstorm*)

1.2.2 If there is a switch from a small initial letter to a capital or vice versa, the standard tilde (~) appears with a circle (⊙):

deutsch ... **⊙e** (= *Deutsche*) *m, f*
Geschicht|e ... **⊙lich** (= *geschichtlich*)
secretary ... **⊙** (= *Secretary*) **of State**

2. The different typefaces and their functions

2.1 Bold type is used for the entry words and for Arabic numerals separating different parts of speech and different grammatical forms of a word:

humpeln ... *v/i* (ge-) **1.** (*h*) ... **2.** (*sein*)
feed 1. Füttern *n* ... **2.** *v/t* ... füttern

2.2 *Italics* are used for grammatical abbreviations (*v/t, adj* etc.), subject labels (*econ., pol.* etc.), and gender labels (*m, f, n*), and for any additional information preceding or following the translation of a word (including dative or accusative objects):

bedenklich ... critical (*condition*)
knacken ... crack (*a. fig. code, safe etc.*)
file¹ ... *computer:* Datei *f*

2.3 Boldface italics are used for

a) inflectional forms of German entries:

Kind ... *n* (*-[e]s/-er*) child
lernen ... (***ge-, h***) learn

b) phraseology and prepositions taken by the entry word:

Lage ... ***in der ~ sein zu*** to be able to
abfahren ... leave, depart, start (*all:* ***nach*** for)
speak ... sprechen, reden (***to*** mit)

2.4 Normal type is used for all translations of the entry words.

3. The **pronunciation** of German entry words is given in square brackets by means of the symbols of the International Phonetic Association (see pp. 7–10).

3.1 The tilde (~) within the phonetic transcription replaces any part of the preceding description which remains unchanged, e.g.

fest [fɛst] – **Fest** [~]
Beweis [bəˈvaɪs] ... **2en** [~zən]

3.2 No transcription of compounds is given if the parts appear as separate entries, e.g.

ˈWandgemälde – Forstwirtschaft [ˈfɔrst-]

3.2.1 German entries having one of the suffixes transcribed on p. 10/3.5 are usually given without transcription unless they figure as side heads.

3.3 Stress is indicated by ['] preceding the stressed syllable.

3.3.1 The **length of vowels** is indicated by [ː] following the vowel symbol.

3.3.2 In the German-English section the **glottal stop** [ʔ] is the forced stop between one word or syllable and a following one beginning with a vowel, as in

Beamte [bəˈʔamtə]

3.4 Guide to pronunciation for the German-English section

A. Vowels

[a]   as in French *carte*: **Mann** [man]
[aː] as in *father*: **Wagen** [ˈvaːgən]
[e]   as in *bed*: **Beton** [beˈtɔn]
[eː] resembles the first sound in English *way*: **Weg** [veːk]
[ə]   unstressed e as in *ago*: **Bitte** [ˈbɪtə]
[ɛ]   as in *fair*: **männlich** [ˈmɛnlɪç], **Geld** [gɛlt]
[ɛː] same sound but long: **zählen** [ˈtsɛːlən]
[ɪ]   as in *it*: **Wind** [vɪnt]
[i]   short, otherwise like [iː]: **Kapital** [kapiˈtaːl]
[iː] long, as in *meet*: **Vieh** [fiː]
[ĭ]   between [ɪ] and [j]: **junior** [ˈjuːnĭɔr]
[ɔ]   as in *long*: **Ort** [ɔrt]
[o]   as in *molest*: **Moral** [moˈraːl]
[oː] resembles the English sound in *go* [gəʊ] but without the [ʊ]: **Boot** [boːt]
[øː] as in French *feu*. The sound may be acquired by saying [e] through closely rounded lips: **schön** [ʃøːn]
[ø]   same sound but short: **Ökologie** [økoloˈgiː]
[œ]   as in French *neuf*. The sound resembles the English vowel in *her*. Lips, however, must be well rounded: **öffnen** [ˈœfnən]

[ʊ] as in *book*: **Mutter** ['mʊtər]
[u] short, otherwise like [u:]: **Musik** [mu'zi:k]
[u:] long, as in *boot*: **Uhr** [u:r]
[Y] short, opener than [y:]: **Hütte** ['hYtə]
[y] almost like the French u as in *sur*. It may be acquired by saying [ɪ] through fairly closely rounded lips: **Büro** [by'ro:]
[y:] same sound but long: **führen** ['fy:rən]

B. Diphthongs

[aɪ] as in *like*: **Mai** [maɪ]
[aʊ] as in *mouse*: **Maus** [maʊs]
[ɔY] as in *boy*: **Beute** ['bɔYtə], **Läufer** ['lɔYfər]

C. Consonants

[b] as in *better*: **besser** ['bɛsər]
[d] as in *dance*: **du** [du:]
[f] as in *find*: **finden** ['fɪndən], **Vater** ['fa:tər], **Philosoph** [fi-lo'zo:f]
[g] as in *gold*: **Gold** [gɔlt]
[ʒ] as in *measure*: **Genie** [ʒe'ni:]
[h] as in *house* but not aspirated: **Haus** [haʊs]
[ç] an approximation to this sound may be acquired by assuming the mouth-configuration for [ɪ] and emitting a strong current of breath: **Licht** [lɪçt], **Mönch** [mœnç], **lustig** ['lʊstɪç]
[x] as in Scottish *loch*. Whereas [ç] is pronounced at the front of the mouth, [x] is pronounced in the throat: **Loch** [lɔx]
[j] as in *year*: **ja** [ja:]
[k] as in *kick*: **Keks** [ke:ks], **Tag** [ta:k], **Chronik** ['kro:nɪk], **Café** [ka'fe:]
[l] as in *lump*. Pronounced like English initial "clear l": **lassen** ['lasən]
[m] as in *mouse*: **Maus** [maʊs]
[n] as in *not*: **nein** [naɪn]
[ŋ] as in *sing*, *drink*: **singen** ['zɪŋən], **trinken** ['trɪŋkən]

[p] as in *pass*: **Pass** [pas], **Trieb** [tri:p], **obgleich** [ɔp'glaɪç]
[r] as in *rot*. There are two pronunciations: the frontal or lingual r and the uvular r (the latter unknown in English): **rot** [ro:t]
[s] as in *miss*. Unvoiced when final, doubled, or next a voiceless consonant: **Glas** [gla:s], **Masse** ['masə], **Mast** [mast], **nass** [nas]
[z] as in *zero*. S voiced when initial in a word or syllable: **Sohn** [zo:n], **Rose** ['ro:zə]
[ʃ] as in *ship*: **Schiff** [ʃɪf], **Charme** [ʃarm], **Spiel** [ʃpi:l], **Stein** [ʃtaɪn]
[t] as in *tea*: **Tee** [te:], **Thron** [tro:n], **Stadt** [ʃtat], **Bad** [ba:t], **Wind** [vɪnt]
[v] as in *vast*: **Vase** ['va:zə], **Winter** ['vɪntər]
[ã, ɛ̃, õ] are nasalized vowels. Examples: **Ensemble** [ã'sã:bəl], **Teint** [tɛ̃:], **Fonds** [fõ:]

3.4.1 Phonetic changes in plurals

Singular		Plural		Example
-g	[-k]	-ge	[-gə]	Flug – Flüge
-d	[-t]	-de	[-də]	Grund – Gründe
				Abend – Abende
-b	[-p]	-be	[-bə]	Stab – Stäbe
-s	[-s]	-se	[-zə]	Los – Lose
-ch	[-x]	-che	[-çə]	Bach – Bäche
-iv	[-i:f]	-ive	[-i:və]	Stativ – Stative
-tor	['-to:r]	-toren	[-'to:rən]	Doktor – Doktoren

3.4.2 The German alphabet

a [a:], b [be:], c [tse:], d [de:], e [e:], f [ɛf], g [ge:], h [ha:], i [i:], j [jɔt], k [ka:], l [ɛl], m [ɛm], n [ɛn], o [o:], p [pe:], q [ku:], r [ɛr], s [ɛs], t [te:], u [u:], v [faʊ], w [ve:], x [ɪks], y ['ypsilɔn], z [tsɛt]

3.5 List of German suffixes

-bar	[-baːr]	-ist	[-ɪst]
-chen	[-çən]	-keit	[-kaɪt]
-d	[-t]	-lich	[-lɪç]
-de	[-də]	-ling	[-lɪŋ]
-ei	[-aɪ]	-losigkeit	[-loːzɪçkaɪt]
-en	[-ən]	-nis	[-nɪs]
-end	[-ənt]	-sal	[-zaːl]
-er	[-ər]	-sam	[-zaːm]
-haft	[-haft]	-schaft	[-ʃaft]
-heit	[-haɪt]	-sieren	[-ziːrən]
-icht	[-ɪçt]	-ste	[-stə]
-ie	[-iː]	-tät	[-tɛːt]
-ieren	[-iːrən]	-tum	[-tuːm]
-ig	[-ɪç]	-ung	[-ʊŋ]
-ik	[-ɪk]	-ungs-	[-ʊŋs-]
-in	[-ɪn]	-wärts	[-vɛrts]
-isch	[-ɪʃ]		

4. List of abbreviations of grammatical terms and subject areas

a. also, auch
abbr. abbreviation, Abkürzung
acc accusative, Akkusativ
adj adjective, Adjektiv
adv adverb, Adverb
agr. agriculture, Landwirtschaft
Am. (originally or chiefly) American English, (ursprünglich oder hauptsächlich) amerikanisches Englisch
amer. amerikanisch, American
anat. anatomy, Anatomie

appr. approximately, etwa
arch. architecture, Architektur
astr. astronomy, Astronomie; astrology, Astrologie
attr attributive, attributiv
aviat. aviation, Luftfahrt
biol. biology, Biologie
bot. botany, Botanik
brit. britisch, British
Brt. (originally or chiefly) British English, (ursprünglich oder hauptsächlich) britisches Englisch
bsd. besonders, especially

chem. chemistry, Chemie
cj conjunction, Konjunktion
comp comparative, Komparativ
cond conditional, konditional
contp. contemptuously, verächtlich
dat dative, Dativ
econ. economics, Wirtschaft
EDV elektronische Datenverarbeitung, *electronic data processing*
e-e eine, *a (an)*
EG Europäische Gemeinschaft, *European Community*
electr. electrical engineering, Elektrotechnik
e-m einem, *to a (an)*
e-n einen, *a (an)*
e-r einer, *of a (an), to a (an)*
e-s eines, *of a (an)*
esp. especially, besonders
et. etwas, *something*
etc. and so on, und so weiter
F familiar, *colloquial*, umgangssprachlich
f feminine, weiblich
fig. figuratively, bildlich
gastr. gastronomy, Kochkunst
GB Great Britain, Großbritannien
gen genitive, Genitiv
geogr. geography, Geographie
geol. geology, Geologie
ger gerund, Gerundium
gr. grammar, Grammatik

hist. history, Geschichte
hunt. hunting, Jagdwesen
impers impersonal, unpersönlich
int interjection, Interjektion
irr irregular, unregelmäßig
j. jemand, *someone*
j-m jemandem, *to someone*
j-n jemanden, *someone*
j-s jemandes, *of someone*
jur. legal term, Rechtswissenschaft
ling. linguistics, Sprachwissenschaft
lit. literary, nur in der Schriftsprache vorkommend
m masculine, männlich
math. mathematics, Mathematik
m-e meine, *my*
med. medicine, Medizin
metall. metallurgy, Metallurgie
meteor. meteorology Meteorologie
mil. military term, militärisch
min. mineralogy, Mineralogie
m-m meinem, *to my*
m-n meinen, *my*
mot. motoring, Kraftfahrwesen
m-r meiner, *of my, to my*
m-s meines, *of my*
mst meistens, mostly, *usually*
mus. musical term, Musik
n neuter, sächlich
naut. nautical term, Schiffahrt

od. oder, *or*
opt. optics, Optik
o.s. oneself, sich
paint. painting, Malerei
parl. parliamentary term, parlamentarischer Ausdruck
pass passive, Passiv
ped. pedagogy, Schulwesen
pers personal, persönlich
phls. philosophy, Philosophie
phot. photography, Fotografie
phys. physics, Physik
pl plural, Plural
poet. poetry, Dichtung
pol. politics, Politik
poss possessive, besitzanzeigend
post. post and telecommunications, Post- u. Fernmeldewesen
pp past participle, Partizip Perfekt
pred predicative, prädikativ
pres present, Präsens
pret preterit(e), Präteritum
print. printing, Buchdruck
pron pronoun, Pronomen
prp preposition, Präposition
psych. psychology, Psychologie
rail. railroad, Brt. railway Eisenbahn
rel. religion, Religion
s-e seine, his, one's
sep separable, abtrennbar
sg singular, Singular
sl. slang, Slang
s-m seinem, to his, to one's
s-n seinen, his, one's
s.o. someone, jemand(en)
s-r seiner, of his, of one's, to his, to one's
s-s seines, of his, of one's
s.th. something, etwas
sup superlative, Superlativ
tech. technology, Technik
tel. telephony, Fernsprechwesen, *telegraphy,* Telegrafie
thea. theater, Brt. theatre, Theater
TV television, Fernsehen
typ. typography Typographie
u. und, and
univ. university, Hochschulwesen
USA United States, Vereinigte Staaten
V vulgar, vulgär, unanständig
v/aux auxiliary verb, Hilfsverb
vb verb, Verb
vet. veterinary medicine, Tiermedizin
v/i intransitive verb, intransitives Verb
v/refl reflexive verb, reflexives Verb
v/t transitive verb transitives Verb
zo. zoology, Zoologie
zs.-, Zs.- zusammen, together
Zssg(n) compound word(s) (-en),

→ *siehe, see, refer to*
® *registered trademark* eingetragenes Warenzeichen

5. Translation and phraseology

5.1 Usually a word will have several related translations which are separated by a **comma**.

5.2.1 Where a word has fundamentally different meanings, it may also appear as two or more separate entries distinguished by **exponents**, or raised figures:

sein¹ [zaɪn] his; her; its
sein² [~] ... be; exist
bluff¹ Steilufer *n*
bluff² bluffen

5.2.2 When an entry word can be several different parts of speech, these are distinguished by boldface **Arabic numerals** (see also the section on p. 5, paragraph 2 concerning the different typefaces):

geräuschlos 1. *adj* noiseless (*adjective*)
2. *adv* without a sound (*adverb*)
grin 1. grinsen (*verb*)
2. Grinsen *n* (*noun*)

In the German-English section boldface Arabic numerals are also used to distinguish transitive, intransitive, and reflexive verbs (if this affects their translation):

fahren ... (*irr*, *ge-*) 1. *v/i* (*sein*) go ...; 2. *v/t* (*h*) drive ...

Boldface Arabic numerals are also used to indicate the different meanings of nouns which can occur in more than one gender:

Halfter ... 1. *m*, *n* (*-s/-*) halter; 2. *n* (*-s/-*), *a*. *f* (*/-n*) holster

If grammatical indications come before the subdivision they refer to all translations following:

humpeln ... *v/i* (*ge-*) 1. (*h*) ... 2. (*sein*) ...

5.2.3 Illustrative phrases in boldface italics are generally given within the respective categories of the dictionary article.

6. Grammatical references

6.1 In the German-English section **verbs** have been treated in the following ways:

a) **bändigen** (ge-, h)

The past participle of this verb is formed by means of the prefix *ge-* and the auxiliary verb *haben*: *er hat gebändigt*.

b) **abfüllen** (sep, -ge-, h)

In conjugation the prefix *ab* must be separated from the primary verb *füllen*: *er füllt ab*; *er hat abgefüllt*.

c) **finden** (irr, ge-, h)
   abfinden (irr, sep, -ge-, h)

irr following the verb means that the principal parts of this irregular verb can be found as an individual entry word in the main part of the German-English section: *sie fand*; *sie hat gefunden* – *er fand ihn ab*; *er hat ihn abgefunden*.

6.2 In the German-English section the inflectional forms of **nouns** (*genitive singular/nominative plural*) follow immediately after the indication of gender. No forms are given for compounds if the parts appear as separate entry words.

The horizontal stroke replaces the part of the word which remains unchanged in the inflection:

Affäre *f* (-/-n)
Keks *m*, *n* (-[es]/-e) (= *Keks* or *Kekses/Kekse*)

The sign ≈ indicates that an umlaut appears in the inflected form in question:

Blatt *n* (-[e]s/⸚er) (= *Blätter*)

6.3 If an entry (a verb, adjective or noun) is governed by certain **prepositions**, these are given in boldface italics and in brackets together with their English or German translations.

nachdenken ... think (*über* about)
befestigen ... fasten (*an* to), fix (to), attach (to)
dissent ... anderer Meinung sein (*from* als)

German-English Dictionary

A

Aachen ['ɑːxən] Aachen, Aix-la-Chapelle
Aal [aːl] *m* (-(e)s/-e) eel
Aas [aːs] *n* (-es/no pl) carrion; F beast
ab [ap] *prp and adv of place:* from; *of time:* from ... (on); off; ~ **und zu** now and then; **von jetzt** ~ from now on; ... **ist ab** ... has come off
Abart ['ap?-] *f* variety
'Abbau *m* (-(e)s/*no pl*) mining; *of staff etc.:* reduction; overcoming (*of prejudice etc.*); *biol. etc.* decomposition; **²bar:** *biologisch* ~ biodegradable; **²en** (*sep, -ge-, h*) mine; *fig.* reduce; overcome (*prejudice etc.*); **sich** ~ *biol.* break down
ab|beißen (*sep, -ge-, h*) bite off; **'~bekommen** (*irr, sep, no -ge-, h*) get off; **s-n Teil** (*or et.*) ~ get one's share; **et.** ~ *fig.* get hurt (*or damaged*); **'~bestellen** (*sep, no -ge-, h*) *paper:* cancel one's subscription for; *goods:* cancel one's order for; **'~biegen** (*irr, sep, -ge-, sein*) turn **nach rechts** (*links*) ~ turn right (left)
'abbild|en (*sep, -ge-, h*) show, depict; **~ung** *f* (-/-en) picture, illustration
'ab|blenden (*sep, -ge-, h*) *mot.* dim (*Brt.* dip) the headlights; **'²blendlicht** *n* dimmed (*Brt.* dipped) headlights; **'~brechen** (*irr, sep, -ge-*) **1.** *v/t* (h) break off (*a. fig.*); pull down, demolish (*building*); strike (*camp, tents*); **2.** *v/i* (*sein*) break off; **'~bremsen** (*sep, -ge-, h*) slow down; **'~brennen** (*irr, sep, -ge-*) *v/t* (h) and *v/i* (*sein*) burn down; **'~bringen** (*irr, sep, -ge-, h*): **j-n von** talk s.o. out of (doing) s.th.; **'~bröckeln** (*sep, -ge-, sein*) crumble away; **'²bruch** *m* breaking off; demolition; **'~buchen** (*sep, -ge-, h*) debit (*von* to); **'~bürsten** (*sep, -ge-, h*) brush (off)
Abc [aːbeːˈtseː] *n* (-/-) ABC, alphabet
'ab|danken (*sep, -ge-, h*) resign; *ruler:* abdicate; **'~decken** (*sep, -ge-, h*) uncover; cover (up); **'~dichten** (*sep, -ge-, h*) make tight, insulate; **'~drehen** (*sep, -ge-, h*) *v/t* turn off; *v/i* change (one's) course

Abdruck

'Abdruck *m* (-[e]s/⁓e) print, mark; **ǁen** (*sep*, *-ge-*, *h*) print

ab'drücken (*sep*, *-ge-*, *h*) fire

Abend ['a:bənt] *m* (-s/-e) evening; *am* → *abends*; *heute* ⁓ tonight; *morgen* (*gestern*) ⁓ tomorrow (last) night; **'⁓brot** *n*, **'⁓essen** *n* supper, dinner; **'⁓kleid** *n* evening dress (*or* gown); **'⁓kurs** *m* evening classes; **'⁓land** *n* (-[e]s/*no pl*) the West, the Occident; **'⁓mahl** *n* (-[e]s/-e) *rel.* the (Holy) Communion, the Lord's Supper; **ǁs** in the evening, at night; *montags* ⁓ (on) Monday evenings

Abenteuer ['a:bəntɔʏər] *n* (-s/-) adventure; **ǁlich** adventurous; *fig.* fantastic; risky

aber ['a:bər] but; *oder* ⁓ or else

'Aber|glaube *m* superstition; **ǁgläubisch** ['-ɡlɔʏbɪʃ] superstitious

'abfahren (*irr*, *sep*, *-ge-*) 1. *v/i* (*sein*) leave, depart, start (*all*: *nach*); 2. *v/t* (*h*) remove (*debris* etc.)

'Abfahrt *f* departure; *skiing*: descent; **'⁓lauf** *m* *skiing*: downhill race; **'⁓zeit** *f* departure (time)

'Abfall *m* *domestic*: garbage, *Brt.* rubbish; *industrial*: waste; *formal*: refuse; **'⁓beseitigung** *f* waste disposal; **'⁓eimer** *m* → *Mülleimer*

'abfallen (*irr*, *sep*, *-ge-*, *sein*) fall off; *fig. a.* fall (*or* break) away (*von* from); *ground*: slope (down)

'abfällig 1. *adj* derogatory; **2.** *adv*: ⁓ *reden von* run *s.o.* down

'Abfallprodukt *n* waste product

'ab|fälschen (*sep*, *-ge-*, *h*) *sport*: deflect (*ball*); **fangen** (*irr*, *sep*, *-ge-*, *h*) catch, intercept; *mot.*, *aviat.* right; **'⁓färben** (*sep*, *-ge-*, *h*) run, *cloth a.* bleed; ⁓ *auf fig.* rub off on; **'⁓fassen** (*sep*, *-ge-*, *h*) write, compose; **'⁓fertigen** (*sep*, *-ge-*, *h*) dispatch; *customs*: clear; serve (*customer*); check in (*air passenger etc.*); **'⁓feuern** (*sep*, *-ge-*, *h*) fire (off); launch (*rocket*)

ab'finden (*irr*, *sep*, *-ge-*, *h*) pay off; buy out; compensate; *sich* ⁓ *mit* put up with; **ǁung** *f* (-/-en) compensation

'ab|fliegen (*irr*, *sep*, *-ge-*, *sein*) leave, depart; → *starten* l; **'⁓fließen** (*irr*, *sep*, *-ge-*, *sein*) flow off

'Abflug *m* departure; → *Start*

'Abfluss *m tech.* drain; **'⁓rohr** *n* waste pipe, drainpipe

'ab|führen (*sep*, *-ge-*, *h*) lead away; **⁓end** laxative; **'ǁmittel** *n* laxative

'abfüllen (*sep*, *-ge-*, *h*) bottle; can

'**Abgabe** f rate; *customs*: duty; handing in (*a paper*); *sport*: pass

'**Abgang** m graduation, school-leaving; *thea.* exit

'**Abgas** n waste gas; **~e** pl emission(s); *mot.* exhaust fumes; **2frei** emission-free; '**~(sonder)untersuchung** f *mot.* (Brt.) exhaust emission test

abgearbeitet ['apgəʔarbaitət] worn out

'**abgeben** (*irr, sep, -ge-, h*) leave (**bei** with); check, deposit (*luggage etc.*); hand in (*paper etc.*); pass (*ball*); give off, emit (*heat etc.*); **j-m et. ~ von** share s.th. with s.o.; **sich mit et. (j-m) ~** concern o.s. with s.th. (associate with s.o.)

'**abge|griffen** worn; '**~hangen** *meat*: well-hung; '**~härtet** ['~hɛrtət] hardened (**gegen** to)

'**abgehen** (*irr, sep, -ge-, sein*) leave; *mail*: be sent; *goods*: sell; *road*: branch off; *button etc.*: come off; *econ.* be deducted; (**von der Schule**) **~** leave school; **von s-r Meinung ~** change one's mind; **gut ~** *fig.* pass off well

abge|hetzt ['apgəhɛtst], '**~kämpft** ['~kɛmpft] exhausted, worn out; '**~legen** remote, distant; '**~macht** ['~maxt]: **~!** it's a deal!; '**~magert** ['~ma:ɡərt] emaciated;

~nutzt ['~nʊtst] worn

Abgeordnete ['apɡəʔɔrdnətə] m, f (**-n/-n**) representative; *in USA*: congress|man, -woman, *in GB*: member of parliament

abge|packt ['apɡəpakt] prepacked; '**~schlossen** completed; '**~e Wohnung** apartment, Brt. self-contained flat; '**~sehen: ~ von** apart from; '**~spannt** ['~ʃpant] worn out; '**~standen** stale; '**~storben** dead; numb; '**~stumpft** ['~ʃtʊmpft] insensitive; '**~tragen**, **~wetzt** ['~vɛtst] worn

'**abgewöhnen** (*sep, -ge-, h*): **j-m et. ~** break (*or* cure) s.o. of s.th.; **sich das Rauchen** *etc.* **~** give up smoking *etc.*

'**Abgrund** m abyss, chasm

'**ab|hacken** (*sep, -ge-, h*) chop (*or* cut) off; '**~haken** (*sep, -ge-, h*) check (Brt. tick) off; '**~halten** (*irr, sep, -ge-, h*) hold (*meeting*); **j-n ~ von** keep s.o. from (*doing s.th.*); **~handen** ['~handən]: **~ kommen** get lost

'**Abhandlung** f treatise

'**Abhang** m slope, incline

'**abhängen** 1. v/t (*sep, -ge-, h*) take down (*picture etc.*); *rail. etc.* uncouple; *F j-n*: shake off; 2. v/i (*irr, sep, -ge-, h*): **~ von** depend on

abhängig ['aphɛŋɪç]: **~ von** dependent on; **2keit** f (**-/-en**) dependence (**von** on)

abhärten

'ab|härten (*sep, -ge-, h*) harden (**sich** o.s.) (**gegen** to); **'~hauen** (*irr*) **1.** *v/t* (*sep: hieb* or F **haute ab, -ge-, h**) cut (or chop) off; **2.** *v/i* (*sep: haute ab, -ge-, sein*) F make off, run (away); **hau ab!** *sl.* get lost!, beat it!, scram!; **'~heben** (*irr, sep, -ge-, h*) **1.** *v/t* lift (or take) off; (with‑)draw (*money*); let *tel.* pick up (*receiver*); **sich ~ von** stand out from; *fig. a.* contrast with; **2.** *v/i aviat.* take off; *rocket:* lift off; *tel.* answer the phone; cut (the cards); **'~heften** (*sep, -ge-, h*) file (away); **'~hetzen** (*sep, -ge-, h*): **sich ~** wear o.s. out
Abhilfe *f* remedy
'ab|holen (*sep, -ge-, h*) pick up; **j-n von der Bahn ~** meet s.o. at the station; **'~holzen** (*sep, -ge-, h*) deforest; **'~horchen** (*sep, -ge-, h*) *med.* auscultate, sound; **'~hören** (*sep, -ge-, h*) *tel.* listen in on, tap; *school:* quiz *s.o.*, test *s.o.* orally; **'**²**hörgerät** *n* bugging device, F bug
Abitur [abi'tuːr] *n* (*-s/no pl*) school-leaving examination
'ab|kaufen (*sep, -ge-, h*) buy s.th. from s.o. (*a. fig.*); **'~klingen** (*irr, sep, -ge-, sein*) *pain etc.*: ease off; **'~klopfen** (*sep, -ge-, h*) knock off (*dust etc.*); *med.* sound; **'~knicken** (*sep, -ge-, h*) snap off; bend; **'~kochen** (*sep, -ge-, h*) boil
'Abkommen *n* (*-s/-*) agreement
'abkommen (*irr, sep, -ge-, sein*): **~ von** get off; give up (*plan etc.*); **vom Thema ~** stray from the point; **vom Wege ~** lose one's way
'ab|koppeln (*sep, -ge-, h*) uncouple; **'~kratzen** (*sep, -ge-*) **1.** *v/t* (*h*) scrape off; **2.** *v/i* (*sein*) F kick the bucket; **'~kühlen** (*sep, -ge-, h*) **1.** *v/t* cool (down) (*a. fig.*): **sich ~** cool down (*a.fig.*); **2.** *v/i* cool (down)
'ab|kürz|en (*sep, -ge-, h*) shorten; abbreviate; **den Weg ~** take a short cut; **'**²**ung** *f* (*-l-en*) abbreviation; short cut
'abladen (*irr, sep, -ge-, h*) unload; → **Schutt**
'Ablage *f* place to put s.th.; shelf; *econ.* filing (*of papers*); files
'ab|lagern (*sep, -ge-, h*) **1.** *v/t* season (wood); let (wine etc.) age; *geol. etc.* deposit; **sich ~** settle, be deposited; **2.** *v/i* season; age; **'~lassen** (*irr, sep, -ge-, h*) **1.** *v/t* drain (off); let off (steam) (*a. fig.*); **2.** *v/i*: **von et. ~** stop doing s.th.
'Ablauf *m* course (*of events*); process; order of events; expiration; → **Abfluss**; **'**²**en** (*irr, sep, -ge-*) **1.** *v/i* (*sein*) run off; *passport etc.*: expire;

Abordnung

clock: run down; go, proceed; (come to an) end; **2.** v/t (h) wear down (*heels*), wear out (*shoes*)

'ab|lecken (*sep, -ge-, h*) lick (off); **'~legen** (*sep, -ge-, h*) **1.** v/t take off (*clothes*); file (*documents*); give up (*habit etc.*); take (*oath, examination*); **2.** v/i take off one's coat; put out, sail

Ableger ['aple:gər] m (*-s/-*) shoot

'ablehn|en (*sep, -ge-, h*) refuse; decline; turn down, reject (*a. parl.*); object to, be opposed to; **'~end** negative; **♀ung** f (*-/-en*) refusal; rejection; opposition

'ableiten (*sep, -ge-, h*) derive (*von* from)

'ablenk|en (*sep, -ge-, h*) divert (*von* from); **♀ung** f diversion

'ables|en (*irr, sep, -ge-, h*) read (*a. instruments, values*); **'~liefern** (*sep, -ge-, h*) deliver (*bei* to); hand in (*or* over) (to)

'ablös|en (*sep, -ge-, h*) remove, take off; take over from s.o.; esp. mil. relieve; replace; **sich ~** take turns; **♀ung** f relief

'abmach|en (*sep, -ge-, h*) take off, remove; settle, arrange (*business etc.*); **♀ung** f (*-/-en*) arrangement, agreement, deal

'ab|melden (*sep, -ge-, h*) cancel the registration of (*car etc.*); withdraw (from school); **sich ~** give notice of change of address (*to police etc.*); report off duty; *hotel*: check out; **'~messen** (*irr, sep, -ge-, h*) measure; **'~montieren** (*sep, no -ge-, h*) take off; take down (*scaffolding, etc.*); **'~mühen** (*sep, -ge-, h*): **sich ~** work very hard; try hard (*to do s.th.*); **'~nagen** (*sep, -ge-, h*) gnaw (at)

Abnahme ['apna:mə] f (*-/no pl*) decrease; loss (*of weight etc.*). econ. purchase

'abnehmen (*irr, sep, -ge-, h*) **1.** v/i decrease, diminish; lose weight; be slimming; *moon*: wane; **2.** v/t take off, remove; *tel.* pick up (*receiver*); *med.* amputate; *econ.* buy; *j-m et.* **~** take s.th. (away) from s.o.

'Abnehmer m (*-s/-*) buyer

'Abneigung f dislike (*gegen* of, for); aversion (to)

abnorm [ap'nɔrm] abnormal

'abnutz|en (*sep, -ge-, h*) wear out (*a.* **sich ~**); **♀ung** f (*-/no pl*) wear

Abonn|ement [abɔn(ə)'mãː] n (*-s/-s*) subscription; **~ent** [~'nɛnt] m (*-en/-en*), **~entin** f (*-/-nen*) subscriber; **♀ieren** [~'niːrən] (*no ge-, h*) subscribe to

Abordnung ['apˀɔr-] f delegation

'ab|pfeifen (*irr, sep, -ge-, h*) *sport:* stop the game; blow the final whistle; **'2pfiff** *m sport:* final whistle; **'~plagen** (*sep, -ge-, h*): **sich ~** toil, struggle (**mit** with); **'~prallen** (*sep, -ge-, sein*) rebound, bounce (off); ricochet; **'~putzen** (*sep, -ge-, h*) clean; wipe off; **'~rasieren** (*sep, no -ge-, h*) shave off; **'~raten** (*irr, sep, -ge-, h*): **j-m von et. ~** advise (*or* warn) s.o. against (doing) s.th.; **'~räumen** (*sep, -ge-, h*) clear (away); **'~reagieren** (*sep, no -ge-, h*) work off (one's anger *etc.*) (**an** *j-m* on s.o.); **sich ~** F let off steam

'abrechn|en (*sep, -ge-, h*) 1. *v/t* deduct (*amount*); claim (*expenses*); 2. *v/i:* **mit** *j-m* **~** settle accounts (*fig.* get even) with s.o.; **'2ung** *f* settlement; F *fig.* showdown

'abreiben (*irr, sep, -ge-, h*) rub off; rub down (*body*); polish

'Abreise *f* departure (**nach** for); **'2n** (*sep, -ge-, sein*) leave (**nach** for)

'ab|reißen (*irr, sep, -ge-*) 1. *v/t* (*h*) tear (*or* pull) off; tear (*or* pull) down (*building*); 2. *v/i* (*sein*) button *etc.:* come off; **'~richten** (*sep, -ge-, h*) train (*animal*); break (in) (*horse*); **'~riegeln** (*sep, -ge-, h*) block off; *police:* a. cordon off; **'~rollen** (*sep, -ge-*) *v/t* (*h*) and *v/i* (*sein*) unroll; **'~rücken** (*sep, -ge-*) 1. *v/t* move away; 2. *v/i* (*sein*) *mil.* march off

'Abruf *m:* **auf ~** on call; **'2en** (*irr, sep, -ge-, h*) call away; *computer:* recall, read back (*data*)

'abrunden (*sep, -ge-, h*) round off

'abrüst|en (*sep, -ge-, h*) disarm; **'2ung** *f* (*-/-en*) disarmament

ABS [aːbeːˈɛs] *mot.* **Antiblockiersystem** anti-lock (*or* anti-skid) braking system

'Absage *f* cancellation; refusal; **'2n** (*sep, -ge-, h*) call off, cancel

'absägen (*sep, -ge-, h*) saw off; F *fig.* oust

'Absatz *m* heel (*of shoe*); *print.* paragraph; *econ.* sales

'ab|schaffen (*sep, -ge-, h*) abolish, do away with; **'~schalten** (*sep, -ge-, h*) 1. *v/t* switch (*or* turn) off; 2. *v/i* F relax, switch off; **'~schätzen** (*sep, -ge-, h*) estimate; assess; **'~schätzig** contemptuous

'Abschaum *m* (*-[e]s/no pl*) scum

'Abscheu *m* (*-[e]s/no pl*) disgust (**vor** at, for); **~ haben vor** abhor, detest; **2lich** [~ˈʃɔʏlɪç] abominable, despicable; atrocious

'ab|schicken (*sep, -ge-, h*) → *absenden;* **'~schieben** (*irr, sep, -ge-, h*) push away;

Abschied ['apʃiːt] m (-s/no pl) parting; **~ nehmen (von)** say goodbye (to); **~feier** f farewell party

'ab|schießen (irr, sep, -ge-, h) shoot off (aviat. down); hunt. shoot, kill; launch (rocket); F fig. oust; **~schirmen** (sep, -ge-, h) shield (**gegen** from)

'Abschlag m sport: kickout; econ. down payment; '²en (irr, sep, -ge-, h) knock off; cut off (head); cut down (tree); beat off (attack); → ablehnen

'abschleifen (irr, sep, -ge-, h) grind off

'Abschlepp|dienst m emergency road service, Brt. breakdown service; '²en (sep, -ge-, h) (give s.o. a) tow; police: tow away; '~seil n towrope; '~wagen m tow truck, Brt. breakdown truck (or lorry)

ab'schließen (irr, sep, -ge-, h) lock (up); finish, complete; take out (insurance); conclude; **e-n Handel ~** strike a bargain; **~d** concluding; final

'Abschluss m conclusion; '~prüfung f final examination, finals; '~zeugnis n diploma, Brt. school-leaving certificate

'ab|schmieren (sep, -ge-, h) lubricate, grease; '~schnallen (sep, -ge-, h) undo; take off (skis); **sich ~** unfasten one's seatbelt; '~schneiden (irr, sep, -ge-, h) **1.** v/t cut (off); **2.** v/i fig. do, come off

'Abschnitt m section; paragraph; coupon; slip; stub; time: period; math. segment

'abschrauben (sep, -ge-, h) unscrew

'ab|schreck|en (sep, -ge-, h) deter; '²ung f (-/-en) deterrence; deterrent

'ab|schreiben (irr, sep, -ge-, h) copy; cheat: crib; econ. write off (a. fig. F); '²schrift f copy, duplicate; '~schürfen (sep, -ge-, h) graze

'Abschuss m launching (of rocket); aviat. shooting down; mil., hunt. kill; **~rampe** f launching pad

ab|schüssig ['apʃʏsɪç] sloping; steep; '~schütteln (sep, -ge-, h) shake off; '~schwächen (sep, -ge-, h) lessen; '~schweifen (sep, -ge-, sein) digress

abseh|bar ['apzeːbaːr] foreseeable; **in ~er (auf ~e) Zeit** in (for) the foreseeable future; '~en (irr, sep, -ge-, h) foresee; **es abgesehen haben auf** be after; **~ von** refrain from; leave aside

abseits ['apzaɪts] away (or remote) from; **~ stehen** sport:

Abseits

be offside; *fig.* be left out
'Abseits *n* (-;-): offside; **'~falle** *f* offside trap
ab|sen|den [*irr.*] *sep*, *-ge-*, *h*) send off, dispatch; mail, *Brt. a.* post; **'2der** *m* sender
absetz|bar: steuerlich ~ tax deductible; **~en** (*sep*, *-ge-*, *h*) 1. *v/t* set (*or* put) down; take off (*hat*, *glasses etc.*); drop (*passenger*); dismiss; depose (*king etc.*); take off (*play*, *film etc.*); deduct (*sum*); *econ.* sell; **sich ~ →ablagern** 1; 2. *v/i: ohne abzusetzen* without stopping
Absicht *f* (*-/-en*) intention; **'2lich** 1. *adj* intentional; 2. *adv* on purpose
absolut [apzo'luːt] absolute(ly)
ab|sondern ['apzɔndərn] (*sep*, *-ge-*, *h*) separate; *med.* secrete; **sich ~** cut o.s. off; **~sorbieren** [~zɔr'biːrən] (*no ge-*, *h*) absorb; **'~speichern** (*sep*, *-ge-*, *h*) *computer*: save, store; **'~sperren** (*sep*, *-ge-*, *h*) lock; → **abriegeln**; **'2sperrung** *f* barrier; barricade; cordon; **'2spiel** *n* *sport*: pass; **'~spielen** (*sep*, *-ge-*, *h*) *sport*: pass; **sich ~** happen, take place; **'2sprache** *f* (*-/-n*) agreement; **'~springen** (*irr*, *sep*, *-ge-*, *sein*) jump off; *aviat.* bail out; *fig.* back out; **'2sprung** *m* jump; **'~spülen** (*sep*, *-ge-*, *h*) rinse;

→ **abwaschen**
'abstamm|en (*sep*, *-ge-*, *sein*) be descended; **'2ung** *f* (*-/no pl*) descent
'Ab|stand *m* distance; interval; **'2stauben** (*sep*, *-ge-*, *h*) dust; F sponge; F swipe; **'~stecher** *m* (*-/s-*) side-trip; **'2stehen** (*irr*, *sep*, *-ge-*, *h*) stick out; **'2steigen** (*irr*, *sep*, *-ge-*, *sein*) get off (*vom Rad etc.* one's bike *etc.*); stay (*at hotel etc.*); *sport*: be relegated; **'2stellen** (*sep*, *-ge-*, *h*) put down; leave (*with s.o.*); turn off (*gas etc.*); park (*car*); put an end to; **'2stempeln** (*sep*, *-ge-*, *h*) stamp
Abstieg ['apʃtiːk] *m* (*-s/-e*) descent; *sport*: relegation
ab|stimm|en (*sep*, *-ge-*, *h*) 1. *v/i* vote (*über* on); 2. *v/t* coordinate; match (*colors*); **'2ung** *f* vote; *radio*: tuning
'Abstoß *m* *sport*: goal kick; **'2en** (*irr*, *sep*, *-ge-*, *h*) repel; *med.* reject; push off (*boat*); F get rid of; **'~end** repulsive
'ab|streiten (*irr*, *sep*, *-ge-*, *h*) deny; **'~strich** *m* *med.* smear; *econ.* cut; **~e machen** *fig.* lower one's sights; **'2sturz** *m* fall, *aviat.*, *computer*: crash; **'~stürzen** (*sep*, *-ge-*, *sein*) fall, *aviat.*, *computer*: crash; **'~suchen** (*sep*, *-ge-*, *h*) search (*nach* for)
absurd [ap'zʊrt] absurd
Abszess [aps'tsɛs] *m* (*-es/-e*) abscess

Abzahlung

'ab|tasten (*sep*, *-ge-*, *h*) *Radar*, *TV*: scan; ⁓tauen (*sep*, *-ge-*, *h*) defrost
Ab|teil *n* compartment; ²teilen (*sep*, *-ge-*, *h*) divide; *arch*. partition off
Ab'teilung *f* department; ⁓sleiter(in) head of (a) department
abtreiben (*irr*, *sep*, *-ge-*, *h*) 1. *v/i med*. have an abortion; 2. *v/t* abort (*child*); ²ung *f* (*-/-en*) abortion
'abtrennen (*sep*, *-ge-*, *h*) detach; separate; *med*. sever
'abtreten (*irr*, *sep*, *-ge-*) 1. *v/t* (*h*) wear down (*heels*); give *s.th.* up (*an* to); *pol. a*. cede; 2. *v/i* (*sein*) resign
'Abtreter *m* (*-s/-*) doormat
'ab|trocknen (*sep*, *-ge-*) 1. *v/t* (*h*) dry (*sich o.s.* off); 2. *v/i* (*sein*) dry; dry the dishes; ⁓wägen (*irr*, *sep*, *-ge-*, *h*) weigh (*gegen* against); ⁓wälzen (*sep*, *-ge-*, *h*): ⁓ *auf* → **abschieben**; ⁓wandeln (*sep*, *-ge-*, *h*) modify; ⁓warten (*sep*, *-ge-*, *h*) 1. *v/i* wait (and see); 2. *v/t* wait for
abwärts ['apvɛrts] (downwards)
'Abwasch ['apvaʃ] *m* (*-(e)s*; *no pl*) dirty dishes; *den ⁓ machen* → **abwaschen**; ²bar wipe-clean; ²en (*irr*, *sep*, *-ge-*, *h*) 1. *v/t* wash off; 2. *v/t* wash up (*or* do the dishes (*or* the washing-up)
'Abwasser *n* (*-s/-:*) sewage,

waste water
'abwechs|eln (*sep*, *-ge-*, *h*) alternate; *sich* ⁓ take turns; ⁓elnd by turns; ²(e)lung *f* (*-/-en*) change; *zur* ⁓ for a change
'Abwehr *f* (*-/no pl*) defense, *Brt*. defence (*a. sport*); ²en (*sep*, *-ge-*, *h*) ward off; beat off (*attack*); ⁓spieler(in) defender
'abweichen (*irr*, *sep*, *-ge-*, *sein*) deviate
'abweisen (*irr*, *sep*, *-ge-*, *h*) turn away; turn down (*request etc.*); ⁓d unfriendly
'ab|wenden ([*irr*,] *sep*, *-ge-*, *h*) turn away (*a. sich* ⁓); avert (*disaster etc.*); ⁓werfen (*sep*, *-ge-*, *h*) throw off; drop (*bombs*); yield (*profit*)
'abwert|en (*sep*, *-ge-*, *h*) devalue; ²ung *f* devaluation
abwesen|d ['apveːzənt] absent; *fig*. absent-minded; ²heit *f* (*-/no pl*) absence
'ab|wickeln (*sep*, *-ge-*, *h*) unwind; handle (*affair*); ⁓wiegen (*irr*, *sep*, *-ge-*, *h*) weigh (out); ⁓wischen (*sep*, *-ge-*, *h*) wipe (off); ²wurf *m* dropping; *sport*: throw-out; ⁓würgen (*sep*, *-ge-*, *h*) stifle; *mot*. stall; ⁓zahlen (*sep*, *-ge-*, *h*) make payments for; pay (off); ⁓zählen (*sep*, *-ge-*, *h*) count; ²zahlung *f*: *auf* ⁓ on the installment plan, *Brt*. on hire purchase

Abzeichen

'Abzeichen *n* badge
'ab|zeichnen (*sep*, *-ge-*, *h*) copy, draw; sign, initial; *sich* ~ stand out; *fig.* (begin to) show; **'~ziehen** (*irr*, *sep*, *-ge-*) **1.** *v*/*t* (*h*) take off; subtract; strip (*bed*); take out (*key*); **2.** *v*/*i* (*sein*) go away; *mil.* withdraw; *smoke*: escape; **'~zischen** (*sep*, *-ge-*, *sein*) F zoom off
'Abzug *m* withdrawal; *gun etc.*: trigger; *econ.* deduction; *phot.* print; copy; *tech.* vent, outlet
abzüglich ['aptsy:klıç] less, minus
abzweig|en ['aptsvaigən] (*sep*, *-ge-*) **1.** *v*/*i* (*sein*) branch off; **2.** *v*/*t* (*h*) divert (*money*) (*für* to); **'₂ung** *f* (*-*/*-en*) (road) junction
ach [ax] *int.* oh!; ~ *so*! I see
Achse ['aksə] *f* (*-*/*-n*) axle; *math. etc.* axis
Achsel ['aksəl] *f* (*-*/*-n*) shoulder; *die* ~*n zucken* shrug one's shoulders; **'~höhle** *f* armpit
acht [axt] eight; *heute in* ~ *Tagen* a week (from) today, today week; *heute vor* ~ *Tagen* a week ago (today)
Acht [~] *f* (*-*/*no pl*): ~ *geben* be careful; pay attention; *gib* ~*!* look (*or* watch) out!; → *aufpassen*; *außer* ~ *lassen* disregard; *sich in* ~ *nehmen* be careful, watch out (*vor* for)
'achte eighth

'Achtel *n* (*-s*/*-*) eighth
'achten (*ge-*, *h*) **1.** *v*/*t* respect; **2.** *v*/*i*: ~ *auf* pay attention to; *darauf* ~, *dass* see to it that
'achtens eighth(ly), in eighth place
'Achter *m* (*-s*/*-*) boat: eight; **'~bahn** *f* roller coaster
'achtlos careless
'Achtung *f* (*-*/*no pl*) respect; ~*!* look out!; *mil.* attention!; ~, ~*!* attention please!; → *Vorsicht*
'achtzehn(te) eighteen(th)
'achtzig ['axtsıç] eighty; **'₂erjahre**: *die* ~ *the* eighties; **'~ste** eightieth
ächzen ['εçtsən] (*ge-*, *h*) groan (*vor* with)
Acker ['akər] *m* (*-s*/*-*) field; **'~bau** *m* (*-*[*e*]*s*/*no pl*) agriculture; farming
ADAC [a:de:a:'tse:] *Allgemeiner Deutscher Automobil-Club* General German Automobile Association
Adapter [a'daptər] *m* (*-s*/*-*) *tech.* adapter
addieren [a'di:rən] (*no ge-*, *h*) add (up)
Adel ['a:dəl] *m* (*-s*/*no pl*) aristocracy
Ader ['a:dər] *f* (*-*/*-n*) vein (*a. min.*)
adieu [a'djø:] *int.* good-bye!
Adler ['a:dlər] *m* (*-s*/*-*) eagle
adlig ['a:dlıç] noble
'Adlige [~gə] *m*, *f* (*-n*/*-n*) noble|man, -woman

Admiral [atmi'ra:l] *m* (*-s/-e, ⁓e*) admiral

adoptieren [adɔp'tiːrən] (*no ge-, h*) adopt

Adressbuch [a'drɛs-] *n* directory

Adress|e [a'drɛsə] *f* (*-/-n*) address; **⁓ieren** [⁓'siːrən] (*no ge-, h*) address (*an* to)

Advent [at'vɛnt] *m* (*-[e]s/no pl*) Advent; **⁓szeit** *f* Christmas season

Affäre [a'fɛːrə] *f* (*-/-n*) affair

Affe [afə] *m* (*-n/-n*) monkey; ape

affektiert [afɛk'tiːrt] affected

Afrika ['aːfrika] Africa; **⁓ner** [afri'kaːnər] *m* (*-s/-*), **⁓nerin** *f* (*-/-nen*), **⁓nisch** African

After ['aftər] *m* (*-s/-*) anus

AG [a:'ge:] *abbr* **Aktiengesellschaft** (stock) corporation, *Brt.* joint-stock company

Ägäis [ɛː'gɛːɪs] *f* (*-/no pl*) the Aegean (Sea)

Agent [a'gɛnt] *m* (*-en/-en*) (*pol.* secret) agent

Agentur [⁓'tuːr] *f* (*-/-en*) agency

Aggress|ion [agrɛ'sioːn] *f* (*-/-en*) aggression; **⁓iv** [⁓'siːf] aggressive

ah [aː] *int.* ah!

aha [a'ha] *int.* I see!

ähneln ['ɛːnəln] (*ge-, h*) resemble, look like

Ahnen ['aːnən] *pl* ancestors

ahnen ['aːnən] (*ge-, h*) suspect; foresee, know

ähnlich ['ɛːnlɪç] similar (*dat* to); **j-m ⁓ sehen** look like s.o.; **'⁓keit** *f* (*-/-en*) resemblance, similarity

Ahnung ['aːnʊŋ] *f* (*-/-en*) presentiment, foreboding; notion, idea; **keine ⁓ haben** have no idea; **⁓slos** unsuspecting

Ahorn ['aːhɔrn] *m* (*-s/-e*) maple (tree)

Ähre ['ɛːrə] *f* (*-/-n*) ear

Akademie [akade'miː] *f* (*-/-n*) academy, college

Akade|miker [⁓'deːmikər] *m* (*-s/-*), **⁓kerin** *f* (*-/-nen*) university graduate; **⁓misch** [⁓'deːmɪʃ] academic

akklimatisieren [aklimati'ziːrən] (*no ge-, h*): **sich ⁓** acclimatize (*an* to)

Akkord [a'kɔrt] *m* (*-[e]s/-e*) *mus.* chord; **im ⁓** *econ.* by the piece; **⁓arbeit** [⁓'?-] *f* piecework

Akkordeon [a'kɔrdeɔn] *n* (*-s/-s*) accordion

Akku ['aku] *m* (*-s/-s*) storage battery

Akne ['aknə] *f* (*-/no pl*) acne

Akrobat [akro'baːt] *m* (*-en/-en*) acrobat

Akt [akt] *m* (*-[e]s/-e*) act(ion); *thea.* act; *paint., phot.* nude

Akte ['aktə] *f* (*-/-n*) file; **⁓n** *pl* files, records; **⁓ntasche** *f* briefcase

Aktie ['aktsi̯ə] *f* (*-/-n*) stock, share; **⁓ngesellschaft** *f* (stock) corporation, *Brt.* joint-stock company

Aktion

Aktion [ak'tsi̯oːn] f (-/-en) campaign, drive, effort; mil. etc. operation

aktiv [ak'tiːf] active; **≳ität** [~tiˈvɛːt] f (-/-en) activity

aktuell [ak'tu̯ɛl] topical; current; up-to-date

Akustik [a'kʊstɪk] f (-/no pl) acoustics; **≳tisch** acoustic

akut [a'kuːt] urgent (problem etc.); med. acute

Akzent [ak'tsɛnt] m (-[e]s/-e) accent; on syllable: a. stress (a. fig.)

akzeptieren [aktsɛp'tiːrən] (no ge-, h) accept

Alarm [a'larm] m (-[e]s/-e) alarm; **~bereitschaft** f: in ~ on alert; **~ieren** [~'miːrən] (no ge-, h) call (police etc.); alert; **≳ierend** alarming

Albanien [al'baːni̯ən] Albania

albern ['albərn] silly, foolish

Albtraum ['alp-] m nightmare

Album ['albʊm] n (-s/Alben) album (a. LP)

Algen ['algən] pl algae

Algebra ['algebra] f (-/no pl) algebra

Algerien [al'geːri̯ən] Algeria

Alibi ['aːlibi] n (-s/-s) alibi

Alimente [ali'mɛntə] pl alimony

Alkohol ['alkohɔl] m (-s/-e) alcohol; **≳abhängig** addicted to alcohol; **≳frei** nonalcoholic; **~e Getränke** soft drinks; **~iker** [~'hoːlikar] m (-s/-), **~ikerin** f (-/-nen),

≳isch [~'hoːlɪʃ] alcoholic; **≳süchtig → ≳abhängig**

all [al] all; **~es** everything; **~e (Leute)** everybody; **~e drei Tage** every three days; **vor ~em** above all; **~es in ~em** all in all

All [~] n (-s/no pl) the universe

Allee [a'leː] f (-/-n) avenue

allein [a'laɪn] alone; by oneself; **~ Erziehende** single parent; **~ stehend** single

aller'beste very best; **~'dings** [~'dɪŋs] however, though; **~!** certainly!; **~'erste** very first

Allerg|ie [alɛr'giː] f (-/-n) allergy (**gegen** to); **≳isch** [a'lɛrgɪʃ] allergic (**gegen** to)

aller'hand a good deal (of); **das ist ja ~!** that's a bit much!; **≳heiligen** n (-/no pl) All Saints' Day; **~'letzte** very last; **~'meiste** (by far the) most; **~'nächste** very next; **~'neu(e)ste** very latest; **~'seits: Tag ~!** hi, everybody!; **~'wenigst: am ~en** least of all

'allge'mein 1. adj general; common; **2.** adv: **im ≳en** in general; **≳bildung** f general education; **~heit** f (-/no pl) general public

Alligator [ali'gaːtor] m (-s/-en [-'toːrən]) alligator

Alliierte [ali'iːrtə]: **die ~n** the allies

'all|'jährlich annual(ly); **~'mählich** [~'mɛːlɪç] gradu-

al(ly); **ɐradantrieb** ['alra:tˀ-] *m* all-wheel drive; **'ɐtag** *m* everyday life; **~täglich** everyday; **~zu** all too; **~ gut** only too well; **~ viel** too much

Alm [alm] *f (-/-en)* alpine pasture, alp

Almosen ['almo:zən] *n (-s/-)* alms; *contp.* pittance, handout

Alpen ['alpən] *pl* the Alps

Alphabet [alfa'be:t] *n (-[e]s/-e)* alphabet; **ɐisch** alphabetical

Alptraum → Albtraum

als [als] when; *after comp.*: than; **~ Kind (Geschenk)** as a child (gift); **~ ob** as if; **nichts ~** nothing but

also [alzo] so, therefore; F well; **~ gut!** all right (then)!

alt [alt] old; *hist.* ancient

Altar [al'ta:r] *m (-[e]s/-̈e)* altar

'Alte *m, f (-n/-n)* old man (woman) (*a. fig.*); **die ~n** *pl* the old

Alter ['altər] *n (-s/-)* age; old age; **im ~ von** at the age of; **jemand in d-m ~** s.o. your age

älter ['ɛltər] older; **e-e ~e Dame** an elderly lady

altern ['altərn] *(ge-, sein)* grow old, age

alternativ [altɛrna'tiːf] alternative; *pol.* ecological, green

'Altersheim *n* old people's home

Altertum ['altərtu:m] *n (-s/no*

pl) antiquity

Alt|glascontainer ['altgla:skɔnteːnər] *m (-s/-)* glass recycling bin, *Brt.* bottle bank; **~lasten** *pl* residual pollution; **ɐmodisch** old-fashioned; **~öl** *n* waste oil; **~papier** *n* waste paper

'Altstadt *f* old town; **~sanierung** *f* town-center (*Brt.* centre) rehabilitation

Aluminium [alu'mi:nĭum] *n (-s/no pl)* alumin(i)um

am [am] at the (*table, beginning etc.*); on (*Monday etc.*); **~ 1. Mai** on May 1st; **~ Abend, beste** *etc.*

Amateur [ama'tøːr] *m (-s/-e)*, **~in** *f (-/-nen)* amateur

Amboss ['ambɔs] *m (-es/-e)* anvil

ambulan|t [ambu'lant]: **~ behandeln** treat *s.o.* as an outpatient; **ɐz** [~ts] *f (-/-en)* outpatient department

Ameise ['a:maɪzə] *f (-/-n)* ant

Amerika [a'me:rika] America; **~ner** [ameri'ka:nər] *m (-s/-)*, **~nerin** *f (-/-nen)*, **ɐnisch** American

Amnestie [amnɛs'ti:] *f (-/-n)* amnesty

Ampel ['ampəl] *f (-/-n)* traffic light(s), stoplight

Ampulle [am'pʊlə] *f (-/-n)* ampoule

amputieren [ampu'ti:rən] *(no ge-, h)* amputate

Amsel ['amzəl] *f (-/-n)* blackbird

Amt

Amt [amt] *n* (-[e]s/⁓*er*) office; duty; *tel.* exchange; ²**lich** official; **⁓szeichen** *n* dial (*Brit.* dialling) tone

Amulett [amu'lɛt] *n* (-[e]s/-e) amulet, charm

amüs|ant [amy'zant] amusing, entertaining; **⁓ieren** [⁓'ziːrən] (*no ge-*, *h*) amuse; *sich ⁓* enjoy o.s., have a good time

an [an] **1.** *prp* on; at (*table etc.*); against; **2.** *adv* on (*a. light, Gas etc.*); *von ... ⁓* from ... on

Anabolikum [ana'boːlikum] *n* (-*s*/-*ka*) anabolic steroid

Analog... [ana'loːk] *in compounds:* analog(ue) ...

Analphabet ['an(ᵒ)alfabeːt] *m* (-en/-en), **⁓in** *f* (-/-nen) illiterate

Analyse [ana'lyːzə] *f* (-/-n) analysis

Ananas ['ananas] *f* (-/-) pineapple

Anarchie [anar'çiː] *f* (-/-n) anarchy

Anatomie [anato'miː] *f* (-/*no pl*) anatomy

'**Anbau** *m* **1.** (-[e]s/*no pl*) *agr.* cultivation; **2.** (-[e]s/-ten) *arch.* annex(e), extension; ²**en** (*sep*, *-ge-*, *h*) grow; *arch.* add

'**anbehalten** (*irr, sep, no ge-, h*) keep (*clothes etc.*) on

an'bei enclosed

'**an|beißen** (*irr, sep, -ge-, h*) **1.** *v/t* bite into; **2.** *v/i* fish: bite; *fig.* take the bait; '**⁓beten** (*sep, -ge-, h*) adore, worship

Anbetracht: *in ⁓* (*dessen, dass*) considering (that)

'**an|bieten** (*irr, sep, -ge-, h*) offer; '**⁓binden** (*irr, sep, -ge-, h*) tie up (*dog*); *⁓ an* tie to

Anblick *m* sight

'**an|brechen** (*irr, sep, -ge-, h*) **1.** *v/t* break into (*provisions etc.*); open (*bottle etc.*); **2.** *v/i* (*sein*) begin; *day:* break; *night:* fall; '**⁓brennen** (*irr, sep, -ge-, sein*) burn (*a. ⁓ lassen*); '**⁓bringen** (*irr, sep, -ge-, h*) fix (*an* to); '**⁓brüllen** (*sep, -ge-, h*) roar at

An|dacht ['andaxt] *f* (-/-en) devotion; prayers; ²**dächtig** ['⁓dɛçtɪç] devout; *fig.* rapt

'**andauern** (*sep, -ge-, h*) continue, go on; '**⁓d → dauernd**

'**Andenken** *n* (-*s*/-) keepsake; souvenir (*both:* **an** of); **zum ⁓ an** in memory of

andere ['andərə] other; different; **et.** (**nichts**) **⁓s** s.th. (nothing) else; **nichts ⁓s als** nothing but; **⁓ anders**; **⁓r'seits** ['⁓ərzaɪts] on the other hand

ändern ['ɛndərn] (*ge-*, *h*) change (*a. sich ⁓*); alter (*clothes etc.*)

'**andernfalls** otherwise

anders ['andərs] different(ly); *jemand ⁓* somebody else; *⁓ werden* change; '**⁓herum 1.** *adv* the other

angeben

vice; ~n pl information, data; tech. specifications
'**angeb|en** (irr, sep, -ge-, h) **1.** v/t give, state (name etc.); indicate; quote (price etc.); **2.** v/i F brag, show off; '2er m (-s/-), '2erin f (-/-nen) F show-off
'**angeblich** ['~pliç] alleged(ly)
'**angeboren** innate, inborn; med. congenital
'**Angebot** n offer; ~ und **Nachfrage** supply and demand
'**ange|bracht** appropriate; '~**bunden**: *kurz* ~ curt; short; '~**heitert** (slightly) tipsy, Brt. a. tiddly
'**angehen** (irr, sep, -ge-, sein) **1.** v/i light etc.: go on; **2.** v/t concern s.o.; **das geht Sie nichts an** that's none of your business
'**angehend** future, ...-to-be
'**angehör|en** (sep, -ge-, h) belong to; **2ige** ['~ɪgə] m, f (-n/-n) relative; member
Angeklagte ['angəklaːktə] m, f (-n/-n) defendant
Angel[1] ['aŋəl] f (-/-n) fishing rod
Angel[2] f of door: hinge
'**Angelegenheit** f matter, affair; m-e ~ my business
'**angelehnt** ['angəleːnt]: ~ **sein** be ajar
'**Angel|haken** m fishhook; '2n (ge-, h) fish; '~**rute** f fishing rod; '~**schein** m fishing permit; '~**schnur** f fishing line
'**ange|messen** proper, suitable; just (sentence etc.); reasonable (price etc.); '~**nehm** pleasant; ~! pleased to meet you; '~**nommen** cj suppose, supposing; '2**regt** ['~reːkt] lively; '~**sehen** respected; **in** ~**sichts** in view of; '~**spannt** tense
Angestellte ['angəʃtɛltə] m, f (-n/-n) employee; **die ~n** pl the staff
'**ange|tan** ['angətaːn]: ~ **sein von** be taken with; '~**wandt** ['~vant] applied; ~**wiesen** ['~viːzən]: ~ **auf** dependent on
'**ange|wöhnen** (sep, -ge-, h) **sich et.** ~ get into the habit of doing s.th.; **sich das Rauchen** ~ take to smoking; '2**wohnheit** f habit
Angina [aŋˈgiːna] f (-/Anginen) tonsil(l)itis
Angler ['aŋlər] m (-s/-), '~**in** f (-/-nen) angler
'**angreif|en** (irr, sep, -ge-, h) attack; affect (health, material etc.); '2er m (-s/-) attacker; esp. pol. aggressor
'**Angriff** m attack
Angst [aŋst] f (-/-e) fear (vor of); ~ **haben** (vor) be afraid (or frightened) (of)
'**ängst|igen** ['ɛŋstɪɡən] (ge-, h) frighten, scare; '~**lich** fearful, timid
'**anhaben** (irr, sep, -ge-, h) have on (a. light etc.); a. wear (clothes)
'**anhalt|en** (irr, sep, -ge-, h) **1.**

way round; 2. *adj* F queer; **'~wo** elsewhere
anderthalb ['andərt'halp] one and a half
'Änderung *f (-/-en)* change; alteration
'andeut|en *(sep, -ge-, h)* hint (at), suggest; **'2ung** *f (-/-en)* hint, suggestion
'Andrang *m* crush; *demand*: rush
'an|drehen *(sep, -ge-, h)* turn on; **'~drohen** *(sep, -ge-, h)*: *j-m et.* ~ threaten s.o. with s.th.; **~eignen** ['an?-] *(sep, -ge-, h)*: *sich* ~ acquire; *esp. jur.* appropriate
aneinander [an?aɪ'nandər] *(bind etc.)* together; *(think)* of each other
Anekdote [anɛk'doːtə] *f (-/-n)* anecdote
anekeln ['an?-] *(sep, -ge-, h)* disgust, sicken; *es ekelt mich an* it makes me sick
anerkenn|en ['an?-] *(irr, sep, no -ge-, h)* acknowledge, recognize; appreciate; **2ung** *f (-/-en)* acknowledge(e)ment, recognition; appreciation
'anfahren *(irr, sep, -ge-)* **1.** *v/i (sein)* start; **2.** *v/t (h)* hit *s.o.*; run into *(car etc.)*; *fig.* jump on *s.o.*
'Anfall *m* fit, attack; **2en** *(irr, sep, -ge-, h)* attack, assault; *dog*: go for
anfällig ['anfɛlɪç] delicate; ~ *für* susceptible to
'Anfang *m* beginning, start;

'2en *(irr, sep, -ge-, h)* begin, start; F do
Anfänger ['anfɛŋər] *m (-s/-)*, **'~in** *f (-/-nen)* beginner
anfangs ['anfaŋs] at first; **'2buchstabe** *m* initial (letter); *großer* ~ capital (letter)
'an|fassen *(sep, -ge-, h)* touch; take (hold of); *mit* ~ lend (s.o.) a hand *(bei* with); *sich weich etc.* ~ feel soft *etc.*; **~fechten** *(irr, sep, -ge-, h)* contest; **~fertigen** ['~fɛrtɪɡən] *(sep, -ge-, h)* make, manufacture; **~feuchten** *(sep, -ge-, h)* moisten
'anfeuer|n *(sep, -ge-, h)* cheer; **'2ungsrufe** *pl* cheers
'an|flehen *(sep, -ge-, h)* implore; **'~fliegen** *(irr, sep, -ge-, h)* fly to
'Anflug *m aviat.* approach; *fig.* touch, trace, hint
'anforder|n *(sep, -ge-, h)* demand; request; **2ung** *f* demand; request; **~en** *pl* requirements, qualifications
'Anfrage *f* inquiry
'an|freunden *(sep, -ge-, h)*: *sich* ~ make friends *(mit* with); **~fühlen** *(sep, -ge-, h)*: *sich* ~ feel *(wie* like)
'anführ|en *(sep, -ge-, h)* lead; F kid; **2er** *m*, **2erin** *f* leader; **2ungszeichen** *pl* quotation marks, inverted commas
'Angabe *f* statement; indication; F big talk; *sport:* ser-

anlaufen

v/t stop; **den Atem ~** hold one's breath; **2.** *v/i* stop; continue; **'~end** continual
'Anhalter(in) hitchhiker; **per Anhalter fahren** hitchhike
'Anhaltspunkt *m* clue
anhand [an'hant] by means of
'Anhang *m* appendix
'an|hängen (*sep, -ge-, h*) add; *rail. etc.* couple (**on**) (**an** to); **2er** *m* (*-s/-*) supporter; *jewelry*: pendant; *name, price etc.*: tag; *mot.* trailer; **2erin** *f* (*-/-nen*) supporter; **'~lich** affectionate
'an|häufen (*sep, -ge-, h*) heap up, accumulate (*a. sich ~*); **'~heben** (*irr, sep, -ge-, h*) lift, raise
'Anhieb *m*: **auf ~** on the first try
'anhören (*sep, -ge-, h*) listen to; **mit ~** overhear; **sich ~** sound
Anim|ateur [anima'tø:r] *m* (*-s/-e*) host; **~ateurin** *f* (*-/-nen*) hostess; **2ieren** [~'mi:rən] (*no ge-, h*) encourage; stimulate
'Ankauf *m* purchase
Anker ['aŋkər] *m* (*-s/-*) anchor; **2n** (*ge-, h*) anchor
'Anklage *f* accusation, charge; **2n** (*sep, -ge-, h*) accuse (**wegen** of), charge (with)
'Anklang *m*: **~ finden** meet with approval
'an|kleben (*sep, -ge-, h*) stick (on **an** to); **'~klicken** (*sep, -ge-, h*) *computer*: klick; **'~klopfen** (*sep, -ge-, h*) knock (**an** at); **'~knipsen** (*sep, -ge-, h*) switch on; **'~kommen** (*irr, sep, -ge-, sein*) arrive; **es kommt (ganz) darauf an** it (all) depends; **worauf es ankommt, ist** the important thing is; **es darauf ~ lassen** take a chance; **gut ~ (bei)** *fig.* go down well (with); **'~kreuzen** (*sep, -ge-, h*) check, *Brt.* tick; **'~kündigen** (*sep, -ge-, h*) announce
Ankunft ['ankunft] *f* (*-/no pl*) arrival
'an|lächeln, **'~lachen** (*sep, -ge-, h*) smile at
'Anlage *f* facility, plant; *tech.* system; (stereo *etc.*) set; layout, arrangement; laying out (*of garden etc.*); *econ.* investment; *in letter*: enclosure; *of a person*: gift, talent; → **Bau** 1; **'~n** *pl* park, garden(s)
Anlass ['anlas] *m* (*-es/-̈e*) occasion; cause
'anlas|sen (*irr, sep, -ge-, h*) leave (or keep) on; *tech., mot.* start; **2ser** *m* (*-s/-*) starter
anlässlich ['anlɛslɪç] on the occasion of
'Anlauf *m* *sport*: approach, *Brt.* run-up; *fig.* start, try; **2en** (*irr, sep, -ge-, h*) **1.** *v/i* (*sein*) run up; *fig.* start; *metal*: tarnish; *glass etc.*: steam up; **2.** *v/t* (*h*) *mar.* call at

anlegen

'anle|gen (sep, -ge-, h) **1.** v/t put on (jewelry etc.); fasten (seatbelt); lay out (garden); build (road); apply (standard, med. dressing); lay in (provisions); invest (money); **2.** v/i mar. land; ~ **auf** aim at; **ℒger** m (-s/-) econ. investor; naut. landing stage
'anlehnen (sep, -ge-, h) leave (door) ajar; (**sich**) ~ **an** lean against (fig. on)
'Anleitung f instruction(s)
'Anlie|gen n (-s/-) request; message (of book etc.); **'~r** m (-s/-) resident
'an|lügen: j-n ~ lie to s.o.; **'~machen** (sep, -ge-, h) turn on (light, radio etc.) (a. F fig. stimulate); light (fire etc.); dress (salad); F fig. make a pass at s.o.; **'~malen** (sep, -ge-, h) paint; **~maßend** ['anma:sənt] arrogant
'Anmelde|formular n registration form; application form; **ℒen** (sep, -ge-, h) announce (visit etc.); register (car etc.); enrol(l) (student etc.); register (with the police); declare (goods etc. for customs); **sich** ~ register (with the police) enrol(l) (**zu** for); make an appointment (**bei** with); **'~ung** f registration; appointment
'anmerk|en (sep, -ge-, h): j-m et. ~ notice sth. in s.o.; **sich et. (nichts) ~ lassen** (not) let it show; **ℒung** f (-/-en) note;

annotation; → **Fußnote**
'anmutig graceful
'annähen (sep, -ge-, h) sew on
annähernd ['annɛːɐrnt] approximate(ly)
Annahme ['anaːmə] f (-/-n) acceptance; assumption
annehm|bar acceptable; reasonable (price etc.); **'~en** (irr, sep, -ge-, h) accept; suppose; adopt (child, name); sport: take (ball); take on (shape etc.); **sich j-s** (**e-r Sache**) ~ take care of s.o. (sth.); **ℒlichkeit** f (-/-en) convenience
Annonce [a'nõːsə] f (-/-n) advertisement, F ad
anonym [ano'nyːm] anonymous
Anorak ['anɔrak] m (-s/-s) anorak
'anordn|en (sep, -ge-, h) arrange; order; **ℒung** ['~-] f arrangement; order
'an|packen (sep, -ge-, h) tackle (problem etc.); **'~passen** (sep, -ge-, h) adapt, adjust (both a. **sich** ~) (**dat** to); **'~passungsfähig** adaptable; **'~pflanzen** (sep, -ge-, h) cultivate, plant; **'~preisen** (irr, sep, -ge-, h) push; **'~probieren** (sep, no -ge-, h) try on
Anrainer ['anraɪnər] m (-s/-) Austrian resident
'anrechnen (sep, -ge-, h) charge (price); credit; count (as mistake etc.)

'Anrede f address; **'2n** (sep, -ge-, h) address (**mit Namen** by name)

'anregen (sep, -ge-, h) stimulate; suggest

'Anreiz m incentive

'anrichten (sep, -ge-, h) prepare, dress (food, salad); cause, F do (damage)

'Anruf m (phone) call; **'~beantworter** m (-s/-) answering machine; **'2en** (irr, sep, -ge-, h) call, ring up, phone

'anrühren (sep, -ge-, h) touch; mix (dough etc.)

'Ansa|ge f announcement; **'2gen** (sep, -ge-, h) announce; **~ger** m (-s/-), **~gerin** f (-/-nen) announcer

'ansammeln (sep, -ge-, h) accumulate (a. **sich ~**)

'Ansatz m start (**zu** of); first sign; math. set-up

'anschaff|en (sep, -ge-, h) get (a. **sich ~**), 2**ung** f (-/-en) purchase, buy

'anschau|en (sep, -ge-, h) → **ansehen**; **'~lich** graphic, plastic

'Anschein m (-[e]s/no pl): **allem ~ nach** to all appearances; **'2end** apparently

'Anschlag m attack, bombing; poster, bill; notice; tech. stop; mus.; swimming: touch; **e-n ~ verüben auf** make an attempt on s.o.'s life; **'~brett** n bulletin (or notice) board; **'2en** (irr, sep, -ge-, h) **1.** v/t post (bill); mus. strike; chip (cup etc.); **2.** v/i dog: bark; med., measure etc.: take effect

'anschließen (irr, sep, -ge-, h) connect; **sich ~** follow; agree with (opinion etc.); **sich j-m ~** join s.o.; **'~d 1.** adj subsequent; **2.** adv afterwards

'Anschluss m connection; **im ~ an** following; **~ finden (bei)** make friends (with); **~ bekommen** tel. get through; **'~flug** m connecting flight

'an|schnallen (irr, sep, -ge-, h) put on (skis etc.); **sich ~** fasten one's seatbelt, mot. a. buckle up; **'~schnauzen** (sep, -ge-, h) F snarl at; **'~schneiden** (irr, sep, -ge-, h) cut; bring up (subject); **'~schrauben** (sep, -ge-, h) screw on; **'~schreiben** (irr, sep, -ge-, h) write on the (black)board; **j-n ~** write to s.o.; (et.) **~ lassen** buy (s.th.) on credit; **'~schreien** (irr, sep, -ge-, h) shout at

'Anschrift f address

'an|schwellen (irr, sep, -ge-, sein) swell (a. fig.); **~schwemmen** ['ʃvɛmən] (sep, -ge-, h) wash ashore

'ansehen 1. (irr, sep, -ge-, h) (have or take a) look at; see; watch (game etc.) (**a. sich ~**); **mit ~** watch, witness; **als ~** look upon as; **man sieht ihm an, dass ...** one can see that...; **2.** 2 n (-s/no pl) reputation

ansehnlich ['anzeːnlɪç] considerable

'ansetzen (sep, -ge-, h) **1.** v/t add (an to); sew on(to); fix, set (date etc.); prepare (dough etc.); **Fett (Rost)** ~ put on weight (rust); **2.** v/i: ~ **zu** prepare for (landing etc.)

'Ansicht f (-/-en) sight, view; fig. opinion, view; **meiner** ~ **nach** in my opinion; **~skarte** f (picture) postcard; **~ssache** f: **das ist** ~ that's a matter of opinion

'anspann|en (sep, -ge-, h) strain; **²ung** f strain

'anspiel|en (sep, -ge-, h): ~ **auf** hint at; **²ung** f (-/-en) hint, allusion

'Ansporn m (-[e]s/no pl) incentive; **²en** (sep, -ge-, h) encourage; spur s.o. on

'Ansprache f address, speech

'ansprech|en (irr, sep, -ge-, h) speak to, address; fig. appeal to; **~end** appealing; **²partner** m s.o. to talk to; contact

'anspringen (irr, sep, -ge-) **1.** v/t (h) jump at; **2.** v/i (sein) engine: start

'Anspruch m claim (**auf** to); → **beanspruchen**; **²slos** modest; book etc.: light; contp. trivial; **²svoll** hard to please; book etc.: demanding

Anstalt ['anʃtalt] f (-/-en) institution; med. mental hospital

'Anstand m (-[e]s/no pl) decency

anständig decent (a. fig.)

anstands|halber ['anʃtantshalbɐ] for decency's sake; **~los** without further ado

anstarren (sep, -ge-, h) stare at

anstatt [anʃtat] instead of

'ansteck|en (sep, -ge-, h) pin on; put on (ring); med. infect; **sich** ~ **bei** catch s.th. from s.o.; → **anzünden**; **~end** infectious (a. fig.); contagious; **²ung** f (-/-en) infection; contagion

'anstehen (irr, sep, -ge-, h) stand in line, esp. Brt. queue (up); **~steigen** (irr, sep, -ge-, sein) rise; **~stellen** (sep, -ge-, h) employ; turn on (TV etc.); F do; be up to; **sich** ~ line up, esp. Brt. queue (up); F (make a) fuss

Anstieg ['anʃtiːk] m (-[e]s/-e) rise, increase

'an|stiften (sep, -ge-, h) incite; **~stimmen** (sep, -ge-, h) strike up (song)

Anstoß m sport: kickoff; fig. initiative; **~ nehmen an** take offense (Brt. offence) at; **²en** (irr, sep, -ge-) **1.** v/t nudge; **2.** v/i clink glasses; ~ **auf** drink to

anstößig ['anʃtøːsɪç] offensive

'an|strahlen (sep, -ge-, h) illuminate; *fig.* beam at *s.o.*; ˈ∼streichen (*irr, sep, -ge-, h*) paint; mark (*mistake etc.*)

anstrengen ['anʃtrɛŋən] (*sep, -ge-, h*) *sich* ∼ try (hard), make an effort, work hard; ˈ∼end strenuous, hard; ˈ2ung *f* (*-/-en*) exertion, strain; effort

ˈAnteil *m* share (*a. econ.*), part, proportion; ∼ **nehmen an** take an interest in; sympathize with; ˈ∼nahme ['∼na:mə] *f* (*-/no pl*) sympathy; interest

Antenne [an'tɛnə] *f* (*-/-n*) antenna, aerial

Anti|alkoholiker(in) ['anti?-ˌbe:bi-] teetotal(l)er; ˈ∼babypille [ˌ∼'be:bi-] *f* birth control pill; ˈ∼biotikum [ˌbi'o:tikum] *n* (*-s/-ka*) antibiotic; ˈ∼blockiersystem [ˌbloˈki:r-] *n mot.* anti-lock braking system

antik [an'ti:k] antique, *hist. a.* ancient; 2e *f* (*-/no pl*) the Classical (or Ancient) World

Antikörper ['anti-] *m* antibody

Antiquari|at [antikva'ria:t] *n* (*-(e)s/-e*) antiquarian (or second-hand) bookstore (*esp. Brt.* bookshop); 2sch [ˌ∼kvaːrɪʃ] second-hand

Antiquitäten [antikvi'tɛːtən] *pl* antiques

antisemit|isch [antize'miːtɪʃ] anti-Semitic; 2ismus [ˌ∼mi'tɪsmʊs] *m* (*-/no pl*) anti-Semitism

Antrag ['antraːk] *m* (*-[e]s/∼e*) application; *parl.* motion; ˈ∼sformular *n* application form; ˈ∼steller [ˌ∼ʃtɛlɐ] *m* (*-s/-*), ˈ∼stellerin *f* (*-/-nen*) applicant

ˈan|treffen (*irr, sep, -ge-, h*) meet, find; ˈ∼treiben (*irr, sep, -ge-*) 1. *v/t* (*h*) *tech.* drive, power; *fig.* urge on; 2. *v/i* (*sein*) float ashore; ˈ∼treten (*irr, sep, -ge-*) 1. *v/i* (*sein*) line up for; 2. *v/t* (*h*) take up (*office*); enter on (*inheritance*); set out on (*journey*)

ˈAntrieb *m* drive (*a. fig.*), propulsion; *fig.* motive, impulse

ˈantun (*irr, sep, -ge-, h*): *j-m et.* ∼ do *s.th.* to *s.o.*; *sich et.* ∼ lay hands on *o.s.*

Antwort ['ant-] *f* (*-/-en*) answer, reply; ˈ2en (*ge-, h*) answer, reply

anvertrauen (*sep, no -ge-, h*): *j-m et.* ∼ (en)trust *s.o.* with *s.th.*; confide *s.th.* to *s.o.*

An|walt ['anvalt] *m* (*-[e]s/∼e*), ˈ∼wältin [ˌ∼vɛltɪn] *f* (*-/-nen*) lawyer, attorney

ˈAnwärter(in) candidate

ˈanweisen (*irr, sep, -ge-, h*) assign (*place, job etc.*); instruct; direct, order; remit (*money*); ˈ2ung *f* (*-/-en*) instruction; order

ˈanwend|en ([*irr,*] *sep, -ge-, h*) use; apply (*force, rule, medicine etc.*); ˈ2ung *f* (*-/-en*) application; use

anwesend ['anveːzənt] pres-

Anwesenheit

ent; '2heit f (-/no pl) presence; '2heitsliste f attendance record (Brt. list)

anwidern ['anviːdərn] (sep, -ge-, h) → anekeln

Anzahl f(-/no pl) number

anzahl|en (sep, -ge-, h) pay on account; **2ung** f down payment

anzapfen (sep, -ge-, h) tap

Anzeichen n symptom; sign

Anzeige ['antsaɪɡə] f (-/-n) advertisement; jur. information; announcement; tech. display, scale; ~erstatten report to the police; '2n (sep, -ge-, h) report to the police; tech. instruments: indicate, show; thermometer: read; '~tafel f scoreboard

anziehen (irr, sep, -ge-, h) put on (clothes etc.); dress (child etc.); tighten (screw etc.); pull (lever etc.); apply (brakes); fig. attract, draw; **sich** ~ get dressed, dress; '~d attractive

Anzug m (-[e]s/¨e) suit

anzüglich ['antsyːklɪç] suggestive

anzünden (sep, -ge-, h) light; set on fire

apart [a'part] striking

apathisch [a'paːtɪʃ] apathetic

Apfel ['apfəl] m (-s/¨-) apple; '~mus n apple sauce; '~saft m apple juice; ~sine [~'ziːnə] f (-/-n) orange; '~wein m (hard) cider

Apostel [a'pɔstəl] m (-s/-) apostle

Apostroph [apo'stroːf] m (-s/-e) apostrophe

Apothe|ke [apo'teːkə] f (-/-n) drugstore, pharmacy, esp. Brt. chemist's (shop); ~ker m (-s/-), ~kerin f (-/-nen) pharmacist, druggist, esp. Brt. chemist

Apparat [apa'raːt] m (-[e]s/-e) apparatus; device; (tele)phone; radio; TV set; camera; **am** ~! speaking!; **am** ~ **bleiben** hold the line

Appartement [apart(ə)'mãː, Swiss: ~'mɛnt] n (-s/-s, Swiss -e) studio

appellieren [apɛ'liːrən] (no ge-, h) appeal (**an** to)

Appetit [ape'tiːt] m (-[e]s/-e) appetite (**auf** for); **guten** ~! enjoy (your meal)!; **2lich** appetizing

Applaus [a'plaʊs] m (-es/no pl) applause

Aprikose [apri'koːzə] f (-/-n) apricot

April [a'prɪl] m (-[s]/no pl) April

Aquaplaning [akva'plaːnɪŋ] n (-(s)/no pl) hydroplaning, Brt. aquaplaning

Aquarell [akva'rɛl] n (-s/-e) watercolor (Brt. -colour)

Aquarium [a'kvaːrĭʊm] n (-s/-rien) aquarium

Äquator [ɛ'kvaːtɔr] m (-s/no pl) equator

Arab|er ['arabər] m (-s/-), ~erin f (-/-nen) Arab; 2isch

[a'ra:bɪʃ] Arabian; Arabic (*script, numeral*)
Arbeit ['arbaɪt] *f (-en)* work, *econ.*, *pol.*, and *in compounds*: a. labo(u)r; employment, job; piece of work; (classroom) test; (research) paper; **~en** (*ge-, h*) work; **~er** *m (-s/-)*, **~erin** *f (/-nen)* worker; **~geber** *m (-s/-)* employer; **~nehmer** *m (-s/-)*, **~nehmerin** *f (/-nen)* employee
Arbeits|amt ['arbaɪts?-] *n* employment office, *Brt. a.* job centre; **~erlaubnis** *f* work permit, *Am. a.* green card; **~los** out of work, unemployed; **~lose** *m, f (-n/-n)* unemployed person; *die ~n pl* the unemployed; **~losengeld** *n* unemployment compensation (*Brt.* benefit); **~losigkeit** *f (/no pl)* unemployment; **~platz** *m* workplace; job; **~speicher** *m computer*: main memory; **~süchtige** *m, f* workaholic; **~tag** *m* workday; **~unfähig** ['~?-] unfit for work; disabled; **~zeit** *f* working hours; *gleitende ~* flexible working hours, *flexitime*, *Brt.* flexitime; **~zeitverkürzung** *f* reduction in working hours; **~zimmer** *n* study
Archäolo|ge [arçɛo'lo:gǝ] *m (-n/-n)*, **~gin** *f (/-nen)* arch(a)eologist; **~gie** [~lo-'gi:] *f (/no pl)* arch(a)eology

Armreif(en)

Architekt [arçi'tɛkt] *m (-en/-en)*, **~in** *f (/-nen)* architect; **~ur** [~'tu:r] *f (/-en)* architecture
Archiv [ar'çi:f] *n (-s/-e)* archives
ARD [a:ɛr'de:] *Arbeitsgemeinschaft der öffentlich-rechtlichen Rundfunkanstalten der Bundesrepublik Deutschland* working pool of the broadcasting corporations of the Federal Republic of Germany
Arena [a're:na] *f (-/Arenen)* ring; *fig.* arena
Ärger ['ɛrgǝr] *m (-s/no pl)* trouble; anger; **~ bekommen** get into trouble; *~ person*: angry; *thing*: annoying
~lich *person*: angry; *thing*: annoying
~n (*ge-, h*) annoy, irritate; *sich ~* be angry
Argument [argu'mɛnt] *n (-[e]s/-e)* argument
Arie ['aːriǝ] *f (/-n)* aria
arm [arm] poor
Arm [~] *m (-[e]s/-e)* arm; branch (*of river etc.*)
Armaturen [arma'tuːrǝn] *pl* instruments; *bathroom etc.*: fixtures; **~brett** *n* dashboard
'Armband *n* bracelet; **~uhr** ['~?-] *f* wristwatch
Armee [ar'me:] *f (-/-n)* army (*a. fig.*)
Ärmel ['ɛrmǝl] *m (-s/-)* sleeve; **~kanal** *m geogr. the* (English) Channel
ärmlich ['ɛrmlɪç] poor (*a. fig.*)
'Armreif(en) *m* bangle

armselig

'**armselig** miserable
Armut ['armu:t] *f* (*-/no pl*) poverty
Aroma [a'ro:ma] *n* (*-s/Aromen, -s, Aromata*) flavor, *Brt.* flavour
Arrest [a'rɛst] *m* (*-es/-e*) detention
arrogant [aro'gant] arrogant
Arsch [arʃ] *m* (*-es/⁓e*) V ass, *Brt.* arse; '⁓**loch** *n* V asshole, *Brt.* arsehole
Art [art] *f* (*-/-en*) kind, sort; *biol.* species; way, manner; '⁓**enschutz** *m* protection of endangered species
Arterie [ar'te:riə] *f* (*-/-n*) artery; ⁓**nverkalkung** *f* arteriosclerosis
artig ['artɪç] good, well-behaved
Artikel [ar'ti:kəl] *m* (*-s/-*) article (*a. gr.*)
Artillerie [artɪlə'ri:] *f* (*-/-n*) artillery
Artist [ar'tɪst] *m* (*-en/-en*), ⁓**in** *f* (*-/-nen*) *mst* acrobat
Arznei [a:rts'naɪ] *f* (*-/-en*), ⁓**mittel** *n* medicine
Arzt [a:rtst] *m* (*-es/⁓e*) doctor
Ärztin ['ɛ:rtstɪn] *f* (*-/-nen*) (lady) doctor
ärztlich ['ɛ:rtstlɪç] medical
'**Arztpraxis** *f* (doctor's) surgery
As [as] *n* (*-ses/-se*) *mus.* A flat; → **Ass**
Asbest [as'bɛst] *m* (*-es/-e*) asbestos
Asche ['aʃə] *f* (*-/ tech. -n*) ash(es); '⁓**nbahn** *f* cinder track; *mot.* dirt track; '⁓**nbecher** *m* ashtray
Ascher'mittwoch *m* Ash Wednesday
Asiat [a'zia:t] *m* (*-en/-en*), ⁓**in** *f* (*-/-nen*), **2isch** *adj* Asian
Asien ['a:ziən] Asia
asozial ['azotsia:l] antisocial
Asphalt [as'falt] *m* (*-[e]s/-e*) asphalt; **2ieren** [⁓'ti:rən] (*no ge-, h*) asphalt
Ass [as] *n* (*-es/-e*) ace (*a. tennis*)
Assistent [asɪs'tɛnt] *m* (*-en/-en*), ⁓**stentin** *f* (*-/-nen*) assistant; ⁓**stenzarzt** *m*, ⁓**stenzärztin** *f* intern, *Brt.* houseman
Ast [ast] *m* (*-es/⁓e*) branch
Astro|**logie** [astrolo'gi:] *f* (*-/no pl*) astrology; ⁓**naut** [⁓'naʊt] *m* (*-en/-en*), ⁓**nautin** *f* (*-/-nen*) astronaut, ⁓**nomie** [⁓no'mi:] *f* (*-/no pl*) astronomy
Asyl [a'zy:l] *n* (*-s/-e*) asylum; ⁓**ant** [azy'lant] *m* (*-en/-en*) asylum seeker; ⁓**antenwohnheim** *n* asylum-seeker's hostel; ⁓**antin** [azy'lantɪn] *f* (*-/-nen*) asylum seeker; ⁓**bewerber(in)** asylum seeker; ⁓**recht** *n* right of asylum
Atelier [atə'lie:] *n* (*-s/-s*) studio
Atem ['a:təm] *m* (*-s/no pl*) breath; **außer** ⁓ out of breath; (**tief**) ⁓ **holen** take a (deep) breath; '**2beraubend**

breathtaking; **˙los** breathless; **˷pause** *f* F breather; **˷zug** *m* breath

Äther ['ɛːtər] *m* (-*s*/*no pl*) ether

Äthiopien [ɛ'tĭoːpĭən] Ethiopia

Athlet [at'leːt] *m* (-*en*/-*en*, **˷in** *f* (-/-*nen*) athlete; **2isch** athletic

Atlantik [at'lantik] *m* (-*s*/*no pl*) the Atlantic (Ocean)

Atlas ['atlas] *m* (-,-*ses*/-*se*, *Atlanten*) atlas

atmen ['aːtmən] (*ge-*, *h*) breathe

Atmosphäre [atmɔ'sfɛːrə] *f* (-/-*n*) atmosphere

'Atmung *f* (-/*no pl*) breathing

Atoll [a'tɔl] *n* (-*s*/-*e*) atoll

Atom [a'toːm] *n* (-*s*/-*e*) atom; *in compounds:* nuclear; **˷ar** [ato'maːr] atomic, nuclear; **˷bombe** *f* atom(ic) bomb; **˷gegner** *m* anti-nuclear activist; **˷kern** *m* (atomic) nucleus; **˷krieg** *m* nuclear war; **˷müll** *m* nuclear waste; **˷sperrvertrag** [˷ʃpɛr-] *m* nonproliferation treaty; **2˷waffenfrei** nuclear-free

Attentat ['atɛntaːt] *n* (-[*e*]*s*/-*e*) assassination (attempt); *Opfer e-s ˷s werden* be assassinated; **˷täter(in)** assassin

Attest [a'tɛst] *n* (-*es*/-*e*) certificate

Attraktion [atrak'tsĭoːn] *f* (-/-*en*) attraction; **2tiv** [˷'tiːf] attractive

Attrappe [a'trapə] *f* (-/-*n*) dummy

ätzend ['ɛtsənt] corrosive, caustic (*a. fig.*); *sl.* gross, *esp. Brt.* crappy; *(das ist) echt ˷* it's the pits

au [au] *int.* oh!; ouch!

Aubergine [obɛr'ʒiːnə] *f* (-/-*n*) eggplant, *bsd. Brt.* aubergine

auch [aux] also, too, as well; even; *ich ˷* so am (do) I, me too; **˷ nicht** not ... either; *was ˷ (immer)* whatever; *wenn ˷* even if

Audienz [au'dĭɛnts] *f* (-/-*en*) audience

auf [auf] *prp and adv* on (*the table, road, trip, screen etc.*); in (*the picture, street, field, world etc.*); at (*the station, office, party etc.*); **˷ der Welt** in the world; **˷ Deutsch** in German; **˷ und ab** up and down; **˷ sein** door, store, eyes *etc.*: be open; *person:* be up; *˷gehts!* let's go!

aufatmen ['auf-] (*sep*, *-ge-*, *h*) breathe a sigh of relief

'Aufbau *m* (-[*e*]*s*/*no pl*) building (up); structure; **2en** (*sep*, *-ge-*, *h*) build (up); construct; **˷ auf** *fig.* be based on

'aufbekommen (*irr*, *sep*, *no -ge-*, *h*) get *s.th.* open; be given (*task etc.*); **˷bereiten** (*sep*, *no -ge-*, *h*) process, treat; **˷bewahren** (*sep*, *-ge-*, *h*) keep; store; **˷blasen** (*irr*, *sep*, *-ge-*, *h*) blow

aufbleiben

up; '~bleiben (*irr, sep, -ge-, sein*) stay up; *door etc.:* stay open; '~blenden (*sep, -ge-, h*) *mot.* turn the headlights up; '~blicken (*sep, -ge-, h*) look up; '~blühen (*sep, -ge-, sein*) blossom (out); '~brausen (*sep, -ge-, sein*) fly into a temper; '~brechen (*irr, sep, -ge-*) **1.** *v/t* (*h*) break (*or* force) open; **2.** *v/i* (*sein*) burst open; leave, set off (*nach* for); '2bruch *m* departure; ~bürden (*sep, -ge-, h*): *j-m et.* ~ burden s.o. with s.th.; '~decken (*sep, -ge-, h*) uncover; '~drängen (*sep, -ge-, h*) force *s.th.* on *s.o.*; *sich* ~ *idea:* suggest itself; *sich j-m* ~ force o.s. on s.o.; '~drehen (*sep, -ge-, h*) **1.** *v/t* turn on (*water etc.*); **2.** *v/i* F step on it, step on the gas; '~dringlich obtrusive; '2druck *m* (*-[e]s/-e*) imprint

aufeinander [auf'aɪ'nandər] on top of each other; one after another; ~ *folgend* successive

Aufenthalt ['aʊfɛnthalt] *m* (*-[e]s/-e*) stay, *rail.* stop; *aviat.* stopover

'Aufenthalts|genehmigung *f* residence permit; '~ort *m* whereabouts; '~raum *m* common room; *hotel:* lounge

Auferstehung ['aʊfʔɛrʃteːʊŋ] *f* (*-/no pl*) resurrection

auf|essen ['aʊfʔ-] (*irr, sep, -ge-, h*) eat up; '~fahren (*irr, sep, -ge-, sein*) *mot.* crash (*auf* into); *fig.* start up; '2fahrt *f* drive(way); 2fahrunfall ['..faːrʔ-] *m* rear-end collision; '~fallen (*irr, sep, -ge-, sein*) attract attention; *j-m* ~ strike s.o.; '~fallend, '~fällig striking, conspicuous; flashy (*clothes etc.*); '~fangen (*irr, sep, -ge-, h*) catch

'auf|fass|en (*sep, -ge-, h*) understand (*als* as); '2ung *f* view; '2ungsgabe *f* (*-/no pl*) grasp

'aufforder|n (*sep, -ge-, h*) ask; tell; '2ung *f* request; demand; summons

'auffrischen (*sep, -ge-, h*) freshen up; brush up (*knowledge*)

'aufführ|en (*sep, -ge-, h*) *thea. etc.*: perform, present; list (*items etc.*);*einzeln* ~ specify, itemize; *sich* ~ behave; '2ung *f* performance

'Aufgabe *f* task, job; duty; *math.* problem; *school:* exercise; homework; giving up

'Aufgang *m* way up; staircase; *astr.* rising

'auf|geben (*irr, sep, -ge-, h*) *v/t* give up (*a. v/i*); insert (*ad*); mail, post (*letter etc.*); send (*telegram*); check (*baggage etc.*); set (*homework*); place (*order*); '~gehen (*irr, sep, -ge-, sein*) open; *sun,*

aufmuntern

dough etc.: rise; *math.* come out (even)
aufge|legt ['aufgəlekt]: **zu et.** ~ **sein** feel like (doing) s.th.; → **gelaunt**; ~**regt** [~rɛːkt] excited; nervous; ~**schlossen** *fig.* open-minded; ~ **für** open to; ~**weckt** ['~vɛkt] bright
'aufgreifen (*irr*, *sep*, *-ge-*, *h*) pick up
auf'grund because of
auf|haben (*irr*, *sep*, *-ge-*, *h*) **1.** *v/t* have on, wear; have to do (*homework*); **2.** *v/i* store: be open; ~**halten** (*irr*, *sep*, *-ge-*, *h*) stop, hold up; keep open (*eyes, door etc.*); **sich** ~ stay
aufhän|gen (*sep*, *-ge-*, *h*) hang (up); **j-n** ~ hang s.o.; **²ger** *m* (*-s/-*) tab
auf|heben (*irr*, *sep*, *-ge-*, *h*) pick up; keep; abolish; ~**heitern** (*sep*, *-ge-*, *h*) cheer up; ~**hellen** *sich* ~ clear up; ~**hellen** (*sep*, *-ge-*, *h*) brighten (*a. sich* ~); ~**hetzen** (*sep*, *-ge-*, *h*): ~ **gegen** set s.o. against; ~**holen** (*sep*, *-ge-*, *h*) **1.** *v/t* make up for (*lost time*); **2.** *v/i* catch up (*gegen* with); ~**hören** (*sep*, *-ge-*, *h*) stop; **mit et.** ~ stop (doing) s.th.; ~**kaufen** (*sep*, *-ge-*, *h*) buy up; ~**klären** (*sep*, *-ge-*, *h*) clear up (*a. sich* ~); **j-n** ~ inform s.o. (*über* about); F tell s.o. the facts of life; ~**kleben** (*sep*, *-ge-*, *h*) stick on; **²kleber** *m* (*-s/-*) sticker; ~**knöp-**

fen (*sep*, *-ge-*, *h*) unbutton; **'~kommen** (*irr*, *sep*, *-ge-*, *sein*) come up; come into fashion (*or* use); *doubts etc.*: arise; ~ **für** pay (for); **'~laden** (*irr*, *sep*, *-ge-*, *h*) load; *electr.* charge
'Auflage *f book*: edition; *newspaper*: circulation
'auflassen (*irr*, *sep*, *-ge-*, *h*) leave open; keep on (*hat etc.*)
'Auflauf *m* casserole; **²en** (*irr*, *sep*, *-ge-*, *sein*) ship: run aground
'auf|leben (*sep*, *-ge-*, *sein*) come to life again; (*wieder*) ~ **lassen** revive; **'~legen** (*sep*, *-ge-*, *h*) **1.** *v/t* put on; **2.** *v/i tel.* hang up; **'~lehnen** (*sep*, *-ge-*, *h*): **sich** ~ **lean** (*auf* on); **sich** ~ (*gegen*) revolt (against); **'~lesen** (*irr*, *sep*, *-ge-*, *h*) pick up; **'~leuchten** (*sep*, *-ge-*, *h*) flash (up)
auflös|en (*sep*, *-ge-*, *h*) dissolve (*a. sich* ~); (*sich in s-e Bestandteile*) ~ disintegrate; *fig.* (*puzzle, equation etc.*) solve; **²ung** *f* (*-/no pl*) (dis)solution; disintegration
'aufmach|en (*sep*, *-ge-*, *h*) open; **sich** ~ set out; **²ung** *f* (*-/-en*) getup
aufmerksam ['aufmɛrkzaːm] attentive; thoughtful; **j-n** ~ **machen auf** call s.o.'s attention to; **²keit** *f* (*-/-en*) attention; (*kleine*) ~ little present
'aufmuntern (*sep*, *-ge-*, *h*) cheer up

Aufnahme

Aufnahme ['aufnaːmə] *f* (*-/ -n*) taking up (*of work etc.*); reception; admission; *phot.* photo(graph), recording; *film:* shooting; '**~gebühr** *f* admission (*or* entrance) fee; '**~prüfung** *f* entrance examination

'**auf|nehmen** (*irr, sep, -ge-, h*) take up; pick up; put *s.o.* up, take in (*a.* intellectually); hold, contain; receive; admit (*to club, school etc.*); *phot.* take a picture of; record (*music etc.*); shoot (*film*); '**~passen** (*sep, -ge-, h*) pay attention; **~ auf** take care of, look after; **pass auf!** look out!

'**Aufprall** *m* (*-[e]s/no pl*) impact; '**2en** (*sep, -ge-, sein*): **~ auf** hit; *mot. a.* crash into

'**auf|pumpen** (*sep, -ge-, h*) pump up; **~putschen** ['~putʃən] (*sep, -ge-, h*) pep up; '**2putschmittel** *n* stimulant, pep pill; '**~räumen** (*sep, -ge-, h*) tidy up, clean up (*a. fig.*)

'**aufrecht** upright (*a. fig.*); **~erhalten** ['~'~] (*irr, sep, no ge-, h*) maintain

'**aufrege|n** (*sep, -ge-, h*) excite; **sich ~** get upset (*über* about); '**~end** exciting; **2ung** *f* (*-/-en*) excitement

'**aufreibend** stressful; '**~reißen** (*irr, sep, -ge-, h*) tear open; fling open (*door, etc.*); open wide (*eyes etc*); F *fig.* pick up (*girl etc.*); '**~rei**zend provocative; '**~richten** (*sep, -ge-, h*) put up, raise; **sich ~** stand up; sit up (*in bed etc.*); '**~richtig** sincere, frank; '**~rollen** (*sep, -ge-, h*) roll up; unroll; '**~rücken** (*sep, -ge-, sein*) move up

'**Aufruf** *m* call; appeal (**zu** for); '**2en** (*irr, sep, -ge-, h*) call on *s.o.*

Aufruhr ['aufruːr] *m* (*-[e]s/no pl*) revolt; riot; '**2rührerisch** rebellious

'**aufrunden** (*sep, -ge-, h*) round off

'**aufrüst|en** (*sep, -ge-, h*) (re)arm; '**2ung** *f* (re)armament

'**aufsagen** (*sep, -ge-, h*) say, recite

'**Aufsatz** *m* essay; composition; *tech.* top

'**aufsaugen** (*irr, sep, -ge-, h*) absorb; '**~schieben** (*irr, sep, -ge-, h*) *fig.* put off, postpone

'**Aufschlag** *m* impact; *econ.* extra charge; lapel (*of coat etc.*); cuff (*of slacks etc.*), *Brt.* turnup; *tennis:* service; serve; **~ Becker** Becker to serve; '**2en** (*irr, sep, -ge-, h*) 1. *v/t* (**h**) open (*book, eyes etc.*); pitch (*tent*); cut (*knee etc.*); 2. *v/i* (**h**) serve, 3. *v/i* (**sein**): **auf dem Boden ~** hit the ground

'**Aufschläger(in)** *tennis:* server

'**auf|schließen** (*irr, sep, -ge-,*

Auftakt

h) unlock, open; '**~schneiden** (*irr*, *sep*, *-ge-*, *h*) **1.** *v/t* cut open; cut up (*meat etc.*); **2.** *v/i* F brag, boast
'**Aufschnitt** *m* (*-[e]s/no pl*) cold cuts, (slices of) cold meat
'**auf**|**schnüren** ['aufʃnyːrən] (*sep*, *-ge-*, *h*) untie; unlace (*shoe etc.*); '**~schrauben** (*sep*, *-ge-*, *h*) unscrew; '**~schrecken** (*sep*, *-ge-1*, *h*) startle; **2.** *v/i* (*sein*) start (up)
'**Aufschrei** *m* (*fig.* out)cry
'**aufschrei**|**ben** (*irr*, *sep*, *-ge-*, *h*) write down; '**~en** (*irr*, *sep*, *-ge-*, *h*) cry out, scream
'**Auf**|**schrift** *f* inscription; '**~schub** ['aufʃuːp] *m* (*-[e]s/⸚e*) delay; respite; '**~schwung** *m econ.* boom; *gymnastics:* swing-up
'**Aufsehen** *n* (*-s/no pl*) ~ **erregen** attract attention; cause a sensation; ~ **erregend** sensational
'**Aufseher** *m* (*-s/-*), '**~in** *f* (*-/-nen*) guard
'**auf**|**setzen** (*sep*, *-ge-*, *h*) put on (*hat etc.*); draw up (*document*); *aviat.* touch down; *sich* ~ sit up; *Wasser* ~ put some water on to boil
'**Aufsicht** *f* (*-/no pl*) supervision, control; '**~sbehörde** *f* government agency (*or* commission); '**~srat** *m* supervisory board; board (of directors)
'**auf**|**spannen** (*sep*, *-ge-*, *h*) put up (*umbrella*); '**~sparen** (*sep*, *-ge-*, *h*) save; '**~sperren** (*sep*, *-ge-*, *h*) unlock; '**~spielen** (*sep*, *-ge-*, *h*): *sich* ~ show off; '**~spießen** (*sep*, *-ge-*, *h*) spear; gore (*with horns*); '**~springen** (*irr*, *sep*, *-ge-*, *sein*) jump up; *door etc.*: fly open; *lips etc.*: chap; '**~stampfen** (*sep*, *-ge-*, *h*) stamp (one's foot)
'**Aufstand** *m* revolt; **⸚ständisch** ['aufʃtɛndɪʃ] rebellious; **~ständische** *pl* rebels
'**auf**|**stapeln** (*sep*, *-ge-*, *h*) pile up; '**~stecken** (*sep*, *-ge-*, *h*) put up (*hair*); '**~stehen** (*irr*, *sep*, *-ge-*, *sein*) get up; F *door:* be open; '**~steigen** (*irr*, *sep*, *-ge-*, *sein*) rise; *in career:* be promoted (*a. sport*); ~ **auf** get on (*horse, bicycle etc.*)
'**aufstell**|**en** (*sep*, *-ge-*, *h*) set up, put up; nominate (*candidate, player etc.*); draw up (*bill*); set (*record*); make up (*list etc.*); '**~ung** *f* nomination; list; *sport:* line-up
'**Aufstieg** ['aufʃtiːk] *m* (*-[e]s/-e*) ascent; *fig. a.* rise; *sport:* promotion
'**auf**|**stoßen** (*irr*, *sep*, *-ge-*, *h*) **1.** *v/t* push open; **2.** *v/i* belch; '**~stützen** (*sep*, *-ge-*, *h*) lean (*auf* on); '**~suchen** (*sep*, *-ge-*, *h*) visit; see (*doctor etc.*)
'**Auftakt** *m* (*-[e]s/no pl*) *fig.* prelude

'auf|tanken (*sep*, *-ge-*, *h*) fill up; (re)fuel; **'~tauchen** (*sep*, *-ge-*, *sein*) appear; *naut.* surface; **'~tauen** (*sep*, *-ge-*) **1.** *v/t* (*h*) thaw; defrost (*food*); **2.** *v/i* (*sein*) thaw; **'~teilen** (*sep*, *-ge-*, *h*) divide (up)

Auftrag ['aʊftraːk] *m* (-[e]s/ -̈e) instructions, order (*a. econ.*); *mil.* mission; *im ~ von* on behalf of; **'2en** [-gən] (*irr*, *sep*, *-ge-*, *h*) serve (*meal*); apply (*paint etc.*); *j-m et. ~* tell s.o. to do s.th.; **'~geber** *m* (-*s/-*), **'~geberin** *f* (-*/-nen*) customer, client

'auftrennen (*sep*, *-ge-*, *h*) undo

'auftreten 1. *v/i* (*irr*, *sep*, *-ge-*, *sein*) behave, act; occur; *~ als* appear as; **2.** 2 *n* (-*s/no pl*) appearance; behavior, *Brt.* behaviour

Auftrieb *m* (-[e]s/*no pl*) *phys.* buoyancy; *fig.* impetus, stimulus

'Auftritt *m* appearance

'auf|wachen (*sep*, *-ge-*, *sein*) wake up; **'~wachsen** (*irr*, *sep*, *-ge-*, *sein*) grow up

Aufwand ['aʊfvant] *m* (-[e]s/ *no pl*) cost, expense; effort; luxury, extravagance; **'2- wändig** costly; extravagant

'aufwärmen (*sep*, *-ge-*, *h*) warm up

aufwärts ['aʊfvɛrts] upward(s)

'auf|wecken (*sep*, *-ge-*, *h*) wake up; **'~weichen** (*sep*, *-ge-*, *h*) soften; **'~weisen** (*irr*, *sep*, *-ge-*, *h*) show; **'~wenden** ([*irr.*] *sep*, *-ge-*, *h*) spend (*für* on); **'2wendig** = *aufwändig*

'aufwerten (*sep*, *-ge-*, *h*) revalue; *fig.* upgrade; **'2ung** *f* (-/-*en*) revaluation

'auf|wickeln (*sep*, *-ge-*, *h*) wind up (*a. sich ~*); put (*hair*) in curlers; **'~wiegeln** ['-viːgəln] (*sep*, *-ge-*, *h*) stir up, incite; **'~wiegen** (*irr*, *sep*, *-ge-*, *h*) *fig.* make up for; **'~wirbeln** (*sep*, *-ge-*, *h*) whirl up; (*viel*) *Staub ~* cause quite a stir; **'~wischen** (*sep*, *-ge-*, *h*) wipe up; **'~zählen** (*sep*, *-ge-*, *h*) list, name

'aufzeichn|en (*sep*, *-ge-*, *h*) TV, *radio etc.*: record; *video*: videotape, F tape, *bsd.* *Brt.* video; *on paper*: draw; **'2ung** *f* recording; **~en** *pl* notes

'aufziehen (*irr*, *sep*, *-ge-*, *h*) draw up, pull up; (pull) open; wind (up) (*clock etc.*); bring up (*child*); *j-n ~* F tease s.o.

'Aufzug *m* elevator, *Brt.* lift; *thea.* act; F getup

'aufzwingen (*irr*, *sep*, *-ge-*, *h*): *j-m et. ~* force s.th. upon s.o.

Augapfel ['aʊkʔ-] *m* eyeball

Auge ['aʊɡə] *n* (-*s/-n*) eye; *aus den ~n verlieren* lose sight of; *unter vier ~n* in private; *et. scharf im ~ behalten* keep a close (*or* careful) watch on s.th.

Augen|arzt ['aʊɡən?-] *m*, **~ärztin** ['-?-] *f* eye specialist (*or* F doctor), ophthalmologist; **~blick** *m* moment; **'2blicklich 1.** *adj* present; immediate; **2.** *adv* at present; immediately; **~braue** *f* eyebrow; **~licht** *n* (-[e]s/*no pl*) eyesight; **~zeuge** *m* eyewitness

August [aʊˈɡʊst] *m* (-s/*no pl*) August

Auktion [aʊkˈtsjoːn] *f* (-/-en) auction; **~ator** [˯oˈnaːtɔr] *m* (-s/-en) auctioneer

Aula ['aʊla] *f* (-/-len, -s) auditorium, (assembly) hall

aus [aʊs] **1.** *prp and adv of place: mst* out of, from; *material:* of; *reason:* out of; *switch etc.:* out, off; *over, finished; sport:* out; *ein – aus* F on – off; **~ sein** to be out (*or* over); **~ sein auf** to be out for; be after (*s.o.'s money*); **2.** 2 *n* (-/*no pl*): **der Ball ist im ~** the ball's out of play

aus|arbeiten ['aʊs?-] (*sep, -ge-, h*) work out; prepare; **~atmen** ['-?-] (*sep, -ge-, h*) breathe out; **~bauen** (*sep, -ge-, h*) extend; complete; remove (*motor etc.*); improve (*relations etc.*); **~bessern** (*sep, -ge-, h*) mend, repair

'Ausbeute *f* profit; yield; **2n** (*sep, -ge-, h*) exploit (*a. fig*)

'ausbil|den (*sep, -ge-, h*) train, instruct; **2der** *m* (-s/-), **2derin** *f* (-/-nen) instructor; **'2dung** *f* training

'ausbleiben (*irr, sep, -ge-, sein*) *thing:* not take place; *person:* not come, not turn up

'Ausblick *m* outlook

'aus|brechen (*irr, sep, -ge-, sein*) break out; **~ in** burst into; **~breiten** (*sep, -ge-, h*) spread (out); stretch (out) (*arms, wings etc.*); **sich ~** spread

'Ausbruch *m* outbreak; escape, breakout; eruption (*of volcano*); (out)burst (*of feelings etc.*)

'ausbrüten (*sep, -ge-, h*) hatch (*a. fig*)

'Ausdauer *f* perseverance, endurance; **'2nd** persevering

'ausdehn|en (*sep, -ge-, h*) stretch; fig. expand, extend (*all a. sich ~*); **'2ung** *f* (-/*no pl*) expansion; extension

'aus|denken (*irr, sep, -ge-, h*): **sich ~** think s.th. up, invent; imagine; **~drehen** (*sep, -ge-, h*) turn off

'Ausdruck *m* **1.** (-[e]s/*~e*) expression; **2.** (-[e]s/-e) *computer:* printout; **2en** (*sep, -ge-, h*) *computer:* print out

'ausdrück|en (*sep, -ge-, h*) put out (*cigarette etc.*); express; **~lich** ['~dryklıç] express, explicit

'ausdrucks|los expressionless; **~voll** expressive; **'2weise** *f* style; language

'Ausdünstung *f* odor; *Brt.* odour

auseinander

auseinander [aʊsʔaɪˈnandər] apart; separate(d); ~ **bringen** separate; ~ **gehen** separate, part; *opinions:* differ; ~ **halten** tell apart; ~ **nehmen** take apart (*a. fig.*); ~ **setzen** place (or seat) apart; **sich** ~ **mit** deal with; argue with s.o.; **˚setzung** f (*-/-en*) argument; **kriegerische** ~ armed conflict

'auserlesen choice

'aus|fahren (*irr, sep, -ge-, h*) take (*baby etc.*) out; deliver (*goods*); **˚fahrt** f drive, ride; *mot.* exit; drive(way); ~ **freihalten!** do not block exit (or drive)!

'Ausfall m failure; loss; **˚en** (*irr, sep, -ge-, sein*) fall out; not take place, be called off, be canceled (*Brt.* cancelled); *tech., mot.* break down, fail; *result:* turn out; ~ **lassen** cancel; **die Schule fällt aus** there is no school; **˚end** *be* insulting

Ausfertigung [ˈaʊsfɛrtɪɡʊŋ] f (*-/-en*) drawing up; **in doppelter** ~ in two copies

aus|findig [ˈaʊsfɪndɪç]: ~ **machen** find; ~ **flippen** [ˈ~flɪpən] (*sep, -ge-, sein*) F freak out

Ausflüchte [ˈaʊsflʏçtə] *pl* excuses

'Ausflug m trip, excursion

'ausfragen (*sep, -ge-, h*) question (**über** about); pump

Ausfuhr [ˈaʊsfuːr] f (*-/-en*) export(ation)

'ausführ|en (*sep, -ge-, h*) take s.o. out; *econ.* export; carry out, perform, execute; explain; **˷lich** [ˈ~fyːr-] **1.** *adj* detailed; comprehensive; **2.** *adv* in detail; **˚ung** f execution; workmanship; type, model, design

'ausfüllen (*sep, -ge-, h*) fill out (*or* in)

'Ausgabe f distribution; *book:* edition; *money:* expense; *computer:* output

'Ausgang m **1.** (*-[e]s/-we*) exit, way out; **2.** (*-[e]s/no pl*) end; *story:* ending; outcome, upshot; **˷spunkt** m starting point

'ausgeben (*irr, sep, -ge-, h*) spend (*money*); hand out (*food etc.*); **sich** ~ **als** pass o.s. off as; F **einen** ~ buy s.o. a drink

ausge|beult [ˈaʊsɡəbɔʏlt] baggy; **˷bucht** [ˈ~buːxt] booked out; **˷dehnt** [ˈ~deːnt] extensive; **˷fallen** unusual, F off-beat; **˷glichen** (well-)balanced, *character, climate: a.* equable

'ausgehen (*irr, sep, -ge-, sein*) go out; *hair:* fall out; *money, supply etc.:* run out; end; **davon** ~, **dass** assume that

ausge|lassen cheerful; **˷lastet: voll** ~ **sein** be fully stretched; **˷nommen** ex-

cept; **~geprägt** ['~prɛkt] marked; **~rechnet** ['~rɛçnət]: ~ er he of all people; ~ **heute** today of all days; **'~schlossen** out of the question; **'~sprochen** decidedly; **~sucht** ['~zu:xt] choice; select; **'~wogen** (well-)balanced; **meal**: substantial; **~zeichnet** ['~tsaɪçnət] excellent
ausgiebig ['aʊsgi:bɪç] thorough; *meal*: substantial
'ausgießen (*irr, sep, -ge-, h*) pour out
Ausgleich ['aʊsglaɪç] *m* (-[e]s*/-e*) compensation; *sport*: even score, *Brt.* equalizer; **'2en** (*irr, sep, -ge-, h*) 1. *v/t* balance (*a. econ. accounts*); compensate (for), make up for (*loss etc.*); 2. *v/i sport*: make the score even, *Brt.* equalize; **2end**: **~e Gerechtigkeit** poetic justice
'Ausgleichs|tor *n*, **~treffer** *m* equalizer
'ausgrab|en (*irr, sep, -ge-, h*) dig out, dig up; **~ungen** *pl* excavations
'ausgrenzen (*sep, -ge-, h*) isolate, exclude
'Ausguss *m* (kitchen) sink
'aushalten (*irr, sep, -ge-, h*) bear, stand; **~händigen** ['~hɛndɪɡən] (*sep, -ge-, h*) hand over
'Aushang *m* notice
'aus|hängen *v/t* (*sep, -ge-, h*) hang out, put up; unhinge (*door etc.*); **~harren** ['~haran] (*sep, -ge-, h*) hold out; **~helfen** (*irr, sep, -ge-, h*) help out
Aushilfe *f* (temporary) help; **'~s...** *in compounds*: temporary ...
'aus|holen (*sep, -ge-, h*) swing one's arm back; ~ *mit* raise; **~horchen** (*sep, -ge-, h*) sound; **~kennen** (*irr, sep, -ge-, h*): **sich** ~ *in* know one's way around *a place*; *fig.* know all about *s.th.*; **~klopfen** (*sep, -ge-, h*) knock out (*pipe etc.*)
'auskommen 1. *v/i* (*irr, sep, -ge-, sein*) get by; ~ *mit* manage with *s.th.*; get on with *s.o.*; **2.** ~ (*-s/no pl*) **sein** ~ **haben** make a (decent) living
'auskundschaften (*sep, -ge-, h*) explore
Auskunft ['aʊskʊnft] *f* (-*/-e*) information; information desk; *tel.* information, *Brt.* directory inquiries
'aus|lachen (*sep, -ge-, h*) laugh at; **~laden** (*irr, sep, -ge-, h*) unload; disinvite *s.o.*
Auslage *f* (window) display; **~n** *pl* expenses
Ausland *n* (-[e]s*/no pl*): *das* ~ foreign countries; *ins* ~, *im* ~ abroad
Ausländer ['aʊslɛndər] *m* (-*s/-*) foreigner; *Gewalt gegen* ~ anti-foreigner violence; **~feindlichkeit** *f* (-*/no*

Ausländerhass

pl), **'~hass** *m* hostility to foreigners, xenophobia; **'~in** *f* (*-/-nen*) foreigner

ausländisch ['auslɛndɪʃ] foreign

'Auslands|gespräch *n* international call; **'~korrespondent(in)** foreign correspondent

'auslass|en (*irr, sep, -ge-, h*) leave out; let out (*seam*); melt (*fat etc.*); miss out (*s.o.*); **s-e Wut ~ an** take it out on; **sich ~ über** hold forth on; **e-n Tanz ~** sit out a dance; **'~ungszeichen** *n* apostrophe

'aus|laufen (*irr, sep, -ge-, sein*) run out; *mar.* sail; end, come to an end; *contract:* expire; **~ lassen** phase out (*product etc.*); **'~legen** (*sep, -ge-, h*) lay out; display (*goods etc.*); carpet (*floor*); line (*cupboard*); advance (*money*); interpret; **'~leihen** (*irr, sep, -ge-, h*) lend (out); **sich ~** borrow

'Auslese *f* (*-/-n*) selection; *fig.* pick, elite; **'2n** (*irr, sep, -ge-, h*) pick out, select; finish (*book*)

'ausliefer|n (*sep, -ge-, h*) hand over; *pol.* extradite; *econ.* deliver; **'2ung** *f* delivery; extradition

'aus|löschen (*sep, -ge-, h*) put out; *fig.* wipe out; **'~losen** (*sep, -ge-, h*) draw lots for

'auslö|sen (*sep, -ge-, h*) *tech.* release; redeem (*prisoner, pawn etc.*); cause, start (*war, feelings etc.*); trigger *s.th.* off; **'2ser** *m* (*-s/-*) (*phot.* shutter) release; **der ~ war** what triggered it off was

ausmachen (*sep, -ge-, h*) put out (*fire etc.*); turn off (*light, TV, radio etc.*); agree on (*price etc.*); arrange (*time, date*); make up, constitute (*special appeal etc.*); amount to (*certain sum*); sight (*s.th. small etc.*); **macht es Ihnen et. aus (, wenn ...)?** do you mind (if ...)?

'Ausmaß *n* extent

'ausmessen (*irr, sep, -ge-, h*) measure

Ausnahm|e ['ausna:mə] *f* (*-/-n*) exception; **'~ezustand** *m* state of emergency; **'2slos** without exception; **'2sweise** by way of exception; for once

'aus|nehmen (*irr, sep, -ge-, h*) *gastr.* clean; except, exclude (*s.o.*); F deceitful: fleece, take *s.o.* to the cleaners; **'~nutzen** (*sep, -ge-, h*) use, take advantage of (*a. contp.*); → **ausbeuten**; **'~packen** (*sep, -ge-, h*) unpack; **'~pfeifen** (*sep, -ge-, h*) boo (*at*); *thea. a.* boo *s.o.* off the stage; **'~pressen** (*sep, -ge-, h*) squeeze (out); **'~probieren** (*sep, no -ge-, h*) try (out)

Auspuff ['aʊspʊf] *m* (-[e]s/-e) exhaust; **~gase** ['~gaːzə] *pl* exhaust fumes; **~rohr** *n* tail pipe, *Brt.* exhaust (pipe); **~topf** *m* muffler, *esp. Brt.* silencer

aus|radieren (*sep, no -ge-, h*) erase; *fig.* wipe out; **~rangieren** (*sep, no -ge-, h*) discard; **~rauben** (*sep, -ge-, h*) rob; **~räumen** (*sep, -ge-, h*) empty, clear; **~rechnen** (*sep, -ge-, h*) calculate, work out

Ausrede *f* excuse; **2n** (*sep, -ge-, h*) **1.** *v/i* finish speaking; **~lassen** hear *s.o.* out; **2.** *v/t*: *j-m et.* **~** talk *s.o.* out of *s.th.*

'ausreichen (*sep, -ge-, h*) be enough; **~d** sufficient; *ped. grade,* mark: D

Ausreise *f* departure; **2n** (*sep, -ge-, sein*) leave (a *or* one's country); **~visum** *n* exit visa

aus|reißen (*irr, sep, -ge-*) **1.** *v/t* pull out, tear out; **2.** *v/i* (*sein*) F run away; **~renken** (*sep, -ge-, h*): *sich den Arm etc.* **~** dislocate one's arm *etc.*; **~richten** (*sep, -ge-, h*) align; pass on (*message etc.*); achieve; organize (*party etc.*); *j-m Grüße* **~ lassen** give *s.o.* one's regards; **~rotten** ['~rɔtən] (*sep, -ge-, h*) wipe out (*a. fig.*)

Ausruf *m* cry, shout; **2en** (*irr, sep, -ge-, h*) cry, shout, exclaim; call out (*name etc.*); **~ungszeichen** *n* exclamation mark

ausruhen (*sep, -ge-, h*) rest (*a. sich* **~**)

ausrüst|en (*sep, -ge-, h*) equip; **~ung** *f* equipment

ausrutschen (*sep, -ge-, sein*) slip

Aussag|e *f* statement; *jur.* evidence; *fig.* message (*of book etc.*); **2en** (*sep, -ge-, h*) state, declare; *jur.* testify, give evidence

aus|schalten (*sep, -ge-, h*) switch off; *fig.* eliminate; **~schauen** (*sep, -ge-, h*): **~ nach** be on the lookout for; **~scheiden** (*irr, sep, -ge-*) **1.** *v/i* (*sein*) be ruled out; *sport etc.*: drop out; **~ aus** leave (*firm etc.*); **2.** *v/t* (*h*) eliminate; *med.* secrete; **~schimpfen** (*sep, -ge-, h*) scold; **~schlafen** (*irr, sep, -ge-*) **1.** *v/i and v/refl* (*sich* **~**) sleep in; **2.** *v/t: s-n Rausch* **~** sleep it off

Ausschlag *m* (-[e]s/rare -e) *med.* rash; deflection (*of needle*); *den* **~ geben** decide the issue; **2en** ['~ɡən] (*irr, sep, -ge-, h*) **1.** *v/i* horse: kick out; *bot.* sprout, bud; *needle*: deflect; **2.** *v/t* knock out (*tooth etc.*); turn down (*invitation etc.*); **2gebend** ['~k-] decisive

ausschließ|en (*sep, -ge-, h*) lock out; *fig. not consider:* exclude; expel (*from party*

ausschließlich

etc.); *sport*: disqualify; '**~lich** exclusive(ly)

'**Ausschluss** *m* exclusion; school *etc.*: expulsion; *sport*: disqualification

'**aus|schmücken** (*sep, -ge-, h*) decorate; *fig.* embellish; '**~schneiden** (*irr, sep, -ge-, h*) cut out

'**Ausschnitt** *m* neck(line) (*of dress etc.*); (*newspaper*) clipping, *Brt.* cutting; *fig.* part; excerpt, extract (*from book, speech etc.*); **mit tiefem ~** low-necked

'**ausschreiben** (*irr, sep, -ge-, h*) write out; advertise (*job opening*)

Ausschreitungen ['aʊsʃraɪtʊŋən] *pl* riots, violent clashes

'**Ausschuss** *m* committee; (*no pl*) waste

'**ausschütten** (*sep, -ge-, h*) pour out; spill; *econ.* pay; *sich ~ vor Lachen* split one's sides

ausschweifend ['aʊsʃvaɪfənt] dissolute

'**aussehen 1.** *v/i* (*irr, sep, -ge-, h*) look (*wie, nach* like); **2.** *2 n* (*-s/no pl*) look(s), appearance

'**aussein** → *aus*

außen ['aʊsən] outside; *aus: ~ outward(s); fig.* outwardly

'**Außen|bordmotor** *m* outboard motor; '**~handel** *m* foreign trade; '**~minister(in)** foreign minister; Sec-

retary of State, *Brt.* Foreign Secretary; '**~politik** *f* foreign affairs; foreign policy; '**~seite** *f* outside; '**~seiter** *m* (*-s/-*), '**~seiterin** *f* (*-/-nen*) outsider; '**~stelle** *f* branch; '**~stürmer** *m sport:* winger; '**~verteidiger** *m sport:* **rechter** (**linker**) **~** right (left) back; '**~welt** *f* outside world

außer ['aʊsər] **1.** *prp* out of; beside(s); except; **alle ~** all but; **~ sich sein** to be beside o.s.; **~ dem** besides; **2.** *cj:* **~ dass** except that; **~ wenn** unless; '**~dem** besides.

äußere ['ɔʏsərə] **1.** *adj* exterior, outer, outward; **2.** *2 n* (*-n/no pl*) exterior, outside; (outward) appearance

außer|gewöhnlich unusual; '**~halb** outside, out of; beyond; '**~irdisch** ['·ʔ·-] extraterrestrial

äußerlich ['ɔʏsərlɪç] external, outward

äußern ['ɔʏsərn] (*ge-, h*) express; *sich ~* say s.th.; *sich ~ zu* express o.s. on

außer|ordentlich ['aʊsərʔ·-] extraordinary; '**~planmäßig** unscheduled

äußerst ['ɔʏsərst] outermost; *fig.* extreme(ly); **bis zum 2en gehen** (**treiben**) go (take s.th.) to extremes

außerstande [aʊsərˈʃtandə]: **~ sein** to be unable

'**Äußerung** *f* (*-/-en*) remark, comment

'aussetzen (*sep*, **-ge-**, *h*) **1.** *v/t* abandon (*child, animal etc.*); expose (*dat* to) (*sun, danger etc.*); offer (*prize etc.*); **et. auszusetzen haben an** find fault with; **2.** *v/i* stop, break off; *engine etc.*: fail

'Aussicht *f* (*-/-en*) view (*auf* of); *fig.* chance (*auf Erfolg* of success)

'aussichts|los hopeless; **'~reich** promising; **2turm** *m* lookout tower

'Aussiedler *m* resettler

aussöh|nen ['auszø:nən] (*sep*, **-ge-**, *h*) → **versöhnen**; **2nung** *f* (*-/no pl*) reconciliation

'aus|sortieren (*sep*, *no* **-ge-**, *h*) sort out; **'~spannen** (*sep*, **-ge-**, *h*) *v/i* (take a) rest, relax; **'~sperren** (*sep*, **-ge-**, *h*) lock out; **'~spielen** (*sep*, **-ge-**, *h*) **1.** *v/t* play (*card*); **2.** *v/i at cards*: lead

'Aus|sprache *f* **1.** (*no pl*) pronunciation; **2.** discussion, debate; *in private*: heart-to-heart (talk); **2sprechen** (*irr*, *sep*, **-ge-**, *h*) pronounce; express (*opinion etc.*); **sich ~** have a heart-to-heart talk; → **ausreden** 1; **'~spruch** *m* saying

'aus|spucken (*sep*, **-ge-**, *h*) spit out; **'~spülen** (*sep*, **-ge-**, *h*) rinse

ausstatten ['ausʃtatən] (*sep*, **-ge-**, *h*) fit out, equip, furnish; **2ung** *f* (*-/-en*) equipment; furnishings; design

'ausstehen (*irr*, *sep*, **-ge-**, *h*) **1.** *v/t*: **ich kann ihn (es) nicht ~** I can't stand him (it); **2.** *v/i payments*: be outstanding

'aussteig|en (*irr*, *sep*, **-ge-**, *sein*) get out, get off; *fig.* drop out; **2er** *m* (*-s/-*), **'~erin** *f* (*-/-nen*) dropout

'ausstell|en (*sep*, **-ge-**, *h*) show, display, exhibit (*work of art*); make out (*bill, check etc.*); issue (*passport etc.*); **2er** *m* (*-s/-*) exhibitor; **2ung** *f* exhibition

'aussterben (*irr*, *sep*, **-ge-**, *sein*) die out

'Aussteuer *f* (*-/no pl*) trousseau

Ausstieg ['ausʃtiːk] *m* (*-[e]s/ -e*) exit; *fig.* withdrawal (*aus* from)

'aus|stopfen (*sep*, **-ge-**, *h*) stuff; **'~stoßen** (*irr*, *sep*, **-ge-**, *h*) eject, emit; *econ.* turn out (*manufactured goods etc.*); give (*cry, sigh*); expel *s.o.*

'ausstrahl|en (*sep*, **-ge-**, *h*) radiate; TV, radio: broadcast; **2ung** *f* broadcast; (*no pl*) *fig.* charisma

'aus|strecken (*sep*, **-ge-**, *h*) stretch (out); **'~strömen** (*sep*, **-ge-**, *sein*) escape (*aus* from); **'~suchen** (*sep*, **-ge-**, *h*) choose, select, pick (out)

'Austausch *m* (*-[e]s/no pl*) exchange; **2en** (*sep*, **-ge-**, *h*) exchange (*gegen* for); **'~**

schüler(in) exchange student (Brt. pupil)
'**austeilen** (sep, -ge-, h) distribute
Auster ['austɐ] f (-/-n) oyster
'**austragen** (irr, sep, -ge-, h) deliver (letters etc.); argue out (quarrel etc.); hold (contest etc.)
Australi|en [aus'traːliən] Australia; ~**er** m (-s/-), ~**erin** f (-/-nen), 2**sch** adj Australian
'**aus|treiben** (irr, sep, -ge-, h): **j-m et.** ~ cure s.o. of s.th.; ~**treten** (irr, sep, -ge-) 1. v/t (h) stamp out (fire); wear out (shoes etc.) 2. v/i (sein) liquid, gas etc.: escape; F go to the bathroom (Brt. toilet); ~ aus leave; ~**trinken** (irr, sep, -ge-, h) drink up; empty; '2**tritt** m leaving; '~**trocknen** (sep, -ge-) v/t (h) and v/i (sein) dry up; '~**üben** ['~ʔyː-] (sep, -ge-, h) practice, Brt. practise (profession, sport etc.); hold (office etc.); exercise (power); exert (pressure)
Ausver|kauf m sale; 2**kauft** sold out (a. thea. etc.)
'**Aus|wahl** f (-/no pl) choice, selection; sports: representative team; '2**wählen** (sep, -ge-, h) choose, select
'**Auswan|derer** m emigrant; 2**dern** (sep, -ge-, sein) emigrate; '~**derung** f emigration
auswärtig ['ausvɛrtɪç] non-local (firm etc.); from out of town (student etc.); pol. foreign
auswärts [~s] out of town; ~ **essen** eat out; '2**sspiel** n sport: away game (Brt. match)
'**auswechseln** (sep, -ge-, h) exchange (**gegen** for); change (wheel etc.); replace; sport: **A gegen B** ~ substitute B for A; 2**spieler(in)** substitute
'**Ausweg** m way out
'**auswei|chen** (irr, sep, -ge-, sein) make way (dat for); dodge (a blow etc.); fig. avoid (s.o. or s.th.); evade (question etc.); '~**chend** evasive
Ausweis ['ausvaɪs] m (-es/-e) identification (card); 2**en** ['~zən] (irr, sep, -ge-, h) expel; **sich** ~ identify o.s.; ~**papiere** pl documents; ~**ung** f ['~zʊŋ] f (-/-en) expulsion
'**aus|weiten** (sep, -ge-, h) expand; '~**wendig** ['~vɛndɪç] by heart; '~**werten** (sep, -ge-, h) evaluate, analyze, Brt. analyse (data etc.); '~**wickeln** (sep, -ge-, h) unwrap; '~**wirken** (sep, -ge-, h): **sich** ~ **auf** affect; **sich positiv** ~ **auf** have a positive effect on; '2**wirkung** f effect; '~**wischen** (sep, -ge-, h) wipe out; **j-m eins** ~ Fplay a nasty trick on s.o.; '~**wringen** (irr, sep, -ge-, h) wring out; '2**wuchs**

m (-es/⁻e) excess; '∼**wuchten** (*sep*, *-ge-*, *h*) *tech*. balance; '∼**zahlen** (*sep*, *-ge-*, *h*) pay (out); pay j-n o.ff; *sich* ∼ pay; '∼**zählen** (*sep*, *-ge-*, *h*) count (out, *a. boxer*); ⁀**zahlung** *f* payment

'**auszeichnen** (*sep*, *-ge-*, *h*) price (goods); *j-n* **mit** *s.th.* award *s.th.* to s.o.; *sich* ∼ distinguish o.s.; ⁀**ung** *f* lab(l)ing, marking; *fig.* distinction, honor, *Brt.* honour; decoration; award

'**ausziehen** (*irr*, *sep*, *-ge-*, *h*) **1.** *v/t* take off (*clothes*); undress (*a. sich* ∼); **2.** *v/i* (*sein*) move out

Auszubildende ['aʊstsubɪldəndə] *m*, *f* (*-n/-n*) apprentice, trainee

'**Auszug** *m* move, removal, extract, excerpt (*from book etc.*); *econ.* (bank) statement

Auto ['aʊto] *n* (*-s/-s*) car, auto(mobile); (*mit dem*) ∼ **fahren** drive, go by car

'**Autobahn** *f* expressway, freeway, *Brt.* motorway; '∼**dreieck** *n* interchange; '∼**gebühr** *f* toll; '∼**kreuz** *n* interchange

Autobiographie *f* autobiography

'**Autobombe** *f* car bomb; '∼**bus** *m* → **Bus**; '∼**fähre** *f* car ferry; '∼**fahrer(in)** *m* motorist, driver; '∼**fahrt** *f* drive; '∼**friedhof** *m* auto junkyard, car dump

Auto'gramm *n* (*-s/-e*) autograph

'**Autokarte** *f* road map; '∼**kino** *n* drive-in (theater, *Brt.* cinema)

Auto|mat [aʊto'maːt] *m* (*-en/-en*) vending (*Brt. a.* slot) machine; *tech.* robot; → **Spielautomat**; ∼**matik** [∼'maːtɪk] *f* (*-/-en*) automatic (system *or* control); *mot.* automatic transmission; ∼**mation** [∼ma'tsi̯oːn] *f* (*-/no pl*) automation; ⁀**matisch** [∼'maːtɪʃ] automatic

'**Auto|mechaniker** *m* auto (*Brt.* car or motor) mechanic; ∼**mobil** [∼moˈbiːl] *n* (*-s/-e*) → **Auto**; '∼**nummer** *f* license (*Brt.* licence) number

Autor ['aʊtɔr] *m* (*-s/-en*) author

Autoreifen *m* car tire (*Brt.* tyre)

Autorin [aʊˈtoːrɪn] *f* (*-/-nen*) author

autori|sieren [aʊtoriˈziːrən] (*no ge-*, *h*) authorize; ∼**tär** [∼ˈtɛːr] authoritarian; ⁀**tät** [∼ˈtɛːt] *f* (*-/-en*) authority

Auto|stopp ['-ʃtɔp] *m* (*-s/-s*): **per** ∼ **fahren** hitchhike; '∼**telefon** *n* car phone; '∼**vermietung** *f* (*-/-en*) car rental (*Brt.* hire) service; '∼**waschanlage** ['∼vaʃʔ-] *f* car wash; '∼**werkstatt** *f* car repair shop, garage

Axt [akst] *f* (*-/⁻e*) ax(e)

B

Bach [bax] *m* (-[e]s/⁓e) stream, *small*: brook, *Am. a.* creek

Backbord ['bak-] *n* (-[e]s/-e) port

Backe ['bakə] *f* (-/-n) cheek

backen ['bakən] (*ge*-, *h*) bake; fry

'Backenzahn *m* molar

Bäcker ['bɛkər] *m* (-s/-) baker; **⁓ei** [⁓'raɪ] *f* (-/-en) bakery, baker's (shop)

Back|form ['bak-] *f* baking pan (*or* tin); **⁓hähnchen** *n* fried chicken; **⁓obst** ['⁓ʔ-] *n* dried fruit; **⁓ofen** ['⁓ʔ-] *m* oven; **⁓pulver** *n* baking powder; **⁓stein** *m* brick

Bad [ba:t] *n* (-[e]s/-er) bath; swim, *Brt. a.* bathe; bathroom; → *Badeort*

Bade|anstalt ['ba:də?-] *f* swimming pool; **⁓anzug** ['⁓ʔ-] *m* swimsuit; **⁓hose** *f* (swimming) trunks; **⁓kappe** *f* bathing cap; **⁓mantel** *m* bathrobe; **⁓meister** *m* pool attendant

baden ['ba:dən] (*ge*-, *h*) **1.** *v/i* take (*or* have) a bath, swim, go for a swim; **⁓ gehen** go swimming; **2.** *v/t* bathe, *Brt.* bath (*baby etc.*)

Baden-Württemberg [ba:dən'vyrtəmbɛrk] Baden-Württemberg

Bade|ort ['ba:də?-] *m* seaside resort; **⁓tuch** *n* bath towel; **⁓wanne** *f* bath(tub); **⁓zimmer** *n* bath(room)

Bagger ['bagər] *m* (-s/-) excavator; *naut.* dredge(r); **⁓n** (*ge*-, *h*) excavate; dredge

Bahn [ba:n] *f* (-/-en) railroad, *Brt.* railway; train; way, path, course; *sport:* track; course; *mit der ⁓* by train, by rail; **'⁓damm** *m* railroad (*Brt.* railway) embankment

'bahnen (*ge*-, *h*): *sich e-n Weg ⁓* force (*or* work) one's way (*durch* through); *j-m* (*e-r Sache*) *den Weg ⁓ fig.* pave the way for s.o. (s.th.)

'Bahn|hof *m* (railroad, *Brt.* railway) station; **⁓linie** *f* railroad (*Brt.* railway) line; **⁓steig** ['⁓ʃtaɪk] *m* (-[e]s/-e) platform; **⁓übergang** ['⁓ʔ-] *m* grade (*Brt.* level) crossing

Bahre ['ba:rə] *f* (-/-n) stretcher; bier

Bakterien [bak'te:riən] *pl* germs, bacteria

bald [balt] soon; F almost, nearly; *so ⁓ wie möglich* as soon as possible; **⁓ig** [⁓dɪç] speedy; **⁓e Antwort** early reply

Balken ['balkən] *m* (-s/-) beam

Balkon [bal'kõ:; ⁓'ko:n] *m* (-s/-s; -s/-e) balcony

Ball [bal] *m* (-[e]s/⁓e) ball; *event:* ball, dance

Ballast ['balast] *m* (-[e]s/*no pl*) ballast; **~stoffe** *pl* roughage, fiber, *Brt.* fibre

ballen ['balən] (*ge-, h*): **die Faust ~** clench one's fist

Ballen [~] *m* (-s/-) bale; *anat.* ball (*of foot, thumb*)

ballern (*ge-, h*) F bang (away)

Ballett [ba'lɛt] *n* (-[e]s/-e) ballet

Ballon [ba'lɔŋ, ~'loːn] *m* (-s/-s; -s/-e) balloon

Ballungs|raum ['baluŋs-] *m*, **~zentrum** *n* conurbation

Baltikum ['baltikum] *n* (-s/*no pl*): **das ~** the Baltik (States)

Bambus ['bambus] *m* (-/-, -ses/-se) bamboo

banal [ba'naːl] banal, trite

Banane [ba'naːnə] *f* (-/-n) banana

Banause [ba'nauzə] *m* (-n/-n) philistine

band [bant] *past of* **binden**

Band¹ [~] *m* (-[e]s/-̈e) volume

Band² 1. *n* (-[e]s/-̈er) band; ribbon; tape; *anat.* ligament; **auf ~ aufnehmen** tape; 2. *n* (-[e]s/-e) *fig.* tie, link, bond

bandagieren [banda'ʒiːrən] (*no ge-, h*) bandage

'**Bandbreite** *f* range, spectrum

Bande¹ ['bandə] *f* (-/-n) gang

'**Bande²** (-/-n) *billiards:* cushions; *ice hockey etc.:* boards

bändigen ['bɛndɪɡən] (*ge-, h*) tame (*a. fig.*); control (*children, anger etc.*)

Bandit [ban'diːt] *m* (-en/-en) bandit

Band|maß *n* measuring tape; **~scheibe** *f* (intervertebral) disk (*Brt.* disc); **~scheibenvorfall** *m med.* slipped disk (*Brt.* disc); **~wurm** *m* tapeworm

bang [baŋ], **~e** ['~ə] afraid; anxious; **bange machen** frighten, scare

Bank¹ [baŋk] *f* (-/-̈e) bench; *school:* desk

Bank² [~] *f* (-/-en) *econ.* bank; **~angestellte** ['~ʔ-] *m, f* bank employee; **~automat** *m* cash dispenser (*or* F machine), cashpoin**Bankier** [baŋ'kieː] *m* banker

'**Bank|konto** *n* bank account; **~leitzahl** *f* A.B.A. (*or* routing) number, *Brt.* bank code; **~note** *f* bill, bank note

bankrott [baŋ'krɔt] bankrupt

Bann [ban] *m* (-[e]s/-e) ban; *fig.* spell

Banner ['banər] *n* (-s/-) banner (*a. fig.*)

bar [baːr] *econ.* (in) cash; pure (*gold etc.*); sheer (*nonsense etc.*); (**in**) **~ bezahlen** pay cash

Bar [~] *f* (-/-s) bar; nightclub

Bär [bɛːr] *m* (-en/-en) bear

Baracke [ba'rakə] *f* (-/-n) hut; *contp.* shack

barbarisch [bar'baːrɪʃ] barbarous

'**barfuß** barefoot

barg

barg [bark] *past of* **bergen**
'Bargeld *n* cash; **⁹los** non-cash (*payment etc.*)
barmherzig [barm'hɛrtsɪç] merciful
'Barmixer *m* barman
Barometer [baro'⌐-] *n* barometer
Barren ['barən] *m* (-s/-) *metall.* ingot
Barriere [ba'riːərə] *f* (-/-n) barrier
Barrikade [bari'kaːdə] *f* (-/-n) barricade
barsch [barʃ] gruff, rough
barst [barst] *past of* **bersten**
Bart [bart] *m* (-[e]s/⸚e) beard; bit (*of key*)
bärtig ['bɛːrtɪç] bearded
'Barzahlung *f* cash payment
Basar [ba'zaːr] *m* (-s/-e) bazaar
Basis ['baːzɪs] *f* (-/-sen) basis; *mil., arch.* base
Baskenmütze ['baskən-] *f* beret
Bass [bas] *m* (-es/⸚e) bass
Bast [bast] *m* (-es/-e) bast; *zo.* on antlers: velvet
bast|eln ['bastəln] (*ge-, h*) **1.** *v/i* make and repair things o.s.; **2.** *v/t* make; **⸗ler** ['⌐lər] *m* (-s/-) do-it-yourselfer
bat [baːt] *past of* **bitten**
Batterie [batəˈriː] *f* (-/-n) battery
Bau [baʊ] *m* **1.** (-[e]s/no pl) construction; *im* ⸗ under construction; **2.** (-[e]s/-ten) building; **3.** (-[e]s/-e) burrow (*of rabbit etc.*); den (*of fox etc.*)
Bauarbeit|en [baʊ⸗-] *pl* construction work(s); **⸗ter** ['⌐⸚-] *m* construction worker
Bauch [baʊx] *m* (-[e]s/⸚e) belly (*a. fig.*); *anat.* abdomen; F tummy; **⸗ig** bulbous; **⸗redner** *m* ventriloquist; **⸗schmerzen** *pl* stomachache; **⸗tanz** *m* belly dancing
bauen ['baʊən] (*ge-, h*) build, construct; make (*furniture etc.*); ⸗ *auf* *fig.* F count on
Bauer¹ ['baʊər] *m* (-n/-n) farmer; *chess:* pawn
Bauer² [⌐] *n, m* (-s/-) (bird-)cage
Bäuer|in ['bɔʏərɪn] *f* (-/-nen) (woman) farmer; farmer's wife; **⸗lich** rural; *style etc.:* rustic
Bauern|haus ['baʊərn-] *n* farmhouse; **⸗hof** *m* farm
bau|fällig dilapidated; **⸗firma** *f* construction company, builders and contractors; **⸗gerüst** *n* scaffold(ing); **⸗herr**(in) builder-owner; **⸗holz** *n* lumber, *esp. Brt.* timber; **⸗industrie** *f* building (*or* construction) industry; **⸗jahr** *n* year of construction; ⸗ *1927* *mot.* 1927 model
Baum [baʊm] *m* (-[e]s/⸚e) tree
'Baumarkt *m* DIY store
baumeln ['baʊməln] (*ge-, h*)

dangle, swing (*both a.* ~ *mit*)
'**Baum|stamm** *m* trunk; *cut down*: log; '**~wolle** *f* cotton
'**Bauplatz** *m* building site
Bausch [bauʃ] *m* (*-es*/-*e*) wad, ball; '2**en** (*ge*-, *h*): **sich ~** billow
'**Bau|stein** *m* brick; *toy*: (building) block; '**~stelle** *f* building site; *mot.* construction zone, *esp. Brt.* roadworks; '**~teil** *m*, *n* component (part); '**~unternehmer** ['~ʔ-] *m* building contractor; '**~werk** *n* building
Bay|er ['baiɐr] *m* (-*n*/-*n*) Bavarian; **~(e)rin** *f* (*-/-nen*) Bavarian woman (*or* lady, girl); 2(**e**)**risch** ['~(ə)rɪʃ] Bavarian
'**Bayern** Bavaria
Bazillus [baˈtsɪlʊs] *m* (*-/-zillen*) bacillus, germ
beabsichtigen [bəˈʔapzɪçtɪɡən] (*no -ge-*, *h*) intend, plan
beacht|en [bəˈʔ-] (*no -ge-*, *h*) pay attention to; observe, follow (*rules etc.*); **~**, **dass** note that; **nicht ~** take no notice of; disregard, ignore; **~lich** considerable, 2**ung** *f* attention; observance, consideration
Beamt|e [bəˈʔamtə] *m* (*-n/-n*), **~in** *f* (*-/-nen*) official; *police*: officer; civil servant
be|ängstigend [bəˈʔɛŋstɪɡənt] alarming; **~anspruchen** [~ˈʔanʃprʊxən] (*no -ge-*, *h*) claim; take up (*time*,

room etc.); keep *s.o.* busy; *tech.* stress; **~anstanden** [~ˈʔanʃtandən] (*no -ge-*, *h*) object to; **~antragen** [~ˈʔantraːɡən] (*no -ge-*, *h*) apply for; *parl.*, *jur.* move (for); **~antworten** [~ˈʔ-] (*no -ge-*, *h*) answer, reply to; **~arbeiten** [~ˈʔ-] (*no -ge-*, *h*) work on; revise (*book*); work on (*subject*); deal with (*case*); *j-n* ~ F work on s.o.; **~aufsichtigen** [~ˈʔaʊfzɪçtɪɡən] (*no -ge-*, *h*) supervise; look after (*child*); **~auftragen** [~ˈʔ-] (*no -ge-*, *h*) commission; instruct; **~ mit** put *s.o.* in charge of; **~bauen** (*no -ge-*, *h*) build on; *agr.* cultivate
beben ['beːbən] (*ge*-, *h*) shake, tremble (*both*: **vor** with); *earth*: quake
Becher ['bɛçɐr] *m* (-*s*/-) cup; mug
Becken ['bɛkən] *n* (-*s*/-) basin; pool; *anat.* pelvis; *mus.* cymbal(s)
bedächtig [bəˈdɛçtɪç] deliberate
be'danken (*no -ge-*, *h*): **sich bei j-m (für et.) ~** thank s.o. (for s.th.)
Bedarf [bəˈdarf] *m* (*-[e]s/no pl*) need (*an* of), want (of); *econ.* demand (for); **~schaltestelle** [~ʃsh-] *f* request stop
bedauerlich [bəˈdaʊɐrlɪç] regrettable; **~erweise** unfortunately
be'dauern (*no -ge-*, *h*) **1.** *v/t*

Bedauern

feel sorry for *s.o.*, pity *s.o.*; regret *s.th.*; **2.** *v/i* be sorry

Be'dauern *n* (*-s/no pl*) regret (*über* at); **2swert** pitiable, deplorable

be'deck|en (*no -ge-, h*) cover

be'deckt *weather*: overcast

be'denk|en 1. (*irr, no -ge-, h*) consider; **2.** **2** *pl* doubts; scruples; objections; **~lich** doubtful; serious (*situation*); critical (*condition*)

be'deuten (*no -ge-, h*) mean; **~tend** important; considerable

Be'deutung *f* (*-/-en*) meaning; importance; **2slos** insignificant; **2svoll** significant

be'dien|en (*no -ge-, h*) **1.** *v/t* serve, wait on *s.o.*; *tech.* operate, work; *sich* ~ help o.s.; **2.** *v/i* serve; wait (at table); *cards*: follow suit; **2ung** *f* (*-/-en*) waiter, waitress; clerk, *esp. Brt.* shop assistant; (*no pl*): service; *tech.* operation, control

Bedingung [bə'dɪŋʊŋ] *f* (*-/-en*) condition; **~en** *econ.* terms; *living etc.*: conditions, circumstances; *unter der ~, dass* on condition that, provided (that); **2slos** unconditional

be'drängen (*no -ge-, h*) press (hard)

be'droh|en (*no -ge-, h*) threaten; **~lich** threatening; **2ung** *f* threat

be'drück|en (*no -ge-, h*) depress, sadden; **~end** depressing

Bedürf|nis [bə'dyrfnɪs] *n* (*-ses/-se*) need (*für, nach* for); **2tig** needy, poor

be|eilen [bə'ʔ-] (*no -ge-, h*): *sich* ~ hurry (up); **~eindrucken** [~'ʔaɪndrʊkən] (*no -ge-, h*) impress; **~einflussen** [~'ʔaɪnflʊsən] (*no -ge-, h*) influence; affect; **~einträchtigen** [~'ʔaɪntrɛçtɪgən] (*no -ge-, h*) affect, impair; **~end(ig)en** [~'ʔ-] (*no -ge-, h*) (bring to an) end, finish; **~erben** [~'ʔ-] (*no -ge-, h*): *j-n* ~ be s.o.'s heir

beerdig|en [bə'ʔeːrdɪgən] (*no -ge-, h*) bury; **2ung** *f* (*-/-en*) funeral; **2ungsinstitut** [~s'ʔ-] *n* funeral home, *esp. Brt.* undertakers

Beere ['beːrə] *f* (*-/-n*) berry, grape

Beet [beːt] *n* (*-[e]s/-e*) bed

befähigt [bə'fɛːɪçt] (cap)able

befahl [bə'faːl] *past of befehlen*

befahr|bar [bə'faːrbaːr] passable; **~en** (*irr, no -ge-, h*) drive on; *naut.* navigate

be'fangen self-conscious; prejudiced (*a. jur.*)

be'fassen (*no -ge-, h*): *sich* ~ *mit* concern o.s. with; *of book etc.*: deal with

Befehl [bə'feːl] *m* (*-[e]s/-e*) order; command (*über* of); **2en** (*irr, no -ge-, h*) order; command

befestigen [bəˈfɛstɪɡən] (*no -ge-, h*) fasten (**an** to), fix (to), attach (to); *mil.* fortify

be'feuchten (*no -ge-, h*) moisten, damp

be'finden (*irr, no -ge-, h*): **sich ~** be (situated *or* located)

befohlen [bəˈfoːlən] *pp of* **befehlen**

be'folgen (*no -ge-, h*) follow; observe (*rules etc.*); *rel.* keep (*commandments*)

be'fördern (*no -ge-, h*) carry, transport; *in one's job*: promote; 2ung *f* transport(ation) (*a. ~mittel*); promotion

be'fragen (*no -ge-, h*) question, interview; **~freien** (*no -ge-, h*) free; rescue; **~freunden** [~ˈfrɔyndən] (*no -ge-, h*): **sich ~ mit** make friends with; *fig.* warm to; **~'freundet** friendly (*nations etc.*); **~ sein** be friends

befriedigen [bəˈfriːdɪɡən] (*no -ge-, h*) satisfy; *sieh selbst ~* masturbate; **~gend** satisfactory; 2ung *f* (-/*no pl*) satisfaction

be'fristet limited (**auf** to)

be'fruchten (*no -ge-, h*) fertilize

befugt [bəˈfuːkt] authorized

Be'fund *m* finding(s)

be'fürchten (*no -ge-, h*) fear; 2ung *f* (-/-*en*) fear

befürworten [bəˈfyːrvɔrtən] (*no -ge-, h*) advocate

begabt [bəˈɡaːpt] gifted, talented; 2ung [~bʊŋ] *f* (-/-*en*) gift, talent(s)

begann [bəˈɡan] *past of* **beginnen**

begeg|nen [bəˈɡeːɡnən] (*no -ge-, sein*) meet (*a. sich ~*); 2nung *f* (-/-*en*) meeting; encounter

be'gehen (*irr, no -ge-, h*) celebrate (*birthday etc.*); commit (*crime etc.*); make (*mistake*)

be|gehren [bəˈɡeːrən] (*no -ge-, h*) desire; **~'gehrt** popular, (much) in demand

begei|stern [bəˈɡaɪstərn] (*no -ge-, h*) fill with enthusiasm; **sich ~ für** be enthusiastic about; **~stert** enthusiastic; 2sterung *f* (-/*no pl*) enthusiasm

Begier|de [bəˈɡiːrdə] *f* (-/-*n*) desire (**nach** for); 2ig eager (**nach**, **auf** for); *contp.* greedy

be'gießen (*irr, no -ge-, h*) water; baste (*meat*); F *fig.* celebrate *s.th.* (with a drink)

Beginn [bəˈɡɪn] *m* (-[*e*]*s*/*no pl*) beginning; start; **zu ~** at the beginning; 2en (*irr, no -ge-, h*) begin, start

beglaubig|en [bəˈɡlaʊbɪɡən] (*no -ge-, h*) certify; 2ung *f* (-/-*en*) certification

be'gleichen (*irr, no -ge-, h*) pay, settle

be'glei|ten (*no -ge-, h*) accompany; *j-n nach Hause ~* take (*or* walk) *s.o.* home;

&ter *m* (-s/-), **&terin** *f* (-/-nen) companion; escort; *mus.* accompaniment

be|glückwünschen [bə'glʏkvʏnʃən] (*no* -ge-, h) congratulate (**zu** on); **~gna-digen** [~'gna:dɪgən] (*no* -ge-, h) pardon; **~gnügen** [~'gny:gən] (*no* -ge-, h): **sich ~ mit** be satisfied with

begonnen [bə'gɔnən] *pp of* **beginnen**

be|graben (*irr, no* -ge-, h) bury; **&gräbnis** [~'grɛːpnɪs] *n* (-ses/-se) funeral; **~'greifen** (*irr, no* -ge-, h) comprehend, understand; **~'greiflich** understandable; **~'grenzen** (*no* -ge-, h) limit, restrict (**auf** to)

Be'griff *m* idea, notion; term; *im ~ sein zu* be about to

be|gründen (*no* -ge-, h) give reasons for; → **gründen**

be|grüßen (*no* -ge-, h) greet, welcome; **&ung** *f* (-/-en) greeting, welcome

begünstigen [bə'gʏnstɪgən] (*no* -ge-, h) favor, *Brt.* favour

be|'haart hairy; **~haglich** [~'haːklɪç] comfortable; cosy

be|'halten (*irr, no* -ge-, h) keep (**für sich** to o.s.); remember

Behälter [bə'hɛltɐ] *m* (-s/-) container

be|'handeln (*no* -ge-, h) treat (*a. med.*); deal with (*subject etc.*); schonend ~ handle with care; **&ung** *f* treatment

beharr|en [bə'haran] (*no* -ge-, h) insist (**auf** on); **~lich** persistent

be|'haupten (*no* -ge-, h) claim; pretend; **&ung** *f* (-/-en) claim

be|'heben (*irr, no* -ge-, h) repair; **~'helfen** (*irr, no* -ge-, h): **sich ~ mit** make do with; **sich ~ ohne** do without; **~'herbergen** (*no* -ge-, h) accommodate

be|'herrsch|en (*no* -ge-, h) rule (over), govern; control (*situation, market etc.*); have a good command of (*language etc.*); **sich ~** control o.s.; **&ung** *f* (-/no pl) control; **die ~ verlieren** lose control

be|'hilflich: *j-m ~ sein* help s.o. (**bei** with, in)

be|'hindern (*no* -ge-, h) hinder; obstruct (*traffic etc.*); **~dert** handicapped, disabled; **&derte** *m,f* (-n/-n) handicapped (*or* disabled) person; **&derung** *f* (-/-en) obstruction; *med.* handicap

Behörde [bə'høːrdə] *f* (-/-en) authority

behutsam [bə'huːtzaːm] careful; gentle

bei [baɪ] *of place*: near; at; *of time*: during; ~ *Jim* at Jim's (place); **wohnen ~** stay with; live with; **arbeiten ~** work for; *e-e Stelle ~* a job with; *Müller* address: c/o Müller

Beitrag

ich habe ... ∼ mir I have ... with (*or* on) me; **∼ Licht** by light; **∼ Tag** during the day; **∼ Nacht** at night; **∼ Regen (Gefahr)** in case of rain (danger); **∼ der Arbeit** at work; **∼ weitem** by far; → *beim*

'bei|behalten (*irr, sep, no -ge-, h*) keep up, retain; '∼bringen (*irr, sep, -ge-, h*): *j-m* et. teach s.o. s.th.; get s.th. across to s.o.

Beichte ['baɪçtə] *f* (*-/-n*) confession; **Ωn** (*ge-, h*) confess (*a. fig.*).

beide ['baɪdə] both; *m-e ∼n Brüder* my two brothers; *wir ∼* the two of us; both of us; *keiner von ∼n* neither of them; *30 ∼* tennis: 30 all

beieinander [baɪʔaɪˈnandər] together

'Bei|fahrer *m* front(-seat) passenger; co-pilot; '∼fall *m* (*-[e]s/no pl*) applause; *fig.* approval; '∼fügen (*sep, -ge-, h*) enclose

beige [be:ʃ] beige

'Bei|geschmack *m* (*-[e]s/no pl*) smack (*von* of) (*a. fig.*); '∼hilfe *f* grant, subsidy; *jur.* aiding and abetting

Beil [baɪl] *n* (*-[e]s/-e*) hatchet, ax(e)

Beilage *f* supplement (*to newspaper*); side dish; vegetables

bei|läufig ['baɪlɔyfɪç] casual(ly); '∼legen (*sep, -ge-, h*) settle (*argument etc.*); →

beifügen

'Beileid *n* condolence; *herzliches ∼* my deepest sympathy

'beiliegend enclosed

beim [baɪm]: *∼ Arzt etc.* at the doctor's etc.; *∼ Sprechen* while speaking; *∼ Spielen* at play

beimessen (*irr, sep, -ge-, h*) attach (*dat.* to)

Bein [baɪn] *n* (*-[e]s/-e*) leg

beinah(e) ['baɪnaː(ə)] almost, nearly

Beipackzettel ['baɪpak-] *m med.* (patient) package insert

beisammen [baɪˈzamən] together; **Ωsein** *n* (*-s/no pl*) get-together

'Beischlaf *m* sexual intercourse

'Beisein *n* (*-s/no pl*) presence

bei'seite aside; *∼ schaffen* remove; liquidate *s.o.*

'beisetz|en (*sep, -ge-, h*) bury; 'Ωung *f* (*-/-en*) funeral

'Beispiel *n* example; *zum ∼* for example; *sich an j-m ein ∼ nehmen* follow s.o.'s example; 'Ωhaft exemplary; 'Ωlos unprecedented

beißen ['baɪsən] (*irr, ge-, h*) bite; *sich ∼ fig.* of colors: clash; '∼d *wind, fig.* remark *etc.*: biting, *fig. a.* caustic

'Bei|stand *m* assistance; 'Ωstehen (*irr, sep, -ge-, h*) assist, help; '∼steuern (*sep, -ge-, h*) contribute (*zu* to)

Beitrag ['baɪtraːk] *m* (*-[e]s/ -e*) contribution; *member-*

beitragen

ship etc.: dues, *Brt.* subscription; **2en** ['~gən] (*irr, sep, -ge-, h*) contribute (**zu** to)

'**beitreten** (*irr, sep, -ge-, sein*) join

'**Beiwagen** *m* sidecar

beizen ['baɪtsən] (*ge-, h*) stain (*wood*); *gastr.* marinade

bejahen [bə'jaːən] (*no -ge-, h*) answer in the affirmative; **~d** affirmative

be'jahrt aged, elderly

be'kämpfen (*no -ge-, h*) fight (against)

bekannt [bə'kant] (well-)known; familiar; **~ geben** announce; **j-n ~ machen** introduce s.o. to

Be'kannte *m, f* (*-n/-n*) acquaintance, *mst* friend

be'kannt|lich as you know; **2machung** *f* (*-/-en*) announcement; **2schaft** *f* (*-/-en*) acquaintance

be'kennen (*irr, no -ge-, h*) confess; admit; **sich schuldig ~** *jur.* plead guilty; **2tnis** *n* (*-ses/-se*) confession; *rel.* denomination

be'klagen (*no -ge-, h*) lament; **sich ~** complain (**über** about)

Be'kleidung *f* clothing

beklommen [bə'kləmən] uneasy

be'l'kommen (*irr, no -ge-*) **1.** *v/t* (*h*) get; present, letter etc.: a. receive; catch (*train, disease*); have (*baby*); **2.** *v/i* (*sein*) **j-m ~** agree with s.o.; **~kräftigen** [~'krɛftɪgən] (*no -ge-, h*) confirm; **~laden** (*irr, no -ge-, h*) load

Belag [bə'laːk] *m* (*-[e]s/-̈e*) covering; *tech.* coat(ing); spread (*on bread*); (sandwich) filling

be'lager|n (*no -ge-, h*) besiege; **2ung** *f* (*-/-en*) siege

be'langlos [bə'laŋ-] irrelevant; **~lasten** (*no -ge-, h*) load; weight; *fig.* burden; worry; *jur.* incriminate; pollute (*environment*); **j-s Konto ~ mit** charge s.th. to s.o.'s account; **~lästigen** [~'lɛstɪgən] (*no -ge-, h*) molest; annoy, pester; **2lästigung** *f* (*-/-en*) molestation; pestering; **sexuelle ~** sexual harassment; **2lastung** *f* (*-/-en*) load; *fig.* burden; strain, stress; **~laufen** (*irr, no -ge-, h*): **sich ~ auf** amount to; **~lebt** [~'leːpt] busy, crowded

Be'leg [bə'leːk] *m* (*-[e]s/-e*) proof; *econ.* receipt; document; **2en** [~gən] (*no -ge-, h*) cover; reserve (*seat etc.*); bread: **~ mit** put s.th. on; enroll (*esp. Brt.* enrol) for, take (*course etc.*); prove; **den 1. Platz ~** take first place; **~legschaft** *f* (*-/-en*) staff; **2legt** [~leːkt] seat: taken, occupied; *hotel etc.*: full; voice: husky; tongue: coated; *tel.* **~ be'setzt**; **~es Brot** sandwich

be'lehren (*no -ge-, h*) teach; inform

beleidig|en [bəˈlaɪdɪɡən] (*no -ge-, h*) offend; *grossly:* insult; **~end** offensive; insulting; **2ung** *f* (*-/-en*) offense, *Brt.* offence; insult

be'leucht|en (*no -ge-, h*) light (up), illuminate; **2ung** *f* (*-/-en*) lighting; illumination

Belgi|en [ˈbɛlɡiən] Belgium; '**~er** *m* (*-s/-*), '**~erin** *f* (*-/-nen*) Belgian; '**2sch** *adj* Belgian

be'licht|en (*no -ge-, h*) expose; **2ung** *f* exposure (*~szeit*); **2ungsmesser** *m* (*-s/-*) exposure meter

Be'lieben *n* (*-s/no pl*): **nach ~** at will

be'liebig: *jeder* **2e** anyone

be'liebt [*~pt*] popular (*bei* with); **2heit** *f* (*-/no pl*) popularity

be'liefern (*no -ge-, h*) supply

bellen [ˈbɛlən] (*ge-, h*) bark

be'lohn|en (*no -ge-, h*) reward; **2ung** *f* (*-/-en*) reward

be'lügen (*irr, no -ge-, h*): *j-n ~* lie to s.o.; **~malen** (*no -ge-, h*) paint; **~mängeln** [*~ˈmɛŋəln*] (*no -ge-, h*) find fault with

be'merk|bar noticeable; *sich ~ machen* draw attention to o.s.; *effects etc.:* become apparent; **~en** (*no -ge-, h*) notice; remark, say; **~enswert** remarkable (*wegen* for); **2ung** *f* (*-/-en*) remark

bemitleiden [bəˈmɪtlaɪdən] (*no -ge-, h*) pity, feel sorry for; **~swert** pitiable

be'müh|en (*no -ge-, h*): *sich ~* try (hard); *sich ~ um* try to get *s.th.*; try to help *s.o.*; **2ung** *f* (*-/-en*) effort; *danke für Ihre ~en!* thank you for your trouble

be'nachbart neighboring, *Brt.* neighbouring

benachrichtig|en [bəˈnaːxrɪçtɪɡən] (*no -ge-, h*) inform; **2ung** *f* (*-/-en*) information

benachteilig|en [bəˈnaːxtaɪlɪɡən] (*no -ge-, h*) place s.o. at a disadvantage; discriminate against; **2te** [*~ɪçtə*] *pl* the underprivileged; **2ung** *f* (*-/-en*) disadvantage; discrimination

be'nehmen 1. *v/refl* (*irr, no -ge-, h*): *sich ~* behave (o.s.). **2. 2** *n* (*-s/no pl*) behavior, *Brt.* behaviour, conduct; manners

beneiden [bəˈnaɪdən] (*no -ge-, h*) envy (*j-n um et.* s.o. s.th.); **~swert** enviable

Benelux-Länder [beːnəˈlʊks-] *the* Benelux Countries

be'nennen (*irr, no -ge-, h*) name

Bengel [ˈbɛŋəl] *m* (*-s/-*) rascal

benommen [bəˈnɔmən] dazed

benötigen [bəˈnøːtɪɡən] (*no -ge-, h*) need, require

be'nutzen (*no -ge-, h*) use; make use of

Be'nutzer *m* (*-s/-*), **2in** *f* (*-/-nen*) user; **2freundlich**

Benutzeroberfläche

user-friendly; **~oberfläche** *f computer*: user interface

Be'nutzung *f* (*-/no pl*) use

Benzin [bɛn'tsiːn] *n* (*-s/-e*) gas(oline), *Brt.* petrol

beobacht|en [bə'ʔoːbaxtən] (*no -ge-, h*) watch; observe; **2er** *m* (*-s/-*) observer; **2ung** *f* (*-/-en*) observation

be'pflanzen (*no -ge-, h*) plant (*mit* with)

bequem [bə'kveːm] comfortable (*chairs, shoes etc.*); easy (*life etc.*); *person:* lazy; **2lichkeit** *f* (*-/-en*) comfort; laziness; **~en** *pl* conveniences

be'rat|en (*irr, no -ge-, h*) advise *s.o.*; discuss *s.th.*; *sich ~ lassen von* consult; *sich mit j-m über et. ~* discuss *s.th.* with *s.o.*; **2er** *m* (*-s/-*) adviser, consultant; **2ung** *f* (*-/-en*) advice (*a. med.*); discussion; consultation; **2ungsstelle** *f* advice center (*Brt.* centre)

be'rauben (*no -ge-, h*) rob; *fig.* deprive (*gen* of)

be'rechn|en (*no -ge-, h*) calculate; *econ.* charge; **~end** calculating; **2ung** *f* calculation

berech|tigen [bə'rɛçtɪgən] (*no -ge-, h*) entitle; authorize; **~tigt** [*~*ɪçt] entitled; legitimate (*claim etc.*)

Be'reich *m* (*-[e]s/-e*) area; range; *of science etc.:* field; **2ern** (*no -ge-, h*) enrich; *sich ~* get rich (*an* on)

Be'reifung *f* (*-/-en*) (set of) tires (*Brt.* tyres)

be'reinigen (*no -ge-, h*) settle

bereit [bə'raɪt] ready, prepared

be'reit|en (*no -ge-, h*) cause (*problems etc.*); give (*pleasure*); **~halten** (*irr, sep, -ge-, h*) have *s.th.* ready; *sich ~* stand by

be'reits already

Bereitschaft *f* (*-/no pl*) readiness; *in ~ stehen → bereitstehen;* **~arzt** *m* duty doctor; **~dienst** *m*: *~ haben* be on call

be'reit|stehen (*sep, -ge-, h*) stand by, be on standby; **~stellen** (*sep, -ge-, h*) make available, provide; **~willig** willing

be'reuen (*no -ge-, h*) regret; repent (of)

Berg [bɛrk] *m* (*-[e]s/-e*) mountain; *~e von fig.* heaps of, piles of; *die Haare standen ihm zu ~* his hair stood on end; **2ab** [*~*'*~*] downhill (*a. fig*); **2auf** [*~*'*~*] uphill; **'~bahn** *f* mountain railway (*Brt.* railroad); **'~bau** *m* (*-[e]s/no pl*) mining

bergen ['bɛrgən] (*irr, ge-, h*) rescue; recover (*bodies*)

'Berg|führer *m* mountain guide; **2ig** [*'~*ɡɪç] mountainous; **'~kette** *f* mountain range; **'~mann** *m* (*-[e]s/-leute*) miner; **'~rutsch** *m* (*-[e]s/-e*) landslide; **'~schu-**

beschämen

he *pl* climbing boots; **~steigen** *n* (*-s*/*no pl*) mountaineering; **'~steiger** *m* (*-s*/-), **'~steigerin** *f* (*-/-nen*) mountaineer

Bergung ['bɛrgʊŋ] *f* (*-/-en*) recovery; rescue

Berg|wacht ['bɛrkvaxt] *f* (*-/ rare -en*) mountain rescue service (*men*: team); **'~werk** *n* mine

Bericht [bə'rɪçt] *m* (*-[e]s*/*-e*) report (*über* on), account (of); **2en** (*no -ge-, h*) report; tell; **~erstatter** [˞ɛr'ʃtatər] *m* (*-s*/-), **~erstatterin** *f* (*-/-nen*) reporter; correspondent

berichtigen [bə'rɪçtɪgən] (*no -ge-, h*) correct

Berlin [bɛr'li:n] Berlin

Bernstein ['bɛrn-] *m* (*-[e]s*/*no pl*) amber

berüchtigt [bə'ryçtɪçt] notorious (*wegen* for)

berücksichtigen [bə'rʏkzɪçtɪgən] (*no -ge-, h*) consider

Beruf [bə'ru:f] *m* (*-[e]s*/*-e*) job, occupation; trade; profession; **2en** (*irr, no -ge-, h*) appoint s.o.; *sich* **~ auf** refer to; **2lich 1.** *adj* professional; **2.** *adv* on business

Be'rufs|... *in comp.* professional ...; **~ausbildung** [˞˞-] *f* vocational (*or* professional) training; **~berater(in)** careers advisor (*or* officer); **~beratung** *f* careers guidance (*or* advice); **~kleidung** *f* work clothes; **~schule** *f* vocational school; **~sportler(in)** professional; **~tätig** working; **~tätige** [˞ɪgə] *m, f* working person; **~verkehr** *m* rush-hour traffic

Be'rufung *f* (*-/-en*) appointment (*zu* to); *unter* **~** *auf* with reference to; **~ einlegen** appeal

be'ruhen (*no -ge-, h*): **~ auf** be based on; *et. auf sich* **~ lassen** let s.th. rest; *lassen wir die Sache auf sich* **~** let's leave it at that

beruhigen [bə'ru:ɪgən] (*no -ge-, h*) calm (down); soothe; reassure; *sich* **~** calm down; **2ung** *f* (*-/no pl*) calming (down); relief; **2ungsmittel** *n* sedative, tranquilizer, *Brt.* tranquilizer

berühmt [bə'ry:mt] famous

be'rühren (*no -ge-, h*) touch; *fig. a.* affect; **2ung** *f* (*-/-en*) contact, touch

Be'satzung *f* (*-/-en*) crew; (*no pl*) *mil.* occupying forces

be'schädigen (*no -ge-, h*) damage; **2ung** *f* (*-/-en*) damage (*gen* to)

be'schaffen (*no -ge-, h*) provide, get; raise (*money*); **2heit** *f* (*-/no pl*) state, condition

beschäftigen [bə'ʃɛftɪgən] (*no -ge-, h*) employ; keep busy; *sich* **~** occupy o.s.; **2ung** *f* (*-/-en*) employment; occupation

be'schämen (*no -ge-, h*)

make *s.o.* feel ashamed; **~mend** shameful; humiliating; **~mt** ashamed

Bescheid [bəˈʃaıt] *m* (-[e]*s*/ -*e*): *j-m ~ sagen* let *s.o.* know; *ich weiß ~* I know (all about it)

be'scheiden modest; **2heit** *f* (-/no *pl*) modesty

bescheinig|en [bəˈʃaınıgən] (*no -ge-, h*) certify; acknowledge (*receipt*); **2ung** *f* (-/-*en*) certification; certificate; receipt

be'scheißen (*irr, no -ge-, h*) *sl.* rip *s.o.* off; **~schenken** (*no -ge-, h*): *j-n ~* give *s.o.* presents

Bescherung [bəˈʃeːrʊŋ] *f* (-/-*en*) opening of (Christmas) presents; *eine schöne ~!* F A fine mess!

be'schich|ten (*no -ge-, h*) coat; **~tet** coated; **2ung** *f* (-/ -*en*) coat(ing)

be'schießen (*irr, no -ge-, h*) fire at; *mil.* bombard (*a. phys.*); **~schimpfen** (*no -ge-, h*) insult; **~schissen** [~ˈʃısən] V lousy, rotten

Be'schlag *m* metal fittings(s): *in ~ nehmen* occupy; monopolize *s.o.*

be'schlagen (*irr, no -ge-*) **1.** *v/i* (*sein*) window etc.: steam up; **2.** *v/t* (*h*) shoe (*horse*) **3.** *adj* window etc.: steamed-up; *in et. sehr ~ sein* be well up in *s.th.*

beschlagnahmen [bəˈʃlaːknaːmən] (*no -ge-, h*) confiscate

beschleunig|en [bəˈʃlɔʏnıgən] (*no -ge-, h*) accelerate, speed up; **2ung** *f* (-/-*en*) acceleration

be'schließen (*irr, no -ge-, h*) decide (on); pass (*law*); end, settle; **2schluss** *m* decision

be'schmieren (*no -ge-, h*) smear, soil; cover (*wall*) with graffiti; **~schmutzen** (*no -ge-, h*) soil, dirty; **~schneiden** (*irr, no -ge-, h*) clip, cut (*a. fig.*); prune (*tree*); *med.* circumcise; **~schönigen** [~ˈʃøːnıgən] (*no -ge-, h*) gloss over

beschränk|en [bəˈʃrɛŋkən] (*no -ge-, h*) limit, restrict; *sich ~ auf* confine o.s. to; **2ung** *f* (-/-*en*) limitation, restriction

be'schreib|en (*irr, no -ge-, h*) describe; write on (*paper etc.*); **2ung** *f* description; account

be'schrift|en (*no -ge-, h*) label; address (*letter*)

beschuldig|en [bəˈʃʊldıgən] (*no -ge-, h*): *j-n e-r Sache ~* accuse *s.o.* of (doing) *s.th.*, charge *s.o.* with *s.th.*; **2ung** *f* (-/-*en*) accusation, charge

be'schützen (*no -ge-, h*) protect

Beschwer|de [bəˈʃveːrdə] *f* (-/-*n*) complaint; **2en** *f* (no -ge-, h): *sich ~* complain

Bestand

(*über* about; *bei* to)

be|**schwichtigen** [bəˈʃvɪçtɪgən] (*no* -ge-, *h*) appease, calm down; ~**schwingt** [~ˈʃvɪŋt] buoyant; *mus.* lively; ~**schwipst** [~ˈʃvɪpst] tipsy; ~'**schwören** (*irr, no* -ge-, *h*) swear to s.th. (*a. jur.*); implore s.o.; ~'**seitigen** [~ˈzaɪtɪgən] (*no* -ge-, *h*) remove

Besen [ˈbeːzən] *m* (-*s*/-) broom

besessen [bəˈzɛsən] obsessed (*von* by)

be|**setzen** (*no* -ge-, *h*) occupy (*a. mil.*); fill (*position*); *thea.* cast (*part*); trim (*dress etc.*); *ein Haus* ~ squat (in a house); ~**setzt** occupied; seat: *a.* taken; *tel.* busy, *Brt.* engaged; *restroom*: engaged; 2**setztzeichen** *n tel.* busy signal, *Brt.* engaged tone; 2**setzung** *f* (-*l*-*en*) *thea.* cast; *mil. etc.* occupation

besichtig|en [bəˈzɪçtɪgən] (*no* -ge-, *h*) visit, see; inspect; 2**ung** *f* (-*l*-*en*) sightseeing; visit (to); inspection

be|**siedeln** [bəˈziːdəln] (*no* -ge-, *h*) settle; populate; ~**delt**: *dicht* ~ densely populated; 2**dlung** *f* (-*l*-*en*) settlement; population

be|**siegen** (*no* -ge-, *h*) defeat, beat

Besinnung [bəˈzɪnʊŋ] *f* (-/*no pl*) consciousness; *zur* ~ *kommen* regain consciousness, come round; *fig.* come to one's senses; 2**slos** unconscious

Be'**sitz** *m* (-*es*/*no pl*) possession; property; 2**en** (*irr, no* -ge-, *h*) possess, own; ~**er** *m* (-*s*/-), ~**erin** *f* (-/-*nen*) owner

be'**sohlen** (*no* -ge-, *h*): (*neu*) ~ (re)sole

Besoldung [bəˈzɔldʊŋ] *f* (-/-*en*) pay; salary

besonder|e [bəˈzɔndərə] special, particular; 2**heit** *f* (-/-*en*) peculiarity

besonders especially; chiefly, mainly

besonnen [bəˈzɔnən] prudent, calm

be'**sorg|en** (*no* -ge-, *h*) get, buy; → *erledigen*

Be'**sorgnis** [~knɪs] *f* (-/-*se*) concern, anxiety; ~ **erregend** worrying; alarming

be'**sorgt** [~kt] worried, concerned

Be'**sorgung** *f* (-/-*en*): ~*en machen* go shopping

be'**spitzeln** (*no* -ge-, *h*): *j-n* ~ spy on s.o.

be'**sprech|en** (*irr, no* -ge-, *h*) discuss, talk s.th. over; review (*book etc.*); 2**ung** *f* (-/-*en*) discussion; meeting, conference; review

besser [ˈbɛsər] better; *es geht ihm* ~ he is better; ~**n** (ge-, *h*) *sich* ~ get better, improve; *morally:* mend one's ways; 2**ung** *f* (-/*no pl*) improvement; *gute* ~*!* get better soon!

Be'**stand** *m* (continued) existence; *esp. econ.* stock; ~ *ha-*

beständig

ben be lasting, last

be'**ständig** constant, steady; *weather*: settled

Be'**standteil** *m* part, component; ingredient

be'**stärken** (*no -ge-, h*) encourage *s.o.*

bestätig|en [bə]'ʃtɛːtɪɡən] (*no -ge-, h*) confirm; certify; acknowledge (*receipt etc.*); ~**sich** ~ prove (to be) true; **2ung** *f* (*-/-en*) confirmation; certificate; acknowledg(e)ment

beste ['bɛstə] best; *am* **2** *n* best; *die (das)* **2** the best; *sein* **2s** *tun* do one's (level) best; *das* **2** *draus machen* make the best of it

be'**stech**|en (*irr, no -ge-, h*) bribe; ~**lich** corrupt; **2ung** *f* (*-/-en*) bribery

Besteck [bə'ʃtɛk] *n* (*-[e]s/-e*) knife, fork and spoon; ~**e** (*pl*) cutlery

be'**stehen** (*irr, no -ge-, h*) **1.** *v/t* pass (*exam*); **2.** *v/i* exist, be; ~ *auf* insist on; ~ *aus* (*in*) consist of (in); ~ *bleiben* last, survive

be'**stehlen** (*irr, no -ge-, h*) rob, steal from; ~**steigen** (*irr, no -ge-, h*) climb (up) (*mountain etc.*); ascend (to) (*throne*)

be'**stell**|en (*no -ge-, h*) order; book; reserve; give, send (*regards*); cultivate (*soil*); *kann ich et.* ~? can I take a message?; ~ *Sie ihm ...* tell him

...; **2nummer** *f* order number; **2schein** *m* order form; **2ung** *f* order; booking; reservation

Bestie ['bɛstiə] *f* (*-/-n*) beast; *fig. a.* brute

be'**stimmen** (*no -ge-, h*) determine, decide; fix (*price etc.*); define; *zu* ~ *haben* be in charge, F be the boss; *be'stimmt für* meant for

be'**stimmt 1.** *adj* certain (*things, people etc.*); special (*reason etc.*); sure (*sum etc.*); firm (*voice, manner*); **2.** *adv* certainly; *ganz* ~ definitely

Be'**stimmung** *f* regulation; purpose; ~**sort** [~sʔ-] *m* destination

be'**straf**|en (*no -ge-, h*) punish; **2ung** *f* (*-/-en*) punishment

be'**strahlen** (*no -ge-, h*) irradiate

Be'**streben** *n* (*-s/no pl*), ~**ung** *f* (*-/-en*) effort

be'**streichen** (*irr, no -ge-, h*) spread; ~'**streiten** (*irr, no -ge-, h*) deny

be**stürzt** [bə'ʃtʏrtst] dismayed

Besuch [bə'zuːx] *m* (*-[e]s/-e*) visit; *at school, event etc.*: attendance; ~ *haben* have visitors; **2en** (*no -ge-, h*) visit; go and see, call on (*person*); go to (*theater, lecture etc.*); attend (*school etc.*); ~**er** *m* (*-s/-*), ~**erin** *f* (*-/-nen*) visitor, guest; ~**szeit** *f* visiting hours

be|'tasten (*no -ge-, h*) touch, feel; **~tätigen** [~'tɛːtɪgən] (*no -ge-, h*) *tech.* operate; apply (brake *etc.*); **sich ~** be active

betäub|en [bə'tɔʏbən] (*no -ge-, h*) *med.* anesthetize, *Brt.* anaesthetize; *by a blow, shock*: stun, daze; ⚯**ung** *f* (*-/no pl*) *med.* anesthesia, *Brt.* anaesthetic; ⚯**ungsmittel** *n* anesthetic, *Brt.* anaesthetic; *drug*: narcotic

Bete ['beːtə] *f* (*-/-n*): **Rote ~** beet, *Brt.* beetroot

betei|ligen [bə'taɪlɪgən] (*no -ge-, h*) give s.o. a share (**an** in); **sich ~ (an)** take part (in), participate (in); **~ligt** [~lɪçt] concerned; **~ sein an** be involved in; *econ.* have a share in; ⚯**ligte** *m, f* (*-n/-n*) person concerned (*or* involved); ⚯**ligung** *f* (*-/-en*) participation; share

beten ['beːtən] (*ge-, h*) pray, say a prayer

beteuern [bə'tɔʏərn] (*no -ge-, h*) protest

Beton [be'tɔŋ] *m* (*-s/-s*) concrete

be'ton|en (*no -ge-, h*) stress; *fig. a.* emphasize; ⚯**ung** *f* (*-/-en*) stress; *fig.* emphasis

Be|tracht [bə'traxt] (*-[e]s/no pl*): **in ~ ziehen** take into consideration; → **Frage**; **~trachten** (*no -ge-, h*) look at; **~ als** look upon (*or* regard) as; ⚯**trächtlich** [~'trɛçtlɪç] considerable

Betrag [bə'traːk] *m* (*-[e]s/⚯e*) amount, sum

betragen¹ [bə'traːgən] (*irr, no -ge-, h*) amount to

betragen² (*irr, no -ge-, h*): **sich ~** behave (o.s.)

be'treff|en (*irr, no -ge-, h*) concern; **betrifft** (*abbr.* **Betr.**) re; **was mich betrifft** as far as I'm concerned; **~end** concerning; **die ~e Person** the person concerned

be'treten¹ (*irr, no -ge-, h*) step on s.th.; enter (*room etc.*); ⚯ **verboten!** keep off! no trespassing!

be'treten² embarrassed

betreuen [bə'trɔʏən] (*no -ge-, h*) look after

Betrieb [bə'triːp] *m* (*-[e]s/-e*) business, firm, company; *tech.* operation; **außer ~** out of order; **wir hatten viel ~** we were very busy

Betriebs|anleitung [bə'triːps?~] *f* operating instructions; **~ferien** *pl* company holiday; **~leitung** *f* management; **~rat** *m* (*-[e]s/⚯e*) works council; **~system** *n* computer: operating system; **~unfall** [~?~] *m* industrial accident; **~wirtschaft** *f* econ. business administration

be|'trinken (*irr, no -ge-, h*): **sich ~** get drunk; **~troffen** [~'trɔfən] affected; → **bestürzt**

Be|trug [bə'truːk] *m* (*-[e]s/no pl*) cheating; *jur.* fraud; ⚯**trügen** [~'tryːgən] (*irr, no -ge-,*

Betrüger

h) cheat, swindle; *husband, wife:* be unfaithful to, deceive, cheat (on); ~'**trüger** *m (-s/-)*, ~'**trügerin** *f (-/-nen)* swindler, trickster

betrun|ken [bə'truŋkən] drunken; *pred.* drunk; 2**kene** *m, f (-n/-n)* drunk

Bett [bɛt] *n (-[e]s/-en)* bed; **ins** ~ **gehen (bringen)** go (put) to bed; ~**decke** *f* blanket; quilt

betteln ['bɛtəln] *(ge-, h)* beg (**um** for)

'**Bett|gestell** *n* bedstead; 2**lägerig** ['lɛːɡərɪç] bedridden; '~**laken** *n* sheet

Bettler ['bɛtlər] *m (-s/-)*, ~**in** *f (-/-nen)* beggar

'**Bettruhe** *f:* ~ **verordnen** tell *s.o.* to stay in bed; ~**vorleger** *m* bedside rug; ~**wäsche** *f* bed linen, sheets; '~**zeug** *n* bedclothes, bedding

beugen ['bɔyɡən] *(ge-, h)* bend *(a.* **sich** *; dat* to)

Beule ['bɔylə] *f (-/-n)* bump; car *etc.:* dent

be|unruhigen [bə''unruːɪɡən] *(no -ge-, h)* worry, alarm; ~**urlauben** [ə'urlaubən] *(no -ge-, h)* give *s.o.* leave (or time off); suspend *(from office)*; ~**urteilen** [~'ɔr-] *(no -ge-, h)* judge

Beuschel ['bɔyʃəl] *n (-s/-)* Austrian *gastr.* lung(s) and heart (of an animal)

Beute ['bɔytə] *f (-/no pl)* loot; prey *(a. fig.); fig.* victim

Beutel ['bɔytəl] *m (-s/-)* bag; pouch *(a. zo.)*

bevölker|n [bə'fœlkərn] *(no -ge-, h)* populate; ~**t** ~**besiedelt**; 2**ung** *f (-/-en)* population

bevollmächtig|en [bə'fɔlmɛçtɪɡən] *(no -ge-, h)* authorize; 2**te** [~ɪçtə] *m, f (-n/-n)* authorized person

be'vor before; ~**munden** [~mundən] *(no -ge-, h)* patronize; ~**stehen** *(irr, sep, no -ge-, h)* be approaching; *problem:* lie ahead; *danger etc.:* be imminent; *fig.* be in store for (*or* await) *s.o.*; ~**zugen** [~tsuːɡən] *(no -ge-, h)* prefer; ~**zugt** [~kt] privileged

be'wach|en *(no -ge-, h)* guard; 2**er** *m (-s/-)* guard; *sport:* marker

bewaffn|en [bə'vafnən] *(no -ge-, h)* arm; 2**ung** *f (-/no pl)* armament; arms

bewahren [bə'vaːrən] *(no -ge-, h)* keep; ~ **vor** protect (*or* save) from

be|währen [bə'vɛːrən] *(no -ge-, h): sich* ~ prove successful; *sich als ...* ~ prove to be a good ...; ~**währt** (well-)tried, reliable; *person:* experienced; 2**währung** *f (-/no pl) jur.* probation

be|waldet [bə'valdət] wooded, woody; ~**wältigen** [~'vɛltɪɡən] *(no -ge-, h)* master, manage; ~**wandert** (well-)versed

be'wässer|n (*no -ge-, h*) irrigate; **≈ung** *f* (*-/-en*) irrigation

bewegen [bə've:gən] **1.** (*no -ge-, h*): (*sich*) ~ move, stir; **2.** (*irr, no -ge-, h*): *j-n zu et.* ~ get s.o. to do s.th.

Beweggrund [bə've:k-] *m* motive

be'weglich [bə've:klɪç] movable; *parts:* moving; *fig.* agile; flexible; **≈weglichkeit** *f* (*-/no pl*) mobility; **~wegt** *sea:* rough; *life:* eventful; *fig.* moved, touched; **≈wegung** *f* (*-/-en*) movement (*a. pol.*); motion (*a. phys.*); *körperliche* ~: exercise; *in* ~ *setzen* set in motion; *sich in* ~ *setzen* start moving, move off; **~wegungslos** motionless

Beweis [bə'vaɪs] *m* (*-[e]s/-e*) proof (*für of*); **≈en** (*irr, no -ge-, h*) prove; **~mittel** *n*, **~stück** *n* (piece of) evidence

be'werb|en (*irr, no -ge-, h*): *sich* ~ *um* apply for; *pol.* ~ *kandidieren*; **≈er** *m* (*-s/-*), **≈erin** *f* (*-/-nen*) applicant; *sports:* competitor; **≈ung** *f* (*-/-en*) (letter of) application

be'werten (*no -ge-, h*) rate, judge; *econ.* value; **~willigen** [~vɪlɪɡən] (*no -ge-, h*) grant; **~wirken** (*no -ge-, h*) cause, bring about

be'wirt|en (*no -ge-, h*) entertain; **~schaften** (*no -ge-, h*)

beziehen

manage, run; *agr.* farm; **≈ung** *f* (*-/no pl*) entertaining; *restaurant:* service

bewog [bə'vo:k] *past*, **~en** [~gən] *pp* of *bewegen 2*

be'wohn|en (*no -ge-, h*) inhabit, live in; **~wohnt** *building:* occupied; **≈wohner** *m* (*-s/-*), **≈wohnerin** *f* (*-/-nen*) inhabitant; occupant

be'wölk|en [bə'vœlkən] (*no -ge-, h*): *sich* ~ cloud over (*a. fig.*); **~wölkt** cloudy, overcast; **≈wölkung** *f* (*-/no pl*) clouds

Bewunder|er [bə'vʊndərər] *m* (*-s/-*), **~in** *f* (*-/-nen*) admirer; **≈n** admire (*no -ge-, h*) (*wegen* for); **≈nswert** admirable

bewusst [bə'vʊst] conscious; *sich gen* ~ *sein* be aware of, be conscious of; **~los** unconscious; **≈sein** *n* (*-s/no pl*) consciousness; *bei* ~ conscious

be'zahl|en (*no -ge-, h*) pay (*s.o.; sum of money*); pay for (*goods*) (*a. fig.*); **≈ung** *f* (*-/no pl*) payment; pay

be'zaubernd charming

be'zeichn|en (*no -ge-, h*) call; describe (*als* as); **~end** characteristic; **≈ung** *f* name

be'zeugen (*no -ge-, h*) testify to

be'zieh|en (*irr, no -ge-, h*) cover (*chair etc.*); change (*beds etc.*); move into (*house etc.*); receive (*pension etc.*);

Beziehung

subscribe to (*newspaper*); ~ **auf** relate to; **sich ~ sky:** cloud over; **sich ~ auf** refer to; **Øung** *f* (*-/-en*) relation (**zu** et. to s.th.; **zu j-m** with s.o.); relationship; **in jeder (keiner)** ~ in every (no) respect; **~en haben** have connections, know the right people; **~ungsweise** respectively; or (rather)

Bezirk [bə'tsɪrk] *m* (*-[e]s/-e*) district

Be|zug [bə'tsuːk] *m* (*-[e]s/*ᵁ*e*) cover(ing); case, slip (*a.* for pillow etc.); econ. purchase; subscription (*gen* to newspaper); **Bezüge** *pl* earnings; ~ **nehmen auf** refer to; **in ~ auf** → **²züglich** [~'tsyːklɪç] regarding, concerning

be|zwecken (*no -ge-, h*) aim at, intend; **~zweifeln** (*no -ge-, h*) doubt

BGB [beːgeː'beː] *Bürgerliches Gesetzbuch* (German) Civil Code

BH [beː'haː] *m* (*-[s]/-[s]*) F bra

Bibel ['biːbəl] *f* (*-/-n*) Bible

Biber ['biːbər] *m* (*-s/-*) beaver

Bibliothek [biblio'teːk] *f* (*-/-en*) library; **~ar** [~teˈkaːr] *m* (*-s/-e*), **~arin** *f* (*-/-nen*) librarian

biblisch ['biːblɪʃ] biblical

bieder ['biːdər] upright; *contp.* conventional

biegen ['biːgən] (*irr, ge-*) 1. *v/t* (*h*) bend (*a.* **sich ~**); 2. *v/i* (*sein*) turn; **nach links (rechts)** ~ turn left (right); **um die Ecke** ~ turn (round) the corner; **~sam** ['~kzaːm] flexible; **²ung** *f* (*-/-en*) curve

Biene ['biːnə] *f* (*-/-n*) bee; **~nkorb** *m*, **~nstock** *m* beehive

Bier [biːr] *n* (*-[e]s/-e*) beer; **~deckel** *m* coaster, *Brt. a.* beer mat; **~krug** *m* beer mug

Biest [biːst] *n* (*-es/-er*) F beast

bieten ['biːtən] (*irr, ge-, h*) 1. *v/t* offer; **sich ~** *opportunity etc.*: present itself; **sich et. ~ lassen** put up with s.th.; 2. *v/i* at auction: bid

Bilanz [bi'lants] *f* (*-/-en*) balance; *fig.* result

Bild [bɪlt] *n* (*-[e]s/-er*) picture; image; *fig.* idea

bilden ['bɪldən] (*ge-, h*) form (*a.* **sich ~**); *fig.* educate (**sich** o.s.)

Bilderbuch ['bɪldər-] *n* picture book

Bild|hauer ['bɪlthaʊər] *m* (*-s/-*), **~hauerin** *f* (*-/-nen*) sculptor; **²lich** *fig.* figurative; **~platte** *f* videodisk, *Brt.* videodisc; **~röhre** *f* picture tube

¹Bildschirm *m* TV screen; *computer: a.* display, monitor; VDT, video display terminal; **~arbeitsplatz** ['~ʔ~] *m* workstation; **~text** *m* videotex(t), *Brt.* viewdata

Bildung ['bɪldʊŋ] *f* (*-/-en*) formation; (*no pl*) education; **~s...** in compounds: educational

Billard ['bɪljart] n (*-s/-e*) billiards

billig ['bɪlɪç] cheap, inexpensive; **~en** [´-gən] (*ge-, h*) approve of

Billion [bɪ'lioːn] f (*-/-en*) trillion

Binde ['bɪndə] f (*-/-n*) bandage; (arm)sling; = **Damenbinde**; **~glied** n (connecting) link; **~haut** f conjunctiva; **~hautentzündung** ['~haut?-] f conjunctivitis

bind|en (*irr, ge-, h*) tie (**an** to); bind (*book*); knot (*tie*); **sich ~ an** commit o.s., tie o.s. down; **~end** binding; **2estrich** m hyphen

Bindfaden ['bɪnt-] m string

Bindung ['bɪnduŋ] f (*-/-en*) fig. tie, link, bond; (ski) binding

Binnen|... ['bɪnən] *in compounds:* inland ...; **~markt** m home (*or* domestic) market; *EC:* single market

Binsenweisheit f truism

Bio..., **2...** ['biːo] bio-...

Biographie [biogra'fiː] f (*-/-n*) biography

Bio|laden m health food store (*or* shop); **~logie** [biolo'giː] f (*-/no pl*) biology; **2logisch** ['~loːgɪʃ] biological; *agr.* organic; **~rhythmus** m biorhythms; **~top** n (*-s/-e*) biotope

Birke ['bɪrkə] f (*-/-n*) birch (tree)

Birne ['bɪrnə] f (*-/-n*) pear; *electr.* bulb

bis [bɪs] *of time:* till, until, (up) to; *of place:* (up) to, as far as; **von ...** ~ from ... to; ~ **auf** except, but; ~ **jetzt** up to now, so far; **zwei** ~ **drei** two or three

Bischof ['bɪʃɔf] m (*-s/-e* ['~ʃøːfə]) bishop

bisexuell bisexual

bisher [bɪs'heːr] up to now, so far

biss [bɪs] *past of* **beißen**

Biss [bɪs] m (*-es/-e*) bite (*a. fig.*)

bisschen ['bɪsçən] **ein ~** a little, a (little) bit (of)

Bissen ['bɪsən] m (*-s/-*) bite

bissig ['bɪsɪç] vicious; *fig.* cutting; *person:* snappy; **Hasso ist ~** hasso bites; **Vorsicht, ~er Hund!** beware of the dog!

Bit n (*-s/-s*) *computer:* bit

Bitte ['bɪtə] f (*-/-n*) request (**um** for)

bitte [~] please; *after thank you:* that's all right, not at all; *handing s.th. to s.o. etc.:* here you are; (**wie**) **~?** pardon?

bitten (*irr, ge-, h*) ask (**um** for)

bitter ['bɪtər] bitter

blähen ['blɛːən] (*ge-, h*) swell (*a. sich* ~); **2ungen** *pl* flatulence

Blam|age [bla'maːʒə] f (*-/-n*) disgrace; **2ieren** [~'miːrən] (*no ge-, h*) make s.o. look like a fool; **sich** ~ make a fool of o.s.

blank

blank [blaŋk] shining, shiny; F broke

Blanko... ['blaŋko] *in compounds: econ.* blank ...

Bläschen ['blɛːsçən] *n* (-*s*/-) *med.* small blister

Blase ['blaːzə] *f* (-/-*n*) bubble; *anat.* bladder; *med.* blister

blasen ['blaːzən] (*irr, ge-, h*) blow

Blas|instrument ['blaːs?-] *n* wind instrument; **⁀kapelle** *f* brass band

blass [blas] pale (*vor* with); **⁀ werden** turn (*or* go) pale

Blässe ['blɛsə] *f* (-/*no pl*) paleness, pallor

Blatt [blat] *n* (-[e]s/-*er*) leaf; sheet (*of paper*); blade (*of saw etc.*); *cards:* hand; (news)paper

blättern ['blɛtərn] (*ge-, h*): ⁀ *in* leaf through

Blätterteig *m* puff pastry

blau [blau] blue; F tight; ⁀*er Fleck* bruise; ⁀*es Auge* black eye; *Fahrt ins* ⁀*e* unplanned pleasure trip; mystery tour; **²beere** *f* blueberry; bilberry; **²helme** *pl* blue berets

bläulich ['blɔylɪç] bluish

Blech [blɛç] *n* (-[e]s/-e) sheet metal; **⁀dose** *f* (tin) can, *Brt. a.* tin; **⁀schaden** *m mot.* bodywork damage, dent(s); *Unfall mit* ⁀ fender-bender

Blei [blaɪ] *n* (-[e]s/-e) lead

bleiben ['blaɪbən] (*irr, ge-,*

sein) stay, remain; ⁀ *bei* stick to; ⁀ *lassen* leave, not do *s.th.*; *lass das bleiben!* stop it! **⁀d** lasting;

bleich [blaɪç] pale (*vor* with); **'⁀en** (*ge-, h*) bleach; **²Gesicht** *n* paleface

blei|ern ['blaɪərn] lead; *fig.* leaden; **'²frei** unleaded, leadfree; **'²stift** *m* pencil; **'²stiftspitzer** *m* (-*s*/-) pencil sharpener

Blende ['blɛndə] *f* (-/-*n*) *phot.* aperture; (*bei*) ⁀ *8* (at) f:8; **'²n** (*ge-, h*) blind, dazzle; **'²nd** F great

Blick [blɪk] *m* (-[e]s/-e) look; view; *flüchtiger* ⁀ glance; *auf den ersten* ⁀ at first sight; **'²en** (*ge-, h*) look; *sich* ⁀ *lassen* show one's face

blieb [bliːp] *past of bleiben*

blies [bliːs] *past of blasen*

blind [blɪnt] blind; *mirror etc.:* dull; *alarm:* false; ⁀*er Passagier* stowaway

Blinddarm ['blɪnt-] *m* appendix; **⁀entzündung** [' ⁀?-] *f* appendicitis; **⁀operation** [' ⁀?-] *f* appendectomy

Blinde ['blɪndə] *m, f* (-*n*/-*n*) blind man (*or* woman)

Blinden|hund *m* guide dog; **⁀schrift** *f* braille

Blind|gänger ['blɪntgɛŋər] *m* (-*s*/-) dud; F dead loss; **⁀heit** *f* (-/*no pl*) blindness; **²lings** ['⁀lɪŋs] blindly; **⁀schleiche** ['⁀ʃlaɪçə] *f* (-/-*n*) blindworm

blink|en ['blɪŋkən] (*ge-, h*)

sparkle, shine; flash (a signal); *mot.* indicate, signal; **'2er** *m* (-s/-) *mot.* (turn) signal, *esp. Brt.* indicator
blinzeln ['blɪntsəln] (ge-, h) blink (one's eyes)
Blitz [blɪts] *m* (-es/-e) (flash of) lightning; **~ableiter** ['ʌ˞-] *m* (-s/-) lightning rod (*Brt.* conductor); **'2en** (ge-, h) flash; *es blitzt* there's lightning; **~gerät** *n* flash; **'~lampe** *f* flashbulb; **'~licht** *n* flash(light); **~lichtaufnahme** ['ʌlɪçtʔ-] *f* flash shot; **'~schlag** *m* lightning; **'2schnell** like a flash; **'~würfel** *m* flashcube
Block [blɔk] *m* (-[e]s/-̈e) block; *pol.* bloc; pad (*of paper*)
Blockade [ʌˈkaːdə] *f* (-/-n) blockade
'Block|flöte *f* recorder; **'~haus** *n* log cabin
blockieren [ʌˈkiːrən] (*no* ge-, h) **1.** *v/t* block; **2.** *v/i wheels etc.*: lock
'Blockschrift *f* block letters
blöd [bløːt], **~e** [-də] silly, stupid; **~ein** [-dəln] (ge-, h) fool around; **'2sinn** *m* (-[e]s/*no pl*) nonsense; **'~sinnig** idiotic
blöken ['bløːkən] (ge-, h) bleat
blond [blɔnt] blond, fair
bloß [bloːs] **1.** *adj* bare; *eye:* naked; mere (*words etc.*); **2.** *adv* just, only; **'~legen** (sep, -ge-, h) lay bare; **'~stellen** (*sep*, -ge-, *h*) show *s.o.* up
blühen ['blyːən] (ge-, h) bloom; *tree:* blossom; *fig.* flourish
Blume ['bluːmə] *f* (-/-n) flower; *wine:* bouquet; *beer:* froth; **'~händler(in)** florist; **'~nkohl** *m* cauliflower; **'~nstrauß** *m* bunch of flowers; bouquet; **'~ntopf** *m* flowerpot
Bluse ['bluːzə] *f* (-/-n) blouse
Blut [bluːt] *n* (-[e]s/*no pl*) blood; **'~arm** ['ʌ˞-] *a* anemic, *Brt.* anaemic; **'~bad** *n* massacre; **'~bank** *f* blood bank; **'~druck** *m* (-[e]s/*no pl*) blood pressure
Blüte ['blyːtə] *f* (-/-n) flower; bloom; *tree:* blossom; *fig.* height
Blutegel ['bluːtʔeːgəl] *m* (-s/-) leech
bluten (ge-, h) bleed
'Blütenblatt *n* petal
Blut|er ['bluːtɐr] *m* (-s/-) hemophiliac, *Brt.* haemophiliac; **'~erguss** [-ʔɛrgʊs] *m* (-es/-e) hematoma, *Brt.* haema-; bruise; **'~gruppe** *f* blood group; **'2ig** bloody; **'~kreislauf** *m* (*no pl*) blood circulation; **'~probe** *f* blood test; **'~spender** *m* (-s/-), **'~spenderin** *f* (-/-nen) blood donor; **'2stillend** styptic; **'~sverwandte** *m, f* blood relation; **'~transfusion** *f* blood transfusion; **'~ung** *f* (-/-en) bleeding, hemor-

rhage, *Brt.* haemo-; '~**vergießen** *n* (-*s*/*no pl*) bloodshed; '~**vergiftung** *f* blood poisoning; '~**verlust** *m* loss of blood; '~**wurst** *f* blood sausage, *Brt.* black pudding

BLZ [be:?el'tset] *Bankleitzahl* A.B.A. (or routing) number, *Brt.* bank code number

BND [be:?ɛn'de:] *Bundesnachrichtendienst* Federal Intelligence Service

Bö [bø:] *f* (-/-*en*) gust, squall

Bock [bɔk] *m* (-[e]s/*⸚e*) buck (*also sport*); *sl.* **keinen** (or **null**) ~ **auf et. haben** *f* have zero interest in s.th.; **²ig** obstinate; sulky; '~**springen** *n* (-*s*/*no pl*) leapfrog; '~**wurst** *f* hot sausage

Boden ['bo:dən] *m* (-*s*/*⸚*) ground; *agr.* soil; bottom (*of sea, vessel etc.*); floor; attic; '**²los** bottomless; *fig.* incredible; '~**schätze** ['~ʃɛtsə] *pl* mineral resources

'**Bodensee** *m* (-*s*/*no pl*) Lake Constance

Body ['bɔdi] *m* (-*s*/-*s*) body stocking

bog [bo:k] *past of* **biegen**

Bogen ['bo:gən] *m* (-*s*/-) curve, bend; *math.* arc; *arch.* arch; *skiing*: turn; sheet (*of paper etc.*); '~**Pfeil und ~** bow and arrow

Bohle ['bo:lə] *f* (-/-*n*) plank

Bohne ['bo:nə] *f* (-/-*n*) bean; **grüne ~n** string (*or* green, *Brt.* French *or* runner) beans; '~**nstange** *f* beanpole (*a. F fig.*)

bohnern ['bo:nərn] (*ge*-, *h*) polish, wax

bohr|en ['bo:rən] (*ge*-, *h*) bore, drill; '**²er** *m* (-*s*/-) drill; '**²insel** ['~ʔɪn-] *f* oil rig; '**²maschine** *f* (electric) drill; '**²turm** *m* derrick

Boje ['bo:jə] *f* (-/-*n*) buoy

Bolzen ['bɔltsən] *m* (-*s*/-) bolt

bombardieren [bɔmbar'di:rən] (*no ge*-, *h*) bomb; *fig.* bombard

Bombe ['bɔmbə] *f* (-/-*n*) bomb; '~**nangriff** [~ʔ-] *m* air raid; '~**nanschlag** ['~ʔ-] *m* bombing (*auf of*), bomb attack (on); '~**nleger** *m* (-*s*/-) bomb planter, bomber

'**Bomber** *m* (-*s*/-) *aviat.* bomber

Bon [bɔŋ] *m* (-*s*/-*s*) coupon, voucher

Bonbon [bɔŋ'bɔŋ] *m, n* (-*s*/-*s*) candy, *Brt.* sweet

Boot [bo:t] *n* (-[e]s/-*e*) boat; ~ **fahren** *go* boating

Bord¹ [bɔrt] *n* (-[e]s/-*e*) shelf

Bord² [~] *m* (-[e]s/-*e*) *naut., aviat.*: **an ~** on board; **über ~** overboard; **von ~ gehen** go ashore; '~**karte** *f* boarding pass; '~**stein** *m* curb, *Brt.* kerb

borgen ['bɔrgən] (*ge*-, *h*) → **leihen**

Borke ['bɔrkə] *f* (-/-*n*) bark

Börse ['bœrzə] *f* (-/-*n*) stock exchange; '~**nbericht** *m* market report; '~nkurs *m* quotation; '~nmakler(in) stockbroker

Borst|e ['bɔrstə] *f* (*-/-n*) bristle; **'2ig** bristly

Borte ['bɔrtə] *f* (*-/-n*) border (*of rug etc.*); lace

bösartig ['bøːsʔ-] vicious; *med.* malignant

Böschung ['bœʃʊŋ] *f* (*-/-en*) slope, bank

böse ['bøːzə] bad, evil; angry, *Am. a.* mad; **2** *n* (*-n/no pl*) evil

bos|haft ['boːshaft] malicious; **'2heit** *f* (*-/-en*) malice; malicious act (*or* remark)

bot [boːt] *past of* **bieten**

Botani|k [boˈtaːnik] *f* (*-/no pl*) botany; **~ker** *m* (*-s/-*), **~kerin** *f* (*-/-nen*) botanist; **2sch** botanical

Bot|e ['boːtə] *m* (*-n/-n*), **~in** *f* (*-/-nen*) messenger

Botschaft ['boːt-] *f* (*-/-en*) message; *pol.* embassy; **~er** *m* (*-s/-*), **~erin** *f* (*-/-nen*) ambassador

Boulevard|blatt [bulə'vaːr-] *n*, **~zeitung** *f* tabloid

Bowle ['boːlə] *f* (*-/-n*) (cold) punch; punchbowl

box|en ['bɔksən] (*ge-, h*) box; **2en** *n* (*-s/no pl*) boxing; **2er** *m* (*-s/-*) boxer; **2kampf** *m* boxing match, fight

Boykott [bɔy'kɔt] *m* (*-[e]s/-s*) boycott; **2ieren** [-kɔ'tiːrən] (*no ge-, h*) boycott

brach [braːx] *past of* **brechen**

brachte ['braxtə] *past of* **bringen**

Branche ['brɑ̃ːʃə] *f* (*-/-n*) line (of business), trade; **~n(telefon)buch** *n* yellow pages

Brand [brant] *m* (*-[e]s/-̈e*) fire; *in* ~ **geraten (stecken)** catch (set on) fire

Brandenburg ['brandən-] Brandenburg

'Brand|stifter *m* (*-s/-*) arsonist; **~stiftung** *f* (*-/-en*) arson

'Brandung ['~dʊŋ] *f* (*-/no pl*) surf, breakers

'Brandwunde *f* burn

brannte ['brantə] *past of* **brennen**

Brasilia|ner [brazi'liːanɐ] *m* (*-s/-*), **~nerin** *f* (*-/-nen*), **2nisch** Brazilian

Brasilien [braˈziːliən] Brazil

braten ['braːtən] **1.** (*irr, ge-, h*) fry (*in pan*); roast (*in oven*); → **grillen** *etc.*; **2. 2** *m* (*-s/-*) roast (meat); joint; **'2fett** *n* dripping; **'2soße** *f* gravy

'Brat|fisch [braːt-] *m* fried fish; **~huhn** *n* roast chicken; **'~kartoffeln** *pl* fried potatoes; **'~pfanne** *f* frying pan, *Am. a.* skillet; **'~röhre** *f* oven; **'~wurst** *f* grilled sausage

Brauch [braʊx] *m* (*-[e]s/-̈e*) custom; **2bar** useful; **2en** (*ge-, h*) need; take (*time*); use; have to

brau|en ['braʊən] (*ge-, h*) brew; **2erei** [~'raɪ] *f* (*-/-en*) brewery

braun

braun [braʊn] brown; (sun)tanned; ~ **werden** get a tan

Bräun|e ['brɔʏnə] *f* (-/no pl) (sun)tan; **2en** (ge-, h) brown; tan

Brause ['braʊzə] *f* (-/-n) shower; → **Limonade**; **2n** (ge-, h) wind, water etc.: roar; → **duschen**

Braut [braʊt] *f* (-/-̈e) bride; fiancée

Bräutigam ['brɔʏtigam] *m* (-s/-e) bridegroom; fiancé

'Braut|jungfer *f* bridesmaid; **'~kleid** *n* wedding dress; **'~paar** *n* bride and (bride)groom; engaged couple

brav [braːf] good, well-behaved; **~ sein** be a good boy (girl)

BRD [beːʔɛrˈdeː]: *Bundesrepublik Deutschland* FRG, Federal Republic of Germany

brech|en ['brɛçən] (*irr, ge-*) 1. *v/t and v/i* (h) break; *med*. throw up, be sick, vomit; *sich ~ opt*. be refracted; 2. *v/i* (*sein*) break; **2reiz** *m* nausea

Brei [braɪ] *m* (-[e]s/-e) pulp, mash; pap; **'2ig** pulpy, mushy

breit [braɪt] wide; broad (*a. fig.*); **'~beinig** [-baɪnɪç] with legs apart; **'2e** *f* (-/-n) width, breadth; *geogr*. latitude; **'2engrad** *m* degree of latitude; **'2wand** *f* wide screen

Brems|belag ['brɛms-] *m* brake lining; **'~e** [-zə] *f* (-/-n) *tech*. brake; *zo*. gadfly; **2en** [-zən] (ge-, h) brake; slow down; **'~kraftverstärker** *m* brake booster; **'~leuchte** *f* stop light; **'~pedal** *n* brake pedal; **'~spur** *f* skid marks; **'~weg** *m* stopping distance

brenn|bar ['brɛn-] combustible; (in)flammable; **'~en** (*irr, ge-, h*) burn; be on fire; *wound, eye etc.*: sting, smart, burn; **'2er** *m* (-s/-) burner; **2nessel** ['brɛnɛsəl] *f* (-/-n) nettle; **'2holz** *n* firewood; **'2punkt** *m* focus; **'2stoff** *m* fuel

Brett [brɛt] *n* (-[e]s/-er) board; → **Anschlagbrett**; **'~spiel** *n* board game

Brezel ['breːtsəl] *f* (-/-n) pretzel

Brief [briːf] *m* (-[e]s/-e) letter; **'~bogen** *m* sheet of writing paper; **'~kasten** *m* mailbox, *Brt*. letterbox; **'2lich** by letter; **'~marke** *f* stamp; **'~öffner** ['-ʔ-] *m* letter opener, *Brt*. paper knife; **'~papier** *n* stationery; **'~tasche** *f* billfold, wallet; **'~träger** *m* (-s/-) mailman, mail carrier, postman; **'~trägerin** *f* (-/-nen) mail carrier, postwoman; **'~umschlag** ['-ʔ-] *m* envelope; **'~wahl** *f* postal vote **'~wechsel** *m* correspondence

briet [briːt] *past of* **braten**

Brillant [brɪl'jant] m (-en/-en) diamond
brillant brilliant
Brille ['brɪlə] f (-/-n) (pair of) glasses, spectacles; goggles; toilet seat
bringen ['brɪŋən] (irr, ge-, h) bring; take; cause (trouble etc.); ~ zu get s.o. to do s.th., make s.o. do s.th.; es zu etwas (nichts) ~ go far (get nowhere)
Brise ['bri:zə] f (-/-n) breeze
Brit|e ['brɪtə] m (-n/-n) British man, Briton; **die .n** pl the British; **'.in** f (-/-nen) British woman, Briton; **²isch** British
bröckeln ['brœkəln] (ge-, h) crumble
Brocken ['brɔkən] m (-s/-) piece; lump (of earth, stone etc.); ~ pl scraps (of English etc)
Brombeere ['brɔm-] f blackberry
Bronchitis [brɔn'çi:tɪs] f (-/-tiden [~çi'ti:dən]) bronchitis
Bronze ['brõ:sə] f (-/-n) bronze
Brosche ['brɔʃə] f (-/-n) brooch, Am. a. pin
Broschüre [brɔ'ʃy:rə] f (-/-n) booklet
Brot [bro:t] n (-[e]s/-e) bread; sandwich; **ein ~** a loaf of bread; **.aufstrich** ['..ʃtrɪç] m (-[e]s/-e) spread
Brötchen ['brø:tçən] n (-s/-) roll

Brustschwimmen

Bruch [brux] m (-[e]s/ ̈-e) break (a. fig.), breakage; med. hernia; fracture (of bone); math. fraction; geol. fault; breach (of promise); jur. violation (of law)
brüchig ['bryçɪç] brittle; cracked
'Bruch|landung f crash landing; **'.rechnung** f fractions; **'.stück** n fragment; **'.teil** m fraction
Brücke ['brykə] f (-/-n) bridge; rug; **.npfeiler** m pier
Bruder ['bru:dər] m (-s/ ̈-) brother (a. rel.)
brüderlich ['bry:dərlɪç] brotherly; ~ **teilen** share and share alike
Brühe ['bry:ə] f (-/-n) broth; clear soup; F contp. slop(s)
brüllen ['brylən] (ge-, h) roar; cattle: bellow
brumm|en ['brumən] (ge-, h) growl; insect, engine etc.: hum, buzz; **'.ig** grumpy
brünett [bry'nɛt] dark(-haired)
Brunnen ['brunən] m (-s/-) well; (mineral) spring; fountain
Brunst [brunst] f (-/ ̈-e) rutting season
Brüssel ['brysəl] Brussels
Brust [brust] f (-/ ̈-e) chest; breast(s), bosom
brüsten ['brystən] (ge-, h) **sich ~** (mit) boast (about)
'Brust|korb m chest; anat. thorax; **'.schwimmen** n (-s/

Brüstung

no pl) breaststroke
Brüstung ['brystʊŋ] *f* (*-/-en*) parapet
'Brustwarze *f* nipple
Brut [bruːt] *f* (*-/no pl*) brood (*a. fig.*), hatch
brutal [bru'taːl] brutal; **2ität** [~tali'tɛːt] *f* (*-/-en*) brutality
brüten ['bryːtən] (*ge-, h*) ~ **über** brood, sit (on eggs); ~ **über** brood over
brutto ['brʊto] gross (*a. in compounds*)
BSE [beːɛsˈeː] → **Rinderwahn(sinn)**
Bube ['buːbə] *m* (*-n/-n*) *cards*: knave, jack
Buch [buːx] *n* (*-[e]s/-̈er*) book; (film) script
Buche ['buːxə] *f* (*-/-n*) beech
buchen ['buːxən] (*ge-, h*) book (*flight etc.*); *econ.* enter
Bücher|**ei** [byːçəˈraɪ] *f* (*-/-en*) library; **~regal** ['~çər-] *n* bookshelf; **~schrank** ['~çər-] *m* bookcase
'Buch|**fink** *m* chaffinch; **~halter(in)** bookkeeper; **~haltung** *f* (*-/no pl*) bookkeeping; **~händler(in)** bookseller; **~handlung** *f* bookstore, *Brt.* bookshop
Büchse ['bʏksə] *f* (*-/-n*) can, *Brt.-a.* tin; rifle; **~nfleisch** *n* canned (*Brt. a.* tinned) meat; **~nöffner** ['~nʔ-] *m* can (*Brt.* tin) opener
Buch|**stabe** ['buːxʃtaːbə] *m* (*-ns/-n*) letter; **2stabieren** [~aˈbiːrən] (*no ge-, h*) spell;
2stäblich ['~ʃtɛːplɪç] literally

Bucht [bʊxt] *f* (*-/-en*) bay; creek
'Buchung *f* (*-/-en*) booking; *econ.* entry
Buckel ['bʊkəl] *m* (*-s/-*) hump; hunchback
bücken ['bʏkən] (*ge-, h*): *sich* ~ bend (down)
bucklig ['bʊklɪç] hunchbacked; **2e** [ˈ~gə] *m, f* (*-n/-n*) hunchback
Bude ['buːdə] *f* (*-/-n*) stall; F digs; F place, *contp.* dump
Büfett [bʏˈfeː] *n* (*-s/-s*) sideboard; bar, counter; *kaltes (warmes)* ~ cold (hot) buffet (meal)
Büffel ['bʏfəl] *m* (*-s/-*) buffalo
büffeln ['bʏfəln] (*ge-, h*) cram
Bug [buːk] *m* (*-[e]s/rare -e*) *naut.* bow; *aviat.* nose
Bügel ['byːgəl] *m* (*-s/-*) hanger; temple, ear piece (*of glasses etc.*); **~brett** *n* ironing board; **~eisen** ['~ʔ-] *n* iron; **~falte** *f* crease; **2frei** non-iron; **2n** (*ge-, h*) **1.** *v/t* iron; press; **2.** *v/i* do the (or some) ironing
Bühne ['byːnə] *f* (*-/-n*) stage; **~nbild** *n* (stage) set
Bulga|**rien** [bʊlˈgaːriən] Bulgaria; **2risch** Bulgarian
Bullauge ['bʊlʔ-] *n* porthole
Bulle ['bʊlə] *m* (*-n/-n*) bull; cop(per)
Bummel ['bʊməl] *m* (*-s/-*) F stroll; **2n** *v/i* (*ge-*) **1.** (*sein*) stroll, saunter; **2.** (*h*) dawdle

'**~streik** *m* slowdown, *Brt.* go-slow; '**~zug** *m* slow train
bumsen ['bʊmzən] (*ge-, h*) F bang, bump; V bang, screw
Bund¹ [bʊnt] *m* (-(e)s/-e) union, federation; waistband
Bund² [~] *n* (-(e)s/-e) bundle
Bündel ['byndəl] *n* (-s/-) bundle; '**2n** (*ge-, h*) bundle (up)
Bundes... ['bʊndəs] *in compounds*: Federal ...; '**~genosse** *m* ally; '**~kanzler** *m* Federal Chancellor; '**~land** *n* state, Land; '**~liga** *f* First Division; '**~republik** *f* federal republic; '**~staat** *m* federal state; (con)federation; '**~tag** *m* (-(e)s/*no pl*) Bundestag, (Lower House of the) German Parliament; '**~wehr** *f* (-/*no pl*) (German) Armed Forces
Bündnis ['byntnɪs] *n* (-ses/-se) alliance
Bungeespringen ['bandʒi-] *n* (-s/*no pl*) bungee jumping
Bunker ['bʊŋkər] *m* (-s/-) air-raid shelter
bunt [bʊnt] (multi)colored (*Brt.* -coloured); colorful, *Brt.* colourful (*a. fig.*); *fig.* varied; '**2stift** *m* coloured pencil, crayon
Burg [bʊrk] *f* (-/-en) castle
Bürge ['byrgə] *m* (-n/-n) guarantor; '**2n** (*ge-, h*): ~ **für** stand surety for; guarantee, vouch for
Bürger ['byrgər] *m* (-s/-), '**~in** *f* (-/-nen) citizen; '**~krieg** *m* civil war; '**2lich** civil; middle-class; *contp.* bourgeois; '**~meister(in)** mayor; '**~rechte** *pl* civil rights; '**~steig** *m* sidewalk, *Brt.* pavement
Büro [by'ro:] *n* (-s/-s) office; **~angestellte** [~'?-] *m, f* clerk; **~klammer** *f* paper clip
Bürokratie [byrokra'ti:] *f* (-/-n) bureaucracy
Bursche ['bʊrʃə] *m* (-n/-n) fellow, guy
Bürste ['byrstə] *f* (-/-n) brush; '**2n** (*ge-, h*) brush
Bus [bʊs] *m* (-ses/-se) bus; *long-distance*: *Brt.* coach
Busch [bʊʃ] *m* (-es/"-e) bush, shrub
Büschel ['byʃəl] *n* (-s/-) bunch; *hair*: tuft
'**buschig** bushy
Busen ['bu:zən] *m* (-s/-) breasts, bust, bosom
Bus|fahrer *m* bus driver; '**~haltestelle** ['bʊshaltə-] *f* bus stop
Bussard ['bʊsart] *m* (-(e)s/-e) buzzard
Buße ['bu:sə] *f* (-/-n) penance; fine; ~ **tun** do penance
büßen ['by:sən] (*ge-, h*) **1.** *v/t* pay (*or* suffer) for s.th.; *rel.* repent; **2.** *v/i rel.* repent; ~ **für** pay (*or* suffer) for
Bußgeld ['bʊs-] *n* fine, penalty
Büste ['bystə] *f* (-/-n) bust; **~nhalter** *m* bra

Butter ['bʊtər] f (-/no pl) butter; ~blume f buttercup; ~brot n (slice of) bread and butter; ~milch f buttermilk

Byte [bait] n (-(s)/-(s)) computer: byte

C

Café [ka'fe:] n (-s/-s) café
Camping ['kɛmpɪŋ] n (-s/no pl) camping; ~bus m RV, camper, Brt. dormobile®; ~platz m campground, Brt. campsite
Catcher ['kɛtʃər] m (-s/-) all-in wrestler
CD|**-(Platte)** [tse:'de:-] f CD, compact disk (Brt. disc); ~**ROM** [~de:'rɔm] f (-/-(s)) CD-ROM; ~**Spieler** m compact disk (Brt. disc) player
CDU [tse:de:'u:] **Christlich-Demokratische Union** Christian Democratic Union
Cello ['tʃɛlo] n (-s/-s, Celli ['tʃɛli]) cello
Celsius ['tsɛlzius]: **5 Grad** ~ (abbr. **5 °C**) five degrees centigrade (or Celsius)
Champagner [ʃam'panjər] m (-s/-) champagne
Champignon ['ʃampɪnjɔŋ] m (-s/-s) (field) mushroom
Chance ['ʃɑ̃:s(ə)] f (-/-n) chance
Chao|**s** ['ka:ɔs] n (-s/no pl) chaos; **2tisch** [ka'ɔːtɪʃ] chaotic
Charakter [ka'raktər] m (-s/-e [~'te:rə]) character; **2isieren** [~eri'zi:rən] (no ge-, h)

characterize; **2istisch** [~e-'rɪstɪʃ] characteristic; ~zug m trait
charmant [ʃar'mant] charming
Charme [ʃarm] m (-s/no pl) charm
Charter... ['(t)ʃartər] in compounds: charter...
Chauffeur [ʃɔ'føːr] m (-s/-e) chauffeur
Chauvi ['ʃɔːvi] m (-s/-s) male chauvinist (pig)
Chef [ʃɛf] m (-s/-s) boss; head; ~arzt ['~-] m, ~ärztin ['~-] f medical director, Brt. senior consultant; ~in f (-/-nen) → Chef
Chemie [çe'mi:] f (-/no pl) chemistry; **2ikalien** [~mi-ka'li:ən] pl chemicals; ~iker ['çe:mɪkər] m (-s/-), ~ikerin f (-/-nen) chemist; **2isch** ['çe:mɪʃ] chemical; ~otherapie [çemo-] f chemotherapy
Chiffre ['ʃɪfrə] f (-/-n) code, cipher; ad: box number
China ['çi:na] China
Chine|**se** [çi'ne:zə] m (-n/-n), ~sin f (-/-nen) Chinese; **2sisch** [çe:mɪʃ] Chinese
Chinin [çi'ni:n] n (-s/no pl) quinine

Chip [tʃɪp] *m (-s/-s) computer*: chip; ~s *pl gastr.* (potato) chips, *Brt.* crisps

Chirurg [çi'rʊrk] *m (-en/-en)* surgeon; ~ie [~'giː] *f (-/-n)* surgery; ~in [~gɪn] *f (-/-nen)* surgeon; 2isch [~gɪʃ] surgical

Chlor [kloːr] *n (-s/no pl)* chlorine

Cholera ['koːlera] *f (-/no pl)* cholera

Cholesterin [çolɛste'riːn, ˌkoː-] *n (-s/no pl)* cholesterol

Chor [koːr] *m (-[e]s/~e)* choir (*a. arch.*); **im ~** in chorus

Christ [krɪst] *m (-en/-en)* Christian; '~entum *n (-s/no pl)* Christianity; '~in *f (-/-nen)* Christian; '~kind *n (-[e]s/no pl)* the infant Jesus; F Father Christmas, Santa Claus; 2lich Christian

Chrom [kroːm] *n (-s/no pl)* chrome

Chro|nik ['kroːnɪk] *f (-/-en)* chronicle; 2nisch chronic; 2nologisch [krono'loːgɪʃ] chronological

Computer [kɔm'pjuːtər] *m (-s/-)* computer; **auf ~ umstellen** computerize; ~aus-druck *m* computer printout; ~befehl *m* computer command; 2gesteuert computer-controlled; 2gestützt computer-aided; ~grafik *f* computer graphics; 2isieren *(no -ge-, h)* computerize; ~spiel *n* computer game

Conférencier [kõferã'sieː] *m (-s/-s)* master of ceremonies, *Brt.* compère

Control-Taste [kɔn'troʊl-] control key

Corner ['kɔrnər] *m (-s/-) Austrian, Swiss soccer*: corner (kick)

Couch [kautʃ] *f (-/-s, -en)* couch

Coupé [ku'peː] *n (-s/-s) mot.* coupé

Coupon → **Kupon**

Cousin [ku'zɛ̃ː] *m (-s/-s)*, ~e [ku'ziːnə] *f (-/-nen)* cousin

Creme [krɛːm, krɛːm] *f (-/-s)* cream

CSU [tseːʔɛs'uː] *Christlich-Soziale Union* Christian Social Union

Cursor ['kœ(r)sa(r)] *m computer*: cursor

Cyberspace ['saibə(r)speis] *n (-/-s [-speisɪz]) computer*: cyberspace, virtual reality

D

da [daː] **1.** *adv of place*: there; here; *of time*: then; **~ sein** be there, exist; *ist noch Tee ~?* is there any tea left?; **2.** *cj* as, since, because

dabei [da'bai] included, with it; at the same time; **es ~ lassen** leave it at that; *es ist*

nichts ~ there's no harm in it; **es bleibt** ~ that's final; **und** ~ **bleibts** and that's that; ~ **sein** be there; ~ **sein, et. zu tun** be about (or be going to) do s.th.; '**ƨbleiben** (irr, sep, -ge-, sein) stick to it

'**dableiben** (irr, sep, -ge-, sein) stay

Dach [dax] n (-[e]s/-̈er) roof; '**ƨboden** m attic; '**ƨdecker** m (-s/-) roofer; '**ƨgepäckträger** m (-s/-) (roof-top) luggage rack, Brt. roof rack; '**ƨkammer** f garret; '**ƨrinne** f gutter

Dachs [daks] m (-es/-e) badger

dachte ['daxtə] past of **denken**

'**Dachziegel** m tile

Dackel ['dakəl] m (-s/-) dachshund

dadurch [da'durç] this way, that way; because of that, that's how (or why); ~ **dass** due to the fact that, because

dafür [da'fy:r] for it, for that; instead; in return, in exchange; ~ **sein** be in favor (Brt. favour) of it; **er kann nichts** ~ it's not his fault

dagegen [da'ge:gən] against it; however, on the other hand; **haben Sie et.** ~ (, **dass**)? do you mind (if?); **ich habe nichts** ~ I don't mind

daheim [da'haɪm] at home

daher [da'he:r; 'da:he:r] from there; (come etc.) along; only ['da:he:r]: that is why

dahin [da'hɪn; 'da:hɪn] there, to that place; (drive etc.) along; **bis** ~ time: till then; place: up to there

dahinten [~'hɪntən] back there

dahinter [da'hɪntər] behind it; ~ **kommen** find out (about it); ~ **stecken** be behind it, be at the bottom of it

dalassen (irr, sep, -ge-, h) leave behind

damalig ['da:ma:lɪç] then, at that time

damals then, at that time; in those days

Dame ['da:mə] f (-/-n) lady; dancing etc.: partner; cards, chess: queen; game: checkers, Brt. draughts

'**Damenƨbinde** f sanitary napkin (Brt. towel); '**ƨeinzel** n tennis: women's singles; '**ƨhaft** ladylike; '**ƨwahl** f ladies' choice

damit 1. [da'mɪt; 'da:mɪt] adv with it; **was meinst du** ~? what do you mean by that?; **2.** [da'mɪt] cj so that

Damm [dam] m (-[e]s/-̈e) dam

dämmerƨig ['dɛmərɪç] dim; '**ƨn** (ge-, h) dawn (a. F j-m on s.o.); get dark; '**ƨung** f (-/-en) dusk; dawn

Dampf [dampf] m (-[e]s/-̈e) steam, vapor, Brt. vapour; '**ƨen** (ge-, h) steam

dämpfen ['dɛmpfən] (ge-, h) soften (light, colo[u]r), blow

dass

etc.); deaden (*noise, pain etc.*); muffle (*voice etc.*); steam (*cloth, food*); *fig.* dampen; subdue

Dampf|er *m* (**-s**/-) steamer; '**~kochtopf** *m* pressure cooker; '**~maschine** *f* steam engine

danach [da'na:x] after it; afterwards; according to it; (*look, reach etc.*) for it; (*ask*) about it

Däne ['dɛ:nə] *m* (**-n**/**-n**) Dane

daneben [da'ne:bən] next to it, beside it; at the same time; in comparison; off the mark

'**Dänemark** Denmark

Dän|in ['dɛ:nɪn] *f* (-/**-nen**) Dane; **2isch** Danish

Dank [daŋk] *m* (**-[e]s**/*no pl*) thanks; *Gott sei ~!* thank God!; *vielen ~!* thank you very much, many thanks

dank [~] *prp* thanks to

'**dankbar** grateful; *task etc.*: rewarding; **2keit** *f* (-/*no pl*) gratitude

'**danke:** *~ (schön)* thank you (very much)

'**danken** (*ge-, h*) thank (*j-m für et.* s.o. for s.th.); *nichts zu ~* you're welcome, not at all

dann [dan] then; *~ und wann* (every) now and then

daran [da'ran] *place:* on it; (*think, die etc.*) of it; (*believe*) in it; (*suffer*) from it

darauf [da'raʊf] *place:* on (top of) it; *time:* after (that);

am Tag ~ the day after; → **ankommen;** *~hin* [~'hɪn] as a result, then

daraus [da'raʊs] from it; *was ist ~ geworden?* what has become of it?

darin [da'rɪn] in it; *gut ~ sein* be good at it

Darlehen ['da:rle:ən] *n* (**-s**/-) loan

Darm [darm] *m* (**-[e]s**/**-̈e**) bowels, intestine; (*sausage*) skin; '**~grippe** *f* intestinal flu

darstell|en ['da:r-] (*sep, ge-, h*) show; *thea.* play; describe; **2er** *m* (**-s**/-) actor; **2erin** *f* (-/**-nen**) actress; **2ung** *f* (-/**-en**) representation

darüber [da'ry:bər] over it, above it; across it; (*write, talk etc.*) about it; *~ hinaus* in addition

darum [da'rʊm, 'da:rʊm] *place:* (a)round it; *reason:* therefore, that's why; *ask:* for it

darunter [da'rʊntər] *place:* under it, below it; *people:* among them; *... und ~ ...* and less; *was verstehst du ~?* what do you understand by it?

das [das] → **der**

dasein [da'-] → **da**

'**Dasein** *n* (**-s**/*no pl*) life, existence

dass [das] that; so (that); *ohne ~* without *ger*; *es sei denn, ~* unless

'dastehen (*irr, sep, -ge-, h*) stand (there)

Datei [da'taɪ] *f* (*-/-en*) *computer:* file; **~verwaltung** *f* file management

Daten ['da:tən] *pl* data, facts; particulars; **technische ~** specifications; **~ausgabe** *f computer:* output; **~bank** *f* database; **~fluss** *m* data flow; **~schutz** *m* data protection; **~sicherheit** *f* data security; **~speicher** *m* data memory (*or* storage); **~träger** *m* data storage medium; **~übertragung** *f* data transfer; **~verarbeitung** *f* data processing

datieren [da'ti:rən] (*no ge-, h*) date

Dattel ['datəl] *f* (*-/-n*) date

Datum ['da:tʊm] *n* (*-s/Daten*) date

Dauer ['daʊər] *f* (*-/no pl*) duration; **für die ~ von** for a period of; **auf die ~** in the long run; **von ~ sein** last; **²haft** lasting; *material etc.:* durable; **~karte** *f* season ticket; **~lauf** *m* jog(ging); **²n** (*ge-, h*) last; take (*time*); **²nd 1.** *adj* lasting; permanent; constant; **2.** *adv:* **er lachte ~** he kept laughing; **unterbrich mich nicht ~!** stop interrupting me (all the time)!; **~welle** *f* permanent, *Brt.* perm

Daumen ['daʊmən] *m* (*-s/-*) thumb

Daune ['daʊnə] *f* (*-/-n*) down; **~ndecke** *f* eiderdown

davon [da'fɔn] (away) from it; off, away; *means:* by it; *tell, know etc.:* about it; **mehr ~** more of it; **drei ~** three of them; **das kommt ~!** that'll teach you!; **~...** in compounds drive, walk etc.: off, away; **~kommen** (*irr, sep, -ge-, sein*) get away

davor [da'fo:r] before it; in front of it; *be afraid, warn etc.:* of it

dazu [da'tsu:] for it, for that purpose; in addition; **~kommen** (**, es zu tun**) get around to (doing) it; **wie komme ich ~?** why should I?; **~gehören** (*sep, -ge-, h*) belong to it, be part of it; **~kommen** (*irr, sep, -ge-, sein*) *v/i* join *s.o.; things:* be added

dazwischen [da'tsvɪʃən] *place:* between (them); among them; *time:* in between; **~kommen** (*irr, sep, -ge-, sein*): **es ist etwas dazwischengekommen** s.th.'s cropped up; **wenn nichts dazwischenkommt** if all goes well

DB [de:'be:] *Deutsche Bundesbahn* German Federal Rail

deal|en ['di:lən] (*-ge-, h*) F push drugs; **²er(in)** drug dealer, F pusher

Debatte [de'batə] *f* (*-/-n*) debate

Deck [dɛk] n (-[e]s/-s) deck
Decke [ˈdɛkə] f (-/-n) blanket; tablecloth; ceiling
Deckel [ˈdɛkəl] m (-s/-) lid, top; cover (a. of book)
deck|en [ˈdɛkən] (ge-, h) cover, sport: mark, cover; *sich* ~ correspond; coincide; → *Tisch;* &ung f (-/no pl) cover
defekt [deˈfɛkt] **1.** adj defective, faulty; damaged; *elevator:* out of order; **2.** & m (-[e]s/-e) defect; fault
defen|siv [defɛnˈziːf] defensive; &**sive** [-və] f (-/no pl) defensive; *in der* ~ on the defensive
defin|ieren [defiˈniːrən] (no ge-, h) define; &**ition** [~niˈtsi̯oːn] f (-/-en) definition
Defizit [ˈdeːfitsit] n (-s/-e) deficit; deficiency
Degen [ˈdeːɡən] m (-s/-) sword; *fencing:* épée
dehn|bar [ˈdeːnbaːr] elastic (a. fig.); &**en** (ge-, h) stretch (a. fig.)
Deich [daiç] m (-[e]s/-e) dike
Deichsel [ˈdaiksəl] f (-/-n) pole, shaft(s)
dein [dain] your; ~*er,* ~*e,* ~(*e*)*s* yours; ~*etwegen* [ˈ~ət-] for your sake; because of you
Dekan [deˈkaːn] m (-s/-e) dean
Dekor|ateur [dekoraˈtøːr] m (-s/-e), &**ateurin** f (-/-nen) decorator; window dresser; ~**ation** [~ˈtsi̯oːn] f (-/-en)

Demütigung

(window) display; *thea.* scenery; &**ieren** [~ˈriːrən] (no ge-, h) decorate; dress (window etc.)
Delfin → *Delphin*
delikat [deliˈkaːt] delicious; *fig.* ticklish; &**esse** [~kaˈtɛsə] f (-/-n) delicacy; &**essengeschäft** n delicatessen
Delle [ˈdɛlə] f (-/-n) dent
Delphin [dɛlˈfiːn] m (-s/-e) dolphin
dementieren [demɛnˈtiːrən] (no ge-, h) deny
dem|entsprechend [ˈdeːm?-] accordingly; ~'**nach** therefore; ~'**nächst** [ˈ~ˈnɛːçst] soon, shortly
Demo [ˈdeːmo] f (-/-s) F demo
Demokrat [demoˈkraːt] m (-en/-en), &**in** f (-/-nen) democrat; ~**ie** [~kraˈtiː] f (-/-n) democracy; &**isch** [~ˈkraːtɪʃ] democratic
demolieren [demoˈliːrən] (no ge-, h) demolish, wreck
Demonstr|ant [demɔnˈstrant] m (-en/-en), ~**antin** f (-/-nen) demonstrator; ~**ation** [~straˈtsi̯oːn] f (-/-en) demonstration; &**ieren** [~ˈstriːrən] (no ge-, h) demonstrate
demontieren [demɔnˈtiːrən] (no ge-, h) dismantle
Demut [ˈdeːmuːt] f (-/no pl) humility
demütig [deˈmyːtɪç] humble; ~**en** [ˈ~tɪɡən] (ge-, h) humiliate; &**ung** f (-/-en) humiliation

denk|bar ['dɛŋkbaːr] conceivable; **~en** (irr, ge-, h) think (an, über of, about); **daran ~ (zu)** remember (to); **das kann ich mir ~** I can imagine; **♀fabrik** f think tank; **♀mal** n (-s/-mäler, rare -e) monument; memorial; **♀zettel** m fig. lesson

denn [dɛn] for, because; **es sei ..., dass** unless, except

dennoch ['dɛnɔx] yet, nevertheless

Denunz|iant [denʊn'tsĭant] m (-en/-en), **~iantin** f (-/-nen) informer; **~ieren** [~'tsiːrən] (no ge-, h) inform against

Deodorant [de'oːdoˈrant] n (-s/-s, -e) deodorant

Deponie [depo'niː] f (-/-n) waste disposal site, dump; **~ren** [~'niːrən] (no ge-, h) deposit

Depression [deprɛ'sĭoːn] f (-/-en) depression

deprimie|ren [depri'miːrən] (no ge-, h) depress; **~rend** depressing

der [der], **die** [diː], **das** [das] **1.** art the; **2.** dem pron that; this; he, she, it; **die** pl these, those, they; **3.** rel pron who, which, that

derart ['deːrʔaːrt] so (much), like that; **~ig** such (as this)

derb [dɛrp] coarse; tough, sturdy

dergleichen ['deːrglaɪçən]: **und ~** and the like; **nichts ~** nothing of the kind

derjenige ['deːrjeːnɪgə], **diejenige**, **dasjenige** the one; **diejenigen** pl those

dermaßen ['deːrˈmaːsən] → **derart**

derselbe [deːr'zɛlbə], **dieselbe**, **das selbe** the same; **derselbe**, **dieselbe person**: the same person

desertieren [dezɛr'tiːrən] (no ge-, sein) desert

deshalb ['dɛshalp] that is why, so, therefore

Desin|fektionsmittel [dɛzɪnfɛk'tsioːns-] n disinfectant; **♀fizieren** [~fi'tsiːrən] (no ge-, h) disinfect

Dessert [dɛ'seːrt] n (-s/-s) dessert

destillieren [dɛstɪ'liːrən] (no ge-, h) distil(l)

desto ['dɛsto] → **je**

'des'wegen → **deshalb**

Detail [de'taɪ] n (-s/-s) detail

Detektiv [detɛk'tiːf] m (-s/-e) detective

deuten ['dɔʏtən] (ge-, h) interpret; read (stars, dream etc.); **~ auf** point at **'deutlich** clear, distinct

deutsch [dɔʏtʃ] German; **auf ♀** inGerman

Deutsche m, f (-n/-n) German; **♀land** Germany

Devi|se [de'viːzə] f (-/-n) motto; **~sen** pl foreign currency

Dezember [de'tsɛmbər] m (-[s]/no pl) December

dezent [de'tsɛnt] discreet

Dezimal... [detsi'maːl] in

compounds: decimal ...
DGB *Deutscher Gewerkschaftsbund* Federation of German Trade Unions
Dia [di:a] *n* (*-s/-s*) slide
Diagnose [dia'gno:zə] *f* (*-/-n*) diagnosis
diagonal [diago'na:l] diagonal
Dialekt [dia'lɛkt] *m* (*-[e]s/-e*) dialect
Dialog [dia'lo:k] *m* (*-[e]s/-e*) dialog, *Brt.* dialogue
Diamant [dia'mant] *m* (*-en/-en*) diamond
Diaprojektor *m* slide projector
Diät [di'ɛ:t] *f* (*-/-en*) diet; *auf* ~ on a diet; ~ *leben* be on (*od.* keep to) a diet
dich [dɪç] you; ~ (*selbst*) yourself
dicht [dɪçt] **1.** *adj* dense, thick; *traffic:* heavy; *window etc.:* (air)tight; **2.** *adv:* ~ *an*, ~ *bei* close to
dicht|en [ˈdɪçtən] (*ge-, h*) write (poetry); '2er *m* (*-s/-*), '2erin *f* (*-/-nen*) poet; author, writer
'**Dichtung**[1] *f* (*-/-en*) poetry; (poetic) work
'**Dichtung**[2] *f* (*-/-en*) *tech.* seal(ing)
dick [dɪk] thick; *person:* fat; ~ *machen* be fattening
Dickicht [ˈdɪkɪçt] *n* (*-s/-e*) thicket
dick|köpfig [ˈdɪkkœpfɪç] stubborn; '2milch *f* curd(s)
die [di:] → *der*

Dieb [di:p] *m* (*-[e]s/-e*), ~ *in* [ˈ~bɪn] *f* (*-/-nen*) thief; 2stahl [ˈ~p-] *m* (*-[e]s/*ᴥ*e*) theft, *jur. mst* larceny
Diele [ˈdi:lə] *f* (*-/-n*) board, plank; hall(way)
dien|en [ˈdi:nən] (*ge-, h*) serve (*j-m* s.o.); '2er *m* (*-s/-*) servant
Dienst [di:nst] *m* (*-es/-e*) service; duty; work; ~ *haben* be on duty; ~ *habend*, ~ *tuend doctor etc.* on duty; *im* (*außer*) ~ on (off) duty
Dienstag [ˈdi:ns-] *m* Tuesday
'**Dienst|grad** *m* grade, rank; '~**leistung** *f* service; '2lich official; '~**mädchen** *n* maid, help; '~**stunden** *pl* office hours
dies [di:s], ~**er** [ˈdi:zər], ~**e** [ˈdi:zə], ~**es** [ˈdi:zəs] this (one); ~**e** *pl* these
diesig [ˈdi:zɪç] hazy, misty
dies|jährig [ˈdi:sjɛ:rɪç] this year's; '~**mal** this time; ~**seits** [ˈ~zaɪts] (on) this side of
Dietrich [ˈdi:trɪç] *m* (*-s/-e*) picklock
Differenz [dɪfəˈrɛnts] *f* (*-/-en*) difference
Digital... [digiˈta:l] *in compounds:* digital ...
Diktat [dɪkˈta:t] *n* (*-[e]s/-e*) dictation; ~**tator** [~o:r] *m* (*-s/-en*) dictator; ~**tatur** [~aˈtu:r] *f* (*-/-en*) dictatorship; **2ieren** [~ˈti:rən] (*no ge-, h*) dictate; ~**iergerät** *n* Dicta-

phone®, dictating machine
DIN *Deutsche Industrie-Norm(en)* German Industrial Standard; ~ *A4-Papier* A4 paper
Ding [dɪŋ] *n* (-[e]s/-e) thing; *vor allem* ~ above all
Dings|(bums) ['..s(bʊms)], **'..da** (-/*no pl*) F **1.** *n* what-d'you-call-it, thingamajig; **2.** *m, f* what'shis-(her-)name
Diphtherie [dɪftəˈriː] *f* (-/-n) diphtheria
Diplom [diˈploːm] *n* (-[e]s/-e) diploma
Diplomat [diploˈmaːt] *m* (-*en*/-*en*), **~in** *f* (-/-*nen*) diplomat; **~ie** [..maˈtiː] *f* (-/*no pl*) diplomacy; **2isch** [..ˈmaːtɪʃ] diplomatic (*a. fig.*)
dir [diːr] (to) you; ~ (*selbst*) yourself
direkt [diˈrɛkt] direct; *TV* live; ~ *neben etc.* right next to *etc.*; **2ion** [..ˈtsi̯oːn] *f* (-/-*en*) management; **2or** [..ˈrɛktoːr] *m* (-*s*/-*en*) manager; director; *school:* principal, *esp. Brt.* headmaster; **2orin** [..ˈtoːrɪn] *f* (-/-*nen*) manageress; director; *school:* principal, *Brt.* headmistress; **2übertragung** *f* live broadcast
Dirigent [diriˈɡɛnt] *m* (-*en*/-*en*) conductor; **2ieren** [..ˈɡiːrən] (*no ge-, h*) *mus.* conduct; direct
Diskette [dɪsˈkɛta] *f* (-/-*n*) diskette, floppy (disk); ~n-**laufwerk** *n* disk drive
Disko ['dɪsko] *f* (-/-*s*) F disco
Diskont [dɪsˈkɔnt] *m* (-*s*/-*e*) discount
Diskothek [dɪskoˈteːk] *f* (-/-*en*) discotheque
diskret [dɪsˈkreːt] discreet; **2ion** [..eˈtsi̯oːn] *f* (-/*no pl*) discretion
diskriminier|en [dɪskrimiˈniːrən] (*no ge-, h*) discriminate against; **2ung** *f* (-/-*en*) discrimination
Diskussion [dɪskʊˈsi̯oːn] *f* (-/-*en*) discussion; **~sleiter(in)** (panel) chairman (chairwoman)
diskutieren [..ˈtiːrən] (*no ge-, h*) discuss
disqualifizieren [dɪskvalifiˈtsiːrən] (*no ge-, h*) disqualify
Distanz [dɪsˈtants] *f* (-/-*en*) distance (*a. fig.*); **2ieren** [..ˈtsiːrən] (*no ge-, h*): *sich* ~ *von* distance o.s. from
Distel ['dɪstəl] *f* (-/-*n*) thistle
Disziplin [dɪstsiˈpliːn] *f* (-/-*en*) discipline; *sport:* event; **2iert** [..pliˈniːrt] disciplined
dividieren [diviˈdiːrən] (*no ge-, h*) divide (*durch* by); **2sion** [..ˈzi̯oːn] *f* (-/-*en*) division
doch [dɔx] but, however; yet; *also* ~ (*noch*) after all; *setz dich* ~! do sit down!; *das stimmt nicht!* – ~! that's not true! – yes, it is!
Docht [dɔxt] *m* (-[*e*]*s*/-*e*) wick
Dock [dɔk] *n* (-*s*/-*s*) dock

Dogge ['dɔgə] f (-/-n) Great Dane

Dohle ['do:lə] f (-/-n) (jack-)daw

Doktor ['dɔktɔːr] m (-s/-en) doctor; (no pl) doctor('s degree); '~arbeit f (doctoral or PhD) thesis

Dokument [doku'mɛnt] n (-[e]s/-e) document; ~**arfilm** [~mɛn'taːr-] m documentary

Dolch [dɔlç] m (-[e]s/-e) dagger

dolmetsch|en ['dɔlmɛtʃən] (ge-, h) interpret; '²**er** m (-s/-), ²**erin** f (-/-nen) interpreter

Dom [doːm] m (-[e]s/-e) cathedral

Dompteu|r [dɔmp'tøːr] m (-s/ -e), **~se** f [~'tøːzə] f (-/-n) (animal) tamer or trainer

Donau ['doːnaʊ]: **die ~** the Danube

Donner ['dɔnər] m (-s/-) thunder; '²**n** (ge-, h) thunder; '~**stag** m Thursday; '~**wetter**: ~! F wow!

doof [doːf] dumb, stupid

Doppel ['dɔpəl] n (-s/-) duplicate; tennis etc.: doubles; in compounds: bed, room etc.: double ...; '~**decker** m (-s/-) aviat. biplane; bus: double-decker; '~**gänger** ['~gɛŋər] m (-s/-), ~**gängerin** f (-/-nen) double

'**Doppelhaus** n duplex, Brt. pair of semis; ~**hälfte** f semi-detached (house), F semi

'**Doppel|pass** m soccer: one-two; '~**punkt** m colon; '~**stecker** m two-way adapter

doppelt double; ~ **soviel** twice as much

Dorf [dɔrf] n (-[e]s/ ̈-er) village; '~**fest** n village fete

Dorn [dɔrn] m 1. (-[e]s/-en) thorn (a. fig.); 2. (-[e]s/-e) tongue (of buckle); '²**ig** thorny

Dorsch [dɔrʃ] m (-es/-e) cod(fish)

dort [dɔrt] (over) there; '~**her** from there; '~**hin** there

Dose ['doːzə] f (-/-n) can, Brt. a. tin; '~**nöffner** ['~nʔ-] m can (Brt. tin) opener

Dosis ['doːzɪs] f (-/-sen) dose (a. fig.)

Dotter ['dɔtər] m, n (-s/-) yolk

Double ['duːb(ə)l] n (-s/-s) movie, TV: stunt man or woman

Dozent [do'tsɛnt] m (-en/ -en), ~**in** f (-/-nen) lecturer

Drache ['draxə] m (-n/-n) dragon

'**Drachen** m (-s/-) kite; sport: hang glider; **e-n ~ steigen lassen** fly a kite; '~**fliegen** n (-s/no pl) hang gliding

Draht [draːt] m (-[e]s/ ̈-e) wire; '~**los** wireless; '~**seilbahn** f cableway

Drama ['draːma] n (-s/-men) drama; ~**tiker** [dra'maːtikər] m (-s/-) dramatist, play-

dramatisch

wright; ~tisch [~'ma:tɪʃ] dramatic

dran [dran] F → **daran**; **ich bin ~** it's my turn

drang [draŋ] *past of* **dringen**

Drang [~] *m (-[e]s/no pl)* urge

drängeln ['drɛŋəln] **(ge-, h)** push, shove

drängen ['drɛŋən] **(ge-, h)** push, shove; press, urge *s.o. (to do s.th.)*; *time:* be pressing; **sich ~** push (and shove); force one's way (*through s.th.*)

drauf [drauf] F → **darauf**; **~ und dran sein** to be on the point of *doing s.th.*

draußen ['drausən] outside; outdoors

Dreck [drɛk] *m (-[e]s/no pl)* dirt; filth; *fig. a.* trash; **²ig** dirty; filthy

Dreh|arbeiten *pl TV, movie:* shooting; **²bar** ['dre:ba:r] revolving, rotating; **~buch** *n* script

'drehen (ge-, h) turn; shoot *(movie)*; **sich ~** turn; spin; **sich ~ um** *fig.* be about

'Dreh|stuhl *m* swivel chair; **~tür** *f* revolving door; **~ung** *f (-/-en)* turn; rotation; **~zahl** *f* speed, revolutions per minute **~zahlmesser** *m (-s/-) mot.* tachometer, rev(olution) counter

drei [draɪ] three; **²eck** [~'?ɛk]

n (-[e]s/-e) triangle; **~eckig** [~'?~] triangular; **²fach** [~'fax] threefold; triple; **²rad** *n* tricycle; **~Big** [~'sɪç] thirty; **'~Bigste** thirtieth; **'~zehn(-te)** thirteen(th)

dressieren [drɛˈsiːrən] (*no ge-*, h) train (*animal*)

Dressman ['drɛsmən] *m (-s/-men)* male model

Drillinge ['drilɪŋə] *pl* triplets

drin [drɪn] F → **darin**; **das ist nicht ~!** no way!

dringen ['drɪŋən] (*irr*, ge-) **1.** (h): **~ auf** press for, urge; **2.** (*sein*): **~** *aus* escape from; *in:* come from; *noise etc.:* come from; **~ durch** penetrate; **~ in** penetrate into; **~d** urgent, pressing; *suspicion:* strong

drinnen ['drɪnən] inside; indoors

dritte ['drɪtə] third; **²Welt** Third World; **²-Welt-Laden** *m* Third-World store (*Brt.* shop)

'Drittel *n (-s/-)* third

'drittens thirdly

DRK [deːʔɛrˈkaː] *Deutsches Rotes Kreuz* German Red Cross

Droge ['droːɡə] *f (-/-n)* drug

drogen|abhängig [~nˀ?~] addicted to drugs; **~ sein** be a drug addict; **~abhängige** *m, f (-n/-n)* drug addict; **~missbrauch** *m* drug abuse; **~süchtig** *drogenabhängig*; **'~tote** *m,f* drug victim

Drog|erie [drogəˈriː] f (-/-n) drugstore, Brt. chemist's; **~ist** [~ˈgɪst] m (-en/-en), **~istin** f (-/-nen) druggist, Brt. chemist

drohen [ˈdroːən] (ge-, h) threaten

dröhnen [ˈdrøːnən] (ge-, h) engine, voice: roar; resound

Drohung [ˈdroːʊŋ] f (-/-en) threat

drollig [ˈdrɔlɪç] funny, droll

Dromedar [dromeˈdaːr, ˈdroː-] n (-s/-e) dromedary

drosch [drɔʃ] past of **dreschen**

Drossel [ˈdrɔsəl] f (-/-n) thrush

drosseln [ˈdrɔsəln] (ge-, h) tech. throttle (a. fig.)

drüben [ˈdryːbən] over there

Druck[1] [drʊk] m (-[e]s/¨-e) pressure

Druck[2] [~] m (-[e]s/-e) print; (no pl) printing; **~buchstabe** m block letter; **²en** (ge-, h) print

drücken [ˈdrʏkən] (ge-, h) 1. v/t press; a. push (button); fig. bring down (price etc.); **sich ~ vor** shirk (doing s.th.). 2. v/i press; shoe: pinch; **~d** oppressive

'Druck|er m (-s/-) printer (a. computer); **~erei** f (-/-en) print shop, printers; **'~knopf** m snap fastener, Brt. press stud; electr. push button; **'~sache** f printed matter; **'~schrift** f block letters

Drüse [ˈdryːzə] f (-/-n) gland

Dschungel [ˈdʒʊŋəl] m (-s/-) jungle

du [duː] you

Dübel [ˈdyːbəl] m (-s/-) dowel; **²n** (ge-, h) dowel

ducken [ˈdʊkən] (ge-, h) **sich ~** crouch

Dudelsack [ˈduːdəl-] m bagpipes

Duell [duˈɛl] n (-s/-e) duel

Duett [duˈɛt] n (-[e]s/-e or -s) duet

Duft [dʊft] m (-[e]s/¨-e) scent, fragrance, smell; **²en** (ge-, h) smell (**nach** of); **²ig** cloth: filmy, gauzy, gossamery; hair etc.: fluffy

dulden [ˈdʊldən] (ge-, h) tolerate, put up with; **~sam** [~t-] tolerant

dumm [dʊm] stupid; **²heit** f (-/-en) stupidity; stupid or foolish thing; **²kopf** m fool

dumpf [dʊmpf] dull; feeling etc.: vague

Düne [ˈdyːnə] f (-/-n) (sand) dune

Dung [dʊŋ] m (-[e]s/no pl) dung, manure

dün|gen [ˈdʏŋən] (ge-, h) manure; fertilize; **²ger** m (-s/-) manure; fertilizer

dunkel [ˈdʊŋkəl] dark (a. fig.); **²heit** f (-/no pl) dark(ness); **²kammer** f darkroom

dünn [dʏn] thin; coffee: weak

Dunst [dʊnst] m (-[e]s/¨-e) haze; chem. vapo(u)r

dünsten ['dynstən] (**ge-**, **h**) stew, braise

'**dunstig** hazy, misty

Dur [duːr] *n* (-/*no pl*) major (key)

durch [dʊrç] through; *by s.o.*; *math.* divided by; *gastr.* well-done

durchaus [~'?-] absolutely, quite; ~ **nicht** not at all; by no means

'**durchblättern** (*sep*, **ge-**, **h**) leaf through

'**Durchblick** *m fig.*: **den** (**nötigen**) ~ **haben** know what's going on; '**2en** (*sep*, **ge-**, **h**) look through; F get it; ~ **lassen** give to understand

durch|**bohren** (*no* **-ge-**, **h**) pierce; perforate; ~**brechen** (*irr*) **1.** [~'-] *v/t* (*sep*, **-ge-**, **h**) break through (*wall etc.*); **2.** ['~-] *v/t* (*sep*, **-ge-**, **h**) break *s.th.* (in two); **3.** ['~-] *v/i* (*sep*, **-ge-**, **sein**) break (in two); '~**brennen** (*irr*) (*sep*, **-ge-**, **sein**) fuse; blow; *reactor*: melt down; F *fig.* run away; '~**bringen** (*irr*) (*sep*, **-ge-**, **h**) get through; pull (*patient*) through; ~**dacht** ['daxt] (well) thought-out; '~**drehen** (*sep*, **-ge-**, **h**) **1.** *v/t* mince (*meat*); **2.** *v/i* wheels: spin; F *person*: crack up; ~**dringen** (*irr*) **1.** [~'-] *v/t* (*no* **-ge-**, **h**) penetrate; **2.** ['~-] *v/i* (*sep*, **-ge-**, **sein**) get through

durcheinander [dʊrç?aɪ-'nandər] **1.** *adj*: ~ **sein** be confused; *of things etc.*: be (in) a mess; ~ **bringen** confuse, mix up **2.** 2 *n* (-*s*/*no pl*) mess, confusion

'**durchfahren** (*irr*, *sep*, **sein**) go through; '**2fahrt** *f* passage; ~ **verboten!** no thoroughfare

'**Durchfall** *m* diarrh(o)ea; '**2en** (*irr*, *sep*, **-ge-**, **sein**) fall through; fail (*in exam*); *thea. etc.*: be a flop

durchführ|**bar** ['dʊrçfyːrbaːr] practicable; '~**en** (*sep*, **-ge-**, **h**) carry out, do

'**Durchgang** *m* passage; *sport*: round; ~ **verboten!** private!; '~**s...** *in compounds*: through (*traffic etc.*); transit (*camp etc.*)

'**durchgebraten** well-done

'**durchge**|**hen** (*irr*, *sep*, **-ge-**, **sein**) **1.** *v/i* go through; *horse*: bolt; F run away (**mit** with); **2.** *v/t* go through (*list etc.*); '~**hend** continuous, through (*train*); ~ **geöffnet** open all day

'**durchgreifen** (*irr*, *sep*, **-ge-**, **h**) take drastic measures; '~**d** drastic; radical

'**durch**|**halten** (*irr*, *sep*, **-ge-**, **h**) **1.** *v/t* keep up (*pace etc.*); **2.** *v/i* hold out; '~**kommen** (*irr*, *sep*, **-ge-**, **sein**) come through; get through (*traffic, exam etc.*); '~**kreuzen** (*sep*, **-ge-**, **h**) cross, thwart (*plan etc.*); '~**lassen** (*irr*, *sep*, **-ge-**, **h**) let pass, let through;

durchwühlen

'lässig permeable (to); leaky; ~laufen (irr) 1. ['~] v/i (sep, -ge-, sein) run through; 2. ['~] v/t (sep, -ge-, h) wear (shoes) through; 3. [~'-] v/t (no -ge-, h) pass through (school, stages etc.); ♀laufer**hitzer** ['~lauf~] m (-s/-) (instant) water heater; ~**lesen** (irr, sep, -ge-, h) read (through); ~**leuchten** (no -ge-, h) med. X-ray; pol. etc. screen; ~**löchern** [~'lœçərn] (no -ge-, h) perforate; ~**machen** (sep, -ge-, h) go through; die Nacht ~ make a night of it; ♀**messer** m (-s/-) diameter; ~**nässt** [~'nɛst] soaked; ~**queren** [~'kveːrən] (no -ge-, h) cross.

'**Durchrei**|**se** f transit; auf der ~ sein be passing through; ♀**sen** 1. ['~] v/i (sep, -ge-, sein) travel through; 2. [~'-] v/t (no -ge-, h) tour

'**durch**|**reißen** (irr, sep, -ge-, h) 1. v/i (sein) tear; 2. v/t (h) tear (in two); ♀**sage** f announcement; ~**schauen** 1. ['~] v/i (sep, -ge-, h) look through; 2. [~'-] v/t (no -ge-, h) see through (s.o. etc.)

'**durchschei**|**nen** (irr, sep, -ge-, h) shine through; ~**nend** transparent.

'**Durchschlag** m (carbon) copy; ♀**en** v/t (irr) 1. ['~] (sep, -ge-, h) cut in two; sich ~ struggle along; 2. [~'-] (no -ge-, h) of bullet etc.: go through; '♀**end** success: sweeping; ~**papier** n carbon paper; '~**skraft** f (-/no pl) impact

'**durchschneiden** (irr, sep, -ge-, h) cut

'**Durchschnitt** m average; im ~ on an average; '♀**lich 1.** adj average; ordinary; **2.** adv on an average

'**Durchschrift** f (carbon) copy

durch|**sehen** (irr, sep, -ge-, h) 1. v/i see (or look) through; 2. v/t look (or go) through (papers etc.); ~**setzen** (sep, -ge-, h) put (by force; push) s.th. through; sich ~ get one's way; be successful; ~**sichtig** [~'zɪçtɪç] transparent; clear; ~**sickern** (sep, -ge-, sein) seep through; fig. leak out; ~**sieben** v/t 1. ['~] (sep, -ge-, h) sift; 2. [~'-] (no -ge-, h) riddle (with bullets); ~**sprechen** (irr, sep, -ge-, h) discuss, talk s.th. over; ~**stehen** (irr, sep, -ge-, h) go through (hardship etc.); ~**streichen** (irr, sep, -ge-, h) cross out

durch'**such**|**en** (no -ge-, h) search; ♀**ung** f (-/-en) search

'**Durch**|**wahl** f tel. direct number; ♀**wählen** (sep, -ge-, h) dial direct

durch'**weg** ['dʊrçvɛk] without exception; ~'**wühlen** (no -ge-, h) ransack, rummage

through; **2zug** *m* (-[e]s/*no pl*) draft, *Brt.* draught
dürfen¹ ['dʏrfən] *v/i* (*irr, ge-, h*) *and v/aux* (*irr, no ge-, h*) be allowed to; **darf ich** (...)? may I (...)?; **du darfst nicht** you must not
dürfen² [~] *pp of* **dürfen¹** (*v/aux*)
durfte ['dʊrftə] *past of* **dürfen¹**
dürftig ['dʏrftɪç] poor; scanty
dürr [dʏr] dry; *soil etc.*: barren, arid; *person*: skinny
'**Dürre** *f* (-/-n) drought
Durst [dʊrst] *m* (-es/*no pl*) thirst; ~ **haben** be thirsty (**auf** for); **2ig** thirsty
Du|sche ['duʃə, 'du:ʃə] *f* (-/-n) shower; ~**schen** (*ge-, h*)

have (*or* take) a shower
Düse ['dy:zə] *f* (-/-n) nozzle; jet
'**Düsen|flugzeug** *n* jet (plane); ~**jäger** *m* jet fighter
düster ['dy:stɐ] dark, gloomy
Dutzend ['dʊtsənt] *n* (-s/-e) dozen
duzen ['du:tsən] (*ge-, h*) use the familiar 'du' with *s.o.*; ~ **sich** ~ be on 'du' terms
Dynam|ik [dy'na:mɪk] *f* (-/*no pl*) *phys.* dynamics; *fig.* dynamism; **2isch** dynamic
Dynamit [dyna'mi:t] *n* (-s/*no pl*) dynamite
Dynamo [dy'na:mo] *m* (-s/-s) dynamo; generator
D-Zug ['de:-] *m* express train

E

Ebbe ['ɛbə] *f* (-/-n) ebb tide; low tide
eben ['e:bən] **1.** *adj* even, level; flat; *math.* plane; **2.** *adv* just (now); exactly; **so ist es** ~ that's the way it is
'**Ebene** *f* (-/-n) plain; *math.* plane; *fig.* level
'**ebenfalls** as well, too
'**ebenso** *adv* ~ **gut** just as well; ~ **viel** just as much; ~ **wenig** just as little (*or* few)
Eber ['e:bɐ] *m* (-s/-) boar
ebnen ['e:bnən] (*ge-, h*) level; *fig.* smooth
Echo ['ɛço] *n* (-s/-s) echo; *fig.* response

echt [ɛçt] genuine, real; *friend etc.*: true; *document etc.*: authentic; F ~ **gut** real good
Eckball ['ɛk-] *m sport:* corner
Eck|e *f* (-/-n) (*a. sport:*) corner; edge; **2ig** square, angular
edel ['e:dəl] noble; '**2metall** *n* precious metal; '**2stein** *n* precious stone; gem
EDV [e:de:'faʊ] *f* (-/*no pl*) **elektronische Datenverarbeitung** EDP, electronic data processing
Efeu ['e:fɔʏ] *m* (-s/*no pl*) ivy
egal [e'ga:l] F: **das ist** ~ it doesn't matter; **das ist mir**

~ I don't care

Eg|ge ['ɛgə] *f (-/-n)* harrow; **♀gen** *(ge-, h)* harrow

Egoismus [ego'ɪsmʊs] *m (-/no pl)* ego(t)ism; **~ist** [~'ɪst] *m (-en/-en)*, **~istin** *f (-/-nen)* ego(t)ist; **♀tisch** selfish, ego(t)istic(al)

ehe [*e*] before

Ehe [~] *f (-/-n)* marriage; **~bruch** *m* adultery; **~frau** *f* wife; **♀lich** conjugal; *child:* legitimate

ehemalig ['eːəmaːlɪç] former, ex-...; **~s** formerly

'Ehe|mann *m* husband; **~paar** *n* married couple

eher ['eːɐ] sooner; rather; *nicht ~ als* not until

'Ehering *m* wedding ring

ehrbar ['eːɐbaːɐ] respectable

Eh|re ['eːɐə] *f (-/-n)* honor, *Brt.* honour; **♀ren** *(ge-, h)* honor, *Brt.* honour

Ehren|... ['eːɐən] *in compounds:* honorary *(citizen, doctor, member etc.)*; **♀amtlich** ['~?-] honorary; **~gast** *m* guest of honor *(Brt.* honour); **~runde** *f sport:* lap of honor *(Brt.* honour); **~treffer** *m sport:* consolation goal; **~tribüne** *f* VIP lounge; **~wort** *n (-[e]s/-e)* word of honor *(Brt.* honour)

'Ehr|furcht *f* respect *(vor* for); **♀fürchtig** ['~fʏrçtɪç] respectful; **~geiz** *m* ambition; **♀geizig** ambitious

ehrlich honest; F *~!* (?) hon-

estly! (?); **♀keit** *f (-/no pl)* honesty

'Ehrung *f (-/-en)* honor(ing), *Brt.* honour(ing)

Ei [aɪ] *n (-[e]s/-er)* egg; V *~er pl testicles:* balls

Eiche ['aɪçə] *f (-/-n)* oak (tree)

Eichel ['~l] *f (-/-n) bot.* acorn; *anat.* glans (penis)

eichen (aɪçən] *(ge-, h) tech.* gage, *Brt.* gauge

Eichhörnchen ['aɪçhœrnçən] *n (-s/-)* squirrel

Eid [aɪt] *m (-[e]s/-e)* oath

Eidechse ['aɪdɛksə] *f (-/-n)* lizard

eidesstattlich ['aɪdəs-]: *~e Erklärung* statutory declaration

'Eidotter *m, n* (egg) yolk

'Eier|becher *m* eggcup; **~kuchen** *m* pancake; **~stock** *m anat.* ovary; **~schale** *f* eggshell; **~uhr** *f* egg timer

Eifer ['aɪfɐ] *m (-s/no pl)* zeal, eagerness; **~sucht** *f (-/no pl)* jealousy; **♀süchtig** jealous *(auf* on)

eifrig ['aɪfrɪç] eager, zealous

'Eigelb *n (-[e]s/-, -e)* (egg) yolk

eigen ['aɪgən] ((one's) own; *of person:* particular, F fussy; **~art** ['~?-] *f* peculiarity; **♀artig** ['~?-] *f* peculiar; strange; **~händig** ['~hɛndɪç] with one's own hands; **♀heim** *n* house *(or* home) (of one's own); **~mächtig** arbitrary; **♀name** *m* proper noun *(or* name)

'Eigenschaft f (-/-en) quality; *chem. etc.* property
'eigensinnig ['aɪgənzɪnɪç] stubborn
'eigentlich ['aɪgəntlɪç] actual(ly), real(ly)
'Eigen|**tor** n own goal (*a. fig.*); **'~tum** n (-s/*no pl*) property; **'~tümer** ['~ty:mər] m (-s/-) owner; proprietor; **'~tümerin** (-/-nen) owner; proprietress; **'~tümlich** peculiar; **'~tumswohnung** f condominium, *Brt.* owner-occupied flat; **'~willig** willful, *Brt.* wilful; *fig.* individual
'eign|en ['aɪɡnən] (*ge-, h*): **sich ~ für** be suited (*or* fit) for; **~ung** f (-/*no pl*) suitability
'Eil|**bote** m: **durch ~n** (by) special delivery, *Brt.* express; **'~brief** m special delivery (*Brt.* express) letter
Eil|e ['aɪlə] f (-/*no pl*) hurry; **in ~** in a hurry; **'~en** (*ge-, sein*) hurry; *letter, matter etc.:* be urgent; **'~ig** hurried, hasty, urgent; *es* **~ haben** be in a hurry; **'~zug** m limited, *Brt.* semifast train
Eimer ['aɪmər] m (-s/-) bucket, pail
ein [aɪn] **1.** *adj* one; **2.** *indef art* a, an; **3.** *adv*: **~ aus** on - off; **~ander** [aɪ'nandər] each other
ein|arbeiten ['aɪn?-] (*sep, -ge-, h*) train, acquaint *s.o.* with his work, F break *s.o.* in; **sich ~work o.s. in**; **~äschern** ['~ɛʃərn] (*sep, -ge-, h*) cremate; **~atmen** ['~?-] (*sep, -ge-, h*) breathe in, inhale; **tief ~** take a deep breath
'Ein|**bahnstraße** f one-way street; **'~band** m binding, cover
'Einbau m (-[e]s/-ten) installation, fitting; **'~... in** *compounds:* built-in ...; **'~en** (*sep, -ge-, h*) build in, install, fit; **'~küche** f fitted kitchen
'ein|**berufen** (*irr, sep, no ge-, h*) call (*meeting etc.*); *mil.* draft, *Brt.* call up; **~biegen** (*irr, sep, -ge-, sein*) turn (**in** into)
'einbild|**en** (*sep, -ge-, h*): **sich ~ imagine**; **sich et. ~ auf** be conceited about; **'~ung** f (-/*no pl*) imagination; conceit
'ein|**binden** (*irr, sep, -ge-, h*) bind; *fig.* integrate; **~blenden** (*sep, -ge-, h*) fade in
'ein|**brechen** (*irr, sep, -ge-*) **1.** (*sein, h*): **~ in** break into (*house etc.*), burgle; **2.** (*sein*) *roof etc.*: collapse; *winter etc.*: set in; *person:* break into the ice; **'2cher** m (-s/-) burglar
'einbringen (*irr, sep, -ge-, h*) bring in; yield (*profit etc.*); **sich ~** put a lot of time and energy into it; **nichts ~** not pay; be no use
'Einbruch m burglary; **bei**

eingehen

der Nacht at nightfall
ein|bürgern ['aɪnbyrgərn] (*sep, -ge-, h*) naturalize; *sich ~ fig.* come into use; **'~büßen** (*sep, ge-, h*) lose; **'~deutig** ['~dɔʏtɪç] clear
'eindringen (*irr, sep, -ge-, sein*): *~ in* enter; force one's way into; *mil.* invade; **'~lich** urgent; **ꞌling** ['~lɪŋ] *m* (*-s/-e*) intruder
'Ein|druck *m* (*-[e]s/-e*) impression; **ꞌ2drücken** (*sep, -ge-, h* push or push in); **ꞌ2drucksvoll** impressive
ein|eiig ['aɪnʔaɪɪç] twins: identical; **~einhalb** ['~ʔaɪnhalp] one and a half
ein|er ['aɪnər], **~e**, **~(e)s** one
einerlei ['aɪnərˈlaɪ] of the same kind; → *gleich*; 2 [~] *n*: *das ewige (tägliche) ~* the same old (daily) rut
einerseits ['aɪnərˈzaɪts] on the one hand
einfach ['aɪnfax] **1.** *adj* simple; easy; ticket: one-way, *Brt.* single; **2.** *adv* simply, just; **ꞌ2heit** *f* (*-/no pl*) simplicity
einfädeln ['aɪnfɛːdəln] (*sep, -ge-, h*) thread; *fig.* arrange; *sich ~ mot.* get in lane
ein|fahren (*irr, sep, -ge-, h*) **1.** *v/i* (*sein*) come in, train: *a.* pull in; **2.** *v/t* (*h*) *mot.* break in; bring in (*harvest*); **ꞌ2fahrt** *f* entrance, way in; *mot.* drive
'Einfall *m* idea; *mil.* invasion; **ꞌ2en** (*irr, sep, -ge-, sein*) fall in, collapse; *~ in* invade; *j-m ~* occur to s.o., come to s.o.'s mind
'Einfamilienhaus *n* single family home
'ein|farbig solid-color(ed), *Brt.* self-coloured; **'~fassen** (*sep, -ge-, h*) border; **'~fetten** (*sep, -ge-, h*) grease
'Einfluss *m* influence; **ꞌ2reich** influential
'einförmig ['aɪnfœrmɪç] uniform; **'~frieren** (*irr, sep, -ge-*) *v/i* (*sein*) and *v/t* (*h*) freeze; **'~fügen** (*sep, -ge-, h*) insert
Ein|fuhr ['aɪnfuːr] *f* (*-/-en*) import(ation); **ꞌ2führen** (*sep, -ge-, h*) introduce; install (*in* into *an office*); *econ.* import; **ꞌ~führung** *f* introduction
'Ein|gabe *f* petition; *computer:* input; **'~taste** *f computer:* enter (or return) key
'Eingang *m* entrance; *econ.* arrival (*of goods*); receipt (*of letter, sum*)
'eingeben (*irr, sep, -ge-, h*) *med.* administer (*medicine etc.*) (*j-m* to s.o.); *computer:* feed, enter (*in* into)
'eingebildet imaginary; *person:* conceited
'Eingeborene *m, f* (*-n/-n*) native
'eingefallen *eyes, cheeks etc.:* sunken, hollow
'ein|ge|hen (*irr, sep, -ge-, sein*) **1.** *v/i* mail, goods etc.: come in, arrive; *fabric:*

eingehend

shrink; *bot.*, *zo.* die; **~ auf** agree to; go into (*details*); respond to s.o.; **2.** *v/t* take (*risk etc.*); make (*bet*); **'~hend** thorough(ly)

'einge|macht ['aɪŋəmaxt] preserved; pickled; **~meinden** ['~maɪndən] (*sep, no -ge-, h*) incorporate; **~nommen: ~ sein von** be taken with; **'~schrieben** registered

Eingeweide ['aɪŋəvaɪdə] *pl* intestines, bowels, guts

'eingewöhnen (*sep, no -ge-, h*): **sich ~ in** settle in, get used to

'ein|gießen (*irr, sep, -ge-, h*) pour; **~gleisig** ['~glaɪzɪç] single-track; **~gliedern** (*sep, -ge-, h*) integrate (*in* into); **~greifen** (*irr, sep, -ge-, h*) step in, interfere; join in (*discussion etc.*)

'Eingriff *m* intervention, interference; *med.* operation

'ein|halten (*irr, sep, -ge-, h*) keep (*appointment, promise etc.*); **~hängen** (*sep, -ge-, h*) *tel.* hang up

'einhei|misch ['aɪnhaɪmɪʃ] domestic (*industry etc.*); **²mische** *m, f* (-*n*/-*n*) local, native

Einheit *f* (-/-*en*) unit; *pol. etc.* unity; **²lich** uniform; homogeneous; **~s...** *in compounds:* standard ...

'einholen (*sep, -ge-, h*) catch up with; make up for (*lost time*); strike (*sails, flag*)

einig ['aɪnɪç] united; **~ sein** agree; **(sich) nicht ~ sein** differ

einige ['~gə] some, several

einigen ['aɪnɪgən] (*ge-, h*) unite; **sich ~** agree, come to an agreement

einigermaßen ['aɪnɪgɐ'ma:sən] fairly, reasonably; quite (*or* reasonably) well; not too bad

einiges ['~gəs] some(thing); quite a lot

'Einig|keit *f* (-/*no pl*) unity; agreement; **~ung** ['~gʊŋ] *f* (-/-*en*) agreement; *pol.* unification

einkalkulieren ['aɪnkalkuli:rən] (*sep, no -ge-, h*) take into account, allow for

'Einkauf *m* purchase; **²en** (*sep, -ge-, h*) **1.** *v/t* buy, purchase; **2.** *v/i:* **~ gehen** go shopping

'Einkaufs... *in compounds:* shopping ...; **'~bummel** *m* shopping tour (*or* spree); **~preis** *m* purchase price; **~wagen** *m* grocery cart, *Brt.* (supermarket) trolley; **~zentrum** *n* shopping mall (*or* center, *Brt.* centre)

'ein|kehren (*sep, -ge-, sein*) stop (*in* at); **~kleiden** (*sep, -ge-, h*) clothe; **~klemmen** (*sep, -ge-, h*) jam

'Einkommen *n* (-*s*/-) income; **~steuer** *f* income tax

Einkünfte ['aɪnkʏnftə] *pl* income

'einlad|en (*irr, sep, -ge-, h*) load (*goods etc.*); invite *s.o.*; **'~end** inviting; **2ung** *f* invitation

'Einlage *f econ.* deposit; investment; *of shoes*: insole; *thea. etc.* interlude

'ein|lassen (*irr, sep, -ge-, h*) let in, admit; **sich ~ mit** (*auf*) get involved with (in); **'~laufen** (*irr, sep, -ge-, sein*) *sport*: take the field; *train*: pull in; *ship*: enter port; *fabric*: shrink; *water*: run in; **sich ~** warm up; **'~leben** (*sep, -ge-, h*): **sich ~** settle in; **'~legen** (*sep, -ge-, h*) put in; set (*hair*); *gastr.* pickle; *mot.* shift (*or* change) into (*gear*)

'einleit|en (*sep, -ge-, h*) start; introduce; *med.* induce; **2ung** *f* introduction

'ein|leuchten (*sep, -ge-, h*) make sense; **'~liefern** (*sep, -ge-, h*): **~ in**(*s*) take to; **'~lösen** (*sep, -ge-, h*) cash (*check*); **'~machen** (*sep, -ge-, h*) preserve (*fruit*); pickle

'einmal once one day; *auf ~* all at once; *nicht ~* not even; → *noch*; **2eins** [~'¹⁹] *n* (-*/no pl*) multiplication table; **'~ig** *fig.* unique; F fabulous

'einmischen (*sep, -ge-, h*): **sich ~** meddle, interfere

'Einmündung *f* junction

Ein|nahme ['aɪnaːmə] *f* (-*/-n*) taking; **~n** *pl* receipts; **2nehmen** (*irr, sep, -ge-, h*) take (*a. mil.*); earn, make (*money*); **2nehmend** engaging

ein|ordnen ['aɪn?-] (*sep, -ge-, h*) put in its place; file; **sich ~** *mot.* get in lane; **'~packen** (*sep, -ge-, h*) pack (up); wrap up; **'~parken** (*sep, -ge-, h*) park; **'~pflanzen** (*sep, -ge-, h*) (*med., fig.* im)plant; **'~planen** (*sep, -ge-, h*) plan for; allow for (*time etc.*); **~prägen** ['~prɛːɡən] (*sep, -ge-, h*) impress; **sich ~** memorize s.th.; **'~rahmen** (*sep, -ge-, h*) frame; **'~reiben** (*irr, sep, -ge-, h*) rub s.th. in; **'~reichen** (*sep, -ge-, h*) hand in, send in

'Einreise *f* entry; **'~visum** *n* entry visa

'einrenken ['aɪnrɛŋkən] (*sep, -ge-, h*) *med.* set; *fig.* straighten out

'einricht|en (*sep, -ge-, h*) furnish; establish (*institution etc.*); arrange; **sich ~** furnish one's home; **sich ~ auf** prepare for; **2ung** *f* furnishings; *tech.* installation(s), facilities; (*public*) institution, facility

eins [aɪns] one; one thing; **2** *f* (-*/-en*) grade: A, excellent

einsam ['aɪnzaːm] lonely, solitary; **'2keit** *f* (-*/no pl*) loneliness; solitude

'einsammeln (*sep, -ge-, h*) collect

Einsatz

'**Einsatz** *m tech.* insert(ion); *gambling etc.:* stake(s); effort(s); use (*of things, force etc.*);
ein|schalten (*sep, -ge-, h*) switch on, turn on; call *s.o.* in; *sich* ~ step in; '~**schätzen** (*sep, -ge-, h*) judge, rate; '~**schenken** (*sep, -ge-, h*) pour (out); '~**schicken** (*sep, -ge-, h*) send in; '~**schlafen** (*irr, sep, -ge-, sein*) fall asleep, go to sleep; '~**schläfern** ['~ʃlɛːfərn] (*sep, -ge-, h*) lull to sleep; put (*animal* down or to sleep); '~**schlagen** (*irr, sep, -ge-, h*) 1. *v/t* knock in; knock (*teeth*) out; break, smash; take (*road, way*); 2. *v/i lightning:* strike; *bullet etc.:* hit; *fig.* be a success; '~**schließen** (*irr, sep, -ge-, h*) lock in, lock up; enclose; *mil.* surround; *fig.* include; '~**schließlich** including; '~**schmelzen** (*irr, sep, -ge-, h*) melt down; '~**schneidend** *fig.* drastic; '²~**schnitt** *m* cut; *fig.* break
einschränken ['aɪnʃrɛŋkən] (*sep, -ge-, h*) restrict, reduce; cut down on (*smoking etc.*); *sich* ~ economize; '~**ung** *f* (*-/ -en*) restriction; *ohne* ~ without reservation
'**Einschreiben 1.** *n* registered letter; **2.** ♀ *v/t* (*irr, sep, -ge-, h*) ⇒ **eintragen**; *sich* ~ enroll, *Brt.* enrol
ein|schreiten ['aɪnʃraɪtən]

104

(*irr, sep, -ge-, sein*) intervene, step in; take (legal) measures; '~**schüchtern** (*sep, -ge-, h*) intimidate; '~**schweißen** (*sep, -ge-, h*) shrink-wrap; '~**sehen** (*irr, sep, -ge-, h*) see, realize; '~**seitig** one-sided; *pol.* unilateral; '~**senden** (*irr, sep, -ge-, h*) send in; '~**setzen** (*sep, -ge-, h*) 1. *v/t* put in, insert; appoint *s.o.*; use (*means etc.*); stake (*money*); risk (*life*); *sich* ~ *für* support; 2. *v/i* try hard, start
'**Einsicht** *f* (*-/-en*) insight; realization; ²**ig** reasonable
'**einsilbig** monosyllabic; *fig.* taciturn
'**ein|sparen** (*sep, -ge-, h*) save, economize on; '~**sperren** (*sep, -ge-, h*) lock *s.o.* in; shut (*animal*) up; '~**springen** (*irr, sep, -ge-, sein*) fill in (*für* for)
'**Einspritz...** ['aɪnʃprɪts-] *in compounds:* fuel-injection ...
'**Einspruch** *m* objection (*a. jur.*), protest
'**einspurig** *mot.* single-lane
einst [aɪnst] once; *future:* one day
'**ein|stecken** (*sep, -ge-, h*) pocket (*a. fig.*); *electr.* plug in; mail; pocket (*letter*); *fig.* take (*blow etc.*); '~**steigen** (*irr, sep, -ge-, sein*) get in; get on, board (*plane, bus etc.*); '**einstell|en** (*sep, -ge-, h*) en-

einwickeln

gage, employ, hire; give up (*smoking etc.*); stop (*work etc.*); *tech.* adjust (*auf* to); tune (*radio*) in (*auf* to); *opt.* focus (*auf* on); *sich* ~ appear; *sich* ~ *auf* adjust to s.o. or s.th.: be prepared for; **2ung** *f* employment; attitude; *tech.* adjustment; *phot.* focus(sing); *film*: take

Einstiegsdroge f ['aɪnʃtiːks-] gateway drug

'**einstimmig** unanimous; ~**stöckig** ['~ʃtœkɪç] two-storied, *Brt.* one-storey(ed); ~**studieren** (*sep, no ge-, h*) *thea.* rehearse

'**einstufen** (*sep, ge-, h*) class, rate; **2ung** *f* classification, rating; **2ungsprüfung** *f* placement test

'**Einsturz** *m* collapse; **2stürzen** (*sep, ge-, sein*) collapse

einstweilen ['aɪnstˈvaɪlən] for the present

'**eintauschen** (*sep, ge-, h*) exchange (*gegen* for)

'**einteilen** (*sep, ge-, h*) divide (*in* into); organize (*time etc.*); ~**ig** one-piece; **2ung** *f* division; organization

'**eintönig** ['aɪntøːnɪç] monotonous

'**Eintopf** *m* stew

'**Eintracht** *f* (*-/no pl*) harmony

'**eintragen** (*irr, sep, ge-, h*) enter; *officially*: register (*a. sich* ~)

'**einträglich** ['aɪntrɛːklɪç] profitable

'**ein|treffen** (*irr, sep, -ge-, sein*) arrive; *event*: happen; *prophecy etc.*: come true; ~**treten** (*irr, sep, -ge-, sein*) enter; *event*: happen; ~ **für** support; ~ **in** join (*club etc.*)

'**Eintritt** *m* entry; admission (*a. fee*); ~ **frei!** admission free; ~ **verboten!** keep out!; ~**sgeld** *n* admission (fee); ~**skarte** *f* ticket

'**einver|standen**: ~ **sein** agree (*mit* to); ~! agreed!; **2ständnis** *n* agreement

'**Einwand** *m* (*-[e]s/~e*) objection

'**Einwan|derer** *m* immigrant; **2dern** (*sep, -ge-, sein*) immigrate; ~**derung** *f* immigration

'**einwandfrei** perfect

'**Einweg**|... *in compounds*: bottle *etc.*: nonreturnable; plastic cutlery, syringe *etc.*: disposable, throwaway; ~**spiegel** *m* two-way mirror

'**ein|weichen** (*sep, -ge-, h*) soak; ~**weihen** (*sep, -ge-, h*) dedicate, *Brt.* inaugurate (*building etc.*); ~ **in** let s.o. in on s.th.; ~**weisen** (*irr, sep, -ge-, h*): ~ **in** send to; instruct s.o. in; ~**wenden** [*irr*], *sep, -ge-, h*) object (*gegen* to); ~**werfen** (*irr, sep, -ge-, h*) throw in (*a. remark*; *sport a.* v/i); break (*window etc.*); mail, post (*letter*); insert (*coin*); ~**wickeln** (*sep, -ge-, h*) wrap (up)

einwilli|gen ['aɪnvɪlɪgən] (*sep*, *-ge-*, *h*) consent (*in* to); **²gung** *f* (*-/-en*) consent

'einwirken (*sep*, *-ge-*, *h*): ~ **auf** act (up)on; work on *s.o.*

Einwohner ['aɪnvo:nər] *m* (*-s/-*), **~in** *f* (*-/-nen*) inhabitant; **~meldeamt** [~'mɛldəʔ-] *n* residents' registration office

'Einwurf *m* soccer *etc.*: throw-in; *for letters, coins, etc.*: slot; *fig.* objection

'Einzahl *f* (*-/no pl*) singular; **²en** (*sep*, *-ge-*, *h*) pay in; **~ung** *f* payment, deposit

'einzäunen ['aɪntsɔʏnən] (*sep*, *-ge-*, *h*) fence in

Einzel ['aɪntsəl] *n* (*-s/-*) tennis: singles; **~gänger** ['~gɛŋər] *m* (*-s/-*), **~gängerin** *f* (*-/-nen*) loner; **~handel** *m* retail; **~haus** *n* detached house; **~heit** *f* (*-/-en*) detail, particular

'einzeln single; separate; *shoe etc.*: odd

'Einzelne: *der*, *die* ~ the individual; *jeder* ~**e** every single person; *im* ~**en** in detail

'Einzelzimmer *n* single room

'einziehen (*irr*, *sep*, *-ge-*) **1.** *v/i* (*sein*) move in; **2.** *v/t* (*h*) draw in; *esp. tech.*, *aviat.* retract; duck (*head*); strike (*sails*, *flag*); *mil.* draft, call up; confiscate (*property*)

'einzig ['aɪntsɪç] only; *kein* ~**es Buch** not a single book; **~artig** ['~ʔ-] unique

'Einzige: *der*, *die* ~ the only one; *das* ~ the only thing

'Einzug *m* moving in; entry

Eis [aɪs] *n* (*-es/no pl*) ice; ice cream; **~bahn** *f* skating rink; **'~bär** *m* polar bear; **~becher** *m* sundae; **~berg** *m* iceberg; **'~café** *n*, **~diele** *f* ice-cream parlor (*Brt.* parlour)

Eisen ['aɪzən] *n* (*-s/-*) iron

'Eisenbahn *f* railroad, *Brt.* railway; **~er** *m* (*-s/-*) railroad man, *Brt.* railwayman; **~wagen** *m* coach

'Eisenerz ['aɪzənʔ-] *n* iron ore; **~waren** *pl* hardware

'eisern ['aɪzərn] iron (*a. fig.*), of iron

eis|gekühlt ['aɪsgəkyːlt] iced; **²hockey** ['~hɔkeː] *n* (*-s/no pl*) (*Brt.* ice) hockey; **~ig** ['aɪzɪç] icy (*a. fig.*); **'~kalt** icecold; **'²kunstlauf** *m* (*-(e)s/no pl*) figure skating; **'²kunstläufer(in)** figure skater; **'~revue** *f* ice show; **'²würfel** *m* ice cube; **'²zapfen** *m* icicle

eitel ['aɪtəl] vain; **²keit** *f* (*-/-en*) vanity

Eit|er ['aɪtər] *m* (*-s/no pl*) pus; **²ern** (*ge-*, *h*) fester; **²rig** ['aɪtrɪç] purulent, festering

'Eiweiß *n* (*-es/no pl*) white of egg; *biol.* protein

Ekel ['eːkəl] **1.** *m* (*-s/no pl*) disgust (*vor* at), nausea (at); **2.** *n* (*-s/-*) *F* beast; **~erregend** → **²haft** sickening, disgusting, nauseating

'ekeln (*ge-, h*): *ich ekle mich (or es ekelt mich) davor* it makes me sick

EKG, Ekg [eːkaːˈɡeː] *n* (*-s*/*-s*) *Elektrokardiogramm* EKG, *Brt.* ECG, electrocardiogram

Ekzem [ɛkˈtseːm] *n* (*-s*/*-e*) eczema

elastisch [eˈlastɪʃ] elastic, flexible

Elch [ɛlç] *m* (*-[e]s*/*-e*) moose; elk; **~test** *m mot.* moose test

Elefant [eleˈfant] *m* (*-en*/*-en*) elephant

elegant [eleˈɡant] elegant, smart

Elektri|ker [eˈlɛktrɪkər] *m* (*-s*/*-*) electrician; **2sch** electric(al)

Elektrizität [elɛktritsiˈtɛːt] *f* (*-*/*no pl*) electricity; **~swerk** *n* power station

Elektrogerät [eˈlɛktro-] *n* electric appliance

Elektron... [elɛkˈtroːnən-] *in compounds:* electron(ic)...; **~ik** [~ˈtroːnɪk] *f* (*-*/*no pl*) electronics; **2isch** electronic

Elektro|rasierer [eˈlɛktroraziːrər] *m* (*-s*/*-*) electric razor; **~'technik** *f* (*-*/*no pl*) electrical engineering; **~'techniker(in)** electrical engineer

Element [eleˈmɛnt] *n* (*-[e]s*/*-e*) element

Elend [ˈeːlɛnt] **1.** *n* (*-[e]s*/*no pl*) misery; **2.** 2 *adj* miserable; **~sviertel** *n* slum(s)

elf [ɛlf] eleven

Elf *f* (*-*/*-en*) *sport:* team
'Elfenbein *n* (*-[e]s*/*no pl*) ivory
'Elfmeter *m soccer:* penalty (kick); **~punkt** *m* penalty spot; **~schießen** *n* penalty shoot-out
'elfte eleventh
Ellbogen [ˈɛl-] *m* (*-s*/*-*) elbow
Elster [ˈɛlstər] *f* (*-*/*-n*) magpie
elterlich [ˈɛltərlɪç] parental
'Eltern *pl* parents; **~haus** *n* one's parents' house; home; **'2nteil** *m* parent
Email [eˈmai(l)] *n* (*-s*/*-s*), **~le** [eˈmaljə] *f* (*-*/*-n*) enamel
Emanz|e [eˈmantsə] *f* (*-*/*-n*) F women's libber; **~ipation** [emantsipaˈtsioːn] *f* (*-*/*-en*) emancipation; **2ipiert** [~ˈpiːrt] emancipated
Emigrant [emiˈɡrant] *m* (*-en*/*-en*), **~in** *f* (*-*/*-nen*) emigrant, *esp. pol.* refugee
empfahl [ɛmˈpfaːl] *past of* **empfehlen**
Empfang [ɛmˈpfaŋ] *m* (*-[e]s*/*-e*) receipt; reception (*a. radio, hotel*), welcome; **2en** (*irr fangen, no -ge-, h*) receive; welcome
Empfäng|er [ɛmˈpfɛŋər] *m* (*-s*/*-*) receiver (*a. radio*); *post.* addressee; **2lich** susceptible (**für** to); **~nisverhütung** *f* (*-*/*no pl*) contraception, birth control
Em'pfangs|bestätigung *f* receipt; **~chef** *m*, **~dame** *f* receptionist
empfehl|en [ɛmˈpfeːlən] (*irr,*

empfehlenswert

no -ge-, *h*) recommend; **~enswert** recommendable; advisable; **2ung** *f* (*-l-en*) recommendation

empfind|en [ɛmˈpfɪndən] (*irr finden, no* -ge-, *h*) feel; **~lich** [~tlɪç] sensitive (**gegen** to); touchy; **~e Stelle** sore spot; **~sam** [~tza:m] sensitive; **2ung** *f* (*-l-en*) sensation; feeling

empfohlen [ɛmˈpfoːlən] *pp of* **empfehlen**

empö|rend [ɛmˈpøːrənt] shocking; **~rt** indignant, shocked; **2rung** *f* (*-lno pl*) indignation

emsig [ˈɛmzɪç] busy

Ende [ˈɛndə] *n* (*-sl-n*) end; *movie etc.*: ending; **am ~** at the end; **in the end**, eventually; **~ Mai** at the end of May; **zu ~** end; *time*: up; **zu ~ gehen** come to an end

'enden (ge-, *h*) (come to an) end; finish

End|ergebnis [ˈɛnt?-] *n* final result; **2gültig** [ˈɛnt-] final; **'~lagerung** *f* final disposal; **'2lich** finally, at last; **'~los** endless; **'~runde** *f*, **~spiel** *n* final(s); **'~station** *f* terminus; **'~summe** *f* (sum) total; **'~verbraucher** *m* end user

Energie [enɛrˈgiː] *f* (*-l-n*) energy; **~sparen** *f* (*-slno pl*) conservation of energy; **~versorgung** *f* power supply

energisch [eˈnɛrgɪʃ] energet-

108

ic; firm; vigorous

eng [ɛŋ] narrow; *clothes*: tight; crowded, cramped; *friend, friendship etc.*: close

Engel [ˈɛŋəl] *m* (*-sl-*) angel

Eng|land [ˈɛŋlant] England; **~länder** [ˈ~lɛndər] *m* (*-sl-*) Englishman; **die ~** *pl* the English; **'~länderin** *f* (*-l -nen*) Englishwoman; **'2-lisch** [ˈɛŋlɪʃ] English; **auf Englisch** in English

'Engpass *m* bottleneck

engstirnig [ˈɛŋʃtɪrnɪç] narrow-minded

Enkel [ˈɛŋkəl] *m* (*-sl-*) grandchild; grandson; **~in** *f* (*-l -nen*) granddaughter

enorm [eˈnɔrm] enormous

Ensemble [ãˈsãːbəl] *n* (*-sl-s*) *thea.* company; cast

entbehren [ɛntˈbeːrən] (*no* -ge-, *h*) do without; miss (*s.th. to*) spare; miss (*s.o. or s.th.*); **~lich** dispensable; superfluous; **2ungen** *pl* privations

ent'bind|en (*irr, no* -ge-, *h*) **1.** *v/i med.* give birth; **2.** *v/t*: **~ von** *fig.* relieve *s.o.* of; **entbunden werden von** *med.* give birth to; **2ung** *f med.* delivery

ent'deck|en (*no* -ge-, *h*) discover, find; **2er** *m* (*-sl-*) discoverer; **2ung** *f* (*-l-en*) discovery

Ente [ˈɛntə] *f* (*-l-n*) duck; F *fig.* hoax

ent'ehren [ɛntˈ?-] (*no* -ge-, *h*)

entmutigen

dishonor, *Brt.* dishonour; ~eignen [~'ʔ-] (*no -ge-*, *h*) expropriate; ~erben [~'ʔ-] (*no -ge-*, *h*) disinherit; ~fallen (*irr*, *no -ge-*, *sein*) be dropped, be canceled (*Brt.* cancelled); *j-m* ~ slip s.o.'s memory; ~falten (*no -ge-*, *h*) unfold; develop (*abilities*); *sich* ~ unfold; *fig.* develop

ent'fern|en (*no -ge-*, *h*) remove; *sich* ~ leave; ~fernt distant (*a. fig.*)

Ent'fernung *f* (*-/-en*) distance; removal; ~smesser *m* (*-s/-*) *phot.* range finder

ent|'fliehen (*irr*, *no -ge-*, *sein*) flee, escape; ~'fremden [~'fremdən] (*no -ge-*, *h*) estrange (*dat from*); ~'frosten (*no -ge-*, *h*) *mot.* defrost, *Brt.* demist

ent'führ|en (*no -ge-*, *h*) kidnap; *aviat.* hijack; ~er *m* kidnap(p)er; *aviat.* hijacker; ~ung *f* kidnap(p)ing; *aviat.* hijacking

ent'gegen contrary to; toward(s); ~gehen (*irr*, *sep*, *-ge-*, *sein*) go to meet; ~gesetzt [~gəzɛtst] opposite; ~kommen (*irr*, *sep*, *-ge-*, *sein*) come to meet; *fig.* meet s.o. halfway; ~kommend obliging, kind, helpful; ~nehmen (*irr*, *sep*, *-ge-*, *h*) accept, receive; ~sehen (*irr*, *sep*, *-ge-*, *h*) await; look forward to; ~strecken (*sep*, *-ge-*, *h*) hold out (*dat* to)

ent|gegnen [ɛnt'geːgnən] reply; ~'gehen (*irr*, *no -ge-*, *sein*) escape; *sich* ~ lassen miss; ~'giften (*no -ge-*, *h*) decontaminate; ~'gleisen [~'glaɪzən] (*no -ge-*, *sein*) be derailed

ent'halt|en (*irr*, *no -ge-*, *h*) contain, hold; *sich* ~ abstain (*gen* from); ~sam abstinent; ~ung *f* (*-/-en*) *esp. pol.* abstention

ent'hüllen (*no -ge-*, *h*) uncover; unveil (*statue etc.*); *fig.* reveal

enthusiastisch [ɛntu'zɪastɪʃ] enthusiastic

ent|'kleiden (*no -ge-*, *h*): (*sich*) ~ undress, strip; ~'kommen (*no -ge-*, *sein*) escape; get away; ~'laden (*irr*, *no -ge-*, *h*) unload; *sich* ~ *electr.* discharge; *fig.* explode

ent'lang along; ~... *in compounds*: drive, walk *etc.* along

ent'lass|en (*irr*, *no -ge-*, *h*) dismiss; discharge (*patient*; *a. mil.*); release (*prisoner*); ~ung *f* (*-/-en*) dismissal; discharge; release

ent|'lasten (*no -ge-*, *h*) relieve *s.o.* of some of his work; *jur.* exonerate; **den Verkehr** ~ relieve traffic congestion; ~'laufen (*irr*, *no -ge-*, *sein*) run away (*dat* from); ~'legen remote; ~'lüften (*no -ge-*, *h*) ventilate; ~'mutigen

entnehmen 110

[~'muːtɪɡən] (*no -ge-, h*) discourage; ~'**nehmen** (*irr, no -ge-, h*) take (*dat* from); ~ **aus** *fig.* gather from; ~'**reißen** (*irr, no -ge-, h*) snatch (away) (*dat* from); ~'**rinnen** (*irr, no -ge-, sein*) escape (*dat* from)

ent'rüst|en (*no -ge-, h*): **sich** ~ get indignant **über** at *s.th.*, with *s.o.*); ~**et** indignant, shocked; **₂ung** *f* (*-/no pl*) indignation

ent'schädig|en (*no -ge-, h*) compensate; **₂ung** *f* (*-/-en*) compensation

ent'scheid|en (*irr, no -ge-, h*): (**sich**) ~ decide; ~**end** decisive; crucial (*moment etc.*); **₂ung** *f* (*-/-en*) decision

ent'schließ|en (*irr, no -ge-, h*): **sich** ~ decide, make up one's mind; ~**schlossen** [~ˈʃlɔsən] determined; **₂-ˈschluss** *m* decision, resolution

entschlüsseln [ɛntˈʃlʏsəln] (*no -ge-, h*) decipher, decode

entschuldig|en [ɛntˈʃʊldɪɡən] (*no -ge-, h*) excuse; **sich** ~ apologize (**bei** to); excuse o.s.; ~ **Sie** (**bitte**) excuse me!; **₂ung** *f* (*-/-en*) excuse; apology; **um** ~ **bitten** apologize (*j-n* to s.o.); ~! excuse me! (I'm) sorry!

Ent'setz|en *n* (*-s/no pl*) horror; **₂lich** horrible, terrible

entsorg|en [ɛntˈzɔrɡən] (*no -ge-, h*) dispose of; **₂ung** *f* (*-/no pl*) (waste) disposal

ent'spann|en (*no -ge-, h*): **sich** ~ relax; *pol.* ease (up); **₂ung** *f* (*-/no pl*) relaxation; *pol.* détente

ent'sprechen (*irr, no -ge-, h*) correspond to; answer to (*description etc.*); meet (*demands etc.*); ~**end** corresponding (*dat* to); appropriate; **₂ung** *f* (*-/-en*) equivalent

ent'springen (*irr, no -ge-, sein*) river: rise

ent'stehen (*irr, no -ge-, sein*) arise, come about; *gradually*: develop; ~ **aus** originate from; ~ **durch** be caused by; **₂ung** *f* (*-/no pl*) origin

ent'stellen (*no -ge-, h*) disfigure; *fig.* distort

ent'täusch|en (*no -ge-, h*) disappoint; **₂ung** *f* (*-/-en*) disappointment

entweder [ˈɛntveːdər, ~veːˈdər]: ~ ... **oder** either ... or

ent'weichen (*irr, no -ge-, sein*) escape; ~'**werfen** (*irr, no -ge-, h*) design; draw up (*document etc.*)

ent'wert|en (*no -ge-, h*) lower the value of; cancel (*ticket etc.*); **₂ung** *f* (*-/no pl*) devaluation; cancellation

ent'wickel|n (*no -ge-, h*): (**sich**) ~ develop (**zu** into); **₂lung** *f* (~ˈvɪklʊŋ] *f* (*-/-en*) development; **₂lungshelfer** (*-in*) development aid volunteer; Peace Corps Volunteer, *Brt.* person in the Voluntary

Service Overseas; **2lungsland** *n* developing country
ent'wirren (*no -ge-, h*) disentangle; **~'wischen** (*no -ge-, sein*) get away
ent'zieh|en (*irr, no -ge-, h*) take away (*dat* from); revoke (*license*); **2ungskur** *f* withdrawal treatment
ent'ziffern (*no -ge-, h*) decipher
entzückend [ɛnt'tsykənt] delightful; **~ckt** delighted (*von* at, *with*)
ent'zün|den (*no -ge-, h*): *sich* **~** catch fire; *med.* become inflamed; **~det** inflamed; **2dung** *f* (*-/-en*) inflammation
ent'zwei → **kaputt**; **~en** (*no -ge-, h*): *sich* **~** fall out, break (*mit* with)
Epidemie [epide'miː] *f* (*-/-n*) epidemic
Epoche [e'pɔxə] *f* (*-/-n*) epoch
er [eːr] he; *thing*: it
Erbanlage ['ɛrp?-] *f* gene(s), genetic code
Erbarmen [ɛr'barmən] *n* (*-s/ no pl*) pity, mercy; **2bärmlich** [~'bɛrmlɪç] pitiful; *life etc.*: miserable; **2'barmungslos** merciless, relentless
er'bauen (*no -ge-, h*) build, construct; **2er** *m* (*-s/-*) builder, constructor
Erbe[1] ['ɛrbə] *m* (*-n/-n*) heir
Erbe[2] [~] *n* (*-s/no pl*) inheritance, heritage
'erben (*ge-, h*) inherit

er'beuten (*no -ge-, h*) capture
Erbin ['ɛrbɪn] *f* (*-/-nen*) heiress
er'bittert fierce, furious
erblich ['ɛrplɪç] hereditary
erblinden [ɛr'blɪndən] (*no -ge-, sein*) go blind
Erbschaft ['ɛrp∫aft] *f* (*-/-en*) inheritance
Erbse ['ɛrpsə] *f* (*-/-n*) pea
Erd|apfel ['eːrt?-] *m Austrian*: potato; **'~beben** *n* (*-s/-*) earthquake; **'~beere** *f* strawberry; **'~boden** *m* earth, ground
Erde ['eːrdə] *f* (*-/rare -n*) earth; ground, soil
'erden (*no -ge-, h*) *electr.* ground, *Brt.* earth
Erdgas ['ɛrt-] *n* natural gas; **'~geschoss** *n*, **~geschoß** *n Aust.* first floor, *Brt.* ground floor; **'~kugel** *f* globe; **'~kunde** *f* (*-/no pl*) geography; **'~nuss** *f* peanut; **'~öl** ['~?-] *n* (crude) oil, petroleum
er'drosseln (*no -ge-, h*) strangle
er'drücken (*no -ge-, h*) crush (to death); **~ckend** *fig. evidence, majority etc.*: overwhelming
Erdrutsch ['eːrtrʊtʃ] *m* (*-[e]s/-e*) landslide (*a. pol.*); **'~teil** *m* continent
er'dulden (*no -ge-, h*) suffer, endure
ereignen [ɛr'?aɪɡnən] (*no -ge-, h*): *sich* **~** happen; **2nis**

ereignisreich

n (*-ses*/*-se*) event; **~nisreich** eventful

Erektion [ɛrɛkˈtsi̯oːn] *f* (*-*/*-en*) erection

er'fahr|en 1. *v*/*t* (*irr, no -ge-, h*) learn, hear; experience; **2.** *adj* experienced; **ung** *f* (*-*/*-en*) experience

er'fassen (*no -ge-, h*) seize; *mentally:* grasp; *statistically:* register; *computer:* collect

er'find|en (*irr, no -ge-, h*) invent; **er** *m* (*-s*/*-*), **erin** *f* (*-*/*-nen*) inventor; **~derisch** inventive; **dung** *f* (*-*/*-en*) invention

Erfolg [ɛrˈfɔlk] *m* (*-[e]s*/*-e*) success; result; **~ haben** be successful, succeed; **~versprechend** promising **los** unsuccessful; **reich** successful

erfor|derlich [ɛrˈfɔrdərlɪç] necessary; **~dern** (*no -ge-, h*) require, demand

er'forschen (*no -ge-, h*) explore

er'freu|en (*no -ge-, h*) please; **~lich** pleasing; **~licher'weise** fortunately; **~t** pleased

er'frier|en (*irr, no -ge-, sein*) freeze (to death); *of plants:* be killed by frost; **erfrorene Zehen** frostbitten toes; **ung** *f* (*-*/*-en*) frostbite

er'frisch|en (*no -ge-, h*) refresh; **~end** refreshing (*a. fig.*); **ung** *f* (*-*/*-en*) refreshment

er'füllen (*no -ge-, h*) fulfil, *Brt.* fulfill; keep (*promise*); serve (*purpose*); meet (*demands*); **~ mit** fill with; **sich ~** come true; **gänzen** [ˈɡɛntsən] (*no -ge-, h*) complement (*sich* each other); supplement; add; **~'geben** (*irr, no -ge-, h*) amount to; **sich ~** surrender; → **entstehen**; **sich ~ aus** result from

Ergebnis [ɛrˈɡeːpnɪs] *n* (*-ses*/*-se*) result (*a. sport*), outcome; **los** fruitless

er'gehen (*irr, no -ge-, sein*): *so erging es mir auch* the same thing happened to me; *et. über sich ~ lassen* (grin and) bear it

ergiebig [ɛrˈɡiːbɪç] productive, rich

er'greif|en (*irr, no -ge-, h*) seize, grasp, take hold of; take (*possession, opportunity, measures etc.*); take up (*profession*); *fig.* move, touch; **ung** *f* (*-*/*no pl*) capture, seizure

ergriffen [ɛrˈɡrɪfən] moved

er'halten¹ (*irr, no -ge-, h*) get, receive; preserve, keep (*order, peace etc.*); support; protect

er'halten²: *gut ~* in good condition

erhältlich [ɛrˈhɛltlɪç] obtainable, available

er'hängen (*no -ge-, h*): (*sich*) **~** hang (o.s.)

er'heb|en (*irr, no -ge-, h*)

ermächtigen

raise; **sich ~** rise; **~lich** [~plɪç] considerable; **2ung** f (-/-en) survey; geogr. elevation
Erheiterung [ɛr'haɪtərʊŋ] f (-/no pl) amusement
er'hitzen (no -ge-, h) heat; **~'hoffen** (no -ge-, h) hope for
er'höh|en (no -ge-, h) raise; fig. a. increase; **2ung** f (-/-en) fig. increase
er'hol|en (no -ge-, h): **sich ~** recover (**von** from); relax; **~sam** restful; **2ung** f (-/no pl) recovery; rest, relaxation; **2ungsheim** n rest home
erinner|n [ɛr'ʔɪnərn] (no -ge-, h): **j-n ~** remind s.o. (of); **sich ~ (an)** remember; **2ung** f (-/-en) memory (**an** of)
er'kält|en (no -ge-, h): **sich ~** catch (a) cold; (**stark**) **erkältet sein** have a (bad) cold; **2ung** f (-/-en) cold
er'kenn|en (irr, no -ge-, h) recognize; see, realize; **~tlich: sich ~ zeigen** show (s.o.) one's gratitude; **2tnis** f (-/-se) realization; **~se** f findings
Erker ['ɛrkər] m (-s/-) bay
er'klä|ren (no -ge-, h) explain (**j-m** to s.o.); declare; **2rung** f (-/-en) explanation; declaration; **e-e ~ abgeben** make a statement
er'krank|en (no -ge-, sein) fall ill (**an** with); **~ an** a. get; **2ung** f (-/-en) illness, sickness; disease

erkundig|en [ɛr'kʊndɪgən] (no -ge-, h): **sich ~** inquire (**nach** about s.th., after s.o.); **2ungen** pl inquiries; **~ einholen** make inquiries
Er'lass [ɛr'las] m (-es/-e) regulation; **2lassen** f, no -ge-, h) issue; **j-m et. ~** release s.o. from s.th.
er'laub|en [ɛr'laʊbən] (no -ge-, h) allow, permit; **~ Sie?** may I?; **~nis** f [~'laʊp~] f (-/no pl) permission
erläutern [ɛr'lɔʏtərn] (no -ge-, h) explain
er'leb|en (no -ge-, h) experience; see, witness; go through (misery etc.); **das ~ wir nicht mehr** we won't live to see that; **2nis** [~pnɪs] n (-ses/-se) experience; adventure
er'ledigen [ɛr'le:dɪgən] (no -ge-, h) take care of; settle (problem etc.); F finish s.o.
er'leicht|ern [ɛr'laɪçtərn] (no -ge-, h) make s.th. easier; **~tert** relieved; **2erung** f (-/-en) relief
er'leiden (irr, no -ge-, h) suffer; **~'lernen** (no -ge-, h) learn; **~'lesen** adj. choice
Erlös [ɛr'løːs] m (-es/-e) proceeds
erloschen [ɛr'lɔʃən] extinct
er'lö|sen (no -ge-, h) deliver (**von** from); **2ser** m (-s/no pl) rel. Saviour; **2sung** f (-/-en) rel. salvation; fig. relief
ermächtigen [ɛr'mɛçtɪgən]

ermahnen

(*no* -ge-, *h*) authorize

er'mahnen [ɛr'maːnən] (*no* -ge-, *h*) admonish; warn

er'mäßigen (*no* -ge-, *h*) reduce; 2gung *f* (-/-en) reduction

er'messen 1. (*irr, no* -ge-, *h*) assess, judge; 2. 2n (-s/*no pl*) discretion

er'mitteln (*no* -ge-, *h*) 1. *v/t* find out; determine; 2. *v/i jur.* investigate; 2lung *f* (-/-en) finding; ~en *pl* investigations

ermöglichen [ɛr'møːklɪçən] (*no* -ge-, *h*) make possible, allow *s.o.* to do *s.th.*

ermor|den [ɛr'mɔrdən] (*no* -ge-, *h*) murder; *esp. pol.* assassinate; 2dung *f* (-/-en) murder (*gen* of); assassination (of)

er'müden (*no* -ge-) *v/t* (*h*) *and v/i* (*sein*) tire; ~dend tiring; 2dung *f* (-/*no pl*) fatigue

er'muntern (*no* -ge-, *h*) encourage

ermutig|en [ɛr'muːtɪɡən] (*no* -ge-, *h*) encourage; 2gung *f* (-/-en) encouragement

ernähr|en [ɛr'nɛːrən] (*no* -ge-, *h*) feed; support (*family etc.*); *sich ~ von* live on; 2ung *f* (-/*no pl*) nutrition, diet

er'nennen (*irr, no* -ge-, *h*) appoint; 2nung *f* (-/-en) appointment

erneu|ern [ɛr'nɔʏərn] (*no* -ge-, *h*) renew; 2erung *f* (-/

-en) renewal

er'neut 1. *adj* renewed, new; 2. *adv* once again

ernst [ɛrnst] serious, earnest; ~ *nehmen* take seriously; 2 [~] *m* (-es/*no pl*) seriousness; *im* ~ (?) seriously (?); '~haft, '~lich serious(ly)

Ern|te ['ɛrntə] *f* (-/-n) harvest; crop(s); ~dankfest *n* Thanksgiving, *Brt.* harvest festival; '2ten (*no* -ge-, *h*) harvest, reap (*a. fig.*)

Ero|berer [ɛˈʔoːbərər] *m* (-s/-) conqueror; 2bern [~bərn] (*no* -ge-, *h*) conquer; ~berung *f* (-/-en) conquest

eröff|nen [ɛrˈʔœf-] (*no* -ge-, *h*) open; 2nung *f* (-/-en) opening

erörter|n [ɛrˈʔœrtərn] (*no* -ge-, *h*) discuss; 2ung *f* (-/-en) discussion

erotisch [eˈroːtɪʃ] erotic, sexy

er'press|en (*no* -ge-, *h*) blackmail; extort (*money*); 2er *m* (-s/-), 2erin *f* (-/-nen) blackmailer; 2ung *f* (-/-en) blackmail

er'raten (*irr, no* -ge-, *h*) guess

er're|gen (*no* -ge-, *h*) excite; cause (*fear etc.*); 2ger *m* (-s/-) germ, virus; 2gung *f* (-/-en) excitement

er'reich|bar within reach; *person:* available, there; ~en (*no* -ge-, *h*) reach; catch (*train etc.*); *fig.* achieve

er'richten (*no* -ge-, *h*) set up, erect; *fig.* establish; ~röten

(*no -ge-, sein*) blush
Errungenschaft [ɛrˈrʊŋən-ʃaft] *f (-/-en)* achievement; F acquisition
Er'satz *m (-es/no pl)* replacement; substitute (*a. person*); → **Schadenersatz**; **~....** *in compounds*: spare (*tires, parts etc.*); **~spieler(in)** substitute
er'schaffen (*irr, no -ge-, h*) create
er'schei|nen 1. *v/i* (*no -ge-, sein*); **2.** ⚔ *n* (*-s/no pl*) appearance; **2nung** *f (-/-en)* appearance; apparition; *scientific, social etc.*: phenomenon
er'schieß|en (*irr, no -ge-, h*) shoot (dead); **~schlagen** (*irr, no -ge-, h*) kill; **~schließen** (*irr, no -ge-, h*) develop
er'schöpft exhausted; **2ung** *f (-/no pl)* exhaustion
erschrak [ɛrˈʃraːk] *past of* **erschrecken** 2
er'schreck|en 1. *v/t* (*no -ge-, h*) frighten, scare; **2.** *v/i* (*no -ge-, sein*) be frightened
erschrocken [ɛrˈʃrɔkən] *pp of* **erschrecken** 2
er'schütte|rn [ɛrˈʃʏtərn] (*no -ge-, h*) shake; *fig. a.* move; **2rung** *f (-/-en)* *fig.* shock
er'schweren (*no -ge-, h*) make (more) difficult
er'schwinglich affordable
er'setz|bar replaceable; **~en** (*no -ge-, h*) replace (**durch**

by); make up for
er'spar|en (*no -ge-, h*) save; *j-m et.* ~ spare s.o. s.th.; **2nisse** *pl* savings
erst [eːrst]: ~ **gestern** only yesterday; ~ **nächste Woche** not till (*or* before) next week; **es ist** ~ **neun Uhr** it's only nine o'clock
er'starren (*no -ge-, sein*) stiffen; *fig.* freeze; ~**starrt** stiff, numb; *fig. person*: paralyzed
erstatten [ɛrˈʃtatən] (*no -ge-, h*) refund; → **Anzeige**
Er'staun|en *n (-s/no pl)* astonishment; **2lich** astonishing, amazing; **2t** astonished
'erst'beste first, any
'Erstbesteigung *f* first ascent
erste [ˈeːrstə] first; **als 2(r)**, **als 2s** first; **fürs 2** for the time being; → **Mal**
er'stechen (*irr, no -ge-, h*) stab (to death)
erstens [ˈeːrstəns] first(ly)
er'sticken (*no -ge-*) *v/t* (*h*) *and v/i* (*sein*) suffocate, choke
erstklassig [ˈeːrstklasɪç] first-class
er'strecken (*no -ge-, h*): **sich** ~ extend, stretch; **sich** ~ **über** *a.* cover; ~**suchen 1.** *v/t* (*no -ge-, h*) request; **2.** ⚔ *n (-s/no pl)* request; ~**tappen** [ˈ~tapən] (*no -ge-, h*) catch, surprise; ~**teilen** (*no -ge-, h*) give (*advice, permission etc.*)
Ertrag [ɛrˈtraːk] *m (-[e]s/¨e*

ertragen

yield; *econ.* proceeds, returns

er'**tragen** (*irr, no -ge-, h*) bear, endure, stand

er**träglich** [ɛr'trɛːklɪç] tolerable

er'**tränken** *v/t* (*no -ge-, h*) drown; **~'trinken** *v/i* (*irr, no -ge-, sein*) drown; **~übrigen** [~'yːbrɪɡən] (*no -ge-, h*) spare; *sich ~* be unnecessary; **~'wachen** (*no -ge-, sein*) wake (up)

er'**wachsen** adult

Er'**wachsene** *m, f* (*-n/-n*) adult; *nur für ~* adults only; **~nbildung** *f* adult education

er**wägen** [ɛr'vɛːɡən] (*irr, no -ge-, h*) consider; **~wähnen** [~'vɛːnən] (*no -ge-, h*) mention; **~wärmen** (*no -ge-, h*) warm (*a. sich ~; für* to); 2**wärmung** F warming up; *der Erdatmosphäre* global warming

er'**warten** (*no -ge-, h*) expect; be expecting (*child*); wait for; 2**ung** *f* (*-/-en*) expectation

er'**weisen** (*irr, no -ge-, h*) do (*favor etc.*); *sich ~ als* prove to be; **~weitern** [~'vaɪtərn] (*no -ge-, h*) (*sich*) ~ enlarge, extend; *esp. econ.* expand

er'**werben** (*irr, no -ge-, h*) acquire; 2**ung** *f* (*-/-en*) acquisition

er**widern** [ɛr'viːdərn] (*no -ge-, h*) reply; return (*visit, greetings etc.*)

er'**wischen** (*no -ge-, h*) catch, get

er**wog** [ɛr'voːk] *past*, **~en** [~'oːɡən] *pp of* erwägen

er'**wünscht** desirable

er'**würgen** (*no -ge-, h*) strangle

Erz [eːrts, ɛrts] *n* (*-es/-e*) ore

er'**zählen** (*no -ge-, h*) tell; narrate; 2**er** *m* (*-s/-*), 2**erin** *f* (*-/-en*) narrator; 2**ung** *f* (*-/-en*) story, tale

'**Erz**|**bischof** *m* archbishop; **~engel** [~'ʔ~] *m* archangel

er'**zeug**|**en** (*no -ge-, h*) produce; 2**er** *m* (*-s/-*) producer; 2**nis** *n* (*-ses/-se*) product

er'**zieh**|**en** (*no -ge-, h*) bring up; educate; **~ zu** teach *s.o.* to be or to do *s.th.*; 2**er** *m* (*-s/-*), 2**erin** *f* (*-/-en*) educator; teacher; nurseryschool teacher; 2**ung** *f* (*-/no pl*) upbringing; education; 2**ungsanstalt** [~s?~] *f* reformatory, Brt. approved school

er'**zielen** (*no -ge-, h*) achieve (*result etc.*); *sport:* score (*point etc.*)

es [ɛs] it; *person, animal: a.* he; she

Esche ['ɛʃə] *f* (*-/-n*) ash (tree)

Esel ['eːzəl] *m* (*-s/-*) donkey, ass (*a.* F *fig. contp.*); **~sohr** [~s?~] *n* fig. dog-ear

Eskimo ['ɛskimo] *m* (*-[s]/-[s]*) Eskimo, Inuit

essbar ['ɛsbaːr] eatable; edible

essen ['ɛsən] (*irr*, *ge-*, *h*) eat; *zu Abend* ~ have supper (*or* dinner); *~ gehen* eat out; → *Mittag*

Essen [~] *n* (*-s*/*-*) food; meal; dish

Essig ['ɛsɪç] *m* (*-s*/*no pl*) vinegar; **'~gurke** *f* pickle(d gherkin)

'Ess|löffel *m* tablespoon; **~tisch** *n* dining table; **~zimmer** *n* dining room

Etage [e'ta:ʒə] *f* (*-/-n*) floor, stor(e)y; **~nbett** *n* bunk bed

Etat [e'ta:] *m* (*-s*/*-s*) budget

Etikett [eti'kɛt] *n* (*-[e]s/-e[n]*) label; (price) tag

Etui [ɛt'vi:] *n* (*-s/-s*) case

etwa ['ɛtva] approximately, about; *in questions*: perhaps, by any chance; for example; *nicht ~, dass* not that; **~ig** ['~vaɪç] any (possible)

etwas ['ɛtvas] **1.** *indef pron* something; anything; **2.** *adj* some; **3.** *adv* a little; somewhat

EU [eː'uː] *Europäische Union* EC, European Community

euch [ɔʏç] you; ~ *(selbst)* yourselves

eu|er, ~(e)re ['~(ə)rə] your

Eule ['ɔʏlə] *f* (*-/-n*) owl

Euro ['ɔʏro] *m* (*-[s]/-[s]*) euro

'Eurocheque® [~'ʃɛk] *m* (*-s*/*-s*) Eurocheque®

Europa [ɔʏ'ro:pa] Europe; **~...** *in compounds*: European

Europä|er [ɔʏro'pɛːər] *m* (*-s/-*), **~erin** *f* (*-/-nen*) European; **2isch** European

Euter ['ɔʏtər] *n* (*-s/-*) udder

e.V. [eː'faʊ] *eingetragener Verein* registered association (*or* society)

evangel|isch [evaŋ'geːlɪʃ] Protestant; Lutheran; **2um** [~'geːliʊm] *n* (*-s/-ien*) gospel

eventuell [evɛn'tʊɛl] **1.** *adj* possible; **2.** *adv* possibly, perhaps, maybe

ewig ['eːvɪç] **1.** *adj* eternal; endless; F constant; **2.** *adv* forever, eternally; F constantly; *auf ~* for ever; **2keit** *f* (*-/no pl*) eternity

EWS [eː'veː'?ɛs] *Europäisches Währungssystem* EMS, European Monetary System

exakt [ɛ'ksakt] exact, precise

Examen [ɛ'ksaːmən] *n* (*-s/-, -mina*) exam(ination)

Exemplar [ɛksɛm'plaːr] *n* (*-s*/*-e*) specimen; copy (*of book etc.*)

exerzieren [ɛksɛr'tsiːrən] (*no ge-*, *h*) drill

Exil [ɛ'ksiːl] *n* (*-s/-e*) exile

Exist|enz [ɛksɪs'tɛnts] *f* (*-/-en*) existence; living; **2ieren** [~'tiː-rən] (*no ge-*, *h*) exist; live (*von* on); **~enzkampf** *m* struggle for survival

Expedition [ɛkspedi'tsi̯oːn] *f* (*-/-en*) expedition

Experiment [ɛksperi'mɛnt] *n* (*-[e]s/-e*) experiment; **2ie-**

explodieren 118

ren [~'ti:rən] (*no ge-, h*) experiment
explo|dieren [ɛksplo'di:rən] (*no ge-, sein*) explode (*a. fig.*), burst; **2sion** [~'zio:n] *f* (*-/-en*) explosion; **~siv** [~'zi:f] explosive
Export [ɛks'pɔrt] *m* (*-[e]s/-e*)

export(ation); *beer:* lager; **2ieren** [~'ti:rən] (*no ge-, h*) export
extra ['ɛkstra] extra; special(ly); F (*do s.th.*) on purpose
extrem [ɛks'tre:m] **1.** *adj* extreme; **2.** 2 *n* (*-s/-e*) extreme

F

Fa. (*only in writing*) **Firma** firm; *on letters:* Messrs.
Fabel ['fa:bəl] *f* (*-/-n*) fable; **2haft** fabulous
Fabrik [fa'bri:k] *f* (*-/-en*) factory; **~at** [~i'ka:t] *n* (*-[e]s/-e*) make; product
Fach [fax] *n* (*-[e]s/~er*) compartment, shelf; box, pigeonhole; *ped., univ.* subject; line, (special) field; **~arbeiter(in)** ['~?~] skilled worker; **~arzt** ['~?~] *m*, **~ärztin** ['~?~] *f* specialist (*für* in)
Fächer ['fɛçər] *m* (*-s/-*) fan
'Fach|geschäft *n* specialist shop (*or* store); **~kenntnisse** *pl* specialized knowledge; **2lich** professional; technical; **~mann** *m* (*-[e]s/-leute*) expert; **~werkhaus** *n* half-timbered house
Fackel ['fakəl] *f* (*-/-n*) torch
fad [fa:t], **~e** ['fa:də] tasteless; *fig.* dull
Faden ['fa:dən] *m* (*-s/~*) thread (*a. fig.*)
fähig ['fɛ:iç] capable, able;

'~keit *f* (*-/-en*) (cap)ability; talent; skill
fahn|den ['fa:ndən] (*ge-, h*) search (*nach* for); **~dung** *f* (*-/-en*) search
Fahne ['fa:nə] *f* (*-/-n*) flag; F **e-e ~ haben** reek of alcohol
Fahrbahn ['fa:r-] *f* road(way); lane
Fähre ['fɛ:rə] *f* (*-/-n*) ferry(boat)
fahren ['fa:rən] (*irr, ge-*) **1.** *v/i* (*sein*) go (*mit dem Auto, Bus etc.*) by car, bus *etc.*); ride (*in or on s.th.*); *motorist:* drive; **2.** *v/t* (*h*) drive; ride (*bike etc.*)
'Fahrer *m* (*-s/-*), **~in** *f* (*-/-nen*) driver; **~flucht** *f* (*-/no pl*) hit-and-run offense (*Brt.* offence)
'Fahr|gast *m* passenger; **~geld** *n* fare; **~gemeinschaft** *f* car pool; **~gestell** *n mot.* chassis; **~karte** *f* ticket; **~kartenautomat** ['~n?~] *m* ticket machine; **~kartenschalter** *m* ticket office; **2-**

lässig reckless; **'~lehrer** *m* driving instructor; **'~plan** *m* schedule, timetable; **♀planmäßig 1.** *adj* scheduled; **2.** *adv* according to schedule; on time; **'~preis** *m* fare; **'~prüfung** *f* driving test; **'~rad** *n* bicycle, F bike; **'~radweg** *m* cycle path; **'~schein** *m* ticket; **'~scheinentwerter** ['~ɛntvɛrtər] *m* (-s/-) ticket-canceling (*Brt.* -cancelling) machine; **'~schule** *f* driving school; **'~schüler(in)** student driver, *Brt.* learner(-driver); **'~stuhl** *m* elevator, *Brt.* lift; **'~stunde** *f* driving lesson

Fahrt [faːrt] *f* (-/-en) ride, *mot. a.* drive; trip, journey; **in voller ~** at full speed

Fährte ['fɛːrtə] *f* (-/-n) track (*a. fig.*)

'Fahrtenschreiber *m* (-s/-) tachograph

'Fahr|werk *n aviat.* landing gear; **'~zeug** *n* (-[e]s/-e) vehicle; *naut.* vessel

Fakultät [fakulˈtɛːt] *f* (-/-en) *univ.* faculty

Falke ['falkə] *m* (-n/-n) hawk (*a. pol.*), falcon

Fall [fal] *m* (-[e]s/⸚e) fall; *gr., jur., med.* case; **auf jeden ~** in any case; **auf keinen ~** on no account; **für den ~, dass ...** in case ...

Falle ['falə] *f* (-/-n) trap

fallen ['falən] (*irr, ge-, sein*) fall, drop ; *mil.* be killed (in action); *et.* **~ lassen** (*a. fig. plan etc.*) drop s.th.

fällen ['fɛlən] (*ge-, h*) fell, cut down (*tree etc.*); pass (*sentence, a. fig. judgment*)

'fallenlassen → **fallen**

fällig ['fɛlɪç] due; payable

Fallrückzieher ['~ryktsiːər] *m* (-s/-) *soccer:* overhead kick

falls [fals] if, in case

'Fallschirm *m* parachute

falsch [falʃ] wrong; false; forged; **~ gehen** watch etc.: be wrong; **~ verbunden!** tel. sorry, wrong number

fälschen ['fɛlʃən] (*ge-, h*) forge, fake; counterfeit (*money*)

'Falschgeld *n* counterfeit money

'Fälschung *f* (-/-en) forgery, fake; counterfeit; **♀ssicher** forgery-proof

Falte ['faltə] *f* (-/-n) fold, wrinkle; skirt *etc.:* pleat; slacks *etc.:* crease; **♀n** (*ge-, h*) fold

'Falter *m* (-s/-) butterfly

'faltig wrinkled

familiär [famiˈliɛːr] informal, personal; **~e Probleme** family problems

Familie [faˈmiːli̯ə] *f* (-/-n) family; **~nname** [~n-] *m* family name, surname, last name; **~nstand** [~n-] *m* (-[e]s/*no pl*) marital status

Fana|tiker [faˈnaːtɪkər] *m* (-s/-), **~tikerin** *f* (-/-nen) fanatic; **♀tisch** fanatic

fand [fant] past of **finden**

Fang [faŋ] m (-[e]s/-e) catch; **˚en** (irr, ge-, h) catch; **sich (wieder) ~** recover o.s.

Fantas|ie [fanta'ziː] f (-/-n) imagination; fantasy; **˚ieren** (no ge-, h) med. be delirious; F talk nonsense; **˚tisch** [~'tastɪʃ] fantastic

Farb|e ['farbə] f (-/-n) color, Brt. colour; paint; complexion; tan; cards: suit; **˚echt** ['farp?-] colorfast, Brt. colourfast

färben ['fɛrbən] (ge-, h) dye; during washing: bleed; **sich rot ~** turn red

Farb|fernseher ['farp-] m color (Brt. colour) TV set; **˚film** m color (Brt. colour) film; **˚ig** [~bɪç] colored, Brt. coloured; glass: stained; fig. colorful, Brt. colourful; **˚los** colorless, Brt. colourless; **˚stift** m → **Buntstift**; **˚ton** m shade

Farnkraut ['farn-] n fern

Fasan [fa'zaːn] m (-[e]s/-e[n]) pheasant

Fasching ['faʃɪŋ] m (-s/-e, -s) carnival

Faschismus [fa'ʃɪsmʊs] m (-/no pl) fascism

Fas|er ['faːzɐ] f (-/-n) fiber, Brt. fibre; wood: grain; **˚e(r)ig** [~z(ə)rɪç] fibrous; **˚ern** (ge-, h) fray (out)

Fass [fas] n (-es/-er) barrel; **˚bier** n draft (Brt. draught) beer

Fassade [fa'saːdə] f (-/-n) facade, front

fassen ['fasən] (ge-, h) seize, grasp, take hold of; catch (criminal); hold; seat (people); set (diamond etc.); fig. grasp, understand; **sich ~** compose o.s.; **nicht zu ~** incredible; **→ kurz**

Fassung f (-/-en) setting (of jewels); frame (of glasses); electr. socket; draft(ing) (of letter etc.); wording, version; **die ~ verlieren** lose one's composure; **aus der ~ bringen** put out; **˚slos** stunned

fast [fast] almost, nearly

fast|en ['fastən] (ge-, h) fast; **˚enzeit** f (-/no pl) rel. Lent; **˚nacht** f (-/no pl) → **Karneval**

fatal [fa'taːl] unfortunate

fauchen ['fauxən] (ge-, h) hiss (a. F fig.)

faul [faul] rotten, bad; person: lazy; excuse: lame; F business etc.: fishy; **˚en** (ge-, h) rot, decay

faulen|zen ['faulɛntsən] (ge-, h) laze, loaf; **˚zer** m (-s/-); **˚zerin** f (-/-nen) loafer, lazybones

Faulheit f (-/no pl) laziness

Fäulnis ['fɔʏlnɪs] f (-/no pl) rottenness, decay

Faultier n zo. sloth; → **Faulenzer(in)**

Faust [faust] f (-/-̈e) fist; **˚handschuh** m mitten(s)

˜regel f rule of thumb; **˜schlag** m punch

Favorit [favoˈriːt] m (**-en/-en**), **˜in** f (**-/-nen**) favorite, Brt. favourite

Fax [faks] n (**-/-[e]**) fax; fax machine; **2en** (**ge-, h**) fax; **j-m et. ˜** fax s.th. (through) to s.o.

FCKW [ɛftseːkaˈveː] **Fluorchlorkohlenwasserstoff** CFC, chlorofluorocarbon

FDP [ɛfdeːˈpeː] f (**-/no pl**) **Freie Demokratische Partei** Liberal Democratic Party

Feber [ˈfeːbər] m (**-s/no pl**) Austrian: february

Februar [ˈfeːbruar] m (**-[s]/no pl**) February

fechten [ˈfɛçtən] **1.** v/i (irr, ge-, h) fence; **2.** **2** n (**-s/no pl**) fencing

Feder [ˈfeːdər] f (**-/-n**) feather; pen; nib; tech. spring; **˜ball** m shuttlecock; (no pl) badminton; **˜bett** n duvet, continental quilt; **˜gewicht** n featherweight; **˜halter** m penholder

feder|n (ge-, h) be springy; bounce; **˜ung** f (**-/-en**) suspension

Fee [feː] f (**-/-n**) fairy

fegen [ˈfeːɡən] (ge-, h) sweep (a. fig.)

fehlen [ˈfeːlən] (ge-, h) be missing; be absent; not have: be lacking **sie fehlt uns** we miss her; **was fehlt Ihnen?** what's wrong with you?

feindselig

Fehler [ˈfeːlər] m (**-s/-**) mistake, error; fault (a. tennis); tech. a. defect, flaw; **2frei** faultless, perfect; **2haft** full of mistakes; tech. faulty; **˜meldung** f computer: error message

Fehl|ernährung f malnutrition; **˜geburt** [ˈfeːl-] f miscarriage; **˜griff** m mistake; wrong choice; **˜schlag** m fig. failure; **2schlagen** (irr, sep, -ge-, sein) fail; **˜zündung** f backfire (a. **˜haben**)

Feier [ˈfaɪər] f (**-/-n**) celebration; party; **˜abend** [ˈ-ˀ-] m end of a day's work; closing time; evening (at home); **˜ machen** finish (work); **nach ˜** after work; **2lich** solemn; **2n** (ge-, h) celebrate; **˜tag** m holiday

feig [faɪk], **˜e** [ˈ-ɡə] cowardly, F yellow

Feige [ˈfaɪɡə] f (**-/-n**) fig

Feig|heit [ˈfaɪkhaɪt] f (**-/no pl**) cowardice; **˜ling** m (**-[e]s/-e**) coward

Feile [ˈfaɪlə] f (**-/-n**) file; **2n** (ge-, h) file

feilschen [ˈfaɪlʃən] (ge-, h) haggle (**um** over)

fein [faɪn] fine; senses etc.: keen; delicate; distinguished, F posh

Feind [faɪnt] m (**-[e]s/-e**), **˜in** f (**-/-nen**) enemy; **2lich** hostile; mil. enemy; **˜schaft** f (**-/-en**) hostility; **2selig** hostile

fein|fühlig ['faɪnfyːlɪç] sensitive; **2heit** *f* (*-/no pl*) fineness; delicacy; **~en** *pl* finer points, niceties; **2kost** *f* (*-/no pl*) delicatessen; **2kostgeschäft** *n* delicatessen; **2mechaniker** *n* precision mechanic; **2schmecker** *m* (*-s/-*), **2schmeckerin** *f* (*-/-nen*) gourmet

Feld [fɛlt] *n* (*-[e]s/-er*) field; *chess*: square; **~flasche** *f* canteen, water bottle; **~webel** ['~veːbəl] *m* (*-s/-*) sergeant; **~weg** *m* (field) path; **~zug** *m* campaign (*a. fig.*)

Felge ['fɛlgə] *f* (*-/-n*) (wheel) rim

Fell [fɛl] *n* (*-[e]s/-e*) coat; skin; fur

Fels [fɛls] *m* (*-ens/-en*), **~en** ['~zən] *m* (*-s/-*) rock; boulder; **2ig** ['~zɪç] rocky

femin|in [femiˈniːn] feminine; **2istin** [~ˈnɪstɪn] *f* (*-/-nen*) feminist; **~istisch** [~ˈnɪstɪʃ] feminist

Fenster ['fɛnstər] *n* (*-s/-*) window; **~bank** *f*, **~brett** *n* windowsill; **~laden** *m* shutter; **~platz** *m* window seat; **~putzer** *m* (*-s/-*) window cleaner; **~rahmen** *m* window frame; **~scheibe** *f* windowpane

Ferien ['feːriən] *pl* vacation, *esp. Brt.* holiday(s); *in* **~** *sein* (*fahren*) be (go) on vacation (*Brt.* holiday); **~haus** *n* vacation (*Brt.* holiday) home; **~lager** *n* vacation camp; **~wohnung** *f* vacation rental, *Brt.* holiday flat

Ferkel ['fɛrkəl] *n* (*-s/-*) piglet; *F fig.* pig

fern [fɛrn] far(away), distant (*a. future*); (*sich*) **~** *halten* keep away (*von* from); **2amt** ['~?-] *n* telephone exchange; **~bedienung** *f* remote control; **~er** *m* zapper

Ferne ['fɛrnə] *f* (*-/no pl*) distance; *aus der* **~** from a distance

ferner ['fɛrnər] in addition

Fern|fahrer(in) trucker, *Brt.* long-distance lorry driver; **~gespräch** *n* long-distance call; **2gesteuert** ['~gəˌʃtɔʏɐt] remote-controlled; **~glas** *n* binoculars; **~heizung** *f* district heating; **~kopierer** *m* fax machine; **~lenkung** *f* remote control; **~licht** *n* *mot.* high (*Brt.* main) beam; **~meldewesen** *n* telecommunications; **~rohr** *n* telescope; **~schreiben** *n*, **~schreiber** *m* (*-s/-*) telex

Fernseh|en 1. *n* (*-s/no pl*) (*im* on) television; **2.** **2** *v/i* (*irr, sep, -ge-, h*) watch television; **~er** *m* (*-s/-*) TV set; television viewer; **~sendung** *f* TV broadcast (*or* program, *Brt.* programme)

Fernsprech|... ['fɛrnʃprɛç-] → *Telefon...*; **~amt** *n* telephone exchange

Fernverkehr m long-distance traffic

Ferse ['fɛrzə] f (-/-n) heel

fertig ['fɛrtɪç] *work etc.*: finished, done; ready; ~ **bringen** manage; ~ **machen** finish (*a. fig. s.o.*); get ready (*a. sich* ~); **²gericht** n ready meal; **²haus** n prefab(ricated) house; **²keit** f (-/-en) skill; **²stellung** f (-/no pl) completion

fesch [fɛʃ] smart, neat

Fessel ['fɛsəl] f (-/-n) *anat.* ankle; ~**n** *pl* chains; *fig.* fetters; **²eln** (ge-, h) tie up; put in chains; *fig.* fascinate

fest [fɛst] firm (*a. fig.*); solid (*a. phys.*); sleep: sound

Fest [~] n (-[e]s/-e) festival (*a. rel.*); celebration; party; *outdoors*: fete, fête

'fest|binden (*irr, sep, -ge-, h*) fasten, tie (**an** to); ~**halten** (*irr, sep, -ge-, h*) hold on to (*a. sich* ~ **an**); ~ *an fig.* stick to; **²land** n mainland; Europe: Continent; ~**legen** (*sep, -ge-, h*) fix; *sich* ~ **auf** commit o.s. to; ~**lich** festive; ~**machen** v/t (*sep, -ge-, h*) fix, fasten; *naut.* moor *a.* v/i (*all*: **an** to); **²nahme** ['~na:mə] f (-/-n) arrest; ~**nehmen** (*irr, sep, -ge-, h*) arrest; **²platte** f *computer*: hard disk; ~**setzen** (*sep, -ge-, h*) fix, set; ~**sitzen** (*irr, sep, -ge-, h*) be stuck, *fig. a.* be stranded; **²speicher** m *computer*: read-only memory, ROM; **²spiele** pl festival; ~**stehen** (*irr, sep, -ge-, h*) be certain; *plan, date etc.*: be fixed; ~**stellen** (*sep, -ge-, h*) find (out); see, notice; determine (*facts etc.*)

Festung f (-/-en) fortress

Festzug m pageant, parade

Fett [fɛt] **1.** n (-[e]s/-e) fat; grease (*a. tech.*); **2.** ~ *adj* fat (*a. fig.*); *gastr.* fatty; *print.* bold; ~ **gedruckt** *print.* bold; ~**arm** low-fat, low in fat; ~**fleck** m grease spot; **²ig** greasy

Fetzen ['fɛtsən] m (-s/-) shred; rag; *of paper*: scrap

feucht [fɔʏçt] damp, moist; *air*: a. humid; **²igkeit** f (-/no pl) moisture; dampness; humidity

Feuer ['fɔʏər] n (-s/-) fire (*a. fig.*); **hast du** ~? have you got a light?; ~ **fangen** catch fire; *fig.* fall for *s.o.*; ~**alarm** ['~ʔ-] m fire alarm; ~**bestattung** f (-/-en) cremation; ~**fest** fireproof; ~**gefährlich** (in)flammable; ~**leiter** f fire escape; ~**löscher** m (-s/-) fire extinguisher; ~**melder** m (-s/-) fire alarm; **²n** (ge-, h) fire; ~**wehr** f (-/-en) fire department, fire brigade; fire truck (Brt. engine); fire station; ~**wehrmann** m fireman, fire fighter; ~**werk** n

Feuerwerkskörper

fireworks; **~werkskörper** m firework; firecracker; **'~zeug** n (-[e]s/-e) lighter

Fiberglas ['fi:bar-] fiberglass, Brt. fibreglass

feurig ['fɔyrıç] fiery, ardent

Fichte ['fıçtə] f (-/-n) spruce, F pine; **~nnadel** f pine needle

ficken ['fıkən] (ge-, h) V fuck

Fieber ['fi:bar] n (-s/no pl) temperature, fever; **~haft** feverish; **'2n** (ge-, h) have a temperature; **~thermometer** n fever (Brt. clinical) thermometer

fiebrig ['fi:brıç] feverish

fiel [fi:l] past of **fallen**

fies [fi:s] mean, nasty

Figur [fi'gu:r] f (-/-en) figure; chess: piece, pl -s chessmen

Filet [fi'le:] n (-s/-s) filet, Brt. fillet

Filiale [fi'lia:lə] f (-/-n) branch

Film [fılm] m (-[e]s/-e) phot. film; movie, picture, film; e-n ~ einlegen load a camera; **~aufnahme** ['?-] f filming, shooting; take, shot; **'2en** (ge-, h) film, shoot; **'~kamera** f movie (or film) camera; **'~schauspieler(in)** movie (Brt. film) actor (actress); **'~star** m movie (Brt. film) star; **'~verleih** m film distributors

Filter ['fıltər] m, tech. n (-s/-) filter; **'~kaffee** m filter coffee; **'2n** (ge-, h) filter

Filz [fılts] m (-es/-e) felt; **'2en** (ge-, h) F frisk; **'~schreiber** m (-s/-), **'~stift** m felt(-tip) pen, felt tip

Finale [fi'na:lə] n (-s/-) finale; sport: final(s)

Finanz|amt [fi'nants?-] n Internal (Brt. Inland) Revenue; **~en** pl finances; **2iell** [~'tsıɛl] financial; **2ieren** [~'tsi:rən] (no ge-, h) finance; **~minister** m minister of finance; Am. Secretary of the Treasury, Brt. Chancellor of the Exchequer

find|en ['fındən] (irr, ge-, h) find; think, believe; **wie Sie ...?** how do you like ...?; **'2erlohn** m finder's reward

fing [fıŋ] past of **fangen**

Finger ['fıŋər] m (-s/-) finger; **'~abdruck** ['~?-] m (-[e]s/-e) fingerprint; **'~hut** m thimble; bot. foxglove; **'~spitze** f fingertip

Fink [fıŋk] m (-en/-en) finch

Finn|e ['fınə] m (-n/-n), **'~in** f (-/-nen) Finn; **'2isch** Finnish; **'~land** n Finland

finster ['fınstər] dark; gloomy; expression: grim; person, affair: shady; **'2nis** f (-/-se) darkness

Firma ['fırma] f (-/-men) firm, company

firmen ['fırmən] (ge-, h) rel. confirm

First [fırst] m (-es/-e) arch. ridge

Fisch [fıʃ] m (-[e]s/-e) fish; **~e** pl astr. Pisces; **'~dampfer** m trawler; **'2en** (ge-, h) fish;

⁓er *m* (*-s/-*) fisherman; **⁓er...** fishing (*boat, village etc.*); **⁓fang** *m* (*-[e]s/no pl*) fishing; **⁓gräte** *f* (*-/-n*) fishbone; **⁓händler** *m* fish dealer, *esp. Brt.* fishmonger; **'stäbchen** *n* (*-s/-*) fish stick *Brt.* fish finger; **⁓zucht** *f* fish farming

fit [fit] fit; **⁓ halten** keep fit; **⁓nesscenter** ['nessentər] *n* (*-s/-*) health club, fitness center (*Brt.* centre), gym

fix [fiks] *costs, idea etc.*: fixed; quick; smart, bright

Fixer ['fiksər] *m* (*-s/-*), **⁓in** *f* (*-/-nen*) *sl.* junkie, mainliner

FKK [ɛfka:'ka:] *Freikörperkultur* nudism; **⁓Strand** *m* nudist beach

flach [flax] flat; *water etc.*: shallow

Fläche ['flɛçə] *f* (*-/-n*) surface; area (*a. geom.*), space; expanse

'Flachland *n* (*-[e]s/no pl*) lowland, plain

flackern ['flakərn] (*ge-*) flicker

Flagge ['flagə] *f* (*-/-n*) flag

Flamme ['flamə] *f* (*-/-n*) flame

Flanell [fla'nɛl] *m* (*-s/-e*) flannel

Flanke ['flaŋkə] *f* (*-/-n*) flank; *sport:* cross

Flasche ['flaʃə] *f* (*-/-n*) bottle; **⁓nbier** *n* bottled beer; **⁓nöffner** ['⁓nʔ-] *m* bottle opener; **⁓npfand** *n* deposit; **⁓nzug** *m* pulley

flatterhaft ['flatərhaft] flighty, fickle

flattern *v/i* (*ge-*) **1.** (*sein*) *bird etc.*: flutter; **2.** (*h*) *flag, skirt etc.*: flutter; *wheels:* wobble

Flaum [flaum] *m* (*-[e]s/no pl*) down, fluff, fuzz

flauschig ['flauʃɪç] fluffy

Flaute ['flautə] *f* (*-/-n*) *naut.* calm; *econ.* slack period

Flech|te ['flɛçtə] *f* (*-/-n*) *bot., med.* lichen; **⁓ten** (*irr, ge-, h*) plait; weave (*basket etc.*)

Fleck [flɛk] *m* (*-[e]s/-e*) spot, stain; speck; blot; → **blau**; **⁓entferner** ['⁓ʔɛntfɛrnər] *m* (*-s/-*) stain remover; **⁓ig** spotted; stained

Fledermaus ['fle:dər-] *f* bat

Flegel ['fle:gəl] *m* (*-s/-*) *fig.* lout, boor

flehen ['fle:ən] (*ge-, h*) beg (*um* for)

Fleisch [flaɪʃ] *n* (*-es/no pl*) meat; (*living*) flesh (*a. fig.*); **⁓brühe** *f* consommé; **⁓er** *m* (*-s/-*) butcher; **⁓erei** [⁓ə'raɪ] *f* (*-/-en*) butcher's (shop); **⁓hauer** *m* (*-s/-*) *Austrian:* butcher('s); **⁓ig** fleshy; *bot.* pulpy; **⁓konserven** *pl* canned (*Brt.* tinned) meat

Fleiß [flaɪs] *m* (*-es/no pl*) hard work, diligence, industry; **⁓ig** hard-working, diligent, industrious

fletschen ['flɛtʃən] (*ge-, h*): **die Zähne ⁓** bare one's teeth

flick|en ['flikən] **1.** *v/t* (*ge-, h*) mend, repair; patch (up); **2.**

Flicken ~2~ *m* (-s/-) patch; **~werk** *n* (-[e]s/*no pl*) patch-up job

Flieder ['fliːdər] *m* (-s/-) lilac

Fliege ['fliːgə] *f* (-/-n) fly; bow tie

fliegen ['fliːgən] (*irr, ge-*) **1.** *v/i* (*sein*) fly; F fall (*von* off, from); *fig.* be thrown out; → **Luft; 2.** *v/t* (*h*) fly (*plane etc.*)

'**Fliegen**|**fenster** *n* screen window; **~gewicht** *n sport*: flyweight; **~gitter** *n* fly screen; **~klatsche** *f* (-/-n) fly swatter; **~pilz** *m* fly agaric

'**Flieger** *m* (-s/-) pilot; *mil.* airman; F plane; **~in** *f* (-/-nen) pilot

fliehen ['fliːən] (*irr, ge-, sein*) flee, run away (*both: vor* from)

Flie|**se** ['fliːzə] *f* (-/-n) tile; ~2~**sen** (*ge-, h*) tile

Fließ|**band** ['fliːs-] *n* (-[e]s/*-̈er*) assembly line; conveyor belt; ~2~**en** (*irr, ge-, sein*) flow; ~2~**end** flowing; running; *speech etc.*: fluent; *fig.* not fixed, fluid

flimmern ['flɪmərn] (*ge-, h*) flicker

flink [flɪŋk] quick, nimble, brisk

Flinte ['flɪntə] *f* (-/-n) shotgun; F gun

Flipper|**automat** ['flɪpər-] *m* pinball machine

'**flippern** (*ge-, h*) play pinball

Flirt [flœrt] *m* (-[e]s/-s) flirtation; ~2~**en** (*ge-, h*) flirt

Flitterwochen ['flɪtər-] *pl* honeymoon

flitzen ['flɪtsən] (*ge-, sein*) flit, whiz(z)

flocht [flɔxt] *past of* **flechten**

Flock|**e** ['flɔkə] *f* (-/-n) flake; *of wool:* flock; ~2~**ig** fluffy, flaky

flog [floːk] *past of* **fliegen**

floh [floː] *past of* **fliehen**

Floh [floː] *m* (-[e]s/*-̈e*) flea; **~markt** *m* flea market

Floppy ['flɔpi] *f* (-/-s) floppy (disk), diskette

floss [flɔs] *past of* **fließen**

Floß [floːs] *n* (-es/*-̈e*) raft, float

Flosse ['flɔsə] *f* (-/-n) fin; flipper

Flöte ['fløːtə] *f* (-/-n) flute; → **Blockflöte**

flott [flɔt] brisk; lively; *clothes:* smart

Flotte ['flɔtə] *f* (-/-n) fleet; **~nstützpunkt** *m* naval base

'**flottmachen** (*sep, ge-, h*) set afloat; F get *s.th.* going again

Fluch [fluːx] *m* (-[e]s/*-̈e*) curse; swearword; ~2~**en** (*ge-, h*) swear, curse

Flucht [fluxt] *f* (-/-en) flight (*vor* from); escape (*aus* from); *auf der* ~ on the run

flücht|**en** ['flʏçtən] (*ge-*) **1.** *v/i* (*sein*) flee (*nach, zu* to); run away; escape; **2.** *v/refl* (*h*): *sich* ~ flee

'**Fluchthelfer(in)** escape agent

'**flüchtig** fugitive; fleeting; superficial; careless; ~2~**keitsfehler** *m* slip

Flüchtling ['flʏçtlɪŋ] *m* (-s/-s)

Folie

refugee; **~slager** n refugee camp

Flug [flu:k] m (-[e]s/-e) flight; ~**ball** m tennis: volley; ~**begleiter(in)** flight attendant; ~**blatt** n handbill, leaflet

Flügel ['fly:gəl] m (-s/-) wing (a. sports, pol.); windmill: sail; mus. grand piano

'**Fluggast** m (air) passenger

flügge ['flygə] fully fledged

'**Flug|gesellschaft** f airline; ~**hafen** m airport; ~**linie** f air route; ~**lotse** m air traffic controller; ~**plan** m flight schedule; ~**platz** m airfield; airport; ~**schein** m (air or flight) ticket; ~**schreiber** m flight recorder, F black box; ~**sicherung** f air traffic control; ~**steig** ['~ʃtaɪk] m (-[e]s/-e) gate; ~**verkehr** m air traffic; ~**zeit** f flying time

'**Flugzeug** n (-[e]s/-e) plane, aircraft; ~**absturz** ['~ʔ~] m plane crash; ~**entführung** ['~ʔ~] f hijacking, skyjacking; ~**träger** m aircraft carrier

Flunder ['flʊndɐ] f (-/-n) flounder

Fluor ['flu:ɔr] n (-s/no pl) agent: fluoride; element: fluorine; ~**chlorkohlenwasserstoff** m chlorofluorocarbon, CFC

Flur [flu:r] m (-[e]s/-e) hall; corridor

Fluss [flʊs] m (-es/¨e) river; flow(ing); ℒ**abwärts** ['~ʔ~] downstream; ℒ**aufwärts** ['~ʔ~] upstream; ~**bett** n river bed; ~**diagramm** n flow chart

flüssig ['flʏsɪç] liquid; metal etc.: molten; butter etc.: melted; style etc.: fluent; ℒ**keit** f (-/-en) liquid; fluency; ℒ**kristallanzeige** f liquid crystal display

flüstern ['flʏstɐn] (ge-, h) whisper

Flut [flu:t] f (-/-en) flood (a. fig.); → Hochwasser; ~**licht** n floodlights; ~**welle** f tidal wave

focht [fɔxt] past of fechten

Fohlen ['fo:lən] n (-s/-) foal; colt; filly

Föhn [føːn] m (-[e]s/-e) meteor. foehn, föhn; hairdryer; ℒ**en** (ge-, h) blow-dry

Folge ['fɔlgə] f (-/-n) result, consequence; effect; TV, etc.: series; sequel, episode; **in (rascher)** ~ in (quick) succession; ℒ**gen** v/i (ge-) **1.** (sein) (dat) follow; obey (order); **hieraus folgt** from this it follows; **wie folgt** as follows; **2.** (h) child, dog etc.: obey; ℒ**gend** following

folgern ['fɔlgɐn] (ge-, h) conclude (**aus** from); ℒ**ung** f (-/-en) conclusion

folglich ['fɔlklɪç] thus, therefore

Folie ['fo:liə] f (-/-n) foil; for projection etc.: transparen-

Folter cy; → **Frischhaltefolie**
Fol|ter ['fɔltər] f (*-I-n*) torture; **˜tern** (*ge-, h*) torture; *fig. a.* torment
Fön® [fø:n] m *-[e]sl-e*) hairdryer
Fonds [fõ:] m (*-/-*) fund(s)
fönen ['fø:nən] → **föhnen**
Fontäne [fɔn'tɛ:nə] f (*-I-n*) jet, spout
Förderband ['fœrdər-] n (*-[e]sl-̈er*) conveyor belt
fordern ['fɔrdərn] (*ge-, h*) demand; *jur. a.* claim; *econ.* ask, charge; claim (*victims*)
fördern ['fœrdərn] (*ge-, h*) promote; support; *tech.* mine
'**Forderung** f (*-I-en*) demand; claim (*a. jur.*); *econ.* charge
'**Förderung** f(*-/no pl*) promotion; *univ.* grant; *tech.* mining
Forelle [fo'rɛlə] f (*-I-n*) trout
Form [fɔrm] f (*-I-en*) form, shape; *sport: a.* condition; *tech.* mold, *Brt.* mould
formal [fɔr'ma:l] formal; **˜ität** [˜mali'tɛ:t] f (*-I-en*) formality
Format [fɔr'ma:t] n (*-[e]sl-e*) size; *book etc.*: format
formatieren [fɔrma'ti:rən] (*no ge-, h*) *computer*: format; **˜ung** f (*-I-en*) formatting
Formel ['fɔrməl] f (*-I-n*) formula
formell [fɔr'mɛl] formal
formen ['fɔrmən] (*ge-, h*) shape, form; mold, *Brt.* mould
förmlich ['fœrmlɪç] formal
formlos shapeless; *fig.* informal
Formular [fɔrmu'la:r] n (*-sl-e*) form, blank
formulier|en [fɔrmu'li:rən] (*no ge-, h*) formulate; express; **˜ung** f (*-I-en*) formulation; expression
forsch [fɔrʃ] brisk, straightforward
forsch|en ['fɔrʃən] (*ge-, h*) research, do research (work); **˜ nach** search for; **'˜er** m (*-sl-*), **˜erin** f (*-I-nen*) (research) scientist; explorer; **˜ung** f (*-I-en*) research (work)
Förster ['fœrstər] m (*-sl-*) forester
Forstwirtschaft ['fɔrst-] f forestry
fort [fɔrt] away, off; gone
fort|bewegen (*sep, no ge-, h*): *sich ˜* move; **˜bildung** f (*-/no pl*) further education (or training); '**˜fahren** v/i (*irr, sep, -ge-*) **1.** (*sein*) leave; *mot. a.* drive off; **2.** (*h u. sein*) continue; '**˜führen** (*sep, -ge-, h*) continue; '**˜gehen** (*irr, sep, -ge-, sein*) go away, leave; **˜geschritten** ['˜gəʃrɪtn̩] advanced; '**˜laufend** consecutive, successive
fortpflanz|en (*sep, -ge-, h*): *sich ˜* reproduce; **˜ung** f (*-/no pl*) reproduction

fort|schreiten ['fɔrtʃraɪtən] (*irr, sep, -ge-, sein*) progress; **'~schritt** *m* progress; **'~schrittlich** progressive

'fortsetz|en (*sep, -ge-, h*) continue; **'~ung** *f* (*-/-en*) continuation; *TV etc.*: sequel; **~folgt** to be continued

Foto ['fo:to] *n* (*-s/-s*) photo(graph), picture; *auf dem ~ in* the photo; *ein ~ machen* (*von*) take a photo (of); **~album** ['~ʔ~] *n* photo album; **~apparat** ['~ʔ~] *m* camera

Fotograf [foto'gra:f] *m* (*-en/-en*) photographer; **~ie** [~graˈfiː] *f* (*-/-n*) photography; **→ Foto**; **~ieren** [~graˈfiːrən] (*no ge-, h*) photograph, take a picture (*or* pictures) (of); **~in** [~ˈgraːfɪn] *f* (*-/-nen*) photographer

Fotokopie [fotoko'piː] *f* (photo)copy; **~modell** ['fo-to-] *n* model; **'~termin** *m* photo session

Foul [faʊl] *n* (*-s/-s*) *sport*: foul

Foyer [foaˈjeː] *n* (*-s/-s*) foyer, lobby

Fr. (*only in writing*) *Frau* Mrs.; Ms

Fracht [fraxt] *f* (*-/-en*) freight, load; *naut., aviat. a.* cargo; freight (charge), *Brt.* carriage; **'~er** *m* (*-s/-*) freighter

Frack [frak] *m* (*-[e]s/-̈e*) tails

Frage ['fraːgə] *f* (*-/-n*) question; **~in~frage**; **'~bogen** *m* question(n)aire

'fragen (*ge-, h*) ask (*nach* for); *sich ~* wonder

'Fragezeichen *n* question mark

fraglich ['fraːklɪç] doubtful; *the day etc.*: in question; **'~würdig** dubious, F shady

Franken ['fraŋkən] *m* (*-s/-*) Swiss currency: franc

frankieren [fraŋˈkiːrən] (*no ge-, h*) stamp

Frankreich ['fraŋkraɪç] France

Franse ['franzə] *f* (*-/-n*) fringe

Franz|ose [fran'tsoːzə] *m* (*-n/-n*) Frenchman; **~ösin** [~ˈtsøːzɪn] *f* (*-/-nen*) Frenchwoman; **2ösisch** [~ˈtsøːzɪʃ] French

fraß [fraːs] *past of* **fressen**

Frau [fraʊ] *f* (*-/-en*) woman; *m-e ~* my wife; **~ X** Mrs *or* Ms X

Frauen|arzt ['fraʊənʔ-] *m*, **'~ärztin** [~ʔ-] *f* gynecologist, *Brt.* gynaecologist; **'~bewegung** *f* (*-/no pl*) die ~ women's lib(eration); **'2feindlich** anti-women; **'~haus** *n* women's shelter (*Brt.* refuge)

Fräulein ['frɔʏlaɪn] *n* (*-s/-, F-s*) Miss (*a.* F for teacher, *waitress etc.*)

frech [frɛç] impudent, F cheeky, *Am. a.* fresh; **'2heit** *f* (*-/-en*) impudence, F cheek, nerve

frei [fraɪ] free (*von* from, of); seat, room, job etc.: vacant; *journalist etc.*: freelance; *ein ~er Tag* a day off; *im 2en* outdoors

'Frei|bad *n* outdoor (swimming) pool; ²**bekommen** (*irr, sep, no ge-, h*) get a day *etc*. off; ²**geben** (*irr, sep, -ge-, h*) release; give *s.o. a day etc*. off; ²**gebig** ['ˌɡeːbɪç] generous; ~**gepäck** *n* free luggage; ²**haben** (*irr, sep, -ge-, h*) have a day *etc*. off; ~**hafen** *m* free port; ²**halten** (*irr, sep, -ge-, h*) keep (*road etc*.) clear; save (*s.o. a seat etc*.); treat *s.o.* (*to s.th.*); ~**handel** *m* free trade; ~**handelszone** *f* free trade area; ~**heit** *f* (*-/-en*) freedom, liberty; ~**heitsstrafe** *f* prison sentence; ~**karte** *f* free ticket; ~**körperkultur** *f* (*-/no pl*) nudism; ²**lassen** (*irr, sep, -ge-, h*) release, set free; ~**lassung** *f* (*-/no pl*) release

'**freilich** indeed, of course

'**Frei**|**licht-** *in compounds*: open-air ...; ²**machen** (*sep, -ge-, h*) prepay, stamp (*letter etc*.); *sich* ~ undress; *sich* ~ *von* free o.s. from; ~**maurer** *m* Freemason; ²**sprechen** (*irr, sep, -ge-, h*) acquit; *rel*. absolve (**von** from); ~**spruch** *m* acquittal; ²**stehen** (*irr, sep, -ge-, h*) sport: be unmarked; *es steht dir frei zu* you're free to; ²**stellen** (*sep, -ge-, h*) exempt (**von** from); *j-m et*. ~ leave s.th. to s.o.; ~**stoß** *m* free kick; ~**tag** *m* Friday; ~**wild**

n free game; ²**willig** ['ˌvɪlɪç] voluntary; ~**willige** ['ˌvɪlɪɡə] *m, f* (*-/-n*) volunteer

'**Freizeit** *f* free (*or* leisure) time; ~**beschäftigung** *f* leisure-time activity; ~**kleidung** *f* leisurewear; ~**park** *m* amusement park

fremd [frɛmt] strange; foreign; unknown

Fremde ['frɛmdə] *m, f* (*-n/-n*) stranger; foreigner

Fremden|**führer(in)** ['frɛmdən-] guide; ²**legion** *f* Foreign Legion; ~**verkehr** *m* tourism; ~**verkehrsbüro** *n* tourist office; ~**zimmer** *n* (guest) room

fremd|**gehen** ['frɛmt-] (*irr, sep, -ge-, sein*) be unfaithful (to one's husband *or* wife *etc*.), F two-time; ~**körper** *m* foreign body; ~**sprache** *f* foreign language; ~**sprachenkorrespondent**|**in** *f* foreign language correspondent; ~**sprachensekretärin** *f* bilingual secretary; ~**wort** *n* (*-[e]s/-̈er*) foreign word

Frequenz [freˈkvɛnts] *f* (*-/-en*) frequency

fressen ['frɛsən] (*irr, ge-, h*) eat, feed on; devour

Freu|**de** ['frɔʏdə] *f* (*-/-n*) joy; pleasure; ~ **haben an** enjoy; ... **macht** ~ ... is fun; ²**destrahlend** radiant (with joy); ²**dig** joyful; happy (*event etc*.).

freuen ['frɔyən] (**ge-**, **h**): **sich ~** be glad (or happy) (**über** about); **sich ~ auf** look forward to

Freund [frɔynt] m (-[e]s/-e) friend; boyfriend; **'~in** f (-/-nen) friend; girlfriend; **2lich** friendly, kind, nice; colors, room etc.: cheerful

'Freundschaft f (-/-en) friendship; **'~sspiel** n sport: friendly

Frieden ['fri:dən] m (-s/-) peace; **'~sbewegung** f peace movement

Friedhof ['fri:t-] m cemetery; **2lich** peaceful

frieren ['fri:rən] (irr, ge-) 1. (sein) freeze; 2. (h) be (or feel) cold; **ich friere, mich friert** I'm cold, I'm freezing

frisch [frɪʃ] fresh; linen etc.: clean; boyfriend: cheerful **'paint!**; **'2e** f (-/no pl) freshness; **'2haltefolie** f plastic wrap, Brt. clingfilm

Friseur [fri'zø:r] m (-s/-e) hairdresser, for men: a. barber; → **~salon** m (-s/-s) hairdresser's (shop), for men: a. barber's, barbershop

Friseuse [fri'zø:zə] f (-/-n) hairdresser

frisieren [fri'zi:rən] (no ge-, h) do s.o.'s (**sich** one's) hair

Frist [frɪst] f (-/-en) (prescribed) period; deadline; **'2los** without notice

Frisur [fri'zu:r] f (-/-en) hairstyle, haircut

Fritten ['frɪtən] pl F fries, Brt. chips

froh [fro:] glad (**über** about)

fröhlich ['frø:lɪç] cheerful, happy

fromm [frɔm] religious, pious

Frömmigkeit ['fræmɪçkaɪt] f (-/no pl) piety

Fronleichnam [fro:n'laɪçna:m] m (-[e]s/no pl) Corpus Christi

Front [frɔnt] f (-/-en) front; **in ~ liegen** be ahead

frontal [frɔn'ta:l] head-on; **2zusammenstoß** m head-on collision

Frontantrieb ['-ʔ-] m front-wheel drive

fror [fro:r] past of **frieren**

Frosch [frɔʃ] m (-es/-̈e) frog; **'~perspektive** f worm's eye view

Frost [frɔst] m (-es/-̈e) frost

frösteln ['fræstəln] (ge-, h) feel chilly, shiver

'frost|ig frosty (a. fig.); **'2-schutzmittel** n antifreeze

Frottee [frɔ'te:] n, m (-[s]/-s) terry(cloth); **2ieren** [-'ti:rən] (no ge-, h) rub down

Frucht [frʊxt] f (-/-̈e) fruit; **'2bar** fertile; **'~barkeit** f (-/no pl) fertility; **'~saft** m fruit juice

früh [fry:] early; **zu ~ kommen** be early; **heute ~** this morning; **'2aufsteher** m (-s/-) early riser, F early bird; **'~er** adv earlier; in former times; **ich war ~ ...** I used to

frühere be ...; **˷ere** previous, former; **˷estens** ['˷əstəns] at the earliest; **2geburt** f premature birth; premature baby; **2jahr** n spring; **2jahrsputz** m spring cleaning; **2ling** ['˷lɪŋ] m (-s/-e) spring; **˷morgens** early in the morning; **˷reif** precocious

Frühstück ['fry:ʃtyk] n (-[e]s/-e) breakfast; **zum ˷** for breakfast; **2en** (ge-, h) (have) breakfast

Frust [frʊst] m (-es/no pl) frustration; **2riert** [˷'triːrt] frustrated

Fuchs [fʊks] m (-es/⁻e) fox; horse: sorrel; **˷schwanz** m tool: handsaw

Fuge ['fuːgə] f (-/-n) joint; mus. fugue

fügen ['fyːgən] (ge-, h): **sich ˷** (in) submit (to)

fühl|bar ['fyːlbaːr] noticeable; **˷en** (ge-, h): (sich) **˷** feel; **2er** m (-s/-) feeler

fuhr [fuːr] past of fahren

führen ['fyːrən] (ge-, h) 1. v/t lead; guide; take (s.o. somewhere); run, manage (business, household etc.); sell, deal in (goods); keep (books, account etc.); mil. command; **˷ durch** show s.o. round; **sich ˷** conduct o.s.; 2. v/i lead (**zu** to); **˷d** leading, prominent

Führer ['fyːrər] m (-s/-) leader (a. pol.); guide; book: guide(book); **˷in** f (-/-nen) leader (a. pol.); guide; **˷schein** m mot. driver's license, Brt. driving licence

Führung f (-/-en) leadership; econ. management; conducted tour; **gute ˷** good conduct; **in ˷ gehen** (sein) take (be in) the lead; **˷squalitäten** pl leadership qualities; **˷szeugnis** n certificate of (good) conduct

Fül|le ['fylə] f (-/no pl) wealth, abundance; crush (of people); body of (wine, hair); **2en** (ge-, h) fill; stuff (pillow, gastr. chicken etc.); **˷er** m (-s/-) fountain pen; **˷ung** f (-/-en) filling (a. tooth); gastr. stuffing

fummeln ['fʊməln] (ge-, h) fumble, fiddle

Fund [fʊnt] m (-[e]s/-e) find, discovery

Fundament [fʊnda'mɛnt] n (-[e]s/-e) foundation(s); fig. a. basis; **˷alist** [-damɛnta'lɪst] m (-en/-en), **˷alistin** f (-/-nen) fundamentalist

'Fund|büro n lost and found (department), Brt. lost-property office; **˷gegenstand** m found article; **˷grube** f rich source, mine

fünf [fynf] five; **2eck** n ['˷ʔɛk] n (-[e]s/-e) pentagon; **˷kampf** m pentathlon; **2linge** ['˷lɪŋə] pl quintuplets; **˷te** fifth; **2tel** n (-s/-) fifth; **˷tens** fifthly, in the fifth place; **˷zehn(te)** fifteen(th);

~zig ['~tsɪç] fifty; **'~zigste** fiftieth

Funk [fʊŋk] m (*-s*/*no pl*) radio; **'~amateur** m radio ham

Fun|ke ['fʊŋkə] m (*-ns*/*-n*) spark; *fig. a.* glimmer; **2keln** ['~ln] (*ge-, h*) sparkle, glitter; *stars: a.* twinkle

funken ['fʊŋkən] (*ge-, h*) radio, transmit

'Funk|er m (*-s*/-) radio operator; **~gerät** n transmitter; **~haus** n broadcasting studios; **~signal** n radio signal; **~spruch** m radio message; **~streife** f (radio) patrol car; **~telefon** n cellular phone

Funktion [fʊŋk'tsi̯oːn] f (*-/-en*) function; **~är** [~o'nɛːr] m (*-s*/*-e*), **~ärin** f (*-/-nen*) functionary, official; 2**ieren** [~o'niːrən] *no* (*ge-, h*) work; **~staste** f function key

'Funk|turm m radio tower; **~verkehr** m radio communication(s)

für [fyːr] for; in favo(u)r of; *Tag ~ Tag* day after day; *Wort ~ Wort* word by word; *was ~ ...?* what kind of ...?

Furche ['fʊrçə] f (*-/-n*) furrow

Furcht [fʊrçt] f (-/*no pl*) fear, dread; *aus ~ vor* for fear of; 2**bar** terrible, awful

fürcht|en ['fʏrçtən] (*ge-, h*) fear; *sich ~* be scared (or afraid) (*vor* of); *ich fürchte, ...* I'm afraid ...; **~erlich** ['~tərlɪç] → **furchtbar**

'furchtlos fearless

füreinander [fyːrʔaɪ̯'nandər] for each other

Fürsor|ge f (-/*no pl*) care; *öffentliche ~* public welfare (work); *von der ~ leben* be on welfare, *Brt.* be on social security; **~ger** m (*-s*/-), **~gerin** f (*-/-nen*) social (*or* welfare) worker

Fürsprecher(in) advocate

Fürst [fʏrst] m (*-en*/*-en*) prince; **~entum** n (*-s*/*⸚er*) principality; **~in** f (*-/-nen*) princess

Furt [fʊrt] f (*-/-en*) ford

Furunkel [fuˈrʊŋkəl] m (*-s*/-) boil, furuncle

Fuß [fuːs] m (*-es*/*⸚e*) foot; *zu ~* on (*Am. a.* by) foot; *zu ~ gehen* walk; *e-e Stunde zu ~* an hour's walk; **~abstreifer** ['~ʔapʃtraɪ̯fər] m (*-s*/-) doormat

'Fußball m soccer ball, football; (*no pl*) *game:* soccer, *Brt. mst* football; **~platz** m football ground (*or* field); **~rowdy** m football hooligan; **~spiel** n soccer game, *esp. Brt.* football match; **~spieler(in)** soccer (*Brt. mst* football) player

'Fuß|boden m floor; **~bremse** f *mot.* footbrake

Fußgänger ['fuːsɡɛŋər] m (*-s*/-), **~in** f (*-/-nen*) pedestrian; **~überführung** f (pedestrian) overpass; **~übergang** m pedestrian crossing; **~unterführung** f (pedes-

Fußgängerzone 134

trian) underpass; '~zone f (pedestrian or shopping) mall, Brt. pedestrian precinct
'**Fuß|gelenk** n ankle; '~note f footnote; '~pflege f pedicure; '~pfleger(in) pedicurist; '~sohle f sole (of the foot); '~spur f footprint; '~tritt m kick; '~weg m footpath

Futter¹ ['fʊtɐr] n (-s/-) tech., of coat etc.: lining
Futter² [~] n (-s/no pl) agr. feed; fodder; dog etc.: food
Futteral [fʊtəˈraːl] n (-s/-e) for glasses etc.: case; cover
füttern¹ ['fʏtɐrn] (ge-, h) line (dress etc.)
füttern² [~] (ge-, h) feed; '**2ung** f (-/-en) feeding (time)

G

gab [gaːp] past of **geben**
Gabe ['gaːbə] f (-/-n) gift; fig. a. talent; med. dose; milde ~ alms
Gabel ['gaːbəl] f (-/-n) fork; tel. cradle; '2n (ge-, h): sich ~ fork; '~stapler ['~ʃtaːplɐr] m (-s/-) forklift truck
gackern ['gakɐrn] (ge-, h) cackle
gaff|en ['gafən] (ge-, h) gawk, gawp; rubberneck; '2er m (-s/-), '2erin f (-/-nen) gawker; rubbernecker
Gage ['gaːʒə] f (-/-n) salary; fee
gähnen ['gɛːnən] (ge-, h) yawn
Galerie [galəˈriː] f (-/-n) gallery
Galgen ['galgən] m (-s/-) gallows; '~humor m gallows humor (Brt. humour)
Galle ['galə] f (-/-n) gall bladder; bile; '~nblase f gall bladder; '~nstein m gallstone
Galopp [ga'lɔp] m (-s/-s, -e) gallop; 2ieren [~'piːrən] (no ge-, sein) gallop
galt [galt] past of **gelten**
gamm|eln ['gaməln] (ge-, h) F bum around; '2er ['~lɐr] m (-s/-), '2erin f (-/-nen) loafer, bum
Gämse ['gɛmzə] f (-/-n) chamois
Gang [gaŋ] m (-es/⁼e) walk; gait, way s.o. walks; of horse: pace; passage; church, aircraft etc.: aisle; corridor, hall(way); mot. gear; course (of events, of a dinner etc.); in ~ bringen get s.th. going, start s.th.; in ~ kommen get started; im ~e sein be (going), be in progress; in vollem ~(e) in full swing
gängig ['gɛŋɪç] current; econ. sal(e)able

'Gangschaltung f gears; gear shift (Brt. lever, stick)
Gans f (-/̈e) goose
Gänse|blümchen ['gɛnzəbly:mçən] n (-s/-) daisy; **~braten** m roast goose; **~haut** f (-/no pl) fig. gooseflesh; *dabei kriege ich ~* it gives me the creeps; **~rich** ['~rɪç] m (-s/-e) gander
ganz [gants] **1.** adj whole; a. undamaged; *den ~en Tag* all day; *sein ~es Geld* all his money; **2.** adv wholly, completely; very (small, poor etc.); quite, rather; *~ gut* quite good, F not bad; *~ und gar nicht* not at all
gänzlich ['gɛntslɪç] complete(ly)
'Ganztagsbeschäftigung f full-time job
gar [ga:r] **1.** adj, food: done; **2.** adv: *~ nicht(s)* not(hing) at all; *oder ~* or even; → *ganz*
Garage [ga'ra:ʒə] f (-/-n) garage
Garantie [garan'ti:] f (-/-n) guarantee; **2ren** [~'ti:rən] (no ge-, h) guarantee
Garde ['gardə] f (-/-n) guard; *mil. the* Guards
Garderobe [gardə'ro:bə] f (-/-n) wardrobe, clothes, checkroom, Brt. cloakroom; *thea.* dressing room; coat rack
Gardine [gar'di:nə] f (-/-n) curtain
gären ['gɛ:rən] v/i (irr, ge-, h,

sein) ferment, work
Garn [garn] n (-[e]s/-e) yarn; thread
Garnele [gar'ne:lə] f (-/-n) shrimp, prawn
garnieren [gar'ni:rən] (no ge-, h) garnish
Garnison [garni'zo:n] f (-/-en) garrison
Garnitur [garni'tu:r] f (-/-en) set; matching underwear; suite (of furniture)
Garten ['gartən] m (-s/̈) garden; **~architekt(in)** landscape gardener
Gärtner ['gɛrtnər] m (-s/-), **~in** f (-/-nen) gardener; **~ei** [~'raɪ] f (-/-en) truck (Brt. market) garden
Gas [ga:s] n (-es/-e) gas; *~ geben* mot. accelerate; **2förmig** [~'fœrmɪç] gaseous; **~hahn** m gas valve (Brt. tap); **~heizung** f gas heating; **~herd** m gas cooker (or stove); **~leitung** f gas pipe; **~pedal** n accelerator
Gasse ['gasə] f (-/-n) lane, alley
Gast [gast] m (-es/̈e) guest; visitor; *in restaurant etc.:* customer; **~arbeiter(in)** ['~'-] foreign worker
Gästezimmer ['gɛstə-] n guest room
'gast|freundlich hospitable; **2freundschaft** f hospitality; **2geber** m (-s/-) host; **2geberin** f (-/-nen) hostess; **'~haus** n, **2hof** m restau-

gastlich

rant; hotel; inn; **'~lich** hospitable; **²rolle** f thea. guest part; **²spiel** n thea. guest performance; **²stätte** f restaurant; **²stube** f taproom; **²wirt** m landlord; **²wirtin** f landlady; **'²wirtschaft** f (-/-en) restaurant

'Gas|werk n gasworks; **'~zähler** m gas meter

Gatt|e ['gatə] m (-n/-n) husband; **'~in** f (-/-nen) wife

Gattung ['gatʊŋ] f (-/-en) type, class, sort; biol. genus; species

GAU [gaʊ] m (-s/-s) größter anzunehmender Unfall MCA, maximum credible accident

Gaumen ['gaʊmən] m (-s/-) palate (a. fig.)

Gauner ['gaʊnər] m (-s/-) swindler, crook

Gazelle [ga'tsɛlə] f (-/-n) gazelle

Gebäck [gə'bɛk] n (-[e]s/-e) pastry; → **Keks**

gebar [gə'baːr] past of **gebären**

Gebärde [gə'bɛrdə] f (-/-n) gesture

gebär|en [gə'bɛːrən] (irr, no -ge-, h) give birth to; **²mutter** f uterus, womb

Gebäude [gə'bɔʏdə] n (-s/-) building

geben ['geːbən] (irr, ge-, h) give; deal (cards); **sich ~ be**have; storm, pain: pass; get better; **es gibt** there is, there are; **was gibt es?** what is it?; what's for lunch etc.?; TV etc.: what's on?

Gebet [gə'beːt] n (-[e]s/-e) prayer

gebeten [gə'beːtən] pp of **bitten**

Gebiet [gə'biːt] n (-[e]s/-e) area; esp. pol. territory; fig. field

Gebilde [gə'bɪldə] n (-s/-) object, structure

gebildet [gə'bɪldət] educated

Gebirg|e [gə'bɪrgə] n (-s/-) mountains; **²ig** mountainous

Ge'biss n (set of) teeth; (set of) false teeth, dentures(s)

ge'bissen [gə'bɪsən] pp of **beißen**; **~blasen** pp of **blasen**; **~blieben** [~'bliːbən] pp of **bleiben**; **~bogen** [~'boːgən] pp of **biegen**; **~boren** 1. pp of **gebären**; 2. adj born; **~er Deutscher** German by birth; **~e Meier** née Meier; **~borgen** 1. pp of **bergen**; 2. adj safe, secure; **~borsten** [~'bɔrstən] pp of **bersten**

Gebot [gə'boːt] n (-[e]s/-e) rel. commandment; traffic etc.: rule; auction etc.: bid; fig. necessity

ge'boten [gə'boːtən] pp of **bieten**; **~bracht** [~'braxt] pp of **bringen**; **~brannt** [~'brant] pp of **brennen**; **~'braten** pp of **braten**

Ge'brauch m (-[e]s/no pl) use; ℒen (no -ge-, h) use; *ich könnte ... ~* I could do with ...

gebräuchlich [gəˈbrɔʏçlɪç] common

Gebrauchs|anweisung [gəˈbraʊxs?-] f instructions (for use); **~grafik** f commercial art; **~grafiker(in)** commercial artist

ge'braucht used; *econ. a.* second-hand; ℒwagen m used car

ge'brechlich frail, infirm

gebrochen [gəˈbrɔxən] pp of **brechen**

Ge'brüder [gəˈbryːdər] pl brothers; **~brüll** [~ˈbrʏl] n (-[e]s/no pl) roar(ing)

Gebühr [gəˈbyːr] f (-/-en) charge, fee; dues, rate(s); postage; toll; ℒend due, proper; ℒenfrei free of charge; ℒenpflichtig subject to charge(s)

gebunden [gəˈbʊndən] pp of **binden**

Geburt [gəˈbuːrt] f (-/-en) birth; **~enkontrolle** f (-/no pl), **~enregelung** f (-/no pl) birth control

gebürtig [gəˈbʏrtɪç]: *er ist ~er Ire* he's Irish by birth

Geburts|datum [gəˈbuːrts?-] n date of birth; **~jahr** n year of birth; **~ort** [~ˀ-] m birthplace; **~tag** m birthday; → **haben**; **~urkunde** [~ˀ-] f birth certificate

Gebüsch [gəˈbʏʃ] n (-[e]s/-e) bushes

gedacht [gəˈdaxt] pp of **denken**

Gedächtnis [gəˈdɛçtnɪs] n (-ses/-se) memory; **~lücke** f lapse of memory

Gedanke [gəˈdaŋkə] m (-ns/-n) thought; idea; *sich ~n machen über* think about; be worried about; ℒnlos thoughtless; **~nstrich** m dash

Gedärme [gəˈdɛrmə] pl bowels, intestines

Gedeck [gəˈdɛk] n (-[e]s/-e) cover

gedeihen [gəˈdaɪən] (irr, no -ge-, sein) thrive, prosper

ge'denk|en (irr, no -ge-, h) (gen) remember; **~ zu** intend to; ℒfeier f commemoration; ℒstätte f memorial

Ge'dicht n (-[e]s/-e) poem

gediehen [gəˈdiːən] past of, **~en** pp of **gedeihen**

Gedränge [gəˈdrɛŋə] n (-s/no pl) crowd, crush

ge'droschen [gəˈdrɔʃən] pp of **dreschen**; **drungen** [~ˈdrʊŋən] 1. pp of **dringen**; 2. adj stocky, thickset

Geduld [gəˈdʊlt] f (-/no pl) patience; ℒen [~dən] (no -ge-, h): *sich ~* wait; be patient; ℒig [~dɪç] patient

gedurft [gəˈdʊrft] pp of **dürfen**

ge|ehrt [gəˈʔeːrt] honored, *Brt.* honoured; *in letters:* **Sehr ~er Herr N.!** Dear Mr

N.; **~eignet** [~'ˀaɪgnət] suitable, fit

Gefahr [gə'faːr] f (-/-en) danger; **auf eigene ~** at one's own risk

gefährden [gə'fɛːrdən] (no -ge-, h) endanger; risk

ge'fahren pp of **fahren**

gefährlich [gə'fɛːrlɪç] dangerous

Gefährt|e [gə'fɛːrtə] m (-n/ -n), **~in** f (-/-nen) companion

Gefälle [gə'fɛlə] n (-s/-) slope, incline; fig. difference(s)

Ge'fallen¹ m (-s/no pl) favor, Brt. favour

Ge'fallen² n (-s/no pl): **~ finden an** take pleasure in s.th.; take (a fancy) to s.o.

ge'fallen¹ (irr, no -ge-, h) please; **es gefällt mir (nicht)** I (don't) like it; **(wie) gefällt dir ...?** (how) do you like ...?; **sich ~ lassen** put up with

ge'fallen² pp of **fallen**

gefällig [gə'fɛlɪç] pleasant; obliging; kind; **2keit** f (-/-en) kindness; favor, Brt. favour

ge'fangen 1. pp of **fangen; 2.** adj captive; imprisoned; **~ nehmen** take prisoner; fig. captivate; **2e** m, f (-n/-n) prisoner; convict; **2schaft** f (-/no pl) captivity, imprisonment

Gefängnis [gə'fɛŋnɪs] n (-ses/-se) prison, jail; **~strafe** f prison sentence

Gefäß [gə'fɛːs] n (-es/-e) vessel (a. anat.)

gefasst [gə'fast] composed; **~ auf** prepared for

Gefecht [gə'fɛçt] n (-[e]s/-e) mil. combat, action

ge'federt springy, resilient

Gefieder [gə'fiːdər] n (-s/-) plumage, feathers

ge'flochten [gə'flɔxtən] pp of **flechten, ~flogen** [~'floːgən] pp of **fliegen, ~flohen** [~ 'floːən] pp of **fliehen, ~flossen** [~'flɔsən] pp of **fließen**

Ge'flügel n (-s/no pl) poultry

ge'fochten [gə'fɔxtən] pp of **fechten**

ge'fragt [gə'fraːkt] in demand, popular; **2fräßig** [~ 'frɛːsɪç] voracious

ge'fressen pp of **fressen**

ge'frier|en (irr, no -ge-, sein) freeze; **2fach** n freezing compartment; **2fleisch** n frozen meat; **~getrocknet** [gə- 'trɔknət] freeze-dried; **~punkt** m freezing point; **2schrank** m, **2truhe** f freezer

gefroren [gə'froːrən] pp of **frieren**

Gefüge [gə'fyːgə] n (-s/-) structure; **2ig** compliant

Gefühl [gə'fyːl] n (-[e]s/-e) feeling; sense (**für** of); sensation; emotion; **~los** insensible; numb; fig. insensitive; unfeeling, heartless; **2voll** (full of) feeling; emotional; gentle; sentimental

ge'funden [gə'fʊndən] pp of **finden, ~gangen** [~'gaŋən] *pp* of **gehen**; ~**geben** *pp of* **geben**

gegen ['ge:gən] against; (*remedy*) for; about, around; (in return) for; compared with; *jur*., *sport*: versus

Gegen... [~] *in compounds*: counter-...

Gegend ['ge:gənt] *f* (*-/-en*) region, area

gegeneinander [ge:gənʔaɪ'nandər] against each other

'**Gegen|fahrbahn** *f* opposite lane; ~**gewicht** *n* counterweight; ~**gift** *n* antidote; ~**leistung** *f* quid pro quo; *als* ~ in return; ~**licht** *n* back light; *bei* ~, *im* ~ against the light; ~**maßnahme** *f* countermeasure; ~**mittel** *n* antidote; ~**satz** *m* contrast; opposite; *im* ~ *zu* in contrast to (or with), unlike; ~**sätzlich** ['~zɛtslɪç] contrary, opposite; ~**seite** *f* opposite side; 2**seitig 1.** *adj* mutual; **2.** *adv* each other; ~**spieler(in)** *m* (*f*) opponent; ~**stand** *m* object; subject (matter); ~**stück** *n* counterpart; ~**teil** *n* opposite; *im* ~ on the contrary

gegenüber [ge:gən'ʔy:bər] opposite; *fig.* to, toward(s); compared with; ~**stehen** (*irr*, *sep*, *-ge-*, *h*) be faced with, face; ~**stellen** (*sep*, *-ge-*, *h*) confront with; compare with *s.th.*

'**Gegen|verkehr** *m* oncoming traffic; ~**wart** *f* (*-/no pl*) present (time); presence; 2**wärtig** ['~vɛrtɪç] **1.** *adj* present; **2.** *adv* at present; ~**wind** *m* head wind

gegessen [gə'ɡɛsən] *pp of* **essen**; ~**glichen** [~'glɪçən] *pp of* **gleichen**; ~**glitten** [~'glɪtən] *pp of* **gleiten**; ~**glommen** [~'ɡlɔmən] *pp of* **glimmen**

Gegner ['ge:gnər] *m* (*-s/-*), ~**in** *f* (*-/-nen*) opponent; enemy; 2**isch** opposing; *mil*. enemy

ge|golten [gə'ɡɔltən] *pp of* **gelten**; ~**goren** [~'ɡo:rən] *pp of* **gären**; ~**gossen** [~'ɡɔsən] *pp of* **gießen**; ~**graben** [~'ɡra:bən] *pp of* **graben**; ~**griffen** [~'ɡrɪfən] *pp of* **greifen**; ~**habt** [~'ha:pt] *pp of* **haben**

Gehackte [gə'haktə] *n* (*-n/no pl*) → **Hackfleisch**

Gehalt¹ [gə'halt] *m* (*-[e]s/-e*) content

Gehalt² [~] *n* (*-[e]s/-*er) salary

ge'halten *pp of* **halten**

Gehaltserhöhung [gə'halts?-] *f* raise, *Brt*. (pay) rise

gehangen [gə'haŋən] *pp of* **hängen**

gehässig [gə'hɛsɪç] malicious, spiteful

ge'hauen *pp of* **hauen**

Gehäuse [gə'hɔʏzə] *n* (*-s/-*), case, casing; *zo*. shell; (*apple etc*.) core

geheim [gə'haɪm] secret; 2**agent** *m* secret agent; 2-

dienst *m* secret service; **2nis** *n* (*-ses/-se*) secret; mystery; **nisvoll** mysterious; **2nummer** *f* secret number; *tel.* unlisted (*Brt.* ex-directory) number

ge'heißen *pp of* **heißen**

gehemmt [gə'hɛmt] inhibited, self-conscious

gehen ['ge:ən] (*irr, ge-, sein*) go; walk; leave; *machine, method etc.*: work; *econ. goods etc.*: sell; *of time*: take, last; **~ um** be about, concern; **wie geht es Ihnen?** how are you? **mir geht es gut** I'm fine; **es geht nichts über** there is nothing like; **das geht nicht** that's impossible; **sich ~ lassen** let o.s. go

geheuer [gə'hɔʏər]: **nicht (ganz) ~** eerie, creepy; *affair:* fishy

Ge'hilf|e *m* (*-n/-n*), **~in** *f* (*-/-nen*) assistant

Ge'hirn *n* (*-[e]s/-e*) brain(s); **~erschütterung** [~ʔ-] *f* concussion

ge|hoben [gə'ho:bən] *pp of* **heben**; **~holfen** ['~hɔlfən] *pp of* **helfen**

Gehör [gə'hø:r] *n* (*-[e]s/no pl* (sense of) hearing; ear

ge'horchen (*no -ge-, h*) obey

ge'hören (*no -ge-, h*) belong (*dat or zu* to); **es gehört sich (nicht)** it's proper *or* right (not done); **~ig 1.** *adj* due, proper; F good; **2.** *adv* F thoroughly

gehorsam [gə'ho:rza:m] **1.** *adj* obedient; **2.** **2** *m* (*-s/no pl*) obedience

Geh|steig ['ge:ʃtaɪk] *m* (*-[e]s/-e*), **'~weg** *m* sidewalk, *Brt.* pavement

Geier ['gaɪər] *m* (*-s/-*) vulture

Gei|ge ['gaɪɡə] *f* (*-/-n*) violin, F fiddle; **~ger** *m* (*-s/-*), **'~gerin** *f* (*-/-nen*) violinist

'Geigerzähler *m* Geiger counter

geil [gaɪl] randy, V horny; *sl.* awesome, *Brt.* magic

Geisel ['gaɪzəl] *f* (*-/-n*) hostage; **'~nehmer** *m* (*-s/-*) hostage-taker, kidnapper, captor

Geiß [gaɪs] *f* (*-/-en*) (nanny) goat; **'~bock** *m* billy goat

Geißel ['gaɪsəl] *f* (*-/-n*) scourge (*a. fig.*)

Geist [gaɪst] *m* (*-es/-er*) spirit; mind; wit; ghost; **'~erfahrer** *m* wrong-way driver

geistes|abwesend ['gaɪstəs?-] absent-minded; **2gegenwart** *f* presence of mind; **'~gegenwärtig** alert; quickwitted; **'~gestört** [~'ɡəʃtø:rt] mentally disturbed; **'~krank** insane, mentally ill; **'2zustand** *m* (*-[e]s/no pl*) state of mind

'geistig mental; *faculties etc.*: intellectual; **~ behindert** mentally handicapped

geist|lich religious, spiritual; **2liche** *m* (*-n/-n*) clergyman; priest; minister

'geist|los trivial, silly; **'~reich** witty, clever

Geiz [gaɪts] *m (-es/no pl)* stinginess; **'~hals** *m* skinflint, (old) miser; **'2ig** stingy

ge|kannt [gə'kant] *pp of* **kennen**; **~klungen** [~'klʊŋən] *pp of* **klingen**; **~kniffen** [~'knɪfən] *pp of* **kneifen**; **~kommen** [~'kɔmən] *pp of* **kommen**; **~konnt** [~'kɔnt] **1.** *pp of* **können**¹; **2.** *adj* masterly, skilful, *Brt.* skillful; **~krochen** [~'krɔxən] *pp of* **kriechen**

Gelächter [gə'lɛçtər] *n (-s/ rare-)* laughter

ge'laden 1. *pp of* **laden; 2.** *adj* loaded; *electr.* charged; *F* furious; **~ haben** be drunk

gelähmt [gə'lɛːmt] paralyzed, *Brt.* paralysed

Gelände [gə'lɛndə] *n (-s/-)* country, ground; *(building etc.)* site; **auf dem ~** on the premises; **~...** *in compounds:* cross-country ...

Geländer [gə'lɛndər] *n (-s/-)* banister(s); handrail; parapet

ge'lang [gə'laŋ] *past of* **gelingen; ~lassen 1.** *pp of* **lassen**¹ ²; **2.** *adj* calm, cool

Gelatine [ʒela'tiːnə] *f (-/no pl)* gelatin(e)

ge'laufen *pp of* **laufen**

geläufig [gə'lɔyfɪç] common, familiar

gelaunt [gə'laʊnt]: **gut (schlecht) ~ sein** be in a good (bad) mood

gelb [gɛlp] yellow; **'~lich** yellowish; **'2sucht** *f (-/no pl)* jaundice

Geld [gɛlt] *n (-[e]s/-er)* money; **~anlage** ['~?-] *f* investment; **~automat** ['~?-] *m* automatic teller (machine), *Brt.* cash dispenser; **'~beutel** *m* purse; **'~buße** *f* fine; **'~schein** *m* bill, *Brt.* (bank)note; **'~schrank** *m* safe; **'~strafe** *f* fine; **'~stück** *n* coin; **'~wechsel** *m* exchange of money

Gelee [ʒe'leː] *n, m (-s/-s)* jelly

ge'legen 1. *pp of* **liegen; 2.** *adj* situated; *time etc.:* convenient; **~ kommen** suit

Ge'legenheit *f (-/-en)* occasion; opportunity; **~arbeit** [~?-] *f* odd job; **~kauf** *m* bargain

ge'legentlich occasional(ly)

ge'lehrig [gə'leːrɪç] docile; **~lehrt** learned; **2lehrte** *m, f (-n/-n)* scholar

Gelenk [gə'lɛŋk] *n (-[e]s/-e)* joint; **2ig** flexible (*a. tech.*), supple

ge'lernt [gə'lɛrnt] *worker etc.:* skilled, trained

Geliebte [gə'liːptə] *(-n/-n)* **1.** *f* mistress; **2.** *m* lover

geliehen [gə'liːən] *pp of* **leihen**

gelinde [gə'lɪndə]: **~ gesagt** to put it mildly

gelingen [gə'lɪŋən] (*irr, no -ge-, sein*) succeed, be suc-

gelitten 142

cessful; turn out (well); *es gelang mir, et. zu tun* I succeeded in doing (*or* managed to do) s.th.

gelitten [gə'lɪtən] *pp of* **leiden**

gellend ['gɛlənt] shrill, piercing

ge'loben (*no -ge-, h*) vow, promise

gelogen [gə'lo:gən] *pp of* **lügen**

gelt|en ['gɛltən] (*irr, ge-, h*) *ticket, money etc.*: be valid; *sport: points etc.*: count; *means etc.*: be allowed; **~ für** apply to; *j-m* **~** be meant for s.o.; **~ als** be regarded as; **~ lassen** accept; *nicht viel* **~** not count for much; **'~end** established (*law etc.*); **~ machen** assert; **'Qung** *f* (*-/no pl*) prestige; *zur* **~ kommen** show to advantage

Gelübde [gə'lʏpdə] *n* (*-s/-*) vow

gelungen [gə'lʊŋən] **1.** *pp of* **gelingen**; **2.** *adj* successful

gemächlich [gə'mɛːçlɪç] leisurely

ge'mahlen *pp of* **mahlen**

Gemälde [gə'mɛːldə] *n* (*-s/-*) painting, picture; **~galerie** *f* picture gallery

gemäß [gə'mɛːs] according to; **~igt** moderate; *climate etc.*: temperate

gemein [gə'maɪn] **1.** mean; **2.** *et.* **~ haben (mit)** have s.th. in common (with)

Gemeinde [gə'maɪndə] *f* (*-l-n*) *pol.* municipality; community; *rel.* parish; congregation; **~rat** *m* city (*Brt.* local) council; *person*: city councilor, *Brt.* local councillor

Ge'meinheit *f* (*-/-en*) mean thing (to do *or* say); F dirty trick; **Qsam** common; *econ. a.* joint; **~ tun** *do s.th.* together; **~schaft** *f* (*-/-en*) community

ge'messen *pp of* **messen**

Gemetzel [gə'mɛtsəl] *n* (*-s/-*) massacre

gemieden [gə'miːdən] *pp of* **meiden**

Ge'misch [gə'mɪʃ] *n* (*-es/-e*) mixture; **Qmischt** mixed (*a. fig. feelings etc.*)

ge'mocht [gə'mɔxt] *pp of* **mögen**[1], 2; **molken** [~'mɔlkən] *pp of* **melken**

Gemse → Gämse

Gemurmel [gə'mʊrməl] *n* (*-s/ no pl*) murmur

Gemüse [gə'myːzə] *n* (*-s/-*) vegetable(s); **~händler(in)** retailer of fruit and vegetables, *Brt.* greengrocer

gemusst [gə'mʊst] *pp of* **müssen**[1]

Gemüt [gə'myːt] *n* (*-[e]s/-er*) mind; nature; **Qlich** comfortable, snug, cosy; *mach es dir* **~** make yourself at home; **~lichkeit** *f* (*-/no pl*) cosiness; cosy (*or* relaxed) atmosphere; **~sbewegung** *f* emotion; **~szustand** *m* state of mind

Gen [ge:n] *n* (*-s/-e*) gene

ge'nannt [gə'nant] *pp of* **nennen**; **~nas** [~'na:s] *past of* **genesen** 1

genau [gə'naʊ] exact(ly), precise(ly); careful(ly); close(ly); **~ genommen** strictly speaking; **2igkeit** *f* (*-/no pl*) accuracy, precision

genehmig|en [gə'ne:mɪgən] (*no -ge-*, *h*) permit; *officially: a.* approve; F **sich** *et.* **~** treat o.s. to *s.th.*; **2ung** *f* (*-/-en*) permission; permit

geneigt [gə'naɪkt] inclined (**zu** to)

General [gene'ra:l] *m* (*-s/-e,-̈e*) general; **~direktor(in)** general manager; **~konsul** *m* consul general; **~konsulat** *n* consulate general; **~probe** *f* dress rehearsal; **~sekretär(in)** secretary-general; **~streik** *m* general strike; **~vertreter(in)** general agent

Generation [genera'tsio:n] *f* (*-/-en*) generation

Generator [gene'ra:tor] *m* (*-s/-en*) generator

genes|en [gə'ne:zən] 1. *v/i* (*irr*, *no -ge-*, *sein*) recover (**von** from); 2. *pp of* 1; **2ung** *f* (*-/no pl*) recovery

Genetik [gə'ne:tɪk] *f* (*-/no pl*) genetics; **2isch** genetic: **~er Fingerabdruck** genetic fingerprint

genial [ge'nĭa:l] brilliant

Genick [gə'nɪk] *n* (*-[e]s/-e*) (back of the) neck

Genie [ʒe'ni:] *n* (*-s/-s*) genius

genieren [ʒe'ni:rən] (*no -ge-*, *h*): **sich ~** feel embarrassed

genieß|bar [gə'ni:sba:r] edible; drinkable; **~en** (*irr*, *no -ge-*, *h*) enjoy (**et. zu tun** doing s.th.); **2er** *m* (*-s/-*) gourmet; bon vivant

Genitalien [geni'ta:lĭən] *pl* genitals

Genmanipulation ['manipulatsĭo:n] *f* (*-/-en*) genetic engineering

genommen [gə'nɔmən] *pp of* **nehmen**

genormt [gə'nɔrmt] standardized

genoss [gə'nɔs] *past of* **genießen**

Genosse [gə'nɔsə] *m* (*-n/-n*) *pol.* comrade

genossen [gə'nɔsən] *pp of* **genießen**

Ge'nossenschaft *f* (*-/-en*) cooperative (society)

Ge'nossin *f* (*-/-nen*) *pol.* comrade

'Gentechnik *f* (*-/rare -en*) genetic engineering

genug [gə'nu:k] enough, sufficient

genüg|en [gə'ny:gən] (*no -ge-*, *h*) be enough; *das genügt* that will do; **~end → genug**; **~sam** [~k~] modest

Genugtuung [gə'nu:ktu:ʊŋ] *f* (*-/no pl*) satisfaction

Genuss [gə'nʊs] *m* (*-es/-̈e*) pleasure; consumption (*of food*); *ein* **~** a real treat

Geografie 144

Geo|grafie, ~graphie [geogra'fi:] f (-/no pl) geography; **~logie** [~lo'gi:] f (-/no pl) geology; **~metrie** [~me'tri:] f (-/-n) geometry

Gepäck [gə'pɛk] n (-[e]s/no pl) baggage, esp. Brt. luggage; **~abfertigung** f aviat. luggage counter; aviat. check-in counter; **~ablage** [~'?-] f baggage rack; **~aufbewahrung** [~'?-] f (-/-n) baggage room, Brt. left-luggage office; **~ausgabe** [~'?-] f aviat. baggage claim; rail. → **Gepäckaufbewahrung**; **~kontrolle** f baggage (esp. Brt. luggage) check; **~schein** m baggage check, Brt. luggage ticket; **~stück** n piece of baggage (esp. Brt. luggage); **~träger** m porter; on car: rack; on bicycle: carrier; **~wagen** m baggage car, Brt. luggage van

Gepard ['ge:part] m (-s/-e) cheetah

gepfiffen [gə'pfɪfən] pp of **pfeifen**

gepflegt [gə'pfle:kt] well-groomed, neat

Ge|plapper [gə'plapər] n (-s/no pl) babbling; **~polter** [~'poltər] n (-s/no pl) rumble; **~quassel** [~'kvasəl] n (-s/no pl), **~quatsche** [~'kvatʃə] n (-s/no pl) blabber

gequollen [gə'kvɔlən] pp of **quellen**

gerade [gə'ra:də] 1. adj straight (a. fig.); even (number etc.); direct (route etc.); posture etc.: upright, erect; 2. adv just (a. ~ noch); nicht not exactly; **ich wollte** ~ I was just about to; **warum ich?** why me of all people?

Gerade [~] f (-/-n) (straight) line; boxing: jab; **²aus** [~'?-] straight ahead; **²wegs** [~ve:ks] straight, directly; **²zu** simply, downright

gerannt [gə'rant] pp of **rennen** 1

Gerät [gə'rɛ:t] n (-[e]s/-e) device, F gadget; (electrical, household etc.) appliance; (radio, TV etc.) set; (optical etc.) instrument; (garden etc.) tool; gymnastics: apparatus; (piece of) equipment, gear, tools; (kitchen) utensils

ge'raten 1. v/i (irr, no -ge-, sein) turn out (gut well); an come across; ~ in get into; **2.** pp of **raten**

Gerate'wohl n: **aufs** ~ at random

geräumig [gə'rɔymɪç] spacious

Geräusch [gə'rɔyʃ] n (-[e]s/-e) sound, noise; **²los** 1. adj noiseless; 2. adv without a sound

gerben ['gɛrbən] (ge-, h) tan

ge'recht just, fair; ~ **werden** do justice to; **²igkeit** f (-/no pl) justice, fairness

Ge'rede n (-s/no pl) talk; gossip

ge'reizt irritable

Gericht [gə'rɪçt] *n* (-[e]s/-e) dish; *jur.* court; 2lich judicial, legal

Ge'richts|hof *m* law court; **Oberster** ~ Supreme Court; **~medizin** *f* forensic medicine; **~saal** *m* courtroom; **~verhandlung** *f* (court) hearing; trial; **~vollzieher** [~fɔltsiːər] *m* (-s/-) marshal, *Brt.* bailiff

gerieben [gə'riːbən] *pp of* **reiben**

gering [gə'rɪŋ] little, small; slight, slender; low (*price, temperature etc.*); **~fügig** [~fyːgɪç] slight, minor; petty (*sum, offense etc.*); **~schätzig** [~ʃɛtsɪç] contemptuous; **~ste** [~stə] least

ge'rinnen (*irr, no* -ge-, *sein*) coagulate; milk: *a.* curdle; blood: *a.* clot

Ge'rippe *n* (-s/-) skeleton

ge'rissen [gə'rɪsən] **1.** *pp of* **reißen**; **2.** *adj fig.* cunning, clever; **~haben** like, be fond of; *et.* **(sehr)** ~ **tun** like (love) doing s.th.; ~ **geschehen!** you're welcome

gerochen [gə'rɔxən] *pp of* **riechen**

Geröll [gə'rœl] *n* (-[e]s/-e) scree

geronnen [gə'rɔnən] *pp of* **rinnen**

Gerste ['gɛrstə] *f* (-/-n) barley; **~nkorn** *n med.* sty(e)

Geruch [gə'rʊx] *m* (-[e]s/-e) smell; odor, *Brt.* odour; scent; 2los odorless, *Brt.* odourless

Gerücht [gə'rʏçt] *n* (-[e]s/-e) rumor, *Brt.* rumour

ge'rufen *pp of* **rufen**

ge'rührt touched, moved

Gerümpel [gə'rʏmpəl] *n* (-s/ *no pl*) lumber, junk

gerungen [gə'rʊŋən] *pp of* **ringen** 1

Gerüst [gə'rʏst] *n* (-[e]s/-e) scaffold(ing)

ge'salzen 1. *pp of* **salzen**; **2.** *adj. fig., price etc.*: steep

gesamt [gə'zamt] whole, entire, total, all; **2ausgabe** [~ʔ-] *f* complete edition; **2heit** *f* (-/*no pl*) the whole, totality; **2schule** *f* comprehensive school

ge'sandt [gə'zant] *pp of* **senden** 1; **2sandte** [~tə] envoy; **2sandtschaft** *f* (-/-en) legation, mission

Gesang *m* (-[e]s/-"e) singing; song; **~buch** *n* hymn book; **~verein** *m* choral society

Gesäß [gə'zɛːs] *n* (-es/-e) *anat.* bottom

ge'schaffen *pp of* **schaffen** 1

Geschäft [gə'ʃɛft] *n* (-[e]s/-e) business; store, shop; deal, bargain; 2ig busy, active; 2lich *ad* business ...; *adv* on business

Ge'schäfts|... *in compounds:*

Geschäftsfrau

business ...; **~frau** f businesswoman; **~führer** m manager; **~führerin** f manager(ess); **~mann** m businessman; **~ordnung** [~?-] f rules of procedure; *parl.* standing orders; **~partner(in)** partner; **~räume** pl business premises; **~reise** f business trip; **~schluss** m closing time; *nach* ~ a. after business hours

geschah [gəˈʃaː] *past of* geschehen 1

geschehen [gəˈʃeːən] **1.** v/i (*irr, no* -ge-, sein) happen, occur, take place; *es geschieht ihm recht* it serves him right; **2.** *pp of* 1; **3.** ♀ *n* (-s/-) events

gescheit [gəˈʃaɪt] clever, bright

Geschenk [gəˈʃɛŋk] n (-[e]s/-e) present, gift; **~packung** f gift box

Geschicht|e [gəˈʃɪçtə] f (-/-n) story; F business, affair; (*no pl*) history; ♀**lich** historical

Geschick [gəˈʃɪk] n (-[e]s/-e) fate, destiny; (*no pl*) → **~lichkeit** f (-/no pl) skill

geschickt [gəˈʃɪkt] skillful, *Brt.* skilful

ge|schieden [gəˈʃiːdən] **1.** *pp of* scheiden; **2.** *adj* divorced; **~schienen** [~ˈʃiːnən] *pp of* scheinen

Geschirr [gəˈʃɪr] n (-[e]s/-e) dishes; china; kitchen utensils, pots and pans; *horse:* harness; **~spüler** m (-s/-),

~spülmaschine f dishwasher; **~tuch** n dish (*Brt.* tea) towel

ge|schissen [gəˈʃɪsən] *pp of* scheißen; **~schlafen** *pp of* schlafen; **~schlagen** *pp of* schlagen

Geschlecht [gəˈʃlɛçt] n (-[e]s/-er) sex; kind, species; *old etc.:* family; *gr.* gender; ♀**lich** sexual

Ge|schlechts|krankheit f venereal disease; **~teile** pl genitals; **~verkehr** m (sexual) intercourse

ge|schlichen [gəˈʃlɪçən] *pp of* schleichen; **~schliffen** [~ˈʃlɪfən] **1.** *pp of* schleifen 2; **2.** *adj* cut (*glass, diamond etc.*); *fig.* polished (*style etc.*); **~schlossen** [~ˈʃlɔsən] **1.** *pp of* schließen; **2.** *adj* closed; **~e Gesellschaft** private party; **~schlungen** [~ˈʃlʊŋən] *pp of* schlingen

Geschmack [gəˈʃmak] m (-[e]s/-e, F ~er) taste (a. *fig.*); flavor, *Brt.* flavour; ♀**los** tasteless; **~ssache** f: *das ist* ~ that's a matter of taste; ♀**voll** tasteful; in good taste

geschmeidig [gəˈʃmaɪdɪç] *material:* smooth, soft, supple; *body:* lithe

ge|schmissen [gəˈʃmɪsən] *pp of* schmeißen; **~schmolzen** [~ˈʃmɔltsən] *pp of* schmelzen; **~schnitten** [~ˈʃnɪtən] *pp of* schneiden; **~schoben**

[~ʃoːbən] pp of **schieben**; ~**scholten** [~ʃɔltən] pp of **schelten**

Geschöpf [gəˈʃœpf] n (-[e]s/-e) creature

geschoren [gəˈʃoːrən] pp of **scheren**

Geschoss [gəˈʃɔs] n (-es/-e), **Geschoß** [gəˈʃoːs] n (-sses/-sse) Austrian projectile, missile; story, floor; Brt. storey; **im oberen** ~ upstairs

geschossen [gəˈʃɔsən] pp of **schießen**

Ge'schrei n (-[e]s/no pl) shouting; screams; baby: crying; fig. fuss

ge|schrieben [gəˈʃriːbən] pp of **schreiben**; ~**schrie(e)n** [~ʃriː(ə)n] pp of **schreien**

Geschütz [gəˈʃyts] n (-es/-e) gun, cannon

Geschwätz [gəˈʃvɛts] n (-es/no pl) babble; gossip; fig. nonsense; 2**ig** talkative

geschweige [gəˈʃvaɪɡə]; ~ (**denn**) let alone

geschwiegen [gəˈʃviːɡən] pp of **schweigen**

Geschwindigkeit [gəˈʃvɪndɪçkaɪt] f (-/-en) speed; ~**sbegrenzung** f speed limit; ~**süberschreitung** [~sˀ~] f (-/-en) speeding

Geschwister [gəˈʃvɪstər] pl brother(s) and sister(s)

ge|schwollen [gəˈʃvɔlən] **1.** pp of **schwellen**; **2.** adj swollen; fig. pompous, bombastic; ~**schwommen** [~ˈʃvɔ-]

mən] pp of **schwimmen**; ~**schworen** [~ˈʃvoːrən] pp of **schwören**

Ge'schworene m, f (-n/-n) member of a jury; **die** ~**n** pl the jury

Geschwulst [gəˈʃvʊlst] f (-/ ⁓**e**) growth, tumor, Brt. tumour

geschwungen [gəˈʃvʊŋən] pp of **schwingen**

Geschwür [gəˈʃvyːr] n (-[e]s/-e) abscess, ulcer

ge'sehen pp of **sehen**

Gesellchte [gəˈzɛlçtə] n (-n/no pl) Austrian: smoked meat

Gesell|e [gəˈzɛlə] m (-n/-n) journeyman, skilled worker; F fellow; 2**ig** social; ~**in** f (-/-nen) trained woman hairdresser etc., journeywoman

Gesellschaft [gəˈzɛlʃaft] f (-/-en) society; company (a. econ.); party; **j-m** ~ **leisten** keep s.o. company; 2**lich** social

Ge'sellschafts... in compounds: social (criticism, science etc.); 2**fähig** socially acceptable, decent; ~**reise** f package (or conducted) tour; ~**spiel** n parlor (Brt. parlour) game

gesessen [gəˈzɛsən] pp of **sitzen**

Gesetz [gəˈzɛts] n (-es/-e) law; ~**buch** n code (of law); ~**entwurf** [~ʔɛntvʊrf] m (-[e]s/⁓**e**) bill; ~**geber** m (-s/-) legislator; ~**gebung** f

gesetzlich

(-/*no pl*) legislation; 2lich lawful, legal; ~ geschützt patented, registered

gesetzt [gə'zɛtst] staid; mature (*age*); ~ den Fall ... supposing ...

gesetzwidrig [gə'zɛtsvi:drɪç] illegal

Gesicht [gə'zɪçt] *n* (-[e]s/-er) face; ~sausdruck [~sʔ-] *m* (-[e]s/̈e) (facial) expression, look; ~sfarbe *f* complexion; ~spunkt *m* point of view, aspect; ~szüge *pl* features

Gesindel [gə'zɪndəl] *n* (-s/*no pl*) riffraff

Gesinnung [gə'zɪnʊŋ] *f* (-/-en) mind; attitude; *pol.* convictions

ge|soffen [gə'zɔfən] *pp of* saufen; ~sogen [~'zo:gən] *pp of* saugen; ~sotten [~'zɔtən] *pp of* sieden; ~ 'spalten *pp of* spalten

ge'spannt tense (*a. fig.*); *fig.* curious; ~ sein auf be anxious to see; ~ sein, ob (wie) wonder if (how)

Gespenst [gə'ʃpɛnst] *n* (-es/-er) ghost; 2isch ghostly, F spooky

ge|spie(e)n [gə'ʃpi:(ə)n] *pp of* speien; ~sponnen [~'ʃpɔnən] *pp of* spinnen

Gespräch [gə'ʃprɛːç] *n* (-[e]s/-e) talk (*a. pol.*), conversation; *tel.* call; 2ig talkative

ge|sprochen [gə'ʃprɔxən] *pp of* sprechen; ~sprossen [~'ʃprɔsən] *pp of* sprießen;

~sprungen [~'ʃprʊŋən] *pp of* springen

Gestalt [gə'ʃtalt] *f* (-/-en) shape, form; figure; ~ annehmen take shape; 2en (*no -ge-, h*) arrange; design; sich ~ ... turn out to be ...; ~ung *f* (-/-en) arrangement; design; decoration

gestanden [gə'ʃtandən] *pp of* stehen

ge'ständ|ig: ~ sein confess; 2nis [~'ʃtɛnt-] *n* (-ses/-se) confession

Ge'stank *m* (-[e]s/*no pl*) stench, stink

gestatten [gə'ʃtatən] (*no -ge-, h*) allow, permit

Geste ['gɛstə] *f* (-/-n) gesture

ge'stehen (*irr, no -ge-, h*) confess

Ge'stein *n* (-[e]s/-e) rock, stone; ~stell [~'ʃtɛl] *n* (-[e]s/-e) stand, base; shelves; frame (*of eyeglasses etc.*)

gestern ['gɛstərn] yesterday; ~ Abend last night

ge|stiegen [gə'ʃti:gən] *pp of* steigen; ~stochen [~'ʃtɔxən] *pp of* stechen; ~stohlen [~'ʃto:lən] *pp of* stehlen; ~storben [~'ʃtɔrbən] *pp of* sterben; ~'stoßen *pp of* stoßen

ge'streift striped

gestrichen [gə'ʃtrɪçən] *pp of* streichen

gestrig ['gɛstrɪç] yesterday's

gestritten [gə'ʃtrɪtən] *pp of* streiten

Gestrüpp [gə'ʃtryp] n (-[e]s/-e) undergrowth

gestunken [gə'ʃtʊŋkən] pp of **stinken**

Gestüt [gə'ʃty:t] n (-[e]s/-e) stud farm

Gesuch [gə'zu:x] n (-[e]s/-e) application

ge'sucht wanted (*wegen* for)

gesund [gə'zʊnt] healthy; (*wieder*) ~ *werden* get well (again); ~*er Menschenverstand* common sense; ⌂**heit** f (-/*no pl*) health; ~*! bless you!

Gesundheits|**amt** [gə'zʊnthaɪts-] n Public Health Department (*Brt.* Office); ~**gründe** pl: *aus* ~*n* for health reasons; ⌂**schädlich** injurious to health; *food etc.*: unhealthy; ~**zeugnis** n health certificate; ~**zustand** m state of health

ge|**sungen** [gə'zʊŋən] pp of **singen**; ~**sunken** [~'zʊŋkən] pp of **sinken**; ~**tan** [~'ta:n] pp of **tun**; ~'**tragen** pp of **tragen**

Getränk [gə'trɛŋk] n (-[e]s/-e) drink, beverage; ~**automat** m drinks machine

Getreide [gə'traɪdə] n (-s/-) grain, cereals

ge'treten pp of **treten**

Getriebe [gə'tri:bə] n (-s/-) (*automatisches* automatic) transmission

ge|**trieben** [gə'tri:bən] pp of **treiben**; ~**troffen** [~'trɔfən] pp of **treffen**

ge'trost safely

getrunken [gə'trʊŋkən] pp of **trinken**

Ge|**tue** [gə'tu:ə] n (-s/*no pl*) fuss; ~**tümmel** [~'tʏməl] n (-s/*no pl*) turmoil

Gewächs [gə'vɛks] n (-es/-e) plant; *med.* growth

ge'wachsen 1. pp of **wachsen**[1]; 2. *adj*: *j-m* ~ *sein* be a match for s.o.; *e-r Sache* ~ *sein* be equal to s.th.

Ge'wächshaus n greenhouse, hothouse

gewagt [gə'va:kt] daring; *joke etc.*: risqué

Gewähr [gə'vɛːr] f (-/*no pl*): ~ *übernehmen (für)* guarantee; ⌂**en** (*no -ge-*, *h*) grant, allow; ⌂**leisten** (*no -ge-*, *h*) guarantee

Gewahrsam [gə'va:rza:m] n (-s/*no pl*): *in* ~ *nehmen* take s.th. in safekeeping (*s.o.* into custody)

Gewalt [gə'valt] f (-/-en) force, violence; power; control; *mit* ~ by force; ⌂**ig** powerful, mighty; enormous (*sum*, *efforts etc.*); ⌂**los** non-violent; ~**losigkeit** f (-/*no pl*) non-violence; ⌂**sam** 1. *adj* violent; 2. *adv* by force; ~ *öffnen* force open; ⌂**tätig** violent

Ge'wand n (-[e]s/-⌂**er**) robe, gown; *rel.* vestment

ge|**wandt** [gə'vant] 1. pp of **wenden**; 2. *adj* nimble; skillful, *Brt.* skilful; *fig.* clever; ~**wann** [~'van] past of **ge-**

winnen; ~**'waschen** pp of **waschen**

Ge|wässer [gəˈvɛsər] n (-s/-) body of water; ~ pl waters; ~**webe** [~ˈveːbə] n (-s/-) fabric; biol. tissue; ~**wehr** n (-[e]s/-e) gun; ~**weih** [~ˈvaɪ] n (-[e]s/-e) antlers

Gewerb|e [gəˈvɛrbə] n (-s/-) trade, business; ~**lich** [~ˈvɛrp-] commercial, industrial; ~**smäßig** [~ˈvɛrps-] professional

Gewerkschaft [gəˈvɛrkʃaft] f (-/-en) labor union, Brt. (trade) union; ~**(l)er** m (-s/-), ~**(l)erin** f (-/-nen) labor (Brt. trade) unionist; ~**lich** labor (Brt. trade) union ...; **sich ~ organisieren** unionize

gewesen [gəˈveːzən] pp of **sein**²

Gewicht [gəˈvɪçt] n (-[e]s/-e) weight (a. fig.); ~**heben** n (-s/no pl) weight lifting; ~**ig** weighty

gewiesen [gəˈviːzən] pp of **weisen**

gewillt [gəˈvɪlt] pp willing, ready

Ge|wimmel [gəˈvɪməl] n (-s/ no pl) throng; ~**winde** [~ˈvɪndə] n (-s/-) thread

Gewinn [gəˈvɪn] m (-[e]s/-e) profit; gain(s); lottery etc.: prize; gambling: winnings; ~**bringend** profitable; **2en** (irr, no -ge-, h) win; ore etc.: win, obtain, extract; fig. gain; ~**er** m (-s/-), ~**erin** f (-/-nen) winner

gewiss [gəˈvɪs] certain(ly)

Ge'wissen n conscience; **2haft** conscientious; **2los** unscrupulous; ~**sbisse** [~sbɪsə] pl pangs (or pricks) of conscience

gewissermaßen [gəˈvɪsərˈmaːsən] to a certain extent, more or less

Ge'wissheit f (-/no pl) certainty

Gewitter [gəˈvɪtər] n (-s/-) thunderstorm

ge|woben [gəˈvoːbən] pp of **weben**; ~**wogen** [~ˈvoːgən] pp of **wiegen**¹

gewöhnen [gəˈvøːnən] (no -ge-, h): **sich** (j-n) **an** ~ get (s.o.) used to

Gewohnheit [gəˈvoːnhaɪt] f (-/-en) habit

gewöhnlich [gəˈvøːnlɪç] common, ordinary, usual; contp. vulgar; **wie ~** as usual; **(für) ~** usually

gewohnt [gəˈvoːnt] usual; **~ sein** be used to (doing) s.th.

Gewölbe [gəˈvœlbə] n (-s/-) vault

ge|wonnen [gəˈvɔnən] pp of **gewinnen;** ~**worben** [~ˈvɔrbən] pp of **werben;** ~**worden** [~ˈvɔrdən] pp of **werden;** ~**worfen** [~ˈvɔrfən] pp of **werfen;** ~**wrungen** [~ˈvrʊŋən] pp of **wringen;** ~**wunden** [~ˈvʊndən] pp of **winden; 1.** pp of **winden; 2.** adj road etc.: winding

Gewürz [gəˈvʏrts] n (-es/-e)

spice; **~gurke** f pickle(d gherkin)
gewusst [gə'vʊst] pp of **wissen**
Ge'zeiten pl tide(s)
ge'ziert affected
gezogen [gə'tso:gən] pp of **ziehen**
Ge'zwitscher n (-s/no pl) chirp(ing), twitter(ing)
gezwungen [gə'tsvʊŋən] **1.** pp of **zwingen**; **2.** adj behavior etc.: forced, unnatural
Gicht [gɪçt] f (-/no pl) gout
Giebel ['gi:bəl] m (-s/-) gable
Gier [gi:r] f (-/no pl) greed; **'2ig** greedy
gießen ['gi:sən] (irr, ge-, h) pour; tech. cast; water (flowers etc.); **es gießt** it's pouring; **2erei** [-'raɪ] f (-/-en) foundry; **2kanne** f watering can
Gift [gɪft] n (-[e]s/-e) poison; zo. a. venom (a. fig.); **'2ig** poisonous; venomous (a. fig.); poisoned; chem., med. toxic; **'~müll** m toxic waste; **'~mülldeponie** f toxic waste dump; **'~pilz** m poisonous mushroom, toadstool; **'~schlange** f venomous snake; **'~zahn** m venomous fang
ging [gɪŋ] pret of **gehen**
Gipfel ['gɪpfəl] m (-s/-) summit, top; peak; F **das ist ja der ~!** that really is the limit; **'~konferenz** f summit (meeting)

Glatteis

Gips [gɪps] m (-es/-e) plaster (of Paris); in ~ med. in (a) plaster (cast); **~abdruck** ['-'-] m plaster cast; **'~bein** n F leg in plaster; **'~verband** m plaster cast
Giraffe [gi'rafə] f (-/-n) giraffe
Girlande [gɪr'landə] f (-/-n) garland
Girokonto ['ʒiːro-] n checking (Brt. current) account
Gischt [gɪʃt] m (-[e]s/rare -e), f (-/rare -en) (sea) spray
Gitarre [gi'tarə] f (-/-n) guitar; ~ **spielen** play the guitar
Gitter ['gɪtər] n (-s/-) lattice; grating; **hinter ~n** behind bars
Glanz [glants] m (-es/no pl) shine, luster, Brt. lustre; fig. glamor, Brt. glamour
glänzen ['glɛntsən] (ge-, h) shine, gleam; **'2end** shiny, glossy, brilliant (a. fig.)
Glas [gla:s] n (-es/**-er**) glass; **~er** ['-zər] m (-s/-) glazier
glas|ieren [gla'zi:rən] (no ge-, h) glaze; ice, frost (cake etc.); **~ig** ['gla:zɪç] glassy; **2scheibe** ['gla:s-] f (glass) pane; **2ur** [gla'zu:r] f (-/-en) glaze; on cake etc.: icing
glatt [glat] smooth (a. fig.); road etc.: slippery; clear (victory); downright (lie); ~ **rasiert** clean-shaven
Glätte ['glɛtə] f (-/no pl) smoothness; slipperiness
Glatteis ['glat'-] n (glare, Brt. black) ice; icy roads

glätten ['glɛtən] **(ge-, h)** smooth

Glatze ['glatsə] *f* **(-/-n)** bald head; *e-e ~ haben* be bald

Glau|be ['glaubə] *m* **(-ns/no pl)** belief, *esp. rel.* faith *(both*: *an* in); **2ben (ge-, h)** believe *(an* in); think, guess; suppose; **~bensbekenntnis** *n* creed

glaubhaft ['glauphaft] credible

Gläubiger ['glɔybɪɡər] *m* **(-s/-)** creditor

glaubwürdig ['glaupvyrdɪç] credible

gleich [glaɪç] **1.** *adj* same; equal *(rights, pay etc.)*; ~ *bleibend* constant, invariable; *zur ~en Zeit* at the same time; *es ist mir ~* it doesn't make any difference to me; *(ist)* ~ *math.* equals, is; **2.** *adv* alike, equally; *of time*: at once, right away; ~ *groß (alt)* (of the same size (age)); ~ *nach (neben)* right after (next to); ~ *gegenüber* just opposite; *es ist* ~ *5* it's almost 5 o'clock; **~altrig** ['~ʔaltrɪç] (of the same age); **~berechtigt** having equal rights; **2berechtigung** *f (-/no pl)* equal rights; **~en (irr, ge-, h)** be (or look) like; **~falls** also, likewise; *danke, ~!* (thanks,) the same to you; **2gewicht** *n* **(-[e]s/no pl)** balance *(a. fig.)*; **~gültig** indifferent *(gegen* to); *das (er)*

ist mir ~ I don't care (for him); **2gültigkeit** *f* indifference; **2heit** *f (-/no pl)* equality; **~mäßig** regular; even; equal; **~namig** ['~na:mɪç] of the same name; **2strom** *m* **(-[e]s/no pl)** direct current, DC; **2ung** *f* **(-/-en)** *math.* equation; **~wertig** equally good; **~er Gegner** *s.o.'s* match; **~zeitig 1.** *adj* simultaneous; **2.** *adv* at the same time, simultaneously

Gleis [glaɪs] *n* **(-es/-e)** rails, track(s), line; *at station*: platform, gate

gleit|en ['glaɪtən] **(irr, ge-, sein)** glide, slip; **~end:** ~*e Arbeitszeit* flexible working hours, *Am. a.* flextime, *Brt. a.* flexitime; **2flug** *m* glide; **2schirm** *m* paraglider; **2schirmfliegen** *n* **(-s/no pl)** paragliding

Gletscher ['glɛtʃər] *m* **(-s/-)** glacier; **~spalte** *f* crevasse

glich [glɪç] *past of* **gleichen**

Glied [gli:t] *n* **(-[e]s/-er)** *anat.* limb; penis; *tech., fig.* link; **2ern** ['~dərn] **(ge-, h)** structure; divide *(in* into)

glimmen ['glɪmən] **(irr[, ge-], h)** smoulder, *Brt.* smoulder

glimpflich ['glɪmpflɪç]: ~ *davonkommen* get off lightly

glitschig ['glɪtʃɪç] slippery

glitt [glɪt] *past of* **gleiten**

glitzern ['glɪtsərn] **(ge-, h)** glitter, sparkle

global [ɡloˈbaːl] global

Globus ['glo:bʊs] *m* (-[ses]/ *Globen, -se*) globe

Glocke ['glɔkə] *f* (-/-n) bell; '~nspiel *n* chimes; '~nturm *m* bell tower, belfry

glomm [glɔm] *past of* **glimmen**

glotzen ['glɔtsən] (*ge-, h*) F gawk, gawp

Glück [glyk] *n* (-[e]s/*no pl*) (good) luck, fortune; happiness; ~ **haben** be lucky; **viel** ~! good luck!; **zum** ~ fortunately

Glucke ['glʊkə] *f* (-/-n) sitting hen

'glücken (*ge-, sein*) → *gelingen*

gluckern ['glʊkərn] (*ge-, h*) gurgle

'glücklich happy; lucky, fortunate; '~**erweise** fortunately

glucksen ['glʊksən] (*ge-, h*) gurgle; F chuckle

'Glück|**sspiel** *n* game of chance; gambling; '~**strahlend** radiant; '~**wunsch** *m* congratulations (**zu** *on*); **herzlichen** ~! congratulations!; happy birthday!

Glüh|**birne** ['gly:-] *f* (light) bulb; **2en** (*ge-, h*) glow; '**2end** glowing; iron: red-hot; *fig.* ardent; ~ **heiß** blazing hot; '~**wein** *m* mulled wine; '~**würmchen** ['-vʏrmçən] *n* (-s/-) glow-worm

Glut [glu:t] *f* (-/-n) (glowing) fire; embers; blazing heat; *fig.* ardor, *Brt.* ardour

GmbH *Gesellschaft mit beschränkter Haftung* close corporation, *Brt.* limited liability company

Gnade ['gna:də] *f* (-/*rare* -n) mercy; *rel.* grace; favor, *Brt.* favour; '~**ngesuch** *n* petition for mercy

gnädig ['gnɛːdɪç] merciful; gracious; ~**e Frau** madam

Goal [go:l] *n* (-s/-s) *Austrian sport*: goal

Gold [gɔlt] *n* (-[e]s/*no pl*) gold; '~**barren** *m* gold bar (*or* ingot); **2en** ['-dən] gold(en *fig.*); '~**fisch** *m* goldfish; **2ig** ['-dɪç] *fig.* sweet, cute; '~**schmied** *m*, '~**schmiedin** *f* (-/-nen) goldsmith; '~**stück** *n* gold coin; *fig. dem*

Golf¹ [gɔlf] *m* (-[e]s/-e) *geogr.* gulf

Golf² [~] *n* (-s/*no pl*) golf; '~**platz** *m* golf course; '~**schläger** *m* golf club; '~**spieler**(**in**) golfer

Gondel ['gɔndəl] *f* (-/-n) gondola; cabin

gönn|**en** ['gœnən] (*ge-, h*): **sich et.** ~ allow o.s. s.th., treat o.s. to s.th.; **j-m et.** ~ not grudge s.o. s.th.; '~**erhaft** patronizing

gor [go:r] *past of* **gären**

Gorilla [go'rɪla] *m* (-s/-s) gorilla (*a. fig.*)

goss [gɔs] *past of* **gießen**

Gosse ['gɔsə] *f* (-/-n) gutter (*a. fig.*)

Gott [gɔt] *m* (*-es/⁓er*) God; *myth.* god; *⁓ sei Dank!* thank God!; *um ⁓es willen!* for heaven's sake!

'Gottes|dienst *m* (church) service; **'⁓lästerung** *f* (*-/-en*) blasphemy

Gött|in ['gœtɪn] *f* (*-/-nen*) goddess; **2lich** divine

Götze ['gœtsə] *m* (*-n/-n*), **'⁓nbild** *n* idol

Gouverneur [guvɛr'nøːr] *m* (*-s/-e*) governor

Grab [graːp] *n* (*-[e]s/⁓er*) grave; tomb

Graben ['graːbən] *m* (*-s/⁓*) ditch; *mil.* trench

graben [⁓] (*irr, ge-, h*) dig; *animal: a.* burrow

'Grab|gewölbe *n* vault, tomb; **'⁓mal** *n* (*-[e]s/⁓er*) tomb; monument; **'⁓schrift** *f* epitaph; **'⁓stein** *m* tombstone, gravestone

Grad [graːt] *m* (*-[e]s/-e*) degree; *mil. etc.* rank, grade; *15 ⁓ Kälte* 15 degrees below zero; **2uell** in degree; *change etc.:* gradual

Graf [graːf] *m* (*-en/-en*) count; *in GB:* earl

Graffiti [gra'fiːti] *pl* graffiti

Grafik ['graːfɪk] *f* (*-/-en*) *tech. etc.* graph, diagram; *art:* print; (*no pl*) graphic arts; **⁓er** *m* (*-s/-*), **⁓erin** *f* (*-/-nen*) graphic artist; **⁓karte** *f computer:* graphics card (*or* board)

Gräfin ['grɛːfɪn] *f* (*-/-nen*) countess

'grafisch graphic

'Grafschaft *f* (*-/-en*) county

Gramm [gram] *n* (*-s/-e,-*) gram, *Brt. a.* gramme

Gramma|tik [gra'matɪk] *f* (*-/-en*) grammar; **2tisch** grammatical

Granate [gra'naːtə] *f* (*-/-n*) *mil.* shell

Granit [gra'niːt] *m* (*-s/-e*) granite

Graphik *etc.* → **Grafik** *etc.*

Gras [graːs] *n* (*-es/⁓er*) grass; **2en** ['⁓zən] (*ge-, h*) graze

grässlich ['grɛslɪç] hideous, atrocious

Grat [graːt] *m* (*-[e]s/-e*) ridge, crest

Gräte ['grɛːtə] *f* (*-/-n*) (fish-) bone

gratis ['graːtɪs] free (of charge)

Grätsche ['grɛːtʃə] *f* (*-/-n*) straddle; *soccer:* side tackle

gratulieren [gratu'liːrən] (*no ge-, h*) congratulate (*zu* on); *zum Geburtstag ⁓* wish *s.o.* many happy returns (of the day)

grau [grau] gray, *esp. Brt.* grey

grauen ['grauən] **1.** *v/i* (*ge-, h*): *mir graut vor* I dread (the thought of) **2.** **2** *n* (*-s/no pl*) horror; **'⁓haft** horrible

Graupel ['graupəl] *f* (*-/-n*) sleet

grausam ['grauzaːm] cruel; **2keit** *f* (*-/-en*) cruelty

grau|sen ['grauzən] (*ge-, h*)

→ **grauen** 1; **~sig** horrible
gravieren [graˈviːrən] (*no ge-, h*) engrave
graziös [graˈtsi̯øːs] graceful
greifbar [ˈgraɪfbaːr] at hand; *fig.* tangible
ˈgreifen (*irr, ge-, h*) seize, grab, take hold of; *measures etc.*: take effect; **~ nach** reach for; **~ zu** resort to; **um sich ~** spread
Greis [graɪs] *m (-es/-e)* (very) old man; **~in** [ˈ~zɪn] *f (-/-nen)* (very) old woman
grell [grɛl] glaring; *sound:* shrill
Grenz|e [ˈgrɛntsə] *f (-/-n)* border; boundary; *fig.* limit; **ˈ~en** (*ge-, h*): **~ an** border on; *fig. a.* verge on; **ˈ~enlos** boundless; **ˈ~übergang** *m* border crossing(-point), checkpoint
Griech|e [ˈgriːçə] *m (-n/-n)* Greek; **ˈ~enland** Greece; **ˈ~in** *f (-/-nen)*, **ˈ~isch** *adj* Greek
griesgrämig [ˈgriːsgrɛːmɪç] grumpy
Grieß [griːs] *m (-es/-e)* semolina
griff [grɪf] *past of* **greifen**
Griff [grɪf] *m (-es/-e)* grip, grasp; handle (*of door, knife etc.*)
Grill [grɪl] *m (-s/-s)* grill; barbecue
Grille [ˈgrɪlə] *f (-/-n)* cricket
ˈgrill|en (*ge-, h*) grill, barbecue; **ˈ~fest** *n* barbecue
Grimasse [grɪˈmasə] *f (-/-n)* grimace; **~n schneiden** make faces
grimmig [ˈgrɪmɪç] grim
grinsen [ˈgrɪnzən] 1. *v/i* (*ge-, h*) grin (**über** at); sneer (at); 2. **~** *n (-s/no pl)* grin; sneer
Grippe [ˈgrɪpə] *f (-/-n)* flu, influenza
grob [groːp] coarse (*a. fig.*); *error etc.:* gross; *behavior etc.:* rude; *surface, draft, estimate etc.:* rough
grölen [ˈgrøːlən] (*ge-, h*) bawl
grollen [ˈgrɔlən] (*ge-, h*) *thunder:* rumble
Groschen [ˈgrɔʃən] *m (-s/-)* ten-pfennig piece; *Austrian:* groschen; *fig.* penny
groß [groːs] big; large; tall; grown-up; *fig.* great; capital (*letter*); **~es Geld** paper money; F big money; *im* **~en und Ganzen** on the whole; **~artig** [ˈ~ʔ-] great, F *a.* terrific; **ˈ~aufnahme** *f* close-up; **ˈ~britannien** Great Britain
Größe [ˈgrøːsə] *f* size; height; *esp. math.* quantity; *fig.* greatness; *person:* celebrity; *film etc.:* star
Groß|eltern [ˈgroːsʔ-] *pl* grandparents; **ˈ~familie** *f* extended family; **ˈ~handel** *m* wholesale (trade); **ˈ~händler** *m* wholesaler; **ˈ~macht** *f pol.* Great Power; **ˈ~markt** *m* wholesale market; hypermarket; **ˈ~mutter** *f* grandmother; **ˈ~raumflug-**

Großschreibung

zeug *n* wide-bodied aircraft; **'~schreibung** *f* capitalization; **2spurig** ['~ʃpuːrɪç] arrogant; **'~stadt** *f* big city

größtenteils ['grøːstənˈtaɪls] mostly, mainly

'Groß|vater *m* grandfather; **'~wild** *n* big game; **2ziehen** (*irr, sep, -ge-, h*) raise, rear; *a.* bring up (*child*); **2zügig** generous, liberal (*a. education etc.*); *plans etc.*: on a large scale

grotesk [groˈtɛsk] grotesque

Grotte ['grɔtə] *f* (*-/-n*) grotto

grub [gruːp] *past of* **graben**

Grübchen ['gryːpçən] *n* (*-s/-*) dimple

Grube ['gruːbə] *f* (*-/-n*) pit; mine

grübeln ['gryːbəln] (*ge-, h*) ponder, muse (**über** on, over)

Gruft [grʊft] *f* (*-/⁔e*) tomb, vault

grün [gryːn] green (*a. fig. and pol.*); → **Grüne**; **2anlage** ['~ʔ~] *f* park

Grund [grʊnt] *m* (*-[e]s/⁔e*) reason; ground; *agr. a.* soil; *sea etc.*: bottom; **aus diesem ~** for this reason; **im ~e** actually, basically; **~...** *in compounds: mst* basic (*principle, amount, vocabulary etc.*); **'~begriffe** *pl* basics, fundamentals; **'~besitz** *m* land(ed property); **'~besitzer(in)** landowner; **'~buch** *n* land record (*Brt.* register

grün|den ['grʏndən] (*ge-, h*) found (*a. family*), establish; **2der** *m* (*-s/-*), **2derin** *f* (*-/-nen*) founder

'Grund|fläche *f math.* base; *arch.* (surface) area; **'~gebühr** *f* basic rate; **'~gedanke** *m* basic idea; **'~gesetz** *n pol.* constitution; **'~lage** *f* foundation; **'~legend** fundamental, basic

gründlich ['grʏntlɪç] thorough(ly)

'Grund|linie *f tennis:* base line; **2los** unfounded; **'~mauer** *f* foundation wall

Grün'donnerstag *m* Maundy Thursday

'Grund|riss *m* ground plan; **'~satz** *m* principle; **2sätzlich** ['~zɛtslɪç] fundamental(ly); **~ dagegen sein** be against it on principle; **'~schule** *f* primary school; **'~stein** *m* foundation stone; **'~stück** *n* plot (of land) (building) site; premises; **'~stücksmakler(in)** real estate agent, realtor, *Brt.* estate agent

Gründung ['grʏndʊŋ] *f* (*-/-en*) foundation

'grund|ver'schieden entirely different; **'2wasser** *n* groundwater

'Grüne *m, f* (*-n/-n pl.*) *pol.* Green; **die ~n** *pl.* the Greens

grunzen ['grʊntsən] (*ge-, h*) grunt

Grupp|e ['grʊpə] *f* (*-/-n*) group; **2ieren** [~'piːrən] (*no*

ge-, *h*) group; **sich ~ form** groups

Grusel... ['gru:zəl-] *in compounds*: horror *(story etc.)*; **'²ig** eerie, creepy; **'²n (ge-, h): es gruselt mich** it gives me the creeps

Gruß [gru:s] *m -es/-e* greeting(s); *mil.* salute

Grüße ['gry:sə]: **viele ~ an ...** give my regards (my love) to ...; **mit freundlichen ~n** yours sincerely; **herzliche ~** best wishes; love; **'²n** *v/t (ge-, h)* greet, say hello to; *esp. mil.* salute; **grüß dich!** hi!, hello!; **j-n ~ lassen** send one's regards (*or* love) to s.o.

gucken ['gʊkən] (**ge-, h**) look; *F TV* watch

Gulasch ['gu:laʃ] *n, m (-[e]s/ -e, F-s)* goulash

gültig ['gyltɪç] valid, good; **'²keit** *f (-/no pl)* validity

Gummi ['gʊmi] **1.** *m, n (-s/ -[s])* rubber; **2.** *m (-s/-s)* → **Radiergummi**; *F condom*: rubber; **'~band** *n* rubber band, *Brt. a.* elastic band, *in clothes*: elastic; **'~bärchen** ['-bɛrçən] *n (-s/-)* jelly bean (*Brt.* baby)

gummieren [gʊ'mi:rən] (*no ge-, h*) gum

'Gummi|knüppel *m* truncheon, billy (club); **'~stiefel** *pl* rubber (*Brt.* wellington) boots

günstig ['gʏnstɪç] favorable, *Brt.* favourable; *time etc.*: convenient; *price*: reasonable; **im ~sten Fall** at best

Gurgel ['gʊrgəl] *f (-/-n)* throat; **'²geln** (**ge-, h**) gargle; *water etc.*: gurgle

Gurke ['gʊrkə] *f (-/-n)* cucumber; pickle(d gherkin)

Gurt [gʊrt] *m (-[e]s/-e)* belt; strap

Gürtel ['gʏrtəl] *m (-s/-)* belt; **'~reifen** *m* radial tire (*Brt.* tyre)

Guss [gʊs] *m (-es/¨e)* downpour (*of rain etc.*); *tech.* casting; *gastr.* icing; **'~eisen** ['-²-] *n* cast iron

gut [gu:t] **1.** *adj* good; *weather*: *a.* fine; **ganz ~** not bad; **also ~!** all right (then)!; **schon ~!** never mind!; (**wieder**) **~ werden** turn out alright (*Brt.* all right); **in et. ~ sein** be good at (doing) s.th.; **2.** *adv* well; *look, taste, sound etc.*: good; **~ aussehend** good-looking; **~ gehen** go well, turn out alright (*Brt.* all right); **wenn alles ~ geht** if nothing goes wrong; **mir geht es ~** I'm (doing) fine; **~ gelaunt** in a good mood; **~ gemeint** well-meant; **machs ~!** take care of (yourself); **~ tun** do s.o. well

Gut [gu:t] *n (-[e]s/¨er)* estate; *econ.* goods

Gut|achten ['gu:t²axtən] *n (-s/-)* (expert) opinion; **~achter** ['-²-] *m (-s/-)*, **~achterin** ['-²-] *f (-/-nen)* expert;

gutartig

²**artig** ['~?-] good-natured; *med.* benign

'**Gute** *n* (-*n*/*no pl*) good; ~**s tun** do good; **alles ~!** good luck!

Güte ['gy:tə] *f* (-/*no pl*) kindness; *econ.* quality; *meine ~!* good gracious!

Güter ['gy:tər] *pl* goods; ~**bahnhof** *m* freight depot, *Brt.* goods station; ~**wagen** *m* freight car, *Brt.* (goods) waggon; ~**zug** *m* freight (*Brt.* goods) train

'**gut|gelaunt** → *gut*; '~**gläubig** ['~glɔybɪç] credulous

'**guthaben** (*irr*, *sep*, -*ge*-, *h*): *du hast (noch) ... gut* I (still) owe you ...; ²**n** (-*s*/-) (credit) balance

'**gut|machen** (*irr*, *sep*, -*ge*-, *h*) make up for, repay; ~**mütig** ['~my:tɪç] good-natured; ²**schein** *m* coupon, voucher; ²**schrift** *f* credit (slip)

'**Guts|haus** *n* manor house; ~**hof** *m* estate, farm

'**guttun** → *gut*

Gymnasium [gym'na:zi̯ʊm] *n* (-*s*/-*nasien*) (German) secondary school, *Am.* appr. highschool, *Brt.* appr. grammar school

Gymnastik [gym'nastik] *f* (-/*no pl*) exercises; gymnastics

Gynäkolog|e [gynɛko'lo:gə] *m* (-*n*/-*n*), ~**in** [~'lo:gɪn] *f* (-/-*nen*) gynecologist, *Brt.* gynaecologist

H

Haar [ha:r] *n* (-*[e]s*/-*e*) hair; *sich die ~e schneiden lassen* have one's hair cut; *um ein ~* by a hair's breadth; ~**bürste** *f* hairbrush; ~**festiger** ['~fɛstɪgər] *m* (-*s*/-) setting lotion; ²**ig** hairy; *fig. a.* ticklish; *in compounds*: ...-*haired*; ~**klemme** *f* bobby pin, *Am.* hair clip; ~**nadel** *f* hairpin; ~**nadelkurve** *f* hairpin curve (*Brt.* bend); ~**schnitt** *m* haircut; ~**spalterei** *f* (-/-*en*) hairsplitting; ²**sträubend** hair-raising; ~**trockner** *m* hairdryer; ~**wäsche** *f* shampoo, wash;

~**waschmittel** *n* shampoo; ~**wasser** *n* hair tonic

Habe ['ha:bə] *f* (-/*no pl*) s.o.'s belongings

haben ['ha:bən] (*irr*, *ge*-, *h*) have (got); *er hat Geburtstag* it's his birthday; *welche Farbe hat ...?* what color (*Brt.* colour) is ...?; → *Durst, Hunger, etc.*

habgierig ['ha:p-] greedy

Habicht ['ha:bɪçt] *m* (-*[e]s*/-*e*) hawk

Hack|e ['hakə] *f* (-/-*n*) hoe; *anat., shoe:* heel; ²**en** (*ge*-, *h*) chop (*a.* meat); hack; ~**er** *m* (-*s*/-) *Computer:* hacker;

˺fleisch n ground (Brt. minced) meat
Hafen ['haːfən] m (-s/ˆ) harbor, Brt. harbour, port; **˻arbeiter** ['-ʔ-] m docker; **˻stadt** f (sea)port
Hafer ['haːfər] m (-s/-) oats; **˻brei** m porridge; **˻flocken** pl rolled oats; **˻schleim** m gruel
Haft [haft] f (-/no pl) imprisonment; in ˜ under arrest; **²bar** responsible; jur. liable; **˻en** (ge-, h) stick, adhere (an to); ˜ für answer for, be liable for
Häftling ['hɛftlɪŋ] m (-s/-e) prisoner
'Haftpflichtversicherung f liability (mot. third-party) insurance; **˻ung** f (-/no pl) liability
Hagel ['haːɡəl] m (-s/-) hail (a. fig.); **˻korn** n hailstone; **²n** (ge-, h) hail (a. fig.)
hager ['haːɡər] lean, gaunt
Hahn [haːn] m (-[e]s/ˆe) zo. cock; rooster; tech. (water) tap, faucet; → **Gashahn**
Hähnchen ['hɛːnçən] n (-s/-) chicken
Hai [hai] m (-[e]s/-e), **˻fisch** m shark
häkeln ['hɛːkəln] (ge-, h) crochet
Haken ['haːkən] m (-s/-) hook; on list etc.: check, Brt. tick; fig. snag, catch
halb [halp] half; e-e ˜e

Stunde half an hour; ˜ elf half past ten, 10.30; **²finale** n semifinal
halbieren [-'biːrən] (no ge-, h) halve
Halb|insel ['-ʔ-] f peninsula; **˻kreis** m semicircle; **˻kugel** f hemisphere; **²laut 1.** adj low; **2.** adv in an undertone; **˻leiter** m electr. semiconductor; **˻mond** m half moon, crescent; **˻pension** f hotel etc.: room plus one main meal, Brt. half board; **²schuh** m (low) shoe
'halbtags: ˜ **arbeiten** work half-days, have a part-time job; **²kraft** f part-time worker, part-timer; **˻wegs** more or less; tolerably; **²wertzeit** f phys. half-time; **²wüchsige** ['-vyːksɪɡə] m, f (-n/-n) adolescent, teenager; **²zeit** f sport: first, second half; interval: half time
half [half] past of **helfen**
Hälfte ['hɛlftə] f (-/-n) half; die ˜ von half of
Halfter ['halftər] **1.** m, n (-s/-) halter; **2.** n, a. f (-/-n) holster
Halle ['halə] f (-/-n) hall; hotel etc.: lounge; in der ˜ sport: indoors
hallen ['halən] (ge-, h) resound, reverberate
'Hallenbad n indoor swimming pool
Halm [halm] m (-[e]s/-e)

blade (*of grass etc.*); stalk; stem; straw
hallo [ha'lo:,'halo] *int* hello, hi
Hals [hals] *m* (-es/-̈e) neck; throat; ‿**band** n (-[e]s/-̈er) *dog etc.*: collar; ‿**entzündung** ['‿ʔ-] *f* sore throat; ‿**kette** *f* necklace; ‿**Nasen-'Ohren-Arzt** *m* ear-nose-and-throat doctor; ‿**schlagader** *f* carotid (artery); ‿**schmerzen** *pl*: ~ **haben** have a sore throat; '‿**tuch** *n* scarf
Halt [halt] *m* (-[e]s/-e,-s) hold; support; stop, halt; ~ **machen** stop
halt [~] *int* stop!; *mil.* halt!
'**haltbar** durable; *food etc.*: non-perishable; *fig. argument etc.*: tenable; ~ **bis** best before; **²keitsdatum** *n* expiration (*or* best-by, best-before, sell-by) date
halten ['haltən] (*irr, ge-, h*) **1.** *v/t* hold; keep (*animal, promise etc.*); make (*speech*); ~ **für** regard as; (mis)take for; **viel** (**wenig**) ~ **von** think highly (little) of; **sich** ~ keep; *weather etc.*: last; **2.** *v/i* hold, last; stop; ~ **zu** stand by
'**Halter** *m* (-s/-) owner; *tech.* holder, stand, rack; '‿**in** *f* (-/-nen) owner
'**Halte**|**stelle** *f* stop; '‿**verbot** *n* no stopping (area)
'**haltmachen** → **Halt**
'**Haltung** *f* (-/-en) posture; *fig.*

attitude (**zu** towards);
hämisch ['hɛ:mɪʃ] malicious
Hammel ['haməl] *m* (-s/-) wether; '‿**fleisch** *n* mutton
Hammer ['hamər] *m* (-s/-̈) hammer
hämmern ['hɛmərn] (*ge-, h*) hammer
Hampelmann ['hampəl-] *m* toy: jumping jack; *contp.* clown, sucker
Ham|**ster** ['hamstər] *m* (-s/-) hamster; '**²stern** (*ge-, h*) hoard
Hand [hant] *f* (-/-̈e) hand; **von** (*or* **mit der**) ~ by hand; **sich die** ~ **geben** shake hands (with s.o.); **Hände hoch!** hands up!; **e-e** ~ **voll ...** a handful of ...; ‿**arbeit** ['‿ʔ-] *f* manual work; needlework; **es ist** ~ it's handmade; '‿**ball** *m* (*no pl*) *game*: (European) handball; *soccer*: handball; '‿**bremse** *f* handbrake; '‿**buch** *n* manual, handbook
Händedruck ['hɛndə-] *m* (-[e]s/-̈e) handshake
Han|**del** ['handəl] *m* (-s/*no pl*) commerce; trade; transaction, deal; ~ **treiben** trade (**mit** with s.o.); '**²deln** (*ge-, h*) act; bargain (**um** for); ~ **mit** deal (*or* trade) in s.th.; ~ **von** deal with, be about
Handels|**abkommen** ['handəls-ʔ-] *n* trade agreement; '‿**bilanz** *f* balance of trade; '‿**kammer** *f* chamber of commerce, *Am. a.* board of

Hand|feger ['hantfe:gər] m (-s/-) handbrush; **'~fläche** f palm; **'~gelenk** n wrist; **~gemenge** [~gəmɛŋə] n (-s/-) scuffle; **'~gepäck** n hand baggage (Brt. luggage); **'~granate** f hand grenade; **'~griff** m tech. etc. handle; movement of the hand; *mit wenigen ~en fig.* in no time; **²haben** (ge-, h) handle, manage

Händler ['hɛndlər] m (-s/-), **'~in** f (-/-nen) dealer, trader

handlich ['hantlɪç] handy

Handlung ['handluŋ] f (-/-en) act(ion); film etc.: story, plot, action; **'~sreisende** m, f sales representative, traveling (Brt. travelling) salesman; **'~sweise** f conduct

Hand|schellen ['hantʃɛlən] pl handcuffs; **'~schrift** f hand(writing); **²schriftlich** handwritten; **'~schuh** m glove; **'~spiel** n soccer: handball; **'~tasche** f purse, handbag; **'~tuch** n towel; **'~voll** → *Hand*; **'~werk** n (handi)craft, trade; **'~werker** m (-s/-) craftsman; workman; **'~werkerin** f (-/-nen) craftswoman; workwoman; **'~werkzeug** n tools

Handy ['hɛndi] n (-s/-s) mobile phone

Hanf [hanf] m (-[e]s/no pl) hemp

Hang [haŋ] m (-[e]s/⸚e) slope; *fig.* inclination (*zu* for), tendency (to)

Hänge|brücke ['hɛŋə-] f suspension bridge; **'~matte** f hammock

hängen ['hɛŋən] 1. v/i (irr, ge-, h) hang (*an* on wall etc., *from* ceiling etc.); ~ *an fig.* be fond of; be devoted to; ~ *bleiben* get stuck (*a. fig.*); ~ *bleiben an* get caught on; 2. v/t (ge-, h) hang (*a. s.o.*).

hänseln ['hɛnzəln] (ge-, h) tease (*wegen* about)

Happen ['hapən] m (-s/-) morsel, bite

Hardware ['ha:dwɛə] f (-/-s) computer: hardware

Harfe ['harfə] f (-/-n) harp

Har|ke ['harkə] f (-/-n) rake; **²ken** (ge-, h) rake

harmlos ['harmlo:s] harmless

Harmo|nie [harmo'ni:] f (-/-n) harmony; **²nieren** [~'ni:rən] (no ge-, h) harmonize (*mit* with); **²nisch** [~'mo:nɪʃ] harmonious

Harn [harn] m (-[e]s/-e) urine; **'~blase** f (urinary) bladder

Harpun|e [har'pu:nə] f (-/-n) harpoon; **²ieren** [~u'ni:rən] (no ge-, h) harpoon

hart [hart] 1. adj hard, F a. tough; sport: rough; winter, punishment: severe; ~ *gekocht* hard-boiled; 2. adv work etc.: hard

Härte

Härte ['hɛrtə] f (-/-n) hardness; roughness; severity
'**Hart|faserplatte** f hardboard; '**♀gekocht** → **hart**; '**♀herzig** hard-hearted; '**♀näckig** ['~nɛkɪç] stubborn
Harz [ha:rts] n (-es/-e) resin
Haschisch ['haʃɪʃ] n (-[s]/no pl) hashish, sl. pot
Hase ['ha:zə] m (-n/-n) hare
Haselnuss ['ha:zəl-] f hazelnut
Hasenscharte ['ha:zənʃartə] f (-/-n) harelip
Hass [has] m (-es/no pl) hatred, hate
hassen ['hasən] (ge-, h) hate
hässlich ['hɛslɪç] ugly; fig. a. nasty
hastig ['hastɪç] hasty, hurried
hatte [hatə] past of **haben**
Haube ['haubə] f (-/-n) bonnet; (nurse's) cap; mot. hood, Brt. bonnet
Hauch [haux] m (-[e]s/no pl) breath; whiff; fig. touch; **♀en** (ge-, h) breathe
hauen ['hauən] (irr, ge-, h) hit; tech. hew; sich ~ (have a) fight
Haufen ['haufən] m (-s/-) heap, pile; F fig. crowd; ein ~ F loads of
häuf|en ['hɔyfən] (ge-, h) pile up, accumulate (both a. sich ~); sich ~ fig. increase; **♀ig** frequent(ly)
Haupt [haupt] n (-[e]s/-̈er) head; fig. a. leader; ~... in compounds: mst main ...; '~**bahnhof** m main (or central) station; '~**darsteller(in)** leading actor (actress), lead ; '~**figur** f main character; '~**film** m feature (film); '~**gewinn** m first prize
Häuptling ['hɔyptlɪŋ] m (-s/-e) chief(tain)
'**Haupt|mann** m (-[e]s/-leute) captain; '~**menu** n computer: main menu; '~**quartier** n headquarters; '~**rolle** f lead(ing part); '~**sache** f main thing; **♀sächlich** ['~zɛçlɪç] main(ly), chief(ly); '~**sendezeit** f TV prime (or peak) time, peak viewing hours; '~**speicher** m computer: main memory; '~**stadt** f capital; '~**straße** f main street; → '~**verkehrsstraße** f main road; '~**verkehrszeit** f rush hour
Haus [haus] n (-es/-̈er) house; nach ~e home; zu ~e at home; ~**angestellte** ['~?-] m, f domestic (servant); ~**apotheke** ['~?-] f medicine cabinet; ~**arbeit** ['~?-] f housework; univ. etc. paper; ~**arzt** ['~?-] m, ~**ärztin** ['~?-] f family doctor; ~**aufgaben** ['~?-] pl homework; '~**besetzer** m (-s/-) squatter; '~**besitzer(in)** house owner; landlord (landlady); '~**flur** m hall; '~**frau** f housewife; '~**halt** m (-[e]s/-e) household; econ., pol. budget; ~

hälterin ['hɛltərɪn] f (-/-nen) housekeeper; '~haltsplan m budget; '~herr(in) landlord (landlady); host(-ess)

hausie|ren [hau'ziːrən] (no ge-, h) peddle, hawk; 2rer m (-s/-) pedlar, hawker

häuslich ['hɔʏslɪç] domestic

Haus|meister(in) caretaker, janitor; '~ordnung ['-ʔ-] f house rules; '~putz m (-es/no pl) spring-cleaning; '~schlüssel m front-door key; '~schuh m slipper; '~suchung ['-zuːxʊŋ] f (-/-en) house search; '~tier n domestic animal; '~tür f front door; '~wirt(in) landlord (landlady); '~wirtschaft f (-/no pl) housekeeping; home economics, Brt. domestic science

Haut [haut] f (-/-̈e) skin; '~arzt ['-ʔ-] m, '~ärztin ['-ʔ-] f dermatologist; '~farbe f color (Brt. colour) (of one's skin); of face: complexion

Hebamme ['heːpʔamə] f (-/-n) midwife

Hebebühne ['heːbə-] f (car) hoist

Hebel ['heːbəl] m (-s/-) lever

heben ['heːbən] (irr, ge-, h) lift, raise (a. fig.); heave; sich ~ rise, go up

hebräisch [heˈbrɛːɪʃ] Hebrew

Hecht [hɛçt] m (-[e]s/-e) pike

hechten ['hɛçtən] (ge-, sein) dive

Heck [hɛk] n (-[e]s/-e, -s) naut. stern; aviat. tail; mot. rear

Hecke ['hɛkə] f (-/-n) hedge

Heck|fenster n mot. rear window; '~motor m rear engine

Heer [heːr] n (-[e]s/-e) army; fig. a. host

Hefe ['heːfə] f (-/-n) yeast

Heft [hɛft] n (-[e]s/-e) notebook; Brt. school: exercise book; booklet; issue, number of magazine etc.

heft|en ['hɛftən] (ge-, h) fasten, fix (an to); tech. staple, tack; 2er m (-s/-) stapler, file

heftig ['hɛftɪç] violent, fierce; rain etc.: heavy; pain: severe

Heft|klammer f staple; '~pflaster n bandage, Band Aid®, Brt. (sticking) plaster; '~zwecke ['-tsvɛkə] f (-/-n) thumbtack, Brt. drawing pin

hegen ['heːgən](ge-, h) preserve; fig. have (doubts etc.)

Heide¹ ['haɪdə] m (-n/-n) heathen

Heide² [..] f (-/-n) heath(land); '~kraut n heather, heath

Heidelbeere ['haɪdəl-] f → **Blaubeere**

heidnisch ['haɪdnɪʃ] heathen

heikel ['haɪkəl] delicate, tricky; fussy (about food)

heil [haɪl] safe, unhurt; undamaged, whole

Heil|anstalt ['-ʔ-] f → **Sanatorium**; mental home; '2bar

heilen curable; **˜en** (ge-) **1.** v/t (h) cure; **2.** v/i (sein) heal (up)

heilig ['haɪlɪç] holy; sacred (a. fig.); **˜abend** [~'ʔ-] m Christmas Eve

Heilig|e ['~ɪgə] m, f (-n/-n) saint; **˜tum** n (-[e]s/-̈er) sanctuary, shrine

'Heil|mittel n remedy; **˜praktiker** ['~praktikɐr] m (-s/-), **˜praktikerin** m (-/-nen) non-medical practitioner

Heim [haɪm] **1.** n (-[e]s/-e) home (a. in compounds victory, game etc.); **2.** ≈ adv home; **˜arbeit** ['~ʔ-] f homework, outwork

Heimat ['haɪmaːt] f (-/no pl) home, native country; home town; **˜los** homeless

'Heim|computer m home computer; **˜isch** home, domestic; bot., zo. etc. native; **sich ˜ fühlen** feel at home; **˜kehren** (sep, ge-, sein), **˜kommen** (irr, sep, ge-, sein) return home; **˜lich** secret(ly); **˜reise** f journey home; **˜tückisch** insidious (a. disease); crime etc.: treacherous; **˜weg** m way home; **˜weh** n (-s/no pl) homesickness; **˜ haben** be homesick; **˜werker** ['~vɛrkɐr] m (-s/-) do-it-yourselfer

Heirat ['haɪraːt] f (-/-en) marriage; **≈en** (ge-, h) **1.** v/i get married, marry; **2.** v/t marry, get married to; **˜santrag** ['~s ̚ʔ-] m proposal

heiser ['haɪzɐr] hoarse; **'≈keit** f (-/no pl) hoarseness

heiß [haɪs] hot (a. fig. and F); **mir ist ˜** I am (or feel) hot

heißen ['haɪsən] (irr, ge-, h) be called; mean; **wie ˜ Sie?** what's your name?; **wie heißt das?** what do you call this?; **es heißt (im Text)** it says (in the text); **das heißt** that is

heiter ['haɪtɐr] cheerful; story etc.: humorous; meteor. fair; **'≈keit** f (-/no pl) amusement

heiz|en ['haɪtsən] (ge-, h) heat; **'≈er** m (-s/-) naut., rail. stoker; **'≈kissen** n heating pad; **'≈körper** m radiator; **'≈öl** ['~ʔ-] n fuel oil; **'≈platte** f hot plate; **'≈ung** f (-/-en) heating

hektisch ['hɛktɪʃ] hectic

Held [hɛlt] m (-en/-en) hero; **≈enhaft** ['~dən-] heroic; **˜in** ['~dɪn] f (-/-nen) heroine

helfen ['hɛlfən] (irr, ge-, h) help (bei with); **j-m ˜** help s.o., lend s.o. a hand; **˜ gegen** be good for; **er weiß sich zu ˜** he can manage; **es hilft nichts** it's no use; **'≈er** m (-s/-), **'≈erin** f (-/-nen) helper, assistant

hell [hɛl] light (a. color); light etc.: bright; sound etc.: clear; dress etc.: light-colored (Brt. coloured); beer: pale; fig. bright, clever; **'˜blau** light-blue; **'˜blond** very fair

Hellseher ['hɛlzeːɐr] m (-s/-)

'**∼in** f (-/-nen) clairvoyant
Helm [hɛlm] m (-[e]s/-e) helmet
Hemd [hɛmt] n (-[e]s/-en) shirt
hemmen ['hɛmən] (ge-, h) check, stop; → **gehemmt**; **2ung** f (-/-en) psych. inhibition; scruple; **∼ungslos** unrestrained; unscrupulous
Hengst [hɛŋst] m (-[e]s/-e) stallion
Henkel ['hɛŋkəl] m (-s/-) handle
Henne ['hɛnə] f (-/-n) hen
Henker ['hɛŋkər] m (-s/-) executioner
her [heːr] come, look etc.: here; of time: ago; **von ... ∼** from
herab [hɛ'rap] down; **∼lassend** condescending; **∼sehen** (irr, sep, ge-, h): **∼ auf** look down upon; **∼setzen** (sep, -ge-, h) reduce; fig. disparage
heran [hɛ'ran]: **∼ an** up to; **∼kommen** (irr, sep, -ge-, sein): **∼ an** come near to
he'ran**wachsen** (irr, sep, -ge-, sein) grow (up) (**zu** into); **2wachsende** m, f (-n|-n) adolescent
herauf [hɛ'raʊf] come etc.: upstairs; **∼beschwören** (irr, sep, no -ge-, h) call up (spirits etc.); provoke (trouble etc.); **∼ziehen** (irr, sep, -ge-) 1. v/t (h) pull up; 2. v/i (sein) storm etc.: come up
heraus [hɛ'raʊs] come etc.:

out; fig. **aus ... ∼** out of ...; **∼bekommen** (irr, sep, no -ge-, h) get out (nail, stain etc.); get back (change etc.); fig. find out; **∼bringen** (irr, sep, -ge-, h) bring out; fig. → **∼finden** (irr, sep, -ge-, h) find out, discover
he'raus**fordern** (sep, -ge-, h) challenge s.o.; provoke s.th., ask for it; **2ung** f challenge; provocation
he'rausge**ben** (irr, sep, -ge-, h) give back; give up, surrender; publish (book etc.); give change (of for); **2ber** m (-s/-), **2berin** f (-/-nen) publisher; editor
he'raus**holen** (sep, -ge-, h) get out (**aus** of); **∼kommen** (irr, sep, -ge-, sein) come out; **aus** get out of; **groß ∼** make it (big); **∼nehmen** (irr, sep, -ge-, h) take out; **sich et. ∼** take liberties; **∼stellen** (sep, -ge-, h): **sich ∼ als** turn out (or prove) to be; **∼strecken** (sep, -ge-, h) stick out; **∼ziehen** (irr, sep, -ge-, h) pull out
herb [hɛrp] taste etc.: tart; wine etc.: dry; fig. bitter; F tough
herbei [hɛr'baɪ] come etc.: up, over, here
Herberge f ['hɛrbɛrgə] f (-/-n) hostel
Herbst [hɛrpst] m (-[e]s/-e) fall, autumn
Herd [hɛrt] m (-[e]s/-e) stove, Brt. cooker

Herde ['he:rdə] *f* (*-/-n*) herd; flock (*of sheep etc.*)

herein [hɛ'raɪn] in (here); ~! come in!; **⁓fallen** (*sep*, *-ge-*, *sein*) *fig.* be taken in; **⁓legen** (*sep*, *-ge-*, *h*) *fig.* take in, fool

'herfallen (*irr*, *sep*, *-ge-*, *sein*): ~ **über** attack; *fig.* F, *criticize*: have a go at; *fig.* F go for, pitch into (*food*)

'Hergang *m* (*-[e]s/no pl*): **den ~ schildern** give an account of what happened

'hergeben (*irr*, *sep*, *-ge-*, *h*) give up; **sich ~ zu** lend o.s. to

Hering ['he:rɪŋ] *m* (*-s/-e*) herring

'herkommen (*irr*, *sep*, *-ge-*, *sein*) come (here); **2kunft** ['-kʊnft] *f* (*-/no pl*) origin; birth, descent

Heroin [hero'i:n] *n* (*-s/no pl*) heroin

Herr [hɛr] *m* (*-n/-en*) gentleman; *person in control*: master; *rel. the* Lord; ~ **Brown** Mr Brown; **m-e ⁓en** gentlemen

'Herren... *in compounds*: men's ...; **⁓los** ownerless

'herrichten ['he:r-] (*sep*, *-ge-*, *h*) get s.th. ready

Herrin ['hɛrɪn] *f* (*-/-nen*) mistress

herrisch ['hɛrɪʃ] imperious

herrlich ['hɛrlɪç] marvelous, *Brt.* marvellous

'Herrschaft *f* (*-/no pl*) rule, power, control (*a. fig.*) (**über**

over); **m-e ⁓en!** ladies and gentlemen!

'herrsch|en ['hɛrʃən] (*ge-*, *h*) rule; **es herrschte ...** there was ...; **'2scher** *m* (*-s/-*), **'2scherin** *f* (*-/-nen*) ruler; sovereign, monarch

'herrühren (*sep*, *-ge-*, *h*): ~ **von** come from

'herstell|en (*sep*, *-ge-*, *h*) make, produce, manufacture; *fig.* establish; **'2ung** *f* (*-/no pl*) manufacture, production

herüber [hɛ'ry:bər] *come etc.*: over (here), across

herum [hɛ'rʊm] (a)round; **⁓führen** (*sep*, *-ge-*, *h*) show s.o. (a)round; **⁓kommen** (*irr*, *sep*, *-ge-*, *sein*) get around (**um et.** s.th.); **⁓kriegen** (*sep*, *-ge-*, *h*): ~ **zu** get s.o. to do s.th.; **⁓lungern** [-lʊŋərn] (*sep*, *-ge-*, *h*) loaf (*or* hang) around; **⁓reichen** (*sep*, *-ge-*, *h*) pass (*or* hand) round; **⁓treiben** (*irr*, *sep*, *-ge-*, *h*): **sich ~** knock about

herunter [hɛ'rʊntər] come, take *etc.*: down; downstairs; **⁓gekommen** rundown; seedy, shabby (*a.* person); **⁓holen** (*sep*, *-ge-*, *h*) get down; **⁓kommen** (*irr*, *sep*, *-ge-*, *sein*) come down(-stairs); *fig.* get run-down

hervor [hɛr'fo:r] out of, out from **⁓bringen** (*irr*, *sep*, *-ge-*, *h*) bring out, produce (*a. fig.*); utter (*words etc.*);

~**gehen** (*irr, sep, -ge-, sein*): ~ **aus** follow from; ~**heben** (*irr, sep, -ge-, h*) stress, emphasize; ~**ragend** *fig.* outstanding; ~**rufen** (*irr, sep, -ge-, h*) cause, bring about; ~**stechend** *fig.* striking (*feature etc.*)

Herz [hɛrts] *n* (*-ens/-en*) *anat.* heart (*a. fig.*); *cards:* heart(s); ~**anfall** ['-ʔ-] *m* heart attack; ~**enslust** ['-ǝns-] *f:* **nach** ~ to one's heart's content; ~**fehler** *m* heart defect; 2**haft** hearty; *not sweet:* savory, *Brt.* savoury; ~**infarkt** ['-ɪnfarkt] *m* (-*[e]s/-e*) *med.* cardiac infarction, F *mst* heart attack, coronary; ~**klopfen** *n* (*-s/no pl*) *med.* palpitation; **er hatte** ~ (**vor**) his heart was throbbing (with); ~**krank** suffering from a heart disease; 2**lich** cordial, hearty; ~**lichkeit** *f* (*-/no pl*) cordiality; 2**los** heartless

Herzog ['hɛrtso:k] *m* (*-[e]s/~̈e,-e*) duke; ~**in** ['-gɪn] *f* (*-/-nen*) duchess; 2**tum** *n* (*-[e]s/~̈er*) duchy

'**Herz|schlag** *m* heartbeat; *med.* heart failure; ~**schrittmacher** *m* (*-s/-*) pacemaker; ~**verpflanzung** *f* (*-/-en*) heart transplant

Hessen ['hɛsn] Hesse(n)

Het|ze ['hɛtsə] *f* (*-/no pl*) rush; *pol.* agitation; 2**zen** (*ge-*) **1.** *v/i* (*sein*) rush. **2.** *v/i* (*h*) agitate (**gegen** against); **3.** *v/t* (*h*) chase; *fig.* rush; ~ **auf** set (*dog etc.*) on s.o.

Heu [hɔy] *n* (*-s/no pl*) hay

Heuch|elei [hɔyçə'laɪ] *f* (*-/-en*) hypocrisy; 2**eln** (*ge-, h*) feign; ~**ler** *m* (*-s/-*), ~**lerin** *f* (*-/-nen*) hypocrite; 2**lerisch** hypocritical

heuer ['hɔyər] *Austrian:* this year

heulen ['hɔylən] (*ge-, h*) howl; bawl

'**Heu|schnupfen** *m* hay fever; ~**schrecke** ['-ʃrɛkə] *f* (*-/-n*) grasshopper; *in Africa etc.:* locust

heute ['hɔytə] today; ~ **Abend** this evening, tonight; ~ **früh**, ~ **Morgen** this morning; ~ **in acht Tagen** a week from now; ~ **vor acht Tagen** a week ago today; '2**ig** today's; present; '2**zutage** ['hɔyttsutaːgə] nowadays, these days

Hexe ['hɛksə] *f* (*-/-n*) witch; ~**nschuss** *m* (*-es/no pl*) lumbago; ~**rei** *f* (*-/-en*) witchcraft

hieb [hiːp] *past of* **hauen**

Hieb [~] *m* (*-[e]s/-e*) blow, stroke

hielt [hiːlt] *past of* **halten**

hier [hiːr] here; ~ **entlang!** this way!

hier|auf [hiː'raʊf] *put s.th.* on it, on this; *of time:* after that, then; ~**aus** [hiː'raʊs] from this; '~**bei** here, in this

hierdurch 168

case; while doing this; **'~'durch** by this, hereby; **'~'für** for this; **'~'her** come, move etc.: (over) here, this way; **bis ~** so far; **'~in** ['hi:'rın] in this; **'~'mit** with this; **'~'nach** after this; according to this; **~über** ['hi:'ry:bər] fig. about this (subject); **'~'von** of (or from) this

hierzu ['hi:r'tsu:] for this; add etc.: to this; **~lande** ['~tsu-'landə] in this country, here

hiesig ['hi:zıç] local

hieß [hi:s] past of **heißen**

Hi-Fi-Anlage ['haıfı-] f hi-fi, stereo

Hilfe ['hılfə] f (-/-n) help; aid (a. econ.); relief (**für** to); **Erste ~** first aid; **~!** help!; **'~ruf** m cry for help

'hilflos helpless

Hilfs|arbeiter(in) ['hılfs?-] unskilled worker; **'2bedürftig** needy; **'2bereit** helpful, ready to help; **'~mittel** n aid; tech. a. device; **'~organisation** f relief organization

Himbeere ['hım-] f raspberry

Himmel ['hıməl] m (-s/no pl) sky; rel., fig. heaven; **'2blau** sky-blue; **'~fahrt** f (-/no pl) Ascension (Day); **'~srichtung** f direction

himmlisch ['hımlıʃ] heavenly

hin [hın] adv. go, get etc.: there; **bis ~ zu** as far as; **auf j-s ... ~** at s.o.'s ...; **~ und her** to and fro, back and forth; **~ und wieder** now and then; **~ und zurück** there and back; **~ ticket**: round trip, Brt. return (ticket)

hinab [hı'nap] → **hinunter**

hinauf [hı'naʊf] go etc.: up (there); upstairs; **die ... ~** up the ...; **~gehen** (irr, sep, -ge-, sein) go up; fig. a. rise; **~steigen** (irr, sep, -ge-, sein) climb up

hinaus [hı'naʊs] go etc.: out; **aus ... ~** out of ...; **~gehen** (irr, sep, -ge-, sein) go out(side); **~ über** go beyond; **~laufen** (irr, sep, -ge-, sein): **~ auf** come (or amount) to; **~schieben** (irr, sep, -ge-, h) fig. put off, postpone; **~werfen** (irr, sep, -ge-, h) throw out (**aus** of); **2zögern** (sep, -ge-, h) put off

'Hinblick m: **im ~ auf** with regard to

'hinbringen (irr, sep, -ge-, h) take there

hin|derlich ['hındərlıç]: **j-m ~ sein** be in so.'s way; **'~dern** (ge-, h) hinder; **~ an** prevent from **ger**; **'2dernis** n (-ses/-se) obstacle

hin'durch through; **... ~** throughout ...

hinein [hı'naın] go etc.: in; **~gehen** (irr, sep, -ge-, sein) go in(side); **~ in** fig. go into (suitcase etc.); **~steigern** (sep, -ge-, h): **sich ~** get worked up (**in** about)

'hin|fahr|en (irr, sep, -ge-) 1.

v/i (**sein**) go there; **2.** *v/t* (**h**) take there; **'2fahrt** *f: auf der* ~ on the way there

'hin|fallen (*irr, sep, -ge-, sein*) fall (down); '~führen (*sep, -ge-, h*) **1.** *v/t* lead (*or* take) there; **2.** *v/i* road: lead (*or* go) there

hing [hɪŋ] *past of* hängen 1

'Hin|gabe *f* (-/*no pl*) devotion; '2geben (*irr, sep, -ge-, h*): *sich* ~ give o.s. to; devote o.s. to *s.th.*

'hingehen (*irr, sep, -ge-, sein*) go (there); '~halten (*irr, sep, -ge-, h*) hold out; *fig.* stall, put *s.o.* off

hinken ['hɪŋkən] (*ge-, h, sein*) limp

'hin|legen (*sep, -ge-, h*) lay (*or* put) down; *sich* ~ lie down; '~nehmen (*irr, sep, -ge-, h*) put up with

'Hinreise *f* → Hinfahrt

'hinricht|en (*sep, -ge-, h*) execute; '~ung *f* execution

'hin|setzen (*sep, -ge-, h*) set (*or* put) down; *sich* ~ sit down; '~sichtlich with regard to; '2spiel *n sport*: first leg; '~stellen (*sep, -ge-, h*) put (down); *sich* ~ stand; ~ *als* make *s.o. or s.th.* appear to be

hinten ['hɪntən] at the back; (*sit etc.*) in the back (*or* rear); *von* ~ from behind

hinter ['hɪntər] *prp* behind

Hinter... [~] *in compounds*: rear (*axle, entrance, wheel etc.*)

'Hinter|bein *n* hind leg; ~bliebene [~'bliːbənə] *m, f* (-*n*/-*n*) surviving dependant; *die* ~ *lit.* the bereaved

'hintere *adj* rear, back

hinter|einander [hɪntər?aɪ'nandər] one after the other; *dreimal* ~ three times in a row; '2gedanke *m* ulterior motive; ~'gehen (*irr, no -ge-, h*) deceive; '2grund *m* background; '2halt *m* (-[e]*s/*-e) ambush

'hinter|her run *etc.*: behind, after; *of time*: afterwards; *j-m* ~ *sein* be after s.o.; ~ *sein mit* be behind with *one's work etc.*

'Hinter|kopf *m* back of the head; ~lassen (*irr, no -ge-, h*) leave; '2legen (*no -ge-, h*) deposit

'Hintern *m* (-*s/*-) F bottom, behind

'Hinter|teil *n* back (part); F → Hintern; '~treppe *f* back stairs; '~tür *f* back door

hinüber [hɪ'nyːbər] over, across

hinunter [hɪ'nʊntər] go, look *etc.*: down; downstairs; *den* ... ~ down the ...; ~schlucken (*sep, -ge-, h*) swallow

'Hinweg *m*: *auf dem* ~ on the way there

hinweg [hɪn'vɛk]: *über* ... ~ over ...; ~kommen (*irr, sep, -ge-, sein*): ~ *über* get over; ~setzen (*sep, -ge-, h*): *sich* ~ *über* ignore

Hinweis

Hinweis ['hɪnvaɪs] *m* (*-es/-e*) hint; indication, clue; reference; **2en** [*~vaɪzən*] (*irr, sep, -ge-, h*): *j-n ~ auf* draw (*or* call) s.o.'s attention to; *~ auf* point at (*or* to)

'hin|werfen (*irr, sep, -ge-, h*) throw down; **'~ziehen** (*irr, sep, -ge-, h*) *sich ~* stretch (*bis zu* to); *time etc.*: drag on

hin'zu in addition; **~fügen** (*sep, -ge-, h*) add; **~kommen** (*irr, sep, -ge-, sein*) be added; **~ziehen** (*irr, sep, -ge-, h*) call in, consult (*doctor, expert etc.*)

Hirn [hɪrn] *n* (*-[e]s/-e*) brain; **~gespinst** ['~ɡəʃpɪnst] *n* (*-es/-e*) (*reines* mere) fantasy; **2verbrannt** F crazy, crackpot

Hirsch [hɪrʃ] *m* (*-es/-e*) stag; *species*: (red) deer; **'~kuh** *f* hind

Hirte ['hɪrtə] *m* (*-n/-n*) herdsman; shepherd (*a. rel.*)

hissen ['hɪsən] (*ge-, h*) hoist

historisch [hɪs'to:rɪʃ] historic(al)

Hitliste ['hɪt-] *f* charts

Hitze ['hɪtsə] *f* (*-/no pl*) heat (*a. zo.*); **'2beständig** heat-resistant; **'~welle** *f* heat wave

'hitzig hot-tempered; *debate*: heated; **'2kopf** *m* hothead; **'2schlag** *m* heatstroke

HIV-'negativ [haːiː'faʊ-] HIV-negative; **2-'positiv** HIV-positive; **2-'positive** *m, f* (*-n/-n*) HIV carrier

H-Milch *f* long-life milk

hob [hoːp] *past of* **heben**

Hobel ['hoːbəl] *m* (*-s/-*) plane; **'2beln** (*ge-, h*) plane

hoch [hoːx] high; *tree, building*: tall; *punishment*: heavy, severe; *age*: great, old; *snow*: deep; *~ oben* high up; *math. 8 ~ 5* eight to the fifth (power)

Hoch [~] *n* (*-s/-s*) *meteor.* high (*a. fig.*); **~achtung** ['hoːx?~] *f* respect; **2achtungsvoll** ['~?~-] *in letters*: Yours sincerely; **'~betrieb** *m* rush; **2deutsch** High (*or* standard) German; **'~druck** *m* (*-[e]s/no pl*) high pressure; **'~ebene** ['~?~] *f* plateau, tableland; **'~form** *f*: *in ~* in top form; **'~gebirge** *n* high mountains; **'~geschwindigkeits...** high-speed ...; **'~haus** *n* high-rise, tower block; **'~konjunktur** *f* boom; **'~mut** *m* arrogance; **2mütig** ['~myːtɪç] arrogant; **~ofen** ['~?~-] *m* blast furnace; **'~rechnung** *f* projection; *election*: computer prediction; **'~saison** *f* peak season; **'~schulausbildung** *f* higher education; **'~schule** *f* university; college; academy; **'~sommer** *m* midsummer; **'~spannung** *f* high tension (*a. fig.*), high voltage; **'~sprung** *m* high jump

höchst [høːçst] 1. *adj* highest; extreme; 2. *adv* highly, most, extremely

Hochstapler ['ho:xʃta:plər] *m* (-s/-), '**~in** *f* (-/-nen) imposter, *Brt.* impostor

höchst|ens ['hø:çstəns] at (the) most, at best; '**2form** *f* top form; '**2geschwindigkeit** *f* (*mit*) at) top speed; *zulässige* **~** speed limit; '**2leistung** *f* top performance; '**~wahr'scheinlich** very probably, in all probability

Hoch|technologie *f* high tech(nology); '**~verrat** *m* high treason; '**~wasser** *n* high tide; flood; '**2wertig** high-grade; '**~zahl** *f* exponent

Hochzeit ['hɔx-] *f* wedding; marriage; '**~s...** *in compounds:* wedding (*gift, dress etc.*); '**~sreise** *f* honeymoon

hocken ['hɔkən] (*ge-, h*) squat

Hocker *m* (-s/-) stool

Höcker *m* (-s/-) hump (*of camel etc.*)

Hoden ['ho:dən] *m* (-s/-) testicle

Hof [ho:f] *m* (-[e]s/-̈e) yard; *agr.* farm; (*royal*) court

hoff|en ['hɔfən] (*ge-, h*) hope (*auf for*); '**~entlich** hopefully, I hope, let's hope; *as a reply:* I (we) hope so; '**2nung** *f* (-/-en) hope; '**~nungslos** hopeless

höflich ['hø:flɪç] polite, courteous (*zu* to); **2keit** *f* (-/-en) politeness

Höhe ['hø:ə] *f* (-/-n) height; *aviat., astr., geogr.* altitude; hill; *of sum etc.:* amount; level; extent (*of damage etc.*); *mus.* pitch; *in die* **~** up

Hoheitsgebiet ['ho:haits-] *n* territory

Höhen|luft *f* mountain air; '**~messer** *m* (-s/-) altimeter; '**~sonne** *f* sunlamp; '**~zug** *m* mountain range

Höhepunkt *m* climax

hohl [ho:l] hollow (*a. fig.*)

Höhle ['hø:lə] *f* (-/-n) cave; *zo.* hole

Hohl|maß *n* measure of capacity; '**~raum** *m* hollow, cavity

Hohn [ho:n] *m* (-s/*no pl*) derision, scorn

höhnisch ['hø:nɪʃ] sneering

holen ['ho:lən] (*ge-, h*) (go and) get, fetch, go for; call (*police etc.*); **~** *lassen* send for; *sich* **~** catch, get (*disease etc.*)

Holland ['hɔlant] Holland, the Netherlands

Holländ|er ['hɔlɛndər] *m* (-s/-) Dutchman; '**~erin** *f* (-/-nen) Dutchwoman; '**2isch** Dutch

Hölle ['hœlə] *f* (-/*no pl*) hell; '**2isch** infernal

hol|perig ['hɔlpərɪç] bumpy; *style etc.:* clumsy; '**~pern** (*ge-, sein*) jolt (*or* bump) (along)

Holunder [ho'lʊndər] *m* (-s/-) elder

Holz

Holz [hɔlts] *n* (-es/⁻er) wood; timber, lumber

hölzern ['hœltsərn] wooden

'Holz|fäller *m* (-s/-) logger; **'~handlung** *f* lumberyard; **2ig** woody; *vegetable*: stringy; **'~kohle** *f* charcoal; **'~schnitt** *m* woodcut; **'~schuh** *m* clog; **'~wolle** *f* excelsior, wood wool; **'~wurm** *m* woodworm

homosexuell [homozɛ'ksŭɛl] homosexual

Honig ['ho:nɪç] *m* (-s/-e) honey

Honorar [hono'ra:r] *n* (-s/-e) fee

Hopfen ['hɔpfən] *m* (-s/*no pl* brewing: hops; *bot.* hop

Hör|apparat ['hø:r?-] *m* hearing aid; **2bar** audible

horchen ['hɔrçən] (*ge-*, *h*) listen (*auf* to); eavesdrop

Horde ['hɔrdə] *f* (-/-n) horde, F *a.* bunch

hör|en ['hø:rən] (*ge-*, *h*) hear; listen to (*a.* ~ *auf*); obey; listen; ~ *von* hear of *or* s.o.; hear about *s.th.* *or* s.o.; **er hört schwer** his hearing is bad; **2er** *m* (-s/-) listener; *tel.* receiver; **2erin** *f* (-/-nen) listener; **2gerät** *n* hearing aid

Horizont [hori'tsɔnt] *m* (-[e]s/-e) (**am**) **on** (the) horizon; **2al** [~'ta:l] horizontal

Horn [hɔrn] *n* (-[e]s/⁻er) horn; *mus.* (French) horn; **'~haut** *f* horny skin; *eye*: cornea

Hornisse [hɔr'nɪsə] *f* (-/-n) hornet

Horoskop [horo'sko:p] *n* (-s/-e) horoscope

'Hör|saal *m* lecture hall; **'~spiel** *n* radio play; **'~weite** *f* (-/*no pl*): **in** ~ within earshot

Hose ['ho:zə] *f* (-/-n) (pair of) pants (*or esp. Brt.* trousers); slacks; **kurze** ~ shorts

Hosen|anzug ['ho:zən?-] *m* pants (*Brt.* trouser) suit; **'~schlitz** *m* fly; **'~tasche** *f* trouser pocket; **'~träger** *pl* (pair of) suspenders *or Brt.* braces

Hospital [hɔspi'ta:l] *n* (-s/-er, -e) hospital

Hostess ['hɔstɛs, hɔs'tɛs] *f* (-/-en) hostess

Hostie ['hɔstiə] *f* (-/-n) *rel.* host

Hotel [ho'tɛl] *n* (-s/-s) hotel; **~direktor(in)** hotel manager; **~zimmer** *n* hotel room

Hubraum ['hu:p-] *m* cubic capacity

hübsch [hypʃ] pretty, nice(-looking), cute; nice, lovely (*gift etc.*)

Hubschrauber ['hu:pʃraubər] *m* (-s/-) helicopter

Huf [hu:f] *m* (-[e]s/-e) hoof; **'~eisen** [~?-] *n* horseshoe

Hüft|e ['hʏftə] *f* (-/-n) hip; **'~gelenk** *n* hip-joint; **'~halter** *m* girdle

Hügel ['hy:gəl] *m* (-s/-) hill; **2ig** hilly

Huhn [hu:n] *n* (-[e]s/⁀er) chicken; hen

Hühner|auge ['hy:nər⁰-] *n* corn; '⁀brühe *f* chicken broth; '⁀stall *m* henhouse

Hül|le ['hylə] *f* (-/-n) cover(ing), wrap(ping), jacket (*of book etc.*), Brt. *a.* sleeve (*of record*); **in ~ und Fülle** in abundance; **⁀len** (*ge-, h*) wrap, cover

Hülse ['hylzə] *f* (-/-n) case; *bot.* pod; **⁀nfrüchte** ['⁀nfrʏçtə] *pl* pulse

human [hu'ma:n] humane, decent

Hummel ['huməl] *f* (-/-n) bumble-bee

Hummer ['humər] *m* (-s/-) lobster

Humor [hu'mo:r] *m* (-s/*no pl* humor, Brt. humour; (**keinen**) **~ haben** have a (no) sense of humor (*Brt.* humour); **⁀voll** humorous

humpeln ['humpəln] *v/i* (*ge-, sein*) hobble; limp; have a limp

Hund [hunt] *m* (-[e]s/-e) dog; F bastard

Hunde|hütte ['hundə-] *f* doghouse, kennel; '⁀kuchen *m* dog biscuit; '⁀leine *f* lead, leash; '⁀marke *f* dog tag; '⁀müde* dog-tired

hundert ['hundərt] a (*or* one) hundred; **⁀jahrfeier** *f* centennial; '⁀ste hundredth; **⁀stel** *n* hundredth

Hündin ['hʏndɪn] *f* (-/-nen) bitch

Hundstage ['huntsta:gə] *pl* dogdays

Hüne ['hy:nə] *m* (-n/-n) giant

Hun|ger ['huŋər] *m* (-s/*no pl*) hunger; **~ bekommen** (**haben**) get (be) hungry; '⁀gern (*ge-, h*) go hungry, starve; '⁀snot *f* famine

hungrig ['huŋrɪç] hungry (**auf** for)

Hu|pe ['hu:pə] *f* (-/-n) horn; **⁀pen** (*ge-, h*) hoot, honk

hüpfen ['hʏpfən] (*ge-, sein*) hop, skip; *ball etc.*: bounce

Hürde ['hʏrdə] *f* (-/-n) hurdle

Hure ['hu:rə] *f* (-/-n) whore, prostitute

hurra [hu'ra:] *int* hooray!

huschen ['huʃən] (*ge-, sein*) flit, dart

hüsteln ['hy:stəln] (*ge-, h*) cough slightly

husten ['hu:stən] **1.** *v/i and v/t* (*ge-, h*) cough; **2.** ⁀ *m* (-s/*no pl*) cough; **⁀saft** *m* cough syrup

Hut [hu:t] *m* (-[e]s/⁀e) hat

hüten ['hy:tən] (*ge-, h*) guard; herd (*sheep etc.*); look after (*children, house etc.*); **sich ~ vor** beware of; **sich ~ zu** be careful not to do *s.th.*

Hütte ['hʏtə] *f* (-/-n) hut; cabin; (mountain) lodge; *tech.* metallurgical plant

Hydrant ['hy'drant] *m* (-en/-en) hydrant

hydraulisch [hy'draulɪʃ] hydraulic

Hygien|e [hy'gi̯e:nə] f (-/no pl) hygiene; **2isch** [~'gi̯e:nɪʃ] hygienic(ally)
Hymne ['hʏmnə] f (-/-n) hymn
Hypno|se [hʏp'no:zə] f (-/-n) hypnosis; **2tisieren** [~noti'zi:rən] (no ge-, h) hypnotize
Hypothek [hypo'te:k] f (-/-en) mortgage
Hypothese [hypo'te:zə] f (-/-n) hypothesis
Hyste|rie [hʏste'ri:] f (-/-n) hysteria; **2risch** [~'te:rɪʃ] hysterical

I

i.A. (only in writing) im Auftrag pp, per pro(curationem), by proxy
IC [i:'tse:] m (-s/-s) Intercity(zug) intercity (train)
ICE [i:tse:'ʔe:] m (-s/-s) Intercity-Express(zug) intercity express (train)
ich [ɪç] I; ~ selbst (I) myself; ~ bins it's me
Ideal [ide'a:l] 1. n (-s/-e) ideal; 2. 2 adj ideal
Idee [i'de:] f (-/-n) idea; e-e ~ fig. a bit
iden|tifizieren [identifi'tsi:rən] (no ge-, h) identify (sich o.s.); **~tisch** [i'dentɪʃ] identical; **2tität** [~ti'tɛ:t] f (-/no pl) identity
Ideologie [ideolo'gi:] f (-/-n) ideology
Idiot [i'di̯o:t] m (-en/-en), **~in** f (-/-nen) idiot; **2isch** idiotic
Idol [i'do:l] n (-s/-e) idol
IG-... Industriegewerkschaft ... industrial union
Igel ['i:gəl] m (-s/-) hedgehog

ignorieren [ɪgno'ri:rən] (no ge-, h) ignore
ihm [i:m] (to) him; (to) it
ihn [i:n] him; it
'ihnen pl (to) them; **Ihnen** sg, pl (to) you
ihr [i:r] 1. pers pron you; (to) her; 2. poss pron her; pl their; **Ihr** sg, pl your; **~etwegen** ['i:rɔt've:gən] for her (pl their) sake; because of her (pl them)
Ikone [i'ko:nə] f (-/-n) icon (a. computer)
illegal ['ɪlega:l] illegal
Illustr|ation [ɪlustra'tsi̯o:n] f (-/-en) illustration; **2ieren** [~'stri:rən] (no ge-, h) illustrate; **~ierte** [~'stri:rtə] f (-n/-n) magazine
Imbiss ['ɪmbɪs] m (-es/-e) snack; **~stube** ['~ʃtu:bə] f (-/-n) snack bar
Imker ['ɪmkər] m (-s/-) beekeeper
immatrikulieren [ɪmatriku'li:rən] (no ge-, h): sich ~ enroll, Brt. enrol

immer ['ɪmər] always; ~ **mehr** more and more; ~ **noch** still; ~ **wieder** again and again; **für** ~ for ever, for good; **wer (was) auch** ~ whoever (whatever); '~**hin** after all; '~'**zu** all the time

Immobilien [ɪmoˈbiːliən] *pl* real estate; 2**makler** *m* real estate agent, realtor®, *Brt.* estate agent

immun [ɪˈmuːn] immune; ~ **machen** immunize (**gegen** against); 2**ität** [ɪmuniˈtɛːt] *f* (-/*no pl*) immunity; 2**schwäche** *f med.* immunodeficiency; **Erworbene** ~ Aids

Imperialismus [ɪmperiaˈlɪsmʊs] *m* (-/*no pl*) imperialism

impf|en ['ɪmpfən] (**ge-**, **h**) vaccinate; '2**schein** *m* certificate of vaccination; '2**stoff** *m* vaccine; '2**ung** *f* (-/-**en**) vaccination

imponieren [ɪmpoˈniːrən] (*no* **ge-**, **h**) *j-m* ~ impress s.o.

Import [ɪmˈpɔrt] *m* (-[**e**]**s**/-**e**) import(ation); 2**eur** [ɪmpɔrˈtøːr] *m* (-**s**/-**e**) importer; 2**ieren** [-ˈtiːrən] (*no* **ge-**, **h**) import

impotent ['ɪmpotɛnt] impotent

imprägnieren [ɪmprɛˈɡniːrən] (*no* **ge-**, **h**) waterproof

improvisieren [ɪmproviˈziːrən] (*no* **ge-**, **h**) improvise

impulsiv [ɪmpʊlˈziːf] impulsive

imstande [ɪmˈʃtandə]: ~ **sein zu** be capable of (*doing*) *s.th.*

in [ɪn] *of place*: in, at; within, inside; into, in, to; *of time*: in, at, during; within; ~ **der (die) Schule** at (to) school; ~**s Bett** (*Kino etc.*) to bed (the cinema *etc.*); **gut** ~ good at; F ~ **sein** (*fashionable*) be in

'**Inbegriff** *m* (-[**e**]**s**/*no pl*) epitome; 2**en** included

indem [ɪnˈdeːm] while, as; by *doing s.th.*

Inder ['ɪndər] *m* (-**s**/-), '~**in** *f* (-/-**nen**)

Indian|er [ɪnˈdiːanər] *m* (-**s**/-), **~erin** *f* (-/-**nen**), 2**isch** Native American, American Indian

Indien ['ɪndiən] India

indirekt 'ɪndirɛkt] indirect

indisch ['ɪndɪʃ] Indian

individu|ell [ɪndiviˈduɛl] individual; 2**um** [~ˈviːduʊm] *n* (-**s**/-**duen**) individual

Indiz [ɪnˈdiːts] *n* (-**es**/-**ien**) indication, sign

Indizien [ɪnˈdiːtsiən] *pl*, ~**beweis** *m jur.* circumstantial evidence

Industrialisierung [ɪndʊstriali'ziːrʊŋ] *f* (-/*no pl*) industrialization

Industrie [ɪndʊsˈtriː] *f* (-/-**n**) industry; ~**...**: worker, area, country *etc.*: industrial

ineinander [ɪnʔaɪˈnandər] in(-to) one another; ~ **verliebt** in love with each other

Infektion

Infektion [ɪnfɛk'tsjoːn] *f* (*-/-en*) infection; **~skrankheit** *f* infectious disease

infizieren [ɪnfi'tsiːrən] (*no ge-, h*) infect

Inflation [ɪnfla'tsjoːn] *f* (*-/-en*) inflation

in'folge owing (*or* due) to; **~dessen** [~'dɛsən] consequently

Informatik [ɪnfɔr'maːtɪk] *f* (*-/no pl*) computer science; **~er** *m* (*-s/-*), **~erin** *f* (*-/-nen*) computer scientist

Information [ɪnfɔrma'tsjoːn] *f* (*-/-en*) information; **2ieren** [~'miːrən] (*no ge-, h*) inform

in'frage: ~ kommen be a possibility, *person*: be considered; **das kommt nicht ~** that's out of the question

Infrastruktur ['ɪnfra-] *f* infrastructure

Ingenieur [ɪnʒe'niøːr] *m* (*-s/-e*), **~in** *f* (*-/-nen*) engineer

Ingwer ['ɪŋvər] *m* (*-s/no pl*) ginger

Inhaber ['ɪnhaːbər] *m* (*-s/-*), **~in** *f* (*-/-nen*) owner, proprietor; occupant (*of apartment etc.*); keeper (*of store etc.*); holder (*of office etc.*)

Inhalt *m* (*-[e]s/-e*) contents; volume; *fig.* meaning (*of life etc.*); **~sangabe** ['~s?-] *f* summary; **~sverzeichnis** *n* table of contents

Initiative [initsja'tiːvə] *f* (*-/-n*) initiative; **die ~ ergreifen** take the initiative

inklusive [ɪnklu'ziːvə] including, inclusive of

'In|land *n* (*-[e]s/no pl*) home; inland; **im In- u. Ausland** at home and abroad; **'~... in** compounds: → **2ländisch** ['~lɛndɪʃ] domestic; home; inland; internal

Inlett ['ɪnlɛt] *n* (*-[e]s/-e*) ticking

innen ['ɪnən] inside; indoors; **nach ~** inwards

Innen|architekt(in) ['ɪnən?-] interior designer; **~minister** *m* minister of the interior; *Am.* Secretary of the Interior, *Brt.* Home Secretary; **~politik** *f* domestic politics; **~seite** *f* inside; **~stadt** *f* downtown, *Brt.* city centre

inner ['ɪnər] inner; *med., pol.* internal

'Innere *n* (*-n/no pl*) interior

Innereien [~'raɪən] *pl* offal; *fish*: guts

'inner|halb within; **'~lich** internal(ly); **~ste** ['~stə] in(ner)most

inoffiziell ['ɪn?-] unofficial

Insass|e ['ɪnzasə] *m* (*-n/-n*), **~in** *f* (*-/-nen*) passenger; inmate (*of prison etc.*)

Inschrift *f* inscription

Insekt [ɪn'zɛkt] *n* (*-[e]s/-en*) insect

Insel ['ɪnzəl] *f* (*-/-n*) island

Inser|at [ɪnze'raːt] *n* (*-[e]s/-e*) advertisement, F ad; **2ieren** [~'riːrən] (*no ge-, h*) advertise

insgesamt [ɪnsgə'zamt] altogether

in'sofern: ~ *als* in so far as

Inspektion [ɪnspɛk'tsi̯oːn] f (-/-en) inspection

Installateur [ɪnstala'tøːr] m (-s/-e) plumber; fitter; **2ieren** [~'liːrən] (*no ge-, h*) instal(l)

instand [ɪn'ʃtant]: ~ *halten* keep in good order; *tech*. maintain

Instinkt [ɪn'stɪŋkt] m (-[e]s/-e) instinct

Institut [ɪnsti'tuːt] n (-[e]s/-e) institute; **~ion** [~tu'tsi̯oːn] f (-/-en) institution

Instrument [ɪnstru'mɛnt] n (-[e]s/-e) instrument

Inszenierung [ɪnstse'niːrʊŋ] f (-/-en) production, staging (*a. fig.*)

intellektuell [ɪntɛlɛk'tu̯ɛl] intellectual, F highbrow; **2elle** m, f (-n/-n) intellectual, F high-brow

intelligent [ɪntɛli'gɛnt] intelligent; **2genz** [~ts] f (-/-en) intelligence

Intendant [ɪntɛn'dant] m (-en/-en) director

intensiv [ɪntɛn'ziːf] intensive; strong (*smell etc.*); **~kurs** m crash course; **2station** f intensive care unit

Intercity [ɪntər'sɪti] m (-s/-s) intercity train

interessant [ɪntərɛ'sant] interesting

Interesse [ɪntə'rɛsə] n (-s/-n) interest (*an, für* in)

Interessent [~'sɛnt] m (-en/-en), **2in** f (-/-nen) prospective buyer; prospective party

interessieren [~'siːrən] (*no ge-, h*) interest (*für* in); *sich* ~ *für* be interested in

Internat [ɪntɛr'naːt] n (-[e]s/-e) boarding school

international [ɪntərnatsi̯o'naːl] international

interpretieren [ɪntərpre'tiːrən] (*no ge-, h*) interpret

Interpunktion [ɪntərpʊŋk'tsi̯oːn] f (-/*no pl*) punctuation

Interview ['ɪntərvjuː] n (-s/-s) interview; **2en** [~'vjuːən] (*no ge-, h*) interview

intim [ɪn'tiːm] intimate

'intolerant intolerant

Invalide [ɪnva'liːdə] m, f (-n/-n) invalid

Invasion [ɪnva'zi̯oːn] f (-/-en) invasion

investieren [ɪnvɛs'tiːrən] (*no ge-, h*) invest; **2ition** [~ti'tsi̯oːn] f (-/-en) investment

inwie'fern in what way (*or* respect); **~'weit** to what extent

in'zwischen meanwhile

irdisch ['ɪrdɪʃ] earthly; worldly

Ire [ˈiːrə] m (-n/-n) Irishman; *die* ~*n pl* the Irish

irgend ['ɪrgənt] **~ein(e)** ['~'?-] some; any; **~etwas** something; anything; **~jemand** someone, somebody;

irgendwann

anyone, anybody; **'~'wann** sometime (or other); **'~'wie** somehow; F kind (or sort) of; **'~'wo** somewhere; anywhere

Ir|in ['ɪrɪn] f (-/-nen) Irishwoman; **2isch** Irish; **~land** Ireland

Iron|ie [iro'niː] f (-/-n) irony; **2isch** [i'roːnɪʃ] ironic(al)

irre ['ɪrə] mad, insane; F awesome, magic

Irre ~ 1. m (-n/-n) madman, lunatic; 2. f (-n/-n) madwoman, lunatic

'irre|führen (sep, -ge-, h) mislead; **~machen** (sep, -ge-, h) confuse

'irren (ge-) 1. v/i (sein) wander, stray; 2. v/refl (h): **sich ~ in** be wrong (or mistaken); **sich ~ in** get s.th. wrong

Irrenanstalt ['ɪrən?-] f mental hospital

irritieren [ɪri'tiːrən] (no ge-, h) irritate; confuse

'Irrsinn m (-[e]s/no pl) madness; **2ig** insane, mad; F → **irre**

Irr|tum ['ɪrtuːm] m (-s/⁎er) error, mistake; **im ~ sein** be mistaken; **2tümlich(erweise)** ['⁎tyːmlɪç(ər'vaɪzə)] by mistake

Ischias ['ɪʃi̯as] m (-/no pl) sciatica

Islam [ɪs'laːm] m (-s/no pl) Islam

Isol|ation [izola'tsi̯oːn] f (-/-en) isolation; tech. insulation; **~ierband** [⁎'liːr-] n (-[e]s/⁎er) insulating tape; **2ieren** [⁎'liːrən] (no ge-, h) isolate; tech. insulate

Israel ['ɪsraeːl, -ɛl] Israel; **~eli** [ɪsra'eːli] m (-[s]/-[s]), **2elisch** Israeli

Italien [i'taːli̯ən] Italy; **~ener** [ita'li̯eːnər] m (-s/-), **~enerin** f (-/-nen), **2enisch** Italian

i.V. (only in writing) **in Vertretung** in place of, in (or on) behalf of

J

ja [jaː] yes; **wenn ~** if so

Jacht [jaxt] f (-/-en) yacht

Jacke ['jakə] f (-/-n) jacket; coat

Jackett [ja'kɛt] n (-s/-s) jacket, coat

Jagd [jaːkt] f (-/-en) hunt(ing), Brt. a. shoot(ing); esp. fig. chase; **'~flugzeug** n fighter (plane); **'~hund** m hound; **'~revier** n hunting ground; **'~schein** n hunting license (Brt. licence)

jagen ['jaːɡən] (ge-) 1. v/t and v/i (h) hunt; fig. chase; **~ aus** drive out of; 2. v/i (sein) fig. race, dash

Jäger ['jɛːɡər] m (-s/-) hunter,

aviat. fighter
Jaguar ['ja:gŭa:r] *m* (-s/-e) jaguar
jäh [jɛ:] sudden; steep (*precipice*)
Jahr [ja:r] *n* (-[e]s/-e) year; **im ~e ...** in (the year) ...; **mit 18 ~en** at (the age of) eighteen; **ein 20 ~e altes Auto** a 20-year-old car; **¹ge'lang 1.** *adj* (many) years of (*experience etc.*); **2.** *adv* for (many) years
'Jahres... in compounds: annual (*report, meeting etc.*); **'~tag** *m* anniversary; **'~zahl** *f* date, year; **'~zeit** *f* season, time of (the) year
Jahr|gang *m* age group; *school etc.:* class, year; *of wine:* vintage; **'~'hundert** *n* (-s/-e) century
jährlich ['jɛ:rlɪç] **1.** *adj* yearly, annual; **2.** *adv* yearly, every year
Jahr|markt *m* fair; **'~zehnt** *n* (-[e]s/-e) decade
'jähzornig hot-tempered
Jalousie [ʒalu'zi:] *f* (-/-n) (venetian) blind
Jammer ['jamər] *m* (-s/no pl) misery; **es ist ein ~** it's a shame
jämmerlich ['jɛmərlɪç] miserable
jammern ['jamərn] (ge-, h) moan (**über** about), complain (about)
Janker ['jaŋkər] *m* (-s/-) *Austrian:* jacket

Jänner ['jɛnər] *m* (-[s]/no pl) *Austrian:* January
Januar ['janŭa:r] *m* (-[s]/no pl) January
Japan ['ja:pan] Japan
Japan|er [ja'pa:nər] *m* (-s/-), **~erin** *f* (-/-nen), **²isch** *adj* Japanese
jäten ['jɛ:tən] (ge-, h): (*Unkraut*) **~** weed
Jauche ['jauxə] *f* (-/-n) liquid manure
jauchzen ['jauxtsən] (ge-, h) shout for joy
jaulen ['jaulən] (ge-, h) howl, yowl
Jause ['jauzə] *f* (-/-n) *Austrian* snack
jawohl [ja'vo:l] yes, Sir!; (that's) right
je [je:] ever; per; **~ zwei** two each; **~ nach ...** according to ...; **~ nachdem (, wie)** it depends (on how); **~ ..., desto ...** the ... the ...
Jeans [dʒi:nz] *pl or f* (-/-) jeans; **ausgewaschene ~** faded jeans; **~** *in compounds:* denim
jed|e(r, -s) ['je:də(r, -s)] every; any; each; either (*of two*); **jeden zweiten Tag** every other day; **jedes Mal** every time; **'~en|falls** in any case, anyway; **'~ermann** everyone, everybody; **'~er|zeit** always, at any time
jedoch [je'dɔx] however, yet
jemals ['je:ma:ls] ever
jemand ['je:mant] someone,

jene(r)

somebody; anyone, anybody
jene(r, -s) ['je:nə(r, -s)] that (one); **jene** pl those
jenseits ['jɛnzaɪts] beyond
Jenseits [~] n (-/no pl) next world, hereafter
jetzige ['jɛtsɪgə] present; existing
jetzt [jɛtst] now, at present; **bis ~** so far; **erst ~** only now; **von ~ an** from now on
jeweils ['je:vaɪls] two etc.: at a time; ten minutes etc.: each
Jh. (only in writing) Jahrhundert c., cent., century
Jockei ['dʒɔke:] m (-s/-s) jockey
Jod [jo:t] n (-[e]s/no pl) iodine
Joga ['jo:ga] m, n (-[s]/no pl) yoga
jogg|en ['dʒɔgən] (ge-, h) jog; **2en** n (-s/no pl) jogging; **2er** m (-s/-), **2erin** f (-/-nen) jogger
Joghurt, Jogurt ['jo:gʊrt] m, n (-[s]/-[s]) yog(h)urt
Johannisbeere [jo'hanɪs-] f: **rote ~** redcurrant; **schwarze ~** blackcurrant
Joule [dʒu:l] n (-[s]/-) phys. joule
Journalist [ʒʊrna'lɪst] m (-en/-en), **~in** f (-/-nen) journalist
jubeln ['ju:bəln] (ge-, h) cheer, shout for joy
Jubiläum [jubi'lɛːʊm] n (-s/-läen) anniversary
juck|en ['jʊkən] (ge-, h) itch; **2reiz** m itch
Jude ['ju:də] m (-n/-n) Jew

Jüd|in ['jy:dɪn] f (-/-nen) Jewess; **2isch** Jewish
Judo ['ju:do] n (-[s]/no pl) judo
Jugend ['ju:gənt] f (-/no pl) youth; young people; **~amt** ['~ʔ-] n youth welfare office; **2frei** film: G-rated, Brt. U-rated; **nicht ~** X-rated; **~herberge** f youth hostel; **~kriminalität** f juvenile delinquency; **2lich** youthful, young; **~liche** m, f (-n/-n) young person, m a. youth; ~ pl young people; **~stil** m Art Nouveau; **~zentrum** n youth center (Brt. centre)
Jugoslaw|e [jugo'sla:və] m (-n/-n), **~in** f (-/-nen), **2isch** Yugoslav
Juli ['ju:li] m (-[s]/no pl) July
jung [jʊŋ] young
Junge[1] ['jʊŋə] m (-n/-n) boy, F kid
Junge[2] n (-n/-n) of dog: puppy; of cat: kitten; of beast of prey: cub; ~ pl young
jungenhaft boyish
jünger ['jʏŋər] younger; (more) recent
Jünger [~] m (-s/-), **'~in** f (-/-nen) disciple
Jung|fer ['jʊŋfər] f (-/-nen): **alte ~** neg! old maid; **~frau** f virgin; astr. Virgo; **~geselle** m bachelor, **~gesellin** f bachelor girl
jüngste ['jʏŋstə] youngest; latest (events etc.); **in ~r Zeit** lately, recently; **das 2 Ge-**

richt, der ♀ Tag the Last Judgment (Brt. a. Judgement), Doomsday
Juni ['ju:nɪ] m (-[s]/no pl) June
junior ['ju:nɪo:r] **1.** adj junior; **2.** ♀ m (-s/-en) junior
Jura ['ju:ra]: ~ **studieren** study (the) law
Jurist [ju'rɪst] m (-en/-en), ~**in** f (-/-nen) lawyer; law student; ♀**isch** legal
Jury [ʒy'ri:, 'ʒy:rɪ] f (-/-s) jury

Justiz [jʊs'ti:ts] f (-/no pl) (administration of) justice; ~**minister** m minister of justice; Am. Attorney General, Brt. Lord Chancellor; ~**ministerium** n ministry of justice; Am. Department of Justice
Juwel|en [ju've:lən] pl jewelry, Brt. jewellery; ~**ier** [juve'li:r] m (-s/-e), ~**ierin** f (-/-nen) jeweler, Brt. jeweller
Jux [jʊks] m (-es/-e) joke

K

Kabel ['ka:bəl] n (-s/-) cable; '~**fernsehen** n cable TV
Kabeljau ['ka:bəljaʊ] m (-s/-e, -s) cod(fish)
Kabine [ka'bi:nə] f (-/-n) cabin; (changing) cubicle; sport: dressind (or locker) room
Kabinett [kabi'nɛt] n (-s/-e) pol. cabinet
Kabriolett [kabrio'lɛt] n (-s/-s) convertible
Kachel ['kaxəl] f (-/-n) tile; '♀**n** (ge-, h) tile; '~**ofen** [ˈ~ˀ~] m tiled stove
Kadaver [ka'da:vər] m (-s/-) carcass
Käfer ['kɛ:fər] m (-s/-) beetle, bug
Kaffee [kafe, ka'fe:] m (-s/-s) coffee; '~**kanne** f coffeepot; '~**maschine** f coffee maker; '~**mühle** f coffee mill
Käfig ['kɛ:fɪç] m (-s/-e) cage

kahl [ka:l] bare; person: bald
Kahn [ka:n] m (-[e]s/⸚e) boat; barge
Kai [kaɪ] m (-s/-s) quay, wharf
Kaiser ['kaɪzər] m (-s/-) emperor; '~**in** f (-/-nen) empress; ~**reich** n empire; ~**schnitt** m c(a)esarean, F C-section
Kajüte [ka'jy:tə] f (-/-n) cabin
Kakao [ka'kaʊ] m (-s/-s) cocoa; bot. cacao
Kakt|ee [kak'te:(ə)] f (-/-n), ~**us** ['~tʊs] m (-/Kakteen) cactus
Kalb [kalp] n (-[e]s/⸚er) calf; '~**fleisch** n veal; '~**sbraten** m roast veal; '~**sschnitzel** n veal cutlet; escalope (of veal)
Kalender [ka'lɛndər] m (-s/-) calendar
Kalk [kalk] m (-[e]s/-e) lime; med. calcium; geol. → '~

stein *m* (-[e]s/*no pl*) limestone

Kalorie [kaloˈriː] *f* (-/-n) calorie; **2narm** [ˈʔriːən?-], **2nreduziert** low-calorie, low in calories; **2nreich** highcalory, high in calories, rich

kalt [kalt] cold; *mir ist ~* I'm cold; **~blütig** [ˈ~blyːtɪç] **1.** *adj* cold-blooded; **2.** *adv* in cold blood

Kälte [ˈkɛltə] *f* (-/*no pl*) cold(ness *fig.*); → **Grad**; **~welle** *f* cold wave

kam [kaːm] *past of* **kommen**
Kamee [kaˈmeː] *f* (-/-n) cameo
Kamel [kaˈmeːl] *n* (-[e]s/-e) camel
Kamera [ˈkamera] *f* (-/-s) camera

Kamerad [kaməˈraːt] *m* (-en/ -en) companion, F mate; *mil.* comrade(-in-arms); **~in** [ˈ~raːdɪn] *f* (-/-nen) companion; **~schaft** *f* (-/-en) comradeship

ˈ**Kamera**|**mann** *m* cameraman; **~rekorder** *m* (-s/-) camcorder

Kamille [kaˈmɪlə] *f* (-/-n) camomile

Kamin [kaˈmiːn] *m* (-s/-e) fireplace; *am ~* by the fire(side); → **Schornstein**; **~sims** [ˌzɪms] *m, n* (-es/-e) mantelpiece

Kamm [kam] *m* (-[e]s/ⁿe) comb; *zo. a.* crest

kämmen [ˈkɛmən] (**ge-**, **h**) comb

Kammer [ˈkamər] *f* (-/-n) (small) room; **~musik** *f* chamber music

Kampagne [kamˈpanjə] *f* (-/ -n) campaign

Kampf [kampf] *m* (-[e]s/ⁿe) fight (*a. fig.*); *mil. a.* combat; battle

kämpfen [ˈkɛmpfən] (**ge-**, **h**) fight, struggle; ˈ**2fer** *m* (-s/-), ˈ**2ferin** *f* (-/-nen) fighter

ˈ**Kampf**|**richter**(**in**) judge; **~sport** *m* martial arts

Kana|**da** [ˈkanada] Canada; **~dier** [kaˈnaːdiːər] *m* (-s/-), **~dierin** *f* (-/-nen), **2disch** Canadian

Kanal [kaˈnaːl] *m* (-s/ⁿe) canal; channel (*a.* TV, *tech.*, *fig.*); sewer, drain; **~isation** [kanaliza'tsjoːn] *f* sewerage; canalization (*of river*); **2isieren** [ˌ~ziːrən] (*no ge-*, *h*) provide with a sewerage (system); canalize (*river*); *fig.* channel; **~tunnel** *m* Channel tunnel, F Chunnel

Kanarienvogel [kaˈnaːriːən-] *m* canary

Kandi|**dat** [kandiˈdaːt] *m* (-en/-en), **~datin** *f* (-/-nen) candidate; **2dieren** [ˌ~'diːrən] (*no ge-*, *h*) be a candidate, run, *Brt.* stand (**für** for)

Känguru [ˈkɛŋguru] *n* (-s/-s) kangaroo

Kaninchen [kaˈniːnçən] *n* (-s/-) rabbit

Kanister [ka'nɪstər] *m* (-s/-) (fuel) can

Kanne ['kanə] *f* (-/-n) (tea, coffee etc.) pot; (milk, oil etc.) can

kannte ['kantə] *past of* **kennen**

Kanon ['ka:nɔn] *m* (-s/-s) *mus.* canon, round

Kanone [ka'no:nə] *f* (-/-n) cannon, gun; *fig.* F wizard, *bsd. sport*: ace

Kante ['kantə] *f* (-/-n) edge

Kantine [kan'ti:nə] *f* (-/-n) cafeteria, *Brt.* canteen

Kanu ['ka:nu] *n* (-s/-s) canoe

Kanzel ['kantsəl] *f* (-/-n) pulpit; *aviat.* cockpit

Kanzler ['kantslər] *m* (-s/-) chancellor

Kap [kap] *n* (-s/-s) cape, headland

Kapazität [kapatsi'tɛ:t] *f* (-/-en) capacity; *fig.* authority

Kapelle [ka'pɛlə] *f* (-/-n) chapel; *mus.* band

kapieren [ka'pi:rən] (*no ge-, h*) F get (it); **kapiert?** got it?

Kapital [kapi'ta:l] *n* (-s/-e, -ien) capital; **~anlage** [∼'?∼] *f* investment

Kapitalismus [kapita'lɪsmʊs] *m* (-/*no pl*) capitalism; **~list** *m* (-en/-en), **~listin** *f* (-/-nen) capitalist; **2'listisch** capitalist

Kapi'talverbrechen *n* capital crime

Kapitän [kapi'tɛ:n] *m* (-s/-e) captain (*a. sport*)

Kapitel [ka'pɪtəl] *n* (-s/-) chapter; F story

kapitulieren [kapitu'li:rən] (*no ge-, h*) surrender

Kaplan [ka'pla:n] *m* (-s/¨-e) curate

Kappe ['kapə] *f* (-/-n) cap; *tech. a.* top

Kapsel ['kapsəl] *f* (-/-n) capsule; case

kaputt [ka'pʊt] broken; out of order; *fig. person*: worn out; *health, reputation etc.*: ruined; **~gehen** (*irr, sep, -ge-, sein*) break; *mot. etc.* break down; *marriage etc.*: break up; *person*: crack (up); **~machen** (*sep, -ge-, h*) break, wreck; ruin

Kapuze [ka'pu:tsə] *f* (-/-n) hood; *rel.* cowl

Karaffe [ka'rafə] *f* (-/-n) decanter, carafe

Karate [ka'ra:tə] *n* (-[s]/*no pl*) karate

Karawane [kara'va:nə] *f* (-/-n) caravan

Kardinal [kardi'na:l] *m* (-s/¨-e) cardinal; **~zahl** *f* cardinal number

Karfiol [kar'fio:l] *m* (-s/*no pl*) *Austrian:* cauliflower

Karfreitag [kar'r-] *m* Good Friday

kariert [ka'ri:rt] checked; *paper*: squared

Karies ['ka:riɛs] *f* (-/*no pl*) (dental) caries

Karikatur [karika'tu:r] *f* (-/-

Karneval

-en) cartoon; caricature (*a. fig.*)
Karneval ['karnəval] *m* (*-s/-e, -s*) carnival
Karo ['ka:ro] *n* (*-s/-s*) square, check; *cards:* diamonds
Karosserie [karɔsə'ri:] *f* (*/-n*) *mot.* body
Karotte [ka'rɔtə] *f* (*/-n*) carrot
Karpfen ['karpfən] *m* (*-s/-*) carp
Karre ['karə] *f* (*/-n*), **~n** *m* (*-s/-*) cart
Karriere [ka'rĭɛ:rə] *f* (*/-n*) career
Karte ['kartə] *f* (*/-n*) card; **gelbe (rote) ~** *sport:* yellow (red) card; **~ spielen** play cards; → **Fahrkarte, Landkarte, Speisekarte** etc.
Kartei [kar'taɪ] *f* (*/-en*) card index; **~karte** *f* index (*or* file) card
'Karten|spiel *n* card game; pack (*or* deck) of cards; **~telefon** *n* cardphone
Kartoffel [kar'tɔfəl] *f* (*/-n*) potato; **~brei** *m* mashed potatoes
Karton [kar'tɔŋ] *m* (*-s/-s*) cardboard box, carton
Karussel [karʊ'sɛl] *n* (*-s/-s, -e*) merry-go-round
Karwoche ['ka:r-] *f* Holy Week
Käse ['kɛ:zə] *m* (*-s/-*) cheese; F nonsense; **'~kuchen** *m* cheesecake
Kaserne [ka'zɛrnə] *f* (*/-n*) barracks

Kasino [ka'zi:no] *n* (*-s/-s*) casino; cafeteria; *mil.* (officers') mess
Kasperletheater ['kaspərlə-] *n* Punch and Judy show
Kasse ['kasə] *f* (*/-n*) cashier('s stand); *Brt.* cash desk; *bank:* cashier's counter; *supermarket:* checkout; *in store:* till; cash register; *thea. etc.* box office
'Kassen|patient(in) non-private patient, *Brt. appr.* NHS patient; **'~zettel** *m* sales check (*Brt.*) slip
Kassette [ka'sɛtə] *f* (*/-n*) box, case; *mus., TV, phot.* cassette; **~n...** *in compounds:* cassette (recorder *etc.*)
kassie|ren [ka'si:rən] (*no ge-, h*) collect, take (the money); **darf ich jetzt ~?** do you mind if I give you the bill now?; **2rer** *m* (*-s/-*), **2rerin** *f* (*/-nen*) cashier; *bank: a.* teller; collector (of fees *etc.*)
Kastanie [kas'ta:niə] *f* (*/-n*) chestnut
Kasten ['kastən] *m* (*-s/-*) box (*a.* F for TV set), case; crate (*for bottles etc.*)
Katalog [kata'lo:k] *m* (*-[e]s/-e*) catalog, *Brt.* catalogue
Katalysator [kataly'za:tɔr] *m* (*-s/-en* [**~za:to:rən**]) catalyst; *mot.* catalytic converter
Katastrophe [katas'tro:fə] *f* (*/-n*) disaster, catastrophe; **~ngebiet** *n* distressed (*Brt.*) disaster) area

Kategorie [katego'ri:] *f (-/-n)* category

Kater ['ka:tər] *m (-s/-)* tomcat; F *fig.* hangover

Kathedrale [kate'dra:lə] *f (-/-n)* cathedral

Katho|lik [kato'li:k] *m (-en/-en)*, **~likin** *f (-/-nen)*, **2lisch** [~'to:lɪʃ] Catholic

Katze ['katsə] *f (-/-n)* cat; kitten

Kauderwelsch ['kaudərvɛlʃ] *n (-[s]/no pl)* gibberish

kauen ['kauən] *(ge-, h)* chew

kauern ['kauərn] *(ge-, h)* crouch, squat

Kauf [kauf] *m (-[e]s/⸚e)* purchase; *guter* **~** bargain; *in* **~** *nehmen* put up with; **2en** *(ge-, h)* buy, purchase

Käufer ['kɔyfər] *m (-s/-)*, **~in** *f (-/-nen)* buyer; customer

Kauf|frau *f* businesswoman; **~haus** *n* department store

käuflich ['kɔyflɪç] for sale; *fig.* venal

'Kaufmann *m (-[e]s/-leute)* dealer, merchant; storekeeper, *Brt.* shopkeeper; grocer

Kaugummi ['kau-] *m* chewing gum

kaum [kaum] hardly

Kaution [kau'tsio:n] *f (-/-en)* security; *jur.* bail

Kauz [kauts] *m (-es/⸚e)* tawny owl; F *komischer* **~** strange customer

Kavalier [kava'li:r] *m (-s/-e)* gentleman

Kaviar ['ka:viar] *m (-s/-e)* caviar(e)

Kegel ['ke:gəl] *m (-s/-)* cone; *bowling:* pin; **~bahn** *f* bowling (*Brt. a.* skittle) alley; **2- förmig** [~'fœrmɪç] conic(al)

'kegeln *(ge-, h)* bowl, go bowling, *Brt. a.* play (at) skittles (*or* ninepins)

Kehl|e ['ke:lə] *f (-/-n)* throat; **~kopf** *m* larynx

Kehre ['ke:rə] *f (-/-n)* (sharp) bend

kehren[1] ['ke:rən] *(ge-, h)* sweep

kehren[2] *(ge-, h)* turn; *j-m den Rücken* **~** turn one's back on s.o.

'Kehrschaufel *f* dustpan

keifen ['kaifən] *(ge-, h)* nag, scold

Keil [kail] *m (-[e]s/-e)* wedge; **~er** *m (-s/-)* wild boar; **~riemen** *m* V-belt

Keim [kaim] *m (-[e]s/-e)* germ; *bot.* bud; **2en** *(ge-, h)* germinate; sprout; **2frei** sterile

kein [kain]: **~(e)** no, not any; **~er**, **~e**, **~(e)s** none, no-body, none; **~er von beiden** neither (of the two); **~er von uns** none of us; **~es|falls**, **~eswegs** [~'ve:ks] by no means; **~mal** not once

Keks [ke:ks] *m, n (-[es]/-e)* cookie, *Brt.* biscuit; cracker

Kelch [kɛlç] *m (-[e]s/-e)* cup; *rel.* chalice

Kelle ['kɛlə] *f (-/-n)* ladle; *tech.* trowel

Keller ['kɛlər] *m (-s/-)* cellar,

Kellner

basement (*a. ~geschoss*)
Kellner ['kɛlnər] *m* (**-s/-**) waiter; **'~in** *f* (**-/-nen**) waitress
keltern ['kɛltərn] (**ge-, h**) press (*grapes*)
kennen ['kɛnən] (*irr*, **ge-, h**) know; **~ lernen** get to know (*sich* each other); *a.* meet *s.o.* (*a. sich ~ lernen*); **als ich sie ~ lernte** when I first met her
'**Kenner** *m* (**-s/-**), **'~in** *f* (**-/-nen**) expert; connoisseur
Kenntnis ['kɛntnɪs] *f* (**-/-se**)
'**Kenn|wort** *n* computer: password; **'~zeichen** *n* mark, sign; *mot.* registration number; **2zeichnen** (**ge-, h**) mark; *fig.* characterize
kentern ['kɛntərn] (**ge-, sein**) capsize
Keramik [ke'raːmɪk] *f* (**-/-en**) ceramics, pottery
Kerbe ['kɛrbə] *f* (**-/-n**) notch
Kerl [kɛrl] *m* (**-[e]s/-e**, F**-s**) fellow, guy
Kern [kɛrn] *m* (**-[e]s/-e**) seed, pip (*of fruit*); pit, *Brt.* stone (*of cherry etc.*); kernel (*of nut*); *tech.* core (*a. of nuclear reactor*); *phys.* nucleus; *fig.* core, heart; **~...** *in compounds:* nuclear (*energy, research, physics, weapons etc.*); **2ge'sund** (as) fit as a fiddle; **'~kraft** *f* (*-/no pl*) nuclear power; **'~kraftgegner(in)** anti-nuclear activist;

'**~kraftwerk** *n* nuclear power station; **'~reaktor** *m* nuclear reactor; **'~spaltung** *f* (**-/-en**) nuclear fission; **'~zeit** *f* *working hours:* core time
Kerze ['kɛrtsə] *f* (**-/-n**) candle; *mot.* spark (*Brt.* sparking) plug
Kessel ['kɛsəl] *m* (**-s/-**) kettle; *tech.* boiler
Kette ['kɛtə] *f* (**-/-n**) chain; necklace; **'~n...** *in compounds:* chain (*reaction, smoker etc.*)
keuch|en ['kɔyçən] (**ge-, h**) pant, gasp; **2husten** *m* whooping cough
Keule ['kɔylə] *f* (**-/-n**) club; leg (*of lamb etc.*)
Kfz. [kaːɛfˈtsɛt] *Kraftfahrzeug* motor vehicle; **~Brief** *m* registration certificate (*Brt.* document); **~Steuer** *f* motor vehicle tax; **~Versicherung** *f* car insurance
KG [kaːˈɡeː] *Kommanditgesellschaft* limited partnership
kichern ['kɪçərn] (**ge-, h**) giggle, titter
Kiefer[1] ['kiːfər] *m* (**-s/-**) jaw(bone)
Kiefer[2] [~] *f* (**-/-n**) *bot.* pine
Kiel [kiːl] *m* (**-[e]s/-e**) *naut.* keel
Kieme ['kiːmə] *f* (**-/-n**) gill
Kies [kiːs] *m* (**-es/-e**) gravel; **~el** [~zəl] *m* (**-s/-**) pebble
Kilo ['kiːlo] *n* (**-s/-[s]**) kilogram
Kilo|gramm [kilo'-] *n* kilo-

gram; **~'meter** m kilometer, Brt. kilometre; **~'watt** n kilowatt

Kind [kɪnt] n (-[e]s/-er) child, F kid; baby

Kinder|arzt ['kɪndɐrʔ-] m, **~ärztin** ['-ʔ-] f pediatrician, Brt. paediatrician; **'~bett** n crib, Brt. cot; **'~garten** n kindergarten, nursery school; **'~gärtnerin** f nursery-school (or kindergarten) teacher; **'~geld** n child benefit; **~hort** ['-hɔrt] m (-[e]s/-e) day-care center, Brt. crèche; **'~lähmung** f polio(myelitis); **'~los** childless; **'~mädchen** n nanny; **'~wagen** m baby carriage, Brt. pram; **'~zimmer** n children's room

'Kindesmissbehandlung f child abuse

'Kind|heit f (-/no pl) childhood; **2isch** [-dɪʃ] childish; **2lich** childlike

Kinn [kɪn] n (-[e]s/-e) chin

Kino ['ki:no] n (-s/-s) cinema, motion pictures, F the pictures, F the movies; building: movie theater, esp. Brt. cinema

Kip|pe ['kɪpə] f (-/-n) cigarette: butt, stub; → **Müllkippe**; **2pen** (ge-) 1. v/i (sein) tip (over); 2. v/t (h) tilt

Kirch|e ['kɪrçə] f (-/-n) church; **'~enlied** n hymn; **'~enschiff** n nave; **'~enstuhl** m pew; **'~gänger** ['-gɛŋɐr] m (-s/-), **'~gängerin** f (-/-nen) churchgoer; **2lich** church..., ecclesiastical(ly); **'~turm** m steeple; spire; church tower

Kirsche ['kɪrʃə] f (-/-n) cherry

Kissen ['kɪsən] n (-s/-) cushion; pillow

Kiste ['kɪstə] f (-/-n) box, case; chest; crate

Kitsch [kɪtʃ] m (-es/no pl) trash, kitsch

Kitt [kɪt] m (-[e]s/-e) putty; cement

Kittel ['kɪtəl] m (-s/-) workcoat, Brt. overall; doctor's etc.: (white) coat

'kitten (ge-, h) putty; cement

kitz|eln ['kɪtsəln] (ge-, h) tickle; **'~lig** ticklish

kläffen ['klɛfən] (ge-, h) yap, yelp

klaffend ['klafənt] gaping

Kla|ge ['kla:gə] f (-/-n) complaint; lament; jur. action, (law)suit; **2gen** (ge-, h) complain; jur. go to court (auf, wegen about), sue (for)

Kläger ['klɛ:gɐr] m (-s/-), **~in** f (-/-nen) jur. plaintiff

kläglich ['klɛ:klɪç] miserable

klamm [klam] finger etc.: numb

Klam|mer ['klamɐr] f (-/-n) clamp, cramp; hair, paper etc.: clip; clothespin, Brt. clothes peg; teeth: brace; math., print. bracket(s); **2mern** (ge-, h) clip (together); **sich ~ an** cling to (a. fig.)

klang [klaŋ] past of **klingen**

Klang

Klang [~] *m* (-[e]s/ *~e*) sound; ring(ing)

Klapp... [klap-] *in compounds*: folding (*bed, bicycle, seat, chair, table etc.*)

Klap|pe ['klapə] *f* (-/-n) flap, lid; *anat.* valve; *mot.* tailgate, *Brt.* tailboard; F mouth: trap; **2en** (*ge-*, *h*) **1.** *v/t* fold; **nach hinten ~** fold back; **2.** *v/i* F work, go off well; *wenn alles klappt* if all goes well

Klap|per ['klapər] *f* (-/-n) rattle; **2pern** (*ge-*, *h*) clatter, rattle (*mit et.* s.th.); **'~perschlange** *f* rattlesnake

'Klapp|fahrrad *n* folding bicycle; **'~messer** *n* jackknife

Klaps [klaps] *m* (-es/-e) slap, smack

klar [klaːr] clear; obvious; *~ zum* ... be ready for ...; *ist dir ~, dass* ...? do you realize that ...?; *alles ~* (?) everything o.k.(?)

Klär|anlage ['klɛːr-] *f* sewage works; **2en** ['klɛːrən] (*ge-*, *h*) clear up, clarify; purify (*water etc.*); *soccer*: clear; *sich ~* be settled

'klar|machen (*sep*, *-ge-*, *h*) make *s.th.* clear; *sich ~* realize; **'~stellen** (*sep*, *-ge-*, *h*) get *s.th.* straight

Klasse ['klasə] *f* (-/-n) class; *school*: *a.* grade, *Brt.* form; F (*das ist*) *~!* (*od.* **2**)! (that's) fantastic!

Klassen|arbeit ['klasən-] *f* (classroom) test; **'~lehrer(in)** form teacher, form master (mistress); **'~zimmer** *n* classroom

Klass|ik ['klasɪk] *f* (-/*no pl*) classical period; **'2isch** classical; *fig.*, *example etc.*: classic

Klatsch [klatʃ] *m* (-es/*no pl*) gossip; **'~base** *f* (-/-n) gossip; **2en** (*ge-*, *h*) clap; F slap; *into water*: splash; F gossip; *Beifall ~* applaud

klauben ['klauben] *Austrian*: pick; gather

Klaue ['klauə] *f* (-/-n) claw; *handwriting*: scrawl

klauen (*ge-*, *h*) F pinch, steal

Klavier [klaˈviːr] *n* (-s/-e) piano

Kleb|eband ['kleːbə-] *n* adhesive tape; **2en** (*ge-*, *h*) **1.** *v/t* glue, paste, stick; **2.** *v/i* stick, cling (*an* to); **~rig** ['~brɪç] sticky; **'~stoff** ['~ʃp-] *m* glue; **'~streifen** ['~p-] *m* adhesive tape

Klecks [klɛks] *m* (-es/-e) blotch; blob

Klee [kleː] *m* (-s/*no pl*) clover; **'~blatt** *n* cloverleaf

Kleid [klaɪt] *n* (-es/-er) dress; **2en** ['~dən] (*ge-*, *h*) dress (*a. sich ~*)

Kleider ['klaɪdər] *pl* clothes; **'~bügel** *m* (coat) hanger; **'~bürste** *f* clothes brush; **'~haken** *m* (coat) hook (*or* peg); **'~schrank** *m* wardrobe

Kleidung ['klaɪdʊŋ] f (-/no pl) clothes
Kleie ['klaɪə] f (-/-n) bran
klein [klaɪn] small, *esp.* F little (*a. brother, finger etc.*); *in height:* short; et. ~ **schneiden** chop s.th. up; **2...** *in compounds:* mini (*bus etc.*); **'2anzeige** f want (*or* classified, *Brt.* small) ad; **'2bildkamera** f 35 mm camera; **'2familie** f nuclear family; **'2geld** n (small) change
'Kleinigkeit f (-/-en) trifle; *gift:* little something; **das ist e-e ~ für sie** that's nothing (F child's play) to her; **e-e ~ essen** have a snack
'Klein|kind n infant; **'2laut** subdued; **'2lich** narrow-minded; *stingy;* **'2schneiden** → **klein;** **~st...** [klaɪnst] *mst micro-;* **'2stadt** f small town; **'2städtisch** small-town, provincial; **'~wagen** m subcompact, small car, F runabout
Kleister ['klaɪstər] m (-s/-) paste; **'2stern** (*ge-, h*) paste
Klem|me ['klɛmə] f (-/-n) *tech.* clamp; *electr.* terminal; → **Haarklemme; in der ~** in a jam; **'2men** (*ge-,*) jam, squeeze; *door etc.:* be stuck; **sich ~** jam one's finger *etc.*
Klempner ['klɛmpnər] m (-s/-) plumber
Klette ['klɛtə] f (-/-n) bur(r); **wie e-e ~ an j-m hängen** stick like a leech to s.o.

klettern ['klɛtərn] (*ge-, sein*) climb (*a. ~ auf*)
Klient [kli'ɛnt] m (-en/-en), **~in** f (-/-nen) client
Klima ['kli:ma] n (-s/-s, -te) climate; **~anlage** ['~?-] f air-conditioning
klimpern ['klɪmpərn] (*ge-, h*) jingle, chink; F tinkle (away) (*auf* at)
Klinge ['klɪŋə] f (-/-n) blade
Klingel ['klɪŋəl] f (-/-n) bell; **'~knopf** m bell (push); **'2n** ring (the bell); **es hat geklingelt** there's somebody at the door
klingen ['klɪŋən] (*irr, ge-, h*) sound; ring
Klinik ['kli:nɪk] f (-/-en) hospital, clinic
Klinke ['klɪŋkə] f (-/-n) (door) handle
Klippe ['klɪpə] f (-/-n) cliff, rock
klirren ['klɪrən] (*ge-, h*) clink, tinkle; *window, chain etc.:* rattle; *swords, plates etc.:* clatter
Klischee [kli'ʃe:] n (-s/-s) *fig.* cliché
Klo [klo:] n (-s/-s) F john, *Brt.* loo
klobig ['klo:bɪç] bulky, clumsy
klopfen ['klɔpfən] (*ge-, h*) knock; *heart:* beat; throb; tap (*on shoulder etc.*); pat; **es klopft** there's a knock at the door
Klops [klɔps] m (-es/-e) meatball

Klosett

Klosett [klo'zɛt] *n* (-*s*/-*s*, -*e*) lavatory, toilet

Kloß [klo:s] *m* (-*es*/ⁿe) dumpling; *fig.* lump

Kloster ['klo:stər] *n* (-*s*/ⁿ) monastery; convent

Klotz [klɔts] *m* (-*es*/ⁿe) block; log

Klub [klʊp] *m* (-*s*/-*s*) club

Kluft [klʊft] *f* (-/ⁿe) *fig.* gap, chasm

klug [klu:k] clever, intelligent

Klumpen ['klʊmpən] *m* (-*s*/-) lump; clod (*of earth etc.*); **'⁓fuß** *m* clubfoot

knabbern ['knabərn] (*ge*-, *h*) nibble, gnaw

Knäckebrot ['knɛkə-] *n* crispbread

knacken ['knakən] (*ge*-, *h*) crack (*a. fig. code, safe etc.*); **'⁓punkt** *m* F sticking point

Knall [knal] *m* (-[*e*]*s*/-*e*) bang; crack (*of whip etc.*); pop (*of cork*); F *e-n ⁓ haben* be nuts; **'⁓bonbon** *m*, *n* cracker; **'⁓en** (*ge*-, *h*) bang; pop

knapp [knap] scarce; *information, note etc.*: brief; *food, pay etc.*: scanty, meager, *Brt.* meagre; *majority, victory etc.*: narrow, bare; *dress etc.*: tight; *⁓ an ...* short of ...; *⁓ werden* run short; *j-n ⁓ halten* keep s.o. short (*mit* on)

knarren ['knarən] (*ge*-, *h*) creak

knattern ['knatərn] (*ge*-, *h*) crackle; *mot.* roar

Knäuel ['knɔyəl] *m*, *n* (-*s*/-) ball; tangle

Knauf [knaʊf] *m* (-[*e*]*s*/ⁿe) knob

knautschen ['knaʊtʃən] (*ge*-, *h*) crumple; **'⁓zone** *f* crumple zone

Knebel ['kne:bəl] *m* (-*s*/-) gag; **'⁓n** (*ge*-, *h*) gag

kneifen ['knaɪfən] (*irr, ge*-, *h*) pinch; F chicken out; **'⁓zange** *f* pincers

Kneipe ['knaɪpə] *f* (-/-*n*) bar, *Brt.* pub

kneten ['kne:tən] (*ge*-, *h*) knead; mold, *Brt.* mould

Knick [knɪk] *m* (-[*e*]*s*/-*e*) fold, crease; bend (*in road etc.*); **'⁓en** (*ge*-, *h*) fold, crease; bend; break (*twig*)

Knie [kni:] *n* (-*s*/-) knee

knien ['kni:ən] (*ge*-, *h*) kneel

'Kniekehle *f* hollow of the knee; **'⁓scheibe** *f* kneecap; **'⁓strumpf** *m* knee(-length) sock

kniff [knɪf] *past of* **kneifen**

knipsen ['knɪpsən] (*ge*-, *h*) punch; *phot.* take a picture (of)

Knirps [knɪrps] *m* (-*es*/-*e*) little lad; *contp.* little squirt

knirschen ['knɪrʃən] (*ge*-, *h*) crunch; *mit den Zähnen ⁓* grind one's teeth

knistern ['knɪstərn] (*ge*-, *h*) crackle; *paper etc.*: rustle

knittern ['knɪtərn] (*ge*-, *h*) crumple, crease

Knoblauch ['kno:plaʊx] *m*

(-[e]s/no pl) garlic
Knöchel ['knœçəl] m (-s/-) ankle; knuckle
Knoch|en ['knɔxən] m (-s/-) bone; **⁓enbruch** m fracture; **²ig** bony
Knödel ['knø:dəl] m (-s/-) dumpling
Knolle ['knɔlə] f (-/-n) bot. tuber; bulb
Knopf [knɔpf] m (-[e]s/⁓e) button
knöpfen ['knœpfən] (ge-, h) button
'**Knopfloch** n buttonhole
Knorpel ['knɔrpəl] m (-s/-) gristle; anat. cartilage
Kno|spe ['knɔspə] f (-/-n) bud; **²spen** (ge-, h) bud
knoten ['kno:tən] **1.** v/t (ge-, h) knot, make a knot in; **2.** ⁓ m (-s/-) knot; med. lump; '**⁓punkt** m junction
Knüller ['knʏlər] m (-s/-) F (smash) hit
knüpfen ['knʏpfən] (ge-, h) weave (rug etc.)
Knüppel ['knʏpəl] m (-s/-) stick, cudgel; → **Gummiknüppel**; '**⁓schaltung** f (-/-en) mot. floor shift
knurren ['knʊrən] (ge-, h) growl, snarl; fig. grumble; stomach: rumble
knusprig ['knʊsprɪç] crisp, crunchy
Koch [kɔx] m (-[e]s/⁓e) cook, chef; '**⁓buch** n cookbook, Brt. cookery book; '²**en** (ge-, h) **1.** v/t cook; boil (water, eggs etc.); make (coffee, tea etc.); **2.** v/i cook, do the cooking; liquid: boil (fig. **vor Wut** with rage); '**⁓er** m (-s/-) cooker
Köchin ['kœçɪn] f (-/-nen) cook
'**Koch|nische** f kitchenette; '**⁓platte** f hotplate; '**⁓topf** m pot, saucepan
Kode [ko:t] m (-s/-s) code
Köder ['kø:dər] m (-s/-) bait; '²**dern** (ge-, h) bait
kodie|ren [ko'di:rən] (no -ge-, h) (en)code; **²rung** f (-/-en) (en)coding
Koffein [kɔfe'i:n] n (-s/no pl) caffeine; **²frei** decaffeinated
Koffer ['kɔfər] m (-s/-) suitcase; **⁓kuli** ['ku:li] m (-s/-s) baggage cart, Brt. luggage trolley; '**⁓radio** n portable radio; '**⁓raum** m mot. trunk, Brt. boot
Kohl [ko:l] m (-[e]s/⁓e) cabbage
Kohle ['ko:lə] f (-/-n) coal; electr. carbon; **⁓hydrat** [-hydra:t] n (-[e]s/⁓e) carbohydrate
Kohlen|dioxyd [ko:lən'di:ɔksy:t] n (-[e]s/-e) carbon dioxide; '**⁓säure** f carbonic acid; in drinks: fizz; '**⁓stoff** m (-[e]s/no pl) carbon; '**⁓wasserstoff** m hydrocarbon
Koje ['ko:jə] f (-/-n) berth, bunk
Kokain [koka'i:n] n (-s/no pl) cocaine

Kokosnuss ['ko:kɔs-] f coconut

Koks [kɔks] m (-es/-e) coke (a. sl. cocaine)

Kolben ['kɔlbən] m (-s/-) rifle etc.: butt; tech. piston

Kolik [ko:lik] f (-/-en) colic

Kolleg|e [kɔ'le:gə] m (-n/-n), **~in** f (-/-nen) colleague

Kolonie [kolo'ni:] f (-/-n) colony

Kolonne [ko'lɔnə] f (-/-n) column; convoy (of trucks etc.)

Kombi ['kɔmbi] m (-s/-s) station wagon, Brt. estate car

Kombin|ation [kɔmbina-'tsjo:n] f (-/-en) combination; set (of clothes); aviat. flying suit; soccer etc.: combined move; **2ieren** [~'ni:rən] (no ge-, h) **1.** v/t combine; **2.** v/i reason

Komfort [kɔm'fo:r] m (-s/no pl) luxury; (modern) conveniences; **2abel** [~fɔr'ta:bəl] luxurious

Ko|mik ['ko:mik] f (-/no pl) humor, Brt. humour; comic effect; **'~miker** m (-s/-) comic, comedian; comic actor; **'~mikerin** f (-/-nen) comedienne; comic actress; **'2misch** funny; fig. a. strange; comic (opera etc.)

Komitee [komi'te:] n (-s/-s) committee

Komma ['kɔma] n (-s/-s, -ta) comma; **sechs ~ vier** six point four

Komman|dant [kɔman'dant] m (-en/-en) commander; **2dieren** [~'di:rən] (no ge-, h) command; **~do** [~'mando] n (-s/-s) command

kommen ['kɔmən] (irr, ge-, sein) come; arrive; get (somewhere etc.); **zur Schule ~** start school; **ins Gefängnis ~** go to jail; **~ lassen** send for; call s.o.; **~ auf** think of; remember; **~ zu et.** come by s.th.; get around to (doing) s.th.; **zu sich ~** come round (or to)

Komment|ar [kɔmɛn'ta:r] m (-s/-e) commentary; **kein ~!** no comment!; **2ieren** [~'ti:rən] (no ge-, h) comment on

Kommissar [kɔmɪ'sa:r] m (-s/-e), **~in** f (-/-nen) police: captain, Brt. superintendent; pol. commissioner

Kommission [kɔmɪ'sjo:n] f (-/-en) commission; committee

Kommode [kɔ'mo:də] f (-/-n) chest of drawers, bureau

Kommu|nismus [kɔmu'nɪsmʊs] m (-/no pl) communism; **~nist** m (-en/-en), **~nistin** f (-/-nen), **2'nistisch** communist

Komödie [ko'mø:diə] f (-/-n) comedy

Kompaktanlage [kɔm'pakt-] f stereo system, Brt. music centre

Kompanie [kɔmpa'ni:] f (-/-n) company

Kompass ['kɔmpas] m (-es/-e) compass

kompatibel [kɔmpa'ti:bəl] compatible

komplett [kɔm'plɛt] complete

komplex [kɔm'plɛks] **1.** adj complex; **2.** ⁂ m (-es/-e) complex

Kompliment [kɔmpli'mɛnt] n (-[e]s/-e) compliment

Komplize [kɔm'pli:tsə] m (-n/-n), **~in** f (-/-nen) accomplice

kompli|zieren [kɔmpli'tsi:rən] (no ge-, h) complicate; **~ziert** complicated, complex

kompo|nieren [kɔmpo'ni:rən] (no ge-, h) compose; ⁂**nist** m (-en/-en), ⁂**nistin** f (-/-nen) composer

Kompost [kɔm'pɔst] m (-es/-e) compost; **~haufen** m compost heap

Kompott [kɔm'pɔt] n (-[e]s/-e) stewed fruit

Kompromiss [kɔmpro'mɪs] m (-es/-e) compromise

konden|sieren [kɔndɛn'zi:rən] (no ge-, h) condense; ⁂**milch** [~'dɛns-] f condensed milk

Kondition [kɔndi'tsĭo:n] f (-/-en) condition

Konditor [kɔn'di:tɔr] m (-s/-en) confectioner; **~ei** [~ito'raɪ] f (-/-en) confectionery (a. **~waren**); café

Kondom [kɔn'do:m] n, m (-s/-e) condom

Konfekt [kɔn'fɛkt] n (-[e]s/-e) candy, sweets, chocolates

Konferenz [kɔnfe'rɛnts] f (-/-en) conference

Konfession [kɔnfɛ'sĭo:n] f (-/-en) denomination

Konfirmation [kɔnfɪrma'tsĭo:n] f (-/-en) confirmation

Konfitüre [kɔnfi'ty:rə] f (-/-n) jam

Konflikt [kɔn'flɪkt] m (-[e]s/-e) conflict

konfrontieren [kɔnfrɔn'ti:rən] (no ge-, h) confront

Kongress [kɔn'grɛs] m (-es/-e) congress

König ['kø:nɪç] m (-s/-e) king; **~in** ['~gɪn] f (-/-nen) queen; ⁂**lich** ['~k-] royal; **~reich** ['~k-] n kingdom

Konjunktur [kɔnjʊŋk'tu:r] f (-/-en) economic situation

Konkur|rent [kɔnkʊ'rɛnt] m (-en/-en), **~rentin** f (-/-nen) competitor, rival; **~renz** [~'rɛnts] f (-/-en) competition; **die ~** one's competitor(s); ⁂**rieren** [~'ri:rən] (no ge-, h) compete

Konkurs [kɔn'kʊrs] m (-es/-e) bankruptcy

können¹ ['kœnən] (irr) v/aux (no ge-, h), v/t and v/i (ge-, h) can, be able to, know how to; know, speak (language); **kann ich ...?** can (or may) I ...?; **ich kann nicht mehr** I can't go on; I can't eat any more; **es kann sein** it may be

können

können² [~] *pp of* **können¹** (*v/aux*)

konnte ['kɔntə] *past of* **können¹**

konse|quent [kɔnze'kvɛnt] consistent; **&quenz** [~ts] *f* (*-en*) consistency; *result*: consequence

konservativ [kɔnzɛrva'tiːf] conservative

Konserven [kɔn'zɛrvən] *pl* canned (*Brt. a.* tinned) food(s); **~büchse** *f*, **~dose** *f* can, *Brt. a.* tin

konservier|en [kɔnzɛr'viːrən] (*no ge-*, *h*) preserve; **&ungsstoff** *m* preservative

konstru|ieren [kɔnstru'iːrən] (*no ge-*, *h*) construct; design; **&ktion** [~uk'tsioːn] *f* (*-en*) construction

Konsul ['kɔnzul] *m* (*-s/-n*) consul; **~at** [~u'laːt] *n* (*-[e]s/-e*) consulate

Konsum [kɔn'zuːm] *m* (*-s/no pl*) consumption; *econ.* cooperative (store); **~gesellschaft** *f* consumer society

Kontakt [kɔn'takt] *m* (*-[e]s/-e*) contact; **~ aufnehmen** (**haben**) get (be) in touch; **&arm** [~?-] unsociable; **&freudig** sociable; **~linsen** *pl* contact lenses; **~person** *f* contact

Kon|ter ['kɔntər] *m* (*-s/-*) counter(attack); **'~... in compounds**: counter; **&tern** (*ge-*, *h*) counter; *soccer*: counterattack

Kontinent ['kɔntinɛnt] *m* (*-[e]s/-e*) continent

Konto ['kɔnto] *n* (*-s/-ten*) account; **~auszug** ['~?-] *m* statement of account; **'~stand** *m* balance (of account)

kontra ['kɔntra] against, versus; → **Pro**

Kontrast [kɔn'trast] *m* (*-[e]s/-e*) contrast

Kontroll|e [kɔn'trɔlə] *f* (*-l-n*) control; supervision; check(-up); **~eur** [~'løːr] *m* (*-s/-e*), **~eurin** *f* (*-l-nen*) (ticket) inspector; **~gang** *m* round; *police*: beat; **~gerät** *n* monitor; **&ieren** [~'liːrən] (*no ge-*, *h*) check; check up on *s.o.*; control (*market etc.*)

Konversation [kɔnvɛrza'tsioːn] *f* (*-l-en*) conversation

Konzentr|ation [kɔntsɛntra'tsioːn] *f* (*-l-en*) concentration; **&ieren** [~'triːrən] (*no ge-*, *h*) concentrate (**auf** on) (*a. sich ~*)

Konzert [kɔn'tsɛrt] *n* (*-[e]s/-e*) concert; (*piano etc.*) concerto; **~saal** *m* concert hall, auditorium

Konzession [kɔntse'sioːn] *f* (*-l-en*) concession; *jur.* license, *Brt.* licence

Kopf [kɔpf] *m* (*-es/-e*) head (*a. fig.*); *'ball m soccer*: header; **'~ballltor** *n* headed goal; **~ende** ['~?-] *n* top; top; **'~hörer** *m* headphones; **'~kissen** *n* pillow; **'~salat** *m* lettuce; **'~schmerzen** *pl* headache; '~sprung m header; '~tuch n (head)scarf; ℗über [~⁹-] head first

Kopie [ko'piː] f (*-l-n*) copy; ℗ren [~'piːrən] (*no ge-, h*) copy

Ko'pier|er m (*-s/-*), ~**gerät** n (*-[e]s/-e*) copier; ~**laden** m copy shop (*or center, Brt. centre*)

Kopilot(in) ['koː-] copilot

koppeln ['kɔpəln] (*ge-, h*) couple

Koralle [ko'ralə] f (*-l-n*) coral

Korb [kɔrp] m (*-[e]s/ϋe*) basket; *j-m e-n ~ geben* turn s.o. down; ~... *in compounds:* wicker (*furniture etc.*)

Kord [kɔrt] m (*-[e]s/-e*) corduroy

Kordel ['kɔrdəl] f (*-l-n*) cord

Kork [kɔrk] m (*-[e]s/-e*), ~**en** m (*-s/-*) cork; ~**enzieher** ['~əntsiːər] m (*-s/-*) corkscrew

Korn [kɔrn] n **1.** (*-[e]s/ϋer*) grain; seed; **2.** (*-[e]s/-e*) grain, corn; *phot., tech.* grain

körnig ['kœrnɪç] grainy; *in compounds:* ...-grained

Körper ['kœrpər] m (*-s/-*) body; ~**bau** m (*-[e]s/no pl*) physique; ℗**behindert** physically handicapped, disabled; ~**geruch** m body odor (*Brt. odour*), BO; ℗**lich** physical; ~**pflege** f hygiene; ~**teil** m part of the body

korrekt [kɔ'rɛkt] correct; ℗**ur** [~'tuːr] f (*-l-en*) correction; *print. ~ lesen* proofread

Korresponden|t [kɔrɛspɔn'dɛnt] m (*-enl-en*), ~**dentin** f (*-l-nen*) correspondent; ~**denz** [~ts] f (*-l-en*) correspondence; ℗**dieren** [~'diːrən] (*no ge-, h*) correspond

korrigieren [kɔri'giːrən] (*no ge-, h*) correct

Korsett [kɔr'zɛt] n (*-[e]s/-s,-e*) corset

Kosename ['koːzə-] m pet name

Kosme|tik [kɔs'meːtɪk] f (*-/no pl*) beauty culture; cosmetics; ~**tikerin** f (*-l-nen*) beautician; ~**tiksalon** m beauty shop (*Brt. parlour or salon*); ℗**tisch** cosmetic

Kost [kɔst] f (*-/no pl*) food, diet; board; ℗**bar** precious, valuable; ~**barkeit** f (*-l-en*) precious object

kosten¹ (*ge-, h*) cost; *fig. a.* take (*time etc.*)

kosten² (*ge-, h*) taste, try

Kosten *pl* cost(s); expenses; ℗**los** free (of charge), *get s.th. for nothing*

köstlich ['kœstlɪç] delicious; *fig.* priceless; *sich ~ amüsieren* have a very good time

Kost|probe f sample; ℗**spielig** ['~ʃpiːlɪç] expensive, costly

Kostüm [kɔs'tyːm] n (*-s/-e*) (woman's) suit; *thea. etc.* costume

Kot [koːt] m (*-[e]s/no pl*) excrement

Kotelett [kɔˈtlɛt] *n* (-[e]s/-s) chop, cutlet
Koteˈletten *pl* sideburns
Köter [ˈkøːtɐr] *m* (-s/-) mutt, cur
'**Kotflügel** *m* fender, *Brt.* mudguard
Krabbe [ˈkrabə] *f* (-/-n) shrimp; prawn
krabbeln [ˈkrabəln] *(ge-, sein)* crawl
Krach [krax] *m* (-[e]s/⸚e) *(no pl)* noise, F racket; *sudden:* crash; F row; *econ.* crash; '²**en** *v/i (ge-)* **1.** (*h*) crash (*a. thunder*); *ice:* crack; **2.** (*sein*) crash; **~ gegen** crash into
krächzen [ˈkrɛçtsən] *(ge-, h)* croak
Kraft [kraft] *f* (-/⸚e) strength, force (*a. fig., coll.*), power (*a. phys.*); **in ~ treten** come into force; '**~brühe** *f* consommée; '**~fahrer(in)** motorist; '**~fahrzeug** *n* motor vehicle; *Kfz...*
kräftig [ˈkrɛftɪç] strong (*a. fig.*); *food etc.* substantial; F good (*beating etc.*)
'**kraft|los** weak; '**²stoff** *m* fuel; '²**werk** *n* power station
Kragen [ˈkraːɡən] *m* (-s/-, F⸚) collar
Krähe [ˈkrɛːə] *f* (-/-n) crow
'**krähen** *(ge-, h)* crow
Kralle [ˈkralə] *f* (-/-n) claw (*a. fig.*)
Kram [kraːm] *m* (-[e]s/*no pl*) stuff, junk; '²**en** *(ge-, h)* rummage (around)

Krampf [krampf] *m* (-[e]s/⸚e) cramp; spasm; F **so ein ~** what a bind; '**~ader** [ˈ⸚²-] *f* varicose vein
Kran [kraːn] *m* (-[e]s/⸚e) *tech.* crane
Kranich [ˈkraːnɪç] *m* (-s/-e) *zo.* crane
krank [kraŋk] sick, *pred a.* ill
'**Kranke** *m, f* (-n/-n) sick person, patient; *die* **~n** the sick
kränken [ˈkrɛŋkən] *(ge-, h)* hurt, offend
'**Kranken|geld** *n* sick pay; '**~haus** *n* hospital; '**~kasse** *f* health insurance; '**~pfleger** *m* male nurse; '**~schein** *m* health insurance certificate; '**~schwester** *f* nurse; '**~versicherung** *f* health insurance; '**~wagen** *m* ambulance; '**~zimmer** *n* sickroom
'**krank|haft** morbid; '²**heit** *f* (-/-en) illness; disease
kränklich [ˈkrɛŋklɪç] sickly
Kränkung [ˈkrɛŋkʊŋ] *f* (-/-en) insult, offense, *Brt.* offence
Kranz [krants] *m* (-es/⸚e) wreath; *fig.* ring
krass [kras] crass, gross
Krater [ˈkraːtɐr] *m* (-s/-) crater
kratz|en [ˈkratsən] *(ge-, h)*: *(sich)* **~** scratch (o.s.); '²**er** *m* (-s/-) scratch
kraulen [ˈkraʊlən] *(ge-)* **1.** *v/t* (*h*) ruffle *a dog's etc.* fur; run one's fingers through *s.o.'s* hair; **2.** *v/i* (*sein*) swimming: do the crawl

kraus [kraus] *hair*: curly, frizzy

Kraut [kraut] *n* (-[e]s/-*er* herb; (*no pl*) cabbage; sauerkraut

Krawall [kra'val] *m* (-s/-e) riot

Krawatte [kra'vatə] *f* (-/-n) tie

Krebs [kre:ps] *m* (-es/-e) crayfish; crab; *med.* cancer; (*no pl*) *astr.* Cancer

Kredit [kre'di:t] *m* (-[e]s/-e) credit; → **Darlehen**; **~hai** *m* F loan shark; **~karte** *f* credit card

Kreide ['kraɪdə] *f* (-/-n) chalk

Kreis [kraɪs] *m* (-es/-e) circle (*a. fig.*); *pol.* district; **~bahn** *f* orbit

kreischen ['kraɪʃən] (*ge-, h*) screech; *with pleasure*: squeal

kreis|en ['kraɪzən] (*ge-, h, sein*) (move in a) circle, revolve, rotate; *blood*: circulate; **~förmig** [-'sfœrmɪç] circular; **²lauf** *m* circulation; *biol., fig.* cycle; **²laufstörungen** *pl* circulatory trouble; **²verkehr** *m* rotary, traffic circle, *Brt.* roundabout

Krempe ['krɛmpə] *f* (-/-n) brim

Kren [kre:n] *m* (-[e]s/*no pl*) *Austrian*: horseradish

Krepp [krɛp] *m* (-s/-s, -e) crepe

Kreuz [krɔyts] *n* (-es/-e) cross; crucifix; *anat.* (small of the back); *cards*: club(s)

'kreuz|en (*ge-*) **1.** *v/t* (*h*) cross (*a. sich ~*); **2.** *v/i* (*h, sein*) *naut.* cruise; **²fahrt** *f* cruise; **~igen** ['~ɪɡən] (*ge-, h*) crucify; **²otter** ['~ʔ-] *f* adder; **²schmerzen** *pl* backache; **²ung** *f* (-/-en) crossing, junction; *biol., fig.* cross; **²verhör** *n*: *ins ~ nehmen* cross-examine; **²worträtsel** *n* crossword (puzzle); **²zug** *m* crusade

kriech|en ['kri:çən] (*irr, ge-, sein*) creep, crawl (*a. contp.*); **²spur** *f* slow lane

Krieg [kri:k] *m* (-[e]s/-e) war

kriegen ['kri:ɡən] (*ge-, h*) get;

'Kriegs|dienstverweigerer *m* (-s/-) conscientious objector; **~gefangene** *m* prisoner of war; **~gefangenschaft** *f* captivity; **~schiff** *n* warship; **~verbrechen** *n* war crime

Kriminal|beamte [krimi'na:l-] *m*, **~beamtin** *f* (plain-clothes) detective; **~film** *m* (crime) thriller; **~ität** [~nali'tɛːt] *f* (-/*no pl*) crime; **~polizei** *f* criminal investigation division (*Brt.* department); **~roman** *m* detective novel

krimi|nell [krimi'nɛl] criminal; **²nelle** *m, f* (-*n*/-*n*) criminal

Krippe ['krɪpə] *f* (-/-n) crib, manger; → **Kinderhort**

Krise ['kri:zə] *f* (-/-n) crisis

Kristall [krɪs'tal] **1.** *m* (-[e]s/-e) crystal; **2.** *n* (-[e]s/*no pl*) crystal (glass)

Kriterium [kri'te:riʊm] *n* (-s/-rien) criterion

Kriti|k [kri'ti:k] *f* (-/-en) criticism; *thea. etc.* review; **~ker** ['kri:tikar] *m* (-s/-), **~kerin** *f* (-/-nen) critic; **2sch** ['kri:tɪʃ] critical; **2sieren** [kriti'zi:rən] (*no ge-*, *h*) criticize

kritzeln ['krɪtsəln] (*ge-*, *h*) scrawl, scribble

kroch [krɔx] *past of* **kriechen**

Krokodil [kroko'di:l] *n* (-s/-e) crocodile

Krone ['kro:nə] *f* (-/-n) crown

krönen ['krø:nən] (*ge-*, *h*) crown

Kronleuchter ['kro:n-] *m* chandelier

Krönung *f* (-/-en) coronation

Kropf [krɔpf] *m* (-[e]s/²e) *med.* goiter, *Brt.* goitre

Kröte ['krø:tə] *f* (-/-n) toad

Krücke ['krʏkə] *f* (-/-n) crutch

Krug [kru:k] *m* (-[e]s/²e) jug, pitcher; *beer* mug

Krümel ['kry:məl] *m* (-s/-) crumb

krumm [krʊm] crooked (*a. fig.*), bent

krümm|en ['krʏmən] (*ge-*, *h*) bend; crook (*a. finger*); **2ung** *f* (-/-en) bend (*a. of road, river etc.*); curve; *math., geogr., med.* curvature

Krüppel ['krʏpəl] *m* (-s/-) cripple

Kruste ['krʊstə] *f* (-/-n) crust

Kruzifix ['kru:tsifɪks] *n* (-[e]s/-e) crucifix

Kubik... [ku'bi:k-] *in compounds:* cubic (*meter etc.*)

Küche ['kʏçə] *f* (-/-n) kitchen; *gastr.* cuisine, cooking

Kuchen ['ku:xən] *m* (-s/-) cake

Küchenschrank *m* (kitchen) cupboard

Kuckuck ['kʊkʊk] *m* (-s/-e) cuckoo

Kufe ['ku:fə] *f* (-/-n) sleigh *etc.*: runner; *aviat.* skid

Kugel ['ku:gəl] *f* (-/-n) ball; bullet; *math., geogr.* sphere; *shot put:* shot; **~lager** *n* ball bearing; **~schreiber** *m* (-s/-) ballpoint (pen); **2sicher** bulletproof; **~stoßen** *n* (-s/*no pl*) shot put

Kuh [ku:] *f* (-/²e) cow

kühl [ky:l] cool (*a. fig.*); **2box** *f* (-,-bɔks) (-/-en) cold box; **~en** (*ge-*, *h*) cool, chill; **2er** *m* (-s/-) *mot.* radiator; **2erhaube** *f* hood, *Brt.* bonnet; **2schrank** *m* refrigerator; **2truhe** *f* freezer

kühn [ky:n] bold, daring

Kuhstall *m* cowshed

Küken ['ky:kən] *n* (-s/-) chick (*a. fig. girl*)

Kuli ['ku:li] *m* (-s/-s) → **Kugelschreiber**

Kulisse [ku'lɪsə] *f* (-/-n) *thea.* scenery; *fig.* background; **hinter den ~n** backstage (*a. fig.*)

kultivieren [kʊlti'vi:rən] (*no*

ge-, h) cultivate

Kultur [kʊl'tuːr] f (**-en**) culture (a. biol.); civilization; **~beutel** m toilet kit (Brt. bag); **2ell** [~tu'rɛl] cultural

Kümmel ['kʏml] m (**-s**/no pl) caraway

Kummer ['kʊmɐr] m (**-s**/no pl) grief, sorrow

kümmer|lich ['kʏmɐrlɪç] miserable; poor; '**~n** ~ give s.o. concern; *sich* ~ *um* look after, take care of

Kumpel ['kʊmpəl] m (**-s**/-, F-s) miner; F pal

Kunde ['kʊndə] m (**-n**/-n) customer; '**~ndienst** m service (department)

Kundgebung ['kʊntgeːbʊŋ] f (**-/-en**) pol. rally

kündig|en ['kʏndɪɡən] (**ge-, h**) cancel (*contract, subscription, etc.*); *j-m* ~ give s.o. notice; **2ung** f (**-/-en**) (period of) notice

Kund|in ['kʊndɪn] f (**-/-nen**) customer; '**~schaft** [~t] f (/no pl) customers, clients

Kunst [kʊnst] f (**-/-e**) art; skill; '**~dünger** m artificial fertilizer; '**~faser** f man-made fiber (Brt. fibre); '**~gewerbe** n (**-s**/no pl) arts and crafts

Künstler ['kʏnstlɐr] m (**-s**/-), '**~in** f (**-/-nen**) artist; **2isch** artistic

künstlich ['kʏnstlɪç] artificial; synthetic; man-made

Kunst|stoff m synthetic (material), plastic; '**~stück** n trick; '**~werk** n work of art

Kupfer ['kʊpfɐr] n (**-s**/no pl) copper; '**~stich** m copperplate

Kupon [ku'põː, Austrian: ku'poːn] m (**-s**/-s) coupon, voucher

Kuppe ['kʊpə] f (**-/-n**) (hill)top; (finger)tip

Kuppel ['kʊpl] f (**-/-n**) dome

Kuppelei [kʊpə'laɪ] f (**-/-en**) procuring

kuppel|n ['kʊpəln] (**ge-, h**) couple; *mot.* operate the clutch; **2ung** f (**-/-en**) coupling; *mot.* clutch

Kur [kuːr] f (**-/-en**) cure

Kür [kyːr] f (**-/-en**) free skating; *gymnastics:* free exercises

Kurbel ['kʊrbəl] f (**-/-n**) crank; '**2n** (**ge-, h**) crank; '**~welle** f crankshaft

Kürbis ['kʏrbɪs] m (**-ses/-se**) pumpkin

'**Kur|gast** m visitor; **2ieren** [ku'riːrən] (*no ge-*, *h*) cure; '**~ort** [~'ʔ~] m health resort

Kurs [kʊrs] m (**-es/-e**) course; *econ.* (exchange) rate; (stock) price; '**~buch** n railroad (Brt. railway) timetable

kursieren [kʊr'ziːrən] (*no ge-*, *h*) circulate

'**Kurswagen** m through carriage

Kurve ['kʊrvə] f (**-/-n**) curve, *road: a.* bend; **2nreich** winding; F *woman:* curvaceous

kurz

kurz [kʊrts] short; *of time: a.* brief; ~**e Hose(n)** shorts; **sich ~ fassen** be brief; **~ (gesagt)** in short; **vor ~em** a short time ago

'**Kurzarbeit** *f* reduced working hours, *Brt.* short time

Kürze ['kʏrtsə] *f* (-/*no pl*) shortness; **in ~** shortly; '**2en** (ge-, h) shorten (*um* by); abridge (*book etc.*); cut, reduce (*expenses*)

'**kurz|erhand** without hesitation; '**~fristig 1.** *adj* short-term; **2.** *adv* at short notice; '**2geschichte** *f* short story

kürzlich ['kʏrtslɪç] recently

'**Kurz|schluss** *m* short circuit; '**~schrift** *f* shorthand; '**2sichtig** nearsighted, *Brt.* shortsighted; '**~waren** *pl* notions, *Brt.* haberdashery; '**~welle** *f* short wave

Kusine [kuˈziːnə] *f* (-/-n) cousin

Kuss [kʊs] *m* (-es/⁻e) kiss

küssen ['kʏsən] (ge-, h) kiss (*a. sich ~*)

Küste ['kʏstə] *f* (-/-n) coast, shore

Küster ['kʏstɐr] *m* (-s/-) sexton, *Brt. a.* verger

Kut|sche ['kʊtʃə] *f* (-/-n) coach, carriage; '**~scher** *m* (-s/-) coachman

Kutte ['kʊtə] *f* (-/-n) (monk's) habit, cowl

Kutter ['kʊtɐr] *m* (-s/-) cutter

L

Labor [laˈboːr] *n* (-s/-s, -e) lab(oratory); **~ant** [-ˈrant] *m* (-en/-en), **~antin** *f* (-/-nen) laboratory technician

Lache ['laxə] *f* (-/-n) pool, puddle

lächeln ['lɛçəln] **1.** (ge-, h) smile; **2.** 2 *n* (-s/*no pl*) smile

lachen ['laxən] **1.** (ge-, h) laugh; **2.** 2 *n* (-s/*no pl*) laugh(ter)

lächerlich ['lɛçɐrlɪç] ridiculous

Lachs [laks] *m* (-es/-e) salmon

Lack [lak] *m* (-[e]s/-e) varnish; lacquer; *mot.* paint(work); **2ieren** [-ˈkiːrən] (*no ge-*, h) varnish; paint (*fingernails*; *a. mot.*)

Ladegerät ['laːdə-] *n electr.* battery charger

laden ['laːdən] (*irr*, ge-, h) load; *electr.* charge; *computer:* boot (up)

Laden [~] *m* (-s/⁻) store, shop; (window) shutter; '**~dieb(in)** shoplifter; '**~schluss** *m* closing time; '**~tisch** *m* counter

Ladung ['laːdʊŋ] *f* (-/-en) load, freight, *naut.*, *aviat.*

cargo; *electr.* charge
lag [laːk] *past of* **liegen**
Lage ['laːɡə] *f (-/-n)* situation, position; layer (*a.* geol.); *in der ~ sein zu* be able to
La|ger ['laːɡər] *n (-s/-)* camp; *econ.* stock; *tech.* bearing; *geol.* deposit; *auf ~ haben* have in stock; '**~feuer** *n* campfire; '**~haus** *n* warehouse; '**2gern** (*ge-*, *h*) **1.** *v/i* camp; *econ.* be stored; *wine etc.*: age; **2.** *v/t* store, keep *in a place;* '**~erung** *f (-/no pl)* storage
lahm [laːm] lame; '**~en** (*ge-*, *h*) be lame (*auf* in)
läh|men ['lɛːmən] (*ge-*, *h*) paralyze, *Brt.* paralyse; '**2ung** *f (-/-en)* paralysis
Laib [laɪp] *m (-[e]s/-e)* loaf
Laie ['laɪə] *m (-n/-n)* layman; amateur
Laken ['laːkən] *n (-s/-)* sheet
Lakritze [la'krɪtsə] *f (-/-n)* liquorice
lallen ['lalən] (*ge-*, *h*) blabber, speak thickly
Lamm [lam] *n (-[e]s/'-er)* lamb
Lampe ['lampə] *f (-/-n)* lamp; '**~nschirm** *m* lampshade
Land [lant] *n (-es/'-er)* land; country; *in Germany:* (federal) state, Land; *an ~* ashore; *auf dem ~* in the country
Lan|debahn ['landə-] *f* runway; '**2den** (*ge-*) *v/i* (*sein*) *and v/t* (*h*) land
Länderspiel ['lɛndər-] *n* international match
Landes|... ['landəs-] *in compounds:* national (*border etc.*); **~innere** ['~ʔ-] *n* interior
'**Land|karte** *f* map; '**~kreis** *m* district
ländlich ['lɛntlɪç] rural; rustic
'**Land|schaft** *f (-/-en)* countryside; landscape (*a. paint.*); scenery; '**~smann** *m (-[e]s/-leute)* (fellow) countryman; '**~smännin** ['~smɛnɪn] *f (-/-nen)* (fellow) countrywoman; '**~straße** *f* (secondary *or* country) road; '**~streicher** *m (-s/-)*, '**~streicherin** *f (-/-nen)* tramp; '**~tag** *m pol.* Landtag, state parliament
Landung ['landʊŋ] *f (-/-en)* landing; '**~ssteg** *m* gangway
'**Land|weg** *m: auf dem ~e* by land; '**~wirt(in)** farmer; '**~wirtschaft** *f* agriculture, farming; '**2wirtschaftlich** agricultural
lang [laŋ] long; *person:* tall
lange ['laŋə] (for) a long time, long
Länge ['lɛŋə] *f (-/-en) geogr.* longitude
langen ['laŋən] (*ge-*, *h*) → **genügen, reichen;** *mir langts* I've had enough
Langeweile *f (-/no pl)* boredom
'**lang|fristig** long-term; '**~jährig** of many years, (many) years of ...; **2lauf** *m* cross-country skiing
länglich ['lɛŋlɪç] longish, oblong

längs [lɛŋs] along(side)

'**lang**|**sam** slow; ⁀**schläfer** ['⁀ʃlɛːfər] m (-s/-), ⁀**schläferin** f (-/-nen) late riser; '⁀**spielplatte** f LP

längst [lɛŋst] long ago (or since); *ich weiß es schon* ⁀ I've known it for a long time

'**Langstrecken...** *in compounds:* long-distance ...; *aviat., mil.* long-range ...

langweil|**en** ['laŋvaɪlən] (*ge-, h*) bore; *sich* ⁀ *en* be bored; '⁀**ig** boring, dull; ⁀**e Person** bore

'**Langwelle** f long wave

Lappalie [la'paːlɪə] f (-/-n) trifle

Lappen ['lapən] m (-s/-) rag, cloth

läppisch ['lɛpɪʃ] ridiculous

Lärche ['lɛrçə] f (-/-n) larch

Lärm [lɛrm] m (-[e]s/no pl) noise

Larve ['larfə] f (-/-n) mask; *zo.* larva

las [laːs] *past of* **lesen**

Lasche ['laʃə] f (-/-n) flap; tongue

Laser ['leːzər] m (-s/-) laser; ⁀**drucker** m laser printer; ⁀**technik** f laser technology

lassen[1] ['lasən] (*irr, h*) **1.** *v/aux (no ge-)* let; make; *et. tun (machen)* ⁀ have s.th. done (made); **2.** *v/t (ge-)* let; leave; stop; *lass das!* stop it!

lassen[2] [⁀] *pp of* **lassen**[1]

lässig ['lɛsɪç] casual; careless

Last [last] f (-/-en) load; burden; weight; *zur* ⁀ *fallen* be a burden to *s.o.*; '⁀**en** (*ge-, h*): ⁀ *auf* weigh (up)on

'**Laster**[1] m (-s/-) F *mot.* → **Lastwagen**

'**Laster**[2] n (-s/-) vice

lästern ['lɛstərn] (*ge-, h*): *über* run down

lästig ['lɛstɪç] troublesome

'**Lastwagen** m truck, *Brt. a.* lorry

Latein [la'taɪn] n (-s/no pl) Latin; ⁀**isch** Latin

Laterne [la'tɛrnə] f (-/-n) lantern; streetlight; ⁀**npfahl** m lamppost

Latte ['latə] f (-/-n) lath; *fence:* pale; *sport:* (cross)bar

Lätzchen ['lɛtsçən] n (-s/-) bib, feeder

Laub [laʊp] n (-[e]s/no pl) foliage, leaves; '⁀**baum** m deciduous tree

Laube ['laʊbə] f (-/-n) arbor, *Brt.* arbour, bower

'**Laub**|**frosch** m tree frog; ⁀**säge** f fretsaw

Lauch [laʊx] m (-[e]s/-e) leek

lauern ['laʊərn] (*ge-, h*) lurk, lie in wait

Lauf [laʊf] m (-[e]s/⁀e) run; course; (*gun*) barrel; '⁀**bahn** f career

'**laufen** (*irr, ge-*) *v/i (sein)* and *v/t (sein)* run; walk; ⁀ *lassen* let *s.o.* go (or off)

'**Läufer** ['lɔyfər] m (-s/-) runner; *carpet:* rug; *for table:* runner; *chess:* bishop; '⁀**in** f (-/-nen) runner

'Lauf|masche f run, Brt. ladder; **'~werk** n drive
Lauge ['laʊgə] f (-/-n) lye; suds
Laun|e ['laʊnə] f (-/-n): **gute** etc. **~ haben** be in a good etc. mood; **'2isch** moody
Laus [laʊs] f (-/⁻e) louse
Lausch|angriff ['laʊʃ-] m bugging operation; **'2en** (ge-, h) listen (dat to); eavesdrop
laut[laʊt] **1.** adj loud; noisy; **2.** adv aloud, loud(ly)
laut² [~] prp according to
Laut [~] m (-[e]s/-e) sound
'lauten (ge-, h) name: be; words etc.: read
läuten ['lɔʏtən] (ge-, h) ring; **es läutet** the bell is ringing
lauter ['laʊtər] nothing but
'laut|los soundless; **'2schrift** f phonetic transcription; **'2sprecher** m (loud)speaker; **'2stärke** f volume
'lauwarm lukewarm
Lava ['la:va] f (-/-ven) lava
Lavendel [la'vɛndəl] m (-s/-) lavender
Lawine [la'vi:nə] f (-/-n) avalanche
leben ['le:bən] (ge-, h) **1.** v/i live (**von** on); be alive; **2.** v/t live (one's life)
Leben [~] n (-s/-) life; **am ~** alive; **ums ~ kommen** lose one's life
lebendig [le'bɛndɪç] living, alive; fig. lively
'Lebens|bedingungen pl living conditions; **'~gefahr** f mortal danger; **unter ~** at the risk of one's life; **'2gefährlich** dangerous (to life); **'~haltungskosten** pl cost of living; **'2länglich** lifelong; **~e Freiheitsstrafe** life sentence; **'~lauf** m résumé, Brt. curriculum vitae, CV; **'2lustig** fond of life; **'~mittel** pl food; **'~mittelgeschäft** n grocery store, esp. Brt. grocer's; **'~standard** m (-s/-s) standard of living; **'~unterhalt** ['~s?-] m livelihood; s-n **~ verdienen** earn one's living; **'~versicherung** f life insurance; **'2wichtig** vital, essential; **'~zeichen** n sign of life
Leber ['le:bər] f (-/-n) liver; **'~fleck** m mole
Lebewesen ['le:bə-] n living being
lebhaft ['le:phaft] lively; heavy (traffic)
Lebkuchen ['le:p-] m gingerbread
leblos ['le:plo:s] lifeless
Leck [lɛk] n (-[e]s/-s) leak
'lecken¹ (ge-, h) leak
lecken² (ge-, h) lick (a. **~ an**)
lecker ['lɛkər] delicious, F yummy; **'2bissen** m delicacy, treat
Leder ['le:dər] n (-s/-) leather
ledig ['le:dɪç] single, unmarried
leer [le:r] empty; room etc.: a. vacant; page etc.: blank; battery: dead

Leere

'Leere f (-/no pl) emptiness, void
'leeren (ge-, h) empty (a. sich ~)
'Leer|lauf m (-[e]s/no pl) neutral; **'~ung** f (-/-en) post. mail pick-up, Brt. collection
legal [le'gaːl] legal, lawful
legen ['leːgən] (ge-, h) lay (a. eggs); place, put; set (hair); sich ~ lie down; fig. calm down
Legende [le'gɛndə] f (-/-n) legend
Lehm [leːm] m (-[e]s/-e) loam; clay
Lehne ['leːnə] f (-/-n) back(rest); arm(rest); **²en** (ge-, h) 1. v/i and v/refl: (sich) ~ lean (an against, auf on); 2. v/t lean, rest (gegen against); **'~stuhl** m armchair
Lehrbuch ['leːr-] n textbook
Lehre f (-/-n) science; theory; rel., pol. teachings; apprenticeship; lesson, warning
'lehren (ge-, h) teach, instruct; **'~er** m (-s/-), **'~erin** f (-/-nen) teacher; driving etc.: instructor
'Lehr|gang m course; **'~ling** m (-s/-e) apprentice; **²reich** instructive; **'~stelle** f apprenticeship; **'~tochter** f Swiss: (female) apprentice
Leib [laɪp] m (-[e]s/-er) body; abdomen; **'~gericht** n favorite (Brt. favourite) dish; **'~wache** f, **'~wächter** m bodyguard

Leiche ['laɪçə] f (-/-n) (dead) body, corpse; **'~nhalle** f, **'~nschauhaus** n morgue
leicht [laɪçt] light (a. fig.); easy; **²athlet(in)** ['-ʔ-] (track-and-field) athlete; **²athletik** ['-ʔatleːtɪk] f (-/no pl) track-and-field events, athletics; **'²sinn** m (-[e]s/no pl) carelessness; **'²sinnig** careless
leid [laɪt] et. ~ sein have had enough of s.th., be sick and tired of s.th.
Leid n (-[e]s/no pl) grief, sorrow; es (er) tut mir ~ I'm sorry (for him)
leiden ['laɪdən] 1. v/t and v/i (irr, ge-, h) suffer (an from); ich kann ... nicht ~ I can't stand ...; 2. **²** n (-s/-) suffering; med. complaint
'Leidenschaft f (-/-en) passion; **'²lich** passionate
leider ['laɪdər] unfortunately
Lei|bücherei ['laɪ-] f public library; **²en** (irr, ge-, h) lend; sich ~ borrow; → mieten; **'~gebühr** f rental (fee); **'~haus** n pawnshop; **'~mutter** f surrogate mother; **'~wagen** m rented (Brt. hired) car
Leim m (-[e]s/-e) glue; **²en** (ge-, h) glue
Leine ['laɪnə] f (-/-n) line; → Hundeleine
Leinen ['laɪnən] n (-s/-) linen; **'~tuch** n sheet; **'~wand** f

Libero

paint. canvas; *movie, Brt. film:* screen
leise ['laizə] quiet; *voice etc.: a.* low; **~r stellen** turn down
Leiste ['laistə] *f (-/-n)* ledge; *anat.* groin
leist|en ['laistən] *(ge-, h)* do, work; render *(service, help etc.)*; **ich kann mir ... (nicht) ~** I can('t) afford ...; **²ung** *f (-/-en)* performance; achievement; *tech. a.* output; *econ.* service; *(social, financial etc.)* benefit
Leitartikel ['lait?-] *m* editorial; **²en** *(ge-, h)* lead, guide; conduct *(a. phys., mus.)*; run, manage
Leiter[1] [~] *f (-/-n)* ladder *(a. fig.)*
Leiter[2] [~] *m (-s/-)* leader; conductor *(a. mus., phys.)*; head, manager; chairperson; **~in** *f (-/-nen)* leader; head, manager; chairperson
Leitplanke *f* guardrail, *Brt.* crash barrier
Leitung *f (-/-en) tech., tel.* line; *(water etc.)* main(s); pipe(s); cable(s); *(no pl)* management, direction, chairmanship; **'~srohr** *n* pipe; **'~swasser** *n* tap water
Lektion [lɛk'tsjo:n] *f (-/-en)* lesson; **~üre** [~'ty:rə] *f (-/-en)* reading (matter); *ped.* reader
Lende ['lɛndə] *f (-/-n)* loin
lenk|en ['lɛŋkən] *(ge-, h)* steer, drive; *fig.* direct; guide *(child etc.)*; **²er** *m (-s/-)* han-

dlebars; **'²rad** *n* steering wheel; **'²ung** *f (-/-en)* steering (system)
Leopard [leo'part] *m (-en/-en)* leopard
Lerche ['lɛrçə] *f (-/-n)* lark
lernen ['lɛrnən] *(ge-, h)* learn; study
lesbisch ['lɛsbɪʃ] lesbian
Lesebuch ['le:zə-] *n* reader
lesen *(irr, ge-, h)* read; *wine:* harvest
'Leser *m (-s/-)*, **~in** *f (-/-nen)* reader; **'²lich** legible
'Lesezeichen *n* bookmark
letzte ['lɛtstə] last; latest *(news etc.)*
Leuchtanzeige ['lɔyçt-] *f* luminous (*or* LED) display
Leucht|e ['lɔyçtə] *f (-/-n)* light, lamp; **²en** *(ge-, h)* shine; gleam; **²end** shining, bright; **~ter** *m (-s/-)* candlestick; → **Kronleuchter**
'Leucht|farbe *f* luminous paint; **~reklame** *f* neon lights (*or* signs); **~turm** *m* lighthouse; **~ziffer** *f* luminous digit
leugnen ['lɔygnən] *(ge-, h)* deny
Leute ['lɔytə] *pl* people; F folks
Lexikon ['lɛksikɔn] *n (-s/-ka)* dictionary; encyclopedia, *Brt.* encyclopaedia
Libelle [li'bɛlə] *f (-/-n)* dragonfly
liberal [libe'ra:l] liberal
Libero ['li:bero] *m (-s/-s)* soc-

cer: sweeper, libero

Licht [lɪçt] *n* (-[e]s/-er) light; '~**bild** *n* photo(graph); slide; ²**empfindlich** ['ʔ-] *phot.* sensitive; '~**empfindlichkeit** *f phot.* speed

'**lichten** (ge-, h) clear (*forest*); **den Anker ~** weigh anchor; **sich ~** *hair etc.*: get thin(ner)

'**Licht|hupe** *f*: **die ~ benutzen** flash one's lights (at s.o.); '~**jahr** *n* light year; '~**maschine** *f* generator; '~**schalter** *m* light switch; '~**schutzfaktor** *m* sun protection factor; '~**strahl** *m* ray (*or* beam) of light

'**Lichtung** *f* (-/-en) clearing

Lid [liːt] *n* (-[e]s/-er) (eye)lid; '~**schatten** *m* eye shadow

lieb [liːp] *dear*: nice, kind; *child*: good

Liebe ['liːbə] *f* (-/no pl) love

lieben (ge-, h) love

liebenswürdig kind

lieber rather, sooner; **~ haben** prefer, like better

'**Liebes|brief** *m* love letter; '~**paar** *n* lovers

'**liebevoll** loving, affectionate

'**Lieb|haber** ['liːphaːbər] *m* (-s/-) lover (*a. fig.*); ~**haberei** *f* (-/-en) hobby; **aus ~** as a hobby; ²**lich** sweet (*a. wine*); ~**ling** *m* (-s/-e) darling; favorite, *Brt.* favourite; *addressing s.o.*: darling, my love; '~**lings...** *in compounds*: favorite ..., *Brt.* favourite ...; ²**los** unkind; *treatment etc.*: careless

Lied [liːt] *n* (-[e]s/-er) song

liederlich ['liːdərlɪç] slovenly, sloppy

Liedermacher ['liːdər-] *m* (-s/-), **~in** *f* (-/-nen) singer-songwriter

lief [liːf] *past of* **laufen**

Lieferant [lifəˈrant] *m* (-en/-en) supplier

lieferbar [ˈliːfərbaːr] available

'**liefern** (ge-, h) deliver; supply; '~**schein** *m* delivery note; ²**ung** *f* (-/-en) delivery; supply; '~**wagen** *m* panel truck; pickup; *Brt.* delivery van

Liege [ˈliːɡə] *f* (-/-n) couch; (camp) bed

liegen [ˈliːɡən] (*irr, ge-, h*) lie; be (situated); **~ nach** face; **es liegt daran, dass** it is because; *j-m* **~** appeal to s.o.; **~ bleiben** stay in bed; *of things*: be left behind; **~ lassen** leave (behind), forget

'**Liege|stuhl** *m* deck chair; ~**stütz** *m* (-es/-e) push-up, *Brt.* press-up; '~**wagen** *m* couchette

lieh [liː] *past of* **leihen**

ließ [liːs] *past of* **lassen**

Lift [lɪft] *m* (-[e]s/-e, -s) elevator, *Brt.* lift

Liga [ˈliːɡa] *f* (-/-gen) league

Likör [liˈkøːr] *m* (-s/-e) liqueur

lila [ˈliːla] purple, violet

Lilie [ˈliːli̯ə] *f* (-/-n) lily

Limonade [limo'naːdə] f (-/
-n) (soda) pop, fizzy drink;
lemonade

Limousine [limu'ziːnə] f (-/
-n) sedan, Brt. saloon car

Linde ['lɪndə] f (-/-n) lime tree,
linden

lindern ['lɪndərn] (ge-, h) relieve, ease

Lineal [line'aːl] n (-s/-e) ruler

Linie ['liːni̯ə] f (-/-n) line; fig.
figure; **˷nflug** m scheduled
flight; **˷nrichter** m sport:
linesman; **˷nrichterin** f
sport: lineswoman

link [lɪŋk] left (a. pol.)

Linke ['lɪŋkə] 1. f pol.
the left (wing); 2. m, f leftist,
left-winger

links [lɪŋks] (on the or to the)
left; **Ωaußen** m sport: outside left, left winger; **Ωhänder** f [-'hɛndər] m (-s/-);
Ωhänderin f (-/-nen) left-hander; **Ωradikale** m, f
(-n/-n) left-wing extremist

Linse ['lɪnzə] f (-/-n) bot. lentil; opt. lens

Lippe ['lɪpə] f (-/-n) lip;
˷nstift m lipstick

lispeln ['lɪspəln] (ge-, h) (have
a) lisp

List [lɪst] f (-/-en) cunning,
trick

Liste ['lɪstə] f (-/-n) list; official: register

'listig cunning, sly

Liter ['liːtər] m, n (-s/-) liter,
Brt. litre

litera|risch [lɪte'raːrɪʃ] literary; **Ωtur** [-a'tuːr] f (-/-en)
literature

litt [lɪt] past of **leiden**

Lizenz [li'tsɛnts] f (-/-en) license, Brt. licence

LKW ['ɛlkaːveː] m (-s/-s)
Lastkraftwagen truck, Brt.
lorry

Lob [loːp] n (-[e]s/no pl)
praise

loben ['loːbən] (ge-, h) praise;
˷swert praiseworthy

Loch [lɔx] n (-[e]s/-̈er) hole;
Ωen (ge-, h) punch; **˷er** m
(-s/-) punch; **˷karte** f
punch(ed) card

Locke ['lɔkə] f (-/-n) curl; **˷n
haben** have curly hair

'locken (ge-, h) curl (a. sich
˷)

'locken² (ge-, h) lure, entice

Lockenwickler ['lɔkənvɪklər]
m (-s/-) curler

locker ['lɔkər] loose; fig. relaxed

'lockern (ge-, h) loosen (a.
sich ˷), slacken; relax (a.
fig.)

'lockig curly

Löffel ['lœfəl] m (-s/-) spoon

log [loːk] past of **lügen**

Loge ['loːʒə] f (-/-n) thea. box;
Masonic etc.: lodge

logisch [loːgɪʃ] logical

Lohn [loːn] m (-[e]s/-̈e)
wages, pay; fig. reward; **Ωen**
(ge-, h): **sich ˷** be worth it,
pay; **˷erhöhung** [-'ʔ-] f
raise, Brt. rise; **˷steuer** f in-

Lohnstopp come tax; '~**stopp** *m* wage freeze

Loipe ['lɔypə] *f* (*-/-n*) (cross-country) course

Lokal [loˈkaːl] *n* (*-[e]s/-e*) restaurant, pub *etc.*; ~... *in compounds: mst* local ...

Lokomotiv|e [lokomoˈtiːvə] *f* (*-/-n*) engine; ~**führer** *m* engineer, *Brt.* engine driver

Lorbeer ['lɔrbeːr] *m* (*-s/-en*) laurel; *gastr.* bay leaf

Los [loːs] *n* (*-es/-e*) lot (*a. fig.*); (lottery) ticket, number; ~**e ziehen** draw lots

los [~] *adj*. (*break, set etc.*) loose; **was ist ~?** what's the matter?; ~ **sein** be rid of; ~! hurry up!; let's go!; '~**binden** (*irr, sep, -ge-, h*) untie

Löschblatt ['lœʃ-] *n* blotting paper

löschen (*ge-, h*) extinguish, put out; quench (*thirst*); erase (*recording etc.*); *computer*: erase, delete; *naut.* unload

lose ['loːzə] loose (*a. fig.*)

Lösegeld *n* ransom

losen ['loːzən] (*ge-, h*) draw lots (**um** for)

lösen ['løːzən] (*ge-, h*) undo (*knot etc.*); loosen; release (*brake etc.*); solve (*problem etc.*); buy (*ticket etc.*); → **ab-, auflösen**

'**los|fahren** (*irr, sep, -ge-, sein*) leave; drive off; '~**gehen** (*irr, sep, -ge-, sein*) leave; start, begin; ~ **auf** go for *s.o.*; '~**lassen** (*irr, sep, -ge-, h*) let go

löslich ['løːslɪç] soluble

'**los|machen** (*sep, -ge-, h*) release; loosen; '~**reißen** (*irr, sep, -ge-, h*) tear off; *sich* ~ break loose; free *o.s.*; *fig.* tear *o.s.* away (**von** from)

Lösung ['løːzʊŋ] *f* (*-/-en*) solution (*a. fig.*); '~**smittel** *n* solvent

'**loswerden** (*irr, sep, -ge-, sein*) get rid of

Lot [loːt] *n* (*-[e]s/-e*) plumb (line)

löten ['løːtən] (*ge-, h*) solder

Lot|se ['loːtsə] *m* (*-n/-n*) *naut.* pilot; **²sen** (*ge-, h*) pilot

Lotterie [lɔtəˈriː] *f* (*-/-n*) lottery

Lotto ['lɔto] *n* (*-s/-s*) lotto

Löw|e ['løːvə] *m* (*-n/-n*) lion; *astr.* Leo; '~**enzahn** *m* (*-[e]s/no pl*) dandelion; '~**in** *f* (*-/-nen*) lioness

Luchs [lʊks] *m* (*-es/-e*) lynx

Lücke ['lʏkə] *f* (*-/-n*) gap; **²nhaft** incomplete; **²nlos** complete

lud [luːt] *past of* **laden**

Luft [lʊft] *f* (*-/¨-e*) air; (*frische*) ~ **schöpfen** get a breath of fresh air; *in die* ~ **sprengen** (*fliegen*) blow up; '~**angriff** ['~ʔ-] *m* air raid; '~**aufnahme** ['~ʔ-] *f* aerial photograph (or view); '~**ballon** *m* balloon; '~**blase** *f* air bubble; '~**brücke** *f* airlift; **²dicht** airtight; '~**druck** *m* (*-[e]s/no*

pl) air pressure
lüften ['lʏftən] (*ge-, h*) air, ventilate
'Luft|fahrt *f* (*-/no pl*) aviation; '⁓**kissenfahrzeug** *n* hovercraft; '²**krank** airsick; '⁓**kurort** *m* health resort; '²**leer**: *⁓er Raum* vacuum; '⁓**linie** *f*: *50 km ~ 50 km* as the crow flies; '⁓**loch** *n* air vent; *aviat.* air pocket; '⁓**matratze** *f* air mattress; '⁓**pirat** *m* hijacker, skyjacker; '⁓**post** *f* air mail; '⁓**pumpe** *f* bicycle pump; '⁓**röhre** *f* windpipe
'Lüftung *f* (*-/-en*) ventilation
'Luft|veränderung *f* change of air; '⁓**verschmutzung** *f* air pollution; '⁓**waffe** *f* air force; '⁓**zug** *m* (*-[e]s/no pl*) draft, *Brt.* draught
Lüge ['ly:gə] *f* (*-/-n*) lie; '²**en** (*irr, ge-, h*) lie; '⁓**ner** *m* [*'⁓*gnər] *m* (*-s/-*), '⁓**nerin** *f* (*-/-nen*) liar

luku̇riös [luksu'riø:s] luxurious
Luxus ['luksus] *m* (*-/no pl*) luxury; '⁓**artikel** [*'⁓*ˀ·] *m* luxury; '⁓**hotel** *n* luxury hotel
Lymphdrüse ['lʏmf-] *f* lymph gland
Lyrik ['ly:rɪk] *f* (*-/no pl*) poetry

Luke ['lu:kə] *f* (*-/-n*) hatch; skylight
Lumpen ['lʊmpən] *m* (*-s/-*) rag
Lunge ['lʊŋə] *f* (*-/-n*) lung(s); '⁓**nentzündung** [*'⁓*nˀ·] *f* pneumonia
Lupe ['lu:pə] *f* (*-/-n*) magnifying glass
Lust [lʊst] *f* (*-/⁻e*) desire; *contp.* lust; *~ haben zu* or *auf* feel like (doing) *s.th.*
'lust|ig funny; cheerful; *sich ~ machen über* make fun of; '²**spiel** *n* comedy
lutsch|en ['lʊtʃən] (*ge-, h*): *~ (an)* suck; '²**er** *m* (*-s/-*) lollipop

M

'machbar feasible
machen ['maxən] (*ge-, h*) do; make; take (*exam etc.*); pass (*exam*); be, amount to (*sum*); *wie viel macht das?* how much is it?; *das macht zehn Mark* that'll be ten marks; (*das*) *macht nichts* it doesn't matter; *sich* ⸱*c*. (*nichts*) *~ aus* (not) care about; (not) care for; *mach schon!* hurry

up!; → **lassen**¹
Macho ['matʃo] *m* (*-s/-s*) macho
Macht [maxt] *f* (*-/⁻e*) power
mächtig ['mɛçtɪç] powerful, mighty; huge
'macht|los powerless; '²**missbrauch** *m* abuse of power
Mädchen ['mɛːtçən] *n* (*-s/-*) girl; maid; '⁓**name** *m* girl's

name; maiden name
Made ['maːdə] *f (-/-n)* maggot; *in fruit etc.:* worm; **2ig** *fruit:* worm-eaten
Magazin [maga'tsiːn] *n (-s/-e)* magazine
Magen ['maːgən] *m (-s/ⁿ,-)* stomach; **~beschwerden** *pl* stomach trouble; **~geschwür** *n* ulcer; **~schmerzen** *pl* stomachache
mager ['maːgər] lean *(a. meat)*, thin, skinny; low-fat, low-calorie; *fig.* meager, *Brt.* meagre
Magie [ma'giː] *f (-/no pl)* magic; **2isch** ['maːgɪʃ] magic
Magnet [ma'gneːt] *m (-en, -[e]s/-e)* magnet; **~...** *in compounds:* magnetic ...; **2isch** magnetic
mähen ['mɛːən] *(ge-, h)* cut, mow; reap
Mahlzeit ['maːl-] *f (-/-en)* meal
Mähne ['mɛːnə] *f (-/-n)* mane
Mahnung ['maːnʊŋ] *f (-/-en) econ.* reminder
Mai [maɪ] *m (-[e]s,-/no pl)* May; **~glöckchen** *n (-s/-)* lily of the valley; **~käfer** *m* cockchafer
Mais [maɪs] *m (-es/-e)* corn, *Brt.* maize
Majestät [majɛˈstɛːt] *f (-/-en)* majesty
Majonäse → **Mayonnaise**
Major [ma'joːr] *m (-s/-e)* major

makellos ['maːkəlloːs] immaculate
Makler ['maːklər] *m (-s/-)*, **~in** *f (-/-nen)* real estate agent, realtor, *Brt.* estate agent; broker
mal [maːl] times; multiplied by
Mal¹ [~] *n (-[e]s/-e)* time; **zum ersten (letzten) ~** for the first (last) time
Mal² [~] *n (-[e]s/-e,ⁿer)* mark
malen ['maːlən] *(ge-, h)* paint; **2er** *m (-s/-)* painter; **2erei** [~ə'raɪ] *f (-/-en)* painting; **2erin** *f (-/-nen)* painter; **~erisch** picturesque
Malz [malts] *n (-es/no pl)* malt
Mama ['mama, ma'maː] *f (-/ -s)* → **Mutti**
man [man] one, you; they
manch [manç], **~er**, **~e**, **~es** *mst* some; many; **~mal** sometimes
Mandant [man'dant] *m (-en/ -en)*, **~in** *f (-/-nen)* client
Mandarine [manda'riːnə] *f (- /-n)* tangerine
Mandel ['mandəl] *f (-/-n) bot.* almond; *anat.* tonsil; **~entzündung** [~ʔ~] *f* tonsillitis
Manege [ma'neːʒə] *f (-/-n)* (circus) ring
Mangel ['maŋəl] *m (-s/ⁿ) tech.* defect, fault; *(no pl); med.* deficiency; lack (an of); **2haft** poor, unsatisfactory; **~ware** *f:* **~ sein** be scarce
Manieren [ma'niːrən] *pl* manners

Mann [man] *m* (-[e]s/⁓er) man; husband

Männchen ['mɛnçən] *n* (-s/-) zo. male

Mannequin ['manəkɛ̃] *n* (-s/-s) model

männlich ['mɛnlɪç] masculine; *biol.* male

'Mannschaft *f* (-/-en) team; *naut., aviat.* crew

manövrieren [manø'vri:rən] (*no ge-, h*) maneuver, *Brt.* manoeuvre

Mansarde [man'zardə] *f* (-/-n) attic (room)

Manschette [man'ʃɛtə] *f* (-/-n) cuff; **⁓knopf** *m* cuff link

Mantel ['mantəl] *m* (-s/⁓) coat; *tech.* jacket

Manuskript [manu'skrɪpt] *n* (-[e]s/-e) manuscript

Mappe ['mapə] *f* (-/-n) portfolio; → *Aktentasche etc.*

Märchen ['mɛːrçən] *n* (-s/-) fairy tale

Marder ['mardər] *m* (-s/-) marten

Margarine [marga'ri:nə] *f* (-/ *no pl*) margarine

Marienkäfer [ma'ri:ən-] *m* ladybug, *Brt.* ladybird

Marille [ma'rɪlə] *f* (-/-n) *Austrian*: apricot

Marine [ma'ri:nə] *f* (-/-n) navy; **⁓blau** *n* (-s/-[s]) navy blue

Marionette [mario'nɛtə] *f* (-/-n) puppet

Mark¹ [mark] *f* (-/-) *econ.* (German) mark

Mark² [~] *n* (-[e]s/*no pl*) *anat.* marrow

Marke ['markə] *f* (-/-n) *econ.* brand; make; *post.* stamp

markier|en [mar'ki:rən] (*no ge-, h*) mark; *fig.* act; **2stift** *m* marker

Markise [mar'ki:zə] *f* (-/-n) awning

Markt [markt] *m* (-[e]s/⁓e) market

Marmelade [marmə'laːdə] *f* (-/-n) jam; marmalade

Marmor ['marmor] *m* (-s/-e) marble

Marokko [ma'rɔko] Morocco

Marsch [marʃ] *m* (-[e]s/⁓e) march (*a. mus.*); **⁓flugkörper** *m* cruise missile; **2ieren** [~'ʃiːrən] (*no ge-, sein*) march

Märtyrer ['mɛrtyrər] *m* (-s/-), **⁓in** *f* (-/-nen) martyr

März [mɛrts] *m* (-[es]/*no pl*) March

Marzipan [martsi'paːn] *n* (-s/-e) marzipan

Masche ['maʃə] *f* (-/-n) mesh; *knitting*: stitch; F trick

Maschine [ma'ʃiːnə] *f* (-/-n) machine; engine; *aviat.* plane; **⁓ schreiben** type

maschinell [maʃi'nɛl] mechanical

ma'schinen|geschrieben typewritten, typed; **2gewehr** *n* machine gun; **⁓lesbar** *computer*: machine-readable; **2pistole** *f* submachine gun

Masern ['maːzərn] *pl* measles

Maserung ['maːzərʊŋ] f (-/
-en) wood etc.: grain
Maske ['maskə] f (-/-n)
mask; 2ieren [~'kiːrən] (no
ge-, h): sich ~ put on a mask;
dress up; disguise o.s.
maß [maːs] past of **messen**
Maß¹ [~] n (-es/-e) measure;
fig. extent; ~e pl measurements
Maß² [~] f (-/-e) liter (Brt.
litre) of beer
Massaker [ma'saːkər] n (-s/-)
massacre
Masse ['masə] f (-/-n) mass;
substance; e-e ~ F loads of
'Massen|karambolage (-/
-n) pile-up; **~produktion** f
mass production
Mass|eur [ma'søːr] m (-s/-e)
masseur; **~euse** f (-/-n) masseuse
massieren [ma'siːrən] (no
ge-, h) massage
mäßig ['mɛːsɪç] moderate;
~en [~ɪɡən] (ge-, h) moderate; sich ~ restrain (or control) o.s.
massiv [ma'siːf] solid; fig.
massive
maß|los immoderate; 2nahme ['~naːmə] f (-/-n) measure, step; 2stab m scale; fig.
standard; 2voll moderate
Mast [mast] m (-[e]s/-e(n))
mast; pole
mästen ['mɛstən] (ge-, h) fatten; F stuff
Material [mateˈriaːl] n (-s/
-alien) material(s tech.); 2is-

tisch [~a'lɪstɪʃ] materialistic
Materie [ma'teːriə] f (-/-n)
matter
Mathematik [matema'tiːk] f
(-/no pl) mathematics; **~er**
[~'maːtikər] m (-s/-), **~erin**
[~/-nen] mathematician
Matratze [ma'tratsə] f (-/-n)
mattress
Matrose [ma'troːzə] m (-n/-n)
sailor, seaman
Matsch [matʃ] m (-[e]s/no pl)
mud; slush
matt [mat] weak; color etc.:
dull, pale; phot. matt(e);
glass: frosted; chess: checkmate
Matte ['matə] f (-/-n) mat
'Mattscheibe f screen; F
(boob) tube, Brt. telly, box
Matura [ma'tuːra] f (-/no pl)
Austrian: → **Abitur**
Mauer ['maʊər] f (-/-n) wall
Maul [maʊl] n (-[e]s/-er)
mouth; **'korb** m muzzle;
'~tier n mule; **'~wurf** m mole
Maurer ['maʊrər] m (-s/-)
bricklayer
Maus [maʊs] f (-/-e) mouse
(a. computer); **~efalle** ['~zə-] f
mousetrap
maximal [maksi'maːl] 1. adj
maximum; 2. adv maximally, at (the) most; 2um
['~mʊm] n (-s/-ma) maximum
Mayonnaise [majɔ'nɛːzə] f (-/
-n) mayonnaise
Mechanik [me'çaːnɪk] f (-/
-en) mechanics; tech. mech-

anism; **~ker** *m* (*-s/-*), **~kerin** *f* (*-/-nen*) mechanic; **²sch** mechanical; **~smus** [-'nɪsmʊs] *m* (*-/-nismen*) mechanism

meckern ['mɛkɐrn] (*ge-, h*) bleat; F grumble

Mecklenburg-Vorpommern ['me:klənbʊrg'fo:rpɔmərn] Mecklenburg Western-Pomerania

Medaille [me'daljə] *f* (*-/-n*) medal

Medien ['me:diən] *pl* (mass) media

Medikament [medika'mɛnt] *n* (*-[e]s/-e*) medicine, drug

Medizin [medi'tsi:n] *f* (*-/-en*) (*no pl*: science of) medicine; **²isch** medical

Meer [me:r] *n* (*-[e]s/-e*) sea, ocean; **~enge** [~'~] *f* (*-/-n*) straits; **'~esspiegel** *m* sea level; **'~rettich** *m* horseradish; **'~schweinchen** *n* guinea pig

Megabyte ['mega-] *n computer:* megabyte

Mehl [me:l] *n* (*-[e]s/-e*) flour; meal

mehr [me:r] more; *ich habe nichts* **~** I've got nothing left; **'~ere** several; **'~fach** repeated(ly); **²heit** *f* (*-/-en*) majority; **'~mals** [~ma:ls] several times; **'²weg...** in compounds: returnable ...; reusable ...; **²wertsteuer** *f* value-added tax, VAT; **²zahl** *f* (*-/no pl*) majority; *gr.* plural

meiden ['maɪdən] (*irr, ge-, h*) avoid

Meile ['maɪlə] *f* (*-/-n*) mile

mein [maɪn]; **~er, ~e, ~(e)s** mine

Meineid ['maɪn?-] *m* perjury

meinen ['maɪnən] (*ge-, h*) think, believe; say; mean

meinetwegen ['maɪnət've:gən] for my sake; because of me; **~!** I don't mind

'Meinung *f* (*-/-en*) opinion; *meiner* **~** *nach* in my opinion; **'~sforscher** *m* pollster; **'~sverschiedenheit** *f* disagreement

Meise ['maɪzə] *f* (*-/-n*) titmouse

Meißel ['maɪsəl] *m* (*-s/-*) chisel; **²eln** (*ge-, h*) chisel

meist [maɪst] most(ly); *am* **~en** most of all; **'~ens** mostly

Meister ['maɪstɐr] *m* (*-s/-*), **'~in** *f* (*-/-nen*) master; *sport:* champion; **'~schaft** *f* (*-/-en*) *sport:* championship; **'~werk** *n* masterpiece

melancholisch [melaŋ'ko:lɪʃ] melancholy

Melanom [mela'no:m] *n* (*-s/-e*) *med.* melanoma

meld|en ['mɛldən] (*ge-, h*) report; *press, radio etc.:* a. announce; **sich ~** report (*bei* to); register (with); *school:* raise one's hand; *tel.* answer (the [tele]phone); enter (*contest, exam etc.*) (*zu* for); **'~ung** *f* (*-/-en*) report; an-

melken

nouncement; registration; entry

melken ['mɛlkən] (irr, ge-, h) milk

Melodie [melo'diː] f (-/-n) melody, tune

Melone [me'loːnə] f (-/-n) bot. melon; hat: derby, Brt. bowler (hat)

Menge ['mɛŋə] f (-/-n) quantity, amount; crowd; math. set; e-e ~ lots of

Mensa ['mɛnza] f (-/-s,-sen) cafeteria

Mensch [mɛnʃ] m (-en/-en) human being; person; der ~ man(kind); die ~en pl people; mankind; kein ~ nobody

Menschen|affe ['mɛnʃən-] m ape; '~leben n human life; '2leer deserted; '~menge f crowd; '~rechte pl human rights; '~verstand m → gesunde

'Menschheit f (-/no pl) mankind

'menschlich human; fig. humane; '2keit f (-/no pl) humanity

Menstruation [mɛnstrua'tsjoːn] f (-/-en) menstruation

Menü [me'nyː] n (-s/-s) table d'hôte, Brt. a. set lunch etc.; computer: menu

merk|en ['mɛrkən] (ge-, h) notice; sich ~ remember; '2mal n (-[e]s/-e) feature; '~würdig strange, odd

Messe ['mɛsə] f (-/-n) fair; rel. mass

messen ['mɛsən] (irr, ge-, h) measure

Messer ['mɛsər] n (-s/-) knife

Messgerät ['mɛs-] n measuring instrument, meter

Messing ['mɛsɪŋ] n (-s/no pl) brass

Metall [me'tal] n (-s/-e) metal

Metastase [meta'staːzə] f (-/-n) med. metastasis

Meter ['meːtər] m, n (-s/-) meter, Brt. metre; '~maß n tape measure

Methode [me'toːdə] f (-/-n) method, way

Metzger ['mɛtsgər] m (-s/-) butcher; '~ei [~'raɪ] f (-/-en) butcher's (shop)

Meuterei [mɔʏtə'raɪ] f (-/-en) mutiny

Mexika|ner [mɛksi'kaːnər m (-s/-), ~nerin f (-/-nen), 2nisch Mexican

Mexiko ['mɛksiko] Mexico

mich [mɪç] me; ~ (selbst) myself

mied [miːt] past of meiden

Miene ['miːnə] f (-/-n) look, expression

mies [miːs] rotten, lousy

Miet|e ['miːtə] f (-/-n) rent; '2en (ge-, h) rent, hire; '~er m (-s/-), '~erin f (-/-nen) tenant; lodger; '~shaus n apartment building, Brt. block of flats; '~vertrag m lease; '~wagen m rented (Brt. hired) car; '~wohnung

Misshandlung

f apartment, *Brt.* (rented) flat

Mikro|chip ['mikro-] *m* computer: microchip; **'~computer** *m* microcomputer; **~phon** [mikro'fo:n] *n* (*-s*/*-e*) microphone, F mike; **~prozessor** ['miːkroprotsɛsoːr] *m* (*-s*/*-en*) microprocessor; **~skop** [mikro'skoːp] *n* (*-s*/*-e*) microscope; **~welle** ['miːkrɔ-] *f* microwave

Milch [mɪlç] *f* (*-/no pl*) milk; **'~glas** *n* frosted glass; **'2ig** milky; **'~kaffee** *m* coffee with milk; **'~reis** *m* rice pudding; **'~straße** *f astr.* Milky Way; **'~zahn** *m* baby (*or* milk) tooth

mild [mɪlt] mild; **~ern** ['~dərn] (*ge-*, *h*) lessen, soften

Milieu [mi'liøː] *n* (*-s*/*-s*) environment

Militär [mili'tɛːr] *n* (*-s*/*no pl*) military, armed forces; army

Milliarde [mɪ'liardə] *f* (*-/-n*) billion

Millimeter ['mɪli-] *m*, *n* millimeter, *Brt.* millimetre

Million [mɪ'lioːn] *f* (*-/-en*) million; **~är** [mɪlio'nɛːr] *m* (*-s*/*-e*) millionaire; **~ärin** *f* (*-/-nen*) millionairess

Milz [mɪlts] *f* (*-/-en*) spleen

Minder|heit ['mɪndərhaɪt] *f* (*-/-en*) minority; **'2jährig** under age

minderwertig ['mɪndərvɛːrtɪç] inferior, of inferior quality; **'~keitskomplex** *m* inferiority complex

mindest ['mɪndəst] least; **'2...** *in compounds*: minimum ...; **'~ens** at least; **'2haltbarkeitsdatum** *n* expiration (*or* best-before, sell-by) date

Mine ['miːnə] *f* (*-/-n*) mine; pencil: lead; pen: refill

Mineral [mine'raːl] *n* (*-s*/*-e*, *-alien*) mineral; **~öl** *n* mineral oil; **~wasser** *n* mineral water

Minirock ['mɪni-] *m* miniskirt

Minister [mi'nɪstər] *m* (*-s*/*-*), **~in** *f* (*-/-nen*) minister, secretary; **~ium** [~'teːriʊm] *n* (*-s*/*-ien*) ministry, department, *Brit. a.* office

minus ['miːnʊs] minus; below zero

Minute [mi'nuːtə] *f* (*-/-n*) minute

mir [miːr] (to) me

misch|en ['mɪʃən] (*ge-*, *h*) mix; blend (*tea, tobacco etc.*); shuffle (*cards*); **'2ling** *m* (*-s*/*-e*) dog: mongrel; person: half-caste (*neg!*), half-breed (*neg!*); **'~maschine** *f* (cement) mixer; **'2pult** *n radio, TV:* mixer; **'2ung** *f* (*-/-en*) mixture; blend

miss|achten ['mɪs'?-] (*no ge-*, *h*) disregard, ignore; **'2bildung** *f* deformity; **'~billigen** (*no -ge-*, *h*) disapprove of; **'2brauch** *m* abuse; **'~brauchen** [~'?-] *m* abuse; **2erfolg** ['~?-] *m* failure; **2geschick** *n* mishap; **2hand-**

Mission

lung f ill-treatment; jur. assault and battery

Mission [mɪ'sjoːn] f (-/-en) mission; ~ar [ˌ○ˈnaːr] m (-s/-e), ~arin f (-/-nen) missionary

miss|lingen [mɪs'laŋ] past of misslingen; ~lingen [~'lɪŋən], ~raten [~'raːtən] (irr, no -ge-, sein) fail; turn out badly; ℒstand m bad state of affairs; grievance; ℒtrauen n (-s/no pl) distrust, suspicion; ~trauisch suspicious; ~verständnis n (-ses/-se) misunderstanding; ~verstehen (irr, no -ge-, h) misunderstand

Mist [mɪst] m (-[e]s/no pl) manure; F trash

Mistel ['mɪstəl] f (-/-n) mistletoe

'Misthaufen m manure heap

mit [mɪt] with; ~ der Bahn etc. by train etc.; → Jahr; ℒarbeit ['○-] f cooperation; ℒarbeiter(in) ['○-] colleague; employee; pl staff; ~bringen (irr, sep, -ge-, h) bring (with one); ℒbürger(in) m fellow citizen; ~einander [~ʔaɪˈnandər] with each other; together; ℒesser ['○ɛsər] m (-s/-) med. blackhead; ~fahren (irr, sep, -ge-, sein): mit j-m ~ go with s.o.; j-n ~ lassen give s.o. a lift; ℒfahrzentrale ['~faːr-] f car pool(ing) service; ~fühlend sympathetic; ~geben

(irr, sep, -ge-, h) give s.o. s.th. (to take along); ℒgefühl n (-[e]s/no pl) sympathy; ~geben (irr, sep, -ge-, sein): mit j-m ~ go with s.o.

'Mitglied n member; ~schaft f (-/no pl) membership

mit'hilfe with the help of; by means of

Mit|inhaber(in) ['mɪt○-] co-partner; ℒkommen (irr, sep, -ge-, sein) come along; keep up (mit)

'Mitleid n (-[e]s/no pl) pity; mit j-m ~ haben pity s.o.; ℒig [ˈ○laɪdɪç] compassionate

'mit|machen (sep, -ge-, h) 1. v/i join in; 2. v/t take part in; go through (hardship etc.); ℒmensch m fellow man (or being); ~nehmen (irr, sep, -ge-, h) take (along) (with one); fig. put s.o. under stress; j-n (im Auto) ~ give s.o. a lift; ~schreiben (irr, sep, -ge-, h) 1. v/i make notes; 2. v/t take s.th. down; ℒschüler(in) m fellow student; ~spielen (sep, -ge-, h) join in; ~ in be (or appear) in

Mittag ['mɪtaːk] m (-[e]s/-e) noon, midday; heute ~ at noon today; (et.) zu ~ essen have (s.th. for) lunch; ~essen ['○-] n (zum) for) lunch; ℒs at noon; ℒspause f lunch break

Mitte ['mɪtə] f (-/-n) middle, center, Brt. centre

'mitteil|en (sep, -ge-, h) inform *s.o.* of *s.th.*; ²**ung** *f* (*-l -en*) message, information

Mittel ['mɪtəl] *n* (*-s/-*) means, way; remedy (**gegen** for); average; **~** *pl* means; **~alter** ['ʔ-] *n* (*-s/no pl*) Middle Ages; ²**alterlich** ['ʔ-] mediaeval, *Brt.* mediaeval

'**Mittelfeld** *n soccer:* midfield; '**~spieler** *m* midfielder

'**mittel**|**groß** of medium height; medium-sized; ²**klassewagen** *m* middle-sized car; ²**linie** *f sport:* half-way line; '**~los** without means; '**~mäßig** average; ²**meer:** *das* **~** the Mediterranean (Sea); ²**punkt** *m* center, *Brt.* centre; ²**streifen** *m mot.* median strip, *Brt.* central reservation; ²**stürmer(in)** center (*Brt.* centre) forward; ²**weg** *m* middle course; ²**welle** *f* medium wave, AM

mitten ['mɪtən]: **~ in** (*auf, unter*) in the middle of

Mitternacht ['mɪtər-] *f* (*-/no pl*) midnight

mittlere ['mɪtlərə] middle; average

Mittwoch ['mɪtvɔx] *m* Wednesday

mix|en ['mɪksən] (*ge-, h*) mix; '²**er** *m* (*-s/-*) mixer

Möbel ['møːbəl] *n* furniture; '**~stück** *n* piece of furniture; '**~wagen** *m* moving (*Brt.* furniture) van

Mobiltelefon [moˈbiːl-] *n* mobile phone

möblieren [møˈbliːrən] (*no ge-, h*) furnish

mochte ['mɔxtə] *past of* **mögen**¹

Mode ['moːdə] *f* (*-/-n*) fashion, vogue

Modell [moˈdɛl] *n* (*-s/-e*) model

Modem ['moːdɛm] *m, n* (*-s/ -s*) *computer:* modem

'**Modenschau** *f* fashion show

Moderator [modeˈraːtoːr] *m* (*-s/-en*), **~in** [-aˈtoːrɪn] *f* (*-/ -nen*) TV *etc.:* host

moderieren [modeˈriːrən] (*no ge-, h*) present, host

moderig ['moːdərɪç] musty, moldy, *Brt.* mouldy

modern [moˈdɛrn] modern; fashionable; **~isieren** [-iˈziːrən] (*no ge-, h*) modernize; bring *s.th.* up to date

'**Modeschmuck** *m* costume jewelry (*Brt.* jewellery)

modisch ['moːdɪʃ] fashionable

modrig ['moːdrɪç] → **moderig**

Modul [moˈduːl] *n* (*-s/-e*) *tech.* module

Mofa ['moːfa] *n* (*-s/-s*) moped

mogel|**n** ['moːgəln] (*ge-, h*) cheat; '²**packung** *f* cheat package

mögen ['møːgən] (*irr, h*) **1.** *v/i* (*ge-*) want; *ich mag nicht* I don't want to, I don't feel like it; **2.** *v/t* (*ge-*) want; like, be fond of; *lieber* **~** like better, prefer; *nicht* **~** dislike; **3.**

mögen

v/aux (no ge-) want; would like; *ich möchte* I'd like; *ich möchte lieber* I'd rather
mögen² [~] pp of **mögen¹**³
möglich ['mø:klɪç] possible; *alle ~en ...* all kinds of ...; *alles 2e tun* do everything possible; *sein 2stes tun* do one's best; → **bald**; **~erweise** possibly; **2keit** f (-/-en) possibility; **~st** if possible; as ... as possible
Mohammedaner [mohame-'da:nər] m (-s/-), **~in** f (-/-nen) Moslem, Muslim
Mohn [mo:n] m (-[e]s/-e) poppy (seeds)
Möhre ['mø:rə] f (-/-n) carrot
Mohrrübe ['mo:r-] f carrot
molk [mɔlk] past of **melken**
Molkerei [mɔlkəˈraɪ] f (-/-en) dairy
Moll [mɔl] n (-/no pl) minor (key)
mollig ['mɔlɪç] snug, cosy; *person:* chubby, plump
Moment [mo'mɛnt] m (-[e]s/-e) moment; *im ~* at the moment; **2an** [~'ta:n] **1.** *adj* present; **2.** *adv* at the moment
Monarchie [monar'çi:] f (-/-n) monarchy
Monat ['mo:nat] m (-[e]s/-e) month; **2lich** monthly; **~skarte** f (monthly) season ticket
Mönch [mœnç] m (-[e]s/-e) monk
Mond [mo:nt] m (-[e]s/-e) moon; **~fähre** f lunar module; **~finsternis** f lunar eclipse; **~schein** m (-[e]s/no pl) moonlight
Monitor ['mo:nitor] m (-s/-en, -e) monitor
Monolog [mono'lo:k] m (-s/-e) monolog, *Brt.* monologue
monoton [mono'to:n] monotonous
Montag ['mo:n-] m Monday
Mont|age [mɔn'ta:ʒə] f (-/-n) assembly; **~eur** [~'tø:r] m (-s/-e), **~eurin** f (-/-nen) fitter; mechanic; **2ieren** [~'ti:rən] (no ge-, h) assemble; fit
Moor [mo:r] n (-[e]s/-e) bog, moor(land)
Moos [mo:s] n (-es/-e) moss
Moped ['mo:pɛt] n (-s/-s) moped
Moral [mo'ra:l] f (-/no pl) morals; moral (*of story etc.*); *mil. etc.* morale; **2isch** moral
Morast [mo'rast] m (-[e]s/-e, ⁼e) morass; **2ig** muddy
Mord [mɔrt] m (-[e]s/-e) murder (an of)
Mörder ['mœrdər] m (-s/-) murderer; killer; **~in** f (-/-nen) murderess; killer
morgen ['mɔrgən] tomorrow; *~ früh* tomorrow morning; *~ Abend* tomorrow evening
Morgen¹ [~] m (-s/-) morning; *am ~* in the morning; *am nächsten ~* the next morning
Morgen² [~] m (-s/-) acre

Mund

'**Morgenrock** m dressing gown
'**morgens** (*früh* early) in the morning
morgig ['mɔrgɪç] tomorrow's
Morphium ['mɔrfiʊm] n (-s/ no pl) morphine
morsch [mɔrʃ] rotten, decayed
Mörtel ['mœrtəl] m (-s/-) mortar
Mosaik [moza'i:k] n (-s/-en) mosaic
Moschee [mɔ'ʃe:] f (-/-n) mosque
Moskau ['mɔskaʊ] Moscow
Moskito [mɔs'ki:to] m (-s/-s) mosquito
Moslem ['mɔslɛm] m (-s/-s) Muslim; **~isch** [mɔs'le:mɪʃ] Muslim
Most [mɔst] m (-[e]s/-e) grape juice; cider
Motiv [mo'ti:f] n (-s/-e) motive; *paint.*, *mus.* motif; **2ieren** [~i'vi:rən] (no ge-, h) motivate
Motor ['mo:tɔːr, mo'to:r] m (-s/-en) engine, *bsd. electr.* motor; **~boot** n motor boat; **~haube** f hood, *Brt.* bonnet; **~rad** n motorcycle; **~radfahrer(in)** motorcyclist, biker; **~roller** m motor scooter; **~schaden** m engine trouble
Motte ['mɔtə] f (-/-n) moth
Möwe ['mø:və] f (-/-n) (sea)gull
Mücke ['mykə] f (-/-n) mosquito, midge

müde ['my:də] tired; weary
Muffel ['mʊfəl] m (-s/-) sourpuss
muffig ['mʊfɪç] musty (*air etc.*); F *fig.* grumpy
Mühe ['my:ə] f (-/-n) trouble; effort; *j-m* **~ machen** give s.o. trouble; *sich* **~ geben** (*mit et.*) take great trouble (over s.th.); **2los** without difficulty; **2voll** laborious
Mühle ['my:lə] f (-/-n) mill
mühsam ['my:za:m] laborious
Mulde ['mʊldə] f (-/-n) hollow, depression
Mull [mʊl] m (-[e]s/-e) gauze
Müll [myl] m (-[e]s/no pl) *domestic*: garbage, *Brt.* rubbish; *industrial*: waste; *formal*: refuse; **~abfuhr** f ['~'-] (-/-en) garbage (*Brt.* refuse) collection; **~beseitigung** f waste disposal; **~beutel** m garbage bag, *Brt.* dustbin liner; **~deponie** f dump; **~eimer** m ['~'-] garbage can, *Brt.* dustbin
Müller ['mylər] m miller
'**Müll|halde** f, **~kippe** f dump; **~schlucker** m (-s/-) garbage (*Brt.* refuse) chute; **~trennung** f waste separation
multiplizieren [mʊltipli'tsiːrən] (no ge-, h) multiply (*mit* by)
München ['mʏnçən] Munich
Mund [mʊnt] m (-[e]s/-er) mouth; *halt den* **~!** shut up;

Mundart

~art ['~?-] f dialect
münden ['mʏndən] (ge-, h): **~ in** flow into; *of street etc.*: lead into
'Mund|geruch m (-[e]s/*no pl*) bad breath; **~harmonika** ['~harmoːnika] f (-/-s) harmonica
mündlich ['mʏntlɪç] verbal; **~e Prüfung** oral exam(ination)
'Mundstück n mouthpiece; tip *(of cigarette etc.)*
'Mündung f (-/-en) mouth *(of river)*; muzzle *(of gun)*
'Mundwasser n (-s/-) mouthwash
Munition [muniˈtsĭoːn] f (-/*no pl*) ammunition
Münster ['mʏnstər] n (-s/-) cathedral
munter ['mʊntər] awake; lively
Münz|e ['mʏntsə] f (-/-n) coin; medal; **'~fernsprecher** m pay phone; **'~tank(automat)** m coin-operated gas (*Brt.* petrol) pump; **~wechsler** ['~vɛkslər] m (-s/-) change machine
mürbe ['mʏrbə] *meat etc.*: tender; *cake etc.*: crumbly; *bones etc.*: brittle; *fig.*, *person*: worn out; **j-n ~ machen** wear s.o. down
murmeln ['mʊrməln] (ge-, h) murmur; **'2tier** n marmot
murren ['mʊrən] (ge-, h) grumble

mürrisch ['mʏrɪʃ] sullen, grumpy
Mus [muːs] n (-es/-e) mush; stewed fruit
Muschel ['mʊʃəl] f (-/-n) *zo.* mussel; shell; *tel.* earpiece
Museum [muˈzeːʊm] n (-s/-seen) museum
Musik [muˈziːk] f (-/*no pl*) music; **2alisch** [~ˈkaːlɪʃ] musical; **~automat** [~?-] m, **~box** f (-/-en) jukebox; **~er** ['muːzikər] m (-s/-), **~erin** f (-/-nen) musician; **~instrument** [~?-] n musical instrument
Muskat [mʊsˈkaːt] m (-[e]s/-e), **~nuss** f *bot.* nutmeg
Muskel ['mʊskəl] m (-s/-n) muscle; **'~kater** m aching muscles; **'~zerrung** f pulled muscle
muskulös [mʊskuˈløːs] muscular
Müsli ['myːsli] n (-s/-) muesli; **'~riegel** m cereal bar
Muße ['muːsə] f (-/*no pl*) leisure
müssen¹ ['mʏsən] (*irr*, h) 1. v/i (ge-) have to, be forced to; must; F **ich muss mal** I must go to the bathroom (*Brt.* loo); 2. v/aux (*no ge-*) have (got) to; must; **müsste** should; ought to
müssen² [~] pp *of* **müssen¹** 2
musste ['mʊstə] *past of* **müssen¹**
Muster ['mʊstər] n (-s/-) pattern; *econ. etc.* sample; mod-

el (*a. in compounds*); '2**stern** (*ge-, h*) eye *s.o.*; size *s.o.* up; *mil.* **gemustert werden** have one's medical

Mut [muːt] *m* (-[e]s/*no pl*) courage; ~ **machen** encourage *s.o.*; '2**ig** courageous; 2**maßlich** ['~maːs-] presumed

Mutter[¹] ['mutər] *f* (-/¨-) mother

Mutter[²] [~] *f* (-/-n) *tech.* nut

mütterlich ['mytərliç] motherly

'**Mutter|mal** *n* birthmark; '~**sprache** *f* mother tongue; '~**sprachler** *m* (-s/-) native speaker

Mutti ['muti] *f* (-/-s) mom(-my), *Brt.* mum(my)

mutwillig ['muːtviliç] wilful, wanton

Mütze ['mytsə] *f* (-/-n) cap

Mwst. (*only in writing*) **Mehrwertsteuer** sales tax, *Brt.* VAT, value-added tax

mysteriös [mysteˈrjøːs] mysterious

Mythologie [mytoloˈgiː] *f* (-/ -n) mythology

N

Nabe ['naːbə] *f* (-/-n) hub

Nabel ['naːbəl] *m* (-s/-) navel; '~**schnur** *f* umbilical cord

nach [naːx] *of place:* to, towards; *of succession:* after; *of time:* after, past; *manner etc.:* according to, by; ~ **und** ~ gradually

nachahmen ['naːxʔaːmən] (*sep, ge-, h*) imitate, copy; counterfeit

Nachbar ['naxbaːr] *m* (-n, -s/ -n), '~**in** *f* (-/-nen) neighbor, *Brt.* neighbour; '~**schaft** *f* (-/ *no pl*) neighborhood, *Brt.* neighbourhood

nachdem [naːxˈdeːm] after, when; **je** ~, **wie** depending on how

'**nach|denken** (*irr, sep, ge-, h*) think (**über** about); '~**denklich** thoughtful; '2**druck** *m* **1.** (-[e]s/*no pl*) stress, emphasis; **2.** (-[e]s/-e) *print.* reprint; '~**drücklich** ['~dryklıç] emphatic; **et.** ~ **empfehlen** strongly recommend s.th.; '~**eifern** ['~ʔ~] (*sep, -ge-, h*) emulate

nacheinander [naːxʔaɪˈnandər] one after the other

nacherzähl|en ['naːxʔ-] (*sep, no -ge-, h*) retell; 2**ung** *f* ['~ʔ~] reproduction

Nachfolger ['naːxfɔlgər] *m* (-s/-), '~**in** *f* (-/-nen) successor

'**nachforsch|en** (*sep, -ge-, h*) investigate; '2**ung** *f* investigation

'**Nachfra|ge** *f* inquiry; *econ.* demand; '2**gen** (*sep, -ge-, h*)

inquire, ask
'**nach**|**fühlen** (*sep*, *-ge-*, *h*): **das kann ich dir ~** I understand how you (must) feel; '**~füllen** (*sep*, *-ge-*, *h*) refill; '**~geben** (*irr*, *sep*, *-ge-*, *h*) give way; *fig*. give in; **²gebühr** *f* surcharge; '**~gehen** (*irr*, *sep*, *-ge-*, *sein*) follow; *watch*: be slow; investigate *s.th.*; '**~giebig** [´gi:bɪç] yielding, soft; '**~haltig** [´haltɪç] lasting

nachher [nax´heːr, ´--] afterwards

nachhause [nax´hauzə] *Austrian and Swiss*: home

'**Nachhilfe** *f* coaching

'**nachholen** (*sep*, *-ge-*, *h*) make up for

Nachkomme [´naːxkɔmə] *m* (*-n/-n*) descendant; **~n** *pl jur*. issue

'**nachkommen** (*irr*, *sep*, *-ge-*, *sein*) follow (later); *fig*. comply with (*wish*, *order etc.*)

'**Nachkriegs...** *in compounds*: postwar ...

Nachlass [´naːxlas] *m* (*-es/ -e,⸚e*) *econ*. reduction, discount; *jur*. estate

'**nachlassen** (*irr*, *sep*, *-ge-*, *h*) decrease, diminish; *pain*, *effect etc.*: wear off; '**~lässig** careless, negligent; '**~laufen** (*irr*, *sep*, *-ge-*, *sein*) run after; '**~lesen** (*irr*, *sep*, *-ge-*, *h*) look up; '**~machen** (*sep*, *-ge-*, *h*) → *nachahmen*

'**Nachmittag** *m* afternoon; **heute ~** this afternoon; **am ~** → '**²s** in the afternoon

'**Nach**|**nahme** [´naːxnaːmə] *f* (*-/-n*) cash on delivery; '**~name** *m* surname, last name; '**~porto** *n* surcharge; **²prüfen** (*sep*, *-ge-*, *h*) check; **²rechnen** (*sep*, *-ge-*, *h*) check

Nachricht [´naːxrɪçt] *f* (*-/-en*) news; message

'**Nachrichten** *pl radio*, *TV*: news; '**~satellit** *m* communications satellite; '**~sprecher(in)** newscaster, *esp. Brt.* newsreader

'**Nachruf** *m* obituary

'**Nach**|**saison** off-season, *Brt*. a. low season; '**²schlagen** (*irr*, *sep*, *-ge-*, *h*) look up; '**~schub** *m* (*-[e]s/no pl*) supplies; '**²sehen** (*irr*, *sep*, *-ge-*, *h*) **1.** *v/i* (have a look); **~ ob** (go and) see if; **2.** *v/t* check; look up (*word etc.*); '**²senden** (*irr*, *sep*, *-ge-*, *h*) send on, forward; '**²sichtig** indulgent; '**~silbe** *f* suffix; '**²sitzen** (*irr*, *sep*, *-ge-*, *h*): **~ müssen** be kept in; '**~spiel** *n fig*. sequel; '**~spielzeit** *f sport*: injury time; '**²sprechen** (*irr*, *sep*, *-ge-*, *h*): **j-m ~** say (or repeat) *s.th.* after *s.o.*

'**nächstbeste** [´nɛːçst-] next best, first

'**nächste** next; nearest

'**nachstellen** (*sep*, *-ge-*, *h*) **1.** *v/t* put back; *tech*. (re)adjust; **2.** *v/i j-m*: be after *s.o.*

'Nächstenliebe f charity
Nacht [naxt] f (-/⁀e) night; *heute* ⁓ tonight; *in der* ⁓ *nachts*; **⁓dienst** m night duty
'Nachteil m disadvantage
'Nachthemd n nightgown, *Brt.* nightdress; *for men:* nightshirt
Nachtigall ['naxtıgal] f (-/-en) nightingale
Nachtisch ['na:x-] m (-[e]s/no pl) dessert, sweet, F afters
'Nachtlokal n nightclub
nachträglich ['na:xtrɛ:klıç] additional; later; *apology etc.:* belated
nacht|s [naxts] at (or by) night; **2schicht** f night shift; **2tisch** m bedside table; **2wächter** m (night) watchman
'nach|wachsen (*irr, sep, -ge-, sein*) grow again; **⁓weis** ['-vais] m (-es/-e) proof; **⁓weisen** (*irr, sep, -ge-, h*) prove; **⁓welt** f (-/no pl) posterity; **2wirkung** f after-effect; **⁓wort** n (-[e]s/-e) epilog, *Brt.* epilogue; **⁓zahlen** (*sep, -ge-, h*) pay extra; **⁓zählen** (*sep, -ge-, h*) count (again); check; **2zahlung** f additional payment
Nacken ['nakən] m (-s/-) (nape of the) neck
nackt [nakt] naked; bare (*a. wall etc.*)
Nadel ['na:dəl] f (-/-n) needle; pin; **⁓baum** m conifer(ous tree)

Nagel ['na:gəl] m (-s/⁀) nail; **⁓lack** m nailpolish; **⁓lackentferner** ['-?-] m (-s/-) nail polish remover
nage|n ['na:gen] (*ge-, h*) gnaw (*an at*); **2tier** n rodent
nah [na:] → **nahe** ['na:ə] near, close (*bei* to); **⁓gehen** affect deeply; **⁓legen** suggest; **⁓liegen** be obvious
Nähe ['nɛ:ə] f (-/no pl) proximity; vicinity; *in der* ⁓ close by; *with gen:* near
nähen ['nɛ:ən] (*ge-, h*) sew; make (*dress etc.*)
näher ['nɛ:ɐ] nearer, closer; further (*information etc.*); **2es** details
'nähern (*ge-, h*): *sich* ⁓ approach
'Nähgarn n thread
nahm [na:m] *past of* **nehmen**
'Näh|maschine f sewing machine; **⁓nadel** f needle
nahr|haft ['na:rhaft] nutritious, nourishing; **2ung** f (-/no pl) food, nourishment; **2ungsmittel** pl food, foodstuffs
Nährwert ['nɛ:r-] m nutritional value
Naht [na:t] f (-/⁀e) seam; *med.* suture
'Nahverkehr m local traffic
'Nähzeug n sewing kit
naiv [na'i:f] naive
Name ['na:mə] m (-ns/-n) name; **⁓nstag** m name day; **2ntlich** ['na:məntlıç] by name; especially, particularly

nämlich

nämlich ['nɛːmlɪç] that is (to say)

nannte ['nantə] past of **nennen**

Napf [napf] m (-[e]s/⁓e) bowl, basin

Narbe ['narbə] f (-/-n) scar

Narkose [nar'koːzə] f (-/-n): in ⁓ under anesthetic (Brt. anaesthetic)

Narr [nar] m (-en/-en) fool; 2**en** (ge-, h) fool

Narzisse [nar'tsɪsə] f (-/-n) daffodil

nasal [na'zaːl] nasal

naschen ['naʃən] (ge-, h): gern ⁓ have a sweet tooth

Nase ['naːzə] f (-/-n) nose; '⁓**nbluten** n (-s/no pl) nosebleed; '⁓**nloch** n nostril; '⁓**nspitze** f tip of the nose

Nashorn [naːs-] n rhinoceros, F rhino

nass [nas] wet

Nässe ['nɛsə] f (-/no pl) wet(ness)

'**nasskalt** damp and cold

Nation [na'tsioːn] f (-/-en) nation

national [natsio'naːl] national; 2**hymne** f national anthem; 2**ität** [⁓nali'tɛːt] f (-/-en) nationality; 2**mannschaft** f national team; 2**park** m national park; 2**sozialismus** m National Socialism; 2**spieler(in)** sport: international (player)

NATO, Nato ['naːto] f (-/no pl) Nordatlantikpakt-Organisation NATO, North Atlantic Treaty Organization

Natron ['naːtrɔn] n (-s/no pl) baking soda

Natter ['natər] f (-/-n) adder, viper

Natur [na'tuːr] f (-/no pl) nature; ⁓**ereignis** [⁓ʔ-] n natural phenomenon; ⁓**gesetz** n law of nature; 2**getreu** [⁓gətrɔy] true to life; lifelike; ⁓**katastrophe** f natural disaster

natürlich [na'tyːrlɪç] **1.** adj natural; **2.** adv naturally, of course

Na'tur|**schätze** pl natural resources; ⁓**schutz** m nature conservation; **unter ⁓ stehen** be protected; ⁓**schützer** m (-s/-) conservationist; ⁓**schutzgebiet** n nature reserve; ⁓**wissenschaft** f (natural) science; ⁓**wissenschaftler(in)** (natural) scientist

Nazi ['naːtsi] m (-s/-s) Nazi

Nebel ['neːbəl] m (-s/-) mist; fog; ⁓**(schluss)leuchte** f (rear) fog lamp

neben ['neːbən] beside, next to; besides; compared with; ⁓**an** [⁓ʔ-] next door; **bei** in addition, at the same time; by the way; '⁓**beschäftigung** f sideline; ⁓**einander** [⁓ʔ-] next to each other; '2**fach** n minor (subject), Brt. subsidiary subject; '2**fluss** m tributary; '2**ge**-

bäude n adjoining building; annex, Brt. annexe; **˚kosten** pl extras; **˚produkt** n by-product; **˚rolle** f minor part; **˚sächlich** ['~zɛçlɪç] unimportant; **˚straße** f side street; minor road; **˚tisch** m next table; **˚wirkung** f side effect; **˚zimmer** n adjoining room

neblig ['ne:blɪç] foggy; misty

neck|en ['nɛkən] (ge-, h) tease; **˚isch** playful; remark etc.: teasing; hat etc.: coquettish

Neffe [nɛfə] m (-n/-n) nephew

negativ ['ne:gati:f] negative

nehmen ['ne:mən] (irr, ge-, h) take (a. sich ~)

Neid [naɪt] m (-[e]s/no pl) envy; **˚isch** ['~dɪʃ] envious

neig|en ['naɪgən] (ge-, h): (sich) ~ bend, incline; ~ zu tend to (do) s.th.; **˚ung** f (-/-en) inclination; fig. a. tendency

nein [naɪn] no

Nelke ['nɛlkə] f (-/-n) carnation; spice: clove

nennen ['nɛnən] (irr, ge-, h) name, call; mention; **sich ~** be called ...; **˚swert** worth mentioning

Neon ['ne:ɔn] n (-s/no pl) neon (a. in compounds)

Nerv [nɛrf] m (-s/-en) nerve; *j-m auf die ~en gehen* get on s.o.'s nerves; **˚en** (ge-, h) be a pain (in the neck)

Nerven|arzt ['nɛrfən?-] m, **˚ärztin** ['~?-] f neurologist; **˚klinik** f mental hospital; **˚system** n nervous system; **˚zusammenbruch** m nervous breakdown

nerv|ös [nɛr'vø:s] nervous; **˚osität** [~vozi'tɛ:t] f (-/no pl) nervousness

Nerz [nɛrts] m (-es/-e) mink (a. coat)

Nest [nɛst] n (-[e]s/-er) nest; contp. dump

nett [nɛt] nice; **so ~ sein zu ...** be kind enough to ...

netto ['nɛto] net (a. in compounds)

Netz [nɛts] n (-es/-e) net; fig. network (a. tel.); electr. power, Brt. a. mains; **˚anschluss** ['~?-] m mains supply; **˚haut** f retina; **˚karte** f (rail etc.) pass

neu [nɔy] new; modern; **~(e)ste** latest; **von ~em** anew, afresh; **was gibt es Neues?** what's new?; **˚artig** ['~?-] f novel; **˚bau** m (-[e]s/-ten) new building; **˚erung** f (-/-en) innovation; **˚geboren** newborn; **˚gier** f curiosity; **˚gierig** curious; **˚heit** f (-/-en) novelty; **˚igkeit** f (-/-en) (piece of) news; **˚jahr** n New Year('s Day); **Prost ~!** Happy New Year!; **˚lich** the other day; **˚mond** m (-[e]s/no pl) new moon

neun [nɔyn] nine; **˚te** ninth; **˚tel** n (-s/-) ninth; **˚tens**

neunzehn(te) ninth(ly), in ninth place; **˜zehn** ['˜tsleɪn] nineteen(th); **˜zig** ['˜tsɪç] ninety; **˜zigste** nineteenth

Neu|rose f (-/-n) neurosis **neutr|al** [nɔyˈtraːl] neutral; **Ωalität** [˜aliˈtɛːt] f (-/no pl) neutrality

Neutronen... [nɔyˈtroː nən-] in compounds: neutron (bomb etc.)

'Neuzeit f (-/no pl) modern age; **Geschichte der ˜** modern history; **˜lich** modern

nicht [nɪçt] not; **˜ mehr** not any more, no longer

Nicht... in compounds: non(member, smoker etc.)

Nichte ['nɪçtə] f (-/-n) niece

nichts [nɪçts] nothing; **˜ sagend** meaningless

nick|en ['nɪkən] (ge-, h) nod; **Ωerchen** ['˜ɐrçən] n (-s/-) nap

nie [niː] never; **fast ˜** hardly ever

nieder ['niːdər] **1.** adj low; **2.** adv down; **auf und ˜** up and down; **˜ mit ...!** down with ...!; **˜geschlagen** depressed; **Ωkunft** ['˜kʊnft] f (-/no pl) birth; **Ωlage** f defeat

Nieder|lande ['niːdərlandə]: **die ˜** the Netherlands, Holland; **Ωländer** ['˜lɛndər] m (-s/-) Dutchman; **Ωländerin** f (-/-nen) Dutchwoman; **Ωländisch** Dutch

'nieder|lassen (irr, sep, -ge-, h): **sich ˜** settle (down); econ. set up; **Ωlassung** f (-/-en) establishment; branch; **Ωlegen** (sep, -ge-, h) lay down; resign (from) (position etc.); **Ωschlagen** (irr, sep, -ge-, h) knock down; put down (rebellion etc.); **Ωträchtig** base, mean; **Ωung** f (-/-en) lowland(s)

niedlich ['niːtlɪç] pretty, sweet, cute

niedrig ['niːdrɪç] low (a. fig.)

niemals ['niːmaːls] never

niemand ['niːmant] nobody, no one; **Ωsland** n (-[e]s/no pl) no-man's-land

Niere ['niːrə] f (-/-n) kidney

niesel|n ['niːzəln] (ge-, h) drizzle; **Ωregen** m drizzle

niesen ['niːzən] (ge-, h) sneeze

Niete ['niːtə] f (-/-n) lottery etc.: blank; fig. failure; tech. rivet

Nilpferd ['niːl-] n hippopotamus

nippen ['nɪpən] (ge-, h) sip (an at)

nirgends ['nɪrgənts] nowhere

Nische ['niːʃə] f (-/-n) niche, recess

nisten ['nɪstən] (ge-, h) nest

Niveau [niˈvoː] n (-s/-s) level; fig. a. standard

noch [nɔx] still (*a. ~ immer*); ~ *ein* another, one more; ~ *einmal* once more, once again; ~ *etwas?* anything else?; ~ *nicht(s)* not(hing) yet; ~ *nie* never before; ~ *größer etc.* even bigger etc.; **~mals** ['~ma:ls] once more, once again

nominieren [nomi'ni:rən] (*no ge-*, *h*) nominate

Nonne ['nɔnə] *f* (*-/-n*) nun

Nord [nɔrt], **~en** [~dən] *m* (*-s/ no pl*) north

nördlich ['nœrtlɪç] north, northern; northerly

nord|europäisch North(ern) European; **²ost(en** *m*) [~'~-] northeast; **²pol** *m* North Pole

Nordrhein-Westfalen ['nɔrtraɪnvɛst'fa:lən] North Rhine-Westphalia

Nord|west(en *m*) northwest

nörgeln ['nœrgəln] (*ge-*, *h*) carp, nag

Norm [nɔrm] *f* (*-/-en*) standard, norm

normal [nɔr'ma:l] normal; **²...** in compounds: *esp.* tech. standard ...; average (*consumer etc.*); **²benzin** *n* regular (grade) gas (Brt. petrol); **~erweise** normally

Norwe|gen ['nɔrve:gən] Norway; **'~ger** *m* (*-s/-*) *f* **²gerin** (*-/-nen*) *f* **²gisch** *adj* Norwegian

Not [no:t] *f* (*-/-̈e*) need; misery; *in ~* in need, in trouble; *~ leidend* needy

Notar [no'ta:r] *m* (*-s/-e*), **~in** *f* (*-/-nen*) notary (public)

Not|arzt ['no:t-] *m* doctor on call; *mot.* (emergency) ambulance; **~aufnahme** ['~'~-] *f* in hospital: emergency room, Brt. casualty (department); **'²ausgang** [~'~-] *m* emergency exit; **'²bremse** *f* emergency brake; **'²dürftig** scanty; **~reparieren** patch up

Note ['no:tə] *f* (*-/-n*) note; *school etc.*: mark, grade; **~n** *lesen* read music

'Not|fall *m* emergency; **'²falls** if necessary

notieren [no'ti:rən] (*no ge-*, *h*) make a note of

nötig ['nø:tɪç] necessary; **~ haben** need

Notiz [no'ti:ts] *f* (*-/-en*) note, memo; **~buch** *n* notebook

'not|landen (*-ge-*, *sein*) make an emergency landing; **'²ruf** *m* tel. emergency call; **'²rufsäule** *f* call box, Brt. emergency phone; **'²rutsche** *f aviat.* (emergency) escape chute; **'²signal** *n* distress signal; **'²stand** *m pol.* state of emergency; **'²standsgebiet** *n* (Brt. disaster) area; **'²wehr** *f* (*-/no pl*) self-defense (Brt. defence); **'~wendig** ['~vɛndɪç] necessary; **'²zucht** *f* (*-/no pl*) rape

Novelle [no'vɛlə] *f* (*-/-n*) novella

November

November [noˈvɛmbər] *m* (-[s]/*no pl*) November

Nudel [ˈnuːdəl] *f* (-/-n) noodle

nüchtern [ˈnʏçtərn] sober; *style etc.*: matter-of-fact

null [nʊl] **1.** *adj* zero; *tel.* 0 [oː]; *sports*: nil, nothing; *tennis*: love; **~ Grad** zero degrees; **~ Fehler** no mistakes; **2.** ≈ *f* (-/-en) → **null**; *contp. a* nobody; **gleich ~** nil; **≈diät** *f* starvation diet; **≈punkt** *m* zero; **≈tarif** *m*: **zum ~** free

Nummer [ˈnʊmər] *f* (-/-n) number; *of paper etc.*: a. issue; size (*of shoe etc.*)

numerieren [numeˈriːrən] (*no ge-, h*) number

'Nummernschild *n* mot. license (*Brt.* number) plate

nun [nuːn] now; *introducing statement etc.*: well; **~?** well?; **was ~?** now what?

nur [nuːr] only, just; merely; **~ noch** only

Nuss [nʊs] *f* (-̈e) nut; **'~knacker** *m* (-s/-) nutcracker; **'~schale** *f* nutshell

Nüstern [ˈnʏstərn] *pl* nostrils

Nutte [ˈnʊtə] *f* (-/-n) hooker, *Brt.* tart

Nutzen [ˈnʊtsən] **1.** *m* (-s/*no pl*) use; profit, gain; advantage; **2.** ≈ *v/i and v/t* (*ge-, h*) → **nützen**

nützen [ˈnʏtsən] (*ge-, h*) **1.** *v/i* be of use; **es nützt nichts (zu)** it's no use (*ger*); **2.** *v/t* (make) use (of), take advantage of; **'~lich** useful; advantageous

nutzlos useless, (of) no use

O

o [oː] *int.* oh!; **~ weh!** oh dear!

Oase [oˈaːzə] *f* (-/-n) oasis

ob [ɔp] whether, if; **als ~** as if

Obdach [ˈɔp-] *n* (-[e]s/*no pl*) shelter; **'~lose** [ˈ..loːzə] *m, f* (-n/-n) homeless person

'O-Beine *pl*: **~ haben** be bow-legged

oben [ˈoːbən] above; up; at the top; upstairs; **siehe ~** see above; **die ~ erwähnte Person** the above-mentioned person; **~ ohne** topless; **~auf** [ˈ..ˀ-] (on) the top; *fig.* feeling great

Ober [ˈoːbər] *m* (-s/-) waiter; **~arm** [ˈ..ˀ-] *m* upper arm; **~arzt** [ˈ..ˀ-] *m*, **~ärztin** [ˈ..ˀ-] *f* assistant medical director; **~befehlshaber** [ˈ..bəfeːlsˌhaːbər] *m* (-s/-) commander in chief

'obere upper, top

'Oberfläche *f* surface; **≈flächlich** [ˈ..flɛçlɪç] superficial; **'≈halb** above; **'~haus** *n* *Brt. parl.* House of Lords; **'~hemd** *n* shirt; **'~kell-

ner(in) head waiter (waitress); **'~kiefer** m upper jaw; **'~körper** m upper part of the body; **'~lippe** f upper lip
Obers ['o:bərs] n (-/no pl) Austrian: cream
'Ober|schenkel m thigh; **'~schule** f → **Gymnasium**
Oberst ['o:bərst] m (-en, -s/-en) colonel
'oberste top; highest
'Ober|teil n top; **'~weite** f bust size
ob'gleich (al)though
Obhut f (-/no pl) care
Objekt [ɔp'jɛkt] n (-[e]s/-e) object
objektiv [ɔpjɛk'ti:f] objective
Objek'tiv n (-s/-e) phot. lens
Obst [o:pst] n (-[e]s/no pl) fruit; **'~garten** m orchard; **'~konserven** pl canned fruit; **'~salat** m fruit salad; **'~torte** f fruit tart
obszön [ɔps'tsø:n] obscene, filthy
ob'wohl (al)though
Ochse ['ɔksə] m (-n/-n) ox; **'~nschwanzsuppe** f oxtail soup
öde ['ø:də] deserted, desolate
oder ['o:dər] or; **~ aber** otherwise, or else; **~ so** something like that; **du kommst doch, ~?** you're coming, aren't you?
Ofen ['o:fən] m (-s/-) stove; oven
offen ['ɔfən] open; job: vacant; fig. frank; **~ gesagt** frankly speaking; **et. ~ lassen** a. fig. leave s.th. open; **~ stehen** be open (fig. j-m to s.o.); **'~bar** obviously; apparently; **'~sichtlich** → **offenbar**
offensiv [ɔfɛn'zi:f] offensive
öffentlich ['œfəntlɪç] public; appear etc.: in public; **'2keit** f (-/no pl) the public
offiziell [ɔfi'tsiɛl] official
Offizier [ɔfi'tsi:r] m (-s/-e) officer
öff|nen ['œfnən] (ge-, h) open (a. sich ~); **'2ner** m (-s/-) opener; **'2nung** f (-/-en) opening; **'2nungszeiten** pl opening hours
oft [ɔft] often, frequently
öfter ['œftər] more often; quite often
oh [o:] int. o(h)!
ohne ['o:nə] without; **~hin** anyhow
Ohn|macht ['o:n-] f (-/-en) med. unconsciousness; **in ~ fallen** faint, pass out; **'2mächtig** med. unconscious; utterly helpless; **~ werden** faint, pass out
Ohr [o:r] n (-[e]s/-en) ear
Öhr [ø:r] n (-[e]s/-e) eye
Ohren|arzt ['o:rən?-] m (-es/¨-e) f ear-nose-and-throat doctor; **'2betäubend** deafening; **'2schmerzen** pl earache
'Ohr|feige f slap in the face; **'~läppchen** ['-lɛpçən] n (-s/-) ear lobe; **'~ring** m earring

Ökologie

Öko|logie [økolo'gi:] *f* (-/no *pl*) ecology; **2logisch** ecological; **~es Gleichgewicht** ecological balance; **'~system** *n* ecosystem

Oktober [ɔk'to:bər] *m* (-[s]/no *pl*) October

Öl [ø:l] *n* (-[e]s/-e) oil; **2en** (*ge-*, *h*) *tech. a.* lubricate; **~gemälde** *n* oil painting; **~heizung** *f* oil heating; **2ig** oily

oliv [o'li:f] olive

Olive [o'li:və] *f* (-/-n) olive

'Öl|pest *f* oil pollution; **~quelle** *f* oil well; **'~teppich** *m* oil slick; **'~zeug** *n* oil skins

Olympia... [o'lympia-] *in compounds:* Olympic (*team etc.*)

Olympiade [olym'pia:də] *f* (-/-n) Olympic Games, Olympics

o'lympisch Olympic; **2e Spiele** *pl* Olympic Games

Oma [o:ma] *f* (-/-s) Grandma

Omnibus ['ɔmnibus] *m* → **Bus**

Onkel ['ɔŋkəl] *m* (-s/-) uncle

Oper ['o:pər] *f* (-/-n) opera; opera house

Operation [opəra'tsio:n] *f* (-/-en) operation; **~ssaal** *m* operating room (*Brt.* theatre)

Operette [opə'rɛtə] *f* (-/-n) operetta

operieren [opə'ri:rən] (*no ge-*, *h*): *j-n* **~** operate on s.o.; *sich* **~ lassen** have an operation

Opfer ['ɔpfər] *n* (-s/-) victim; sacrifice; **2n** (*ge-*, *h*) sacrifice

Opposition [pozi'tsio:n] *f* (-/-en) opposition

Optiker ['ɔptikər] *m* (-s/-), **~in** *f* (-/-nen) optician

Optimist [ɔpti'mist] *m* (-en/-en), **~in** *f* (-/-nen) optimist; **2isch** optimistic

Option [ɔp'tsio:n] *f* (-/-en) option

Orange [o'rã:ʒə] *f* (-/-n) orange; **~nmarmelade** *f* marmalade

Orchester [or'kɛstər] *n* (-s/-) orchestra

Orchidee [ɔrçi'de:ə] *f* (-/-n) orchid

Orden ['ɔrdən] *m* (-s/-) order (*a. rel.*); medal, decoration

ordentlich ['ɔrdəntliç] tidy, neat; proper; **→ anständig**

ordinär [ɔrdi'nɛ:r] vulgar

ord|nen ['ɔrdnən] (*ge-*, *h*) put in order; arrange; **~ner** *m* (-s/-) file; *person*: attendant; **2nung** *f* (-/no *pl*) order; class; *in* **~** alright, *Brt.* all right; *in* **~ bringen** put right; repair, fix; **2nungszahl** *f* ordinal number

Organ [ɔr'ga:n] *n* (-s/-e) organ; F voice; **~empfänger(in)** *f* organ recipient; **~isation** [-ganiza'tsio:n] *f* (-/-en) organization; **2isch** organic; **2i'sieren** (*no ge-*, *h*) organize (*a. sich* **~**); F get; **~ismus** [-ga'nismus] *m* (-/-

-men) organism; **~spender(in)** organ donor; **~spenderausweis** *m* organ-donor card

Orgasmus [ɔrˈgasmʊs] *m* (*-/ -men*) orgasm

Orgel [ˈɔrgəl] *f* (*-/-n*) organ

orientalisch [oriɛnˈtaːlɪʃ] oriental

orientie|ren [oriɛnˈtiːrən] (*no ge-*, *h*) *v/t*: inform; **sich ~** orient (*Brt. a.* orientate) *o.s.*, inform o.s.; **2rung** *f* (*-/no pl*) orientation; **die ~ verlieren** lose one's bearings; **2rungssinn** *m* (*-[e]s/no pl*) sense of direction

Origi|nal [origiˈnaːl] **1.** *n* (*-s/ -e*) original; **2. 2** *adj* original; **2nell** [~ˈnɛl] original; *idea etc.:* ingenious; witty

Orkan [ɔrˈkaːn] *m* (*-s/-e*) hurricane

Ort [ɔrt] *m* (*-[e]s/-e*) place; → **Ortschaft**; *vor ~ fig.* on the spot

Orthopäd|e [ɔrtoˈpɛːdə] *m* (*-n/-n*), **~in** *f* (*-/-nen*) orthop(a)edist

örtlich [ˈœrtlɪç] local

Ortschaft [ˈɔrtʃaft] *f* (*-/-en*) place, village

'Orts|gespräch *n* local call; **~kenntnis** *f*: **~ haben** know one's way around; **~zeit** *f* local time

Öse [ˈøːzə] *f* (*-/-n*) eye; *shoe etc.*: eyelet

Ost [ɔst], **~en** *m* (*-s/no pl*) east

Oster|ei [ˈoːstər?-] *n* Easter egg; **~glocke** *f* daffodil; **~hase** *m* Easter bunny

Ostern *n* (*-/-*) Easter

Österreich [ˈøːstəraɪç] Austria; **~er** *m* (*-s/-*), **~erin** *f* (*-/-nen*), **2isch** Austrian

östlich [ˈœstlɪç] eastern; easterly; **~ von** east of

Ostsee [ˈɔstzeː]: **die ~** the Baltic (Sea)

Otter¹ [ˈɔtər] *m* (*-s/-*) otter

Otter² [~] *f* (*-/-n*) adder, viper

Ouvertüre [uvɛrˈtyːrə] *f* (*-/-n*) overture

oval [oˈvaːl] **1.** *adj* oval; **2. 2** *n* (*-s/-e*) oval

Oxyd [ɔkˈsyːt] *n* (*-[e]s/-e*) oxide; **2ieren** [~ˈdiːrən] (*no ge-*, *h*) oxidize

Ozean [ˈoːtseaːn] *m* (*-s/-e*) ocean, sea

Ozon|loch [oːˈtsoːn] *n* ozone hole; **~schicht** *f* ozone layer; **~werte** *pl* ozone levels

P

Paar [paːr] *n* (*-[e]s/-e*) pair; couple

paar [~]: **ein ~** a few, some; **ein ~ Mal** a few times; **~en** (*ge-*, *h*): (**sich**) **~** mate; **~weise** in pairs

Pacht [paxt] *f* (*-/-en*) lease; **2en** (*ge-*, *h*) lease

Pächter ['pɛçtər] *m* (-s/-), '**~in** *f* (-/-nen) leaseholder

Päckchen ['pɛkçən] *n* (-s/-) small parcel; → **Packung**

pack|en ['pakən] (*ge*-, *h*) pack; grab, seize; *fig.* grip, thrill; **²papier** *n* brown paper; **²ung** *f* (-/-en) package, box; pack, *Brt.* packet (*a. of cigarettes etc.*)

pädagogisch [pedaˈgoːgiʃ] educational

Paddel ['padəl] *n* (-s/-) paddle; '**~boot** *n* canoe

'**paddeln** (*ge*-) *v/i* (*sein*) and *v/t* (*h*) paddle, canoe

Paket [paˈkeːt] *n* (-[e]s/-e) package; *esp. post.* parcel; '**~karte** *f* parcel post slip, *Brt.* (parcel) mailing form

Palast [paˈlast] *m* (-[e]s/-̈e) palace

Palästi|na [palɛsˈtiːna] Palestine; **~nenser** [~stiˈnɛnzər] *m* (-s/-), **~nenserin** *f* (-/-nen), **²nensisch** Palestinian

Palm|e ['palmə] *f* (-/-n) palm (tree); '**~sonntag** *m* Palm Sunday

Pampelmuse [pampəlˈmuːzə] *f* (-/-n) grapefruit

paniert [paˈniːrt] breaded

Panne ['panə] *f* (-/-n) breakdown; *fig.* mishap; '**~ndienst** *m*, '**~nhilfe** *f* *mot.* emergency road (*Brt.* breakdown) service

Panther ['pantər] *m* (-s/-) panther

Pantoffel [panˈtɔfəl] *m* (-s/-) slipper

Panzer ['pantsər] *m* (-s/-) armor, *Brt.* armour; *mil.* tank; *zo.* shell; '**~schrank** *m* safe; '**~wagen** *m* armored (*Brt.* armoured) car

Papa ['papa, paˈpaː] *m* (-s/-s) dad(dy), pa

Papagei [papaˈgai] *m* (-s/-e*I*-en) parrot

Papier [paˈpiːr] *n* (-s/-e) paper; **~e** *pl* papers, documents; identification; **~geschäft** *n* stationer's (store, *Brt.* shop); **~korb** *m* waste (*Brt.* wastepaper) basket

Pappe ['papə] *f* (-/-n) cardboard

Pappel ['papəl] *f* (-/-n) poplar

'**Papp|karton** *m*, '**~schachtel** *f* cardboard box, carton

Paprika¹ ['paprika] *m* (-s/-[s]) *vegetable*: pepper; *spice*: paprika

'**Paprika²** *f single*: pepper

Papst [paːpst] *m* (-es/-̈e) pope

Parade [paˈraːdə] *f* (-/-n) parade; *soccer*: save

Paradeiser [paraˈdaizər] *m* (-s/-) *Austrian*: tomato

Paradies [paraˈdiːs] *n* (-es/-e) paradise

Paragraph [paraˈgraːf] *m* (-en/-en) *jur.* article, section; *print.* paragraph

parallel [paraˈleːl] parallel

Paral|lele *f* (-/-n) parallel

Parfüm [parˈfyːm] *n* (-s/-e, -s) perfume; **~erie** [~ymǝˈriː] *f*

(*-/-n*) perfumery; **2iert** [~'mi:rt] perfumed
Park [park] *m* (*-s/-s,-e*) park
'parken (*ge-, h*) *v/t* park; **2 verboten!** no parking!
Parkett [par'kɛt] *n* (*-s/-e*) parquet; *thea.* orchestra, *Brt.* stalls
'Park|gebühr *f* parking fee; **~(hoch)haus** *n* parking garage, *Brt.* multi-storey car park; **~kralle** *f* wheel clamp; **~lücke** *f* parking space; **~platz** *m* parking space; *public:* parking lot, *Brt.* car park; **~scheibe** *f* parking disk (*Brt.* disc); **~uhr** [~'ʔ-] *f* parking meter; **~verbot** *n* no parking
Parlament [parla'mɛnt] *n* (*-[e]s/-e*) parliament
Parodie [paro'di:] *f* (*-/-n*) parody, takeoff
Partei [par'taɪ] *f* (*-/-en*) party; **2isch** partial; **2los** independent, non-party ...
Parterre [par'tɛr(ə)] *n* (*-s/-s*) first (*Brt.* ground) floor
Partie [par'ti:] *f* (*-/-n*) game (*of chess etc.*); part, passage (*a. mus.*)
Partisan [parti'za:n] *m* (*-s, -en/-en*), **~in** *f* (*-/-nen*) partisan, guerrilla
Partner ['partnər] *m* (*-s/-*), **~in** *f* (*-/-nen*) partner; **~schaft** *f* (*-/-en*) partnership; **~stadt** *f* twin town; **~tausch** *m* partner swapping
Pass [pas] *m* (*-es/=e*) pass-

port; *sport, geogr.* pass
Passage [pa'saːʒə] *f* (*-/-n*) passage
Passagier [pasa'ʒiːr] *m* (*-s/-e*), **~in** *f* (*-/-nen*) passenger
Passant [pa'sant] *m* (*-en/-en*), **~in** *f* (*-/-nen*) passerby
'Passbild *n* passport photo
pas|sen ['pasən] (*ge-, h*) fit; suit (*j-m* s.o.), be convenient; **~** *zu* go with, match; **~send** suitable; matching
passieren [pa'siːrən] (*no ge-*) **1.** *v/i* (*sein*) happen; **2.** *v/t* (*h*) pass (by *or* through); *gastr.* pass (through a sieve), strain
passiv ['pasiːf] passive
Paste ['pastə] *f* (*-/-n*) paste
Pastete [pas'teːtə] *f* (*-/-n*) pie
Pate ['paːtə] *m* (*-n/-n*) godfather; → **~nkind** *n* godchild
Patent [pa'tɛnt] *n* (*-[e]s/-e*) patent
patent [~] F clever, ingenious
Patient [pa'tsiɛnt] *m* (*-en/-en*), **~in** *f* (*-/-nen*) patient
Patin ['paːtɪn] *f* (*-/-nen*) godmother
Patriot [patri'oːt] *m* (*-en/-en*), **~in** *f* (*-/-nen*) patriot
Patrone [pa'troːnə] *f* (*-/-n*) cartridge
Patsche ['patʃə] *f* (*-/no pl*): *in der ~ sitzen* be in a jam
patzig ['patsɪç] rude, *Am. a.* fresh
Pauke ['paʊkə] *f* (*-/-n*) kettledrum
Pauschal|e [paʊ'ʃaːlə] *f* (*-/-n*)

Pauschalreise

lump sum; **~reise** f, **~urlaub** [~'-] m package tour

Pause ['pauzə] f (-/-n) break, Am. school: recess; thea. etc. intermission, Brt. interval; in speech etc.: pause; **²nlos** uninterrupted, nonstop

Pavian ['pa:vi̯a:n] m (-s/-e) baboon

Pavillon ['paviljõ] m (-s/-s) pavilion

Pazifik [pa'tsi:fik]: **der ~** the Pacific (Ocean)

Pazifist [patsi'fist] m (-en/-en), **~in** f (-/-nen) pacifist

PC [pe:'tse:] **Personalcomputer** PC, personal computer; **~Benutzer** m PC user

Pech [pɛç] n (-s/-e) pitch; fig. (no pl) bad luck

Pedal [pe'da:l] n (-s/-e) pedal

pedantisch [pe'dantɪʃ] pedantic

peinlich ['painlɪç] embarrassing; **~ genau** meticulous

Peitsche ['paitʃə] f (-/-n) whip; **²schen** (ge-, h) whip

Pelle ['pɛlə] f (-/-n) skin; **²en** (ge-, h) peel; **~kartoffeln** pl potatoes (boiled) in their jackets

Pelz [pɛlts] m (-es/-e) fur; **²gefüttert** ['~gəfʏtərt] furlined; **~mantel** m fur coat

Pendel ['pɛndəl] n (-s/-) pendulum; **²eln** v/i (ge-) **1.** (h) swing; **2.** (sein) bus etc.: shuttle; person: commute; **~elverkehr** m shuttle service; commuter traffic; **~ler** [~dlər] m (-s/-) commuter

penetrant [pene'trant] obtrusive

Penis ['pe:nɪs] m (-/-se, **Penes**) penis

Pension [pã'zi̯o:n, pɛn-] f (-/-en) (old-age) pension; boarding house; **in ~ gehen** retire; **~är** [paˈzi̯o:nɛːr] m (-s/-e), **~ärin** f (-/-nen) old-age pensioner; **²ieren** [~'ni:rən] (no ge-, h): **sich ~ lassen** retire; **²iert** retired

per [pɛr] by (train, mail etc.)

perfekt [pɛr'fɛkt] perfect

Periode [pe'ri̯o:də] f (-/-n) period (a. med.)

Perle ['pɛrlə] f (-/-n) pearl; bead; **²en** (ge-, h) sparkle, bubble

Perlmutt ['pɛrlmʊt] n (-s/no pl) mother-of-pearl

Perser ['pɛrzər] m (-s/-) Persian; Persian carpet; **~serin** f (-/-nen), **²sisch** Persian

Person [pɛr'zo:n] f (-/-en) person; **für zwei ~en** for two

Personal [pɛrzo'na:l] n (-s/no pl) staff, personnel; **~abteilung** [~'-] f personnel department; **~ausweis** [~'-] m identity card; **~chef** m, **~chefin** f staff manager; **~ien** [~li̯ən] pl particulars, personal data

Per'sonen|(kraft)wagen m car, Am. a. auto(mobile); **~zug** m passenger train; local train

persönlich [pɛr'zø:nlɪç] per-

sonal(ly); ≗keit *f* (*-/-en*) personality
Perücke [pe'rykə] *f* (*-/-n*) wig
Pessimist [pesi'mɪst] *m* (*-en/-en*), ≗in *f* (*-/-nen*) pessimist; ≗isch pessimistic
Pest [pɛst] *f* (*-/no pl*) plague
Pestizid [pɛsti'tsiːt] *n* (*-s/-e*) pesticide
Petersilie [peːtɐˈziːli̯ə] *f* (*-/-n*) parsley
Petroleum [pe'troːleʊm] *n* (*-s/no pl*) kerosene
Pfad [pfaːt] *m* (*-[e]s/-e*) path; '∼finder *m* (*-s/-*) boy scout; '∼finderin *f* (*-/-nen*) girl scout (*Brt.* guide)
Pfahl [pfaːl] *m* (*-[e]s/∼e*) stake, post; pole
Pfalz [pfalts]: *die* ∼ the Palatinate
Pfand [pfant] *n* (*-[e]s/∼er*) security; pawn; *on bottle etc.*: deposit
pfänden [ˈpfɛndən] (*ge-, h*) seize, distrain upon
'**Pfandflasche** *f* returnable bottle
Pfann|e [ˈpfanə] *f* (*-/-n*) pan; '∼kuchen *m* pancake
Pfarrer [ˈpfarɐ] *m* (*-s/-*) priest; minister; pastor; '∼in *f* (*-/-nen*) (woman) pastor
Pfau [pfaʊ] *m* (*-[e]s/-en*) peacock
Pfeffer [ˈpfɛfɐ] *m* (*-s/-*) pepper; '∼kuchen *m* gingerbread; '∼minze [∼ˈmɪntsə] *f* (*-/no pl*) peppermint
'**pfeffer|n** (*ge-, h*) pepper; '≗-

streuer *m* (*-s/-*) pepper caster
Pfei|fe [ˈpfaɪfə] *f* (*-/-n*) whistle; (*organ, tobacco*) pipe; '≗fen (*irr, ge-, h*) whistle
Pfeil [pfaɪl] *m* (*-[e]s/-e*) arrow
Pfeiler [ˈpfaɪlɐ] *m* (*-s/-*) pillar
Pferd [pfeːrt] *n* (*-[e]s/-e*) horse; *zu* ∼*e* on horseback
'**Pferde|rennen** *n* horse race; '∼schwanz *m fig.* ponytail; '∼stall *m* stable; '∼stärke *f* horsepower
pfiff [pfɪf] *past of* **pfeifen**
Pfiff [∼] *m* (*-[e]s/-e*) whistle
Pfifferling [ˈpfɪfɐlɪŋ] *m* (*-s/-e*) chanterelle
'**pfiffig** clever
Pfingsten [ˈpfɪŋstən] *n* (*-/-*) Whitsun; ∼**montag** *m* Whit Monday; ∼**rose** *f* peony; ∼**sonntag** *m* Whit Sunday
Pfirsich [ˈpfɪrzɪç] *m* (*-s/-e*) peach
Pflanz|e [ˈpflantsə] *f* (*-/-n*) plant; '≗en (*ge-, h*) plant; '∼enfett *n* vegetable fat
Pflaster [ˈpflastɐ] *n* (*-s/-*) band-aid®, *Brt.* plaster; pavement
'**pflaster|n** (*ge-, h*) pave; '≗stein *m* paving stone
Pflaume [ˈpflaʊmə] *f* (*-/-n*) plum; prune
Pfleg|e [ˈpfleːgə] *f* (*-/no pl*) care; *med.* nursing; *fig.* cultivation; '∼... *in compounds*: foster (*parents etc.*);'∼**geheim** *n* nursing home; '≗**geleicht** easy-care, wash-and-

pflegen 236

wear; '**2gen** (*ge-, h*) care for; *med. a.* nurse; *fig.* cultivate; **sie pflegte zu sagen** she used to say; '**~ger** *m* (*-s/-*) male nurse; '**~gerin** *f* (*/-nen*) nurse

Pflicht [pflɪçt] *f* (*/-en*) duty; *sport*: compulsory event(s); '**~fach** *n* compulsory subject; '**~versicherung** *f* compulsory insurance

Pflock [pflɔk] *m* -(e)s/⁼e peg

pflücken ['pflʏkən] (*ge-, h*) pick, gather

Pflug [pflu:k] *m* -(e)s/⁼e plow, *Brt.* plough

pflügen ['pfly:gən] (*ge-, h*) plow, *Brt.* plough

Pforte ['pfɔrtə] *f* (*/-n*) gate, door

Pförtner ['pfœrtnər] *m* (*-s/-*) gatekeeper; doorkeeper

Pfosten ['pfɔstən] *m* (*-s/-*) post; *sport*: goalpost

Pfote ['pfo:tə] *f* (*/-n*) paw

Pfropfen ['pfrɔpfən] *m* (*-s/-*) stopper; cork; plug; *med.* clot

pfui [pfʊi] ugh!; boo!

Pfund [pfʊnt] *n* -(e)s/⁼e pound

pfuschen ['pfʊʃən] (*ge-, h*) bungle

Pfütze ['pfʏtsə] *f* (*/-n*) puddle, pool

Phantasie *etc.* → **Fantasie** *etc.*

Phantombild [fan'to:m-] *n* composite (*Brt.* identikit) picture

Phase ['fa:zə] *f* (*/-n*) phase, stage

Philosoph [filo'zo:f] *m* (*-en/-en*) philosopher; **~ie** [~zo-'fi:] *f* (*/-n*) philosophy

phlegmatisch [flɛ'gma:tɪʃ] phlegmatic

phonetisch [fo'ne:tɪʃ] phonetic

Phos|phat [fɔs'fa:t] *n* (*-[e]s/-e*) phosphate; **~phor** ['~fɔr] *m* (*-s/no pl*) phosphorus

Photo... ['fo:to-] → **Foto...**

Physik [fy'zi:k] *f* (*/no pl*) physics; **2alisch** [~i'ka:lɪʃ] physical; **~er** ['fyzɪkər] *m* (*-s/-*), '**~erin** *f* (*/-nen*) physicist

physisch ['fy:zɪʃ] physical

Pianist [piaˈnɪst] *m* (*-en/-en*), **~in** *f* (*/-nen*) pianist

Pick|el ['pɪkəl] *m* (*-s/-*) *med.* pimple; '**2(e)lig** pimpled, pimply

picken ['pɪkən] (*ge-, h*) peck, pick

Picknick ['pɪknɪk] *n* (*-s/-e, -s*) picnic

piep|(s)en ['pi:p(s)ən] (*ge-, h*) chirp; F *electr.* beep, *Brt. a.* bleep; **2ser** *m* (*-s/-*) F beeper, *Brt. a.* bleeper

Pik [pi:k] *n* (*-s/-s*) *cards*: spade(s)

pikant [pi'kant] spicy, piquant (*a. fig.*)

Pilger ['pɪlgər] *m* (*-s/-*), '**~in** *f* (*/-nen*) pilgrim

Pille ['pɪlə] *f* (*/-n*) pill

Pilot [pi'lo:t] *m* (*-en/-en*) pilot (*a. in compounds*); **~in** *f* (*/-nen*) pilot

Pilz [pɪlts] *m* (**-es/-e**) mushroom; *biol., med.* fungus
pingelig ['pɪŋəlɪç] fussy
Pinguin ['pɪŋguːiːn] *m* (**-s/-e**) penguin
pinkeln ['pɪŋkəln] (**ge-, h**) (take a) pee
Pinsel ['pɪnzəl] *m* (**-s/-**) brush
Pinzette [pɪn'tsɛtə] *f* (**-/-n**) tweezers
Pionier [pio'niːr] *m* (**-s/-e**) pioneer; *mil.* engineer
Pirat [pi'raːt] *m* (**-en/-en**) pirate
Piste ['pɪstə] *f* (**-/-n**) course; *aviat.* runway
Pistole [pɪs'toːlə] *f* (**-/-n**) pistol, gun
Pkw, PKW *Personenkraftwagen* car, auto(mobile)
Pla|ge ['plaːgə] *f* (**-/-n**) trouble; plague (*of insects etc.*); **'2gen** (**ge-, h**) trouble, bother; *sich* ~ toil, drudge
Plakat [pla'kaːt] *n* (**-[e]s/-e**) poster, placard
Plakette [pla'kɛtə] *f* (**-/-n**) plaque, badge
Plan [plaːn] *m* (**-[e]s/-e**) plan; intention
Plane ['plaːnə] *f* (**-/-n**) awning, tarpaulin
'planen (**ge-, h**) plan, make plans for
Planet [pla'neːt] *m* (**-en/-en**) planet
Planke ['plaŋkə] *f* (**-/-n**) plank, board
'plan|los without plan; aimless; **'~mäßig 1.** *adj* systematic; *arrival etc.:* scheduled; **2.** *adv* as planned
Plan(t)schbecken ['plan(t)ʃ-] *n* paddling pool; **'2en** (**ge-, h**) splash, paddle
Plantage [plan'taːʒə] *f* (**-/-n**) plantation
plappern ['plapərn] (**ge-, h**) chatter, prattle
plärren ['plɛrən] (**ge-, h**) bawl; *radio:* blare
Plastik¹ ['plastɪk] *f* (**-/-en**) sculpture
Plas|tik² [„] *n* (**-s/no pl**) plastic (*a. in compounds*); **'2tisch** *adj* plastic
Platin ['plaːtiːn] *n* (**-s/no pl**) platinum
plätschern ['plɛtʃərn] (**ge-, h**) ripple, splash
platt [plat] flat; *fig.* trite; F *e-n 2en haben F mot.* have a flat (*Brt.* puncture)
Platte ['platə] *f* (**-/-n**) metal, glass *etc.*: plate; *stone etc.*: slab; record; *computer:* disk; *kalte* ~ plate of cold cuts (*Brt.* meats)
plätten ['plɛtən] (**ge-, h**) iron, press
'Platten|hülle *f* record sleeve; **'~spieler** *m* record player; **'~teller** *m* turntable
'Platt|form *f* platform; **'~fuß** *m* flat foot; F *mot.* flat, *Brt.* puncture
Platz [plats] *m* (**-es/¨-e**) place; spot; room, space; site; *thea. etc.* seat; *in city etc.:* square;

Platzanweiser 238

~ *nehmen* take a seat; **~anweiser** ['~ʔ-] *m* (*-s*/-) usher; **~anweiserin** ['~ʔ-] *f* (*-/-nen*) usherette

Plätzchen ['plɛtsçən] *n* (*-s*/-) → *Keks*

platz|en ['platsən] (*ge-, sein*) burst (*a. fig.*); explode; F *fig.* fall through; **'Qkarte** *f* seat reservation; **'Qregen** *m* downpour; **'Qverweis** *m sport*: **e-n ~ erhalten** be sent off; **'Qwunde** *f* cut

Plau|derei [plaʊdəˈraɪ] *f* (*-/-en*) chat; **'Qdern** (*ge-, h*) (have a) chat

pleite ['plaɪtə] broke; *total ~* stone broke

Pleite [~] *f* (*-/-en*) bankruptcy; F flop; *~ gehen, ~ machen* go broke

Piom|be ['plɔmbə] *f* (*-/-en*) seal; *tooth*: filling; **Qbieren** [~ˈbiːrən] (*no ge-, h*) seal; fill

plötzlich ['plœtslɪç] sudden(ly)

plump [plʊmp] clumsy

plündern ['plʏndərn] (*ge-, h*) plunder, loot

plus [plʊs] **1.** *adv* plus; **2.** *Q* (*-/-*) plus; *im ~ econ.* in the black

PLZ [peːˈʔɛlˈtsɛt] *Postleitzahl* zip code, *Brt.* postcode

Pneu [pnɔʏ] *m* (*-s*/-s) *Swiss*: tire, *Brt.* tyre

Po [poː] *m* (*-s*/-s) bottom, backside, behind

Pöbel ['pøːbəl] *m* (*-s/no pl*) mob, rabble

pochen ['pɔxən] (*ge-, h*) knock; *pulse*: throb; *heart*: thump; *~ auf fig.* insist on

Pocken ['pɔkən] *pl* smallpox; **~impfung** ['~ʔ-] *f* smallpox vaccination

Podium ['poːdiʊm] *n* (*-s*/-*dien*) podium, platform

poetisch [poˈeːtɪʃ] poetic(al)

Pokal [poˈkaːl] *m* (*-s*/-e) *sport*: cup; **~endspiel** [~ʔ-] *n* cup final; **~spiel** *n* cup tie

pökeln ['pøːkəln] (*ge-, h*) pickle, salt

Pol [poːl] *m* (*-s*/-e) pole

polar [poˈlaːr] polar

Pole ['poːlə] *m* (*-n*/-n) Pole

'Polen Poland

Police [poˈliːsə] *f* (*-/-n*) (insurance) policy

polieren [poˈliːrən] (*no ge-, h*) polish

Polin [poˈliːn] *f* (*-/-nen*) Pole

Politi|k [poliˈtiːk] *f* (*-/no pl*) politics; policy; **~ker** [~ˈtiːkər] *m* (*-s*/-), **~kerin** *f* (*-/-nen*) politician; **Qsch** [~ˈtɪʃ] political

Politur [poliˈtuːr] *f* (*-/-en*) polish

Polizei [poliˈtsaɪ] *f* (*-/no pl*) police; **~beamte** *m*, **~beamtin** *f* police officer; **~revier** *n* police station; **~streife** *f* police patrol; **~stunde** *f* closing time

Polizist [poliˈtsɪst] *m* (*-en*/-*en*) policeman; **~in** *f* (*-/-nen*) policewoman

polnisch ['pɔlnɪʃ] Polish

Polster ['pɔlstər] *n, Austrian: m* (*-s/-, Austrian: a. ¨*); upholstery; cushion; *in jacket etc.:* pad(ding); *fig.* bolster; **~möbel** *pl* upholstered furniture

'polstern (*ge-, h*) upholster; *jacket etc.:* pad

Polterabend ['pɔltər'?-] *m* eve of the wedding party

poltern (*ge-, h*) rumble

Pommes frites [pɔm'frit] *pl* French fries, *Brt.* chips

Pony ['pɔni] (*-s/-s*) **1.** *n* pony; **2.** *m* bangs, *Brt.* fringe

Pop... [pɔp] *in compounds:* pop (*concert, group, music*)

populär [popu'lɛːr] popular

Po|re ['poːrə] *f* (*-/-n*) pore; **2rös** [~'røːs] porous

Porree ['pɔre] *m* (*-s/-s*) leek

Portemonnaie [pɔrtmɔ'neː] *n* (*-s/-s*) change purse, *larger: Am.* wallet

Portier [pɔr'tieː] *m* (*-s/-s*) porter

Portion [pɔr'tsioːn] *f* (*-/-en*) portion, share; helping, serving

Portmonee → **Portemonnaie**

Porto ['pɔrto] *n* (*-s/-s, -ti*) postage; **~frei** postage paid

Porträt [pɔr'trɛː] *n* (*-s/-s*) portrait

Portugal ['pɔrtugal] Portugal; **~gies|e** [~'giːzə] *m* (*-n/-n*), **~'giesin** *f* (*-/-nen*), **2'giesisch** Portuguese

Porzellan [pɔrtsɛ'laːn] *n* (*-s/*

-e) china

Posaune [po'zaʊnə] *f* (*-/-n*) trombone

Position [pozi'tsioːn] *f* (*-/-en*) position

positiv ['poːzitiːf] positive

Post [pɔst] *f* (*-/no pl*) post, mail; letters; **~amt** ['~?-] *n* post office; **~anweisung** ['~?-] *f* money order; **~beamte** *m*, **~beamtin** *f* postal (*Brt.* post-office) clerk; **~bote** *m*, **~botin** *f* → **Briefträger(in)**

Posten ['pɔstən] *m* (*-s/-*) post; job, position; *mil.* sentry; *econ.* item; *of goods:* lot

'Post|fach *n* (PO) box; **~karte** *f* postcard; **~kutsche** *f* stagecoach; **~lagernd** general delivery, *Brt.* poste restante; **~leitzahl** *f* zip code, *Brt.* postcode; **~scheck** *m* postal check, *Brt.* (post office) giro cheque; **~scheckkonto** *n* postal check account, *Brt.* (post office) giro account; **~sparbuch** *n* postal (*Brt.* post office) savings book; **~stempel** *m* postmark; **~wendend** by return mail (*Brt.* of post)

Pracht [praxt] *f* (*-/no pl*) splendor, *Brt.* splendour

prächtig ['prɛçtɪç] splendid

prahlen ['praːlən] (*ge-, h*) brag, boast

Prakti|kant [prakti'kant] *m* (*-en/-en*), **~kantin** *f* (*-/-nen*) trainee; **~ken** ['~ikən] *n*

Praktikum

practices; ~**kum** ['~ikʊm] *n* (*-s/-ka*) practical training (period), traineeship
'**praktisch** *adj* practical; useful, handy; ~**er Arzt** general practitioner
Praline [pra'li:nə] *f* (*-/-n*) chocolate
prall [pral] tight; *wallet, muscles etc.*: bulging; *sun*: blazing; ~**en** (*ge-, sein*) bounce; ~ **gegen** hit
Prämie ['prɛ:mjə] *f* (*-/-n*) premium; bonus
Präservativ [prɛzɛrva'ti:f] *n* (*-s/-e*) condom
Präsident [prɛzi'dɛnt] *m* (*-en/-en*), ~**in** *f* (*-/-nen*) president
prasseln ['prasəln] (*ge-, h*) *rain etc.*: patter; *fire*: crackle; ~ **gegen** beat against
Praxis ['praksɪs] *f* (*-/-xen*) practice; *med.* doctor's office, *Brt.* surgery
pre|digen ['preːdɪɡən] (*ge-, h*) preach; 2**diger** *m* (*-s/-*) preacher; 2**digt** ['~dɪçt] *f* (*-/-en*) sermon
Preis [praɪs] *m* (*-es/-e*) price; prize; award; ~**ausschreiben** ['~ʔ~] *n* (*-s/-*) competition
Preiselbeere ['praɪzəl~] *f* cranberry
Preis|erhöhung ['praɪs?~] *f* rise (*or* increase) in price(s); 2**gekrönt** ['~ɡəkrø:nt] prizewinning; ~**nachlass** *m* discount; '~**schild** *n* price tag;

240

'~**stopp** *m* price freeze; 2**wert** inexpensive
Prellung ['prɛlʊŋ] *f* (*-/-en*) contusion, bruise
Premiere [prə'mi̯eːrə] *f* (*-/-n*) first (*or* opening) night, premiere
Premierminister(in) [prə-'mi̯eː~] prime minister
Presse[1] ['prɛsə] *f* (*-/-n*) *tech., typ.* press; *fruit etc.*: squeezer
Presse[2] [~] *f* (*-/no pl*) the press; '~**...** *in compounds*: press (*agency, box, conference etc.*)
'**pressen** (*ge-, h*) press
prickeln ['prɪkəln] **1.** *v/i* (*ge-, h*) tingle; **2.** 2 *n* (*-s/no pl*) tingle
Priester ['priːstər] *m* (*-s/-*) priest
prima ['priːma] great, super
primitiv [primi'tiːf] primitive
Prinz [prɪnts] *m* (*-en/-en*) prince; ~**essin** [~'tsɛsɪn] *f* (*-/-nen*) princess
Prinzip [prɪn'tsiːp] *n* (*-s/-pien*) principle
Prise ['priːzə] *f* (*-/-n*): **e-e** ~ **a** pinch of
privat [pri'vaːt] private; 2**...** *in compounds*: private (*life, school etc.*)
Privileg [privi'leːk] *n* (*-[e]s/-ien*) privilege
pro [proː] per
Pro [~] *n* (*-/no pl*): *das* ~ *und* *Kontra* the pros and cons
Probe ['proːba] *f* (*-/-n*) trial, test; sample; *thea.* rehearsal; *auf die* ~ *stellen* put to the

Prozent

test; **~fahrt** f test drive; **~flug** m test flight
'proben (ge-, h) thea. rehearse
probieren [pro'bi:rən] (no ge-, h) try; taste (food etc.)
Problem [pro'ble:m] n (-s/-e) problem
Pro|dukt [pro'dukt] n (-[e]s/-e) product; **~duktion** [~'tsio:n] f (-/-en) production; output; **~duktiv** [~'ti:f] productive; **2duzieren** [~tsi'ri:rən] (no ge-, h) produce
Professor [pro'fɛsɔr] m (-s/-en) professor
Profi ['pro:fi] m (-s/-s) F pro
Profil [pro'fi:l] n (-s/-e) profile; mot. tread; **2ieren** [~'li:rən] (no ge-, h): **sich ~** distinguish o.s.
Profit [pro'fi:t] m (-[e]s/-e) profit; **2ieren** [~'ti:rən] (no ge-, h) profit (von from)
Programm [pro'gram] n (-s/-e) program, Brt. programme; computer: program; TV channel; **~fehler** m computer: program error; **2ieren** [~'mi:rən] (no ge-, h) program; **~ierer** m (-s/-) program(m)er
Projekt [pro'jɛkt] n (-[e]s/-e) project
Projektor [pro'jɛktɔr] m (-s/-en) projector
Promillegrenze [pro'milə-] f (blood) alcohol limit
promi|nent [promi'nɛnt] prominent; **2nenz** [~ts] f (-/no pl) notables, VIPs
prompt [prɔmpt] prompt, quick
Propeller [pro'pɛlər] m (-s/-) propeller
prophezeien [profe'tsaiən] (no ge-, h) prophesy, predict
Prosa ['pro:za] f (-/no pl) prose
Prospekt [pro'spɛkt] m (-[e]s/-e) brochure
prost [pro:st] int cheers!
Prostituierte [prostitu'i:rtə] f (-n/-n) prostitute
Protest [pro'tɛst] m (-[e]s/-e) protest
Protestant [protɛs'tant] m (-en/-en), **~in** f (-/-nen), **2isch** [~'tantɪʃ] Protestant
protestieren [protɛs'ti:rən] (no ge-, h) protest
Prothese [pro'te:zə] f (-/-n) artificial limb; denture(s)
Protokoll [proto'kɔl] n (-s/-e) record, minutes; pol. protocol
protz|en ['prɔtsən] (ge-, h) show off (mit s.th.); **~ig** showy
Proviant [pro'viant] m (-s/no pl) provisions
Provinz [pro'vɪnts] f (-/-en) province
Provis|ion [provi'zio:n] f (-/-en) commission; **2orisch** [~'zo:rɪʃ] provisional
provozieren [provo'tsi:rən] (no ge-, h) provoke
Prozent [pro'tsɛnt] n (-[e]s/

-e) per cent; ~satz m percentage

Prozess [pro'tsɛs] m (-es/-e) jur. lawsuit; trial; chem. etc. process

prozessieren [protsɛ'si:rən] (no ge-, h) go to law

Prozession [protsɛ'sio:n] f (-/-en) procession

prüde [pry:də] prudish

prüfen ['pry:fən] (ge-, h) examine, test; check; (-/-s) examiner; tech. tester; **2fung** f (-/-en) exam(ination); test

Prügel ['pry:gəl] pl: ~ bekommen get a beating; **2n** (ge-, h) beat, clobber; sich ~ (have) a fight

pst [pst] int s(s)h!; hey: psst!

Psychiater [psyçi'a:tər] m (-s/-) psychiatrist; **2isch** ['psy:çɪʃ] mental

Psycho|analyse [psyço?-] f (-/no pl) psychoanalysis; ~loge [~'lo:gə] m (-n/-n) psychologist; ~logie [~lo'gi:] f (-/no pl) psychology; ~login [~'lo:gɪn] f (-/-nen) psychologist; **2logisch** psychological; ~terror m psychological warfare

Pubertät [pubɛr'tɛ:t] f (-/no pl) puberty

Publikum [pu'bli:kum] n (-s/no pl) audience; sport: spectators

Pudding ['pudɪŋ] m (-s/-s, -e) pudding

Pudel ['pu:dəl] m (-s/-) poodle

Puder ['pu:dər] m (-s/-) powder; ~dose f compact

pudern (ge-, h) powder (sich o.s.)

'Puderzucker m powdered sugar

Puff [puf] m (-s/-s) F whorehouse

Pulli ['puli] m (-s/-s) F, **Pullover** [pu'lo:vər] m (-s/-) sweater, pullover, Brt. a. jumper

Puls [puls] m (-es/-e) pulse (rate); ~ader f artery

Pult [pult] n (-[e]s/-e) desk

Pulver ['pulvər, ~fər] n (-s/-) powder

pummelig ['pʊməlɪç] chubby

Pum|pe ['pumpə] f (-/-n) pump; **2pen** (ge-, h) pump

Punkt [puŋkt] m (-[e]s/-e) point (a. fig.); dot; period, Brt. full stop; spot, place; ~ zehn Uhr 10 (o'clock) sharp

pünktlich ['pyŋktlɪç] punctual; **2keit** f (-/no pl) punctuality

Pupille [pu'pɪlə] f (-/-n) pupil

Puppe ['pupə] f (-/-n) doll (a. F fig.); thea. puppet; zo. chrysalis, pupa

pur [pu:r] pure; whisk(e)y etc.: straight

Püree [py're:] n (-s/-s) purée, mash

purpurrot ['purpur-] crimson

Purzel|baum ['purtsəl-] m somersault; **2n** (ge-, sein) tumble

Pustel ['pʊstəl] *f* (*-/-n*) pustule
pusten ['puːstən] (*ge-, h*) blow; puff
Pute ['puːtə] *f* (*-/-n*) turkey (hen)
'**Puter** *m* (*-s/-*) turkey (cock)
Putz [pʊts] *m* (*-es/no pl*) plaster(ing); **2en** (*ge-, h*) **1.** *v/t* clean; wipe; *sich die Nase (Zähne)* ~ blow one's nose (brush one's teeth); **2.** *v/i* do the cleaning; '**~frau** *f* cleaner, cleaning lady
Puzzle ['pas(ə)l] *n* (*-s/-s*) jigsaw (puzzle)
Pyramide [pyra'miːdə] *f* (*-/-n*) pyramid

Q

Quacksalber ['kvakzalbər] *m* (*-s/-*) quack
Quadrat [kva'draːt] *n* (*-[e]s/-e*) square (*a.* in compounds: *mile, root* etc.); **2isch** square
quaken ['kvaːkən] (*ge-, h*) *duck:* quack; *frog:* croak
Qual [kvaːl] *f* (*-/-en*) pain, torment, agony
quälen ['kvɛːlən] (*ge-, h*) torment; torture; F pester; *sich* ~ struggle
Qualifikation [kvalifika'tsi̯oːn] *f* (*-/-en*) qualification; **2ieren** [~'tsiːrən] (*no ge-, h*): (*sich*) ~ qualify
Qualität [kvali'tɛːt] *f* (*-/-en*) quality
Qualle ['kvalə] *f* (*-/-n*) jellyfish
Qualm [kvalm] *m* (*-[e]s/no pl*) (thick) smoke; **2en** (*ge-, h*) smoke
'**qualvoll** very painful; *pain:* agonizing
Quantität [kvanti'tɛːt] *f* (*-/-en*) quantity

Quarantäne [karan'tɛːnə] *f* (*-/-n*) quarantine
Quark [kvark] *m* (*-s/no pl*) cottage cheese; curd(s)
Quartal [kvar'taːl] *n* (*-s/-e*) quarter
Quartett [kvar'tɛt] *n* (*-[e]s/-e*) quartet
Quartier [kvar'tiːr] *n* (*-s/-e*) accommodation
Quarz [kvarts] *m* (*-es/-e*) quartz
Quatsch [kvatʃ] *m* (*-es/no pl*) nonsense; **2en** (*ge-, h*) chat; *contp.* babble
Quecksilber ['kvɛk-] *n* mercury
Quell|e ['kvɛlə] *f* (*-/-n*) spring; source (*a. fig.*); **2en** (*irr, ge-, sein*) pour, stream
quer [kveːr] across (*a.* ~ *über*); **2flöte** *f* flute; '**2latte** *f sport:* crossbar; '**2schnitt** *f* cross-section; **~schnittsgelähmt** paraplegic; '**2straße** *f* intersecting road
quetsch|en ['kvɛtʃən] (*ge-, h*)

Quetschung

squeeze; *med.* bruise; **2ung** *f (-/-en)* bruise
quiek(s)en ['kviːk(s)ən] *(ge-, h)* squeak, squeal
quietschen ['kviːtʃən] *(ge-, h)* squeal; *brakes etc.:* screech; *door, bed etc.:* creak
quitt [kvɪt] quits, even
Quitte ['kvɪtə] *f (-/-n)* quince

quittieren [kvɪ'tiːrən] *(no ge-, h)* give a receipt for; *den Dienst* ~ resign; **2ung** *f (-/-en)* receipt
quoll [kvɔl] *past of* **quellen**
Quote ['kvoːtə] *f (-/-n)* quota; share; **~nregelung** *f* quota regulation

R

Rabatt [ra'bat] *m (-[e]s/-e)* discount
Rabbi ['rabi] *m (-s/-s)*, **~ner** [~'biːnər] *m (-s/-)* rabbi
Rabe ['raːbə] *m (-n/-n)* raven
Rache ['raxə] *f (-/no pl)* revenge
Rachen ['raxən] *m (-s/-)* throat
rächen ['rɛːçən] *(ge-, h)* revenge *(sich* o.s.)
Rad [raːt] *n (-[e]s/-er)* wheel; bike; ~ *fahren* cycle, ride a bicycle (F bike), F bike
Radar [ra'daːr, 'raːdaːr] *m (-s/-e)* radar; **~falle** *f* speed trap; **~kontrolle** *f* radar speed check; **~schirm** *m* radar screen
'Radfahrer(in) cyclist
radieren [ra'diːrən] *(no ge-, h)* erase; **2gummi** *m* eraser; **2ung** *f (-/-en)* etching
Radieschen [ra'diːsçən] *n (-s/-)* (red) radish
radikal [radi'kaːl] radical
Radio ['raːdi̯o] *n (-s/-s)* (*im* on

the) radio; **2aktiv** [~'~] radioactive; **~rekorder** ['~rekɔrdər] *m (-s/-)* radiocassette recorder; **~wecker** *m* clock radio
Radius ['raːdi̯ʊs] *m (-/-dien)* radius
'Rad|kappe *f* hubcap; **~rennen** *n* cycle race; **~tour** *f* bicycle tour; **~weg** *m* cycle path (*or* track)
raffiniert [rafi'niːrt] refined, *fig.*: ingenious, clever; shrewd, crafty; sophisticated
ragen ['raːɡən] *(ge-, h)* tower; ~ *aus* rise from
Rahm [raːm] *m (-[e]s/no pl)* cream
Rahmen ['raːmən] **1.** *m (-s/-)* frame; **2.** ♀ *v/t (ge-, h)* frame
Rakete [ra'keːtə] *f (-/-n)* rocket; *mil. a.* missile; **~nantrieb** [~n²-] *m* rocket propulsion; *mit* ~ rocket-propelled
rammen ['ramən] *(ge-, h)* ram; *mot. a.* hit
Rampe ['rampə] *f (-/-n)* ramp

Ramsch [ramʃ] *m* (-[e]s/*no pl*) junk, trash

Rand [rant] *m* (-[e]s/*⁀er*) edge, border; margin (*of page*); brim (*of glass, hat etc.*); rim (*of plate, eyeglasses etc.*); *fig.* brink

randalier|en [randa'li:rən] (*no ge-, h*) (run) riot; **2er** *m* (-s/-) hooligan, rioter

'**Randgruppe** *f* fringe group

rang [raŋ] *past of* **ringen**

Rang [~] *m* (-[e]s/⁀e) rank (*a. mil.*)

rangieren [rã'ʒi:rən] (*no ge-, h*) *rail.* switch, *Brt.* shunt; *fig.* rank

Ran|ke ['raŋkə] *f* (-/-n) tendril; **2ken** (*ge-, h*): **sich ~** creep, climb

rann [ran] *past of* **rinnen**

rannte ['rantə] *past of* **rennen**

Ranzen ['rantsən] *m* (-s/-) satchel

ranzig ['rantsɪç] rancid, rank

Rappe ['rapə] *m* (-n/-n) black horse

rar [ra:r] rare, scarce

rasch [raʃ] quick, swift; prompt

rascheln ['raʃəln] (*ge-, h*) rustle

rasen ['ra:zən] (*ge-*) **1.** (*sein*) race, speed; **2.** (*h*) *storm etc.*: rage; be furious

Rasen [~] *m* (-s/-) lawn

'**rasend** raging; breakneck (*speed*); splitting (*headache*); **~ werden (machen)** go (drive) mad

'**Rasenmäher** *m* (-s/-) lawn mower

'**Raser** *m* (-s/-) speed(st)er; **~ei** [~'rai] *f* (-/*no pl*) frenzy; *mot.* reckless driving

Rasier... [ra'zi:r-] *in compounds*: shaving (*brush, cream, soap etc.*); **~apparat** [~⁀-] *m* (safety) razor; electric razor; **2en** (*ge-, h*) shave (*a. sich ~*); **~klinge** *f* razor blade; **~messer** *n* razor; **~wasser** *n* aftershave

Rasse ['rasə] *f* (-/-n) race; *zo.* breed

rasseln ['rasəln] (*ge-, h*) rattle

'**Rassen|trennung** *f* (racial) segregation; **~unruhen** ['⁀-] *pl* race riots

Ras|sismus [ra'sɪsmʊs] *m* (-/*no pl*) racism; **~sist** *m* (-en/-en), **~sistin** *f* (-/-nen) racist; **2sistisch** *adj* racist

Rast [rast] *f* (-/*no pl*) rest, stop; **2en** (*ge-, h*) rest, stop, take a break; '**2los** restless; '**~platz** *m mot.* rest area, *Brt.* lay-by; '**~stätte** *f mot.* service area

Rasur [ra'zu:r] *f* (-/-en) shave

Rat [ra:t] *m* (-[e]s/*Ratschläge*) advice; *pol.* council; *ein ~* **a piece of advice**

Rate ['ra:tə] *f* (-/-n) instal(l)ment; rate; *in ~n* by instal(l)ments

'**raten** (*irr, ge-, h*) advise; guess; solve (*puzzle*)

'**Ratenzahlung** *f* → **Abzahlung**

'Rat|geber *m* (-s/-) adviser; *book*: guide; **~haus** *n* city hall (*Brt.* town) hall
Ration [ra'tsio:n] *f* (-/-en) ration; **2alisieren** [~onali-'zi:rən] (*no* ge-, h) reorganize, *Brt.* rationalize; **2ieren** [~o'ni:rən] (*no* ge-, h) ration
'rat|los at a loss; **~sam** advisable
Rätsel ['rɛ:tsəl] *n* (-s/-) puzzle; riddle; *fig. a.* mystery; **2haft** puzzling; mysterious
Ratte ['ratə] *f* (-/-n) rat
rattern ['ratərn] (ge-, h, sein) rattle, clatter
rau [rau] rough, rugged; *climate, voice etc.*: harsh; *hands etc.*: chapped; *throat*: sore
Raub [raup] *m* (-[e]s/*no pl*) robbery; loot; prey; **2en** ['~bən] (ge-, h) rob; kidnap
Räuber ['rɔybər] *m* (-s/-) robber
'Raub|mord *m* murder with robbery; **~tier** *n* beast of prey; **~überfall** ['~?-] *m* holdup; armed robbery; **~vogel** *m* bird of prey
Rauch [raux] *m* (-[e]s/*no pl*) smoke
'rauch|en (ge-, h) smoke; **2 verboten** no smoking; **2er** *m* (-s/-) smoker (*a. rail.*)
Räu|cher... ['rɔyçər-] *in compounds*: smoked (*bacon, fish etc.*); **2chern** (ge-, h) smoke
'rauchig smoky
Raum [raum] *m* (-[e]s/*ü*-e) room; space; area; **~anzug** ['~?-] *m* spacesuit; **~deckung** *f sport*: positional marking
räumen ['rɔymən] (ge-, h) leave; evacuate; clear (*road, stock etc.*); **~ in** put s.th. (away) in
'Raum|fahrt *f* space flight; **~fahrt...** *in compounds*: space ...; **~inhalt** ['~?-] *m* volume; **~kapsel** *f* space capsule
räumlich ['rɔymlɪç] three-dimensional
'Raumschiff *n* spacecraft; *manned*: spaceship
Raupe ['raupə] *f* (-/-n) caterpillar (*a. tech.*)
'Raureif *m* (-[e]s/*no pl*) hoarfrost
Rausch [rauʃ] *m* (-[e]s/*ü*-e) intoxication, drunkenness; *e-n* **~ haben** be drunk; **2en** (ge-, h) **1.** (*h*) *wind, water etc.*: rush; *brook*: murmur; *sea*: roar; **2.** (*sein*) *person*: sweep
'Rauschgift *n* drug(s); **~handel** *m* drug trafficking; **~händler** *m* drug trafficker, dealer, *sl.* pusher; **~süchtige** *m, f* drug addict
räuspern ['rɔyspərn] (ge-, h) *sich* **~** clear one's throat
Razzia ['ratsia] *f* (-/-zien) raid
Reagenzglas [re*ʔ*a'gɛnts-] *n* test tube
reagieren [re*ʔ*a'gi:rən] (*no* ge-, h) react (*auf* to)
Reaktor [re*ʔ*'aktɔr] *m* (-s/-en) reactor

real [re'aːl] real; **~istisch** [re'alıstıʃ] realistic; **~ität** [reali'tɛːt] f (-/-en) reality; **2schule** [re'aːl-] f secondary school

Rebe ['reːbə] f (-/-n) vine

Rebell [re'bɛl] m (-en/-en) rebel; **2ieren** [~'liːrən] (no ge-, h) rebel, revolt, rise

Rebhuhn ['reːp-, 'rɛp-] n partridge

Rechen ['rɛçən] **1.** m (-s/-) rake; **2.** 2 v/t (ge-, h) rake

Rechen|aufgabe ['rɛçən?-] f sum, problem; **'~fehler** m error, miscalculation; **'~schaft** f (-/no pl): **~ ablegen über** account for; **zur ~ ziehen** call to account; **'~schieber** m (-s/-) slide rule

rechnen ['rɛçnən] **1.** v/i and v/t (ge-, h) calculate; do (problems); **~ mit** expect; count on s.o.; **2.** 2 n (-s/no pl) arithmetic

'Rechner m (-s/-) calculator; computer; **2abhängig** computer: on-line; **2unabhängig** off-line

'Rechnung f (-/-en) calculation; bill; Am., restaurant: check; econ. invoice

recht [rɛçt] **1.** adj right; correct; pol. right-wing; **auf die ~en Seite** on the right(-hand side); **2.** adv right(ly), correctly; rather, quite; **erst ~** all the more; **erst ~ nicht** even less

Recht [~] n (-[e]s/no pl) right (auf to); jur. law; fig. justice; **~ haben** be right

Rechtle ['rɛçtə] f (-n/-n) right (hand); pol. the right (wing); **~eck** ['~?ɛk] n (-[e]s/-e) rectangle; **2eckig** ['~?-] rectangular; **2fertigen** (ge-, h) justify; **'~fertigung** f (-/-en) justification; **2lich** legal; **2mäßig** legal, lawful; legitimate

rechts [rɛçts] on the right(-hand side); pol. right-wing; **nach ~** to the right

Rechtsan|walt ['rɛçts?-] m, **~wältin** ['~?-] f lawyer, Brt. a. solicitor; Am. attorney, Brt. barrister

Rechts|außen m (-/-) sport: outside right, right winger

'Rechtschreibung f (-/no pl) spelling

Rechts|händer ['rɛçtshɛndər] m (-s/-) right-hander: be right-handed; **2radikal** extreme rightwing; **'~schutzversicherung** f legal costs insurance; **'~verkehr** m driving on the right; **2widrig** ['~viːdrɪç] illegal

'recht|winkelig right-angled; **'~zeitig** in time (**zu** for)

recken ['rɛkən] (ge-, h) stretch (**sich** o.s.)

Recyclingpapier [ri'saɪklɪŋ-] n recycled paper

Redakt|eur [redak'tøːr] m (-s/-e) editor; **~ion** [~'tsi̯oːn] f (-/-en) editorial staff, editors

Rede ['reːdə] f (-/-n) speech;

redegewandt 248

e-e ~ **halten** make a speech; **²gewandt** eloquent

reden (ge-, h) talk, speak

Redensart ['reːdənsʔ-] f saying

redlich ['reːtlɪç] honest, upright

Red|ner ['reːdnər] m (-s/-), **~nerin** f (-/-nen) speaker; **²selig** ['reːt-] talkative

reduzieren [redu'tsiːrən] (no ge-, h) reduce

Ree|der ['reːdər] m (-s/-); **~derei** [~'raɪ] f (-/-en) shipping company

reell [re'ɛl] price etc.: fair; chance: real; firm: solid

reflektieren [reflɛk'tiːrən] (no ge-, h) reflect

Reform [re'fɔrm] f (-/-en) reform; **~haus** n health food store (Brt. shop); **²ieren** [~'miːrən] (no ge-, h) reform

Regal [re'gaːl] n (-s/-e) shelves

rege ['reːgə] active, lively; busy

Regel ['reːgəl] f (-/-n) rule; med. period; **²mäßig** regular

regel|n (ge-, h) regulate; take care of; **²ung** f (-/-en) regulation; settlement

regen ['reːgən] (ge-, h): (sich) ~ move, stir

Regen [~] m (-s/-) rain; **~bogen** m rainbow; **~mantel** m raincoat; **~schauer** m shower; **~schirm** m umbrella; **~tag** m rainy day; **~tropfen** m raindrop; **~wald** m (tropical) rain forest; **~wasser** n (-s/no pl) rainwater; **~wetter** n rainy weather; **~wurm** m earthworm; **~zeit** f rainy season

Regie [re'ʒiː] f (-/no pl) direction

regier|en [re'giːrən] (no ge-, h) reign; govern; **²ung** f (-/-en) government, administration; of a king etc.: reign

Regime [re'ʒiːm] n (-s/-[re'ʒiːmə]) regime; **~kritiker(in)** dissident

Region [re'gioːn] f (-/-en) region

Regisseur [reʒɪ'søːr] m (-s/-e) director

Register [re'gɪstər] n (-s/-) in book: index; list: register

registrieren [regɪs'triːrən] (no ge-, h) register, record; fig. note

regne|n ['reːgnən] (ge-, h) rain; **~risch** rainy

regulieren [regu'liːrən] (no ge-, h) regulate, adjust; control

regungslos ['reːgʊŋsloːs] motionless

Reh [reː] n (-[e]s/-e) deer, roe; doe; gastr. venison; **~bock** m (roe)buck; **~kitz** ['~kɪts] n (-es/-e) fawn

Reib|e ['raɪbə] f (-/-n), **~eisen** ['raɪpʔ-] n grater; **²en** (irr, ge-, h) rub; gastr. grate; **~ung** f (-/-en) friction

reich [raɪç] rich (an in), wealthy

Reich [~] n (-[e]s/-e) empire,

kingdom (*a. rel.*; *zo.*); *fig.* world; *das Dritte* ~ the Third Reich

reichen ['raɪçən] (*ge-*, *h*) reach (*bis* to; *nach* [out] for); hand, pass; be enough; *das reicht* that will do

'**reich|haltig** rich; '**~lich 1.** *adj* ample, plentiful; plenty of (*time*, *money etc.*); generous (*tip etc.*); **2.** *adv* F pretty, rather; '**2tum** *m* (*-s/-¨er*) wealth (*an* of); '**2weite** *f* reach; *mil.* range

Reif[1] [raɪf] *m* (*-[e]s/no pl*) (hoar)frost

Reif[2] ~ *m* (*-[e]s/-e*) bracelet; *lit.* ring

reif [raɪf] ripe; *esp. fig.* mature

'**Rei|fe** *f* (*-/no pl*) ripeness; maturity; '**2fen** (*ge-*, *sein*) ripen, mature

'**Reifen** (*-s/-*) *mot. etc.*: tire, *Brt.* tyre; *barrel* etc.: hoop; '**~panne** *f* flat tire (*Brt.* tyre), flat, *Brt.* puncture

Reihe ['raɪə] *f* (*-/-n*) line, row; series; *e-e* ~ *von* a number of (*years etc.*); *der* ~ *nach* in turn; *ich bin an der* ~ it's my turn; '**2nfolge** *f* order; '**~nhaus** *n* row (*Brt.* terraced) house

Reiher ['raɪər] *m* (*-s/-*) heron

Reim [raɪm] *m* (*-[e]s/-e*) rhyme; '**2en** (*ge-*, *h*) (*sich*) ~ rhyme

rein [raɪn] pure; clean; clear (*skin*, *conscience*); '**2fall** *m* flop; '**~igen** (*ge-*, *h*) clean; cleanse; dry-clean; '**2igung** *f* (*-/-en*) clean(s)ing; (dry) cleaners; *chemische* ~ dry cleaning; *in der* ~ at the cleaners; '**~rassig** pure-blooded; *zo.* thoroughbred

Reis [raɪs] *m* (*-es/no pl*) rice

Reise ['raɪzə] *f* (*-/-n*) journey; *naut.* voyage; *short:* trip; tour (*durch* of); '**~andenken** ['...'...] *n* souvenir; '**~büro** *n* travel agency; '**~bus** *m* coach; '**~führer** *m* guide-(book); '**~gesellschaft** *f* tour group, *Brt.* tourist party; '**~leiter**(**in**) tour guide, *Brt.* courier

'**reisen** (*ge-*, *sein*) travel; *durch ...* tour ...

'**Reisende** *m*, *f* (*-n/-n*) traveler, *Brt.* traveller

'**Reise|pass** *n* passport; '**~scheck** *m* traveler's check, *Brt.* traveller's cheque; '**~tasche** *f* traveling (*Brt.* travelling) bag, carryall, *Brt.* holdall; '**~ziel** *n* destination

reißen ['raɪsən] (*irr*, *ge-*) *v/t* (*h*) *and* *v/i* (*sein*) tear; (*h*): F crack (*jokes*); '**~end** torrential; '**2verschluss** *m* zipper, *esp. Brt.* zip; **2wecke** ['tsvɛkə] *f* (*-/-n*) thumbtack, *Brt.* drawing pin

Reit|- [raɪt-] *in compounds:* riding (*boots*, *whip etc.*); '**2en** (*irr*, *ge-*) *v/i* (*sein*) *and* *v/t* (*h*) ride; '**~er** *m* (*-s/-*) rider, horseman; '**~erin** *f* (*-/-nen*) rider, horsewoman;

Reithose 250

'**~hose** *f* (riding) breeches

Reiz [raɪts] *m* (*-es*/*-e*) appeal, attraction; *med. etc.* stimulus; '**2bar** irritable; '**2en** (*ge-, h*) irritate (*a. med.*); provoke; appeal to; *cards*: bid; '**2end** delightful; kind; '**2voll** attractive

Reklamation [reklama-'tsioːn] *f* (*-/-en*) complaint

Reklame [reˈklaːmə] *f* (*-/-n*) advertising; ad(vertisement)

Rekord [reˈkɔrt] *m* (*-[e]s/-e*) record

Rekrut [reˈkruːt] *m* (*-en/-en*) recruit

Rektor [ˈrɛktoːr] *m* (*-s/-en* [-ˈtoːrən], *-s/-toːrin*) *school*: principal, Brt. headmaster (-mistress); *university*: president, Brt. vice-chancellor, principal

relativ [relaˈtiːf] relative

Religion [reliˈgioːn] *f* (*-/-en*) religion; **2ös** [~ˈgiøːs] religious

Reling [ˈreːlɪŋ] *f* (*-/-s*) rail

Reliquie [reˈliːkvi̯ə] *f* (*-/-n*) relic

Rennbahn [ˈrɛn-] *f* racecourse

rennen [ˈrɛnən] **1.** (*irr, ge-*) *v/i* (*sein*) and *v/t* (*h*) run; **2.** *n* (*-s/-*) race

'**Rennfahrer**(**in** racing driver; racing cyclist; '**~läufer**(**in**) ski racer; '**~pferd** *n* racehorse; '**~rad** *n* racing bicycle; '**~sport** *m* racing; '**~stall** *m* racing stable; '**~wa-**

gen *m* racing car

renovieren [renoˈviːrən] (*no ge-, h*) renovate; redecorate

rentabel [rɛnˈtaːbəl] profitable

Rente [ˈrɛntə] *f* (*-/-n*) (old-age) pension

Rentier [ˈrɛn-, ˈreːn-] *n* reindeer

Rentner [ˈrɛntnər] *m* (*-s/-*), **~in** *f* (*-/-nen*) (old age) pensioner, senior citizen

Reparatur [reparaˈtuːr] *f* (*-/-en*) repair; **~werkstatt** *f* repair shop

repa'rieren [~ˈriːrən] (*no ge-, h*) repair, F fix

Reportage [reporˈtaːʒə] *f* (*-/-n*) report; **~er** [reˈpɔrtər] *m* (*-s/-*) reporter

Reptil [rɛpˈtiːl] *n* (*-s/-e*) reptile

Republik [repuˈbliːk] *f* (*-/-en*) republic; **~aner** [~iˈkaːnər] *m* (*-s/-*), **~anerin** *f* (*-/-nen*), **2anisch** republican

Reservat [rezɛrˈvaːt] *n* (*-s/-e*) (nature) reserve; *American Indians etc.*: reservation

Reserve [reˈzɛrvə] *f* (*-/-n*) reserve; **~rad** *n* spare wheel; **~tank** *m* reserve tank

reser'vieren [rezɛrˈviːrən] (*no ge-, h*) reserve (*a. ~ lassen*); keep, save (*a seat*); **~viert** reserved (*a. fig.*)

Residenz [reziˈdɛnts] *f* (*-/-en*) residence

resignieren [rezɪˈgniːrən] (*no ge-, h*) give up

Respekt [rɛˈspɛkt] *m* (-[e]s/ *no pl*) respect; **≈ieren** [~ˈtiːrən] (*no ge-, h*) respect

Rest [rɛst] *m* (-[e]s/-e) rest, *pl* remains; *food*: left-overs

Restaurant [rɛstoˈrãː] *n* (-s/ -s) restaurant

restaurieren [rɛstauˈriːrən] (*no ge-, h*) restore

'restlich remaining; **'~los** entirely, completely

Retortenbaby [reˈtɔrtən-] *n* test-tube baby

ret|ten [ˈrɛtən] (*ge-, h*) save (**vor** from); rescue (**aus** from); **Rettich** *m* (-s/-e) radish

Rettich [ˈrɛtɪç] *m* (-s/-e) radish

Rettung [ˈrɛtʊŋ] *f* (-/*no pl*) rescue; *Austrian*: ambulance

'Rettungs|boot *n* lifeboat; **'~mannschaft** *f* rescue party; **'~ring** *m* life belt (*or* preserver)

Reue [ˈrɔʏə] *f* (-/*no pl*) repentance, remorse

revanchieren [revãˈʃiːrən] (*no ge-, h*): **sich ~** pay s.o. back

Revision [reviˈzi̯oːn] *f* (-/-en) *jur*. appeal

Revolution [revolʊˈtsi̯oːn] *f* (-/-en) revolution

revolutionär [revolʊtsi̯oˈnɛːr] **1.** *adj* revolutionary; **2.** ≈ *m* (-s/-e) revolutionary

Revolver [reˈvɔlvər] *m* (-s/-) revolver

Rezept [reˈtsɛpt] *n* (-[e]s/-e) *med*. prescription; *gastr., fig.* recipe

Rezeption [retsɛpˈtsi̯oːn] *f* (-/ -en) reception desk

Rhabarber [raˈbarbər] *m* (-s/ *no pl*) rhubarb

Rheuma [ˈrɔʏma] *n* (-s/*no pl*) rheumatism

Rhinozeros [riˈnoːtsɛros] *n* (-ses/-se) rhinoceros, *F* rhino; *F* twit, nitwit

Rhythmus [ˈrʏtmʊs] *m* (-/ -men) rhythm

Ribisel [ˈriːbizəl] *f* (-/-n) *Austrian*: currant

richten [ˈrɪçtən] (*ge-, h*) fix; get *s.th*. ready; **~ auf** direct to; point (*gun, camera etc.* at; (**sich**) **~ an** address (o.s.) to; **sich ~ nach** go by, act according to; depend on (*weather etc.*)

Richter [ˈrɪçtər] *m* (-s/-), **'~in** *f* (-/-nen) judge

richtig [ˈrɪçtɪç] right; correct; real; **~ gehen** *watch*: be right; **~ nett** *etc*. really nice *etc*.; **das ≈e** the right thing (to do); **die Dinge ~ stellen** put things right

'Richtlinien *pl* guidelines

'Richtung *f* direction

rieb [riːp] *past of* **reiben**

riechen [ˈriːçən] (*irr, ge-, h*) smell (*nach* of)

rief [riːf] *past of* **rufen**

Riegel [ˈriːgəl] *m* (-s/-) bolt, bar (*a. of chocolate etc.*)

Riemen [ˈriːmən] *m* (-s/-) strap; belt (*a. tech.*); *naut*. oar

Riese [ˈriːzə] *m* (-n/-n) giant

rieseln ['ri:zəln] (ge-, sein) trickle, run; *snow:* fall softly

'riesig huge, gigantic

riet [ri:t] *past of* **raten**

Riff [rɪf] *n* (-[e]s/-e) reef

Rille ['rɪlə] *f* (-/-n) groove

Rind [rɪnt] *n* (-[e]s/-er) cow; **⁓er** *pl* cattle

Rinde ['rɪndə] *f* (-/-n) bark; rind (*of cheese etc.*); crust (*of bread etc.*)

Rind|erbraten ['rɪndər-] *m* roast beef; **'⁓erwahn(sinn)** *m vet.* mad cow disease; **'⁓fleisch** *n* beef

Ring [rɪŋ] *m* (-[e]s/-e) ring; *fig. a.* circle

Ringel|natter ['rɪŋəl-] *f* grass snake; **'⁓spiel** *n Austrian:* merry-go-round

ring|en ['rɪŋən] (*irr, ge-, h*) **1.** *v/i* wrestle; *fig. a.* struggle; **2.** *v/t* wring (*hands*); **'⁓en** *n* (*-s/ no pl*) wrestling; **'2er** *m* (*-s/-*) wrestler; **'2kampf** *m* wrestling match; **'2richter** *m* referee; **'2straße** *f* beltway, *Brt.* ring road

Rinn|e ['rɪnə] *f* (-/-n) groove, channel; **'2en** (*irr, ge-, sein*) run, flow; **'⁓sal** ['⁓zaːl] *n* (-[e]s/-e) rivulet, *of liquid:* trickle; **'⁓stein** *m* gutter

Rippe ['rɪpə] *f* (-/-n) rib; **'⁓nbruch** *m* broken (*or* fractured) rib(s); **'⁓nfellentzündung** *f* pleurisy

Risi|ko ['riːziko] *n* (-s, -iken) risk; **2kant** [rɪsˈkant] risky; **2kieren** (*no*

ge-, *h*) risk

Riss [rɪs] *past of* **reißen**

Riss [~] *m* (*-es/-e*) tear; crack; *skin:* chap

rissig ['rɪsɪç] cracked; chapped

ritt [rɪt] *past of* **reiten**

Ritt [~] *m* (*-es/-e*) ride; **'⁓er** *m* (*-s/-*) knight

Rit|ze ['rɪtsə] *f* (-/-n) chink; **'2zen** (*ge-, h*) scratch

Rival|e [riˈvaːlə] *m* (*-n/-n*), **⁓in** *f* (-/-nen) rival

Rob|be ['rɔbə] *f* (-/-n) seal; **'2ben** (*ge-, sein*) crawl

Robe ['roːbə] *f* (-/-n) robe, gown

Roboter ['rɔbɔtɐ] *m* (*-s/-*) robot

robust [roˈbʊst] robust, sturdy

roch [rɔx] *past of* **riechen**

röcheln ['rœçəln] (*ge-, h*) **1.** *v/i* moan; **2.** *v/t* gasp (*words*)

Rock [rɔk] *m* (*-[e]s/⁓e*) skirt

Rodelbahn ['roːdəl-] *f* toboggan run

rodel|n (*ge-, sein*) toboggan; **'2schlitten** *m* sled(ge), toboggan

roden ['roːdən] (*ge-, h*) clear; pull up

Rogen ['roːɡən] *m* (*-s/-*) roe

Roggen ['rɔɡən] *m* (*-s/-*) rye

roh [roː] raw; rough; brutal; **'2kost** *f* raw vegetables and fruit; **Öl** ['⁓ʔ-] *n* crude (oil)

Rohr [roːr] *n* (-[e]s/-e) tube, pipe; → **Schilf**

Röhre ['røːrə] *f* (-/-n) tube (*a.*

Rückenschwimmen

TV), pipe; *Brt. TV etc.* valve
'Roh|stoff *m* raw material
'Roll|bahn *f aviat.* runway; taxiway
'Roll|e ['rɔlə] *f (-/-n)* roll; *tech. a.* roller; *thea.* part, role; ~ **Garn** spool of thread, *Brt.* reel of cotton; '**2en** (ge-) **1.** *v/t* (h) roll; **2.** *v/i* (*sein*) roll; *aviat.* taxi; '**~er** *m (-s/-)* scooter
'Roll|feld *n* → Rollbahn
'Roll|kragen *m* turtleneck, *Brt.* polo neck; '**~pullover** *m* turtleneck (sweater), *Brt.* polo neck (jumper)
'Roll|laden *m* rolling shutter; '**~schuh** *m* roller skate; '**~stuhl** *m* wheelchair; '**~treppe** *f* escalator
Roman [ro'maːn] *m (-s/-e)* novel
romantisch [ro'mantɪʃ] romantic
Röm|er ['røːmər] *m (-s/-)*, '**~erin** *f (-/-nen)*, '**2isch** Roman

röntgen ['rœntɡən] (ge-, h) X-ray; '**2bild** *n* X-ray; '**2strahlen** *pl* X-rays
rosa ['roːza] pink
Rose ['roːzə] *f (-/-n)* rose; '**~nkohl** *m* Brussels sprouts; '**~nkranz** *m* rosary
rosig ['roːzɪç] rosy
Rosine [ro'ziːnə] *f (-/-n)* raisin, currant
Rost [rɔst] *m* **1.** (-[e]s/*no pl*) rust; **2.** (-[e]s/-e) *tech.* grate; grill; '**2en** (ge-, sein, h) rust

rösten ['rœstən] (ge-, h) roast; toast
'**rost|frei** rustproof, stainless; '**~ig** rusty; '**2schutzmittel** *n* anti-rust agent
rot [roːt] red; ~ **werden** blush; '**~blond** sandy(-haired)
Röteln ['røːtəln] *pl* German measles
röten ['røːtən] (ge-, h): (sich) ~ redden
Rothaarige [roːtˈhaːrɪɡə] *m,f (-n/-n)* redhead
rotieren [ro'tiːrən] (no ge-, h) rotate, revolve
Rot|kehlchen [roːtˈkeːlçən] *n (-s/-)* robin; '**~kohl** *m* red cabbage; '**~stift** *m* red pencil; '**~wein** *m* red wine; '**~wild** *n* (red) deer
Roulade [ru'laːdə] *f (-/-n)* roulade, roll
Route ['ruːtə] *f (-/-n)* route
Routine [ru'tiːnə] *f (-/no pl)* routine
Rübe ['ryːbə] *f (-/-n)* turnip; (sugar) beet
Rubin [ru'biːn] *m (-s/-e)* ruby
Ruck [rʊk] *m (-[e]s/-e)* jerk, jolt, start
Rück|antwortschein ['rʏk?-] *m* reply coupon; '**~blick** *m* review (*auf* of)
rücken ['rʏkən] (ge-) **1.** *v/t* (h) move, shift; **2.** *v/i* (sein) move; *näher* ~ approach
Rücken [~] *m (-s/-)* back; '**~lehne** *f* back(rest); '**~mark** *n* spinal cord; '**~schwimmen** *n (-s/no pl)* backstroke;

Rückenwind

'~wind m (-[e]s/no pl) tailwind; '~wirbel m dorsal vertebra

Rück|erstattung ['rʏk°-] f (/-en) refund; '~fahrkarte f round-trip ticket, Brt. return (ticket); '~fahrt f return trip; **auf der** ~ on the way back; '2fällig: ~ **werden** relapse; '~flug m return flight; '2gängig: ~ **machen** cancel; '~grat m spine, backbone; '~halt m support; '~hand f tennis: backhand; **~kehr** ['~keːr] f (/-no pl) return; '~licht n taillight; '~porto n return postage; '~reise f → **Rückfahrt**

Rucksack ['rʊk-] m rucksack, backpack; '~tourismus m backpacking; '~tourist m backpacker

Rück|schlag m setback; '~schritt m step back(ward); '~seite f back, reverse; '~sicht f (-/-en) consideration; ~ **nehmen auf** show consideration for; '2sichtslos inconsiderate (**gegen** of); ruthless; reckless (driving etc.); '2sichtsvoll considerate; '~sitz m back seat; '~spiegel m rearview mirror; '~spiel n return match (or game); '~stand m arrears; chem. residue; '2ständig backward; '~stelltaste f backspace (key); '~tritt m resignation; '~trittbremse f coaster (Brt. backpedal)

brake; 2wärts ['~vɛrts] backward(s); '~wärtsgang m reverse (gear); '~weg m way back; '2wirkend retroactive; '~zahlung f repayment; '~zug m retreat

Rudel ['ruːdəl] n (-s/-) pack (of wolves etc.); herd (of deer etc.); fig. swarm, horde

Ruder ['ruːdər] n (-s/-) naut., tech. rudder; oar; '~boot n rowboat, Brt. rowing boat

rudern (ge-) v/i (**sein**, **h**) and v/t (**h**) row

Ruf [ruːf] m (-[e]s/-e) call (a. fig.); cry, shout; reputation

rufen (irr, ge-, h) call; cry, shout; ~ **lassen** send for

Rüge ['ryːɡə] f (/-n) rebuke, reprimand

Ruhe ['ruːə] f (-/no pl) quiet, calm; calm(ness); rest (a. phys.); in ~ **lassen** leave alone; '2los restless

ruhe|n (ge-, h) rest; traffic etc.: be at a standstill; '2pause f break; '2stand m (-[e]s/no pl) retirement; '2störung f disturbance (of the peace); '2tag m: **Montag** ~ closed on Mondays

ruhig ['ruːɪç] quiet; calm

Ruhm [ruːm] m (-[e]s/no pl) fame; mil. glory

Rühr|ei ['ryːr°-] pl scrambled eggs; '2en (ge-, h) stir (a. gastr.), move (both a. **sich** ~); fig. touch, move; '2end touching, moving; '~ung f (-/no pl) emotion

Ruin [ru'i:n] *m* (*-s/no pl*) ruin
Ruine [ru'i:nə] *f* (*-/-n*) ruin(s)
ruinieren [rui'ni:rən] (*no ge-, h*) ruin (*sich* o.s.)
rülpsen ['rylpsən] (*ge-, h*) belch
Rum [rum] *m* (*-s/-s*) rum
Rumä|ne [ru'mɛ:nə] *m* (*-n/-n*) Romanian; **~nien** [~niən] Romania; **~nin** *f* (*-/-nen*), **2nisch** Romanian
Rummel ['rumǝl] *m* (*-s/no pl*) (hustle and) bustle; fuss, F to-do; **'~platz** *m* fair, amusement park
rumpeln ['rumpǝln] (*ge-, sein*) rumble
Rumpf [rumpf] *m* (*-[e]s/-̈e*) *anat.* trunk; *naut.* hull; *aviat.* fuselage
rümpfen ['rympfən] (*ge-, h*): *die Nase ~* turn one's nose up (*über* at)
rund [runt] **1.** *adj* round; **2.** *adv* about, around, roughly; *~ um* (a)round; **2blick** *m* panorama
Rund|e ['rundə] *f* (*-/-n*) round; *racing*: lap; **'~fahrt** *f* tour
'Rundfunk *m* (*im* on the) radio; broadcasting corporation; **'~hörer** *m* (radio) listener; **'~sender** *m* radio station; **'~sendung** *f* broadcast
'Rund|gang *m* tour (*durch* of); **2he'rum** all (a)round;

'2lich plump; **'~reise** *f* tour (*durch* of); **'~schreiben** *n* circular
Runz|el ['runtsəl] *f* (*-/-n*) wrinkle; **'2(e)lig** wrinkled; **'2eln** (*ge-, h*): *~ Stirn*
rupfen ['rupfən] (*ge-, h*) pluck
Rüsche ['ry:ʃə] *f* (*-/-n*) frill
Ruß [ru:s] *m* (*-es/no pl*) soot
Russe ['rusə] *m* (*-n/-n*) Russian
Rüssel ['rysəl] *m* (*-s/-*) trunk; snout (*of pig*)
Russ|in ['rusin] *f* (*-/-nen*), **'2isch** Russian
Russland ['ruslant] Russia
rüsten ['rystən] (*ge-, h*) arm (*zum Krieg* for war); *sich ~* prepare, get ready (*zu, für* for)
rüstig ['rystiç] sprightly, fit
'Rüstung *f* **1.** (*-/-en*) armor, *Brt.* armour; **2.** (*-/no pl*) *mil.* armament; **'~s...** *in compounds*: arms (*control, race etc.*)
Rute ['ru:tə] *f* (*-/-n*) switch, rod
Rutschbahn ['rutʃ-] *f* slide (*a. on ice*)
'Rutsch|e *f* (*-/-n*) chute; **'2en** (*ge-, sein*) slide; slip; *mot. etc.* skid; **'2ig** slippery
rütteln ['rytəln] (*ge-, h*) **1.** *v/t* shake; **2.** *v/i* jolt; *~ an* rattle at

S

Saal [zaːl] *m* (-[e]s/*¨*e) hall; *in compounds:* ...2*.* ... room

Saat [zaːt] *f* (-/-en) sowing; crop(s)

Säbel ['zɛːbəl] *m* (-s/-) saber, *Brt.* sabre

Sabotage [zaboˈtaːʒə] *f* (-/-n) sabotage

Sach|bearbeiter ['zax-] *m* (-s/-) official in charge; **2dienlich** relevant

'**Sache** *f* (-/-n) thing; affair, matter, business; **für e-e gute ~** for a good cause; **~n** *pl* things; clothes

'**sach|gerecht** appropriate, proper; **2kenntnis** *f* expert knowledge; **~kundig** expert, competent; **~lich** matter-of-fact, businesslike; objective; **2register** *n* (subject) index; **2schaden** *m* material damage; damage to property

Sachsen ['zaksən] Saxony; **~-Anhalt** ['-ˀanhalt] Saxony-Anhalt

sacht(e) ['zaxt(ə)] softly, gently; *immer sachte!* F easy does it!

Sach|verhalt ['zaxfɛrhalt] *m* (-[e]s/-e) facts (of the case); **~verständige** ['-ʃtɛndɪɡə] *m*, *f* (-n/-n) expert; *jur.* expert witness

Sack [zak] *m* (-[e]s/*¨*e) sack, bag; '**~gasse** *f* blind alley,

cul-de-sac, dead end (street) (*all a. fig.*)

säen ['zɛːən] (*ge-, h*) sow (*a. fig.*)

Safari [zaˈfaːri] *f* (-/-s) safari

Saft [zaft] *m* (-[e]s/*¨*e) juice; '**2ig** juicy

Sage ['zaːɡə] *f* (-/-n) legend, myth

Säge ['zɛːɡə] *f* (-/-n) saw; '**~mehl** *n* sawdust

sagen ['zaːɡən] (*ge-, h*) say; tell (*s.o. s.th., the truth etc.*)

sägen (*ge-, h*) saw

sagenhaft legendary; F fabulous, incredible

sah [zaː] *past of* **sehen**

Sahne ['zaːnə] *f* (-/*no pl*) cream

Saison [zɛˈzõː] *f* (-/-s) season

Saite ['zaɪtə] *f* (-/-n) string, chord; **~ninstrument** ['-ⁿ?-] *n* string(ed) instrument

Sakko ['zako] *m*, *n* (-s/-s) sport(s) coat

Salat [zaˈlaːt] *m* (-[e]s/-e) lettuce; *dish:* salad; **~sauce** *f* salad dressing

Salbe ['zalbə] *f* (-/-n) ointment, salve

Salmiak [zalˈmĭak] *m*, *n* (-s/*no pl*) ammonium chloride; **~geist** *m* liquid ammonia

salopp [zaˈlɔp] casual

Salto ['zalto] *m* (-s/-s, -ti) somersault

Salz [zalts] *n* (-es/-e) salt;

'**₂en** (*irr, ge-, h*) salt; '**₂ig** salty; '**₂kartoffeln** *pl* boiled potatoes; '**₂säure** *f* hydrochloric acid; '**₂streuer** *m* (*-s/-*) salt shaker, *Brt.* salt cellar; '**₂wasser** *n* (*-s/-*) salt water

Samen ['zaːmən] *m* (*-s/-*) seed; *biol.* sperm, semen

sammeln ['zaməln] collect; **₂ler** (*-/dɪç*) collector; '**₂lung** *f* (*-/-en*) collection

Samstag ['zams-] *m* Saturday

samt [zamt] (along) with

Samt [~] *m* (*-[e]s/-e*) velvet

sämtlich ['zɛmtlɪç]; **~e** *pl* all the; the complete ...

Sanatorium [zana'toːrĭum] *n* (*-s/-rien*) sanatorium, sanitarium

Sand [zant] *m* (*-[e]s/-e*) sand

Sandale [zan'daːlə] *f* (*-/-n*) sandal

'**Sand|bank** *f* sandbank; '**₂ig** ['~dɪç] sandy; '**~papier** *n* sandpaper

sandte ['zantə] *past of* **senden** 1

sanft [zanft] gentle, soft

sang [zaŋ] *past of* **singen**

Sänger ['zɛŋɐr] *m* (*-s/-*), '**~in** *f* (*-/-nen*)

sanitär [zani'tɛːr] sanitary

Sanitäter [zani'tɛːtɐr] *m* (*-s/-*) paramedic, *Brt.* ambulance (*or* first-aid) man; *mil.* medic

sank [zaŋk] *past of* **sinken**

Sankt [zaŋkt] Saint, *abbr.* St.

Sardelle [zar'dɛlə] *f* (*-/-n*) anchovy

Sardine [zar'diːnə] *f* (*-/-n*) sardine

Sarg [zark] *m* (*-[e]s/-e*) coffin, casket

saß [zaːs] *past of* **sitzen**

Satellit [zatɛ'liːt] *m* (*-en/-en*) satellite

Satire [za'tiːrə] *f* (*-/-n*) satire

satt [zat] F full (up); *sich* ~ *essen* eat one's fill; *ich bin* ~ I've had enough; *et.* ~ *haben* be fed up with s.th.

Sat|tel ['zatəl] *m* (*-s/-*) saddle; '**₂teln** (*ge-, h*) saddle

sättigend ['zɛtɪɡənt] filling

Satz [zats] *m* (*-es/-e*) sentence, clause; leap, bound; *tennis, of tools etc.*: set; *econ.* rate; *mus.* movement; '**~ung** *f* (*-/-en*) statute; '**~zeichen** *n* punctuation mark

Sau [zau] *f* (*-/-e*) sow; **₂...** *F in compounds:* damn(ed) (*cold etc.*)

sauber ['zaubɐr] clean; neat, tidy; F *contp.* nice; ~ *machen* clean (up), tidy (up); '**₂keit** *f* (*-/no pl*) clean(li)ness; tidiness

sauer ['zauɐr] sour; acid; pickled (*gherkin*); F mad; *saurer Regen* acid rain; '**₂kraut** *n* (*-[e]s/no pl*) sauerkraut; '**₂stoff** *m* (*-[e]s/no pl*) oxygen; '**₂teig** *m* leaven

saufen ['zaufən] (*irr, ge-, h*) drink; F booze

Säufer ['zɔyfɐr] *m* (*-s/-*) drunkard

saugen ['zaʊgən] ([*irr.*] ge-, h) suck (*an et.* [at] s.th.)

säug|en ['zɔʏgən] (ge-, h) suckle, nurse; **2etier** *n* mammal; **2ling** ['↔klɪŋ] *m* (*-s/-e*) baby, infant

Säule ['zɔʏlə] *f* (*-/-n*) column, pillar

Saum [zaʊm] *m* (*-[e]s/*̈*-e*) hem(line); seam

Sauna ['zaʊna] *f* (*-/-s, -nen*) sauna

Säure ['zɔʏrə] *f* (*-/-n*) acid

sausen ['zaʊzən] *v/i* (ge-) **1.** (*sein*) F rush, dash; **2.** (h) *ears:* ring; *wind:* howl

Saxophon [zakso'fo:n] *n* (*-s/-e*) saxophone

S-Bahn ['ɛs-] *f* suburban fast train

scan|nen ['skɛnən] (ge-, h) *computer:* scan; **2ner** *m* (*-s/-*) scanner

Schabe ['ʃa:bə] *f* (*-/-n*) cockroach

'schaben (ge-, h) scrape

schäbig ['ʃɛ:bɪç] shabby

Schach [ʃax] *n* (*-s/-s*) chess; ~ (*und matt*)! check(mate)!; **'~brett** *n* chessboard; **'~figur** *f* chessman; **2matt:** ~ *setzen* checkmate; **'~spiel** *n* (game of) chess

Schacht [ʃaxt] *m* (*-[e]s/*̈*-e*) shaft

Schachtel ['ʃaxtəl] *f* (*-/-n*) box; pack(et)

schade ['ʃa:də] a pity, F too bad; *wie* ~! what a pity!

Schädel ['ʃɛ:dəl] *m* (*-s/-*) skull; **'~bruch** *m* fracture of the skull

schaden ['ʃa:dən] (ge-, h) damage, do damage to, harm, hurt

Schaden [~] *m* (*-s/*̈*-*) damage (*an* to); *physical:* injury; **~ersatz** ['↔-] *m* damages; **'~freude** *f:* **~empfinden** gloat; **'2froh** gloating(ly)

schadhaft ['ʃa:thaft] defective

schäd|igen ['ʃɛ:dɪgən] (ge-, h) damage, harm; **~lich** ['↔-lɪç] harmful, injurious

Schädling ['ʃɛ:dlɪŋ] *m* (*-s/-e*) *zo.* pest; **'~sbekämpfung** *f* pest control; **'~sbekämpfungsmittel** *n* pesticide

Schadstoff ['ʃa:t-] *m* harmful (*or* noxious) substance, pollutant; **'2arm** *car:* low-emission, F clean; **'~ausstoß** *m* noxious emission

Schaf [ʃa:f] *n* (*-[e]s/-e*) sheep; **'~bock** *m* ram

Schäfer ['ʃɛ:fər] *m* (*-s/-*) shepherd; **'~hund** *m* sheepdog; *Deutscher* ~ Alsatian

schaffen ['ʃafən] (ge-, h) **1.** *v/t* (irr) create; cause; **2.** *v/t* manage; take; *es* ~ make it; **3.** *v/i* work

Schaffner ['ʃafnər] *m* (*-s/-*) conductor; Brt. *rail.* guard; **'~in** *f* (*-/-nen*) conductress

Schaft [ʃaft] *m* (*-[e]s/*̈*-e*) shaft; stock (*of gun etc.*); leg (*of boot*); **'~stiefel** *pl* high boots

schal [ʃa:l] stale, flat; *fig. a.* empty

Schal [~] *m* (*-s*/*-e*,*-s*) scarf

Schale [ˈʃa:lə] *f* (*-*/*-n*) bowl, dish; shell (*of egg, nut etc.*); peel, skin (*of fruit, potato etc.*); **⁓n** *pl* peel(ings)

schälen [ˈʃɛ:lən] (*ge-, h*) peel, skin; *sich ⁓* skin *etc*.: peel (*or* come) off

Schall [ʃal] *m* (*-*[*e*]*s*/*no pl*) sound; **'²dämpfer** *m* (*-s*/*-*) silencer, *mot.* muffler; **'²dicht** soundproof; **'²en** (*ge-, h*) sound; ring; **'⁓mauer** *f* sound barrier; **'⁓platte** *f* record

schalt [ʃalt] *past of* schelten

schalt|en [ˈʃaltən] (*ge-, h*) switch, turn; *mot.* change gear; **²er** *m* (*-s*/*-*) switch; *rail.* ticket office; *post, bank*: counter; **⁓hebel** *m* gear (*tech., aviat.* control) lever; **'²jahr** *n* leap year; **'²tafel** *f* switchboard, control panel

Scham [ʃa:m] *f* (*-*/*no pl*) shame

schämen [ˈʃɛ:mən] (*ge-, h*): *sich ⁓* be (*or* feel) ashamed (*wegen of*)

'schamlos shameless

Schande [ˈʃandə] *f* (*-*/*no pl*) disgrace

schändlich [ˈʃɛntlɪç] disgraceful

Schanze [ˈʃantsə] *f* (*-*/*-n*) ski-jump

Schar [ʃa:r] *f* (*-*/*-en*) group, crowd; flock (*of geese etc.*); **²en** (*ge-, h*): *sich ⁓ um* gather round

scharf [ʃarf] sharp (*a. fig.*); *food:* hot; *ammunition:* live; F hot; → **geil**; *⁓ auf* crazy about; hot on *s.o.*

Schärfe [ˈʃɛrfə] *f* (*-*/*-n*) sharpness; severity; **'²en** (*ge-, h*) sharpen

'Scharf|schütze *m* sharpshooter; sniper; **'⁓sinn** *m* (*-*[*e*]*s*/*no pl*) acumen

Scharlach [ˈʃarlax] *m* (*-s*/*no pl*) *med.* scarlet fever; **'²rot** scarlet

Scharnier [ʃarˈni:r] *n* (*-s*/*-e*) hinge

Schärpe [ˈʃɛrpə] *f* (*-*/*-n*) sash

scharren [ˈʃarən] (*ge-, h*) scrape, scratch

Schaschlik [ˈʃaʃlɪk] *m, n* (*-s*/*-s*) (shish) kebab

Schatt|en [ˈʃatən] *m* (*-s*/*-*) shadow; *im ⁓* in the shade; **'⁓ierung** [ʃaˈti:rʊŋ] *f* (*-*/*-en*) shade; **'²ig** shady

Schatz [ʃats] *m* (*-es*/*⁓e*) treasure; *fig.* darling

schätz|en [ˈʃɛtsən] (*ge-, h*) estimate (*auf* at); F reckon; *zu ⁓ wissen* appreciate; **'²ung** *f* (*-*/*-en*) estimate; **'⁓ungsweise** roughly

Schau [ʃau] *f* (*-*/*-en*) show; exhibition

Schau|der [ˈʃaudər] *m* (*-s*/*-*) shudder; **'²dern** (*ge-, h*) shudder

schauen [ˈʃauən] (*ge-, h*) look (*auf* at)

Schauer [ˈʃauər] *m* (*-s*/*-*)

schauerlich

shower; → **Schauder**; '2-**lich** dreadful, horrible

Schau|fel ['ʃaufəl] f (-/-n) shovel; dustpan; '2**feln** (ge-, h) shovel; dig

'**Schaufenster** n shop window; '**~bummel** m: e-n ~ **machen** go window-shopping

Schaukel ['ʃaukəl] f (-/-n) swing

'**schaukeln** (ge-, h) swing; *boat etc.*: rock

'**Schaukel|pferd** n rocking horse; '**~stuhl** m rocking chair

Schaum [ʃaum] m (-[e]s/⁓e) foam; *beer etc.*: froth; *soap*: lather

schäumen ['ʃɔymən] (ge-, h) foam (*a. fig. with rage*); *soap*: lather

'**Schaumgummi** m foam rubber; '2**ig** foamy, frothy

'**Schauplatz** m scene

'**Schauspiel** n spectacle; *thea.* play; '**~er** m (-s/-) actor; '**~erin** f (-/-nen) actress

Scheck [ʃɛk] m (-s/-s) check, *Brt.* cheque; '**~karte** f check (*Brt.* cheque *or* banker's) card

Scheibe ['ʃaibə] f (-/-n) disk, *Brt.* disc; slice (*of bread etc.*); *glass*: pane; target; '**~nbremse** f disk (*Brt.* disc) brake; '**~nwischer** m windshield (*Brt.* windscreen) wiper

Scheid|e ['ʃaidə] f (-/-n) sheath; *anat.* vagina; '2**en** (*irr*, ge-, h) divorce; *sich* ~ **lassen** get a divorce, get divorced; '**~ung** f (-/-en) divorce

Schein [ʃain] m **1.** (-[e]s/-e) certificate; slip; bill, banknote; **2.** (-[e]s/*no pl*) light; *fig.* appearance; '2**bar** seeming, apparent; '2**en** (*irr*, ge-, h) shine; *fig.* seem, appear, look; '2**heilig** hypocritical; **~werfer** ['ʃainvɛrfər] m (-s/-) searchlight; *mot.* headlight; *thea.* spotlight

Scheiß... [ʃais-] V *in compounds*: damn ..., fucking ...

'**Schei|ße** f (-/*no pl*) V shit; '2**ßen** (*irr*, ge-, h) V shit

Scheitel ['ʃaitəl] m (-s/-) part, *Brt.* parting

scheitern ['ʃaitərn] (ge-, *sein*) fail, go wrong

Schellfisch ['ʃɛl-] m haddock

Schelm [ʃɛlm] m (-[e]s/-e) rascal; 2**isch** impish

schelten ['ʃɛltən] (*irr*, ge-, h) scold

Schema ['ʃeːma] n (-s/-s, -ta) pattern

Schemel ['ʃeːməl] m (-s/-) stool

Schenkel ['ʃɛŋkəl] m (-s/-) thigh; shank; *math.* leg

schenken ['ʃɛŋkən] (ge-, h) give (*zu* for)

Scher|be ['ʃɛrbə] f (-/-n), '**~ben** m (-s/-) (broken) piece, fragment

Schere ['ʃeːrə] f (-/-n) scissors; shears; *zo.* claw; **²ren** (*irr, ge-, h*) shear (*sheep*).

Scherereien [ʃeːrəˈraɪən] *pl* trouble

Scherz [ʃɛrts] *m* (*-es/-e*) joke; **²en** (*ge-, h*) joke; **²haft** joking(ly)

scheu [ʃɔy] 1. *adj* shy; 2. ² *f* (*-/no pl*) shyness; **²en** (*ge-, h*) 1. *v/i* shy (*vor* at); 2. *v/t* shun, avoid; *sich ~ zu* be afraid of *doing s.th.*

scheuer|n [ˈʃɔyərn] *v/t and v/i* (*ge-, h*) scrub; *make sore*: chafe; **²tuch** *n* floor cloth

Scheune [ˈʃɔynə] *f* (*-/-n*) barn

Scheusal [ˈʃɔyzaːl] *n* (*-s/-e*) monster

scheußlich [ˈʃɔyslɪç] horrible

Schicht [ʃɪçt] *f* (*-/-en*) layer; *paint etc.*: coat; *film*; *work*: shift; *social*: class; **²en** (*ge-, h*) pile up

schick [ʃɪk] smart, chic, stylish

schicken [ˈʃɪkən] (*ge-, h*) send

Schickeria [ʃɪkəˈriːa] *f* (*-/no pl*) F smart set, beautiful people, trendies

Schickimicki [ˈʃɪkiˈmɪki] *m* (*-s/-s*) F trendy

Schicksal [ˈʃɪkzaːl] *n* (*-s/-e*) fate, destiny

Schiebe|dach [ˈʃiːbə-] *n mot.* sunroof; **²fenster** *n* sash window

ˈschieb|en (*irr, ge-, h*) push, shove; **²etür** *f* sliding door; **²ung** *f* (*-/-en*) put-up job

schied [ʃiːt] *past of* **scheiden**

Schiedsrichter [ˈʃiːts-] *m* referee, umpire

schief [ʃiːf] crooked; sloping; leaning (*tower etc.*); *fig.* false, distorted; *~ gehen* go wrong

Schiefer [ˈʃiːfər] *m* (*-s/-*) slate, shale

schielen [ˈʃiːlən] (*ge-, h*) squint

Schienbein [ˈʃiːn-] *n* shin(bone)

Schiene [ˈʃiːnə] *f* (*-/-n*) rail; *med.* splint; *fig.* (beaten) track; **²en** (*ge-, h*) splint

schier [ʃiːr] sheer, pure; *~ unmöglich* next to impossible

schießen [ˈʃiːsən] (*irr, ge-*) 1. *v/i and v/t* (*h*) shoot (*a. fig., phot.*), fire; score (*goal*); 2. *v/i* (*sein*) shoot

Schieße|ˈrei *f* (*-/-en*) gunfight; **ˌscheibe** *f* target; **ˌstand** *m* rifle range

Schiff [ʃɪf] *n* (*-[e]s/-e*) ship, boat

ˈschiff|bar navigable; **²bruch** *m* shipwreck; *~ erleiden* be shipwrecked; *fig.* fail; **ˌbrüchig** shipwrecked

ˈSchiffahrt *f* (*-/no pl*) navigation

Schika|ne [ʃiˈkaːnə] *f* (*-/-n*) harassment; **²nieren** (*no ge-, h*) harass; pick on

Schild [ʃɪlt] 1. *n* (*-[e]s/-er*) sign; (*name etc.*) plate; 2. *m* (*-[e]s/-e*) shield; **ˌdrüse** *f* thyroid gland

schildern

schilder|n ['ʃıldərn] (*ge-, h*) describe; **'2ung** *f* (*-/-en*) description

'Schildkröte *f* turtle; tortoise

Schilf [ʃɪlf] *n* (*-[e]s/-e*), **'~rohr** *n* reed

schillern ['ʃɪlərn] (*ge-, h*) be iridescent

Schilling ['ʃɪlɪŋ] *m* (*-s/-e*) *Austrian currency*: schilling

Schim|mel ['ʃɪməl] *m* **1.** (*-s/-*) white horse; **2.** (*-s/no pl*) bot. mold, *Brt.* mould; **(ge-, h)** go moldy (*Brt.* mouldy); **'2m(e)lig** moldy, *Brt.* mouldy

Schim|mer ['ʃɪmər] *m* (*-s/no pl*) glimmer; **'2mern** (*ge-, h*) glimmer

Schimpanse [ʃɪm'panzə] *m* (*-n/-n*) chimpanzee

schimpf|en ['ʃɪmpfən] (*ge-, h*) scold, tell *s.o.* off; **'2wort** *n* swearword

Schindel ['ʃɪndəl] *f* (*-/-n*) shingle

Schinken ['ʃɪŋkən] *m* (*-s/-*) ham

Schiri ['ʃiːri] *m* (*-s/-s*) *sport* F ref

Schirm [ʃɪrm] *m* (*-[e]s/-e*) umbrella; sunshade; screen (*a.* TV *etc.*); (lamp)shade; *of cap*: peak ; **'~mütze** *f* peaked cap

schiss [ʃɪs] *past of* **scheißen**

Schiss [~] *m* (*-es/no pl*) F: **~ haben** be scared stiff

Schlacht [ʃlaxt] *f* (*-/-en*) battle (*bei* of); **'2en** (*ge-, h*) slaughter, butcher; **'~feld** *n*

262

battlefield; **'~schiff** *n* battleship

Schlacke ['ʃlakə] *f* (*-/-n*) cinder; slag

Schlaf [ʃlaːf] *m* (*-[e]s/no pl*) sleep; **'~anzug** *m* ['~ʔ-] *m* pajamas, *Brt.* pyjamas

Schläfe ['ʃlɛːfə] *f* (*-/-n*) temple

schlafen ['ʃlaːfən] (*irr, ge-, h*) sleep; **~ gehen, sich ~ legen** go to bed

schlaff [ʃlaf] slack; *skin, muscles etc.*: flabby; limp

'Schlaf|gelegenheit *f* sleeping accommodation; **'2los** sleepless; **'2losigkeit** *f* (*-/no pl*) *med.* insomnia; **'~mittel** *n* sleeping pill(s)

schläfrig ['ʃlɛːfrıç] sleepy, drowsy

'Schlaf|saal *m* dormitory; **'~sack** *m* sleeping bag; **'~tablette** *f* sleeping pill; **'~wagen** *m* sleeping car; **'~zimmer** *n* bedroom

Schlag [ʃlaːk] *m* (*-[e]s/~e*) blow (*a.* fig.); *hand*: slap; *fist*: punch; stroke (*a. med., sport, of clock, lightning etc.*); *electr.* shock; beat (*of heart, pulse*); **Schläge** *pl* beating; **'~ader** *f* ['~ʔ-] *f* artery; **'~anfall** *m* ['~ʔ-] *m* stroke; **'~baum** *m* barrier; **'~bohrer** *m* percussion drill

schlagen ['ʃlaːɡən] *v*/*t and v*/*i* (*irr, ge-, h*) hit, beat (*a.* eggs *etc.*); strike (*a.* the hour); knock (*zu* Boden down); whip (*cream etc.*); **sich ~**

fight (**um** over); → **fällen**
Schlager ['ʃlaːɡər] *m* (**-s**/-) hit; (pop) song
Schläger ['ʃlɛːɡər] *m* (**-s**/-) bat; *contp.*, *person*: thug; → *Golf-, Tennisschläger*
Schlägerei [ʃlɛːɡəˈraɪ] *f* (**-/-en**) fight
'**schlagfertig** quick-witted; **2sahne** *f* whipped cream; **2wort** *n* catchword; **2zeile** *f* headline; **2zeug** *n* drums; **2zeuger** ['-tsɔyɡər] *m* (**-s**/-) drummer, percussionist
Schlamm [ʃlam] *m* (**-[e]s**/*no pl*) mud
Schlampe ['ʃlampə] *f* (**-/-n**) F slut; **2ig** slovenly, sloppy
schlang [ʃlaŋ] *past of* **schlingen**
Schlange ['ʃlaŋə] *f* (**-/-n**) *zo.* snake; line, *Brt.* queue; ~ **stehen** line up, *Brt.* queue (up)
schlängeln ['ʃlɛŋəln] (**ge-**, **h**): **sich** ~ *path*: wind, *river*: *a.* meander; *snake etc.*: wriggle; *fig.* weave one's way (*through crowd etc.*)
schlank [ʃlaŋk] slim; **2heitskur** *f*: **e-e** ~ **machen** be (*or* go) on a diet
schlau [ʃlaʊ] clever; sly
Schlauch [ʃlaʊx] *m* (**-[e]s**/*-e*) tube; hose; '**~boot** *n* rubber dinghy; life raft; **2en** (**ge-**, **h**) F wear *s.o.* out
Schlaufe ['ʃlaʊfə] *f* (**-/-n**) loop
schlecht [ʃlɛçt] bad; ~ **gelaunt** grumpy, in a bad mood; **ihr geht es** ~ she's having a hard time; *healthwise*: she's in a bad way; ~ **werden** *meat etc.*: go bad; → **übel**
schleichen ['ʃlaɪçən] (*irr*, **ge-**, **sein**) creep, sneak
Schleier ['ʃlaɪər] *m* (**-s**/-) veil (*a. fig.*)
Schleife ['ʃlaɪfə] *f* (**-/-n**) bow; *of river, tech., computer etc.*: loop
schleifen ['ʃlaɪfən] **1.** *v/t and v/i* (**ge-**, **h**) drag; **2.** *v/t* (*irr*, **ge-**, **h**) grind, sharpen; sand; cut (*glass, gem etc.*)
Schleim [ʃlaɪm] *m* (**-[e]s**/-**e**) slime; *med.* mucus; '**~haut** *f* mucous membrane; '**2ig** slimy (*a. fig.*); mucous
schlemm|en ['ʃlɛmən] (**ge-**, **h**) feast; **2er** *m* (**-s**/-) gourmet
schlendern ['ʃlɛndərn] (**ge-**, **sein**) stroll, saunter
schlenkern ['ʃlɛŋkərn] (**ge-**, **h**) dangle, swing
schleppen ['ʃlɛpən] (**ge-**, **h**) drag (*a.* **sich** ~); *naut., mot.* tow; '**2er** *m* (**-s**/-) tug; *mot.* tractor; '**2lift** *m* T-bar (lift), drag lift, ski tow
Schleu|der ['ʃlɔydər] *f* (**-/-n**) slingshot, *Brt.* catapult; spin drier; '**2dern** (**ge-**, **h**) **1.** fling, hurl; spin-dry; **2.** *v/i* (**sein**) *mot.* skid
schleunigst ['ʃlɔynɪçst] at once
Schleuse ['ʃlɔyzə] *f* (**-/-n**) sluice; *canal*: lock

schlich [ʃlɪç] *past of* **schleichen**

schlicht [ʃlɪçt] plain, simple; **~en** (ge-, h) settle; **'2er** *m* (-s/-) mediator

schlief [ʃliːf] *past of* **schlafen**

schließ|en [ˈʃliːsən] (*irr*, h) shut, close (*both a.* **sich ~**); close down; finish; make (*deal, peace etc.*); **~ aus** conclude from; **'2fach** *n rail. etc.* (luggage) locker; *bank:* safe-deposit box; **'~lich** finally; after all

schliff [ʃlɪf] *past of* **schleifen** 2

schlimm [ʃlɪm] bad; awful; **~er** worse; **am ~sten** (the) worst

Schling|e [ˈʃlɪŋə] *f* (-/-n) loop, noose; *med.* sling; **'2en** (*irr*, ge-, h) wind; tie; **2ern** [ˈ~] (ge-, h) *naut.* roll; **~pflanze** *f* creeper, climber

Schlips [ʃlɪps] *m* (-es/-e) (neck)tie

Schlitten [ˈʃlɪtən] *m* (-s/-) sled(ge); toboggan; sleigh; **'~fahrt** *f* sleigh ride

'Schlittschuh *m* skate (*a.* **~ laufen**); **'~läufer** *m* skater

Schlitz [ʃlɪts] *m* (-es/-e) slit; slot; *trousers:* fly; **'2en** (ge-, h) slit, slash

schloss [ʃlɔs] *past of* **schließen**

Schloss [~] *n* (-es/-̈er) lock (*of door, gun etc.*); castle, palace

Schlosser [ˈʃlɔsər] *m* (-s/-) mechanic, fitter; locksmith

schlottern [ˈʃlɔtərn] (ge-, h) shake (**vor** with)

Schlucht [ʃlʊxt] *f* (-/-en) ravine, canyon

schluchzen [ˈʃlʊxtsən] (ge-, h) sob

Schluck [ʃlʊk] *m* (-[e]s/-e) swallow, draught; **~auf** [ˈ~ˈ~] *m* (-s/*no pl*) the hiccups

'schlucken *v/t and v/i* (ge-, h) swallow; **'2** *m* (-s/*no pl*) the hiccups

schlug [ʃluːk] *past of* **schlagen**

Schlummer [ˈʃlʊmər] *m* (-s/ *no pl*) slumber

schlüpf|en [ˈʃlʏpfən] (ge-, sein) slip (**in** into; **aus** out of), slide; **'2er** *m* (-s/-) briefs; panties ; **'~rig** slippery

schlurfen [ˈʃlʊrfən] (ge-, sein) shuffle (along)

schlürfen [ˈʃlʏrfən] (ge-, h) slurp

Schluss [ʃlʊs] *m* (-es/-̈e) end; conclusion

Schlüssel [ˈʃlʏsəl] *m* (-s/-) key; **'~bein** *n* collarbone; **'~bund** *m*, *n* bunch of keys; **'~loch** *n* keyhole

'Schluss|folgerung *f* conclusion; **'~licht** *n* taillight; *fig.* tail-ender; **'~pfiff** *m sport:* final whistle; **'~verkauf** *m* (end-of-season) sale

schmächtig [ˈʃmɛçtɪç] slight, frail

schmackhaft [ˈʃmakhaft] tasty

schmal [ʃmaːl] narrow; *fig.*—

ure: thin, slender; **'₂spur...** fig. in compounds: small-time ...

Schmalz [ʃmalts] n (-es/no pl) lard; fig. schmaltz; **'₂ig** schmaltzy

Schmarren ['ʃmarən] m (-s/-) Austrian gastr.: scrambled pancake; F trash

schmatzen ['ʃmatsən] (ge-, h) eat noisily, smack one's lips

schmecken ['ʃmɛkən] (ge-, h) taste (nach of); schmeckt es? do you like it?

Schmeich|elei [ʃmaiçə'lai] f (-/-en) flattery; **'₂elhaft** flattering; **'₂eln** (ge-, h) flatter; **'₂ler** m (-s/-) flatterer

schmeißen ['ʃmaisən] (irr, ge-, h) throw, chuck; slam (door etc.)

schmelzen ['ʃmɛltsən] (irr, ge-) v/i (sein) and v/t (h) melt (a. fig.)

Schmerz [ʃmɛrts] m (-es/-en) pain (a. ~en pl), ache; fig. grief, sorrow; **'₂en** (ge-, h) hurt (a. fig.), ache; **'~ensgeld** n punitive damages; **'₂haft, '₂lich** painful; **'₂los** painless; **'~mittel** n painkiller; **'₂stillend** pain-relieving

Schmetterling ['ʃmɛtərliŋ] m (-s/-e) butterfly

schmettern ['ʃmɛtərn] (ge-, h) smash (a. tennis)

Schmied [ʃmiːt] m (-[e]s/-e) (black)smith

Schmiede ['ʃmiːdə] f (-/-n) forge, smithy; **~eisen** ['~daʔ-] n wrought iron

schmieden ['ʃmiːdən] (ge-, h) forge; make (plans etc.)

schmiegen ['ʃmiːɡən] (ge-, h): sich ~ an snuggle up to

schmier|en ['ʃmiːrən] (ge-, h) tech. grease, lubricate; spread (butter etc.); F scrawl; **'₂ig** greasy, dirty; fig. filthy

Schmin|ke ['ʃmiŋkə] f (-/-n) make-up; **'₂ken** (ge-, h) make up; sich ~ wear make-up

Schmirgelpapier ['ʃmirɡəl-] n emery paper

schmiss [ʃmis] past of schmeißen

schmollen ['ʃmɔlən] (ge-, h) sulk, pout

schmolz [ʃmɔlts] past of schmelzen

Schmor|braten ['ʃmoːr-] m pot roast; **'₂en** (ge-, h) braise, stew

Schmuck [ʃmuk] m (-[e]s/no pl) jewelry, Brt. jewellery; decoration

schmücken ['ʃmykən] (ge-, h) decorate

Schmugg|el ['ʃmuɡəl] m (-s/no pl) smuggling; **'₂eln** (ge-, h) smuggle; **'~ler** m (-s/-) smuggler

schmunzeln ['ʃmuntsəln] (ge-, h) smile (to o.s.)

Schmutz [ʃmuts] m (-es/no pl) dirt, filth; **'₂ig** dirty, filthy

Schnabel ['ʃnaːbəl] m (-s/-) bill, beak

Schnalle ['ʃnalə] *f* (*-/-n*) buckle; **²len** (*ge-, h*) buckle; F *et.* ~ get it

schnappen ['ʃnapən] (*ge-, h*) catch; *sich et.* ~ grab s.th.; *frische Luft* ~ get some fresh air; *nach Luft* ~ gasp for air; **²schuss** *m* snapshot

Schnaps [ʃnaps] *m* (*-es/⁎e*) liquor, *esp. Brt.* spirits, F booze; schnapps

schnarchen ['ʃnarçən] (*ge-, h*) snore

schnattern ['ʃnatərn] (*ge-, h*) cackle; chatter

schnauben ['ʃnaʊbən] (*ge-, h*) snort; *sich die Nase* ~ blow one's nose

schnaufen ['ʃnaʊfən] (*ge-, h*) pant, puff

Schnauzbart ['ʃnaʊts-] *m* mustache, *Brt.* moustache

'Schnauze *f* (*-/-n*) snout, muzzle; V trap, kisser

Schnecke ['ʃnɛkə] *f* (*-/-n*) snail; slug; **'~nhaus** *n* snail shell

Schnee [ʃneː] *m* (*-s/no pl*) snow (*a. sl.* cocaine); **'~ball- schlacht** *f* snowball fight; **'²bedeckt** mountain: snow- capped; **'~flocke** *f* snow- flake; **~gestöber** [*'~gəʃtøː- bər*] *n* (*-s/-*) snow flurry; **~glöckchen** [*'~glœkçən*] *n* (*-s/-*) snowdrop; **'~kette** *f* snow chain; **'~mann** *m* snow- man; **'~matsch** *m* slush; **'~mobil** *n* snowmobile; **'~- pflug** *m* snowplow, *Brt.*

snowplough; **'~sturm** *m* snowstorm, blizzard; **~we- he** [*'~veːə*] *f* (*-/-n*) snowdrift; **'²weiß** snow-white

Schneide ['ʃnaɪdə] *f* (*-/-n*) edge; **'²den** (*irr, ge-, h*) cut (*a. fig., mot.*); carve; slice (*ball*); **'²dend** cold: piercing; **'~der** *m* (*-s/-*) tailor; **'~derin** *f* (*-/-nen*) dressmaker; **'~de- zahn** *m* incisor

schneien ['ʃnaɪən] (*ge-, h*) snow

Schneise ['ʃnaɪzə] *f* (*-/-n*) firebreak, lane

schnell [ʃnɛl] fast, quick; (*mach*) ~*!* hurry up!; **'²gast- stätte** *f* fast food restaurant; **'²hefter** *m* folder; **'²igkeit** *f* (*-/no pl*) speed; **²imbiß** [*'~?~-*] *m* snackbar; **'²kochtopf** *m* pressure cooker; **'²straße** *f* expressway, *Brt.* motorway; **'²zug** *m* fast train

schnippisch ['ʃnɪpɪʃ] pert, saucy

Schnitt [ʃnɪt] *past of* **schnei- den**

Schnitt [~] *m* (*-[e]s/-e*) cut; average; editing (*of film etc.*); **'~blumen** *pl* cut flow- ers

Schnitte *f* (*-/-n*) slice; (open) sandwich

'Schnittlauch *m* chives; **'~- muster** *n* pattern; **'~punkt** *m* (point of) intersection; **'~- stelle** *f computer:* interface; **'~wunde** *f* cut

Schnitzel ['ʃnɪtsəl] (*-s/-*) **1.** *n*

schottisch

gastr. veal (*or* pork) cutlet; **Wiener ~** (Wiener *or* Vienna) schnitzel; **2.** *n*, *m* chip; *paper*: scrap

schnitzen ['ʃnitsən] (**ge-**, *h*) carve, cut

schnodd(e)rig ['ʃnɔd(ə)riç] snotty

Schnorch|el ['ʃnɔrçəl] *m* (**-s/-**) snorkel; **²eln** (**ge-**, *h*) snorkel

Schnörkel ['ʃnœrkəl] *m* (**-s/-**) flourish

schnorren ['ʃnɔrən] (**ge-**, *h*) scrounge, sponge (**bei, von** off)

schnüffeln ['ʃnyfəln] (**ge-**, *h*) sniff; *fig.* snoop

Schnuller ['ʃnʊlər] *m* (**-s/-**) pacifier, *Brt.* dummy

Schnulze ['ʃnʊltsə] *f* (**-/-n**) tearjerker

Schnupfen ['ʃnʊpfən] *m* (**-s/-**) cold

schnuppern ['ʃnʊpərn] (**ge-**, *h*) sniff

Schnur [ʃnuːr] *f* (**-/⁓e**) cord; string; *electr.* flex; **²los** *tel.* cordless

Schnürlsamt ['ʃnyːrl-] *m Austrian*: corduroy

Schnurr|bart ['ʃnʊr-] *m* moustache, *Brt.* moustache; **²en** (**ge-**, *h*) purr

Schnür|schuh ['ʃnyːr-] *m* lace-up shoe; **~senkel** ['-zɛŋkəl] *m* (**-s/-**) shoelace

schob [ʃoːp] *past of* **schieben**

Schock [ʃɔk] *m* (**-[e]s/-s**) shock; **²ieren** [⁓'kiːrən] (*no* **ge-**, *h*) shock

Schokolade [ʃokoˈlaːdə] *f* (**-/-n**) chocolate

Scholle ['ʃɔlə] *f* (**-/-n**) clod; (ice) floe; *zo.*, *gastr.* plaice

schon [ʃoːn] already; ever; even; **hast du ~ ...?** have you ... yet?; **~ gut!** never mind!

schön [ʃøːn] beautiful; nice; *weather*: *a.* fine; **~ warm** nice and warm; **ganz ~ laut** *etc.* pretty noisy *etc.*

schonen ['ʃoːnən] (**ge-**, *h*) go easy on; save (*one's strength*); spare (*s.o.'s life*); **sich ~** take it easy

'Schönheit *f* (**-/-en**) beauty

'Schonzeit *f* close season

schöpf|en ['ʃœpfən] (**ge-**, *h*) scoop, ladle; *fig.* → **Luft, Verdacht** *etc.*; **²er** *m* (**-s/-**) creator; **~erisch** creative; **²ung** *f* (**-/-en**) creation

schor [ʃoːr] *past of* **scheren**

Schorf [ʃɔrf] *m* (**-[e]s/-e**) scab

Schornstein ['ʃɔrn-] *m* chimney; *naut.*, *rail.* funnel; **~feger** *m* chimneysweep(er)

schoss [ʃɔs] *past of* **schießen**

Schoß [ʃoːs] *m* (**-es/⁓e**) lap; womb

Schote ['ʃoːtə] *f* (**-/-n**) husk, pod

Schotte ['ʃɔtə] *m* (**-n/-n**) Scot(sman); **die ~n** *pl* the Scots, the Scottish

Schotter ['ʃɔtər] *m* (**-s/-**) gravel

'Schott|in *f* (**-/-nen**) Scot(swoman); **²isch** Scottish;

Schottland ~land Scotland; *esp. products etc.*: Scotch; **~land** Scotland

schräg [ʃrɛːk] oblique, slanting; sloping

Schram|me ['ʃramə] f (-/-n) scratch; **~men** (ge-, h) scratch

Schrank [ʃraŋk] m (-[e]s/⁎e) cupboard; closet; wardrobe

Schranke ['ʃraŋkə] f (-/-n) barrier (a. fig.)

Schrau|be ['ʃraʊbə] f (-/-n) screw; **⁎ben** (ge-, h) screw; **~benschlüssel** m spanner, wrench; **~benzieher** m screwdriver

Schreck [ʃrɛk] m (-[e]s/⁎e) fright, shock; *j-m e-n ~ einjagen* scare s.o.; **⁎en** m (-s/-) terror; horror; **⁎haft** jumpy; **⁎lich** awful, terrible

Schrei [ʃraɪ] m (-[e]s/-e) cry; shout, yell; scream

schreiben ['ʃraɪbən] 1. v/t and v/i (irr, ge-, h) write; type; spell; 2. ⁎ n (-s/-) letter

schreib|faul ['ʃraɪp-]: *~ sein* be a poor letter-writter; **⁎fehler** m spelling mistake; **⁎heft** n → *Heft*; **⁎maschine** f typewriter; **⁎papier** n writing paper; **⁎schutz** m *computer*: write (or file) protection; **⁎tisch** m desk; **⁎ung** [-bʊŋ] f (-/-en) spelling; **⁎waren** pl stationery; **⁎warengeschäft** n stationer's; **⁎zentrale** f typing pool

schreien ['ʃraɪən] (irr, ge-, h) cry; shout, yell; scream

Schreiner ['ʃraɪnər] m (-s/-) → *Tischler*

schrie [ʃriː] *past of* schreien

schrieb [ʃriːp] *past of* schreiben 1

Schrift [ʃrɪft] f (-/-en) (hand)writing; script; *print.* typeface; **⁎lich 1.** *adj* written; **2.** *adv* in writing; **⁎steller** ['-ʃtɛlər] m (-s/-), **⁎stellerin** f (-/-nen) author, writer; **~verkehr** m, **~wechsel** m correspondence

schrill [ʃrɪl] shrill, piercing

Schritt [ʃrɪt] m (-[e]s/-e) step (a. fig.); **~ fahren!** dead slow; **~macher** m (-s/-) *med., sport.*: pacesetter, *Brt.* pacemaker

schroff [ʃrɔf] jagged; steep; *fig.* gruff; *contrast etc.*: sharp

Schrot [ʃroːt] m, n (-[e]s/-e) coarse meal; *hunt.* (small) shot; **~flinte** f shotgun

Schrott [ʃrɔt] m (-[e]s/no pl) scrap metal; **~haufen** m scrapheap (a. fig.); **~platz** m scrapyard

schrubben ['ʃrʊbən] (ge-, h) scrub, scour

schrumpfen ['ʃrʊmpfən] (ge-, sein) shrink

Schub|fach ['ʃuːp-] n drawer; **~karren** m wheelbarrow; **~kraft** f thrust; **~lade** ['-laːdə] f (-/-n) drawer

schüchtern ['ʃʏçtərn] shy

schuf [ʃuːf] *past of* schaffen 1

Schuft [ʃʊft] m (-[e]s/-e)

contp. bastard; '~en (ge-, h) work like a dog

Schuh [ʃuː] *m* (-[e]s/-e) shoe; **~anzieher** ['~ʔantsiːɐ] *m* (-s/-) shoehorn; **~creme** *f* shoe polish; **~geschäft** *n* shoe store (*Brt.* shop); **~größe** *f*: *~ 9* (a) size 9 (shoe); **~macher** ['~maxɐ] *m* (-s/-) shoemaker

Schul|bildung ['ʃuːl-] *f* education; **~buch** *n* textbook

Schuld [ʃʊlt] *f* (-/-en) guilt; debt; *die ~ geben* blame; *es ist (nicht) meine ~* it is(n't) my fault; *~en haben* be in debt; **2en** ['~dən] (ge-, h) owe; **2ig** ['~dɪç] *esp. jur.* guilty (an of); responsible (for); *j-m et. ~ sein* owe s.o. s.th.; **~ige** ['~dɪɡə] *m*, *f* (-n/-n) offender; person *etc.* responsible (*or* to blame); **2los** innocent

Schu|le ['ʃuːlə] *f* (-/-n) school; *höhere ~* *appr.* (senior) high school, *Brt.* secondary school; *auf* (*or* **in**) *der ~* at school; **2len** (ge-, h) train

Schüler ['ʃyːlɐ] *m* (-s/-) schoolboy, student, *esp. Brt.* pupil; **~in** *f* (-/-nen) schoolgirl, student, *esp. Brt.* pupil

'**Schul|fernsehen** *n* educational TV; **~frei** *adj*: *~er Tag* (school) holiday; *heute ist ~* there's no school today; **~freund(in)** schoolmate; **~funk** *m* schools programmes; **~hof** *m* playground, school-yard; **~mappe** *f* schoolbag; **²pflichtig**: *~es Kind* school-age child; **~schwänzer** *m* (-s/-), **~schwänzerin** *f* (-/-nen) truant; **~stunde** *f* lesson, class, period; **~tasche** *f* schoolbag

Schulter ['ʃʊltɐ] *f* (-/-n) shoulder; **~blatt** *n* shoulder blade; **~tasche** *f* shoulder bag

Schulung ['ʃuːlʊŋ] *f* (-/-en) training

schummeln ['ʃʊməln] (ge-/h) F cheat

Schund [ʃʊnt] *m* (-[e]s/no pl) trash, junk

Schuppe ['ʃʊpə] *f* (-/-n) *zo.* scale; **~n** *pl* in hair: dandruff

Schuppen ['ʃʊpən] *m* (-s/-) shed

Schurke ['ʃʊrkə] *m* (-n/-n) villain

Schürze ['ʃʏrtsə] *f* (-/-n) apron

Schuss [ʃʊs] *m* (-es/ˮe) shot; dash (*of liquid*); *skiing:* schuss

Schüssel ['ʃʏsəl] *f* (-/-n) bowl, dish (*a.* TV)

'**Schuss|waffe** *f* firearm; **~wunde** *f* gunshot wound

Schuster ['ʃuːstɐ] *m* (-s/-) shoemaker

Schutt [ʃʊt] *m* (-[e]s/no pl) rubble, debris; *~ ablagen verboten!* no dumping!; **~ablageplatz** ['~ʔ-] *m* dump

Schüttel|frost ['ʃʏtəl-] *m* shivering fit; **²n** (ge-, h) shake

schütten ['ʃʏtən] **(ge-, h)** pour (*a. fig. rain*)

Schutz [ʃʊts] *m* **-es/***no pl***)** protection; shelter; '**~blech** *n mot.* fender, *Brt.* mudguard

Schütze ['ʃʏtsə] *m* **-n/-n)** *sport:* scorer; *astr.* Sagittarius; **guter ~** good shot

schützen ['ʃʏtsən] **(ge-, h)** protect; shelter

Schutz|engel ['ʃʊts⁻] *m* guardian angel; '**♀geld** *n* protection (money); '**~gelderpressung** *f* protection money; '**~heilige** *m, f* patron (saint); **~impfung** ['⁓⁻] *f* inoculation; vaccination; '**♀los** unprotected; defenseless, *Brt.* defenceless; **~umschlag** ['⁓⁻] *m* (dust) jacket

schwach [ʃvax] weak; *performance, eyes etc.*: *a.* poor; *sound, hope etc.*: faint

Schwäch|e ['ʃvɛçə] *f* (-/-n) weakness; '**♀en** **(ge-, h)** weaken; '**♀lich** weakly; delicate, frail

'schwach|sinnig feebleminded; *F* idiotic; '**♀strom** *m* low-voltage current

Schwager ['ʃvaːɡər] *m* (-s/⸚) brother-in-law

Schwägerin ['ʃvɛːɡərɪn] *f* (-/-nen) sister-in-law

Schwalbe ['ʃvalbə] *f* (-/-n) swallow; *soccer:* dive

Schwall [ʃval] *m* (-[e]s/-e) gush (*a. fig.*)

schwamm [ʃvam] *past of* **schwimmen**

Schwamm [⸚] *m* (-[e]s/⸚e) sponge

Schwammerl ['ʃvamərl] *n* (-s/-[n]) *Austrian:* mushroom

Schwan [ʃvaːn] *m* (-[e]s/⸚e) swan

schwang [ʃvaŋ] *past of* **schwingen**

schwanger ['ʃvaŋər] pregnant; '**♀schaft** *f* (-/-en) pregnancy; '**♀schaftsabbruch** ['⸚⁻] *m* abortion

schwank|en ['ʃvaŋkən] *v/i* **(ge-, h)** sway (*a. fig.*); **~ zwischen ... und** vary from ... to; **2.** (*sein*) stagger; '**♀ung** *f* (-/-en) variation; fluctuation; deviation

Schwanz [ʃvants] *m* (-es/⸚e) tail; *V* cock

schwänzen ['ʃvɛntsən] **(ge-, h): die Schule ~** *F* play hook(e)y (*Brt.* truant), skip school

Schwarm [ʃvarm] *m* (-[e]s/⸚e) swarm; shoal (*of fish*); *F* dream; idol

schwärmen ['ʃvɛrmən] **(ge-, h)** **1.** (*h, sein*) *bees etc.:* swarm; **2.** (*h*) rave; **~ für** be mad about

Schwarte ['ʃvartə] *f* (-/-n) rind; *F book:* tome

schwarz [ʃvarts] black; **~es Brett** bulletin (*Brt.* notice) board; **♀arbeit** ['⸚⁻] *f* moonlighting; '**♀brot** *n* rye bread; '**♀fahrer(in)** fare dodger; '**♀seher** *m* (-s/-), **♀seherin** *f*

(*-/-nen*) pessimist; TV license (*Brt.* licence) dodger; **²wald:** *der* ~ the Black Forest; **²weiß**... in compounds: black-and-white ...

schwatzen ['ʃvatsən] (*ge-, h*),
schwätzen ['ʃvɛtsən] (*ge-, h*) chat; *school:* talk

Schwebebahn ['ʃveːbə-] *f* cableway

'schweben *v/i* (*ge-*) **1.** (*h*) be suspended; *bird*, *aviat.*: hover (*a. fig.*); **in Gefahr** ~ be in danger; **2.** (*sein*) glide

Schwe|de ['ʃveːdə] *m* (*-n/-n*) Swede; **'~den** Sweden; **'~din** *f* (*-/-nen*) Swede; **'²disch** Swedish

Schwefel ['ʃveːfəl] *m* (*-s/no pl*) sulfur, *Brt.* sulphur

Schweif [ʃvaɪf] *m* (*-[e]s/-e*) tail (*a. astr.*)

schweig|en ['ʃvaɪɡən] **1.** *v/i* (*irr*, *ge-*, *h*) be silent; **2.** 2 *n* (*-s/no pl*) silence; **'~end** silent; **'~sam** [-kzaːm] quiet, reticent

Schwein [ʃvaɪn] *n* (*-[e]s/-e*) pig (*a. fig.*); *contp.* swine, bastard; **~ haben** F be lucky

'Schweine|braten *m* roast pork; **'~fleisch** *n* pork; **'~rei** [-'raɪ] *f* (*-/-en*) mess; dirty trick; crying shame; **'~stall** *m* pigsty (*a. fig.*)

Schweiß [ʃvaɪs] *m* (*-es/-e*) sweat, perspiration; **'²en** (*ge-, h*) *tech.* weld

Schweiz [ʃvaɪts] *die* ~ Switzerland; **~er** *m* (*-s/-*), **~erin** *f* (*-/-nen*), **²erisch** Swiss

schwelen ['ʃveːlən] (*ge-, h*): smolder, *Brt.* smoulder

schwelgen ['ʃvɛlɡən] (*ge-, h*): ~ **in** revel in

Schwell|e ['ʃvɛlə] *f* (*-/-n*) threshold; **'²en** (*irr*, *ge-, sein*) swell; **'~ung** *f* (*-/-en*) swelling

schwenken ['ʃvɛŋkən] (*ge-*) **1.** *v/t* (*h*) swing; wave (*flag etc.*); rinse (*glasses etc.*); **2.** *v/i* (*sein*) turn, swing; *mil.* wheel

schwer [ʃveːr] heavy; difficult, hard; *wine*, *cigar etc.*: strong; *food:* rich; *illness*, *mistake etc.*: serious; **zwei Pfund ~ sein** weigh two pounds; **~ arbeiten** work hard; **~ verdaulich** indigestible, heavy; **~ verständlich** difficult (*or* hard) to understand; **~ verwundet** seriously wounded; **'²behinderte** *m, f* disabled person; **'~fällig** clumsy; **'²gewicht** *n* heavyweight; **'~hörig** hard of hearing; **'²kraft** *f* (*-/no pl*) gravity; **'²punkt** *m* center (*Brt.* centre) of gravity; *fig.* emphasis

Schwert [ʃveːrt] *n* (*-[e]s/-er*) sword

'schwerwiegend serious, grave

Schwester ['ʃvɛstər] *f* (*-/-n*) sister; nun; nurse

schwieg [ʃviːk] *past of* **schweigen¹**

Schwieger... ['ʃviːgər] *in compounds:* (mother etc.)-in-law

schwielig ['ʃviːlɪç] horny

schwierig ['ʃviːrɪç] difficult, hard; **2keit** *f (-/-en)* difficulty, trouble; **~en bekommen** get into trouble

Schwimmbad ['ʃvɪm-] *n* swimming pool

'**schwimm|en** (*irr, ge-, sein, a. h*) swim; *boat etc.:* float; **ins 2 kommen** start floundering; '**2er** *m (-s/-)*, '**2erin** *f (-/-nen)* swimmer; '**2flosse** *f* fin, flipper; '**2flügel** *pl* water wings; '**2gürtel** *m* life belt; '**2haut** *f* web; '**2weste** *f* life jacket

Schwindel ['ʃvɪndəl] *m (-s/no pl)* dizziness; swindle; hoax; **~anfall** ['~'~-] *m* dizzy spell

'**schwind|eln** (*ge-, h*) fib, lie; '**2ler** *m (-s/-)* swindler; liar; '**~lig** dizzy; *mir ist* **~** I feel dizzy

Schwinge ['ʃvɪŋə] *f (-/-n)* wing; **2n** (*irr, ge-, h*) swing; *phys.* oscillate

Schwips [ʃvɪps] *m (-es/-e)*: *e-n* **~** *haben* be tipsy

schwitzen ['ʃvɪtsən] (*ge-, h*) sweat

schwoll [ʃvɔl] *past of* **schwellen**

schwor [ʃvoːr] *past of* **schwören**

schwören ['ʃvøːrən] (*irr, ge-, h*) swear; *jur.* take the oath

schwul [ʃvuːl] gay, *contp.* queer

schwül [ʃvyːl] sultry, close

Schwung [ʃvʊŋ] *m (-[e]s/⁀e)* swing; *fig.* verve, F pep; drive, energy; '**2voll** full of life

Schwur [ʃvuːr] *m (-[e]s/⁀e)* oath; '**~gericht** *n appr.* jury court

sechs [zɛks] six; **2eck** ['~'ɛk] *n (-[e]s/-e)* hexagon; **~eckig** ['~'~-] hexagonal; '**~te** sixth; '**2tel** *n (-s/-)* sixth; '**~tens** sixth(ly), in sixth place

sech|zehn(te) ['zɛç-] sixteen(th); '**~zig** ['~tsɪç] sixty; '**~zigste** sixtieth

See¹ [zeː] *m (-s/-n)* lake

See² [~] *f (-/no pl)* sea, ocean; *an der* **~** at the seaside; '**~bad** *n* seaside resort; '**~gang** *m: starker* **~** heavy sea; '**~hund** *m* seal; '**2krank** seasick

Seel|e ['zeːlə] *f (-/-n)* soul; '**2isch** mental

'**See|macht** *f* sea power; '**~mann** *m (-[e]s/-leute)* seaman, sailor; '**~meile** *f* nautical mile; '**~not** *f (-/no pl)* distress (at sea); '**~reise** *f* voyage, cruise; '**~streitkräfte** *pl* naval forces; '**~zunge** *f (Brt.* Dover) sole

Segel ['zeːgəl] *n (-s/-)* sail; '**~boot** *n* sailboat, *Brt.* sailing boat; '**~fliegen** *n (-s/no pl)* gliding; '**~flugzeug** *n* glider

'**segel|n** *v/i and v/t* (*ge-, h, sein*) sail; '**2schiff** *n* sailing

ship; **ʼ₂tuch** *n* canvas
Segen [ˈzeːɡən] *m* (-s/-) blessing (*a. fig.*)
Segler [ˈzeːɡlɐr] *m* (-s/-) yachtsman; **ʌin** *f* (-/-nen) yachtswoman
segnen [ˈzeːɡnən] (ge-, h) bless
sehen [ˈzeːən] (*irr, ge-, h*) see; look; watch (*game, program etc.*); **~ nach** look after; **ʼ~swert** worth seeing; **ʼ₂swürdigkeit** *f* (-/-en) sight
Sehne [ˈzeːnə] *f* (-/-n) sinew; *of bow*: string
sehnen [ˈzeːnən] (ge-, h): **sich ~ nach** long for
sehn|lich(st) [ˈzeːnlɪç(st)] dearest (*wish etc.*); **ʼ₂sucht** *f* longing, yearning; **~ haben nach** long (*or* yearn) for; **ʼ~süchtig** longing, yearning
sehr [zeːr] very; *with verbs*: (very) much, greatly
seicht [zaɪçt] shallow (*a. fig.*)
Seid|e [ˈzaɪdə] *f* (-/-n) silk; **ʼ~enpapier** *n* tissue (paper); **ʼ₂ig** silky
Seife [ˈzaɪfə] *f* (-/-n) soap
Seifen|blase *f* soap bubble; **ʼ~oper** *f* TV soap opera; **ʼ~schaum** *m* lather
Seil [zaɪl] *n* (-[e]s/-e) rope; **ʼ~bahn** *f* cableway; **ʼ~schaft** *f* (-/-en) rope team
sein[1] [zaɪn] his; her; its;
sein[2] [~] (*irr, ge-, sein*) 1. *v/i* be; exist; 2. *v/aux* have (*been, come, fallen etc.*).
Sein [~] *n* (-s/*no pl*) being; existence
seinerzeit [ˈzaɪnɐrtsaɪt] in those days
seit [zaɪt] *point in time*: since; *period of time*: for; **~ 1990** since 1990; **~ 2 Jahren** for two years; **~ langem** for a long time; **ʼ~dem** [ˈ~deːm] 1. *adv* since then; (ever) since; 2. *cj* since
Seite [ˈzaɪtə] *f* (-/-n) side; page
Seiten... [ˈzaɪtən-] *in compounds*: side ...; **ʼ~stechen** *n* (-s/*no pl*) stitches; **ʼ~wechsel** *m sport*: change of ends; **ʼ~wind** *m* crosswind
ʼseitlich side ..., at the side(s); **ʼ~wärts** [ˈ~vɛrts] sideways
Sekretär [zekreˈtɛːr] *m* (-s/-e) secretary; *furniture*: bureau; **ʌin** *f* (-/-nen) secretary
Sekt [zɛkt] *m* (-[e]s/-e) sparkling wine; champagne
Sekt|e [ˈzɛktə] *f* (-/-n) sect; **ʼ~or** [ˈ~tor] *m* (-s/-en) sector
Sekunde [zeˈkʊndə] *f* (-/-n) second
selbe [ˈzɛlbə] same
selbst [zɛlpst] 1. *pron*: **ich ~** (I) myself; **mach es ~** do it yourself; **~ gemacht** homemade; **von ~** by itself, automatically; 2. *adv* even
ʼSelbst|bedienung *f* self-service; **ʼ~beherrschung** *f* self-control; **ʼ~bewusst** self-confident; **ʼ~gespräch** *n* monolog, *Brt.* monologue; **~e führen** talk to o.s.; **ʼ~kostenpreis** *m*: **zum ~** at cost

selbstlos

(price); '²**los** unselfish; '~**mord** m suicide; '²**sicher** self-confident; ²**ständig** ['zɛlpstʃtɛndɪç] independent; ~**ständigkeit** f (*-/no pl*) independence; ²**süchtig** selfish; '²**tätig** automatic; '²**verständlich** of course, naturally; *für* ~ *halten* take *s.th.* for granted; '~**verständlichkeit** f (*-/-en*) matter of course; '~**verteidigung** f self-defense (*Brt.* defence); '~**vertrauen** n self-confidence; '~**verwaltung** f self-government, autonomy

selchen ['zɛlçən] (*ge-*, *h*) *Austrian gastr.* smoke

selig ['zeːlɪç] *rel.* blessed; late, deceased; *fig.* overjoyed

Sellerie ['zɛləri] m (*-s/-[s]*), f (*-/-*) celery

selten ['zɛltən] **1.** *adj* rare; **2.** *adv* rarely, seldom; '²**heit** f (*-/-en*) rarity

seltsam ['zɛltzaːm] strange, F funny

Semester [zeˈmɛstər] n (*-s/-*) term

Semifinale ['zeːmi-] n *sport:* semifinals

Semikolon [zemiˈkoːlɔn] n (*-s/-s*) semicolon

Seminar [zemiˈnaːr] n (*-s/-e*) *univ.* seminar; *institute:* department; *rel.* seminary; teacher training college; *management etc.:* workshop

Semmel ['zɛməl] f (*-/-n*) roll

274

Senat [zeˈnaːt] m (*-[e]s/-e*) senate

send|en ['zɛndən] (*ge-*, *h*) **1.** *v/t* (*irr*) send (*mit der Post* by mail *or* post); **2.** *v/t* and *v/i* broadcast, transmit; *TV a.* televise; '²**er** m (*-s/-*) transmitter; radio (*or* TV) station; '²**ung** f (*-/-en*) broadcast, program, *Brt.* programme; *econ.* consignment, shipment

Senf [zɛnf] m (*-[e]s/no pl*) mustard

Senior ['zeːnioːr] **1.** m (*-s/-en* [zeˈnioːrən]) senior; ~**en** *pl* senior citizens; **2.** ♀ *adj* senior

Senioren|heim [zeˈnioːrən-] n old people's home; ~**pass** m senior citizen's rail pass

senk|en ['zɛŋkən] (*ge-*, *h*) lower; bow (*head etc.*); reduce, cut (*costs, prices etc.*); *sich* ~ drop, go (*or* come) down; '~**recht** vertical

Sensation [zɛnzaˈtsioːn] f (*-/-en*) sensation

Sense ['zɛnzə] f (*-/-n*) scythe

sensibel [zɛnˈziːbəl] sensitive

sentimental [zɛntimɛnˈtaːl] sentimental

September [zɛpˈtɛmbər] m (*-s/no pl*) September

Serie ['zeːriə] f (*-/-n*) series; *TV etc. a.* serial; set; '²**nmäßig** *mot.* standard (*fittings*); ~ *herstellen* mass-produce; '~**nproduktion** f mass production

Serum ['zeːrʊm] *n* (-*s*/*Seren*, *Sera*) serum

Service[1] [zɛrˈviːs] *n* (-[*s*]/-) service, set

Service[2] ['sœrvɪs] *m* (-*l*-*s*) service; *tech.* (after-sales) service; *tennis*: service, serve

servieren [zɛrˈviːrən] (*no ge*-, *h*) serve

Serviette [zɛrˈvĭɛtə] *f* (-/-*n*) napkin

Servolenkung ['zɛrvo-] *f mot.* servo(-assisted) steering

servus ['zɛrvʊs] ~*l* hi!; bye!

Sessel ['zɛsəl] *m* (-*s*/-) armchair, easy chair; '~**lift** *m* chair lift

setzen ['zɛtsən] *v/t and v/i* (*ge*-, *h*) put, set, place; *sich* ~ sit down; *of sediment*: settle; *sich auf* uns; *on* ~ *auf* bet on

Seuche ['zɔʏçə] *f* (-/-*n*) epidemic

seufzen ['zɔʏftsən] (*ge*-, *h*) sigh; '2**zer** *m* (-*s*/-) sigh

Sex [zɛks, sɛks] *m* (-[*es*]/*no pl*) sex; ~**ismus** ['zɪsmʊs, sɪ-] *m* (-/*no pl*) sexism; 2**istisch** sexist; 2**ual**... [zɛˈksŭaːl-] *in compounds* sex ...; 2**uell** [zɛˈksŭɛl] sexual

sich [zɪç] oneself; *sg* himself, herself, itself; *pl* themselves; *sg* yourself, *pl* yourselves; *look at sich*: each other

Sichel ['zɪçəl] *f* (-/-*n*) sickle

sicher ['zɪçər] safe, secure (*vor* from); certain, sure; confident; '2**heit** *f* (-/-*en*) safety; security; certainty '**Sicherheits|**... *in compounds*: *esp. tech.* safety (glass, lock etc.); *pol.*, *mil. etc.* security (forces, pact etc.); '~**gurt** *m* seat (*or* safety) belt; '~**nadel** *f* safety pin

sicher|n ['zɪçərn] (*ge*-, *h*) secure (*sich* o.s.); *computer*: secure, store; '~**stellen** (*sep*, -*ge*-, *h*) secure; '2**ung** *f* (-/-*en*) safeguard; *tech.* safety device (*gun*: catch); *electr.* fuse; '2**ungskopie** *f computer*: backup; *e-e* ~ *machen* back up

Sicht [zɪçt] *f* (-/*no pl*) visibility; view; *in* ~ *kommen* come into view; '2**bar** visible; '~**lich** obviously; ~**vermerk** ['ˌfɛrmɛrk] *m* (-[*e*]*s*/-*e*) visa; '~**weite** *f*: *in* (*außer*) ~ within (out of) view

sickern ['zɪkərn] (*ge*-, *sein*) seep; trickle, ooze

sie [ziː] she; *thing*: it; *pl* they; 2 *sg*, *pl* you

Sieb [ziːp] *n* (-[*e*]*s*/-*e*) sieve; *tea etc.*: strainer

sieben[1] ['ziːbən] (*ge*-, *h*) sieve, sift

siebe|n[2] [~] seven; '~**te** ['ziːptə] seventh; '2**tel** *n* (-*s*/-) seventh; '~**tens** seventh(ly), in seventh place; '~**zehn** [ˌˈtseːn] seventeen(th); '2**zig** ['ˌtsɪç] seventy; '~**zigste** seventieth

siedeln ['ziːdəln] ([*sich*], *ge*-, *h*) settle

siede|n ['ziːdən] (*[irr.]*, *ge*-, *h*) boil; '2**punkt** *m* boiling point

Siedl|er ['ziːdlər] m (-s/-) settler; **'~lung** f (-/-en) settlement; housing development

Sieg [ziːk] m (-[e]s/-e) victory; *sport*: a. win

Siegel ['ziːgəl] n (-s/-) seal; signet

sie|gen ['ziːgən] (ge-, h) win; **²ger** m (-s/-), **²gerin** f (-/-nen) winner

siehe ['ziːə]: ~ **oben (unten)** see above (below)

siezen ['ziːtsən] (ge-, h): **sich ~ sein** be on 'Sie' terms

Signal [zɪ'gnaːl] n (-s/-e) signal; **²isieren** [~ali'ziːrən] (no ge-, h) signal

Silbe ['zɪlbə] f (-/-n) syllable

Sil|ber ['zɪlbər] n (-s/no pl) silver; **²bern** silver

Silhouette [zi'lŭɛtə] f (-/-n) silhouette; skyline

Silikon [zili'koːn] n (-s/-e) silicone

Silvester [zɪl'vɛstər] n (-s/-) New Year's Eve

Sinfonie [zɪnfo'niː] f (-/-n) symphony

singen ['zɪŋən] (irr, ge-, h) sing

Singular ['zɪŋgulaːr] m (-s/-e) singular

Singvogel ['zɪŋ-] m songbird

sinken ['zɪŋkən] (irr, ge-, sein) sink; *econ.* fall

Sinn [zɪn] m (-[e]s/-e) sense; *of word etc.*: a. meaning; **im ~ haben** have in mind; **(keinen) ~ ergeben** (not) make sense; **es hat keinen ~** it's no use; **~esorgan** [~ɪnəs?-] n sense organ

sinn|lich ['zɪnlɪç] sensual; sensory *(perception)*; **~los** senseless; useless

Sippe ['zɪpə] f (-/-n) family, clan

Sirup ['ziːrʊp] m (-s/-e) syrup

Sitte ['zɪtə] f (-/-n) custom, habit; **~n** pl morals; manners

sittlich ['zɪtlɪç] moral

Situation [zitŭa'tsĭoːn] f (-/-en) situation

Sitz [zɪts] m (-es/-e) seat; fit *(of dress etc.)*; **~blockade** f sit-in, sit-down demonstration (or F demo)

'sitzen (irr, ge-, h) sit; be *(located or situated)*; *dress etc.*: fit; **~ bleiben** remain seated; *school*: have to repeat a year; *woman*: be left on the shelf; **auf et. ~ bleiben** be left with (*or* sitting on) s.th.

'Sitz|platz m seat; **'~streik** m sit-down strike; **'~ung** f (-/-en) session; meeting

Skala ['skaːla] f (-/Skalen, -s) scale; *fig.* range

Skandal [skan'daːl] m (-s/-e) scandal

Skelett [skeˈlɛt] n (-[e]s/-e) skeleton

skeptisch ['skɛptɪʃ] sceptical

Ski [ʃiː] m (-s/-er,-) ski; **~ laufen** (*or* **fahren**) ski; **'~läufer** m, **'~läuferin** f skier; **'~lift** m ski lift; **'~piste** f ski run; **'~schuh** m ski boot; **'~springen** n (-s/no pl) ski jumping

Skizz|e ['skɪtsə] *f* (*-/-n*) sketch; **2ieren** [~'tsi:rən] (*no ge-, h*) sketch

Sklav|e ['skla:və] *m* (*-n/-n*), **'~in** *f* (*-/-nen*) slave

Skonto ['skɔnto] *m* (*-s/-s*) (cash) discount

Skorpion [skɔr'pio:n] *m* (*-s/-e*) scorpion; *astr.* Scorpio

Skrupel ['skru:pəl] *m* (*-s/-*) scruple; **2los** unscrupulous

Skulptur [skʊlp'tu:r] *f* (*-/-en*) sculpture

Slalom ['sla:lɔm] *m* (*-s/-s*) slalom

Slip [slɪp] *m* (*-s/-s*) → **Schlüpfer**

Slowa|ke [slo'va:kə] *m* (*-n/-n*) Slovak; **~kei** [slova'kaɪ]: *die* **~** Slovakia; **~kin** [~'va:kɪn] *f* (*-/-nen*), **2kisch** Slovak

Smoking ['smo:kɪŋ] *m* (*-s/-s*) tuxedo, *Brt.* dinner jacket

so [zo:] so, thus; like this (*or* that); **~ ein** such a; (*nicht*) **~ ... wie** (not) as... as; *doppelt* **~ viel** twice as much; **~ weit sein** be ready; **~bald** [zo'-] as soon as

Socke ['zɔkə] *f* (*-/-n*) sock

Sockel ['zɔkəl] *m* (*-s/-*) base; pedestal (*a.* fig.)

Sodbrennen ['zo:t-] *n* (*-s/no pl*) heartburn

soeben [zo'?-] just (now)

soff [zɔf] *past of* **saufen**

sofort [zo'-] at once, immediately; **2bildkamera** *f* instant camera

Software ['sɔftvɛə] *f* (*-/-s*) software

sog [zo:k] *past of* **saugen**

Sog [~] *m* (*-[e]s/-e*) suction; *aviat.*, *fig.* wake

sogar [zo'-] even

sogenannt ['zo:-] so-called

Sohle ['zo:lə] *f* (*-/-n*) sole; bottom (*of valley etc.*)

Sohn [zo:n] *m* (*-[e]s/-e*) son

solange [zo'-] as long as

Solar... [zo'la:r-] *in compounds*: solar (*cell etc.*)

Solarium [zo'la:riʊm] *n* (*-s/Solarien*) solarium

solch [zɔlç] such

Sold [zɔlt] *m* (*-[e]s/-e*) pay; **~at** [~'da:t] *m* (*-en/-en*) soldier

Söldner ['zœltnər] *m* (*-s/-*) mercenary

solide [zo'li:də] solid; *fig. a.* sound

Solist [zo'lɪst] *m* (*-en/-en*), **~in** *f* (*-/-nen*) soloist

Soll [zɔl] *n* (*-[s]/-[s]*) debit; target; **~ u. Haben** debit and credit

sollen[1] ['zɔlən] (*h*) **1.** *v/aux* (*irr, no ge-*) be to; be supposed to; *soll ich ...?* shall I ...?; *sollte(st)* should; ought to; **2.** *v/i* (*irr*): *was soll das?* what's the idea?; what's that good for?

sollen[2] [~] *pp of* **sollen**[1]

Sommer ['zɔmər] *m* (*-s/-*) summer; **'~ferien** *pl* summer vacation (*Brt.* holidays); **2lich** summer(y); **'~spros-**

Sommerzeit

sen *pl* freckles; '~zeit *f* summertime; daylight saving time

Sonde ['zɔndə] *f* (*-/-n*) probe (*a. med.*)

Sonder|... ['zɔndər-] *in compounds*: special (*offer, edition, train etc.*); '2bar strange, funny; '~ling *m* (*-s/-e*) odd sort, eccentric; '~müll *m* hazardous (*or* special, toxic) waste; '~mülldeponie *f* special waste dump

'sondern *but*; nicht nur ..., ~ auch not only ... but also

Sonnabend ['zɔn?-] *m* (*-s/-e*) Saturday

Sonn|e ['zɔnə] *f* (*-/-n*) sun; '2en (*ge-, h*): sich ~ sunbathe

Sonnen|aufgang ['zɔnən?-] *m* sunrise; '~bad *n* sunbath; '~bank *f* sunbed; '~brand *m* sunburn; '~brille *f* sunglasses; '~finsternis *f* solar eclipse; '~energie *f* solar energy; '~kollektor ['~kɔlɛktor] *m* (*-s/-en*) solar panel; '~licht *n* sunlight; '~schein *m* sunshine; '~schirm *m* sunshade; '~schutz *m* suntan lotion; '~stich *m* sunstroke; '~strahl *m* sunbeam; '~system *n* solar system; '~uhr ['~?-] *f* sundial; '~untergang ['~?-] *m* sunset

'sonnig sunny

'Sonntag *m* Sunday

sonst [zɔnst] otherwise; else; normally; wer etc. ~? who

etc. else?; ~ noch et.? anything else?; wie ~ as usual; ~ nichts nothing else

Sorg|e ['zɔrgə] *f* (*-/-n*) worry, problem; trouble; care; sich ~n machen (um) worry (about); keine ~! don't worry!; '2gen (*ge-, h*): ~ für care for, take care of; dafür ~, dass see (to it) that; sich ~ um worry about

'sorg|fältig ['zɔrkfɛltıç] careful; '~los carefree; careless

Sort|e ['zɔrtə] *f* (*-/-n*) sort, kind; type; 2ieren [~'tiːrən] (*no ge-, h*) sort, arrange; ~iment [~i'mɛnt] *n* (*-[e]s/-e*) assortment

Soße ['zoːsə] *f* (*-/-n*) sauce; gravy

sott [zɔt] *past of* sieden

souverän [zuva'rɛːn] *pol.* sovereign

so|viel ['zoː-] *cj* as far as (*I know, etc.*); → so; ~'weit *cj* as far as; → so; ~wieso [~vi'zoː] anyway

Sowjet [zɔvjɛt] *m* (*-s/-s*) *hist.* Soviet; 2isch [~'jɛtɪʃ] *hist.* Soviet

sowohl ['zoː-]: ~ ... als (auch) both ..., and, ... as well as

sozial [zo'tsiaːl] social; *in compounds*: social (*worker, democrat etc.*); 2hilfe *f* social security; ~ismus [~a'lısmʊs] *m* (*-/no pl*) socialism; 2ist [~a'lıst] *m* (*-en/-en*), 2istin *f* (*-/-nen*), ~istisch [~a'lıstıʃ] socialist; 2versicherung *f*

social insurance; ℒwohnung f public housing unit, Brt. council flat
sozusagen [zo:tsu'-] so to speak
Spalt [ʃpalt] m (-[e]s/-e) crack, gap
'**Spal|te** f (-/-n) → **Spalt**; print. column; ℒ**ten** ([irr, ge-], h): (sich) ~ split
Späne ['ʃpɛ:nə] pl shavings
Spange ['ʃpaŋə] f (-/-n) clasp; teeth: brace
Spa|nien ['ʃpa:niən] Spain; ℒ**nier** m (-s/-), ℒ**nierin** f (-/-nen) Spaniard; ℒ**nisch** Spanish
spann [ʃpan] past of **spinnen**
Spann [~] m (-[e]s/-e) instep
'**Spanne** f (-/-n) span; ℒ**en** (ge-, h) stretch; draw; be (too) tight; ℒ**end** exciting, thrilling; ℒ**ung** f (-/-en) tension (a. tech., pol.); electr. voltage; fig. suspense; '~**weite** f spread
'**Spar|buch** ['ʃpa:r-] n savings book; ℒ**en** (ge-, h) save; spare (o.s. s.th.); ~ **mit** (or **an**) economize on; '~**er** m (-s/-) saver
Spargel ['ʃpargəl] m (-s/-) asparagus
'**Spar|kasse** f savings bank; '~**konto** n savings account
spärlich ['ʃpɛrlɪç] scanty, sparse
'**sparsam** economical
Spaß [ʃpa:s] m (-es/-e) fun; joke; ... **macht** ~ ... is fun;

'~**vogel** m joker
spät [ʃpɛ:t] late; **zu** ~ **kommen** be late; **wie** ~ **ist es?** what time is it?
Spaten ['ʃpa:tən] m (-s/-) spade
spätestens ['ʃpɛ:təstəns] at the latest
Spatz [ʃpats] m (-en,-es/-en) sparrow
spazieren [ʃpa'tsi:rən-]: ~ **fahren** go (j-n: take) for a ride; take out (baby); ~ **gehen** go for a walk
Spa'zier|fahrt f drive, ride; ~**gang** m walk; **e-n** ~ **machen** go for a walk; ~**gänger** [~gɛŋər] m (-s/-), ~**gängerin** f (-/-nen) walker, stroller
Specht [ʃpɛçt] m (-[e]s/-e) woodpecker
Speck [ʃpɛk] m (-[e]s/-e) bacon
Spedition [ʃpedi'tsi̯o:n] f (-/-en) shipping agency; moving (Brt. removal) firm
Speer [ʃpe:r] m (-[e]s/-e) spear; javelin
Speiche ['ʃpaɪçə] f (-/-n) spoke
Speichel ['ʃpaɪçəl] m (-s/no pl) spittle, saliva, F spit
Speicher ['ʃpaɪçər] m (-s/-) storehouse; water: reservoir; attic; computer: memory; '~**dichte** f bit density; ~**einheit** ['~?-] f storage device; '~**funktion** f memory function; '~**kapazität** f memory capacity

speichern

'**speichern** (ge-, h) store, *computer*: a. save
'**Speicher**|**schutz** m *computer*: memory protection; '~ung f (*-/no pl*) storage
speien ['ʃpaɪən] (*irr, ge-, h*) spit; *fig.* spew; spout (*water*); vomit, be sick
Speise ['ʃpaɪzə] f (*-/-n*) food; dish; ~**eis** ['~'~] n ice cream; '~**kammer** f larder, pantry; '~**karte** f menu
'**speise**|**n** (ge-, h) dine; feed; '2**röhre** f gullet; '2**saal** m dining room; '2**wagen** m dining car, diner
spekulieren [ʃpeku'liːrən] (*no ge-, h*) speculate
Spende ['ʃpɛndə] f (*-/-n*) gift; donation; '2**den** (ge-, h) give (*a.* shade *etc.*); donate (*a.* blood)
Spengler ['ʃpɛŋlər] m (*-s/-*) plumber
Sperling ['ʃpɛrlɪŋ] m (*-s/-e*) sparrow
Sper|**re** ['ʃpɛrə] f (*-/-n*) barrier; *rail. a.* gate; ban (on); *sport*: suspension; '2**ren** (ge-, h) close; cut off (*electricity etc.*); stop (*account etc.*); *sport*: suspend; ~ **in** lock (up) in
'**Sperr**|**holz** n plywood; '2**ig** bulky; '~**stunde** f (legal) closing time
Spesen ['ʃpeːzən] *pl* expenses
spezia|**lisieren** [ʃpɛtsi̯ali'ziːrən] (*no ge-, h*): *sich* ~

specialize (**auf** in); 2**list** [~a'lɪst] m (*-en/-en*), 2**listin** f (*-/-nen*) specialist; 2**lität** [~ali'tɛːt] f (*-/-en*) special(i)ty
speziell [ʃpe'tsi̯ɛl] special, particular
spie [ʃpiː] *past of* speien
Spiegel ['ʃpiːgəl] m (*-s/-*) mirror; '~**bild** n reflection; '~**ei** ['~'~] n fried egg
'**spiegeln** (ge-, h) reflect; shine; *sich* ~ be reflected
Spiel [ʃpiːl] n (*-[e]s/-e*) game; match; play; gambling; **auf dem** ~ **stehen** be at stake; **aufs** ~ **setzen** risk; '~**automat** ['~'~] m slot machine; '~**bank** f casino
'**spie**|**len** (ge-, h) play; gamble; *sport*: **gegen X** ~ play X; '~**lend** *fig.* easily; '2**ler** m (*-s/-*), 2**lerin** f (*-/-nen*) player; gambler
'**Spiel**|**feld** n (playing) field; '~**film** m feature film; '~**halle** f amusement arcade, game room; '~**kamerad(in)** playmate; '~**karte** f playing card; '~**marke** f chip; '~**plan** m program, *Brt.* programme; '~**platz** m playground; '~**raum** m scope; '~**regel** f rule; '~**sachen** *pl* toys; '~**verderber** m (*-s/-*) spoilsport; '~**waren** *pl* toys; '~**zeug** n toy(s)
Spieß [ʃpiːs] m (*-es/-e*) spear, pike; spit; skewer
Spinat [ʃpi'naːt] m (*-[e]s/-e*) spinach

Spind [ʃpɪnt] *m*, *n* (-[e]s/-e) locker

Spinn|e ['ʃpɪnə] *f* (-/-n) spider; **2en** (*irr*, *ge-*, *h*) spin; F *fig.* be nuts; talk nonsense; **~(en)gewebe** *n* (-s/-), **~webe** *f* (-/-n) cobweb

Spion [ʃpi'oːn] *m* (-s/-e) spy; **~age** [~o'naːʒə] *f* (-/no pl) espionage; **2ieren** [~o'niːrən] (*no ge-*, *h*) spy; **an der ~** at the top

Spirale [ʃpi'raːlə] *f* (-/-n) spiral

Spirituosen [ʃpiri'tŭoːzən] *pl* spirits

Spital [ʃpi'taːl] *n* (-s/¨er) hospital

spitz [ʃpɪts] pointed; *angle*: acute; *fig.*, *tongue*: sharp

Spitze¹ ['ʃpɪtsə] *f* (-/-n) point; tip (*of nose, finger etc.*); *arch.* spire; peak, top (*of tree, mountain etc.*); head (*of arrow, fig. enterprise etc.*); F super; **an der ~** at the top

Spitze² [~] *f* (-/-n) lace(work)

'spitz|en (*ge-*, *h*) point, sharpen; **~findig** oversubtle; hair-splitting; **2name** *m* nickname

Split|ter ['ʃplɪtər] *m* (-s/-) splinter; **2tern** (*ge-*, *h*, *sein*) splinter

spon|sern ['ʃpɔnzərn] (*ge-*, *h*) sponsor; **2sor** *m* [~'zɔːr], **~en** [~'zoːrən] sponsor

Sporen [ʃpoːrən] *pl* spurs

Sport [ʃpɔrt] *m* (-[e]s/no pl) sport(s); physical education; (*viel*) **~ treiben** do (a lot of) sports; **~...** in compounds: *mst* sports (*event*, *shirt*, *club etc.*); **'~kleidung** *f* sportswear; **'~ler** ['~lər] *m* (-s/-), **'~lerin** *f* (-/-nen) athlete; **'~lich** athletic; *behavior*: fair; *clothes etc.*: casual; '**~platz** *m* sports field; stadium; **'~tauchen** *n* (-s/no pl) scuba diving; '**~wagen** *m* sports car; *children*: stroller, Brt. pushchair

Spott [ʃpɔt] *m* (-[e]s/no pl) mockery; derision; '**2billig** dirt cheap

'spotten (*ge-*, *h*) mock (*über at*); make fun (of)

spöttisch ['ʃpœtɪʃ] mocking

sprach [ʃpraːx] *past of sprechen*

Sprach|e ['ʃpraːxə] *f* (-/-n) language; speech; '**~labor** *n* language laboratory; '**2los** speechless

sprang [ʃpraŋ] *past of springen*

Spray [ʃpreː, spreː, spreɪ] *m*, *n* (-s/-s) spray; **~er** *m* (-s/-) spray artist

Sprechanlage ['ʃprɛç?~] *f* intercom

sprech|en ['ʃprɛçən] (*irr*, *ge-*, *h*) speak; talk; **2er** *m* (-s/-), **2erin** *f* (-/-nen) speaker; TV etc. announcer; spokesperson; **2stunde** *f* office (*Brt. med.* consulting) hours; '**2stundenhilfe** *f* receptionist; '**2zimmer** *n* consulting room

spreizen ['ʃpraɪtsən] (ge-, h) spread (out)

sprengen ['ʃprɛŋən] (ge-, h) blow up; sprinkle (water); water (lawn etc.); fig. break up (meeting etc.); explosive; **2ung** f (-/-en) blasting; blowing up

sprenkeln ['ʃprɛŋkəln] (ge-, h) speckle, spot

Sprichwort ['ʃprɪç-] n (-[e]s/⁓er) proverb

sprießen ['ʃpriːsən] (irr, ge-, sein) sprout

Springbrunnen ['ʃprɪŋ-] m fountain

springen ['ʃprɪŋən] (irr, ge-, sein) jump, leap; ball: bounce; swimming: dive; glass etc.: crack; break; **2reiten** n show jumping

Spritze ['ʃprɪtsə] f (-/-n) syringe; injection, F shot

'spritzen (ge-) **1.** v/t (h) splash; spray; med. inject; **2.** v/i (sein, h) splash, spray; grease: spatter; blood: gush; **2er** m (-s/-) splash; gastr. dash

spröde ['ʃprøːdə] brittle (a. fig.)

sproß [ʃprɔs] past of sprießen

Sproß [⁓] m (-es/-e) shoot, sprout

Sprosse ['ʃprɔsə] f (-/-n) rung

Spruch [ʃprʊx] m (-[e]s/⁓e) saying

Sprudel ['ʃpruːdəl] m (-s/-) mineral water; **2deln** (ge-, sein, h) bubble (a. fig.)

Sprüh|dose ['ʃpryː-] f spray can, aerosol (can); **2en** (ge-) v/t (h) and v/i (sein) spray; throw out (sparks); **⁓regen** m drizzle

Sprung [ʃprʊŋ] m (-[e]s/⁓e) jump, leap; swimming: dive; crack; **⁓brett** n springboard (a. fig.); swimming: a. diving board; **⁓schanze** f ski jump

Spucke ['ʃpʊkə] f (-/no pl) F spit(tle); **2n** (ge-, h) F spit

spuken ['ʃpuːkən] (ge-, h): **in** haunt s.th.; **in ... spukt es** ... is haunted

Spule ['ʃpuːlə] f (-/-n) spool, reel; electr. coil

Spüle ['ʃpyːlə] f (-/-n) (kitchen) sink; **2en** (ge-, h) rinse; wash up (the dishes); flush the toilet; **⁓maschine** f dishwasher; **⁓mittel** n (liquid) detergent

Spur [ʃpuːr] f (-/-en) trace (a. fig.); track(s); mot. lane; tape: track

spüren ['ʃpyːrən] (ge-, h) feel; sense

Staat [ʃtaːt] m (-[e]s/-en) state; government; **2lich** state; public

Staats|angehörigkeit ['ʃtaːts?-] f (-/no pl) nationality, citizenship; **⁓anwalt** ['⁓s?-] m, **⁓anwältin** ['⁓s?-] f district attorney, Brt. (public) prosecutor; **⁓bürger(in)** citizen; **⁓dienst** m civil service; **⁓mann** m statesman; **⁓**

oberhaupt [ˈoːsˀoːbərhaupt] n (-[e]s/-er) head of (the) state

Stab [ʃtaːp] m (-[e]s/ˇe) rod, bar; baton; *pole vault*: pole; *mil., team*: staff; **˜hochsprung** m pole vault

stabil [ʃtaˈbiːl] stable; solid

stach [ʃtax] *past of* **stechen**

Stachel [ˈʃtaxəl] m (-s/-n) spine, prick; *insect*: sting; **˜beere** f gooseberry; **˜draht** m barbed wire; **²ig** prickly

Stadi|on [ˈʃtaːdi̯ɔn] n (-s/*Stadien*) stadium; **˜um** [ˈ˜ʊm] n (-s/*Stadien*) stage, phase

Stadt [ʃtat] f (-[e]s/ˇe) town; city; **˜gebiet** n urban area; **˜gespräch** n *fig.* talk of the town

städtisch [ˈʃtɛːtɪʃ] municipal

Stadt|mensch m city person, F townie; **˜mitte** f town (*or* city) center (*Brit.* centre); **˜plan** m city map; **˜rand** m outskirts; **˜rat** m (-[e]s/ˇe) *city* (*Brit.* town) council; *person:* city councilor, *Brit.* town councillor; **˜rundfahrt** f sightseeing tour; **˜streicher** m (-s/-), **˜streicherin** f (-/-nen) city vagrant; **˜teil** m, **˜viertel** n district, area, quarter

Staffel [ˈʃtafəl] f (-/-n) relay race (*or* team); *mil.* squadron

Staffelei [ʃtafəˈlaɪ] f (-/-en) easel

stahl [ʃtaːl] *past of* **stehlen**

Stahl [˜] m (-[e]s/ˇe) steel

stak [ʃtaːk] *past of* **stecken** 2

Stall [ʃtal] m (-[e]s/ˇe) stable; cowshed

Stamm [ʃtam] m (-[e]s/ˇe) stem; trunk; tribe; **˜baum** m family tree; *zo.* pedigree

stammeln [ˈʃtaməln] (*ge-*, h) stammer

'stamm|en (*ge-*, h): **˜ aus** come from (*country etc.*); date from; **²gast** m regular

stämmig [ˈʃtɛmɪç] stocky, sturdy

'Stammkunde m regular (customer)

stampfen [ˈʃtampfən] (*ge-*, h) **1.** *v/t* mash; **2.** *v/i* stamp (*mit dem Fuß* one's foot)

stand [ʃtant] *past of* **stehen**

Stand [˜] m (-[e]s/ˇe) standing position; *market etc.*: stand, stall; level; *social:* status; class; profession; *sport:* score; **˜bild** n statue

Ständer [ˈʃtɛndər] m (-s/-) stand; rack

Standesamt [ˈʃtandəsˀ-] n marriage license bureau, *Brit.* registry office; **²lich** [ˈ˜-]: **˜e Trauung** civil marriage

'stand|haft steadfast; **˜halten** (*irr, sep, ge-*, h) withstand, resist

ständig [ˈʃtɛndɪç] **1.** *adj* constant; permanent (*address etc.*); **2.** *adv* constantly

'Stand|licht n parking lights, *Brit.* sidelights; **˜ort** [ˈ˜ˀ-] m position; **˜pauke** f (-/-n) F

Standpunkt

lecture; '~punkt *m* point of view; '~spur *f* shoulder, *Brit.* hard shoulder

Stange ['ʃtaŋə] *f (-/-n)* pole; rod, bar; carton (*of cigarettes*)

Stängel ['ʃtɛŋəl] *m (-s/-)* stalk, stem

stank [ʃtaŋk] *past of* **stinken**

Stanniol [ʃta'nĭoːl] *n (-s/-e)* tin foil

Stan|ze ['ʃtantsə] *f (-/-n)* punch; **2en** (*ge-, h*) punch

Sta|pel ['ʃtaːpəl] *m (-s/-)* pile, stack; **2peln** (*ge-, h*) pile (up), stack

stapfen ['ʃtapfən] (*ge-, sein*) trudge, plod

Star[1] [ʃtaːr] *m (-[e]s/-e)* zo. starling; med. cataract

Star[2] [ʃtaːr, staːr] *m (-s/-s)* film etc.: star

starb [ʃtarp] *past of* **sterben**

stark [ʃtark] strong; powerful; heavy (*smoker, rain, traffic etc.*); severe (*pain*); F super

Stär|ke ['ʃtɛrkə] *f (-/-n)* strength, power; chem. starch; **2ken** (*ge-, h*) strengthen (*a. fig.*); starch

'Starkstrom *m* heavy current

'Stärkung *f (-/-en)* strengthening; refreshment

starr [ʃtar] stiff; rigid; **~er Blick** (fixed) stare; **~en** (*ge-, h*) stare (*auf* at); **~köpfig** ['~kœpfiç] stubborn

Start [ʃtart] *m (-[e]s/-s)* start

(*a. fig.*); *aviat.* takeoff; liftoff, launch(ing); '~bahn *f* runway; '**2bereit** ready to start (*aviat.* for takeoff); '**2en** (*ge-*) **1.** *v/i (sein)* start; *aviat.* take off; lift off; **2.** *v/t (h)* start; launch

Station [ʃta'tsĭoːn] *f (-/-en)* station; *hospital:* ward; *fig.* stage

Statistik [ʃta'tɪstɪk] *f (-/-en)* statistics

Stativ [ʃta'tiːf] *n (-s/-e)* tripod

statt [ʃtat] instead of; **~ zu** instead of

statt'dessen instead

Stätte ['ʃtɛtə] *f (-/-n)* place; scene

'stattfinden (*irr, sep, -ge-, h*) take place

'stattlich imposing; *sum etc.:* handsome

Statue ['ʃtaːtŭə] *f (-/-n)* statue

Statuszeile ['ʃtaːtus-] *f computer:* status line

Stau [ʃtau] *m (-[e]s/-s)* (traffic) jam, congestion (*a. med.*)

Staub [ʃtaup] *m (-[e]s/no pl)* dust (*a. ~ wischen*)

'Staubecken *n* reservoir

staub|en ['ʃtaubən] (*ge-, h*) make dust; '~ig dusty; **2-sauger** ['~pzaugər] *m (-s/-)* vacuum cleaner; **2tuch** *n* duster

'Stau|damm *m* dam; **2en** ['ʃtauən] (*ge-, h*) dam up (*river etc.*); **sich ~** *mot. etc.* be stacked up; *med.* congest

staunen ['ʃtaunən] (*ge-, h*) be

astonished (*or* amazed) (**über** at)

Staupe ['ʃtaʊpə] *f* (*-/-n*) distemper

'**Stausee** *m* reservoir

stech|**en** ['ʃtɛçən] *v/t and v/i* (*irr*, **ge-**, *h*) prick (**sich** one's finger *etc.*); *bee etc.*: sting; *mosquito etc.*: bite; stab; **.end** piercing (*look etc.*), stabbing (*pain etc.*); **2uhr** ['ˌ-?-] *f* time clock

'**Steckdose** *f* (wall) socket, *esp. Brt.* power point

stecken ['ʃtɛkən] (**ge-**, *h*) **1.** *v/t* stick, put; **~ an** pin to; **2.** *v/i* [*irr*] be; stick, be stuck; **bleiben** get stuck; **2pferd** *n* hobbyhorse; *fig.* hobby

Steck|**er** ['ʃtɛkɐr] *m* (*-s/-*) plug; **.nadel** *f* (*-/-n*) pin; **.platz** *m computer*: slot

Steg [ʃteːk] *m* (*-[e]s/-e*) footbridge

stehen ['ʃteːən] (*irr*, **ge-**, *h*) stand; be; **hier steht, dass** it says here that; **es steht ihr** she looks good in it; **wie steht es?** what's the score?; **wie stehts mit ...?** what about ...?; **~ bleiben** stop; come to a standstill; **~ lassen** leave (*j-n*: standing there; *et.*: as it is; *Schirm etc.*: behind; *Essen*: untouched)

'**Stehlampe** *f* floor (*Brt.* standard) lamp

stehlen ['ʃteːlən] (*irr*, **ge-**, *h*) steal

'**Stehplatz** *m* standing room

steif [ʃtaɪf] stiff (**vor** with)

'**Steigbügel** ['ʃtaɪk-] *m* stirrup

steigen ['ʃtaɪɡən] (*irr*, **ge-**, **sein**) climb (*a. aviat.*); rise, go up; → **einsteigen** *etc.*

steigern ['ʃtaɪɡɐrn] (**ge-**, *h*): (**sich**) **~** increase; improve

'**Steigung** ['ʃtaɪɡʊŋ] *f* (*-/-en*) gradient; slope

steil [ʃtaɪl] steep

Stein [ʃtaɪn] *m* (*-[e]s/-e*) stone; **.bock** *m* ibex; *astr.* Capricorn; **.butt** [-bʊt] *m* (*-[e]s/-e*) turbot; **.bruch** *m* quarry; **.gut** *n* (*-[e]s/-e*) earthenware; **2ig** stony; **.kohle** *f* hard coal; **.zeit** *f* Stone Age

'**Stelle** ['ʃtɛlə] *f* (*-/-n*) place; spot; point; job; authority; **freie ~** vacancy; **ich an deiner ~** if I were you

stellen ['ʃtɛlən] (**ge-**, *h*) put, place; set (*a. watch, trap etc.*); turn (*on, off, down etc.*); ask (*question*); corner, hunt down (*criminal*); **sich** (**der Polizei**) **~** give o.s. up (to the police); **stell dich dahin!** (go and) stand over there

Stellen|**angebot** ['ʃtɛlən?-] *n* job offer; *newspaper*: **.~e** vacancies, situations vacant; **.anzeige** ['ˌ-?-] *f* job ad(vertisement), employment ad

'**Stellung** *f* (*-/-en*) position; job; **.nahme** [ˈ~naːmə] *f* (*-/-*)

stellungslos 286

-n) opinion, comment; **2slos** unemployed
'Stellvertreter(in) representative; deputy
stemmen ['ʃtɛmən] (ge-, h) lift; **sich ~ gegen** press against; *fig.* resist
Stem|pel ['ʃtɛmpəl] *m* (-s/-) stamp; postmark; *bot.* pistil; **2peln** (ge-, h) stamp
Stengel ['ʃtɛŋəl] *m* → *Stängel*
Steno|grafie [ʃtenogra'fiː] *f* (-/-n) shorthand; **2gra'fieren** (no ge-, h) take s.th. down in shorthand; **~typistin** [~ty'pɪstɪn] *f* (-/-nen) shorthand typist
'Steppdecke *f* quilt
'Sterbe|hilfe ['ʃtɛrbə-] *f* euthanasia, mercy killing; **~klinik** *f* hospice
sterben (*irr, ge-, sein*) die (**an** of)
sterblich ['ʃtɛrplɪç] mortal
Stereo(...) ['ʃteːreo] *n* (-s/-s) stereo (...)
steril [ʃte'riːl] sterile; **~isieren** [~ili'ziːrən] (no ge-, h) sterilize
Stern [ʃtɛrn] *m* (-(e)s/-e) star (*a. fig.*); **~enbanner** *n* Star-Spangled Banner, Stars and Stripes; **~schnuppe** ['~ʃnʊpə] *f* (-/-n) shooting star; **~warte** *f* (-/-n) observatory
stetig ['ʃteːtɪç] constant; steady
stets always

Steuer¹ ['ʃtɔyər] *n* (-s/-) (steering) wheel; *naut.* helm, rudder
Steuer² [~] *f* (-/-n) tax
'Steuer|berater(in) tax adviser; **~bord** *n* (-(e)s/-e) starboard; **~erklärung** ['~ʔ~] *f* tax return; **2frei** tax-free: *goods*: duty-free; **~knüppel** *m* joystick; **~mann** *m* (-(e)s/-er, -leute) *naut.* helmsman; cox(swain)
'steu|ern (ge-, h) steer; *mot. a.* drive; *tech., fig.* control; **2rad** *n* steering wheel; **2ruder** *n* helm, rudder; **2ung** *f* (-/-en) steering; *tech.* control; **2zahler** *m* (-s/-) taxpayer
Stich [ʃtɪç] *m* (-(e)s/-e) prick; sting; (*mosquito etc.*) bite; stab (*of knife etc.*); stitch; *cards:* trick; engraving; **im ~ lassen** let s.o. down; abandon, desert; **~probe** *f* spot check; **~tag** *m* fixed day
'Stichwort *n* 1. -(e)s/-e *thea.* cue; **~e** *pl* notes; 2. -(e)s/-er) *dictionary:* entry, Brt. *a.* headword; **~verzeichnis** *n* index
stick|en ['ʃtɪkən] (ge-, h) embroider; **~ig** stuffy; **2stoff** *m* (-(e)s/*no pl*) nitrogen
Stiefel ['ʃtiːfəl] *m* (-s/-) boot
Stief... ['ʃtiːf-] *in compounds:* step(*mother etc.*); **~mütterchen** [~mytərçən] *n* (-s/-) pansy
stieg [ʃtiːk] *past of steigen*

Stiege ['ʃtiːgə] *f (-/-n) Austrian:* stairs, staircase

Stiel [ʃtiːl] *m (-[e]s/-e)* handle; stick *(of broom etc.)*; stem *(of glass, pipe, flower etc.)*

Stier [ʃtiːr] *m (-[e]s/-e)* bull; *astr.* Taurus; '~**kampf** *m* bullfight

stieß [ʃtiːs] *past of* **stoßen**

Stift [ʃtɪft] *m (-[e]s/-e)* pen; pencil; *tech.* pin

'**stiften** *(ge-, h)* found; donate

Stil [ʃtiːl] *m (-[e]s/-e)* style

still [ʃtɪl] quiet, silent; still; **sei(d)** ~! be quiet!; '**2e** *f (-/no pl)* quiet(ness), silence

'**stillen** *(ge-, h)* nurse, breast-feed; relieve *(pain etc.)*; satisfy *(hunger, curiosity etc.)*; quench *(thirst)*; stop *(bleeding)*

'**still|halten** *(irr, sep, -ge-, h)* keep still; '~**legen** *(sep, -ge-, h)* close down; '~**schweigend** tacit; '~**stand** *m (-[e]s/ no pl)* standstill, stop

Stimm|band ['ʃtɪm-] *n (-[e]s/ ⸚er)* vocal cord; '~**berechtigt** entitled to vote

'**Stimme** *f (-/-n)* voice; *pol.* vote; '**2en** *(ge-, h)* be true *(of right or correct)*; *pol.* vote; *mus.* tune; '~**recht** *n* right to vote; '~**ung** *f (-/-en)* mood; atmosphere; '~**zettel** *m* ballot

stinken ['ʃtɪŋkən] *(irr, ge-, h)* stink *(nach of)*

Stipendium [ʃtiˈpɛndi̯ʊm] *n (-s/-dien)* scholarship

Stirn [ʃtɪrn] *f (-/-en)* forehead; **die** ~ **runzeln** frown; '~**höhle** *f* sinus

stöbern ['ʃtøːbərn] *(ge-, h)* rummage (about)

stochern ['ʃtɔxərn] *(ge-, h):* ~ **in** *fire:* poke; **in den Zähnen** ~ pick one's teeth; **in s-m Essen** ~ pick at one's food

Stock [ʃtɔk] *m* 1. *(-[e]s/-e)* stick; 2. *(-[e]s/-[werke])* floor, story, *Brt.* storey; **im ersten** ~ on the second *(Brt.* first) floor

stock|en ['ʃtɔkən] *(ge-, h)* stop (short); falter; *traffic:* be jammed; '**2werk** *n* story, *Brt.* storey, floor

Stoff [ʃtɔf] *m (-[e]s/-e)* material; fabric, textile; cloth; *chem. etc.* substance; *fig.* subject (matter); '~**tier** *n* stuffed animal; '~**wechsel** *m* metabolism

stöhnen ['ʃtøːnən] *(ge-, h)* groan, moan

stolpern ['ʃtɔlpərn] *(ge-, sein)* stumble, trip

stolz [ʃtɔlts] 1. *adj* proud; 2. **2** *m (-es/no pl)* pride

stopfen ['ʃtɔpfən] *(ge-, h)* 1. *v/t* stuff, fill *(a.* pipe); darn, mend *(hole, socks etc.)*; 2. *v/i of food:* be filling *(med.* constipating)

Stoppel ['ʃtɔpəl] *f (-/-n)* stubble

stopp|en ['ʃtɔpən] *(ge-, h)* stop; time *(race etc.)*

Stoppschild

͛schild *n* stop sign; **͛uhr** ['ʃ...'-] *f* stopwatch

Stöpsel ['ʃtœpsəl] *m* (-s/-) stopper, plug

Storch [ʃtɔrç] *m* (-[e]s/⁎e) stork

stör|en ['ʃtøːrən] (ge-, h) disturb, bother; be in the way; **͛fall** *m* nuclear: accident

störrisch ['ʃtœrɪʃ] stubborn

Störung ['ʃtøːrʊŋ] *f* (-/-en) disturbance; trouble (*a. tech.*); breakdown; *TV etc.*: interference

Stoß [ʃtoːs] *m* (-es/⁎e) push, shove; blow, knock, strike; *esp. tech., phys.* impact; *swimming:* stroke; shock; jolt; pile (*of wood, books etc.*); **͛dämpfer** *m* (-s/-) shock absorber

'stoßen (*irr*, ge-) **1.** *v/t* (h) push, shove; knock, strike; *sich den Kopf ~ an* knock one's head against; **2.** *v/i* (sein): *~ an* (*or gegen*) bump (*or* run) into (*or* against); *~ auf fig.* come across; meet with (*difficulties*); strike (*oil etc.*); **͛stange** *f* bumper; **͛zeit** *f* rush hour, peak hours

stottern ['ʃtɔtərn] (ge-, h) stutter

Str. (*only in writing*) Straße St., Street; Rd., Road

Straf|anstalt ['ʃtraːfʔ-] *f* prison; **͛bar** punishable, criminal

Stra|fe *f* (-/-n) punishment; *jur., sport, fig.:* penalty; fine; **͛fen** (ge-, h) punish

straff [ʃtraf] tight; *fig.* strict

'Straf|porto *n* surcharge; **͛raum** *m* penalty area; **͛zettel** *m* ticket

Strahl [ʃtraːl] *m* (-[e]s/-en) ray (*a. fig.*); beam; flash (*of lightning etc.*); jet (*of water etc.*)

'strahl|en (ge-, h) radiate; *sun etc.:* shine; *phys.* be radioactive; *fig.* beam; **͛ung** *f* (-/-en) radiation, rays

Strähne ['ʃtrɛːnə] *f* (-/-n) strand

stramm [ʃtram] tight

strampeln ['ʃtrampəln] (ge-, h) *baby etc.:* kick; *fig.* pedal

Strand [ʃtrant] *m* (-[e]s/⁎e) (*am* on the) beach; **͛en** ['-dən] (ge-, sein) strand; *fig.* fail; **͛korb** *m* roofed wicker beach chair

Strang [ʃtraŋ] *m* (-[e]s/⁎e) rope; *anat.* cord

Strapaz|e [ʃtraˈpaːtsə] *f* (-/-n) strain, exertion; **͛ieren** [-aˈtsiːrən] (*no* ge-, h) wear out; **͛ierfähig** [-aˈtsiːr-] durable

Straße ['ʃtraːsə] *f* (-/-n) road; street; strait(s)

Straßen|arbeiten ['ʃtraːsənʔ-] *pl* roadworks; **͛bahn** *f* streetcar, *Brt.* tram; **͛café** *n* sidewalk (*Brt.* pavement) café; **͛karte** *f* road map; **͛sperre** *f* roadblock; **͛verkehrsordnung** *f* traffic reg-

sträuben ['ʃtrɔybən] (*ge-, h*) *feathers*: ruffle (up); *sich ~ hair etc.*: stand on end; *sich ~ gegen* struggle against, resist

Strauch [ʃtraux] *m* (-[e]*s*/*er*) shrub, bush

Strauß¹ [ʃtraus] *m* (-*es*/-*e*) *zo.* ostrich

Strauß² [~] *m* (-*es*/*e*) *of flowers*: bunch, bouquet

streben ['ʃtreːbən] (*ge-, h*): ~ *nach* strive for

Strecke ['ʃtrɛkə] *f* (-/-n) distance; route; *rail.* line

strecken (*ge-, h*) stretch (*sich* o.s.), extend

Streich [ʃtraiç] *m* (-[e]*s*/-e) trick, prank; *j-m e-n ~ spielen* play a trick on s.o.

streicheln ['ʃtraiçəln] (*ge-, h*) stroke, caress

streich|en (*irr, ge-*) 1. *v/t* (*h*) paint; spread (*butter etc.*); cross out; cancel (*order etc.*); *über et. ~* run one's hand over s.th.; 2. *v/i* (*sein*): ~ *durch* roam; **2holz** *n* match; **2orchester** ['~?-] *n* string orchestra

Streife ['ʃtraifə] *f* (-/-n) patrol(man)

streifen ['ʃtraifən] 1. (*ge-*) *v/t* (*h*) touch; brush (*against*); bullet, car etc.: graze; touch on (*subject*); *v/i* (*sein*): ~ *durch* roam; 2. *m* (-*s*/-) stripe; strip (*of paper etc.*)

'Streifenwagen *m* patrol car

Streik [ʃtraik] *m* (-[e]*s*/-s) strike; **2en** (*ge-, h*) strike, be (*or* go) on strike

Streit [ʃtrait] *m* (-[e]*s*/-e) quarrel, argument, fight; *pol. etc.* dispute

'streit|en (*irr, ge-, h*): (*sich*) ~ quarrel, argue, fight (*um* for); **2kräfte** ['~krɛftə] *pl* (armed) forces

streng [ʃtrɛŋ] strict, severe

Stress [ʃtrɛs] *m* (-*es*/-e) (*im* under) stress

Stress|en ['ʃtrɛsən] (*ge-, h*) 1. *v/i* cause stress; 2. *v/t* put s.o. under stress; **~ig** stressful

streuen ['ʃtrɔyən] (*ge-, h*) scatter; grit (*road etc.*)

strich [ʃtriç] *past of* **streichen**

Strich [~] *m* (-[e]*s*/-e) stroke; line; F *auf den ~ gehen* walk the streets; **~kode** ['~koːt] *m* (-*s*/-s) bar code

Strick [ʃtrik] *m* (-[e]*s*/-e) rope

'strick|en (*ge-, h*) knit; **2jacke** *f* cardigan; **2nadel** *f* knitting needle; **2waren** *pl* knitwear *sg*; **2zeug** *n* knitting

Striemen ['ʃtriːmən] *m* (-*s*/-) welt, weal

stritt [ʃtrit] *past of* **streiten**

Stroh [ʃtroː] *n* (-[e]*s*/*no pl*) straw; **'~dach** *n* thatched roof; **'~halm** *m* straw

Strom [ʃtroːm] *m* (-[e]*s*/*e*) (large) river; *electr.* current; *fig.* stream

strömen ['ʃtrøːmən] (*ge-*,

sein) stream, flow, run; *rain, people etc.:* pour
'**Strom**|**kreis** *m* circuit; '~**schnelle** *f* (*-/-n*) rapid
Strömung ['ʃtrø:mʊŋ] *f* (*-/-en*) current
Strophe ['ʃtro:fə] *f* (*-/-n*) stanza, verse
Strudel ['ʃtru:dəl] *m* (*-s/-*) whirlpool, eddy
Struktur [ʃtrʊk'tu:r] *f* (*-/-en*) structure
Strumpf [ʃtrʊmpf] *m* (*-[e]s/ⱸe*) stocking; '~**hose** *f* tights, pantie-hose
struppig ['ʃtrʊpɪç] shaggy
Stück [ʃtʏk] *n* (*-[e]s/-e*) piece; part; lump (*of sugar etc.*); *thea.* play
Student [ʃtu'dɛnt] *m* (*-en/-en*), ~**in** *f* (*-/-nen*) student
Stud|**ie** ['ʃtu:dɪə] *f* (*-/-n*) study; ⁓**ieren** [ʃtu'di:rən] (*no ge-*) study, be a student (of); ⁓**um** ['ʃtu:dɪʊm] *n* (*-s/Studien*) studies; studying *law etc.*
Stufe ['ʃtu:fə] *f* (*-/-n*) step; stage (*a.* of rocket)
Stuhl [ʃtu:l] *m* (*-[e]s/ⱸe*) chair; *med.* stool (*often pl.*); '~**gang** *f* [sic] *m/no pl* bowel movement
stumm [ʃtʊm] dumb, mute
Stummel ['ʃtʊməl] *m* (*-s/-*) stump (*a. med.*), stub (*a. of cigar*)
'**Stummfilm** *m* silent film
Stümper ['ʃtʏmpər] *m* (*-s/-*) bungler

Stumpf [ʃtʊmpf] *m* (*-[e]s/ⱸe*) stump (*a. med.*)
stumpf [ʃtʊmpf] blunt, dull (*a. fig.*); ~**sinnig** ['~zɪnɪç] dull
Stunde ['ʃtʊndə] *f* (*-/-n*) hour; *school:* lesson, class
'**Stunden**|**kilometer** *pl* kilometers (Brt. kilometres) per hour; ²**lang** **1.** *adv* for hours; **2.** *adj* hours of ...; '~**lohn** *m* hourly wage; '~**plan** *m* schedule, Brt. timetable; ²**weise** by the hour
stündlich ['ʃtʏntlɪç] hourly, every hour
'**Stupsnase** ['ʃtʊps-] *f* snub nose
stur [ʃtu:r] pigheaded
Sturm [ʃtʊrm] *m* (*-[e]s/ⱸe*) storm; *mil.* assault
stürm|**en** ['ʃtʏrmən] (*ge-*) **1.** *v/t* and *v/i* (*h*) storm; *sport:* attack; **2.** *v/i* (*sein*) *fig.* rush; ²**er** *m* (*-s/-*) forward; '~**isch** stormy
'**Sturmspitze** *f* *sport:* spearhead
Sturz [ʃtʊrts] *m* (*-es/ⱸe*) fall (*a. fig.*); *pol. a.* overthrow
stürzen ['ʃtʏrtsən] (*ge-*) **1.** *v/i* (*sein*) fall; rush; **2.** *v/t* (*sein*) overthrow (*government etc.*)
'**Sturzhelm** *m* crash helmet
Stute ['ʃtu:tə] *f* (*-/-n*) mare
Stütze ['ʃtʏtsə] *f* (*-/-n*) support; *fig. a.* help
stutzen ['ʃtʊtsən] (*ge-*, *h*) **1.** *v/t* trim, clip; **2.** *v/i* stop short; (begin to) wonder
stützen ['ʃtʏtsən] (*ge-*, *h*) sup-

port (*a. fig.*); **sich ~ auf** lean on

stutzig ['ʃtʊtsɪç]: **~ machen** make suspicious

Stützpunkt *m* base

Styropor® [ʃtyro'poːr] *n* (*-s/no pl*) styrofoam®, polystyrene

s.u. (*only in writing*) *siehe unten* see below

Subjekt [zʊp'jɛkt] *n* (*-[e]s/-e*) *gr.* subject; *contp.* character; **2iv** [~'tiːf] subjective

Substantiv ['zʊpstantiːf] *n* (*-s/-e*) noun

Substanz [zʊp'stants] *f* (*-/-en*) substance

subtrahieren [zʊptra'hiːrən] (*no ge-, h*) subtract

Suche ['zuːxə] *f* (*-/no pl*) search (**nach** for); **auf der ~ nach** in search of

suchen (*ge-, h*) look for; search for

Sucher *m* (*-s/-*) *phot.* viewfinder

Sucht [zʊxt] *f* (*-/-e*) addiction

süch|tig ['zʏçtɪç]: **~ sein** be addicted to *drugs etc*.; **2ige** [~ɪɡə] *m, f* (*-n/-n*) addict

Süd [zyːt], **~en** ['zyːdən] *m* (*-s/no pl*) south; **'~europäisch** South(ern) European; **'~früchte** *pl* tropical fruits; **2lich** south(ern); southerly (*wind etc.*); **~ost(en** *m*) *-'*-, southeast; **~pol** *m* (*-s/no pl*) South Pole; **~west(en** *m*) *-'*-, southwest

süffig ['zʏfɪç] pleasant (to drink)

Sülze ['zʏltsə] *f* (*-/-n*) jellied meat

Summe ['zʊmə] *f* (*-/-n*) sum (*a. fig.*), (sum) total; amount

summen ['zʊmən] (*ge-, h*) buzz, hum

Sumpf [zʊmpf] *m* (*-[e]s/-e*) swamp, bog; **~...** *in compounds*: *mst* marsh (*plant etc.*); **2ig** swampy, marshy

Sünde ['zʏndə] *f* (*-/-n*) sin; **'~nbock** *m* scapegoat

Sünder *m* (*-s/-*), **'~in** *f* (*-/-nen*) sinner

Super ['zuːpər] *n* (*-s/no pl*) premium, *Brt.* four-star; **~markt** *m* supermarket

Suppe ['zʊpə] *f* (*-/-n*) soup; **'~nschüssel** *f* tureen

Surfbrett ['sœrf-] *n* surfboard

surfen (*ge-, h*) go surfing

süß [zyːs] sweet (*a. fig.*); **~en** (*ge-, h*) sweeten; **2igkeiten** *pl* sweets; **2speise** *f* sweet; **2stoff** *m* sweetener; **2wasser** *n* fresh water

Symbol [zym'boːl] *n* (*-s/-e*) symbol; **2isch** symbolic(al)

symmetrisch [zy'meːtrɪʃ] symmetric(al)

sympathisch [zym'paːtɪʃ] nice, likable; **er ist mir ~** I like him

Symphonie [zymfo'niː] *f* (*-/-n*) → *Sinfonie*

Symptom [zymp'toːm] *n* (*-s/-e*) symptom

Synagoge [zyna'ɡoːɡə] *f* (*-/-n*) synagogue

synchronisieren [zynkro-

synthetisch

ni'zi:rən] (*no ge-, h*) synchronize; dub (*film*)
synthetisch [zyn'te:tɪʃ] synthetic
System [zys'te:m] *n* (-*s*/-*e*) system; **2atisch** [~e'ma:tɪʃ] systematic, methodical; **~fehler** *m computer:* system error
Szene ['stse:nə] *f* (-/-*n*) scene

T

Tabak ['ta:bak] *m* (-*s*/-*e*) tobacco
Tabelle [ta'bɛlə] *f* (-/-*n*) table; **~nkalkulation** *f computer:* spreadsheet
Tablett [ta'blɛt] *n* (-[*e*]*s*/-*s*) tray
Ta'blette *f* (-/-*n*) tablet, pill
Tachometer [taxo'me:tər] *m* (-*s*/-) speedometer
Tadel ['ta:dəl] *m* (-*s*/-) reproof, rebuke; **2los** faultless; excellent
'tadeln (*ge-, h*) criticize; reprove
Tafel ['ta:fəl] *f* (-/-*n*) (blackboard); → **Anschlagbrett**; sign; plaque; bar (*of chocolate etc.*)
täfel|n ['tɛ:fəln] (*ge-, h*) panel; **2ung** *f* (-/-*en*) paneling, Brt. panelling
Tag [ta:k] *m* (-[*e*]*s*/-*e*) day; **am ~e** during the day; **guten ~!** hello!; *first meeting: a.* how do you do?; → **heute**
Tage|buch ['ta:gə-] *n* diary; **2lang** for days
'tagen (*ge-, h*) hold a meeting
Tages|anbruch ['ta:gəs?-] *m* (**bei**) at dawn; **~ausflug** ['~?-] *m* day trip; **~licht** *n* daylight; **~mutter** *f* childminder; **~rückfahrkarte** *f* round-trip ticket (for the day), Brt. return; **~zeitung** *f* daily (paper)
täglich ['tɛ:klɪç] daily
tagsüber ['ta:ks?-] during the day
Tagung ['ta:guŋ] *f* (-/-*en*) conference
Taille ['taljə] *f* (-/-*n*) waist
Takt [takt] *m* **1.** (-[*e*]*s*/-*e*) *mus.:* time; bar; *mot.* stroke; **2.** (-[*e*]*s*/*no pl*) tact
'Taktik *f* (-/-*en*) tactics
'takt|los tactless; **~stock** *m* baton; **~voll** tactful
Tal [ta:l] *n* (-[*e*]*s*/-*er*) valley
Talent [ta'lɛnt] *n* (-[*e*]*s*/-*e*) talent, gift
Talisman ['ta:lɪsman] *m* (-*s*/-*e*) charm
Talk|master ['tɔ:kma:stər] *m* (-*s*/-) talk-show (*Brt.* chat-show) master; **~show** ['~ʃoʊ] *f* (-/-*s*) talk (*Brt.* chat) show
Tampon ['tampɔn] *m* (-*s*/-*s*) tampon
Tang [taŋ] *m* (-[*e*]*s*/-*e*) seaweed

Tank [taŋk] m (-[e]s/-s) tank
'**tanken** (ge-, h) get (some) gas (Brt. petrol), fill up
'**Tank**|**er** m (-s/-) tanker; ~**stelle** f (-/-n) gas (Brt. petrol) station; ~**wart** ['~vart] m (-[e]s/-e) gas (Brt. petrol) station attendant
Tanne ['tanə] f (-/-n) fir (tree); '~**zapfen** m fir cone
Tante ['tantə] f (-/-n) aunt; ~-**Emma-Laden** [~'ɛma-] m F mom-and-pop (or convenience) store, Brt. corner shop
Tanz [tants] m (-es/-e) dance
tanzen (ge-, h) dance
Tänzer ['tɛntsər] m (-s/-), '~**in** f (-/-nen) dancer
Tape|**te** [ta'pe:tə] f (-/-n) wallpaper; ~**zieren** [~e'tsi:rən] (no ge-, h) wallpaper
tapfer ['tapfər] brave; courageous
Tarif [ta'ri:f] m (-s/-e) rate(s); ~**verhandlungen** f/pl wage negotiations
tarn|**en** ['tarnən] (ge-, h) camouflage; fig. disguise; **ung** f (-/-en) camouflage
Tasche ['taʃə] f (-/-n) bag; pocket
'**Taschen**|**buch** n paperback; ~**dieb(in)** pickpocket; ~**geld** n pocket money; ~**lampe** f flashlight, torch; ~**messer** n pocket knife; ~**rechner** m pocket calculator; '~**tuch** n handkerchief, F hankie; ~**uhr** ['~ʔ-] f pocket watch
Tasse ['tasə] f (-/-n) cup; e-e ~ **Tee** etc. a cup of tea etc.
Tastatur [tasta'tu:r] f (-/-en) keyboard
Taste ['tastə] f (-/-n) key
'**tasten** (ge-, h) grope (nach for); sich ~ feel (or grope) one's way; '**telefon** n push-button phone
Tat [ta:t] past of tun
Tat [~] f (-/-en) act, deed; action; offense, Brt. offence; crime; '**enlos:** ~ **zusehen** stand by and watch
Täter ['tɛ:tər] m (-s/-), '~**in** f (-/-nen) culprit, offender
tätig ['tɛ:tɪç] active; busy; '**keit** f (-/-en) activity; occupation, job
'**tat**|**kräftig** active; '**ort** ['~ʔ-] m scene of the crime
tätowier|**en** [tɛto'vi:rən] (no ge-, h) tattoo; **ung** f (-/-en) tattoo
'**Tat**|**sache** f fact; '**sächlich** actual(ly), real(ly)
tätscheln ['tɛtʃəln] (ge-, h) pat
Tatze ['tatsə] f (-/-n) paw
Tau¹ [tau] n (-[e]s/-e) rope
Tau² [~] m (-[e]s/no pl) dew
taub [taup] deaf; finger etc.: numb
Taube ['taubə] f (-/-n) pigeon, poet. dove
'**taub**|**stumm** deaf and dumb; **stumme** m, f (-n/-n) deaf mute
tauchen ['tauxən] (ge-) 1. v/i

Taucher

(*h, sein*) dive; *sport*: skindive; *submarine*: submerge; **2.** *v/t* (*h*): ~ **in** dip into

'Tauch|er *m* (*-s/-*), **'~erin** *f* (*-/-nen*) *sports*: (skin) diver; **~sport** *no art* skin diving

tauen ['tauən] (*ge-*) *v/i* (*h, sein*) *and v/t* (*h*) thaw, melt

Tau|fe ['taufə] *f* (*-/-n*) baptism, christening; **'2fen** (*ge-, h*) baptize, christen

taug|en ['taugən] (*ge-, h*) be good (**zu** for); **nichts** ~ be no good; **~lich** ['tauk-] fit (for service)

taumeln ['tauməln] (*ge-, sein*) reel, stagger

Tausch [tauʃ] *m* (*-[e]s/-e*) exchange

'tauschen (*ge-, h*) exchange (**gegen** for), F swap

täusch|en ['tɔʏʃən] (*ge-, h*) mislead; **sich** ~ be mistaken; **~end** striking; **'2ung** *f* (*-/-en*) deception

tausend(ste) ['tauzənt(stə)] thousand(th)

'Tauwetter *n* thaw

Taxi ['taksi] *n* (*-s/-s*) taxi, cab; **~stand** *m* taxi stand (*Brt.* rank)

Technik ['tɛçnɪk] *f* (*-/-en*) technology; technique (*a. sport, art*); **'~er** *m* (*-s/-*), **'~erin** *f* (*-/-nen*) technician

'technisch technical; technological; **~e Hochschule** college *etc.* of technology

Technologie [tɛçnoloˈgiː] *f* (*-/-n*) technology

Tee [teː] *m* (*-s/-s*) tea; **'~kanne** *f* teapot; **'~löffel** *m* teaspoon

Teer [teːr] *m* (*-[e]s/-e*) tar; **'2en** (*ge-, h*) tar

'Teesieb *n* tea strainer

Teich [taɪç] *m* (*-[e]s/-e*) pond, pool

Teig [taɪk] *m* (*-[e]s/-e*) dough, paste; **'~waren** *pl* pasta

Teil [taɪl] *m, n* (*-[e]s/-e*) part; portion, share; **zum** ~ partly, in part; **'2bar** divisible; **'~chen** *n* (*-s/-*) particle

'teilen (*ge-, h*) divide; share (*a. sich* ~.)

'teil|haben (*irr, sep, -ge-, h*) share (**an** in); **'2haber** *m* (*-s/-*), **'2haberin** *f* (*-/-nen*) partner; **2nahme** ['~naːmə] *f* (*-/no pl*) participation; sympathy; **'~nahmslos** [~naːms-] apathetic; **'~nehmen** (*irr, sep, -ge-, h*): ~ **an** take part in, participate in; **'2nehmer** *m* (*-s/-*), **'2nehmerin** *f* (*-/-nen*) participant

teils partly

'Teil|ung *f* (*-/-en*) division; **'2weise** partly, in part

'Teilzeit|arbeit *f* part-time employment; **'~beschäftigte** *m, f* part-time employee, F part-timer

Teint [tɛ̃ː] *m* (*-s/-s*) complexion

Telefax ['teːləfaks] *n* → **Fax**

Telefon [teleˈfoːn] *n* (*-s/-e*) (tele)phone; **~buch** *n* phone book, telephone directory;

~gespräch n (tele)phone call; **~ieren** [ʌoˈniːrən] (no ge-, h) (tele)phone; **~isch** by (tele)phone; **~ist** [ʌoˈnɪst] m (-en/-en), **~istin** f (-/-nen) (switchboard) operator; **~karte** f phonecard; **~nummer** f (tele)phone number; **~zelle** f (tele)phone booth (Brt. box), Brt. call box; **~zentrale** f switchboard

tele|grafieren [telegraˈfiːrən] (no ge-, h) telegraph; **2gramm** n (-s/-e) telegram; **2kommunikation** ['teːlə-] f telecommunications; **2objektiv** ['teːləˀ-] n telephoto lens

Telex ['teːlɛks] n (-/-[e]) telex
'telexen (ge-, h) telex
Teller ['tɛlɐr] m (-s/-) plate
Tempel ['tɛmpəl] m (-s/-) temple
Temperament [tɛmpəraˈmɛnt] n (-[e]s/-e) temper(ament); life, F pep; **2voll** full of life
Temperatur [tɛmpəraˈtuːr] f (-/-en) temperature; **j-s ~ messen** take s.o.'s temperature
Tempo ['tɛmpo] n (-s/-s; mus. Tempi) speed; mus. time; **~-30-Zone** 30 kmph zone; **~limit** ['ʌlɪmɪt] n (-s/-s) speed limit
Tendenz [tɛnˈdɛnts] f (-/-en) tendency, trend
Tennis ['tɛnɪs] n (-/no pl) tennis; **'~platz** m tennis court; **'~schläger** m (tennis) racket
Teppich ['tɛpɪç] m (-s/-e) carpet; **'~boden** m (wall-to-wall) carpeting
Termin [tɛrˈmiːn] m (-s/-e) date; appointment; deadline
Terminal [ˈtœrminəl] m, computer: n (-s/-s) terminal
Terrasse [tɛˈrasə] f (-/-n) terrace
Terror ['tɛrɔr] m (-s/no pl) terror; **~anschlag** ['ˀ-] m terrorist attack; **2isieren** [ʌoriˈziːrən] (no ge-, h) terrorize; **~ismus** [ʌoˈrɪsmʊs] m (-/no pl) terrorism
Tesafilm® ['teːza-] m Scotch tape®, Brt. Sellotape®
Testament [tɛstaˈmɛnt] n (-[e]s/-e) (last) will; rel. Testament
Test [tɛst] m (-[e]s/-e) test; **'~bild** n TV test card
'test|en (ge-, h) test; **2pilot** m test pilot
Teufel ['tɔyfəl] m (-s/-) devil
Text [tɛkst] m (-es/-e) text; of song etc.: words
Textilien [tɛksˈtiːliən] pl textiles
'Textverarbeitung f word processing
Theater [teˈaːtɐr] n (-s/-) theater, Brt. theatre; F fig. fuss; **~besucher** m theatergoer, Brt. theatregoer; **~kasse** f box office; **~stück** n play

Theke ['te:kə] *f (-/-n)* bar, counter

Thema ['te:ma] *n (-s/Themen)* subject, topic; *esp. mus.* theme

Theologie [teolo'gi:] *f (-/-n)* theology

theoretisch [teo're:tɪʃ] theoretic(al)

Theorie [teo'ri:] *f (-/-n)* theory

Therapie [tera'pi:] *f (-/-n)* therapy

Thermal... [tɛr'ma:l-] *in compounds:* thermal

Thermometer [tɛrmo'me:tər] *n (-s/-)* thermometer

Thermosflasche® ['tɛrmɔs-] *f* thermos, thermos flask®

Thrombose [trɔm'bo:zə] *f (-/-n)* thrombosis

Thron [tro:n] *m (-[e]s/-e)* throne

Thunfisch ['tu:n-] *m* tuna

Thüringen ['ty:rɪŋən] Thuringia

Tick [tɪk] *m (-[e]s/-s)* quirk

'ticken *(ge-, h)* tick

tief [ti:f] deep *(a. fig.)*; low *(a. neckline)*

Tief [~] *n (-s/-s) meteor.* low

'Tiefe *f (-/-n)* depth *(a. fig.)*; **~nschärfe** *f* depth of focus

'tief|gekühlt deep-frozen; **'2̱kühlfach** *n* freezing compartment; **'2̱kühlkost** *f* frozen foods

Tier [ti:r] *n (-[e]s/-e)* animal; **~arzt** *m*, **~ärztin** *f* vet; **~freund** *m* animal lover; **'~kreis** *m astr.* zodiac; **'~kreiszeichen** *n* sign of the zodiac; **~quälerei** ['~kvɛ:lə-raɪ] *f (-/-en)* cruelty to animals; **'~schutzverein** *m* society for the prevention of cruelty to animals

Tiger ['ti:gər] *m (-s/-)* tiger; **'~in** *f (-/-nen)* tigress

tilgen ['tɪlgən] *(ge-, h) econ.* pay off

Tinte ['tɪntə] *f (-/-n)* ink; **'~nfisch** *m* squid

Tip [tɪp] *m (-[e]s/-s)* tip, hint

'tipp|en ['tɪpən] *(ge-, h)* tap; type; guess; play Lotto *etc.*; do the pools; **'2̱fehler** *m* typing error

Tisch [tɪʃ] *m (-[e]s/-e)* table; **den ~ decken** set (*Brt. a.* lay) the table; **'~decke** *f* tablecloth; **'~ler** *m (-s/-)* cabinetmaker, carpenter, *esp. Brt. a.* joiner; **'~tennis** *n* table tennis

Titel ['ti:təl] *m (-s/-)* title; **'~bild** *n* cover (picture); **'~blatt** *n*, **'~seite** *f* front page

Toast [to:st] *m (-[e]s/-e, -s)* toast; **'2̱en** *(ge-, h)* toast; **'~er** *m (-s/-)* toaster

toben ['to:bən] *(ge-, h)* rage; *children:* romp

Tochter ['tɔxtər] *f (-/-̈er)* daughter

Tod [to:t] *m (-[e]s/lit.-e)* death; **2̱...** dead *(certain, serious etc.)*

Todes|anzeige ['to:dəs-] *f* obituary (notice); **~opfer**

['∼?-] n casualty; '∼strafe f capital punishment; death penalty

'tödlich ['tø:tlɪç] fatal; deadly

Toilette [toa'lɛtə] f (-/-n) bathroom, *esp. Brt.* toilet

tolerant [tole'rant] tolerant

toll [tɔl] super, great

'tollen (ge-, h, sein) romp

Tollpatsch ['tɔlpatʃ] m (-[e]s/ -e) F clumsy oaf; ²ig clumsy, oafish

'Tollwut f rabies

Tomate [to'ma:tə] f (-/-n) tomato

Ton¹ [to:n] m (-[e]s/-e) clay

Ton² [∼] m (-[e]s/∼e) sound; *mus., fig.* tone; *single:* note; *color:* shade; *phonetics:* stress; '∼abnehmer ['∼?-] m (-s/-) pickup; ²angebend ['∼?-] dominant; '∼art ['∼?-] f key

'Tonband n tape; ∼gerät n tape recorder

tönen ['tø:nən] (ge-, h) 1. v/i sound, ring; 2. v/t tint (*a. hair*); shade (*drawing*)

'Tonfall m tone (of voice); accent; '∼film m sound film

Tonne ['tɔnə] f (-/-n) ton; barrel

Topf [tɔpf] m (-[e]s/∼e) pot

Topfen ['tɔpfən] m (-s/*no pl*) Austrian: curd(s)

Töpfer ['tœpfər] m (-s/-) potter; ∼ei [∼'raɪ] f (-/-en) pottery

Tor [to:r] n (-[e]s/-e) gate; *soccer etc.:* goal

Torf [tɔrf] m (-[e]s/*no pl*) peat

torkeln ['tɔrkəln] (ge-, sein) reel, stagger

'Tor|latte f crossbar; '∼linie f goal line; '∼mann m → Torwart; '∼pfosten m *sport:* goalpost; '∼raum m goalmouth; '∼schütze(nkönig) m (top) scorer

Torte ['tɔrtə] f (-/-n) gateau, layer cake

'Torwart m (-[e]s/-e) goalkeeper, F goalie

tosend ['to:zənt] thunderous

tot [to:t] dead (*a. fig.*); ∼er Punkt *fig.* deadlock; low point

total [to'ta:l] total; complete; ²schaden m *mot.* total loss, *Brt.* write-off

Tote ['to:tə] m, f (-n/-n) dead man *or* woman; (dead) body, corpse; casualty

töten ['tø:tən] (ge-, h) kill

'Totenschein m death certificate

Toto ['to:to] n, m (-s/-s) football pools

'Tot|schlag m manslaughter, homicide; '²schlagen (*irr, sep, -ge-, h*) kill

toupieren [tu'pi:rən] (*no ge-, h*) backcomb

Tour [tu:r] f (-/-en) tour (*durch of*)

Tour|ismus [tu'rɪsmʊs] m (-/ *no pl*) tourism; '∼ist [∼'rɪst] m (-en/-en), '∼istin f (-/-nen) tourist

Tournee [tʊr'ne:] f (-/-n) tour

tra|ben ['traːbən] (*ge-, sein*) trot; **ｅber** *m* (*-s/-*) trotter
Tracht [traxt] *f* (*-/-en*) (national) costume; *nurse's etc.*: uniform; **～Prügel** beating
trächtig ['trɛçtɪç] *zo.* pregnant
Tradition [tradi'tsi̯oːn] *f* (*-/-en*) tradition; **ｅell** [~o'nɛl] traditional
traf [traːf] *past of* **treffen**
Trafik [tra'fɪk] *f* (*-/-en*) *Austrian*: tobacconist's
Trag|bahre ['traːk-] *f* stretcher; **ｅbar** portable; *clothes*: wearable; *fig.* bearable
träge ['trɛːɡə] lazy, indolent
tragen ['traːɡən] (*irr, ge-, h*) carry; wear (*clothes etc.*); *fig.* bear
Träger [ˈtrɛːɡər] *m* (*-s/-*) carrier; *med.* stretcher-bearer; (shoulder) strap; *tech.* support; *arch.* girder
'Trage|tasche *f* for babies: carrycot; → **'～tüte** *f* shopping (*Brt.* carrier) bag
'Trag|fläche ['traːk-] *f* *aviat.* wing; **'～flügelboot** *n* hydrofoil
tra|gisch ['traːɡɪʃ] tragic; **ｅgödie** [tra'ɡøːdi̯ə] *f* (*-/-n*) tragedy
Trai|ner ['trɛːnər] *m* (*-s/-*), **'～nerin** *f* (*-/-nen*) coach; **ｅnieren** [~'niːrən] (*no ge-, h*) 1. *v/i* practice, *Brt.* practise, train; 2. *v/t* coach (*team etc.*); train (*memory etc.*); **～ning** [ˈ～ɪŋ] *n* (*-s/-s*) practise, *Brt.* practice; **～nings-**

anzug ['～ʔ-] *m* track suit
Traktor ['traktoːr] *m* (*-s/-en*) tractor
trampeln ['trampəln] (*ge-, h*) trample, stamp
trampen ['trɛmpən] (*ge-, sein*) hitchhike
Trä|ne ['trɛːnə] *f* (*-/-n*) tear; **ｅnen** [ˈtrɛːnən] water; **'～nengas** *n* teargas
trank [traŋk] *past of* **trinken**
tränken ['trɛŋkən] (*ge-, h*) water (*animals*); soak
Transfusion [transfu'zi̯oːn] *f* (*-/-en*) transfusion
Transistor [tran'zɪstɔr] *m* (*-s/-en*) transistor
Transport [trans'pɔrt] *m* (*-[e]s/-e*) transport(ation); **ｅieren** [~'tiːrən] (*no ge-, h*) transport; **'～mittel** *n* (means of) transport(ation)
trat [traːt] *past of* **treten**
Traube ['trauba] *f* (*-/-n*) bunch of grapes; grape; **'～nsaft** *m* grape juice; **'～nzucker** *m* glucose, dextrose
trauen ['trauən] (*ge-, h*) 1. *v/t* marry; 2. *v/i* trust (*j-m s.o.*); 3. *v/refl*: **sich ～** dare
Trauer ['trauər] *f* (*-/no pl*) sorrow; mourning; **'～feier** *f* funeral (service); **'～kleidung** *f* mourning
'trauern (*ge-, h*) mourn (*um* for)
Traum [traum] *m* (*-[e]s/-e*) dream
träumen ['trɔʏmən] (*ge-, h*) dream

'**traumhaft** dreamlike; ~ (*schön*) absolutely beautiful

traurig ['traurɪç] sad

'**Trau|ring** *m* wedding ring; '**~schein** *m* marriage certificate; '**~ung** *f* (*-/-en*) marriage ceremony; wedding; '**~zeuge** *m*, **~zeugin** *f* witness to the marriage

treffen ['trɛfən] **1.** *v/t* and *v/i* (*irr, ge-, h*) hit; meet (*a. sich* ~); hurt (*s.o.'s feelings*); make (*decision etc.*); **nicht** ~ miss; **2.** ⚥ *n* (*-s/-*) meeting

Treffer *m* (*-s/-*) *mil.*, *boxing*: hit; *soccer*: goal; *lottery*: winner

'**Treffpunkt** *m* meeting place

treiben ['traɪbən] (*irr, ge-*) **1.** *v/t* (*h*) drive (*a. tech.*); do, go in for (*sport*); push, press, urge; *bot.* shoot (up); **2.** *v/i* (*sein*) drift, float

Treib|gas ['traɪp-] *n* propellant; **ohne ~** ozone-friendly; '**~haus** *n* hothouse, greenhouse; '**~hauseffekt** *m* ['~hausʔɛfɛkt] *m* (*-[e]s/no pl*) greenhouse effect; '**~riemen** *m* belt; '**~stoff** *m* fuel

trenn|en ['trɛnən] (*ge-*, *h*) separate (*a. sich* ~); sever; divide (*country, word etc.*); *tel.* disconnect; **sich ~ von** part with s.th.; leave s.o.; '**⚥ung** *f* (*-/-en*) separation, division; '**⚥wand** *f* partition

Treppe ['trɛpə] *f* (*-/-n*) staircase, stairs; '**~nhaus** *n* staircase; hall

Tresor [treˈzoːr] *m* (*-s/-e*) safe; bank vault

treten ['treːtən] (*irr, ge-*) **1.** *v/t* and *v/i* (*h*) kick; **2.** *v/i* (*sein*) step (*auf* on; *aus* out of; *in* into)

treu [trɔy] faithful; loyal

'**Treue** *f* (*-/no pl*) faithfulness; loyalty; '**⚥los** unfaithful; disloyal

Tribüne [triˈbyːnə] *f* (*-/-n*) platform; *sport*: (grand)stand

Trichter ['trɪçtər] *m* (*-s/-*) funnel; crater

Trick [trɪk] *m* (*-s/-s*) trick

trieb [triːp] *past of* **treiben**

Trieb [~] *m* (*-[e]s/-e*) *bot.* (young) shoot; instinct; sex urge; '**~kraft** *f fig.* driving force; '**~wagen** *m* rail car; '**~werk** *n* engine

triftig ['trɪftɪç] valid

Trikot [triˈkoː] *n* (*-s/-s*) tights; *sport*: shirt

trinkbar ['trɪŋkbaːr] drinkable

trink|en (*irr, ge-*, *h*) drink (*auf* to; *zu et.* with s.th.); '**⚥er** *m* (*-s/-*), '**⚥erin** *f* (*-/-nen*) drinker; '**⚥geld** *n* tip; '**⚥halm** *m* straw; '**⚥spruch** *m* toast; '**⚥wasser** *n* drinking water

trippeln ['trɪpəln] (*ge-*, *sein*) trip along

Tripper ['trɪpər] *m* (*-s/-*) gonorrh(o)ea

Tritt [trɪt] *m* (*-[e]s/-e*) step; kick; '**~brett** *n* running board

Triumph [triˈumf] *m* (-[e]s/-e) triumph; **2ieren** [ˌ⁓ˈfiːrən] (*no ge-, h*) triumph

trocken [ˈtrɔkən] dry (*a. Wein*); **2haube** *f* hairdryer; **2heit** *f* (-/*no pl*) dryness; drought; **2legen** (*sep, -ge-, h*) drain (*swamp etc.*); change (*baby*)

trock|nen [ˈtrɔknən] (*ge-*) *v/i* (*sein*) and *v/t* (*h*) dry; **2ner** *m* (-*s*/-) dryer

Troddel [ˈtrɔdəl] *f* (-/-n) tassel

Trö|del [ˈtrøːdəl] *m* (-*s*/*no pl*) junk; **2deln** (*ge-, h*) dawdle

Trog [troːk] *m* (-[e]s/⁓e) trough

Trommel [ˈtrɔməl] *f* (-/-n) drum; **⁓fell** *n anat.* eardrum

trommeln (*ge-, h*) drum

Trompete [trɔmˈpeːtə] *f* (-/-n) trumpet

Tropen [ˈtroːpən] *pl* tropics

tröpfeln [ˈtrœpfəln] (*ge-, h*) drip; drizzle

tropf|en [ˈtrɔpfən] (*ge-*) **1.** *v/i* and *v/t* (*h*) drip; *nose*: run; **2.** *v/i* (*sein*) drip; **3. 2** *m* (-*s*/-) drop; **⁓steinhöhle** *f* stalactite cave

tropisch [ˈtroːpiʃ] tropical

Trost [troːst] *m* (-*es*/*no pl*) comfort

trösten [ˈtrøːstən] (*ge-, h*) comfort, console

'trostlos miserable; desolate

Trottel [ˈtrɔtəl] *m* (-*s*/-) idiot

Trottoir [trɔˈtoaːr] *n* (-*s*/-*e u. -s*) *Swiss*: sidewalk, *Brt.* pavement

Trotz [trɔts] *m* (-*es*/*no pl*) defiance

trotz [⁓] in spite of, despite; **⁓dem** [ˈ⁓deːm] nevertheless, all the same, still, anyway

'trotzig defiant; sulky

trüb [tryːp], **⁓e** [ˈ⁓bə] cloudy; *water: a.* muddy; *light etc.*: dim; *sky, colors etc.*: dull

Trubel [ˈtruːbəl] *m* (-*s*/*no pl*) (hustle and) bustle

trübsinnig [ˈtryːp-] gloomy

trug [truːk] *past of* **tragen**

trügerisch [ˈtryːɡərɪʃ] deceptive

Truhe [ˈtruːə] *f* (-/-n) chest

Trümmer [ˈtrymər] *pl* ruins; debris; fragments

Trumpf [trʊmpf] *m* (-[e]s/⁓e) trump(s)

Trunkenheit [ˈtrʊŋkənhaɪt] *f* (-/*no pl*) drunkenness; **⁓ am Steuer** drunk driving, *Brt.* drink-driving

Trupp [trʊp] *m* (-*s*/-*s*) troop; group

'Truppe [⁓ə] *f* (-/-n) troop; *thea.* company

Truthahn [ˈtruːt-] *m* turkey

Tscheche [ˈtʃɛçə] *m* (-*n*/-*n*) Czech; **⁓ien** [ˈ⁓iən] Czech Republic; **⁓in** *f* (-/-nen) Czech; **2isch** Czech; **⁓e Republik** Czech Republic

Tube [ˈtuːbə] *f* (-/-n) tube

Tuberkulose [tubɛrkuˈloːzə] *f* (-/-n) tuberculosis

Tuch [tuːx] *n* (-[e]s/⁓er) cloth; → **Hals-, Kopf-, Staubtuch**

tüchtig [ˈtʏçtɪç] **1.** *adj* (cap)able, efficient; F *fig.*

tyrannisieren

good; **2.** F *adv*, *work etc.*: hard, a lot

tückisch ['tʏkɪʃ] treacherous

Tugend ['tu:gənt] *f* (*-/-en*) virtue

Tulpe ['tʊlpə] *f* (*-/-n*) tulip

Tumor ['tu:mɔr] *m* (*-s/-e[n]*) tumor, *Brt.* tumour

Tümpel ['tʏmpəl] *m* (*-s/-*) pool

Tumult [tu'mʊlt] *m* (*-[e]s/-e*) tumult, uproar

tun [tu:n] (*irr*, *ge-*, *h*) do (*j-m et.* s.th. to s.o.); put (*esp. s.th. in or on s.th.*); **zu ~ haben** be busy; **so ~, als ob** pretend to

'Tunfisch *m* → *Thunfisch*

Tun|ke ['tʊŋkə] *f* (*-/-n*) sauce; **2ken** (*ge-*, *h*) dip

Tunnel ['tʊnəl] *m* (*-s/-*) tunnel

tup|fen ['tʊpfən] **1.** *v/t* (*ge-*, *h*) dab; dot; **2.** ℒ *m* (*-s/-*) dot, spot; **ℒer** *m* (*-s/-*) *med.* swab

Tür [ty:r] *f* (*-/-en*) door

Turban ['tʊrba:n] *m* (*-s/-e*) turban

Turbine [tʊr'bi:nə] *f* (*-/-n*) turbine

Turbolader ['tʊrbola:dər] *m* (*-s/-*) turbo(charger)

Tür|ke ['tʏrkə] *m* (*-n/-n*) Turk; **~kei** [tʏr'kaɪ]: *die ~* Turkey; **~in** *f* (*-/-nen*) Turk

Türkis [tʏr'ki:s] *m* (*-es/-e*) turquoise

'türkisch Turkish

'Tür|klingel *f* doorbell; **~klinke** *f* doorhandle; **~knauf** *m* doorknob

Turm [tʊrm] *m* (*-[e]s/¨-e*) tower; steeple; spire; **'~springen** *n* (*-s/no pl*) platform diving

Turn|en ['tʊrnən] **1.** *n* (*-s/no pl*) gymnastics; physical education, PE; **2.** *v/i* (*ge-*, *h*) do gymnastics; **'~er** *m* (*-s/-*), **'~erin** *f* (*-/-nen*) gymnast; **'~halle** *f* gym(nasium); **'~hose** *f* gym shorts

Turnier [tʊr'ni:r] *n* (*-s/-e*) tournament

'Turn|schuh *m* sneaker, *Brt.* trainer; **'~verein** *m* athletics (*esp. Brt.* gymnastics) club

'Tür|rahmen *m* doorframe; **'~schild** *n* door plate; **'~sprechanlage** *f* entryphone

Tusche ['tʊʃə] *f* (*-/-n*) India(n) ink

tuscheln ['tʊʃəln] (*ge-*, *h*) whisper; *fig.* rumor, *Brt.* rumour

Tüte ['ty:tə] *f* (*-/-n*) bag

TÜV [tʏf] *m* (*-s/no pl*) *Technischer Überwachungs-Verein* compulsory (car) inspection, *Brt. appr.* MOT (test)

Typ [ty:p] *m* (*-s/-en*) type; *tech. a.* model; F fellow, guy

Typhus ['ty:fʊs] *m* (*-/no pl*) typhoid (fever)

typisch ['ty:pɪʃ] typical (*für* of)

Tyrann [ty'ran] *m* (*-en/-en*) tyrant; **2isieren** [ty'zi:rən] (*no ge-*, *h*) tyrannize (over), F bully

U

u.a. (only in writing) **und anderes(s)** and others (other things); **unter anderem (anderen)** among other things (among others)

U-Bahn ['u:-] f subway, Brt. underground; London: tube

übel ['y:bəl] **1.** bad; **mir ist (wird) ~** I'm feeling (getting) sick; **et. ~ nehmen** take offense (Brt. offence) at s.th.; **2.** 2 n (-s/-) evil; '**2keit** f(-/no pl) nausea

üben ['y:bən] (ge-, h) practice, Brt. practise

über ['y:bər] over; above; number etc.: a. more than; across (street, river etc.); travel: via; talk, think etc.: about, of; book etc.: a. on; ~ **Nacht** overnight; **~all** [y:bər'ʔ-] everywhere; **~ in** (or **auf**) **all** all over

über|anstrengen [y:bər'ʔ-] (no -ge-, h) overstrain (**sich o.s.**); '**~belichten** (no -ge-, h) overexpose; **~bieten** (irr, no -ge-, h) outbid; fig. beat; **j-n: a.** outdo; **2bleibsel** ['-blaɪpsəl] n (-s/-) remains

'**Über|blick** m survey (**über** of); general idea; 2**blicken** (no -ge-, h) overlook; fig. see

über|bringen (irr, no -ge-, h) bring, deliver; **~'dauern** (no -ge-, h) survive; **~drüssig** ['-drysɪç] tired of; '**~durchschnittlich** above-average

übereinander [y:bər'aɪ-'nandər] on top of each other; **die Beine ~ schlagen** cross one's legs

überein|kommen [y:bər'ʔaɪn-] (irr, sep, -ge-, sein) agree; **~stimmen** (sep, -ge-, h): **~ (mit)** agree (with s.o.), correspond (with s.th.), 2**stimmung** f agreement; correspondence

überempfindlich ['y:bər'ʔ-] hypersensitive; touchy

über|fahr|en (irr, no -ge-, h) run over; go through (red light etc.); fig. bulldoze s.o.; '2**fahrt** f crossing

'**Über|fall** m assault; (bank etc.) robbery, holdup; 2'**fallen** (irr, no -ge-, h) attack; hold up

'**überfällig** overdue

'**Überfallkommando** n riot (Brt. flying) squad

über|fliegen (irr, no -ge-, h) fly over (or across); fig. glance over; '**~fließen** (irr, sep, -ge-, sein) overflow; '2**fluss** m (-es/no pl) abundance (**an** of); '**~flüssig** superfluous; **~fluten** (no -ge-, h) flood; **~fordern** (no -ge-, h) overtax

über'führ|en (no -ge-, h) transport; jur. convict (gen

of); **2ung** f mot. overpass, Brt. flyover
über'füllt [y:bər'fylt] overcrowded
'Übergang m crossing; fig. transition
über'ge|ben (irr, no -ge-, h) hand over; **sich ~** throw up; **'~gehen 1.** v/i (irr, sep, -ge-, sein) pass (**in** into; **zu** on to) **2.** v/t (irr, no -ge-, h) pass s.th. over; ignore; pass s.o. over, leave s.o. out
'Übergewicht n (-[e]s/no pl) (haben) overweight; fig. predominance
über'glücklich overjoyed; **'~greifen** (irr, sep, -ge-, h): **~ auf** spread to; **2größe** f outsize
'Über|hand: **~ nehmen** increase uncontrollably, become rampant
über'haupt at all; anyway; **~ nicht(s)** not(hing) at all
überheblich [y:bər'he:plɪç] arrogant
über'holen (no -ge-, h) overtake; tech. overhaul
überholt [‿y:bər'ho:lt] outdated
'Überholverbot n no overtaking
über'|kochen (sep, -ge-, sein) boil over; **~laden** (irr, no -ge-, h) overload; **~lassen** (irr, no -ge-, h): **j-m et. ~** leave s.th. to s.o.; **~lasten** (no -ge-, h) overload; fig. overburden; **~laufen 1.** ['‿] v/i (irr, sep, -ge-, sein) run over; mil. desert (**zu** to); **2.** [‿'-] adj overcrowded
über'leb|en (no -ge-, h) survive; **2de** m, f (-n/-n) survivor
über'legen¹ adj superior (dat to; an in)
über'leg|en² (no -ge-, h) **1.** v/t think about s.th.; **es sich anders ~** change one's mind; **2.** v/i think; **2ung** f (-/-en) consideration, reflection
Über'|lieferung f tradition; **2listen** (no -ge-, h) outwit; **'~macht** f (-/no pl) superiority; **2mäßig** excessive; **2mitteln** (no -ge-, h) transmit, convey; **2morgen** the day after tomorrow; **2müdet** overtired; **2mütig** ['‿my:tɪç] in high spirits; **2nächst** the next but one; **~e Woche** the week after next
über'nacht|en (no -ge-, h) stay overnight; **2ung** f (-/-en) overnight stay; **~ und Frühstück** bed and breakfast
Über'|natürlich supernatural; **~nehmen** (irr, sep, -ge-, h) take over (lead, responsibility etc.); take care of (a. bill etc.); **sich ~** overtax o.s.; **~prüfen** (no -ge-, h) check; screen (person); **~queren** (no -ge-, h) cross; **~ragen** (no -ge-, h) tower above; **~ragend** superior

überraschen

überrasch|en [y:bər'raʃən] (*no -ge-, h*) surprise; **2ung** *f* (*-/-en*) surprise
über|'reden (*no -ge-, h*) persuade; **~'reichen** (*no -ge-, h*) present; **~'reste** *pl* remains; **~'rumpeln** (*no -ge-, h*) (take by) surprise
'Überschall... *in compounds*: supersonic ...
über|'schätzen (*no -ge-, h*) overrate; **~'schlagen** (*irr, no -ge-, h*) skip, leave out; *econ.* make a rough estimate of; *sich ~* turn over; *person*: go head over heels; *voice*: break; **~'schnappen** (*sep, -ge-, sein*) crack up; **~'schneiden** (*irr, no -ge-, h*): *sich ~* overlap; **~'schreiten** (*irr, no -ge-, h*) cross; *fig.* go beyond (*one's means etc.*), exceed, break (*speed limit etc.*); **2schrift** *f* heading, title; headline; **2schuss** *m* surplus; **~schüssig** ['~ʃʏsɪç] surplus; **2schwemmung** [~'ʃvɛmʊŋ] *f* (*-/-en*) flood
'Übersee... *in compounds*: overseas ...
über|'sehen (*irr, no -ge-, h*) overlook (*a. fig.*)
über|'setzen (*no -ge-, h*) translate (*in* into); **2setzer** *m* (*-s/-*), **2setzerin** *f* (*-/-nen*) translator; **2setzung** *f* (*-/-en*) translation
'Übersicht *f* (*-/-en*) general idea (*über* of); summary; **'2-lich** clear(ly arranged)

über|'siedeln (*no -ge-, sein*) (re)move (*nach* to); **~'springen** (*irr, no -ge-, h*) *sport*: clear; skip, leave out; **~'stehen** (*irr*) **1.** [~'~] *v/t* (*no -ge-, h*) get over; survive (*a. fig.*). **2.** ['~] *v/i* (*sep, -ge-, h*) jut out; **~'steigen** (*irr, no -ge-, h*) exceed; **~'stimmen** (*no -ge-, h*) outvote
'Überstunden *pl* overtime; *~ machen* work overtime
über|'stürz|en (*no -ge-, h*): *et. ~* rush things; **~'stürzt** (over)hasty
über'tragbar [y:bər'tra:kba:r] transferable; *med.* contagious; **~'tragen 1.** *v/t* (*irr, no -ge-, h*) broadcast, transmit (*a. med., tech.*); transfuse (*blood*); transplant (*organ etc.*); *econ., jur.* transfer; **2.** *adj* figurative; **2tragung** *f* (*-/-en*) radio *or* TV broadcast; transmission; transfusion; transfer
über|'treffen (*irr, no -ge-, h*) surpass, F beat; *person*: *a.* outdo
über|'treib|en (*irr, no -ge-, h*) exaggerate; **2ung** *f* (*-/-en*) exaggeration
über|'treten (*irr, no -ge-, h*) break, violate (*law etc.*); **~'trieben** [~'tri:bən] exaggerated; **2tritt** *m* change (*zu* to); *rel.* conversion; **~'völkert** [~'fœlkərt] overpopulated; **2'völkerung** *f* (*-/no pl*) overpopulation; **~'vorteilen** (*no*

-ge-, h) cheat; ~'**wachen** (no -ge-, h) supervise, oversee; esp. tech. control, monitor (a. med.); shadow

überwält|igen [y:bɐr'vɛltɪgən] (no -ge-, h) overwhelm; ~**gend** overwhelming

über'weisen (irr, no -ge-, h) econ. remit (**an** to); **2ung** f (-/-en) remittance

über'winden (irr, no -ge-, h) overcome; **sich ~ zu** bring o.s. to inf

'**Überzahl** f (-/no pl): **in der ~** in the majority

über'zeug|en (no -ge-, h) convince (**von** of); **2ung** f (-/no pl) conviction

überziehen (irr) **1.** ['~] (sep, -ge-, h) put s.th. on; **2.** [~'-] (no -ge-, h) tech. etc. cover; change (bed); overdraw (account)

üblich ['y:plɪç] usual, common

U-Boot n submarine

übrig ['y:brɪç] remaining; **die 2en** pl the others, the rest; ~ **sein** be left; ~ **bleiben** be left, remain; ~ **lassen** leave

übrigens ['y:brɪgəns] by the way

Übung ['y:bʊŋ] f (-/-en) exercise; practice

Ufer ['u:fɐ] n (-s/-) shore; of river: bank; **ans ~** ashore

UFO ['U:fo] **unbekanntes Flugobjekt** UFO, unidentified flying object

Uhr [u:r] f (-/-en) clock; watch; **um vier ~** at four o'clock; **(um) wie viel ~** (at) what time ...?; ~**armband** ['~?-] n watchstrap; '~**macher** [~?-] n watchmaker; '~**zeiger** m hand

Uhu ['u:hu] m (-s/-s) eagle owl

ulkig ['ʊlkɪç] funny

Ulme ['ʊlmə] f (-/-n) elm

Ultra..., 2... [ultra-] in compounds: mst ultra(sound, -violet etc.); infra(red); super(sonic etc.)

um [ʊm] of place: (a)round; of time: at; of number etc.: about, around; ~ **sein** be over; period of time: be up; ~ **so besser** etc. all the even better etc.; ~ ... **willen** for ...'s sake; ~ **zu** (in order) to

um|armen [ʊm'?-] (no -ge-, h): (**sich**) ~ embrace; '~**bauen** (sep, -ge-, h) rebuild; '~**blättern** (sep, -ge-, h) turn over; '~**bringen** (irr, sep, -ge-, h) kill (**sich** o.s.); '~**buchen** (sep, -ge-, h) change one's booking (for); '~**drehen** (sep, -ge-, h) turn (a)round (**a. sich ~**); **2drehung** f tech. revolution; '~**fahren 1.** ['~] (sep, -ge-, h) run down (person); **2.** [~'-] (no -ge-, h) drive (naut. sail) (a)round; bypass; '~**fallen** (irr, sep, -ge-, sein) fall; collapse; '**tot ~** drop dead

Umfang m (-[e]s/no pl) circumference; size (of book

umfangreich 306

etc.); *fig.* extent; **2reich** extensive

um|'fassen (*no -ge-, h*) put one's arm(s) around (*s.o.*); grip (*s.th.*); *fig.* contain, comprise; **~fassend** comprehensive, extensive; *confession:* full

'um|formen (*sep, -ge-, h*) transform, convert; **2frage** *f* (opinion) poll, survey; **~funktionieren** (*sep, no -ge-, h*): **~ in** *or* **zu** turn into

'Umgang *m* (*-s/no pl*) company; **~sformen** *pl* manners; **~ssprache** *f* colloquial language

um|ge'ben (*irr, no -ge-, h*) surround; **2bung** *f* (*-/-en*) surroundings, vicinity; environment

'umge|hen (*irr, sep, -ge-, sein*) **~ mit** deal with, handle, treat; **2hungsstraße** [~-'ge:ʊŋs-] *f* bypass

um|gekehrt ['ʊmɡəkeːrt] **1.** *adj* reverse; opposite; **2.** *adv* the other way round; **und ~** and vice versa; **~graben** (*irr, sep, -ge-, h*) dig (up); **~hängen** (*sep, -ge-, h*) put on; sling over one's shoulder; rehang (*pictures etc.*); **2hängetasche** *f* shoulder bag

'um|her (a)round, about

'um|hören (*sep, -ge-, h*): **sich ~** keep one's ears open, ask around; **~kehren** (*sep, -ge-, h*) **1.** *v/i* (*sein*) turn back; **2.** *v/t* (*h*) turn (a)round; **~kippen** (*sep, -ge-, h*) **1.** *v/t* tip over; **2.** *v/i* (*sein*) → **umfallen**; **~klammern** (*no -ge-, h*) clasp (in one's arms)

'Umkleideraum *m* changing (*sport:* locker) room

'umkommen (*irr, sep, -ge-, sein*) be killed (*bei* in); F **~ vor** be dying with

'Umkreis *m* (*-es/no pl*) vicinity; *im ~ von* within a radius of

'Umlauf *m* circulation; **~bahn** *f* orbit

'umlegen (*sep, -ge-, h*) put on (*scarf etc.*); move (*patient, troops etc.*); share (*costs*); *sl.* kill: bump off

'umlei|ten (*sep, -ge-, h*) divert; **2tung** *f* (*-/-en*) *mot.* detour, *Brt.* diversion

'umliegend surrounding

'umrechn|en (*sep, -ge-, h*) convert; **2nungskurs** *m* exchange rate

um|'ringen (*no -ge-, h*) surround; **2riss** *m* outline; **~rühren** (*sep, -ge-, h*) stir; **2satz** *m* econ. sales; **~schalten** (*sep, -ge-, h*) switch (over) (**auf** to); **~schauen** (*sep, -ge-, h*) → **umsehen**

'Umschlag *m* envelope; cover, wrapper; *book:* jacket; *trousers:* cuff, *Brt.* turn-up; *med.* compress; *econ.* handling; **2en** (*irr, sep, -ge-, sein*) *boat etc.:* turn over;

fig., **weather etc.**: change (suddenly)

'um|schnallen (*sep*, -ge-, h) buckle on; **~schreiben** (*irr*) 1. ['~-] rewrite. 2. [~'-] (*no* -ge-, h) paraphrase; **~schulen** (*sep*, -ge-, h) retrain; transfer *student* to another school; **2schwung** *m* (drastic) change; **~sehen** (*irr*, *sep*, -ge-, h): *sich* ~ look back; look around (*nach* for); *sich* ~ *nach* be looking for; **'~sein** → um

um'sonst free (of charge); in vain

'Um|stand *m* fact; detail; **~stände** ['~ʃtɛndə] *pl*: *unter diesen (keinen)* ~*n* under the (no) circumstances; *unter* ~*n* possibly; *machen Sie sich keine* ~ don't go to any trouble; *in anderen* ~*n sein* be in the family way; **2ständlich** [~'ʃtɛntlɪç] complicated; *style*: longwinded; *zu* ~ too much trouble

'um|steigen (*irr*, *sep*, -ge-, *sein*) change; **'~stellen** (*sep*, -ge-, h) change (*auf* to); rearrange (*furniture etc.*); reset (*watch etc.*); *sich* ~ *auf* change (over) to; adjust (o.s.) to; **2stellung** *f* (-/-*en*) change; adjustment; **'~stimmen** (*sep*, -ge-, h) change *s.o.'s* mind; **'~stoßen** (*irr*, *sep*, -ge-, h) knock over; upset (*a. fig. plans*); **2sturz** *m* overthrow; **~stürzen** (*sep*, -ge-) 1. *v/t* (h) upset, overturn; 2. *v/i* (*sein*) fall down, overturn

'Umtausch *m* exchange; **2en** (*sep*, -ge-, h) exchange (*gegen* for)

'um|wandeln (*sep*, -ge-, h) transform, convert; **2weg** *m* detour

'Umwelt *f* (-/*no pl*) environment; **~...** *in compounds*: *mst* environmental ...; **2freundlich** environment-friendly, non-polluting; biodegradable; **~schädlich** harmful, polluting; **~schutz** *m* conservation, environmental protection; **~schützer** *m* (-*s*/-) conservationist, environmentalist; **~schutzpapier** *n* recycled paper; **~sünder(in)** (environmental) polluter; **~verschmutzung** *f* (environmental) pollution

'um|werfen (*irr*, *sep*, -ge-, h) upset, overturn; **~ziehen** (*irr*, *sep*, -ge-) 1. *v/i* (*sein*) move (*nach* to); 2. *v/refl* (h): *sich* ~ change; **~zingeln** [~'tsɪŋəln] (*no* -ge-, h) surround (*nach* to); parade

unab'hängig ['ʊn?-] independent; **2keit** *f* (-/*no pl*) independence

un|ab'sichtlich ['ʊn?-] unintentional; **~achtsam** ['ʊn?-] careless

unan'gebracht ['ʊn?an-] inappropriate; ~ *sein* be out of

unangenehm

place; '~**genehm** unpleasant; embarrassing; 2**nehmlichkeiten** ['~ne:mlɪçkaɪtən] pl trouble; '~**ständig** indecent

un|**appetitlich** ['ʊn?-] unappetizing; grubby; ~**artig** ['~?-] naughty, bad
un**auffällig** ['ʊn?auf-] inconspicuous; ~**hörlich** [~'hø:rlɪç] continuous; ~**merksam** ['~mɛrkza:m] inattentive
un**ausstehlich** [ʊn?aʊs'ʃte:lɪç] unbearable
'un**barmherzig** merciless
un|**bebaut** ['ʊnb~] undeveloped; '~**bedeutend** insignificant; minor; '~**bedingt** by all means; '~**befahrbar** impassable; '~**befriedigend** unsatisfactory; '~**befriedigt** dissatisfied; disappointed; '~**befugt** unauthorized; '~**begreiflich** incomprehensible; '~**begrenzt** unlimited; '~**begründet** unfounded; 2**behagen** ['~ha:gən] n (-s/no pl) uneasiness; '~**behaglich** [~'ha:klɪç] uneasy; '~**beherrscht** uncontrolled; lacking self-control; '~**beholfen** [~'hɔlfən] clumsy, awkward; '~**bekannt** unknown; '~**bekümmert** [~'kʏmərt] carefree; '~**beliebt** unpopular; '~**bemerkt** unnoticed; '~**bequem** uncomfortable; inconvenient; '~**berührt** untouched; girl: ~ **sein** be a virgin; '~**beschränkt** unlimited; power etc.: a. absolute; '~**beschreiblich** [~'ʃraɪplɪç] indescribable; '~**beständig** unstable, unsettled (a. weather); '~**bestechlich** incorruptible; '~**bestimmt** indefinite (a. gr.); uncertain; feeling etc.: vague; '~**beteiligt** not involved; attitude: indifferent; '~**bewacht** unguarded; '~**bewaffnet** unarmed; '~**beweglich** motionless; fig. inflexible; '~**bewohnt** uninhabited; building etc.: unoccupied; '~**bewusst** unconscious; '~**bezahlbar** priceless (a. fig.), invaluable
'un**brauchbar** useless
und [ʊnt] and; **na ~?** so what?
'un|**dankbar** ungrateful; task: thankless; '~**definierbar** nondescript; '~**denkbar** unthinkable; '~**deutlich** indistinct; '~**dicht** leaky
un**durch**|**dringlich** impenetrable; '~**lässig** impervious, impermeable; '~**sichtig** opaque; fig. obscure
un|**eben** ['ʊn?-] uneven; ~**echt** ['~?-] false; artificial; imitation ...; F contp. fake, phony, Brt. phoney; ~**ehelich** ['~?-] illegitimate; ~**empfindlich** ['~?-] insensitive (**gegen** to); material: durable; ~**endlich** [ʊn?-] infinite; endless
un**ent**|**behrlich** ['ʊn?ɛnt-] indispensable; '~**geltlich** free (of charge); '~**schieden** 1.

adj undecided; **~enden** end in a draw (*or* tie); **2.** ♀ *n* (*-s/-*) draw, tie; **'~schlossen** irresolute

uner'bittlich [un'er'bɪtlɪç] relentless; **'~fahren** inexperienced; **'~freulich** unpleasant; **~hört** ['~hø:rt] outrageous; **~kannt** ['~kant] unrecognized; **~klärlich** [~'klɛːrlɪç] inexplicable; **'~laubt** unlawful, unauthorized; **~messlich** [~'mɛslɪç] immense; **~müdlich** [~'myːtlɪç] indefatigable, untiring; **'~reicht** unequaled, *Brt.* unequalled; **~sättlich** [~'zɛtlɪç] insatiable; **~schöpflich** [~'ʃœpflɪç] inexhaustible; **'~schütterlich** unshak(e)able; **'~setzlich** irreparable; *damage etc.*: irreparable; **'~träglich** [~'trɛːklɪç] unbearable; **'~wartet** unexpected; **'~wünscht** undesirable

'unfähig unable, incapable (*zu* of *ger*); incompetent; **2keit** *f* (*-/no pl*) inability; incompetence

'Unfall *m* accident; **'~flucht** *f* hit-and-run offense (*Brt.* offence)

un'fassbar [un'fasbaːr] unbelievable; **'~förmig** ['~fœrmɪç] shapeless; misshapen; **'~frankiert** unstamped; **'~freiwillig** involuntary; *humor*: unintentional; **'~freundlich** unfriendly; *weather*: nasty;

room, day etc.: cheerless; **'~fruchtbar** infertile

Unfug ['unfuːk] *m* (*-[e]s/no pl*) nonsense; **~ treiben** be up to no good

Ungar ['ungar] *m* (*-n/-n*), **'~in** *f* (*-/-nen*), **'2isch** Hungarian

'Ungarn Hungary

'unge|bildet uneducated; **'~bräuchlich** unusual; **'~bunden** free, independent

'Ungeduld *f* impatience; **2ig** impatient

'unge|eignet [~'ʊŋgəʔ-] unfit; *person: a.* unqualified; **'~fähr** ['~gəfɛːr] approximate(ly), rough(ly); *adv a.* about; **'~fährlich** harmless; *sicher*: safe

'ungeheuer vast, huge, enormous

'Ungeheuer *n* (*-s/-*) monster

'unge|hindert unhindered; **'~hörig** improper; **'~horsam** disobedient; **'~kürzt** ['~kʏrtst] unabridged; **'~legen** inconvenient; **'~lernt** unskilled; **'~mütlich** uncomfortable; **~ werden** get nasty; **'~nau** inaccurate; *fig.* vague; **'~nießbar** uneatable; undrinkable; *person*: unbearable; **'~nügend** insufficient; *work etc.*: unsatisfactory; **'~pflegt** unkempt; **'~rade** odd

'ungerecht unjust (*gegen* to); **2igkeit** *f* (*-/-en*) injustice

'ungern unwillingly; **~ tun** dislike doing *s.th.*

ungeschickt

'unge|schickt clumsy; '~spritzt organic(ally grown); '~stört undisturbed, uninterrupted; '~sund unhealthy
'ungewiss uncertain; 2heit f (-/no pl) uncertainty
'unge|wöhnlich unusual, uncommon; 2ziefer ['~tsi:fər] n (-s/no pl) pests; vermin; '~zogen naughty; '~zwungen relaxed, casual, informal
'ungläubig ['ʊnglɔybɪç] incredulous
unglaub|lich [ʊn'glaʊplɪç] incredible; '~würdig untrustworthy; story, excuse etc.: incredible
'ungleich unequal; not matching; weak; '~mäßig uneven; irregular
'Unglück n (-[e]s/-e) misfortune; bad luck; accident; disaster; misery; 'Slich inf unfortunate; unhappy; 'Slicherweise unfortunately
'un|gültig invalid; '~günstig unfavorable, Brt. unfavourable; disadvantageous; '~handlich unwieldy, bulky; 2heil n (-[e]s/no pl) evil; disaster; ~ anrichten wreak havoc; '~heilbar incurable; '~heimlich creepy, eerie; F fig. tremendous(ly); '~höflich impolite; '~hörbar inaudible; '~hygienisch insanitary

Uniform [uni'fɔrm] f (-/-en) uniform
uninteress|ant ['ʊn?-] uninteresting; '~iert ['ʊn?-] uninterested
Union [u'nio:n] f (-/-en) union
Universität [univɛrzi'tɛ:t] f (-/-en) university
Universum [uni'vɛrzʊm] n (-s/no pl) universe
unkenntl|ich ['ʊnkɛntlɪç] unrecognizable; 2nis f (-/no pl) ignorance
'un|klar unclear; uncertain; im 2en sein be in the dark; '2kosten pl expenses; '~kraut n weeds; '~leserlich ['~le:zərlɪç] illegible; '~logisch illogical; '~lösbar ['~lø:s-] insoluble; '~mäßig excessive; 2menge f vast quantity
'Unmensch m: kein ~ sein have a heart; 'Slich inhuman
'un|missverständlich unmistakable(ly); '~mittelbar immediate(ly), direct(ly); '~möbliert unfurnished; '~modern out of style; '~möglich impossible; '~moralisch immoral; '~mündig ['~myndɪç] under age; '~natürlich unnatural; affected; '~nötig unnecessary
unordentlich ['ʊn?-] untidy; 2nung f (-/no pl) disorder, mess
'un|parteiisch impartial, unbias(s)ed; 2parteiische m sport: referee; '~passend unsuitable; improper; → unangebracht; '~passierbar impassable; '~pässlich

[~pesliç] indisposed, unwell; '~persönlich impersonal; '~politisch apolitical; '~praktisch impractical; '~pünktlich unpunctual; '~rasiert unshaven

'unrecht wrong; j-m ~ tun do s.o. wrong

'Unrecht n (-[e]s/no pl) wrong, injustice; zu ~ wrong(ful)ly, unjustly; ~ haben be wrong; 2mäßig unlawful

'un|regelmäßig irregular; '~reif unripe; fig. immature; '~rein unclean

'Unruhe f (-/-n) restlessness; pol. unrest; anxiety; ~n pl disturbances; riots; 2ig restless; sea: rough; fig. uneasy

uns [uns] (to) us; each other; ~ (selbst) ourselves

'un|sachlich unobjective; '~sauber dirty; fig. a. unfair; '~schädlich harmless; '~scharf blurred; '~schätzbar invaluable; '~scheinbar plain; '~schlüssig ['~ʃlʏsɪç] undecided

'Unschuld f (-/no pl) innocence; 2ig innocent

'unselbstständig dependent (on others)

unser ['ʊnzər] our; ~e(r,-s) ours

'un|sicher unsafe, insecure (a. psych.); → ungewiss; '~sichtbar invisible; '~sinn m (-[e]s/no pl) nonsense; '~sittlich indecent; '~sozial unsocial; '~sterblich immortal; '~stimmigkeiten ['~ʃtɪmɪçkaɪtən] pl disagreements; '~sympathisch disagreeable; ... ist mir ~ I don't like ...; '~tätig inactive; idle

unten ['ʊntən] below; down (a. nach ~); downstairs; von oben bis ~ from top to bottom

unter ['ʊntər] under; below; less than; among

Unter|arm ['ʊntər-] m forearm; 2belichtet underexposed; 2besetzt understaffed; 2bewusstsein n: im ~ subconsciously; 2binden (irr, no -ge-, h) stop; '~bodenschutz m mot. underseal

unter|brechen (irr, no -ge-, h) interrupt; 2chung f (-/-en) interruption

'unter|bringen (irr, sep, -ge-, h) accommodate, put s.o. up; find a place for s.th.; '~drücken (no -ge-, h) suppress; pol. oppress

unter|e ['ʊntərə] lower; ~einander [ʊntər'aɪ'nandər] between (or among) each other; one under the other; ~entwickelt underdeveloped

unterernährt ['ʊntər?-] undernourished; 2rung f (-/no pl) malnutrition

Unter|führung f underpass, Brt. a. subway; '~gang m sun: setting; naut. sinking; fig. decline; total: downfall

untergehen

'2gehen (*irr, sep, -ge-, sein*) sun: set; *naut.* go down, sink; *fig.* decline; fall

'Untergrund *m* subsoil; *pol., fig.* underground; '**.bahn** *f* → **U-Bahn**

unter'halb below, underneath

'Unterhalt *m* (-[e]s/*no pl*) maintenance, support (*a. payments*)

unter'hal|ten (*irr, no -ge-, h*) entertain; support (*family etc*); converse (*mit*) talk (to, with); sich gut ~ enjoy o.s., have a good time; 2tung *f* conversation, talk; entertainment; *econ.* upkeep

'Unterhemd *n* undershirt, *Brt.* vest; '**.holz** *n* (-es/*no pl*) undergrowth; '**.hose** *f* underpants; '**.irdisch** ['.ʔ-] underground; '**.kiefer** *m* lower jaw; '**.kleid** *n* slip; '**.kunft** ['.kʊnft] *f* (-/-e) accommodation; '**.lage** *f* base; ~**n** *pl* documents; '**.lassen** (*irr, no -ge-, h*) fail to do s.th.; refrain from smoking *etc*.; 2'legen inferior (j-m to s.o.); '**.leib** *m* abdomen, belly; 2'liegen (*irr, no -ge-, sein*) be defeated (j-m by s.o.); *fig.* be subject to; '**.lippe** *f* lower lip; '**.mieter(in)** lodger

unter'neh|men 1. *v/t* (*irr, no -ge-, h*) do s.th. (gegen about s.th.); go on (*trip etc*.); 2. 2 *n* (-s/-) undertaking; *econ.* business; 2**mer** (-s/ -), 2**merin** *f* (-/-nen) businessman, -woman, entrepreneur; employer; '**.mungslustig** [.'ne:mʊŋs-] adventurous

'Unteroffizier *m* noncommissioned officer

'Unter|richt *m* (-[e]s/*no pl*) instruction; lessons, classes; 2**richten** [ʊntɐ'-] teach; inform (über of)

'Unter|rock *m* slip; 2'**schätzen** (*no -ge-, h*) underestimate; 2'**scheiden** (*irr, no -ge-, h*) distinguish; sich ~ differ; '**.schenkel** *m* shank

Unterschied ['ʊntɐʃi:t] *m* (-[e]s/-e) difference; 2**lich** different; varying

unter'schlagen (*irr, no -ge-, h*) embezzle; 2**gung** *f* (-/-en) embezzlement

unter'schreiben (*irr, no -ge-, h*) sign; '2**schrift** *f* signature; '2**seeboot** *n* submarine; '2**setzer** *m* coaster; ~**setzt** stocky; ~**ste** lowest; ~'**stehen** (*irr, no -ge-, h*) be under, be answerable to; sich ~ dare; ~**stellen** 1. ['.'-] (*no -ge-, h*) put in(to) (*garage etc*.); sich ~ take shelter; 2. [.'-] (*no -ge-, h*) assume; put s.o. or s.th. under the charge of; ~'**streichen** (*irr, no -ge-, h*) underline (*a. fig.*)

unter'stütz|en (*no -ge-, h*)

unwahrscheinlich

support; **~ung** f (-/-en) support; *esp. government etc.:* aid; welfare

unter|such|en (no -ge-, h) examine (*a. med.*), investigate (*a. jur.*); *chem.* analyze, *Brt.* analyse; **~ung** f (-/-en) examination (*a. med.*), investigation (*a. jur.*); *med. a.* checkup; *chem.* analysis; **~ungshaft** f custody pending trial

'Unter|tasse f saucer; **~tauchen** (sep, -ge-) 1. v/i (sein) dive, submerge (*a. submarine*); *fig.* disappear; 2. v/t (h) duck *s.o.*; **'~teil** n lower part; **'~titel** m subtitle; **'~wäsche** f underwear; **~wegs** [~'ve:ks] on the (*or* one's) way; **'~werfen** (*irr, no* -ge-, h) subject (*dat* to); **sich ~** submit (*dat* to); **~würfig** [~'vʏrfɪç] servile; **'~zeichnen** (no -ge-, h) sign; **~ziehen** (*irr*) 1. ['~] (*sep*, -ge-, h) put on underneath; 2. [~'~] (*no* -ge-, h) skirt *dat* ~ undergo (*treatment etc.*); take (*exam etc.*)

un'tragbar unbearable; **~'trennbar** inseparable; **~'treu** unfaithful; **~'tröstlich** inconsolable; **'~tugend** f bad habit

unüber|legt ['ʊnʔyːbɐleːkt] thoughtless; **~sichtlich** blind (*corner etc.*); *fig.* intricate; **~windlich** [~'vɪntlɪç] insuperable

ununterbrochen ['ʊnʔʊntɐbrɔxən] uninterrupted; continuous

unver|ändert ['ʊnfɛrʔ-] unchanged; **~antwortlich** [~'~] irresponsible; **~besserlich** incorrigible; **~bindlich** *esp. econ.* not binding; *manner etc.:* noncommittal; **~daulich** indigestible; **~dient** undeserved; **~gesslich** unforgettable; **~gleichlich** incomparable; **~heiratet** unmarried, single; **~käuflich** not for sale; **~letzt** unhurt; **~meidlich** [~'maɪtlɪç] inevitable; **~nünftig** unwise, foolish

unverschämt ['ʊnfɛrʃɛːmt] rude, impertinent; **2heit** f (-/-en) impertinence

unver|ständlich unintelligible; incomprehensible; **~wüstlich** [~'vyːstlɪç] indestructible; **~zeihlich** inexcusable; **~züglich** [~'tsyːklɪç] immediate(ly), without delay

unvoll|endet unfinished; **~kommen** imperfect; **'~ständig** incomplete

unvor|bereitet unprepared; **~eingenommen** ['~ʔaɪŋənɔmən] unbias(s)ed; **~hergesehen** [~heːɐɡəzeːən] unforeseen; **'~sichtig** careless; **'~stellbar** unthinkable; **'~teilhaft** *dress etc.:* unbecoming

'unwahr untrue; **2heit** f untruth; **'~scheinlich** 1. *adj*

unwesentlich

improbable, unlikely; **2.** *adv* F incredibly

'un|wesentlich irrelevant; negligible; **Ωwetter** *n* (violent) storm; **'~wichtig** unimportant

unwider|ruflich [unvi:dər'ru:flɪç] irrevocable; **~stehlich** [~'ʃte:lɪç] irresistible

'Unwille *m* (*-ns*/*no pl*) indignation; **Ωkürlich** ['~kyrlɪç] involuntary

'un|wirksam ineffective; **~wissend** ignorant; **'~wohl** unwell; uneasy; **'~würdig** unworthy (*gen* of); **Ωzählig** [~'tse:lɪç] countless

unzer|brechlich unbreakable; **'~trennlich** inseparable

'Unzucht *f* (*-/no pl*) sexual offense (*Brt.* offence); **Ωzüchtig** ['~tsʏçtɪç] indecent; obscene

'unzufrieden dissatisfied; **Ωheit** *f* dissatisfaction

'unzu|gänglich inaccessible; **'~länglich** inadequate; **'~rechnungsfähig** of unsound mind; **'~sammenhängend** incoherent; **'~verlässig** unreliable

üppig ['ʏpɪç] luxuriant, lush; *figure*: *a.* voluptuous; *food*: rich

uralt ['u:rʔ-] ancient (*a.* F *fig.*)

Uran [u'ra:n] *n* (*-s*/*no pl*) uranium

Ur|aufführung ['u:rʔ-] *f* première; **~enkel(in)** ['~ʔ-] great-grandson,(-daughter); **~heberrechte** *pl* copyright

Urin [u'ri:n] *m* (*-s*/*-e*) urine

'Urkunde *f* document; diploma

Urlaub ['u:rlaʊp] *m* (*-[e]s*/*-e*) vacation, *esp. Brt.* holiday(s); *esp. mil.* leave; **~er** ['~bər] *m* (*-s*/*-*), **~erin** *f* (*-*/*-nen*) vacationer, *Brt.* holidaymaker

'Urne ['ʊrnə] *f* (*-*/*-n*) urn; *pol.* ballot box

'Ur|sache *f* cause; reason; **keine ~** you're welcome, don't mention it; **'~sprung** *m* origin; **Ωsprünglich** ['~ʃprʏŋlɪç] original(ly)

'Urteil ['ʊrtaɪl] *n* (*-s*/*-e*) judgment, *Brt. a.* judgement; sentence; **Ωen** (*ge-, h*) judge (*über j-n* s.o.); **'~sspruch** *m* verdict

'Urwald *m* jungle; primeval forest

USA [u:?ɛs'a:] *Vereinigte Staaten von Amerika* USA, United States of America

usw. (*only in writing*) *und so weiter* etc., and so on

Utensilien [utɛn'zi:liən] *pl* utensils

Uto|pie [uto'pi:] *f* (*-*/*-n*) illusion; **Ωpisch** [u'to:pɪʃ] utopian; *plan etc.*: fantastic

V

vage [vaːgə] vague
Vakuum ['vaːkuʊm] *n* (*-s/ -kua, -kuen*) vacuum
Vandale *m* → **Wandale**
Vanille [va'nɪl(j)ə] *f* (*-/no pl*) vanilla
Varietee [varie'teː] *n* (*-s/-s*) vaudeville, variety theater (*Brt. theatre*), *Brt.* music hall
Vase ['vaːzə] *f* (*-/-n*) vase
Vater ['faːtər] *m* (*-s/⸚*) father; **⸚land** *n* native country
väterlich ['fɛːtərlɪç] fatherly, paternal
Vaterunser [faːtər'ʔ-] *n* (*-s/-*) Lord's Prayer
Vege|tarier [vegeˈtaːriər] *m* (*-s/-*), **⸚tarierin** *f* (*-/-nen*), **ℒtarisch** vegetarian; **⸚tation** [⸚taˈtsioːn] *f* (*-/-en*) vegetation
Veilchen ['failçən] *n* (*-s/-*) violet
Velo ['veːlo] *n* (*-s/-s*) *Swiss* bicycle, *Brt.* bike
Vene ['veːnə] *f* (*-/-n*) vein
Ventil [vɛnˈtiːl] *n* (*-s/-e*) valve; *fig.* vent, outlet
Ventilator [vɛntiˈlaːtor] *m* (*-s/ -en*) fan
verabre|den [fɛrʔ-] (*no -ge-, h*) agree on, arrange; **sich ~** make a date (*or an appointment*); **ℒdung** *f* (*-/ -en*) appointment; date
verab|scheuen [fɛrʔ-] (*no -ge-, h*) detest; **⸚schieden**

[⸚ʃiːdən] (*no -ge-, h*) pass (*law*); discharge (*officer*); **sich ~ (von)** say goodbye (to)
ver|achten [fɛrʔ-] (*no -ge-, h*) despise; **⸚ächtlich** [⸚ˈʔɛçtlɪç] contemptuous; **ℒachtung** [⸚ʔ-] *f* contempt; **⸚allgemeinern** [⸚ʔalgəˈmainərn] (*no -ge-, h*) generalize; **⸚altet** [⸚ˈʔaltət] outdated
verän|derlich [fɛrˈʔɛndərlɪç] changeable (*a. weather*), variable; **⸚dern** (*no -ge-, h*) (*sich*) **~** change; **ℒderung** *f* (*-/-en*) change
veranlagt [fɛrˈʔanlaːkt] inclined (**zu, für** to); *musikalisch etc.* **~ sein** have a gift for *music etc.*; **ℒlagung** [⸚guŋ] *f* (*-/-en*) disposition (*a. med.*); talent; gift; **⸚lassen** [⸚ˈlasən] (*no -ge-, h*) cause; **⸚stalten** [⸚ˈʃtaltən] (*no -ge-, h*) organize; sponsor; **ℒstalter** *m* (*-s/-*) organizer; sponsor; **ℒstaltung** *f* (*-/-en*) event; *sport: a.* meeting
verantwort|en [fɛrʔ-] (*no -ge-, h*) take the responsibility for; **sich ~ für** answer for; **⸚lich** responsible; **j-n ~ machen (für)** hold s.o. responsible (for); **ℒung** *f* (*-/no pl*) responsibility; **⸚ungslos** irresponsible
ver|arbeiten [fɛrʔ-] (*no -ge-, h*) process; *fig.* digest; **ℒar-**

Verarbeitung

beitung [~'?-] *f* (*-/no pl*) processing (*a. EDV*); **~ärgern** [~'?-] (*no -ge-, h*) annoy **Verb** [vɛrp] *n* (*-[e]s/-e*) verb
Ver'band *m* (*-[e]s/-̈e*) bandage; association, union; **~(s)kasten** *m* first-aid kit; **~(s)zeug** *n* dressing material
ver'|bannen (*no -ge-, h*) banish (*a. fig.*), exile; **~bergen** (*irr, no -ge-, h*) hide (*a. sich ~*), conceal
ver'bessern (*no -ge-, h*) improve; correct; **2ung** *f* (*-/-en*) improvement, correction
ver'beugen (*no -ge-, h*): **sich ~** bow (**vor** to); **2ung** *f* (*-/-en*) bow
ver'|biegen (*irr, no -ge-, h*) twist; **~bieten** (*irr, no -ge-, h*) forbid, prohibit; **~'billigen** (*no -ge-, h*) reduce in price
ver'binden (*irr, no -ge-, h*) *med*. bandage (up); connect (*a. tech., tel.*); combine (*a. chem.*); *fig*. associate; **~lich** [~tlɪç] obligatory, binding (*a. econ.*); *person*: friendly; **2ung** *f* (*-/-en*) connection; combination; *chem*. compound; *univ*. fraternity; sorority; *Brt*. students' society; **sich in ~ setzen mit** contact, get in touch with
ver'blassen [fɛr'blasən] (*no -ge-, sein*) fade; **~bleit** [~'blaɪt] leaded; **~blüffen** [~'blyfən] (*no -ge-, h*) amaze;

~'blühen (*no -ge-, sein*) fade; wither; **~'bluten** (*no -ge-, sein*) bleed to death; **~'borgen** hidden
Ver'bot [fɛr'bo:t] *n* (*-[e]s/-e*) ban (**on** *s.th.*), prohibition; **2en** prohibited; **Rauchen ~** no smoking
Ver'brauch *m* (*-[e]s/no pl*) consumption (**an** of); **2en** (*no -ge-, h*) consume, use up; **~er** *m* (*-s/-*) consumer
Ver'brechen (*n -s/-*) crime (**begehen** commit); **~cher** (*-s/-*), **~cherin** *f* (*-/-nen*) **2cherisch** criminal
ver'breit|en (*no -ge-, h*): (**sich**) **~** spread; **~ern** (*no -ge-, h*): (**sich**) **~** widen
ver'brennen (*irr, no -ge-*) **1.** *v/t* (*h*) burn; cremate; incinerate; **2.** *v/i* (*sein*) burn; **2ung** *f* **1.** (*-/no pl*) burning; cremation; incineration; **2.** (*-/-en*) *med*. burn; **2ungsmotor** *m* internal combustion engine
verbün|den [fɛr'bʏndən] (*no -ge-, h*): **sich ~** (**mit** to, with), **2dete** *m* (*-n/-n*) ally
ver'|bürgen (*no -ge-, h*): **sich ~ für** vouch for (*s.o., s.th.*), guarantee (*s.th.*); **~büßen** (*no -ge-, h*): **e-e Strafe ~** serve a sentence
Verdacht [fɛr'daxt] *m* (*-[e]s/no pl*) suspicion; **~ schöpfen** become suspicious
verdächtig [fɛr'dɛçtɪç] suspicious; **2tige** [~gə] *m, f* (*-n/-n*)

vererben

suspect; **~tigen** [~gən] (*no -ge-*, *h*) suspect
verdamm|en [fɛrˈdamən] (*no -ge-*, *h*) condemn; **~t!** damned, damn, darned; damn (it)!; **~ gut** *etc.* damn good *etc.*
ver|ˈdampfen (*no -ge-*) *v/t* (*h*) and *v/i* (*sein*) evaporate; **~ˈdanken** (*no -ge-*, *h*) owe s.th. to s.o.
verdarb [fɛrˈdarp] *past of* **verderben**
verdau|en [fɛrˈdaʊən] (*no -ge-*, *h*) digest; **~lich** (*leicht* easily) digestible; **schwer ~** indigestible, heavy; **~ung** *f* (*-/no pl*) digestion; **~ungsstörungen** *pl* constipation
Verˈdeck *n* (*-[e]s/-e*) top; *naut.* deck; **~en** (*no -ge-*, *h*) cover (up) (*a. fig.*)
ver|ˈderben [fɛrˈdɛrbən] (*irr, no -ge-*) 1. *v/t* (*h*) spoil (*a. fun, appetite etc.*); ruin (*a. eyes*); **sich den Magen ~** upset one's s.t.; 2. *v/i* (*sein*) spoil, go bad; **~derblich** [~plɪç] perishable; **~deutlichen** (*no -ge-*, *h*) make clear; **~dienen** (*no -ge-*, *h*) earn; *fig.* deserve
Verˈdienst (*-[e]s/-e*) 1. *m* income; 2. *n* merit
ver|ˈdoppeln (*no -ge-*, *h*) (*sich*) ~ double; **~dorben** [~ˈdɔrbən] 1. *pp of* **verderben**; 2. *adj* spoiled (*a. fig.*); *stomach*: upset; *morally*: corrupt; **~drängen** (*no -ge-*, *h*) displace; *psych.* repress; **~ˈdrehen** (*no -ge-*, *h*) twist (*a. fig.*); roll (*eyes*); **j-m den Kopf ~** turn s.o.'s head; **~ˈdreifachen** (*no -ge-*, *h*): (*sich*) **~** triple; **~ˈdummen** (*no -ge-*) 1. *v/t* (*h*) make stupid, stultify; 2. (*sein*) become stupid, dumb (*a. sich*); **~ˈdunkeln** (*no -ge-*, *sein*) darken (*a. sich*); **~ˈdünnen** (*no -ge-*, *h*) dilute; **~ˈdunsten** (*no -ge-*, *sein*) evaporate; **~ˈdursten** (*no -ge-*, *sein*) die of thirst; **~dutzt** [~ˈdʊtst] puzzled
vereh|ren [fɛrʔ-] (*no -ge-*, *h*) worship (*a. fig.*); admire; **2rer** *m* (*-s/-*), **2rerin** *f* (*-/-nen*) admirer; fan; **2rung** *f* (*-/no pl*) reverence; admiration
vereidigen [fɛrʔaɪdɪɡən] (*no -ge-*, *h*) swear in; *witness*: put under an oath
Verˈein [fɛrʔaɪn] *m* (*-[e]s/-e*) club; society
vereinba|ren [fɛrʔaɪnbaːrən] (*no -ge-*, *h*) agree on, arrange; **2rung** *f* (*-/-en*) agreement, arrangement
vereinfachen [fɛrʔ-] (*no -ge-*, *h*) simplify
vereini|gen [fɛrʔ-] (*no -ge-*, *h*) unite; **2gung** *f* (*-/-en*) union; unification
verˈeisen [fɛrʔaɪzən] (*no -ge-*) 1. *v/i* (*sein*) ice up; 2. *v/t* (*h*) *med.* freeze; **~eitert** [fɛrʔ-] → **eitrig**; **~engen** [~ʔ-] (*no -ge-*, *h*): (*sich*) **~** narrow; **~erben** [~ʔ-] (*no*

verfahren 318

-ge-, *h*) leave; *biol.* transmit
ver'fahren (*irr, no -ge-*) **1.** *v/i* (*sein*) proceed; **2.** *v/refl* **sich ~** get lost; **3.** ℒ *n* (*-s/-*) procedure; *tech. a.* process; *jur.* proceedings
Ver'fall *m* (*-[e]s/no pl*) decay (*a. fig.*); ℒ**en** (*irr, no -ge-, sein*) decay (*a. fig.*); *house etc.*: *a.* dilapidate; *permit etc.*: expire
Ver'fas|ser *m* (*-s/-*), **~serin** *f* (*-/-nen*) author; **~sung** *f* (*-/-en*) condition; *pol.* constitution
ver'faulen (*no -ge-, sein*) rot, decay
ver'fil|men (*no -ge-, h*) film; ℒ**mung** *f* (*-/-en*) filming; film version
ver'fliegen (*irr, no -ge-, sein*) evaporate; *fig.* wear off
ver'fluchen (*no -ge-, h*) curse; **~flucht** → *verdammt*
ver'fol|gen (*no -ge-, h*) pursue (*a. fig.*); chase; follow (*tracks*); *rel., pol.* persecute; ℒ**ger** *m* (*-s/-*) pursuer
verfrüht [fɛr'fryːt] premature
verfüg|bar [fɛr'fyːkbaːr] available; **~en** [~ɡən] (*no -ge-, h*) order; decree; **~ über** have at one's disposal; ℒ**ung** [~ɡʊŋ] *f* (*-/-en*) order, decree; **zur ~ stehen** (**stellen**) be (make) available
ver'führe|n (*no -ge-, h*) seduce; **~risch** seductive; tempting
ver'gammeln (*no -ge-, sein*)

rot; *fig.* go to seed
vergangen [fɛr'ɡaŋən] past; ℒ**heit** *f* (*-/no pl*) past
Vergaser [fɛr'ɡaːzər] *m* (*-s/-*) carburetor, *Brt.* carburettor
vergaß [fɛr'ɡaːs] *past of vergessen 1*
ver'geb|en (*irr, no -ge-, h*) give away; forgive; **~lich** [~pliç] **1.** *adj* vain, futile; **2.** *adv* in vain
ver'gehen (*irr, no -ge-, sein*) *time*: go by, pass
Ver'gehen *n* (*-s/-*) offense, *Brt.* offence
Ver'geltung *f* (*-/no pl*) retaliation
verges|sen [fɛr'ɡɛsən] **1.** *v/t* (*irr, no -ge-, h*) forget; leave (behind); **2.** *pp of* 1; **~esslich** [~'ɡɛslɪç] forgetful
ver'geuden [~'ɡɔʏdən] (*no -ge-, h*) waste
vergewaltig|en [fɛrɡə'valtɪɡən] (*no -ge-, h*) rape; ℒ**ung** *f* (*-/-en*) rape
ver'gewissern [fɛrɡə'vɪsərn] (*no -ge-, h*): **sich ~** make sure (*gen* of); **~gießen** (*irr, no -ge-, h*) shed (*tears, blood*); spill
ver'gift|en (*no -ge-, h*) poison (*a. fig.*); ℒ**ung** *f* (*-/-en*) poisoning
Vergissmeinnicht [fɛr'ɡɪsmaɪnnɪçt] *n* (*-[e]s/-e*) forget-me-not
Vergleich [fɛr'ɡlaɪç] *m* (*-[e]s/-e*) comparison; *jur.* compromise; ℒ**bar** comparable;

Verkehrsdelikt

Qen (*irr, no -ge-, h*) compare
ver|gnügen [fɛrˈgnyːgən] **1.** *v/refl* (*no -ge-, h*): *sich ~* enjoy o.s.; **2.** ℒ *n* (*-s*) pleasure; *viel ~!* have fun; **~gnügt** [~kt] cheerful
Ver|gnügungs|park *m* amusement park; **~viertel** *n* entertainment district; red-light district
ver|graben (*irr, no -ge-, h*) bury; **~greifen** [~ˈgrɪfən] *book*: out of print
ver|größer|n (*no -ge-, h*) enlarge (*a. phot.*); *opt.* magnify; *sich ~* increase; ℒ**ung** *f* (*-l-en*) enlargement; ℒ**ungsglas** *n* magnifying glass
ver|haft|en (*no -ge-, h*) arrest; ℒ**ung** *f* (*-l-en*) arrest
ver|halten 1. *v/refl* (*irr, no -ge-, h*): *sich ~* behave; **2.** ℒ *n* (*-sl-no pl*) behavior, *Brt.* behaviour, conduct
Verhältnis [fɛrˈhɛltnɪs] *n* (*-ses/-se*) relationship; relation, proportion, *math.* ratio; affair; **~se** *pl* conditions; *über j-s ~se* beyond s.o.'s means; ℒ**mäßig** comparatively, relatively
ver|handel|n (*no -ge-, h*) negotiate; ℒ**ung** *f* (*-l-en*) negotiation; *jur.* hearing; trial
ver|hängnisvoll [fɛrˈhɛŋnɪs-] fateful; disastrous; fatal; **~harmlosen** [~ˈharmloːzən] (*no -ge-, h*) play s.th. down; **~haßt** [~ˈhast] hated; hateful (*job etc.*); **~hauen** (*irr,*

no -ge-, h) beat s.o. up; spank (*child*); **~heerend** [~ˈheːrənt] disastrous; **~heilen** (*no -ge-, sein*) heal (up); **~heimlichen** (*no -ge-, h*) hide, conceal; **~heiratet** married; **~hindern** (*no -ge-, h*) prevent; **~höhnen** [~ˈhøːnən] (*no -ge-, h*) deride, mock (at)
Ver|hör [fɛrˈhøːr] *n* (*-[e]sl-e*) interrogation; ℒ**hören** (*no -ge-, h*) interrogate, question; *sich ~* get it wrong
ver|hungern (*no -ge-, sein*) die of hunger, starve (to death)
ver|hüten (*no -ge-, h*) prevent; ℒ**ungsmittel** *n* contraceptive
ver|irren [fɛrˈʔ-] (*no -ge-, h*): *sich ~* lose one's way; **~jagen** (*no -ge-, h*) drive away; **~kabeln** (*no -ge-, h*) cable
Ver|kauf *m* sale; ℒ**kaufen** (*no -ge-, h*) sell; *zu ~* for sale
Ver|käuf|er(in) (sales) clerk, *Brt.* (shop) assistant; *econ.* seller; ℒ**lich** for sale
Ver|kehr [fɛrˈkeːr] *m* (*-slno pl*) traffic; contact, dealings; sexual: intercourse; **~kehren** (*no -ge-, h*) bus etc.: run; *~ in* frequent; *~ mit* associate (or mix) with
Verkehrs|ampel [fɛrˈkeːrs-] *f* traffic light (*Brt.* lights, *Am. a.* stoplight(s); **~behinderung** *f* (*-l-en*) holdup; traffic obstruction; **~delikt**

Verkehrsminister(in)

traffic offense (*Brt.* offence); **~minister(in)** Minister of Transport; **~mittel** *n* (means of) transportation; **öffentliche ~** *pl* public transportation (*Brt.* transport); **~polizei** *f* traffic police; **~stau** *m* traffic jam (*or* congestion); **~sünder(in)** traffic offender; **~teilnehmer(in)** road user; **~unfall** [~ʔ-] *m* traffic accident; **~verbund** [~fɛrˈbʊnt] *m* (-[e]s/-e) (linked) public transport system; **2widrig** [~viːdrɪç] contrary to traffic regulations; **~zeichen** *n* traffic sign

verkehrt [fɛrˈkeːrt] wrong; *~* (*herum*) upside down; inside out; **~kennen** (*irr, no ge-, h*) misjudge; **~klagen** (*no ge-, h*) sue (*auf, wegen* for); **~klappen** (*no ge-, h*) dump (into the sea); **~kleiden** (*no ge-, h*) disguise (*sich* o.s.); *tech.* cover; **~kleinern** (*no ge-, h*) reduce (in size), make smaller; **~kommen 1.** *v/i* (*irr, no ge-, sein*) house *etc.*: go to rack and ruin; *person:* go to seed; sink low; *food:* go bad; **2.** *adj* run-down; *person:* seedy, depraved; **~kracht** [~ˈkraxt]: **~sein** (*mit*) have fallen out (with); **~krüppelt** crippled; **~künden** [~ˈkʏndən] (*no ge-, h*) announce; pronounce (*sentence*); **~kürzen** (*no ge-, h*) shorten

Verlag [fɛrˈlaːk] *m* (-[e]s/-e) publishing house (*or* company), publishers

verˈlangen 1. *v/t* (*no ge-, h*) ask for, demand; **2.** **2 ~** (*s/no pl*) desire

verˈlängern [fɛrˈlɛŋərn] (*no -ge-, h*) lengthen; *fig.* prolong (*a. life*), extend; renew (*passport etc.*); **2ung** *f* (*-/-en*) extension; renewal; *sport:* extra time; **2ungsschnur** *f* extension cord (*Brt.* lead)

verˈlangsamen (*no -ge-, h*) slow down (*a. math ~*); **2lass** [~ˈlas] *m* (-es/*no pl*): **auf ... ist** (**kein**) **~** you can('t) rely on ...; **~lassen** (*irr, no -ge-, h*) leave; **sich ~ auf** rely on; **~lässlich** [~ˈlɛslɪç] reliable

Verˈlauf *m* course; **2laufen** (*irr, no -ge-, sein*) *line, river etc.:* run; *event:* go; end (up); **sich ~** lose one's way, get lost

verˈleben (*no -ge-, h*) spend; have (*a good time etc.*); **~lebt** [~ˈleːpt] dissipated

verˈlegen 1. *v/t* (*no ge-, h*) move; mislay (*glasses etc.*); *tech.* lay (*tiles etc.*); postpone (*meeting etc.*); publish (*book etc.*); **2.** *adj* embarrassed; **2genheit** *f* (*-/-en*) (financial) embarrassment; **2ger** *m* (*-s/-*), **2gerin** *f* (*-/-nen*) publisher

Verleih [fɛrˈlaɪ] *m* (-s/-e) rental (*or Brt.* hire) (service);

vernehmen

(*film*) distributors; ♀**en** (*irr, no -ge-, h*) lend; lent (*Brt.* hire) out (*cars etc.*); award (*prize etc.*)

ver|'**leiten** (*no -ge-, h*): **j-n etw. ~ talk** s.o. into doing s.th.; ~'**lernen** (*no -ge-, h*) forget; ~'**lesen** (*irr, no -ge-, h*) read out; **sich ~** misread it

ver|'**letzen** [fɛr'lɛtsən] (*no -ge-, h*) hurt (**sich** o.s.), injure; *fig. a.* offend; ♀'**letzte** [-tə] *m, f* (*-n/-n*) injured person; **die ~n** *pl* the injured; ♀'**letzung** *f* (*-/-en*) injury

ver'**leugnen** (*no -ge-, h*) deny

ver**leum**|**den** [fɛr'lɔʏmdən] (*no -ge-, h*) slander; libel; ♀**dung** *f* (*-/-en*) slander; libel

ver|'**lieben** (*no -ge-, h*): **sich ~** (**in**) fall in love (with); ~'**liebt** [-pt] in love (**in** with); amorous (*look etc.*)

ver'**lieren** [fɛr'liːrən] (*irr, no -ge-, h*) lose

ver|'**loben** (*no -ge-, h*): **sich ~** get engaged (**mit** to); ~'**lobt** engaged; ♀'**lobte** [-ptə] *m, f* (*-n/-n*) fiancé, 2. *f* (*-n/-n*) fiancée; ♀'**lobung** *f* (*-/-en*) engagement

ver'**lockend** tempting

ver**lor** [fɛr'loːr] *past of* **verlieren**

ver**loren** 1. *pp of* **verlieren**; 2. *adj* lost; **~ gehen** get lost

ver|'**losen** (*no -ge-, h*) draw lots for; ♀'**losung** *f* (*-/-en*) raffle, lottery; ♀'**lust** *m* (*-[e]s/-e*) loss; ~'**machen**

(*no -ge-, h*) leave; ~'**mehren** (*no -ge-, h*) increase; *biol.* reproduce, multiply; ~'**meiden** (*irr, no -ge-, h*) avoid; ~'**meintlich** [-'maɪntlɪç] supposed; alleged; ~'**messen** 1. *v/t* (*irr, no -ge-, h*) measure; survey (*land*); 2. *adj* presumptuous; ~'**mieten** (*no -ge-, h*) rent; rent (*Brt.* hire) out (*cars etc.*); **zu ~** for rent, *esp. Brt.* house: to let, *car:* for hire; ♀**mieter**(**in**) landlord(-lady); ~'**mischen** (*no -ge-, h*) mix; ~'**missen** [-'mɪsən] (*no -ge-, h*) miss; ~'**misst** [-'mɪst] missing (*mil.* in action)

ver|'**mitteln** (*no -ge-, h*) 1. *v/t* arrange; give, convey (*impression*); **j-m etw. ~** (*get* or find) s.o. s.th.; 2. *v/i* mediate (**zwischen** between); ♀**ler** *m* (*-s/-*), ♀**lerin** *f* (*-/-nen*) mediator, go-between; ♀**lung** *f* (*-/-en*) mediation; arrangement; agency; *tel.* exchange

Ver'**mögen** *n* (*-s/-*) fortune

ver**mummt** [fɛr'mʊmt] masked, disguised; ♀**ungsverbot** *n* ban on wearing masks at demonstrations

ver**mut**|**en** [fɛr'muːtən] (*no -ge-, h*) suppose; ~'**lich** probably; ♀**ung** *f* (*-/-en*) supposition, guess; **bloße ~** speculation

ver|**nach'lässigen** [fɛr'naːxlɛsɪgən] (*no -ge-, h*) neglect; ~'**nehmen** (*irr, no -ge-, h*)

verneigen

jur. question, interrogate; ~**neigen** [fɛrˈnaɪgən] (*no -ge-, h*): **sich** ~ bow (**vor** to); ~**neinen** [~ˈnaɪnən] (*no -ge-, h*) **1.** *v/t* deny; **2.** *v/i* answer in the negative

Vernetzung [fɛrˈnɛtsʊŋ] *f* (*-/ no pl*) network(ing)

vernicht|en [fɛrˈnɪçtən] (*no -ge-, h*) destroy; **2ung** *f* (*-/ no pl*) destruction

verniedlichen [fɛrˈniːtlɪçən] (*no -ge-, h*) play down

Ver|nunft [fɛrˈnʊnft] *f* (*-/no pl*) reason; **2nünftig** [~ˈnʏnftɪç] sensible, reasonable

veröffentli|chen [fɛrˈʔ~] (*no -ge-, h*) publish; **2chung** *f* (*-/-en*) publication

ver|ordnen [fɛrˈʔ~] (*no -ge-, h*) *med.* prescribe; ~**pachten** (*no -ge-, h*) lease

ver|pack|en (*no -ge-, h*) pack (up); *tech.* package; **2ung** *f* (*-/-en*) pack(ag)ing; wrapping; **2ungsmüll** *m* superfluous packaging

ver|passen (*no -ge-, h*) miss; ~**pesten** (*no -ge-, h*) pollute, foul; ~**pfänden** (*no -ge-, h*) pawn; ~**pflanzen** (*no -ge-, h*) transplant

verpflegen (*no -ge-, h*) feed; **2ung** *f* (*-/no pl*) food

ver|pflicht|en (*no -ge-, h*) engage; **sich** ~ **zu** commit o.s. to, undertake to; ~**tet** obliged; **2ung** *f* (*-/-en*) obligation; commitment; *econ.*, *jur.* liability

ver|pfuschen (*no -ge-, h*) ruin; ~**prügeln** (*no -ge-, h*) beat *s.o.* up; ~**putzen** (*no -ge-, h*) *arch.* plaster; F polish off (*food*)

Ver|rat *m* (*-[e]s/no pl*) betrayal; *pol.* treason; **2raten** (*irr, no -ge-, h*): (**sich**) ~ betray (o.s.), give (o.s.) away; ~**räter** [~ˈrɛːtər] *m* (*-s/-*), ~**räterin** *f* (*-/-nen*) traitor

ver|rechn|en (*no -ge-, h*): ~ **mit** set off against; **sich** ~ miscalculate (*a. fig.*); **2ungsscheck** *m* check for deposit only, *Brt.* crossed cheque

verregnet rainy

ver|reisen (*no -ge-, sein*) go away (on business); ~ **nach** go to

verren|ken [fɛrˈrɛŋkən] (*no -ge-, h*) dislocate (**sich** *et.* s.th.); **2kung** *f* (*-/-en*) dislocation

ver|riegeln (*no -ge-, h*) bolt, bar; ~**ringern** [~ˈrɪŋərn] (*no -ge-, h*) decrease, lessen (*both a. sich* ~); ~**rosten** (*no -ge-, sein*) rust

ver|rücken (*no -ge-, h*) move, shift

ver|rückt mad, crazy (*both* **nach** about); **2rückte** *m, f* (*-n/-n*) madman (madwoman), lunatic

ver|rutschen (*no -ge-, sein*) slip

Vers [fɛrs] *m* (*-es/-e*) verse

ver|sagen 1. *v/i* (*no -ge-, h*) fail; **2.** **2** *n* (*-s/no pl*) failure

Ver'sager *m* (-s/-), **2in** *f* (-/-nen) failure
ver'salzen (*no* -ge-, *h*) put too much salt in; *fig.* spoil
ver'sammeln (*no* -ge-, *h*): (sich) ~ gather, assemble; **2lung** *f* (-/-en) assembly, meeting
Versand [fɛrˈzant] *m* (-[e]s/ *no pl*) dispatch, shipment; **~...** *in compounds*: mail-order ...
ver'säumen [fɛrˈzɔymən] (*no* -ge-, *h*) miss (*train etc.*); neglect (*duty*); ~ et. zu tun fail to do s.th.; ~ get; sich ~ a. obtain;
~'schärfen (*no* -ge-, *h*): sich ~ get worse; **~'schätzen** (*no* -ge-, *h*): sich ~ misjudge, make a mistake (*a. fig.*); sich um ... ~ be out by ...;
~'schenken (*no* -ge-, *h*) give away; **~'schicken** (*no* -ge-, *h*) send (off); *econ. a.* dispatch; **~'schieben** (*irr, no* -ge-, *h*) shift; postpone
verschieden [fɛrˈʃiːdən] different; **~e ...** *pl* several ...; **2es** various things; miscellaneous; **~artig** [~ˈʔaːr-] various
ver'schimmeln (*no* -ge-, sein) go moldy (*Brt.* mouldy); **~'schlafen 1.** *v/i* (*irr, no* -ge-, *h*) oversleep; **2.** *adj* sleepy (*a. fig.*); **2'schlag** *m* (-[e]s/ⁿe) shed; **2'schlagen** cunning; **~'schlechtern** [~ˈʃlɛçtərn] (*no* -ge-, *h*) make worse; sich ~ get worse, deteriorate; **2schleiß** [~ˈʃlaɪs] *m* (-es/-e) wear (and tear); **~'schließen** (*irr, no* -ge-, *h*) close; lock (up); **~'schlimmern** [~ˈʃlɪmərn] (*no* -ge-, *h*) → **verschlechtern**; **~'schlingen** (*irr, no* -ge-, *h*) devour (*a. fig.*); **~'schlossen** [~ˈʃlɔsən] closed; locked; *fig.* reserved; **~'schlucken** (*no* -ge-, *h*) swallow; sich ~ choke; **2'schluss** *m* fastener; clasp; cap; top; *phot.* shutter; **~'schlüsseln** (*no* -ge-, *h*) (en)code; **~'schmelzen** (*irr, no* -ge-, *h*) *v/t* (*h*) *and v/i* (*sein*) merge, fuse; **~'schmerzen** (*no* -ge-, *h*) get over *s.th.*; **~'schmieren** (*no* -ge-, *h*) smear; **~'schmutzen** (*no* -ge-, *h*) soil, dirty; pollute; **~'schneit** [~ˈʃnaɪt] snow-covered; **~'schnüren** [~ˈʃnyːrən] (*no* -ge-, *h*) tie up; **~'schollen** [~ˈʃɔlən] missing; **~'schonen** (*no* -ge-, *h*) spare; **~'schreiben** (*irr, no* -ge-, *h*) *med.* prescribe (gegen for); sich ~ make a slip of the pen; **~'schrotten** (*no* -ge-, *h*) scrap; **~'schuldet** in debt; **~'schütten** (*no* -ge-, *h*) spill; bury alive; **verschwand** [~ˈʃvant] *past of* **verschwinden**; **~'schweigen** (*irr, no* -ge-, *h*) hide, keep *s.th.* (a) secret; **~schwenden** [~ˈʃvɛndən] (*no* -ge-, *h*) waste; **~schwendung** *f* (-/*no pl*) waste; **~schwiegen** [~ˈʃviː-

verschwimmen

gən] discreet; **~'schwimmen** (*irr, no -ge-, sein*) become blurred; **~schwinden** [~'ʃvɪndən] (*irr, no -ge-, sein*) disappear, vanish; **~schwommen** [~'ʃvɔmən] blurred (*a. phot.*)

Ver'schwörer *m* (-s/-), **~erin** *f* (-/-nen) conspirator; **~rung** *f* (-/-en) conspiracy, plot

verschwunden [fɛr'ʃvʊndən] *pp* of **verschwinden**

ver'sehen 1. *v/refl* (*irr, no -ge-, h*): **sich ~** make a mistake; **2.** ♀ *n* (-s/-) oversight; **aus ~ 'tlich** by mistake

ver'|senden (*irr, no -ge-, h*) → **verschicken**; **~sengen** [~'zɛŋən] (*no -ge-, h*) singe, scorch; **~setzen** (*no -ge-, h*) move; transfer (*employee etc.*); promote, *Brt.* move up (*student*); pawn (*watch etc.*); F *j-n* ~ stand s.o. up; *sich in j-s Lage* ~ put o.s. in s.o.'s place; **~seuchen** (*no -ge-, h*) contaminate

ver'si|chern (*no -ge-, h*) insure (*sich* o.s.); assure, assert; **♀cherte** *m, f* (-n/-n) the insured; **♀cherung** *f* (-/-en) insurance (company); assurance; **♀cherungspolice** *f* insurance policy

ver'|sickern (*no -ge-, sein*) trickle away; **~'sinken** (*irr, no -ge-, sein*) sink

Version [vɛr'zio:n] *f* (-/-en) version

versöh|nen [fɛr'zø:nən] (*no -ge-, h*) reconcile; *sich* (*wieder*) ~ become reconciled; make (it) up (*mit* with s.o.); **♀nung** *f* (-/-en) reconciliation

ver'sorg|en (*no -ge-, h*) provide, supply; take care of (*children etc.*); **♀ung** *f* (-/no pl*) supply; care

ver'spä|ten (*no -ge-, h*): *sich* ~ be late; **~tet** belated; delayed; **♀tung** *f* (-/-en) delay; ~ *haben* be late

ver'|speisen (*no -ge-, h*) eat (up); **~'sperren** (*no -ge-, h*) bar, block (up), obstruct (*a. view*); **~'spotten** (*no -ge-, h*) make fun of, ridicule; **~'sprechen 1.** *v/t* (*irr, no -ge-, h*) promise; *sich* ~ make a slip (of the tongue); **2.** ♀ *n* (-s/-) promise; **~'staatlichen** (*no -ge-, h*) nationalize

Ver'stand *m* (-[e]s/*no pl*) mind; reason; brain(s); *den* ~ *verlieren* go mad

verständ|igen [fɛr'ʃtɛndɪgən] (*no -ge-, h*) inform; *sich* ~ communicate; come to an agreement; **♀igung** *f* (-/*no pl*) communication; **~lich** [~tlɪç] intelligible, understandable; **♀nis** [~tnɪs] *n* (-ses/*no pl*) comprehension; understanding; **~nisvoll** understanding

ver'stär|ken (*no -ge-, h*) reinforce; strengthen; *radio*, *phys.*: amplify; intensify (*effect etc.*); **~ker** *m* (-s/-) amplifier; 2kung f (-/-en) reinforcement(s mil.).

ver'stauben (no -ge-, sein) get dusty

verstau|chen [fɛr'ʃtauxən] (no -ge-, h) sprain; 2chung f (-/-en) sprain

ver'stauen (no -ge-, h) stow away

Versteck [fɛr'ʃtɛk] n (-[e]s/-e) hiding place; 2en (no -ge-, h) hide (a. sich), conceal

ver'stehen (irr, no -ge-, h) understand, F get; see; sich (gut) ~ get along (well) (mit with)

Ver'steigerung f (-/-en) auction

ver'stell|bar adjustable; ~en (no -ge-, h) move (furniture); tech. adjust; block (passage etc.); disguise (voice etc.); sich ~ put on an act

ver'steuern (no -ge-, h) pay tax on; ~stimmt out of tune; person: annoyed; in a bad mood; stomach: upset; ~stohlen [~'ʃtoːlən] furtive; ~'stopfen (no -ge-, h) block (up); clog (up) (pipe); ~'stopft blocked (up); nose: a. F bunged up; pipe: clogged up; road: congested, clogged; 2'stopfung f (-/-en) med. constipation

verstor|ben [fɛr'ʃtɔrbən] late, deceased; 2bene m (-/-n) the deceased

Ver'stoß m (-es/-̈e) offense, Brt. offence; 2en (irr, no -ge-, h): ~ gegen violate

ver'strahlt contaminated (by radioactivity); ~streichen (irr, no -ge-, sein) time: pass; period: expire; ~'streuen (no -ge-, h) scatter; ~stümmeln [~'ʃtymǝln] (no -ge-, h) mutilate; ~'stummen (no -ge-, sein) grow silent

Versuch [fɛr'zuːx] m (-[e]s/-e) attempt, try; trial; phys. etc. experiment; 2en (no -ge-, h) try, attempt; try, taste; ~ung f (-/-en) temptation

ver'tagen (no -ge-, h) adjourn; ~'tauschen (no -ge-, h) exchange

verteidi|gen [fɛr'taɪdɪgən] (no -ge-, h) defend (sich o.s.); 2ger m (-s/-), 2gerin f (-/-nen) sport: defender; jur. counsel for the defense (Brt. defence); 2gung f (-/no pl) defense, Brt. defence; 2gungsminister m Secretary of Defense, Brt. Minister of Defence

ver'teilen (no -ge-, h) distribute

ver'tie|fen (no -ge-, h): (sich) ~ deepen; sich ~ in fig. become absorbed in; 2fung f (-/-en) depression

vertonen (no -ge-, h) set to music

Vertrag [fɛr'traːk] m (-[e]s/-̈e) contract; pol. treaty; 2en [~'traːgən] (irr, no -ge-, h) endure, bear, stand; ich

vertrauen

kann ... nicht ~ of food, etc.: ... doesn't agree with me; I can't stand ... (noise, person etc.); sich ~ → **verstehen**

ver|'trauen 1. v/i (no -ge-, h) trust; **2.** ≈ n (-s/no pl) confidence; trust; ~'**traulich** confidential; ~'**traut** familiar

ver'treiben (irr, no -ge-, h) drive away; expel (aus from) (a. pol.); sich die Zeit ~ while away the time

ver'tre|ten (irr, no -ge-, h) stand in for, substitute for (colleague etc.); represent (firm, country etc.); **≈ter** m (-s/-), **≈terin** f (-/-nen) substitute; representative; sales representative

ver|'trocknen (no -ge-, sein) dry up; ~'**trösten** (no -ge-, h) put off

verun|glücken [fɛr'ʔʊŋlʏkən] (no -ge-, sein) have (tödlich ~ die in) an accident; ~'**sichern** (no -ge-, h) make s.o. feel unsure of himself (or herself), F rattle

verursachen [fɛr'ʔuːrzaxən] (no -ge-, h) cause

verurtei|len [fɛr'ʔ-] (no -ge-, h) condemn (a. fig.), sentence, convict; **≈ung** f (-/-en) jur. conviction

ver|vielfältigen [fɛr'fiːlfɛltɪgən] (no -ge-, h) copy; ~'**vollkommnen** [~'fɔlkɔmnən] (no -ge-, h) perfect; improve (on); ~'**vollständigen** [~'fɔlʃtɛndɪgən] (no -ge-, h) complete; ~'**wackeln** (no -ge-, h) phot. blur; ~'**wählen** (no -ge-, h): sich ~ dial the wrong number; ~**wahrlost** [~'vaːrloːst] neglected

verwal|ten [fɛr'valtən] (no -ge-, h) manage; **≈ter** m (-s/-), **≈terin** f (-/-nen) manager; **≈ung** f (-/-en) administration (a. pol.)

ver'wand|eln (no -ge-, h) change, turn (a. sich) (in into); **≈lung** f (-/-en) change, transformation

verwandt [fɛr'vant] related (mit to)

Verwandt|e m, f (-n/-n) relative, relation; ~**schaft** f (-/-en) relationship; relations

ver'warnen (no -ge-, h) warn, give s.o. a warning; sport: book; **≈ung** f warning; sport: booking

ver'wechs|eln (no -ge-, h) confuse (mit with), mistake (for); **≈lung** f (-/-en) confusion; mistake

ver|'wegen bold; ~'**weigern** (no -ge-, h) deny, refuse

Verweis [fɛr'vais] m (-es/-e) reprimand; reference (auf to); **≈en** [~zən] (irr, no -ge-, h) refer (auf, an to); expel

ver'welken (no -ge-, sein) wither (a. fig.)

ver'wen|den [irr,] (no -ge-, h) use; spend (time etc.) (auf on); **≈dung** f (-/-en) use

ver|'werfen (irr, no -ge-, h) reject; ~'**werten** (no -ge-, h)

make use of, use; **~'wirklichen** (*no -ge-*, *h*) realize; **ver'wirren** (*no -ge-*, *h*) confuse; ⸺**ung** *f* (*-/-en*) confusion

ver'wischen (*no -ge-*, *h*) blur; cover (*tracks*); **~witwet** widowed; **~wöhnen** [~'vø:nən] (*no -ge-*, *h*) spoil; **~worren** [~'vɔrən] confused

verwund|bar [fɛr'vʊntba:r] *a.* vulnerable (*a. fig.*); **~en** [~dən] (*no -ge-*, *h*) wound; ⸺**ete** *m*, *f* (*-n/-n*) wounded (person), casualty; ⸺**ung** *f* (*-/-en*) wound, injury

ver'wünschen (*no -ge-*, *h*) curse; **~'wüsten** (*no -ge-*, *h*) devastate; **~'zählen** (*no -ge-*, *h*) *sich ~* miscount; **~zaubern** (*no -ge-*, *h*) enchant; **~ in** turn into; **~zehren** [~'tse:rən] (*no -ge-*, *h*) consume

Verzeichnis [fɛr'tsaɪçnɪs] *n* (*-ses/-se*) list; *in book:* index; *official:* register

verzeih|en [fɛr'tsaɪən] (*irr*, *no -ge-*, *h*) forgive *s.o.*; *bitten* Sie mir ~, excuse *s.th.*; ⸺**ung** *f* (*-/no pl*) pardon; (*j-n*) **um ~ bitten** apologize (to *s.o.*); **~!** sorry!; excuse me!

ver'zerren (*no -ge-*, *h*) distort; *sich ~* become distorted

verzicht|en [fɛr'tsɪçtən] (*no -ge-*, *h*) **~ auf** do without; give up

verzieh [fɛr'tsi:] *past of* **verzeihen**

ver'ziehen¹ (*irr*, *no -ge-*, *h*) spoil (*child etc.*); *das Gesicht ~* make a face; *sich ~ wood:* warp; F disappear; **verzieh dich!** F get lost!, push off!, scram!

verziehen² *pp of* **verzeihen**

ver'zieren (*no -ge-*, *h*) decorate; **~'zinsen** (*no -ge-*, *h*) pay interest on

ver'zöge|rn (*no -ge-*, *h*) delay; *sich ~* be delayed; ⸺**rung** *f* (*-/-en*) delay

ver'zollen (*no -ge-*, *h*) pay duty on; **et.** (**nichts**) **zu ~** *s.th.* (nothing) to declare

ver'zweif|eln (*no -ge-*, *sein*) despair; **~elt** desperate; ⸺**lung** *f* (*-/no pl*) despair

Veto ['ve:to] *n* (*-s/-s*) veto

Vetter ['fɛtɐ] *m* (*-s/-n*) cousin

vgl. (*only in writing*) **vergleiche** cf., confer; cp., compare

VHS [faʊha:'ʔɛs] *Volkshochschule* adult education program(me); adult evening classes

Video ['vi:deo] *n* (*-s/-s*) video (*a. in compounds: cassette, recording etc.*); **auf ~ aufnehmen** (video)tape, *Brt.* video; **~text** *m* teletext; **~thek** [~'te:k] *f* (*-/-en*) video store (*Brt.* shop)

Vieh [fi:] *n* (*-[e]s/no pl*) cattle; **~zucht** *f* cattle breeding

viel [fi:l] *adj. u. adv.* much; **~ (~) pl** a lot (of), many; (**~**) **zu ~** (far) too much; **zu ~e** too

Vielfalt

many; ~ **beschäftigt** very busy; ~ **sagend** meaningful; ~ **versprechend** promising
Vielfalt ['fi:lfalt] *f* (-/*no pl*) (great) variety
vielleicht [fi'laɪçt] perhaps, maybe; ~ **mehr** rather; ~**seitig** versatile
vier [fi:r] four; ?**eck** ['~ʔɛk] *n* (-[e]s/-e) square; '~**eckig** ['~ʔ~] square; ?**linge** ['~lɪŋə] *pl* quadruplets; '?**radantrieb** *m* fourwheel drive; '?**taktmotor** *m* fourstroke engine; '~**te** fourth
Viertel ['fɪrtəl] *n* (-s/-) fourth (part), quarter (*a. of city*); ~ **vor 3** (a) quarter of (*Brt.* to) 3; ~ **nach 3** (a) quarter after (*Brt.* past) 3; '~**finale** *n* quarter finals; '~**jahr** *n* three months, quarter (of a year); '?**jährlich** quarterly; *adv a.* every three months; '~**stunde** *f* quarter of an hour
viertens ['fi:rtəns] fourth(ly), in fourth place
vierzehn ['fɪr-] fourteen; ~ **Tage** *pl* two weeks; '~**te** fourteenth
vierzig ['fɪrtsɪç] forty; '~**ste** fortieth
Villa ['vɪla] *f* (-/*Villen*) villa
violett [vio'lɛt] violet, purple
virtuell [vɪr'tuɛl] virtual; ~**e Realität** virtual reality
Virus ['vi:rʊs] *n, m* (-/*Viren*) virus
Visum ['vi:zʊm] *n* (-s/*Visa*) visa

Vitamin [vita'mi:n] *n* (-s/-e) vitamin
Vize... ['fi:tsə-] *in compounds*: vice-(president *etc.*)
Vogel ['fo:gəl] *m* (-s/⁻) bird; '~**futter** *n* birdseed; '~**käfig** *m* birdcage; ~**perspektive** ['~pɛrspɛkti:və] *f* (-/*no pl*) bird's-eye view; ~**scheuche** ['~ʃɔʏçə] *f* (-/-n) scarecrow
Vokabel [vo'ka:bəl] *f* (-/-n) word; ~**n** *pl* → **ular** [~abu'la:r] *n* (-s/-e) vocabulary
Vokal [vo'ka:l] *m* (-s/-e) vowel
Volk [fɔlk] *n* (-[e]s/⁻er) people; nation
'**Volks**|**hochschule** *f* adult education program(me); adult evening classes; '~**lied** *n* folk song; '~**musik** *f* folk music; '~**republik** *f* people's republic; '~**tanz** *m* folk dance; '~**wirtschaft(slehre)** *f* economics; '~**zählung** *f* census
voll [fɔl] **1.** *adj* full; ~**er** full of; **e-e ~e Stunde** a full (*or* whole, solid) hour; ~ **füllen**, ~ **gießen** fill (up); ~ **machen** fill (up); F dirty, mess up; **die Hosen ~ machen** fill one's pants; **bitte ~ tanken** fill her up, please; **2.** *adv* fully; *pay etc.*: in full; ~ **u. ganz** fully, completely
voll|**automatisch** ['fɔl-] fully automatic; '?**bart** *m* full beard; '~**beschäftigung** *f* full employment; ~**enden**

vorbeilassen

[~'²-, fəˈlɛndən] (*no* -ge-, *h*) finish, complete; fig. perfect; **˞gas** n (-es/*no pl*) full throttle; ~ **geben** F step on it
völlig [ˈfœlɪç] complete(ly), total(ly)
ˈvoll|jährig of age; **˞jährigkeit** f (-/*no pl*) majority; **ˈkommen** perfect; **˞korn**... *in compounds:* whole grain, Brt. *a.* wholemeal (*bread etc.*); **˞macht** f (-/-en) (*a.*) ~**haben** be authorized; **˞milch** f full-cream *Brt. a.* full-cream milk; **˞mond** m (-[e]s/*no pl*) full moon; **˞pension** f (-/*no pl*) full board; **˞ständig** complete(ly); **˞wertkost** f wholefood(s); **˞zählig** [ˈ~tsɛːlɪç] complete
Volt [vɔlt] n (-, -[e]s/-) volt
Volumen [voˈluːmən] n (-*s*/-, -*mina*) volume
von [fɔn] (*dat*) from; *instead of* gen: of; *authorship, passive:* by; *talk etc.:* about; ~ **nun an** from now on; **ein Freund ~ mir** a friend of mine; **~einander** [~ʔaɪˈnandər] from each other
vor [foːr] in front of; *of time, order etc.:* before; **5** (**Minuten**) **~ 12** 5 (minutes) of (Brt. to) 12; ~ **e-m Jahr** a year ago; ~ **allem** above all
Vorˈabend [ˈfoːr-] m eve; **˞ahnung** f presentiment, foreboding
voran [foˈran] (*dat*) at the head (of), in front (of), before; **Kopf ~** head first; **˞gehen** (*irr, sep, -ge-, sein*) go ahead; **˞kommen** (*irr, sep, -ge-, sein*) make headway (*a.* fig.); fig. get ahead, be getting somewhere
Vorarbeiter [ˈfoːr-] m foreman; **˞in** [ˈ~ʔɪn] f forewoman
voraus [foˈraʊs] (*dat*) ahead (of); **im ˞** in advance, beforehand; **˞gehen** (*irr, sep, -ge-, sein*) go ahead; *of event:* precede; **˞gesetzt** [~ɡəzɛtst]: ~ **dass** provided (that); **˞sagen** (*sep, -ge-, h*) predict; **˞schicken** (*sep, -ge-, h*) send on ahead; **lassen Sie mich ~** let me first mention; **˞sehen** (*irr, sep, -ge-, h*) foresee; **˞setzen** (*sep, -ge-, h*) assume; take s.th. for granted; **˞Setzung** f (-/-en) condition, prerequisite; **˞en** pl requirements; **˞sichtlich** probably; **˞zahlung** f advance payment
ˈvorbehalten (*irr, sep, no -ge-, h*): **sich** (**das Recht**) ~ **zu** reserve the right to; **Änderungen ~** subject to change (without notice)
vorˈbei *move etc.:* by, past (**an** *s.o., s.th.*); *of time:* over, past, gone; **˞fahren** (*irr, sep, -ge-, sein*) drive past; **˞gehen** (*irr, sep, -ge-, sein*) pass, go by; *shot etc.:* miss; **˞lassen** (*irr, sep, -ge-, h*) let pass

'vorberei|ten (*sep, no -ge-, h*) prepare (*a.* **sich** ~); **2tung** *f* (*-/-en*) preparation
'vorbestellen (*sep, no -ge-, h*) reserve
'vorbeug|en (*e-r Sache* s.th.); (**sich**) ~ bend forward; **~gend** preventive
'Vorbild *n* model; **sich zum ~ nehmen** take s.o. as an example; **'~lich** exemplary
'vorbringen (*irr, sep, -ge-, h*) bring forward; say, state
Vorder|... ['fɔrdər-] *in compounds:* front (*door, seat, wheel etc.*); **2e** front; **'~bein** *n* foreleg; **'~grund** *m* foreground; **'~seite** *f* front; head (*of coin*)
'vor|dräng(l)n (*sep, -ge-, h*): **sich** ~ cut in line, *Brt.* jump the queue; **~dringen** (*irr, sep, -ge-, sein*) advance; **2druck** *m* (*-[e]s/-e*) form, blank; **~ehelich** ['~?-] premarital; **~eilig** ['~?-] hasty, rash; **~eingenommen** (*gegen* against), prejudiced; **~enthalten** ['~?-]: **j-m et. ~** withhold s.th. from s.o.; **~erst** ['~?-] for the time being
'Vorfahr ['fo:rfa:r] *m* (*-en/-en*) ancestor
'vor|fahren (*irr, sep, -ge-, sein*) drive up; **2fahrt** *f* (*-/no pl*) right of way; **die ~ beachten** yield (right of way), *Brt.* give way
'Vorfall *m* incident, event

'vorfinden (*irr, sep, -ge-, h*) find
'vorführ|en (*sep, -ge-, h*) show, present; **2ung** *f* presentation, show(ing); *thea., film: a.* performance
'Vor|gang *m* event; *biol., tech. etc.* process; **~gänger** ['~gɛŋər] *m* (*-s/-*), **~gängerin** *f* (*-/-nen*) predecessor; **~garten** *m* front yard (*Brt.* garden); **2gehen** (*irr, sep, -ge-, sein*) go on; come first; proceed; *watch:* be fast; **~gesetzte** ['~gəzɛtstə] *m, f* (*-n/-n*) superior, boss; **2gestern** the day before yesterday
'vorhaben 1. *v/t* (*irr, sep, -ge-, h*) plan, intend; **2. 2** *n* (*-s/-*) intention, plan(s); project
'Vorhand *f* (*-/no pl*) forehand
vorhanden [fo:r'handən] in existance; available; **~ sein** exist; **2sein** *n* existence
'Vorhang *m* curtain
'vor|her before, earlier; beforehand, in advance; **~herrschend** predominant
Vor'hersag|e *f* forecast, prediction; **2gen** (*sep, -ge-, h*) predict
vor'hin a (short) while ago
vorige ['fo:rɪgə] previous
'Vorkenntnisse *pl* previous knowledge (*or* experience)
'vorkommen 1. *v/i* (*irr, sep, -ge-, sein*) be found; hap-

pen; seem; sich ... ~ feel ...; **2. ~** n (-s/-) occurrence

Vorkriegs... in compounds: prewar ...

Vorladung f summons

Vorlage f pattern; parl. bill; sport: pass; **2lassen** (irr, sep, -ge-, h) let pass; admit (visitor); **2läufig** ['lɔʏfɪç] **1.** adj provisional; **2.** adv for the time being; **2laut** forward, pert

vorle|gen (sep, -ge-, h) present; show; **2ger** m (-s/-) rug

vorle|sen (irr, sep, -ge-, h) read (out) (j-m to s.o.); **2sung** f (-/-en) lecture (über on)

vorletzte next-to-last; ~ **Nacht** the night before last

Vor|liebe f (-/-n) preference; **~marsch** m advance; **2merken** (sep, -ge-, h) put s.o.'s (name) down

Vormittag m (am in the) morning

Vormund m (-[e]s/-e, -̈er) guardian

vorn [fɔrn] in front; **nach** ~ forward; **von** ~ from the front; from the beginning

Vorname m first name

vornehm ['foːrneːm] distinguished; fashionable, F posh; ~ **tun** put on airs

vornehmen (irr, sep, -ge-, h): **sich et.** ~ decide to do s.th.

vornherein: von ~ (right) from the beginning (or start)

Vorort ['foːr?-] m suburb; **~(s)zug** m suburban train

Vorprogramm n supporting program (Brt. programme); **2iert** fig. inevitable; **das war** ~ that was bound to happen

Vor|rang m (-[e]s/no pl) priority (vor over); **~rat** m (-[e]s/-̈e) store, stock, supply (an of); esp. of food: provisions; **2rätig** ['~rɛːtɪç] in stock; **~recht** n privilege; **~richtung** f device; **2rücken** (sep, -ge-) **1.** v/t (h) move s.th. forward; **2.** v/i (sein) advance; **~runde** f preliminary round; **~saison** f off-season; Brt. a. low season; **~satz** m resolution; jur. intent; **2sätzlich** ['~zɛtslɪç] jur. willful, Brt. wilful; **~schein** m (-s/no pl): **zum** ~ **kommen** come to light

Vorschlag m suggestion, proposal; **2en** (irr, sep, -ge-, h) suggest, propose

Vor|schrift f rule(s), regulation(s); instruction, direction(s); **2schriftsmäßig** correctly, according to regulations; **~schule** f preschool; **~schuss** m advance; **2sehen** (irr, sep, -ge-, h) plan; jur. provide; **sich** ~ be careful, watch out for

Vorsicht f (-/no pl) caution, care; ~! look out!; ~, **Stufe!** caution: step!; Brt. mind the step!; **2ig**

'Vorsichtsmaßnahme f: **~n treffen** take precautions

'Vorsilbe f prefix

'Vor|sitz m (-es/no pl) chair(manship); **'~sitzende** m, f (-n/-n) chairperson, chairman (f chairwoman), president

'Vorsorge f (-/no pl) precaution; **~ treffen** take precautions; **~untersuchung** ['-?-] f (preventive medical) check-up

'vorsorglich ['fo:rzɔrklɪç] as a precaution

'Vorspeise f hors d'oeuvre

'Vorspiel n prelude (a. fig.); sexual: foreplay; **'2en** (sep, -ge-, h) **j-m et. ~** play s.th. to s.o.

'Vor|sprung m projection; sport etc.: lead; **e-n ~ haben** be ahead (a. fig.); **'~stadt** f suburb; **'~stand** m board (of directors); managing committee; **'2stehen** (irr, sep, -ge-, h) protrude; fig. be the head of

'vorstell|en (sep, -ge-, h) put (watch etc.) forward; introduce (sich o.s.; j-n j-m s.o. to s.o.); sich et. **~** imagine s.th.; sich **~ bei** have an interview with; **2ung** f introduction; idea; thea. performance; **'2ungsgespräch** n interview

'Vor|strafe f previous conviction; **~n pl** police record; **'2täuschen** (sep, -ge-, h) feign, pretend

Vorteil ['fɔr-] m advantage; **'2haft** advantageous (**für** to)

Vortrag ['fo:rtra:k] m (-[e]s/ -¨e) lecture (**halten** give); **2en** ['~gən] (irr, sep, -ge-, h) recite (poem etc.); express, state (opinion etc.)

'vortreten (irr, sep, -ge-, sein) step forward; fig. protrude (a. eyes etc.)

vorüber [fo'ry:bər] → **vorbei; ~gehen** (irr, sep, -ge-, sein) pass, go by; **~gehend** temporary

Vor|urteil ['fo:r?-] n prejudice; **'~verkauf** m thea. advance booking; **'~wahl** f pol. primary, Brt. preliminary election; **'~wahl(nummer)** f tel. area (Brt. STD or dialling) code; **'~wand** m (-[e]s/-¨e) pretext

vorwärts ['fo:rvɛrts] forward, on(ward), ahead; **~!** come on, let's go!; **~ kommen** make headway (a. fig.); fig. get ahead, be getting somewhere

vorweg [fo:r'vɛk] beforehand; **~nehmen** (irr, sep, -ge-, h) anticipate

'vor|weisen (irr, sep, -ge-, h) show; **'~werfen** (irr, sep, -ge-, h) **j-m et. ~** reproach s.o. with s.th.; **~ beschuldigen; '~wiegend** chiefly, mainly, mostly

Vorwort n (-[e]s/-e) foreword; preface

'Vorwurf m reproach; *j-m (sich)* **Vorwürfe machen** reproach s.o. (o.s.) (*wegen* for); balance; *astr.* Libra; **2svoll** reproachful

'Vorzeichen n omen, sign (*a. math.*); **2zeigen** (*sep, -ge-, h*) show; **2zeitig** premature;

'2ziehen (*irr, sep, -ge-, h*) draw (*curtains etc.*); *fig.* prefer; **'~zug** m preference; advantage; merit; **2züglich** [~'tsy:klɪç] exquisite

vulgär [vʊl'gɛːr] vulgar

Vulkan [vʊl'kaːn] m (*-s/-e*) volcano

W

Waage ['vaːgə] f (*-/-n*) scale(s Brt.); balance; *astr.* Libra; **'2recht** horizontal

Wabe ['vaːbə] f (*-/-n*) honeycomb

wach [vax] awake; **~ werden** wake up

'Wa|che f (*-/-n*) guard (*a. mil.*); sentry; *naut., med.* watch; police station; **2chen** (*ge-, h*) (keep) watch

Wacholder [va'xɔldər] m (*-s/-*) juniper

Wachs [vaks] n (*-es/-e*) wax

wachsam ['vaxzaːm] watchful

wachsen¹ ['vaksən] (*irr, ge-, sein*) grow (*a. sich ~ lassen*); *fig. a.* increase

wachsen² [~] (*ge-, h*) wax

Wächter ['vɛçtər] m (*-s/-*) guard

Wach(t)turm ['vaxt-] m watchtower

wack|elig ['vakəlɪç] shaky; *tooth etc.*: loose; **'2elkontakt** m loose contact; **'~eln** (*ge-, h*) shake; *table etc.*: wobble;

tooth etc.: be loose

Wade ['vaːdə] f (*-/-n*) calf

Waffe ['vafə] f (*-/-n*) weapon (*a. fig.*); **~n** *pl a.* arms

Waffel ['vafəl] f (*-/-n*) waffle; wafer

'Waffenstillstand m armistice, truce

wagen ['vaːgən] (*ge-, h*) dare; risk; *sich ~ in* venture into

Wagen [~] m (*-s/-*) car; *rail.* car, Brt. carriage; **'~heber** m (*-s/-*) jack

Waggon [va'gõː] m (*-s/-s*) car, Brt. wag(g)on

Wahl [vaːl] f (*-/-en*) choice; alternative; *pol.* election; voting, poll; **zweite ~** *econ.* seconds

wähl|en ['vɛːlən] (*ge-, h*) choose; vote; elect; *tel.* dial; **2ler** m (*-s/-*), **2lerin** f (*-/-nen*) voter; **'~lerisch** particular

'Wahl|fach n elective, optional subject; **'~kabine** f voting (or polling) booth; **'~kampf** m election campaign;

Wahlkreis

'~kreis *m* constituency; '~lokal *n* polling place (*Brt.* station), *the polls*; *º*los (*adv* at) random; '~recht *n* (-[e]s/*no pl*) right to vote, franchise; '~tag *m* voting (*Brt.* polling) day; '~urne [´.⌣.] *f* ballot box

Wahnsinn ['va:n-] *m* (-[e]s/*no pl*) insanity, madness (*a. fig.*); *º*ig **1.** *adj* insane, mad; **2.** *adv* F awfully

wahr [va:r] true; real

während ['vɛ:rənt] **1.** *prp* during; **2.** *cj* while; whereas

'**Wahr**|**heit** *f* (-/-en) truth; *º*nehmen (*irr, sep, -ge-, h*) perceive, notice; seize (*opportunity etc.*); '~sager *m* (-s/-), '~sagerin *f* (-/-nen) fortune-teller; '~scheinlich probably, most (*or* very) likely; ~scheinlichkeit *f* (-/-en) probability, likelihood

Währung ['vɛ:rʊŋ] *f* (-/-en) currency

'**Wahrzeichen** *n* landmark

Waise ['vaizə] *f* (-/-n) orphan; '~nhaus *n* orphanage

Wal [va:l] *m* (-[e]s/-e) whale

Wald [valt] *m* (-[e]s/*-⸚er*) wood(s), forest; '~sterben *n* (-s/*no pl*) dying of forests, forest dieback (*or* dieback)

Walkman® ['wɔːkmən] *m* (-s/-s *or* -men) personal stereo, Walkman®

Wall [val] *m* (-[e]s/*-⸚e*) rampart

'**Wallfahrt** *f* pilgrimage

Wal|**nuss** ['va:l-] *f* walnut; ~ross *n* (-es/-e) walrus

Walze ['valtsə] *f* (-/-n) roller; cylinder

wälzen ['vɛltsən] (**ge-, h**): (**sich**) ~ roll

Walzer ['valtsɐ] *m* (-s/-) waltz

wand [vant] *past of* **winden**

Wand [⸚] *f* (-/*-⸚e*) wall

Wanda|**le** [van'da:lə] *m* (-n/-n) vandal; ~lismus *m* (-/*no pl*) vandalism

'**Wan**|**del** [´vandəl] *m* (-s/*no pl*) change; *º*deln (**ge-, h**): *sich* ~ change

Wanderer ['vandərɐ] *m* (-s/-), ~in *f* (-/-nen) hiker

'**wandern** (**ge-, sein**) hike; wander (*a. fig.*); '~ung *f* (-/-en) hike; *º*weg *m* (hiking) trail

'**Wandgemälde** *n* mural

Wandlung ['vandlʊŋ] *f* (-/-en) change

'**Wand**|**schrank** *m* closet, *Brt.* built-in cupboard; '~tafel *f* blackboard

wandte ['vantə] *past of* **wenden**

Wange ['vaŋə] *f* (-/-n) cheek

wankelmütig ['vaŋkəlmyːtɪç] fickle, inconstant

wanken ['vaŋkən] (**ge-, h, sein**) stagger, reel

wann [van] when, (at) what time; *seit* ~? (for) how long?, since when?

Wanne ['vanə] *f* (-/-n) tub; bathtub

Wanze ['vantsə] *f* (-/-n) bedbug; F *fig.* bug

Wappen ['vapən] *n* (*-s*/-) coat of arms

war [vaːr] *past of* **sein**²

warb [varp] *past of* **werben**

Ware ['vaːrə] *f* (*-/-n*) goods; article; product

'Waren|haus *n* department store; **'~lager** *n* stock; **'~probe** *f* sample; **'~zeichen** *n* trademark

warf [varf] *past of* **werfen**

warm [varm] warm; *meal, drink:* hot

Wärme ['vɛrmə] *f* (*-/no pl*) warmth; *phys.* heat; **'2en** (*ge-*, *h*) warm (up); **'~flasche** *f* hot-water bottle

Warn|dreieck ['varn-] *n mot.* warning triangle; **'2en** (*ge-*, *h*) warn (**vor** *d*, against); **'~ung** *f* (*-/-en*) warning

warten ['vartən] (*ge-*, *h*) wait (**auf** for)

Wärter ['vɛrtər] *m* (*-s*/-), **~in** *f* (*-/-nen*) guard; *zoo etc.:* keeper; *museum etc.:* attendant

'Warte|saal *m*, **'~zimmer** *n* waiting room

'Wartung *f* (*-/no pl*) maintenance

warum [va'rum] why

Warze ['vartsə] *f* (*-/-n*) wart

was [vas] what; **~ kostet ...?** how much is ...?

wasch|bar ['vaʃbaːr] washable; **'~becken** *n* washbowl, washbasin

Wäsche ['vɛʃə] *f* (*-/no pl*) washing, laundry; linen; underwear; **'~klammer** *f* clothes pin (*Brt.* peg); **'~leine** *f* clothesline

waschen ['vaʃən] (*irr*, *ge-*, *h*): (**sich**) **~** wash (**die Haare** etc. one's hair *etc.*); **2 und Legen** shampoo and set

Wäscherei [vɛʃəˈraɪ] *f* (*-/-en*) laundry

'Wasch|lappen *m* washcloth, *Brt.* flannel; **'~maschine** *f* washing machine, F washer; **'~pulver** *n* detergent, washing powder; **'~salon** *m* laundromat, *esp. Brt.* launderette; **'~straße** *f* car wash

Wasser ['vasər] *n* (*-s*/-) water; **'~ball** *m* beach ball; *sport* (*no pl*): water polo; **'2dicht** waterproof; **'~fall** *m* waterfall; **'~flugzeug** *n* seaplane; **'~graben** *m* ditch; **'~hahn** *m* tap, *Am. a.* faucet

wässerig ['vɛsərɪç] watery

'Wasser|kraftwerk *n* hydroelectric power station; **'~leitung** *f* water pipe(s); **'~mann** *m* (*-[e]s/no pl*) *astr.* Aquarius

wässern ['vɛsərn] (*ge-*, *h*) water

'Wasser|rohr *n* water pipe; **'2scheu** afraid of water; **'~ski** *n* (*-s/no pl*) water skiing; **'~ laufen** waterski; **'~sport** *m* water (*or* aquatic) sports; **'~stoff** *m* hydrogen; **'~stoffbombe** *f* hydrogen bomb, H-bomb; **'~verschmutzung** *f* water pollution; **'~waage** *f* spirit level; **'~weg** *m* water-

Wasserwelle

way; **auf dem** ~ by water; **'~welle** f waterwave; **'~werfer** m (-s/-) water cannon; **'~werk** n waterworks; **'~zeichen** n watermark

waten ['vaːtən] (ge-, sein) wade

Watsche ['vatʃə] f (-/-n) Austrian: slap in the face

watscheln ['vatʃəln] (ge-, sein) waddle

Watschen ['vatʃən] f (-/-) Austrian → **Watsche**

Watt¹ [vat] n (-s/-) electr. watt

Watt² [~] n (-[e]s/-en) geogr. mud flats

Watte ['vatə] f (-/-n) cotton, Brt. cotton wool

web|en ['veːbən] ([irr,] ge-, h) weave; **2stuhl** ['veːp-] m loom

Wechsel ['vɛksəl] m (-s/-) change; exchange; bill of exchange; monthly etc.: allowance; **'~geld** n (small) change; **'~kurs** m exchange rate

'wechsel|n (ge-, h) change; vary; exchange; **2strom** m alternating current; **2stube** ['~ʃtuːbə] f (-/-n) exchange (office)

wecken ['vɛkən] (ge-, h) wake (up)

Wecker m (-s/-) alarm clock

wedeln ['veːdəln] v/i (ge-) 1. (h) wave (**mit et.** s.th.); dog: wag its tail; 2. (sein) skiing: wedel

weder ['veːdər]: ~ ... **noch** neither ... nor

Weg [veːk] m (-[e]s/-e) way (a. fig.); path; route; walk

weg [vɛk] away; gone; off; **ich muss** ~ I must be off; **nichts wie** ~! let's get out of here!; **'~bleiben** (irr, sep, -ge-, sein) stay away; **'~bringen** (irr, sep, -ge-, h) take away

wegen ['veːgən] because of

'weg|fahren ['vɛk-] (irr, sep, -ge-, sein) away; mot. a. drive away; **'~fallen** (irr, sep, -ge-, sein) be dropped; **'~gehen** (irr, sep, -ge-, sein) go away (a. fig.); leave; goods etc.: sell; **'~jagen** (sep, -ge-, h) drive away; **'~lassen** (irr, sep, -ge-, h) let s.o. go; leave out; **'~laufen** (irr, sep, -ge-, sein) run away; **'~nehmen** (irr, sep, -ge-, h) take away (**j-m** from s.o.); take up (space etc.); **'~räumen** (sep, -ge-, h) clear away; **'~schaffen** (sep, -ge-, h) remove

Wegweiser [ˈveːkvaɪzər] m (-s/-) signpost

'weg|werfen ['vɛk-] (irr, sep, -ge-, h) throw away; **'~wischen** (sep, -ge-, h) wipe off

weh [veː] sore; → **wehtun**

wehen ['veːən] (ge-, h) blow; flag etc.: wave

Wehen [~] pl labor, Brt. labour

wehleidig ['veːlaɪdɪç] self-pitying, sniveling, Brt. snivelling

Wehr [veːr] *n* (-[e]s/-e) weir
Wehr|dienst ['veːr-] *m* (-[e]s/ no pl) military service; '**2en** (ge-, h): *sich* ~ defend o.s.; '**2los** defenceless, *Brt.* defenceless

wehtun ['veː-] (*irr, sep, ge-, h*) hurt (*sich* o.s.)

Weib|chen ['vaipçən] *n* (-s/- zo. female; '**lich** female; feminine

weich [vaiç] soft (*a. fig.*); egg: softboiled; ~ *gekochtes Ei* soft-boiled egg; F ~ *werden* give in

Weiche ['vaiçə] *f* (-/-n) rail. switch, *Brt.* points

weichlich soft, effeminate

Weide ['vaidə] *f* (-/-n) *bot.* willow; *agr.* pasture; '**land** *n* pasture; '**2n** (ge-, h) pasture, graze

weige|rn ['vaigərn] (ge-, h): *sich* ~ refuse; '**2rung** *f* (-/-en) refusal

weihen ['vaiən] (ge-, h) *rel.* consecrate

Weihnachten ['vainaxtən] *n* (-/-) Christmas

Weihnachts|abend ['vainaxts-] *m* Christmas Eve; '**baum** *m* Christmas tree; '**geschenk** *n* Christmas present; '**lied** *n* Christmas carol; '**mann** *m* Father Christmas, Santa Claus; '**tag** *m*: *erster* ~ Christmas Day; *zweiter* ~ Boxing Day; '**zeit** *f* Christmas (season)

Weih|rauch ['vai-] *m* incense;

'**wasser** *n* (-s/no pl) holy water

weil [vail] because; since, as

Weile ['vailə] *f* (-/no pl): *e-e* ~ a while

Wein [vain] *m* (-[e]s/-e) wine; *bot.* vine; '**bau** *m* (-[e]s/no pl) winegrowing; '**beere** *f* grape; '**berg** *m* vineyard; '**brand** *m* brandy

weinen ['vainən] (ge-, h) cry (*vor* with; *um* for; *wegen* about, over)

Wein|fass *n* wine cask; '**karte** *f* wine list; '**lese** ['-leːzə] *f* (-/-n) vintage; '**probe** *f* wine tasting; '**stock** *m* vine; '**traube** *f* → **Traube**

weise ['vaizə] wise

Weise [~] *f* (-/-n) way, manner; *mus.* tune; *auf diese (m-e)* ~ this (my) way

weisen ['vaizən] (*irr, ge-, h*) show; ~ *aus* expel *s.o.* from; ~ *auf* point at (or to); *et. von sich* ~ repudiate s.th.

Weisheit ['vaishait] *f* (-/-en) wisdom; '**szahn** *m* wisdom tooth

weiß [vais] white; '**2brot** *n* white bread

'**Weiße** *m, f* (-n/-n) white (man or woman); '**wein** *m* white wine

weit [vait] 1. *adj* wide; *journey etc.*: long; *wie* ~ *ist es?* how far is it?; 2. *adv* far; ~ *verbreitet* widespread; *bei* ~ *em* by far; *von* ~ *em* from a dis-

weiter

tance; **zu ~ gehen** go too far **weiter** ['vaɪtɐr] on, further; **und so ~** and so on; **nichts ~** nothing else; '**~...** in compounds: mst go on doing s.th.; **²bildung** f further education; '**~fahren** (irr, sep, -ge-, sein) go on; '**~geben** (irr, sep, -ge-, h) pass on(**an** to); '**~gehen** (irr, sep, -ge-, sein) move on; fig. continue; '**~kommen** (irr, sep, -ge-, sein) → **vorankommen**; '**~können** (irr, sep, -ge-, h) be able to go on; '**~machen** (sep, -ge-, h) go on, continue **'weit|sichtig** farsighted (a. fig.), esp. Brt. longsighted; **²sprung** m broad (Brt. long) jump; '**~verbreitet** → **weit**; **²winkel** m phot. wide-angle lens
Weizen ['vaɪtsən] m (-s/-) wheat
welch [vɛlç] 1. interr pron what, which; **~e(r)?** which one?; 2. rel pron who, which, that
Wellblech [vɛl-] n corrugated iron
Welle ['vɛlə] f (-/-n) wave; tech. shaft
wellen (ge-, h): (**sich**) **~** wave; **²länge** f wavelength (a. fig.); **²linie** f wavy line
'wellig wavy
Welt [vɛlt] f (-/-en) world; **auf der ganzen ~** all over the world; **~all** ['~ʔ-] n universe; **²berühmt** world-famous; '**~krieg** m world war; **²lich** worldly; '**~meister(in)** world champion; '**~raum** m (-[e]s/no pl) (outer) space; '**~reise** f world trip (or tour); '**~rekord** m world record; **²weit** worldwide
wem [veːm] to whom, F mst who ... to; **von ~** mst who ... from
wen [veːn] whom, mst who
Wende ['vɛndə] f (-/-n) turn; change; **die ~** pol. hist. the opening of the Berlin Wall
wende|n (irr, ge-, h): (**sich**) **~** turn (**nach** to; **gegen** against); **sich an j-n ~** turn to s.o. (**um Hilfe** for help); **bitte ~!** please turn over!; '**²punkt** m turning point
wenig ['veːnɪç] little; **~e** few; **~er** less; pl fewer; math. minus; **am ~sten** least of all; **zu ~** too little (pl few); '**~stens** at least
wenn [vɛn] when; if
wer [veːr] who; which; **~ von euch?** which of you? **~ auch (immer)** whoever
Werbe|fernsehen ['vɛrbə-] n commercial television; TV commercials (Brt. a. adverts); '**~funk** m commercial radio (or broadcasting); radio commercials (Brt. a. adverts)
'werbe|n (irr, ge-, h) advertise (**für** et. s.th.); **~ um** court; **²spot** ['~ʃpɔt] m (-s/-s) commercial

'Werbung f (-/no pl) advertising, (sales) promotion; a. pol. etc. publicity
werden ['ve:rdən] (irr, ge-, sein) become, get; grow (old, taller etc.); turn (white, bad etc.); gr. future: will; gr. passive: **geliebt ~** be loved (von by); **was willst du ~?** what do you want to be?
werfen ['verfən] (irr, ge-, h) throw (a. sport); drop (bombs); (mit) et. nach et. ~ throw s.th. at s.th.
Werft [verft] f (-/-en) shipyard
Werk [verk] n (-[e]s/-e) work; good etc.: deed; tech. works; factory; **~meister** m foreman; **~statt** f (-/-en) workshop; repair shop; **~tag** m workday; **an ~en** on weekdays; **~zeug** n (-[e]s/-e) tool(s); instrument
wert [ve:rt] worth; ... in compounds: worth seeing etc.
Wert [~] m (-[e]s/-e) value; ~e pl data, figures; **~ legen auf** attach importance to; **das hat keinen ~** it's pointless; **~gegenstand** m article of value; **2los** worthless; **~papiere** pl securities; **~sachen** pl valuables; **2voll** valuable
Wesen ['ve:zən] n **1.** (-s/-) being, creature; **2.** (-s/no pl) essence; nature, character; **2tlich** essential
weshalb [vɛs'halp] → **warum**

widerspenstig

Wespe ['vɛspə] f (-/-n) wasp
wessen ['vɛsən] whose; what ... of
West [vɛst] geogr. west
Weste ['vɛstə] f (-/-n) vest, Brt. waistcoat
Westen ['vɛstən] m (-s/no pl) west
'westeuropäisch West European
'westlich western; wind etc.: west(erly); pol. West(ern)
Wettbewerb ['vɛtbəverp] m (-[e]s/-e) competition
Wett|e ['vɛtə] f (-/-n) bet; **2en** (ge-, h) bet (**mit j-m um et.** s.o. s.th.)
Wetter ['vɛtər] n (-s/no pl) weather; **~bericht** m weather report; **~lage** f weather situation; **~vorhersage** f weather forecast
'Wett|kampf m competition; **~kämpfer(in)** competitor; **~lauf** m, **~rennen** n race; **~rüsten** n (-s/no pl) arms race; **~streit** m contest
wichtig ['vɪçtɪç] important; **2keit** f (-/no pl) importance
wickeln ['vɪkəln] (ge-, h) wind; change (baby)
Widder ['vɪdər] m (-s/-) ram; astr. Aries
wider ['vi:dər] against, contrary to; **2haken** m barb; **~legen** (no ge-, h) refute, disprove; **~lich** disgusting, sickening; **~setzen** (no ge-, h): **sich ~** oppose; **~spenstig** ['~ʃpɛnstɪç] unruly (a. hair

widersprechen

etc.), stubborn; **~'sprechen** (*irr, no -ge-, h*) contradict; **'²spruch** *m* contradiction (*in sich* in terms); **'~stand** *m* resistance (*a. phys.*); **'~standsfähig** resistant; **~'strebend** reluctantly; **~'wärtig** ['~vɛrtɪç] disgusting; **'²wille** *m* aversion; disgust; **'~willig** reluctant

wid|men ['vɪtmən] (*ge-, h*) dedicate (*sich* o.s.); **²mung** *f* (*-/-en*) dedication

wie [vi:] **1.** *adv* how; **~ geht es dir?** how are you? **~ ist er?** what's he like? **~ wäre es mit ...?** what (*or* how) about ...?; **~ viel ...?** how much ...?; *pl* how many ...? **~ viele ...?** how many ...?; **2.** *cj* like; as; **~ ich (neu)** like me (new); **~ üblich** as usual; **er sagte as** he said; → **so**

wieder [vi:dɐ] again; *immer* **~** again and again; **~ aufnehmen** resume; **~ beleben** resuscitate; *fig.* revive; **~ erkennen** recognize (*an by*); **~ finden** find again; *fig.* regain; **~ gutmachen** make up for; **~ sehen** see again; **sich~ sehen** meet again; **~ verwerten** recycle (*waste*); → *hin*; **'²aufbau** [~'²-] *m* (*-[e]s/no pl*) reconstruction; **²aufbereitungsanlage** [~'²aufbəraɪtʊŋs?-] *f* reprocessing plant; **'~bekommen** (*irr, sep, no -ge-, h*) get back; **'²belebung** *f* resuscitation; *fig.* revival; **'²belebungsversuch** *m* attempt at resuscitation; **'~bringen** (*irr, sep, -ge-, h*) bring back; **'~geben** (*irr, sep, -ge-, h*) give back, return; describe; **~'herstellen** (*sep, -ge-, h*) restore; **~'holen** (*no -ge-, h*) repeat; **²holung** *f* (*-/-en*) repetition; **'~kommen** (*irr, sep, -ge-, sein*) come back; return; **'²sehen** *n* reunion; **auf ~! ²sehen** good-bye!, F bye!; **'²vereinigung** *f* (*-/no pl*) reunification; **'²verwertung** *f* recycling

Wiege ['vi:gə] *f* (*-/-n*) cradle

'wiegen¹ (*irr, ge-, h*) weigh

'wiegen² (*ge-, h*) rock (*baby*); **'~lied** *n* lullaby

wiehern ['vi:ɐn] (*ge-, h*) neigh; F guffaw

wies [vi:s] *past of* **weisen**

Wiese ['vi:zə] *f* (*-/-n*) meadow

Wiesel ['vi:zəl] *n* (*-s/-*) weasel

wie'so → *warum*; **~'viel**te: *der ² ist heute?* what's the date today?

wild [vɪlt] wild (*a. fig.*; *auf* about)

Wild [~] *n* (*-[e]s/no pl*) game; *gastr. meat* venison; **~erer** ['~dərɐ] *m* (*-s/-*) poacher; **'~leder** *n* suede; **'~nis** *f* (*-/-se*) wilderness; **'~park** *m* game (*or* deer) park; **'~reservat** *n* game reserve; **'~schwein** *n* wild boar

Wille ['vɪlə] *m* (*-ns/no pl*) will;

s-n ~n durchsetzen have one's way; '~nskraft f (-/no pl) willpower
will'kommen welcome
wimmeln ['vɪməln] (ge-, h) swarm (von with)
wimmern ['vɪmərn] (ge-, h) whimper
Wimpel ['vɪmpəl] m (-s/-) pennant
Wimper ['vɪmpər] f (-/-n) eyelash; '~ntusche f mascara
Wind [vɪnt] m (-[e]s/-e) wind
Windel ['vɪndəl] f (-/-n) diaper, Brt. nappy
winden ['vɪndən] (irr, ge-, h) wind (a. sich ~); sich ~ vor writhe with
windig ['vɪndɪç] windy; fig. shady
'Wind|mühle f windmill; '~pocken pl chicken pox; '~schutzscheibe f windshield, Brt. windscreen; '~stärke f wind force; '~stille f calm; '~stoß m gust; '~surfen n (-s/no pl) windsurfing
Windung ['vɪnduŋ] f (-/-en) bend, turn
Wink [vɪŋk] m (-[e]s/-e) sign; fig. hint
Winkel ['vɪŋkəl] m (-s/-) math. angle; corner; rechter ~ right angle
'winken (ge-, h) wave (mit et. s.th.)
winseln ['vɪnzəln] (ge-, h) whimper, whine
Winter ['vɪntər] m (-s/-) winter; 'ℑlich wintry; '~sport m winter sports
Winzer ['vɪntsər] m (-s/-), '~in f (-/-nen) winegrower
winzig ['vɪntsɪç] tiny, minute
Wipfel ['vɪpfəl] m (-s/-) (tree)top
wir [viːr] we; ~ sinds it's us
Wirbel ['vɪrbəl] m (-s/-) whirl (a. fig.); anat. vertebra; in hair: cowlick; F fuss
'wirbel|n (ge-, h, sein) whirl; 'ℑsäule f spine; 'ℑsturm m cyclone, tornado
wirk|en ['vɪrkən] (ge-, h) work; be effective (gegen against); look, seem; '~lich real(ly), actual(ly); 'ℑlichkeit f (-/no pl) reality; '~sam effective; 'ℑsamkeit f (-/no pl) effect; '~ungsvoll effective
wirr [vɪr] confused; hair: tousled; ℑwarr ['vɪrvar] m (-s/ no pl) mix-up, chaos
Wirt [vɪrt] m (-[e]s/-e) landlord; '~in f (-/-nen) landlady; 'Wirtschaft f 1. (-/no pl) economy; business; 2. (-/-en) restaurant; 'ℑlich economic, economical; '~sminister m minister for economic affairs
wischen ['vɪʃən] (ge-, h) wipe; → Staub
wissen ['vɪsən] 1. v/t and v/i (irr, ge-, h) know (von about); 2. ℑ n (-s/no pl) knowledge
'Wissenschaft f (-/-en) science; '~ler m (-s/-), '~lerin f (-/-nen) scientist; 'ℑlich scientific

'**wissenswert** worth knowing; ²*es* useful facts
witter|n ['vɪtərn] (ge-, h) scent, smell; '~**ung** *f (-/no pl)* weather; *hunt.* scent
Wit|we ['vɪtvə] *f (-/-n)* widow; '~**wer** *m (-s/-)* widower
Witz [vɪts] *m (-es/-e)* joke; '~**bold** [ˌbɔlt] *m (-[e]s/-e)* joker; '~**ig** funny; witty
wo [voː] where; ~**andershin** [voːˈ²-] somewhere else
wob [voːp] *past of* **weben**
Woche ['vɔxə] *f (-/-n)* week
Wochen|ende ['vɔxən²-] *n* weekend; '²**lang** for weeks; '~**lohn** *m* weekly wages; '~**schau** *f* newsreel; '~**tag** *m* weekday
wöchentlich ['vœçəntlɪç] weekly; *einmal* ~ once a week
wo|durch [voːˈ-] how; through which; ~**für** [voːˈ-] what (...) for?; for which
wog [voːk] *past of* **wiegen¹**
Woge ['voːgə] *f (-/-n)* wave *(a. fig.)*
wo|gegen [voːˈ-] whereas, while
wo|her [voːˈ-] where ... from; ~**hin** where (... to)
wohl [voːl] well; I suppose; *sich* ~ *fühlen* be well; feel good
Wohl [~] *n (-[e]s/no pl)* well-being; *zum* ~*!* to your health!, ²*!* Cheers!
'**wohl|behalten** safely; ²**fahrts**... *in compounds:* welfare; '~**habend** well-to-do; '~**ig** cosy, snug; ²**stand** *m (-[e]s/no pl)* prosperity; ²**tat** *f* pleasure, relief; '~**tätig** charitable; '²**tätigkeits**... *in compounds:* benefit *(concert, etc.);* ~**tuend** [ˈtuːənt] pleasant; '~**verdient** well-deserved; '~**wollen** *n (-s/no pl)* goodwill; '~**wollend** benevolent
wohn|en ['voːnən] (ge-, h) live *(in* in; *bei j-m* with *s.o.);* stay *(at* with); '²**gemeinschaft** *f: in e-r* ~ *leben* share an apartment *(Brt.* a flat) (or a house); ²**mobil** [ˌmoˈbiːl] *n (-s/-e)* camper, RV, *Brt.* camper van; '~**siedlung** *f* housing development *(Brt.* estate); '²**sitz** *m* residence; '²**ung** *f (-/-en)* apartment, *Brt.* flat; ²**wagen** *m* trailer, *Brt.* caravan; ²**zimmer** *n* family (or living) room
wölb|en ['vœlbən] (ge-, h) *sich* ~ arch; '²**ung** *f (-/-en)* vault, arch
Wolf [vɔlf] *m (-[e]s/=e)* wolf
Wolke ['vɔlkə] *f (-/-n)* cloud; '~**nbruch** *m* cloudburst; '~**nkratzer** *m* skyscraper; '²**nlos** cloudless
wolkig cloudy, clouded
Woll|... [vɔl-] *in compounds:* woolen, wool *(blanket, scarf etc.);* '~**e** *f (-/-n)* wool
wollen¹ ['vɔlən] *v/aux (irr, no ge-, h), v/t and v/i (ge-, h)* want (to); *lieber* ~ prefer; ~

wir (...)? shall we (...)?; **~ Sie bitte ...** will you please ...; **Sie will, dass ich ...** she wants me to inf

wollen² [~] woolen, Brt. woollen

wollen³ [~] pp of **wollen** (v/aux)

womit [vo'-] what ... with? which ... with; **~ möglich** perhaps; if possible; **~'nach** what ... for?; **~ran** [~'ran]: **~ denkst du?** what are you thinking of?; **~'rauf** what ... on? after which; of place: on which; **~ wartest du?** what are you waiting for?; **~raus** [~'raus] from which; **~ ist es?** what is it made of?

worden ['vɔrdən] pp of **werden**

worin [vo'rɪn] where? in which

Wort [vɔrt] n **1.** (-[e]s/-er) word. **2.** (-[e]s/-e) word(s); saying; **beim ~ nehmen** take s.o. at his word

Wörterbuch ['vœrtər-] n dictionary

wörtlich ['vœrtlɪç] literal

'wort|los without a word; **'2schatz** m (-es/no pl) vocabulary; **'2stellung** f gr. word order; **'2wechsel** m argument

wo|rüber [vo'ry:bər] what ... about?; **~rum** [~'rʊm]: **~ handelt es sich?** what is it about?; **~von** what ... about?; **~vor** what ... of?; **~zu** what ... for?

Wrack [vrak] n (-[e]s/-s) wreck

wrang [vraŋ] past of **wringen**

wringen ['vrɪŋən] (irr, ge-, h) wring

Wucher ['vu:xər] m (-s/no pl) usury; **'2nd** adj rampant; **~ung** f (-/-en) growth

wuchs [vu:ks] past of **wachsen**

Wuchs [~] m (-es/no pl) growth; build

Wucht [vʊxt] f (-/no pl) force; **'2ig** heavy

wühlen ['vy:lən] (ge-, h) dig; pig: root; fig. **~ in** rummage in

wulstig ['vʊlstɪç] lips: thick

wund [vʊnt] sore; **~e Stelle** sore; **2e** [~də] f (-/-n) wound

Wunder ['vʊndər] n (-s/-) miracle; **'2bar** wonderful, marvelous, Brt. marvellous; **'2n** (ge-, h) surprise; **sich ~** be surprised (**über** at); **'2schön** lovely; **'2voll** wonderful

'Wundstarrkrampf m (-[e]s/no pl) tetanus

Wunsch [vʊnʃ] m (-[e]s/-e) wish; request

wünschen ['vʏnʃən] (ge-, h) wish, want (a. **sich ~**); **'~swert** desirable

wurde ['vʊrdə] past of **werden**

Würde ['vʏrdə] f (-/-n) dignity

'würdig worthy (gen of); **~en** ['~ɪgən] (h) appreciate

Wurf [vʊrf] m (-[e]s/-e) throw; zo. litter

Würfel ['vʏrfəl] *m* (**-s**/-) cube; dice; ^Q**n** (*ge-, h*) (play) dice; *gastr.* dice; '**~zucker** *m* lump sugar
'**Wurfgeschoss** *n* missile
würgen ['vʏrɡən] (*ge-, h*) choke
Wurm [vʊrm] *m* (**-[e]s**/**⁺er**) worm; *fig.* F gall; '**~stichig** worm-eaten
Wurst [vʊrst] *f* (**/-⁺e**) sausage
Würze ['vʏrtsə] *f* (**-/-n**) spice; *fig. a.* zest

Wurzel ['vʊrtsəl] *f* (**-/-n**) root (*a. math. etc.*)
würz|en ['vʏrtsən] (*ge-, h*) spice, season; '**~ig** spicy, well-seasoned
wusch [vʊʃ] *past of* **waschen**
wusste ['vʊstə] *past of* **wissen 1**
wüst [vyːst] F messy; wild; waste; ^Q**e** *f* (**-/-n**) desert
Wut [vuːt] *f* (**-/no pl**) rage, fury
wüten ['vyːtən] (*ge-, h*) rage; '**~d** furious

X, Y

X-Beine ['ɪks-] *pl* knock-knees
x-be'liebig: *jede(r, -s)* **x-Be'liebige ...** any (... you like)
'**x-mal** umpteen times
x-te ['ɪkstə]: *zum* **~n Male** for the umpteenth time

Xylophon [ksylo'foːn] *n* (**-s/-e**) xylophone
Yacht [jaxt] *f* (**-/-en**) yacht
Yoga ['joːɡa] *m, n* (**-[s]/no pl**) yoga

Z

Zack|e ['tsakə] *f* (**-/-n**), '**~en** *m* (**-s/-**) (sharp) point; '**~ig** jagged
zaghaft ['tsaːkhaft] timid
zäh [tsɛː] tough; '**~flüssig** thick, viscous; *traffic*: slow-moving
Zahl [tsaːl] *f* (**-/-en**) number; figure; ^Q**bar** payable
zahlbar ['tsaːlbaːr] countable
zahlen ['tsaːlən] (*ge-, h*) pay; *~, bitte!* the check (*Brt.* bill), please!

zähle|n ['tsɛːlən] (*ge-, h*) count; *~ zu* rank with; ^Q**r** *m* (**-s/-**) counter; meter
'**Zahl|karte** *f* deposit (*Brt.* paying-in) slip; ^Q**los** countless; ^Q**reich 1.** adj numerous; **2.** adv in great number; '**~tag** *m* payday; '**~ung** *f* (**-/-en**) payment
zahm [tsaːm] tame
zähmen ['tsɛːmən] (*ge-, h*) tame
Zahn [tsaːn] *m* (**-[e]s/⁺e**)

345 **Zeiger**

tooth; *tech. a.* cog; **~arzt** ['~ʔ-] *m*, **~ärztin** ['~ʔ-] *f* dentist; **~bürste** *f* toothbrush; **~fleisch** *n* gums; **~los** toothless; **~lücke** *f* gap between the teeth; **~pasta** ['~pasta] *f* (*-I-pasten*) toothpaste; **~rad** *n* cogwheel; **~radbahn** *f* rack railway; **~schmerzen** *pl* toothache; **~stein** *m* tartar; **~stocher** ['~ʃtɔxər] *m* (*-s/-*) toothpick

Zange ['tsaŋə] *f* (*-/-n*) pliers; pincers; *med.* forceps; tongs; *zo.* pincer

zanken ['tsaŋkən] (*ge-, h*) → **streiten**

zänkisch ['tsɛŋkɪʃ] quarrelsome

Zäpfchen ['tsɛpfçən] *n* (*-s/-*) *anat.* uvula; *med.* suppository

Zapfen ['tsapfən] **1.** *m* (*-s/-*) *of barrel*: faucet, *Brt.* tap; *tech.* peg; **2.** ⚙ *v/t* (*ge-, h*) tap; **~hahn** *m* faucet, *Brt.* tap; **~säule** *f* gas (*Brt.* petrol) pump

zappeln ['tsapəln] (*ge-, h*) fidget, wriggle

zappen ['tsapn, 'zɛpn] *TV* F zap

zart [tsart] tender; gentle

zärtlich ['tsɛrtlɪç] tender, affectionate; **2keit** *f* (*-/-en*) affection; caress

Zauber ['tsaubər] *m* (*-s/-*) magic, spell, charm (*all a. fig.*); **~er** *m* (*-s/-*) wizard, magician, sorcerer; **2haft** charming; **~in** *f* (*-/-nen*) sorceress; **~künstler(in)** illusionist, conjurer; **2n** (*ge-, h*) **1.** *v/i* conjure; **2.** *v/i* do magic (tricks)

Zaum [tsaum] *m* (*-[e]s/***~***e*) bridle (*a. zeug*)

Zaun [tsaun] *m* (*-[e]s/***~***e*) fence

Zebra ['tse:bra] *n* (*-s/-s*) zebra; **~streifen** *m* zebra crossing

Zeche ['tsɛçə] *f* (*-/-n*) bill; (coal) mine

Zecke ['tsɛkə] *f* (*-/-n*) tick

Zeh [tse:] *m* (*-s/-en*), **~e** ['tse:ə] *f* (*-/-n*) toe; *garlic*: clove; **~ennagel** *m* toenail; **~enspitze** *f* tip of the toe: *auf ~n gehen* tiptoe

zehn [tse:n] ten; **~kampf** *m* decathlon; **~te** tenth; **2tel** *n* (*-s/-*) tenth; **~tens** tenth(ly), in tenth place

Zeichen ['tsaıçən] *n* (*-s/-*) sign; mark; signal; **~block** *m* drawing block; **~papier** *n* drawing paper; **~trickfilm** *m* (animated) cartoon

zeichn|en ['tsaıçnən] (*ge-, h*) draw; mark (*a. fig.*); **2er** *m* (*-s/-*) draftsman, *Brt.* draughtsman; **2erin** *f* (*-/-nen*) draftswoman, *Brt.* draughtswoman; **2ung** *f* (*-/-en*) drawing; *zo.* marking

Zeige|finger ['tsaıgə-] *m* forefinger, index finger; **2n** (*ge-, h*) show (*a. sich ~*); **~ auf** (*nach*) point at (to); **~r** *m*

Zeile

Zeile ['tsaɪlə] f (-/-n) line

Zeit [tsaɪt] f (-/-en) time; *gr.* tense; **zur** ~ at the moment; *in letzter* ~ recently; *lass dir* ~ take your time; **~alter** ['~ʔ~] n age; **2gemäß** modern, up-to-date; **~genosse** m, **~genossin** f contemporary; **2genössisch** ['~ʔnœsɪʃ] contemporary; **~karte** f season ticket; **2lich 1.** *adj* time ...; **2.** *adv*: **~planen** *etc.* time *s.th.*; **~lupe** f slow motion; **~punkt** m moment; date, (point of) time; **~raum** m period, space (of time); **~schrift** f magazine; **~ung** f (-/-en) (news)paper

Zeitungs|artikel ['tsaɪtʊŋs-ʔ~] m newspaper article; **~ausschnitt** ['~ʔ~] m newspaper clipping (*Brt.* cutting); **~kiosk** m newsstand; **~notiz** f press item; **~papier** n newspaper; **~verkäufer(in)** m newsdealer, *Brt.* newsvendor

Zeitverlust m loss of time; **~verschwendung** f waste of time; **~vertreib** m ['~fɛrtraɪp] m (-[e]s/-e) pastime; **2weise** for a time; **~zeichen** n time signal

Zell|e ['tsɛlə] f (-/-n) cell; *tel.* booth; **~stoff** m, **~ulose** [~u'loːzə] f (-/no pl) cellulose

Zelt [tsɛlt] n (-[e]s/-e) tent;

346

2en (*ge-, h*) camp; go camping; **~lager** n camp; **~platz** m campground, *Brt.* campsite

Zement [tse'mɛnt] m (-[e]s/-e) cement

Zensur [tsɛn'zuːr] f (-/-en) mark, grade; (*no pl*) censorship

Zentimeter [tsɛnti'~] m, (-s/-) centimeter, *Brt.* centimetre

Zentner ['tsɛntnɐ] m (-s/-) 50 kilograms

zentral [tsɛn'traːl] central; **2e** f (-/-n) headquarters; **2einheit** [~ʔ~] f EDV central processing unit, CPU; **2heizung** f central heating; **2verriegelung** f (-/-en) *mot.* central locking

Zentrum ['tsɛntrʊm] n (-s/-tren) center, *Brt.* centre

zerbrech|en [tsɛr'~] (*irr, no -ge-*) v/i (*sein*) and v/t (*h*) break (to pieces); **sich den Kopf** ~ rack one's brains; **~lich** fragile

Zeremonie [tseremo'niː] f (-/-n) ceremony

Zer|fall m (-[e]s/no pl) decay; **2en** (*irr, no -ge-, sein*) disintegrate, decay (*a. fig.*)

zer|fetzen (*no -ge-*) tear to pieces; **~fließen** (*irr, no -ge-, sein*) melt; **~fressen** (*irr, no -ge-, h*) eat; *chem.* corrode; **~gehen** (*irr, no -ge-, sein*) melt; **~kauen** (*no -ge-, h*) chew; **~kleinern**

(*no -ge-*, *h*) cut up; grind; ~**'knirscht** remorseful; ~**'knittern** (*no -ge-*, *h*) (c)rumple, crease; ~**knüllen** [~'knylən] (*no -ge-*, *h*) crumple up; ~**'kratzen** (*no -ge-*, *h*) scratch; ~**legen** (*no -ge-*, *h*) take apart (*or* to pieces); carve (*meat*); ~**lumpt** [~'lumpt] ragged; ~**'mahlen** (*irr, no -ge-*, *h*) grind; ~**platzen** (*no -ge-*, *sein*) burst; explode; ~**'quetschen** (*no -ge-*, *h*) crush; ~**'reiben** (*irr, no -ge-*, *h*) grind, pulverize; ~**'reißen** (*irr, no -ge-*, *h*) 1. *v/t* (*h*) tear up (*or* to pieces); *sich* ~ *et.* ~ *fig.; 2. v/i* (*sein*) tear; *rope etc.*: break

zerr|en ['tsɛrən] (*ge-*, *h*) drag; *med.* strain; ~ *an* tug at; **ʼung** *f* (*-/-en*) strain

zer'|sägen (*no -ge-*, *h*) saw up; ~**schellen** [~'ʃɛlən] (*no -ge-*, *sein*) be smashed; *boat*: be wrecked; *aviat. a.* crash; ~**'schlagen** (*irr, no -ge-*, *h*) break, smash (*a. fig. gang etc.*); ~**'schneiden** (*irr, no -ge-*, *h*) cut up (*or* in *or* to pieces); ~**'setzen** (*no -ge-*, *h*): (*sich*) ~ decompose; ~**'splittern** (*no -ge-*, *sein*) *and v/t* (*h*) *of glass etc.*: shatter; *of wood etc., fig.*: splinter; ~**'springen** (*irr, no -ge-*, *sein*) burst; *glass etc.*: crack

Zerstäuber [tsɛr'ʃtɔybɐr] *m* (*-s/-*) atomizer

zer'stör|en (*no -ge-*, *h*) destroy; **ʼer** *m* (*-s/-*) destroyer (*a. naut.*); **ʼung** *f* (*-/-en*) destruction; **ʼungswut** *f* vandalism

zer'streu|en (*no -ge-*, *h*) disperse, scatter; *sich* ~ *fig.* take one's mind off things; ~**t** absent-minded; **ʼung** *f* (*-/-en*) distraction

zer'stückeln [tsɛr'ʃtykəln] (*no -ge-*, *h*) cut up; ~**'teilen** (*no -ge-*, *h*) divide; carve (*meat*); ~**'treten** (*irr, no -ge-*, *h*) crush (*a. fig.*); ~**'trümmern** (*no -ge-*, *h*) smash; ~**zaust** [~'tsaʊst] tousled

Zettel ['tsɛtəl] *m* (*-s/-*) slip (of paper); note

Zeug [tsɔyk] *n* (*-[e]s/no pl*) stuff (*a. fig. contp.*); things

Zeug|e ['tsɔygə] *m* (*-n/-n*) witness; **ʼen** (*ge-*, *h*) become the father of; *biol.* procreate; ~**enaussage** [~'n?-] *f* testimony, evidence; ~**in** *f* (*-/-nen*) witness; ~**nis** *f* (*-/knɪs/*) *n* (*-ses/-se*) report card, *Brt.* (school) report; certificate, diploma; *from employer etc.*: reference

z. H(d). (*only in writing*) **zu Händen** attn, attention (of)

Zickzack ['tsɪktsak] *m* (*-[e]s/ -e*) zigzag; *im* ~ *fahren* zigzag

Ziege ['tsiːgə] *f* (*-/-n*) (she- *or* nanny) goat; F *contp.* cow, bitch

Ziegel ['tsiːgəl] *m* (*-s/-*) brick;

Ziegelstein

on roof: tile; '~**stein** *m* brick
'**Ziegen**|**bock** *m* he-goat, billy goat; '~**leder** *n* kid
ziehen ['tsi:ən] (*irr, ge-*) **1.** *v/t* (*h*) pull, draw (*a.* line, card, gun *etc.*); pull *or* take out (*aus* of); grow (*flowers etc.*); *j-n* ~ **an** pull s.o. by; *auf sich* ~ attract (*attention etc.*); *es zieht* there is a draft (*Brt.* draught); **2.** *v/i* (*h*) pull (*an* at); *es zieht* there is a draft (*Brt.* draught); **3.** *v/i* (*sein*) move (*nach* to); birds *etc.*: migrate; go (*abroad etc.*); travel (*durch* across); wander (*durch the streets etc.*)
Zieh|**harmonika** ['tsi:harmo:nika] *f* (*-/, -ken*) accordion; '~**ung** *f* (*-/-en*) lottery *etc.*: draw(ing)
Ziel [tsi:l] *n* (*-[e]s/-e*) aim; *fig. a.* goal, objective; finish; destination; '²**en** (*ge-, h*) (take) aim (*auf* at); '~**linie** *f sport:* finishing line; '²**los** aimless; '~**scheibe** *f* target
ziemlich ['tsi:mlɪç] **1.** *adj* quite a; **2.** *adv* fairly, rather, F pretty
Zier|**de** ['tsi:rdə] *f* (*-/-n*) (*zur* as a) decoration; '²**en** (*ge-, h*) decorate; *sich* ~ make a fuss; '²**lich** dainty
Ziffer ['tsifər] *f* (*-/-n*) figure; '~**blatt** *n* dial, face
Zigarette [tsiga'rɛtə] *f* (*-/-n*) cigarette; ~**nautomat** [~n°-] *m* cigarette machine
Zigarre [tsi'garə] *f* (*-/-n*) cigar

Zigeuner [tsi'gɔynər] *m* (*-s/-*), ~**in** *f* (*-/-nen*) gypsy, *Brt.* gipsy
Zimmer ['tsɪmər] *n* (*-s/-*) room; '~**mädchen** *n* chambermaid; '~**mann** *m* (*-[e]s/-leute*) carpenter
zimperlich ['tsɪmpərlɪç] fussy; prudish
Zimt [tsɪmt] *m* (*-[e]s/-e*) cinnamon
Zink [tsɪŋk] *n* (*-[e]s/no pl*) zinc
Zinke ['tsɪŋkə] *f* (*-/-n*) tooth (*of comb*); prong
Zinn [tsɪn] *n* (*-[e]s/no pl*) *chem.* tin; pewter
Zins|**en** ['tsɪnzən] *pl* interest; ~**satz** [~nns-] *m* interest rate
Zipfel ['tsɪpfəl] *m* (*-s/-*) corner (*of tablecloth etc.*); tip, point (*of cap etc.*); end (*of sausage etc.*); '~**mütze** *f* pointed (*or* tassel[l]ed) cap
Zirk|**el** ['tsɪrkəl] *m* (*-s/-*) circle (*a. fig.*); *math.* compasses; ²**ulieren** [~u'li:rən] (*no ge-, h*) circulate
Zirkus ['tsɪrkus] *m* (*-/-se*) circus
zischen ['tsɪʃən] (*ge-, h*) hiss; sizzle
Zit|**at** [tsi'ta:t] *n* (*-[e]s/-e*) quotation; ²**ieren** [~'ti:rən] (*no ge-, h*) quote; *falsch* ~ misquote
Zitrone [tsi'tro:nə] *f* (*-/-n*) lemon
zittern ['tsɪtərn] (*ge-, h*) tremble, shake (*vor* with)
zivil [tsi'vi:l] **1.** *adj* civil; **2.** ²*n*

Zufahrtsstraße

(-s/*no pl*) civilian clothes; **Polizist in** ~ plainclothes policeman; **2bevölkerung** *f* civilians; **2dienst** *m* alternative national service; **2isation** [~vilisa'tsĭoːn] *f* (-/*no pl*) civilization; **2ist** [~'viːlɪst] *m* (-*en*/-*en*) civilian

zog [tsoːk] *past of* **ziehen**

zögern ['tsøːɡərn] (*ge*-, *h*) hesitate

Zoll [tsɔl] *m* **1.** (-[*e*]*s*/-*-e*) customs; duty; **2.** (-[*e*]*s*/-) inch; **~abfertigung** [~'ʔ-] *f* (-/-*en*) customs clearance; **~amt** ['ʔ-] *n* customs office; **~beamte** *m*, **~beamtin** ['ʔ-] *f* customs officer; **~erklärung** ['ʔ-] *f* customs declaration; **2frei** duty-free; **~kontrolle** *f* customs examination; **2pflichtig** liable to duty, dutiable

Zone ['tsoːnə] *f* (-/-*n*) zone

Zoo [tsoː] *m* (-*s*/-*s*) zoo

Zoologie [tsoolo'ɡiː] *f* (-/*no pl*) zoology

Zopf [tsɔpf] *m* (-[*e*]*s*/-*-e*) plait, pigtail

Zorn [tsɔrn] *m* (-[*e*]*s*/*no pl*) anger; **2ig** angry

zottig ['tsɔtɪç] shaggy

zu [tsuː] **1.** *prp direction*: to, toward(s); *of place, time*: at; *of purpose, occasion*: for; **~ Weihnachten** (*give s.o. sth. etc.*) for Christmas; **Schlüssel** *etc.* ~ key etc. to; **2.** *adv* too; F *door, shop etc.*: closed, shut; **Tür** ~! shut the door!; **~allererst** [~'ʔaləreːʔ-] first of all

Zubehör ['tsuːbəhøːr] *n* (-[*e*]*s*/-*e*) accessories

'**zubereit|en** (*sep, no -ge-, h*) prepare; **~ung** *f* (-/*no pl*) preparation

'**zubinden** (*irr, sep, -ge-, h*) tie (up)

Zubringerstraße ['tsuːbrɪŋ-ər-] *f* feeder (*or* access) road

Zucht [tsʊxt] *f* **1.** (-/*no pl*) zo. breeding; *bot.* cultivation; *fig.* discipline; **2.** (-/-*en*) breed

züchte|n ['tsʏçtən] (*ge-, h*) breed; *bot.* grow; **2r** *m* (-*s*/-), **2rin** *f* (-/-*nen*) breeder, grower

Zuchthaus *n dated*: prison; **~strafe** *f dated*: imprisonment

zucken ['tsʊkən] (*ge-, h*) jerk; twitch (**mit** *etc.* s.th.); wince; *lightning*: flash; → **Achsel**

Zucker ['tsʊkər] *m* (-*s*/*no pl*) sugar; **~dose** *f* sugar bowl; **2krank** diabetic; **~kranke** *m*, *f* diabetic; **~l** *n* (-*s*/-) *Austrian* → **Bonbon**; **2n** (*ge-, h*) sugar; **~rohr** *n* sugarcane; **~rübe** *f* sugar beet

Zuckungen *pl* convulsions

'**zudecken** (*sep, -ge-, h*) cover (**sich** o.s.)

'**zudrehen** (*sep, -ge-, h*) turn off; **2dringlich** ['~drɪŋlɪç]; **~ werden** get fresh (**zu** with)

zuerst [tsu'ʔeːʔ-] first; at first

'**Zufahrt** *f* approach; **~sstraße** *f* access road

Zufall *m* (**durch** by) chance; **2fällig 1.** *adj* accidental; **2.** *adv* by accident, by chance; **~flucht** *f* (-/no pl) refuge, shelter

zufrieden [tsu'-] content(ed), satisfied; **~ stellen** satisfy; **~stellend** satisfactory; **2heit** *f* (-/no pl) contentment; satisfaction

'zu|frieren (*irr, sep, -ge-, sein*) freeze over; **'~fügen** (*sep, -ge-, h*) do, cause; **Schaden ~ a.** harm; **2fuhr** *f* (-/-en) supply

Zug [tsuːk] *m* (-[e]s/⸚e) rail. train; procession; parade; (facial etc.) feature; trait; of air, drink etc.: draft, Brt. draught; chess etc.: move; pull (a. tech., phys.); puff (at cigarette etc.)

'Zu|gabe *f* extra; *thea.* encore; **'~gang** *m* access (a. fig.); **2gänglich** ['-gɛŋlɪç] accessible (**für** to) (a. fig.)

'Zugbrücke *f* drawbridge

'zu|geben (*irr, sep, -ge-, h*) add; *fig.* admit; **'~gehen** (*irr, sep, -ge-, sein*) door etc.: close, shut; happen; **~ auf** walk up to, approach (a. fig.)

'Zügel *m* (-s/-) rein (a. fig.); **2los** uncontrolled

'Zuge|ständnis *n* concession; **2tan** attached (dat to)

zugig ['tsuːgɪç] drafty, Brt. draughty

zügig ['tsyːgɪç] brisk, speedy

'Zugkraft *f* traction; fig. draw, appeal

zugleich [tsu'-] at the same time

'Zugluft *f* (-/no pl) draft, Brt. draught

'zugreifen (*irr, sep, -ge-, h*) grab it; help o.s.; fig. grab the opportunity

Zugriffszeit ['tsuːgrɪfs-] *f computer*: access time

zugrunde [tsu'grʊndə]: **~ gehen** perish; **~ richten** ruin

zugunsten [tsu'gʊnstən] in favor (Brt. favour) of

'Zugvogel *m* migratory bird

'zu|haben (*irr, sep, -ge-, h*) be closed; **2hälter** ['-hɛltər] *m* (-s/-) pimp

Zuhause [tsu'-] **1.** *n* (-[s]/no pl) home; **2.** 2 *adv Austrian and Swiss*: at home

'zuhören (*sep, -ge-, h*) listen (dat to); **'2r(in)** listener; pl audience

'zu|jubeln (*sep, -ge-, h*) cheer; **'~kleben** (*sep, -ge-, h*) seal; **'~knallen** (*sep, -ge-, h*) slam; **'~knöpfen** (*sep, -ge-, h*) button (up); **'~kommen** (*irr, sep, -ge-, sein*) **~ auf** come up to; **et. auf sich ~ lassen** wait and see

Zu|kunft ['tsuːkʊnft] *f* (-/no pl) future; **2künftig** ['-kʏnftɪç] **1.** *adj* future; **2.** *adv* in future

'zu|lächeln (*sep, -ge-, h*) smile at; **'~lage** *f* bonus; **'~lassen** (*irr, sep, -ge-, h*) allow; admit s.o.; *jur.*, *mot. etc.*: license, register; F keep closed; **2lassung** *f* (-/-en) admission; *mot. etc.*: license, Brt. licence

zu|letzt [tsu'lɛtst] in the end; (*come etc.*) last; **~'liebe** for s.o.'s sake

'Zulieferer *m* (*-s/-*) *econ.* supplier(s)

'zumachen (*sep*, *-ge-*, *h*) close; F hurry

zumindest [tsu'-] at least

zumuten ['tsu:muːtən] (*sep*, *-ge-*, *h*): *j-m et.* ~ expect s.th. of s.o.; **2ung** *f* (*-/-en*) unreasonable demand

zunächst [tsu'nɛːçst] first of all; for the present

Zu|nahme ['tsu:naːmə] *f* (*-/-n*) increase; **~name** *m* surname

zünden ['tsʏndən] (*ge-*, *h*) *tech.* ignite, fire

Zünd|holz ['tsʏnt-] *n* match; **~kerze** *f* spark(ing) plug; **~schlüssel** *m* ignition key

Zündung *f* (*-/no pl*) ignition

zunehmen (*irr*, *sep*, *-ge-*, *h*) increase (**an** in); *person*: put on weight

Zuneigung *f* (*-/no pl*) affection

Zunge ['tsʊŋə] *f* (*-/-n*) tongue

zunichte [tsu'nɪçtə]: **~ machen** destroy

'zunicken (*sep*, *-ge-*, *h*) nod to

zunutze [tsu'nʊtsə]: *sich* ~ **machen** make use of

'zupacken (*sep*, *-ge-*, *h*) *fig.* work hard

zupfen ['tsʊpfən] (*ge-*, *h*) pluck (**an** at)

zurande [tsu'randə]: ~ **kommen** → **zurechtkommen**

'zurechnungsfähig of sound mind; responsible

zurecht|finden [tsu'rɛçt-] (*irr*, *sep*, *-ge-*, *h*): *sich* ~ find one's way; **~kommen** (*irr*, *sep*, *-ge-*, *sein*) get on (*mit j-m* with s.o.), manage, cope (*mit et.* with s.th.); **~machen** (*sep*, *-ge-*, *h*) get ready, prepare; *sich* ~ fix (Brt. do) o.s. up

zureden (*sep*, *-ge-*, *h*) encourage s.o.

zurück [tsu'rʏk] back; ~ **sein** be back; *mentally, culturally*: be a bit backward; *at school*: be behind; **~...** in compounds: (bring, drive, take, send etc.) back; **~bekommen** (*irr*, *sep*, *no -ge-*, *h*) get back; **~bleiben** (*irr*, *sep*, *-ge-*, *sein*) stay behind; *fig.* fall behind; **~blicken** (*sep*, *-ge-*, *h*) look back; **~führen** (*sep*, *-ge-*, *h*) lead back; ~ **auf** attribute to; **~geben** (*irr*, *sep*, *-ge-*, *h*) give back, return; **~geblieben** *fig.* backward; retarded; **~gehen** (*irr*, *sep*, *-ge-*, *sein*) go back, return; *fig.* decrease; ~ **auf** date back to; **~gezogen** secluded; **~halten** (*irr*, *sep*, *-ge-*, *h*) hold back; *sich* ~ control o.s.; **~haltend** reserved; **2haltung** *f* (*-/no pl*) reserve; **~kommen** (*irr*, *sep*, *-ge-*, *sein*) come back, return

zurücklassen 352

(*both*: *fig*. **auf** to); **~lassen** (*irr*, *sep*, *-ge-*, *h*) leave (behind); **~legen** (*sep*, *-ge-*, *h*) put back (*money*: aside); cover (*distance*); **~schlagen** (*irr*, *sep*, *-ge-*, *h*) beat off (*attack etc*.); throw back (*blanket etc*.); return (*ball*); **2.** *v/i* hit back; **~schrecken** (*sep*, *-ge-*, *sein*) shrink (*vor* from); **~setzen** (*sep*, *-ge-*, *h*) *mot*. back (up); *fig*. neglect *s.o.*; **~stellen** (*sep*, *-ge-*, *h*) put back; set back (*watch*); *fig*. put aside; *mil*. defer; **~treten** (*irr*, *sep*, *-ge-*, *sein*) step (*or* stand) back; resign (*von* from an *office*); withdraw (*von* from a *contract*); **~weisen** (*irr*, *sep*, *-ge-*, *h*) turn down; **~werfen** (*irr*, *sep*, *-ge-*, *h*) throw back (*a. fig*.); **~zahlen** (*sep*, *-ge-*, *h*) pay back (*a. fig*.); **~ziehen** (*irr*, *sep*, *-ge-*, *h*) draw back; *fig*. withdraw; **sich ~** withdraw; *mil. a*. retreat

'**Zuruf** *m* shout; '**2en** (*irr*, *sep*, *-ge-*, *h*) *j-m et*. **~** shout s.th. to s.o.

'**Zusage** *f* acceptance; promise; assent; '**2n** *v/i and v/t* (*sep*, *-ge-*, *h*) promise; accept (an *invitation*); date *etc*.: suit

zusammen [tsu'zamən] together; **~arbeit** [*.~.*] *f* cooperation; **~arbeiten** [*.~.*] (*sep*, *-ge-*, *h*) work together; cooperate; **~brechen** (*irr*, *sep*, *-ge-*, *sein*) break down, collapse; **2bruch** *m* breakdown, collapse (*both a. med*.); **~fallen** (*irr*, *sep*, *-ge-*, *sein*) collapse; *events*: coincide; **~fassen** (*sep*, *-ge-*, *h*) summarize; sum up; **2fassung** *f* summary; **~gehören** (*sep*, *-ge-*, *h*) belong together; **2hang** *m* connection; context; **~hängen** (*irr*, *sep*, *-ge-*, *h*) be connected; **~hängend** coherent; **~klappen** (*sep*, *-ge-*) **1.** *v/t* (*h*) fold up; **2.** *v/i* (*sein*) *fig*. break down; **~kommen** (*irr*, *sep*, *-ge-*, *sein*) meet; **2kunft** [*~*kʊnft] *f* (*-/-⁀e*) meeting; **~legen** (*sep*, *-ge-*, *h*) fold up; share cost; pool (*Brt*. club) together; **~nehmen** (*irr*, *sep*, *-ge-*, *h*) muster up (*courage etc*.); **sich ~** pull o.s. together; **~packen** (*sep*, *-ge-*, *h*) pack up; **~passen** (*sep*, *-ge-*, *h*) match, harmonize; **2prall** *m* (*-[e]s/-e*) collision; **~prallen** (*sep*, *-ge-*, *sein*) collide; **~rechnen** (*sep*, *-ge-*, *h*) add up; **~rücken** (*sep*, *-ge-*, *sein*) move up; **~schlagen** (*irr*, *sep*, *-ge-*, *h*) clap (*hands*); beat *s.o.* up; **~setzen** (*sep*, *-ge-*, *h*) put together; *tech*. assemble; **sich ~** get together (*to discuss s.th.*); **~ aus** consist of; **2setzung** *f* (*-/-en*) composition; *chem*., *ling*. compound; **~stellen** (*sep*, *-ge-*, *h*) put together; arrange; **2stoß** *m* collision;

Zutritt

fig. a. clash; **~stoßen** (*irr, sep, -ge-, sein*) collide; *fig. a.* clash; **~treffen** (*irr, sep, -ge-, sein*) meet; *events etc.*: coincide; **~zählen** (*sep, -ge-, h*) add up; **~ziehen** (*irr, sep, -ge-, h*) contract (*a. sich ~*)

'**Zu|satz** *m* addition; *chem. etc.* additive; **²sätzlich** ['~zɛtslɪç] additional, extra

zuschau|en (*sep, -ge-, h*) look on, watch; **²er** *m* (*-s/-*), **²erin** *f* (*-/-nen*) spectator; TV viewer; *pl* audience; **²erraum** *m thea.* auditorium

zuschicken (*sep, -ge-, h*) send (*dat* to)

'**Zuschlag** *m* surcharge (*a. post.*); **²en** ['~gən] (*irr, sep, -ge-*) **1.** *v/t* (*h*) slam (*door etc.*) shut; **2.** *v/i* (*h*) boxer *etc.*: hit, strike; *fig.* act; **3.** *v/i* (*sein*) of door *etc.*: slam shut

'**zu|schließen** (*irr, sep, -ge-, h*) lock (up); **~schnappen** *v/i* (*sep, -ge-*) **1.** (*h*) dog: snap; **2.** (*sein*) door *etc.*: snap shut; **~schneiden** (*irr, sep, -ge-, h*) cut out (*dress etc.*); cut (*wood etc.*) (to size); **~schrauben** (*sep, -ge-, h*) screw shut; **²schrift** *f* letter; **²schuss** *m* allowance; subsidy; **~sehen** (*irr, sep, -ge-, h*) → **zuschauen**; **~sehends** ['~ts] *adv* rapidly; **~senden** ([*irr,*] *sep, -ge-, h*) send to; **~setzen** (*sep, -ge-, h*): *j-m ~* press s.o. (hard)

'**zusicher|n** (*sep, -ge-, h*): *j-m et. ~* assure s.o. of s.th.; **²ung** *f* assurance

'**Zu|spiel** *n sport:* pass(es); **²spitzen** (*sep, -ge-, h*): *sich ~* become critical; **~stand** *m* condition, state, F shape

zustande [tsu'ʃtandə]: **~ bringen** manage; **~ kommen** come about

'**zu|ständig** responsible, in charge; **~stehen** (*irr, sep, -ge-, h*): *j-m steht es zu* s.o. is entitled to (do) s.th.

zustell|en (*sep, -ge-, h*) deliver; **²ung** *f* delivery

zustimm|en (*sep, -ge-, h*) agree (*dat* to s.th.; with *s.o.*); **²ung** *f* (*-/no pl*) approval, consent

zustoßen (*irr, sep, -ge-, sein*) happen to *s.o.*

Zutaten ['tsuːtaːtən] *pl* ingredients

'**zuteilen** (*sep, -ge-, h*) assign, allot

'**zu|tragen** (*irr, sep, -ge-, h*): *sich ~* happen; **~trauen** **1.** *v/t* (*sep, -ge-, h*): *j-m et. ~* credit s.o. with s.th.; **2.** **²** *n* (*-s/no pl*) confidence (**zu** in); **~traulich** trusting; *dog etc.:* friendly

zutreffen (*irr, sep, -ge-, h*) be true; **~ auf** apply to; **~d** right, correct

zutrinken (*irr, sep, -ge-, h*): *j-m ~* drink to s.o.

'**Zutritt** *m* (*-[e]s/no pl*) → **Eintritt**

zuverlässig ['tsu:fɛrlɛsɪç] reliable; **2keit** f (-/no pl) reliability

Zuversicht ['tsu:fɛrzɪçt] f (-/no pl) confidence; **2lich** confident, optimistic

zuviel → **viel**

zuvor [tsu'-] before, previously; **~kommen** (irr, sep, -ge-, sein) anticipate; **~kommend** obliging

Zuwachs ['tsu:vaks] m (-[e]s/no pl) increase

zuweilen [tsu'vaɪlən] at times

'**zu**|**weisen** (irr, sep, -ge-, h) assign; '**~wenden** ([irr,] sep, -ge-, h): (sich) **~** turn (dat to)

zu'wenig → **wenig**

'**zuwerfen** (irr, sep, -ge-, h) slam (shut); j-m et. **~** throw to s.o.; cast (a glance etc.) at s.o.

zuwider [tsu'-]: ... ist mir **~** I hate (or detest) ...

'**zu**|**winken** (sep, -ge-, h) wave to; signal to; '**~ziehen** (irr, sep, -ge-) 1. v/t (h) draw (curtains etc.); pull (noose etc.) tight; sich **~** med. catch; 2. v/i (sein) move in; **~züglich** ['~tsy:klɪç] plus

zwang [tsvaŋ] past of **zwingen**

Zwang [~] m (-[e]s/¨e) compulsion; force

zwängen ['tsvɛŋən] (ge-, h) squeeze (sich o.s.)

'**zwanglos** informal, casual

zwanzig ['tsvantsɪç] twenty; '**~ste** twentieth

zwar [tsva:r]: ich kenne ihn ~, aber I do know him; but; und ~ that is, namely

Zweck [tsvɛk] m (-[e]s/-e) purpose; guter ~ good cause; es hat keinen ~ (zu inf) it's no use (ger); **2los** useless; **2mäßig** technical; wise

zwei [tsvaɪ] two; **~deutig** ['~dɔytɪç] ambiguous; joke: off-color (Brt. -colour); **~erlei** ['~ər'laɪ] two kinds of; **~fach** double; **2familienhaus** n duplex, Brt. two-family house

Zweifel ['tsvaɪfəl] m (-s/-) doubt; **2haft** doubtful, dubious; **2los** no doubt; **2n** (ge-, h) doubt (an et. s.th.)

Zweig [tsvaɪk] m (-[e]s/-e) branch (a. fig.); twig; '**~geschäft** n, **~stelle** f branch

Zwei|**kampf** m duel; **2mal** twice; **2motorig** ['~moto:rɪç] twin-engined; **2seitig** two-sided; pol. bilateral; photocopy: double-sided; '**~sitzer** m (-s/-) two-seater; **2sprachig** bilingual; '**~spurig** mot. two-lane; **2stöckig** ['~ʃtœkɪç] three-storied, Brt. two-storeyed

zweit [tsvaɪt] second; aus ~er Hand second-hand; wir sind zu ~ there are two of us; ~...; 2 ... in compounds: mst second (best, car, home etc.)

'**zweiteilig** two-piece

'**zweitens** secondly

'zweit|klassig *contp.* second-rate; **~rangig** of secondary importance, secondary; *contp.* second-rate
Zwerchfell ['tsvɛrç-] *n* diaphragm
Zwerg [tsvɛrk] *m* (-[e]s/-e) dwarf; midget
Zwetsch(g)e ['tsvɛtʃ(g)ə] *f* (-/-n) plum
zwicken ['tsvɪkən] (*ge-, h*) pinch, nip
Zwieback ['tsviːbak] *m* (-[e]s/-e *u.* ̈-e) rusk, zwieback
Zwiebel ['tsviːbəl] *f* (-/-n) onion; *tulip etc.:* bulb
'Zwie|licht *n* (-[e]s/*no pl*) twilight; **~spalt** *m* (-[e]s/*no pl*) conflict; **~tracht** *f* (-/*no pl*) discord
Zwilling|e ['tsvɪlɪŋə] *pl* twins; *astr.* Gemini; **~s...** *in compounds:* twin (*brother etc.*)
zwing|en ['tsvɪŋən] (*irr, ge-, h*) force; **ver** *m* (-s/-) kennels
zwinkern ['tsvɪŋkərn] (*ge-, h*) wink, blink

Zyste

Zwirn [tsvɪrn] *m* (-[e]s/-e) thread, yarn
zwischen ['tsvɪʃən] between; among; **ergebnis** ['-ˀ-] *n* intermediate result; **2fall** *m* incident; **2händler** *m* middleman; **2landung** *f* stopover; **2raum** *m* space, interval; **2stecker** *m* adapter; **2stück** *n* connection; **2wand** *f* partition; **2zeit** *f* (-/*no pl*): *in der* ~ meanwhile
zwitschern ['tsvɪtʃərn] (*ge-, h*) twitter, chirp
Zwitter ['tsvɪtər] *m* (-s/-) hermaphrodite
zwölf [tsvœlf] twelve; *um* ~ (*Uhr*) at twelve (o'clock); at noon; at midnight; **~te** twelfth
Zyankali [tsyan'kaːli] *n* (-s/*no pl*) cyanide
Zylinder [tsi'lɪndər] *m* (-s/-) top hat; *math., tech.* cylinder
zynisch ['tsyːnɪʃ] cynical
Zypresse [tsy'prɛsə] *f* (-/-n) cypress
Zyste ['tsystə] *f* (-/-n) cyst

English-German Dictionary

A

a ein(e)
abandon verlassen; *hope etc.*: aufgeben
abbey Abtei *f*
abbreviate (ab)kürzen; **abbreviation** Abkürzung *f*
ABC Abc *n*
abdicate *position, right, claim etc.*: niederlegen; abdanken
abdomen Unterleib *m*; **abdominal** *in compounds*: Unterleibs...
abhorrent verhasst, zuwider
ability Fähigkeit *f*
able fähig, tüchtig, geschickt; *be ~ to* können
abnormal anomal; abnorm
aboard an Bord
abolish abschaffen
abominable abscheulich, scheußlich
aboriginal eingeboren, einheimisch
abortion Fehlgeburt *f*; Schwangerschaftsabbruch *m*, Abtreibung *f*
about 1. *prp* um (... herum); herum; über (*dat*); um, gegen (*noon*); über (*acc*); bei, auf (*dat*), an (*dat*); im Begriff, dabei; **2.** *adv* herum, umher; in der Nähe; etwa, ungefähr
above 1. *prp* über, oberhalb; über, mehr als; *~ all* vor allem; **2.** *adv* oben; darüber (hinaus); **3.** *adj* obig, oben erwähnt
abridge kürzen
abroad im Ausland, ins Ausland; überall(hin)
abrupt abrupt, plötzlich; kurz, schroff
abscess Abszess *m*
absence Abwesenheit *f*; Fehlen *n*
absent abwesend; geistesabwesend; *be ~* fehlen; *~-minded* zerstreut
absolute absolut; vollkommen, völlig
absolve freisprechen, lossprechen
absorb absorbieren, aufsaugen, einsaugen; *~ed in* vertieft in
abstinent abstinent, enthaltsam
abstract abstrakt
absurd absurd; lächerlich
abundant reichlich (vorhanden)
abuse 1. Missbrauch *m*; Beschimpfung(en *pl.*) *f*; *~ of drugs* Drogenmissbrauch *m*; **2.** missbrauchen; beschimpfen; **abusive** beleidigend

abyss Abgrund *m*
academic akademisch
academy Akademie *f*
accelerate beschleunigen; Gas geben; **accelerator** Gaspedal *n*
accent Akzent *m*
accept annehmen; akzeptieren
access: (*to*) Zugang *m* (zu); *computer*: Zugriff *m* (auf); *fig.* Zutritt *m* (zu); **~ code** *computer*: Zugriffscode *m*
accessible (leicht) zugänglich
accessory *jur.* Mitschuldige *m*, *f*; *pl* Zubehör *n*, *fashion*: Accessoires *pl*; *tech.* Zubehör(teile *pl*) *n*
access| road Zufahrtsstraße *f*; Zubringerstraße *f*; **~ time** *computer*: Zugriffszeit *f*
accident Unfall *m*, Unglück(sfall *m*) *n*; **by ~** zufällig; **~al** zufällig; versehentlich
acclimate (sich) akklimatisieren (**to** an); **acclimatize** *Brt.* → **acclimate**
accommodate unterbringen; Platz haben für, fassen; anpassen (**to** *dat* or **at** *acc*); **accommodation** Unterkunft *f*
accompany begleiten
accomplice Komplize *m*, Komplizin *f*
accomplish erreichen; leisten; **~ed** fähig, tüchtig; vollendet
accord Übereinstimmung *f*; **of one's own ~** von selbst;

~ance: **in ~ with** entsprechend
according: **~ to** laut, nach; **~ly** entsprechend
account 1. Konto *n*; Rechnung *f*; Bericht *m*; Rechenschaft *f*; **give an ~ of** Bericht erstatten über; **on no ~** auf keinen Fall; **take ~ of, take into ~** berücksichtigen; **2. ~ for** *et.* Rechenschaft ablegen über *et.*; (sich) *et.* erklären; **~ant** Buchhalter(in)
accumulate (sich) ansammeln, (sich) (an)häufen; **accumulator** Akkumulator *m*
accurate genau
accusation Anklage *f*; Anschuldigung *f*, Beschuldigung *f*; **accuse** anklagen; beschuldigen; **accused**: **the ~** der *or* die Angeklagte, die Angeklagten *pl*
accustom gewöhnen (**to** an); **get ~ed to** sich gewöhnen an; **~ed** gewohnt
ace Ass *n* (*a. fig.*)
ache 1. schmerzen, wehtun; **2.** Schmerz *m*
achieve *aim*: erreichen, *success*: erzielen; **~ment** Leistung *f*
acid 1. sauer; **2.** Säure *f*; **~ rain** saurer Regen
acknowledge anerkennen; zugeben; *receipt*: bestätigen; **acknowledg(e)ment** Anerkennung *f*; Bestätigung *f*
acoustics *pl of room*: Akustik *f*

acquaint bekannt machen; **be ~ed with** kennen; **~ance** Bekanntschaft f; Bekannte m, f
acquire erwerben
acquit freisprechen
acrid scharf, beißend
across 1. prp (quer) über; (quer) durch; auf der anderen Seite von (or gen); **2.** adv (quer) hinüber (quer) herüber; (quer) durch; drüben
act 1. handeln; sich verhalten; sich benehmen; (ein)wirken; thea. spielen; **2.** Tat f, Handlung f; thea. Akt m
action Handlung f (a. thea.), Tat f; movie etc.: Action f (Ein)Wirkung f; jur. Klage f, Prozess m; mil. Gefecht n, Einsatz m
active aktiv; tätig; lebhaft
activity Aktivität f; pl Aktivität f, Betätigung f
actor Schauspieler m; **actress** Schauspielerin f
actual wirklich
acute scharf(sinnig); spitz; med. akut
ad f → **advertisement**
adapt (sich) anpassen; text: bearbeiten; **~able** anpassungsfähig; **~ation** Anpassung f; Bearbeitung f; **~er, ~or** Adapter m
add hinzufügen
adder Natter f
addict Süchtige m, f; **~ed: be ~ to alcohol/drugs** alkohol-/drogenabhängig sein

addition Hinzufügen n, Zusatz m; math. Addition f; **~al** zusätzlich
address 1. adressieren; words: richten (**to** an), person: anreden, ansprechen; **2.** Adresse f, Anschrift f; Rede f, Ansprache f; **addressee** Empfänger(in)
adequate angemessen
adhere: ~ to haften an; kleben an; fig. festhalten an
adhesive Klebstoff m; **~ plaster** Heftpflaster n; **~ tape** Klebeband n, Klebstreifen m; Heftpflaster n
adjacent angrenzend, anstoßend (**to** an)
adjoin (an)grenzen an, (an)stoßen an
adjourn verschieben, (sich) vertagen
adjust anpassen; tech. einstellen, regulieren; **~able** einstellbar, verstellbar
administer verwalten; medicine: geben, verabreichen; **administration** Regierung f; Verwaltung f
admirable bewundernswert, großartig
admiral Admiral m
admiration Bewunderung f
admire bewundern, verehren; **admirer** Verehrer(in)
admissible zulässig; **admission** Eintritt m, Zutritt m; Aufnahme f; Eintritt(sgeld n) m; Eingeständnis n; **~ free** Eintritt frei

admit zugeben; (her)einlassen; zulassen
adolescent Jugendliche *m, f*
adopt adoptieren; **~ion** Adoption *f*
adorable bezaubernd, entzückend; **adore** anbeten, verehren
Adriatic Sea *das* Adriatische Meer, *die* Adria
adult 1. Erwachsene *m, f;* **2.** erwachsen
adultery Ehebruch *m*
advance 1. *v/t* vorrücken, vorschieben; *appointment, date etc.*: vorverlegen; (be)fördern; *money:* vorauszahlen, vorschießen; *v/i* vordringen, vorgehen; Fortschritte machen; **2.** Vorrücken *n;* Fortschritt *m;* Vorschuss *m;* (Preis)Erhöhung *f; in* ~ im Voraus; vorher; **~ booking** Vor(aus)bestellung *f;* *thea.* Vorverkauf *m;* **advanced** vorgerückt, fortgeschritten; fortschrittlich; **~ payment** Vorauszahlung *f*
advantage Vorteil *m* (a. *sport*); *take* ~ *of* ausnutzen; **advantageous** vorteilhaft, günstig
adventure Abenteuer *n;* **adventurer** Abenteurer *m;* **adventurous** abenteuerlustig; abenteuerlich
adversary Gegner(in)
advertise inserieren; Reklame machen (für), werben für; **~ment** Anzeige *f,* Inserat *n;* **advertising** Werbung *f,* Reklame *f*
advice Rat(schlag) *m*
advisable ratsam; **advise** *s.o.:* j-m raten; j-n beraten; **adviser** Berater(in)
Aegean Sea *das* Ägäische Meer, *die* Ägäis
aerial 1. *esp.* Brt. Antenne *f;* **2.** *in compounds:* Luft...
aeroplane Brt. Flugzeug *n*
aerosol Sprühdose *f*
aesthetic *esp.* Brt. → **esthetic**
affair Angelegenheit *f;* Affäre *f*
affect beeinflussen; *med.* angreifen, befallen; bewegen, rühren
affection Liebe *f,* Zuneigung *f;* **~ate** liebevoll, herzlich
affirm versichern; beteuern; bestätigen; **~ation** Versicherung *f;* Beteuerung *f;* Bestätigung *f*
affirmative *answer / reply in the* ~ bejahen
afflict plagen
affluent society Wohlstandsgesellschaft *f*
afford sich leisten
affront Beleidigung *f*
afraid: *be* ~ *(of)* sich fürchten (vor), Angst haben (vor)
Africa Afrika *n;* **African 1.** afrikanisch; **2.** Afrikaner(in)
after 1. *prp:* nach; hinter (... her); ~ *all* schließlich; doch; **2.** *adv* nachher, hinterher, danach; **3.** *adj* später; **4.** *cj*

nachdem; ~**noon** Nachmittag *m*; *in the* ~ am Nachmittag; *this* ~ heute Nachmittag; *good* ~*!* guten Tag!
afterward(s) später, nachher, hinterher
again wieder; noch einmal
against gegen; an
age¹. Alter *n*; *at the* ~ *of* im Alter von; *of* ~ volljährig; *under* ~ minderjährig; *for* ~*s* seit e-r Ewigkeit; **2.** alt werden, alt machen
aged¹: ~ *seven* sieben Jahre alt
aged² alt, betagt
agency Agentur *f*; Geschäftsstelle *f*, Büro *n*
agent Agent *m*, Vertreter *m*; Makler *m*; Wirkstoff *m*, Mittel *n*
aggression Angriff *m*, Aggression *f*; **aggressive** aggressiv; **aggressor** Angreifer *m*
agile flink, behänd
agitate *person*: aufwiegeln, aufhetzen; schütteln, (um-)rühren; **agitation** Aufregung *f*; Agitation *f*
ago *of time*: vor
agonizing qualvoll; **agony** Qual *f*
agree *v/i* übereinstimmen; einig werden, sich einigen; zustimmen, einverstanden sein; *food:* bekommen; *v/t* vereinbaren; *esp. Brt.* sich einigen auf; ~**able** angenehm; ~**ment** Übereinkunft *f*;

Vereinbarung *f*; Abkommen *n*
agriculture Landwirtschaft *f*
ahead vorn; voraus, vorwärts
aid 1. helfen; **2.** Hilfe *f*
AIDS, Aids Aids *n*
ailing kränkelnd
aim 1. *v/i* zielen (**at** auf, nach); beabsichtigen (**at** *acc*); *v/t* **weapon:** richten (**at** auf); **2.** Ziel *n*; Absicht *f*
air 1. Luft *f*; **by** ~ auf dem Luftweg; *in the open* ~ im Freien; *on the* ~ im Rundfunk, im Fernsehen; **2.** (aus-)lüften; ~**bag** Airbag *m*, ~**brake** Druckluftbremse *f*; ~**bus** Airbus *m*, Großraumflugzeug *n*, ~**conditioned** mit Klimaanlage; ~**conditioning** Klimaanlage *f*; ~**craft** Flugzeug *n*; ~**field** Flugplatz *m*; ~ **force** Luftwaffe *f*; ~ **hostess** Stewardess *f*; ~ **letter** Luftpost(leicht)brief *m*; ~**line** Fluggesellschaft *f*; ~**mail** Luftpost *f*; *by* ~ mit Luftpost; ~**plane** Flugzeug *n*; ~ **pollution** Luftverschmutzung *f*; ~**port** Flughafen *m*; ~**sick** luftkrank; ~ **terminal** Flughafenabfertigungsgebäude *n*; ~**tight** luftdicht; ~ **traffic** Flugverkehr *m*; ~ **traffic control** Flugsicherung *f*; ~ **traffic controller** Fluglotse *m*; ~**way** Fluggesellschaft *f*
airy luftig

aisle

aisle *arch.* Seitenschiff *n*; Gang *m*
ajar *door*: angelehnt
alarm 1. Alarm *m*; Alarmvorrichtung *f*, Alarmanlage *f*; *clock*: Weckvorrichtung *f*; Wecker *m*; Angst *f*; **2.** alarmieren; beunruhigen; ~ **clock** Wecker *m*
album Album *n* (*a.* long-playing record)
alcohol Alkohol *m*; **alcoholic 1.** alkoholisch; **2.** Alkoholiker(in)
ale Ale *n*
alert 1. auf der Hut (*to* for), wachsam; **2.** (Alarm)Bereitschaft *f*; Alarm(signal *n*) *m*; **on** ~ in Alarmbereitschaft; **3.** warnen (*to* vor), alarmieren
algae *pl* Algen *pl*
Algiers Algier *n*
alibi Alibi *n*
alien 1. ausländisch; fremd; **2.** Ausländer(in); Außerirdische *m, f*
alike gleich; ähnlich
alimony Unterhalt(szahlung *f*) *m*
alive lebend, am Leben; lebendig; lebhaft
all 1. *adj* all, ganz; jede(r, -s), alle *pl*; der ganz, gänzlich; **3.** *pron* alles; ~ *at once* auf einmal; ~ *but* beinahe, fast; ~ *of us* wir alle; ~ *over* überall; ~ *the better* um so besser; ~ *the time* die ganze Zeit; *not at* ~ überhaupt nicht; *not at* ~ nichts zu danken!; *two* ~ *sport*: 2:2
alleged angeblich
allergic allergisch (*to* gegen); **allergy** Allergie *f*
alley Gasse *f*; Pfad *m*; *bowling, skittles*: Bahn *f*
alliance Bund *m*, Bündnis *n*; **allied** verbündet
alligator Alligator *m*
allocate zuteilen
allot zuteilen, zuweisen
allow erlauben, gestatten, bewilligen, gewähren; zugestehen; anerkennen, gelten lassen; ~ *for* in Betracht ziehen, berücksichtigen; *be* ~*ed to do s.th.* et. tun dürfen; ~**ance** Erlaubnis *f*; Bewilligung *f*; Zuschuss *m*; Taschengeld *n*; *make* ~(s) *for* berücksichtigen
alloy Legierung *f*
all-round vielseitig
allude: ~ *to* anspielen auf
alluring verlockend
allusion Anspielung *f*
ally 1. Verbündete *m, f*; **2.** ~ *o.s.* sich vereinigen, sich verbünden (*to, with* mit)
almighty allmächtig
almond Mandel *f*
almost fast, beinahe
alone allein
along 1. *prp* entlang, längs; **2.** *adv* weiter, vorwärts; *all* ~ F die ganze Zeit
aloud laut
alphabet Alphabet *n*
already bereits, schon

Alsation *esp. Brt.* Deutscher Schäferhund
also auch, ebenfalls
altar Altar *m*
alter (sich) (ver)ändern; abändern, umändern; **alteration** (Ver)Änderung *f*
alternate 1. abwechselnd; **2.** abwechseln (lassen); **alternating current** Wechselstrom *m*
alternative 1. alternativ, wahlweise; **2.** Alternative *f*, Wahl *f*
although obwohl
altitude Höhe *f*
altogether insgesamt; ganz (u. gar), völlig
aluminium *Brt.*, **aluminum** *Am.* Aluminium *n*
always immer
am[1] ich bin
am[2], **AM** *ante meridiem* (=*before noon*) morgens, vorm., vormittags
amalgamate *econ.* fusionieren
amateur Amateur(in) / Dilettant(in); *in compounds:* Hobby...
amaze in Erstaunen setzen, verblüffen; **amazing** erstaunlich
ambassador *pol.* Botschafter *m*; **ambassadress** *pol.* Botschafterin *f*
amber Bernstein *m*; *traffic lights:* Gelb(licht) *n*; **at ~** bei Gelb
ambiguous zweideutig, mehrdeutig, vieldeutig
ambition Ehrgeiz *m*; **ambitious** ehrgeizig
ambulance Krankenwagen *m*
ambush auflauern
amen *int* amen!
amends *sg* (Schaden)Ersatz *m*
amenity *usually pl* Annehmlichkeit(en *pl*) *f*
America Amerika *n*; **American 1.** amerikanisch; **2.** Amerikaner(in)
American Indian → **Native American**
amiable liebenswürdig, freundlich
ammunition Munition *f*
amnesty Amnestie *f*
among(st) (mitten) unter, zwischen
amount 1. Betrag *m*, Summe *f*; Menge *f*; **2. ~ to** sich belaufen auf, betragen; hinauslaufen auf
ample weit, groß, geräumig; reichlich
amplifier Verstärker *m*; **amplify** verstärken
amputate amputieren, abnehmen
amuse (*o.s*) amüsieren *or* unterhalten
amusement Unterhaltung *f*; Zeitvertreib *m*; **~ park** Vergnügungspark *m*, Freizeitpark *m*
amusing amüsant; unterhaltsam

an ein(e)
anaemia *esp. Brt.* → *anemia*
analogy Analogie *f*, Entsprechung *f*
analyse *esp. Brt.* → *analyze*; **analysis** Analyse *f*; **analyze** analysieren
anatomy Anatomie *f*
ancestor Vorfahr *m*; **ancestress** Vorfahrin *f*
anchor 1. Anker *m*; 2. (ver)ankern
anchovy Anschovis *f*, Sardelle *f*
ancient (ur)alt
and und
anemia Anämie *f*
angel Engel *m*
anger 1. Zorn *m*, Ärger *m*, Wut *f*; 2. (ver)ärgern
angle¹ Winkel *m*
angle² angeln; **angler** Angler(in)
Anglican 1. anglikanisch; 2. Anglikaner(in)
angry verärgert, ärgerlich, böse
anguish Qual *f*
angular wink(e)lig
animal Tier *n*
animate lebhaft, angeregt; **animated cartoon** Zeichentrickfilm *m*; **animation** Animation *f*, bewegtes Bild; Lebhaftigkeit *f*
animosity Feindseligkeit *f*
ankle (Fuß)Knöchel *m*
annex *esp. Am.*, **annexe** *Brt.* Anbau *m*, Nebengebäude *n*
anniversary Jahrestag *m*

announce ankündigen; bekanntgeben; *TV etc.* ansagen; durchsagen; **~ment** Ankündigung *f*; Bekanntgabe *f*; *TV etc.* Ansage *f*; Durchsage *f*; **announcer** *TV etc.* Ansager(in), Sprecher(in)
annoy ärgern; **be ~ed** sich ärgern; **~ing** ärgerlich; lästig
annual jährlich
annul annullieren
anonymous anonym
anorak Anorak *m*
another ein anderer, e-e andere, ein anderes; noch ein(e, -er, -es)
answer 1. Antwort *f* (**to** auf); 2. antworten (auf *or* to auf); beantworten; **~ the bell/door** die Tür öffnen, aufmachen; **~ the telephone** ans Telefon gehen; **~ing machine** Anrufbeantworter *m*
ant Ameise *f*
antelope Antilope *f*
antenna¹ *zo.* Fühler *m*
antenna² Antenne *f*
anthem Hymne *f*
antibiotic Antibiotikum *n*
anticipate voraussehen, (vor)ahnen; erwarten; zuvorkommen; **anticipation** (Vor)Ahnung *f*; Erwartung *f*; Vorwegnahme *f*
anti|clockwise *Brt.* entgegen dem Uhrzeigersinn; **~dote** Gegengift *n*, Gegenmittel *n*; **~freeze** Frostschutzmittel *n*; **~lock braking system** Antiblockiersystem *n*

antipathy Antipathie *f*, Abneigung *f*
antiquated veraltet
antique 1. antik, alt; **2.** Antiquität *f*
antiquity Altertum *n*
antiseptic 1. Antiseptikum *n*; **2.** antiseptisch
antisocial asozial; ungesellig
antlers *pl* Geweih *n*
anxiety Angst *f*, Sorge *f*
anxious besorgt; bestrebt (**to do** zu tun)
any 1. *adj and pron* (irgend)ein(e), einige *pl*, etwas; jede(r, -s) (beliebige); *not* ~ kein; **2.** *adv* irgend(wie), (noch) etwas; ~**body** (irgend)jemand; jeder; ~**how** irgendwie; jedenfalls; ~**one** → **anybody**; ~**thing** (irgend)etwas; alles; ~ *else*? sonst noch etwas?; *not* ~ nichts; ~**way** → **anyhow**; ~**where** irgendwo(hin); überall
apart einzeln, für sich; beiseite; ~ *from* abgesehen von
apartment Wohnung *f*; ~ **building** Wohnhaus *n*, Mietshaus *n*
apathetic apathisch, teilnahmslos
ape (Menschen)Affe *m*
aperture Öffnung *f*; *phot.* Blende *f*
apologize sich entschuldigen (*for* für; *to* bei); **apology** Entschuldigung *f*
apoplexy Schlaganfall *m*

appal *Brt.*, **appall** *Am.* erschrecken, entsetzen; **appalling** F erschreckend, entsetzlich
apparatus Apparat *m*
apparent offenbar, offensichtlich; scheinbar
appeal 1. *jur.* Berufung einlegen; ~ *to* heran bitten (*for* um); appellieren an, sich wenden an; gefallen, zusagen; **2.** *jur.* Berufung *f*, Revision *f*; dringende Bitte; Anziehung(skraft) *f*, Wirkung *f*
appear (er)scheinen; ~ *on television* im Fernsehen auftreten; ~**ance** Erscheinen *n*, Auftreten *n*; Aussehen *n*, *das* Äußere; *usually pl* (An-)Schein *m*
appendicitis Blinddarmentzündung *f*
appendix Blinddarm *m*; *book:* Anhang *m*
appetite: (*for*) Appetit *m* (auf); Verlangen *n* (nach); **appetizing** appetitanregend
applaud applaudieren, Beifall spenden; **applause** Applaus *m*, Beifall *m*
apple Apfel *m*; ~ *pie* gedeckter Apfelkuchen; ~ *sauce* Apfelmus *n*
appliance Gerät *n*
applicable anwendbar (*to* auf); zutreffend
applicant Antragsteller(in); Bewerber(in); **application**

apply

Anwendung *f*; Gesuch *n*, Antrag *m*; Bewerbung *f*
apply *v/i* sich bewerben (*for* um); beantragen (*for* acc); zutreffen (*to* auf); *v/t* (*to*) auflegen (auf), auftragen (auf); anwenden (auf); verwenden (für)
appoint ernennen zu, berufen zu; festsetzen, bestimmen; **~ment** Verabredung *f*; Termin *m*; Ernennung *f*, Berufung *f*
appreciate schätzen, würdigen, zu schätzen wissen; dankbar sein für
apprehension Besorgnis *f*; **apprehensive** besorgt (*for* um)
apprentice 1. Auszubildende *m*, *f*, Lehrling *m*; 2. in die Lehre geben; **~ship** Lehrzeit *f*; Lehre *f*
approach 1. sich nähern (*dat*); herangehen an, herantreten an; 2. Nahen *n*; Annäherung *f*; Zugang *m*
appropriate passend, geeignet
approval Billigung *f*; Anerkennung *f*; **approve** billigen, genehmigen
approximate annähernd, ungefähr
apricot Aprikose *f*
April April *m*
apron Schürze *f*
aquaplaning *Brt.* Aquaplaning *n*
Aquarius *astr.* Wassermann *m*

aquatic *in compounds:* Wasser...
aquiline *in compounds:* Adler...; **~ nose** Adlernase *f*
Arab Araber(in); **Arabic** arabisch
arbiter Schiedsrichter *m*
arbitrary willkürlich, eigenmächtig
arbitrate schlichten
arcade Arkade *f*
arch|angel Erzengel *m*; **~bishop** Erzbischof *m*
archer Bogenschütze *m*; **archery** Bogenschießen *n*
architect Architekt(in); **architecture** Architektur *f*
archives *pl* Archiv *n*
arctic arktisch
ardent *fig.* feurig, glühend; begeistert, eifrig
are: *you* **~** du bist/Sie sind/ihr seid, *we* **~** wir sind, *they* **~** sie sind
area Fläche *f*; Gebiet *n*; Bereich *m*; **~ code** *tel.* Vorwahl(nummer) *f*
arena Arena *f*
Argentina Argentinien *n*
Argentine: *the* **~** Argentinien *n*
argue argumentieren; streiten; diskutieren
argument Argument *n*; Streit *m*
Aries *astr.* Widder *m*

arise entstehen; auftauchen
arithmetic Rechnen *n*
ark Arche *f*
arm¹ Arm *m*; Armlehne *f*; Ärmel *m*
arm² (*o.s.* sich) bewaffnen; aufrüsten
armament Aufrüstung *f*
armchair Sessel *m*
armistice Waffenstillstand *m*
armor *Am.*, **armour** *Brt.* 1. Rüstung *f*, Panzer *m* (*a. zo.*); 2. panzern
armpit Achselhöhle *f*
arms *pl* Waffen *pl*
army Armee *f*, Heer *n*
aroma Aroma *n*
around 1. *adv* (rings)herum; umher, herum; in der Nähe, da; 2. *prp* um (... herum); in ... herum
arouse (auf)wecken, aufrütteln; erregen
arrange (an)ordnen; festsetzen, festlegen; arrangieren, vereinbaren; **~ment** Anordnung *f*; Vereinbarung *f*; Vorkehrung *f*
arrears *pl* Rückstand *m*, Rückstände *pl*
arrest 1. verhaften; 2. Verhaftung *f*
arrival Ankunft *f*; **arrive** (an)kommen, eintreffen
arrow Pfeil *m*
arsenic Arsen *n*
arson Brandstiftung *f*
art Kunst *f*; *pl* Geisteswissenschaften *pl*
artery Arterie *f*, Schlagader *f*; (Haupt)Verkehrsader *f*
art gallery Gemäldegalerie *f*
article Artikel *m*
articulate 1. klar; *zo.* gegliedert; 2. deutlich (aus)sprechen
artificial künstlich
artisan (Kunst)Handwerker *m*
artist Künstler(in); **artistic** künstlerisch
as 1. *adv* ebenso; wie (z. B.); 2. *cj* (so) wie; als, während; da, weil; **~ ... ~** (eben)so ... wie; **~ for** was ... (an)betrifft; **~ Hamlet** als Hamlet
asbestos Asbest *m*
ascend (auf)steigen; ansteigen; besteigen
Ascension Day Himmelfahrtstag *m*
ascent Aufstieg *m*; Besteigung *f*; Steigung *f*
ash¹ Esche(nholz *n*) *f*
ash² *a.* **~es** *pl* Asche *f*
ashamed: **be ~ of** sich schämen (*gen*)
ashcan > **garbage can**
ashore: **go ~** an Land gehen
ashtray Aschenbecher *m*
Ash Wednesday Aschermittwoch *m*
Asia Asien *n*; **~ Minor** Kleinasien *n*; **Asian, Asiatic** 1. asiatisch; 2. Asiat(in)
aside beiseite, auf die Seite
ask fragen (nach); bitten (*s.o.* [*for*] *s.th.* j-n um et.)
askew schief
asleep schlafend; **be (fast)**

asparagus

sound ~ (fest) schlafen; ***fall*** ~ einschlafen
asparagus Spargel *m*
aspect Aspekt *m*, Seite *f*, Gesichtspunkt *m*
aspic Aspik *m*, *n*
ass Esel *m*
assassin (*esp. politischer*) Mörder, Attentäter *m*; **~ate** *pol.* ermorden; **~ation** (politischer) Mord, Ermordung *f*, Attentat *n*
assault 1. Angriff *m*; **2.** angreifen; überfallen
assemblage (An)Sammlung *f*; Versammlung *f*; *tech.* Montage *f*; **assemble** (sich) versammeln; *tech.* montieren
assembly Versammlung *f*; *tech.* Montage *f*; **~ line** Fließband *n*
assert behaupten, erklären; geltend machen
assess *value*, *cost*: festsetzen, schätzen, (be)werten
asset *econ.* Aktivposten *m*; *fig.* Plus *n*, Gewinn *m*; **assets** *pl* Aktiva *pl*; *jur.* Vermögen *n*; Konkursmasse *f*
assign anweisen, zuweisen, zuteilen; bestimmen; **~ment** Anweisung *f*, Zuweisung *f*; Aufgabe *f*, Arbeit *f*, Auftrag *m*
assimilate (sich) angleichen, (sich) anpassen
assist *person*: helfen, beistehen; **~ance** Hilfe *f*, Beistand *m*; **~ant** Assistent(in), Mitar-

368

beiter(in); (*shop*) ~ *Brt.* Verkäufer(in)
associate 1. vereinigen, verbinden; assoziieren; verkehren; **2.** *econ.* Teilhaber(in); **association** Vereinigung *f*, Verbindung *f*; Verein *m*; Assoziation *f*
assorted gemischt; **assortment** *econ.* Sortiment *n*, Auswahl *f*
assume annehmen
assurance Zusicherung *f*, Versicherung *f*; *esp. Brt.* (Lebens)Versicherung *f*; Sicherheit *f*, Gewissheit *f*; Selbstsicherheit *f*; **assure** *person*: versichern; *esp. Brt. s.o.'s life*: versichern; **assured 1.** überzeugt, sicher; **2.** *esp. Brt.* Versicherte *m*, *f*
asthma Asthma *n*
astonish in Erstaunen setzen; *be* **~ed** erstaunt sein (*at* über); **~ing** erstaunlich; **~ment** (Er)Staunen *n*
astrology Astrologie *f*
astronaut Astronaut(in), Raumfahrer(in)
astronomy Astronomie *f*
asylum Asyl *n*
at *prp place*: in, an, bei, auf; *direction*: auf, nach, gegen, zu; *activity*: bei, beschäftigt mit, in; *way*, *manner*, *condition*: in, bei, zu, unter; *price etc.*: für, um; *time*, *age*: um, bei; ~ *the cleaners* in der Reinigung; ~ *the door* an der Tür; ~ *10 pounds* für 10

Pfund; ~ *18* mit 18 (Jahren); ~ *5 o'clock* um 5 Uhr; → *all 3*
athlete (Leicht)Athlet(in), Sportler(in); **athletic** athletisch; **athletics** *sg* Leichtathletik *f*
Atlantic 1. *a.* ~ *Ocean* der Atlantik; **2.** atlantisch
atmosphere Atmosphäre *f*
atom Atom *n*; ~ *bomb* Atombombe *f*
atomic atomar, *in compounds*: Atom...; ~ **bomb** Atombombe *f*; ~ **energy** Atomenergie *f*; ~ **pile** Atomreaktor *m*; ~ **power** Atomkraft *f*; ~ **waste** Atommüll *m*
atomizer Zerstäuber *m*
atrocious scheußlich; grausam
attach: (*to*) befestigen (an), anbringen (an), anheften (an), ankleben (an); *importance etc.*: beimessen (*dat*); *be* ~*ed to s.o.* an j-m hängen
attack 1. angreifen; **2.** Angriff *m*; *med.* Anfall *m*
attempt 1. versuchen; **2.** Versuch *m*
attend *v/t* teilnehmen an, *lecture etc.*: besuchen; (ärztlich) behandeln; *the sick*: pflegen; *v/i* anwesend sein; erscheinen; ~ *to* sich kümmern um; ~ *to s.o.* j-n bedienen (*in store*); ~**ance** Anwesenheit *f*, Erscheinen *n*; Besucher(zahl *f*) *pl*, Teilnehmer *pl*; ~**ant** Begleiter(in); Aufseher(in); Tankwart *m*
attention Aufmerksamkeit *f*;
attentive aufmerksam
attic Dachboden *m*
attitude (Ein)Stellung *f*; Haltung *f*
attorney (Rechts)Anwalt *m*, (Rechts)Anwältin *f*; Bevollmächtigte *m, f*; *power of* ~ Vollmacht *f*
attract anziehen; *attention*: erregen; *fig.* anlocken; ~**ion** Anziehung(skraft) *f*; Reiz *m*; Attraktion *f*; ~**ive** anziehend; attraktiv; reizvoll
attribute zuschreiben (**to** *dat*); zurückführen (**to** auf)
auction 1. Auktion *f*, Versteigerung *f*; **2.** ~ **off** versteigern
audacious kühn, verwegen; dreist
audible hörbar
audience Publikum *n*, Zuhörer *pl*, Zuschauer *pl*, Besucher *pl*; Audienz *f*
audit *econ.* **1.** prüfen; **2.** Buchprüfung *f*
auditorium Zuschauerraum *m*; Vortragssaal *m*, Konzertsaal *m*
August August *m*
aunt Tante *f*
austere streng
Australia Australien *n*; **Australian 1.** australisch; **2.** Australier(in)
Austria Österreich *n*; **Austrian 1.** österreichisch; **2.** Österreicher(in)

authentic

authentic authentisch; echt
author Urheber(in); Autor(in), Verfasser(in)
authoritative gebieterisch, herrisch; maßgebend
authority Autorität f; Vollmacht f; Kapazität f; usually pl Behörde(n pl) f
authorize autorisieren
autobiography Autobiographie f
autograph Autogramm n
automate automatisieren
automatic automatisch; **~ teller machine** Geldautomat m
automobile Auto(mobil) n
autonomy Autonomie f
autumn Herbst m
auxiliary 1. in compounds: Hilfs...; **2.** Hilfsverb n
available erhältlich, lieferbar; verfügbar
avalanche Lawine f
avarice Habgier f
avenue Allee f; Hauptstraße f
average 1. Durchschnitt m; **2.** durchschnittlich, in compounds: Durchschnitts...
aversion Abneigung f
aviary Voliere f

aviation Luftfahrt f
avoid (ver)meiden; ausweichen
awake 1. wach; **2.** v/t (auf-)wecken; v/i aufwachen, erwachen
award 1. Preis m, Auszeichnung f; **2.** prize etc.: verleihen
aware: *be ~ of s.th.* et. wissen, et. kennen, sich e-r Sache bewusst sein; *become ~ of s.th.* et. merken
away 1. adv and adj weg, fort; (weit) entfernt; immer weiter, drauflos; **2.** adj sport in compounds: Auswärts...
awe Furcht f, Respekt m
awful furchtbar
awkward unangenehm; ungeschickt, linkisch; inconvenient: ungünstig; unhandlich, sperrig
awl Ahle f, Pfriem m
awning Plane f; Markise f
awry schief
ax(e) Axt f, Beil n
axis Achse f
axle (Rad)Achse f
azure azurblau, himmelblau

B

baboon Pavian m
baby Baby n, Säugling m; **~ carriage** Kinderwagen m; **~hood** Säuglingsalter n; **~sit** babysitten; **~sitter** Babysitter(in)
bachelor Junggeselle m; **~ girl** Junggesellin f
back 1. noun Rücken m; Rückseite f; (Rück)Lehne f;

hinterer Teil, rückwärtiger Teil; *sport:* Verteidiger *m*; **2.** *adj* rückwärtig, *in compounds:* Hinter...; **3.** *adv* zurück; rückwärts; **4.** *v/t a.* **~ up** *car:* zurückbewegen, zurückstoßen mit; *v/i often* **~ up** sich rückwärts bewegen, zurückgehen, zurückfahren, *mot. a.* zurückstoßen; **~bone** Rückgrat *n*; **~comb** *hair:* toupieren; **~ground** Hintergrund *m*; **~hand** *sport:* Rückhand *f*; **~heeler** *soccer:* Hackentrick *m*; **~ing** Unterstützung *f*; **~pack** Rucksack *m*; **~packer** Rucksacktourist (-in); **~packing** Rucksacktourismus *m*; **~ seat** Rücksitz *m*; **~space (key)** Rück(stell)taste *f*; **~stairs** *pl* Hintertreppe *f*; **~stroke** Rückenschwimmen *n*; **~up** Unterstützung *f*; *computer:* Back-up *n*, Sicherungskopie *f*; *mot.* (Rück)Stau *m*

backward 1. *adj in compounds:* Rückwärts...; zurückgeblieben; rückständig; **2.** *adv. a.* **backwards** rückwärts, zurück

bacon Frühstücksspeck *m*, Schinkenspeck *m*

bacteria *pl* Bakterien *pl*

bad schlecht; böse, schlimm; **go ~** *food:* schlecht werden, verderben

badge Abzeichen *n*; Button *m*; Dienstmarke *f*

badger Dachs *m*

bad-tempered schlecht gelaunt

baffle verwirren

bag Beutel *m*; Sack *m*; Tüte *f*; Tasche *f*

baggage (Reise)Gepäck *n*; **~ car** *rail.* Gepäckwagen *m*; **~ check** Gepäckschein *m*; **~ claim** *aviat.* Gepäckausgabe *f*; **~ room** Gepäckaufbewahrung *f*

baggy F bauschig; *trousers:* ausgebeult

bagpipes *pl* Dudelsack *m*

bail 1. Kaution *f*; **2. ~ s.o. out** j-n gegen Kaution freibekommen

bait Köder *m* (*a. fig.*)

bake backen; **~d potatoes** *pl* ungeschälte, im Ofen gebackene Kartoffeln; **baker** Bäcker *m*; **bakery** Bäckerei *f*

balance 1. *noun* Waage *f*; Gleichgewicht *n* (*a. fig.*); *econ.* Guthaben *n*, Rest *m*; **2.** *v/t* abwägen, erwägen; im Gleichgewicht halten; *accounts etc.:* ausgleichen; *v/i* balancieren; *econ.* sich ausgleichen; **balanced** ausgewogen, ausgeglichen; **~ sheet** Bilanz *f*

balcony Balkon *m*

bald kahl

bale *econ.* Ballen *m*

ball¹ Ball *m*; Kugel *f*; (Hand-, Fuß)Ballen *m*; Knäuel *m*, *n*

ball² Ball *m*, Tanzveranstaltung *f*

ballad

ballad Ballade *f*
ball bearing Kugellager *n*
ballet Ballett *n*
balloon Ballon *m*
ballot Stimmzettel *m*; (*esp. geheime*) Wahl; **~ box** Wahlurne *f*
ballpoint, ~ pen Kugelschreiber *m*, F Kuli *m*
ballroom Ballsaal *m*, Tanzsaal *m*
balls *pl* V *testicles*: Eier *pl*
balm Balsam *m*
Baltic Sea *die* Ostsee
balustrade Balustrade *f*
bamboo Bambus *m*
ban 1. (*amtliches*) Verbot; **2.** verbieten
banana Banane *f*
band *piece of material*: Band *n*; *pattern*: Streifen *m*; *group of people*: Schar *f*, Gruppe *f*, Bande *f*; (Musik)Kapelle *f*, (Jazz-, Rock- etc.)Band *f*
bandage 1. Bandage *f*; Binde *f*; Verband *m*; *Am.* (Heft-)Pflaster *n*; **2.** bandagieren; verbinden
Band-Aid® (Heft)Pflaster *n*
bang 1. heftiger Schlag; Knall *m*; *usually pl* Pony *m* (*hairstyle*); **2.** *door*: zuschlagen; V *have sex*: F bumsen; **~ (away)** ballern
bangle Armreif *m*
banish verbannen
banister *a. pl* Treppengeländer *n*
bank¹ *econ.* Bank *f*; → **blood bank, data bank** *etc.*

bank² *river, lake*: Ufer *n*; (Erd)Wall *m*; Böschung *f*; → **cloud bank, fog bank, sandbank**
bank| account Bankkonto *n*; **~ bill** Banknote *f*, Geldschein *m*; **~book** Sparbuch *n*; **~ code** Bankleitzahl *f*; **~er** Bankier *m*, F Banker *m*; **~ holiday** *Brt.* gesetzlicher Feiertag; **~ note** *esp. Brt.* → **bank bill**
bankrupt 1. bankrott; *go* **~** in Konkurs gehen, Bankrott machen; **2.** Bankrott machen;
bankruptcy Bankrott *m*
banner Transparent *n*
banns *pl* Aufgebot *n*
banquet Bankett *n*
banter necken
baptism Taufe *f*; **baptize** taufen
bar 1. Stange *f*, Stab *m*; Riegel *m*; (Quer-, Sprung-, Tor)Latte *f*; Schranke *f*; *gold etc.*: Barren *m*; *mus.* Taktstrich *m*; *mus.* Takt *m*; (dicker) Strich *m*; *hotel*: Bar *f*, Lokal *n*, Imbißstube *f*; *pl* Gitter *n*; **a ~ of chocolate** ein Riegel (*a.* e-e Tafel) Schokolade; **a ~ of soap** ein Riegel *or* Stück Seife; **2.** zuriegeln, verriegeln; (ver)hindern
barbed wire Stacheldraht *m*
barber (Herren)Friseur *m*
bar code Strichkode *m*
bare 1. nackt; kahl; leer; knapp; **2.** entblößen; **~foot** barfuß

barely kaum
bargain 1. Geschäft n, Handel m; vorteilhaftes Geschäft; **2.** (ver)handeln
bark¹ Rinde f, Borke f
bark² bellen
barley Gerste f
barn Scheune f
barometer Barometer n
barracks sg Kaserne f
barrel Fass n; (Gewehr)Lauf m
barren unfruchtbar
barricade Barrikade f
barrier Schranke f, Barriere f, Sperre f; fig. Hindernis n
barrister Brt. (plädierender) Anwalt
barrow Karre(n m) f
barter (ein)tauschen
base¹ gemein
base² **1.** Basis f, Grundlage f, Fundament n; mil. Standort m; fig. Stützpunkt m; **2.** gründen, stützen (**on** auf)
base|ball Baseball(spiel n) m; **~less** grundlos; **~line** Grundlinie f; **~ment** Kellergeschoss n, Austrian: Kellergeschoß n
basic 1. grundlegend, wesentlich, in compounds: Grund...; **2.** pl Grundlagen pl; **~ally** im Grunde
basin Becken n; Schale f, Schüssel f
basis Basis f; Grundlage f
bask sich sonnen
basket Korb m; **~ball** Basketball(spiel n) m

bass mus. Bass m
bastard Bastard m
bat¹ Schlagholz n, Schläger m
bat² Fledermaus f
batch Stoß m, Stapel m
bath 1. Bad(ewanne f) n; **take a ~** Am., **have a ~** Brt. baden, ein Bad nehmen; **2.** Brt. baden
bathe v/t wound, child: baden; v/i baden, schwimmen; baden, ein Bad nehmen
bathing| costume, ~ suit Badeanzug m
bath|robe Bademantel m; Morgenrock m; **~room** Badezimmer n; Toilette f; **~ towel** Badetuch n
baton Taktstock m; sport: (Staffel)Stab m
batter Rührteig m
battery Batterie f
battle Schlacht f (**of** bei); fig. Kampf m
bawl brüllen, schreien
bay Bai f, Bucht f; **~ window** Erkerfenster n
bazaar Basar m
BC before Christ v.Chr., vor Christus
be sein; passive voice: werden; **become a doctor** etc. Arzt etc. werden; **how much is (are) ...?** was kostet (kosten) ...?; **there is/are** es gibt
beach Strand m
beacon Leuchtfeuer n, Signalfeuer n
bead (Glas- etc.)Perle f
beak Schnabel m

beaker Becher *m*

beam 1. Balken *m*; (Leit-)Strahl *m*; strahlendes Lächeln; **2.** strahlen

bean Bohne *f*

bear¹ Bär *m*

bear² tragen; zur Welt bringen; ertragen, ausstehen; **~able** erträglich

beard Bart *m*

bearer Träger(in); Überbringer(in)

bearing Haltung *f*

beast Tier *n*; Bestie *f*; **~ of prey** Raubtier *n*

beat 1. schlagen; (ver)prügeln; besiegen; übertreffen; **~ it!** F hau ab!; **2.** Schlag *m*; *mus.* Takt *m*; Beat(musik *f*) *m*; *policeman*: Runde *f*, Revier *n*

beautiful schön

beauty Schönheit *f*

beaver Biber *m*

because weil; **~ of** wegen

beckon (zu)winken

become werden (**of** aus)

bed Bett *n*; *animal*: Lager *n*; Beet *n*; **~ and breakfast** Zimmer *n* mit Frühstück; **~clothes** *pl* Bettwäsche *f*

bedding Bettzeug *n*; Streu *f*

bed|ridden bettlägerig; **~room** Schlafzimmer *n*; **~side: at the ~** am Bett; **~sit** F, **~sitter** *Brt.* möbliertes Zimmer; Einzimmerappartement *n*; **~spread** Tagesdecke *f*; **~stead** Bettgestell *n*

bee Biene *f*

beech Buche *f*

beef Rindfleisch *n*; **~ tea** (Rind)Fleischbrühe *f*

bee|hive Bienenkorb *m*, Bienenstock *m*; **~line: make a ~ for** F schnurstracks zugehen auf

beeper *device*: Piepser *m*

beer Bier *n*

beet (Runkel)Rübe *f*

beetle Käfer *m*

beetroot Rote Bete

before 1. *prp* vor; **2.** *adv of place*: vorn, voran; *of time*: vorher, früher; **3.** *cj* bevor, ehe; **~hand** zuvor, im Voraus

beg *v/t* betteln um, erbetteln; bitten; *v/i* betteln (**for** um); bitten (**for** um)

beget *Bible*: zeugen

beggar Bettler(in)

begin beginnen, anfangen; **beginner** Anfänger(in); **beginning** Beginn *m*, Anfang *m*

behalf: on /in ~ of im Namen von

behave sich benehmen; **behavior** *Am.*, **behaviour** *Brt.* Benehmen *n*, Betragen *n*

behind 1. *prp* hinter; **2.** *adv* hinten, dahinter, nach hinten; **3.** *adj* im Rückstand; **4.** *noun* F Hintern *m*

being (Da)Sein *n*; Wesen *n*

belated verspätet

belch aufstoßen, rülpsen; *smoke etc.*: speien

belfry Glockenturm *m*

Belgian 1. belgisch; **2.** Belgier(in); **Belgium** Belgien *n*
belief Glaube *m*
believe glauben (*in* an); **believer** Gläubige *m*, *f*
bell Glocke *f*; Klingel *f*
belligerent streitlustig, aggressiv
bellow brüllen
bellows *pl*, *sg* Blasebalg *m*
belly Bauch *m*; Magen *m*
belong gehören; **~ings** *pl* Habseligkeiten *pl*
beloved geliebt
below 1. *adv* unten; hinunter, nach unten; **2.** *prp* unter (-halb)
belt Gürtel *m*; Gurt *m*; Zone *f*, Gebiet *n*; *tech.* Treibriemen *m*; **~way** Ring(straße *f*) *m*, Umgehungsstraße *f*
bench (Sitz- *etc.*)Bank *f*
bend 1. (sich) biegen, (sich) krümmen; beugen; **2.** Biegung *f*, Kurve *f*
beneath *prp* unter(halb)
benediction Segen *m*
benefactor Wohltäter *m*
beneficial wohltuend; vorteilhaft, günstig
benefit 1. Nutzen *m*, Vorteil *m*; *social security etc.*: (Sozial-, Versicherungs-*etc.*)Leistung *f*; (Arbeitslosen)Unterstützung *f*; (Kranken)Geld *n*; **~ concert** Wohltätigkeitskonzert *n*; **2.** nützen; **~ from / by** *e-n* Vorteil haben von *or* durch
benevolent wohltätig; wohlwollend
benign *med.* gutartig
bereaved Hinterbliebene *m*, *f*
beret Baskenmütze *f*
berry Beere *f*
berth *naut.* Liegeplatz *m*, Ankerplatz *m*; *naut.* Koje *f*; *rail.* (Schlafwagen)Bett *n*
beside *prp* neben; **~ o.s.** außer sich (*with* vor); → *point* 1; **besides 1.** *adv* außerdem; **2.** *prp* außer, neben
best 1. *adj* best, größt, meist; **~ before** *food:* haltbar bis; **2.** *adv* am besten; **the, die, das Beste; at ~** bestenfalls; **make the ~ of** das Beste machen aus; **all the ~!** alles Gute!; **~ before date, ~ by date** *food:* Mindesthaltbarkeitsdatum *n*; **~-seller** Bestseller *m*
bet 1. Wette *f*; **2.** wetten; *you ~* F und ob!
betray verraten; **betrayal** Verrat *m*
better 1. *adj and adv* besser; **2.** *noun* das Bessere
between 1. *prp* zwischen; unter; **2.** *adv* dazwischen
beverage Getränk *n*
beware sich in Acht nehmen
bewilder verwirren
beyond 1. *adv* darüber hinaus; **2.** *prp* jenseits; über ... hinaus
bias Neigung *f*, Vorurteil *n*; **bias(s)ed** voreingenommen; *jur.* befangen

bib Lätzchen *n*
Bible Bibel *f*
biblical biblisch
bibliography Bibliographie *f*
bicker sich zanken
bicycle Fahrrad *n*
bid 1. *econ.* bieten; **2.** *econ.* Gebot *n*, Angebot *n*
bier (Toten)Bahre *f*
big groß; F großspurig
bigamy Bigamie *f*
bike F (Fahr)Rad *n*; **biker** Motorradfahrer(in) (*esp. as part of a group*); Radfahrer(in), Radler(in)
bilateral bilateral
bilberry Blaubeere *f*, Heidelbeere *f*
bile Galle *f*
bilingual zweisprachig
bill¹ Schnabel *m*
bill² 1. Banknote *f*, Geldschein *m*; Rechnung *f*; *pol.* (Gesetzes)Vorlage *f*; Plakat *n*; **~board** Reklametafel *f*; **~fold** Brieftasche *f*
billion Milliarde *f*
bill[s] **of delivery** *econ.* Lieferschein *m*; **~ of exchange** *econ.* Wechsel *m*
bin (großer) Behälter
bind (zusammen)binden; **~er** (Akten- *etc.*)Deckel *m*; **~ing 1.** (Buch)Einband *m*; Einfassung *f*, Borte *f*; (Ski)Bindung *f*; **2.** bindend, verbindlich
binoculars *pl* Fernglas *n*
biodegradable biologisch abbaubar
biography Biographie *f*

biological biologisch; **biology** Biologie *f*
biorhythms *pl* Biorhythmus *m*
biotope Biotop *n*
birch Birke *f*
bird Vogel *m*; **~ of passage** Zugvogel *m*; **~ of prey** Raubvogel *m*; **~ sanctuary** Vogelschutzgebiet *n*; **'s-eye view** Vogelperspektive *f*
biro® *Brt.* Kugelschreiber *m*
birth Geburt *f*; Herkunft *f*; **give ~ to** gebären, zur Welt bringen; **date of ~** Geburtsdatum *n*; **~ certificate** Geburtsurkunde *f*; **~ control** Geburtenregelung *f*; **~day** Geburtstag *m*; **happy ~!** alles Gute *or* herzlichen Glückwunsch zum Geburtstag!; **~place** Geburtsort *m*
biscuit *Brt.* Keks *m*, *n*
bishop Bischof *m*; *chess:* Läufer *m*
bit¹ Stück(chen) *n*; **a ~** ein bisschen; ziemlich
bit² *computer:* Bit *n*
bitch Hündin *f*; *sl. woman:* Miststück *n*
bite 1. (an)beißen; *insect:* beißen, stechen; *pepper etc.*: brennen; **2.** Biss*m*; F Bissen *m*, Happen *m*
bitter 1. bitter; *fig.* verbittert; **2.** *pl* Magenbitter *m*
black 1. schwarz; **2.** Schwarze *m*, *f*; **3.** schwarz machen; **~berry** Brombeere *f*; **~bird** Amsel *f*; **~board** (Schul-

blockade

Wand)Tafel *f*; **~en** schwarz machen, schwarz werden; **~head** *med.* Mitesser *m*; **~eye** blaues Auge, F Veilchen *n*; **~ice** Glatteis *n*; **~mail 1.** Erpressung *f*; **2.** erpressen; **~mailer** Erpresser(in); **~out** Black-out *n*, *m*; Ohnmacht *f*; **~ pudding** Blutwurst *f*

bladder *anat.* Blase *f*

blade *knife etc.*: Klinge *f*; *oar, saw, shoulder*: Blatt *n*; *propeller*: Flügel *m*; *bot.* Halm *m*

blame 1. tadeln; **~ s.o. for s.th.** j-m die Schuld geben an et.; **2.** Tadel *m*; Schuld *f*

blancmange Pudding *m*

blank 1. leer; unbeschrieben; *econ. in compounds*: Blanko...; **2.** freier Raum, Lücke *f*; unbeschriebenes Blatt; *lottery*: Niete *f*

blanket 1. (Woll-, Bett)Decke *f*; **2.** zudecken

blare *radio etc.*: brüllen, plärren; *trumpet*: schmettern

blast 1. Windstoß *m*; Explosion *f*; lauter Ton; **2.** sprengen; **~!** verdammt!; **~ furnace** Hochofen *m*; **~off** *rocket etc.*: Start *m*

blaze 1. Flamme(n *pl*) *f*, Feuer *n*; **2.** lodern

blazer Blazer *m*

bleach bleichen

bleak öde, kahl; *fig.* trostlos, freudlos, trüb, düster

bleat blöken

bleed bluten; *fig.* F schröpfen; **~ing** Bluten *n*, Blutung *f*

bleep Piepton *m*; **~er** *Brt.* → **beeper**

blemish 1. Fehler *m*; Makel *m*; **2.** verunstalten

blend 1. (sich) (ver)mischen; *Wein* verschneiden; **2.** Mischung *f*; Verschnitt *m*; **~er** Mixer *m*

bless segnen; **(God) ~ you!** alles Gute!; Gesundheit!; **~ed** selig, gesegnet; **~ing** Segen *m*

blind 1. blind (*fig.* **to** gegenüber); *corner, bend, curve*: unübersichtlich; **2.** blenden; blind machen (*fig.* **to** für, gegen); **3.** Rouleau *n*, Rollo *n*, Jalousie *f*; **the ~** *pl* die Blinden *pl*; **~ alley** Sackgasse *f*; **~fold** die Augen verbinden; **~ spot** *mot.* rear view mirror: toter Winkel

blink blinzeln, zwinkern, blinken

bliss (Glück)Seligkeit *f*

blister Blase *f*

blizzard Blizzard *m*

bloated aufgedunsen, aufgebläht

bloc *pol.* Block *m*

block 1. Block *m*, Klotz *m*; Baustein *m*, (Bau)Klötzchen *m*, (Schreib-, Notiz)Block *m*; *tech.* Verstopfung *f*; (Häuser)Block *m*; *a.* **~ of flats** *Brt.* Wohnhaus *n*, Mietshaus *n*; **2.** *a.* **~ up** (ab-, ver)sperren, blockieren, verstopfen

blockade 1. Blockade *f*; **2.** blockieren

blockage Blockade *f*; Blockierung *f*
blockbuster F Kassenmagnet *m*
block letters *pl* Blockschrift *f*
bloke Brt. F Kerl *m*
blond blond; hell
blood Blut *n*; *in cold* ~ kaltblütig; ~ **bank** Blutbank *f*; ~ **donor** Blutspender(in); ~ **group** Blutgruppe *f*; ~ **poisoning** Blutvergiftung *f*; ~ **pressure** Blutdruck *m*; ~ **relation** Blutverwandte *m*, *f*; ~ **sample** Blutprobe *f*; ~ **transfusion** Bluttransfusion *f*; ~ **vessel** Blutgefäß *n*
bloody blutig; Brt. F verdammt, verflucht
bloom 1. Blüte *f*; **2.** blühen
blossom *esp. trees* **1.** Blüte *f*; **2.** blühen
blot Klecks *m*, Fleck *m*; *fig.* Makel *m*
blotting paper Löschpapier *n*
blouse Bluse *f*
blow¹ Schlag *m*, Stoß *m*
blow² blasen, wehen; keuchen, schnaufen; explodieren; *tire:* platzen; *fuse:* durchbrennen; ~ **one's nose** sich die Nase putzen; ~ **up** (in die Luft) sprengen; ~ **photograph:** vergrößern; in die Luft fliegen; explodieren (*a. fig.*); ~**dry** föhnen; ~**up** *phot.* Vergrößerung *f*
blue blau; F melancholisch, traurig; ~**bell** *esp.* wilde Hyazinthe; ~**berry** Blaubeere *f*, Heidelbeere *f*
blues *pl or sing mus.* Blues *m*; F Melancholie *f*
bluff¹ Steilufer *n*
bluff² bluffen
blunder 1. Fehler *m*, Schnitzer *m*; **2.** e-n (groben) Fehler machen
blunt stumpf; *fig.* offen; ~**ly** frei heraus
blur: *become* ~**red** verschwimmen; ~**red** *outline, a. phot.:* verschwommen
blush 1. erröten, rot werden; **2.** Erröten *n*
BO → *body odo(u)r*
boar Eber *m*, Keiler *m*
board 1. Brett *n*, Diele *f*, Planke *f*; (Wand)Tafel *f*; (Anschlag-, Schach- *etc.*) Brett *n*; Pappe *f*; Ausschuss *m*, Kommission *f*; ~ **and lodging** Unterkunft *f* u. Verpflegung; **on** ~ an Bord; im Zug or Bus; **2.** dielen, verschalen; an Bord gehen; *vehicle, aircraft:* einsteigen in; wohnen (*with* bei); ~**er** Pensionsgast *m*; Internatsschüler(in)
boarding| **card** *aviat.* Bordkarte *f*; ~**house** Pension *f*, Fremdenheim *n*; ~ **school** Internat *n*
board of directors Aufsichtsrat *m*
boast prahlen
boat Boot *n*; Schiff *n*
bob¹ sich auf u. ab bewegen
bob² *hair:* kurz schneiden

bobsleigh *a.* **bobsled** *sport:* Bob *m*
bodice Mieder *n*
bodily körperlich
body Körper *m*; (*often* dead ~) Leiche *f*; *mot.* Karosserie *f*; **~guard** Leibwache *f*, Leibwächter *m*; **~ odor** *Am.*, **~ odour** *Brt.* Körpergeruch *m*; **~work** Karosserie *f*
bog Sumpf *m*, Morast *m*
boil¹ kochen, sieden
boil² Geschwür *n*, Furunkel *m, n*
boiler Dampfkessel *m*; Boiler *m*; **~ suit** Overall *m*
boiling point Siedepunkt *m*
boisterous stürmisch; lärmend; wild
bold kühn; dreist
Bolivia Bolivien *n*
bolt¹ **1.** Bolzen *m*, Riegel *m*; Blitz(strahl) *m*; **2.** *v/t* verriegeln; *v/i* davonlaufen
bolt²: **~ upright** kerzengerade
bomb 1. Bombe *f*; **2.** bombardieren
bond *econ.* Schuldverschreibung *f*, Obligation *f*; *pl fig.* Bande *pl*
bone Knochen *m*; Gräte *f*
bonfire Feuer *n* im Freien
bonnet Haube *f*; *Brt.* Motorhaube *f*
bonus Bonus *m*, Prämie *f*, Gratifikation *f*
boo *int* buh!
book 1. Buch *n*; Heft *n*; (Notiz)Block *m*; **2.** *journey, flight etc.:* buchen; *ticket:* lösen; *seat etc.:* reservieren lassen; (vor)bestellen; *baggage:* aufgeben; *soccer:* verwarnen; **~ in** *esp. Brt. hotel:* sich eintragen; **~ in at** absteigen in; **~ed up** ausgebucht, ausverkauft; *hotel:* belegt; **~case** Bücherschrank *m*; **~ing clerk** Schalterbeamte *m*, Schalterbeamtin *f*, Fahrkartenschalter *m*; **~ing office** Fahrkartenschalter *m*; **~keeper** Buchhalter(in); **~keeping** Buchhaltung *f*, Buchführung *f*; **~seller** Buchhändler(in); **~shop** Buchhandlung *f*
boom¹ dröhnen
boom² Boom *m*, Aufschwung *m*, Hochkonjunktur *f*
boost 1. hochschieben; *prices:* in die Höhe treiben; *production, sales:* ankurbeln; *electr. voltage:* verstärken; *tech. pressure:* erhöhen; *fig.* stärken, Auftrieb geben; **2.** Auftrieb *m*; (Ver)Stärkung *f*
boot¹ Stiefel *m*; *Brt. mot.* Kofferraum *m*
boot²: **~ (up)** *computer:* laden
booth (Markt- *etc.*)Bude *f*; (Messe)Stand *m*; (Wahl *etc.*)Kabine *f*; (Telefon)Zelle *f*
bootlace Schnürsenkel *m*
booze F **1.** saufen; **2.** *alcoholic drink:* Zeug *n*, Stoff *m*
border 1. Rand *m*; Einfassung *f*; Grenze *f*; **2.** einfassen; grenzen (**on** an)

bore

bore¹ 1. *person:* langweilen; **be ~d** sich langweilen; **2.** Langweiler *m*; *esp. Brt.* F langweilige Sache, lästige Sache
bore² 1. bohren; **2.** Bohrloch *n*; *tech.* Kaliber *n*
boring langweilig
born *adj* geboren
borrow: ~ s.th. from s.o. (sich) von j-m (aus)borgen *or* leihen
bosom Busen *m*
boss F Boss *m*, Chef *m*; **bossy** herrisch
botanical botanisch
botany Botanik *f*
botch verpfuschen
both beide(s); **~ ... and** sowohl ... als (auch)
bother 1. belästigen, stören; **don't ~!** bemühen Sie sich nicht!; **2.** Belästigung *f*, Störung *f*, Mühe *f*
bottle 1. Flasche *f*; **2.** in Flaschen abfüllen; **~ bank** *Brt.* Altglascontainer *m*; **~neck** *fig.* Engpass *m*
bottom unterster Teil, Boden *m*, Fuß *m*, Unterseite *f*; Grund(lage *f*) *m*; F Hintern *m*
boulder Felsbrocken *m*, Findling *m*
bounce *ball etc.*: aufprallen (lassen), aufspringen (lassen); springen, hüpfen, stürmen; F *econ. check:* platzen
bound¹ *adj:* **be ~ to do s.th.** et. tun müssen

bound² 1. Sprung *m*, Satz *m*; **2.** springen, hüpfen; aufprallen, abprallen
bound³ unterwegs (**for**) nach)
bound⁴ begrenzen
boundary Grenze *f*
boundless grenzenlos
bounds Grenze *f*, *fig. a.* Schranke *f*
bouquet Bukett *n*, Strauß *m*; *wine:* Blume *f*
bow¹ 1. *v/i* sich verbeugen (**to** vor); *v/t* sich verbeugen; *head:* neigen; **2.** Verbeugung *f*
bow² Bogen *m*; Schleife *f*
bow³ *naut.* Bug *m*
bowel Darm *m*, *pl a.* Eingeweide *pl*
bowl¹ Schale *f*, Schüssel *f*; (Zucker)Dose *f*; Napf *m*; (Pfeifen)Kopf *m*
bowl² 1. *bowling, skittles:* rollen; *cricket:* werfen; **2.** *bowling, skittles:* Kugel *f*
bowling Bowling *n*; Kegeln *n*; **~ alley** Bowlingbahn *f*, Kegelbahn *f*
box¹ Kasten *m*, Kiste *f*; Schachtel *f*; Postfach *n*; *thea.* Loge *f*
box² boxen; **~er** Boxer *m*; **~ing** Boxen *n*, Boxsport *m*
Boxing Day *Brt.* der zweite Weihnachtsfeiertag
box|number Chiffre *f*; **~ office** Theaterkasse *f*
boy Junge *m*, Knabe *m*
boycott boykottieren
boy|friend Freund *m*; **~ish** jungenhaft

boy scout Pfadfinder *m*
bra Büstenhalter *m*, BH *m*
brace 1. *tech.* Strebe *f*, Stützbalken *m*; (Zahn)Spange *f*; **2.** *tech.* verstreben
bracelet Armband *n*
braces *pl Brt.* Hosenträger *pl*
bracket *tech.* Träger *m*, Stütze *f*; *print.* Klammer *f*
brag prahlen
braid 1. Zopf *m*; Borte *f*; **2.** flechten
brain *anat.* Gehirn *n*; *often fig.* Verstand *m*; **~storm** Geistesblitz *m*; **have a ~** *Brt.* F geistig weggetreten sein; **~storming** Brainstorming *n*; **~washing** Gehirnwäsche *f*; **~wave** *Brt.* Geistesblitz *m*
brake 1. Bremse *f*; **2.** bremsen
branch 1. Ast *m*, Zweig *m*; Branche *f*; Filiale *f*, Zweigstelle *f*; Zweig *m*; **2.** *öfter* **~ off** sich verzweigen; abzweigen
brand (Handels-, Schutz-)Marke *f*, Warenzeichen *n*; *goods*: Sorte *f*
brand-new (funkel)nagelneu
brass Messing *n*; **~ band** Blaskapelle *f*
brat Balg *m*, *n*, Gör *n*
brave tapfer, mutig
brawl Rauferei *f*
Brazil Brasilien *n*
breach *fig.* Bruch *m*
bread Brot *n*
breadth Breite *f*
break 1. *v/t* (ab-, auf-, durch-, zer)brechen; zerschlagen, zertrümmern, kaputtmachen; (*a.* **~ in**) *animal*: zähmen, abrichten, *horse*: zureiten; *code etc.*: knacken; *news*: (schonend) mitteilen; *v/i* brechen; (zer)brechen; (zer)reißen kaputtgehen; *weather*: umschlagen; *day*: anbrechen; **~ down** einreißen, niederreißen; *house*: abreißen; zusammenbrechen (*a. fig.*); *tech.* versagen; *mot.* e-e Panne haben; scheitern; **~ in** einbrechen; **~ into a house** *etc.* in ein Haus *etc.* einbrechen; **~ off** abbrechen; **~ out** ausbrechen; **~ up** abbrechen, beenden; (sich) auflösen; *marriage etc.*: zerbrechen, auseinandergehen; **2.** Bruch *m* (*a. fig.*); Pause *f*, Unterbrechung *f*; Umschwung *m*; F Chance *f*; **have / take a ~** e-e Pause machen
breakage Bruch *m*
breakdown Zusammenbruch *m* (*a. fig.*); *mot.* Panne *f*; **nervous** Nervenzusammenbruch *m*; **~ service** *mot.* Pannendienst *m*, Pannenhilfe *f*
breakfast 1. Frühstück *n*; **have ~** → **2.** frühstücken
breast Brust *f*; **~ stroke** Brustschwimmen *n*
breath Atem(zug) *m*
breathalyser *Brt.*, **breathalyzer** *Am. mot.* F Alkoholtestgerät *n*, Röhrchen *n*

breathe

breathe atmen
breathless atemlos; **breathtaking** atemberaubend
breeches pl Kniebundhose f, Reithose f
breed 1. sich fortpflanzen; *animals:* züchten; 2. Rasse f, Zucht f; **~er** Züchter(in); Zuchttier n; *phys.* Brüter m; **~ing** Fortpflanzung f; (Tier)Zucht f; Erziehung f
breeze Brise f
brew *beer:* brauen; *tea etc.:* zubereiten, aufbrühen; **~er** Brauer m; **~ery** Brauerei f
bribe 1. bestechen; 2. Bestechungsgeld n, Bestechungsgeschenk n; **bribery** Bestechung f
brick Ziegel(stein) m, Backstein m; *Brt.* Baustein m; (Bau)Klötzchen n; **~layer** Maurer m
bride Braut f; **~groom** Bräutigam m; **bridesmaid** Brautjungfer f
bridge Brücke f
bridle 1. Zaum m; Zügel m; 2. (auf)zäumen; zügeln; **~ path** Reitweg m
brief 1. kurz; knapp; 2. instruieren, genaue Anweisungen geben; **~en** a. **~case** Aktentasche f
briefs pl Slip m
bright hell, glänzend, strahlend; heiter; gescheit; **~en** a. **~ up** heller machen, aufhellen, erhellen; aufheitern; sich aufhellen

brilliance Glanz m; *fig.* Brillanz f; **brilliant** 1. glänzend; hervorragend, brillant; 2. Brillant m
brim Rand m; Krempe f; **~ful(l)** randvoll
bring (mit-, her)bringen; *person:* dazu bringen (**to do** zu tun); **~ about** zustande bringen; bewirken; **~ round** unconscious person: wieder zu sich bringen; **~ up** *Brt.* children: aufziehen, großziehen
brink Rand m (*a. fig.*)
brisk flott; lebhaft
bristle 1. Borste f; (Bart-)Stoppel f; 2. a. **~ up** *hair etc.*: sich sträuben
British 1. britisch; 2. **the ~** pl die Briten pl
brittle spröde
broad breit; weit; *day:* hell; *hint, tip-off:* deutlich; *joke:* derb; *accent:* breit, stark; allgemein; **~cast** 1. *TV etc.* Sendung f/Übertragung f; 2. im Rundfunk bringen, im Fernsehen bringen; übertragen; senden; **~caster** Rundfunksprecher(in), (Fernseh)Sprecher(in); **~en** verbreitern, erweitern; **~ jump** Weitsprung m; **~minded** tolerant
brochure Broschüre f, Prospekt m
broke F pleite
broken zerbrochen, kaputt; gebrochen; zerrüttet; **~hearted** untröstlich

broker Makler(in)
bronchitis Bronchitis *f*
bronze Bronze *f*
brooch Brosche *f*
brood 1. Brut *f*; **2.** brüten (*a. fig.*)
brook Bach *m*
broom Besen *m*
broth (Fleisch)Brühe *f*
brothel Bordell *n*
brother Bruder *m*; **~s and sisters** *pl* Geschwister *pl*; **~in-law** Schwager *m*; **~ly** brüderlich
brow (Augen)Braue *f*; Stirn *f*
brown 1. braun; **2.** bräunen; **~** braun werden
browse grasen, weiden; *fig.* schmökern
bruise 1. Quetschung *f*, blauer Fleck *m*; **2.** quetschen; *fruit:* anstoßen
brush 1. Bürste *f*; Pinsel *m*; Handfeger *m*; Unterholz *n*; **2.** bürsten; fegen; streifen; **~ up** *knowledge etc.*: auffrischen, aufpolieren; **~up:** *give one's German a* **~** Deutschkenntnisse aufpolieren
Brussels Brüssel *n*
Brussels sprouts *pl* Rosenkohl *m*
brutal brutal; **~ity** Brutalität *f*
brute Scheusal *n*
BSE *bovine spongiform encephalitis* (= *mad cow disease*) BSE, Rinderwahnsinn *m*
bubble 1. (Luft- *etc.*)Blase *f*; **2.** sprudeln
buck¹ 1. Bock *m*; **2.** bocken
buck² F Dollar *m*
bucket Eimer *m*
buckle 1. Schnalle *f*, Spange *f*; **2. ~ on** umschnallen
buckskin Wildleder *n*
bud 1. Knospe *f*; **2.** knospen
buddy F Kumpel *m*
budgerigar Wellensittich *m*
budget Budget *n*, Etat *m*
buff F *in compounds:* ...fan *m*; ...experte *m*
buffalo Büffel *m*
buffer *tech.* Puffer *m*
buffet¹ *in railway or bus station etc.:* Büfett *n*; *meal of cold food:* Imbiss *m*, Essen *n*; *cold* **~** kaltes Büfett
buffet² *sideboard* Anrichte *f*
bug 1. *zo.* Insekt *n*; *zo.* Wanze *f*; Abhörvorrichtung *f*, F Wanze *f*; *computer:* Programmfehler *m*; **2.** F Wanzen anbringen
buggy Kinderwagen *m*
build 1. (er)bauen, errichten; **2.** Körperbau *m*, Statur *f*; **~er** Erbauer *m*, Bauunternehmer *m*; **~ing** Gebäude *n*; *in compounds:* Bau...
built-in eingebaut, *in compounds:* Einbau...
bulb Zwiebel *f*, Knolle *f*; *electr.* (Glüh)Birne *f*
bulge 1. Ausbuchtung *f*; **2.** sich (aus)bauchen; hervorquellen
bulk Umfang *m*, Größe *f*; Großteil *m*; **bulky** sperrig

bull 384

bull Bulle *m*, Stier *m*; **~dog** Bulldogge *f*; **~doze** planieren
bullet Kugel *f*
bulletin Bulletin *n*, Tagesbericht *m*; **~ board** schwarzes Brett
bullock F Ochse *m*
bull's-eye: *hit the ~* ins Schwarze treffen (*a. fig.*)
bully 1. Tyrann *m*; **2.** tyrannisieren
bum F **1.** Gammler *m*; Nichtstuer *m*; **2.** schnorren; **~ around/about** herumgammeln
bumblebee Hummel *f*
bump 1. stoßen, rammen; prallen; zusammenstoßen; holpern; **2.** Beule *f*; Unebenheit *f*; Schlag *m*, Stoß *m*; **~er** Stoßstange *f*
bumpy holprig, uneben
bun süßes Brötchen; (Haar)Knoten *m*
bunch Bündel *n*, Bund *m*; F Verein *m*, Haufen *m*; **~ of flowers** Blumenstrauß *m*; **~ of grapes** Weintraube *f*
bundle 1. Bündel *n*, Bund *n*; **2.** *a. ~ up* bündeln
bungalow Bungalow *m*
bungle verpfuschen
bunk Koje *f*; **~ bed** Etagenbett *n*
bunny Häschen *n*
buoy Boje *f*
burden 1. Last *f*, *fig. a.* Bürde *f*; **2.** belasten
burger *gastr.* Hamburger *m*

burglar Einbrecher *m*; **~ize** einbrechen in
burglary Einbruch *m*
burgle einbrechen in
burial Begräbnis *n*, Beerdigung *f*
burly stämmig
burn 1. (ver)brennen; **2.** Verbrennung *f*, Brandwunde *f*
burp [bɜːp] F rülpsen
burst (zer)platzen; zerspringen; explodieren; (auf-)sprengen; **~ into tears** in Tränen ausbrechen
bury vergraben, begraben; beerdigen
bus Bus *m*
bush Busch *m*, Gebüsch *n*
bushy buschig
business Geschäft *n*, Unternehmen *n*; Arbeit *f*, Beschäftigung *f*, Beruf *m*; *subject*: Angelegenheit *f*, Sache *f*; *task*: Aufgabe *f*; *on ~* geschäftlich; *that's none of your ~* das geht Sie nichts an; → *mind* **2.**; **~ hours** *pl* Geschäftszeit *f*; **~like** sachlich; **~man** Geschäftsmann *m*; **~ trip** Geschäftsreise *f*; **~woman** Geschäftsfrau *f*
bus stop Bushaltestelle *f*
bust¹ Büste *f*
bust²: *go ~* F Pleite gehen
bustle 1. geschäftig hin u. her eilen; **2.** geschäftiges Treiben
busy 1. beschäftigt; geschäftig, fleißig; *street*: belebt; *day*: arbeitsreich; *tel.*: besetzt; **2.** (*o.s.* sich) beschäfti-

cable

gen; **~signal** *tel.* Besetztzeichen
but 1. *cj* aber, jedoch; sondern; außer, als; **~ then (again)** and(e)rerseits; **he could no ~ laugh** er musste einfach lachen; **2.** *prp* außer; **the last ~ one** der Vorletzte; **the next ~ one** der Übernächste; **nothing ~** nichts als
butcher Fleischer *m*, Metzger *m*
butter 1. Butter *f*; **2.** mit Butter bestreichen; **~cup** Butterblume *f*; **~fly** Schmetterling *m*, Falter *m*
buttocks *pl* Gesäß *n*
button 1. Knopf *m*; Button *m*, (Anstek)Plakette *f*; **2.** *a.* **~ up** zuknöpfen; **~hole** Knopfloch *n*
buxom drall
buy (an-, ein)kaufen; **~er** Käufer(in)
buzz 1. summen, surren; **2.** Summen, Surren *n*
buzzard Bussard *m*
buzzer Summer *m*
by 1. *prp of place:* (nahe *or* dicht) bei *or* an; neben (**side ~ side** Seite an Seite); vorbei an, vorüber an; *of time:* bis

um, bis spätestens; während, bei (**~ day** bei Tage); per, mit, durch (**~ bus** mit dem Bus); nach, in *compounds:* **~weise** (**~ the dozen** dutzendweise); nach *or* auf m-r Uhr); von (**~ nature** von Natur aus); *author, cause:* von, durch (**a play ~ ...** ein Stück von ...; um (**~ o.s.** allein); um (**~ an inch** um e-n Zoll); *in measurements:* mal (**2 ~ 4 meters**); *math.* durch (**6 divided ~ 3**); **2.** *adv* vorbei, vorüber (**→ go by, pass by**); nahe, dabei; beiseite (**→ put by**)
by... in *compounds:* Neben...; Seiten...
bye, bye-bye *int* F Wiedersehen!, tschüs!
by|-election Nachwahl *f*; **~gone 1.** vergangen; **2.** *let* **~s be ~s** lass(t) das Vergangene ruhen; **~pass** Umgehungsstraße *f*; Umleitung *f*; *med.* Bypass *m*; **~product** Nebenprodukt *n*; **~road** Nebenstraße *f*; **~stander** Zuschauer(in)
byte *computer:* Byte *n*

C

C Celsius C, Celsius
cab Taxi *n*
cabbage Kohl *m*
cabin Hütte *f*; Kabine *f*; *naut.*

a. Kajüte *f*
cabinet *pol.* Kabinett *n*; *filing* **~** *etc.*: Schrank *m*; Vitrine *f*
cable 1. Kabel *n*; (Draht)Seil

cable car

n; **2.** telegrafieren; *TV* verkabeln; ~ car Seilbahn *f*; ~ railway Drahtseilbahn *f*; ~ television, ~ TV Kabelfernsehen *n*

cab| rank, ~stand Taxistand *m*
cackle gackern
cactus Kaktus *m*
café, cafe Café *n*
cafeteria Cafeteria *f*, *a.* Kantine *f*
cage Käfig *m*
cake Kuchen *m*, Torte *f*; *chocolate*: Tafel *f*; *soap*: Stück *n*, Riegel *m*
calamity Katastrophe *f*
calculate berechnen; kalkulieren, schätzen; **calculation** Berechnung *f*, Kalkulation *f*
calculator *machine*: Rechner *m*
calendar Kalender *m*
calf[1] *zo.* Kalb *n*
calf[2] *zo.* Wade *f*
caliber *Am.*, **calibre** *Brt.* Kaliber *n*
call 1. (auf)rufen; (ein)berufen; *tel.* lenken (**to** auf); **be ~ed** heißen; **~ s.o. names** j-n beschimpfen; **~ at** besuchen; *port, harbor*: anlaufen; **~ back** *tel.* zurückrufen; **~ for** rufen nach; **~ for s.th.** et. fordern, et. verlangen; et. abholen; **~ for help** um Hilfe rufen; **~ off** absagen; **~ on s.o.** j-n besuchen; **2.** (Auf)Ruf *m*; *tel.* Anruf *m*, Gespräch *n*; Aufforderung *f*; (kurzer) Besuch; **on ~** auf Abruf; **be on ~** Bereitschaftsdienst haben; **make a ~** telefonieren; **~ box** Telefonzelle *f*; **~er** *tel.* Anrufer(in); Besucher(in)
callous gefühllos
calm 1. still, ruhig; windstill; **2.** (Wind)Stille *f*; Ruhe *f*; **3.** beruhigen; **~ down** besänftigen, (sich) beruhigen
calorie Kalorie *f*; **high/rich in ~s** *pred* kalorienreich; **low in ~s** *pred* kalorienarm, kalorienreduziert; → **high-calorie, low-calorie**
camel Kamel *n*
camera Kamera *f*, Fotoapparat *m*
camomile Kamille *f*
camp 1. (Zelt)Lager *n*; **2.** zelten, campen
campaign Kampagne *f*; *pol.* Wahlkampf *m*
camp| bed *Brt.* Feldbett *n*; **~er** Campingbus *m*, Wohnmobil *n*; Camper(in); **~ground** Lagerplatz *m*; Campingplatz *m*, Zeltplatz *m*; **~ing** Camping *n*, Zelten *n*; **~site** *Brt.* → **campground**
can[1] *v/aux*: **I ~** ich kann, **you ~** du kannst, **he/she/it ~** er/sie/es kann *etc.*
can[2] **1.** Kanne *f*; (Blech-, Konserven)Dose *f*, (Blech-, Konserven)Büchse *f*; **2.** eindosen
Canada Kanada *n*; **Canadian 1.** kanadisch; **2.** Kanadier(in)

canal Kanal *m*
canary Kanarienvogel *m*
cancel streichen; absagen, ausfallen lassen; rückgängig machen; *ticket:* entwerten; *subscription etc.:* kündigen
cancer Krebs *m*
Cancer *astr.* Krebs *m*
candid offen
candidate Kandidat(in), Bewerber(in)
candle Kerze *f*; **~stick** Kerzenleuchter *m*
candor *Am.*, **candour** *Brt.* Offenheit *f*, Aufrichtigkeit *f*
candy Süßigkeiten *pl*; Bonbon *n*, *m*
cane *bot.* Rohr *n*; Stock *m*
canned *in compounds:* Dosen..., Büchsen...; **~ fruit** Obstkonserven *pl*
cannon Kanone *f*
cannot: *I* **~** ich kann nicht, *you* **~** du kannst nicht *etc.*
canny gerissen, schlau
canoe Kanu *n*
can opener Dosenöffner *m*, Büchsenöffner *m*
cant Jargon *m*
can't → *cannot*
canteen Kantine *f*; Feldflasche *f*
canvas Segeltuch *n*; Zeltleinwand *f*; *paint.* Leinwand *f*
cap Mütze *f*, Kappe *f*; *screw top:* Verschlusskappe *f*
capable fähig (**of** zu)
capacity (Raum)Inhalt *m*; Kapazität *f*; (Leistungs)Fähigkeit *f*

cardiac

cape¹ Umhang *m*
cape² *usually* ⛰ Kap *n*
capital Hauptstadt *f*; Großbuchstabe *m*; *econ.* Kapital *n*; **capitalism** Kapitalismus *m*
capital| letter Großbuchstabe *m*; **~ punishment** Todesstrafe *f*
capricious launenhaft
Capricorn *astr.* Steinbock *m*
capsize kentern
capsule Kapsel *f*
captain (*aviat.* Flug)Kapitän *m*; *mil.* Hauptmann *m*; *sport:* Kapitän *m*, Spielführer *m*
caption Bildüberschrift *f*, Bildunterschrift *f*; Untertitel *m*
captivate *fig.* gefangen nehmen, fesseln
captive Gefangene *m*, *f*; **captivity** Gefangenschaft *f*
capture fangen, gefangen nehmen
car Auto *n*; Wagen *m*; *balloon etc.:* Gondel *f*; *lift, cable railway etc.:* Kabine *f*
caravan Karawane *f*; *Brt.* Wohnwagen *m*
caraway Kümmel *m*
carbohydrate Kohle(n)hydrat *n*
carbon Kohlenstoff *m*; *a.* **~ paper** Kohlepapier *n*
carburetor *Am.*, **carburettor** *Brt.* Vergaser *m*
card Karte *f*; **~board** Pappe *f*
cardiac *in compounds:* Herz...

cardigan Strickjacke f
cardinal rel. Kardinal m
cardinal number Kardinalzahl f, Grundzahl f
card|index Kartei f; **~phone** Kartentelefon n
care 1. Sorge f; Sorgfalt f, Vorsicht f; Fürsorge f; **~ of** (abbr. **c/o**) address: bei ...; *take* ~ *of* aufpassen auf; sich kümmern um; *with* ~*!* Vorsicht!; **2.** ~ *about* sich kümmern um; ~ *for* sorgen für, sich kümmern um; *I don't* ~*!* meinetwegen
career Karriere f
care|free sorgenfrei; **~ful** vorsichtig; *be* ~*!* pass auf!, gib Acht!; **~less** nachlässig; unachtsam
caress 1. Liebkosung f; **2.** liebkosen; streicheln
caretaker Hausmeister m
car ferry Autofähre f
cargo Ladung f
car hire Autovermietung f
caricature Karikatur f
caries Karies f
carnation Nelke f
carnival Karneval m
carol Weihnachtslied n
carp Karpfen m
car park Brt. Parkplatz m; Parkhaus n
carpenter Zimmermann m
carpet Teppich m
car| pool Fahrgemeinschaft f; **~ rental** Autovermietung f; **~ repair shop** Autoreparaturwerkstatt f

carriage Brt. rail. (Personen)Wagen m
carrier Spediteur m; bicycle: Gepäckträger m; **~ bag** Tragetüte f
carrot Karotte f, Mohrrübe f
carry tragen; befördern; bei sich haben, bei sich tragen; ~ *on* fortführen, betreiben; ~ *out/through* durchführen, ausführen; **~cot** Brt. (Baby)Tragetasche f
cart Karren m
carton Karton m; milk etc.: Tüte f; cigarettes: Stange f
cartoon Cartoon m, n; Karikatur f; Zeichentrickfilm m
cartridge Patrone f, phot. (Film)Patrone f; Tonabnehmer m
carve meat: zerlegen, tranchieren; schnitzen; meißeln;
carving Schnitzerei f
car wash Autowäsche f; Waschanlage f, Waschstraße f
case¹ Fall m; *in* ~ falls
case² Kiste f, Kasten m; Koffer m; Etui n
cash 1. Bargeld n; Barzahlung f; **~ down** gegen bar; *in* ~ bar; **~ on delivery** (abbr. **COD**) (per) Nachnahme; *short of* ~ knapp bei Kasse; **2.** econ. check: einlösen; **~ desk** Kasse f; **~ dispenser** esp. Brt. Geldautomat m
cashier Kassierer(in)
cask Fass n
casket Kästchen n; Sarg m

cassette (Film-, Musik)Kassette *f*; **~ player** Kassettenrekorder *m*; **~ radio** Radiorekorder *m*; **~ recorder** Kassettenrekorder *m*

cast 1. (ab-, aus)werfen; *tech.* gießen, formen; *thea. play:* besetzen; *thea. parts:* verteilen (**to** an); **~ off** *naut.* losmachen; *knitting:* abnehmen (*stitches*); **2.** Wurf *m*; Guss(form *f*) *m*; Abdruck *m*; *med.* Gips(verband) *m*; *thea.* Besetzung *f*

caste Kaste *f*

caster *Brt.* Laufrolle *f*; (Salz*etc.*)Streuer *m*

cast-iron gusseisern

castle Burg *f*; Schloss *n*; *chess:* Turm *m*

castor → **caster**

castrate kastrieren

casual zufällig; gelegentlich; *remark:* beiläufig; *glance:* flüchtig; lässig

casualty Verletzte *m*, *f*, Verunglückte *m*, *f*; *mil.* Verwundete *m*, Gefallene *m*; Opfer *pl* (*of plane or car etc. crash*), *mil.* Verluste *pl*; **~ (department)** *Brt. hospital:* Notaufnahme *f*; **~ ward** *Brt. hospital:* Unfallstation *f*

casual wear Freizeitkleidung *f*

cat Katze *f*

catalog *Am.*, **catalogue** *Brt.* **1.** Katalog *m*; **2.** katalogisieren

catalytic converter *mot.* Katalysator *m*

catarrh Katarrh *m*

catastrophe Katastrophe *f*

catch 1. *v/t* (auf-, ein)fangen; packen, fassen, ergreifen; *train etc.:* (noch) kriegen; erwischen, ertappen; *hear, understand:* verstehen; *get stuck:* hängen bleiben mit, *fingers:* (ein)klemmen; *disease, illness:* sich holen, sich zuziehen; **~ a cold** sich erkälten; *v/i* sich verfangen, hängen bleiben; klemmen; **~ up (with)** einholen; **2.** Fangen *n*; Fang *m*, Beute *f*; (Tür)Klinke *f*; Verschluss *m*; **~er** Fänger *m*; **~ing** packend; *med.* ansteckend (*a. fig.*); **~word** Schlagwort *n*, Stichwort *n*

category Kategorie *f*

cater: ~ for Speisen u. Getränke liefern für; sorgen für; **~er** Lieferant *m*, Lieferfirma *f*

caterpillar Raupe *f*; **~ tractor®** Raupenschlepper *m*

cathedral Dom *m*, Kathedrale *f*

Catholic 1. katholisch; **2.** Katholik(in)

catkin *bot.* Kätzchen *n*

cattle (Rind)Vieh *n*

cauliflower Blumenkohl *m*

cause 1. Ursache *f*; Grund *m*; Sache *f*; **2.** verursachen; veranlassen

caution 1. Vorsicht *f*; (Ver-)Warnung *f*; **2.** (ver)warnen

cautious vorsichtig
cave Höhle f
cavern große Höhle
cavity *tooth:* Loch n
CD *compact disc* CD(-Platte) f
cease aufhören; beenden; **~fire** Feuereinstellung f; Waffenstillstand m
ceiling Decke f
celebrate feiern; **celebrated** berühmt; **celebration** Feier f
celebrity Berühmtheit f
celery Sellerie m, f
cell Zelle f
cellar Keller m
cello Cello n
cement 1. Zement m; Kitt m; 2. zementieren; (ver)kitten
cemetery Friedhof m
cent Cent m
centenary, centennial Hundertjahrfeier f
center 1. Mitte f, a. fig. Zentrum m, Mittelpunkt m; *soccer etc.:* Flanke f; 2. *tech.* zentrieren
centi|grade: *10 degrees* ~ 10 Grad Celsius; **~meter** *Am.*, **~metre** *Brt.* Zentimeter m, n
central zentral; *in compounds:* Haupt...; Mittel(-punkts)...; **~ heating** Zentralheizung f; **~ize** zentralisieren; **~ locking** Zentralverriegelung f
centre *Brt.* → **center**
century Jahrhundert n
ceramics *pl* Keramik f

cereal Getreide(pflanze f) n; Frühstücksflocken pl
ceremony Zeremonie f; Feier f
certain sicher; bestimmt; *a* **Mr S.** ein gewisser Herr S.; **~ly** sicher, bestimmt
certificate Bescheinigung f; Zeugnis n
certify bescheinigen
CFC *chlorofluorocarbon* FCKW, Fluorchlorkohlenwasserstoff m
chafe (sich) aufreiben; warm reiben
chain 1. Kette f; 2. (an)ketten; fesseln; **~smoker** Kettenraucher(in) f; **~ store** Kettenladen m
chair Stuhl m, Sessel m; *fig.* Vorsitz m; **~ lift** Sessellift m; **~man** Vorsitzende m; **~woman** Vorsitzende f
chalk Kreide f
challenge 1. Herausforderung f; 2. herausfordern; **challenger** *esp. sport:* Herausforderer m, Herausforderin f
chamber Kammer f; **~maid** Zimmermädchen n
chamois Gämse f
chamois (**leather**) Polierleder n, Fensterleder n
champagne Champagner m; Sekt m
champion *sport:* Meister(in); Verfechter(in); **~ship** Meisterschaft f
chance 1. Zufall m; Chance f,

chancellor Kanzler *m*
change 1. (sich) (ver)ändern; (ver)tauschen; (aus)wechseln; *money:* (um)wechseln; *mot., tech.* schalten; sich umziehen; ~ **trains/planes** umsteigen; **2.** (Ver)Änderung *f*, Wechsel *m*, (Aus)Tausch *m*; Wechselgeld *n*; Kleingeld *n*; **for a** ~ zur Abwechslung; ~ **machine** Münzwechsler *m*
changing room *sport:* Umkleidekabine *f*
channel Kanal *m*; **2** → **English 2**
chaos Chaos *n*
chap F Bursche *m*
chapel Kapelle *f*
chaplain Kaplan *m*
chapped *hands, lips:* aufgesprungen, rissig
chapter Kapitel *n*
char verkohlen
character Charakter *m*; *novel etc.:* Figur *f*, Gestalt *f*; Schriftzeichen *n*, Buchstabe *m*; **~istic** charakteristisch (**of** für); **~ize** charakterisieren
charge 1. *battery etc.:* (auf)laden, *gun etc.:* laden; beauftragen (**with** mit); *person:* beschuldigen, anklagen (**with a crime**); berechnen, verlangen, fordern (**for** für); **2.** *battery, gun etc.:* Ladung *f*; Preis *m*; Forderung *f*; Gebühr *f*; *a. pl* Unkosten *pl*, Spesen *pl*; Beschuldigung *f*, *a. jur.* Anklage(punkt *m*) *f*; Schützling *m*; **free of** ~ kostenlos; **be in** ~ **of** verantwortlich sein für
charitable wohltätig
charity Nächstenliebe *f*; Wohltätigkeit *f*
charm 1. Charme *m*; Zauber *m*; Talisman *m*, Amulett *n*; **2.** bezaubern; **~ing** charmant, bezaubernd
chart (See-, Himmels-, Wetter)Karte *f*; Diagramm *n*, Schaubild *n*; *pl* Charts *pl*, Hitliste(n *pl*) *f*
charter 1. Urkunde *f*; Charta *f*; Chartern *n*; **2.** chartern; **~ flight** Charterflug *m*
charwoman Putzfrau *f*
chase 1. jagen, Jagd machen auf; rasen, rennen; *a.* ~ **away** verjagen, vertreiben; **2.** (Hetz)Jagd *f*
chasm Kluft *f*, Abgrund *m* (*a. fig.*)
chassis Fahrgestell *n*
chaste keusch
chat F 1. plaudern, schwatzen; **2.** Geplauder *n*, Schwatz *m*; ~ **show** *Brt.* TV Talk-Show *f*
chatter 1. plappern, schwatzen, schnattern; *teeth:* klappern; **2.** Geplapper *n*, Geschnatter *n*; Klappern *n*;

chatterbox

~box F Plappermaul n
chatty F geschwätzig
chauffeur Chauffeur m
cheap billig; schäbig
cheat 1. betrügen, F schummeln; **2.** Betrug m
check 1. Schach(stellung f) n; Hemmnis n, Hindernis n (**on** für); Einhalt m; Kontrolle f; *econ.* Scheck m (**for** über); Rechnung f; Gepäckschein m; Garderobenmarke f; Karomuster n; *hold/keep in* ~ *fig.* in Schach halten; *keep a* ~ **on** unter Kontrolle halten; **2.** v/i innehalten; ~ **in** *hotel:* sich anmelden; *aviat.* einchecken; ~ **out** *hotel:* ~ **up (on)** s.th.: et. nachprüfen, s.th. or s.o.: et. or j-n überprüfen; v/t Schach bieten; hemmen, hindern; drosseln, bremsen; zurückhalten; checken, kontrollieren, überprüfen; auf e-r Liste abhaken; in der Garderobe abgeben; (als Reisegepäck) aufgeben; ~ **book** Scheckbuch n, Scheckheft n; ~ **card** Scheckkarte f
checked kariert
checkers sg Damespiel n
check-in Einchecken n; ~ **counter** *aviat.* Abfertigungsschalter m
checking account Girokonto n
check|list Checkliste f, Kontrollliste f; **~mate 1.** Hoch(ruf m) n, Beifall(sruf) m; **~s** *sport:* Anfeuerung(srufe pl) f; **~s!** *Brt.* F prost!; **2.** v/t Beifall spenden, hochleben lassen; *a.* ~ **on** anfeuern; *a.* ~ **up** aufmuntern; v/i Beifall spenden, jubeln; *a.* ~ **up** Mut fassen; ~ **up!** Kopf hoch!; **~ful** vergnügt, fröhlich; *room, weather etc.:* freundlich, heiter
cheerio *int Brt.* F machs gut!, tschüs!; prost!
cheerless freudlos; *room, weather etc.:* unfreundlich
cheese Käse m
cheetah Gepard m
chef Küchenchef m
chemical 1. chemisch; **2.** Chemikalie f
chemist Chemiker(in); Apotheker(in); Drogist(in); **chemistry** Chemie f; **chemist's shop** Apotheke f; Drogerie f
cheque *Brt.* Scheck m; ~ **account** *Brt.* Girokonto n; ~ **card** *Brt.* Scheckkarte f

(Schach)Matt n; **2.** (schach-)matt setzen; *out* hotel: Abreise f; *supermarket:* Kasse f; **~point** Kontrollpunkt m; **~room** Garderobe f; Gepäckaufbewahrung f; **~up** *med.* Check-up m

cheek Backe f, Wange f; F Frechheit f; **~bone** Backenknochen m
cheeky F frech

cherry Kirsche *f*
chess Schach(spiel) *n*;
~**board** Schachbrett *n*
chest Kiste *f*; Truhe *f*; *anat.* Brust(kasten *m*) *f*
chestnut 1. Kastanie *f*; 2. kastanienbraun
chest of drawers Kommode *f*
chew kauen; ~**ing gum** Kaugummi *m*
chick Küken *n*
chicken Huhn *n*; Küken *n*; *food:* Hähnchen *n*, Hühnchen *n*; ~**pox** Windpocken *pl*
chicory Chicorée *m*
chief 1. Chef *m*; Häuptling *m*; 2. wichtigst; erst; oberst; ~**ly** hauptsächlich
chilblain Frostbeule *f*
child Kind *n*; ~ **abuse** Kindesmisshandlung *f*; ~**birth** Geburt *f*, Entbindung *f*; ~**hood** Kindheit *f*; ~**ish** kindlich; kindisch; ~**less** kinderlos; ~**like** kindlich; ~**minder** *Brt.* Tagesmutter *f*
Chile Chile *n*
chill 1. kühlen; *person:* frösteln lassen; 2. Kälte *f*; Frösteln *n*; Erkältung *f*; 3. *adj* →
chilly kalt, frostig, kühl
chime 1. Läuten *n*, *usually pl* Glockenspiel *n*; 2. läuten; *clock:* schlagen
chimney Schornstein *m*
chimpanzee Schimpanse *m*
chin Kinn *n*
china Porzellan *n*
China China *n*; **Chinese** 1.

chinesisch; 2. Chinese *m*, Chinesin *f*
chink Ritze *f*, Spalt *m*
chip 1. Splitter *m*, Span *m*; Spielmarke *f*; *computer:* Chip *m*; 2. anschlagen, abschlagen
chips *pl* (Kartoffel)Chips *pl*; *Brt.* Pommes frites *pl*, F Fritten *pl*
chirp zwitschern
chisel Meißel *m*
chive(s) *pl* Schnittlauch *m*
chlorine Chlor *n*
chocolate Schokolade *f*; Praline *f*, *pl* Pralinen *pl*, Konfekt *n*
choice 1. Wahl *f*; Auswahl *f*; 2. ausgesucht (gut)
choir Chor *m*
choke 1. ersticken; *a.* ~ **up** verstopfen; 2. *mot.* Choke *m*, Luftklappe *f*
cholesterol Cholesterin *n*
choose (aus)wählen
chop 1. (zer)hacken; ~ **down** fällen; 2. Hieb *m*, Schlag *m*; *gastr.* Kotelett *n*; ~**per** Hackmesser *n*; F Hubschrauber *m*
chord Saite *f*; Akkord *m*
chore unangenehme Aufgabe; *pl* Hausarbeit *f*
chorus Chor *m*; Refrain *m*; *group of dancers:* Tanzgruppe *f*
Christ Christus *m*
christen taufen
Christian 1. christlich; 2. Christ(in)

Christianity

Christianity Christentum *n*
Christian name Vorname *m*
Christmas Weihnachten *n and pl*; **at** ~ zu Weihnachten; → **merry**; ~ **Day** erster Weihnachtsfeiertag; ~ **Eve** Heiliger Abend
chrome *alloy*: Chrom *n*
chromium *metal*: Chrom *n*
chronic chronisch
chronicle Chronik *f*
chronological chronologisch
chrysanthemum Chrysantheme *f*
chubby rundlich
chuckle: ~ **(to o.s.)** (stillvergnügt) in sich hineinlachen
chum F Kumpel *m*
chunk Klotz *m*, (dickes) Stück
church Kirche *f*; **~yard** Kirchhof *m*, Friedhof *m*
chute Rutsche *f*, Rutschbahn *f*; F Fallschirm *m*
cider Apfelwein *m*
cigar Zigarre *f*
cigarette Zigarette *f*
Cinderella Aschenbrödel *n*, Aschenputtel *n*
cinders *pl* Asche *f*
cinder track Aschenbahn *f*
cinecamera (Schmal)Filmkamera *f*
cinema *esp. Brt.* Kino *n*
cinnamon Zimt *m*
cipher Chiffre *f*
circle 1. Kreis *m*; *thea.* Rang *m*; *fig.* Kreislauf *m*; **2.** (um)kreisen
circuit Runde *f*, Rundreise *f*, Rundflug *m*; *electr.* Stromkreis *m*, Schaltkreis *m*
circular 1. (kreis)rund, kreisförmig; *in compounds*: Kreis...; **2.** Rundschreiben *n*
circulate zirkulieren, im Umlauf sein; in Umlauf setzen;
circulation (*a.* Blut)Kreislauf *m*; *econ.* Umlauf *m*
circumstance Umstand *m*; *usually pl* (Sach)Lage *f*; *pl* Verhältnisse *pl*; **in/under no** ~**s** auf keinen Fall; **in/under the** ~ unter diesen Umständen
circus Zirkus *m*
CIS Commonwealth of Independent States *die* GUS, *die* Gemeinschaft unabhängiger Staaten
cistern Wasserbehälter *m*; *toilet*: Spülkasten *m*
citizen Staatsangehörige *m, f*; **~ship** Staatsangehörigkeit *f*
city (Groß)Stadt *f*; **the** 2 die (Londoner) City; ~ **centre** *esp. Brt.* Innenstadt *f*, City *f*; ~ **hall** Rathaus *n*
civic städtisch, Stadt...; **civics** *sg* Staatsbürgerkunde *f*
civil staatlich, *in compounds*: Staats...; (staats)bürgerlich, *in compounds*: Bürger...; Zivil...; *jur.* zivilrechtlich; höflich
civilian 1. Zivilist *m*; **2.** *in compounds*: Zivil...
civilization Zivilisation *f*, Kultur *f*; **civilize** zivilisieren

civil| rights *pl* (Staats)Bürgerrechte *pl*; **~ servant** Staatsbeamte *m*, Staatsbeamtin *f*; **~ service** Staatsdienst *m*; **~war** Bürgerkrieg *m*

claim 1. beanspruchen; fordern; behaupten; **2.** Anspruch *m*, Anrecht *n* (*to* auf); Forderung *f*; Behauptung *f*

clammy feuchtkalt, klamm

clamor *Am.*, **clamour** *Brt.* lautstark verlangen (*for* nach)

clamp Zwinge *f*

clan Clan *m*, Sippe *f*

clap 1. klatschen; **2.** Klatschen *n*; Klaps *m*

claret roter Bordeaux(wein); Rotwein *m*

clarinet Klarinette *f*

clarity Klarheit *f*

clash 1. zusammenstoßen; nicht zusammenpassen; **2.** Zusammenstoß *m*; Konflikt *m*

clasp 1. Schnalle *f*, Spange *f*, (Schnapp)Verschluss *m*; *tight hold*: Griff *m*; **2.** umklammern, (er)greifen, einhaken, zuhaken, befestigen; **~ knife** Taschenmesser *n*

class 1. Klasse *f*, (Bevölkerungs)Schicht *f*; (Schul)Klasse *f*; (Unterrichts)Stunde *f*; Kurs *m*; *college:* (Studenten)Jahrgang *m*; **2.** einteilen, einordnen, einstufen

classic 1. klassisch; **2.** Klassiker *m*; **~al** klassisch

classification Klassifizierung *f*, Einteilung *f*; **classified** *mil.*, *pol.* geheim; **classified ad** *esp. Brt.* Kleinanzeige *f*; **classify** klassifizieren, einstufen

class|mate Mitschüler(in); **~room** Klassenzimmer *n*

clatter klappern

clause *jur.* Klausel *f*

claw 1. Klaue *f*, Kralle *f*; *crabs etc.*: Schere *f*; **2.** (zer)kratzen; umkrallen, packen

clay Ton *m*, Lehm *m*

clean 1. *adj* rein, sauber; *drugs: sl.* clean; **2.** *adv* völlig; **3.** *v/t* reinigen, säubern, putzen; **~ out** reinigen; **~ up** gründlich reinigen; aufräumen; **~er** Reiniger *m*; Rein(e)machefrau *f*, (Fenster- *etc.*)Putzer(in); **~ers** *pl*, **~er's** *Brt.* → **dry cleaner's**

cleanse reinigen, säubern

cleanser Reinigungsmittel *n*

clear 1. klar; hell; rein; deutlich; frei (**of** von); *econ.* in *compounds:* Netto-, Rein...; **2.** *v/t* reinigen; wegräumen (*often* **~away**) (ab)räumen; *computer:* löschen; *jur.* freisprechen; *v/i* klar werden, hell werden; *weather:* aufklaren; *fog:* sich verziehen; **~ out** aufräumen; ausräumen; F abhauen; **~ up** aufräumen; *crime:* aufklären; *weather:* aufklaren; **~ance** Räumung *f*; Freigabe *f*; **~ance sale**

clearing

Räumungsverkauf *m*; ~ing Lichtung *f*
cleft Spalt *m*, Spalte *f*
clench *lips etc.*: (fest) zusammenpressen, *teeth*: zusammenbeißen, *fist*: ballen
clergy die Geistlichen *pl*; ~man Geistliche *m*
clerk (Büro- *etc.*)Angestellte *m*, *f*, (Bank-, Post)Beamte *m*, (Bank-, Post)Beamtin *f*; Verkäufer(in)
clever klug; geschickt
click 1. Klicken *n*; **2.** klicken; zuschnappen, einschnappen; ~ *on computer*: anklicken
client *jur.* Klient(in), Mandant(in), Kunde *m*, Kundin *f*
cliff Klippe *f*
climate Klima *n*
climax Höhepunkt *m*
climb klettern (auf); (er-, be)steigen; ~er Bergsteiger(in); *bot.* Kletterpflanze *f*
cling **(to)** kleben (an); sich klammern (an); sich (an)schmiegen (an); ~film *esp. Brt.* Frischhaltefolie *f*
clinic Klinik *f*; ~al klinisch
clink 1. klingen (lassen), klirren (lassen); **2.** Klirren *n*
clip¹ **1.** (Heft-, Büro- *etc.*) Klammer *f*; (Ohr)Klipp *m*; **2.** *a.* ~ *on* anklammern
clip² **1.** (aus)schneiden; scheren; **2.** Schnitt *m*; (Film-*etc.*)Ausschnitt *m*; (Video-) Clip *m*; Schur *f*
clippers *pl*, *a.* pair of ~ (Na-

gel- *etc.*)Schere *f*; Haarschneidemaschine *f*
clipping (Zeitungs- *etc.*)Ausschnitt *m*
clitoris Klitoris *f*
cloak Umhang *m*; ~room Garderobe *f*; *Brt.* Toilette *f*
clock 1. Uhr *f*; *it's 4 o'clock* es ist 4 Uhr; **2.** *time*: stoppen; ~ *in/on* einstempeln; ~ *off/out* ausstempeln; ~wise *in* Uhrzeigersinn; ~work Uhrwerk *n*; *like* ~ wie am Schnürchen
clod (Erd)Klumpen *m*
clog 1. (Holz)Klotz *m*; Holzschuh *m*; **2.** *a.* ~ *up* verstopfen
cloister Kreuzgang *m*; Kloster *n*
close 1. *v/t* (ab-, ver-, zu)schließen, zumachen, *company*, *store etc.*: schließen; *street*: (ab)sperren; beenden; *v/i* sich schließen, schließen, zumachen; ~ *down store*: schließen, *company etc.*: stilllegen; ~ *up* (ab-, ver-, zu)schließen; aufrücken, aufschließen; **2.** *time*: knapp; *translation*: genau, gründlich; *weather*: stickig, schwül; *friend*: eng, *relatives*: nah; **3.** *adv* eng, nahe; ~ *by* ganz in der Nähe; **4.** *noun* Ende *n*
closed geschlossen; gesperrt (**to** für)
closet (Wand-, Einbau-) Schrank *m*

close-up *phot. etc.* Nahaufnahme *f*, Großaufnahme *f*
closing| date Einsendeschluss *m*; **~ time** Ladenschluss *m*, Geschäftsschluss *m*; Polizeistunde *f*
clot 1. Klumpen *m*, Klümpchen *n*; **2.** gerinnen
cloth Stoff *m*, Tuch *n*; Lappen *m*, Tuch *n*
clothe Clown *m*
clothes *pl* Kleider *pl*, Kleidung *f*; **~line** Wäscheleine *f*; **~ peg** *Brt.*, **~pin** *Am.* Wäscheklammer *f*
cloud 1. Wolke *f*; **2.** (sich) bewölken; (sich) trüben; **~bank** Wolkenbank *f*; **~burst** Wolkenbruch *m*; **cloudy** bewölkt; trüb
clove Gewürznelke *f*
clover Klee *m*
clown Clown *m*
club 1. Knüppel *m*; (Golf-)Schläger *m*; Klub *m*; *card games*: Kreuz *n*; → **heart**; **2.** einknüppeln auf, prügeln
cluck gackern; glucken
clue Anhaltspunkt *m*, Spur *f*
clump Klumpen *m*
clumsy unbeholfen
clutch 1. umklammern; (er)greifen; **2.** Kupplung *f*
c/o care of bei
Co company *econ.* Gesellschaft *f*
coach 1. Reisebus *m*; *Brt. rail.* (Personen)Wagen *m*, Kutsche *f*; *sport:* Trainer(-in); *school etc.:* Nachhilfelehrer(in); **2.** *sport:* trainieren; *school etc.:* Nachhilfeunterricht geben
coagulate gerinnen (lassen)
coal Kohle *f*
coalition Koalition *f*
coalmine Kohlenbergwerk *n*
coarse grob; vulgär
coast 1. Küste *f*; **2.** *bicycle:* im Freilauf fahren; **~guard** Küstenwache *f*
coat 1. Mantel *m*; Fell *n*; Anstrich *m*, Schicht *f*; **2.** *with sugar etc.:* überziehen; *with paint:* (an)streichen; **~ing** Anstrich *m*, Schicht *f*
coat of arms Wappen *n*
coax überreden
cob Maiskolben *m*
cobweb Spinnwebe *f*
cocaine Kokain *n*
cock¹ *zo.* Hahn *m*; V *penis:* Schwanz *m*
cock² aufrichten
cockatoo Kakadu *m*
cockchafer Maikäfer *m*
cockpit Cockpit *n*
cockroach Schabe *f*
cocoa Kakao *m*
coconut Kokosnuss *f*
cocoon Kokon *m*
cod *a.* **codfish** Kabeljau *m*, Dorsch *m*
COD collect (*Brt. cash*) **on delivery** per Nachnahme
coddle verhätscheln
code 1. Kode *m*; **2.** verschlüsseln, chiffrieren
cod-liver oil Lebertran *m*
coexist nebeneinander bestehen

hen; ~ence Koexistenz f
coffee Kaffee m; ~ **bar** Brt. Café n
coffin Sarg m
cog (Rad)Zahn m; ~**wheel** Zahnrad n
coherent zusammenhängend
coil 1. Rolle f, Spule f (a. electr.); contraceptive device: Spirale f; **2.** a. ~ **up** aufrollen, (auf)wickeln; sich zusammenrollen
coin Münze f
coincide zusammenfallen; übereinstimmen; **coincidence** Zufall m; Übereinstimmung f
cold 1. kalt; I'm (feeling) ~ mir ist kalt; **2.** Kälte f; Erkältung f; have a ~ erkältet sein; → **catch¹**
coleslaw Krautsalat m
colic Kolik f
collaborate zusammenarbeiten
collapse 1. zusammenbrechen; einstürzen; **2.** Zusammenbruch m; **collapsible** zusammenklappbar, in compounds: Falt..., Klapp...
collar shirt etc.: Kragen m; dog: Halsband n; ~**bone** Schlüsselbein n
colleague Kollege m, Kollegin f
collect v/t (ein)sammeln; data: erfassen; money: kassieren; abholen; v/i sich (ver)sammeln; ~**ed** fig. gefasst; ~**ion** Sammlung f;

econ. Eintreibung f; Abholung f; esp. Brt. mailbox: Leerung f; rel. Kollekte f; ~**ive** gemeinsam; ~**or** Sammler(in); Steuereinnehmer m
college College n; Fachhochschule f
collide zusammenstoßen
collision Zusammenstoß m
colloquial umgangssprachlich
colon¹ anat. Dickdarm m
colon² Doppelpunkt m
colonel Oberst m
colony Kolonie f
color Am., **colour** Brt. **1.** Farbe f; pl mil. Fahne f, naut. Flagge f; in compounds: Farb...; **2.** (ver)färben; erröten; ~ **bar** Rassenschranke f; ~**blind** farbenblind; ~**ed** bunt; farbig; ~**fast** farbecht; ~**ful** farbenprächtig; fig. farbig, bunt
column Säule f; print. Spalte f
comb 1. Kamm m; **2.** kämmen
combat Kampf m
combination Verbindung f, Kombination f; **combine 1.** (sich) verbinden; **2.** econ. Konzern m; a. ~ **harvester** Mähdrescher m
combustible brennbar; **combustion** Verbrennung f
come kommen; kommen, gelangen (to zu); kommen, geschehen, sich ereignen; ~ **about** geschehen, passieren;

commonplace

~ across s.o. /s.th. auf j-n/ et. stoßen; **~ along** mitkommen, mitgehen; **~ apart** auseinander fallen; **~ away** sich lösen; **~ by** s.th. zu et. kommen; **~ down** prices, level etc.: sinken; kommen wegen; **~ home** nach Hause (Austrian, Swiss: a. nachhause) kommen; **~ in** hereinkommen; news etc.: eintreffen; train: einlaufen; **~ in!** herein!; **~ off** button etc.: abgehen, losgehen; **~ on!** los!, komm!; **~ out** herauskommen; **~ round** wieder zu sich kommen; **~ through** durchkommen; operation etc.: überstehen; **~ to** amount to: sich belaufen auf; regain consciousness: wieder zu sich kommen; **~ to see** besuchen
comedian Komiker m
comedy Komödie f
comfort 1. Komfort m, Bequemlichkeit f; Trost m; **2.** trösten; **~able** komfortabel, bequem
comic(al) komisch, humoristisch
comics pl Comics pl; Comichefte pl
comma Komma n
command 1. befehlen; mil. kommandieren; verfügen über; beherrschen; **2.** Befehl m; Beherrschung f; mil. Kommando n; **~er** Kommandeur m, Befehlshaber m;

~ment Gebot n
commemorate gedenken (gen); **commemoration:** in **~** of zum Gedenken an
comment 1. (on) Kommentar m (zu); Bemerkung f (zu); Anmerkung f (zu); no **~!** kein Kommentar!; **2. (on)** kommentieren (acc); sich äußern (über); **commentary** Kommentar m (zu); **commentator** Kommentator m, TV etc. a. Reporter(in)
commerce Handel m
commercial 1. in compounds: Handels...; kommerziell, finanziell; **2.** TV etc. Werbespot m; **~ize** kommerzialisieren, vermarkten; **~ television** Werbefernsehen n
commission 1. Auftrag m; Kommission f (a. econ.), Ausschuss m; Provision f; **2.** beauftragen; in Auftrag geben; **~er** Beauftragte m, f; Polizeichef m
commit crime etc.: begehen; verpflichten (to zu), festlegen (to auf); **~ment** Verpflichtung f; Engagement n
committee Ausschuss m, Komitee n
common 1. gemeinsam; allgemein; alltäglich; people: einfach; **2.** Gemeindeland n; in **~** gemeinsam; **~er** Bürgerliche m, f; **2 Market** Gemeinsamer Markt; **~place 1.** alltäglich; **2.** Gemeinplatz m;

Commons *pl*: **the ~** *Brt. parl.* das Unterhaus; **~ sense** gesunder Menschenverstand

commotion Aufregung *f*; Aufruhr *m*

communal *in compounds*: Gemeinde...; Gemeinschafts...

communicate *v/t* mitteilen; *disease*: übertragen (**to** auf); *v/i* sich verständigen, sich verständlich machen; **communication** Verständigung *f*, Kommunikation *f*, Verbindung *f*; **communicative** gesprächig

Communion *rel.* Kommunion *f*, Abendmahl *n*

communism Kommunismus *m*; **communist 1.** kommunistisch; **2.** Kommunist(in)

community Gemeinschaft *f*; Gemeinde *f*

commutation ticket *rail. etc.* Dauerkarte *f*, Zeitkarte *f*

commute *rail. etc.* pendeln; **commuter** Pendler(in); **commuter train** Pendlerzug *m*, Nahverkehrszug *m*

compact 1. *adj* kompakt; eng, klein; *style of writing*: knapp; **2.** Puderdose *f*; **~ disc** → **CD**

companion Begleiter(in); Gefährte *m*, Gefährtin *f*; Handbuch *n*; **~ship** Gesellschaft *f*

company Gesellschaft *f*; *econ.* Gesellschaft *f*, Firma *f*; *mil.* Kompanie *f*; *thea.* Truppe *f*; **keep s.o. ~** j-m Gesellschaft leisten

comparable vergleichbar; **comparative** *adj* verhältnismäßig; **compare** vergleichen; sich vergleichen (lassen); **comparison** Vergleich *m*

compartment Fach *n*; *rail.* Abteil *n*

compass Kompass *m*; *pl, a.* **pair of ~es** Zirkel *m*

compassion Mitleid *n*; **~ate** mitfühlend

compatible: be ~ (with) passen (zu), *computer etc.*: kompatibel sein (mit)

compel zwingen

compensate ersetzen; ausgleichen; *person*: entschädigen; **compensation** Ausgleich *m*; (Schaden)Ersatz *m*, Entschädigung *f*

compete sich bewerben (**for** um); *sport*: (am Wettkampf) teilnehmen

competence Können *n*; **competent** fähig, tüchtig; sachkundig

competition Wettbewerb *m*, Konkurrenz *f*; **competitive** konkurrierend, konkurrenzfähig; **competitor** Mitbewerber(in), Konkurrent(in), *sport*: Teilnehmer(in)

compile zusammenstellen

complacent selbstzufrieden

complain sich beklagen, beschweren (**about** über; **to**

concession

bei); **complaint** Klage *f*, Beschwerde *f*; *med.* Leiden *n*
complete 1. vollständig; vollzählig; **2.** vervollständigen; beenden
complexion Gesichtsfarbe *f*, Teint *m*
complicate komplizieren; **complicated** kompliziert; **complication** Komplikation *f*
compliment 1. Kompliment *n*; **2.** ~ *s.o. on s.th.* j-m ein Kompliment *or* Komplimente machen für *or* über et.
component (Bestand)Teil *m*
compose *mus.* komponieren; **be ~d of** bestehen aus, sich zusammensetzen aus; ~ *o.s.* sich beruhigen; **composed** gefasst; **composer** Komponist(in) *m*; **composition** Komposition *f*; Aufsatz *m*; **composure** Fassung *f*, Gelassenheit *f*
compound 1. Zusammensetzung *f*, *chem.* Verbindung *f*; zusammengesetztes Wort; **2.** zusammengesetzt; ~ **interest** Zinseszinsen *pl*
comprehension Verständnis *n*; **comprehensive 1.** *a.* umfassend; **2.** *a.* ~ **school** Brt. Gesamtschule *f*
compromise 1. Kompromiss *m*; **2.** *v/i* e-n Kompromiss schließen; *v/t* kompromittieren
compulsion Zwang *m*; **compulsive** zwingend, *in compounds*: Zwangs...; *psych.* zwanghaft; **compulsory** obligatorisch, *in compounds*: Pflicht...
compunction Gewissensbisse *pl*
computer Computer *m*, Rechner *m*; **~-controlled** computergesteuert; **~ game** Computerspiel *n*; **~ize** (sich) auf Computer umstellen; **~ science** Informatik *f*; **~ scientist** Informatiker(in) *m*; **~ virus** Computervirus *m*
comrade Kamerad *m*; (Partei)Genosse *m*
conceal verbergen, verstecken; verhehlen
conceit Einbildung *f*; **~ed** eingebildet
conceivable denkbar; **conceive** *v/t idea*, *plan etc.*: sich vorstellen, sich denken; *child*: empfangen; *v/i* schwanger werden
concentrate (sich) konzentrieren
conception Vorstellung *f*, Begriff *m*; *biol.* Empfängnis *f*
concern 1. betreffen, angehen; beunruhigen; ~ *o.s.* **with** sich beschäftigen mit; **2.** Angelegenheit *f*, Sorge *f*; *econ.* Geschäft *n*, Unternehmen *n*; **~ed** besorgt
concert Konzert *n*
concerto (Solo)Konzert *n*
concession Zugeständnis *n*; Konzession *f*

conciliatory versöhnlich
concise kurz, knapp
conclusion (Schluss)Folgerung *f*; (Ab)Schluss *m*, Ende *n*; **conclusive** schlüssig
concrete¹ konkret
concrete² Beton *m*
concussion Gehirnerschütterung *f*
condemn verurteilen; für unbewohnbar erklären; **condemnation** Verurteilung *f*
condensation Kondensation *f*; **condense** kondensieren; zusammenfassen, verkürzen; **condensed milk** Kondensmilch *f*
condescending herablassend
condition Zustand *m*; *sport*: Form *f*; Bedingung *f*; *pl* Verhältnisse *pl*; **on ~ that** unter der Bedingung, dass; **~al** bedingt, abhängig
condo = **condominium**
condole sein Beileid ausdrücken; **condolence** *usually pl* Beileid *n*
condom Kondom *n*, *m*
condominium *a.* **condo** Eigentumswohnung *f*
conduct 1. führen; *phys.* leiten; *mus.* dirigieren; **~ed tour** Führung *f* (**of** durch); **2.** Führung *f*; Verhalten *n*, Betragen *n*; **~or** Schaffner *m*; Zugbegleiter *m*; *mus.* Dirigent *m*; *phys.* Leiter *m*
cone Kegel *m*; Eistüte *f*; *bot.* Zapfen *m*

confection Konfekt *n*; **~er** Konditor *m*; **~ery** Süßwaren *pl*; Konditorei *f*
confederation *pol.* Bund *m*
conference Konferenz *f*
confess gestehen; beichten; **confession** Geständnis *n*; Beichte *f*; **confessor** Beichtvater *m*
confide: ~ in s.o. sich j-m anvertrauen
confidence Vertrauen *n*; Selbstvertrauen *n*; **confident** überzeugt, sicher; **confidential** vertraulich
confine beschränken; einsperren; **be ~d of** *med.* entbunden werden von; **~ment** Haft *f*; Entbindung *f*
confirm bestätigen; *Protestant Church:* konfirmieren; *RC Church:* firmen; **confirmation** Bestätigung *f*; *Protestant Church:* Konfirmation *f*; *RC Church:* Firmung *f*
confiscate beschlagnahmen, konfiszieren
conflict 1. Konflikt *m*; **2.** im Widerspruch stehen (**with** zu)
conform (sich) anpassen (**to** *dat* or an)
confront gegenüberstehen; konfrontieren
confuse verwechseln; verwirren; **confused** verwirrt; verlegen; verworren; **confusing** verwirrend; **confusion** Verwirrung *f*; Durcheinander *n*

congested überfüllt; verstopft; **congestion** Blutdrang m; a. traffic ~ (Verkehrs)Stau m

congratulate s.o.: j-n beglückwünschen; j-m gratulieren; **congratulation** Glückwunsch m; ~s! herzlichen Glückwunsch!

congregate sich versammeln; **congregation** rel. Gemeinde f

congress Kongress m

conifer Nadelbaum m

conjunctivitis Bindehautentzündung f

conjure zaubern; ~ up heraufbeschwören; **conjurer, conjuror** Zauberer m, Zauberkünstler m

connect verbinden; electr. anschließen (to an); rail. etc. Anschluss haben (with an); **~ed** verbunden; (logisch) zusammenhängend; **~ion** Verbindung f; Anschluss m; Zusammenhang m

conquer erobern; besiegen; **~or** Eroberer m

conquest Eroberung f

conscience Gewissen n

conscientious gewissenhaft; ~ **objector** Wehrdienstverweigerer m

conscious bei Bewusstsein; bewusst; **~ness** Bewusstsein n

conscript 1. mil. einberufen; **2.** mil. Wehr(dienst)pflichtige m; **~ion** mil. Einberufung f; mil. Wehrpflicht f

consecutive aufeinander folgend

consent 1. zustimmen; **2.** Zustimmung f

consequence Folge f, Konsequenz f; Bedeutung f; **consequently** folglich, daher

conservation Erhaltung f; Naturschutz m, Umweltschutz m; **conservationist** Naturschützer(in), Umweltschützer(in)

conservative 1. konservativ; **2.** pol. usually 2 Konservative m, f

conservatory Treibhaus n; Wintergarten m; Konservatorium n

conserve erhalten, konservieren

consider nachdenken über; halten für; sich überlegen; berücksichtigen; **~able** beträchtlich; **~ably** bedeutend, (sehr) viel; **~ate** aufmerksam, rücksichtsvoll; **~ation** Erwägung f, Überlegung f; Rücksicht(nahme) f; **~ing:** ~ that in Anbetracht der Tatsache, dass

consignment (Waren)Sendung f

consist: ~ of bestehen aus; **~ent** übereinstimmend; konsequent; beständig

consolation Trost m; **console** trösten

consonant Konsonant m, Mitlaut m

conspicuous auffallend; deutlich sichtbar
conspiracy Verschwörung f; **conspire** sich verschwören
constable Brt. Polizist m
constant konstant; ständig, (an)dauernd
consternation Bestürzung f
constipated med. verstopft; **constipation** med. Verstopfung f
constituency Wählerschaft f; Wahlkreis m; **constituent** Bestandteil m; pol. Wähler(in)
constitution pol. Verfassung f; Konstitution f, körperliche Verfassung; ~al konstitutionell; pol. verfassungsmäßig
constrained gezwungen, unnatürlich
construct bauen, konstruieren; ~ion Konstruktion f; Bau(werk n) m; **under** ~ im Bau (befindlich); ~ion site Baustelle f; ~ive konstruktiv; ~or Erbauer m, Konstrukteur m
consul Konsul m; ~ate Konsulat n; ~ate general Generalkonsulat n; ~ general Generalkonsul m
consult v/t konsultieren; nachschlagen in; v/i (sich) beraten; ~ant Berater(in); Brt. Facharzt m, Fachärztin f; ~ation Konsultation f
consulting| hours pl Sprechstunde f; ~ **room** Sprechzimmer n

consumer Verbraucher(in); ~ **goods** pl Konsumgüter pl; ~ **society** Konsumgesellschaft f
contact 1. Berührung f; Kontakt m; Kontaktperson f (a. med.); Verbindung f; **2.** sich in Verbindung setzen mit; ~ **lens** Kontaktlinse f, Haftschale f
contagious ansteckend (a. fig.)
contain enthalten; ~er Behälter m; Container m
contaminate verunreinigen; verseuchen; ~d **soil** Altlasten pl; **contamination** Verunreinigung f; Verseuchung f
contemplate nachdenken über
contemporary 1. zeitgenössisch; **2.** Zeitgenosse m, Zeitgenossin f
contempt Verachtung f; ~ible verabscheuungswürdig
contemptuous verächtlich
content: ~ **o.s. with** sich begnügen mit; ~ed zufrieden
contents pl Inhalt m
contest (Wett)Kampf m; Wettbewerb m; ~ant (Wettkampf)Teilnehmer(in)
context Zusammenhang m
continent Kontinent m, Erdteil m; **the** 2 Brt. das (europäische) Festland; ~al kontinental

continual andauernd, ständig; immer wiederkehrend; **continuation** Fortsetzung *f*; Fortbestand *m*, Fortdauer *f*; **continue** v/t fortsetzen, fortfahren mit; beibehalten; **to be ~d** Fortsetzung folgt; v/i fortdauern; andauern, anhalten; fortfahren, weitermachen; **continuity** Kontinuität *f*; **continuous** ununterbrochen

contort verzerren

contour Kontur *f*, Umriss *m*

contraception *med*. Empfängnisverhütung *f*; **contraceptive** *med*. empfängnisverhütend(es Mittel)

contract 1. Vertrag *m*; 2. (sich) zusammenziehen; e-n Vertrag abschließen; sich vertraglich verpflichten; **~or** *a.* **building ~** Bauunternehmer *m*

contradict widersprechen; **~ion** Widerspruch *m*; **~ory** (sich) widersprechend

contrary 1. Gegenteil *n*; **on the ~** im Gegenteil; 2. entgegengesetzt (**to** *dat*); gegensätzlich

contrast 1. Gegensatz *m*; Kontrast *m*; 2. v/t gegenüberstellen, vergleichen; v/i sich abheben (**with** von, gegen)

contribute beitragen (**to** zu); spenden (**to** für); **contribution** Beitrag *m*

control 1. beherrschen, die Kontrolle haben über; kontrollieren, überwachen (staatlich) lenken; *tech*. steuern, regulieren; 2. Kontrolle *f*, Herrschaft *f*, Macht *f*, Beherrschung *f*; Regler *m*; *usually pl tech*. Steuerung *f*, Steuervorrichtung *f*; **get under ~** unter Kontrolle bringen; **get out of ~** außer Kontrolle geraten; **lose ~ of** die Herrschaft o. Kontrolle verlieren über; **~ center** *Am*., **~ centre** *Brt*. Kontrollzentrum *n*; **~ desk** Schaltpult *n*; **~ panel** Schalttafel *f*; **~ tower** *aviat*. Kontrollturm *m*, Tower *m*

controversial umstritten; **controversy** Kontroverse *f*

convalesce gesund werden; **convalescence** Rekonvaleszenz *f*, Genesung *f*; **convalescent** Rekonvaleszent (-in)

convenience Annehmlichkeit *f*, Bequemlichkeit *f*; *Brt*. Toilette *f*; **all (modern) ~s** aller Komfort; **covenient** bequem; günstig; passend

convent (Nonnen)Kloster *n*

convention Konvention *f*, Tagung *f*, Versammlung *f*; **~al** konventionell

conversation Konversation *f*, Gespräch *n*, Unterhaltung *f*

conversion Umwandlung *f*, Verwandlung *f*; *math*. Um-

conversion table

rechnung *f*; *rel.* Bekehrung *f*;
~**table** Umrechnungstabelle *f*

convert umwandeln, verwandeln; *math.* umrechnen; *rel.* bekehren; ~**ible 1.** umwandelbar, verwandelbar; **2.** *mot.* Kabrio(lett) *n*

convey überbringen, übermitteln; *goods, baggage etc.*: befördern; ~**ance** Beförderung *f*, Transport *m*; ~**er (belt)** Förderband *n*

convict 1. *jur.* verurteilen (*of* wegen); **2.** Strafgefangene *m*, *f*; Verurteilte *m*, *f*; ~**ion** *jur.* Verurteilung *f*; Überzeugung *f*

convince überzeugen; **convincing** überzeugend

convoy Konvoi *m*

convulsion Krampf *m*, Zuckung *f*; **convulsive** krampfhaft

coo gurren

cook 1. kochen; **2.** Koch *m*, Köchin *f*; ~**book** Kochbuch *n*; ~**er** *Brt.* Herd *m*; ~**ery** Kochen *n*, Kochkunst *f*; ~**ery book** *Brt.* Kochbuch *n*

cookie Keks *m*, Plätzchen *n*

cool 1. kühl; *fig.* kalt(blütig), gelassen; F super, cool; **2.** (sich) abkühlen

cooperate zusammenarbeiten; **cooperation** Zusammenarbeit *f*, Mitwirkung *f*, Hilfe *f*; **cooperative** zusammenarbeitend; kooperativ, hilfsbereit; *in compounds*: Gemeinschafts..., Genossenschafts...

coordinate koordinieren, abstimmen

cop F *policeman*: Bulle *m*

cope: ~ **with** fertig werden mit

copier Kopiergerät *n*, Kopierer *m*

copilot Kopilot *m*

copious reichlich

copper 1. Kupfer *n*; Kupfermünze *f*; **2.** kupfern

copy 1. Kopie *f*; Abschrift *f*; Nachbildung *f*; Durchschlag *m*, Durchschrift *f*; *book etc.*: Exemplar *n*; **fair** ~ Reinschrift *f*; **rough** ~ Rohentwurf *m*; **2.** kopieren, abschreiben; e-e Kopie anfertigen von; nachbilden, nachahmen; ~**right** Urheberrecht *n*, Copyright *n*

coral Koralle *f*

cord Schnur *f* (*a. electr.*), Strick *m*; *cloth*: Cordsamt *m*; *pl* Cordhose *f*; ~**less** schnurlos

cordon: ~ **off** abriegeln, absperren

corduroy Cord(samt) *m*; *pl* Cordhose *f*

core 1. Kerngehäuse *n*; Kern *m*, *fig. a. das* Innerste; **2.** entkernen; ~ **time** *Brt.* Kernzeit *f*

cork 1. Kork(en) *m*; **2.** zukorken; ~**screw** Korkenzieher *m*

corn¹ 1. Korn *n*, Getreide *n*; Mais *m*; **2.** (ein)pökeln

corn² *med.* Hühnerauge *n*
corner 1. Ecke *f*; Winkel *m*; *esp. mot.* Kurve *f*; *soccer*: Eckball *m*, Ecke *f*; *fig.* Klemme *f*; **2.** *in compounds*: Eck-...; **3.** *fig.* in die Enge treiben; **~ed** *in compounds*: ...eckig; **~ kick** *soccer*: Eckstoß *m*; **~ shop** *Brt.* Tante-Emma-Laden *m*
cornet *Brt.* Eistüte *f*
coronary F Herzinfarkt *m*
coronation Krönung *f*
coroner Coroner *m*, *appr.* Untersuchungsbeamte *m*
corporate gemeinsam; *in compounds*: Firmen...; **corporation** Gesellschaft *f*, Firma *f*; Aktiengesellschaft *f*
corpse Leiche *f*
corral Korral *m*, Hürde *f*, Pferch *m*
correct 1. korrekt, richtig, *time*: *a.* genau; **2.** korrigieren, berichten, verbessern; **~ion** Korrektur *f*
correspond: (**with, to**) entsprechen (*dat*), übereinstimmen (**mit**); korrespondieren (**with** mit); **~ence** Entsprechung *f*, Übereinstimmung *f*; Korrespondenz *f*, Briefwechsel *m*; **~ent** Korrespondent(in); Briefpartner(in); **~ing** entsprechend
corridor Korridor *m*, Flur *m*, Gang *m*
corrode rosten; **corrosion** Korrosion *f*
corrugated iron Wellblech *n*
corrupt 1. korrupt; bestechlich; **2.** bestechen; **~ion** Korruption *f*; Bestechung *f*
cosmetic Kosmetikartikel *m*; kosmetisch; **cosmetician** Kosmetikerin *f*
cosmonaut Kosmonaut(in), Raumfahrer(in)
cost 1. Kosten *pl*; Preis *m*; **2.** kosten; **~ly** kostspielig, teuer; **~ of living** Lebenshaltungskosten *pl*
costume Kostüm *n*; Tracht *f*; **~ jewellery** *Brt.*, **jewelry** *Am.* Modeschmuck *m*
cosy *esp. Brt.* gemütlich
cot Kinderbett(chen) *n*
cottage Cottage *n*, (kleines) Landhaus; **~ cheese** Hüttenkäse *m*
cotton Baumwolle *f*; (Baumwoll)Garn *n*; Watte *f*; **~ wool** *Brt.* Watte *f*
couch Couch *f*
couchette *rail.* Liegewagenplatz *m*
cough 1. husten; **2.** Husten *m*
could *pret of* can
council Rat(sversammlung *f*) *m*; *Brt.* Gemeinderat *m*; **~ municipal** Stadtrat *m*; **~ house** *Brt.* gemeindeeigenes Wohnhaus; **councillor** *Brt.*, **councilor** *Am.* Ratsmitglied *n*, Stadtrat *m*, Stadträtin *f*
counsel 1. (Rechts)Anwalt *m*, (Rechts)Anwältin *f*; Beratung *f*; **2.** beraten; **counsellor** *Brt.*, **counselor** *Am.*

count

Berater(in); Anwalt *m*, Anwältin *f*
count¹ zählen; ~ **on** zählen auf, sich verlassen auf, rechnen mit
count² Graf *m*
countdown Count-down *m*
counter¹ *tech.* Zähler *m*; Spielmarke *f*
counter² Ladentisch *m*; Theke *f*; Schalter *m*
counter³ entgegen (*to dat*); *in compounds:* Gegen...
counter|act entgegenwirken; neutralisieren; **~balance** *v/t* ein Gegengewicht bilden zu, ausgleichen; **~clockwise** entgegen dem Uhrzeigersinn; **~espionage** Spionageabwehr *f*; **~feit 1.** falsch, gefälscht; **2.** *money etc.:* fälschen; **~foil** (Kontroll)Abschnitt *m*; **~part** Gegenstück *n*; genaue Entsprechung
countess Gräfin *f*
countless zahllos, unzählig
country Land *n*; **in the ~** auf dem Lande; **~man** Landsmann *m*; Landbewohner *m*; **~side** (ländliche) Gegend; Landschaft *f*; **~woman** Landsmännin *f*; Landbewohnerin *f*
county (Land)Kreis *m*; *Brt.* Grafschaft *f*
couple 1. Paar *n*; **a ~ of** zwei; F ein paar; **2.** (zusammen)koppeln; verbinden
coupon Gutschein *m*; Kupon *m*, Bestellzettel *m*

courage Mut *m*; **courageous** mutig
courier Eilbote *m*, Kurier *m*; Reiseleiter(in)
course Kurs *m*; *race:* (Renn)Bahn *f*, (Renn)Strecke *f*; *golf:* Platz *m*; *usual or natural way:* (Ver)Lauf *m*; *meal:* Gang *m*; *lesson:* Kurs *m*, Lehrgang *m*; **of ~** natürlich
court *jur.* Gericht(shof *m*) *n*; Hof *m* (*a. of king, queen etc.*); *tennis etc.:* Platz *m*
courteous höflich; **courtesy** Höflichkeit *f*
court|house Gerichtsgebäude *n*; **~room** Gerichtssaal *m*; **~yard** Hof *m*
cousin Cousin *m*, Vetter *m*; Cousine *f*
cove kleine Bucht
cover 1. (be-, zu)decken; *area:* sich erstrecken über; *distance:* zurücklegen; *newspaper, TV etc.:* berichten über; *econ.* (ab)decken; *econ:* decken (*opponent*); *sport:* decken; *conceal:* verbergen; **~ up** verheimlichen, vertuschen; **2.** Decke *f*, lid: Deckel *m*; *magazine:* Titelseite *f*, Umschlag(seite *f*) *m*; *book:* Einband *m*; *record:* (Schallplatten)Hülle *f*, Cover *n*; *for protection:* Überzug *m*, Bezug *m*, Abdeckhaube *f*, Schutzhaube *f*, *mil. etc.* Deckung *f*, Schutz *m*; *insurance:* Deckung *f*, Sicher-

cow Kuh f; *at table*: Gedeck n; **~age** newspaper, TV etc.: Berichterstattung f; *insurance*: Versicherungsschutz m, (Schaden)Deckung f
cow Kuh f
coward Feigling m; **cowardice** Feigheit f; **~ly** feig(e)
cower kauern
cowslip Sumpfdotterblume f; Schlüsselblume f
coy schüchtern
cozy gemütlich
CPU central processing unit *computer*: Zentraleinheit f
crab Krabbe f; Taschenkrebs m
crack 1. krachen; knallen (mit); *break*: (zer)springen; *voice*: überschnappen; *fig.* (*a.* **~ up**) zusammenbrechen; *break*: zerbrechen; *nut*, F *code, safe etc.*: knacken; **~ a joke** e-n Witz machen; *get* **~ing** F loslegen; **2.** *noun* Knall m; Sprung m, Riss m, Spalt(e f) m, Ritze f; **3.** *adj* F erstklassig
cracker *biscuit*: Cracker m, Kräcker m; *fire~*: Schwärmer m, Frosch m, Knallfrosch m, Knallbonbon m, n
crackle knistern
cradle 1. Wiege f; **2.** wiegen, schaukeln
craft¹ Boot (*a pl*) n, Schiff(e *pl*) n, Flugzeug(e *pl*) n, Raumfahrzeug(e *pl*) n
craft² Handwerk n; **craftsman** Handwerker m

crag Felsenspitze f
cram (voll)stopfen
cramp¹ Krampf m
cramp² *tech.* Krampe f, Klammer f
cranberry Preiselbeere f
crane¹ *tech.* Kran m
crane² *zo.* Kranich m
crank Kurbel f; F komischer Kauz, Spinner m
crash 1. *v/t* zertrümmern; *v/i mot.* zusammenstoßen, verunglücken; *aviat.* abstürzen (*a. computer*); krachen (**against, into** gegen); krachend einstürzen, zusammenkrachen; *econ.* zusammenbrechen; **2.** *mot.* Unfall m, Zusammenstoß m *aviat.* Absturz m (*a. computer*); Krach(en n) m; *econ.* Zusammenbruch m, (Börsen-) Krach m; **~ course** Schnellkurs m, Intensivkurs m; **~ diet** radikale Schlankheitskur f; **~ helmet** Sturzhelm m; **~ landing** Bruchlandung f
crate (Latten)Kiste f
crater Krater m
crave verlangen
crawl kriechen; krabbeln; *swimming*: kraulen
crayfish Flusskrebs m
crayon Buntstift m
craze: *the latest* **~** der letzte Schrei; **crazy** verrückt (**about** nach)
creak knarren, quietschen
cream 1. Rahm m, Sahne f;

creamy

Creme *f*; **2.** creme(farben); **creamy** sahnig
crease 1. (Bügel)Falte *f*; **2.** falten; (zer)knittern
create (er)schaffen; verursachen; **creation** Schöpfung *f*; **creative** schöpferisch, kreativ; **creator** Schöpfer *m*
creature Geschöpf *n*
crèche (Kinder)Krippe *f*; (Weihnachts)Krippe *f*
credible glaubwürdig; glaubhaft
credit 1. *econ.* Kredit *m*; *econ.* Guthaben *n*; Ansehen *n*; Anerkennung *f*; **on ~** *econ.* auf Kredit; **2.** *econ. bookkeeping etc.*: **~able** anerkennenswert; **~ card** Kreditkarte *f*; **~or** Gläubiger *m*
credulous leichtgläubig
creed Glaubensbekenntnis *n*
creek kleiner Fluss; *Brt.* kleine Bucht
creep kriechen; schleichen; **~er** Kletterpflanze *f*
creepy grus(e)lig
cremate einäschern, verbrennen; **cremation** Feuerbestattung *f*
crescent Halbmond *m*, Mondsichel *f*
cress Kresse *f*
crest *zo.* Haube *f*, Büschel *n*; *zo. cock*: Kamm *m*; *top of mountain*: Bergrücken *m*, Kamm *m*; *top of wave*: Kamm *m*; *heraldry*: Wappen *n*
crevasse Gletscherspalte *f*

410

crevice Spalte *f*
crew Besatzung *f*, Mannschaft *f*
crib 1. Kinderbettchen *n*; Krippe *f*; *school*: F Spickzettel *m*; **2.** F spicken
cricket *zo.* Grille *f*; *sport*: Kricket *n*
crime Verbrechen *n*
criminal 1. kriminell; *in compounds*: Straf-; **2.** Verbrecher(in), Kriminelle *m*, *f*
crimson karmesinrot, feuerrot
cringe sich ducken
cripple 1. Krüppel *m*; **2.** zum Krüppel machen, verkrüppeln; lähmen
crisis Krise *f*
crisp knusp(e)rig; *vegetables*: frisch, knackig; *air*: scharf, frisch; *hair*: kraus; **~bread** Knäckebrot *n*
crisps *pl*, *a.* **potato ~** *Brt.* (Kartoffel)Chips *pl*
critic Kritiker(in); **~al** kritisch; bedenklich; **~ism** Kritik *f*; **~ize** kritisieren
croak krächzen; *frog*: quaken
crochet häkeln
crockery *esp. Brt.* Geschirr *n*
crocodile Krokodil *n*
crocus Krokus *m*
crook 1. Krümmung *f*, Biegung *f*; F Gauner *m*; **2.** (sich) krümmen; **~ed** gekrümmt, krumm
crop 1. *zo.* Kropf *m*; Ernte *f*; **2.** *hair*: kurz schneiden, stutzen

cross 1. Kreuz n (a. fig.); sport: Flanke f; biol. Kreuzung f; **2.** (sich) kreuzen; road: überqueren; plan etc.: durchkreuzen; biol. kreuzen; ~ **off/out** ausstreichen, durchstreichen; ~ **o.s.** sich bekreuzigen; ~ **one's legs** die Beine übereinander schlagen; **keep one's fingers ~ed** den Daumen drücken or halten; **3.** adj böse, ärgerlich; ~**bar** sport: Torlatte f, Querlatte f; ~**breed** biol. Kreuzung f; ~**country in** compounds: Querfeldein...; ~**country skiing** Skilanglauf m; ~**examine** ins Kreuzverhör nehmen; ~**eyed: be** ~ schielen; ~**ing** road intersection etc.: Kreuzung f; Brt. Fußgängerüberweg m; mar. Überfahrt f; ~**roads** pl or sg (Straßen)Kreuzung f; fig. Scheideweg m; ~**section** Querschnitt m; ~**walk** Fußgängerüberweg m; ~**word (puzzle)** Kreuzworträtsel n
crotch anat. Schritt m
crouch sich ducken
crow 1. Krähe f; Krähen n; **2.** krähen
crowd 1. (Menschen)Menge f; **2.** sich drängen; place etc.: bevölkern, füllen; ~**ed** überfüllt, voll
crown 1. Krone f; in compounds: Kron...; **2.** krönen
crucial entscheidend

crucifixion Kreuzigung f; **crucify** kreuzigen
crude roh; grob; ~ **(oil)** Rohöl n
cruel grausam; hart; **cruelty** Grausamkeit f
cruet Gewürzständer m
cruise 1. kreuzen, e-e Kreuzfahrt machen; **2.** Kreuzfahrt f
crumb Krume f, Krümel m, **crumble** zerkrümeln, zerbröckeln
crumple (zer)knittern; zusammengedrückt werden; ~ **zone** mot. Knautschzone f
crunch (geräuschvoll) (zer)kauen; knirschen
crush 1. sich drängen; zerquetschen; zerdrücken; zerkleinern, zermahlen; auspressen; fig. niederschmettern; **2.** Gedränge n, Gewühl n; lemon ~ Zitronensaft m
crust Kruste f
crutch Krücke f
cry 1. schreien, rufen (**for** nach); weinen; heulen, jammern; **2.** Schrei m, Ruf m; Geschrei n; Weinen n
crystal Kristall(glas n) m; Uhrglas n
cub young lion, bear etc.: Junge n
cube Würfel m; Kubikzahl f
cubic in compounds: Kubik..., Raum...
cubicle Kabine f
cuckoo Kuckuck m
cucumber Gurke f

cuddle an sich drücken, schmusen mit
cue Stichwort n; Wink m
cuff Manschette f, (Ärmel-, Hosen)Aufschlag m; ~ **link** Manschettenknopf m
cul-de-sac Sackgasse f
culminate gipfeln; **culmination** fig. Höhepunkt m
culottes pl Hosenrock m
culprit Täter(in), Schuldige m, f
cult Kult m
cultivate anbauen, bebauen; fig. kultivieren, fördern; **cultivation** Anbau m, Bebauung f
cultural kulturell, in compounds: Kultur...; **culture** Kultur f
cunning 1. schlau, listig; **2.** List f, Schlauheit f
cup Tasse f, Becher m; sport: Cup m, Pokal m; ~**board** Schrank m; ~ **final** Pokalendspiel n
cupola Kuppel f
cup tie Pokalspiel n
curable heilbar
curb Bordstein m, Randstein m
curd a. ~**s** m Quark m
curdle gerinnen (lassen)
cure 1. heilen; trocknen; (ein)pökeln; **2.** Kur f; (Heil-)Mittel n; Heilung f
curiosity Neugier f, Sehenswürdigkeit f; **curious** neugierig; seltsam
curl 1. Locke f; **2.** (sich) locken, (sich) kräuseln; ~ **up** sich zusammenrollen; ~**er** Lockenwickler m; **curly** gelockt, lockig
currant Johannisbeere f; Korinthe f
currency econ. Währung f; **foreign** ~ Devisen pl
current 1. year, month, expenses etc.: laufend; gegenwärtig, aktuell; **2.** Strömung f; electr. Strom m; ~ **account** Brt. Girokonto n
curriculum Lehrplan m, Studienplan m; ~ **vitae** Lebenslauf m
curse 1. (ver)fluchen; **2.** Fluch m; **cursed** verflucht
cursor computer: Cursor m
cursory flüchtig
curt barsch, schroff
curtain Vorhang m
curts(e)y Knicks m; **2.** knicksen
curve 1. Kurve f, Krümmung f, Biegung f; **2.** (sich) krümmen, (sich) biegen
cushion 1. Kissen n; **2.** polstern; fall, blow: dämpfen
custard Vanillesoße f
custody Haft f; jur. Sorgerecht n
custom Brauch m; econ. Kundschaft f; ~**ary** üblich; ~**er** Kunde m, Kundin f
customs pl Zoll m; ~ **clearance** Zollabfertigung f; ~ **officer**, ~ **official** Zollbeamte m
cut 1. (ab-, an-, be-, durch-

dance

zer)schneiden; *gem etc.*: schleifen; *mot. corner*: schneiden; *wages etc.*: kürzen; *prices*: herabsetzen, senken; *card game*: abheben; **~ a tooth** e-n Zahn bekommen, zahnen; **~ down** *tree*: fällen; (sich) einschränken; **~ in on** *s.o. mot.* j-n schneiden; j-n unterbrechen; **~ off** abschneiden; *disconnect*: unterbrechen, trennen; *electricity etc.*: sperren; **~ out** ausschneiden; **2.** Schnitt *m*; *wound*: Schnittwunde *f*; *meat etc.*: Stück *n*; *wood*: Schnitt *m*; *gem*: Schliff *m*; *pl* Kürzungen *pl*; **cold ~s** *pl* Aufschnitt *m*
cute schlau, clever; niedlich, süß
cuticle Nagelhaut *f*
cutlery Besteck *n*
cutlet Kotelett *n*; *veal, pork*: Schnitzel *n*
cut|-price, ~rate ermäßigt, herabgesetzt
cutter *naut*. Kutter *m*; Schneidewerkzeug *n*, Schneidemaschine *f*; (Glas-, Diamant-) Schleifer *m*
cutting 1. *esp. Brt. newspaper*: Ausschnitt *m*; **2.** schneidend
cycle 1. Zyklus *m*; **2.** Rad fahren, radeln; **cycling** Radfahren *n*; **cyclist** Radfahrer(in), Motorradfahrer(in)
cylinder Zylinder *m*, Walze *f*, Trommel *f*
cynic Zyniker(in), **~al** zynisch
cypress Zypresse *f*
Cyprus Zypern *n*
cyst Zyste *f*
Czech 1. tschechisch; **~ Republic** Tschechien *n*, Tschechische Republik; **2.** Tscheche *m*, Tschechin *f*

D

dab betupfen, abtupfen
dachshund Dackel *m*
dad F, **daddy** Papa *m*, Vati *m*
daffodil gelbe Narzisse
daft blöde, doof
dagger Dolch *m*
dahlia Dahlie *f*
daily 1. täglich; **2.** Tageszeitung *f*
dainty zierlich
dairy Molkerei *f*; Milchgeschäft *n*
daisy Gänseblümchen *n*
dam 1. (Stau)Damm *m*; **2.** *a.* **~ up** stauen
damage 1. Schaden *m*; *pl jur.* Schadensersatz *m*; **2.** (be-)schädigen; schaden
damn *a.* verdammt; **~ (it)!** F verflucht!
damp 1. feucht; **2.** Feuchtigkeit *f*; **3.** *a.* **~en** anfeuchten, befeuchten; dämpfen
dance 1. tanzen; **2.** Tanz *m*;

dancer

Tanz(veranstaltung *f*) *m*;
dancer Tänzer(in); **dancing** Tanzen *n*; *in compounds*: Tanz...
dandelion *bot.* Löwenzahn *m*
dandruff (Kopf)Schuppen *pl*
Dane Däne *m*, Dänin *f*
danger Gefahr *f*; **~ous** gefährlich
dangle baumeln (lassen), herabhängen (lassen)
Danish dänisch
Danube *die* Donau
dare es wagen, sich (ge)trauen; *how* **~** *you!* was fällt dir ein!; **daring** kühn; gewagt
dark 1. dunkel; finster; *fig.* düster, trüb(e); **2.** Dunkel(-heit) *f*; *after* **~** nach Einbruch der Dunkelheit; **~en** (sich) verdunkeln, (sich) verfinstern; **~ness** Dunkelheit *f*
darling 1. Liebling *m*; **2.** lieb; F goldig
darn stopfen
dart 1. (Wurf)Pfeil *m*; Satz *m*, Sprung *m*; **2.** stürzen; flitzen, huschen; werfen
dash 1. stürmen, stürzen; schleudern; *hopes etc.*: zerstören, zunichte machen; **~ off** davonstürzen; **2.** Gedankenstrich *m*; *rum etc.*: Schuss *m*, *salt etc.*: Prise *f*, *lemon*: Spritzer *m*; *make a* **~** *for* losstürzen auf; **~board** Armaturenbrett *n*
data *pl* (*usually sg*) Daten *pl* (*a.* computer), Angaben *pl*; **~ bank**, **~ base** Datenbank *f*;
~ capture Datenerfassung *f*;
~ memory Datenspeicher *m*; **~ processing** Datenverarbeitung *f*; **~ protection** Datenschutz *m*; **~ storage** Datenspeicher *m*; **~ transfer** Datenübertragung *f*
date¹ 1. Datum *n*; Zeit(punkt *m*) *f*; Termin *m*; F Verabredung *f*; F (Verabredungs-)Partner(in); *out of* **~** veraltet, unmodern; *up to* **~** zeitgemäß, modern, auf dem Laufenden; **2.** datieren; F sich verabreden mit, gehen mit
date² Dattel *f*
dated veraltet, überholt
daughter Tochter *f*; **~-in-law** Schwiegertochter *f*
dawdle trödeln
dawn 1. (Morgen)Dämmerung *f*; **2.** dämmern
day Tag *m*; **~ off** (dienst)freier Tag; *by* **~** bei Tag(e); **~ after ~** Tag für Tag; **~ in, ~ out** tagaus, tagein; *in those* **~s** damals; *one* **~** e-s Tages; *the other* **~** neulich; *the* **~ after tomorrow** übermorgen; *the* **~ before yesterday** vorgestern; *open all* **~** durchgehend geöffnet; *let's call it a* **~!** Feierabend!, Schluss für heute!; **~break** Tagesanbruch *m*; **~dream** (mit offenen Augen) träumen; **~light** Tageslicht *n*; **~light saving time** Sommerzeit *f*; **~ return** Brt. Tagesrückfahrkarte *f*
dazed benommen

dazzle blenden
DC *direct current* Gleichstrom *m*
dead 1. tot; gestorben; gefühllos; ~ *stop* völliger Stillstand; ~ *slow mot.* Schritt fahren!; ~ *tired* todmüde; **2.** *the* ~ *pl* die Toten *pl*; **~en** dämpfen, abschwächen; **~end** Sackgasse *f (a. fig.)*; ~ *heat sport:* totes Rennen; **~line** letzter Termin; Stichtag *m*; **~lock** toter Punkt; **~ly** tödlich
deaf taub; schwerhörig; **~-and-dumb** taubstumm; **~en** taub machen; **~ening** ohrenbetäubend; **~-mute** taubstumm
deal 1. *card games:* geben; F *drugs:* dealen; *a.* ~ *out* austeilen, verteilen; ~ *in econ.* handeln mit; ~ *with* sich befassen mit, behandeln; handeln von; *s.th. /s.o.:* mit *et./j-m* fertig werden; *econ.* Geschäfte machen mit; **2.** Abkommen *f*, Geschäft *n*, Handel *m*; Menge *f*; *it's a* ~*!* abgemacht!; *a good* ~ (ziemlich) viel; *a great* ~ *of* sehr viel; **~er** Händler(in); *drugs:* Dealer *m*; **~ing** *usually pl econ.* Geschäfte *pl*
dean Dekan *m*
dear 1. lieb; teuer; ⁀ *Sir, in letters:* Sehr geehrter Herr ... *(last name)*; **2.** Liebste *m, f*, Schatz *m*; **3.** *int* **(oh)** ~*!, ~ me!* du liebe Zeit!, ach herrje!; **~ly** innig, herzlich; teuer
death Tod(esfall) *m*
debatable umstritten; **debate 1.** Debatte *f*, Diskussion *f*; **2.** debattieren, diskutieren
debit *econ.* **1.** Soll *n*; **2.** *person, account:* belasten
debris Trümmer *pl*
debt Schuld *f*; *be in* ~ Schulden haben, verschuldet sein; **~or** Schuldner(in)
debug *computer:* Programmfehler beseitigen
decade Jahrzehnt *n*
decaffeinated koffeinfrei
decanter Karaffe *f*
decay 1. zerfallen; verfaulen; *tooth:* kariös werden, schlecht werden. **2.** Zerfall *m*; Verfaulen *n*
deceit Betrug *m*
deceive *person:* täuschen; *impression etc.: a.* trügen
December Dezember *m*
decent anständig
deception Täuschung *f*; **deceptive** täuschend, trügerisch
decide (sich) entscheiden; sich entschließen; beschließen; **decided** entschieden
decimal Dezimal...; *in compounds:* Dezimal...
decipher entziffern
decision Entscheidung *f*; Entschluss *m*; **decisive** entscheidend
deck *naut.* Deck *n*; **~chair** Liegestuhl *m*

declaration

declaration Erklärung *f*; **declare** erklären; verzollen

decline 1. zurückgehen; (höflich) ablehnen; **2.** Rückgang *m*, Verfall *m*

decode dekodieren, entschlüsseln

decompose (sich) zersetzen

decontaminate entgiften, entseuchen

decorate schmücken, verzieren; dekorieren; tapezieren; (an)streichen; **decoration** Schmuck *m*, Dekoration *f*, Verzierung *f*; **decorative** dekorativ, *in compounds*: Zier...; **decorator** Dekorateur *m*; Maler *m* u. Tapezierer *m*

decrease 1. abnehmen, (sich) verringern; **2.** Abnahme *f*

dedicate widmen; **dedication** Widmung *f*

deduct *amount*: abziehen (*from* von); **~ible:** *tax* ~ steuerlich absetzbar; **~ion** Abzug *m*; (Schluss)Folgerung *f*, Schluss *m*

deed Tat *f*; *jur.* (Übertragungs)Urkunde *f*

deep tief (*a. fig.*); **~en** (sich) vertiefen, *fig. a.* (sich) steigern, (sich) verstärken; ~ **freeze 1.** Tiefkühltruhe *f*, Gefriertruhe *f*; **2.** tiefkühlen, einfrieren; ~ **fry** frittieren

deer Hirsch *m*; Reh *n*

defeat 1. besiegen, schlagen; zunichte machen; vereiteln;

2. Niederlage *f*

defect Defekt *m*, Fehler *m*; Mangel *m*; **~ive** schadhaft, defekt

defence *Brt.* → **defense**

defend verteidigen; **~ant** *jur.* Angeklagte *m*, *f*; **~er** Abwehrspieler(in), Verteidiger(in)

defense Verteidigung *f*, *sport a.* Abwehr *f*; → **department**; **defensive 1.** defensiv; **2.** Defensive *f*

defer verschieben

defiant herausfordernd; trotzig

deficiency Mangel *m*, Fehlen *n*; **deficient** mangelhaft, unzureichend

deficit Defizit *n*, Fehlbetrag *m*

define definieren, erklären, bestimmen; **definite** bestimmt; endgültig, definitiv

definition Definition *f*, Erklärung *f*, Bestimmung *f*; *phot.*, *TV etc.* Schärfe *f*; **definitive** endgültig, definitiv

deflect ablenken; *ball*: abfälschen

deform deformieren; entstellen, verunstalten

defrost *windshield*: entfrosten; *refrigerator etc.*: abtauen; *frozen food*: auftauen

defy sich widersetzen

degenerate 1. *adj* degeneriert; **2.** *v/i* degenerieren

degrade degradieren; erniedrigen

degree Grad *m*; Stufe *f*; *univ.* (akademischer) Grad; *by ~s* allmählich
dehydrated *in compounds*: Trocken...
de-ice enteisen
deity Gottheit *f*
dejected niedergeschlagen
delay 1. aufschieben; verzögern; aufhalten; *be ~ed rail. etc.* Verspätung haben; **2.** Aufschub *m*; Verzögerung *f*; *rail. etc.* Verspätung *f*
delegate 1. Delegierte *m, f*; **2.** abordnen, delegieren; übertragen; **delegation** Abordnung *f*, Delegation *f*
delete (aus)streichen; *computer:* löschen
deli F Feinkostgeschäft *n* (*Am.: with ready-to-eat food products to go*)
deliberate absichtlich, vorsätzlich; bedächtig; *~ly* absichtlich
delicacy Delikatesse *f*; Feingefühl *n*, Takt *m*; Zartheit *f*;
delicate zart; fein; zierlich; zerbrechlich; *problem etc.*: delikat, heikel; empfindlich
delicatessen Feinkostgeschäft *n*; → **deli** *Am.*
delicious köstlich
delight 1. Vergnügen *n*, Entzücken *n*; **2.** entzücken, erfreuen; *~ful* entzückend
delirious im Delirium, fantasierend
deliver ausliefern, (ab)liefern; *mail:* zustellen; *speech:* halten; befreien, erlösen; *be ~ed of med.* entbunden werden von; **delivery** Lieferung *f*; *mail:* Zustellung *f*; *med.* Entbindung *f*; → *cash* 1;
delivery van Lieferwagen *m*
delude täuschen
deluge Überschwemmung *f*; *fig.* Flut *f*
delusion Täuschung *f*, Wahn(vorstellung *f*) *m*
demand 1. Forderung *f* (for nach); Anforderung *f* (on an); Nachfrage *f* (for nach); *on ~* auf Verlangen; **2.** verlangen, fordern; fragen nach; *~ing* anspruchsvoll
demented wahnsinnig
demi... *in compounds*: Halb..., halb...
demo F Demo *f*
democracy Demokratie *f*;
democrat Demokrat(in);
democratic demokratisch
demolish abreißen
demonstrate demonstrieren; **demonstration** Demonstration *f*; **demonstrator** Demonstrant(in)
den *zo.* Höhle *f* (*a. fig.*)
denial Leugnen *n*
Denmark Dänemark *n*
denomination *rel.* Konfession *f*; *econ.* Nennwert *m*
dense dicht; **density** Dichte *f*
dent 1. Beule *f*, Delle *f*; **2.** verbeulen, einbeulen
dental *in compounds*: Zahn...;
dentist Zahnarzt *m*, Zahnärztin *f*; **denture** *usually pl*

deny (Zahn)Prothese *f*

deny abstreiten, bestreiten, (ab)leugnen, dementieren

deodorant De(s)odorant *n*, Deo *n*

depart abreisen; abfahren; *aviat.* abfliegen; abweichen (**from**) von)

department Abteilung *f*, *univ. a.* Fachbereich *m*; *pol.* Ministerium *n*; ⁓ **of Defense** Verteidigungsministerium *n*; ⁓ **of the Interior** Innenministerium *n*; ⁓ **of State** Außenministerium *n*; ⁓ **store** Kaufhaus *n*, Warenhaus *n*

departure Abreise *f*, Abfahrt *f*; Abflug *m*; ⁓ **lounge** Abflughalle *f*

depend: (on) sich verlassen (auf); abhängen (von); angewiesen sein (auf); **that** ⁓**s** das kommt darauf an; ⁓**able** zuverlässig; ⁓**ence** Abhängigkeit *f* (**on** von); ⁓**ent: (on)** abhängig (von); angewiesen (auf)

deplorable beklagenswert; **deplore** missbilligen

deport ausweisen, abschieben; deportieren

deposit 1. absetzen, abstellen, niederlegen; (sich) ablagern, (sich) absetzen; deponieren; *bank:* einzahlen (*amount*), anzahlen (*part of sum*); **2.** *chem.* Ablagerung *f*, *geol.* layer of mineral, metal *etc.:* Lager *n*; Deponierung *f*; *bank:* Einzahlung *f*; Anzahlung *f*

depot Depot *n*

depress (nieder)drücken; deprimieren, bedrücken; ⁓**ed** deprimiert, niedergeschlagen; ⁓**ed area** Notstandsgebiet *n*; ⁓**ion** Depression *f* (*a. econ.*), Niedergeschlagenheit *f*; Vertiefung *f*, Senke *f*; *meteor.* Tief(druckgebiet) *n*

deprived benachteiligt

depth Tiefe *f*

deputation Abordnung *f*; **deputy** (Stell)Vertreter(in); Hilfssheriff *m*

derail: be ⁓**ed** entgleisen

deranged geistesgestört

derelict heruntergekommen, baufällig

deride verhöhnen, verspotten; **derision** Hohn *m*, Spott *m*; **derisive** höhnisch, spöttisch

derive: ⁓ *from* abstammen von; herleiten von

dermatologist Dermatologe *m*, Dermatologin *f*, Hautarzt *m*, Hautärztin *f*

derogatory abfällig, geringschätzig

descend hinuntergehen; abstammen (**from** von); ⁓**ant** Nachkomme *m*

descent Abstieg *m*; Gefälle *n*; *aviat.* Niedergehen *n*; Abstammung *f*, Herkunft *f*

describe beschreiben; **description** Beschreibung *f*

desert¹ Wüste *f*

desert² verlassen, im Stich lassen; *mil.* desertieren

deserve verdienen

design 1. entwerfen; **2.** Design *n*, Entwurf *m*; (Konstruktions)Zeichnung *f*; Design *n*, Muster *n*; **designer** *tech.* Konstrukteur(in); Designer(in), Modeschöpfer(-in)

desirable wünschenswert; **desire 1.** wünschen; begehren; **2.** Verlangen *n*, Begierde *f*

desk Schreibtisch *m*

desktop publishing (*abbr.* **DTP**) Desktop-Publishing *n*

desolate einsam, verlassen; trostlos

despair 1. verzweifeln (*of* an); **2.** Verzweiflung *f*

desperate verzweifelt; **desperation** Verzweiflung *f*

despise verachten

despite trotz

dessert Nachtisch *m*, Dessert *n*

destination Bestimmungsort *m*; Reiseziel *n*

destiny Schicksal *n*

destitute mittellos, arm

destroy zerstören, vernichten; *animal:* töten

destruction Zerstörung *f*; **destructive** zerstörend; zerstörerisch

detach (ab-, los)trennen, (los)lösen; **~ed** einzeln, frei stehend, allein stehend; distanziert

detail Detail *n*, Einzelheit *f*

detain aufhalten; *jur.* in Haft behalten

detect entdecken; **~ion** Entdeckung *f*

detective Kriminalbeamte *m*; Detektiv *m*; **~ novel**, **~ story** Kriminalroman *m*

detention *jur.* Haft *f*; *school:* Nachsitzen *n*

deter abschrecken

detergent Reinigungsmittel *n*, Waschmittel *n*

deteriorate sich verschlechtern

determination Entschlossenheit *f*; **determine** bestimmen; feststellen; **determined** entschlossen

deterrent 1. Abschreckungsmittel *n*; **2.** abschreckend

detest verabscheuen

detonate *v/t* zünden; *v/i* detonieren

detour Umweg *m*; Umleitung *f*

deuce *card games, dice:* Zwei *f*; *tennis:* Einstand *m*

devaluation Abwertung *f*; **devalue** abwerten

devastate verwüsten; **devastating** verheerend, vernichtend

develop (sich) entwickeln; erschließen; **~er** *phot.* Entwickler *m*; (Stadt)Planer *m*; **~ing country** Entwicklungsland *n*; **~ment** Entwicklung *f*

deviate abweichen

device Vorrichtung *f*, Gerät *n*; Plan *m*; Trick *m*

devil Teufel *m*; **~ish** teuflisch
devious unaufrichtig; *means:* fragwürdig
devise (sich) ausdenken
devote widmen (**to** *dat*); **devoted** hingebungsvoll; eifrig, begeistert
devour verschlingen
devout fromm
dew Tau *m*
dexterity Geschicklichkeit *f*; **dext(e)rous** geschickt
diabetes Diabetes *m*, Zuckerkrankheit *f*
diagonal 1. diagonal; **2.** Diagonale *f*
diagram Diagramm *n*
dial 1. Zifferblatt *n*; *tel.* Wählscheibe *f*; Skala *f*; **2.** *tel.* wählen; **~ direct** durchwählen (**to** nach); **direct ~ing** Durchwahl *f*
dialect Dialekt *m*
dialling| code *Brt. tel.* → **area code**; **~ tone** *Brt. tel.* → **dial tone**
dialog *Am.*, **dialogue** *Brt.* Dialog *m*
dial tone *tel.* Freizeichen *n*
diameter Durchmesser *m*
diamond Diamant *m*; *card games:* Karo *n*; → **heart**
diaper Windel *f*
diaphragm *anat.* Zwerchfell *n*; *tech.* Membrane *f*; *med.* Diaphragma *n*
diarr(h)oea *med.* Durchfall *m*
diary Tagebuch *n*
dice 1. Würfel *m*; **2.** in Würfel schneiden

dictate diktieren; **dictation** Diktat *n*
dictator Diktator *m*; **~ship** Diktatur *f*
dictionary Wörterbuch *n*
die¹ sterben; eingehen, verenden; **~ of hunger/thirst** verhungern/verdursten; **~ down** *excitement etc.:* sich legen; **~ out** aussterben
die² Würfel *m*
diet 1. Nahrung *f*, Kost *f*; Diät *f*; **be on a ~** Diät leben; **2.** Diät leben
differ sich unterscheiden; anderer Meinung sein; **~ence** Unterschied *m*; Differenz *f*; Meinungsverschiedenheit *f*; **~ent** verschieden; anders
differentiate (sich) unterscheiden
difficult schwierig; **difficulty** Schwierigkeit *f*
dig graben
digest 1. verdauen; **2.** Auslese *f*, Auswahl *f*; **~ible** verdaulich; **~ion** Verdauung *f*
digit Ziffer *f*; **~al** digital, *in compounds:* Digital...
dignified würdevoll; **dignity** Würde *f*
digress abschweifen
digs *pl Brt. F* Bude *f*
dike Deich *m*
dilapidated verfallen, baufällig
dilate (sich) weiten
diligent fleißig
dilute verdünnen
dim 1. *light:* schwach, trüb(e);

undeutlich; 2. (sich) verdunkeln; ~ **one's (head)lights** *mot.* abblenden

dime Zehncentstück *n*

dimension Dimension *f*, Maß *n*, Abmessung *f*; *pl* Ausmaß *n*

diminish (sich) vermindern, (sich) verringern

dimple Grübchen *n*

dine speisen, essen; **diner** *in restaurant:* Gast *m*; Speiselokal *n*; *rail.* Speisewagen *m*

dingy schmuddelig

dining car Speisewagen *m*; **~ room** Esszimmer *n*; **~ table** Esstisch *m*

dinner (Mittag-, Abend)Essen *n*; Diner *n*; **~ jacket** *Brt.* → **tuxedo**; **~time** Essenszeit *f*, Tischzeit *f*

dino, dinosaur Dinosaurier *m*

dip 1. (ein-, unter)tauchen; (sich) senken; **~ one's (head)lights** *Brt. mot.* abblenden; **2.** (Ein-, Unter-)Tauchen *n*; F kurzes Bad; *in surface:* Senke *f*; *gastr.* Dip *m*

diphtheria Diphtherie *f*

diploma Diplom *n*

diplomacy Diplomatie *f*

diplomat Diplomat *m*; **~ic** diplomatisch

dire schrecklich; äußerst, höchst

direct 1. richten, lenken; leiten; Regie führen bei; *mail:* adressieren; *s.o.:* j-n anweisen; j-m den Weg zeigen (**to** zu, nach); **2.** direkt, gerade; **~ current** *(abbr. DC)* Gleichstrom *m*

direction Richtung *f*; Leitung *f*, Regie *f*; Anweisung *f*, Anleitung *f*; Gebrauchsanweisung *f*; **~ indicator** *mot.* Richtungsanzeiger *m*, Blinker *m*

directly direkt; sofort

director Direktor(in), Leiter(in); Regisseur(in)

directory Telefonbuch *n*

dirt Schmutz *m*, Dreck *m*; **~ cheap** F spottbillig

dirty 1. schmutzig, dreckig, gemein; **2.** beschmutzen

disabled behindert

disadvantage Nachteil *m*; **disadvantageous** nachteilig, ungünstig

disagree nicht übereinstimmen; anderer Meinung sein (**with** als); *food etc.:* nicht bekommen (**with** *dat*); **disagreeable** unangenehm; **disagreement** Meinungsverschiedenheit *f*

disappear verschwinden; **~ance** Verschwinden *n*

disappoint enttäuschen; **~ing** enttäuschend; **~ment** Enttäuschung *f*

disarm entwaffnen; abrüsten; **disarmament** Abrüstung *f*

disaster Unglück *n*, Katastrophe *f*; **~ area** Katastrophengebiet *n*

disastrous katastrophal
disbelief: *in ~* ungläubig
disbelieve nicht glauben
disc *Brt.* → **disk**
discharge 1. *v/t* entlassen; *passengers:* ausschiffen; entladen; *gun etc.:* abfeuern; ausstoßen; *med.* absondern; *v/i med.* eitern; *electr.* sich entladen; **2.** Entlassung *f*; Entladen *n*; *gun etc.:* Abfeuern *n*; Ausstoß *m*; *med.* Absonderung *f*, Ausfluss *m*; *electr.* Entladung *f*
discipline Disziplin *f*
disclose aufdecken; enthüllen
disco F Disko *f*
dis|color *Am.*, **~colour** *Brt.* (sich) verfärben; **~comfort** Unbehagen *n*; **~connect** trennen; *electr. switch off:* abstellen; **~consolate** untröstlich
discontent Unzufriedenheit *f*; **~ed** unzufrieden
discotheque Diskothek *f*
discount Preisnachlass *m*, Rabatt *m*
discourage entmutigen; *person:* abraten
discover entdecken; **discoverer** Entdecker(in) *f*; **discovery** Entdeckung *f*
discredit 1. in Verruf bringen, in Misskredit bringen; **~ed** unzufrieden; **2.** Misskredit *m*
discreet diskret
discrepancy Widerspruch *m*
discretion Diskretion *f*; Ermessen *n*, Gutdünken *n*
discriminate unterscheiden; *~ against person:* benachteiligen, diskriminieren
discus Diskus *m*
discuss diskutieren, besprechen; **~ion** Diskussion *f*, Besprechung *f*
disease Krankheit *f*
dis|embark von Bord gehen (lassen); **~engage** losmachen, freimachen; *tech.* auskuppeln, loskoppeln; **~figure** entstellen
disgrace 1. Schande *f*; **2.** Schande bringen über; **~ful** unerhört
disguise 1. (o.s. sich) verkleiden; *voice etc.:* verstellen; *feelings etc.:* verbergen; **2.** Verkleidung *f*; Verstellung *f*
disgust 1. Ekel *m*, Abscheu *m*; **2.** anekeln; empören; **~ing** ekelhaft
dish (flache) Schüssel, Schale *f*; Gericht *n*, Speise *f*; *the ~es pl* das Geschirr; **~cloth** Spüllappen *m*
disheveled *Am.*, **dishevelled** *Brt.* zerzaust, wirr
dishonest unehrlich
dishonor *Am.*, **dishonour** *Brt.* **1.** Schande *f*; **2.** *econ. check etc.:* nicht einlösen
dish|washer Geschirrspülmaschine *f*; **~water** Spülwasser *n*
dis|illusion desillusionieren; **~inclined** abgeneigt
disinfect desinfizieren; **~ant**

dissuade

Desinfektionsmittel *n*
dis|inherit enterben; **~integrate** (sich) auflösen; verfallen, zerfallen; **~interested** uneigennützig
disk Scheibe *f*; (Schall)Platte *f*; Parkscheibe *f*; *anat.* Bandscheibe *f*; *computer*: Diskette *f*; **slipped ~** Bandscheibenvorfall *m*; **~ drive** Diskettenlaufwerk *n*
diskette *computer*: Diskette *f*
dis|like 1. nicht leiden können, nicht mögen; **2.** Abneigung *f*; **~ one's shoulder** *etc.* sich die Schulter *etc.* verrenken *or* ausrenken; **~loyal** treulos, untreu
dismal trostlos
dismantle demontieren
dismay Bestürzung *f*; **dismayed** bestürzt
dismiss entlassen; wegschicken; *idea, opinion etc.*: fallen lassen; **~al** Entlassung *f*
dis|obedience Ungehorsam *m*; **~obedient** ungehorsam; **~obey** nicht gehorchen
disorder Unordnung *f*; Aufruhr *m*; *med.* Störung *f*; **~ly** unordentlich; *jur.* ordnungswidrig
disown *child*: verstoßen; ablehnen
disparaging geringschätzig
dispassionate sachlich
dispatch (ab)senden
dispenser *container*: Spender *m*; *vending machine*: Automat *m*; → *cash dispenser*
displace verdrängen, ablösen; verschleppen
display 1. zeigen; *goods*: auslegen, ausstellen; **2.** *shop window*: Auslage *f*; *computer*: Display *n*, Bildschirm *m*
displease mißfallen
disposable *in compounds*: Einweg...‚ Wegwerf...; **disposal** *waste etc.*: Beseitigung *f*, Entsorgung *f*; Endlagerung *f*; **be/put at s.o.'s ~** j-m zur Verfügung stehen/stellen; **dispose: ~ of** beseitigen; *waste*: entsorgen
disposition Veranlagung *f*
dis|proportionate unverhältnismäßig; **~prove** widerlegen
dispute 1. streiten (*über acc*); **2.** Disput *m*; Streit *m*
dis|qualify disqualifizieren; **~regard** nicht beachten; **~respectful** respektlos
disrupt unterbrechen, stören
dissatisfaction Unzufriedenheit *f*; **dissatisfied** unzufrieden
dissension Meinungsverschiedenheit(en *pl*) *f*; **dissent** abweichende Meinung
dissociate: ~ o.s. from sich distanzieren von
dissolute ausschweifend
dissolution Auflösung *f*
dissolve (sich) auflösen
dissuade: ~ s.o. from doing s.th. j-n davon abbringen, et. zu tun

distance Entfernung *f*; Strecke *f*; Distanz *f*; **in the ~ in der Ferne;** **distant** entfernt; fern

distaste Widerwille *m*; Abneigung *f*

distinct verschieden (*from* von); deutlich, klar; **~ion** Unterscheidung *f*; Unterschied *m*; Auszeichnung *f*; Rang *m*; **~ive** unverwechselbar

distinguish unterscheiden; **~ o.s.** sich auszeichnen; **~ed** hervorragend; vornehm; berühmt

distort verdrehen; verzerren

distract ablenken; **~ed** beunruhigt, besorgt; außer sich; **~ion** Ablenkung *f*, Zerstreuung *f*

distress 1. Leid *n*, Kummer *m*; Not(lage) *f*; **2.** beunruhigen, mit Sorge erfüllen; **~ed area** Notstandsgebiet *n*

distribute verteilen, austeilen; verbreiten; **distribution** Verteilung *f*; Verbreitung *f*; **distributor** Verteiler *m* (*a. tech.*); *econ.* Großhändler *m*

district Bezirk *m*; Gegend *f*, Gebiet *n*

distrust 1. misstrauen; **2.** Misstrauen *n*

disturb stören; beunruhigen; **~ance** Störung *f*

disused stillgelegt

ditch Graben *m*

dive 1. (unter)tauchen; e-n Kopfsprung (*aviat.* Sturz-flug) machen, springen; hechten (**for** nach); **2.** (Kopf)Sprung *m*; *soccer:* Schwalbe *f*; *aviat.* Sturzflug *m*; **diver** Taucher(in)

diverge abweichen

diverse verschieden; **diversion** Ablenkung *f*; Zeitvertreib *m*; *Brt.* (Verkehrs)Umleitung *f*

diversity Vielfalt *f*

divert ablenken; *traffic etc.*: umleiten

divide 1. *v/t* teilen; verteilen, aufteilen; *math.* dividieren, teilen (**by** durch); entzweien; *v/i* sich teilen, sich aufteilen; *math.* sich dividieren lassen, sich teilen lassen (**by** durch); **2.** Wasserscheide *f*

divided highway Schnellstraße *f* (*with a strip of land or a low fence in the center*)

divine göttlich

diving Tauchen *n*; *in compounds*: Taucher...; → **high diving;** → **scuba diving;** **~board** Sprungbrett *n*

divisible teilbar; **division** Teilung *f*; Trennung *f*; *mil., math.* Division *f*; Abteilung *f*

divorce 1. (Ehe)Scheidung *f*; **get a ~** sich scheiden lassen (**from** von); **2.** *jur. marriage:* scheiden; sich scheiden lassen

dizzy schwind(e)lig

DJ disk jockey Diskjockey *m*

do *v/t* tun, machen; *food:* zubereiten; *room:* aufräumen;

dominate

machen; *dishes:* abwaschen; *distance etc.:* zurücklegen, schaffen; F *sentence:* absitzen; ~ **London** F London besichtigen; **have one's hair done** sich die Haare machen *or* frisieren lassen; *v/i* tun, handeln; genügen; *that will* ~ das genügt; ~ **well** gut abschneiden; ~ **be quick** sich e-e Sache gut machen; *how* ~ *you* ~? guten Tag; ~ *you know him?* kennst du ihn?; *I don't know* ich weiß nicht; ~ **be quick** beeil dich doch; ~ *you like London? – I* ~ gefällt dir London? – ja; *in question tags:* **he works hard, doesn't he?** er arbeitet hart, nicht wahr?; ~ **away with** abschaffen; F beseitigen; *I'm done in* F ich bin geschafft; ~ **up** *dress etc.:* zumachen; *house etc.:* instand setzen; *o.s. up* sich zurechtmachen; *I could* ~ *with* ... ich könnte ... vertragen; ~ **without** auskommen ohne

doc F → **doctor**

docile fügsam

dock¹ 1. Dock *n*; Kai *m*, Pier *m*; **2.** *v/t ship:* (ein)docken; *spacecraft:* koppeln; *v/i* im Hafen anlegen, am Kai anlegen; *spacecraft:* andocken

dock² Anklagebank *f*

dockyard Werft *f*

doctor Doktor *m*, Arzt *m*, Ärztin *f*

document 1. Dokument *n*, Urkunde *f*; **2.** dokumentarisch belegen, urkundlich belegen

documentary Dokumentarfilm *m*

dodge (rasch) zur Seite springen; ausweichen; sich drücken (vor); **dodger** Drückeberger *m*

doe (Reh)Geiß *f*, Ricke *f*

dog Hund *m*; **~-eared** mit Eselsohren; **dogged** verbissen, hartnäckig; **doggie**, **doggy** Wauwau *m*, Hündchen *n*; **~-tired** F hundemüde

do-it-yourself Heimwerken *n*; **do-it-yourselfer** Heimwerker *m*

dole *Brt.* F Stempelgeld *n*; **be on the** ~, **go on the** ~ stempeln gehen

doll Puppe *f*

dollar Dollar *m*

dolphin Delphin *m*

dome Kuppel *f*

domestic 1. häuslich; inländisch; *in compounds:* Inlands...; Binnen...; Innen...; **2.** Hausangestellte *m*, *f*; ~ **animal** Haustier *n*; **~ate** *animal:* zähmen; ~ **flight** Inlandsflug *m*; ~ **violence** häusliche Gewalt (*against women and children*)

domicile (*jur.* ständiger) Wohnsitz

dominant dominierend, vorherrschend; **dominate** beherrschen; dominieren;

domination (Vor)Herrschaft *f*; **domineering** herrisch

donate spenden (*a.* blood); **donation** Spende *f*

done getan; erledigt; fertig; *gastr. food:* gar

donkey Esel *m*

donor Spender(in)

doom 1. Schicksal *n*, Verhängnis *n*; **2.** verurteilen, verdammen; **doomsday** der Jüngste Tag

door Tür *f*; **~bell** Türklingel *f*; **~step** Türstufe *f*; **~way** Türöffnung *f*

dope 1. F *drug:* Stoff *m*; Dopingmittel *n*, Betäubungsmittel *n*; *sl.* Trottel *m*; **2.** F *s.o.:* j-m Stoff geben; dopen

dormitory Schlafsaal *m*; Studentenwohnheim *n*

dormobile® *Brt.* Wohnmobil *n*

dose Dosis *f*

dot 1. Punkt *m*; **on the ~** F auf die Sekunde pünktlich; **2.** punktieren, tüpfeln; *fig.* sprenkeln, übersäen

dote: ~ on vernarrt sein in

dotted line punktierte Linie

double 1. doppelt; zweifach, *in compounds:* Doppel...; **2.** *das* Doppelte; Doppelgänger(in); *movie, TV:* Double *n*; **3.** (sich) verdoppeln; **~ up with** sich vor Lachen krümmen; **~bed** Doppelbett *n*; **~ bend** S-Kurve *f*; **~check** genau nachprüfen; **~cross** F ein doppeltes *or* falsches Spiel treiben mit; **~decker** Doppeldecker *m*; **~park** *mot.* in zweiter Reihe parken; **~quick** *adv Brt.* F im Eiltempo, fix; **~ room** Doppelbettzimmer *n*, Zweibettzimmer *n*

doubles *tennis:* Doppel *n*

doubt 1. (be)zweifeln; **2.** Zweifel *m*; **no ~** ohne Zweifel; **~ful** zweifelhaft; **~less** ohne Zweifel

dough Teig *m*; **~nut** *appr.* Schmalzkringel *m*

dove Taube *f*

dowel Dübel *m*

down¹ 1. *adv* nach unten, herunter, hinunter; unten; **2.** *adj* nach unten (gerichtet), *in compounds:* Abwärts...; *sad:* niedergeschlagen, down; **3.** *prp* herunter, hinunter; **4.** *v/t* niederschlagen; F *drink:* runterkippen

**down² **Daunen *pl*; Flaum *m*

down|cast niedergeschlagen; *eyes:* gesenkt; **~fall** *fig.* Sturz *m*; **~hearted** niedergeschlagen; **~hill** abwärts, bergab; abschüssig; *in compounds, skiing:* Abfahrts...; **~ payment** Anzahlung *f*; **~pour** Regenguss *m*

downs *pl* Hügelland *n*

down|stairs 1. *adv* die Treppe herunter *or* hinunter, nach unten; unten; **2.** *adj* im unteren Stockwerk (gelegen); **~to-earth** realistisch, praktisch; ~town 1. in die Innenstadt, in der Innenstadt; im Geschäftsviertel; 2. Innenstadt f, City f

downward(s) nach unten; abwärts

dowry Mitgift f

doze 1. dösen; **2.** Nickerchen n

dozen Dutzend n

drab trist, eintönig

draft¹ 1. Entwurf m; econ. Wechsel m, Tratte f; mil. Einberufung f; letter etc.: aufsetzen; mil. einberufen

draft² (Luft)Zug m; Zugluft f; Zug m, Schluck m; **beer on ~**, **~ beer** Bier m vom Faß, Faßbier m

draftee Wehr(dienst)pflichtige m

drafts|man (Konstruktions-)Zeichner m; **~woman** (Konstruktions)Zeichnerin f

drafty zugig

drag schleppen, ziehen, zerren, schleifen; **~ on** fig. sich in die Länge ziehen; **~lift** Schlepplift m

dragon Drache m; **~fly** Libelle f

drain 1. v/t entwässern, austrinken, leeren; **~ off** abfließen lassen, abtropfen lassen; v/i: **~ away** abfließen, ablaufen; **2.** Abfluss(rohr n, -kanal) m; **~age** Entwässerung(ssystem n) f; Kanalisation f; **~pipe** Abflußrohr n

drake Enterich m, Erpel m

drama Drama n; **dramatic** dramatisch; **dramatist** Dramatiker m; **dramatize** dramatisieren

drape drapieren; **drapery** Brt. Textilien pl

drastic drastisch, durchgreifend

draught Brt. → draft²

draughts sg Brt. Damespiel n

draughts|man; ~woman Brt. → draftswoman

draughty Brt. → drafty

draw 1. v/t ziehen; curtains: aufziehen or zuziehen; water: schöpfen; breath: holen; tea: ziehen lassen; fig. crowd: anziehen; attention: auf sich ziehen; zeichnen; money: abheben; econ. check: ausstellen; v/i chimney, tea etc.: ziehen; sport: unentschieden spielen; **~ back** zurückweichen; **~ out** money: abheben; fig. in die Länge ziehen; **~ up** plan, paper: aufsetzen; car etc.: (an)halten; vorfahren; **2.** Ziehen n; lottery: Ziehung f; sport: Unentschieden n; fig. Attraktion f, Zugnummer f; **~back** Nachteil m; **~bridge** Zugbrücke f

drawer¹ Schublade f, Schubfach n

drawer² Zeichner(in); econ. check: Aussteller(in)

drawing Zeichnen n; Zeichnung f; **~ board** Reißbrett n

drawing pin

~ **pin** Brt. Reißzwecke f
drawn sport: unentschieden
dread 1. (sich) fürchten; sich fürchten vor; **2.** (große) Angst, Furcht f; **~ful** schrecklich, furchtbar
dream 1. Traum m; **2.** träumen; **~er** Träumer(in)
dreamy verträumt
dreary trostlos, trüb(e); F langweilig
dregs pl (Boden)Satz m; fig. Abschaum m
drench durchnässen
dress 1. (sich) ankleiden, (sich) anziehen, (sich) zurechtmachen; salad: anmachen; hair: frisieren; wound etc.: verbinden; **get ~ed** sich anziehen; **2.** Kleidung f; Kleid n; **~ circle** thea. erster Rang
dressing Ankleiden n; med. Verband m; salad: Dressing n; gastr. Füllung f; **~-down** Standpauke f; **~ gown** Morgenrock m; **~ room** thea. (Künstler)Garderobe f; **~-table** Toilettentisch m
dressmaker (esp. Damen-) Schneider(in)
dribble sabbern, tropfen; soccer: dribbeln
drier → dryer
drift 1. (dahin)treiben; snow, sand: sich häufen; fig. sich treiben lassen; **2.** Treiben n; (Schnee-, Sand)Wehe f; (Schnee)Verwehung f; fig. Strömung f, Tendenz f

drill 1. Bohrer m; **2.** bohren; drillen
drink 1. trinken; **2.** Getränk n; Drink m; **~-driving** Brt. Trunkenheit f am Steuer; **~er** Trinker(in); **~ing water** Trinkwasser n
drip 1. tropfen (lassen), tröpfeln (lassen); **2.** Tropfen n; med. Tropf m; **~-dry** bügelfrei
dripping Bratenfett n
drive 1. fahren; (an)treiben, (an)fahren; **2.** Fahrt f, Spazierfahrt f; Zufahrt(sstraße) f; (private) Auffahrt f; tech. Antrieb m; computer: Laufwerk n; psych. Trieb m; fig. Schwung m, Elan m; **left-hand ~** Linkssteuerung f; **right-hand ~** Rechtssteuerung f
drive-in in compounds: Auto-..., Drive-in-...
driver Fahrer(in); **driver's license** Führerschein m
driveway Auffahrt f
driving (an)treibend; tech. in compounds: Treib..., Antriebs-...; **~ force** treibende Kraft; **~ instructor** Fahrlehrer(in); **~ lesson** Fahrstunde f; **~ licence** Brt. Führerschein m; **~ school** Fahrschule f; **~ test** Fahrprüfung f
drizzle 1. nieseln; **2.** Nieselregen m, Sprühregen m
droop (schlaff) herabhängen (lassen)
drop 1. v/i (herab)tropfen,

(herunter)fallen; *a. prices etc.:* sinken, fallen; *wind:* sich legen; *v/t* tropfen lassen; fallen lassen (*a. fig.*); *passenger:* absetzen; *eyes, voice:* senken; **~ s.o. a few lines** j-m ein paar Zeilen schreiben; **~ in** (kurz) hereinschauen; **~ out** *fig.* aussteigen (**of** aus); 2. Tropfen *m*; Fall(tiefe *f*) *m*; *fig.* Fall *m*, Sturz *m* (*a. in prices*); Bonbon *m*; **~out** Aussteiger *m*; (Schul-, Studien)Abbrecher *m*

drought Trockenheit *f*, Dürre *f*

drown ertrinken; ertränken; **be ~ed** ertrinken

drowsy schläfrig

drudge sich (ab)plagen

drug 1. Medikament *n*, Droge *f*; **be on ~s** drogensüchtig sein; 2. *s.o.:* j-m Medikamente geben; *j-n* unter Drogen setzen; betäuben; **~ abuse** Drogenmissbrauch *m*; Medikamentenmissbrauch *m*; **~ addict** Drogenabhängige *m, f*, Drogensüchtige *m, f*; Medikamentenabhängige *m, f*; **druggist** Apotheker(in); Inhaber(in) e-s Drugstores; **~store** Apotheke *f*; Drugstore *m*

drum 1. Trommel *f*; *anat.* Trommelfell *n*; *mus.* Schlagzeug *n*; 2. trommeln; **drummer** Trommler; Schlagzeuger *m*

drunk 1. betrunken; **get ~** sich betrinken; 2. Betrunkene *m, f*; **~ard** Trinker(in), Säufer(in); **~-driving** Trunkenheit *f* am Steuer; **~en** betrunken

dry 1. trocken; *wine etc.:* trocken, herb; 2. (ab)trocknen; dörren; **~ up** austrocknen; versiegen

dry-clean chemisch reinigen; **~ cleaner's** *store:* chemische Reinigung *f*; **~ cleaning** *process:* chemische Reinigung

dryer *a.* **drier** Trockner *m*

DTP *desktop publishing computer:* Desktop-Publishing *n*

dual doppelt; **~ carriageway** *Brt.* → **divided highway**

dub synchronisieren

dubious zweifelhaft

duchess Herzogin *f*

duck 1. Ente *f*; 2. (unter)tauchen; (sich) ducken

due 1. *adj* zustehend; gebührend; angemessen; *econ., at particular time:* fällig; **~ to** wegen; **be ~ to** zurückzuführen sein auf; 2. *adv:* **~ north / south** *etc.* direkt or genau nach Norden/Süden *etc.*; 3. *pl* Gebühren *pl*

duke Herzog *m*

dull 1. matt, glanzlos, trüb; stumpf; langweilig; dumm; *econ.* flau; 2. abstumpfen; *pain:* betäuben

dumb stumm; sprachlos; F doof, dumm

dum(b)founded verblüfft, sprachlos

dummy Attrappe *f*; *Brt.* Schnuller *m*

dump 1. (hin)plumpsen lassen, (hin)fallen lassen; auskippen; *rubble, sand, waste etc.*: abladen; *harmful chemicals into river etc.*: einleiten, *into ocean*: verklappen; *econ.* zu Dumpingpreisen verkaufen; **2.** Schuttabladeplatz *m*, Müllkippe *f*, Müllhalde *f*, (Müll)Deponie *f*

dune Düne *f*

dung Mist *m*, Dung *m*

duplex *in compounds*: Doppel...

duplicate 1. doppelt; genau gleich; **2.** Duplikat *n*; → ~ **key**; **3.** ein Duplikat anfertigen von; kopieren, vervielfältigen; ~ **key** Zweitschlüssel *m*, Nachschlüssel *m*

durable haltbar; dauerhaft

duration Dauer *f*

during während

dusk (Abend)Dämmerung *f*

dust 1. Staub *m*; **2.** *v/t* abstauben; (be)streuen; *v/i* Staub wischen; **~bin** *Brt.* → **garbage can**; **~cover** Schutzumschlag *m*; **~er** Staubtuch *n*; **~ jacket** Schutzumschlag *m*; **~man** *Brt.* → **garbage collector**; **~pan** Kehrschaufel *f*

dusty staubig

Dutch 1. holländisch, niederländisch; **2. the ~** *pl* die Holländer *pl*, die Niederländer *pl*

duty Pflicht *f*; *econ.* Zoll *m*; Dienst *m*; **on ~** Dienst habend; **be on ~** Dienst haben; **be off ~** dienstfrei haben; **~-free** zollfrei

dwarf Zwerg(in)

dwell wohnen

dwindle abnehmen

dye färben

dying sterbend

dynamic dynamisch; **dynamics** *usually sg* Dynamik *f*

dynamite Dynamit *n*

E

each 1. *adj, pron* jede(r, -s); **~ other** einander, sich; **2.** *adv* je, pro Person, pro Stück

eager eifrig; begierig

eagle Adler *m*

ear¹ Ohr *n*; Gehör *n*

ear² *bot.* Ähre *f*

ear|ache Ohrenschmerzen *pl*; **~drum** Trommelfell *n*

earl *British peerage*: Graf *m*

early früh; bald

earn *money etc*: verdienen

earnest 1. ernst(haft); **2. in ~** im Ernst

earnings *pl* Einkommen *n*

ear|phones *pl* Kopfhörer *pl*

~ring Ohrring *m*; **~shot:** *within/out of ~* in /außer Hörweite

earth 1. Erde *f*; **2.** *Brt. electr.* erden; **~en** irden; **~enware** Steingut(geschirr) *n*; **~ly** irdisch; **~quake** Erdbeben *n*; **~worm** Regenwurm *m*

ease 1. (Gemüts)Ruhe *f*; Sorglosigkeit *f*; *feel at ~* sich wohl fühlen; *feel ill at ~* sich nicht wohl fühlen; **2.** erleichtern; beruhigen; *pain:* lindern

easel Staffelei *f*

easily leicht, mühelos

east 1. *noun point of compass:* Ost; Osten *m*; **2.** *adj* östlich, *in compounds:* Ost...; **3.** *adv* nach Osten, ostwärts

Easter Ostern *n*; *in compounds:* Oster...

eastern östlich, *in compounds:* Ost...; **eastward(s)** östlich, nach Osten

easy leicht; einfach; bequem; gemächlich, gemütlich; ungezwungen; *take it ~!* immer mit der Ruhe!; **~ chair** Sessel *m*

eat essen; (zer)fressen; **~ up** aufessen; **~able** essbar, genießbar

eaves *pl* Traufe *f*; **~drop** lauschen; **~ on s.o.** j-n belauschen

ebb 1. Ebbe *f*; **2.** zurückgehen; **~ away** abnehmen, verebben; **~ tide** Ebbe *f*

EC *European Community*

EG, Europäische Gemeinschaft

echo 1. Echo *n*; **2.** widerhallen

eclipse *astr. sun, moon:* Finsternis *f*

ecocide Umweltzerstörung *f*

ecological ökologisch, *in compounds:* Umwelt...;

ecology Ökologie *f*

economic wirtschaftlich, *in compounds:* Wirtschafts...; rentabel, wirtschaftlich; **~al** wirtschaftlich, sparsam

economics *sg* Volkswirtschaft(slehre) *f*

economist Volkswirt *m*;

economize: **~ on** sparsam umgehen mit, sparsam wirtschaften mit; **economy** Wirtschaft *f*; Wirtschaftlichkeit *f*, Sparsamkeit *f*; Einsparung *f*

ecosystem Ökosystem *n*

ecstasy Ekstase *f*

ECU ['eːkjuː, erˈkuː] *European Currency Unit* Europäische Währungseinheit, Eurowährung *f*

eddy Wirbel *m*

edge 1. Rand *m*; Kante *f*; Schneide *f*; *on ~* nervös; gereizt; **2.** einfassen

edible essbar

edit herausgeben; *computer:* editieren

edition Ausgabe *f*

editor Herausgeber(in); Redakteur(in); **editorial** Leitartikel *m*; *in compounds:* Redaktions...

EDP *electronic data processing* EDV, elektronische Datenverarbeitung

educate erziehen, (aus)bilden; **educated** gebildet; **education** Erziehung *f*; (Aus)Bildung *f*

eel Aal *m*

effect (Aus)Wirkung *f*; Eindruck *m*; **come into ~** in Kraft treten; **~ive** wirksam

effeminate weibisch

effervescent sprudelnd, schäumend

efficiency (Leistungs)Fähigkeit *f*; **efficient** tüchtig, fähig

effort Anstrengung *f*; Mühe *f*; **~less** mühelos

e.g. *exempli gratia* (= *for example*) z.B., zum Beispiel

egg Ei *n*; **an ~ sunny-side up** ein Spiegelei; **~cup** Eierbecher *m*

egocentric egozentrisch

Egypt Ägypten *n*

eiderdown Eiderdaunen *pl*; Daunendecke *f*

eight acht; **eighteen** achtzehn; **eighteenth** achtzehnt; **eighth** 1. acht; 2. Achtel *n*; **eighthly** achtens; **eightieth** achtzigst; **eighty** achtzig

Eire *Irish Gaelic name of the Republic of Ireland*

either jede(r, -s) *(of two)*; beides; **~ ... or** entweder ... oder

ejaculate ejakulieren

eject *person:* hinauswerfen; *tech.* ausstoßen, auswerfen

elaborate sorgfältig (aus)gearbeitet

elapse *time:* vergehen

elastic elastisch; **~ band** *Brt.* Gummiband *n*

elated begeistert

elbow Ellbogen *m*

elder¹ *brother, sister etc.:* älter

elder² Holunder *m*

elderly ältlich, älter

eldest *brother, sister etc.:* ältest

elect 1. *s.o.:* *j-n* wählen; 2. designiert, zukünftig; **election** Wahl *f*; **elector** Wähler(in); Wahlmann *m*

electric elektrisch; *in compounds:* Elektro...; **~al** elektrisch

electrician Elektriker *m*

electricity Elektrizität *f*

electrify elektrifizieren; elektrisieren

electronic elektronisch; *in compounds:* Elektronen...; **~ data processing** (*abbr.* **EDP**) elektronische Datenverarbeitung (*abbr.* **EDV**); **electronics** *sg* Elektronik *f*

elegant elegant

element Element *n*; *pl* Anfangsgründe *pl*; **~al** elementar; wesentlich; **~ary** elementar; *in compounds:* Anfangs...; **~ary school** Grundschule *f*

elephant Elefant *m*

elevate erhöhen; **elevation** (Boden)Erhebung *f*, (An-)

employment

Höhe f; **elevator** Lift m, Aufzug m, Fahrstuhl m; **eleven** elf; **eleventh** elft
eligible berechtigt
eliminate beseitigen, entfernen; *be ~d sport:* ausscheiden; **elimination** Beseitigung f, Ausscheidung f (*a. sport*)
elk Wapitihirsch m; Elch m
elm Ulme f
elope durchbrennen
eloquent beredt
else sonst, weiter, außerdem; *s.o.* ~ jemand anders; *anything* ~? sonst noch etwas?; *no one* ~ sonst niemand; *or* ~ sonst, andernfalls; **~where** anderswo(hin)
elude ausweichen; **elusive** schwer faßbar
emaciated abgemagert, ausgemergelt
emancipate emanzipieren
embalm einbalsamieren
embankment (Erd- *etc.*) Damm m; Uferstraße f
embargo Embargo n, Sperre f
embark an Bord gehen; ~ *on s.th.* et. in Angriff nehmen
embarrass in Verlegenheit bringen; **~ed** verlegen; **~ing** peinlich; **~ment** Verlegenheit f
embassy *pol.* Botschaft f
embers *pl* Glut f
embezzle unterschlagen, veruntreuen
embitter verbittern

embolism Embolie f
embrace 1. (sich) umarmen; 2. Umarmung f
embroider (be)sticken; *fig.* ausschmücken; **~y** Stickerei f
emerald 1. Smaragd m; 2. smaragdgrün
emerge auftauchen
emergency Notlage f, Notfall m, Notstand m; *in compounds:* Not...; *in an* ~ im Ernstfall, im Notfall; ~ *call* Notruf m; ~ *exit* Notausgang m; ~ *landing aviat.* Notlandung f; ~ *number* Notruf(nummer f) m; ~ *room hospital:* Notaufnahme f
emigrant Auswanderer m, Emigrant(in); **emigrate** auswandern, emigrieren; **emigration** Auswanderung f, Emigration f
emission Ausstoß m, Ausströmen n; **~-free** abgasfrei
emotion Emotion f, Gefühl n; Rührung f; **~al** emotional; gefühlsbetont
emperor Kaiser m
emphasis Nachdruck m; **emphasize** betonen; **emphatic** ausdrücklich
empire Reich n, Imperium n; Kaiserreich n
employ beschäftigen; **~ee** Arbeitnehmer(in), Angestellte m, f; **~er** Arbeitgeber(in); **~ment** Beschäftigung f, Arbeit f

empress

empress Kaiserin f
empty 1. leer; **2.** (aus)leeren; sich leeren
enable: ~ s.o. to do s.th. es j-m ermöglichen, et. zu tun
enamel Email(le) f n; Glasur f; Zahnschmelz m; Nagellack m
enchant bezaubern
encircle umgeben, einkreisen, umzingeln
enclose einschließen, umgeben; *letter:* beilegen, beifügen; **enclosure** Einzäunung f; Gehege n; *letter:* Anlage f
encode kodieren, verschlüsseln, chiffrieren
encounter 1. begegnen; *problems etc.:* stoßen auf; **2.** Begegnung f; *with enemy:* Zusammenstoß m
encourage ermutigen; unterstützen; **~ment** Ermutigung f; Unterstützung f
encouraging ermutigend
end 1. Ende n, Schluss m; Zweck m, Ziel n; **in the ~** am Ende, schließlich; **stand on ~** *hair:* zu Berge stehen; **2.** enden; beenden
endanger gefährden
endearing gewinnend; liebenswert
endive Endivie f
endless endlos
endorse billigen; *econ. check:* indossieren
endurance Ausdauer f; **endure** ertragen
end user Endverbraucher(in)

enemy 1. Feind m; **2.** feindlich
energetic energisch; tatkräftig
energy Energie f; **~saving** energiesparend
enforce durchsetzen
engage v/t s.o.'s attention: auf sich ziehen; *person:* einstellen, anstellen, engagieren; *tech.* einrasten lassen; **~ the clutch** *mot.* einkuppeln; **~ second gear** *mot.* den zweiten Gang einlegen; v/i *tech.* einrasten, greifen; **engaged** verlobt (**to** mit); beschäftigt (**in, on** mit); *public toilet, Brt. tel.:* besetzt; **engaged tone** *Brt. tel.* Besetztzeichen n; **~ment** Verlobung f; Verabredung f
engaging *smile etc.:* gewinnend
engine Motor m; Lokomotive f; **~ driver** Lokomotivführer m
engineer Ingenieur(in), Techniker(in); Lokomotivführer m; **~ing** Technik f; *a.* **mechanical ~** Maschinen- u. Gerätebau m
England England n
English 1. englisch; **the ~ Channel** der Ärmelkanal; **2. the ~ pl** die Engländer pl; **~man** Engländer m; **~woman** Engländerin f
engrave (ein)gravieren, (ein)meißeln, einschnitzen; **engraving** (Kupfer-, Stahl-

Stich *m*, Holzschnitt *m*
engrossed vertieft, versunken (*in* in)
enigma Rätsel *n*
enjoy Vergnügen finden an, Gefallen finden an, Freude haben an; genießen; **did you ~ it?** hat es dir gefallen?; **~ o.s.** sich amüsieren, sich gut unterhalten; **~able** angenehm, erfreulich; **~ment** Vergnügen *n*, Freude *f*; Genuss *m*
enlarge (sich) vergrößern, (sich) erweitern; **~ment** Vergrößerung *f*
enliven beleben
enormous enorm, ungeheuer, gewaltig
enough genug
enquire, enquiry → **inquire, inquiry**
enraged wütend
enrich bereichern
enrol *Brt.*, **enroll** *Am.* (sich) einschreiben, (sich) eintragen; *univ.* (sich) immatrikulieren
ensure garantieren
entangle verwickeln
enter *v/t* eintreten, einsteigen in; betreten; einreisen in; *naut., rail.* einlaufen, einfahren in; eindringen in; *name etc.*: eintragen, einschreiben; *computer:* eingeben; *sport:* melden, nennen; beitreten; *v/i* eintreten, hereinkommen, hineingehen; *thea.* auftreten; **~ key** *computer:* Eingabetaste *f*
enterprise Unternehmen *n* (*a. econ.*); *econ.* Betrieb *m*; Unternehmungsgeist *m*; **enterprising** unternehmungslustig
entertain unterhalten; bewirten; **~er** Entertainer(in), Unterhaltungskünstler(in); **~ment** Entertainment *n*, Unterhaltung *f*
enthrall *fig.* fesseln
enthusiasm Begeisterung *f*; **enthusiastic** begeistert
entice (ver)locken
entire ganz; vollständig; **~ly** völlig, ausschließlich
entitle betiteln; berechtigen (*to* zu)
entrails *pl* Eingeweide *pl*
entrance Eingang *m*; Eintreten *n*, Eintritt *m*; **~ exam(ination)** Aufnahmeprüfung *f*; **~ fee** Eintritt(sgeld *n*) *m*; Aufnahmegebühr *f*
entrust anvertrauen; *person:* betrauen
entry Eintreten *n*, Eintritt *m*; Einreise *f*; Beitritt *m*; Zutritt *m*; Zugang *m*, Eingang *m*, Einfahrt *f*; Eintrag(ung) *f* (*m*); *dictionary:* Stichwort *n*, *sport:* Nennung *f*, Meldung *f*; **no ~** Zutritt verboten!, *mot.* keine Einfahrt!; **~ form** Anmeldeformular *n*; **~ visa** Einreisevisum *n*
envelop (ein)hüllen, einwickeln
envelope (Brief)Umschlag *m*

enviable beneidenswert; **envious** neidisch
environment Umgebung *f*; Umwelt *f*; **~(ally) friendly** umweltfreundlich
environmental *in compounds*: Umwelt...; **~ist** Umweltschützer(in); **~ pollution** Umweltverschmutzung *f*
environs *pl of town*: Umgebung *f*
envoy Gesandte *m*
envy 1. Neid *m*; 2. beneiden (*s.o. s.th.* j-n um et.)
epidemic Epidemie *f*, Seuche *f*
epilog *Am.*, **epilogue** *Brt.* Epilog *m*, Nachwort *n*
episode Episode *f*
epitaph Grabinschrift *f*
epoch Epoche *f*
equal 1. *adj* gleich; **be ~ to** a task *etc.*: gewachsen sein; 2. *noun* Gleichgestellte *m*, *f*; 3. *v/t* gleichen; *Brt. esp. soccer*: ausgleichen; *record*: einstellen; **~izer** *sport*: Ausgleich(stor *n*, -streffer) *m*
equate gleichsetzen
equation *math.* Gleichung *f*
equator Äquator *m*
equilibrium Gleichgewicht *n*
equip ausrüsten; **~ment** Ausrüstung *f*, Ausstattung *f*; *tech.* Einrichtung *f*
equivalent 1. gleichbedeutend (**to** mit); gleichwertig, äquivalent; 2. Äquivalent *n*, Gegenwert *m*
era Ära *f*, Zeitalter *n*
eradicate ausrotten (*a. fig.*)
erase ausstreichen, ausradieren; löschen (*a. computer tapes*); **eraser** Radiergummi *m*
erect 1. aufrecht; 2. aufrichten; errichten; aufstellen; **~ion** Errichtung *f*; *physiol.* Erektion *f*
erode *geol.* erodieren; **erosion** *geol.* Erosion *f*
erotic erotisch
err (sich) irren
errand: **run ~s** Besorgungen machen
erratic sprunghaft
error Irrtum *m*, Fehler *m* (*a. computer*)
erupt *volcano etc.*: ausbrechen; **~ion** *volcano*: Ausbruch *m*
escalate eskalieren; *prices etc.*: steigen; **escalation** Eskalation *f*
escalator Rolltreppe *f*
escalope *gastr.* (*esp. Wiener*) Schnitzel *n*, (Kalbs)Schnitzel *n*
escape 1. *v/t* entgehen, entkommen, entrinnen; entweichen; *name etc.*: entfallen; 2. Entkommen *n*, Flucht *f*; **have a narrow ~** mit knapper Not davonkommen; **~chute** *aviat.* Notrutsche *f*
escort begleiten

especial besonder; **~ly** besonders

espionage Spionage *f*

essay Essay *m, n*, Aufsatz *m*

essential 1. wesentlich; unentbehrlich; **2.** *usually pl* das Wesentliche; **~ly** im Wesentlichen

establish einrichten, errichten, gründen; beweisen, nachweisen; **~ment** Einrichtung *f*; Unternehmen *n*

estate Landsitz *m*, Gut *n*; *Brt.* (Wohn)Siedlung *f*; *Brt.* Industriegebiet *n*; **~ agent** *Brt.* → **real estate agent, realtor**; **~ car** *Brt.* → **station wagon**

esthetic ästhetisch

estimate 1. (ab-, ein)schätzen; veranschlagen; **2.** Schätzung *f*, Kostenvoranschlag *m*; **estimation** Achtung *f*, Wertschätzung *f*

estranged *husband or wife:* getrennt lebend

estuary (weite) Flussmündung *f*

etch ätzen; in Kupfer stechen; radieren; **~ing** Kupferstich *m*; Radierung *f*

eternal ewig; **eternity** Ewigkeit *f*

ether Äther *m*

ethical ethisch; **ethics** *sg* Ethik *f*; *pl* Moral *f*

Ethiopia Äthiopien *n*

EU European Union Europäische Union

euro Euro *m*, Euromark *f*

Euro... europäisch, *in compounds:* Euro...; **~cheque®** Eurocheque *m*

Europe Europa *n*; **European 1.** europäisch; **⚥ Currency Unit** Europäische Währungseinheit, Eurowährung *f*; **2.** Europäer(in)

evacuate evakuieren; *house etc.:* räumen

evade ausweichen; umgehen, vermeiden

evaluate (ab)schätzen, bewerten

evaporate verdunsten, verdampfen; **~d milk** Kondensmilch *f*

evasion Umgehung *f*, Vermeidung *f*; **tax ~** Steuerhinterziehung *f*; **evasive** ausweichend

eve Vorabend *m*, Vortag *m*

even 1. *adv* sogar; **not ~** nicht einmal; **~ if** selbst wenn; **2.** *adj* eben; gleich; gleichmäßig; ausgeglichen; *number:* gerade; **be ~ with** quitt sein mit

evening Abend *m*; **in the ~** abends, am Abend; **this ~** heute Abend; **good ~!** guten Abend!; **~ classes** *pl* Abendkurs *m*, Abendunterricht *m*

event Ereignis *n*; *sport:* Disziplin *f*; Wettbewerb *m*; **at all ~s** auf alle Fälle

eventually schließlich

ever immer (wieder); je

evergreen

(-mals); ~ **since** seitdem; **~green** immergrüne Pflanze; **~lasting** ewig

every jede(r, -s); ~ **other day** jeden zweiten Tag, alle zwei Tage; ~ **now and then** hin u. wieder; **~body** → **everyone**; **~day** *in compounds*: Alltags...; **~one** jeder (-mann), alle; **~thing** alles; **~where** überall(hin)

evidence *jur.* Beweis(e *pl*) *m*; (Zeugen)Aussage *f*; (An-)Zeichen *n*, Spur *f*; **give** ~ aussagen; **evident** offensichtlich

evil 1. übel, böse; **2.** Übel *n*; das Böse

evoke (herauf)beschwören; wachrufen

evolution Evolution *f*; Entwicklung *f*

evolve (sich) entwickeln

ewe Mutterschaf *n*

ex... ehemalig, *in compounds*: Ex...

exact(ly) exakt, genau

exaggerate übertreiben; **exaggeration** Übertreibung *f*

exam F Examen *n*

examination Examen *n*, Prüfung *f*; Untersuchung *f*; *jur.* Vernehmung *f*; **examine** untersuchen; *school, college etc.*: prüfen (**in** in; **on** über); *jur.* vernehmen; **examiner** *school, college etc.*: Prüfer(in)

example Beispiel *n*; **for** ~ zum Beispiel

exasperated wütend, aufgebracht

excavate ausgraben, ausbaggern, ausheben; **excavation** Ausgrabung *f*; **excavator** Bagger *m*

exceed überschreiten; übertreffen; **~ingly** äußerst

excel übertreffen (**o.s.** sich selbst); sich auszeichnen

excellent ausgezeichnet, hervorragend

except außer; ~ **for** bis auf (*acc*); **~ion** Ausnahme *f*; **~ional(ly)** außergewöhnlich

excerpt Auszug *m*

excess Überschuss *m*; Exzess *m*; ~ **baggage** *aviat.* Übergepäck *n*; ~ **fare** (Fahrpreis-)Zuschlag *m*; **~ive** übermäßig, übertrieben; ~ **luggage** *esp. Brt. aviat.* Übergepäck *n*; ~ **postage** Nachporto *n*, Nachgebühr *f*

exchange 1. (aus-, um)tauschen (**for** gegen); *money:* (um)wechseln; **2.** (Aus-, Um)Tausch *m*; *esp.* (Geld-)Wechsel *m*; *econ.* Börse *f*; Wechselstube *f*; (Fernsprech)Amt *n*; ~ **rate** Wechselkurs *m*

Exchequer: the ~ *Brt.* das Finanzministerium

excitable reizbar, (leicht) erregbar; **excite** erregen, anregen; reizen; **excited** erregt, aufgeregt; **excitement** Aufregung *f*, Erregung *f*; **excit-**

ing erregend, aufregend, spannend

exclaim (aus)rufen

exclamation Ausruf *m*; ~ **mark** *Brt.*, ~ **point** *Am.* Ausrufezeichen *n*

exclude ausschließen; **exclusive** ausschließlich; exklusiv

excursion Ausflug *m*

excuse 1. *v*/*t* entschuldigen; ~ **me** entschuldige(n Sie)!, Verzeihung!; **2.** *noun* Entschuldigung *f*

execute ausführen, durchführen; *mus. etc.* vortragen; hinrichten; **execution** Hinrichtung *f*

executive 1. ausübend, vollziehend, *pol.* in compounds: Exekutiv...; **2.** *pol.* Exekutive *f*; *econ.* leitende Angestellte, leitender Angestellter

exemplary vorbildlich; abschreckend

exercise 1. Übung *f*; Übung(sarbeit) *f*, Schulaufgabe *f*; (körperliche) Bewegung; **2.** *power, control, influence etc.*: ausüben, üben, trainieren; sich Bewegung machen; ~ **book** (Schul-, Schreib-)Heft *n*

exert *pressure, control, influence*: ausüben; ~ **o.s.** sich anstrengen; **~ion** Anstrengung *f*

exhaust 1. erschöpfen; *use up*: verbrauchen, aufbrauchen; **2.** *tech.* Auspuff *m*; *a.* ~ **fumes** *pl* Auspuffgase *pl*, Abgase *pl*; **~ed** erschöpft; **~ion** Erschöpfung *f*; ~ **pipe** Auspuffrohr *n*

exhibit 1. ausstellen; *fig.* zeigen, zur Schau stellen; **2.** Ausstellungsstück *n*; *jur.* Beweisstück *n*; **~ion** Ausstellung *f*

exhilarating erregend, berauschend

exile Exil *n*

exist existieren; vorkommen; leben (**on** von); **~ence** Existenz *f*; Vorkommen *n*; **~ent** vorhanden

exit Ausgang *m*; Abgang *m*; (Autobahn)Ausfahrt *f*; Ausreise *f*

exotic exotisch

expand ausbreiten; (sich) ausdehnen; (sich) erweitern; **expanse** weite Fläche; **expansion** Ausbreitung *f*; Ausdehnung *f*, Erweiterung *f*

expect erwarten; F annehmen; *be* **~ing** F in anderen Umständen sein; **~ant** erwartungsvoll; ~ **mother** werdende Mutter; **~ation** Erwartung *f*

expedient zweckdienlich, zweckmäßig

expedition Expedition *f*

expel (*from*) vertreiben (aus); ausweisen (aus); ausschließen (von, aus)

expenditure Ausgaben *pl*, (Kosten)Aufwand *m*

expense Ausgaben *pl*; *pl* Un-

expensive

kosten *pl*, Spesen *pl*; **at the ~ of** auf Kosten (*gen*); **expensive** teuer

experience 1. Erfahrung *f*; Erlebnis *n*; 2. erfahren; erleben; **experienced** erfahren

experiment 1. *noun* Experiment *n*, Versuch *m*; 2. *v/i* experimentieren

expert 1. Experte *m*, Expertin *f*, Sachverständige *m*, *f*, Fachmann *m*, Fachfrau *f*; 2. erfahren; fachmännisch

expire ablaufen, erlöschen; verfallen

explain erklären; **explanation** Erklärung *f*

explicit deutlich; (*sexually*) ~ *movie*, *book*: freizügig

explode explodieren; zur Explosion bringen

exploit ausbeuten

exploration Erforschung *f*; **explore** erforschen; **explorer** Forscher(in)

explosion Explosion *f*; **explosive** 1. explosiv; 2. Sprengstoff *m*

export 1. *v/t and v/i* exportieren, ausführen; 2. *noun* Export *m*, Ausfuhr *f*; *pl* Exportgüter *pl*; **~ation** Ausfuhr *f*; **~er** Exporteur *m*

expose *goods*: ausstellen; *phot.* belichten; *fig.* aufdecken; *fig.* entlarven; **~ to s.th.** e-r Sache (*dat*) aussetzen

exposition Ausstellung *f*

exposure *fig.* Ausgesetztsein *n* (**to** *dat*); Unterkühlung *f*; *fig.* Enthüllung *f*; *phot.* Belichtung *f*; **~ meter** Belichtungsmesser *m*

express 1. *v/t* ausdrücken, äußern; 2. *noun* Schnellzug *m*; *post.* Eilbote *m*; 3. *adv* durch Eilboten; 4. *adj* ausdrücklich; *in compounds:* Express..., Eil..., Schnell...; **~ion** Ausdruck *m*; **~ive** ausdrucksvoll; **~ train** Schnellzug *m*; **~way** Schnellstraße *f*

expulsion Vertreibung *f*; Ausweisung *f*; Ausschluss *m*

extend (aus)dehnen, (aus)weiten; *arms*, *legs etc.*: ausstrecken; *building etc.*: vergrößern; *deadline*, *passport etc.*: verlängern; sich ausdehnen, sich erstrecken; **extension** Ausdehnung *f*, Vergrößerung *f*, Erweiterung *f*; (Frist)Verlängerung *f*; *arch.* Erweiterung *f*, Anbau *m*; *tel.* Nebenanschluss *m*; **extensive** ausgedehnt; *fig.* umfassend; **extent** Ausdehnung *f*, Umfang *m*, (Aus)Maß *n*

exterior 1. äußer, *in compounds:* Außen...; 2. *das* Äußere

exterminate ausrotten

external äußer, äußerlich, *in compounds:* Außen...

extinct ausgestorben; *volcano:* erloschen

extinguish (aus)löschen

extra 1. zusätzlich, *in compounds:* Extra..., Sonder...; **be ~** gesondert berechnet

werden; **charge ~ for** gesondert berechnen; **2.** Sonderleistung *f*; *esp. mot.* Extra *n*; Zuschlag *m*; Extrablatt *n*; *play, movie etc.*: Statist(in)
extract 1. *v/t* herausholen; *tooth*: ziehen; **2.** *noun* Auszug *m*
extradite *criminal*: ausliefern
extraordinary außerordentlich, außergewöhnlich; ungewöhnlich
extraterrestrial außerirdisch
extra time *esp. Brt. sport*: (Spiel)Verlängerung *f*
extravagant verschwenderisch
extreme 1. äußerst, größt, höchst; extrem; **~ right** rechtsextrem(istisch); **2.** *das*

Äußerste, Extrem *n*; **extremely** äußerst, höchst; **extremity** *das* Äußerste; (höchste) Not; *pl* Gliedmaßen *pl*, Extremitäten *pl*
extroverted extrovertiert
exuberant überschwenglich
eye 1. Auge *n*; Öhr *n*; Öse *f*; *fig.* Blick *m*; **2.** ansehen, mustern; **~ball** Augapfel *m*; **~brow** Augenbraue *f*; **~glasses** *pl* Brille *f*; **~lash** Augenwimper *f*; **~lid** Augenlid *n*; **~liner** Eyeliner *m*; **~ shadow** Lidschatten *m*; **~sight** Augen(licht *n*) *pl*, Sehkraft *f*; **~ specialist** Augenarzt *m*, Augenärztin *f*; **~witness** Augenzeuge *m*, Augenzeugin *f*

F

F *Fahrenheit* F, Fahrenheit
fable Fabel *f*
fabric Stoff *m*, Gewebe *n*; *fig.* Struktur *f*
fabulous sagenhaft
face 1. Gesicht *n*; Vorderseite *f*; Zifferblatt *n*; **~ to ~** Auge in Auge; **2.** ansehen; gegenüberstehen, gegenüberliegen, gegenübersitzen; **~cloth, ~ flannel** *Brt.* Waschlappen *m*
facilities *pl* Einrichtungen *pl*, Anlagen *pl*
fact Tatsache *f*; **in ~** tatsächlich

factor Faktor *m*
factory Fabrik *f*
faculty Fähigkeit *f*; Gabe *f*; *univ.* Fakultät *f*; *univ.* Lehrkörper *m*
fade (ver)welken (lassen); *colors*: verblassen
fag F Glimmstängel *m*
fail versagen; misslingen, fehlschlagen; nachlassen; *exam*: durchfallen (lassen); **failure** Versagen *n*; Fehlschlag *m*, Misserfolg *m*; Versager *m*
faint 1. schwach, matt; **2.** Ohnmacht *f*; **3.** ohnmächtig werden

fair

fair¹ (Jahr)Markt *m*; *econ.* Messe *f*

fair² gerecht, anständig, fair; recht gut, ansehnlich; *weather:* schön; *sky:* klar; *hair:* blond; *skin:* hell; **~ly** gerecht; ziemlich; **~ness** Gerechtigkeit *f*, Fairness *f*; **~play** Fair Play *n*, Fairness *f*

fairy Fee *f*; **~ tale** Märchen *n*

faith Glaube *m*; Vertrauen *n*; **~ful** treu; genau; *Yours ~fully esp. Brt.* Hochachtungsvoll (*in formal letter*)

fake 1. Fälschung *f*; Schwindler(in); **2.** fälschen

falcon Falke *m*

fall 1. Fall(en *n*) *m*; Sturz *m*; Herbst *m*; *pl* Wasserfall *m*; **2.** fallen, stürzen, sinken; *night:* hereinbrechen; **~ ill / sick** krank werden; **~ in love with** sich verlieben in

false falsch

falsify fälschen

falter schwanken; zaudern; *voice:* stocken

fame Ruhm *m*

familiar vertraut, gewohnt; ungezwungen; **~ity** Vertrautheit *f*; **~ize** vertraut machen

family Familie *f*; **~ name** Familienname *m*, Nachname *m*

famine Hungersnot *f*

famous berühmt

fan¹ Fächer *m*; Ventilator *m*

fan² *sport etc.*: Fan *m*

fanatic 1. Fanatiker(in); **2.** fanatisch

fan belt Keilriemen *m*

fanciful fantasievoll

fancy 1. plötzlicher Einfall; Laune *f*; **2.** ausgefallen; **3.** sich vorstellen; sich einbilden; gern haben, gern mögen; **~ dress** (Masken)Kostüm *n*; **~ goods** *pl* Modeartikel *pl*; **~work** feine Handarbeit

fang *dog etc.*: Reißzahn *m*, Fangzahn *m*; *poisonous snake:* Giftzahn *m*; *wild boar:* Hauer *m*

fantastic fantastisch

fantasy Fantasie *f*

far 1. *adj* fern, entfernt, weit; **2.** *adv* fern, weit; **as ~ as** soweit (wie); bis (nach)

fare Fahrgeld *n*, Fahrpreis *m*, Flugpreis *m*; Fahrgast *m*; Kost *f*, Nahrung *f*; **~ dodger** Schwarzfahrer(in); **~well 1.** *int* leb(en Sie) wohl!; **2.** Abschied *m*, Lebewohl *n*

farfetched weit hergeholt

farm 1. Bauernhof *m*, Farm *f*; **2.** bewirtschaften; **~er** Bauer *m*, Landwirt *m*, Farmer *m*; **~house** Bauernhaus *n*

farsighted weitsichtig

fart V **1.** Furz *m*; **2.** furzen

fascinate faszinieren; **fascinating** faszinierend; **fascination** Faszination *f*

fashion Mode *f*; **be in ~** in Mode sein; **out of ~** unmodern; **~able** modisch, elegant

fast¹ schnell; fest; *color:*

(wasch)echt; **be ~ clock, watch**: vorgehen

fast¹ 1. Fasten *n*; **2.** fasten

fasten befestigen, festmachen, anschnallen, anbinden, zuknöpfen, zuschnüren, verschnüren; **~ on** *eyes, gaze, attention etc.*: richten auf (*acc*); **~er** Verschluss *m*

fast food Schnellgericht(e *pl*) *n*; **~-food restaurant** Schnellimbiss *m*, Schnellgaststätte *f*; **~ lane** *mot*. Überholspur *f*

fat 1. dick; fett; **2.** Fett *n*

fatal tödlich

fate Schicksal *n*

father Vater *m*; **~hood** Vaterschaft *f*; **~-in-law** Schwiegervater *m*; **~less** vaterlos; **~ly** väterlich

fatigue Ermüdung *f*

fatten dick machen, dick werden; mästen; **fatty** fettig

faucet (Wasser)Hahn *m*

fault Fehler *m*; Defekt *m*; Schuld *f*; **find ~ with** etwas auszusetzen haben an; **~less** fehlerfrei, tadellos; **faulty** fehlerhaft, defekt

favor 1. Gunst *f*, Wohlwollen *n*; Gefallen *m*; **in ~ of** zugunsten von *or* gen; **be in ~ of** *s.th.* für et. sein; **do s.o. a ~** j-m e-n Gefallen tun; **2.** favorisieren, bevorzugen, sein für; **~able** günstig

favorite 1. Liebling *m*; Favorit(in) *f*; **2.** *in compounds*: Lieblings...

feel

favour *Brt.* → **favor**; **~able** *Brt.* → **favorable**

favourite *Brt.* → **favorite**

fax 1. Fax *n*; *a.* **~ machine** Faxgerät *n*; **2.** faxen

fear 1. Furcht *f*, Angst *f* (**of** vor); **2.** (be)fürchten; sich fürchten vor; **~less** furchtlos

feast *rel.* Fest *n*; Festmahl *n*, Festessen *n*

feat große Leistung

feather Feder *f*, *pl* Gefieder *n*

feature *n.* (Gesichts)Zug *m*; (charakteristisches) Merkmal; *newspaper etc.*: Feature *n*; *a.* **~ film** Hauptfilm *m*, Spielfilm *m*; **2.** groß herausbringen, groß herausstellen

February Februar *m*

federal *pol. in compounds*: Bundes...; **♀ Republic of Germany** (*abbr.* **FRG**) die Bundesrepublik Deutschland

federation *sport etc.*: Verband *m*

fee Gebühr *f*; Honorar *n*

feeble schwach

feed 1. Fütterung *f*, Fütterung *f*; Futter *n*; **2.** *v/t person, animal*: füttern; *provide food*: ernähren; **be fed up with s.o./s.th.** F j-n/et. satt haben; *v/i animal*: fressen; *person*: F futtern; sich ernähren (**on** von); **~back** Feed-back *n*, *electr. a.* Rückkopp(e)lung *f*

feel (sich) fühlen; befühlen;

feeler

empfinden; sich anfühlen; **~er** Fühler m; **~ing** Gefühl n
fellow Gefährte m, Gefährtin f, Kamerad(in); F Kerl m, Bursche m; **~ citizen** Mitbürger(in); **~ countryman** Landsmann m; **~ traveler** Am., **~ traveller** Brt. Mitreisende m, f
felony jur. Kapitalverbrechen n
felt Filz m; **~-tip**, **~-tip pen** Filzschreiber m, Filzstift m
female 1. weiblich; **2.** zo. Weibchen n
feminine weiblich; **feminist** Feminist(in)
fence 1. Zaun m; **2.** v/t: **~ in** einzäunen, umzäunen; einsperren; v/i fechten; **fencing** Fechten n
fend: **~ for o.s.** für sich selbst sorgen; **~er** Kotflügel m; Kamingitter n
ferment 1. noun Ferment n, Gärung f; **2.** v/t and v/i gären (lassen); **~ation** Gärung f
fern Farn(kraut n) m
ferocious wild
ferry 1. Fähre f; **2.** (in e-r Fähre) übersetzen
fertile fruchtbar; **fertility** Fruchtbarkeit f; **fertilize** befruchten; düngen; **fertilizer** (esp. Kunst)Dünger m
fervent glühend, leidenschaftlich
fester eitern
festival Fest n; Festival n, Festspiele pl; **festive** festlich; **festivity** a. pl Festlichkeit f
fetch holen
feud Fehde f
fever Fieber n; **~ish** fiebrig; fig. fieberhaft
few wenige; **a ~** ein paar, einige
fiancé Verlobte m; **fiancée** Verlobte f
fib F flunkern
fiber Am., **fibre** Brt. Faser f; **~glass** Fiberglas n, Glasfaser f; **fibrous** faserig
fickle launenhaft, launisch; weather: unbeständig
fiction Erfindung f; Prosaliteratur f, Romanliteratur f
fictitious erfunden
fiddle 1. Fiedel f, Geige f; **2.** mus. fiedeln; **fiddler** Geiger(in)
fidelity Treue f; Genauigkeit f
fidget nervös machen; (herum)zappeln
field Feld n; Spielfeld n; Gebiet n; Bereich m; **~ events** pl Sprung- u. Wurfdisziplinen pl; **~ glasses** pl Feldstecher m
fiend Teufel m; in compounds: ...fanatiker(in)
fierce wild; heftig
fiery feurig; hitzig
fifteen fünfzehn; **fifteenth** fünfzehnt; **fifth 1.** fünft; **2.** Fünftel n; **fifthly** fünftens; **fiftieth** fünfzigst; **fifty** fünfzig; **fifty-fifty** F fifty-fifty, halbe-halbe

fig Feige *f*
fight 1. Kampf *m*; Schlägerei *f*; **2.** (be)kämpfen; kämpfen gegen, kämpfen mit; **~er** Kämpfer *m*; *sport:* Boxer *m*, Fighter *m*
figurative bildlich
figure 1. Figur *f*; Gestalt *f*; Zahl *f*, Ziffer *f*; **2.** erscheinen, vorkommen; F meinen, glauben; **~ out** herauskriegen; verstehen; **~ skating** Eiskunstlauf *m*
filch F klauen, stibitzen
file¹ **1.** Ordner *m*, Karteikasten *m*; Akte *f*, Ablage *f*; *computer:* Datei *f*; Reihe *f*; **on ~** bei den Akten; **2.** *letters etc.:* ablegen
file² **1.** Feile *f*; **2.** feilen
filet Filet *n*
filing cabinet Aktenschrank *m*
fill (sich) füllen; anfüllen, ausfüllen, vollfüllen; **~ in** *name:* einsetzen; *form:* ausfüllen (a. **~ out**); **~ up** voll füllen; voll tanken; sich füllen
fillet *esp. Brt.* → **filet**
filling Füllung *f*; (Zahn-)Plombe *f*; **~ station** Tankstelle *f*
film 1. Film *m*; **2.** (ver)filmen
filter 1. Filter *m*, *tech. usually n*; **2.** filtern; **~tip** Filter *m*; → **~tipped cigarette** Filterzigarette *f*
filth Schmutz *m*; **filthy** schmutzig; *fig.* unflätig
fin *zo.* Flosse *f*; Schwimmflosse *f*

final 1. letzt; *in compounds:* End..., Schluss...; endgültig; **2.** *sport:* Endspiel *n*, Finale *n*; *usually* **~s** Schlussexamen *n*, Schlussprüfung *f*; **~ly** endlich
finance 1. *pl* Finanzen *pl*; **2.** finanzieren; **financial** finanziell
finch Fink *m*
find 1. finden; (*a.* **~ out**) herausfinden; **~ s.o. (not) guilty** *jur.* j-n für (nicht) schuldig erklären; **2.** Fund *m*
fine¹ **1.** *adj* fein; schön; ausgezeichnet; **I'm ~** mir geht es gut; **2.** *adv* F sehr gut, bestens
fine² **1.** Geldstrafe *f*, Bußgeld *n*; **2.** mit e-r Geldstrafe belegen
finger 1. Finger *m*; **2.** befühlen; **~nail** Fingernagel *m*; **~print** Fingerabdruck *m*; **~tip** Fingerspitze *f*
finicky F pingelig
finish (be)enden, aufhören (mit); **~** *n; sport:* Endspurt *m*, Finish *n*; Ziel *n*; **~ing line** Ziellinie *f*
Finland Finnland *n*
Finn Finne *m*, Finnin *f*; **~ish** finnisch
fir Tanne *f*
fire 1. Feuer *n*, Brand *m*; **be on ~** in Flammen stehen; **catch ~** Feuer fangen; **set ~ to** anzünden; **2.** *v/t* anzünden; *gun, weapon:* abfeuern; *shot, bullet:* (ab)feu-

fire alarm 446

ern; F *s.o.*: *j-n* feuern, rausschmeißen; *v/i* feuern, schießen; **~ alarm** Feueralarm *m*; Feuermelder *m*; **~arms** *pl* Schusswaffen *pl*; **~ brigade** *Brt.*: **~ department** *Am.* Feuerwehr *f*; **~ engine** Löschfahrzeug *n*; **~ escape** Feuerleiter *f*, Feuertreppe *f*; **~ extinguisher** Feuerlöscher *m*; **~man** Feuerwehrmann *m*; Heizer *m*; **~place** (offener) Kamin; **~proof** feuerfest; **~ truck** Löschfahrzeug *n*; **~wood** Brennholz *n*; **~works** *pl* Feuerwerk *n*
firm¹ Firma *f*
firm² fest, hart; standhaft
first 1. *adj* erst; best; **2.** *adv* zuerst; (zu)erst (einmal); als Erste(r, -s); **~ of all** zu allererst; **3.** *noun*: **at ~** zuerst; **~ aid** erste Hilfe; **~ aid kit** Verband(s)kasten *m*; **~ class** 1. Klasse *f*; **~-class** erstklassig, erster Klasse; **~ floor** Erdgeschoss *n*, *Austrian*: Erdgeschoß *n*; *Brt.*: erster Stock; **~hand** aus erster Hand; **~ly** erstens; **~ name** Vorname *m*; **~-rate** erstklassig
firth Förde *f*
fish 1. Fisch *m*; **2.** fischen, angeln; **~bone** Gräte *f*
fisherman Fischer *m*
fish finger *Brt.* → **fish stick**
fishing Fischen *n*, Angeln *n*; **~ line** Angelschnur *f*; **~ rod** Angelrute *f*
fish|monger *esp. Brt.* Fischhändler(in); **~ stick** Fischstäbchen *n*
fishy *in compounds*: Fisch...; *fig.* F faul
fission Spaltung *f*
fissure Spalt *m*, Riss *m*
fist Faust *f*
fit¹ 1. geeignet, passend; fit, (gut) in Form; **2.** *v/t* passend machen, anpassen; *tech.* einpassen, einbauen, anbringen; zutreffen auf; **~ out** ausrüsten, ausstatten, einrichten; *v/i right size*: passen, sitzen
fit² Anfall *m*
fit|ful *sleep etc.*: unruhig; **~ness** Tauglichkeit *f*; Fitness *f*, (gute) Form
fitted zugeschnitten; *in compounds*: Einbau...; **~ carpet** Spannteppich *m*, Teppichboden *m*
fitter Monteur *m*, Installateur *m*
fitting Montage *f*, Installation *f*; *pl* Ausstattung *f*, Armaturen *pl*
five fünf
fix 1. befestigen, anbringen (**to** an); reparieren, fixieren; *prices, costs etc.*: festsetzen; *eyes, mind etc.*: richten (**on** auf); *attention etc.*: fesseln; **2.** F Klemme *f*; *sl. narcotics*: Fix *m*
fixture fest angebrachtes Zubehörteil
fizz zischen, sprudeln
flabbergast: **be ~ed** F platt sein

flabby schlaff
flag¹ Fahne *f*, Flagge *f*
flag² (Stein)Platte *f*, Fliese *f*
flake 1. Flocke *f*, Schuppe *f*; **2.** *a.* ~ **off** abblättern
flaky flockig; blätt(e)rig; ~ **pastry** Blätterteig *m*
flame 1. Flamme *f*; **2.** flammen, lodern
flammable → *inflammable*
flan Obstkuchen *m*, Käsekuchen *m*
flank 1. Flanke *f*; **2.** flankieren
flannel Flanell *m*; *Brt.* Waschlappen *m*; *pl* Flanellhose *f*
flap 1. Flattern *n*, (Flügel)Schlag *m*; Klappe *f*; **2.** *v/t:* ~ **its wings** mit den Flügeln schlagen, (mit den Flügeln) flattern; *v/i* Flügel: schlagen; *piece of cloth etc.:* flattern
flare flackern; *nostrils:* sich weiten
flash 1. Aufblitzen *n*, Blitz *m*; *news-~:* Kurzmeldung *f*; **2.** (auf)blitzen (lassen), aufleuchten (lassen); rasen, flitzen; *~freeze* → *qickfreeze*; *~***light** Blitzlicht *n*; Taschenlampe *f*
flashy protzig; auffallend
flask Taschenflasche *f*; Thermosflasche® *f*
flat¹ 1. flach, eben; schal; *econ.* flau; *tire:* platt; **2.** Flachland *n*; *have a* ~ e-e Reifenpanne haben, F e-n Platten haben

flat² *Brt.* Wohnung *f*
flatten (ein)ebnen; abflachen; *a.* ~ **out** flach(er) werden
flatter schmeicheln; **flattery** Schmeichelei *f*
flatulence Blähung(en *pl*) *f*
flavor *Am.*, **flavour** *Brt.* **1.** (*fig.* Bei)Geschmack *m*, Aroma *n*; **2.** würzen; *~***ing** Aroma *n*
flaw Fehler *m*, *tech. a.* Defekt *m*; *~***less** einwandfrei, makellos
flea Floh *m*; ~ **market** Flohmarkt *m*
fledged flügge
flee fliehen, flüchten
fleet Flotte *f*
fleeting flüchtig
flesh Fleisch *n*
flex *esp. anat.* biegen; *~***ible** flexibel; elastisch; *~***ible working hours** *pl* gleitende Arbeitszeit
flexitime *Brt.*, **flextime** *Am.* Gleitzeit *f*, gleitende Arbeitszeit
flick schnippen
flicker flackern; flimmern
flight Flucht *f*; Flug *m*; *birds:* Schwarm *m*; *a.* ~ **of stairs** Treppe *f*
flimsy dünn, zart
flinch (zurück)zucken, zusammenfahren; zurückschrecken
fling werfen, schleudern; ~ *o.s.* sich stürzen
flip schnipsen, schnippen; *coin:* hochwerfen

flipper zo. Flosse f; Schwimmflosse f

flit flitzen, huschen

float 1. schwimmen (lassen), treiben (lassen); schweben; **2.** Festwagen m

flock 1. sheep, goats: Herde f; Menge f, Schar f; **2.** fig. (zusammen)strömen

floe Eisscholle f

flog prügeln, schlagen

flood 1. a. ~ **tide** Flut f; Überschwemmung f, Hochwasser n; fig. Flut f, Strom m; **2.** überschwemmen, überfluten; **~lights** pl Flutlicht n

floor 1. (Fuß)Boden m; Stock(werk) n m, Etage f; **2.** zu Boden schlagen; s.o.: fig. Fj-n umhauen; **~board** Diele f; **~cloth** Putzlappen m; **~lamp** Stehlampe f

flop 1. sich (hin)plumpsen lassen; F durchfallen, ein Reinfall sein; **2.** Plumps m; F Flop m, Reinfall m, Pleite f

floppy, floppy disk computer: Floppy (Disk) f, Diskette f

florist Blumenhändler(in)

flour Mehl n

flourish gedeihen, blühen

flow 1. fließen; **2.** Fließen n, Fluss m, Strom m

flower 1. Blume f; Blüte f (a. fig.); **2.** blühen

flu F Grippe f

fluctuate schwanken

fluent language: fließend; speaking, writing etc.: flüssig

fluff Flaum m; Staubflocke f; **fluffy** flaumig

fluid 1. flüssig; **2.** Flüssigkeit f

flurry Bö f; Schauer m

flush 1. (Wasser)Spülung f; Erröten n; Röte f; **2.** erröten, rot werden; ~ **the toilet** spülen

fluster nervös machen, nervös werden

flute Flöte f

flutter flattern

fly¹ Fliege f

fly² Hosenschlitz m; Zeltklappe f

fly³ fliegen (lassen); stürmen, stürzen; wehen; time: (ver)fliegen; kite: steigen lassen

flyover Brt. (Straßen- etc.) Überführung f

foal Fohlen n

foam 1. Schaum m; **2.** schäumen; ~ **rubber** Schaumgummi m; **foamy** schaumig

focus 1. Brennpunkt m, fig. a. Mittelpunkt m; opt., phot. Scharfeinstellung f; **2.** opt., phot. scharf einstellen

fodder (Tier)Futter n

fog (dichter) Nebel m; ~ **bank** Nebelbank f; **foggy** neb(e)lig

foil¹ Folie f

foil² vereiteln

fold¹ 1. falten; arms, legs: verschränken; einwickeln; often ~ **up** zusammenfalten, zusammenlegen; zusammenklappen; **2.** Falte f

fold² (Schaf)Hürde *f*, Pferch *m*; *rel.* Herde *f*

folder Aktendeckel *m*, Schnellhefter *m*; Faltprospekt *m*

folding zusammenlegbar; *in compounds:* Klapp...; ~ **chair** Klappstuhl *m*

foliage Laub *n*

folk 1. *pl* Leute *pl*; **2.** *in compounds:* Volks...

follow folgen (auf); befolgen; **~er** Anhänger(in)

folly Torheit *f*

fond zärtlich, liebevoll; **be ~ of** gern haben

fondle liebkosen, streicheln

fondness Vorliebe *f*

food Nahrung *f*, Essen *n*; Nahrungsmittel *pl*, Lebensmittel *pl*; Futter *n*

fool 1. Narr *m*, Närrin *f*, Dummkopf *m*; **make a ~ of o.s.** sich lächerlich machen; **2.** zum Narren halten; betrügen; **~ about/around** herumtrödeln; Unsinn machen, herumalbern; **~hardy** tollkühn; **~ish** töricht, dumm; **~proof** *plan etc.:* todsicher; narrensicher; idiotensicher

foot Fuß *m*; *measure:* Fuß *m* (30,48 cm); Fußende *n*; **on ~** zu Fuß

football Football (spiel *n*) *m*; *Brt.* Fußball(spiel *n*) *m*; **~er** Footballspieler *m*; *Brt.* Fußballspieler *m*; **~ hooligan** *Brt.* Fußballrowdy *m*; **~ player** Footballspieler *m*; *Brt.* Fußballspieler *m*

foot|bridge Fußgängerbrücke *f*; **~hold** Stand *m*, Halt *m*; **~ing** Stand *m*, Halt *m*; *fig.* Basis *f*, Grundlage *f*; **~lights** *pl* Rampenlicht *n*; **~note** Fußnote *f*; **~path** (Fuß)Pfad *m*; **~print** Fußabdruck *m*; *pl* Fußspuren *pl*; **~step** Schritt *m*, Tritt *m*; Fußstapfe *f*; **~wear** Schuhwerk *n*, Schuhe *pl*

for 1. *prp* für; als; zu; nach; auf; *reason, cause:* aus, vor, wegen; *remedy:* gegen; **~ three days** drei Tage lang; seit drei Tagen; **walk ~ a mile** e-e Meile (weit) gehen; **what ~?** wozu?; **2.** *cj* weil

forbid verbieten

force 1. Stärke *f*, Kraft *f*; Gewalt *f*; *the (police)* ~ die Polizei; *(armed)* ~*s pl mil.* Streitkräfte *pl*; **by ~** mit Gewalt; **2.** *person:* zwingen; erzwingen; zwängen, drängen

forced erzwungen; gezwungen; **~ landing** Notlandung *f*

forceful energisch

forceps *med.* Zange *f*

forcible gewaltsam

ford 1. Furt *f*; **2.** durchwaten

fore vorder, vorn; Vorder...; **~arm** Unterarm *m*; **~boding** (Vor)Ahnung; **~cast** voraussagen, vorhersehen; *weather:* vorhersagen; **~fathers** *pl* Vorfahren *pl*; **~finger** Zeigefinger *m*; **~ground** Vorder-

forehand 450

grund *m*; **~hand** *sport*: Vorhand(schlag *m*) *f*
forehead Stirn *f*
foreign fremd, ausländisch, *in compounds*: Auslands..., Außen...; **~ affairs** *pl* Außenpolitik *f*; **~er** Ausländer(in); **~ exchange** Devisen *pl*; **~ language** Fremdsprache *f*; **2 Office** *Brt.* Außenministerium *n*; **~ policy** Außenpolitik *f*; **2 Secretary** *Brt.* Außenminister *m*
fore|man *factory*: Vorarbeiter *m*, *building*: Polier *m*; *jur. jury*: Sprecher *m*; **~most** vorderst, erst; **~runner** *fig.* Vorläufer(in); **~see** vorhersehen
forest Wald *m*, Forst *m*; **~er** Förster *m*
fore|taste Vorgeschmack *m*; **~tell** vorhersagen
forever, for ever für immer
foreword Vorwort *n*
forge[1] Schmiede *f*
forge[2] fälschen; **forger** Fälscher *m*; **forgery** Fälschung *f*
forget vergessen; **~ful** vergesslich; **~me-not** Vergissmeinnicht *n*
forgive vergeben, verzeihen
fork 1. Gabel *f*; Gab(e)lung *f*; 2. sich gabeln; **~lift truck** Gabelstapler *m*
form 1. Form *f*; Gestalt *f*; Formular *n*, Vordruck *m*; *esp. Brt.* (Schul)Klasse *f*; 2. (sich) formen, (sich) bilden
formal förmlich; formell; **~ity** Förmlichkeit *f*, Formalität *f*
format 1. Format *n*; Aufmachung *f*; 2. *computer*: formatieren
formation Bildung *f*; **formative** formend, gestaltend
former 1. früher; ehemalig; 2. **the ~** Ersterer (-er); **~ly** früher
formidable Furcht erregend; gewaltig
formula Formel *f*; Rezept *n*; **formulate** formulieren
forsake verlassen
fort Fort *n*, Festung *f*
forth fort, weiter; (her)vor; **~coming** bevorstehend, kommend
fortieth vierzigst
fortify befestigen; (ver)stärken; **fortitude** (innere) Kraft, (innere) Stärke
fortnight vierzehn Tage; *in a ~* in 14 Tagen
fortress Festung *f*
fortunate glücklich; **~ly** glücklicherweise
fortune Vermögen *n*; Glück *n*; Schicksal *n*
forty vierzig
forward 1. *adv* nach vorn, vorwärts; 2. *adj in compounds*: Vorwärts...; fortschrittlich; vorlaut; dreist; 3. *noun soccer etc.*: Stürmer (-in); 4. *v/t* befördern, (ver)senden, schicken; *mail*: nachsenden
foster| child Pflegekind *n*; **~ parents** *pl* Pflegeeltern *pl*

foul 1. schmutzig, *fig. a.* zotig; faul(ig), stinkend, schlecht; *sport*: regelwidrig; **2.** *sport*: Foul *n*; **3.** *sport*: foulen

found gründen; stiften

foundation Fundament *n*; Gründung *f*; Stiftung *f*; *fig.* Grundlage *f*

founder Gründer(in); Stifter(in)

fountain Springbrunnen *m*; **~pen** Füllfederhalter *m*

four vier

four-stroke engine Viertaktmotor *m*

fourteen vierzehn; **fourteenth** vierzehnt

fourth 1. viert; **2.** Viertel *n*; **~ly** viertens

four-wheel drive *mot.* Vierradantrieb *m*

fowl Geflügel *n*

fox Fuchs *m*

fraction *math.* Bruch *m*; Bruchteil *m*

fracture 1. (Knochen)Bruch *m*; **2.** brechen

fragile zerbrechlich; gebrechlich

fragment Fragment *n*; Bruchstück *n*

fragrance Wohlgeruch *m*, Duft *m*; **fragrant** wohlriechend, duftend

frail zerbrechlich; zart

frame 1. Rahmen *m*; (Brillen *etc.*)Gestell *n*; Körper(bau) *m*; **2.** (ein)rahmen; **~work** Rahmen *m*

France Frankreich *n*

frank 1. offen, aufrichtig, frei(mütig); **2.** *letter*: frankieren; **~ly** offen gesagt

frantic außer sich

fraud Betrug *m*; Betrüger(in); **fraudulent** betrügerisch

fray ausfransen

freak Missgeburt *f*; *in compounds*: F ...freak *m*, ...fanatiker *m*; F Freak *m*, irrer Typ

freckle Sommersprosse *f*

free 1. frei; kostenlos; *in compounds*: frei...; **~ and easy** ungezwungen; sorglos; **set ~** freilassen; **2.** befreien; freilassen; **~dom** Freiheit *f*; **~lance** frei(beruflich); **~way** Schnellstraße *f*

freeze 1. v/i (ge)frieren; *fig.* erstarren; v/t einfrieren, tiefkühlen; **2.** Frost *m*, Kälte *f*; *econ., pol.* Einfrieren *n*; **wage ~** Lohnstopp *m*; **~-dried** gefriergetrocknet

freezer Gefriertruhe *f* (*a. deep freeze*); Gefrierfach *n*

freezing eiskalt; **~ compartment** Gefrierfach *n* ; **~ point** Gefrierpunkt *m*

freight Fracht *f*; **~ car** Güterwagen *m*; **~er** Frachter *m*; Transporter *m*; **~ train** Güterzug *m*

French 1. französisch; **2.** *the ~ pl* die Franzosen *pl*; **~ doors** *pl* Terrassentür *f*, Balkontür *f*; **~ fries** *pl* Pommes frites *pl*; **~ windows** → *French doors*

frequency Häufigkeit *f*; Fre-

frequent

quenz f; **frequent 1.** adj häufig; **2.** v/t (oft) besuchen

fresh frisch; neu; unerfahren; **~en:** ~ up sich frisch machen; **~man** univ. F Erstsemester m; ~water in compounds: Süßwasser...

fretful gereizt; quengelig

FRG *Federal Republic of Germany* die Bundesrepublik Deutschland

friction Reibung f

Friday Freitag m

fridge Kühlschrank m

fried| **egg** Brt. Spiegelei n; **~ potatoes** pl Bratkartoffeln pl

friend Freund(in); Bekannte m, f; **make ~s with** sich anfreunden; **be ~ed** befreundet; **~ly** freund(schaft)lich; **~ship** Freundschaft f

fries F Fritten pl

fright Schreck(en) m; **~en** erschrecken; **be ~ed** erschrecken (*at, by, of* vor); Angst haben (*of* vor)

frigid kalt, frostig

frill Krause f, Rüsche f

fringe Franse f; Brt. hair: Pony m; Rand m

frisk herumtollen; *person:* F filzen, durchsuchen

fro → **to** §

frock Kutte f; Kleid n

frog Frosch m

frolic herumtoben

from von; aus, von ... aus, von ... (her); von ... (an), seit; aus, vor (*dat*); ~ **9 to 5** (*o'clock*)

von 9 bis 5 (Uhr)

front Vorderseite f; Front f (*a. mil.*); **in ~** vorn; **in ~ of** of place: vor; **~ door** Haustür f, Vordertür f; **~ entrance** Vordereingang m

frontier Grenze f

front| **page** Titelseite f; **~wheel drive** mot. Vorderradantrieb m, Frontantrieb m

frost 1. Frost m; Reif m; **2.** glasieren; mit (Puder)Zucker bestreuen; mattieren; mit Reif überziehen; **~bite** Erfrierung f; **~bitten** erfroren; **~ed glass** Mattglas n, Milchglas n; **frosty** eisig, frostig

froth Schaum m; **frothy** schaumig; schäumend

frown 1. die Stirn runzeln; **2.** Stirnrunzeln n

frozen (eis)kalt; (ein-, zu)gefroren; *in compounds:* Gefrier...; **frozen food** Tiefkühlkost f

frugal sparsam; bescheiden

fruit Frucht f; Früchte pl; Obst n; **~ juice** Fruchtsaft m

frustrate frustrieren; vereiteln

fry braten; **~ing pan** Bratpfanne f

fuchsia Fuchsie f

fuck V ficken, vögeln; **~ing** V Scheiß..., verdammt

fuel 1. Brennstoff m, mot. Treibstoff m, Kraftstoff m; **2.** (auf)tanken

fugitive 1. flüchtig; **2.** Flüchtige *m, f*
fulfil *Brt.*, **fulfill** *Am.* erfüllen
full voll; *in compounds*: Voll...; ganz; völlig; **~ board** Vollpension *f*; **~ stop** Punkt *m*; **~time** ganztägig, ganztags
fumble fummeln; tastend suchen
fume wütend sein
fumes *pl* Dämpfe *pl*; Abgase *pl*
fun Spaß *m*; **for ~** aus Spaß, zum Spaß; **make ~ of** sich lustig machen über
function 1. Funktion *f*; **2.** funktionieren
fund Fonds *m*; Geld(mittel *pl*) *n*
fundamental grundlegend, fundamental; **~ist** Fundamentalist(in)
funeral Begräbnis *n*, Beerdigung *f*
funfair Rummelplatz *m*
fungus Pilz *m*, Schwamm *m*
funicular *a.* **~ railway** (Draht)Seilbahn *f*
funnel Trichter *m*
funny komisch, spaßig, lustig; sonderbar
fur Pelz *m*, Fell *n*; *tongue*: Belag *m*
furious wütend

furl zusammenrollen
furnace Schmelzofen *m*, Hochofen *m*; Heizkessel *m*
furnish einrichten, möblieren; versorgen, ausrüsten, ausstatten; versehen *Brt.*
furniture Möbel *pl*, Einrichtung *f*
furred *tongue*: belegt
furrow Furche *f*
further 1. *adv fig.*: mehr, weiter; ferner, weiterhin; **2.** *adj fig.* weiter; **3.** *v/t* fördern, unterstützen; **~ education** *Brt.* Fortbildung *f*, Weiterbildung *f*
furtive heimlich
fury Zorn *m*, Wut *f*
fuse 1. Zünder *m*; *electr.* Sicherung *f*; **2.** *phys., tech.* schmelzen; *electr.* durchbrennen
fuselage (Flugzeug)Rumpf *m*
fusion Verschmelzung *f*, Fusion *f*
fuss 1. Aufregung *f*, Theater *n*; **2.** viel Aufhebens machen; **~y** heikel, wählerisch; aufgeregt, hektisch
futile nutzlos
future 1. Zukunft *f*; **2.** (zu-)künftig
fuzzy *hair*: kraus; unscharf, verschwommen

G

gable Giebel *m*
gadget F Apparat *m*, Gerät *n*; technische Spielerei
gag 1. Knebel *m*; F Gag *m*; **2.** knebeln
gage → **gauge**
gaily lustig, fröhlich
gain 1. gewinnen; erreichen, bekommen; zunehmen (an); *clock, watch*: vorgehen (um); **~ speed** schneller werden; **~ 10 pounds** 10 Pfund zunehmen; **2.** Gewinn *m*; Zunahme *f*
gale Sturm *m*
gallant tapfer
gall bladder Gallenblase *f*
gallery Galerie *f*; Empore *f*
galley *mar.* Kombüse *f*
gallon Gallone *f* (3,79 liter, Brt. 4,55 liter)
gallop 1. Galopp *m*; **2.** galoppieren
gallows Galgen *m*
gallstone Gallenstein *m*
galore F in rauen Mengen
gamble 1. (um Geld) spielen; **2.** Hasardspiel *n*; **gambler** (Glücks)Spieler(in)
game Spiel *n*; Wild(bret) *n*; *pl school*: Sport *m*; **~keeper** Wildhüter *m*; **~ park, ~ reserve** Wildreservat *n*
gammon gepökelter Schinken *m*, geräucherter Schinken *m*
gang 1. Gang *f*, Bande *f*; Clique *f*; *group of workers or prisoners*: Kolonne *f*, Trupp *m*; **2. ~ up on** sich verbünden gegen
gangway (Durch)Gang *m*; Gangway *f*
gaol *esp. Brt.* → **jail**
gap Lücke *f* (*a. fig.*); *fig.* Kluft *f*
gape gaffen, glotzen; **gaping mouth**: weit offen; *wound*: klaffend; *hole*: gähnend
garage Garage *f*; (Auto)Reparaturwerkstatt *f* (u. Tankstelle *f*)
garbage Abfall *m*, Müll *m*; **~ can** Abfalleimer *m*, Mülleimer *m*; Abfalltonne *f*, Mülltonne *f*; **~ collector** Müllmann *m*
garden Garten *m*; **~er** Gärtner(in); **~ing** Gartenarbeit *f*
gargle gurgeln
garish grell
garlic Knoblauch *m*
garment Kleidungsstück *n*
garnish *gastr.* garnieren
garrison Garnison *f*
garter Sockenhalter *m*; Strumpfhalter *m*, Straps *m*; Strumpfband *n*
gas Gas *n*; F Benzin *n*, Sprit *m*
gash klaffende Wunde
gasket Dichtung(sring *m*) *f*
gasoline, gasoline Benzin *n*; **~ pump** Zapfsäule *f*
gasp keuchen; **~ for breath**

nach Luft schnappen
gas| pedal Gaspedal *n*; **~station** Tankstelle *f*; **~works** *sg* Gaswerk *n*
gate Tor *n*; Schranke *f*, Sperre *f*; *aviat.* Flugsteig *m*; **~crash** F uneingeladen kommen (zu); **~way** Tor *n* (-weg *m*) *n*, Einfahrt *f*
gather *v/t* (ver)sammeln; ernten, pflücken; *fig.* folgern, schließen (*from* aus); **~ speed** schneller werden; *v/i* sich (ver)sammeln; sich (an)sammeln; **~ing** Versammlung *f*
gaudy bunt, grell
gauge 1. Eichmaß *n*; Messgerät *n*; *width of wire, screws:* Stärke *f*, Dicke *f*; *rail.* Spur(weite) *f*; **2.** eichen; (ab-, aus)messen
gaunt hager
gauze Gaze *f*; Bandage *f*, Binde *f*
gay 1. F homosexual: schwul; **2.** F Schwule *m*
gaze starren; **2.** (fester, starrer) Blick
GB *Great Britain* Großbritannien *n*
gear *mot.* Gang *m*, *pl* Getriebe *n*; Vorrichtung *f*, Gerät *n*; Kleidung *f*, Aufzug *m*; **~ lever**, **~ shift** Schalthebel *m*
gel Gel *n*
gelding Wallach *m*
gem Edelstein *m*
Gemini *pl astr.* Zwillinge *pl*

German shepherd

gender *gr.* Genus *n*, Geschlecht *n*
gene Gen *n*, Erbfaktor *m*
general 1. allgemein; *in compounds:* Haupt..., General...; **2.** *mil.* General *m*; **~delivery** postlagernd; **~election** Parlamentswahlen *pl*; **~ize** verallgemeinern; **~ly** im Allgemeinen; allgemein; **~practitioner** (*abbr.* **GP**) Arzt *m*/ Ärztin *f* für Allgemeinmedizin
generate erzeugen; **generation** Generation *f*; Erzeugung *f*; **generator** Generator *m*; *mot.* Lichtmaschine *f*
generosity Großzügigkeit *f*; **generous** großzügig; reichlich
genetic genetisch; **~ code** Erbanlage *f*; **~ engineering** Gentechnologie *f*; **~ fingerprint** genetischer Fingerabdruck
genial freundlich
genitals *pl* Genitalien *pl*, Geschlechtsteile *pl*
genius Genie *n*
gentle sanft, zart; freundlich; **~man** Gentleman *m*; Herr *m*
gents *sg Brt.* F Herrenklo *n*
genuine echt
geography Geographie *f*
geology Geologie *f*
geometry Geometrie *f*
germ Keim *m*; Bazillus *m*, Bakterie *f*
German 1. deutsch; **2.** Deutsche *m*, *f*; **~ shepherd** Deut-

Germany

scher Schäferhund *m*; **Germany** Deutschland *n*
germinate keimen (lassen)
gesture Geste *f*
get *v/t* bekommen, erhalten; *s.th.*: sich *et.* verschaffen, sich *et.* besorgen; erringen, erwerben, sich aneignen; holen; bringen; F erwischen; F kapieren, verstehen; **~ s.o. to do s.th.** j-n dazu bringen, *et.* zu tun; **with pp** lassen; **~ one's hair cut** sich die Haare schneiden lassen; **have got** haben; **have got to** müssen; *v/i* kommen, gelangen; **with pp or adj** werden; **~ going** in Gang kommen, *fig.* in Schwung kommen; **~ home** nach Hause (*Austrian, Swiss: a.* nachhause) kommen; **~ to know s.th.** *et.* erfahren, *et.* kennen lernen; **~ lost!** verschwinde!; **~ tired** müde werden, ermüden; **~ about** herumkommen; *rumor etc.*: sich herumsprechen, sich verbreiten; **~ along** vorwärtskommen, vorankommen; auskommen **(with s.o.** mit j-m); zurechtkommen **(with s.th.** mit *et.*); **~ away** loskommen; entkommen; **~ away with** davonkommen mit; **~ back** zurückkommen; zurückkommen; **~ down** *food etc.*: runterkriegen; **~ down to** sich machen an; **~ in** hineinkommen, hereinkommen; **~

off** aussteigen (aus); absteigen (von); **~ on** einsteigen (in); → **get along**; **~ out** herausgehen, hinausgehen; herauskommen; aussteigen; *s.th. et.* herausbekommen; **~ over** hinwegkommen über; **~ to** kommen nach; **~ together** zusammenkommen; **~ up** aufstehen
ghastly grässlich
ghost Geist *m*, Gespenst *n*; **~ly** geisterhaft
giant 1. Riese *m*; **2.** riesig, *in compounds:* Riesen...
gibberish Unsinn *m*, dummes Geschwätz
giddiness Schwindel(gefühl *n*) *m*; **giddy** schwind(e)lig; schwindelerregend
gift Geschenk *n*; Begabung *f*, Talent *n*; **~ed** begabt
gigantic riesig
giggle 1. kichern; **2.** Gekicher *n*
gild vergolden
gill Kieme *f*; *bot.* Lamelle *f*
gimmick F Trick *m*, Dreh *m*; Spielerei *f*
ginger 1. Ingwer *m*; **2.** rötlich braun, gelblich braun; **~bread** Lebkuchen *m*, Pfefferkuchen *m*
gipsy *Brt.* Zigeuner(in)
giraffe Giraffe *f*
girder *tech.* Träger *m*
girdle Hüfthalter *m*, Hüftgürtel *m*; Gürtel *m*, Gurt *m*
girl Mädchen *n*; **~friend** Freundin *f*; **~ guide** *Brt.*

Pfadfinderin f; **~ scout** Pfadfinderin f
giro Brt. Postgirodienst m
gist das Wesentliche, Kern m
give v/t geben; schenken; spenden; *one's life*: hingeben, opfern; *orders etc.*: geben, erteilen; *help*: leisten; *protection*: bieten; *reason etc.*: (an)geben; *mus. concert*: geben; *thea. play*: geben, aufführen; *lecture, speech*: halten; *pain*: bereiten, verursachen; **~ her my love** bestelle ihr herzliche Grüße von mir; v/i geben, spenden; nachgeben; **~ away** hergeben, weggeben; verschenken; verraten; **~ back** zurückgeben; **~ in** nachgeben; aufgeben; *petition etc.*: einreichen; *exam paper*: abgeben; **~ off** *smell*: verbreiten, ausströmen; *gas, heat*: ausströmen, verströmen; **~ out** austeilen, verteilen; **~ up** aufgeben; aufhören mit; *person*: ausliefern; **~ o.s. up** sich stellen (*to dat*)
glacier Gletscher m
glad froh, erfreut; **be ~ of** sich freuen; **~ly** gern(e)
glamor Am., **glamour** Brt. Zauber m, Glanz m; **~ous** bezaubernd, reizvoll
glance 1. (schnell, kurz) blicken (**at** auf); 2. (schneller, kurzer) Blick
gland Drüse f
glare 1. grell scheinen, grell leuchten; **~ at s.o.** j-n wütend anstarren; 2. greller Schein; wütender Blick
glass Glas n; Glas(waren pl) n; (Trink)Glas n; Glas(gefäß) n; (Fern-, Opern)Glas n; *esp.* Brt. F Spiegel m; Brt. Barometer n
glasses pl Brille f
glass|house Brt. Gewächshaus n; **~ware** Glaswaren pl
glassy gläsern; *eyes*: glasig
glaze 1. verglasen; glasieren; *a.* **~ over** *eyes*: glasig werden; 2. Glasur f
gleam 1. schwacher Schein, Schimmer m; 2. leuchten, schimmern
glib glattfertig
glide 1. gleiten; segeln; 2. Gleiten n; *aviat.* Gleitflug m; **~r** Segelflugzeug n; **gliding** Segelfliegen n
glimmer 1. schimmern; 2. Schimmer m
glimpse 1. (nur) flüchtig zu sehen bekommen; 2. flüchtiger Blick
glint glitzern, glänzen
glisten glänzen
glitter 1. glitzern, funkeln; 2. Glitzern n, Funkeln n
gloat: **~ over** verzückt betrachten (*acc*); sich hämisch freuen über, sich diebisch freuen über
globe Erdkugel f; Globus m
gloom Düsterkeit f, Dunkel n; düstere Stimmung, gedrückte Stimmung; **gloomy**

glorify dunkel, düster; hoffnungslos; niedergeschlagen

glorify verherrlichen; **glorious** glorreich; prächtig; **glory** Ruhm *m*, Ehre *f*

gloss Glanz *m*

glossary Glossar *n*

glossy glänzend

glove Handschuh *m*

glow glühen

glue 1. Leim *m*, Klebstoff *m*; **2.** leimen, kleben

glum niedergeschlagen

glutton Vielfraß *m*

GMT *Greenwich Mean Time* WEZ, westeuropäische Zeit

gnash ~ *one's teeth* mit den Zähnen knirschen

gnat (Stech)Mücke *f*

gnaw nagen (*at* an)

go 1. gehen, fahren, reisen (*to* nach); (fort)gehen; *road etc.*: gehen, führen (*to* nach); *reach*: sich erstrecken, gehen (*to* bis); *bus etc.*: verkehren, fahren; *tech. work properly*: gehen, laufen, funktionieren; *time*: vergehen; passen (*with* zu); werden (~ *blind*); ~ *past* vorbeigehen; ~ *shopping/swimming* einkaufen/schwimmen gehen; *it is* ~*ing to rain* es gibt Regen; *I must be* ~*ing* ich muß gehen; ~ *for a walk* e-n Spaziergang machen, spazieren gehen; ~ *to bed* ins Bett gehen; ~ *to school* zur Schule gehen; ~ *to see* besuchen; *let* ~ loslassen; ~ *ahead* vorangehen (*of s.o.* j-m); ~ *at* losgehen auf; ~ *away* weggehen; ~ *back* zurückgehen; ~ *by* vorbeigehen, vorbeifahren; *time*: vergehen; *fig*. sich halten an, sich richten nach; ~ *down sun*: untergehen; ~ *for* holen; losgehen auf; ~ *in* hineingehen; ~ *in for* teilnehmen an; sich begeistern für; ~ *off* explodieren, losgehen; *light*: ausgehen; ~ *on* weitergehen, weiterfahren; *fig*. fortfahren (*doing* zu tun); *fig*. vor sich gehen, vorgehen; ~ *out* hinausgehen; ausgehen (*a. light*); ~ *through* durchgehen, durchnehmen; durchmachen; ~ *up* steigen; hinaufgehen, hinaufsteigen; **2.** Schwung *m*, *F* Versuch *m*; *it's my* ~ F ich bin dran

goad anstacheln

go-ahead 1. fortschrittlich; **2.** *get the* ~ grünes Licht bekommen

goal Ziel *n*; *sport*: Tor *n*; **goalie** F, ~**keeper** Torwart *m*

goat Ziege *f*

gobble verschlingen

go-between Vermittler(in)

god (*rel.* 2) Gott *m*; ~**child** Patenkind *n*

goddess Göttin *f*

god|**father** Pate *m*; ~**forsaken** gottverlassen; ~**less** gottlos; ~**mother** Patin *f*; ~**parent** Pate *m*, Patin *f*

goggles *pl* Schutzbrille *f*

goings-on *pl* F Treiben *n*, Vorgänge *pl*

gold 1. Gold *n*; **2.** golden, *in compounds:* Gold...; ~ **golden**; ~**smith** Goldschmied(in)

golf 1. Golf(spiel) *n*; **2.** Golf spielen; ~ **club** Golfklub *m*; Golfschläger *m*; ~ **course** Golfplatz *m*; ~**er** Golfer(in), Golfspieler(in); ~ **links** *pl* or *sg* Golfplatz *m*

gone fort, weg

good 1. gut; artig, lieb; gut, richtig; *a* ~ *many* ziemlich viele; ~ *at* gut in, geschickt in; *real* ~ F echt gut; **2.** Nutzen *m*, Wert *m*; *das Gute, Gutes n*; *for* ~ für immer

goodbye 1. *say* ~ *to s.o., wish s.o.* ~ j-m Auf Wiedersehen sagen; *tel.* auf Wiederhören!; **2.** *int* (auf) Wiedersehen!, *tel.* auf Wiederhören!

Good Friday Karfreitag *m*

good|-**humored** *Am.*, ~**-humoured** *Brt.* gut gelaunt; gutmütig; ~**-looking** gut aussehend; ~**-natured** gutmütig; ~**ness** Güte *f*; *thank* ~ Gott sei Dank

goods *pl* Güter *pl*, Ware(n *pl*) *f*

goodwill guter Wille, gute Absicht

goose Gans *f*; ~**berry** Stachelbeere *f*

gorge 1. enge Schlucht; **2.** ~ *o.s. on/with* sich vollstopfen mit

gorgeous prächtig; F großartig, wunderbar

gorilla Gorilla *m*

go-slow *Brt.* Bummelstreik *m*

gospel *usually* ♀ Evangelium *n*

gossip 1. Klatsch *m*; Schwatz *m*; Klatschbase *f*; **2.** klatschen

govern regieren; verwalten; ~**ment** Regierung *f*; ~**or** Gouverneur *m*

gown Kleid *n*; Robe *f*

grab greifen, packen

grace Anmut *f*, Grazie *f*; Anstand *m*; Frist *f*; Aufschub *m*; Gnade *f*; Tischgebet *n*; ~**ful** anmutig

gracious 1. gnädig; freundlich; **2.** *int: good* ~*!* du meine Güte!

grade 1. Grad *m*, Stufe *f*; Qualität *f*, *school:* Klasse *f*, Note *f*, Zensur *f*; Steigung *f*, Gefälle *n*; **2.** sortieren, einteilen; ~ **crossing** schienengleicher Bahnübergang *m*; ~ **school** Grundschule *f*

gradient Steigung *f*, Gefälle *n*

gradual allmählich, stufenweise

graduate 1. *noun* Akademiker *m*, Hochschulabsolvent(-in); Graduierte *m, f*; Schulabgänger(in); **2.** graduieren; die Abschlussprüfung bestehen; *v/t* einteilen; abstufen, staffeln; **graduation** Abstufung *f*, Staffelung *f*; (Maß)Einteilung *f*; *univ.*

grain

Graduierung f; *school:* Absolvieren n
grain (Getreide)Korn n; Getreide n; *sand, salt etc.:* Korn n; Maserung f
gram Gramm n
grammar Grammatik f; **~ school** *Brt. appr.* Gymnasium n
gramme Gramm n
grand 1. großartig; groß, bedeutend, wichtig; *in compounds:* Haupt...; **2.** *mus.* F Flügel m; *sl.* Riese m (a thousand dollars or pounds)
grand|child Enkel(in); **~daughter** Enkelin f; **~father** Großvater m; **~mother** Großmutter f; **~parents** pl Großeltern pl
grand piano *mus.* Flügel m
grandson Enkel m
grandstand Haupttribüne f
granite Granit m
granny F Oma f
grant 1. bewilligen, gewähren; *permission etc.:* geben; *request etc.:* zugeben, zugestehen; **take s.th. for ~ed** et. als selbstverständlich betrachten; **2.** Stipendium n; Unterstützung f
granule Körnchen n
grape Weintraube f, Weinbeere f; **~fruit** Grapefruit f, Pampelmuse f; **~vine** Weinstock m
graph Diagramm n, Schaubild n; **~ic 1.** grafisch; anschaulich; **2.** pl Grafik(en pl)

grapple: **~ with** kämpfen mit
grasp 1. (er)greifen, packen; *fig.* verstehen, begreifen; **2.** Griff m; *fig.* Reichweite f; *fig.* Verständnis n
grass Gras n; Rasen m; **~hopper** Heuschrecke f; **~y** grasbedeckt
grate¹ Gitter n; (Feuer)Rost m
grate² reiben, raspeln; knirschen, quietschen
grateful dankbar
grater Reibe f
grating Gitter n
gratitude Dankbarkeit f
grave¹ Grab n
grave² ernst
gravel Kies m
grave|stone Grabstein m; **~yard** Friedhof m
gravity Schwerkraft f
gravy Bratensoße f
gray grau
graze¹ (ab)weiden
graze² 1. streifen; **~ one's knee** *etc.* sich das Knie *etc.* abschürfen oder aufschürfen; **2.** Abschürfung f, Schramme f
grease 1. Fett n; *tech.* Schmierfett n, Schmiere f; **2.** (ein)fetten, *tech.* (ab)schmieren; **greasy** fettig, schmierig, ölig
great groß, bedeutend, wichtig; F großartig, super
Great Britain Großbritannien n
Great Dane Dogge f

great|-grandchild Urenkel(in); **~grandfather** Urgroßvater m; **~grandmother** Urgroßmutter f; **~grandparents** pl Urgroßeltern pl

great|ly sehr; **~ness** Größe f; Bedeutung f

Greece Griechenland n

greed Gier f (**for** nach); **greedy** gierig; gefräßig

Greek 1. griechisch; **2.** Grieche m, Griechin f

green 1. grün (a. fig.); **2.** pl grünes Gemüse; **~ card** Arbeitserlaubnis f; **~grocer** esp. Brt. Obst- u. Gemüsehändler(in); **~horn** F Grünschnabel m; **~house** Gewächshaus n, Treibhaus n; **~house effect** Treibhauseffekt m; **~ish** grünlich

greet (be)grüßen; **~ing** Gruß m; Begrüßung f; **~ings** pl Glückwünsche pl

grenade Granate f

grey Brt. grau; **~hound** zo. Windhund m

grid Gitter n; electr. etc. Versorgungsnetz n; **numbered squares on map**: Gitter(netz) n; **~iron** Bratrost m

grief Kummer m

grievance (Grund m zur) Beschwerde f; **grieve: ~ for** trauern um

grill 1. grillen; **2.** Grill m, Gegrillte n

grim schrecklich; grimmig

grimace 1. Grimasse f; **2.** e-e Grimasse schneiden, Grimassen schneiden

grime (dicker) Schmutz m; **grimy** schmutzig

grin 1. Grinsen n; **2.** Grinsen

grind (zer)mahlen, zerreiben, zerkleinern; knives etc. schleifen; **raw meat**: durchdrehen

grip 1. packen (a. fig.), ergreifen; **2.** Griff m (a. fig.)

gripes pl Kolik f

grit Kies m; fig. Mut m

groan 1. stöhnen; **2.** Stöhnen n

grocer Lebensmittelhändler m; **groceries** pl Lebensmittel pl; **grocery** Lebensmittelgeschäft n; **grocery cart** Einkaufswagen m

groin anat. Leiste f

groom 1. Bräutigam m; Pferdepfleger m; **2. horse**: striegeln

groove Rinne f, Furche f; Rille f

grope tasten

gross 1. in compounds: Brutto...; rude: grob, derb; dick, fett; **2.** Gros n (12 dozen)

ground¹ gemahlen; **~ beef** Hackfleisch n

ground² 1. (Erd)Boden m, Erde f; Boden m, Gebiet n; sport: (Spiel)Platz m; fig. (Beweg)Grund m; electr. Erdung f; **~s** pl Grundstück n, Park m, Gartenanlage f; (Boden)Satz m; **2. mar.** auflaufen; electr. erden; gründen, stützen

ground| control *aviat.* Bodenstation *f*; **~ crew** *aviat.* Bodenpersonal *n*; **~ floor** *esp. Brt.* Erdgeschoss *n*, *Austrian:* Erdgeschoß *n*; **~less** grundlos; **~ staff** *Brt. aviat.* Bodenpersonal *n*

group 1. Gruppe *f*; **2.** sich gruppieren; (in Gruppen) einteilen, (in Gruppen) anordnen

grow *v/i* wachsen; (allmählich) werden; **~ up** aufwachsen, heranwachsen; *v/t* anbauen

growl knurren

grown-up 1. *adj* erwachsen; **2.** *noun* Erwachsene *m*, *f*

growth Wachsen *n*, Wachstum *n*; Wuchs *m*, Größe *f*; *fig.* Zunahme *f*, Anwachsen *n*; *med.* Gewächs *n*

grub *F food:* Futter *n*

grubby schmudd(e)lig

grudge 1. missgönnen (*s.o. s.th.* j-m et.); **2.** Groll *m*; **grudging** widerwillig

gruel Haferschleim *m*

grueling *Am.*, **gruelling** *Brt.* aufreibend; mörderisch

gruff schroff, barsch

grumble murren; *thunder:* (g)rollen

grumpy F schlecht gelaunt, missmutig, mürrisch

grungy *sl.* schmudd(e)lig, schlampig

grunt grunzen

guarantee 1. Garantie *f*, Kaution *f*, Sicherheit *f*; **2.** (sich ver)bürgen für; garantieren; **guarantor** *jur.* Bürge *m*, Bürgin *f*

guard 1. Wache *f*, (Wach-) Posten *m*; Wächter *m*; Aufseher *m*, Wärter *m*; Bewachung *f*; *Brt. rail.* Zugbegleiter *m*; **on one's ~** auf der Hut; **off one's ~** unachtsam; **2.** bewachen; (be)schützen; **~ against** schützen vor; sich in Acht nehmen vor; **~ed** zurückhaltend

guardian *jur.* Vormund *m*

guess 1. (er)raten; vermuten; glauben, meinen; **2.** Vermutung *f*

guest Gast *m*; **~house** (Hotel)Pension *f*, Fremdenheim *n*; **~room** Gästezimmer *n*, Fremdenzimmer *n*

guidance Führung *f*; (An-) Leitung *f*; **marriage ~** Eheberatung *f*; **vocational ~** Berufsberatung *f*

guide 1. (Reise-, Fremden-) Führer(in); *book:* (Reise-) Führer *m*; Handbuch *n* (*to gen*) **2.** führen; lenken; **~book** (Reise)Führer *m*; **guided tour** Führung *f*; **~lines** *pl* Richtlinien *pl*

guilt Schuld *f*; **guilty** schuldig (*of gen*)

guinea pig Meerschweinchen *n*; *fig.* Versuchskaninchen *n*

guitar Gitarre *f*

gulf Golf *m*; *fig.* Kluft *f*

gull Möwe *f*

gullet Speiseröhre *f*; Gurgel *f*
gulp 1. *a.* **~ down** *drink:* hinunterstürzen, *food:* hinunterschlingen; 2. (großer) Schluck
gum¹ *usually pl* Zahnfleisch *n*
gum² 1. Gummi *m*, *n*, Klebstoff *m*; Kaugummi *m*; 2. *v/t* kleben
gun Gewehr *n*; Pistole *f*, Revolver *m*; Geschütz *n*, Kanone *f*; **~shot** Schuss *m*
gurgle gurgeln, gluckern, glucksen
gush 1. strömen, schießen (**from** aus); 2. Schwall *m*
gust Windstoß *m*, Bö *f*

gut Darm *m*; *pl* Eingeweide *pl*; *a/f* Mumm *m*
gutter Gosse *f* (*a. fig.*), Rinnstein *m*; Dachrinne *f*
guy F Kerl *m*, Typ *m*
gym Fitnesscenter *n*; → **gymnasium**, **gymnastics**; **~ shoes** *pl* Turnschuhe *pl*
gymnasium Turnhalle *f*, Sporthalle *f*
gymnast Turner(in); **~ics** *sg* Turnen *n*, Gymnastik *f*
gynaecologist *Brt.*, **gynecologist** *Am.* Gynäkologe *m*, Gynäkologin *f*, Frauenarzt *m*, Frauenärztin *f*
gypsy Zigeuner(in)

H

habit (An)Gewohnheit *f*; **~able** bewohnbar
habitat *bot., zo.* Lebensraum *m*
habitual gewohnheitsmäßig
hack hacken; **~er** F *computer:* Hacker(in)
hackneyed abgedroschen
haddock Schellfisch *m*
haemorrhage *Brt.* → **hemorrhage**
hag hässliches altes Weib, Hexe *f*
haggard abgehärmt; abgespannt
hail 1. Hagel *m*; 2. hageln; **~stone** Hagelkorn *n*; **~storm** Hagelschauer *m*
hair *one strand:* Haar *n*; *mass:*

Haar *n*, Haare *pl*; **~brush** Haarbürste *f*; **~cut** Haarschnitt *m*; **~do** F Frisur *f*; **~dresser** Friseur(in); **~dryer** *a.* **hairdrier** Trockenhaube *f*; Haartrockner *m*, Föhn *m*, Fön® *m*; **~grip** Haarklammer *f*; **~less** unbehaart, kahl; **~pin** Haarnadel *f*; **~pin bend** Haarnadelkurve *f*; **~raising** haarsträubend; **~slide** Haarspange *f*; **~splitting** Haarspalterei *f*; **~style** Frisur *f*

half 1. *noun* Hälfte *f*; **~ after** (*esp. Brt. past*) ten halb elf (Uhr); 2. *adj* halb; **~ a pound** e-e halbe Stunde; **~ a pound** ein halbes Pfund; 3. *adv*

half-hearted

halb, zur Hälfte; **~hearted** halbherzig; **~ time** *sport:* Halbzeit *f;* **~way** auf halbem Weg (liegend), in der Mitte (liegend)
halibut Heilbutt *m*
hall Halle *f,* Saal *m;* (Haus-)Flur *m,* Diele *f*
halo *astr.* Hof *m;* Heiligenschein *m*
halt 1. Halt *m;* 2. (an)halten
halter Halfter *m, n*
halve halbieren
ham Schinken *m*
hamburger *gastr.* Hamburger *m*
hammer 1. Hammer *m;* 2. hämmern
hammock Hängematte *f*
hamper[1] (Deckel)Korb *m;* Geschenkkorb *m,* F Fresskorb *m;* Wäschekorb *m*
hamper[2] (be)hindern
hamster Hamster *m*
hand 1. Hand *f* (*a. fig.*); Handschrift *f;* (Uhr)Zeiger *m; usually in compounds:* Arbeiter *m;* Fachmann *m; card games:* Blatt *n,* Karten *pl;* **at first ~** aus erster Hand; **by ~** mit der Hand; **on the one ~ ..., on the other ~ ...,** einerseits..., andererseits...; **on the right ~ side** rechts; **~s off!** Hände weg!; **~s up!** Hände hoch!; **give**|**lend a ~** mit zugreifen, helfen (**with** bei); **shake ~s with s.o.** j-m die Hand schütteln, j-m die Hand geben; 2. aushändigen, (über)geben, (über)reichen; **~ down** weitergeben, überliefern; **~ in exam paper** *etc.:* abgeben, *request, application, forms etc.:* einreichen; **~ on** weiterreichen, weitergeben; **~ over** übergeben (**to** *dat*); **~bag** Handtasche *f;* **~ball** *soccer:* Handspiel *n;* **~bill** Handzettel *m,* Flugblatt *n;* **~book** Handbuch *n;* **~brake** Handbremse *f;* **~cuffs** *pl* Handschellen *pl*
handicap 1. Handikap *n, med. a.* Behinderung *f, sport: a.* Vorgabe *f;* 2. behindern, benachteiligen
handi|**craft** (*esp.* Kunst-)Handwerk *n,* Handarbeit *f;* **~work** (Hand)Arbeit *f; fig.* Werk *n*
handkerchief Taschentuch *n*
handle 1. Griff *m;* Stiel *m;* Henkel *m;* (Tür)Klinke *f;* 2. anfassen, berühren; hantieren mit, umgehen mit; behandeln; **~bars** *pl* Lenkstange *f*
hand|**luggage** Handgepäck *n;* **~made** handgearbeitet; **~rail** Handlauf *m;* **~shake** Händedruck *m*
handsome *esp. of a man:* gut aussehen; *sum etc.:* beträchtlich
hand|**writing** (Hand)Schrift *f;* **~written** handgeschrieben
handy praktisch, nützlich;

geschickt; zur Hand
hang aufhängen; *wallpaper*: ankleben; *pret and pp* **hanged** execute: (F auf-)hängen; ~ **about/around** herumlungern; ~ **on** festhalten (**to** *acc*)
hangar Hangar *m*, Flugzeughalle *f*
hanger Kleiderbügel *m*
hang| glider (Flug)Drachen *m*; Drachenflieger(in); **~gliding** Drachenfliegen *n*
hangnail Niednagel *m*
hangover Katzenjammer *m*, Kater *m*
hankie, hanky F Taschentuch *n*
haphazard planlos, willkürlich
happen (zufällig) geschehen; sich ereignen, passieren; **~ing** Ereignis *n*; Happening *n*
happily glücklich(erweise)
happiness Glück *n*
happy glücklich; **~-go-lucky** unbekümmert
harass ständig belästigen; schikanieren; **~ment** ständige Belästigung, Schikane(n *pl*) *f*; → **sexual harassment**
harbor *Am.*, **harbour** *Brt.* 1. Hafen *m*; 2. Unterschlupf gewähren; *grudge etc.*: hegen
hard hart; schwer, schwierig; heftig, stark; hart, streng (*a. winter*); *facts etc.*: hart, nüchtern; *drug*: hart, *drink*: *a.* stark; hart, fest; **~ of hear-**

hash

ing schwerhörig; **~back book**: gebundene Ausgabe; **~-boiled egg**: hart (gekocht); **~cover** → **hardback**; **~ disk** *computer*: Festplatte *f*; **~en** härten; hart machen; hart werden; erhärten; (sich) abhärten; **~ hat** Schutzhelm *m*; **~headed** praktisch, nüchtern; **~ly** kaum; **~ness** Härte *f*; **~ship** Not *f*; Härte *f*; **~ shoulder** *Brt. mot.* Standspur *f*; **~ware** Eisenwaren *pl*; Haushaltswaren *pl*; *computer*: Hardware *f*
hardy zäh, robust
hare Hase *m*; **~bell** Glockenblume *f*
harm 1. Schaden *m*; 2. schaden; **~ful** schädlich; **~less** harmlos
harmonious harmonisch; **harmonize** harmonieren; in Einklang sein; in Einklang bringen
harness 1. (Pferde- *etc.*)Geschirr *n*; 2. anschirren; anspannen (**to** an)
harp 1. Harfe *f*; 2. Harfe spielen; **~ on about** *fig.* herumreiten auf, dauernd reden von
harrow 1. Egge *f*; 2. eggen
harsh rau; streng; grell; barsch, schroff
harvest 1. Ernte(zeit) *f*; Ertrag *m*; 2. ernten
has: *he/she/it* ~ er/sie/es hat
hash *gastr.* Haschee *n*

hashish Haschisch *n*
haste Eile *f*, Hast *f*; **hasten** (sich be)eilen; *person:* antreiben; beschleunigen; **hasty** eilig, hastig, überstürzt
hat Hut *m*
hatch¹ ~ **out** ausbrüten; ausschlüpfen
hatch² Luke *f*; Durchreiche *f*
hatchet Beil *n*
hate 1. hassen; 2. Hass *m*; **hatred** Hass *m*
haughty hochmütig, überheblich
haul 1. ziehen; schleppen; befördern, transportieren; 2. Fang *m* (*a. fig.*); Transport(weg) *m*; ~**age** Transport *m*
hauler *Am.*, **haulier** *Brt.* Transportunternehmer *m*
haunch Hüfte *f*, Hüftpartie *f*; *animal:* Hinterbacke *f*, Keule *f*
haunt 1. spuken in; *fig.* verfolgen; 2. häufig besuchter Ort
have *v/t* haben; erhalten, bekommen; essen, trinken (~ **breakfast** frühstücken); müssen (*I ~ to go now* ich muss jetzt gehen); lassen (*I had my hair cut* ich ließ mir die Haare schneiden); *I ~ come* ich bekomme; ~ **back** zurückbekommen; ~ **on** *put:* anhaben; *dress etc.:* anhaben, *hat:* aufhaben
haven Zufluchtsort *m*
havoc Verwüstung *f*

hawk Habicht *m*, Falke *m* (*a. pol.*)
hawthorn Weißdorn *m*
hay Heu *n*; ~ **fever** Heuschnupfen *m*; ~**stack** Heuschober *m*, Heuhaufen *m*
hazard 1. Gefahr *f*, Risiko *n*; 2. wagen; riskieren; ~**ous** gewagt, gefährlich, riskant; ~**ous waste** Sondermüll *m*, Giftmüll *m*
haze Dunst(schleier) *m*
hazel 1. Haselnussstrauch *m*; 2. nussbraun; ~**nut** Haselnuss *f*
hazy dunstig, diesig; *fig.* verschwommen
he 1. *pron* er; 2. *noun* Er *m*; *zo.* Männchen *n*
head 1. *noun* Kopf *m*; (Ober)Haupt *n*; (An)Führer(in), Leiter(in); Spitze *f*; *bed:* Kopf(ende *n*) *m*; Überschrift *f*; *15 dollars a/per ~* fünfzehn Dollar pro Kopf or Person; *40 ~ (of cattle)* 40 Stück (Vieh); *~s or tails?* *coin:* Kopf oder Zahl?; ~ **over heels** kopfüber; bis über beide Ohren (*in love etc.*); 2. *adj in compounds:* Kopf...; Chef..., Haupt..., Ober...; 3. *v/t* anführen, an der Spitze stehen von (*or gen*); vorangehen, vorausgehen; (an)führen, leiten; *soccer:* köpfen; *v/i* (*for*) gehen, fahren (nach); lossteuern, losgehen (auf); Kurs halten (auf); ~**ache** Kopfschmerz(en *pl*)

m; ~er Kopfsprung m; soccer: Kopfball m; ~ing Überschrift f, Titel m; ~lamp → headlight; ~land Landspitze f, Landzunge f; ~light Scheinwerfer m; ~line Schlagzeile f; ~long kopfüber; ~master school: Direktor m, Rektor m; ~mistress school: Direktorin f, Rektorin f; ~ office Zentrale f; ~on frontal, in compounds: Frontal...; ~phones pl Kopfhörer pl; ~quarters pl, sg mil. Hauptquartier n; Hauptsitz m, Zentrale f; ~rest Kopfstütze f; ~set Kopfhörer m; ~strong eigensinnig, halsstarrig
heal a. ~ up heilen; ~ over (zu)heilen
health Gesundheit f; your ~! auf Ihr Wohl!; ~ club Fitnessklub m, Fitnesscenter n; ~ food Reformkost f, Biokost f; ~ insurance Krankenversicherung f; ~ resort Kurort m
healthy gesund
heap 1. Haufen m; 2. häufen; ~ up aufhäufen, anhäufen
hear (an-, ver-, zu)hören, poem, vocabulary etc.: abhören
hearer (Zu)Hörer(in)
hearing Gehör n; Hören n; esp. pol. Hearing n, Anhörung f; jur. Verhandlung f; within/out of ~ in/außer Hörweite; ~ aid Hörgerät n

hearsay: by ~ vom Hörensagen
heart Herz n (a. fig.); fig. Kern m; card games: Herz (-karte) f; ace of ~s Herzass n; by ~ auswendig; ~ attack Herzanfall m; Herzinfarkt m; ~beat Herzschlag m; ~breaking herzzerreißend; ~burn Sodbrennen n; ~ failure Herzversagen n; ~felt aufrichtig
hearth Kamin m
heart|less herzlos; ~ transplant Herzverpflanzung f
hearty herzlich
heat 1. Hitze f; phys. Wärme f; fig. Eifer m; zo. Läufigkeit f; sport: (Einzel)Lauf m; 2. v/t heizen; a. ~ up erhitzen, aufwärmen; v/i sich erhitzen (a. fig.); ~ed geheizt; room, mot. rear window etc.: heizbar; fig. erregt, hitzig; ~er Heizgerät n
heath Heide(land n) f
heathen 1. Heide m, Heidin f; 2. heidnisch
heather Heidekraut n, Erika f
heating Heizung f; in compounds: Heiz...
heat|proof hitzebeständig; ~stroke Hitzschlag m; ~ wave Hitzewelle f
heave hochziehen, hochwinden, (hoch)hieven, (hoch)stemmen; sigh: ausstoßen; sich heben und senken, wogen

heaven Himmel *m*; **~ly** himmlisch

heavy schwer; *smoker, rain, traffic etc.*: stark; *fine, tax etc.*: hoch; *food etc.*: schwer (verdaulich); drückend, lastend; **~ current** Starkstrom *m*; **~weight** *sport*: Schwergewicht(ler *m*) *n*

Hebrew hebräisch

heckle durch Zwischenrufe stören

hectic hektisch

hedge 1. Hecke *f*; **2.** *v/t a.* **~ in** mit e-r Hecke einfassen; *v/i fig.* ausweichen

hedgehog Igel *m*

heel Ferse *f*; Absatz *m*

hefty kräftig, stämmig; gewaltig, *fine etc.*: saftig

he-goat Ziegenbock *m*

height Höhe *f*; (Körper)Größe *f*; Höhe(punkt *m*) *f*; **~en** erhöhen; vergrößern

heir Erbe *m*; **~ess** Erbin *f*

helicopter Hubschrauber *m*

hell Hölle *f*; **what the ~ ...?** was zum Teufel ...?

hello *int* hallo!

helm Ruder *n*, Steuer *n*

helmet Helm *m*

help 1. Hilfe *f*; Hausangestellte *f*. **2.** helfen; sich bedienen, sich nehmen; *I can't ~ it* ich kann es nicht ändern; ich kann nichts dafür; *I couldn't ~ laughing* ich musste einfach lachen; **~er** Helfer(in); **~ful** hilfreich; hilfsbereit; **~ing** *amount of food*: Portion *f*; **~less** hilflos

helter-skelter holterdiepolter

hem 1. Saum *m*; **2.** (ein)säumen; **~line** Rocklänge *f*

hemorrhage Blutung *f*

hemp Hanf *m*

hen Henne *f*, Huhn *n*; *birds*: Weibchen *n*

henpecked husband Pantoffelheld *m*

hepatitis Hepatitis *f*, Leberentzündung *f*

her sie; ihr; ihr(e); sich

herb Kraut *n*

herd Herde *f* (*a. fig.*)

here hier; (hier)her; **~'s to you!** auf dein Wohl!; **~ you are!** hier(, bitte)!

hereditary erblich, *in compounds*: Erb-

heritage Erbe *n*

hermit Einsiedler *m*, Eremit *m*

hero Held *m*; **~ic** heroisch, heldenhaft

heroin Heroin *n*

heroine Heldin *f*

heron Reiher *m*

herpes Herpes *m*

herring Hering *m*

hers ihrs, ihre(r, -s)

herself sie/ihr selbst; sich (selbst)

hesitate zögern, Bedenken haben; **hesitation** Zögern *n*

hew hauen, hacken

heyday Höhepunkt *m*, Gipfel *m*; Blüte(zeit) *f*

hi *int* F hallo!

hibernate zo. Winterschlaf halten
hiccup 1. a. **hiccough** Schluckauf m; **2.** den Schluckauf haben
hide¹ (sich) verbergen, (sich) verstecken; verheimlichen
hide² Haut f, Fell n
hide|-and-seek Versteckspiel n; **~away** Versteck n
hideous abscheulich
hiding¹ F Tracht f Prügel
hiding²: *be in* ~ sich versteckt halten; *go into* ~ untertauchen; ~ *place* Versteck n
hi-fi Hi-Fi(-Gerät n, -Anlage f) n
high 1. hoch; *hopes etc.*: groß; *meat etc.*: angegangen; *alcohol*: F blau, *drugs*: high; *in* ~ *spirits* in Hochstimmung; *it is* ~ *time* es ist höchste Zeit; **2.** *meteor.* Hoch n; **~brow 1.** Intellektuelle m, f; **2.** (betont) intellektuell; **~calorie** kalorienreich; **~class** erstklassig; **~diving** Turmspringen n; **~fidelity** *in compounds*: High-Fidelity-...; **~grade** erstklassig; hochwertig; **~heeled** *shoes*: hochhackig; **~jump** Hochsprung m; **~light 1.** Höhepunkt m; **2.** hervorheben; **~ly** *fig.* hoch; *think* ~ *of* viel halten von; **ness** *status*: Hoheit f; **~-pitched** *sound*, *voice*: schrill; *roof*: steil; **~powered** *in compounds*: Hochleistungs-...; *fig.* dyna-

misch; **~pressure** *tech.*, *meteor.* in compounds: Hochdruck-...; **~rise** Hochhaus n; ~ *road* esp. Brt. Hauptstraße f; **~ school** High School f; ~ *street* Brt. Hauptstraße f; **~ tech** *in compounds*: High-Tech-...; **~technology** Hochtechnologie f; **~tension** *electr.* in compounds: Hochspannungs-...; ~ *tide* Flut f; **~water** Hochwasser n; **~way** Highway m, **~way Code** Brt. Straßenverkehrsordnung f
hijack *airplane*: entführen; *vehicle*: überfallen; **~er** Flugzeugentführer(in); Räuber m
hike 1. wandern; **2.** Wanderung f; **hiker** Wanderer m, Wanderin f
hilarious vergnügt, ausgelassen; lustig
hill Hügel m; **~side** Abhang m; **hilly** hügelig
hilt Heft n, Griff m
him ihn; ihm; ~**self** er/ihm/ ihn selbst; sich (selbst)
hind *in compounds*: Hinter-...
hinder aufhalten; behindern; **hindrance** Hindernis n
hinge Scharnier n, (Tür)Angel f
hint 1. Wink m, Andeutung f; Tipp m; Anspielung f; **2.** andeuten; anspielen (*at* auf)
hip Hüfte f
hippo F, **hippopotamus** Flusspferd n, Nilpferd n

hire 1. *Brt. car etc.:* mieten; *airplane etc.:* chartern; *person:* anstellen; *person:* engagieren, anheuern; **~ out** *Brt.* vermieten; **2.** Miete *f*; **for ~** zu vermieten; *cab:* frei; **~ car** Leihwagen *m*, Mietwagen *m*; **~ purchase:** on **~** *esp. Brt.* auf Abzahlung, auf Raten

his sein(e); seins, seine(r, -s)

hiss zischen, *cat:* fauchen; auszischen

historic historisch; **~al** historisch, geschichtlich

history Geschichte *f*

hit 1. schlagen; treffen (*a. fig.*); *mot.* rammen; **2.** Schlag *m*; Treffer *m* (*a. fig.*); *music, play etc.:* Hit *m*; **~-and-run: ~ driver** (unfall)flüchtiger Fahrer; **~ offense** (*Brt.* **offence**) Fahrerflucht *f*

hitch 1. befestigen, festhaken (**to** an); **~ up** hochziehen; **a ride** F im Auto mitgenommen werden; F **→ hitchhike**; **2.** Ruck *m*, Zug *m*; Schwierigkeit *f*, Haken *m*; **without a ~** glatt, reibungslos; **~hike** per Anhalter fahren, trampen; **~hiker** Anhalter(in), Tramper(in)

hi-tech → high-tech

HIV: ~ negative/positive HIV-negativ/-positiv

hive Bienenkorb *m*, Bienenstock *m*; Bienenvolk *n*

hoard 1. Vorrat *m*, Schatz *m*; **2.** horten

hoarfrost (Rau)Reif *m*

hoarse heiser, rau

hoax (übler) Scherz *m*

hobble humpeln, hinken

hobby Hobby *n*, Steckenpferd *n*; **~horse** Steckenpferd *n* (*a. fig.*).

hobo Landstreicher *m*

hock weißer Rheinwein

hockey Eishockey *n*; *esp. Brt.* Hockey *n*.

hoe 1. Hacke *f*; **2.** *soil:* hacken

hog (Schlacht)Schwein *n*

hoist 1. hochziehen; hissen; **2.** (Lasten)Aufzug *m*

hold 1. *v/t* (fest)halten; *weight etc.:* tragen, (aus)halten; zurückhalten, abhalten (**from** von); *elections, meeting etc.:* abhalten; *mil., fig. position:* halten; *econ. stocks etc.:* besitzen; *office etc.:* bekleiden; *place:* einnehmen, (inne)haben; *world record etc.:* halten; fassen, enthalten; Platz bieten für; **~ s.th. against s.o.** j-m et. vorwerfen; j-m et. nachtragen; **~ one's own** sich behaupten; **~ the line** *tel.* am Apparat bleiben; **~ responsible** verantwortlich machen; *v/i* halten; (sich) festhalten (**to** an); *weather, fortune etc.:* anhalten, andauern; **~ on** (sich) festhalten (**to** an); standhalten, durchhalten; *tel.* am Apparat bleiben; **~ out** aushalten, durchhalten; *supplies etc.:*

reichen; ~ **up** aufhalten, verzögern; bank etc.: überfallen; fig. hinstellen (**as an example** als Beispiel); **2.** Griff m, Halt m; Stütze f; Gewalt f, Macht f, Einfluss m; **catch/get/take ~ of s.th.** et. ergreifen, et. zu fassen bekommen; **~up** traffic: Stockung f; (bewaffneter) (Raub)Überfall

hole 1. Loch n; Höhle f, Bau m; **2.** durchlöchern

holiday Feiertag m; freier Tag; a. pl esp. Brt. Ferien pl, Urlaub m; **be on ~** in Urlaub sein, Urlaub machen; **~maker** Urlauber(in)

Holland Holland n

hollow 1. Mulde f, Vertiefung f; **2.** hohl; **3. ~ out** aushöhlen

holly Stechpalme f

holocaust Massenvernichtung f; **the** ♀ hist. der Holocaust

holster (Pistolen)Halfter n, f

holy heilig; ♀ **Week** Karwoche f

home 1. noun Heim n; Haus n; Wohnung f; Zuhause n; Heimat f; at ~ zu Hause, Austrian, Swiss: a. zuhause; **make o.s. at ~** es sich bequem machen; **at ~ and abroad** im In- u. Ausland; **2.** adj häuslich; inländisch; in compounds: Inlands...; Heimat...; ort: Heim...; **3.** adv heim, nach Hause, Austrian, Swiss: a. nachhause; zu Hause, Austrian, Swiss: a. zuhause, daheim; ~ **address** Privatanschrift f; ~ **computer** Heimcomputer m; **~less** heimatlos; obdachlos; **~ly** unscheinbar, reizlos; einfach; **~made** selbst gemacht; ~ **market** Binnenmarkt m; ~ **match** sport: Heimspiel n; ♀ **Office** Brt. Innenministerium n; ♀ **Secretary** Brt. Innenminister m; **~sick: be ~** Heimweh haben; **~ward** heimwärts, nach Hause, Austrian, Swiss: a. nachhause; in compounds: Heim..., Rück...; **~wards** heimwärts, nach Hause, Austrian, Swiss: a. nachhause; **~work** Hausaufgabe(n pl) f; **do one's ~** s-e Hausaufgaben machen

homicide jur. Mord m

homosexual 1. homosexuell; **2.** Homosexuelle m, f

honest ehrlich; **honesty** Ehrlichkeit f

honey Honig m; Liebling m, Schatz m; **~comb** (Honig-)Wabe f; **~moon** Flitterwochen pl, Hochzeitsreise f

honk mot. hupen

honorary in compounds: Ehren...; ehrenamtlich

honor Am., **honour** Brt. **1.** Ehre f; **2.** ehren; auszeichnen; econ. check etc.: einlösen; **~able** ehrenvoll, ehrenhaft; ehrenwert

hood Kapuze f; (Motor)Hau-

hoof

be f; Brt. Verdeck n
hoof Huf m
hook 1. Haken m; **2.** anhaken, einhaken, festhaken, zuhaken
hook(e)y: play ~ F die Schule schwänzen
hooligan Rowdy m
hoop Reif(en) m
hoot mot. hupen
Hoover 1. Staubsauger m; **2.** usually 2 (Staub) saugen
hop¹ 1. hüpfen, hopsen; **2.** Sprung m
hop² Hopfen m
hope 1. hoffen (**for** auf); **I ~ so** hoffentlich; **2.** Hoffnung f; **~ful** hoffnungsvoll; **~less** hoffnungslos
horizon Horizont m; **horizontal** horizontal, waag(e)recht
hormone Hormon n
horn Horn n; mot. Hupe f; pl Geweih n
hornet Hornisse f
horny schwielig; V geil
horoscope Horoskop n
horrible schrecklich, entsetzlich; **horrify** entsetzen; **horror** Entsetzen n
horse Pferd n; **~back: on ~** zu Pferde, beritten; **~ chestnut** Rosskastanie f; **~power** Pferdestärke f; **~ race** Pferderennen n; **~radish** Meerrettich m; **~shoe** Hufeisen n
horticulture Gartenbau m
hose¹ Schlauch m
hose² pl Strümpfe pl

472

hospitable gastfreundlich
hospital Krankenhaus n, Klinik f
hospitality Gastfreundschaft f
host¹ Gastgeber m; TV etc. Talkmaster m; Showmaster m; Moderator(in)
host² Menge f
Host³ rel. Hostie f
hostage Geisel f
hostel esp. Brt. (Studenten- etc.)Wohnheim n; mst **youth ~** Jugendherberge f
hostess Gastgeberin f; Hostess f; aviat. Hostess f, Stewardess f
hostile feindlich; feindselig; **hostility** Feindseligkeit f
hot heiß; spices: scharf; hitzig, heftig
hotel Hotel n
hot|head Hitzkopf m; **~ house** Treibhaus n, Gewächshaus n; **~water bottle** Wärmflasche f
hound Jagdhund m
hour Stunde f; pl times for work, business etc.: (Arbeits)Zeit f, (Geschäfts)Stunden pl; **~ly** stündlich
house 1. Haus n; **2.** unterbringen; **~hold** Haushalt m; **~ husband** Hausmann m; **~keeper** Haushälterin f; **~keeping** Haushaltung f, Haushaltsführung f; **2 of Commons** Brt. parl. Unterhaus n; **2 of Lords** Brt. parl. Oberhaus n; **2 of Represen-**

tatives *parl.* Repräsentantenhaus *n*; **~warming** Einzugsparty *f*; **~wife** Hausfrau *f*; **~work** Hausarbeit *f*
housing Wohnung *f*; **~ development** *Am.*, **~ estate** *Brt.* Wohnsiedlung *f*
hover schweben; **~craft** Luftkissenfahrzeug *n*
how wie; **~ are you?** wie geht es dir?, wie geht es Ihnen?; **~ about ...?** wie steht es mit ...?, wie wäre es mit ...?; **~ much?** wie viel?; **~ many?** wie viele?; **~ much is it?** was kostet es?; **~ ever** wie auch (immer); jedoch
howl 1. Heulen *n*; **2.** heulen; brüllen, schreien; **~er** F grober Schnitzer
hub (Rad)Nabe *f*
hubbub Stimmengewirr *n*; Tumult *m*
hubcap Radkappe *f*
huckleberry *North American fruit:* Heidelbeere *f*
huddle: ~ together (sich) zusammendrängen; **~d up** zusammengekauert
hue Farbe *f*; Farbton *m*
hug 1. (sich) umarmen; **2.** Umarmung *f*
huge riesig
hulk Koloss *m*
hull¹ 1. *bot.* Schale *f*, Hülse *f*; **2.** enthülsen, schälen
hull² (Schiffs)Rumpf *m*
hullabaloo Lärm *m*, Getöse *n*
hum summen
human 1. menschlich, *in com-*

hungry

pounds: Menschen...; **2.** *a.* **~ being** Mensch *m*
humane human, menschlich
humanitarian humanitär
humanity die Menschheit; Humanität *f*, Menschlichkeit *f*
humble 1. bescheiden; demütig; **2.** demütigen
humdrum eintönig, langweilig
humid feucht, nass; **~ity** Feuchtigkeit *f*
humiliate demütigen; **humiliation** Demütigung *f*
humility Demut *f*
hummingbird Kolibri *m*
humorous humorvoll, komisch
humor *Am.*, **humour** *Brt.* **1.** Humor *m*; Komik *f*; Stimmung *f*; **2.** *s.o.* j-m s-n Willen lassen
hump Höcker *m*, Buckel *m*; **~back** → **hunchback**
hunch 1. (Vor)Ahnung *f*; **2. ~ one's shoulders** die Schultern hochziehen; **~back** Buckel *m*; Bucklige *m*, *f*
hundred hundert; **hundredth 1.** hundertst; **2.** Hundertstel *n*; **~weight** *appr.* Zentner *m* (50,8 kg)
Hungarian 1. ungarisch; **2.** Ungar(in); **Hungary** Ungarn *n*
hunger 1. Hunger *m* (*a. fig.*); **2.** *fig.* hungern
hungry hungrig; **be ~** Hunger haben

hunt

hunt 1. jagen; verfolgen; **2.** Jagd *f*, Jagen *n*; Verfolgung *f*; **~er** Jäger *m*

hurdle Hürde *f*

hurl schleudern

hurrah, hurray *int* hurra!

hurricane Hurrikan *m*; Orkan *m*

hurried eilig, hastig, übereilt

hurry 1. *v/t* schnell *or* eilig befördern *or* bringen; **~ up** *per person*: antreiben, hetzen; beschleunigen; *v/i* eilen, hasten; **~ (up)** sich beeilen; **~ up!** (mach) schnell!; **2.** Eile *f*, Hast *f*

hurt verletzen; schaden; schmerzen, wehtun

husband (Ehe)Mann *m*

hush 1. *int* still!, pst!; **2.** zum Schweigen bringen; **~ up** vertuschen

husk 1. Hülse *f*, Schote *f*, Schale *f*; **2.** enthülsen, schälen

husky *voice*: heiser, rau; stämmig, kräftig

hustle 1. (eilig) bringen, (eilig) schicken; drängen; hasten; hetzen; **2. ~ and bustle** Gedränge *n*, Betrieb *m*

hut Hütte *f*

hyaena → **hyena**

hydrant Hydrant *m*

hydraulic hydraulisch; **hydraulics** *sg* Hydraulik *f*

hydro... *in compounds*: Wasser...; **~carbon** Kohlenwasserstoff *m*; **~foil** Tragflächenboot *n*, Tragflügelboot *n*

hydrogen Wasserstoff *m*

hydroplaning Aquaplaning *n*

hyena Hyäne *f*

hygiene Hygiene *f*; **hygienic** hygienisch

hymn Kirchenlied *n*

hype F (übersteigerte) Publicity; *media* **~** Medienrummel *m*

hyper... *in compounds*: hyper..., übermäßig...; **~market** *Brt.* Großmarkt *m*, Verbrauchermarkt *m*

hyphen Bindestrich *m*

hypnosis Hypnose *f*; **hypnotize** hypnotisieren

hypocrisy Heuchelei *f*; **hypocrite** Heuchler(in)

hypothesis Hypothese *f*

hysteria Hysterie *f*; **hysterical** hysterisch; **hysterics** *sg* hysterischer Anfall

I

I ich

ice 1. Eis *n*; **2.** mit/in Eis kühlen; *gastr.* glasieren; **~ over** *or* **up** zufrieren; vereisen; **~berg** Eisberg *m*; **~ cream** (Speise)Eis *n*; **~-cream parlor** *Am.*, **~-cream parlour** *Brt.* Eisdiele *f*; **~ cube** Eiswürfel *m*; **~d** eisgekühlt; **~ hockey** Eishockey *n*; **~ lolly**

imagine

Eis *n* am Stiel; **~ rink** (Kunst)Eisbahn *f*; **~ show** Eisrevue *f*
icicle Eiszapfen *m*
icing *gastr.* Glasur *f*, Zuckerguss *m*
icon Ikone *f*; *computer*: Ikone *f*, (Bild)Symbol *n*
icy eisig (*a. fig.*); vereist
idea Idee *f*, Vorstellung *f*; **have no ~** keine Ahnung haben
ideal ideal
identical identisch (**to, with** mit)
identification Identifizierung *f*; **~ (papers** *pl*) Ausweis(papiere *pl*) *m*; **identify** identifizieren
identity Identität *f*; **~ card** (Personal)Ausweis *m*
ideology Ideologie *f*
idiom idiomatischer Ausdruck, Redewendung *f*
idiot Dummkopf *m*; **~ic** idiotisch
idle 1. untätig; faul, träge; nutzlos; *gossip, talk*: leer, hohl; *tech.* stillstehend; *tech.* leer laufend; **2.** faulenzen; *tech.* leer laufen; **~ away** *time*: vertrödeln
idol Idol *n*; Götzenbild *n*; **~ize** abgöttisch verehren, vergöttern
idyllic idyllisch
if wenn, falls; ob; **~ I were you** wenn ich du wäre
igloo Iglu *m*, *n*
ignition Zündung *f*; **~ key** Zündschlüssel *m*
ignorance Unwissenheit *f*; Unkenntnis *f* (**of** *gen*); **ignorant** unwissend; **ignore** ignorieren
ill 1. krank; schlecht, schlimm; **fall ~, be taken ~** krank werden, erkranken; → **ease** 1; **2.** *pl* Übel *n*; **~-advised** schlecht beraten; unklug; **~-bred** schlecht erzogen; ungezogen
illegal verboten; *jur.* illegal, ungesetzlich
illegible unleserlich
illegitimate unehelich; unrechtmäßig
ill-fated unglücklich
illness Krankheit *f*
ill-timed ungelegen, unpassend; **~treat** misshandeln
illuminate beleuchten; **illumination** Beleuchtung *f*
illusion Illusion *f*; (Sinnes)Täuschung *f*
illustrate illustrieren; erläutern, veranschaulichen; **illustration** Illustration *f*; Bild *n*, Abbildung *f*; Erläuterung *f*, Veranschaulichung *f*
ill will Feindschaft *f*
image Bild *n*; Ebenbild *n*; Image *n*
imaginable vorstellbar, denkbar; **imaginary** eingebildet; **imagination** Fantasie *f*, Einbildung(skraft) *f*; **imaginative** ideenreich, einfallsreich; fantasievoll; **imagine** sich vorstellen; sich einbilden

imbecile

imbecile Trottel *m*, Idiot *m*
imitate nachahmen, nachmachen, imitieren; **imitation** Nachahmung *f*, Imitation *f*
im|maculate makellos; tadellos; ~**material** unwesentlich; ~**mature** unreif; ~**measurable** unermesslich
immediate unmittelbar; sofortig, umgehend; *family, kin*: nächst; ~**ly** sofort; unmittelbar
immense riesig
immerse (ein)tauchen; ~ *o.s. in* sich vertiefen in; **immersion heater** *esp. Brt.* Boiler *m*; Tauchsieder *m*
immigrant Einwanderer *m*, Einwanderin *f*, Immigrant (-in); **immigrate** einwandern; **immigration** Einwanderung *f*
imminent nahe bevorstehend; drohend
im|moderate unmäßig, maßlos; ~**moral** unmoralisch; ~**mortal** unsterblich
immune immun (**to** gegen); geschützt (**from** vor, gegen); **immunity** Immunität *f*; **immunize** immunisieren, immun machen (**against** gegen)
imp Kobold *m*; Racker *m*
impact Zusammenprall *m*; Aufprall *m*; *fig.* (Ein)Wirkung *f*, (starker) Einfluss
im|pair beeinträchtigen; ~**partial** unparteiisch, unvoreingenommen; ~**passable** unpassierbar
impasse *fig.* Sackgasse *f*
im|passioned leidenschaftlich; ~**passive** teilnahmslos, gelassen
impatience Ungeduld *f*; **impatient** ungeduldig
impeccable untadelig, einwandfrei
impede (be)hindern; **impediment** Hindernis *n* (**to** für); (*esp.* angeborener) Fehler
im|pending nahe bevorstehend, *danger etc.*: drohend; ~**penetrable** undurchdringlich; *fig.* unergründlich; ~**perative** unumgänglich, unbedingt erforderlich; ~**perceptible** nicht wahrnehmbar, unmerklich; ~**perfect** unvollkommen; mangelhaft; ~**perious** herrisch, gebieterisch; ~**permeable** undurchlässig
impersonal unpersönlich, **impersonate** *person*: imitieren, nachahmen
im|pertinent unverschämt, frech; ~**perturbable** unerschütterlich; ~**pervious** undurchlässig; *fig.* unempfänglich (**to** für)
implant 1. *v/t* implantieren; **2.** *noun* Implantat *n*
implement Werkzeug *n*, Gerät *n*
implicate *person*: verwickeln; **implication** Verwicklung *f*; Folge *f*, Auswirkung *f*; Andeutung *f*

im|plicit bedingungslos; impliziert, (stillschweigend or mit) inbegriffen; **~ply** implizieren, (sinngemäß or stillschweigend) beinhalten; **~polite** unhöflich

import 1. v/t importieren, einführen; **2.** noun Import m, Einfuhr f; pl Importgüter pl, Einfuhrware f

importance Wichtigkeit f, Bedeutung f; **important** wichtig, bedeutend

importer Importeur m

impose auferlegen (*on* dat); *fine, sanctions etc.*: verhängen (*on* gegen); aufdrängen, aufzwingen (*on* dat)

imposing eindrucksvoll, imponierend

impossible unmöglich

impostor a. **imposter** Hochstapler(in)

impotence Unvermögen n, Unfähigkeit f; Hilflosigkeit f; *med.* Impotenz f; **impotent** unfähig; hilflos; *med.* impotent

impoverish: *be ~ed* verarmt sein; **~practicable** undurchführbar

impregnate imprägnieren, tränken

impress (auf)drücken; *person*: beeindrucken; **~ion** Eindruck m; Abdruck m; **~ive** eindrucksvoll

imprint 1. v/t (auf)drücken; *fig.* einprägen; **2.** noun Abdruck m, Eindruck m

imprison inhaftieren; **~ment** Freiheitsstrafe f

im|probable unwahrscheinlich; **~proper** unpassend; falsch; unanständig

improve verbessern; sich (ver)bessern; **~ment** (Ver-)Bess(e)rung f; Fortschritt m

im|provise improvisieren; **~prudent** unklug

impulse Impuls m (a. *fig.*); Anstoß m, Anreiz m; **impulsive** impulsiv

im|punity: *with ~* straflos; **~pure** unrein

in 1. prp of place: (where?) in (dat), an (dat), auf (dat); *~ New York* in New York; *~ the street* auf der Straße; – (where [... to] ?) in (acc); *put it ~ your pocket* steck es in deine Tasche; – of time: in (dat), an (dat); *~ two hours* in zwei Stunden; *~ the morning* am Morgen; – *particular way:* in (dat), auf (acc), mit; *~ English* auf Englisch; – in (dat), bei, auf (dat); *~ crossing the road* beim Überqueren der Straße; – bei; *~ Shakespeare* bei Shakespeare; – *material:* in (dat), aus; *dressed ~ blue* in Blau (gekleidet); – *with numbers or amounts:* in, von, aus, zu; *three ~ all* insgesamt drei, im Ganzen drei; *one ~ ten* eine(r, -s) von zehn; – nach, gemäß; *~ my opinion* m-r Meinung nach;

inability

2. *adv* (dr)innen; hinein, herein; da, (an)gekommen; da, zu Hause, *Austrian, Swiss*: ~a. zuhause; 3. *adj* F in (Mode)

in|ability Unfähigkeit *f*; ~accessible unzugänglich; ~accurate ungenau; ~active untätig; ~adequate unangemessen; unzulänglich; ~animate leblos; ~appropriate unpassend, ungeeignet; ~articulate *speech*: undeutlich; ~attentive unaufmerksam; ~audible unhörbar

inaugural *in compounds*: Antritts-...; Eröffnungs-...; inaugurate (feierlich) (in sein Amt) einführen; einweihen, eröffnen

in|born angeboren; ~calculable unermesslich; unberechenbar; ~capable unfähig, nicht imstande

incapacitate unfähig machen, untauglich machen; incapacity Unfähigkeit *f*, Untauglichkeit *f*

incautious unvorsichtig

incendiary *in compounds*: Brand-...

incense¹ Weihrauch *m*

incense² erbosen

incentive Ansporn *m*, Anreiz *m*

incessant unaufhörlich, ständig

incest Inzest *m*, Blutschande *f*

inch (*abbr.* in) Inch *m* (2,54 cm), Zoll *m*

incident Vorfall *m*, Ereignis *n*; *pol.* Zwischenfall *m*; ~al beiläufig; nebensächlich; ~ally übrigens

incinerator Verbrennungsofen *m*, Verbrennungsanlage *f*

incise einschneiden; einritzen, einkerben; incision (Ein)Schnitt *m*; incisor Schneidezahn *m*

incl *including, inclusive* einschl., inklusive

inclination Neigung *f* (*a. fig.*); incline 1. *fig.* neigen; 2. Gefälle *n*; (Ab)Hang *m*

inclose, inclosure → *enclose, enclosure*

include einschließen; *in list etc.*: aufnehmen; tax ~d inklusive Steuer; including einschließlich; inclusive einschließlich, inklusive (*of gen*)

incoherent (logisch) unzusammenhängend

income Einkommen *n*; ~ tax Einkommensteuer *f*

in|comparable unvergleichlich; ~compatible unvereinbar; unverträglich; *computer*: inkompatibel

incompetence Unfähigkeit *f*; incompetent unfähig

in|complete unvollständig; ~comprehensible unverständlich; ~conceivable undenkbar; unfassbar; ~conclusive nicht überzeugend; ergebnislos; **~considerate** rücksichtslos; unüberlegt; **~consistent** unvereinbar; widersprüchlich; unbeständig; **~consolable** untröstlich; **~conspicuous** unauffällig; **~constant** unbeständig

inconvenience 1. Unbequemlichkeit f; Unannehmlichkeit f; Ungelegenheit f; **2.** s.o.: j-m lästig sein; j-m Umstände machen; **inconvenient** unbequem; ungelegen, lästig

incorporate v/t vereinigen, zusammenschließen, (mit) einbeziehen; enthalten; v/i sich zusammenschließen; **incorporated company** Aktiengesellschaft f

in|correct unrichtig; **~corrigible** unverbesserlich; **~corruptible** unbestechlich

increase 1. v/i zunehmen, (an)wachsen, prices etc.: steigen; v/t vergrößern, vermehren, erhöhen; **2.** noun Zunahme f, Steigerung f; Erhöhung f; **increasingly** immer mehr

incredible unglaublich; **incredulous** unglaubig, skeptisch

incriminate person: belasten
incubator Brutapparat m, med. Brutkasten m
incur debts: machen; losses: erleiden
in|curable unheilbar; **~debt-**

ed: be ~ to s.o. j-m zu Dank verpflichtet sein; **~decent** unanständig; jur. unsittlich
indeed 1. in der Tat, tatsächlich, wirklich; allerdings; **2.** int ach, wirklich?
in|definable undefinierbar; **~definite** unbestimmt; **~ly** auf unbestimmte Zeit; **~delible** unauslöschlich; **~ pencil** Tintenstift m; **~delicate** taktlos
independence Unabhängigkeit f, Selbstständigkeit f; **independent** unabhängig, selbstständig
in|describable unbeschreiblich; **~destructible** unverwüstlich; **~determinate** unbestimmt
index Index m, Verzeichnis n, (Sach)Register n; **card ~** Kartei f; **~ card** Karteikarte f; **~ finger** Zeigefinger m
India Indien n; **Indian 1.** indisch; neg! indianisch, in compounds: Indianer...; **American ~** indianisch, in compounds: Indianer...; **2.** Inder(in); neg! Indianer(in); **American ~ Native American**
Indian| corn Mais m; **~ summer** Altweibersommer m
India rubber Radiergummi m
indicate deuten auf, zeigen auf; tech. anzeigen; mot. blinken; fig. hinweisen auf, hindeuten auf; andeuten; **in-**

dication: ~ **(of) (An)Zeichen** *n* (für), Hinweis *m* (auf), Andeutung *f* (gen); **indicator** *tech.* Zeiger *m*; *mot.* Richtungsanzeiger *m*, Blinker *m*
indict *jur.* anklagen
indifference Gleichgültigkeit *f*; **indifferent** gleichgültig (**to** gegen)
indigestible unverdaulich; **indigestion** Magenverstimmung *f*
indignant entrüstet, empört; **indignation** Entrüstung *f*, Empörung *f*; **indignity** Demütigung *f*
indirect indirekt
indiscreet unbesonnen, indiskret; **indiscretion** Unbesonnenheit *f*; Indiskretion *f*
in|**discriminate** wahllos; kritiklos; **~dispensable** unentbehrlich
indisposed indisponiert, unpässlich; abgeneigt; **indisposition** Unpässlichkeit *f*
in|**disputable** unbestreitbar; **~distinct** undeutlich; **~distinguishable** nicht zu unterscheide(n)d
individual 1. individuell, einzeln, *in compounds*: Einzel...; persönlich; **2.** Individuum *n*, Einzelne *m*, *f*; **~ly** individuell; einzeln
indivisible unteilbar
indoor *in compounds*: Haus..., Zimmer..., Innen..., *sport:* Hallen...; **~ swimming pool** Hallenbad *n*; **indoors** im Haus, drinnen; ins Haus (hinein)
indorse *etc.* → **endorse** *etc.*
induce veranlassen
indulge nachsichtig sein gegen; *yield to:* nachgeben; **~ in s.th.** sich et. gönnen, sich et. leisten; **indulgence** übermäßiger Genuss; Luxus *m*; **indulgent** nachsichtig, nachgiebig
industrial industriell, *in compounds:* Industrie..., Gewerbe..., Betriebs...; **~ area** Industriegebiet *n*; **~ estate** *Brt.*, **~ park** *Am.* Gewerbegebiet *n*, Industriegebiet *n*; **~ist** Industrielle *m*, *f*; **~ize** industrialisieren
industrious fleißig
industry Industrie *f*
in|**effective**, **~effectual** unwirksam, wirkungslos; untauglich; **~efficient** ineffizient; unfähig; unwirtschaftlich; **~equality** Ungleichheit *f*; **~escapable** unvermeidlich; **~evitable** unvermeidlich; **~excusable** unverzeihlich; **~exhaustible** unerschöpflich; **~expensive** nicht teuer, preiswert, billig; **~experienced** unerfahren; **~explicable** unerklärlich
inexpressible unaussprechlich; **inexpressive** ausdruckslos
infallible unfehlbar
infancy frühe Kindheit; **infant** Säugling *m*; kleines

inheritance

Kind, Kleinkind *n*; **infantile** infantil, kindisch; kindlich
infantry Infanterie *f*
infatuated: ~ **with** vernarrt in
infect infizieren, anstecken (*a. fig.*); ~**ion** Infektion *f*, Ansteckung *f*; ~**ious** ansteckend
infer schließen, folgern (**from** aus); ~**ence** Schlussfolgerung *f*
inferior 1. untergeordnet (**to** *dat*), niedriger (**to** als); weniger wert (**to** als); minderwertig; *be* ~ *to s.o.* j-m untergeordnet sein; j-m unterlegen sein; **2.** Untergebene *m, f*; ~**ity complex** Minderwertigkeitskomplex *m*
infertile unfruchtbar
infidelity Untreue *f*
infinite unendlich; **infinity** Unendlichkeit *f*
infirm schwach, gebrechlich; ~**ary** Krankenhaus *n*; *school etc.*: Krankenzimmer *n*; ~**ity** Gebrechlichkeit *f*, Schwäche *f*
inflamed *med.* entzündet
inflammable brennbar; feuergefährlich; **inflammation** *med.* Entzündung *f*
inflatable aufblasbar; **inflate** aufblasen, *tire etc.*: aufpumpen; *prices*: in die Höhe treiben; **inflation** *econ.* Inflation *f*
inflexible inflexibel; unbiegsam, starr
inflict: (on) *suffering etc.*: zufügen (*dat*); *wound*: beibringen (*dat*); *penalty*: verhängen (über)
influence 1. Einfluss *m*; **2.** beeinflussen; **influential** einflussreich
inform (*of, about*) benachrichtigen (von), unterrichten (von), informieren (über); ~ *against/on s.o.* j-n anzeigen; j-n denunzieren
informal zwanglos
information Auskunft *f*, Information *f*; Nachricht *f*; ~ **(super)highway** *computer*: Datenautobahn *f*; **informative** informativ, aufschlussreich; **informer** Denunziant(in); Spitzel *m*
infra-red infrarot
infrastructure Infrastruktur *f*
infrequent selten
infuriate wütend machen
infuse *tea, herbs*: aufgießen; **infusion** Aufguss *m*
ingenious genial; einfallsreich
ingot (Gold- *etc.*)Barren *m*
ingratiate: ~ *o.s. with s.o.* sich bei j-m einschmeicheln
ingratitude Undankbarkeit *f*
ingredient Bestandteil *m*; *gastr.* Zutat *f*
inhabit bewohnen; ~**able** bewohnbar; ~**ant** Bewohner(-in);Einwohner(in)
inhale einatmen; inhalieren
inherent innewohnend
inherit erben; ~**ance** Erbe *n*, Erbschaft *f*

inhibit hemmen; (ver)hindern; **~ion** *psych.* Hemmung *f*

inhospitable ungastlich; unwirtlich

inhuman unmenschlich; **inhumane** inhuman, menschenunwürdig

initial 1. anfänglich, *in compounds:* Anfangs...; **2.** Initiale *f*, (großer) Anfangsbuchstabe

initiate *person:* einführen; *person:* einweihen

initiative Initiative *f*

inject *med.* injizieren, einspritzen (*a. tech.*); **~ion** *med.* Injektion *f*, Spritze *f*, Einspritzung *f*

injure verletzen (*a. fig.*); *fig.* kränken; *fig.* schaden; **injured 1.** verletzt; **2. the ~** *pl* die Verletzten *pl*; **injury** Verletzung *f*; Kränkung *f*; **injury time** *Brt. esp. soccer:* Nachspielzeit *f*

injustice Ungerechtigkeit *f*

ink Tinte *f*

inland 1. *adj* binnenländisch, *in compounds:* Binnen...; **2.** *adv* landeinwärts; **2 Revenue** *Brt.* Finanzamt *n*

inlay Einlegearbeit *f*; (Zahn-)Füllung *f*

inlet schmale Bucht *f*; *tech.* Eingang *m*

in-line skate Inliner *m*, Inline Skate *m*

inmate Insasse *m*, Insassin *f*

inmost geheimst

inn Gasthaus *n*, Wirtshaus *n*

innate angeboren

inner inner, *in compounds:* Innen...; **~most → inmost**

innocence Unschuld *f*; **innocent** unschuldig

innovation Neuerung *f*

innumerable unzählig, zahllos

inoculate impfen; **inoculation** Impfung *f*

in|offensive harmlos; **~operable** inoperabel

inpatient stationärer Patient, stationäre Patientin

input Input *m, n: computer: a.* (Daten)Eingabe *f; a.* Energiezufuhr *f; a.* (Arbeits)Aufwand *m*

inquest *jur.* gerichtliche Untersuchung

inquire fragen (nach), sich erkundigen (nach); **~ into s.th.** et. untersuchen, et. prüfen; **inquiry** Erkundigung *f*, Nachfrage *f*; Untersuchung *f*; Ermittlung *f*

insane geisteskrank

insanitary unhygienisch

insanity Wahnsinn *m*, Irrsinn *m, med. a.* Geisteskrankheit *f*

insatiable unersättlich

inscription Inschrift *f*, Aufschrift *f*

insect Insekt *n*; **insecticide** Insektizid *n*

in|secure nicht sicher, nicht fest; *fig.* unsicher; **~seminate** befruchten, *zo. a.* besamen; **~sensitive** unemp-

instrument

findlich (**to** gegen); unempfindlich (**of, to** für), gleichgültig (**to** gegen); **~separable** untrennbar; unzertrennlich

insert 1. v/t einfügen, einsetzen, einführen; (hinein)stecken, coin: einwerfen; **2.** noun Inserat n; (Zeitungs-)Beilage f; **~ion** Einfügen n, Einsetzen n, Einführen n; coin: Einwurf m; → **insert 2**

inside 1. noun Innenseite f; das Innere; **turn ~ out** umkrempeln; auf den Kopf stellen; **2.** adj inner, in compounds: Innen...; **3.** adv im Inner(e)n, (dr)innen, hinein, herein; **4.** prp innerhalb, im Inner(e)n; **insider** Insider(in), Eingeweihte m, f

insight Verständnis n; Einblick n (**into** in)

in|significant unbedeutend; **~sincere** unaufrichtig; **~sinuate** andeuten, anspielen auf

insist bestehen, beharren (**on** auf); **~ent** beharrlich, hartnäckig

in|solent unverschämt, frech; **~soluble** unlöslich; fig. unlösbar; **~solvent** zahlungsunfähig

insomnia Schlaflosigkeit f

inspect untersuchen, prüfen, inspizieren; **~ion** Prüfung f, Untersuchung f; Inspektion f; **~or** Inspektor m, Aufsichtsbeamte m; (Polizei)Inspektor m, (Polizei)Kommissar m

inspiration Inspiration f, (plötzlicher) Einfall; **inspire** inspirieren, anregen

instal(l) tech. installieren, einrichten; **installation** tech. Installation f; tech. Anlage f

installment econ. Rate f; novel: Fortsetzung f; TV etc. Folge f; **~ plan: buy on the ~** auf Abzahlung kaufen, auf Raten kaufen

instalment esp. Brt. → **installment**

instance (besonderer) Fall; Beispiel n; **for ~** zum Beispiel

instant 1. Moment m, Augenblick m; **2.** sofortig, augenblicklich; **instantaneous** augenblicklich; **~ camera** Sofortbildkamera f; **~ly** sofort

instead stattdessen; **~ of** anstatt, an Stelle von

instep Spann m

instinct Instinkt m; **instinctive** instinktiv

institute Institut n; **institution** Institution f, Einrichtung f; Institut n

instruct unterrichten; ausbilden, schulen; anweisen; informieren; **~ion** Unterricht m; Ausbildung f, Schulung f; Anweisung f, Instruktion f; **~s** pl **for use** Gebrauchsanweisung f; **~ive** lehrreich; **~or** Lehrer m; Ausbilder m

instrument Instrument n; Werkzeug n

insubordinate

in|subordinate aufsässig; **~sufferable** unerträglich; **~sufficient** ungenügend
insulate isolieren; **insulation** Isolierung *f*
insult 1. *v/t* beleidigen; **2.** *noun* Beleidigung *f*
insurance *econ.* Versicherung *f*; *econ.* Versicherungssumme *f*; *fig.* (Ab)Sicherung *f* (*against* gegen); **~ company** Versicherung(sgesellschaft) *f*; **~ policy** Versicherungspolice *f*
insure versichern (*against* gegen); **insured:** *the* **~** der Versicherte, die Versicherte; die Versicherten *pl*
insurmountable unüberwindlich
intact unversehrt
intake Aufnahme *f*; Einlass(öffnung *f*) *m*
integrate (sich) integrieren, zusammenschließen; eingliedern; **integrated circuit** integrierter Schaltkreis
integrity Integrität *f*
intellect Intellekt *m*, Verstand *m*; **intellectual 1.** intellektuell, geistig, *in compounds:* Verstandes...; **2.** Intellektuelle *m, f*
intelligence Intelligenz *f*; **intelligent** intelligent, klug
intelligible verständlich
intend beabsichtigen, vorhaben; **~ed for** bestimmt für, bestimmt zu
intense intensiv, stark, heftig; **intensify** (sich) verstärken; **intensive** intensiv, gründlich; **intensive care unit** Intensivstation *f*
intent 1. Absicht *f*; **2. be ~ on doing s.th.** fest entschlossen sein, et. zu tun; **intention** Absicht *f*; **intentional** absichtlich
intercede sich einsetzen (*with* bei; *for* für)
intercept abfangen
interchange 1. *v/t* austauschen; **2.** *noun* Austausch *m*; *mot.* Autobahn- u. Straßenkreuz *n*
intercom (Gegen)Sprechanlage *f*
intercourse Verkehr *m*, Umgang *m*; (Geschlechts)Verkehr *m*
interest 1. Interesse *n*; Bedeutung *f*; *econ.* Anteil *m*, Beteiligung *f*; *econ.* Zins(en *pl*) *m*; **take an ~ in** sich interessieren für; **2.** interessieren (*in* für); **~ed** interessiert (*in* an); **be ~ in** sich interessieren für; **~ing** interessant; **~ rate** Zinssatz *m*
interface *computer:* Schnittstelle *f*
interfere sich einmischen; **~ with** stören, behindern; **interference** Einmischung *f*; Störung *f*
interior 1. inner, *in compounds:* Innen...; **2.** *das* Innere; → *department*; **~ decorator, ~ designer** Innen

ausstatter(in), Innenarchitekt(in)
interlock ineinander greifen
interlude Pause *f*; Zwischenspiel *n*
intermediary Vermittler(in), Mittelsmann *m*
intermediate in der Mitte liegend, *in compounds:* Zwischen...; *ped.* für fortgeschrittene Anfänger
intermission Pause *f*
intern Assistenzarzt *m*, Assistenzärztin *f*
internal inner, *in compounds:* Innen...; intern; *in compounds* Inlands...; **~combustion engine** Verbrennungsmotor *m*; ♀ **Revenue** Finanzamt *n*
international 1. international; 2. *sport:* Nationalspieler(in); Länderspiel *n*; **~ call** tel. Auslandsgespräch *n*
Internet: the ~ *computer:* das Internet
interpret interpretieren, auslegen; dolmetschen; **~ation** Interpretation *f*, Auslegung *f*; **~er** Dolmetscher(in)
interrogate verhören, vernehmen; (be)fragen
interrupt unterbrechen; **~ion** Unterbrechung *f*
intersect sich schneiden, sich kreuzen; (durch)schneiden, (durch)kreuzen; *Kanäle etc.:* durchziehen; **~ion** Schnittpunkt *m*; (Straßen)Kreuzung *f*

interstate zwischenstaatlich
interval Abstand *m*; Intervall *n*; *Brt.* Pause *f*
intervene eingreifen, intervenieren; **intervention** Eingreifen *n*, Intervention *f*
interview 1. Interview *n*; Einstellungsgespräch *n*; 2. interviewen; ein Einstellungsgespräch führen mit; **~ee** Interviewte *m, f*; **~er** Interviewer(in)
intestine Darm *m*; *large/small ~* Dick-/Dünndarm *m*
intimacy Intimität *f*, Vertrautheit *f*; *sexual:* intime Beziehungen *pl*; **intimate** intim; *friends etc.:* vertraut, eng; *closely personal:* innerst, persönlich, privat; *knowledge:* gründlich, genau
intimidate einschüchtern
into *prp* in (*acc*), in (*acc*) ... hinein
intolerable unerträglich; **intolerant** intolerant (**of** gegenüber)
intoxicated betrunken; berauscht
intravenous intravenös
in tray: *in ~ letters etc.:* Post- *etc.* Eingang
intricate verwickelt, kompliziert
intrigue Intrige *f*; **intriguing** faszinierend; interessant
introduce vorstellen (**to** *dat*); einführen; **introduction** Vorstellung *f*; Einführung *f*; *book etc.:* Einleitung *f*

introverted introvertiert
intruder Eindringling *m*; Störenfried *m*; **intrusion** Störung *f*
invade einfallen in, eindringen in, *mil. a.* einmarschieren in
invalid[1] **1.** Kranke *m, f*; Invalide *m, f*; **2.** krank; invalid(e)
invalid[2] (rechts)ungültig
invaluable unschätzbar
invariable unveränderlich; **invariably** immer; ausnahmslos
invasion Invasion *f*, Einfall *m*, Einmarsch *m*
invent erfinden; **~ion** Erfindung *f*; **~ive** erfinderisch; einfallsreich; **~or** Erfinder(-in)
invertebrate wirbelloses Tier
inverted commas *pl* Anführungszeichen *pl*
invest investieren, anlegen
investigate untersuchen; **investigation** Untersuchung *f*
investment Investition *f*, (Kapital)Anlage *f*; **investor** Investor(in), (Kapital)Anleger(in)
in|vincible unbesiegbar; **~visible** unsichtbar
invitation Einladung *f*; Aufforderung *f*; **invite** einladen
invoice 1. (Waren)Rechnung *f*; **2.** in Rechnung stellen, berechnen
in|voluntary unfreiwillig, unabsichtlich; unwillkürlich; **~volve** verwickeln, hineinziehen; angehen, betreffen; **~vulnerable** unverwundbar; unangreifbar; unantastbar

inward 1. *adj* innerlich, inner, *in compounds*: Innen...; **2.** *adv* nach innen; **~ly** innerlich, im Inner(e)n; **inwards** *adv esp. Brt.* nach innen

IOC *International Olympic Committee* Internationales Olympisches Komitee

iodine Jod *n*

IOU *I owe you* Schuldschein *m*

IQ *intelligence quotient* IQ, Intelligenzquotient *m*

Iran der Iran

Iraq der Irak

Ireland Irland *n*

iridescent schillernd

iris *anat.* Iris *f*, Regenbogenhaut *f*; *bot.* Iris *f*, Schwertlilie *f*

Irish 1. irisch; **2. the ~** *pl* die Iren *pl*; **~man** Ire *m*; **~woman** Irin *f*

iron 1. Eisen *n*; Bügeleisen *n*; **2.** eisern, *in compounds*: Eisen...; **3.** bügeln

ironic(al) ironisch

ironing board Bügelbrett *n*

irony Ironie *f*

ir|radiate bestrahlen; **~rational** irrational, unvernünftig; **~reconcilable** unversöhnlich; unvereinbar; **~recoverable** unersetzlich; **~regular** unregelmäßig; un-

gleichmäßig; regelwidrig, vorschriftswidrig; ~relevant unerheblich, belanglos, irrelevant; ~reparable nicht wieder gutzumachen(d); ~replaceable unersetzlich; ~repressible nicht zu unterdrücken(d); unbezähmbar; ~resistible unwiderstehlich; ~respective: ~ of ohne Rücksicht auf; ~responsible unverantwortlich; verantwortungslos; ~reverent respektlos; abgeschieden; in compounds: Einzel...; ~revocable unwiderruflich
irrigate bewässern
irritable reizbar; **irritate** reizen (a. med.), (ver)ärgern; **irritation** Ärger m, Verärgerung f; med. Reizung f
is: he/she/it ~ er/sie/es ist
Islam Islam m
island Insel f
isolate isolieren; **isolated** isoliert; abgeschieden; in compounds: Einzel...; **isolation** Isolierung f, Absonderung f

Israel Israel n; **Israeli** 1. israelisch; 2. Israeli m, f
issue 1. newspaper etc.: Ausgabe f; Streitfrage f, Streitpunkt m; Ausgang m, Ergebnis n; 2. newspaper etc.: herausgeben; bank bills etc.: ausgeben; document etc.: ausstellen
it es; thing, situation, idea etc. already mentioned: es, er, sie
Italian 1. italienisch; 2. Italiener(in); **Italy** Italien n
itch 1. Jucken n, Juckreiz m; 2. jucken
item single thing on list or among group: Punkt m, Posten m; Artikel m, Gegenstand m; short piece of news: (Presse-, Zeitungs)Notiz f, (a. TV etc.) Nachricht f, Meldung f
itinerary Reiseroute f
its sein(e), ihr(e)
itself sich (selbst); used to emphasize "it": selbst
ivory Elfenbein n
ivy Efeu m

J

jab stechen, stoßen
jack 1. Wagenheber m; card games: Bube m; 2. ~ up car: aufbocken
jackal Schakal m
jacket Jacke f, Jackett n; tech. Mantel m; (Schutz)Umschlag m; (Schall)Plattenhülle f; **potatoes** pl (boiled) in their ~s Pellkartoffeln pl
jack|knife Klappmesser n; ~**pot** Jackpot m, Haupttreffer m
jagged zackig

jaguar Jaguar *m*
jail 1. Gefängnis *n*; **2.** einsperren
jam¹ Marmelade *f*
jam² **1.** *v/t* pressen, quetschen, (ein)zwängen; (ein)klemmen, (ein)quetschen; *a.* **~ up** blockieren, verstopfen; *v/i tech.* sich verklemmen, *brakes:* blockieren; **2.** Gedränge *n*; *tech.* Blockierung *f*; **traffic ~** Verkehrsstau *m*; **be in a ~** F in der Klemme stecken
janitor Hausmeister *m*
January Januar *m*
Japan Japan *n*; **Japanese 1.** japanisch; **2.** Japaner(in)
jar¹ Gefäß *n*, Krug *m*; (Marmelade- *etc.*)Glas *n*
jar²: **~ on** wehtun (*dat*)
jargon Jargon *m*, Fachsprache *f*
jaundice Gelbsucht *f*
javelin *sport:* Speer *m*
jaw *anat.* Kiefer *m*
jay Eichelhäher *m*
jazz Jazz *m*
jealous eifersüchtig (**of** auf); neidisch; **jealousy** Eifersucht *f*; Neid *m*
jeer 1. (**at**) e-e höhnische Bemerkung machen (über); höhnisch lachen (über); **~** (**at**) verhöhnen; **2.** höhnische Bemerkung; Hohngelächter *n*
jellied in Aspik, in Sülze
jelly Gallert(e *f*) *n*; Gelee *n*; Aspik *m*, *n*, Sülze *f*; **~ baby** *Brt.* Gummibärchen *n*; **~ bean** Geleebonbon *m*, *n*, Gummibonbon *m*, *n*; **~fish** Qualle *f*
jeopardize gefährden
jerk 1. ruckartig ziehen an; (sich ruckartig bewegen; (zusammen)zucken; **2.** Ruck *m*; Sprung *m*, Satz *m*; *med.* Zuckung *f*; **jerky** ruckartig; *ride in car etc.:* rüttelnd, schüttelnd
jersey *sport:* Trikot *n*; Pullover *m*
jest 1. Scherz *m*, Spaß *m*; **2.** scherzen, spaßen
jet 1. Strahl *m*; Düse *f*; *aviat.* Jet *m*; **2.** (heraus-, hervor)schießen (**from** aus); **~ engine** Düsentriebwerk *n*
jetty (Hafen)Mole *f*
Jew → **Jewish**
jewel Juwel *m*, *n*, Edelstein *m*; **jeweler** *Am.*, **jeweller** *Brt.* Juwelier *m*; **jewellery** *Brt.*, **jewelry** *Am.* Juwelen *pl*; Schmuck *m*
Jewish jüdisch; **~ person** Jude *m*; **~ woman**, **~ girl** Jüdin *f*
jiffy F: **in a ~** im Nu, sofort
jigsaw (**puzzle**) Puzzle(spiel) *n*
jilt F sitzen lassen; F den Laufpass geben (*dat*)
jingle 1. klimpern (mit); bimmeln; **2.** Klimpern *n*; Bimmeln *n*
jitter: **the ~s** *pl* F Bammel *m*, e-e Heidenangst
job *piece of work:* Arbeit *f*.

Stellung *f*, Arbeit *f*, Job *m*; Arbeitsplatz *m*; Aufgabe *f*, Sache *f*; *computer:* Job *m*; *a.* ~ **work** Akkordarbeit *f*; **by the ~** im Akkord; **~ centre** *Brt.* Arbeitsamt *n*; **~ hopping** häufiger Arbeitsplatzwechsel; **~ hunt: be ~ing** auf Arbeitssuche sein

jockey Jockei *m*

jog 1. stoßen an, stoßen gegen, *person:* anstoßen; *sport:* joggen; **2.** Stoß *m*, Trott *m*; *sport:* Trimmtrab *m*

join 1. *v/t* verbinden, vereinigen, zusammenfügen; sich anschließen (*dat or* an); eintreten in, beitreten; teilnehmen an, mitmachen bei; **~ in** einstimmen in; *v/i* sich vereinigen; **~ in** teilnehmen, mitmachen; **2.** Verbindungsstelle *f*, Naht *f*; **~er** Tischler *m*, Schreiner *m*

joint 1. Verbindungsstelle *f*; Nahtstelle *f*; Gelenk *n*; *gastr.* Braten *m*; *cheap bar, restaurant etc.: sl.* Laden *m*, Bude *f*; *marijuana cigarette:* Joint *m*; **2.** gemeinsam, gemeinschaftlich; **~stock company** *Brt.* Kapitalgesellschaft *f*, Aktiengesellschaft *f*; **~ venture** *econ.* Gemeinschaftsunternehmen *n*

joke 1. Scherz *m*, Spaß *m*; Witz *m*; **practical ~** Streich *m*; **play a ~ on s.o.** j-m e-n Streich spielen; **2.** scherzen, Witze machen; **joker** Spaß-vogel *m*, Witzbold *m*; *card games:* Joker *m*; **jokingly** im Spaß

jolly 1. *adj* lustig, fröhlich, vergnügt; **2.** *adv Brt.* F ganz schön; **~ good** prima

jolt 1. e-n Ruck geben, e-n Stoß geben; durchrütteln, durchschütteln; *bus etc.:* rütteln, holpern; **2.** Ruck *m*, Stoß *m*; *fig.* Schock *m*

Jordan Jordanien *n*

jostle (an)rempeln

jot: ~ s.th. down sich schnell et. notieren

joule Joule *n*

journal Tagebuch *n*; Journal *n*, (Fach)Zeitschrift *f*; **~ism** Journalismus *m*; **~ist** Journalist(in)

journey Reise *f*

joy Freude *f*; **~stick** *aviat.* Steuerknüppel *m*; *computer:* Joystick *m*

jubilant überglücklich

jubilee Jubiläum *n*

judge 1. Richter(in); Kenner(in); **2.** (be)urteilen; einschätzen; **judg(e)ment** Urteil *n*; Meinung *f*, Ansicht *f*; **the Last 2** das Jüngste Gericht; **2 Day, Day of 2** Jüngster Tag

judicious vernünftig, klug, weise

jug Krug *m*; Kanne *f*, Kännchen *n*

juggle jonglieren (mit); **juggler** Jongleur *m*

juice Saft *m*; **juicy** saftig

jukebox

jukebox Jukebox *f*, Musikautomat *m*
July Juli *m*
jumble 1. *a.* **~ up** durcheinander werfen; *facts*: durcheinander bringen; **2.** Durcheinander *n*; **~ sale** *Brt.* Wohltätigkeitsbasar *m*
jump 1. *v/i* springen; hüpfen; zusammenzucken (**at** bei); *v/t* springen über; **2.** Sprung *m*
jumper¹ *sport*: Springer(in)
jumper² *esp. Brt.* Pullover *m*
jumpy nervös; schreckhaft
junction *rail.* Knotenpunkt *m*; (Straßen)Kreuzung *f*
June Juni *m*
jungle Dschungel *m*
junior 1. junior; jünger; untergeordnet; *sport in compounds*: Junioren..., Jugend...; **2.** Jüngere *m, f*; **~ high (school)** *school for children aged 12 to 13 or 14*; **~ school** *Brt.* Grundschule *f* (*for children aged 7 to 11*)
junk Trödel *m*; Schrott *m*;

Abfall *m*; *sl.* Stoff *m* (*esp. heroin*); **~ food** F Junk-Food *n*
junkie, junky *sl.* Junkie *m*, Fixer(in)
junkyard Schuttabladeplatz *m*
jurisdiction Gerichtsbarkeit *f*; Zuständigkeit(sbereich *m*) *f*
juror Geschworene *m, f*
jury *die* Geschworenen *pl*; Jury *f*, Preisgericht *n*
just 1. *adj* gerecht; angemessen; berechtigt; **2.** *adv* gerade, (so)eben; gerade, genau, eben; gerade (noch); nur; **~ about** fast
justice Gerechtigkeit *f*; *jur.* Richter *m*
justification Rechtfertigung *f*; **justify** rechtfertigen
justly mit Recht, zu Recht
jut: ~ out vorspringen, herausragen
juvenile jugendlich; *in compounds*: Jugend...; **~ delinquent** jugendlicher Straftäter

K

kangaroo Känguru *n*
keel Kiel *m*
keen scharf (*a. fig.*); *interest*: stark, lebhaft; begeistert, leidenschaftlich; **~ on** F versessen auf, scharf auf
keep 1. *v/t* (be)halten; *make s.o. or s.th. continue being in*

a particular state, condition etc.: *j-n, et.* lassen, *et.* (er-)halten; **~ closed** *door etc.*: geschlossen halten); *possessions*: behalten; *store s.th. et.* aufheben, aufbewahren; *goods*: führen; *shop etc.*: haben; *animals*: halten; *prom-*

ise, *word*: halten; *account*, *record*, *diary*: führen; *look after family etc.*: ernähren, erhalten, unterhalten, sorgen für; *delay s.o.*: j-n aufhalten; *v/i* bleiben; *food etc.*: sich halten; *with ger*: weiter ...; **~ smiling!** immer nur lächeln!; **~ (on) trying** es weiter versuchen, es immer wieder versuchen; **~ s.o. waiting** j-n warten lassen; **~ time** *clock, watch*: richtig gehen; Takt halten, Schritt halten; **~ away** (sich) fern halten (*from* von); **~ back** zurückhalten (*a. fig.*); **~ from** abhalten von; bewahren vor; vorenthalten, verschweigen; vermeiden (*acc*); **~ in** *pupil*: nachsitzen lassen; **~ off** (sich) fern halten von; sich fern halten; **~ out!** Betreten verboten!; **~ on** *clothes*: anbehalten, anlassen; *hat*: aufbehalten; *light*: brennen lassen; weitermachen (→ *keep v/i with ger*); **~ out** sich nicht hineinlassen, nicht hereinlassen; **~ out!** Zutritt verboten!; **~ to** *fig.* festhalten an, bleiben bei; **~ s.th. to o.s.** et. für sich behalten; **~ up** *fig.* nicht sinken lassen; aufrechterhalten; *courage*: nicht sinken lassen; **~ up with** Schritt halten mit; 2. (Lebens)Unterhalt *m*; *for* **~s** F für immer

keeper Wächter(in), Aufseher(in); *usually in compounds*: ...inhaber(in), ...besitzer(in)

keg kleines Fass

kennel Hundehütte *f*

kerb, **~stone** *Brt.* → *curb*

kernel Kern *m*

kettle Kessel *m*

key 1. Schlüssel *m* (*a. fig.*); Taste *f*; *mus.* Tonart *f*; *in compounds*: Schlüssel...; **2. ~ in** *data*: eintippen, eingeben (*data*); **~board** Tastatur *f*; **~hole** Schlüsselloch *n*

kick 1. treten, e-n Tritt geben; *soccer*: schießen; strampeln; *horse*: ausschlagen; *soccer*: anstoßen; **~ out** rausschmeißen; **2. ~** (Fuß-)Tritt *m*, Stoß *m*; *(just) for* **~s** F (nur so) zum Spaß; **~off** *soccer*: Anstoß *m*; **~out** *soccer*: Abschlag *m*

kid¹ Zicklein *n*; F Kind *n*

kid² F nur Spaß machen; *no* **~ding!** im Ernst!

kidnap kidnappen, entführen; **kidnap(p)er** Kidnapper(in), Entführer(in); **kidnap(p)ing** Kidnapping *n*, Entführung *f*

kidney Niere *f*

kill töten; umbringen, ermorden; **~er** Mörder(in), Killer (-in)

kiln Brennofen *m*

kilo Kilo *n*

kilo|gram(me) Kilogramm *n*; **~meter** *Am.*, **~metre** *Brt.* Kilometer *m*

kilt Kilt *m*, Schottenrock *m*

kin Verwandtschaft *f*, Verwandte *pl*

kind¹ freundlich, nett

kind² Art *f*, Sorte *f*; ***nothing of the*** ~ nichts dergleichen

kindergarten Kindergarten *m*

kind-hearted gütig

kindle anzünden, (sich) entzünden; *interest etc.*: wecken

kind|ly freundlich; **~ness** Freundlichkeit *f*; Gefälligkeit *f*

king König *m*; **~dom** (König)Reich *n*; **~size(d)** *in compounds:* Riesen...

kiosk Kiosk *m*

kipper Räucherhering *m*

kiss 1. Kuss *m*; **2.** (sich) küssen

kit Ausrüstung *f*; Arbeitsgerät *n*, Werkzeug(e *pl*) *n*

kitchen Küche *f*

kitchenette Kochnische *f*; Kleinküche *f*

kite Drachen *m*

kitten Kätzchen *n*

knack Kniff *m*, Dreh *m*

knapsack Rucksack *m*

knave *card games:* Bube *m*

knead kneten; massieren

knee Knie *n*; **~cap** Kniescheibe *f*; **~joint** Kniegelenk *n*

kneel knien

knickers *pl Brt.* F (Damen-)Schlüpfer *m*

knick-knacks *pl* Nippes *pl*

knife Messer *n*

knight 1. Ritter *m*; *chess:* Springer *m*; **2.** zum Ritter schlagen

knit stricken; **knitting** Stricken *n*; Strickzeug *n*; **~wear** Strickwaren *pl*

knob Knauf *m*

knock 1. Schlag *m*, Stoß *m*; Klopfen *n*; **2.** schlagen, stoßen; klopfen; **~down** *building etc.:* abreißen; umstoßen, umwerfen; niederschlagen; anfahren, umfahren; überfahren; **~out** bewusstlos schlagen; *boxing:* k. o. schlagen; betäuben; **~over** umwerfen, umstoßen; überfahren; **~out** K. o. *m*

knot 1. Knoten *m*; **2.** (ver)knoten, (ver)knüpfen

know wissen; können; verstehen; kennen; **~ German** Deutsch können; **~ all about it** genau Bescheid wissen; **~ing** klug; schlau; verständnisvoll, wissend; **~ingly** wissentlich, absichtlich

knowledge Kenntnis(se *pl*) *f*; Wissen *n*; *not to my* **~** meines Wissens nicht

known bekannt

knuckle (Finger)Knöchel *m*

L

L *learner (driver) Brt. mot.* Fahrschüler(in); *large (size)* groß

£ *pound(s) sterling* Pfund *n (or pl)* Sterling

lab F Labor *n*

label 1. Etikett *n*, (Klebeetc.)Zettel *m*, (Klebe)Schild (-chen) *n*; **2.** etikettieren, beschriften

labor 1. (schwere) Arbeit; Mühe *f*; Arbeiter *pl*, Arbeitskräfte *pl*; *med.* Wehen *pl*; **2.** (schwer) arbeiten; sich bemühen, sich abmühen, sich anstrengen; **~ed** schwerfällig; mühsam; **~er** Arbeiter *m*

laboratory Labor(atorium) *n*

laborious mühsam

labor union Gewerkschaft *f*

labour *Brt.* → **labor**

lace 1. *cloth:* Spitze *f*; Schnürsenkel *m*; **2.** *a.* **~ up** (zu-, zusammen)schnüren

lack 1. Mangel *m* (*of* an); **2.** nicht haben; **be ~ing** fehlen

lacquer 1. Lack *m*; Haarlack *m*; **2.** lackieren

lad Bursche *m*, Junge *m*

ladder Leiter *f*; *Brt.* Laufmasche *f*; **~proof** (lauf)maschenfest

laden beladen

ladle Schöpflöffel *m*, Schöpfkelle *f*

lady Dame *f*; *& title:* Lady *f*; **ladies' room, the ladies** *Brt.* Damentoilette *f*; **~bird** *Brt.*, **~bug** *Am.* Marienkäfer *m*

lag: **~ behind** zurückbleiben

lager Lagerbier *n*

lagoon Lagune *f*

lair *zo.:* Lager *n*; Bau *m*; Höhle *f*

lake See *m*

lamb Lamm *n*

lame 1. lahm (*a. fig.*); **2.** lähmen

lament jammern, (weh)klagen, beklagen

laminated laminiert, beschichtet

lamp Lampe *f*; Laterne *f*; **~post** Laternenpfahl *m*; **~shade** Lampenschirm *m*

lance Lanze *f*

land 1. Land *n*; Boden *m*; **by ~** auf dem Landweg; **2.** landen; *goods etc.:* ausladen

landing Landung *f*, Landen *n*, *naut. a.* Anlegen *n*; Treppenabsatz *m*; **~ field** → **landing strip**; **~ gear** *aviat.* Fahrgestell *n*; **~ stage** Landungsbrücke *f*, Landungssteg *m*; **~ strip** *aviat.* Landefeld *n*

land|lady Vermieterin *f*; Wirtin *f*; **~lord** Grundbesitzer *m*; Vermieter *m*; Wirt *m*; **~lubber** *naut.* Landratte *f*; **~mark** Wahrzeichen *n*; *fig.* Meilenstein *m*; **~owner** Grundbesitzer(in); **~scape**

Landschaft f; **~slide** Erdrutsch m (a. pol.)

lane (Feld)Weg m; Gasse f, Sträßchen n; naut. Fahrrinne f; aviat. Flugschneise n; sport: (einzelne) Bahn; mot. (Fahr)Spur f

language Sprache f

languid matt; träg(e)

lank hair: glatt

lantern Laterne f

lap¹ Schoß m

lap² 1. sport: Runde f; **2.** sport competitor: überrunden

lap³ v/t: **~ up** auflecken, aufschlecken; v/i plätschern

lapel Revers n, m, Aufschlag m

lapse Versehen n, (kleiner) Fehler, (kleiner) Irrtum; Vergehen n, Entgleisung f; Zeitspanne f

larceny Diebstahl m

larch Lärche f

lard Schweinefett n, Schweineschmalz n; **~er** Speisekammer f, Speiseschrank m

large groß; beträchtlich; umfassend, weitgehend; **at ~** in Freiheit, auf freiem Fuße; **(sehr) ausführlich; ~ly** größtenteils

lark¹ Lerche f

lark² F: **for a ~** aus Jux

larva Larve f

laryngitis Kehlkopfentzündung f

larynx Kehlkopf m

lascivious lüstern

laser Laser m; **~ technology** Lasertechnik f

lash¹ 1. (Peitschen)Hieb m; Wimper f; **2.** peitschen (mit); schlagen

lash² (fest)binden

last¹ 1. adj letzt; vorig; **~ but one** vorletzt; **~ night** gestern Abend, letzte Nacht; **2.** adv zuletzt, an letzter Stelle; **~ but not least** nicht zuletzt; **3.** noun der, die, das Letzte; **at ~** endlich

last² (an-, fort)dauern; (sich) halten; (aus)reichen

lastly zuletzt, zum Schluss

latch Schnappriegel m; Schnappschloss n; **2.** einklinken, zuklinken; **~key** Hausschlüssel m, Wohnungsschlüssel m

late spät; ehemalig; neuest; verstorben; **be ~** zu spät kommen, sich verspäten, train etc.: Verspätung haben; **~ly** in letzter Zeit

lath Latte f, Leiste f

lathe Drehbank f

lather (Seifen)Schaum m; **2.** einseifen; schäumen

Latin 1. lateinisch; **2.** Latein n

latitude geogr. Breite f

latter Letztere(r, -s) (of two)

lattice Gitter n

laugh 1. lachen; **~ at** lachen über; person: auslachen; **2.** Lachen n, Gelächter n; **~ter** Lachen n

launch 1. ship: vom Stapel lassen; rocket etc.: abschießen; spacecraft: a. starten;

activity: in Gang setzen, starten; **2.** Stapellauf *m*; Abschuss *m*, Start *m*; Barkasse *f*; **~(ing) pad** Abschussrampe *f*

launder *clothes, sheets etc.*: waschen (u. bügeln); *esp. money*: waschen

laund(e)rette *Brt.* Waschsalon *m*

laundry Wäscherei *f*; Wäsche *f*

laurel Lorbeer *m*

lavatory Toilette *f*

lavender Lavendel *m*

lavish: ~ *s.th.* **on** *s.o.* j-n mit et. überhäufen

law Gesetz(e *pl*) *n*; Rechtswissenschaft *f*, Jura; Gesetz *n*, Vorschrift *f*; **~ court** Gericht(shof *m*) *n*

lawn Rasen *m*; **~mower** Rasenmäher *m*

lawsuit Prozess *m*

lawyer (Rechts)Anwalt *m*, (Rechts)Anwältin *f*

lax locker, lasch

laxative Abführmittel *n*

lay¹ *v/t* legen; *table*: decken; *eggs*: legen; *v/i* (Eier) legen; **~ aside** beiseite legen, zurücklegen; **~ off** *workers*: (*esp. vorübergehend*) entlassen; **~ out** ausbreiten, auslegen; *garden etc.*: anlegen

lay² *in compounds*: Laien...

lay|**about** *Brt.* F Faulenzer *m*; **~-by** Parkbucht *f*, Parkstreifen *m*; **~er** Schicht *f*

layman Laie *m*

lazy faul, träg(e)

LCD *liquid crystal display* Flüssigkristallanzeige *f*

lead¹ **1.** führen; (an)führen, leiten; **~ to** *fig.* führen zu; **~ up to** *fig.* (allmählich) führen zu; **2.** Führung *f*, Leitung *f*; Spitze(nposition) *f*; *thea.* Hauptrolle *f*; *thea.* Hauptdarsteller(in); (Hunde)Leine *f*; *sport and fig.*: Führung *f*, Vorsprung *m*; **be in the ~** in Führung sein; **take the ~** in Führung gehen

lead² Blei *n*; Lot *n*; (Bleistift)-Mine *f*; **~ed** verbleit; **~en** bleiern, *in compounds*: Blei...

leader (An)Führer(in) *m*, Leiter(in) *m*; *Brt.* Leitartikel *m*; **~ship** Führung *f*, Leitung *f*

lead-free bleifrei

leading führend; leitend; *in compounds*: Haupt...

leaf 1. Blatt *n*; (Tisch)Klappe *f*; Ausziehplatte *f*; **2. ~ through** durchblättern

leaflet Handzettel *m*, Reklamezettel *m*; Prospekt *m*

league Liga *f*; Bund *m*

leak 1. Leck *n*; undichte Stelle; **2.** leck sein; tropfen; **~ out** auslaufen; *fig.* durchsickern; **~age** Auslaufen *n*

leaky leck, undicht

lean¹ (sich) lehnen; **~ on** *fig.* sich verlassen auf

lean² mager; **~ management** *econ.* schlanke Unternehmensstruktur

leap 496

leap 1. springen; **2.** Sprung *m*; **~ year** Schaltjahr *n*

learn (er)lernen; erfahren, hören; **~er** Lernende *m*, *f*; Anfänger(in); *a.* **~ driver** Brt. Fahrschüler(in)

lease 1. Pacht *f*, Miete *f*; **2.** pachten, mieten; lassen; *a.* **~ out** verpachten, vermieten

leash (Hunde)Leine *f*

least 1. *adj* geringst, mindest, wenigst; **2.** *noun* das Mindeste, *das* wenigste; **at ~** wenigstens; **3.** *adv* am wenigsten

leather Leder *n*

leave 1. (hinter-, über-, ver-, zurück)lassen, übrig lassen; hängen lassen, liegen lassen, stehen lassen, vergessen; vermachen, vererben; (fort-, weg)gehen; abreisen; abfahren; **~ alone** allein lassen; in Ruhe lassen; **~ behind** zurücklassen; **~ on** anlassen; **~ out** auslassen, weglassen; **be left** übrig bleiben; übrig sein; **2.** Erlaubnis *f*; *mil.* Urlaub *m*; Abschied *m*; **on ~** auf Urlaub

leaves *pl* Laub *n*

Lebanon der Libanon

lecture 1. Vortrag *m*; *univ.* Vorlesung *f*; Strafpredigt *f*; **2.** *n*-e Vorlesung halten; *univ.* e-e Vorlesung halten; e-e Strafpredigt halten

ledge Leiste *f*, Sims *m*, *n*

leek Lauch *m*, Porree *m*

leer 1. anzügliches Grinsen; **2.** anzüglich grinsen

left 1. *adj* link, *in compounds*: Links...; **2.** *noun* die Linke, linke Seite *f*; **on/at/to the ~** links; **keep to the ~** sich links halten; *mot.* links fahren; **3.** *adv* links; **~-hand** link; **~-hand drive** *mot.* Linkssteuerung *f*; **~-handed** linkshändig; **~ luggage office** Brt. rail. Gepäckaufbewahrung *f*; **~overs** *pl* (Speise)Reste *pl*; **~-wing** *pol.* dem linken Flügel angehörend, *in compounds*: links...

leg Bein *n*; *food*: Keule *f* (*of lamb etc.*); **pull s.o.'s ~** *F* j-n auf den Arm nehmen

legacy Vermächtnis *n*, Erbschaft *f*

legal legal, gesetzmäßig; gesetzlich, rechtlich

legend Legende *f* (*a. fig.*), Sage *f*

legible leserlich

legislation Gesetzgebung *f*;

legislative gesetzgebend;

legislator Gesetzgeber *m*

legitimate legitim, rechtmäßig; ehelich

leisure freie Zeit; Muße *f*; **~ly** gemächlich; **~wear** Freizeitkleidung *f*

lemon Zitrone *f*

lemonade Zitronenlimonade *f*

lend: **~ s.th. to s.o.** j-m et. (ver-, aus)leihen

length Länge *f*; (Zeit)Dauer *f*; **at ~** ausführlich; **~en** ver-

licking

längern, länger machen; länger werden
lenient mild(e)
lens *anat., phot., phys.* Linse *f*; *phot.* Objektiv *n*
Lent Fastenzeit *f*
lentil *bot.* Linse *f*
Leo *astr.* Löwe *m*
leopard Leopard *m*
leotard Trikot *n*
less 1. *adv* weniger; **2.** *adj* geringer, kleiner, weniger; **3.** *prp* weniger, minus; **~en** (sich) vermindern, (sich) verringern
lesson Lektion *f* (*a. fig.*); (Unterrichts)Stunde *f*; *pl* Unterricht *m*; *fig.* Lehre *f*
let lassen; *esp. Brt.* vermieten; **~ alone** in Ruhe lassen; geschweige denn; **~ down** im Stich lassen, enttäuschen; **~ go** loslassen
lethal tödlich
letter Buchstabe *m*; Brief *m*; **~box** *esp. Brt.* Briefkasten *m*
lettuce (Kopf)Salat *m*
leukemia *a.* **leukaemia** *Brt.* Leukämie *f*
level 1. *adj floor, ground etc.:* eben; gleich (*a. fig.*); **~ with** auf gleicher Höhe mit; **2.** *noun* Ebene *f* (*a. fig.*), ebene Fläche *f*; (gleiche) Höhe *f*; *of liquids:* (Wasser- *etc.*)Spiegel *m*, (Wasser- *etc.*)Stand *m*, (Wasser- *etc.*)Pegel *m*; Wasserwaage *f*; *fig.* Niveau *n*; **3.** *v/t* (ein)ebnen, planieren; dem Erdboden gleichma-

chen; **~ crossing** *Brt.* schienengleicher Bahnübergang *m*; **~headed** überlegt, vernünftig
lever Hebel *m*
levy 1. *econ.* Steuer *f*, Abgabe *f*; **2.** *taxes etc.:* erheben
lewd geil, lüstern
liability Verpflichtung *f*, Verbindlichkeit *f*; Haftung *f*, Haftpflicht *f*; Anfälligkeit *f* (**to** für)
liable haftbar, haftpflichtig; **be ~ to** neigen zu
liar Lügner(in)
libel 1. *jur.* Verleumdung *f*; **2.** verleumden
liberal liberal, aufgeschlossen; großzügig
liberate befreien
liberty Freiheit *f*; **be at ~** frei sein
Libra *astr.* Waage *f*
librarian Bibliothekar(in); **library** Bibliothek *f*; Bücherei *f*
Libya Libyen *n*
licence¹ *Brt.*, **license** *Am.* *noun* Lizenz *f*, Konzession *f*; *document:* Schein *m*; → **driver's license, driving licence**
licence², license *Brt.* *v/t* e-e Lizenz erteilen, e-e Konzession erteilen; genehmigen
licensee Lizenzinhaber(in)
license plate *mot.* Nummernschild *n*
lichen *bot.* Flechte *f*
lick (ab)lecken, F verprügeln; **~ing** F Prügel *f*

17 *Uni German*

licorice Lakritze f
lid Deckel m; Lid n
lie¹ 1. liegen; ~ **down** sich hinlegen; ~ *in Brt.* in the morning: länger im Bett bleiben; **2.** Lage f
lie² 1. lügen; **2.** Lüge f
lieutenant Leutnant m
life Leben n; *all her* ~ ihr ganzes Leben lang; ~ **assurance** *Brt.* Lebensversicherung f; ~ **belt** Rettungsgürtel m; ~**boat** Rettungsboot n; ~ **guard** Rettungsschwimmer m; ~ **insurance** Lebensversicherung f; ~ **jacket** Schwimmweste f; ~**less** leblos; matt; ~ **lebensecht**; ~**long** lebenslang; ~ **preserver** Rettungsweste f, Rettungsring m; ~**time** Lebenszeit f
lift 1. (hoch-, auf)heben; sich heben; ~ **off** starten, abheben; **2.** (Hoch-, Auf)Heben n; *phys., aviat.* Auftrieb m; *Brt.* → **elevator**; *give s.o. a* ~ j-n (im Auto) mitnehmen; ~**off** *aviat.* Start m, Abheben n
ligament *anat.* Band n
light¹ 1. *noun* Licht n; Beleuchtung f; *pl* (Verkehrs-)Ampel f; *do you have a* ~?, *have you got a* ~? *Brt.* haben Sie Feuer?; **2.** *adj* hell; licht; **3.** *v/t* anzünden, erleuchten; *a.* ~ **up** anzünden; *v/i:* ~ **up** *eyes etc.:* aufleuchten
light² leicht

light bulb Glühbirne f
lighten¹ hell(er) werden, sich aufhellen; erhellen
lighten² leichter machen, leichter werden; erleichtern
lighter Feuerzeug n
light-hearted unbeschwert
light|house Leuchtturm m; ~**ing** Beleuchtung f
lightning Blitz m; ~ **conductor** *Brt.*, ~ **rod** *Am.* Blitzableiter m
light pen Lichtstift m
lightweight *sport:* Leichtgewicht(ler m) n
like¹ 1. gleich; wie; ähnlich; *what is she* ~? wie ist sie?; **2.** der, die, das Gleiche
like² gern haben, mögen; wollen; *I* ~ *it* es gefällt mir; *I* ~ *her* ich kann sie gut leiden; *I would* ~ *to know* ich möchte gern wissen; *(just)* as you ~ (ganz) wie du willst; *if you* ~ wenn du willst
like|lihood Wahrscheinlichkeit f; ~**ly** wahrscheinlich; geeignet; ~**ness** Ähnlichkeit f
lilac 1. Flieder m; **2.** fliederfarben, lila
lily Lilie f; ~ **of the valley** Maiglöckchen n
limb *arm or leg:* Glied n, *pl a.* Gliedmaßen *pl*; *bot.* Ast m
lime¹ Kalk m
lime² Linde f
lime³ Limone f
limelight *fig.* Rampenlicht n
limit 1. Limit n, Grenze f; *off*

~s Zutritt verboten; *that's the ~!* F das ist (doch) die Höhe!; *within ~s* in (gewissen) Grenzen; **2.** begrenzen, beschränken (*to* auf); **~ation** Beschränkung *f;* *fig.* Grenze *f;* **~ed (liability) company** Gesellschaft *f* mit beschränkter Haftung

limp¹ hinken, humpeln

limp² schlaff, schlapp

line¹ 1. Linie *f,* Strich *m;* Zeile *f; face:* Falte *f,* Runzel *f; row:* Reihe *f; ancestors:* (Abstammungs)Linie *f; queue:* (Menschen)Schlange *f;* Fach *n,* Gebiet *n,* Branche *f; railroad etc.:* (Bahn-, Verkehrs-) Linie *f,* Strecke *f; aviat.* (Flug)Gesellschaft *f; tel.* Leitung *f;* Leine *f,* Schnur *f; thea. etc.:* Rolle *f,* Text *m;* *the ~ is busy/engaged tel.* die Leitung ist besetzt; *hold the ~ tel.* bleiben Sie am Apparat; *draw the ~ fig.* die Grenze ziehen, Halt machen (*at* bei); **2.** lini(i)eren; *streets etc.:* säumen; **~ up** sich anstellen; (sich) in e-r Reihe od Linie aufstellen

line² *coat etc.:* füttern; *tech.* auskleiden, ausschlagen

linen Leinen *n; sheets, tablecloths:* (Bett-, Tisch)Wäsche *f*

liner Linienschiff *n;* Verkehrsflugzeug *n*

linesman Linienrichter *m*

linger verweilen

lingerie Damenunterwäsche *f*

liniment *med.* Einreibemittel *n*

lining Futter *n; tech.* Auskleidung *f; brakes:* (Brems)Belag *m*

link 1. (Ketten)Glied *n; fig.* (Binde)Glied *n,* Verbindung *f;* **2.** *a.* **~ up** (sich) verbinden

links → **golf course**

lion Löwe *m;* **~ess** Löwin *f*

lip Lippe *f;* **~stick** Lippenstift *m*

liquid 1. Flüssigkeit *f;* **2.** flüssig

liquor alkoholische Getränke *pl,* Alkohol *m;* Spirituosen *pl;* Schnaps *m*

liquorice *esp. Brt.* → **licorice**

lisp lispeln

list 1. Liste *f,* Verzeichnis *n;* **2.** in e-e Liste eintragen

listen hören; **~ in** Radio hören; **~ in on** *conversation:* abhören, mithören; **~ to** abhören, zuhören; hören auf; **~er** Zuhörer(in); (Rundfunk)Hörer(in)

listless lustlos

liter Liter *m*

literal wörtlich

literary literarisch, *in compounds:* Literatur...; **literature** Literatur *f*

litre *Brt.* → **liter**

litter *waste paper etc.:* (Papier-, Abfall *m;* Streu *f; zo.* Wurf *m;* **~ basket, ~ bin** Abfallkorb *m*

little

little 1. *adj* klein; wenig; *the ~ ones pl* die Kleinen *pl*; **2.** *adv* wenig, kaum; **3.** *noun*: **a ~** ein wenig; **~ by ~** (ganz) allmählich, nach und nach

live¹ leben; wohnen (**with** bei); **~ on** leben von; weiterleben; **~ up to expectations** *etc.*: entsprechen

live² 1. *adj* lebend, lebendig; Strom führend; *TV etc. in compounds*: Direkt..., Live...); **2.** *adv* direkt, live

live|lihood Lebensunterhalt *m*; **~ly** lebhaft, lebendig

liver Leber *f*

livestock Vieh *n*

livid bläulich; F fuchsteufelswild

living 1. lebend; **2.** Lebensunterhalt *m*; Leben(sweise *f*) *n*; **earn/make a ~** sich s-n Lebensunterhalt verdienen; **standard of ~, ~ standard** Lebensstandard *m*; **~ room** Wohnzimmer *n*

lizard Eidechse *f*

load 1. Last *f* (*a. fig.*); Ladung *f*; Belastung *f*; **2.** überhäufen (**with** mit); *gun*: laden; *a. ~ up* (auf-, be-, ein)laden

loaf¹ *bread*: Laib *m*

loaf² **~ about/around** herumlungern

loam Lehm *m*

loan 1. (Ver)Leihen *n*; Anleihe *f*; Darlehen *n*; Leihgabe *f*; **on ~** geliehen; **2.** ausleihen, verleihen (**to** an); **~ s.o. s.th., ~ s.th. to s.o.** j-m et. leihen; **~**

shark *econ.* Kredithai *m*

loathe verabscheuen

lobby Vorhalle *f*; Foyer *n*; *pol.* Lobby *f*

lobe *anat.* Lappen *m*; Ohrläppchen *n*

lobster Hummer *m*

local 1. örtlich, lokal; ansässig, *in compounds* Orts..., **2.** *Brt.* F *esp.* Stammkneipe *f*; Ortsansässige *m, f*, Einheimische *m, f*; **~ call** *tel.* Ortsgespräch *n*; **~ time** Ortszeit *f*

locate ausfindig machen; **be ~d** gelegen sein, liegen; **location** Lage *f*, Standort *m*, Platz *m*; **on ~** *movie*: auf Außenaufnahme

loch *Scottish English*: See *m*

lock 1. *door, gun etc.*: Schloß *n*; Schleuse(nkammer) *f*; **2.** *v/t* abschließen, zuschließen, verschließen, zusperren (*a. ~ up*); *tech.* sperren; **~ away** wegschließen; **~ in/up** einschließen, (ein)sperren; **~ out** aussperren; *v/i* schließen; *wheels, part of machine*: blockieren

locker Schließfach *n*; Spind *m*, Schrank *m*; **~ room** Umkleideraum *m*

locket Medaillon *n*

locksmith Schlosser *m*

locust Heuschrecke *f*

lodge 1. Portierloge *f*, Pförtnerloge *f*; (Jagd-, Ski- *etc.*) Hütte *f*; Sommerhaus *n*, Gartenhaus *n*; **2.** *v/i* (in Untermiete) wohnen; *be stuck:*

loop

stecken bleiben; *v/t* aufnehmen, unterbringen; **lodger** Untermieter(in); **lodging** Unterkunft *f*; *pl* möbliertes Zimmer

loft (Dach)Boden *m*

log (Holz)Klotz *m*; (gefällter) Baumstamm; (Holz)Scheit *n*; → **book** *naut*. Logbuch *n*; *aviat.* Bordbuch *n*; *mot.* Fahrtenbuch *n*; **~ cabin** Blockhaus *n*

logic Logik *f*; **~al** logisch

loin *gastr.* Lende(nstück *n*) *f*; *pl anat.* Lende *f*

loiter bummeln, trödeln; herumlungern

loll sich rekeln

lollipop Lutscher *m*; *esp. Brt.* Eis *n* am Stiel

lollypop Lutscher *m*

loneliness Einsamkeit *f*; **lonely** einsam

long¹ 1. *adj* lang; *distance*: weit, lang(fristig); *time*: lang(fristig); **2.** *adv* lang(e); **as ~ as**, **so ~ as** so lange wie, vorausgesetzt, dass; **so ~!** F bis dann!; **3.** *noun* (e-e) lange Zeit; *for* ~ lange; *take* ~ lange dauern

long² sich sehnen (*for* nach)

long-distance *in compounds*: Fern-; Langstrecken...; **~ call** Ferngespräch *n*

longing Sehnsucht *f*

longitude *geogr.* Länge *f*

long jump Weitsprung *m*; **~range** langfristig; *in compounds*: Langstrecken...; **~sighted** weitsichtig; **~standing** alt; **~term** langfristig; **~ wave** Langwelle *f*

loo *Brt.* F Klo *n*

look 1. sehen, blicken, schauen (**at, on** auf; nach); nachschauen, nachsehen; *face a direction*: nach ... liegen *or* gehen (*building, window*); *happy, pale etc.*: aussehen; **~ after** aufpassen auf, sich kümmern um, sorgen für; **~ at** ansehen; **~ back** *fig.* zurückblicken; **~ down on, ~ for** suchen (nach); **~ forward to** sich freuen auf; **~ in** F *visitor*: vorbeischauen (**on** bei); **~ into** untersuchen, prüfen; **~ on** ansehen, betrachten (**as** als); zusehen, zuschauen; **~ out** Ausschau halten (**for** nach); **~ out!** pass auf!, Vorsicht!; *s.th.* **over** et. durchsehen, (sich) et. ansehen; **~ round** sich umsehen; **~ through** *s.th.* et. durchsehen; **~ to** sich verlassen auf; **~ up** aufblicken, aufsehen (*fig.* zu); *word etc.*: nachschlagen; *person*: aufsuchen; **2.** Blick *m*; Miene *f*, (Gesichts)Ausdruck *m*; (**good**) **~s** *pl* gutes Aussehen

looking glass Spiegel *m*

loony F bekloppt, verrückt; **~ bin** F Klapsmühle *f*

loop 1. Schlinge *f*, Schleife *f*; Schlaufe *f*; Öse *f*; *computer*: Schleife *f*; **2.** (sich) schlingen

loose los(e), locker; weit; frei; **loosen** (sich) lösen, (sich) lockern

loot plündern

lop *tree*: beschneiden; ~ **off** abhauen; **~sided** schief

lord Herr *m*, Gebieter *m*; *Brt.* Lord *m*; **the** ⁑ Gott *m* (der Herr); **the** ⁑**'s Prayer** das Vaterunser; **the** ⁑**'s Supper** das (heilige) Abendmahl; ~ **house**; ⁑ **Mayor** *Brt.* Oberbürgermeister *m*

lorry *Brt.* Last(kraft)wagen *m*, Lastauto *n*

lose verlieren; versäumen, verpassen; *clock*, *watch*: nachgehen; **loser** Verlierer(in)

loss Verlust *m*; **be at a ~** in Verlegenheit sein (*for* um)

lost verloren; *fig.* versunken, vertieft; **get ~!** *sl.* hau ab!; **~-and-found (office)** *Am.*, **~ property office** *Brt.* Fundbüro *n*

lot *es n*; Parzelle *f*; Grundstück *n*; (Waren)Posten *m*; Gruppe *f*, Gesellschaft *f*; F Menge *f*, Haufen *m*; Los *n*, Schicksal *n*; **the ~** alles, das Ganze; **a ~ of**, **~s of** F viel, e-e Menge

lotion Lotion *f*

loud laut; *fig.* grell, auffallend, *colors*: schreiend; **~speaker** Lautsprecher *m*

lounge *hotel etc.*: Aufenthaltsraum *m*, Lounge *f*; *airport*: Wartehalle *f*, Lounge *f*; *esp. Brt.* Wohnzimmer *n*

louse Laus *f*; **lousy** verlaust; F miserabel

lout Flegel *m*

lovable liebenswert, reizend

love 1. Liebe *f*; *tennis*: null; **(my) ~ spoken**: (mein) Liebes, (mein) Liebling, (mein) Schatz; **be in ~** verliebt sein (*with* in); **fall in ~** sich verlieben (*with* in); **make ~ have sex**: sich lieben; **2.** lieben; gerne mögen; **~ to do sth.** et. sehr gern tun; **~able** → **lovable**; **~ly** (wunder)schön; nett, reizend; F prima; **lover** Liebhaber *m*, Geliebte *m*; Geliebte *f*; (*Musik- etc.*) Liebhaber(in); *pl* Liebende *pl*, Liebespaar *n*

loving liebevoll, liebend

low 1. niedrig (*a. fig.*); tief (*a. fig.*); *supplies etc.*: knapp; *sound etc.*: leise; gering(schätzig); ordinär; *fig.* niedergeschlagen, deprimiert; **2.** Tief *n* (*a. meteor.*); **~brow** geistig anspruchslos, unbedarft; **~ calorie** kalorienarm, kalorienreduziert; **~-emission** schadstoffarm

lower 1. niedriger; unter, *in compounds*: Unter...; **2.** niedriger machen; herunterlassen, herablassen; senken; *colors etc.*: leise; gering(schätzig)

low|-fat fettarm; **~-noise** *tape etc.*: rauscharm; **~**

pressure area Tief(druckgebiet) *n*; **~ season** Vorsaison *f*; Nachsaison *f*; **~spirited** niedergeschlagen; **~ tide** Ebbe *f*
loyal loyal, treu
lozenge Raute *f*, Rhombus *m*; Pastille *f*
Ltd *limited* mit beschränkter Haftung
lubricant Schmiermittel *n*; **lubricate** schmieren, ölen
lucid klar
luck Glück *n*; Schicksal *n*; **bad/hard/ill** ~ Unglück *n*, Pech *n*; **good** ~ Glück *n*; **good ~!** viel Glück!; **luckily** zum Glück; **lucky** glücklich; **be ~** Glück haben
ludicrous lächerlich
lug zerren, schleppen
luge Rennrodeln *n*; Rennschlitten *m*
luggage (Reise)Gepäck *n*; **~ rack** Gepäcknetz *n*; **~ reclaim** *aviat.* Gepäckausgabe *f*; **~ van** *Brt. rail.* Gepäckwagen *m*
lukewarm lau
lull 1. *person:* beruhigen; **2.** Pause *f*, Flaute *f*
lullaby Wiegenlied *n*
lumbago Hexenschuss *m*
lumber¹ schwerfällig gehen; (dahin)rumpeln

lumber² Bauholz *n*, Nutzholz *n*; Gerümpel *n*
luminous leuchtend, *in compounds:* Leucht...
lump Klumpen *m*; Schwellung *f*, Geschwulst *f*, Knoten *m*; *sugar etc.:* Stück *n*; **~ sugar** Würfelzucker *m*; **~ sum** Pauschalsumme *f*
lumpy klumpig
lunar *in compounds:* Mond...
lunatic 1. verrückt; **2.** *fig.* Verrückte *m, f*
lunch 1. Mittagessen *n*, Lunch *m*; **2.** zu Mittag essen; **~ hour** Mittagspause *f*; **~ time** Mittagszeit *f*, Mittagspause *f*
lung Lungenflügel *m*; **the ~s** *pl* die Lunge
lurch taumeln, torkeln
lure 1. Köder *m*; *fig.* Lockung *f*, Reiz *m*; **2.** ködern, (an)locken
lurid *colors:* grell; grässlich, schauerlich
lurk lauern
lust Begierde *f*
luster *Am.*, **lustre** *Brt.* Glanz *m*
lusty kräftig, robust
Luxembourg Luxemburg *n*
luxurious luxuriös, *in compounds:* Luxus...; **luxury** Luxus *m*; Luxusartikel *m*
lyrics *pl* (Lied)Text *m*

M

M *motorway Brt.* Autobahn f; *medium (size)* mittelgroß
MA *Master of Arts* Magister *m* der Philosophie
mac *Brt.* F → **mackintosh**
machine Maschine f; **~gun** Maschinengewehr n; **~made** maschinell hergestellt; **~readable** maschinenlesbar
machinery Maschinen *pl*
mackintosh *esp. Brt.* Regenmantel *m*
mad verrückt; F wütend; versessen (*about* auf), verrückt (*about* nach); *drive s.o.* **~** j-n verrückt machen; *go* **~** verrückt werden; *like* **~** wie verrückt
madam *addressing a woman politely:* gnädige Frau
mad cow disease Rinderwahn(sinn) *m* (*abbr. BSE*)
mad|man Verrückte *m*; **~woman** Verrückte *f*
magazine Magazin n, Zeitschrift f; *gun etc.:* Magazin *n*
maggot Made *f*
magic 1. Magie f, Zauberei f; *fig.* Zauber *m*; **2.** magisch;
magician Magier *m*, Zauberer *m*; Zauberkünstler(in)
magistrate (Friedens)Richter(in)
magnanimous großmütig
magnet Magnet *m*; **~ic** magnetisch

magnificent großartig, herrlich, prächtig
magnify vergrößern; **~ing glass** Vergrößerungsglas n, Lupe *f*
magpie Elster *f*
maid (Dienst)Mädchen n, Hausangestellte f; *in compounds:* Jungfern...; **~en name** Mädchenname *m*
mail 1. Post(sendung) f; **2.** (mit der Post) schicken, aufgeben; **~box** Briefkasten m; **~man** Postbote m, Briefträger m; **~order firm, ~order house** Versandhaus *n*
maim verstümmeln
main 1. *in compounds:* Haupt...; wichtig; **2.** *mst pl:* (Strom)Netz n; Haupt(gas-, -wasser-, -strom)leitung f; **~land** Festland n; **~ly** hauptsächlich; **~ memory** *computer:* Arbeitsspeicher m, Hauptspeicher m; **~ menu** *computer:* Hauptmenü n; **~ road** Haupt(verkehrs)straße f; **~ street** Hauptstraße *f*
maintain behaupten; (aufrecht)erhalten; instand halten, pflegen, *tech. a.* warten; *family etc.:* unterhalten, versorgen
maintenance (Aufrecht)Erhaltung f; Instandhaltung f; *tech. a.* Wartung f; *money*

paid to support s.o.: Unterhalt *m*

maize Mais *m*
majestic majestätisch; **majesty** Majestät *f*
major 1. *adj* größer; bedeutend, wichtig; *jur.* volljährig; *C ~ mus.* C-Dur *n*; **2.** *noun* Major *m*; *jur.* Volljährige *m, f*; *univ.* Hauptfach *n*; *mus.* Dur *n*
majority Mehrheit *f*
major road Haupt(verkehrs)straße *f*
make 1. machen; *manufacture*: anfertigen, herstellen, erzeugen; *meal, tea etc.*: (zu)bereiten; *create*: (er)schaffen; *appoint*: machen zu, ernennen zu; *money*: verdienen; *turn out to be*: sich erweisen als, abgeben; *mistake*: machen; *peace etc.*: schließen; *speech*: halten; *distance*: zurücklegen; *be added to*: hinzukommen auf, ergeben; ~ *s.o. wait* j-n warten lassen; ~ *it* es schaffen; *what do you ~ of it?* was halten Sie davon?; ~ *friends with* sich anfreunden mit; ~ *for* zugehen auf, lossteuern auf; ~ *into* verarbeiten zu; ~ *off* sich davonmachen; ~ *out econ. check, bill etc.*: ausstellen; ~ *s.o. out* F aus jm klug werden; ~ *s.th. out* et. erkennen; ~ *over property*: übertragen; ~ *up* (sich) schminken, F (sich) zurechtmachen;

~ *s.th. up* sich et. ausdenken, et. erfinden; ~ *up one's mind* sich entschließen; *be made up of* bestehen aus; ~ *up for* nachholen, aufholen; wieder gutmachen; ~ *it up* sich versöhnen; **2.** Machart *f*, Ausführung *f*; Fabrikat *n*, Marke *f*; ~**believe** Fantasie *f*; ~**shift** behelfsmäßig, *in compounds*: Behelfs...; ~**up** Schminke *f*, Make-up *n*
maladjusted verhaltensgestört
male 1. männlich; **2.** Mann *m*; *zo.* Männchen *n*; ~ **nurse** (Kranken)Pfleger *m*
malevolent übel wollend, böswillig
malice Bosheit *f*, Gehässigkeit *f*; Groll *m*; **malicious** böswillig
malignant *med.* bösartig
mall Einkaufszentrum *n*
malnutrition Unterernährung *f*; Fehlernährung *f*
malt Malz *n*
maltreat schlecht behandeln; misshandeln
mammal Säugetier *n*
man 1. *noun* Mann *m*; Mensch(en *pl*) *m*; **2.** *v/t* besetzen; *spacecraft*: bemannen
manage *v/t company etc.*: leiten, führen; *actors, athletes etc.*: managen; *do s.th. difficult*: et. zustande bringen, et. schaffen; *deal with problems*:

manageable

fertig werden mit; *control:* umgehen (können) mit; *work, meal etc.:* bewältigen, schaffen; **~ to do s.th.** es fertig bringen, et. zu tun; *v/i* auskommen (**with** mit; **without** ohne); F es schaffen, zurechtkommen; **~able** handlich; lenksam, fügsam; **~ment** Verwaltung *f*; *econ.* Management *n*, Unternehmensführung *f*; *econ.* Geschäftsleitung *f*, Direktion *f*
manager Verwalter(in); *econ.:* Manager(in); Führungskraft *f*; Geschäftsführer(in), Leiter(in), Direktor(in); *of actors etc.:* Manager(in); *sport:* (Chef)Trainer(in); **~ess** → *manager* [*all words with* -(in)]
mandarin *a.* **~ orange** Mandarine *f*
mane Mähne *f*
maneuver 1. Manöver *n*; 2. manövrieren
manger Krippe *f*
mangle 1. (Wäsche)Mangel *f*; 2. mangeln; übel zurichten
mania Sucht *f*, Leidenschaft *f*; **maniac** F Wahnsinnige *m*, *f*
man|kind die Menschheit, die Menschen *pl*; **~ly** männlich; **~-made** von Menschen geschaffen, künstlich; *in compounds:* Kunst...
manner Art *f* (u. Weise *f*); Benehmen *n*, Umgangsformen *pl*, Manieren *pl*

manoeuvre *Brt.* → *maneuver*
manor (Land)Gut *n*; → **~ house** Herrenhaus *n*
manpower Arbeitskräfte *pl*
mansion (herrschaftliches) Wohnhaus
manslaughter *jur.* Totschlag *m*; fahrlässige Tötung
mantel|piece, **~shelf** Kaminsims *m*
manual 1. manuell, *in compounds:* Hand...; 2. Handbuch *n*
manufacture 1. herstellen, erzeugen; 2. Herstellung *f*; **manufacturer** Hersteller *m*, Erzeuger *m*
manure 1. Dünger *m*, Mist *m*, Dung *m*; 2. düngen
manuscript Manuskript *n*
many viele
map (Land- *etc.*)Karte *f*; (Stadt- *etc.*)Plan *m*
maple Ahorn *m*
marathon *a.* **~ race** Marathonlauf *m*
marble 1. Marmor *m*, Murmel *f*; 2. marmorn
March März *m*
march 1. marschieren; 2. Marsch *m*
mare Stute *f*
margarine, **marge** *Brt.* F Margarine *f*
margin Rand *m*; *fig.* Spielraum *m*; *fig.* (Gewinn-, Verdienst-)Spanne *f*
marijuana *a.* **marihuana** Marihuana *n*

marina Bootshafen m, Jachthafen m

marine Marine f; Marineinfanterist m

marital ehelich

maritime in compounds: See...

mark 1. stain etc.: Fleck m; sign: Marke f, Markierung f, Zeichen n; trace: Spur f; indication: Merkmal n; birthmark etc.: (Körper)Mal n; target: Ziel n; in trade names: (Handels)Marke f, Typ m; school: Note f, Zensur f, Punkt m (grade); sport: Startlinie f (starting position); **hit the ~** (fig. ins Schwarze) treffen; **miss the ~** danebenschießen; fig. das Ziel verfehlen; **2.** markieren, Spuren hinterlassen auf; Flecken machen auf; goods: auszeichnen; school: benoten, zensieren; sport: decken (opposite number); **~ down** note: notieren; econ. price: (im Preis) herabsetzen; **~ off** abgrenzen; on list: abhaken; **~ out** abgrenzen, markieren; bestimmen (for für); **~ up** econ. price: (im Preis) heraufsetzen

marked deutlich

marker Markierstift m; Lesezeichen n; sport: Bewacher(-in)

market 1. Markt m; Markt(-platz) m; **2.** auf den Markt bringen; verkaufen, vertreiben; **~ garden** Brt. Gemüse- u. Obstgärtnerei f

marking Markierung f; zo. Zeichnung f; Benotung f; sport: Deckung f

marmalade (esp. Orangen)Marmelade f

marriage Heirat f, Hochzeit f (**to** mit); Ehe f; **~ certificate** Heiratsurkunde f

married verheiratet

marrow anat. (Knochen-)Mark n; a. **vegetable ~** Kürbis m

marry v/t heiraten; trauen; v/i a. **get married** heiraten

marsh Sumpfland n, Marsch f

marshal Bezirkspolizeichef m

marten Marder m

martial kriegerisch; in compounds: Kriegs..., Militär...; **~ arts** pl asiatische Kampfsportarten pl

martyr Märtyrer(in)

marvel 1. Wunder n; **2.** sich wundern (**at** über)

marvellous Brt., **marvelous** Am. wunderbar; fabelhaft, fantastisch

mascara Wimperntusche f

mascot Maskottchen n

masculine männlich, maskulin

mash 1. zerdrücken, zerquetschen; **2.** Brt. F Kartoffelbrei m; **~ed potatoes** pl Kartoffelbrei m

mask Maske f

mason

mason Steinmetz *m*
masquerade 1. Maskerade *f*; **2.** sich verkleiden (**as** als)
mass 1. Masse *f*; Mehrzahl *f*; **2.** sich (an)sammeln, sich (an)häufen
Mass *rel.* Messe *f*
massacre 1. Massaker *n*; **2.** niedermetzeln
massage 1. Massage *f*; **2.** massieren
massive massiv; enorm, riesig
mass| media *pl* Massenmedien *pl*; **~-produce** serienmäßig herstellen; **~ production** Massenproduktion *f*, Serienproduktion *f*
mast Mast *m*
master 1. *noun* Meister *m*; Herr *m*; Lehrer *m*; Original(kopie *f*) *n*; *paint. etc.* Meister *m*; *univ.* Magister *m*; **~ of ceremonies** Conférencier *m*; Showmaster *m*; **2.** *adj in compounds:* Haupt...; **3.** *v/t* meistern; beherrschen; **~ key** Hauptschlüssel *m*; **~ly** meisterhaft; **~mind** (führender) Kopf; **~piece** Meisterwerk *n*
masturbate masturbieren, onanieren
mat[1] Matte *f*; Untersetzer *m*
mat[2] → **matt**
match[1] Streichholz *n*
match[2] **1.** der, die, das Gleiche, der, die, das Ebenbürtige; (passendes) Gegenstück; *sport:* Match *n*, Spiel *n*, Kampf *m*; **be no ~ for s.o.** j-m nicht gewachsen sein; **find** *or* **meet one's ~** s-n Meister finden; **they are a perfect ~** sie passen ausgezeichnet zueinander; **2.** passen zu; zusammenpassen, übereinstimmen, entsprechen
matchbox Streichholzschachtel *f*
match point *esp. tennis:* Matchball *m*
mate 1. Kamerad *m*, Kollege *m*; *zo.* Männchen *n*; Weibchen *n*; *naut.* Maat *m*; **2.** *zo.* (sich) paaren
material 1. Material *n*, Stoff *m*; **2.** materiell; wesentlich
maternal mütterlich(erseits), *in compounds:* Mutter...
maternity 1. Mutterschaft *f*; **2.** *in compounds:* Schwangerschafts..., Umstands...
math F Mathe *f*
mathematician Mathematiker(in); **mathematics** *usually sg* Mathematik *f*
maths *usually sg* Brt. F Mathe *f*
matinée Nachmittagsvorstellung *f*
matrimony Ehe(stand *m*) *f*
matron Brt. Oberschwester *f*, Oberin *f*
matt matt, mattiert
matter 1. Materie *f*, Material *n*, Stoff *m*; *med.* Eiter *m*; Sache *f*, Angelegenheit *f*; **as a ~ of fact** tatsächlich, eigent-

lich; *a ~ of time* e-e Frage der Zeit; *what's the ~ (with you)?* was ist los (mit dir)?; *no ~ what she says* ganz gleich, was sie sagt; *no ~ who* gleichgültig, wer; **2.** von Bedeutung sein; *it doesn't ~* es macht nichts; **~-of-fact** sachlich

mattress Matratze *f*
mature 1. reif; **2.** reifen, reif werden
maul übel zurichten
Maundy Thursday Gründonnerstag *m*
maximum 1. Maximum *n*; **2.** maximal, *in compounds:* Maximal..., Höchst...
May Mai *m*
may *v/aux:* **I ~** ich kann/mag/darf; *you ~* du kannst/magst/darfst *etc.*
maybe vielleicht
maybug Maikäfer *m*
May Day der 1. Mai
mayor Bürgermeister *m*
maypole Maibaum *m*
maze Labyrinth *n*
MD *medicinae doctor (= Doctor of Medicine)* Dr. med., Doktor *m* der Medizin
me mir
meadow Wiese *f*
meager *Am.*, **meagre** *Brt.* mager, dürftig
meal Essen *n*
mean¹ bedeuten; meinen; beabsichtigen, vorhaben; *be ~t for* bestimmt sein für; *~ well / ill* es gut / schlecht meinen

mean² gemein; geizig
mean³ 1. Mitte *f*, Mittel *n*, Durchschnitt *m*; **2.** durchschnittlich, *in compounds:* Durchschnitts...
meaning 1. Sinn *m*, Bedeutung *f*; **2.** bedeutungsvoll; **~ful** bedeutungsvoll; sinnvoll; **~less** sinnlos
means *pl (a. sg in construction)* Mittel *n or pl*; Mittel *n*, Vermögen *n*; *by all ~s!* selbstverständlich!; *by no ~s* keineswegs; *by ~s of* durch
mean|time *a. in the ~* inzwischen; **~while** inzwischen
measles *sg* Masern *pl*
measure 1. Maß *n (a. fig.)*; *mus.* Takt *m*; Maßnahme *f*; **2.** (ab-, aus-, ver)messen; **~ment** Messung *f*; Maß *n*; **~ of capacity** Hohlmaß *n*
meat Fleisch *n*
mechanic Mechaniker *m*; **~al** mechanisch; **~ pencil** Drehbleistift *m*
mechanism Mechanismus *m*; **mechanize** mechanisieren
medal Medaille *f*; Orden *m*
meddle sich einmischen (*with, in*)
media *pl* Medien *pl*
mediaeval → **medieval**
median *a.* **~ strip** *mot.* Mittelstreifen *m*
mediate vermitteln
medical 1. medizinisch, ärztlich; **2.** ärztliche Untersuchung; **~ certificate** ärztliches Attest

medicated medizinisch
medicinal medizinisch, *in compounds*: Heil...; **medicine** Medizin *f*, Arznei *f*; Medizin *f*, Heilkunde *f*
medieval mittelalterlich
mediocre mittelmäßig
meditate nachdenken; meditieren; **meditation** Meditation *f*
Mediterranean (Sea) *das* Mittelmeer
medium 1. Mitte *f*; Mittel *n*; Medium *n*; **2.** mittler, *in compounds*: Mittel...; *gastr. steak*: medium, halb gar
medley Gemisch *n*; *mus.* Medley *n*, Potpourri *n*
meek sanft(mütig)
meet v/t treffen, sich treffen mit; begegnen; *opponent*: treffen mit, stoßen auf; *at place of arrival*: abholen; *be introduced*: kennen lernen; *demand etc.*: entsprechen; *obligation*: nachkommen; v/i zusammenkommen; sich treffen, sich begegnen; sich kennen lernen; ~ **with** zusammentreffen mit; sich treffen mit; *difficulties, problems etc.*: stoßen auf; erleben, erleiden
meeting Versammlung *f*, Sitzung *f*, Tagung *f*, Begegnung *f*, (Zusammen)Treffen *n*; *sport*: Veranstaltung *f*
melancholy 1. Melancholie *f*, Schwermut *f*; **2.** schwermütig; traurig

mellow 1. reif; weich; sanft, mild, zart; *fig.* gereift; **2.** reifen (lassen)
melody Melodie *f*
melon Melone *f*
melt (zer)schmelzen
member Mitglied *n*, Angehörige *m, f*; *anat.* Glied(maße *f*) *n*; *anat.* (männliches) Glied; **~ship** Mitgliedschaft *f*; *in compounds*: Mitglieds...
membrane Membran(e) *f*
memo F Memo *n*
memoirs *pl* Memoiren *pl*
memorial Denkmal *n*, Gedenkstätte *f*
memorize auswendig lernen, sich einprägen
memory Gedächtnis *n*; Erinnerung *f*; Andenken *n*; *computer*: Speicher *m*; **in ~ of** zum Andenken an
menace (Be)Drohung *f*
mend flicken
meningitis Hirnhautentzündung *f*
menopause Wechseljahre *pl*
men's room Herrentoilette *f*
menstruation Menstruation *f*
mental geistig, *in compounds*: Geistes...; **~ arithmetic** Kopfrechnen *n*; ~ **hospital** psychiatrische Klinik, Nervenheilanstalt *f*; **~ity** Mentalität *f*; **~ly**: ~ **handicapped** geistig behindert; ~ **ill** geisteskrank
mention erwähnen; *don't* ~ *it* bitte (sehr)!, gern geschehen

menu Speise(n)karte *f*; *computer*: Menü *n*

merchandise Ware (*pl*) *f*

merchant (Groß)Händler *m*, (Groß)Kaufmann *m*; *in compounds*: Handels...

merciful barmherzig, gnädig; **merciless** unbarmherzig

mercury Quecksilber *n*

mercy Barmherzigkeit *f*, Erbarmen *n*, Gnade *f*

mere(ly) bloß, nur

merge verschmelzen (*into* mit); *econ.* fusionieren; **merger** *econ.* Fusion *f*

meridian Meridian *m*

merit 1. Verdienst *n*; Wert *m*; Vorzug *m*; **2.** *consideration, punishment etc.*: verdienen

mermaid Meerjungfrau *f*, Nixe *f*

merry lustig, fröhlich; ⁓ **Christmas!** fröhliche Weihnachten, frohe Weihnachten; **~-go-round** Karussell *n*

mesh Masche *f*

mess 1. Unordnung *f*, Durcheinander *n*; Schmutz *m*; *fig.* Patsche *f*, Klemme *f*; **2. ~ about/around** herumspielen; herumgammeln; **~ up** in Unordnung bringen; *fig.* verpfuschen

message Mitteilung *f*, Nachricht *f*; Anliegen *n*; **get the** F kapieren

messenger Bote *m*

messy schmutzig (*a. fig.*); unordentlich

metabolism Stoffwechsel *m*

metal Metall *n*; **metallic** metallisch; *in compounds*: Metall...

meter¹ Meter *m, n*; Versmaß *n*

meter² Messgerät *n*, Zähler *m*; **~ maid** Politesse *f*

method Methode *f*; **~ical** methodisch, systematisch

meticulous peinlich genau

metre *Brt.* → **meter¹**

metric metrisch

metropolitan ... der Hauptstadt

Mexican 1. mexikanisch; **2.** Mexikaner(in)

Mexico Mexiko *n*

miaow miauen

micro *in compounds*: Mikro..., (sehr) klein; **~chip** Mikrochip *m*

microphone Mikrofon *n*

microprocessor Mikroprozessor *m*

micro|scope Mikroskop *n*; **~wave** Mikrowelle *f*; **~wave oven** Mikrowellenherd *m*

mid mittler, *in compounds*: Mittel...; **~day** Mittag *m*

middle 1. mittler, *in compounds*: Mittel...; **2.** Mitte *f*; **~-aged** mittleren Alters; ⁓ **Ages** *pl* das Mittelalter; **~ class(es** *pl*) Mittelstand *m*; ⁓ **East: the ~ der Nahe Osten; ~man** Zwischenhändler *m*; **~ name** zweiter Vorname; **~-sized** mittelgroß; **~weight** *boxing*: Mittelgewicht(ler *m*) *n*

middling leidlich
midfield *esp. soccer:* Mittelfeld *n;* **~er, ~ player** *esp. soccer:* Mittelfeldspieler *m*
midge Mücke *f*
midget Zwerg *m,* Knirps *m*
mid|night Mitternacht *f;* **~summer** Hochsommer *m;* Sommersonnenwende *f;* **~ way** auf halbem Wege; **~wife** Hebamme *f;* **~winter** Mitte *f* des Winters; Wintersonnenwende *f*
might *pret von* **may**
mighty mächtig, gewaltig
migrate (fort)ziehen, (aus-)wandern
migratory bird Zugvogel *m*
mike F Mikro *n*
mild mild, sanft, leicht
mildew Mehltau *m*
mile Meile *f* (1,609 km); **~age** zurückgelegte Meilenzahl
military militärisch
milk 1. Milch *f; it's no use crying over spilt ~* geschehen ist geschehen; **2.** melken; **~man** Milchmann *m;* **~ tooth** Milchzahn *m*
mill 1. Mühle *f;* Fabrik *f;* **2.** mahlen; **~er** Müller *m*
millimeter *Am.,* **millimetre** *Brt.* Millimeter *m, n*
million Million *f;* **millionaire** Millionär(in)
milt *sperm of male fish:* Milch *f*
mime 1. Pantomime *f;* Pantomime *m;* **2.** (panto)mimisch darstellen; **mimic** nachahmen

mince 1. zerhacken, (zer-)schneiden; **2.** *esp. Brt.* Hackfleisch *n;* **~meat** (e-e süße) Pastetenfüllung; **~pie** Pastete *f* (*filled with mincemeat*)
mind 1. *brain, intelligence:* Verstand *m,* Geist *m; opinion:* Ansicht *f,* Meinung *f; intention:* Absicht *f,* Neigung *f,* Lust *f;* **be out of one's ~** nicht (recht) bei Sinnen sein; **bear / keep s.th. in ~** an et. denken; **change one's ~** es sich anders überlegen, s-e Meinung ändern; **enter s.o.'s ~** j-m in den Sinn kommen; **give s.o. a piece of one's ~** j-m gründlich die Meinung sagen; **make up one's ~** sich entschließen; **2.** Acht geben auf; aufpassen auf, sehen nach; et. haben gegen; *do you ~ if I smoke?, do you ~ my smoking?* stört es dich, wenn ich rauche?; *would you ~ opening the window please?* würden Sie bitte das Fenster öffnen?; *~ the step!* Vorsicht, Stufe!; *~ your own business!* kümmere dich um deine eigenen Angelegenheiten!; **~ (you)** wohlgemerkt, allerdings; *never ~!* macht nichts!; *I don't ~* meinetwegen, von mir aus
mine¹ meine(r, -s)
mine² **1.** Bergwerk *n,* Mine *f; mil.* Mine *f; fig.* Fundgrube *f;* **2.** schürfen, graben; *coal,*

misinterpret

gold: abbauen; **miner** Bergmann *m*

mineral Mineral *n*; *in compounds*: Mineral...; *usually in Brt.* Mineralwasser *n*; **~ oil** Mineralöl *n*; **~ water** Mineralwasser *n*

mingle (ver)mischen; sich mischen, sich mengen (**with** unter)

mini... *in compounds*: Mini..., Klein(st)...

minimal minimal; **minimize** auf ein Minimum herabsetzen; bagatellisieren

mining Bergbau *m*

minister Minister(in); Geistliche *m*, Pfarrer *m*

ministry Ministerium *n*; geistliches Amt

mink Nerz *m*

minor 1. kleiner, *fig. a.* unbedeutend; *jur.* minderjährig; *mus. in compounds*: Moll...; **A~** A-Moll *n*; **2.** *jur.* Minderjährige *m*, *f*; *mus.* Moll *n*; **~ity** Minderheit *f*; *jur.* Minderjährigkeit *f*

minster Münster *n*

mint¹ Minze *f*; Pfefferminz(bonbon *m*, *n*) *n*

mint² **1.** Münze *f*, Münzanstalt *f*; **2.** prägen

minus minus

minute¹ Minute *f*; Augenblick *m*; *pl* Protokoll *n*; *in a* **~** sofort; *just a* **~** e-n Augenblick; Moment mal!

minute² winzig; sehr genau

miracle Wunder *n*

miraculous wunderbar; **~ly** wie durch ein Wunder

mirror 1. Spiegel *m*; **2.** (wider)spiegeln

mirth Fröhlichkeit *f*

mis... *in compounds*: miss..., falsch; **~behave** sich schlecht benehmen; **~calculate** falsch berechnen; sich verrechnen

miscarriage *med.* Fehlgeburt *f*; **miscarry** e-e Fehlgeburt haben

miscellaneous gemischt, vermischt; verschieden

mischief Schaden *m*, Unfug *m*; Übermut *m*; **mischievous** boshaft; spitzbübisch

misconception Missverständnis *n*; **~construe** missdeuten, falsch auslegen; **~demeanor** *Am.*, **~demeanour** *Brt. jur.* Vergehen *n*

miser Geizhals *m*

miserable elend; **misery** Elend *n*, Not *f*

misfire *gun*: versagen; *mot.* e-e Fehlzündung haben, aussetzen; *plan, joke*: fehlschlagen, F danebengehen; **~fit** Außenseiter(in); **~fortune** Unglück(sfall *m*) *n*; **~giving** Missgeschick *n*, Zweifel *m*; **~guided** irrig, unangebracht; **~handle** falsch behandeln, falsch handhaben; **~hap** Missgeschick *n*

misinterpret falsch auffassen, falsch auslegen; **misin-**

terpretation falsche Auslegung

mis|judge falsch beurteilen; falsch einschätzen; **~lay** *s.th.: et.* verlegen; **~lead** irreführen, täuschen

mismanage schlecht verwalten, schlecht führen; **~ment** Misswirtschaft *f*

mis|place *s.th.: et.* verlegen; *et.* an e-e falsche Stelle legen *or* setzen; **~d** unangebracht, deplatziert; **~print 1.** *v/t* verdrucken; **2. noun** Druckfehler *m*; **~pronounce** falsch aussprechen; **~read** falsch lesen; falsch deuten; **~represent** falsch darstellen

miss[1] *before the family name* ♀: Fräulein *n*

miss[2] **1.** verpassen, versäumen, verfehlen; übersehen; überhören; nicht verstehen, nicht begreifen; vermissen; nicht treffen; **2.** Fehlschlag *m*, Fehlschuss *m*, Fehlstoß *m*, Fehlwurf *m etc.*

missile Rakete *f*; Geschoss *n*, *Austrian:* Geschoß *n*

missing fehlend; vermisst; **be ~** fehlen

mission *rel., pol.* Mission *f*; *mil.* Einsatz *m*

misspell falsch buchstabieren, falsch schreiben

mist 1. (feiner) Nebel, Dunst *m*; **2. ~over** sich trüben; **~ up** (sich) beschlagen

mistake 1. verwechseln (**for** mit); falsch verstehen, missverstehen; sich irren in; **2.** Irrtum *m*, Versehen *n*; Fehler *m*; **by ~** aus Versehen; **mistaken: be ~** sich irren

mister → **Mr**

mistletoe Mistel *f*

mistress Herrin *f*; Lehrerin *f*; Geliebte *f*

mistrust 1. misstrauen; **2.** Misstrauen *n*

misty neb(e)lig

misunderstand missverstehen, falsch verstehen; **~ing** Missverständnis *n*; Meinungsverschiedenheit *f*

misuse 1. *v/t* missbrauchen; falsch gebrauchen; **2. noun** Missbrauch *m*

mite Milbe *f*

mitten Fausthandschuh *m*, Fäustling *m*; *not covering fingers:* Halbhandschuh *m*

mix 1. (ver)mischen, vermengen, *drinks:* mixen; sich (ver)mischen; sich mischen lassen; verkehren (**with** mit); **~ up** zusammenmischen, durcheinander mischen; verwechseln (**with** mit); **be ~ed up in** verwickelt sein in, verwickelt werden in; **2.** Mischung *f*; **~ed** gemischt (*a. emotions, feelings*); vermischt; **~er** Mixer *m*

mixture Mischung *f*; Gemisch *n*

moan 1. Stöhnen *n*; **2.** stöhnen

mob Mob *m*, Pöbel *m*

mobile beweglich; fahrbar;

home Wohnwagen *m*; **~phone** Mobiltelefon *n*, Handy *n*

mock 1. verspotten; sich lustig machen (**at** über); **2.** *in compounds*: Schein...; **~ery** Spott *m*

mode (*Art f u.*) Weise *f*; *computer*: Modus *m*, Betriebsart *f*

model 1. *small copy*: Modell *n*; *good person or thing*: Muster *n*, Vorbild *n*; *fashion*: Mannequin *n*; *fashion, art*: Model *n*, Fotomodell *n*; *tech.* Modell *n*, Typ *m*; *in compounds*: Muster..., Modell...; **male ~** Dressman *m*; **2.** modellieren, *a. fig.* formen; *clothes*: vorführen

moderate 1. *adj* (mittel)mäßig; gemäßigt; **2.** *v/t* mäßigen; *v/i* sich mäßigen, nachlassen; **moderation** Mäßigung *f*

modern modern, neu; **~ize** modernisieren

modest bescheiden; **modesty** Bescheidenheit *f*

modification (Ab-, Ver)Änderung *f*; **modify** (ab-, ver)ändern

module Modul *n*; Baustein *m*; *spacecraft*: (Kommando *etc.*)Kapsel *f*

moist feucht; **~en** anfeuchten, befeuchten; feucht werden; **moisture** Feuchtigkeit *f*; **moisturizer** Feuchtigkeitscreme *f*

molar Backenzahn *m*

mold¹ 1. (Gieß-, Guss-, Press)Form *f*; **2.** *tech.* gießen; formen

mold² Schimmel *m*; Moder *m*; **moldy** verschimmelt, schimm(e)lig; mod(e)rig

mole¹ Maulwurf *m*

mole² Muttermal *n*

mole³ Mole *f*

molest belästigen

mollify besänftigen

molten geschmolzen

mom F Mami *f*, Mutti *f*

moment Augenblick *m*, Moment *m*; Bedeutung *f*; **at the ~** im Augenblick, momentan

mommy F Mami *f*, Mutti *f*

monarch Monarch(in), Herrscher(in); **monarchy** Monarchie *f*

monastery (Mönchs)Kloster *n*

Monday Montag *m*

monetary *in compounds*: Währungs...; Geld...

money Geld *n*; **~ order** Postanweisung *f*, Zahlungsanweisung *f*

monitor 1. Monitor *m*; **2.** abhören; überwachen

monk Mönch *m*

monkey Affe *m*

monolog *Am.*, **monologue** *Brt.* Monolog *m*

monopolize monopolisieren; *fig.* an sich reißen; **monopoly** Monopol *n*

monotonous monoton, ein-

monotony 516

tönig; **monotony** Monotonie *f*

monster Monster *n*, Ungeheuer *n*

month Monat *m*; **~ly 1.** monatlich, *in compounds*: Monats...; **2.** Monatsschrift *f*

monument Monument *n*, Denkmal *n*

moo muhen

mood Stimmung *f*, Laune *f*; *be in a good/bad ~* gute/schlechte Laune haben; **moody** launisch, launenhaft; schlecht gelaunt

moon Mond *m*; *once in a blue ~* F alle Jubeljahre (einmal); **~lit 1.** Mondlicht *n*, Mondschein *m*; **2.** F schwarzarbeiten; **~lit** mondhell

moor[1] (Hoch)Moor *n*

moor[2] *naut.* vertäuen

moose nordamerikanischer Elch; *~ test mot.* Elchtest *m*

mop 1. Mop *m*; **2.** (auf-, ab)wischen; *~ up* aufwischen

moral 1. moralisch, sittlich; *in compounds*: Moral..., Sitten...; **2.** *practical lesson*: Moral *f* (*of a story etc.*); *pl* Moral *f*, Sitten *pl*

morale Moral *f*, Stimmung *f*

morbid krankhaft

more 1. *adj* mehr; noch (mehr); *some ~ tea* noch etwas Tee; **2.** *adv* mehr; noch; *forming the comparative*: *~ important* wichtiger; *~ and ~* immer mehr; *~ or less* mehr oder weniger; *once ~* noch einmal; **3.** *noun* Mehr *n* (of an); *a little ~* etwas mehr

morgue Leichenschauhaus *n*

morning Morgen *m*; *in compounds*: Morgen..., Vormittags...; Früh...; *in compounds*: morgens, am Morgen; vormittags, am Vormittag; *this ~* heute Morgen, heute Vormittag; *tomorrow ~* morgen früh, morgen Vormittag; *good ~!* guten Morgen!

Morocco Marokko *n*

morose mürrisch

morphia, morphine Morphium *n*

morsel Bissen *m*

mortal 1. *not living for ever*: sterblich; *causing death*: tödlich; *in compounds*: Tod (-es)...; **2.** Sterbliche *m*, *f*; **~ity** Sterblichkeit *f*

mortar[1] Mörtel *m*

mortar[2] Mörser *m*

mortgage 1. Hypothek *f*; **2.** e-e Hypothek aufnehmen auf

mortuary Leichenhalle *f*

mosaic Mosaik *n*

Moscow Moskau *n*

mosque Moschee *f*

mosquito Moskito *m*; Stechmücke *f*

moss Moos *n*; **mossy** moosig, bemoost

most 1. *adj* meist, größt; die meisten; *~ people* die meis-

move

ten Leute; **2.** *adv* am meisten; *very:* höchst, äußerst; *forming the superlative:* **the ~ important point** der wichtigste Punkt; **~ of all** am allermeisten; **3.** *noun* das meiste; der größte Teil; **the ~** *pl*; **at (the) ~** höchstens; **make the ~ of s.th.** nach Kräften ausnutzen, das Beste aus et. herausholen

mostly hauptsächlich

MOT *Brt.* F *a.* **~ test** *appr.* TÜV *m*, TÜV-Prüfung *f*

moth Motte *f*; Nachtfalter *m*

mother 1. Mutter *f*; **2.** bemuttern; **~ country** Vaterland *n*, Heimatland *n*; **~hood** Mutterschaft *f*; **~-in-law** Schwiegermutter *f*; **~ly** mütterlich; **~-of-pearl** Perlmutt *n*, Perlmutter *f*; **~'s Day** Muttertag *m*; **~ tongue** Muttersprache *f*

motif *mus., art etc.:* Motiv *n*

motion 1. Bewegung *f*; *parl.* Antrag *m*; **2.** (zu)winken; ein Zeichen geben; **~less** regungslos; **~ picture** Film *m*

motivate motivieren

motive *reason:* Motiv *n*

motor Motor *m*; *in compounds:* Motor-; **~bike** *esp. Brt.* F Motorrad *n*; **~boat** Motorboot *n*; **~car** Kraftfahrzeug *n*; **~cycle** Motorrad *n*; **~cyclist** Motorradfahrer(in); **~ist** Autofahrer(in); **~ scooter** Motorroller *m*; **~way** *Brt.* Autobahn *f*

mould *Brt.* → **mold¹, mold²**

mouldy *Brt.* → **moldy**

mound Erdhügel *m*

mount 1. *v/t horse, bicycle etc.:* besteigen, steigen auf; *fix:* montieren, anbringen, befestigen; *jewel:* fassen; *v/i rider:* aufsitzen; *fig.* steigen, (an)wachsen; **~ up to** sich belaufen auf; **2.** Gestell *n*; Fassung *f*; Reittier *n*

mountain Berg *m*; *pl a.* Gebirge *n*

mountaineer Bergsteiger(-in); **~ing** Bergsteigen *n*

mountainous bergig, gebirgig

mounted beritten

mourn *v/i* trauern (**for, over** um); *v/t* betrauern, trauern um; **~er** Trauernde *m, f*; **~ful** traurig; **~ing** Trauer *f*

mouse Maus *f* (*a.* computer)

moustache Schnurrbart *m*

mouth Mund *m*; Maul *n*, Schnauze *f*, Rachen *m*; *river:* Mündung *f*; *bottle etc.:* Öffnung *f*; **~ful** Bissen *m*; **~ organ** Mundharmonika *f*; **~piece** Mundstück *n*; *fig.* Sprachrohr *n*; **~wash** Mundwasser *n*

move 1. *v/t* bewegen, (weg)rücken; *chess etc.:* e-n Zug machen mit; *fig.* bewegen, rühren; *v/i* sich bewegen, sich rühren; umziehen (**to** nach); *chess etc.:* e-n Zug machen; **~ in/out/away** ein-/aus-/wegziehen; **~ on** weiter-

movement

gehen; **2.** Bewegung *f*; Umzug *m*; *chess etc.*: Zug *m*; *fig.* Schritt *m*; **get a ~ on!** F Tempo!, mach(t) schon!; **~ment** Bewegung *f*

movie Film *m*

mow mähen; **~er** *esp.* Rasenmäher *m*

Mr. *form of address*: Herr *m*

Mrs. *form of address*: Frau *m*

Ms. *neutral form of address*: Frau *f*

Mt *Mount* Berg *m*

much 1. *adj* viel; **2.** *adv* sehr; viel; **very ~** sehr; **3.** *noun*: **nothing ~** nichts Besonderes

muck Mist *m*; Dreck *m*

mucus Schleim *m*

mud Schlamm *m*

muddle *a.* **~ up** durcheinander bringen

muddy schlammig

mudguard Kotflügel *m*; Schutzblech *n*

muffle *sound*: dämpfen; **muffler** dicker Schal; *mot.* Auspufftopf *m*

mug[1] Krug *m*; Becher *m*

mug[2] überfallen u. ausrauben (*esp. in a public place*)

mule Maultier *n*

mulled wine Glühwein *m*

multilingual mehrsprachig

multimedia 1. multimedial; **2.** Multimedia *n*

multiple, ~ store *Brt.* Kettenladen *m*

multiplication Vermehrung *f*; Multiplikation *f*; **~ table** Einmaleins *n*

multiply (sich) vermehren, (sich) vervielfachen; multiplizieren, malnehmen (**by** mit)

multi-storey *Brt.* vielstöckig; **~ car park** Park(hoch)haus *n*

multitude Vielzahl *f*

mum *Brt.* F → **mom**

mumble murmeln

mummy[1] Mumie *f*

mummy[2] *Brt.* F → **mommy**

mumps *sg* Ziegenpeter *m*, Mumps *m, f*

munch mampfen

municipal städtisch, *in compounds:* Stadt..., kommunal, *in compounds:* Gemeinde...

murder 1. Mord *m*, Ermordung *f*; **2.** ermorden; **~er** Mörder *m*; **~ess** Mörderin *f*; **~ous** mörderisch

murmur 1. Murmeln *n*; Murren *n*; **2.** murmeln; murren

muscle Muskel *m*; **muscular** muskulös; *in compounds:* Muskel...

muse (nach)sinnen

museum Museum *n*

mush Brei *m*, Mus *n*

mushroom Pilz *m*, *esp.* Champignon *m*

music Musik *f*; Noten *pl*; **~al 1.** *in compounds:* Musik...; musikalisch; wohlklingend; **2.** Musical *n*; **~ hall** *esp. Brt.* Varieté(theater) *n*

musician Musiker(in)

Muslim 1. Muslim *m*, Moslem *m*; **2.** muslimisch, moslemisch

must 1. v/aux: I ~ ich muss, you ~ du musst, he/she/it ~ er/sie/es muss etc.; I ~ not ich darf nicht; **2.** Muss n

mustache Schnurrbart m

mustard Senf m

musty mod(e)rig, muffig

mute 1. stumm; **2.** Stumme m, f

mutilate verstümmeln

mutiny Meuterei f

mutter 1. murmeln; murren; **2.** Murmeln n; Murren n

mutton Hammelfleisch n

mutual gegenseitig; gemeinsam

muzzle Maul n, Schnauze f; Maulkorb m

my mein(e)

myself pron ich/mich/mir selbst; reflexive: mich

mysterious mysteriös, geheimnisvoll

mystery Geheimnis n; ~ tour Fahrt f ins Blaue

myth Mythos m

mythology Mythologie f

N

nab F schnappen

nag nörgeln; ~ (at) herumnörgeln an; **nagging** Nörgelei f

nail 1. Nagel m; in compounds: Nagel...; **2.** (an)nageln; ~ **polish**, ~ **varnish** Nagellack m

naked nackt; kahl

name 1. Name m; what's your ~? wie heißen Sie?; call s.o. ~s j-n beschimpfen; **2.** (be)nennen; ~ly nämlich

nanny Kindermädchen n; Brt. F Oma f, Omi f

nap 1. Nickerchen n; have/take a ~ → **2.** ein Nickerchen machen

nape a. ~ of the neck Genick n, Nacken m

napkin Serviette f

nappy Brt. Windel f

narcotic Betäubungsmittel n; ~s pl Rauschgift n

narrate erzählen; berichten; **narration** Erzählung f; **narrative** Erzählung f; Bericht m; **narrator** Erzähler(in)

narrow 1. eng, schmal; fig. knapp; **2.** enger werden, schmäler werden; enger machen, schmäler machen; (sich) verengen; ~-minded engstirnig

nasty food, smell, taste, weather etc.: scheußlich, widerlich; injury etc.: bös, schlimm; person, behavior: abscheulich, gemein, fies

nation Nation f; Volk n

national 1. national; **2.** Staatsangehörige m, f; ~ **anthem** Nationalhymne f

nationality Nationalität f

Staatsangehörigkeit f
nationalize verstaatlichen
national| park Nationalpark m; **~ team** sport: Nationalmannschaft f
native 1. in compounds: einheimisch ...; Heimat...; Eingeborenen...; angeboren; **2.** Einheimische m, f; Eingeborene m, f; ♀ American amerikanischer Ureinwohner, Indianer m; amerikanische Ureinwohnerin, Indianerin f; **~ language** Muttersprache f; **~ speaker** Muttersprachler(in)
natural natürlich; in compounds: Natur...; Roh...; **~ gas** Erdgas n; **~ize** einbürgern; **~ resources** pl Naturschätze pl; **~ science** Naturwissenschaft f; **~ scientist** Naturwissenschaftler(in)
nature Natur f; **~ conservation** Naturschutz m; **~ reserve** Naturschutzgebiet n; **~ trail** Naturlehrpfad m
naughty ungezogen
nausea Übelkeit f; **nauseate** fig. anwidern; **the smell of her** bei dem Geruch wurde ihr übel
nautical nautisch
naval in compounds: Marine...; **~ base** Flottenstützpunkt m
nave arch. Mittelschiff n, Hauptschiff n
navel Nabel m
navigable schiffbar; **navigate** naut. befahren; steuern
navy Marine f
near 1. adj nahe (gelegen); distance: kurz, nahe; closely related: nahe (verwandt); of friends: eng (befreundet); escape etc.: knapp; **2.** adv nahe, in der Nähe; fast, beinahe; **3.** prp nahe, in der Nähe von (or gen); **4.** v/i and v/t sich nähern, näher kommen; **~by 1.** adj nahe (gelegen); **2.** adv in der Nähe; **~ly** fast, beinahe; annähernd; **~sighted** kurzsichtig
neat ordentlich; sauber; whiskey etc.: pur
necessarily notwendigerweise; **not ~** nicht unbedingt; **necessary** notwendig, nötig
necessity Notwendigkeit f; Bedürfnis n
neck 1. Hals m; Genick n; **2.** knutschen; **~lace** Halskette f; **~line** dress etc.: Ausschnitt m; **~tie** Krawatte f, Schlips m
née geborene
need 1. benötigen, brauchen; müssen; **2.** Bedürfnis n, Bedarf m; Notwendigkeit f; Mangel m; Not f; **in ~** in Not; **be in ~ of s.th.** et. dringend brauchen
needle Nadel f; **~work** Handarbeit f
needy bedürftig, arm
negative 1. negativ; verneinend; **2.** Verneinung f; phot.

Negativ *n*; **answer in the ~** verneinen
neglect vernachlässigen
negligent nachlässig, unachtsam; lässig
negotiate verhandeln (über); **negotiation** Verhandlung *f*
neigh wiehern
neighbor *Am.*, **neighbour** *Brt.* Nachbar(in); **~hood** Nachbarschaft *f*; Umgebung *f*
neither 1. *adj, pron* keine(r, -s) (von beiden); **2.** *cj*: **~ ... nor** weder ... noch; **3.** *adv* auch nicht
nephew Neffe *m*
nerd F Döskopp *m*, Blödmann *m*; Computerfreak *m*
nerve Nerv *m*; Mut *m*; F Frechheit *f*; **~-(w)racking** F nervenaufreibend
nervous nervös
nest 1. Nest *n*; **2.** nisten
nestle sich schmiegen, sich kuscheln (*against, by* an)
net¹ Netz *n*
net² netto, in *compounds*: Netto..., Rein...
net curtain Store *m*
Netherlands *pl* die Niederlande *pl*
nettle 1. *bot.* Nessel *f*; **2. be ~d** F verärgert sein
network TV, roads, organizations, computers etc.: Netz *n*; **be in the ~** computer: am Netz sein
neurosis Neurose *f*; **neurotic** neurotisch

neutral 1. neutral; **2.** Neutrale *m, f*; *mot.* Leerlauf *m*; **~ity** Neutralität *f*; **~ize** neutralisieren
never nie(mals); **~ending** endlos
new neu; *nothing* **~** nichts Neues; **~born** neugeboren; **~comer** Neuankömmling *m*; Neuling *m*; **~ly** kürzlich; neu; **~ moon** Neumond *m*
news *sg* Neuigkeit(en *pl*) *f*, Nachricht(en *pl*) *f*; **~ agency** Nachrichtenagentur *f*; **~ agent** *Brt.* Zeitungshändler(in); **~cast** Nachrichtensendung *f*; **~caster** Nachrichtensprecher(in); **~ flash** Kurzmeldung *f*; **~paper** Zeitung *f*; **~stand** Zeitungskiosk *m*, Zeitungsstand *m*; **~ vendor** *esp. Brt.* Zeitungsverkäufer(in)
new year das neue Jahr; *Happy New Year!* Gutes neues Jahr!, Prosit Neujahr!; **New Year's Day** Neujahr(stag *m*) *n*; **New Year's Eve** Silvester(abend *m*) *m, n*
New Zealand Neuseeland *n*
next 1. *adj* nächst; **~ door** nebenan; **~ but one** übernächst; **~ to** als nächste(r, -s); das nächste Mal; **~ to** neben; **3.** *noun* der, die, das Nächste; **~-door** (von) nebenan
NHS *Brt.* **National Health Service** Staatlicher Gesundheitsdienst; **NHS patient**

nibble

Brt. appr. Kassenpatient(in)
nibble knabbern
nice *friendly*: nett, freundlich; *enjoyable, attractive*: nett, hübsch, schön; *food etc.*: fein, lecker; **~ly** gut, ausgezeichnet
niche Nische *f*
nick¹ Kerbe *f*
nick² *Brt.* F klauen
nickel *min.* Nickel *n*; Fünfcentstück *n*
nickname 1. Spitzname *m*; **2. ~** *s.o.* ... j-m den Spitznamen ... geben
niece Nichte *f*
niggardly geizig
night Nacht *f*; Abend *m*; *at/by* ~ in der Nacht, bei Nacht, nachts; *good* ~*!* gute Nacht!; **~cap** Schlummertrunk *m*; **~club** Nachtklub *m*, Nachtlokal *n*; **~dress** (Damen)Nachthemd *n*; **~gown** (Damen)Nachthemd *n*
nightie F → *nightdress*
nightingale Nachtigall *f*
night|ly jede Nacht; jeden Abend; **~mare** Albtraum *m*; **~school** Abendschule *f*; **~shift** Nachtschicht *f*; **~shirt** (Herren)Nachthemd *n*
nil *esp. sport*: null; *four to* ~ *(4-0)* vier zu null (4:0)
nimble flink, gewandt; geistig beweglich
nine neun; **~pins** *sg* Kegeln *n*; **~teen(th)** neunzehn(t); **~tieth** neunzigst; **~ty** neunzig

522

ninth 1. neunt; **2.** Neuntel *n*; **~ly** neuntens
nip kneifen, zwicken; *Brt.* F sausen, flitzen
nipple Brustwarze *f*
nitrogen Stickstoff *m*
no 1. *adv* nein; nicht; **2.** *adj* kein(e); ~ *one* keiner, niemand
No., no. *numero* (= *number*) Nr., Nummer *f*
nobility Adel *m*
noble adlig; edel
nobody niemand, keiner
no-calorie diet Nulldiät *f*
nod 1. nicken (mit); **~off** einnicken; **2.** Nicken *n*
noise Krach *m*, Lärm *m*; Geräusch *n*; *radio etc.*: Rauschen *n*; **~less** geräuschlos
noisy laut
nominate ernennen; nominieren, vorschlagen; **nomination** Ernennung *f*; Nominierung *f*
non... *in compounds*: nicht..., Nicht..., un...
non|alcoholic alkoholfrei; **~commissioned officer** Unteroffizier *m*; **~descript** unauffällig
none 1. *pron (sg or pl)* kein; **2.** *adv* in keiner Weise
non|existent nicht existierend; **~fiction** Sachbücher *pl*; **~(in)flammable** nicht brennbar; **~intervention** *pol.* Nichteinmischung *f*; **~iron** bügelfrei

no-nonsense nüchtern, sachlich
non|**payment** *esp. econ.* Nicht(be)zahlung *f*; **~plus(s)ed** verblüfft; **~polluting** umweltfreundlich; **~resident** nicht (orts)ansässig; **~returnable** *in compounds, of packaging material:* Einweg...
nonsense Unsinn *m*, dummes Zeug
non|**-skid** rutschfest, rutschsicher; **~smoker** Nichtraucher(in); *Brt. rail.* Nichtraucher(wagen) *m*; **~stick** *cooking pan etc.:* mit Antihaftbeschichtung; **~stop** *train etc.:* durchgehend, *flight:* ohne Zwischenlandung; nonstop, ohne Unterbrechung; **~violence** Gewaltlosigkeit *f*; **~violent** gewaltlos
noodle Nudel *f*
nook Ecke *f*, Winkel *m*
noon Mittag(szeit *f*) *m*; **at ~** um 12 Uhr (mittags)
noose Schlinge *f*
nor → **neither** 2; auch nicht
norm Norm *f*
normal normal; **~ize** (sich) normalisieren; **~ly** normalerweise, (für) gewöhnlich
north 1. *noun point of compass:* Nord; Norden *m*; 2. *adj* nördlich, *in compounds:* Nord...; 3. *adv* nach Norden, nordwärts; **northern** nördlich, *in compounds:* Nord...
North| **Pole** Nordpol *m*; **~ Sea** Nordsee *f*
northward(s) nördlich, nach Norden
Norway Norwegen *n*
Norwegian 1. norwegisch; 2. Norweger(in)
nos. numbers Nummern *pl*
nose Nase *f*; **~bleed** Nasenbluten *n*
nostril Nasenloch *n*, *esp. zo.* Nüster *f*
nosy F neugierig
not nicht; **~ a** kein(e)
notable bemerkenswert, beachtlich
notch Kerbe *f*
note 1. *usually pl* Notiz *f*, Aufzeichnung *f*; Anmerkung *f*; Nachricht *f*; Banknote *f*, Geldschein *m*; *mus.* Note *f*; **make a ~ of s.th.** sich et. aufschreiben; 2. *a.* **~ down** (sich) et. aufschreiben, (sich) et. notieren; **~book** Notizbuch *n*; *computer:* Notebook *n*
noted bekannt
note|**pad** Notizblock *m*; **~paper** Briefpapier *n*
nothing nichts; **~ but** nichts als, nur; **~ much** nicht viel; **for ~** umsonst; **to say ~ of** ganz zu schweigen von
notice 1. Ankündigung *f*, Bekanntgabe *f*, Mitteilung *f*, Anzeige *f*; Kündigung(sfrist) *f*; Beachtung *f*; **at short ~** kurzfristig; **until further ~** bis auf weiteres; **without ~** fristlos; **give s.o. ~** j-m kündigen;

noticeable

four weeks' ~ vierwöchige Kündigungsfrist; ***take* (no)** ~ **of** (keine) Notiz nehmen von, (nicht) bemerken; **2.** (es) bemerken (besonders); (besonders) achten, (besonders) achten auf; **~able** erkennbar
notify benachrichtigen
notion Vorstellung *f*, Idee *f*
notions *pl* Kurzwaren *pl*
notorious berüchtigt (**for** für)
nought *Brt.* the number 0
nourish (er)nähren; *fig.* hegen; **~ing** nahrhaft; **~ment** Nahrung *f*
novel 1. Roman *m*; **2.** neu(artig); **~ist** Romanschriftsteller(in); **~ty** Neuheit *f*
November November *m*
now nun, jetzt; ~ **and again,** ~ **and then** von Zeit zu Zeit, dann u. wann; **by** ~ inzwischen; **from** ~ **on** von jetzt an; **just** ~ gerade eben
nowadays heutzutage
nowhere nirgends
nozzle *tech.* Düse *f*
nuclear *in compounds:* Kern..., Atom...; ~ **energy** Atomenergie *f*, Kernenergie *f*; ~ **fission** Kernspaltung *f*; **~free** atomwaffenfrei; ~ **physics** *pl* Kernphysik *f*; ~ **power** Atomkraft *f*, Kernkraft *f*; ~ **power plant,** ~ **power station** Atomkraftwerk *n*, Kernkraftwerk *n*; ~ **reactor** Atomreaktor *m*, Kernreaktor *m*; ~ **waste** Atommüll *m*; ~ **weapons** *pl* Atomwaffen *pl*, Kernwaffen *pl*
nude nackt
nudge *s.o.:* j-n anstoßen, (an)stupsen
nuisance Plage *f*; Nervensäge *f*, Quälgeist *m*; ***make a* ~ of o.s.** den Leuten auf die Nerven gehen or fallen; ***what a* ~!** wie ärgerlich!
nukes *pl* F Atomwaffen *pl*, Kernwaffen *pl*
numb 1. starr (**with** vor), taub; *fig.* wie betäubt (**with** vor); **2.** starr machen, taub machen; *fig.* betäuben
number 1. Zahl *f*, Ziffer *f*; *house, telephone, car etc.:* Nummer *f*; *amount:* (An-)Zahl *f*; *Brt. magazine:* Ausgabe *f*; *bus etc.:* Linie *f*; **sorry, wrong** ~ *tel.* falsch verbunden!; **2.** nummerieren; **~less** zahllos; **~plate** *Brt. mot.* Nummernschild *n*
numeral Ziffer *f*; Zahlwort *n*
numerous zahlreich
nun Nonne *f*
nurse 1. (Kranken)Schwester *f*; **2.** *sick people:* pflegen; *illness:* auskurieren; *baby:* stillen
nursery (Kinder)Tagesheim *n*, (Kinder)Tagesstätte *f*; Baumschule *f*, Pflanzschule *f*; ~ **rhyme** Kinderreim *m*; ~ **school** Kindergarten *m*; ~ **slope** *skiing:* Idiotenhügel *m*
nursing Krankenpflege *f*; ~

obsession

home Pflegeheim n; Brt. Privatklinik f
nut Nuss f; (Schrauben)Mutter f; **~cracker(s** pl) Nussknacker m
nutmeg Muskatnuss f
nutrient Nährstoff m; **nutri-**tion Ernährung f; **nutritious** nahrhaft
nutshell Nussschale f; *(to put it) in a ~* kurz gesagt
nutty nussartig; voller Nüsse; F *crazy:* verrückt
nylon Nylon n

O

o *number, a. tel.:* Null f
oak Eiche f
oar Ruder n
oasis Oase f *(a. fig.)*
oath Eid m, Schwur m; Fluch m; *on/under ~* unter Eid
oatmeal Hafermehl n, Hafergrütze f
oats pl Hafer m
obedience Gehorsam m; **obedient** gehorsam
obey gehorchen; *order etc.:* befolgen
obituary Todesanzeige f; Nachruf m
object 1. *noun* Objekt n; *thing:* Gegenstand m; *aim, purpose:* Ziel n, Zweck m, Absicht f; **2.** v/t einwenden; v/i et. dagegen haben
objection Einwand m, Einspruch m
objective 1. objektiv, sachlich; **2.** *goal:* Ziel n; *microscope:* Objektiv n
obligation Verpflichtung f
oblige (zu Dank) verpflichten; *s.o.:* j-m e-n Gefallen tun; *much ~d!* herzlichen Dank!; **obliging** zuvorkommend, gefällig
oblique schief, schräg
obliterate auslöschen
oblivion Vergessen(heit f) n; **oblivious**: *be ~ of s.th.* sich e-r Sache nicht bewusst sein
oblong rechteckig
obnoxious widerlich
obscene obszön, unanständig
obscure 1. dunkel; *fig.* dunkel, unklar; unbekannt; **2.** verdunkeln
observance Befolgung f; Einhaltung f; **observant** aufmerksam
observation Beobachtung f; Bemerkung f
observatory Observatorium n, Sternwarte f, Wetterwarte f
observe beobachten; *custom etc.:* einhalten; *law etc.:* befolgen; *say:* bemerken; **observer** Beobachter(in)
obsess: *be ~ed by/with* besessen sein von; **~ion** Besessenheit f

obsolete veraltet
obstacle Hindernis *n*
obstinacy Eigensinn *m*; Hartnäckigkeit *f*; **obstinate** eigensinnig; hartnäckig
obstruct *block*: verstopfen, versperren; blockieren; *hinder*: behindern; **~ion** Verstopfung *f*, Blockierung *f*; Behinderung *f*; Hindernis *n*
obtainable erhältlich
obtrusive aufdringlich
obvious offensichtlich, einleuchtend, klar
occasion Gelegenheit *f*; *cause, reason*: Anlass *m*, Veranlassung *f*; (*esp. festliches*) Ereignis; **~al(ly)** gelegentlich
occupant Insasse *m*, Insassin *f*; **occupation** *profession*: Beruf *m*; *activity*: Beschäftigung *f*, *mil.* Besetzung *f*, Besatzung *f*; **occupy** einnehmen; *mil.* besetzen; *apartment etc.*: bewohnen; beschäftigen
occur vorkommen; sich ereignen; **occurrence** Vorkommen *n*; Vorfall *m*, Ereignis *n*
ocean Ozean *m*, Meer *n*
o'clock: (at) five ~ (um) fünf Uhr
October Oktober *m*
octopus Krake *m*; Tintenfisch *m*
odd sonderbar; *number*: ungerade; einzeln
odds *pl* Chancen *pl*
odor *Am.*, **odour** *Brt.* Geruch *m*
of von; um (*cheat s.o. ~ s.th.*); *origin*: von, aus; *material*: aus; an (*die ~*); vor (*afraid ~*); auf (*proud ~*); über (*glad ~*); nach (*smell ~*); von, über (*speak ~ s.th.*); an (*think ~ s.th.*); **the city ~ London** die Stadt London; **the works ~ Dickens** Dickens' Werke; **five minutes ~ twelve** fünf Minuten vor zwölf
off 1. *adv* fort, weg; ab, herunter(...), los(...); entfernt; *light etc.*: aus(geschaltet), ab(geschaltet); *zu*: zu; *button etc.*: ab(gegangen), los (-gegangen); *not at work, school etc.*: frei; ganz, zu Ende; *econ. back; meat etc.*: verdorben; *fig.* aus, vorbei; **be ~** fort sein, weg sein; (weg)gehen; **~ duty** nicht im Dienst sein, dienstfrei haben; **3.** *adj* (arbeits-, dienst)frei; *econ.* flau, still, tot
offence *Brt.* → **offense**
offend beleidigen, kränken; verstoßen (**against** gegen); **~er** (Übel-, Misse)Täter(in); Straffällige *m*, *f*; Beleidigung *f*
offense Vergehen *n*; *jur.* Straftat *f*; Beleidigung *f*
offensive 1. beleidigend; anstößig; ekelhaft; *in compounds*: Angriffs...; **2.** Offensive *f*

offer 1. Angebot *n*; **2.** anbieten; (sich) bieten
office Büro *n*; Geschäftsstelle *f*; Amt *n*; **~ hours** *pl* Öffnungszeiten *pl*; Bürostunden *pl*
officer *mil.* Offizier *m*; Beamte *m*, Beamtin *f*; Polizeibeamte *m*, Polizeibeamtin *f*
official 1. offiziell, amtlich, dienstlich; **2.** Beamte *m*, Beamtin *f*; Funktionär(in)
officious übereifrig
off|line *computer:* rechnerunabhängig, *in compounds:* offline; **~season** Nebensaison *f*; **~side** *sport:* abseits; **~spring** Nachkomme *m*, Nachkommenschaft *f*
often oft, häufig
oil 1. Öl *n*; **2.** ölen; **~cloth** Wachstuch *n*; **~painting** Ölgemälde *n*; **~pollution** Ölpest *f*; **~skins** *pl* Ölzeug *n*; **~slick** Ölteppich *m*; **~well** Ölquelle *f*
oily ölig; fettig; schmierig
ointment Salbe *f*
old alt; **~ age** (hohes) Alter; **~ age pension** Rente *f*, Pension *f*; **~ age pensioner** Rentner(in), Pensionär(in); **~fashioned** altmodisch; **~ people's home** Altersheim *n*, Altenheim *n*
olive Olive *f*
Olympic Games *pl* Olympische Spiele *pl*
omelet(te) Omelett(e) *f*(*n*)
ominous unheilvoll

onion

omit unterlassen; auslassen, weglassen
on 1. *prp* auf (**~** *the table*); an (**~** *the wall*); in (**~** *TV*); *direction, aim:* auf ... (hin), an */fig.* auf ... (hin) (**~** *demand*); *belonging to:* zu, bei (**~** *a team*, **~** *a committee*); *situation:* in, auf, zu (**~** *duty*, **~** *fire*); *topic:* über; *day, date:* an (**~** *Sunday*, *the 1st of April*); bei (**~** *his arrival*); **2.** *adv, adj light etc.:* an; (dar)auf (*put* **~**); weiter an (*have a coat* **~**), auf (*keep one's hat* **~**); weiter (*go* **~** *speak etc.*); *and so* **~** und so weiter; **~** *and* **~** immer weiter; *be* **~** *thea.* gespielt werden; *movie:* laufen; *TV etc.* gesendet werden
once 1. einmal; einst; **~** *again*, **~** *more* noch einmal; *at* **~** sofort; gleichzeitig; *all at* **~** plötzlich; **2.** sobald
one *adj, pron, noun* ein(e); einzig; man; Eins *f*; **~** *day* eines Tages; **~** *by* **~** einer nach dem andern; **~** *another* einander; *which* **~**? welche(r, -s)?; *the little* **~** die Kleinen; **~self** *pron* sich (selbst); **~sided** einseitig; **~track mind:** *have a* **~** immer nur dasselbe im Kopf haben; **~two** *soccer:* Doppelpass *m*; **~way** *in compounds:* Einbahn...; **~** nur in e-r Richtung; *ticket:* einfach
onion Zwiebel *f*

on|line *computer*: rechnerabhängig, online; **~looker** Zuschauer(in)
only 1. *adj* einzig; **2.** *adv* nur, bloß; erst; **~ just** gerade erst
onto auf
onward(s) vorwärts, weiter; **from ... onwards** von ... an
ooze sickern
opaque undurchsichtig
open 1. offen; geöffnet, auf; **in the ~air** im Freien; **2.** (er)öffnen; aufmachen; sich öffnen, aufgehen; **~air** im Freien, *in compounds*: Freilicht...; **~ing** Öffnung *f*; *econ.* freie Stelle; Erschließung *f*; *in compounds*: Eröffnungs..., Öffnungs...; **~minded** aufgeschlossen
opera Oper *f*; **~ glasses** *pl* Opernglas *n*; **~ house** Oper *f*, Opernhaus *n*
operate funktionieren; *med.* operieren (**on s.o.** j-n); *machine*: bedienen
operating room Operationssaal *m*; **~ system** *computer*: Betriebssystem *n*; **~ theatre** *Brt.* Operationssaal *m*
operation Operation *f*; *tech.* Betrieb *m*
operator *tech.* Bedienungsperson *f*; *computer*: Operator *m*; *tel.* Vermittlung *f*
operetta Operette *f*
opinion Meinung *f*; **in my ~** meines Erachtens
opponent Gegner(in), Gegenspieler(in)

opportunity (günstige) Gelegenheit
oppose ablehnen; bekämpfen; *be ~d to ...* gegen ... sein;
opposite 1. *adj* gegenüberliegend; entgegengesetzt; **2.** *adv* gegenüber; **3.** *noun* Gegenteil *n*; **opposition** Widerstand *m*; Gegensatz *m*; Opposition *f*
oppress unterdrücken; bedrücken; **~ive** drückend
optician Optiker(in)
optimism Optimismus *m*; **optimist** Optimist(in)
option Option *f*; *econ.* Wahl *f*; **~al** freiwillig; *in compounds*: Wahl...
or oder; **~ else** sonst
oral mündlich; oral
orange 1. Orange *f*, Apfelsine *f*; **2.** orange(farben)
orangeade Orangenlimonade *f*
orbit 1. (die Erde) umkreisen; **2.** Umlaufbahn *f*
orchard Obstgarten *m*
orchestra Orchester *n*
ordeal Qual *f*
order 1. Ordnung *f*; Reihenfolge *f*; Befehl *m*, Anordnung *f*, *in restaurant etc.*: Bestellung *f*, *econ.* Bestellung *f*, Auftrag *m*; *rel.* Orden *m*; *in ~* to um zu; *out of ~* außer Betrieb; **2.** befehlen; *med.* verordnen; *econ., in restaurant etc.*: bestellen; **~ly** ordentlich; *fig.* gesittet, friedlich

ordinal number Ordnungszahl f
ordinary gewöhnlich, üblich, normal
ore Erz n
organ Organ n; Orgel f; **~ic** organisch
organization Organisation f; **organize** organisieren
orgasm Orgasmus m
origin Ursprung m; Herkunft f; **~al** 1. ursprünglich; originell; *in compounds*: Original...; 2. Original n; **~ate** (her)stammen
ornament Verzierung f; **~al** dekorativ, schmückend; *in compounds*: Zier...
ornate reich verziert
orphan Waise f; **~age** Waisenhaus n
ostensible angeblich
ostentatious protzig
ostrich *zo.* Strauß m
other ander; *the ~ day* neulich; *every ~ day* jeden zweiten Tag; **~wise** anders; sonst
otter Otter m
ought v/aux: *I ~* ich sollte, *you ~* du solltest etc.
ounce Unze f (28,35 g)
our unser; **ours** unser; **ourselves** uns (selbst); wir/uns selbst
oust vertreiben
out 1. *adv, adj* aus; hinaus; heraus; aus(...); außen, draußen; nicht zu Hause, *Austrian, Swiss*: a. nicht zuhause; *sport*: aus, draußen;

aus der Mode; vorbei; **~** aus ... (heraus); zu ... hinaus; außerhalb von; *reach, breath etc.*: außer; *made ~ of* (hergestellt) aus; 2. *prp* aus (... heraus); zu ... hinaus; 3. *v/t* F outen
out|bid überbieten; **~break** Ausbruch m; **~building** Nebengebäude n; **~burst** *of strong emotion*: Ausbruch m; **~cast** Ausgestoßene m, f; **~come** Ergebnis n; **~cry** Aufschrei m; **~dated** überholt, veraltet; **~do** übertreffen; **~door** *adj* im Freien, draußen; **~doors** *adv* draußen, im Freien
outer äußer; **~ space** Weltraum m
out|fit Ausrüstung f; Kleidung f; **~fitter** Ausstatter m; **~grow** herauswachsen aus; *habit etc.*: ablegen
outing Ausflug m; Outing n
out|let Abzug m; Abfluss m; *fig.* Ventil n; **~line** 1. Umriss m; Überblick m; 2. umreißen, skizzieren; **~live** überleben; **~look** Ausblick m (*a. fig.*); Einstellung f; **~lying** abgelegen, entlegen; **~number**: *be ~ed by s.o.* j-m zahlenmäßig unterlegen sein; **~-of-date** veraltet, überholt; **~-of-the-way** abgelegen; **~patient** ambulanter Patient, ambulante Patientin; **~put** Output m, Produktion f, Ausstoß m, Ertrag m; *com-*

outrage

puter: (Daten)Ausgabe *f*
outrage 1. Verbrechen *n*; Empörung *f*; **2.** empören; **outrageous** abscheulich; unerhört
out|right 1. *adv* sofort; gerade heraus; **2.** *adj* völlig; glatt; ~**set** Anfang *m*; ~**side 1.** *noun* Außenseite *f*; *sport*: Außenstürmer(in); **2.** *adj* äußer, *in compounds*: Außen-; **3.** *adv* draußen; heraus, hinaus; **4.** *prp* außerhalb; ~**sider** Außenseiter(in); ~**size** Übergröße *f*; ~**skirts** *pl* Stadtrand *m*, Außenbezirke *pl*; ~**spoken** offen, freimütig; ~**standing** hervorragend; *debts*: ausstehend
outward 1. *adj* äußer; äußerlich; **2.** *adv usually* ~**s** nach außen; ~**ly** äußerlich
out|weigh überwiegen; ~**wit** überlisten, reinlegen
oval *adj* oval; **2.** Oval *n*
ovary Eierstock *m*
oven Backofen *m*, Bratofen *m*
over 1. *prp* über; **2.** *adv* hinüber; darüber; herüber; drüben; *in compounds*: über-; um...; übrig; zu Ende, vorüber, vorbei, aus; (*all*) ~ *again* noch einmal; *and* ~ (*again*) immer wieder
over|all 1. *adj* gesamt, *in compounds*: Gesamt-...; **2.** *adj* allgemein; insgesamt; **3.** *noun* Overall *m*, Arbeitsanzug *m*; *Brt.* Kittel *m*; *pl* Arbeitshose

f, *Brt.* Overall *m*, Arbeitsanzug *m*; ~**awe** einschüchtern; ~**board** über Bord; ~**cast** bewölkt, bedeckt; ~**charge** überlasten; *s.o.*: j-m zuviel berechnen; ~**coat** Mantel *m*; ~**come** überwinden, überwältigen; übermannen; ~**crowded** überfüllt; ~**do** übertreiben; ~**done** zu lange gekocht, zu lange gebraten; ~**dose** Überdosis *f*; ~**draft** (Konto)Überziehung *f*; ~**draw** *bank account*: überziehen (*by* um); ~**due** überfällig; ~**estimate** überschätzen; ~**expose** überbelichten; ~**flow** überfluten; überlaufen; ~**grown** überwuchert; übergroß; ~**haul** *engine etc.*: überholen; ~**head 1.** *adv* oben; **2.** *adj in compounds*: Hoch-..., Ober-...; ~**kick** *soccer*: Fallrückzieher *m*; ~**hear** (zufällig) hören; ~**joyed** überglücklich; ~**land** auf dem Landweg; ~**lap** (sich) überlappen; sich überschneiden; ~**load** überlasten, überladen; ~**look** *detail, mistake etc.*: übersehen; ~**ing the sea** mit Blick aufs Meer; ~**night 1.** *adj in compounds*: Nacht-..., Übernachtungs-...; ~**bag** Reisetasche *f*; über Nacht; ~**stay** v (sich) übernachten; ~**pass** (Straßen-, Eisenbahn)Überführung *f*; ~**power** überwältigen; ~**rate**

überschätzen; **~seas** in Übersee, nach Übersee; *in compounds*: Übersee...; **~see** beaufsichtigen, überwachen; **~seer** Aufseher(in); **~sight** Versehen *n*; **~sleep** verschlafen; **~take** überholen; **~throw** *government etc.*: stürzen; **~time** Überstunden *pl*; *sport*: (Spiel)Verlängerung *f*
overture Ouvertüre *f*
over|turn *v/t* umwerfen, umstoßen; *government etc.*: stürzen; *v/i boat etc.*: umkippen; *boat*: kentern; **~weight** Übergewicht *n*; **~whelm** überwältigen; **~work** sich überarbeiten; **~wrought** überreizt
owe schulden; verdanken
owing: ~ to wegen
owl Eule *f*
own 1. eigen; *on one's ~* allein; **2.** besitzen; zugeben
owner Besitzer(in), Eigentümer(in); **~ship** Besitz *m*; Eigentum *n*
ox Ochse *m*
oxide Oxid *n*; **oxidize** oxidieren
oxygen Sauerstoff *m*
oyster Auster *f*
ozone Ozon *n*; **~-friendly** ozonfreundlich, ohne Treibgas; **~ hole** Ozonloch *n*; **~ layer** Ozonschicht *f*; **~ levels** Ozonwerte *pl*

P

pace 1. Schritt *m*; Tempo *n*; **2.** schreiten; **~maker** (Herz-)Schrittmacher *m*
Pacific *der* Pazifik
pacifier Schnuller *m*; **pacify** beruhigen; befriedigen
pack 1. Pack(en) *m*, Paket *n*; (Karten)Spiel *n*; *cigarettes*: Packung *f*, Schachtel *f*; **2.** (ein-, ab-, ver-, zusammen-)packen
package Paket *n*; **~ tour** Pauschalreise *f*
packet Päckchen *n*; Packung *f*, Schachtel *f*
pact Vertrag *m*, Pakt *m*
pad 1. Polster *n*; Block *m*; **2.** (aus)polstern
paddle 1. Paddel *n*; **2.** paddeln; plan(t)schen
paddock Koppel *f*
padlock Vorhängeschloss *n*
pagan heidnisch
page[1] (Buch)Seite *f*
page[2] (Hotel)Page *m*
pail Eimer *m*
pain Schmerz(en *pl*) *m*; *take* **~s** sich große Mühe geben; **~ful** schmerzend, schmerzhaft; schmerzlich; peinlich; **~less** schmerzlos
painstaking sorgfältig, gewissenhaft
paint 1. Farbe *f*; Anstrich *m*;

paintbox

2. (an-, be)malen; (an)streichen; **~box** Malkasten m; **~brush** (Maler)Pinsel m; **~er** Maler(in); **~ing** Malen n, Malerei f; Gemälde n, Bild n

pair Paar n; **a ~ of ...** ein Paar ...; **ein(e) ...**

pajamas pl Schlafanzug m

pal F Kumpel m, Kamerad m, Freund m

palace Palast m

palate Gaumen m

pale blass, bleich; hell

Palestine Palästina n

Palestinian 1. palästinensisch; **2.** Palästinenser(in)

pallor Blässe f

palm¹ Handfläche f

palm² Palme f

pamper verwöhnen; verhätscheln

pamphlet Broschüre f

pan Pfanne f; **~cake** Pfannkuchen m

pandemonium Hölle(nlärm m) f

pane (Fenster)Scheibe f

panel Täfelung f; Diskussionsteilnehmer pl

panic 1. Panik f; **2.** in Panik geraten

pansy Stiefmütterchen n

pant keuchen

panties pl (Damen)Schlüpfer m

pantry Speisekammer f, Vorratskammer f

pants pl Hose f; Brt. Unterhose f

pantsuit Hosenanzug m

pantyhose Strumpfhose f

paper 1. Papier n; Zeitung f; (Prüfungs)Arbeit f; Aufsatz m; Referat n; Tapete f; pl (Ausweis)Papiere pl; **2.** tapezieren; **~back** Taschenbuch n; **~ bag** Tüte f; **~ clip** Büroklammer f; **~ cup** Pappbecher m; **~weight** Briefbeschwerer m

parachute Fallschirm m; **parachutist** Fallschirmspringer(in)

parade 1. Parade f; **2.** vorbeimarschieren; zur Schau stellen

paradise Paradies n

paragliding Gleitschirmfliegen n

paragraph print. Absatz m

parallel parallel

paralyse Brt. → paralyze

paralysis Lähmung f

paralyze lähmen

paraphernalia Zubehör n; Drum u. Dran n

parasite Parasit m, Schmarotzer m

parboil ankochen

parcel Paket n, Päckchen n

parch (aus)dörren; **be ~ed** am Verdursten sein

parchment Pergament n

pardon 1. jur. begnadigen; verzeihen; **2.** jur. Begnadigung f; Verzeihung f; **I beg your ~** Entschuldigung!

pare schälen; **cut one's nails:** sich die Nägel schneiden

parent Elternteil *m*; *pl* Eltern *pl*; **~al** elterlich
parish *rel.* Pfarrbezirk *m*; Gemeinde *f*
park 1. Park *m*, (Grün-)Anlagen *pl*; **2.** parken
parking Parken *n*; **no ~** Parken verboten; **~ disk** Parkscheibe *f*; **~ garage** Parkhaus *n*; **~ lot** Parkplatz *m*; **~ meter** Parkuhr *f*; **~ space** Parkplatz *m*, Parklücke *f*; **~ ticket** Strafzettel *m*
parliament Parlament *n*; **~ary** parlamentarisch
parlor *Am.*, **parlour** *Brt.* usually in compounds: **beauty ~** Schönheitssalon *m*
parquet Parkett *n*
parrot Papagei *m*
parsley Petersilie *f*
parson Pfarrer *m*; **~age** Pfarrhaus *n*
part 1. trennen; teilen; *hair*: scheiteln; sich trennen (**with** von); **2.** (An-, Bestand-)Teil *m*; *tech.* Teil *n*; Seite *f*, Partei *f*; *thea.* Rolle *f*; **take ~ in** teilnehmen an
partial teilweise, in compounds: Teil...; parteiisch; **~ity** Parteilichkeit *f*
participant Teilnehmer(in);
participate teilnehmen;
participation Teilnahme *f*
particle Teilchen *n*
particular 1. besonder; genau, eigen; **in ~** besonders; **2.** Einzelheit *f*; *pl* Einzelheiten *pl*; *pl* Personalien *pl*; **~ly** besonders
parting *hair*: Scheitel *m*; Trennung *f*; in compounds: Abschieds...
partition Teilung *f*; Trennwand *f*
partly zum Teil
partner Partner(in); **~ship** Partnerschaft *f*
part|-time in compounds: Teilzeit..., Halbtags...; **~timer** Teilzeitbeschäftigte *m, f*
party Partei *f*; Party *f*
pass 1. *v/t go past:* passieren, vorbeifahren an, vorbeifahren an, vorbeikommen an, vorbeiziehen an, überholen (*a. mot.*); überschreiten; durchqueren; *give:* (weiter)reichen, geben; *time:* verbringen; *sport:* abspielen (*ball*); *exam, test:* bestehen; *motion, proposal etc.:* annehmen; *bill:* verabschieden; *judgement:* abgeben, fällen; *v/i go past:* vorbeigehen, vorbeifahren, vorbeikommen, vorbeiziehen (**by** an); (die Prüfung) bestehen; übergehen (**to** auf); *time:* vergehen; **~ away** sterben; **~ for** gelten als; **~ out** ohnmächtig werden; **~ round** herumreichen; **2.** (Gebirgs-)Pass *m*; Passierschein *m*; *sport:* Pass *m*, Zuspiel *n*; *exam:* Bestehen *n*; **~able** passierbar; leidlich
passage Durchgang *m*;

passenger 534

Durchfahrt f; (Über)Fahrt f; Korridor m, Gang m; (Text)Stelle f
passenger Passagier m, Reisende m, f
passer-by Passant(in)
passion Leidenschaft f; **~ate** leidenschaftlich
passive passiv; teilnahmslos; untätig
pass|port (Reise)Pass m; **~word** Kennwort n
past 1. noun Vergangenheit f; **2.** adj vergangen, vorüber; **3.** adv vorbei, vorüber; **4.** prp an ... vorbei; über ... hinaus; of time: nach; half ~ two halb drei
pasta Teigwaren pl
paste 1. Teig m; Paste f; Kleister m; **2.** kleben (to, on an); **~board** Pappe f
pastime Zeitvertreib m
pastry (Fein)Gebäck n; Blätterteig m
pasture Weide f
pat 1. Klaps m; **2.** tätscheln; klopfen
patch 1. Fleck m; Flicken m; **2.** flicken; **~work** Patchwork n
patent 1. Patent n; **2.** patentieren lassen; **3.** patentiert; ~ **leather** Lackleder n
paternal väterlich(erseits)
path Pfad m; Weg m
pathetic Mitleid erregend; kläglich; erbärmlich
patience Geduld f; **patient 1.** geduldig; **2.** Patient(in)

patriot Patriot(in); **~ic** patriotisch
patrol 1. Patrouille f; police: Streife f; **2.** auf Streife sein in; ~ **car** Streifenwagen m; **~man** Streifenpolizist m; Brt. mot. Pannenhelfer m
patron (Stamm)Kunde m; (Stamm)Gast m
patronize (Stamm)Kunde sein bei, (Stamm)Gast sein bei; herablassend behandeln
patter feet: trappeln; rain: prasseln
pattern Muster n
pause 1. Pause f; **2.** e-e Pause machen
pave pflastern; **~ment** Fahrbahn f; Brt. Bürgersteig m, Gehsteig m
paw Pfote f, Tatze f
pawn verpfänden; **~broker** Pfandleiher m; **~shop** Leihhaus n
pay 1. Bezahlung f; Lohn m; **2.** (be)zahlen; sich lohnen; visit: abstatten; attention: schenken; **~able** zahlbar; fällig; **~day** Zahltag m; **~envelope** Lohntüte f, **~ment** (Be)Zahlung f; **~packet** Brt. Lohntüte f; **~roll** Lohnliste f
pea Erbse f
peace Friede(n) m; Ruhe f; **~ful** friedlich
peach Pfirsich m
peacock Pfau m
peak Spitze f; mountain: Gipfel m; highest point: Höhepunkt m; (Mützen)Schirm

peanut Erdnuss *f*
pear Birne *f*
pearl Perle *f*
pebble Kiesel(stein) *m*
peck picken, hacken
peculiar eigen(tümlich); eigenartig, seltsam; **~ity** Eigenheit *f*; Eigentümlichkeit *f*
pedal 1. Pedal *n*; 2. (mit dem Rad) fahren
peddle hausieren (gehen) mit
pedestal Sockel *m*
pedestrian Fußgänger(in); **~ crossing** Fußgängerübergang *m*; **~ mall** *Am.*, **~ precinct** *Brt.* Fußgängerzone *f*
pedigree Stammbaum *m*
pee F pinkeln
peel 1. Schale *f*; 2. (sich) (ab)schälen
peep 1. kurzer Blick, verstohlener Blick; Piep(s)en *n*; 2. kurz blicken, verstohlen blicken; piep(s)en
peer angestrengt schauen
peevish gereizt
peg Pflock *m*; Zapfen *m*; (Kleider)Haken *m*
pelt bewerfen; (nieder)prasseln
pelvis *anat.* Becken *n*
pen (Schreib)Feder *f*; Federhalter *m*; Füller *m*; Kugelschreiber *m*
penal *in compounds:* Straf...
penalty Strafe *f*; *sport:* Strafpunkt *m*; **~ kick** Elfmeter *m*, Strafstoß *m*
pence *pl of* penny
pencil Bleistift *m*; Farbstift *m*
pendant (Schmuck)Anhänger *m*
penetrate eindringen in; dringen durch
pen friend Brieffreund(in)
penguin Pinguin *m*
peninsula Halbinsel *f*
penis Penis *m*
penitentiary (Staats)Gefängnis *n*
pen|knife Taschenmesser *n*; **~name** Pseudonym *n*
penniless mittellos
penny *Brt.* Penny *m*
pension 1. Rente *f*; Pension *f*; 2. **~ off** pensionieren; **~er** Rentner(in)
pensive nachdenklich
people 1. (*pl* people) *persons:* Leute *pl*, Personen *pl*; **~ in general:* die Menschen *pl*, die Leute *pl*; man; *ordinary* **~:** *the* (*the common*) *das* (gemeine) Volk; (*pl* peoples) Volk *n*, Nation *f*; 2. besiedeln, bevölkern
pep F Pep *m*, Schwung *m*
pepper 1. Pfeffer *m*; 2. pfeffern; **~mint** Pfefferminze *f*; Pfefferminzbonbon *m*, *n*
per pro, für, je
perceive (be)merken, wahrnehmen; erkennen

percent, **per cent** Prozent *n*;
percentage Prozentsatz *m*
perceptible wahrnehmbar
perch *bird:* sitzen
percolator Kaffeemaschine *f*
percussion *mus.* Schlagzeug *n*; **~ instrument** Schlaginstrument *n*
perfect 1. *adj* vollkommen, vollendet, perfekt; völlig; **2.** *v/t* vervollkommnen; **~ion** Vollendung *f*; Vollkommenheit *f*, Perfektion *f*
perforate durchbohren; perforieren
perform ausführen, tun; *thea., mus.* aufführen, spielen, vortragen; **~ance** *thea., mus.* Aufführung *f*, Vorstellung *f*, Vortrag *m*; Leistung *f*; **~er** Künstler(in)
perfume Duft *m*; Parfüm *n*
perhaps vielleicht
perimeter Umfang *m*
period *dot:* Punkt *m*; *length of time:* Zeitraum *m*; Periode *f* (*a. physiol.*); (Unterrichts-)Stunde *f*; **~ic** periodisch; **~ical 1.** periodisch; **2.** Zeitschrift *f*
peripheral equipment *sg computer:* Peripheriegeräte *pl*
perishable leicht verderblich
perjury Meineid *m*
perm Dauerwelle *f*
permanent dauernd, (be-)ständig, dauerhaft
permission Erlaubnis *f*; **permit 1.** *v/t s.th.: et.* erlauben, *et.* gestatten; *v/i* es erlauben, es gestatten; **2.** *noun* Genehmigung *f*
perpetual fortwährend, ewig
perplex verwirren
persecute verfolgen; **persecution** Verfolgung *f*
persevere beharrlich weitermachen
persist bestehen (*in* auf); **~ent** beharrlich
person Person *f*
personal persönlich; privat; **~ computer** (*abbr.* **PC**) Personalcomputer *m*
personality Persönlichkeit *f*
personal| **organizer** Notiz-, Adressbuch *n* u. Taschenkalender *m*; **~ stereo** Walkman® *m*
personify verkörpern, personifizieren
personnel Personal *n*, Belegschaft *f*; **~ manager** Personalchef *m*
persuade überreden; überzeugen; **persuasion** Überredung(skunst) *f*; **persuasive** überzeugend
pert keck, kess
Peru Peru *n*
perverse eigensinnig; pervers
pessimism Pessimismus *m*; **pessimist** Pessimist(in)
pest *fig.* Plage *f*
pester *s.o.: j-n* belästigen, *j-m* keine Ruhe lassen
pet 1. Haustier *n*; Liebling *m*; *in compounds:* Lieblings-...;

2. streicheln, liebkosen
petal Blütenblatt *n*
petition Bittschrift *f*; Eingabe *f*, Gesuch *n*
pet name Kosename *m*
petrify versteinern, erstarren lassen
petrol *Brt.* Benzin *n*; ~ **ga(u)ge** Benzinuhr *f*; ~ **pump** Zapfsäule *f*; ~ **station** Tankstelle *f*
pet shop Zoohandlung *f*
petticoat Unterrock *m*
petty unbedeutend
petulant launisch
pew Kirchenbank *f*
pewter Zinn *n*
pharmacy Apotheke *f*
phase Phase *f*
PhD *Doctor of Philosophy* Dr. phil., Doktor *m* der Philosophie
pheasant Fasan *m*
phenomenon Phänomen *n*
philosopher Philosoph(in); **philosophy** Philosophie *f*
phone 1. Telefon *n*; **2.** telefonieren, anrufen; ~ **booth** *Am.*, ~ **box** *Brt.* Telefonzelle *f*; ~**call** Anruf *m*; ~**card** Telefonkarte *f*
phon(e)y F falsch, gefälscht, unecht
photo Foto *n*; *take a* ~ ein Foto machen (*of* von)
photo|copier Fotokopiergerät *n*; ~**copy 1.** Fotokopie *f*; **2.** fotokopieren
photograph 1. Fotografie *f*, Aufnahme *f*; **2.** fotografie-ren; **photographer** Fotograf(in); **photography** Fotografie *f*
phrase Redewendung *f*, idiomatischer Ausdruck
physical 1. physisch, körperlich; physikalisch; *√y handicapped* körperbehindert; **2.** ärztliche Untersuchung
physician Arzt *m*, Ärztin *f*
physicist Physiker(in)
physics *sg* Physik *f*
physiotherapy Physiotherapie *f*
physique Körperbau *m*, Statur *f*
piano Klavier *n*
pick 1. (Aus)Wahl *f*; **2.** (auf-)picken; pflücken; *bone:* abnagen; stochern in; aussuchen; ~ **out** *s.o.:* *j-n* ausmachen, erkennen; *s.th.:* (sich) *et.* auswählen; ~ **up** aufheben, auflesen; aufpicken; F aufschnappen; *passenger:* aufnehmen; *hitchhiker:* mitnehmen; *person:* abholen; *girl etc.:* F aufgabeln, auflesen; ~**ax** *Am.*, ~**axe** *Brt.* Spitzhacke *f*, Pickel *m*
picket Pfahl *m*; Streikposten *m*
pickle *gastr.* einlegen
pick|pocket Taschendieb(in); ~**up** Tonabnehmer *m*; *car:* Kleintransporter *m*
picnic Picknick *n*
picture 1. Bild *n*; Gemälde *n*; *pl* Kino *n*; **2.** *s.o., s.th.:* sich *j-n, et.* vorstellen; darstellen;

picture book

~book Bilderbuch n; **~postcard** Ansichtskarte f
picturesque malerisch
pie Pastete f; gedeckter Obstkuchen
piece Stück n, (Einzel)Teil n; **by the ~** stückweise; **take to ~s** auseinander nehmen; **~meal** schrittweise; **~work** Akkordarbeit f
pier Pfeiler m; Pier m, Landungsbrücke f
pierce durchbohren, durchstechen; durchdringen
pig Schwein n
pigeon Taube f; **~hole** (Ablage)Fach n
piggy F Schweinchen n
pig|headed dickköpfig, stur; **~sty** Schweinestall m; **~tail** Zopf m
pike Hecht m
pile Stapel m, Stoß m; F Haufen m; **2. a. ~ up** (an-, auf)häufen, (auf)stapeln, aufschichten; sich anhäufen
piles pl med. Hämorrhoiden pl
pileup mot. F Massenkarambolage f
pilfer stehlen, klauen
pilgrim Pilger(in)
pill Pille f, Tablette f; **the 2** die (Antibaby)Pille
pillar Pfeiler m; Säule f; **~ box** Brt. Briefkasten m
pillion Soziussitz m
pillow (Kopf)Kissen n; **~ case, ~slip** (Kopf)Kissenbezug m

pilot 1. Pilot(in); Lotse m, Lotsin f; *in compounds*: Versuchs..., Pilot...; **2.** lotsen, steuern
pimp Zuhälter m
pimple Pickel m
pin 1. (Steck- *etc.*)Nadel f; *tech.* Stift m, Bolzen m; Kegel m; **2.** (an)heften, (an)stecken, befestigen
PIN *a.* **~ number** (= *personal identification number*) *automatic* life: PIN, persönliche Geheimzahl
pinafore Schürze f
pinball Flippern n; **play ~** flippern
pincers pl (*a.* **a pair of ~** e-e) (Kneif)Zange
pinch 1. Kneifen n, Zwicken n; *salt etc.*: Prise f; **2.** kneifen, zwicken; *shoe*: drücken; F stehl: klauen
pine Kiefer f; **~apple** Ananas f
pink rosa(farben)
pinstripe Nadelstreifen m
pint Pint n (0,47 liter, Brt. 0,57 liter)
pioneer Pionier m
pious fromm
pip (Obst)Kern m; *short high sound on the radio etc.*: Ton m
pipe 1. Rohr n, Röhre f; *smoking, music*: Pfeife f; **2.** (durch Rohre) leiten; **~line** Rohrleitung f; Pipeline f
pirate Pirat m, Seeräuber m
Pisces sg astr. Fische pl

pistol Pistole *f*
piston Kolben *m*
pit¹ Grube *f*; *thea.* Orchestergraben *m*; **the ~s** (*Brt.*) *car racing:* die Box
pit² (Obst)Stein *m*
pitch 1. *min.* Pech *n*; *mus.* Tonhöhe *f*; Grad *m*, Stufe *f*; Wurf *m*; *Brt.* Spielfeld *n*, Platz *m*; **2.** *camp, tent:* aufschlagen; werfen, schleudern; *mus.* (an)stimmen; **~-black**, **~-dark** pechschwarz; stockdunkel
pitcher Krug *m*
piteous Mitleid erregend, kläglich
pitfall Falle *f*
pith Mark *n*; *fig.* Kern *m*
piti|ful Mitleid erregend; erbärmlich, jämmerlich; **~less** unbarmherzig
pity 1. Mitleid *n*; *it's a* **~** es ist schade; *what a* **~!** wie schade!; **2.** Mitleid haben mit, bemitleiden, bedauern
pivot *tech.* Drehpunkt *m*; *tech.* (Dreh)Zapfen *m*; *fig.* Angelpunkt *m*
placard Plakat *n*
place 1. Platz *m*, Ort *m*, Stelle *f*; *in* **~ of** an Stelle von; *out of* **~** fehl am Platz; *take* **~** stattfinden; *in the first* **~** erstens; *in third* **~** *race, competition:* auf dem dritten Platz; **2.** stellen, legen, setzen; *order:* erteilen; **~ mat** Platzdeckchen *n*, Set *n*, *m*
placid ruhig; sanft

plague 1. Seuche *f*; Pest *f*; **2.** plagen, quälen
plaice Scholle *f*
plain 1. einfach, schlicht; unscheinbar; offen (u. ehrlich); klar (u. deutlich); **2.** Ebene *f*; **~-clothes** in Zivil
plaintiff *jur.* Kläger(in)
plait *Brt.* **1.** Zopf *m*; **2.** flechten
plan 1. Plan *m*; **2.** planen; beabsichtigen
plane¹ 1. flach, eben; **2.** *math.* Ebene *f*; Flugzeug *n*; Hobel *m*; *fig.* Stufe *f*, Niveau *n*
plane² **~ tree** Platane *f*
planet *astr.* Planet *m*
plank Planke *f*, Bohle *f*
plant 1. Pflanze *f*; Werk *n*, Betrieb *m*, Fabrik *f*; **2.** pflanzen; F aufstellen
plantation Plantage *f*
plaque Gedenktafel *f*; *med.* Zahnbelag *m*
plaster 1. *med.* Pflaster *n*; (Ver)Putz *m*; *a.* **~ of Paris** Gips *m*; **2.** verputzen; (be)kleben; **~ cast** Gipsabdruck *m*; Gipsverband *m*
plastic 1. Plastik *n*, Kunststoff *m*; plastisch; *in compounds:* Plastik...; **~ bag** Plastiktüte *f*; **~ money** Plastikgeld *n*, Kreditkarten *pl*; **~ wrap** Frischhaltefolie *f*
plate 1. Teller *m*, Platte *f*; (Bild)Tafel *f*; Schild *n*; **2. ~d with gold** vergoldet
plateau Plateau *n*, Hochebene *f*

platform

platform Plattform *f*; Bahnsteig *m*; (Redner)Tribüne *f*, Podium *n*; **~ party** ~ Parteiprogramm *n*
platinum Platin *n*
plausible plausibel, glaubhaft
play 1. Spiel *n*; Schauspiel *n*, (Theater)Stück *n*; *tech.* Spiel *n*; *fig.* Spielraum *m*; **2.** spielen; **~ cards** Karten spielen; **~ s.o.** *sport:* gegen j-n spielen; **~ s.th. down** et. herunterspielen; **~ s.o. off against s.o.** j-n gegen j-n ausspielen; **~back** Play-back *n*, Wiedergabe *f*; **~er** Spieler(in); (Platten)Spieler *m*; **~ful** verspielt; **~ground** Spielplatz *m*; Schulhof *m*; **~ing card** Spielkarte *f*; **~ing field** Sportplatz *m*, Spielfeld *n*; **~mate** Spielkamerad(in); **~pen** Laufstall *m*; **~thing** Spielzeug *n*; **~wright** Dramatiker *m*
plea dringende Bitte, Appell *m*
plead bitten; *jur.* plädieren
pleasant angenehm, erfreulich; freundlich
please zufrieden stellen; **~!** bitte!; **~ yourself** mach, was du willst; **pleased** erfreut; zufrieden
pleasure Vergnügen *n*, Freude *f*; *(it's) my ~* gern (geschehen)
pleat (Plissee)Falte *f*
pledge 1. Pfand *n*; **2.** versprechen, zusichern

plentiful reichlich
plenty reichlich; **~ of** reichlich, viel, e-e Menge
pliable biegsam; *fig.* flexibel; *fig.* leicht beeinflussbar
pliers *pl (a. a pair of ~* e-e) Beißzange
plight Not(lage) *f*
plimsolls *pl* Turnschuhe *pl*
plod sich dahinschleppen; **~ on** sich abmühen
plot 1. Stück *n* (Land); Komplott *n*, Verschwörung *f*; *story etc.:* Handlung *f*; **2.** sich verschwören; planen
plough *Brt.* → **plow**
plow 1. Pflug *m*; **2.** (um)pflügen
pluck pflücken; rupfen; ausreißen; **~ up (the) courage** Mut fassen
plug 1. Stöpsel *m*; *electr.* Stecker *m*; *mot.* (Zünd)Kerze *f*; **2. ~ in** *electr.* anschließen, einstecken; **~ up** zustopfen, verstopfen
plum Pflaume *f*, Zwetsch(g)e *f*
plumage Gefieder *n*
plumb 1. Lot *n*, Senkblei *n*; **2.** ausloten; **~er** Klempner *m*, Installateur *m*; **~ing** Rohre *pl*; Klempnerarbeit *f*, Installateurarbeit *f*
plump mollig
plunder plündern
plunge (ein-, unter)tauchen; (sich) stürzen
plural *gr.* Plural *m*, Mehrzahl *f*

plus plus, und
plywood Sperrholz *n*
pm *post meridiem* (= *after noon*) nachm., nachmittags, abends
PM F *esp. Brt. Prime Minister* Premierminister(in)
pneumatic pneumatisch, *in compounds:* (Press)Luft...; **~drill** Pressluftbohrer *m*
pneumonia Lungenentzündung *f*
PO *post office* Postamt *n*
poach wildern; **~ed eggs** *pl* pochierte Eier *pl*, verlorene Eier *pl*
POB *post office box (number)* Postfach *n*
pocket 1. *in clothes:* Tasche *f*; **2.** einstecken (*a. fig.*); **~book** Notizbuch *n*; Brieftasche *f*; **~ calculator** Taschenrechner *m*; **~knife** Taschenmesser *n*; **~ money** Taschengeld *n*
pod Hülse *f*, Schote *f*
poem Gedicht *n*
poet Dichter(in); **poetic(al)** dichterisch; **poetry** Dichtkunst *f*; Dichtung *f*; Gedichte *pl*
point 1. Spitze *f*; Punkt *m*; *math.* (Dezimal)Punkt *m*, Komma *n*; *direction:* Kompaßstrich *m*; *scale:* Grad *m*; *place:* Punkt *m*, Stelle *f*, Ort *m*; *main idea:* springender Punkt; *purpose:* Zweck *m*, Ziel *m*; *story:* Pointe *f*; *pl rail.* Weiche *f*; **beside the ~** nicht zur Sache gehörig; **win on ~s**

nach Punkten gewinnen; **2.** (zu)spitzen; **~ at** zeigen auf; *weapon:* richten auf; **~ out** zeigen, hinweisen auf; **~ to** zeigen auf, deuten auf; hinweisen auf; scharf, unmißverständlich; **~er** Zeiger *m*; Zeigestock *m*; Vorstehhund *m*; **~less** sinnlos; **~ of view** Standpunkt *m*, Gesichtspunkt *m*
poison 1. Gift *n*; **2.** vergiften; **~ing** Vergiftung *f*; **~ous** giftig
poke schüren; **~ about / around** (herum)stöbern, (herum)wühlen (*in* in); **poker** Schürhaken *m*
Poland Polen *n*
polar polar, *in compounds:* Polar...; **~ bear** Eisbär *m*
pole¹ Pol *m*
pole² Stange *f*, Mast *m*; *sport:* (Sprung)Stab *m*
Pole Pole *m*, Polin *f*
pole vault Stabhochsprung *m*; **~er** Stabhochspringer *m*
police Polizei *f*; **~man** Polizist *m*; **~ officer** Polizeibeamte *m*, Polizeibeamtin *f*; **~ station** Polizeiwache *f*, Polizeirevier *n*; **~woman** Polizistin *f*
policy Politik *f*; Taktik *f*; (Versicherungs)Police *f*
polio Polio *f*, Kinderlähmung *f*
polish 1. Politur *f*; (Schuh-) Creme *f*; *fig.* Schliff *m*; **2.** polieren; *shoes:* putzen

Polish polnisch
polite höflich
political politisch; **politician** Politiker(in); **politics** *usually sg* Politik *f*
poll 1. Umfrage *f; pol.* Wahlbeteiligung *f;* **the ~, a. the ~s** *pl* die Wahl; **2.** befragen
pollen Blütenstaub *m*, Pollen *m*
polling| booth *Brt.* Wahlkabine *f;* **~ place** *Am.,* **~ station** *Brt.* Wahllokal *n*
pollutant Schadstoff *m;* **pollute** verschmutzen, verunreinigen; **polluter** *a.* **environmental ~** Umweltsünder(in); **pollution** (Umwelt-)Verschmutzung *f*
polo Polo *n;* **~ neck** *esp. Brt.* Rollkragen(pullover) *m*
polystyrene Styropor® *n*
pond Teich *m*
pony Pony *n;* **~tail** *hairstyle:* Pferdeschwanz *m*
poodle Pudel *m*
pool 1. (Schwimm)Becken *n*, (Swimming)Pool *m; water, blood:* Lache *f;* Poolbillard *n; pl Brt.* (Fußball)Toto *n;* **2.** zusammenlegen
poor 1. arm; dürftig, mangelhaft, schwach; **2. the ~** *pl* die Armen *pl;* **~ly** schlecht
pop 1. Knall *m;* Popmusik *f; in compounds:* Pop...; **2.** (zer)knallen; (zer)platzen; *put somewhere quickly:* schnell *wohin* tun *or* stecken; **~ in** auf e-n Sprung vorbeikommen; **~ up** (plötzlich) auftauchen
Pope Papst *m*
poplar Pappel *f*
poppy Mohn *m*
Popsicle® Eis *n* am Stiehl
popular populär, beliebt; volkstümlich; allgemein; **~ity** Popularität *f*, Beliebtheit *f*
populate bewohnen; **population** Bevölkerung *f;* Einwohner *pl*
porcelain Porzellan *n*
porch Veranda *f;* überdachter Vorbau
porcupine Stachelschwein *n*
pore 1. Pore *f;* **2. ~ over s.th.** et. eifrig studieren
pork Schweinefleisch *n*
porous porös
porridge Haferbrei *m*
port Hafen(stadt *f*) *m; naut.,* *aviat.* Backbord *n; computer:* Port *m,* Anschluss *m;* Portwein *m*
portable tragbar
porter (Gepäck)Träger *m;* Schlafwagenschaffner *m; esp. Brt.* Pförtner *m; esp. Brt.* Portier *m*
porthole Bullauge *n*
portion (An)Teil *m; amount of food:* Portion *f*
portrait Porträt *n,* Bild(nis) *n*
portray darstellen
Portugal Portugal *n;* **Portuguese 1.** portugiesisch; **2.** Portugiese *m,* Portugiesin *f*
pose 1. Pose *f;* **2.** posieren

question etc.: aufwerfen
posh F piekfein
position 1. Position *f*; Lage *f*; Stellung *f*; Standpunkt *m*; **2.** (auf)stellen
positive 1. positiv; bestimmt, sicher, eindeutig; **2.** *phot.* Positiv *n*
possess besitzen; **~ion** Besitz *m*; **~ive** Besitz ergreifend
possibility Möglichkeit *f*; **possible** möglich; **possibly** vielleicht
post 1. *piece of wood, metal etc.*: Pfosten *m*; *soldier, guard etc.*: Posten *m*; *job*: Stelle *f*, Job *m*; *esp. Brt.* Post *f*; **2.** *esp. Brt. letter etc.*: aufgeben; *public notice*: anschlagen; *guard*: aufstellen, postieren; **~age** Porto *n*; **~al** *in compounds*: Post...; **~al order** (*abbr.* **PO**) Postanweisung *f*; **~box** *esp. Brt.* Briefkasten *m*; **~card** Postkarte *f*; **~code** *Brt.* Postleitzahl *f*
poster Plakat *n*; Poster *n*, *m*
poste restante postlagernd
post|man *esp. Brt.* Briefträger *m*, Postbote *m*; **~mark 1.** Poststempel *m*; **2.** (ab)stempeln; **~office** Post(amt *n*) *f*
postpone verschieben, aufschieben
posture (Körper)Haltung *f*; Stellung *f*
pot 1. Topf *m*; Kanne *f*; **2.** eintopfen
potato Kartoffel *f*
potential 1. potenziell; **2.** Potenzial *n*
pothole *mot.* Schlagloch *n*
potter¹ ~ **about** herumwerkeln, herumhantieren
potter² Töpfer(in); **pottery** Töpferwaren *pl*; Töpferei *f*
pouch Beutel *m*
poultry Geflügel *n*
pounce sich stürzen
pound¹ *weight*: Pfund *n* (454 g); *money*: Pfund *n*
pound² hämmern (an, gegen); zerstoßen, zerstampfen
pour gießen, schütten; *it's ~ing* es gießt in Strömen
poverty Armut *f*
powder 1. Pulver *n*; Puder *m*; **2.** pudern; **~room** Damentoilette *f*
power 1. Kraft *f*; Macht *f*; Fähigkeit *f*; *electr.* Strom *m*; **2.** *tech.* antreiben; **~cut** Stromsperre *f*; **~ful** mächtig; stark; **~less** machtlos; kraftlos; **~plant**, **~station** Elektrizitätswerk *n*, Kraftwerk *n*
PR *public relations* PR, Öffentlichkeitsarbeit *f*
practicable durchführbar; **practical** praktisch
practice 1. Praxis *f*; Übung *f*; Brauch *m*; **2.** ausüben; üben
practise *Brt.* → *practice 2*
practitioner → *general practitioner*
Prague Prag *n*
praise 1. Lob *n*; **2.** loben; **~worthy** lobenswert
pram Kinderwagen *m*
prank Streich *m*

prattle

prattle plappern
prawn Garnele f
pray beten; ~**er** Gebet n; pl Andacht f
preach predigen
precarious prekär, unsicher
precaution Vorkehrung f, Vorsichtsmaßnahme f; ~**ary** vorbeugend
precede vorausgehen, vorangehen
precinct Bezirk m; (Polizei)Revier m; Gelände n; → **Brt. pedestrian/shopping precinct**
precious kostbar; ~ **stone** Edelstein m
precipice Abgrund m
precipitous steil
précis (kurze) Zusammenfassung
precise genau; **precision** Genauigkeit f; Präzision f
precocious frühreif; altklug
preconceived opinion etc.: vorgefasst
predecessor Vorgänger(in)
predicament missliche Lage
predict vorhersagen; ~**ion** Vorhersage f
predominant vorherrschend
prefabricated vorgefertigt, in compounds: Fertig...
preface Vorwort n
prefer vorziehen, lieber mögen; ~ **to do** lieber tun
preferable: be ~ to vorzuziehen sein (dat), besser als
preference Vorliebe f; Vorzug m

prefix Vorsilbe f
pregnancy Schwangerschaft f; **pregnant** schwanger
prejudice Vorurteil n; **prejudiced** voreingenommen, befangen
preliminary einleitend; in compounds: Vor...
prelude Vorspiel n
premarital vorehelich
premature vorzeitig, in compounds: Früh...; voreilig
premeditated murder etc.: vorsätzlich
premises pl Gelände n, Grundstück n; building: (Geschäfts- etc.)Räume pl
premium Prämie f, Bonus m; ~ **(gasoline)** mot. Super(benzin) n
preoccupied beschäftigt; geistesabwesend
prepacked food etc.: abgepackt
prepaid frankiert
preparation Vorbereitung f; **prepare** (sich) vorbereiten; food etc.: zubereiten
prerogative Vorrecht n
prescribe s.th.: vorschreiben; med. etc.: verschreiben; **prescription** med. Rezept n
presence Gegenwart f, Anwesenheit f; ~ **of mind** Geistesgegenwart f
present¹ Geschenk n
present² überreichen; schenken; vorlegen; präsentieren; introduce s.o., show: vorstellen; TV, radio: moderieren

present³ 1. anwesend; vorhanden; gegenwärtig, jetzig; **2.** Gegenwart *f*; **at** ~ zur Zeit, jetzt
presentation Überreichung *f*; Präsentation *f*; Vorlage *f*
present-day heutig
preservation Bewahrung *f*; Erhaltung *f*; **preserve 1.** erhalten; (be)wahren, konservieren; *fruit*: einkochen, einmachen; **2.** *pl* das Eingemachte
preside den Vorsitz haben, den Vorsitz führen
president Präsident(in)
press 1. *wine*: Presse *f*; *printing house*: Druckerei *f*; *publishing house*: Verlag *m*; *a. printing* ~ Druckerpresse *f*; *newspapers etc.*: **a. the** ~ die Presse; **2.** drücken (auf); (aus)pressen; bügeln; (be)drängen; (sich) drängen; ~ **for** dringend; **~ing** dringend; **~stud** *Brt.* Druckknopf *m*; **~up** *Brt.* Liegestütz *m*
pressure Druck *m*; ~ **cooker** Schnellkochtopf *m*
presumably vermutlich; **presume** annehmen, vermuten
presumptuous anmaßend
pretence *Brt.* → **pretense**
pretend vorgeben, vortäuschen
pretense Verstellung *f*, Heuchelei *f*; Anspruch *m*; **pretension** *usually pl* Anspruch *m* (**to** auf)
pretext Vorwand *m*
pretty hübsch; nett
pretzel Brezel *f*
prevent verhindern, verhüten; ~ **s.o.** hindern (**from** an); **prevention** Verhütung *f*; **preventive** vorbeugend
preview *movie, TV*: Voraufführung *f*; Vorbesichtigung *f*
previous vorhergehend, *in compounds*: Vor...; ~ **to** bevor, vor; **~ly** vorher, früher
prey Beute *f*; → **beast**; → **bird**
price Preis *m*; **~less** unbezahlbar; ~ **tag** Preisschild *n*
prick 1. Stich *m*; V *penis*: Schwanz *m*; **2.** (durch)stechen; ~ **up one's ears** die Ohren spitzen
prickle Stachel *m*, Dorn *m*; **prickly** stach(e)lig
pride Stolz *m*
priest Priester *m*
primarily in erster Linie, vor allem
primary 1. wichtigst; grundlegend, elementar; **2.** *pol.* Vorwahl *f*; ~ **school** *Brt.* Grundschule *f*
prime 1. wichtigst, *in compounds*: Haupt...; erstklassig; **2.** *fig.* Blüte(zeit) *f*; ~ **minister** Premierminister (-in), Ministerpräsident(in); ~ **time** *esp. TV* Haupteinschaltzeit *f*, beste Sendezeit
primeval urzeitlich, *in compounds*: Ur...

primitive primitiv
primrose Primel f, Schlüsselblume f
prince Fürst m; Prinz m
princess Fürstin f; Prinzessin f
principal 1. wichtigst, *in compounds:* Haupt...; **2.** *school:* Direktor(in), Rektor(in)
principality Fürstentum n
principally hauptsächlich
principle Prinzip n, Grundsatz m; **on ~** grundsätzlich, aus Prinzip
print 1. *print.* Druck m; *mark:* (Finger- *etc.*)Abdruck m; *picture:* Druck m; *phot.* Abzug m; **out of ~** vergriffen; **2.** (ab-, auf-, be)drucken; in Druckbuchstaben schreiben; *phot.* abziehen; **~ out** *computer:* ausdrucken; **~ed matter** Drucksache f; **~er** Drucker m (*a. computer*); **~out** *computer:* Ausdruck m
prior früher; **~ity** Priorität f, Vorrang m
prison Gefängnis n; **~er** Gefangene m, f, Häftling m; **take s.o. ~** j-n gefangen nehmen
privacy Privatleben n; Privatsphäre f
private 1. privat, *in compounds:* Privat...; persönlich; vertraulich; **2.** gemeiner Soldat
privilege Vorrecht n; Privileg n; **privileged** bevorzugt, privilegiert

prize 1. (Sieges)Preis m, Prämie f; (Lotterie- *etc.*)Gewinn m; **2.** preisgekrönt, *in compounds:* Preis...; **3.** (hoch)schätzen
pro 1. für; **2. the ~s and cons** pl das Für u. Wider
probability Wahrscheinlichkeit f; **probable** *adj*, **probably** *adv* wahrscheinlich
probation Probe(zeit) f; *jur.* Bewährung f; **~ officer** Bewährungshelfer m
probe 1. Sonde f; Untersuchung f; **2.** untersuchen
problem Problem n; *math.* Aufgabe f
procedure Verfahren(sweise f) n, Vorgehen n
proceed *fig.* weitergehen; *fig.* fortfahren; **~ings** *pl* Vorgänge *pl*, Geschehnisse *pl*; *jur.* Verfahren n
proceeds *pl* Erlös m, Einnahmen *pl*
process 1. Vorgang m, Prozess m, Verfahren n; **2.** *tech.* bearbeiten; *computer:* verarbeiten (*data*); *film:* entwickeln
procession Prozession f; Umzug m
processor *computer:* Prozessor m; (Wort-, Text)Verarbeitungsgerät n
proclamation Proklamation f
prodigy: child ~, infant ~ Wunderkind n
produce¹ produzieren; erzeu-

proof

gen, herstellen; hervorziehen, hervorholen; (vor)zeigen; *fig.* hervorrufen; *movie:* produzieren; *thea.* inszenieren

produce² *esp.* (Agrar)Produkt(e *pl*) *n*, (Agrar)Erzeugnis(se *pl*) *n*

producer Produzent(in)

product Produkt *n*, Erzeugnis *n*; **~ion** Produktion *f*, Erzeugung *f*, Herstellung *f*; *thea.* Inszenierung *f*; **~ive** produktiv

profession Beruf *m*; **~al 1.** beruflich, *in compounds:* Berufs...; fachmännisch, professionell; **2.** Fachmann *m*, Berufssportler(in); Profi *m*

professor Professor(in)

proficiency Können *n*, Tüchtigkeit *f*; **proficient** tüchtig, erfahren

profile Profil *n*

profit 1. Gewinn *m*, Profit *m*; Nutzen *m*; **2. ~ by /from** profitieren von; **~able** Gewinn bringend

profound tief; *knowledge:* profund

profuse (über)reich; verschwenderisch

program 1. noun *n* (*a. computer*); **2.** *computer:* programmieren; (vor)programmieren; **programer** → *programmer*

programme *Brt.* **1.** Programm *n*; **2.** (vor)programmieren; **programmer** *computer:* Programmierer(in)

progress 1. *noun* Fortschritt(e *pl*) *m*; **2.** *v/i* fortschreiten; Fortschritte machen; **~ive** progressiv, fortschreitend; fortschrittlich

prohibit verbieten; **~ion** Verbot *n*

project 1. *noun* Projekt *n*, Vorhaben *n*; **2.** *v/t* planen; *picture etc.:* projizieren; *v/i* vorspringen, vorragen, vorstehen; **~ion** *arch.* Vorsprung *m*; Projektion *f*; **~or** Projektor *m*

prolong verlängern

promenade (Strand)Promenade *f*

prominent vorstehend; prominent

promise 1. Versprechen *n*; **2.** versprechen; **promising** viel versprechend

promote befördern; fördern; *econ.* werben für; **promoter** Förderer *m*; Veranstalter *m*; **promotion** Beförderung *f*; Förderung *f*; Werbung *f*

prompt 1. prompt; pünktlich; **2.** *s.o.:* *j-n* veranlassen

prone: *be ~ to* neigen zu

prong Zinke *f*

pronounce aussprechen; **pronunciation** Aussprache *f*

proof 1. Beweis *m*; Probe *f*; *print.*, *phot.* Probeabzug *m*; **2.** *in compounds:* **bullet~** kugelsicher; **sound~** schalldicht; **water~** wasserdicht;

weather~ wetterfest *etc.*
prop 1. Stütze *f (a. fig.)*; **2.** ~ *up* (ab)stützen
propel (an)treiben; **propeller** Propeller *m*; **propelling pencil** *Brt.* Drehbleistift *m*
proper richtig; anständig; *esp. Brt.* F ordentlich, gehörig
property (An)Teil *n*; (Grund)Besitz *m*; Eigenschaft *f*
prophecy Prophezeiung *f*; **prophesy** prophezeien; **prophet** Prophet *m*
proportion Verhältnis *n*; (An)Teil *m*; *pl* Größenverhältnisse *pl*, Proportionen *pl*; **~al** proportional
proposal Vorschlag *m*; (Heirats)Antrag *m*; **propose** vorschlagen; **~ to s.o.** j-m e-n Heiratsantrag machen; **proposition** Vorschlag *m*; Behauptung *f*
proprietor Eigentümer *m*; (Geschäfts)Inhaber *m*
propulsion *tech.* Antrieb *m*
prose Prosa *f*
prosecute strafrechtlich verfolgen; **prosecution** strafrechtliche Verfolgung; **the ~** die Staatsanwaltschaft; **prosecutor** (An)Kläger *m*; **public ~** Staatsanwalt *m*, Staatsanwältin *f*
prospect *fig.* Aussicht *f*; **~ive** (zu)künftig; voraussichtlich **prospectus** (Werbe)Prospekt *m*
prosper Erfolg haben; blühen, gedeihen; **~ity** Wohlstand *m*; **~ous** erfolgreich; wohlhabend
prostitute Prostituierte *f*
prostrate hingestreckt; **~ with grief** gramgebeugt, gebrochen
protect (be)schützen; **~ion** Schutz *m*; **~ of endangered species** Artenschutz *m*; **~ive** (be)schützend, *in compounds:* Schutz...
protein Protein *n*, Eiweiß *n*
protest 1. *noun* Protest *m*; **2.** *v/i* protestieren (**against, about** gegen); *v/t* protestieren gegen; beteuern; **~ant 1.** protestantisch; **2.** Protestant(-in)
protrude herausragen, vorstehen
proud stolz (**of** auf)
prove beweisen, nachweisen; sich herausstellen als, sich erweisen als
proverb Sprichwort *n*
provide (zur Verfügung) stellen; versehen, versorgen, beliefern; besorgen; **~ for** sorgen für; **~d (that)** vorausgesetzt(, dass)
provision Bereitstellung *f*, Beschaffung *f*; Vorsorge *f*, Vorkehrung *f*; *pl* Proviant *m*; **~al** provisorisch
provocation Provokation *f*
provoke provozieren; hervorrufen
prowl herumschleichen; durchstreifen

proxy Stellvertreter(in); Vollmacht *f*
prudent klug; umsichtig, besonnen
prudish prüde
prune[1] *trees etc.*: beschneiden
prune[2] Backpflaume *f*
pseudonym Pseudonym *n*, Deckname *m*
psychiatrist Psychiater *m*; **psychiatry** Psychiatrie *f*
psychological psychologisch; **psychologist** Psychologe *m*, Psychologin *f*; **psychology** Psychologie *f*
psychosomatic psychosomatisch
psychotherapy Psychotherapie *f*
pub Pub *n*, Kneipe *f*
puberty Pubertät *f*
public 1. öffentlich; **2. the ~** die Öffentlichkeit, das Publikum; *in* **~** öffentlich
publication Veröffentlichung *f*; Bekanntgabe *f*
public| convenience *Brt.* öffentliche Toilette; **~ health** öffentliches Gesundheitswesen
publicity Publicity *f*; Werbung *f*, Reklame *f*
public| school staatliche Schule; *Brt.* Privatschule *f*; **~ transport** öffentliche Verkehrsmittel *pl*
publish veröffentlichen; *books etc.*: herausgeben, verlegen; **~er** Verleger(in), Herausgeber(in); Verlag(shaus *n*) *m*

pudding Pudding *m*; Nachtisch *m*
puddle Pfütze *f*
puff 1. *at cigarette*: Zug *m*; (Rauch)Wölkchen *n*; **2.** schnaufen, keuchen; paffen; **~ pastry** Blätterteig *m*
puffy (an)geschwollen
pull [pʊl] **1.** Ziehen *n*; Zug *m*; Ruck *m*; **2.** ziehen; zerren; reißen; zupfen; paffen; **~ down** abreißen, niederreißen; **~ in** *train*: einfahren; *of train*: abfahren; *car etc.*: ausscheren; **~ o.s. together** sich zusammennehmen; **~ up** *car*: anhalten; **~ date** *food*: Mindesthaltbarkeitsdatum *n*
pulley Flaschenzug *m*
pullover Pullover *m*
pulp 1. Brei *m*; Fruchtfleisch *n*; **2.** *in compounds*: Schund...
pulpit Kanzel *f*
pulsate pulsieren, pochen
pulse Puls *m*
pulverize pulverisieren, zermahlen
pump 1. Pumpe *f*; (Zapf)Säule *f*; **2.** pumpen
pumpkin Kürbis *m*
pun Wortspiel *n*
punch 1. (Faust)Schlag *m*; *tool*: Lochzange *f*, Locher *m*; *drink*: Punsch *m*; **2.** *with fist*: schlagen, boxen; (aus)stanzen; lochen; **~ card, ~ed card** Lochkarte *f*; **~ line** *joke*: Pointe *f*
punctual pünktlich
punctuate Satzzeichen setzen

punctuation

in; *fig.* unterbrechen; **punctuation** Interpunktion *f*
puncture: *have a ~* e-e Reifenpanne haben, F e-n Platten haben
pungent scharf, stechend, beißend
punish (be)strafen; **~ment** Strafe *f*, Bestrafung *f*
pupil[1] Schüler(in)
pupil[2] Pupille *f*
puppet Marionette *f* (*a. fig.*); (Hand)Puppe *f*
puppy Welpe *m*, junger Hund
purchase 1. Kauf *m*; **2.** kaufen
pure rein
purgative 1. abführend; **2.** Abführmittel *n*
purify reinigen (*a. fig.*); **purity** Reinheit *f*
purl 1. linke Masche; **2.** links stricken
purple violett, purpurrot
purpose Absicht *f*; Zweck *m*; *on ~* absichtlich
purr schnurren
purse Handtasche *f*; Geldbörse *f*, Portemonnaie *n*
pursue verfolgen; streben nach; **pursuer** Verfolger(in); **pursuit** Verfolgung *f*; Streben *n*
pus Eiter *m*
push 1. Stoß *m*, Schubs *m*; Anstoß *m*; Schwung *m*; Tatkraft *f*; **2.** stoßen, schieben, schubsen; *button, switch*: drücken; drängen; (an)treiben; *~ off!* hau ab!; *~ on* weitergehen, weiterfahren; weitermachen; *~ button tech.* Drucktaste *f*; *~chair* Sportwagen *m* (*for small children*); *~up* Liegestütz *m*
puss, pussy(cat) Kätzchen *n*, Mieze *f*
put legen, setzen, stellen, stecken, tun; *question*: stellen; ausdrücken, sagen; *~ back* zurücklegen, zurückstellen (*a. watch etc.*), zurücktun; *~ by money*: zurücklegen; *~ down* hinlegen, hinstellen, hinsetzen; aussteigen lassen; *on list etc.*: aufschreiben; zuschreiben; *animal*: einschläfern; *~ forward watch etc.*: vorstellen; *plan*: vorlegen; *~ in* hineinlegen, hineinsetzen, hineinstellen, hineinstecken; *claim, request etc.*: einreichen; *remark*: einwerfen; *~ off* aufschieben, verschieben; *s.o. off* j-n absagen; j-n hinhalten; *on clothes*: anziehen, *hat etc.*: aufsetzen; *ring etc.*: vorstellen; *light etc.*: anschalten, einschalten; *pretend*: vortäuschen; *play, show etc.*: aufführen; *~ on weight* zunehmen; *~ out* hinauslegen, hinaussetzen, hinausstellen; (her)ausstrecken; *light etc.*: ausmachen; *annoy*: verärgern; *~ s.o. through tel.* j-n verbinden (*to* mit); *~ together* zusammensetzen; *~ up* aufstellen; *building*: er-

richten; *guest*: unterbringen; *resistance*: leisten; *increase*: erhöhen; ~ **up** *(for sale)* (zum Verkauf) anbieten; ~ **up at** übernachten bei/in; ~ **up with** sich abfinden mit
putrid verfault, verwest
putty Kitt *m*
puzzle 1. Rätsel *n* (*a. fig.*); Geduld(s)spiel *n*; Puzzle(spiel) *n*; **2.** verwirren; sich den Kopf zerbrechen
pyjamas *pl* Brt. → **pajamas**
pylon *electr.* Mast *m*
pyramid Pyramide *f*

Q

quack¹ quaken
quack² *a.* ~ **doctor** Quacksalber *m*
quadrangle Viereck *n*; Innenhof *m*
quadruped Vierfüß(l)er *m*
quadruple 1. vierfach; **2.** (sich) vervierfachen
quadruplets *pl* Vierlinge *pl*
quaint malerisch; drollig
quake 1. beben, zittern; **2.** F Erdbeben *n*
qualification Qualifikation *f*, Befähigung *f*; Voraussetzung *f*; Einschränkung *f*
qualified qualifiziert, befähigt; eingeschränkt, bedingt
qualify (sich) qualifizieren; befähigen; einschränken; mildern
quality Qualität *f*; Eigenschaft *f*
qualms *pl* Bedenken *pl*, Skrupel *pl*
quantity Quantität *f*, Menge *f*
quarantine Quarantäne *f*
quarrel 1. Streit *m*, Auseinandersetzung *f*; **2.** (sich) streiten; ~**some** streitsüchtig
quarry¹ Steinbruch *m*
quarry² Beute *f*
quarter 1. Viertel *n*; Viertelpfund *n*; Vierteldollar *m*; Vierteljahr *n*, Quartal *n*; (Stadt)Viertel *n*; (Himmels-)Richtung *f*; *mil.* Quartier *n*; *a* ~ **of an hour** e-e Viertelstunde; *a* ~ **of two**, *Brt. a* ~ **to two** (ein) Viertel vor zwei (Uhr); *a* ~ **after two**, *Brt. a* ~ **past two** (ein) Viertel nach zwei (Uhr); **2.** vierteln; ~**finals** *pl sport*: Viertelfinale *n*
quarterly 1. vierteljährlich; **2.** Vierteljahresschrift *f*
quaver *voice*: zittern
quay Kai *m*
queen Königin *f*; *card games*: Dame *f*; *neg! homosexual*: Schwule *m*
queer seltsam, komisch, wunderlich; *neg! homosexual*: schwul
quench löschen
query (An)Frage *f*

question 1. Frage *f*; Problem *n*; *that is out of the* ~ das kommt nicht in Frage; 2. (be)fragen; *jur.* vernehmen, verhören; *s.th.: et.* bezweifeln; ~**able** fraglich; fragwürdig; ~ **mark** Fragezeichen *n*

questionnaire Fragebogen *m*

queue *Brt.* 1. Schlange *f*; 2. *a.* ~ **up** anstehen, Schlange stehen, sich anstellen

quick schnell, rasch; prompt; *mind:* wach, aufgeweckt; *be* ~! beeil dich!; ~**en** (sich) beschleunigen; ~**freeze** *food:* schnell einfrieren

quickie F *s.th. done or made quickly, for instance:* kurze Frage, Tasse *f* Tee auf die Schnelle *etc.*

quick|sand Treibsand *m*; ~**silver** Quecksilber *n*; ~**witted** schlagfertig; geistesgegenwärtig

quid *Brt.* F Pfund *n* (Sterling)

quiet 1. ruhig, still; 2. Ruhe *f*; ~**en** (sich) beruhigen; *a.* ~ **down** sich beruhigen

quilt Steppdecke *f*

quinine Chinin *n*

quit aufhören (mit); kündigen

quite ganz, völlig; ziemlich; (**so**)! ganz recht

quits: *be* ~ *with s.o.* mit j-m quitt sein

quiver zittern

quiz 1. Quiz *n*; Prüfung *f*; Test *m*; 2. ausfragen

quota Quote *f*

quotation Zitat *n*; *econ.* Kostenvoranschlag *m*; ~ **marks** *pl* Anführungszeichen *pl*

quote zitieren; *econ. price:* nennen

R

rabbit Kaninchen *n*
rabble Pöbel *m*
rabies *vet.* Tollwut *f*
raccoon Waschbär *m*
race[1] Rasse *f*
race[2] 1. Rennen *n*; (Wett)Lauf *m*; *fig.* Wettlauf *m*; 2. rennen, rasen; um die Wette laufen *or* fahren (mit); ~**course** Rennbahn *f*; ~**horse** Rennpferd *n*; ~**track** Rennstrecke *f*
racial *in compounds:* Rassen...

racing car Rennwagen *m*
racism Rassismus *m*; **racist** 1. Rassist(in); 2. rassistisch
rack 1. Gestell *n*; *for plates, magazines, pipes etc.:* Ständer *m*; *for luggage in bus, train etc.:* Ablage *f*, (Gepäck)Netz *n*; *on car:* Dachgepäckträger *m*; 2. ~ **one's brains** sich den Kopf zerbrechen
racket[1] *tennis etc.:* Schläger *m*

racket² F *loud noise*: Krach *m*, Lärm *m*; **drugs** ~ F Drogengeschäft *n*

racoon → **raccoon**

racy *speech, writing*: spritzig, lebendig; gewagt

radar Radar *m*, *n*; **~ trap** *mot.* Radarkontrolle *f*

radiant strahlend

radiate ausstrahlen; **~ from** strahlenförmig ausgehen von; **radiation** (Aus)Strahlung *f*; **radiator** Heizkörper *m*; *mot.* Kühler *m*

radical radikal

radio 1. Radio(apparat *n*) *m*; Funk(gerät *n*) *m*; 2. funken

radioactive radioaktiv; **~ waste** radioaktiver Abfall

radioactivity Radioaktivität *f*

radio station Rundfunksender *m*

radiotherapy Strahlentherapie *f*

radish Rettich *m*; Radieschen *n*

radius Radius *m*

raffle Tombola *f*

raft Floß *n*

rafter Dachsparren *m*

rag Lumpen *m*, Fetzen *m*; Lappen *m*

rage 1. Wut *f*, Zorn *m*; 2. wettern (**against** gegen)

ragged zerlumpt; *fig.* stümperhaft

raid 1. Überfall *m*; **by police**: Razzia *f*; 2. überfallen; eine Razzia machen in; plündern

ramble

rail Geländer *n*; Stange *f*; *rail.* Schiene *f*; (Eisen)Bahn *f*; *pl* Gleis *n*; **by ~** mit der Bahn; **~ing(s** *pl*) Geländer *n*

railroad Eisenbahn *f*; **~ station** Bahnhof *m*

railway *Brt.* → **railroad** *etc.*

rain 1. Regen *m*; 2. regnen; **~bow** Regenbogen *m*; **~coat** Regenmantel *m*; **~drop** Regentropfen *m*; **~fall** Niederschlag(smenge) *f*; **~ forest** Regenwald *m*

rainy regnerisch, *in compounds*: Regen...

raise 1. (auf-, hoch)heben; erheben; errichten; *increase*: erhöhen; *money*: beschaffen; *children*: aufziehen, großziehen; *animals*: aufziehen, halten; anbauen; *wheat etc.*: anbauen; 2. Lohnerhöhung *f*; Gehaltserhöhung *f*

raisin Rosine *f*

rake 1. Rechen *m*, Harke *f*; 2. rechen, harken

rally 1. Kundgebung *f*, Massenversammlung *f*; *car race*: Rallye *f*; 2. (sich) sammeln; sich erholen; **~ round** sich scharen um

ram¹ *zo.* Widder *m*, Schafbock *m*

ram² rammen

RAM *random access memory computer*: RAM, Speicher *m* mit wahlfreiem *or* direktem Zugriff, Arbeitsspeicher *m*

ramble 1. Wanderung *f*; 2.

rambler

wandern; abschweifen; **rambler** Wanderer *m*; *bot.* Kletterrose *f*

ramp Rampe *f*

rampage: on the ~ randalierend

ramshackle baufällig

ranch Ranch *f*; (Obst *etc.*)Farm *f*

rancid ranzig

random 1. at ~ aufs Geratewohl; **2.** ziellos, wahllos; zufällig

range 1. *distance*: Reichweite *f*, Schussweite *f*; Entfernung *f*; *amounts, limits*: Bereich *m*; *shooting ~*: Schießstand *m*; *mountains*: (Berg)Kette *f*; *grass land*: offenes Weidegebiet; *econ.* Sortiment *n*; **2.** *v/i* **~ from ... to ...** sich erstrecken von ... bis ...; *v/t* aufstellen, anordnen; **~finder** *phot.* Entfernungsmesser *m*; **ranger** Ranger *m*; Förster *m*

rank 1. *position*: Rang *m*; *social ~*: (soziale) Stellung; *row, line*: Reihe *f*; *taxi*: (Taxi)Stand *m*; **2.** zählen (**among** zu); gelten (**as** als)

ransack durchwühlen; plündern

ransom Lösegeld *n*

rap 1. Klopfen *n*; **2.** klopfen (**an, auf**)

rape 1. Vergewaltigung *f*; **2.** vergewaltigen

rapid schnell, rasch

rapids *pl* Stromschnellen *pl*

rapture Entzücken *n*

rare selten; *air*: dünn; *gastr. meat*: blutig

rascal Schlingel *m*

rash¹ hastig, überstürzt; unbesonnen

rash² (Haut)Ausschlag *m*

rasher Speckscheibe *f*

raspberry Himbeere *f*

rat Ratte *f*

rate 1. *speed*: Tempo *n*; Quote *f*, Rate *f*; *finance*: Satz *m*, Kurs *m*; **birth ~** Geburtenrate *f*; **exchange ~, ~ of exchange** Umrechnungskurs *m*, Wechselkurs *m*; **~ of inflation,** **inflation ~** Inflationsrate *f*; **interest ~** Zinssatz *m*; **2.** (ein)schätzen; **be ~d (as)** gelten als

rather ziemlich; eher, lieber; vielmehr; **~ F und ob**

ration 1. Ration *f*, Zuteilung *f*; **2.** rationieren

rational vernünftig, rational; **~ize** rationalisieren

rattle 1. Gerassel *n*; Geklapper *n*; (Baby)Rassel *f*; **2.** rasseln (mit); klappern; rattern; **~ off** *poem etc.*: herunterrasseln; **~snake** Klapperschlange *f*

ravage verwüsten

rave rasen, toben; fantasieren; schwärmen

raven Rabe *m*

ravenous ausgehungert, heißhungrig

ravine Schlucht *f*

raving 1. ~ *mad* F total übergeschnappt; **2.** *pl* wirres Gerede

ravishing entzückend, hinreißend

raw roh; *skin*: wund; *weather*: nasskalt; *not experienced*: unerfahren

ray Strahl *m*

rayon Kunstseide *f*

razor Rasierapparat *m*, Rasiermesser *n*; ~ *blade* Rasierklinge *f*

RC *Roman Catholic* r.-k., röm.-kath., römisch-katholisch

re... *in compounds*: wieder, noch einmal

reach 1. *v/i* reichen, gehen, sich erstrecken; *a.* ~ *out* greifen, langen (**for** nach); *v/t* erreichen; ~ *down* herunterreichen; **2.** Reichweite *f*; *out of* ~ außer Reichweite; *within easy* ~ leicht zu erreichen

react reagieren; **~ion** Reaktion *f*

reactor Reaktor *m*

read lesen; *measuring instrument*: (an)zeigen; *Brt. study*: studieren; *interpret*: deuten; *particular name*: lauten; ~ *to s.o.* j-m vorlesen

readily bereitwillig; **~ness** Bereitschaft *f*

readjust *tech.* neu einstellen, nachstellen; ~ *to* sich wieder anpassen

ready fertig, bereit; *quick*: schnell; ~ *cash*, ~ *money* Bargeld *n*; *get* ~ (sich) fertig machen; **~-made** *in compounds*: Fertig...; Konfektions...; ~ *meal* Fertiggericht *n*

real *not artificial*: echt; *true*: wirklich, tatsächlich, wahr; ~ *estate* Grundbesitz *m*, Immobilien *pl*; ~ *estate agent* Grundstücksmakler(in), Immobilienmakler(in)

realism Realismus *m*; **realist** Realist(in); **realistic** realistisch

reality Realität *f*, Wirklichkeit *f*

realization Realisierung *f* (*a. econ.*); Verwirklichung *f*; Erkenntnis *f*; **realize** sich klarmachen, erkennen, begreifen; realisieren, verwirklichen

really wirklich, tatsächlich

realm (König)Reich *n*

realtor Grundstücksmakler(-in), Immobilienmakler(in)

reap *grain*: schneiden, ernten; *fig.* ernten

reappear wieder auftauchen

rear 1. aufziehen, großziehen; *horse*: sich aufbäumen; **2.** Rückseite *f*; *mot.* Heck *n*; **3.** hinter, *in compounds*: Hinter..., Rück..., *mot.* Heck...; ~-*end collision mot.* Auffahrunfall *m*; ~ *light mot.* Rücklicht *n*

rearm (wieder) aufrüsten; **rearmament** (Wieder)Aufrüstung *f*

rear|view mirror *mot.* Rückspiegel *m*; **~wheel drive** *mot.* Hinterradantrieb *m*; **~window** *mot.* Heckscheibe *f*

reason 1. *cause:* Grund *m*; *ability to think:* Verstand *m*; *sense:* Vernunft *f*; **2.** logisch denken; argumentieren; **~ with** vernünftig reden mit; **~able** *fair and sensible:* vernünftig; angemessen; *not expensive:* billig; *fairly good:* ganz gut

reassure beruhigen

rebate Rückzahlung *f*

rebel 1. *noun* Rebell(in), Aufständische *m, f*; **2.** *v/i* rebellieren, sich auflehnen; **rebellion** Rebellion *f*; **rebellious** rebellisch, aufständisch

rebound abprallen, zurückprallen

rebuff Abfuhr *f*

rebuild wieder aufbauen

recall zurückrufen; (sich) erinnern an

receipt Empfang *m*; *written statement:* Quittung *f*

receive *get:* erhalten, bekommen; *guests:* empfangen; **receiver** Empfänger(in); *tel.* Hörer *m*

recent neuest, jüngst; **~ly** kürzlich, vor kurzem

reception Empfang *m* (a. radio, TV etc.); Aufnahme *f*; *hotel:* Rezeption *f*; **~ desk** *hotel:* Rezeption *f*; **~ist** *hotel:* Empfangsdame *f*, Empfangschef *m*; *at doctor's, dentist's etc.:* Sprechstundenhilfe *f*

recess Unterbrechung *f*, Pause *f*; Schulpause *f*; Ferien *pl*; *arch.* Nische *f*

recession Rezession *f*, Konjunkturrückgang *m*

recipe (Koch)Rezept *n*

recital *mus.* (Solo)Vortrag *m*, Konzert *n*; **recite** vortragen, aufsagen; aufzählen

reckless rücksichtslos; fahrlässig

reckon (be-, er)rechnen; glauben, schätzen; **~ing** (Be)Rechnung *f*, Schätzung *f*

reclaim zurückfordern; *desert, waste etc.:* urbar machen, *land:* abgewinnen; *tech.* wiedergewinnen

recline sich zurücklehnen

recognition Anerkennung *f*; (Wieder)Erkennen *n*; **recognize** (wieder) erkennen; anerkennen; zugeben

recoil zurückschrecken (**from** vor)

recollect sich erinnern an; **~ion** Erinnerung *f*

recommend empfehlen; **~ation** Empfehlung *f*

recompense entschädigen

reconcile aussöhnen, versöhnen; in Einklang bringen; **reconciliation** Versöhnung *f*, Aussöhnung *f*

recondition *tech.* (general)überholen

reconsider noch einmal

überlegen, noch einmal überdenken

reconstruct wieder aufbauen (*a. fig.*); rekonstruieren; **~ion** Wiederaufbau *m*

record¹ *report*: Aufzeichnung *f*; Protokoll *n*; *official report*: Akte *f*; *mus.* (Schall-)Platte *f*; *sport*: Rekord *m*

record² aufzeichnen, aufschreiben; schriftlich niederlegen; *on tape, disk etc.*: aufnehmen, aufzeichnen; **~er** Aufnahmegerät *n*, *esp.* Tonbandgerät *n*, Kassettenrekorder *m*, Videorekorder *m*; *mus.* Blockflöte *f*; **~ing** *TV etc.* Aufzeichnung *f*, Aufnahme *f*

record player Plattenspieler *m*

recover wiedererlangen, wiederbekommen; *accident victim, car, ship etc.*: bergen; *get better*: wieder gesund werden, sich erholen; **recovery** Wiedererlangen *n*; Bergung *f*; Genesung *f*, Erholung *f*

recreation Entspannung *f*, Erholung *f*; *means of entertainment*: Freizeitbeschäftigung *f*

recruit 1. Rekrut *m*; **2.** rekrutieren; *person*: einstellen

rectangle Rechteck *n*; **rectangular** rechteckig

recur wiederkehren, sich wiederholen; **recurrent** wiederkehrend

recyclable recycelbar, wiederverwertbar; **recycle** recyceln, wieder verwerten; **~d paper** Recyclingpapier *n*, Umwelt(schutz)papier *n*; **recycling** Recycling *n*, Wiederverwertung *f*

red rot; ♀ **Cross** das Rote Kreuz

redden rot färben; rot werden; **reddish** rötlich

redemption *rel.* Erlösung *f*

redevelop *area, building etc.*: sanieren

red|-handed: *catch* ~ auf frischer Tat ertappen; **~head** Rothaarige *m, f*; **♀ Indian** *neg!* → **Native American**; **~letter day** F Freudentag *m*, Glückstag *m*; **~tape** Papierkrieg *m*, Bürokratismus *m*

reduce reduzieren; herabsetzen; verringern; *tax etc.*: senken; **reduction** Herabsetzung *f*, Reduzierung *f*; Verringerung *f*, Senkung *f*

redundant überflüssig

reed Schilf(rohr) *n*

reef (Felsen)Riff *n*

reek stinken (**of** nach)

reel 1. (Garn-, Film- etc.) Rolle *f*, Spule *f*; **2.** sich drehen, schwanken, taumeln

ref F *sport*: Schiri *m*

refer: ~ **to** verweisen auf, hinweisen auf; sich beziehen auf; erwähnen; *information*: nachschlagen in

referee Schiedsrichter *m*; *boxing*: Ringrichter *m*

reference Hinweis *m*; Referenz *f*, Empfehlung *f*, Zeugnis *n*; Anspielung *f*; Bezugnahme *f*; Nachschlagen *n*; **~ book** Nachschlagewerk *n*

refill 1. *v/t* wieder füllen, auffüllen, nachfüllen; **2.** *noun ballpoint pen etc.*: Ersatzmine *f*; *cartridge*: Ersatzpatrone *f*

refine *purify*: raffinieren, veredeln; *improve*: verfeinern, verbessern; **refined** raffiniert; *fig.* kultiviert; **refinery** Raffinerie *f*

reflect reflektieren, zurückwerfen, spiegeln; *fig.* widerspiegeln; **~ion** Reflexion *f*, Spiegelbild *n*; *careful thought*: Überlegung *f*

reflex Reflex *m*; **~ camera** Spiegelreflexkamera *f*

reform 1. reformieren, verbessern; bessern; **2.** Reform *f*

refrain Refrain *m*

refresh: **~ (o.s.) sich** erfrischen; *memory etc.*: auffrischen; **~er course** Auffrischungskurs *m*; **~ing** erfrischend (*a. fig.*); **~ment** Erfrischung *f*

refrigerator Kühlschrank *m*

refuel auftanken

refuge Zuflucht (sort *m*) *f*

refugee Flüchtling *m*

refund 1. *noun* Rückzahlung *f*, Rückerstattung *f*; **2.** *v/t* zurückzahlen, zurückerstatten, *expenses etc.*: ersetzen

refusal Ablehnung *f*; Weigerung *f*

refuse¹ ablehnen; verweigern; sich weigern

refuse² Abfall *m*, Abfälle *pl*, Müll *m*; **~ dump** Müllabladeplatz *m*

regain wiedergewinnen, zurückgewinnen

regard 1. *respect*: Achtung *f*; *consideration*: Rücksicht *f*; **(kind) ~s** (herzliche) Grüße; **2.** betrachten, ansehen; as ~ halten für; **as to** was ... betrifft; **~less**: **~ of** ohne Rücksicht auf

regiment Regiment *n*

region Gegend *f*, Gebiet *n*; Bereich *m*

register 1. Register *n* (*a. mus.*), Verzeichnis *n*; **2.** *v/t* registrieren, eintragen (lassen); *record*: einschreiben lassen; *letter etc.*: einschreiben lassen; *v/i* sich eintragen (lassen); **~ed letter** Einschreibebrief *m*

registration Registrierung *f*, Eintragung *f* *mot.* Zulassung *f*; **~ number** *mot.* (polizeiliches) Kennzeichen

registry office *esp. Brt.* Standesamt *n*

regret 1. bedauern; **2.** Bedauern *n*; **regrettable** bedauerlich

regular 1. regelmäßig; geregelt, geordnet; **2. F** Stammkunde *m*, Stammkundin *f*; *mot.* verbleites Benzin

regulate regeln, regulieren; **regulation** Regulierung *f*; *rule*: Vorschrift *f*

rehabilitate rehabilitieren; *prisoner etc.*: resozialisieren
rehearsal *mus., thea.* Probe *f*; **rehearse** *mus., thea.* proben
reign 1. Herrschaft *f* (*a. fig.*); **2.** herrschen, regieren
rein Zügel *m*
reindeer Ren(tier) *n*
reinforce verstärken; **~d concrete** Stahlbeton *m*
reject zurückweisen; ablehnen; **~ion** Zurückweisung *f*, Ablehnung *f*
rejoice sich freuen (**at** über)
relapse Rückfall *m*
relate in Verbindung *or* in Zusammenhang bringen (**to** mit); sich beziehen (**to** auf); **related** verwandt
relation Verwandte *m, f*; Beziehung *f*; **~ship** Verwandtschaft *f*; Beziehung *f*
relative¹ Verwandte *m, f*
relative² relativ, verhältnismäßig
relax (sich) entspannen; *hold, grip, muscles etc.*: lockern
relay 1. *electr.* Relais *n*; *TV etc.* Übertragung *f*; *sport*: Staffel(lauf *m*) *f*; **2.** *TV etc.* übertragen; **~ race** Staffellauf *m*
release 1. *let free*: entlassen; *let go*: loslassen; *make known, issue*: herausbringen, veröffentlichen, bekannt geben; *mot. handbrake*: lösen; *fig.* befreien; **2.** Entlassung *f*; Freilassung *f*; Befreiung *f*;

Freigabe *f*; *official statement*: Verlautbarung *f*
relent nachgeben; **~less** unbarmherzig
relevant relevant, wichtig; sachdienlich
reliable zuverlässig
reliance Abhängigkeit *f*
relic Überbleibsel *n*, Relikt *n*; *rel.* Reliquie *f*
relief Erleichterung *f*; Unterstützung *f*, Hilfe *f*; Sozialhilfe *f*; *replacement of person*: Ablösung *f*; *art*: Relief *n*
relieve erleichtern, lindern; *person*: ablösen
religion Religion *f*; **religious** religiös
relish 1. Gefallen *n*, Geschmack *m*; *gastr.* Würze *f*; *gastr.* Soße *f*; **2.** genießen; Gefallen finden an
reluctance Widerstreben *n*; **reluctant** widerstrebend, widerwillig
rely: **~ on** sich verlassen auf
remain 1. bleiben; übrig bleiben; **2.** *pl* (Über)Reste *pl*; **remainder** Rest *m*
remand 1. *be* **~ed in custody** in Untersuchungshaft bleiben; **2.** *be on* **~** in Untersuchungshaft sein
remark 1. Bemerkung *f*; **2.** bemerken; **~able** bemerkenswert
remedy 1. (Heil-, Gegen-) Mittel *n*; Abhilfe *f*; **2.** beheben; bereinigen
remember sich erinnern an;

remembrance

denken an; ~ **me to her** grüße sie von mir; **remembrance: in ~ of** zur Erinnerung an

remind erinnern (**of** an); **~er** Mahnung f

reminisce in Erinnerungen schwelgen; **reminiscent: be ~ of** erinnern an

remit *send money by mail*: überweisen; **remittance** (Geld)Überweisung f

remorse Gewissensbisse pl, Reue f; **~less** unbarmherzig

remote fern; entfernt; abgelegen; **~ control** Fernlenkung f, Fernsteuerung f; *TV etc.* Fernbedienung f

removal Entfernung f, Beseitigung f; Umzug m; **~ van** Möbelwagen m

remove v/t entfernen; beseitigen; *hat etc.*: abnehmen, *clothes*: ablegen; v/i (um)ziehen (**from ... to** von ... nach); **remover** *paint, varnish etc.*: (Flecken- *etc.*)Entferner m

rename umbenennen

renew erneuern; *passport etc.*: verlängern; **~al** Erneuerung f, Verlängerung f

renounce verzichten auf; aufgeben

renovate renovieren

renown Ruhm m, Ansehen n; **~ed** berühmt

rent¹ 1. Miete f; Pacht f; 2. *car etc.*: mieten, leihen; *house etc.*: mieten; *land*: pachten; *a.* **~ out** vermieten, verpachten

rent² Riss m

rental Miete f; Pacht f; Leihgebühr f

repair 1. reparieren; wieder gutmachen; **2.** Reparatur f; **in good ~** in gutem Zustand

repartee schlagfertige Antwort

repay zurückzahlen; **~ s.o. for s.th.** j-m et. vergelten

repeat 1. wiederholen; **2.** *etc.* Wiederholung f

repel *enemy etc.*: zurückschlagen; *water etc., fig. person*: abstoßen; **repellent** abstoßend

repent bereuen

repercussions pl Auswirkungen pl

repetition Wiederholung f

replace ersetzen; *person*: ablösen; **~ment** Ersatz m

replay 1. v/t wiederholen (*a. sport*); **2.** *noun* Wiederholung f

replica *of work of art*: Kopie f

reply 1. antworten, erwidern; **2.** Antwort f

report 1. Bericht m; Nachricht f; *rumor*: Gerücht n; *Brt.* (Schul)Zeugnis n; **2.** berichten (über); *accident, crime*: melden, anzeigen; sich melden; **~ card** (Schul-)Zeugnis n; **~er** Reporter(in), Berichterstatter(in)

represent darstellen; vertreten; **~ation** Darstellung f; Vertretung f; **~ative 1.** repräsentativ; typisch; **2.** Ver-

resignation

treter(in) *parl.* Abgeordnete *m, f;* → **house**

repress unterdrücken; *psych.* verdrängen

reprieve Begnadigung *f*

reprimand 1. rügen, tadeln; **2.** Verweis *m*

reproach 1. Vorwurf *m;* **2.** vorwerfen; Vorwürfe machen; **~ful** vorwurfsvoll

reprocess *tech.* wieder aufbereiten; **~ing plant** Wiederaufbereitungsanlage *f*

reproduce (*o.s.* sich) fortpflanzen; wiedergeben, reproduzieren; **reproduction** Fortpflanzung *f;* Wiedergabe *f*

reptile Reptil *n*

republic Republik *f;* **~an 1.** republikanisch; **2.** Republikaner(in)

repulsive abstoßend, widerlich, widerwärtig

reputable angesehen; **reputation** Ruf *m*

request 1. (**for**) Bitte *f* (um), Wunsch *m* (nach); *only by* **~** auf Wunsch; **2.** bitten; ersuchen um; **~ stop** *Brt.* Bedarfshaltestelle *f*

require erfordern; brauchen; verlangen; **~ment** Anforderung *f; pl* Bedarf *m*

rescue 1. retten; **2.** Rettung *f; in compounds:* Rettungs...

research 1. Forschung *f;* **2.** *v/i* forschen; *v/t* erforschen; **~er** Forscher *m*

resemblance Ähnlichkeit *f*

(**to** mit); **resemble** ähnlich sein, ähneln

resent übel nehmen; **~ment** Ärger *m*

reservation *ticket, seat etc.:* Reservierung *f;* Vorbehalt *m; doubt:* Vorbehalt *m; place set apart:* Reservat(ion *f*) *n;* (**central**) **~** *road construction:* Mittelstreifen *m*

reserve 1. *ticket, seat etc.:* reservieren (lassen); vorbestellen; *set aside:* (sich) aufsparen, aufheben; **2.** *extra amount:* Reserve *f;* Vorrat *m; sport:* Reservespieler(in); *place set apart:* Reservat *n; fig.* Zurückhaltung *f;* **reserved** zurückhaltend, reserviert

reservoir Reservoir *n;* Staubecken *n*

residence Wohnsitz *m;* Residenz *f;* **~ permit** Aufenthaltsgenehmigung *f*

resident 1. wohnhaft; **2.** *inhabitant:* Bewohner(in); *town:* Einwohner(in); *hotel:* Hotelgast *m; mot.* Anlieger(in)

residual übrig (geblieben), restlich, *in compounds:* Rest...; **~ pollution** Altlasten *pl*

residue *chem.* Rückstand *m*

resign *v/i* zurücktreten (**from** von); *v/t* aufgeben; *office:* niederlegen; **~ *o.s.* to** sich abfinden mit; **~ation** Verzicht *m;* Rück-

resigned 562

tritt(sgesuch *n*) *m*; Resignation *f*; **~ed** resigniert

resin Harz *n*

resist widerstehen; Widerstand leisten; sich widersetzen; **~ance** Widerstand *m*; **~ant** widerstandsfähig; *heat-~* hitzebeständig

resolute entschlossen; **resolution** *decision*: Entschluss *m*, Vorsatz *m*; *pol.* Beschluss *m*, Resolution *f*; *firmness*: Entschlossenheit *f*

resolve *problem, difficulty*: lösen; *decide*: beschließen

resonance Resonanz *f*; **resonant** widerhallend

resort (Urlaubs-, Erholungs)Ort *m*

resound (wider)hallen

resource *pl* (Geld)Mittel *pl*; *sg fig.* Einfallsreichtum *m*; *natural* **~s** *pl* natürliche Reichtümer *pl*, Bodenschätze *pl*; *inner* **~s** *pl fig.* innere Reserven *pl*; *as a last* **~** als letzter Ausweg; **~ful** findig

respect 1. Achtung *f*, Respekt *m*; *consideration*: Rücksicht *f*; Beziehung *f*, Hinsicht *f*; *pl* Grüße *pl*, Empfehlungen *pl*; **2.** achten; schätzen; respektieren; **~able** ehrbar, anständig; angesehen; *sum of money*: ansehnlich; **~ful** respektvoll; **~ive** jeweilig

respiration Atmung *f*; **respirator** Atemschutzgerät *n*

respite Frist *f*, Aufschub *m*; Pause *f*

respond antworten, erwidern; reagieren

response Antwort *f*, Erwiderung *f*; Reaktion *f*

responsibility Verantwortung *f*; **responsible** verantwortlich; verantwortungsvoll

rest 1. Rest *m*; Ruhe(pause) *f*; *tech.* Stütze *f*; **2.** ruhen; sich ausruhen; lehnen

restaurant Restaurant *n*, Gaststätte *f*

rest| home Altenheim *n*; Pflegeheim *n*; **~less** ruhelos; unruhig

restore wiederherstellen; restaurieren

restrain zurückhalten; **~ o.s.** sich beherrschen; **restraint** Beschränkung *f*, Beherrschung *f*, Zurückhaltung *f*

restrict beschränken, einschränken; **~ed** beschränkt; begrenzt; **~ion** Beschränkung *f*, Einschränkung *f*

rest room Toilette *f*

result 1. Ergebnis *n*, Resultat *n*; Folge *f*; **2.** sich ergeben (*from* aus); **~ in** zur Folge haben

resume wieder aufnehmen; fortsetzen

Resurrection *rel.* Auferstehung *f*

resuscitate wieder beleben

retail Einzelhandel *m*; **~er** Einzelhändler(in)

retain behalten; zurück(be)halten

retaliate sich rächen; sich revanchieren; **retaliation** Vergeltung *f*

retard verzögern; **~ed** *psych.*: **(mentally) ~** (geistig) zurückgeblieben

retire sich zur Ruhe setzen; sich zurückziehen; **retired** pensioniert, im Ruhestand; **~ment** Ruhestand *m*

retort erwidern

retrace zurückverfolgen; rekonstruieren

retract *withdraw*: zurücknehmen; *draw back*: einziehen

retrain umschulen

retreat 1. Rückzug *m*; **2.** sich zurückziehen

retrieve wiederbekommen; *hunt.* apportieren

retrospect: in ~ im Rückblick; **~ive** (zu)rückblickend; *jur.* rückwirkend

return 1. *v/i come back*: zurückkommen, zurückkehren; *go back*: zurückgehen; *v/t bring or give back*: zurückbringen, zurückgeben; *put back*: zurückstellen, zurücklegen; *send back*: zurückschicken, zurücksenden; *smile etc.*: erwidern; *profit*: abwerfen; *Brt. tennis*: Return *m*. Rückschlag *m*; *a. pl econ.* Gewinn *m*; **many happy ~s (of the day)** herzlichen Glückwunsch zum Geburtstag; **3.** *adj in compounds*: Rück...; **~able** *in compounds*: Mehrweg...; **~ bottle** Pfandflasche *f*; **~ key** *computer*: Eingabetaste *f*

reunification Wiedervereinigung *f*

reunion Wiedervereinigung *f*; Treffen *n*

reusable wieder verwendbar

rev *F a.* **~ up** *motor*: aufheulen (lassen)

revaluation *econ.* Aufwertung *f*

reveal enthüllen; **~ing** aufschlussreich

revenge 1. Rache *f*; Revanche *f*; **2.** rächen

revenue Einnahmen *pl*, Einkünfte *pl*

reverberate widerhallen

Reverend *rel.* Hochwürden *m*

reverie (Tag)Träumerei *f*

reversal Umkehrung *f*

reverse 1. *the opposite*: Gegenteil *n*; *back side of coin etc.*: Rückseite *f*; *mot.* Rückwärtsgang *m*; **2.** umgekehrt; **3.** umkehren; *decision etc.*: umstoßen; *judgement*: aufheben; *mot.* rückwärts fahren

revert: ~ to zurückfallen in; zurückkommen auf

review 1. *careful examination*: (Über)Prüfung *f*, Revision *f*; *of past events*: Rückblick *m*; *book etc.*: (Buch-

etc.)Besprechung *f*, Rezension *f*; **2.** (über-, nach)prüfen; *book etc.*: besprechen, rezensieren

revise revidieren; überarbeiten; **revision** Revision *f*; Überarbeitung *f*

revival Wiederbelebung *f*; Wiederaufleben *n*; **revive** wieder beleben; wieder aufleben (lassen)

revoke widerrufen; aufheben

revolt 1. revoltieren, sich auflehnen; *fig.* mit Abscheu erfüllen, abstoßen; **2.** Revolte *f*, Aufstand *m*; ~**ing** widerlich, abstoßend

revolution Revolution *f*; Umwälzung *f*; *tech.* Umdrehung *f*; ~**ary** revolutionär

revolve sich drehen

revulsion Abscheu *m*

reward 1. Belohnung *f*; **2.** belohnen; ~**ing** lohnend

rewind *film etc.*: zurückspulen

rheumatism Rheumatismus *m*

Rhine der Rhein

rhinoceros Rhinozeros *n*, Nashorn *n*

rhubarb Rhabarber *m*

rhyme 1. Reim *m*; Vers *m*; **2.** (sich) reimen

rhythm Rhythmus *m*

rib Rippe *f*

ribbon Band *n*

rice Reis *m*

rich reich (*in* an); *soil*: fruchtbar; *food*: schwer; ~ (**in calories**) kalorienreich

rid befreien (**of** von); **get** ~ **of** loswerden

riddle Rätsel *n*

ride 1. *vehicle*: fahren; *animal*: reiten; **2.** Fahrt *f*; Ritt *m*

ridge *mountain*: (Gebirgs-) Kamm *m*, Grat *m*; *roof*: (Dach)First *m*

ridicule 1. Spott *m*; **2.** verspotten; **ridiculous** lächerlich

riding Reiten *n*; *in compounds*: Reit...

rifle Gewehr *n*

rift Spalt(e *f*) *m*; *fig.* Riss *m*

right 1. *adj correct, true*: richtig, recht; *side*: recht, *in compounds*: Rechts...; **all** ~ in Ordnung!, gut!; **that's all** ~ schon gut!; **that's** ~ richtig!, ganz recht!; **be** ~ Recht haben; **put/set** ~ in Ordnung bringen; **2.** *adv correctly*: richtig; *direction*, *side*: (nach) rechts; *straight*: direkt; *completely*: völlig, ganz; *exactly*: genau; ~ **ahead** geradeaus; ~ **away** sofort; **3.** *noun* Recht *n*; die Rechte, rechte Seite; **on the** ~ rechts, auf der rechten Seite; **on/at/to the** ~ rechts; **keep to the** ~ sich rechts halten; *mot.* rechts fahren; ~**hand** recht; ~**handed** rechtshändig; ~ **of way** Vorfahrt(srecht *n*) *f*; ~**wing** *pol.* dem rechten Flügel angehörend, *in compounds*: Rechts...

rigid starr, steif; *fig.* streng
rigorous rigoros, streng, hart
rim Rand *m*; *wheel*: Felge *f*
rind *fruit*: Schale *f*; *cheese*: Rinde *f*; *bacon*: Schwarte *f*
ring 1. Ring *m*; *circle*: Kreis *m*; *boxing etc.*: Ring *m*; *circus etc.*: Manege *f*, Arena *f*; *sound*: Läuten *n*, Klingeln *n*; *fig.* Klang *m*; **give s.o. a** ~ j-n anrufen; **2.** *bell*: läuten; klingeln; *glass etc.*: klingen; *tel.* anrufen; ~ **the bell** klingeln; ~ **off** *tel.* (den Hörer) auflegen; ~ **s.o. (up)** j-n anrufen, bei j-m anrufen; ~ **road** Brt. → **beltway**
rink (Kunst)Eisbahn *f*; Rollschuhbahn *f*
rinse spülen
riot 1. Aufruhr *m*, Krawall *m*; **2.** randalieren
rip 1. Riss *m*; **2.** (zer)reißen
ripe reif; **ripen** reifen (lassen)
ripple 1. kleine Welle; **2.** (sich) kräuseln
rise 1. *increase*: (An)Steigen *n*; *slope*: Steigung *f*, Anhöhe *f*; Brt. Lohnerhöhung *f*; Brt. Gehaltserhöhung *f*; *fig.* Anstieg *m*, *fig.* Aufstieg *m*; **2.** aufstehen; sich erheben; (an-, auf)steigen; *sun etc.*: aufgehen; *rebel*: sich erheben (*against* gegen)
risk 1. riskieren, wagen; **2.** Gefahr *f*, Risiko *n*; **risky** riskant, gewagt
rite Ritus *m*
rival 1. Rivale *m*, Rivalin *f*,

Konkurrent(in); **2.** rivalisieren mit, konkurrieren mit;
rivalry Rivalität *f*; Konkurrenz *f*
river Fluss *m*, Strom *m*; ~**side** Flussufer *n*
rivet *tech.* Niet *m*
road Straße *f*; ~**block** Straßensperre *f*; ~**hog** F Verkehrsrowdy *m*; ~**map** Straßenkarte *f*; ~**side** Straßenrand *m*; ~**sign** Verkehrsschild *n*, Verkehrszeichen *n*; ~**way** Fahrbahn *f*; ~**works** *pl* Straßenbauarbeiten *pl*; ~**worthy** verkehrstüchtig
roam umherstreifen
roar 1. brüllen; *water etc.*: brausen, toben; *vehicle*: donnern; **2.** Gebrüll *n*; Brausen *n*; *traffic*: Dröhnen *n*; ~**s** *pl* **of laughter** brüllendes Gelächter
roast 1. *meat*: braten; *coffee beans, nuts etc.*: rösten; **2.** Braten *m*; **3.** gebraten, *in compounds*: Brat...; ~ **beef** Rinderbraten
rob *bank etc.*: überfallen; *person*: berauben; **robber** Räuber *m*; **robbery** Raub(überfall) *m*
robe a. *pl* Robe *f*, Talar *m*
robin Rotkehlchen *n*
robot Roboter *m*
robust kräftig
rock 1. Fels(en) *m*; Gestein *n*; Felsbrocken *m*; *hard sweet*: Zuckerstange *f*; **2.** schaukeln; wiegen

rocket Rakete f
rocking chair Schaukelstuhl m
rocky felsig
rod Rute f; Stab m, Stange f
rodent Nagetier n
roe zo.: a. **hard**: ~ Rogen m; a. **soft**: ~ Milch f
rogue Schlingel m
role thea. etc. Rolle f
roll 1. Rolle f; bread: Brötchen n, Semmel f; thunder: (G)Rollen n; **2.** rollen, (g)rollen; (sich) wälzen; drehen; ~ **over** (sich) umdrehen; ~ **up** zusammenrollen, aufrollen; sleeves, trousers: hochkrempeln; ~ **call** Namensaufruf m
roller Rolle f; Walze f; Lockenwickler m
Rollerblade® → **in-line skate**
roller| coaster Achterbahn f; ~ **skate** Rollschuh m; ~ **towel** Rollhandtuch n
ROM read only memory computer: Nur-Lese-Speicher m, Fest(wert)speicher m
Roman 1. römisch; **2.** Römer(in)
romance Romanze f; Romantik f; Abenteuerroman m, Liebesroman m; **romantic** romantisch
Rome Rom n
romp a. ~ **about**/**around** herumtoben, herumtollen; ~**ers** pl Spielanzug m
roof Dach n; ~ **rack** mot.

Dachgepäckträger m
rook Saatkrähe f
room Raum m; Zimmer n; Platz m; **roomy** geräumig
roost Hühnerstange f; ~**er** zo. Hahn m
root 1. Wurzel f; **2.** Wurzeln schlagen; ~ **about**/**around** herumwühlen; ~ **out** ausrotten; ~**ed** verwurzelt
rope Seil n, Strick m; Tau n; **2.** festbinden; ~ **off** (durch ein Seil) absperren
rosary rel. Rosenkranz m
rose Rose f
rosy rosig
rot 1. Fäulnis f; **2.** (ver)faulen (lassen)
rotary rotierend
rotate (sich) drehen; rotieren (lassen); **rotation** Drehung f
rotten verfault, faul; morsch; F mieserabel; F gemein
rough rau; roh; grob; estimate, idea etc.: ungefähr; weather: stürmisch; road: holp(e)rig; ~**age** biol. Ballaststoffe pl
round 1. adj rund; **2.** adv rundherum, ringsherum; ~ **about** ungefähr; **the other way** ~ umgekehrt; **3.** prp (rund)um; um ... (herum); in ... herum; **4.** noun Runde f; esp. Brt. slice of bread: Scheibe f; mus. Kanon m; **5.** v/t rund machen; (herum)fahren um, (herum)gehen um; ~ **off** abrunden; ~ **up** figure: aufrunden; group of people:

run

zusammentrommeln; *cattle*: zusammentreiben; **~about 1.** *Brt.* Kreisverkehr *m*; *Brt.* Karussell *n*; **2. in a ~ way** auf Umwegen; **~ trip** Hin- u. Rückfahrt *f*

rouse (auf)wecken; *fig.* aufrütteln; *fig.* erregen

route Route *f*, Weg *m*; Strecke *f*

routine Routine *f*

row¹ Reihe *f*; **~ house** Reihenhaus *n*

row² F Krach *m*; F Streit *m*

row³ rudern; **~boat** *Am.*, **~ing boat** *Brt.* Ruderboot *n*

royal königlich; **royalty** die königliche Familie; *pl* Tantiemen *pl*

rub reiben; **~ down** abreiben, abfrottieren; **~ in** einreiben; **~ out** ausradieren

rubber Gummi *m*, *esp. Brt.* Radiergummi *m*; F *condom*: Gummi *m*; **~band** Gummiband *n*; **~neck** F neugierig gaffen

rubbish *esp. Brt.* Abfall *m*, Müll *m*; *worthless material*: Schund *m*; *nonsense*: Blödsinn *m*; **~bin** F Mülleimer *m*

rubble Schutt *m*

ruby Rubin *m*

rucksack *esp. Brt.* Rucksack *m*

rudder Steuerruder *n*

ruddy rot(backig)

rude *impolite*: unhöflich, grob; *obscene*: unanständig; *abrupt*: bös, jäh

rudimentary elementar; primitiv

ruffle 1. Rüsche *f*; **2.** (ver)ärgern; *a.* **~ up** *feathers*: sträuben, aufplustern

rug *small carpet*: Vorleger *m*, Brücke *f*; *blanket*: (Woll-)Decke *f*

rugged zerklüftet; robust; fig.: markig

ruin 1. Ruin *m*; *a. pl* Ruine(n *pl*) *f*, Trümmer *pl*; **2.** ruinieren; verderben

rule 1. Regel *f*; Vorschrift *f*; *government*: Herrschaft *f*; **as a ~** in der Regel; **2.** (be)herrschen; herrschen über; *esp. jur.* entscheiden; *draw line*: liniieren; **~ out** ausschließen; **ruler** Herrscher(in); Lineal *n*

rum Rum *m*

rumble rumpeln; *thunder etc.*: (g)rollen

ruminant Wiederkäuer *m*; **ruminate** wiederkäuen

rummage *a.* **~ around** herumstöbern, herumwühlen; **~ sale** Wohltätigkeitsbasar *m*

rumor *Am.*, **rumour** *Brt.* **1.** Gerücht *n*; **2. it is ~ed that** es geht das Gerücht, dass

rump Hinterteil *n*

rumple zerknittern, zerknüllen, zerwühlen; *hair*: zerzausen

run 1. *v/i* laufen; rennen; *bus, train*: fahren, verkehren; *water, liquid*: laufen, fließen;

rung

road, fence etc.: verlaufen; *tech.* laufen, in Gang sein; *clock, watch:* gehen; *story:* lauten; *play, movie:* laufen; *butter:* schmelzen; *color, paint:* auslaufen; *pol.* kandidieren; *v/t race* etc.: laufen; *bus, train:* fahren lassen; *machine* etc.: laufen lassen; *business:* führen, leiten; ~ *across* zufällig treffen; ~ *down clock, watch:* ablaufen; *mot.* anfahren, umfahren, heruntenwirtschaften; ~ *in car:* einfahren; ~ *into* prallen gegen; *person:* zufällig treffen; *difficulties* etc.: geraten in; ~ *off* weglaufen; ~ *out* knapp werden, ausgehen; ~ *out of* ... kein ... mehr haben; ~ *over water, liquid:* überlaufen; *mot.* überfahren; → ~ *through list* etc.: (flüchtig) durchgehen; Rennen *n*; (Spazier)Fahrt *f*; Laufmasche *f*; *econ.* Ansturm *m*, Run *m*; *play, movie:* Laufzeit *f*; *skiing:* Hang *m*; **in the long ~** auf die Dauer

rung (Leiter)Sprosse *f*

runner Läufer(in); *carpet:* Läufer *m*; *sled:* Kufe *f*; **~-up** *sport:* Zweite *m, f*

running (fort)laufend; *water:* fließend; **for two days** ~ zwei Tage hintereinander

runny laufend; tränend

runway *aviat.* Start- u. Landebahn *f*

rupture Bruch *m*

rural ländlich

rush 1. *hurry:* Hast *f*, Hetze *f*; *busy period:* Ansturm *m*; Hochbetrieb *m*; *econ.* stürmische Nachfrage; **2.** *v/i* hasten, hetzen, stürzen; *v/t* drängen, hetzen; *take, send urgently somewhere:* schnell wohin bringen; **~ hour** Hauptverkehrszeit *f*, Stoßzeit *f*

Russia Russland *n*; **Russian 1.** russisch; **2.** Russe *m*, Russin *f*

rust 1. Rost *m*; **2.** rosten

rustic ländlich, rustikal

rustle rascheln

rusty rostig, verrostet

rut¹ (Rad)Spur *f*; *fig.* Trott *m*

rut² *zo.* Brunft *f*, Brunst *f*

ruthless unbarmherzig, rücksichtslos

rye Roggen *m*

S

S small (size) klein
sack 1. Sack *m*; **get the ~** F *dismissal:* rausgeschmissen werden; **give s.o. the ~** → **2.** F *dismiss s.o.:* j-n rausschmeißen
sacred heilig
sacrifice 1. Opfer *n*; **2.** opfern

sad traurig; schlimm
saddle 1. Sattel *m*; **2.** satteln
sadness Traurigkeit *f*
safe 1. sicher; **2.** Safe *m, n*; **~guard 1.** Schutz *m*; **2.** schützen; **~keeping** sichere Verwahrung
safety Sicherheit *f*; **~ belt** Sicherheitsgurt *m*; **~ island** Verkehrsinsel *f*; **~ measure** Sicherheitsmaßnahme *f*; **~ pin** Sicherheitsnadel *f*
sag sich senken; durchsacken; herunterhängen
Sagittarius *astr.* Schütze *m*
sail 1. Segel *n*; **2.** segeln, fahren; *ship:* auslaufen; **~board** Surfbrett *n*; **~boat** *Am.*, **~ing boat** *Brt.* Segelboot *n*; **~ing ship** Segelschiff *n*; **~or** Seemann *m*
saint Heilige *m, f*
sake: the ~ of um ... willen; **for my ~** meinetwegen
salad Salat *m*
salary Gehalt *n*
sale Verkauf *m*; *econ.* Schlussverkauf *m*; **for ~** zu verkaufen
sales|clerk Verkäufer(in); **~man** Verkäufer *m*; (Handels)Vertreter *m*; **~ representative** Handelsvertreter(in); **~woman** Verkäuferin *f*; (Handels)Vertreterin *f*
saliva Speichel *m*
sallow fahl, bleich
salmon Lachs *m*
salon: beauty ~ Schönheitssalon *m*

saloon Salon *m*; *a.* **~ car** *Brt. mot.* Limousine *f*
salt 1. Salz *n*; **2.** salzig; gesalzen; **3.** salzen; *preserve with* **~:** pökeln; **~cellar, ~shaker** Salzstreuer *m*
salty salzig
salute 1. *mil.* Salut *m*; Gruß *m*; **2.** *mil.* salutieren; grüßen
salvation Rettung *f*; **2 Army** Heilsarmee *f*
same: the ~ der-, die-, dasselbe; **all the ~** trotzdem; **it is all the ~ to me** es ist mir ganz gleich
sample 1. Probe *f*, Muster *n*; **2.** probieren
sanatorium *esp. Brt.* → **sanitarium**
sanction 1. Billigung *f*; *pl* Sanktionen *pl*; **2.** sanktionieren; billigen
sanctuary Zuflucht *f*; *animals, birds:* Schutzgebiet *n*
sand Sand *m*
sandal Sandale *f*
sand|bank Sandbank *f*; **~pit** Sandkasten *m*; **~stone** Sandstein *m*
sandwich 1. Sandwich *n*; **2.** einklemmen
sandy sandig; *hair:* rotblond
sane geistig gesund, normal; *sensible:* vernünftig
sanitarium Sanatorium *n*
sanitary hygienisch; **~ napkin** *Am.*, **~ towel** *Brt.* Damenbinde *f*
sanitation sanitäre Einrichtungen *pl*

sanity geistige Gesundheit; Zurechnungsfähigkeit *f*
Santa Claus Weihnachtsmann *m*, Nikolaus *m*
sap *bot.* Saft *m*
sapphire Saphir *m*
sarcastic sarkastisch
sardine Sardine *f*
sash Schärpe *f*; **~ window** Schiebefenster *n*
satchel (Schul)Ranzen *m*
satellite Satellit *m*
satire Satire *f*
satisfaction Befriedigung *f*; Genugtuung *f*; Zufriedenheit *f*; **satisfactory** befriedigend, zufrieden stellend; **satisfy** befriedigen, zufrieden stellen
Saturday Sonnabend *m*, Samstag *m*
sauce Soße *f*; **~pan** Kochtopf *m*
saucer Untertasse *f*
saucy frech
Saudi Arabia Saudi-Arabien *n*
saunter schlendern
sausage Wurst *f*; *small ~:* Würstchen *n*
savage wild; grausam
save retten; (auf-, ein-, er-) sparen; *computer:* (ab)speichern, sichern
savings *pl* Ersparnisse *pl*; **~ bank** Sparkasse *f*
savor genießen; **savory** schmackhaft
savour *Brt.* → savor; **savoury** *Brt.* → savory
saw 1. sägen; **2.** Säge *f*; **~dust** Sägemehl *n*, Sägespäne *pl*
say 1. sagen; *poem:* aufsagen; *prayer, text:* sprechen; *that is to ~* das heißt; **2.** Mitspracherecht *n*; **~ing** Sprichwort *n*, Redensart *f*
scab Schorf *m*
scaffold(ing) (Bau)Gerüst *n*
scald 1. verbrühen; **2.** Verbrühung *f*
scale Schuppe *f*; *mus.* Tonleiter *f*; *range, thermometer, ruler etc.:* Skala *f*; *map etc.:* Maßstab *m*; *dish of balance:* Waagschale *f*; *weighing instrument:* **~(s** *pl***)** Waage *f*
scalp Kopfhaut *f*
scan 1. absuchen; *computer, radar, TV:* abtasten, scannen; *fig.* überfliegen; **2.** *med.* Ultraschalluntersuchung *f*, Ultraschallaufnahme *f*
scandal Skandal *m*; **~ous** skandalös
Scandinavia Skandinavien *n*; **Scandinavian 1.** skandinavisch; **2.** Skandinavier(in)
scant wenig, dürftig; **scanty** dürftig, knapp
scapegoat Sündenbock *m*
scar Narbe *f*
scarce knapp; selten; **scarcely** kaum
scare 1. Schreck(en) *m*; Panik *f*; **2.** erschrecken; **~ away/off** verjagen, verscheuchen; *be ~d of* Angst haben vor; **~crow** Vogelscheuche *f*

scarf Schal *m*; Halstuch *n*, Kopftuch *n*, Schultertuch *n*
scarlet scharlachrot; ~ **fever** Scharlach *m*
scathing vernichtend
scatter verstreuen; *crowd:* (sich) zerstreuen; ~**brained** F schusselig
scene Szene *f*; Schauplatz *m*;
scenery Landschaft *f*; *thea.* Bühnenbild *n*
scent Duft *m*, Geruch *m*; *esp. Brt.* Parfüm *n*; *hunt., fig. trail:* Fährte *f*
sceptic *Brt.* → **skeptic**; ~**al** *Brt.* → **skeptical**
schedule 1. *plan of things to be done etc.:* Plan *m*; *timetable:* Fahrplan *m*, Flugplan *m*; **on** ~ (fahr)planmäßig, pünktlich; **behind** ~ mit Verspätung; **2.** ansetzen, festsetzen; **scheduled flight** Linienflug *m*
scheme 1. Projekt *n*, Programm *n*; Plan *m*; **2.** intrigieren
scholar Gelehrte *m, f*; Stipendiat(in); ~**ship** Stipendium *n*
school¹ Schule *f*
school² *fish, whales etc.:* Schule *f*, Schwarm *m*
schoolboy Schüler *m*; ~**girl** Schülerin *f*; ~**ing** (Schul-) Ausbildung *f*; ~**mate** Mitschüler(in)
science Wissenschaft *f*; *a.* **natural** ~ Naturwissenschaft(en *pl*) *f*
scientific (natur)wissenschaftlich
scientist (Natur)Wissenschaftler(in)
scissors *pl* (*a.* **a pair of** ~ e-e) Schere
scoff spotten (*at* über)
scold schimpfen mit
scone *small round, soft cake*
scoop 1. Schöpfkelle *f*; *journalism:* F Knüller *m*; **2.** schöpfen
scooter (Kinder)Roller *m*; (Motor)Roller *m*
scope Bereich *m*
scorch ansengen, versengen
score 1. *game, competition:* (Spiel)Stand *m*, (Spiel)Ergebnis *n*; *mus.* Partitur *f*; *mark:* Kerbe *f*; 20 Stück; **2.** *sport:* erzielen (*points*), schießen (*goals*); *record points:* die Punkte zählen; ~**board** *sport:* Anzeigetafel *f*; **scorer** *sport:* Torschütze *m*, Torschützin *f*
scorn Verachtung *f*; ~**ful** verächtlich
Scorpio *astr.* Skorpion *m*
Scot Schotte *m*, Schottin *f*
Scotch 1. *whiskey etc.:* schottisch; **2.** Scotch *m*
scot-free: **get off** ~ ungeschoren davonkommen
Scotland Schottland *n*
Scots schottisch; ~**man** Schotte *m*; ~**woman** Schottin *f*
Scottish schottisch
scour¹ absuchen
scour² scheuern

scout 1. Pfadfinder(in); **2.** auskundschaften

scowl 1. ~ *at s.o.* j-n böse anschauen; **2.** böses Gesicht

scram F abhauen

scramble klettern; sich drängeln (**for** zu); **scrambled eggs** *pl* Rührei(en *pl*) *n*

scrap Fetzen *m*; *old objects*: Altmaterial *n*, Schrott *m*

scrape 1. *sound*: Kratzen *n*; *mark, slight injury*: Schramme *f*; *fig.* F Klemme *f*; **2.** kratzen; schaben; reiben

scrap| heap Schrotthaufen *m*; **~ metal** Altmetall *n*, Schrott *m*; **~yard** Schrottplatz *m*

scratch 1. (zer)kratzen; (sich) kratzen; **2.** Kratzer *m*, Schramme *f*

scrawl 1. Gekritzel *n*; **2.** kritzeln

scream 1. Schrei *m*; **2.** schreien

screech 1. Kreischen *n*; **2.** kreischen

screen 1. Wandschirm *m*, Schutzschirm *m*; (Film-)Leinwand *f*, *für den Film, das Kino*; *radar, TV, computer*: Bildschirm *m*; *door, window*: Fliegengitter *n*; *movie*: zeigen; *TV* zeigen, senden; *protect s.o.*: j-n decken; *test employees etc.*: überprüfen

screw 1. Schraube *f*; **2.** schrauben; *have sex*: V bumsen, vögeln; **~driver** Schraubenzieher *m*

scribble 1. Gekritzel *n*; **2.** kritzeln

script Manuskript *n*; Drehbuch *n*; **scripture: the (Holy) ⁀s** *pl* die Heilige Schrift

scroll 1. Schriftrolle *f*; **2.** *computer*: rollen

scrub schrubben, scheuern

scruffy schmuddelig

scruple Skrupel *m*, Bedenken *n*; **scrupulous** (genau) gewissenhaft

scrutinize (genau) prüfen; **scrutiny** (genaue) Prüfung

scuba Tauchgerät *n*; **~ diving** (Sport)Tauchen *n*

scuffle (sich) raufen

sculptor Bildhauer *m*; **sculpture** *art*: Bildhauerei *f*; *object*: Skulptur *f*

scum Schaum *m*; *fig.* Abschaum *m*

scurf Schuppen *pl*

scythe Sense *f*

sea die See, das Meer; **~food** Meeresfrüchte *pl*; **~gull** Seemöwe *f*

seal¹ Robbe *f*, Seehund *m*

seal² 1. Siegel *n*; *tech.* Plombe *f*; *tech.* Dichtung *f*; **2.** versiegeln; *fig.* besiegeln

sea level Meeresspiegel *m*

seam Saum *m*, Naht *f*

sea|man Seemann *m*; **~plane** Wasserflugzeug *n*; **~port** Hafenstadt *f*; **~ power** Seemacht *f*

search 1. durchsuchen; suchen (**for** nach); **2.** Suche *f*;

Durchsuchung *f*; in ~ of auf der Suche nach; ~ing forschend, prüfend; ~ party Suchmannschaft *f*; ~ warrant Durchsuchungsbefehl *m*

sea|shore Meeresküste *f*; **~sick** seekrank; **~side**: at the ~ am Meer; **~side resort** Seebad *n*

season¹ Jahreszeit *f*; Saison *f*

season² würzen; **~ing** *gastr.* Gewürze *pl*, Würze *f*

season ticket Dauerkarte *f*, Zeitkarte *f*; *thea.* Abonnement *n*

seat 1. (Sitz)Platz *m*; *chair*: Sitz *m*; *trousers*: Hosenboden *m*; **2.** (hin)setzen; Sitzplätze bieten für; ~ **belt** Sicherheitsgurt *m*

sea| urchin Seeigel *m*; **~weed** (See)Tang *m*

secluded abgelegen; *life*: zurückgezogen; **seclusion** Abgeschiedenheit *f*

second¹ 1. *adj* zweit; **2.** *adv* als Zweite(-r, -s); **3.** *noun der, die, das* Zweite; *mot.* zweiter Gang

second² Sekunde *f*

secondary sekundär, zweitrangig; *ped. school etc.*: höher

second-|class zweitklassig; **~floor** erster Stock; *Brt.* zweiter Stock; **~hand** aus zweiter Hand; gebraucht; antiquarisch; **~ly** zweitens; **~rate** zweitklassig

secrecy Verschwiegenheit *f*; Geheimhaltung *f*

secret 1. geheim, *in compounds*: Geheim...; heimlich; **2.** Geheimnis *n*

secretary Sekretär(in); *pol.* Minister(in); **2 of State** Außenminister(in); *Brt.* Minister(in)

secrete *physiol.* absondern; **secretion** *physiol.* Sekret *n*; Absonderung *f*

secretive verschlossen

sect Sekte *f*

section Teil *m*; Abschnitt *m*; Abteilung *f*

secular weltlich

secure 1. sicher; **2.** sichern

security Sicherheit *f*; *pl* Wertpapiere *pl*; ~ **check** Sicherheitskontrolle *f*; **~measure** Sicherheitsmaßnahme *f*; ~ **risk** Sicherheitsrisiko *n*

sedan Limousine *f*

sedative Beruhigungsmittel *n*

sediment (Boden)Satz *m*

seduce verführen; **seduction** Verführung *f*; **seductive** verführerisch

see verstehen; *find out*: nachsehen; **I** ~ ich verstehe, ach so; *v/t* sehen; *visit*: besuchen; aufsuchen, konsultieren; ~ **a doctor** zum Arzt gehen; ~ **s.o. home** j-n nach Hause (*Austrian, Swiss*: a. nachhause) bringen; ~ **s.o. out** j-n hinausbegleiten; ~ **you** bis dann, auf bald; ~ **to it that** dafür sorgen, dass

seed Same(n) *m*; Saat(gut *n*) *f*; *sport*: gesetzter Spieler, gesetzte Spielerin; **seedy** schäbig

seek suchen

seem scheinen

seep sickern

seesaw Wippe *f*

segment Teil *m*, *n*, Abschnitt *m*; Segment *n*

segregate trennen; **segregation** Rassentrennung *f*

seize packen, ergreifen; *jur.* beschlagnahmen; **seizure** *med.* Anfall *m*

seldom selten

select 1. auswählen; **2.** exklusiv; **~ion** Auswahl *f*, Wahl *f*

self Selbst *n*, Ich *n*; **~addressed envelope** adressierter Freiumschlag; **~adhesive** selbstklebend; **~assured** selbstbewusst, selbstsicher; **~confidence** Selbstbewusstsein *n*, Selbstvertrauen *n*; **~conscious** befangen, gehemmt, unsicher; **~contained** *apartment*: (in sich) abgeschlossen; **~control** Selbstbeherrschung *f*; **~defence** *Brt.*, **~defense** *Am.* Selbstverteidigung *f*; Notwehr *f*; **~employed** selbstständig; **~ish** selbstsüchtig; **~less** selbstlos; **~possession** Selbstbeherrschung *f*; **~reliant** selbstständig; **~respect** Selbstachtung *f*; **~righteous** selbstgerecht; **~satisfied** selbstzufrieden; **~service** *in compounds*: Selbstbedienungs...

sell verkaufen; *of goods*: sich verkaufen (lassen), gehen; **~by date** *Brt. food*: Mindesthaltbarkeitsdatum *n*, Verfallsdatum *n*; **~er** Verkäufer(in)

semi... *in compounds*: halb..., Halb...

semi|circle Halbkreis *m*; **~conductor** *electr.* Halbleiter *m*; **~detached (house)** Doppelhaushälfte *f*; **~finals** *pl sport*: Semifinale *n*, Halbfinale *n*

semolina Grieß *m*

senate Senat *m*; **senator** Senator *m*

send (ver)senden, (ver)schicken; **~ for s.o.** j-n kommen lassen; **~ for s.th.** et. kommen lassen, et. anfordern; **~ in** einsenden, einreichen; **~ off** fortschicken, wegschicken; *letter etc.*: absenden, abschicken; *sport*: vom Platz stellen; **~er** Absender(in)

senile senil; *in compounds*: Alters...

senior 1. älter; ranghöher; **2.** Ältere *m*, *f*; **~ citizens** *pl* ältere Mitbürger *pl*, Senioren *pl*

sensation *feeling*: Gefühl *n*, Empfindung *f*; (*s.o., s.th. causing*) *extreme excitement*: Sensation *f*; **~al** sensationell

sense 1. Sinn *m*; *judgement, understanding*: Verstand *m*; Vernunft *f*; *feeling, skill, ability*: Gefühl *n*; ~ *of smell* Geruchssinn *m*; *make* ~ *e-n* Sinn ergeben; *in a* ~ in gewisser Hinsicht; *come to one's* ~*s* zur Besinnung kommen, zur Vernunft kommen; **2.** spüren, fühlen; **~less** sinnlos; *unconscious*: bewusstlos
sensibility Empfindlichkeit *f*
sensible vernünftig
sensitive empfindlich; sensibel, feinfühlig
sensual sinnlich
sensuous sinnlich
sentence 1. Satz *m*; *jur.* Urteil *n*; **2.** verurteilen
sentiment Gefühl *n*; **~al** sentimental, gefühlvoll
separate 1. *v/t and v/i* (sich) trennen; **2.** *adj* getrennt, einzeln; **separation** Trennung *f*
September September *m*
septic septisch, vereitert
sequel *book, movie etc.*: Fortsetzung *f*; Folge *f*
sequence (Aufeinander-, Reihen)Folge *f*
serene heiter, ruhig; klar
sergeant *mil.* Feldwebel *m*; (Polizei)Wachtmeister *m*
serial 1. Fortsetzungsroman *m*; *TV etc.* (Fernseh- *etc.*)Serie *f*; **2.** serienmäßig; *computer*: seriell
series Reihe *f*; Serie *f*; Folge *f*
serious ernst; ernsthaft; *bad, dangerous*: schwer, schlimm

sermon Predigt *f*
serum Serum *n*
servant Diener(in); Hausangestellte *m, f*
serve 1. dienen (*a. mil.*); *customer*: bedienen; *meal*: servieren, auftragen; *drink*: servieren, einschenken; *be useful, purpose*: nützen, dienlich sein; erfüllen; *tennis etc.*: aufschlagen; **2.** *tennis etc.*: Aufschlag *m*
service 1. Dienst *m*; *econ.* Dienstleistung *f*; *shop, hotel etc.*: Bedienung *f*; *tech.* Wartung *f*, Kundendienst *m*; *mot.* Inspektion *f*; *bus, train etc.*: (Bus-, Zug-)Verkehr *m*; *rel.* Gottesdienst *m*; *plates etc.*: Service *n*; *tennis etc.*: Aufschlag *m*; *mil.* (Wehr)Dienst *m*; **2.** *tech.* warten, pflegen; **~ area** (Autobahn)Raststätte *f*; **~ charge** Bedienung(szuschlag *m*) *f*; **~ station** Tankstelle *f*; Reparaturwerkstatt *f*
session Sitzung *f*
set 1. *v/t* setzen, stellen, legen; *clock, watch*: stellen; *tech.* einstellen; *broken bone*: einrichten; *table*: decken; *hair*: legen; *ap*: fassen; *price, time, date etc.*: festsetzen, festlegen; *record*: aufstellen; *task*: stellen; *example*: geben; *v/i sun*: untergehen; *liquid, cement etc.*: fest werden, erstarren; ~ *free* freilassen; ~ *at ease* beruhigen; ~ *aside*

setback

beiseite legen; ~ *in winter etc.*: einsetzen; ~ **off** v/i aufbrechen, sich aufmachen; v/t hervorheben; *s.th.: et.* auslösen; ~ **out** sich aufmachen, sich aufmachen; ~ **up** sich aufstellen; errichten; sich niederlassen; **2.** fest(gelegt, -gesetzt); F bereit, fertig; entschlossen; ~ **lunch/meal** Tagesgericht n, Menü n; **3.** *group of things*: Satz m, Garnitur f; *plates etc.*: Service n; *radio, TV*: Gerät n, Apparat m; *group of people*: Clique f; *thea.* Bühnenbild n; *movie, TV*: Set m, Szenenaufbau m; *tennis etc.*: Satz m; **~back** Rückschlag m

settee Sofa n

setting *sun etc.*: Untergang m; *tech.* Einstellung f; *novel etc.*: Schauplatz m, Umgebung f; *jewel*: Fassung f; ~ **lotion** Haarfestiger m

settle v/t vereinbaren; *question etc.*: klären, entscheiden; erledigen; *quarrel, argument*: beilegen; *bill*: begleichen; *land*: besiedeln; v/i sich setzen; sich niederlassen (a. ~ **down**); sich beruhigen; *excitement*: sich legen; **~ment** *official agreement*: Vereinbarung f, Beilegung f; Einigung f; *payment*: Begleichung f, Bezahlung f; *place*: Siedlung f; *colonization*: Besiedlung f; **settler** Siedler(in)

seven sieben; **seventeen** siebzehn; **seventeenth** siebzehnt; **seventh 1.** siebt; **2.** Siebtel n; **seventhly** siebtens; **seventieth** siebzigst; **seventy** siebzig

several mehrere

severe streng; hart; *pain etc.*: stark; *illness etc.*: schwer

sew nähen

sewage Abwasser n; **sewer** Abwasserkanal m; **sewerage** Kanalisation f

sewing Nähen n; Näharbeit f; *in compounds*: Näh...; ~ **machine** Nähmaschine f

sex Sex m; Geschlecht n

sexist sexistisch, frauenfeindlich

sexual sexuell, geschlechtlich, *in compounds*: Sexual..., Geschlechts...; ~ **harassment** sexuelle Belästigung; ~ **intercourse** Geschlechtsverkehr m

sexy sexy, aufreizend

shabby schäbig

shack Hütte f, Bude f

shackles pl Fesseln pl

shade 1. Schatten m; (Lampen- etc.)Schirm m; *color*: Schattierung f; Rouleau n; **2.** abschirmen, schützen

shadow 1. Schatten m; **2.** beschatten

shady schattig; *fig.* fragwürdig

shaft Stiel m; *arrow*: Schaft m; *passage*: Schacht m; *tech.* Welle f

shaggy zottig

shake v/t schütteln; rütteln an; erschüttern; ~ **hands** sich die Hand geben; v/i zittern, beben, schwanken; **shaken** erschüttert; **shaker** Mixbecher m, (Cocktail- etc.) Shaker m; (Salz- etc.)Streuer m; **shaky** wack(e)lig; zitt(e)rig

shall v/aux: **I** ~ ich werde, **we** ~ wir werden; ~ **I** ...? soll ich ...?, ~ **we** ...? sollen wir ...?

shallow 1. seicht, flach; fig. oberflächlich; 2. pl seichte Stelle, Untiefe f

sham 1. Heuchelei f; 2. unecht; 3. simulieren

shame 1. beschämen; 2. Scham f; Schande f; **what a** ~ (wie) schade!; ~ **on you!** schäm dich!; ~**ful** schändlich; ~**less** schamlos

shampoo 1. Shampoo n, Schampon n; Haarwäsche f; **have a** ~ **and set** sich die Haare waschen und legen lassen; ~ **hair**: waschen; schamponieren

shape 1. Gestalt f; Form f; in condition: Verfassung f; 2. formen; gestalten; ~**less** formlos; f

share 1. v/t s.th.: (sich) et. teilen; v/i ~ Anteil m; esp. Brt. econ. Aktie f; ~**holder** esp. Brt. econ. Aktionär(in)

shark Hai(fisch) m

sharp 1. adj scharf; spitz; mind: scharfsinnig, gescheit; pain: heftig; 2. adv pünktlich, genau; ~**en** schärfen; spitzen; ~**ener** Spitzer m

shatter zerschmettern; hopes etc.: zerstören

shave 1. (sich) rasieren; 2. Rasur f; **have a** ~ sich rasieren; **shaven** kahl geschoren; **shaver** (elektrischer) Rasierapparat

shaving Rasieren n; in compounds: Rasier...; pl (Hobel-) Späne pl

shawl Umhängetuch n; Kopftuch n

she 1. pron sie; 2. noun Sie f; zo. Weibchen n

sheaf Garbe f; Bündel n

shear scheren

sheath sword: Scheide f; Brt. Kondom n, m

shed¹ Schuppen m; Stall m

shed² leaves etc.: verlieren; blood, tears: vergießen; clothes etc.: ablegen

sheep Schaf n; ~**dog** Schäferhund m; ~**ish** verlegen

sheer rein, bloß; very steep: steil, (fast) senkrecht; very thin and fine: hauchdünn

sheet Betttuch n, (Bett)Laken n; glass etc.: Platte f; paper: Blatt n, Bogen m; ~ **lightning** Wetterleuchten n

shelf (Bücher-, Wand- etc.) Brett n; → **shelves**

shell 1. Schale f; peas etc.: Hülse f; Muschel(schale) f; (Schnecken)Haus n; (Schild-

shellfish

kröten- *etc.*)Panzer *m*; *gun*: Patrone *f*; *mil.* Granate *f*; **2.** schälen, enthülsen; **~fish** Schalentier *n*

shelter 1. Unterkunft *f*; *protection*: Schutz *m*; Unterstand *m*; Schutzhütte *f*; Bunker *m*; *bus* **~** Wartehäuschen *n*; **2.** schützen; sich unterstellen

shelves *pl* Regal *n*

shepherd Schäfer *m*, Schafhirt *m*

shield 1. (Schutz)Schild *m*; **2.** (be)schützen

shift 1. *fig.* Verlagerung *f*, Verschiebung *f*, Wandel *m*; *econ. work*: Schicht *f*; **2.** *v/t* bewegen, schieben, (ver)rücken; *v/i* sich bewegen; *mot.* schalten; *fig.* sich verlagern, sich verschieben, sich wandeln; **~key** Umschalttaste *f*

shimmer schimmern

shin(**bone**) Schienbein *n*

shine 1. *v/i* scheinen; leuchten; glänzen; *v/t* polieren; **2.** Glanz *m*

shingle Schindel *f*

shiny blank, glänzend

ship 1. Schiff *n*; **2.** verschiffen; *econ.* versenden; **~ment** (Schiffs)Ladung *f*; Versand *m*; **~owner** Reeder *m*; **~ping** Schiffahrt *f*; Verschiffung *f*; Versand *m*; **~wreck** Schiffbruch *m*; **~wrecked** schiffbrüchig; **~yard** Werft *f*

shirk sich drücken (vor)

shirt Hemd *n*

shit V **1.** Scheiße *f*; **2.** scheißen

shiver 1. Schauer *m*; **2.** zittern (*with* vor)

shock 1. Schock *m* (*a. med.*); *explosion etc.*: Wucht *f*; *electr.* Schlag *m*; **2.** schockieren, empören; *s.o.*: *j-m* e-n Schock versetzen; **~absorber** Stoßdämpfer *m*; **~ing** schockierend, empörend

shoe Schuh *m*; **~horn** Schuhanzieher *m*; **~lace**, **~string** Schnürsenkel *m*

shoot 1. (ab)schießen; erschießen; *movie*: drehen; *move quickly*: schießen, rasen; **2.** *bot.* Trieb *m*; **~ing gallery** Schießstand *m*, Schießbude *f*; **~ing star** Sternschnuppe *f*

shop 1. *Brt.* Laden *m*, Geschäft *n*; Werkstatt *f*; **2.** *usually go* **~**ping einkaufen gehen; **~assistant** *esp. Brt.* Verkäufer(in); **~keeper** *esp. Brt.* Ladeninhaber(in); **~lifter** Ladendieb(in); **~lifting** Ladendiebstahl *m*

shopper Käufer(in)

shopping Einkauf *m*, Einkaufen *n*; *do one's* **~** (s-e) Einkäufe machen; **~ cart** Einkaufswagen *m*; **~ center** *Am.*, **~ centre** *Brt.* Einkaufszentrum *n*; **~ mall** Einkaufszentrum *n*; **~ precinct** *Brt.* Einkaufs- u. Fußgängerzone *f*

shop window Schaufenster *n*

shore Küste f, Ufer n; **on** ~ an Land

short 1. adj kurz; person: klein; scanty: knapp; curt: kurz angebunden, barsch, schroff; **be** ~ **of** ... nicht genügend ... haben; **2.** adv plötzlich, abrupt; **3.** noun electr. F Kurze m; **in** ~ kurz(um); **~age** Knappheit f; ~ **circuit** electr. Kurzschluss m; **~comings** pl Unzulänglichkeiten pl, Mängel pl; ~ **cut** Abkürzung f; **~en** (ab-, ver)kürzen; kürzer werden; **~hand** Stenographie f; **~ly** bald; **~sighted** esp. Brt. kurzsichtig; ~ **story** Kurzgeschichte f; **~term** kurzfristig; ~ **time** Kurzarbeit f; ~ **wave** Kurzwelle f

shot Schuss m; bullets: Schrot(kugeln pl) m, n; phot. Aufnahme f; med. F Spritze f; drugs: Schuss m; fig. Versuch m; **a good/bad** ~ ein guter/schlechter Schütze m; **~gun** Schrotflinte f

should pret of shall

shoulder Schulter f

shout 1. rufen, schreien; ~ **at s.o.** j-n anschreien; **2.** Ruf m; Schrei m

shove 1. stoßen, schubsen; schieben; **2.** Stoß m, Schubs m

shovel 1. Schaufel f; **2.** schaufeln

show 1. zeigen; ~ **in** hereinführen; ~ **off** angeben (mit), protzen (mit); vorteilhaft zur Geltung bringen; ~ **out** hinausbegleiten; ~ **up** F auftauchen, erscheinen; **2.** Ausstellung f; thea. etc.: Vorstellung f; Show f; **~biz** F, ~ **business** Showbusiness n, Showgeschäft n

shower 1. Schauer m; Dusche f; **have/take a** ~ duschen; **2.** duschen; ~ **s.o. with s.th.** j-n mit et. überschütten or überhäufen

showroom Ausstellungsraum m

shred 1. Fetzen m; **2.** zerkleinern, zerfetzen; vegetables: raspeln, hobeln; **shredder** Gemüseschneider m; for documents etc.: Reißwolf m

shrewd klug, clever

shriek 1. kreischen; schreien; **2.** (schriller) Schrei

shrimp Garnele f

shrink¹ (ein-, zusammen-) schrumpfen (lassen); einlaufen, eingehen

shrink² F Klapsdoktor m

shrink-wrap einschweißen

shrivel schrumpfen

Shrove Tuesday Fastnachtsdienstag m, Faschingsdienstag m

shrub Strauch m, Busch m

shrug 1. ~ **one's shoulders** mit den Achseln or Schultern zucken; **2.** Achselzucken n

shudder 1. schaudern; **2.** Schauder m

shuffle schlurfen; card games: mischen

shun (ver)meiden
shut schließen, zumachen; sich schließen (lassen); ~ **down** *company, factory:* schließen; ~ **up!** F halt die Klappe!; **shutter** Fensterladen *m; phot.* Verschluss *m*
shuttle 1. Pendelverkehr *m; tech.* Schiffchen *n;* **spacecraft:** (Raum)Fähre *f,* (Raum)Transporter *m;* **2.** pendeln; hin- u. herbefördern; ~**cock** Federball *m;* ~ **service** Pendelverkehr *m*
shy scheu; schüchtern
Sicily Sizilien *n*
sick krank; *be* ~ sich übergeben; *be* ~ *of s.th.* et. satt haben; *I feel* ~ mir ist schlecht; *be off* ~ krank (geschrieben) sein; ~**en** anwidern
sickle Sichel *f*
sickly kränklich; *nauseating:* ekelhaft
sickness Krankheit *f;* Übelkeit *f;* ~ **benefit** *Brt.* Krankengeld *n*
side 1. Seite *f; in compounds* Seiten...; Neben...; *take* ~**s** (*with*) Partei ergreifen (für); **2.** Partei ergreifen; ~**board** Anrichte *f,* Sideboard *n;* ~ **dish** *gastr.* Beilage *f;* ~ **street** Nebenstraße *f;* ~**track** ablenken; ~**walk** Bürgersteig *m;* ~**ways** seitlich; seitwärts
siege Belagerung *f*
sieve 1. Sieb *n;* **2.** sieben
sift sieben; *fig.* sichten

sigh 1. seufzen; **2.** Seufzer *m*
sight 1. Sehvermögen *n,* Sehkraft *f;* Anblick *m;* Sicht *f; pl* Sehenswürdigkeiten *pl;* **catch** ~ **of** erblicken; **know by** ~ vom Sehen kennen; **be** (**with**)**in** ~ in Sicht sein; **2.** sichten; ~**seeing: go** ~ die Sehenswürdigkeiten besichtigen; ~**seeing tour** (Stadt-)Rundfahrt *f;* ~**seer** Tourist(in)
sign 1. Zeichen *n;* Schild *n;* **2.** unterschreiben; ~ **in** sich eintragen; ~ **out** sich austragen
signal 1. Signal *n;* **2.** signalisieren; (ein) Zeichen geben
signature Unterschrift *f;* ~ **tune** *TV etc.* Kennmelodie *f*
significance Bedeutung *f*
significant bedeutend, bedeutsam, wichtig; viel sagend
signify bedeuten
signpost Wegweiser *m*
silence 1. (Still)Schweigen *n,* Stille *f,* Ruhe *f;* **2.** zum Schweigen bringen
silencer Schalldämpfer *m; Brt. mot.* Auspufftopf *m*
silent still; schweigend; schweigsam; stumm
silk Seide *f;* **silky** seidig
sill Fensterbrett *n*
silly dumm, albern
silver 1. Silber *n;* **2.** silbern; **silvery** silb(e)rig
similar ähnlich; ~**ity** Ähnlichkeit *f*
simmer leicht kochen, köcheln

simple einfach, schlicht; einfältig

simplicity Einfachheit *f*; **simplify** vereinfachen

simply einfach; bloß

simulate vortäuschen; simulieren

simultaneous gleichzeitig

sin 1. Sünde *f*; **2.** sündigen

since 1. *prp* seit; **2.** *adv* seitdem; **3.** *cj* seit

sincere aufrichtig; *Yours ~ly* Mit freundlichen Grüßen (*in formal letter*); **sincerity** Aufrichtigkeit *f*

sinew Sehne *f*; **sinewy** sehnig

sing singen

singe versengen, ansengen

singer Sänger(in)

single 1. einzig; einzeln; ledig; *in ~ file* im Gänsemarsch; **2.** *Brt.* einfache Fahrkarte; *record:* Single *f*; Single *m*, Unverheiratete *m*, *f*; **3.** *~ out* sich herausgreifen; **~-lane** *mot.* einspurig; **~-minded** zielstrebig; **~ parent** Alleinerziehende *m*, *f*; **~ room** Einzelzimmer *n*

singles *sg tennis:* Einzel *n*

singular *gr.* Singular *m*, Einzahl *f*

sinister unheimlich

sink 1. *v/i* sinken, untergehen; sich senken; *v/t* versenken; **2.** Spüle *f*

sinner Sünder(in)

sip 1. Schlückchen *n*; **2.** *a. ~ at* nippen an

sir *form of address:* mein Herr

sirloin, **~ steak** *gastr.* Lendensteak *n*

sister Schwester *f*; *Brt. med.* Oberschwester *f*; **~-in-law** Schwägerin *f*

sit sitzen; (sich) setzen; *have a meeting:* tagen; **~ down** sich setzen; **~ up** aufrecht sitzen; sich aufsetzen; *stay up late:* aufbleiben

site Platz *m*, Ort *m*, Stelle *f*; Stätte *f*; Baustelle *f*

sitting Sitzung *f*; **~ room** *Brt.* Wohnzimmer *n*

situated: *be ~* liegen, gelegen sein

situation Lage *f*, Situation *f*

six sechs; **sixteen** sechzehn; **sixteenth** sechzehnt; **sixth 1.** sechst; **2.** Sechstel *n*; **sixthly** sechstens; **sixtieth** sechzigst; **sixty** sechzig

size Größe *f*; Format *n*

sizzle brutzeln

skate 1. Schlittschuh *m*; Rollschuh *m*; **2.** Schlittschuh laufen, Eis laufen; Rollschuh laufen; **skating** Schlittschuhlaufen *n*, Eislauf(en *n*) *m*; Rollschuhlaufen *n*

skeleton Skelett *n*

skeptic Skeptiker(in); **~al** skeptisch

sketch 1. Skizze *f*; *thea.* Sketch *m*; **2.** skizzieren

ski 1. Ski *m*; **2.** Ski fahren, Ski laufen

skid *mot.* rutschen, schleudern

skier Skifahrer(in), Skiläufer(in)

skiing Skifahren *n*, Skilaufen *n*

skilful *Brt.* → **skillful**

ski lift Skilift *m*

skill Geschicklichkeit *f*, Fertigkeit *f*; **~ed** geschickt; gelernt, *in compounds:* Fach...; **~ful** geschickt

skim abschöpfen; entrahmen; **~ (through)** *fig.* überfliegen; **skimmed milk** Magermilch *f*

skin 1. Haut *f*; Fell *n*; Schale *f*; **2.** (ab)häuten; schälen; **~diving** Schnorcheln *n*; **skinny** dürr, mager

skip 1. *v/i* hüpfen, springen; seilspringen, seilhüpfen; *v/t* überspringen, auslassen; **2.** Hüpfer *m*

ski pole Skistock *m*

skipper Kapitän *m*

skirt 1. Rock *m*; **2.** herumgehen um; *fig.* umgehen

ski| run Skipiste *f*; **~stick** *Brt.* Skistock *m*; **~ tow** Schlepplift *m*

skittle Kegel *m*

skull Schädel *m*

sky Himmel *m*; **~jacker** Luftpirat *m*; **~light** Dachfenster *n*; **~line** (Stadt- *etc.*)Silhouette *f*; **~scraper** Wolkenkratzer *m*

slab Platte *f*, Fliese *f*

slack schlaff; locker; (nach)lässig; *econ.* flau; **~en** *v/i a.* **~ off** nachlassen, geringer werden; *v/t* lockern; **~ one's pace/speed** langsamer werden

slacks *pl* F Hose *f*

slam *a.* **~ shut** *door etc.*: zuschlagen, zuknallen; **~ s.th. down on s.th.** et. auf et. knallen

slander 1. Verleumdung *f*; **2.** verleumden

slang Slang *m*; Jargon *m*

slant Schräge *f*, Neigung *f*

slap 1. Klaps *m*, Schlag *m*; **2.** e-n Klaps geben; schlagen; klatschen

slash 1. Hieb *m*; Schnitt (-wunde *f*) *m*; *dressmaking*: Schlitz *m*; **2.** aufschlitzen

slate *rock*: Schiefer *m*; *roof*: Dachziegel *m*; *for writing on*: Schiefertafel *f*

slaughter *killing for food*: Schlachten *n*; *massacre*: Blutbad *n*; **2.** schlachten; niedermetzeln

slave 1. Sklave *m*, Sklavin *f*; **2.** schuften; **slavery** Sklaverei *f*

sled *Am.*, **sledge** *Brt.* **1.** (*a.* Rodel)Schlitten *m*; **2.** Schlitten fahren, rodeln

sleek *hair, fur*: glatt, glänzend, seidig; *car etc.*: schnittig

sleep 1. schlafen; **~ in** ausschlafen; **~ on it** es überschlafen; **2.** Schlaf *m*; **go to ~** einschlafen; **~er** Schlafende *m*, *f*; *rail.* Schlafwagen *m*; *Brt. rail.* Schwelle *f*

sleeping| bag Schlafsack *m*; **~ car** Schlafwagen *m*; **~ partner** stiller Teilhaber; **~ pill** Schlaftablette *f*
sleep|less schlaflos; **~walker** Schlafwandler *m*
sleepy schläfrig; verschlafen
sleet Schneeregen *m*
sleeve Ärmel *m*; (Schall)Plattenhülle *f*; *tech.* Muffe *f*
sleigh *esp.* Pferdeschlitten *m*
slender schlank
slice 1. *bread etc.*: Scheibe *f*; *cake etc.*: Stück *n*; **2.** *a.* **~ up** in Scheiben schneiden, in Stücke schneiden
slick: *oil* **~** Ölteppich *m*
slide 1. gleiten (lassen); rutschen; schlüpfen; schieben; **2.** Rutschbahn *f*, Rutsche *f*; *phot.* Dia(positiv) *n*; *Brt.* (Haar)Spange *f*; **~ rule** Rechenschieber *m*; **~ tackle** *soccer*: Grätsche *f*
slight 1. leicht; gering(fügig); **2.** beleidigen, kränken
slim 1. schlank; *chance, hopes etc.*: gering; **2.** **be ~ming** e-e Schlankheitskur machen, abnehmen
slime Schleim *m*; **slimy** schleimig
sling 1. Schlinge *f*; *belt for carrying*: Tragriemen *m*; *weapon*: (Stein)Schleuder *f*; **2.** schleudern, werfen; (um-)hängen
slip 1. *v/i* (aus)rutschen; *v/t* stecken, schieben; **~ by** *time*:

verstreichen; **2.** (Flüchtigkeits)Fehler *m*; *underwear*: Unterrock *m*; *pillowcase*: (Kissen)Bezug *m*; **~ of paper** Zettel *m*
slipped disk *med.* Bandscheibenvorfall *m*
slipper Hausschuh *m*
slippery glatt, rutschig
slip| road *Brt. for approach*: (Autobahn)Auffahrt *f*; *for leaving*: (Autobahn)Ausfahrt *f*; **~shod** schlampig
slit 1. Schlitz *m*; **2.** (auf-, zer)schlitzen
slither gleiten, rutschen
slobber sabbern
slop *a. pl* (Tee- etc.)Rest(e *pl*) *m*; Schmutzwasser *n*
slope 1. (Ab)Hang *m*; *slant*: Neigung *f*, Gefälle *n*; **2.** abfallen, sich neigen
sloppy schlampig
slot Schlitz *m*, (Münz-)Einwurf *m*; *computer*: Steckplatz *m*; **~ machine** Automat *m*
Slovak 1. slowakisch; **2.** Slowake *m*, Slowakin *f*; **Slovakia** Slowakei *f*
slovenly schlampig
slow langsam; *econ.* schleppend; **be ~ clock, watch**: nachgehen; **~ down** langsamer fahren, langsamer gehen, langsamer werden; **~down** Bummelstreik *m*; **~ lane** *mot.* Kriechspur *f*; **~ motion** Zeitlupe *f*
slug Nacktschnecke *f*; **slug-**

sluggish 584

gish träge; schleppend
sluice Schleuse f
slurred undeutlich
slush Schneematsch m
slut Schlampe f; Nutte f
sly 1. gerissen, schlau; listig;
2. on the ~ F (klamm)heimlich
smack 1. Klaps m; **2.** e-n Klaps geben
small klein; **~ ad** Brt. Kleinanzeige f; **~ change** Kleingeld n; **~ hours** pl die frühen Morgenstunden pl; **~pox** Pocken pl; **~ print** das Kleingedruckte; **~ talk** Small Talk m, n, oberflächliche Konversation
smart 1. fashionable: schick; clever, smart, schlau; **2.** eyes etc.: brennen
smash v/t zerschlagen (a. fig.); (zer)schmettern; v/i zerspringen
smattering: have a **~ of German** ein paar Brocken Deutsch können
smear 1. Fleck m; med. Abstrich m; **2.** (ein-, ver)schmieren
smell 1. Geruch m; unpleasant: Gestank m; pleasant: Duft m; **2.** riechen; stinken; duften; **smelly** stinkend
smile 1. Lächeln n; **2.** lächeln
smith Schmied m
smog Smog m
smoke 1. Rauch m; **2.** rauchen; meat, fish: räuchern;
smoker Raucher(in); rail.
Raucher(abteil n) m
smoking Rauchen n; **no ~** Rauchen verboten
smoky rauchig; verräuchert
smolder glimmen, schwelen
smooth 1. glatt; ruhig (a. tech.); **2. a. ~ out** glätten; glatt streichen
smother ersticken
smoulder Brt. → smolder
smudge 1. Fleck m; **2.** (be-, ver)schmieren
smug selbstgefällig
smuggle schmuggeln; **smuggler** Schmuggler(in)
smut Schmutz m; soot: Ruß m; **smutty** fig. schmutzig
snack Imbiss m; **~ bar** Imbissstube f
snail Schnecke f
snake Schlange f
snap (zer)brechen, (zer)reißen; say angrily: schnauzen; phot. F knipsen; a. **~ shut** zuschnappen, **~ at** dog etc.: schnappen nach; j-n anschnauzen; **~ one's fingers** mit den Fingern schnippen; **snappish** bissig; schnippisch; **~shot** Schnappschuss m
snare Schlinge f, Falle f
snarl wütend knurren
snatch schnappen, packen, an sich reißen
sneak schleichen; F steal: stibitzen; **sneakers** pl Am. Turnschuhe pl
sneer 1. contemptuous smile:

höhnisches Grinsen; *contemptuous remark*: höhnische Bemerkung; **2.** höhnisch grinsen; spotten
sneeze niesen
sniff *smell*: schnüffeln, schnuppern; *breathe noisily*: schniefen
snobbish versnobt
snoop: ~ **around/about** F herumschnüffeln
snooty F hochnäsig
snooze ein Nickerchen machen
snore schnarchen
snorkel 1. Schnorchel *m*; **2.** schnorcheln
snort schnauben
snout Schnauze *f*, *pig etc.*: Rüssel *m*
snow 1. Schnee *m*; **2.** schneien; **~ball** Schneeball *m*; **~bound** eingeschneit; **~ chains** *pl* Schneeketten *pl*; **~drift** Schneewehe *f*; **~drop** Schneeglöckchen *n*; **~fall** Schneefall *m*; **~flake** Schneeflocke *f*; **~storm** Schneesturm *m*
snowy schneereich; verschneit
snub brüskieren, vor den Kopf stoßen; **~nosed** stupsnasig
snug behaglich
snuggle: ~ **up to s.o.** sich an j-n kuscheln
so so; deshalb; **...** ~ **am I** ich auch; **~ far** bisher
soak einweichen; durchnäs-sen; ~ **up** aufsaugen
soap Seife *f*; **soapy** seifig
soar (hoch) aufsteigen
sob schluchzen
sober 1. nüchtern; **2.** ~ **up** nüchtern machen, nüchtern werden
so-called so genannt
soccer *game*: Fußball *m*
sociable gesellig
social sozial; gesellig; **~ insurance** Sozialversicherung *f*
socialism Sozialismus *m*; **socialist 1.** Sozialist(in); **2.** sozialistisch
social security *Brt.* Sozialhilfe *f*; **be on** ~ Sozialhilfe beziehen; **~ worker** Sozialarbeiter(in)
society Gesellschaft *f*; *club etc.*: Verein *m*
sock Socke *f*
socket *electr.* Steckdose *f*; *eyes*: Höhle *f*
soft *not hard*: weich; sanft; *not loud*: leise; *not bright*: gedämpft (*color, light*); *too easy*: leicht, einfach (*job, life etc.*); **~ drink** alkoholfreies Getränk; **~en** weich werden, weich machen; *become or make less severe*: dämpfen, mildern; **~ware** *computer*: Software *f*
soggy aufgeweicht; matschig
soil Boden *m*, Erde *f*
solar *in compounds*: Sonnen...; **~ energy** Solarenergie *f*, Sonnenenergie *f*;

solar panel

panel Sonnenkollektor *m*; **~-powered** solarbetrieben, sonnenbetrieben
solder (ver)löten
soldier Soldat *m*
sole¹ 1. Sohle *f*; **2.** besohlen
sole² Seezunge *f*
sole³ einzig, alleinig
solemn feierlich; ernst
solicitor Rechtsanwalt *m*, Rechtsanwältin *f*
solid fest; stabil; massiv; voll, ganz; *work etc.*: gründlich, solid(e); **~ gold** aus massivem Gold; **a ~ hour** F e-e geschlagene Stunde
solidarity Solidarität *f*
solidify fest werden
solitary einsam; einzeln; **solitude** Einsamkeit *f*
soluble löslich
solution Lösung *f*
solve lösen
somber *Am.*, **sombre** *Brt.* düster, trüb(e)
some (irgend)ein; *before pl*: einige, ein paar; manche; etwas; **~body** jemand; **~day** eines Tages; **~how** irgendwie; **~one** jemand
somersault Purzelbaum *m*; Salto *m*
some|thing etwas; **~time** irgendwann; **~times** manchmal; **~what** ein wenig; **~where** irgendwo(hin)
son Sohn *m*
song Lied *n*
sonic *in compounds*: Schall...
son-in-law Schwiegersohn *m*

soon bald; **as ~ as possible** so bald wie möglich; **~er** eher, früher
soot Ruß *m*
soothe *calm*: beruhigen, beschwichtigen; *pain*: lindern
sooty rußig
sophisticated kultiviert, anspruchsvoll; intellektuell; *tech.* hoch entwickelt
sopping *a.* **~ wet** F klatschnass
sorcerer Zauberer *m*; **sorceress** Zauberin *f*, Hexe *f*; **sorcery** Zauberei *f*
sordid schmutzig, schäbig, gemein
sore 1. entzündet; wund; **~ throat** Halsentzündung *f*; **have a ~ throat** Halsschmerzen haben; **2.** Wunde *f*
sorrow Kummer *m*, Leid *n*, Schmerz *m*, Trauer *f*
sorry traurig; **I'm ~!** es tut mir Leid!; **~!** Verzeihung!, Entschuldigung!
sort 1. Art *f*, Sorte *f*; **~ of ...** F irgendwie ...; **2.** sortieren; **~ out** aussortieren; *problem*: lösen, *question*: klären
soul Seele *f*
sound¹ 1. Geräusch *n*; *phys.* Schall *m*; *radio, TV*: Ton *m*; *mus.* Klang *m*; *ling.* Laut *m*; *v/i* (er)klingen, (er)tönen; klingen, sich anhören; *v/t med.* abklopfen, abhorchen; **~ one's horn** *mot.* hupen
sound² *healthy*: gesund; *in good condition*: in Ordnung

sicher, solid(e), stabil; *sensible*: klug, vernünftig; *thorough*: gründlich; *sleep*: fest, tief; *punishment*: tüchtig, gehörig
sound| barrier Schallmauer f; **~less** lautlos; **~proof** schalldicht; **~track** Tonspur f; Filmmusik f; **~wave** Schallwelle f
soup Suppe f
sour sauer; *fig.* mürrisch
source Quelle f, *fig. a.* Ursache f, Ursprung m
south 1. *noun point of compass*: Süd; Süden m; **2.** *adj* südlich, *in compounds*: Süd...; **3.** *adv* nach Süden, südwärts
South| Africa Südafrika n; **~ America** Südamerika n
southern südlich, *in compounds*: Süd...
South Pole Südpol m
southward(s) südlich, nach Süden
souvenir (Reise)Andenken n, Souvenir n
sovereign souverän; **~ty** Souveränität f
Soviet sowjetisch, *in compounds*: Sowjet...
sow[1] (aus)säen
sow[2] Sau f
spa Heilbad n; Kurort m
space 1. Platz m, Raum m; Weltraum m; *gap*: Zwischenraum m, Lücke f; *time*: Zeitraum m; **2. a. ~ out** Zwischenraum lassen zwischen; **~bar** Leertaste f; **~craft** Raumfahrzeug n; **~lab** Raumlabor n; **~ship** Raumschiff n; **~shuttle** Raumfähre f; **~station** Raumstation f; **~suit** Raumanzug m
spacious geräumig
spade Spaten m; *card games*: Pik n, Grün n; → *heart*
Spain Spanien n
span 1. *bridge, bird's wings etc.*: Spannweite f; *time etc.*: Spanne f; **2.** überspannen
Spaniard Spanier(in); **Spanish** spanisch
spank versohlen
spanner *Brt.* Schraubenschlüssel m
spare 1. *do without*: entbehren; *money, time etc.*: übrig haben); **2.** *in compounds*: Ersatz..., Reserve...; **3.** Ersatzreifen m, Reservereifen m; *Brt.* → **~part** Ersatzteil n; **~ room** Gästezimmer n
sparing sparsam
spark 1. Funke(n) m; **2.** Funken sprühen; **~ing plug** *Brt. mot.* Zündkerze f
sparkle 1. funkeln, blitzen; *drink*: perlen; **2.** Funkeln n, Blitzen n; **sparkling** funkelnd, blitzend; *fig.* (geist)sprühend; **~ wine** Schaumwein m; Sekt m
spark plug *mot.* Zündkerze f
sparrow Spatz m
sparse spärlich, dünn
spasm Krampf m

spatter (be)spritzen
spawn 1. Laich *m*; **2.** laichen
speak *v/i* sprechen, reden (*to* mit); *v/t particular language:* sprechen; **~er** Sprecher(in), Redner(in)
spear Speer *m*
special 1. besonder, speziell; *in compounds:* Spezial...; Sonder...; **2.** *newspaper etc.:* Sonderausgabe *f*; *radio, TV:* Sondersendung *f*; Sonderbus *m*, Sonderzug *m*; *econ.* F Sonderangebot *n*; **~ist** Spezialist(in), Fachmann *m*; *med.* Facharzt *m*, Fachärztin *f*; **~ity** *esp. Brt.* → **specialty**; **~ize** sich spezialisieren (*in auf*)
specialty *in restaurant:* Spezialität *f*; *special interest, activity, skill:* Spezialgebiet *n*
species Art *f*, Spezies *f*
specific bestimmt, speziell; *detailed and exact:* genau, präzis
specify genau angeben, genau beschreiben
specimen *sample:* Probe *f*, Muster *n*; *single example:* Exemplar *n*
speck kleiner Fleck
speckled gefleckt, gesprenkelt
spectacle *public display:* Schauspiel *n*; *remarkable sight:* Anblick *m*
spectacular spektakulär, sensationell
spectator Zuschauer(in)

speculate Vermutungen anstellen; *econ.* spekulieren
speech Rede *f*, Ansprache *f*; *ability to speak:* Sprache *f*; **~less** sprachlos
speed 1. Geschwindigkeit *f*, Tempo *n*, Schnelligkeit *f*; *phot.* Lichtempfindlichkeit *f*; **five-~ gearbox** *mot.* Fünfganggetriebe *n*; **2.** rasen; **being** *mot.* zu schnell fahren; **~ by** *time:* wie im Fluge vergehen; **~ up** beschleunigen; schneller machen, schneller werden; **~boat** Rennboot *n*; **~ing** *mot.* zu schnelles Fahren, Geschwindigkeitsüberschreitung *f*; **~ limit** *mot.* Tempolimit *n*, Geschwindigkeitsbeschränkung *f*
speedometer Tachometer *m, n*
speed trap *mot.* Radarfalle *f*
speedy schnell
spell¹ buchstabieren; (richtig) schreiben
spell² *period:* Weile *f*; kurzer Anfall; **a ~ of fine weather** e-e Schönwetterperiode *f*; **hot ~** Hitzewelle *f*
spell³ Zauber *m* (*a. fig.*); **~bound** (wie) gebannt
spelling Buchstabieren *n*; Rechtschreibung *f*
spend *money:* ausgeben; *vacation, time:* verbringen
spent verbraucht
sperm Sperma *n*
SPF *Sun Protection Factor* Sonnenschutzfaktor *m*

sphere Kugel *f*; *fig.* Sphäre *f*, Bereich *m*, Gebiet *n*
spice 1. Gewürz *n*; *fig.* Würze *f*; **2.** würzen; **spicy** würzig; *fig.* pikant
spider Spinne *f*
spike Spitze *f*; Dorn *m*; Stachel *m*; *pl* Spikes *pl*
spill ausschütten, verschütten
spin 1. (sich) drehen; schleudern; spinnen; **2.** (schnelle) Drehung; Schleudern *m*; *f* Spritztour *f*
spinach Spinat *m*
spinal| column Rückgrat *n*, Wirbelsäule *f*; **~ cord** Rückenmark *n*
spin-dry *laundry:* schleudern; **~er** (Wäsche)Schleuder *f*
spine *anat.* Rückgrat *n*; *bot.*, *zo.* Stachel *m*
spiral Spirale *f*; **~ staircase** Wendeltreppe *f*
spire (Kirch)Turmspitze *f*
spirit Geist *m*; *energy, determination:* Schwung *m*, Elan *m*; *mood:* Stimmung *f*, *pl* Spirituosen *pl*; **~ed** *lively:* temperamentvoll, lebhaft; *forceful:* energisch, beherzt
spiritual 1. geistig; *of religion:* geistlich; **2.** *mus.* Spiritual *n*, *m*
spit¹ 1. Speichel *m*, Spucke *f*; **2.** (aus)spucken; *cat:* fauchen
spit² (Brat)Spieß *m*
spite 1. Bosheit *f*; **in ~ of** trotz; **2.** ärgern; **~ful** gehässig, boshaft

splash 1. Spritzer *m*; *sound:* Platschen *n*; **2.** (be)spritzen; *sound:* klatschen; *in pool:* plan(t)schen
spleen *anat.* Milz *f*
splendid großartig, prächtig
splendor *Am.*, **splendour** *Brt.* Glanz *m*, Pracht *f*
splint *med.* Schiene *f*
splinter 1. Splitter *m*; **2.** (zer)splittern
split 1. Spalt *m*, Riss *m*; *fig.* Spaltung *f*; **2.** *v/t* (zer)spalten; *tear:* zerreißen; *a.* **~ up** *share:* aufteilen; *v/i break into parts:* splittern (*wood*), sich spalten; *tear:* (zer)reißen; *divide into parts:* sich teilen; *a.* **~ up into two persons, group:* sich trennen; **splitting** *headache:* heftig, rasend
splutter stottern (*a. engine*); *words:* hervorstoßen
spoil verderben; verwöhnen; *child:* verziehen; **~sport** Spielverderber(in)
spoke Speiche *f*
spokes|man Sprecher *m*; **~woman** Sprecherin *f*
sponge 1. Schwamm *m*; **2.** *a.* **~ down** (mit e-m Schwamm) abwaschen; **~ bag** *Brt.* Kulturbeutel *m*; **~ cake** Biskuitkuchen *m*
sponsor 1. Sponsor(in), Bürge *m*, Bürgin *f*; **2.** sponsern; bürgen für
spontaneous spontan
spoon Löffel *m*
spore *bot.* Spore *f*

sport 1. Sport(art f) m; pl Sport m; 2. protzen mit
sports|man Sportler m; **~wear** Sportkleidung f; **~woman** Sportlerin f
spot 1. *place*: Ort m, Platz m, Stelle f; *stain*: Fleck m; *dot*: Tupfen m, Flecken m; *mark on skin*: Pickel m; *advertisement*: (Werbe)Spot m; 2. entdecken, sehen; **~ check** Stichprobe f; **~less** makellos (sauber); **~light** *thea.* Scheinwerfer(licht n) m
spotted gepunktet, getüpfelt
spotty pick(e)lig
spout 1. Tülle f, Schnauze f; **~ of water** Wasserstrahl m; 2. (heraus)spritzen
sprain 1. Verstauchung f; 2. **~ one's ankle/wrist** sich den Knöchel/das Handgelenk verstauchen
sprawl *a.* **~ out** ausgestreckt liegen, ausgestreckt sein
spray 1. Gischt m, f; Spray m, n; 2. (be)sprühen; spritzen; sprayen; **~er** Sprühdose f, Spraydose f
spread 1. (sich) ausbreiten, (sich) verbreiten; (sich) ausdehnen; *butter etc.*: streichen; 2. Ausbreitung f, Verbreitung f; *hand, bird's wings*: Spannweite f; *paste*: (Brot)Aufstrich m
spree: **go on a shopping/spending ~** groß einkaufen gehen
sprig kleiner Zweig

spring¹ springen
spring² Frühling m
spring³ Quelle f
spring⁴ (Sprung)Feder f; **~board** Sprungbrett n
spring|-clean *Brt.*, **~-cleaning** *Am.* gründlicher Hausputz, Frühjahrsputz m; **~time** Frühling m
sprinkle *scatter small drops*: (be)sprengen; *scatter small pieces*: (be)streuen; **sprinkler** (Rasen)Sprenger m; *inside building*: Sprinkler m, Berieselungsanlage f
sprout 1. *buds etc.*: sprießen; *seeds etc.*: keimen; *beard*: sich wachsen lassen; 2. Sproß m, (**Brussels**) **~s** pl Rosenkohl m
spruce adrett
spur 1. Sporn m; pl Sporen pl; 2. *a.* **~ on** anspornen
spy 1. Spion(in) f; 2. spionieren; **~ on s.o.** j-m nachspionieren; j-n bespitzeln
squabble (sich) streiten
squad *police*: Kommando n, Dezernat n
squalid schmutzig, verwahrlost, verkommen
squander verschwenden
square 1. quadratisch, *in compounds*: Quadrat...; viereckig; *right-angled*: rechtwink(e)lig; *shoulders etc.*: eckig; *fair, honest*: gerecht, fair; 2. Quadrat n; Viereck n; *broad open area*: Platz m; *chess etc.*: Feld n; 3. quadra-

stamp

tisch machen; *number:* ins Quadrat erheben; *debts:* begleichen; *shoulders:* straffen; in Einklang bringen (**with** mit); **~ root** *math.* Quadratwurzel *f*

squash 1. zerdrücken, zerquetschen; **2.** Gedränge *n;* *sport:* Squash *n*

squat 1. untersetzt; **2.** hocken, kauern; *house:* besetzen; **squatter** Hausbesetzer(in)

squaw *neg!* Indianerfrau *f*, Squaw *f*

squawk kreischen

squeak *mouse:* piepsen; *door hinge:* quietschen

squeal kreischen

squeamish empfindlich, zartbesaitet

squeeze drücken; *fruit:* auspressen, ausquetschen; sich zwängen, sich quetschen;

squeezer (Frucht)Presse *f*

squid Tintenfisch *m*

squint blinzeln

squirm sich winden

squirrel Eichhörnchen *n*

squirt spritzen

St *Saint* St., Sankt

stab 1. (nieder)stechen; **2.** Stich *m*

stability Stabilität *f;* Beständigkeit *f;* **stabilize** (sich) stabilisieren

stable¹ stabil, fest; *person:* ausgeglichen

stable² Stall *m*

stack 1. Stapel *m;* **2.** stapeln

stadium Stadion *n*

staff Mitarbeiter(stab *m*) *pl*, Personal *n*, Belegschaft *f; school:* Lehrkörper *m*

stag Hirsch *m*

stage 1. *thea.* Bühne *f* (*a. fig.*); *part of process:* Stadium *n*, Phase *f;* Etappe *f*, Phase *f; fare-:* Teilstrecke *f*, Fahrzone *f; rocket:* Stufe *f;* **2.** aufführen; inszenieren

stagger (sch)wanken, taumeln; **~ing** unglaublich

stain 1. Fleck *m; fig.* Makel *m;* **2.** beflecken; Flecken bekommen; **~ed-glass window** farbiges Glasfenster; **~less** rostfrei

stair Stufe *f*, *pl* Treppe *f;* **~case, ~way** Treppe(nhaus *n*) *f*

stake¹ Pfahl *m*

stake² (Spiel)Einsatz m; be at ~ auf dem Spiel stehen

stale *bread etc.:* alt(backen); *beer:* abgestanden, schal; *air:* abgestanden

stalk Stängel *m*, Stiel *m*

stall 1. (Verkaufs)Stand *m*, (Markt)Bude *f; for animals:* Box *f; pl Brt. thea.* Parkett *n;* **2.** *v/t engine:* abwürgen; *v/i engine:* absterben

stallion Hengst *m*

stalwart treu, loyal

stamina Ausdauer *f*, Durchhaltevermögen *n*

stammer 1. stottern, stammeln; **2.** Stottern *n*

stamp 1. Stempel *m;* (Brief)

stand

Marke *f*; **2.** *v/i* stampfen, trampeln; *v/t passport etc.*: (ab)stempeln; *date etc.*: aufstempeln (**on** auf); *letter etc.*: frankieren; **~ one's foot** aufstampfen

stand 1. stehen; stellen; *endure*: aushalten, (v)ertragen; **~ (still)** still stehen; **~ back** zurücktreten; **~ by** danebenstehen; **~ by s.o.** zu j-m halten; **~ by s.th.** zu et. stehen; **~ for** stehen für, bedeuten; sich gefallen lassen, dulden; **~ out** *fig.* sich abheben; **~ up** aufstehen; **~ up for** eintreten für; **2.** *stall, at exhibitions*: Stand *m*; *jur.* Zeugenstand *m*; *sport etc.*: Tribüne *f*; *support*: Ständer *m*

standard *level*: Niveau *n*; *norm*: Standard *m*, Norm *f*; Maßstab *m*; *flag*: Standarte *f*; *in compounds*: Normal-...; Durchschnitts-...; **~ of living** Lebensstandard *m*; **~ize** normen

standby Reserve *f*; **be on ~ in** Bereitschaft stehen

standing 1. stehend; *fig.* ständig; **2.** Stellung *f*, Rang *m*, Ruf *m*; Dauer *f*; **of long ~** seit langem bestehend, alt; **~ order** *bank*: Dauerauftrag *m*; **~ room** Stehplätze *m*

stand|offish F hochnäsig; **~point** Standpunkt *m*; **~still** Stillstand *m*

staple Heftklammer *f*; **stapler** (Draht)Hefter *m*

592

star 1. Stern *m*; *famous person*: Star *m*; **2. ~ring ... mit ...** in der Hauptrolle

starboard Steuerbord *n*

starch 1. Stärke *f*; **2.** *clothes etc.*: stärken

stare 1. starrer Blick; **2.** (**~ at** an)starren

stark: ~ naked splitternackt

starling *zo.* Star *m*

start 1. *v/i* anfangen, beginnen; aufbrechen; *bus, train*: abfahren; *boat*: ablegen; *aviat.* abfliegen, starten; *sport*: starten; *engine*: anspringen; *move suddenly*: zusammenfahren, zusammenzucken; *v/t* anfangen, beginnen; *tech.* anlassen, starten; **2.** Beginn *m*, Anfang *m*; Start *m*; Aufbruch *m*; Abfahrt *f*; *aviat.* Abflug *m*; Zusammenfahren *n*, Zusammenzucken *n*; **~er** *sport*: Starter(in); *mot.* Anlasser *m*; Brt. F Vorspeise *f*

startle erschrecken

starvation (Ver)Hungern *n*; Hungertod *m*; **starve** (ver)hungern (lassen); *I'm starving* ich komme um vor Hunger

state 1. *condition*: Zustand *m*; Stand *m*; *(part of) country, government*: Staat *m*; **2.** staatlich, *in compounds*: Staats-...; **3.** angeben, nennen; erklären; **♀ Department** Außenministerium *n*; **~ment** Erklärung *f*; Angabe

stick

f; *jur.* Aussage *f*; **bank** ~ Kontoauszug *m*

static statisch

station 1. Bahnhof *m*; Station *f*; *radio, TV:* Sender *m*; *fire* ~ Feuerwache *f*; *gas* ~ Tankstelle *f*; *police* ~ Polizeirevier *n*; 2. aufstellen; *mil.* stationieren

stationary stehend

stationer Schreibwarenhändler(in); **stationer's (shop)** Schreibwarengeschäft *n*; **stationery** Schreibwaren *pl*; Briefpapier *n*

station wagon Kombiwagen *m*

statistics *pl* Statistik(en *pl*) *f*

statue Statue *f*

status Stellung *f*, Status *m*; **(marital)** ~ Familienstand *m*; ~ **line** *computer:* Statuszeile *f*

statute Statut *n*, Satzung *f*; Gesetz *n*

staunch treu, zuverlässig

stay 1. bleiben; sich aufhalten, wohnen; ~ **away** wegbleiben; sich fern halten; ~ **up** aufbleiben; 2. Aufenthalt *m*

steady 1. fest; stabil; *hand:* ruhig; *nerves:* gut; *continuous:* gleichmäßig; 2. (sich) festigen; (sich) beruhigen; 3. F feste Freundin, fester Freund

steak Steak *n*

steal stehlen; *move quietly and secretly:* sich stehlen

stealthy heimlich, verstohlen

steam 1. Dampf *m*; *in compounds:* Dampf...; 2. dampfen; *gastr.* dünsten; ~ **up** *glass etc.:* beschlagen; **~er** Dampfer *m*; ~ **iron** Dampfbügeleisen *n*; **~ship** Dampfer *m*, Dampfschiff *n*

steel Stahl *m*; **~works** *sg* Stahlwerk *n*

steep¹ steil; *excessive:* happig, gepfeffert, gesalzen

steep² einweichen

steeple Kirchturm *m*

steer steuern, lenken; **~ing** Steuerung *f*; ~ **wheel** Steuerrad *n*, Lenkrad *n*

stem 1. Stiel *m*; *bot.* Stiel *m*, Stängel *m*; *ling.* Stamm *m*; 2. ~ *from* stammen von, herrühren von

stench Gestank *m*

stencil Schablone *f*

step 1. Schritt *m*; Stufe *f*; Sprosse *f*; 2. gehen; treten; ~ **up** *production etc.:* steigern

step... *in compounds:* Stief...

stepping stone *fig.* Sprungbrett *n*

stereo Stereo *n*

sterile unfruchtbar; steril; **sterilize** sterilisieren

stern¹ streng

stern² *naut.* Heck *n*

stew 1. schmoren; dünsten; 2. Eintopf *m*

steward Steward *m*; **~ess** Stewardess *f*

stick¹ (dünner) Zweig; Stock *m*; (Besen- *etc.*)Stiel *m*; Stan-

20 *Uni German*

stick

ge *f*; Stift *m*; Stäbchen *n*
stick² stecken; stecken; F stellen; kleben (bleiben); stecken bleiben; klemmen; haften; ~ **out** abstehen, hervorstehen; ausstrecken, vorstrecken; ~ **to** bleiben bei; **~er** Aufkleber *m*; **~ing plaster** Heftpflaster *n*
sticky klebrig (**with** von); *situation*: F heikel, unangenehm
stiff steif; *fig.* schwer, schwierig, hart; **~en** steif werden
stifle ersticken; *fig.* unterdrücken
still 1. *adj* still; **2.** *adv* (immer) noch
stimulant Anregungsmittel *n*; *fig.* Anreiz *m*; **stimulate** anregen; **stimulus** *r* Reiz *m*; *fig.* Anreiz *m*, Ansporn *m* (**to** für)
sting 1. *zo.* Stachel *m*; *wound*: Stich *m*; *pain*: Brennen *n*; **2.** stechen; brennen
stingy knaus(e)rig
stink 1. Gestank *m*; **2.** stinken
stipulate zur Bedingung machen; festsetzen
stir 1. (um)rühren, (sich) rühren, (sich) bewegen; *fig.* aufwühlen; **2.** *cause/create a* ~ für Aufsehen sorgen
stirrup Steigbügel *m*
stitch 1. *sewing*: Stich *m*; *knitting*: Masche *f*; *pain*: Seitenstechen *n*; **2.** nähen; heften
stock 1. *supplies*: Vorrat *m*; *a. live*~ Viehbestand *m*; *gastr.*

Brühe *f*; *origin*: Herkunft *f*; *econ. pl* Aktien *pl*; *econ. pl* Wertpapiere *pl*; **in (out of)** ~ (nicht) vorrätig; **take** ~ Inventur machen; *fig.* Bilanz ziehen; **2.** gängig, *in compounds*: Standard...; **3.** *goods*: führen, vorrätig haben; **be well ~ed with** gut versorgt sein mit; **~breeder** Viehzüchter *m*; **~broker** Börsenmakler *m*; **~ corporation** Aktiengesellschaft *f*; ~ **exchange** Börse *f*; **~holder** Aktionär(in)
stocking Strumpf *m*
stock market Börse *f*
stocky stämmig
stomach 1. Magen *m*; Bauch *m*; **2.** vertragen (*a. fig.*); **~ache** Magenschmerzen *pl*; Bauchweh *n*
stone 1. Stein *m*; (Obst)Stein *m*; (Obst)Kern *m*; *Brit. unit of weight* (= 6,35*kg*); **2.** entsteinen, entkernen
stool Schemel *m*, Hocker *m*; *med.* Stuhl(gang) *m*
stoop sich bücken; gebeugt gehen
stop 1. *v/t* aufhören mit; anhalten, aufhalten, stoppen; verhindern; abhalten (*s.o.* **from** *j-n* von); *payment, activity etc.*: einstellen; *tooth*: plombieren; *bleeding*: stillen; *v/i* (an)halten, stehen bleiben, stoppen; F bleiben; ~ **off** kurz Halt machen; ~ **over** die Fahrt unterbre-

chen; *aviat.* zwischenlanden; **2.** Halt *m*; *rail.* Station *f*; (Bus)Haltestelle *f*; *usually full* ~**ling.** Punkt *m*; ~**lights** *pl mot.* Bremslichter *pl*; ~**over** Zwischenstation *f*; *aviat.* Zwischenlandung *f*

stopper Stöpsel *m*

storage Lagerung *f*; Speicherung *f*; Lagergeld *n*

store 1. (ein)lagern; einen Vorrat von ... anlegen; *computer:* (ab)speichern, sichern; **2.** Laden *m*, Geschäft *n*; Kaufhaus *n*, Warenhaus *n*; Vorrat *m*; Lager(halle *f*, -haus *n*) *n*; ~**house** Lagerhaus *n*; ~**keeper** Ladenbesitzer(in); ~**room** Lagerraum *m*

storey *Brt.* → **story²**

stork Storch *m*

storm 1. Sturm *m*; Gewitter *n*; **2.** stürmen; toben; **stormy** stürmisch

story¹ Geschichte *f*; Erzählung *f*

story² Stock(werk *n*) *m*

stout 1. korpulent, vollschlank; **2.** Starkbier *n*

stove Ofen *m*, Herd *m*

stow *a.* ~ *away* verstauen; ~-**away** blinder Passagier

straight 1. *adj* gerade; *hair:* glatt; *honest:* offen, ehrlich; *whiskey etc.:* pur; **2.** *adv* gerade(aus); direkt, geradewegs; ~**ahead**/**on** geradeaus; ~**away** sofort; ~**en** gerade machen, gerade wer-

den; (gerade) richten; ~ *out* in Ordnung bringen; ~**forward** ehrlich; einfach

strain 1. *v/t* (an)spannen; *eyes etc.:* überanstrengen; *muscle etc.:* zerren; *fig.* strapazieren; überfordern; *gastr.* durchseihen, filtern; *vegetables:* abgießen; *v/i* sich anstrengen; **2.** Spannung *f*; Belastung *f*; *med.* Zerrung *f*; Überanstrengung *f*; ~**er** Sieb *n*

strait (*in proper names* **2s** *pl*) Meerenge *f*, Straße *f*; *pl* Notlage *f*

strand Strang *m*; Faden *m*; (Haar)Strähne *f*

strange fremd; seltsam, merkwürdig; **stranger** Fremde *m*, *f*

strangle erwürgen

strap 1. Riemen *m*, Gurt *m*, Band *n*; *shoulder* ~: Träger *m*; **2.** festschnallen; anschnallen

strategic strategisch; **strategy** Strategie *f*

straw Stroh *n*; Strohhalm *m*; ~**berry** Erdbeere *f*

stray 1. sich verirren; *wander:* (herum)streunen; **2.** verirrt; streunend; vereinzelt

streak 1. Streifen *m*; Strähne *f*; **2.** streifen; flitzen; **streaky** streifig; *bacon:* durchwachsen

stream 1. Bach *m*; Strom *m*, Strömung *f*; **2.** strömen; flattern, wehen; ~**er** Wimpel *m*;

of paper: Luftschlange *f*
street Straße *f*; **~car** Straßenbahn *f*
strength Kraft *f*; Stärke *f* (*a. fig.*); **~en** (ver)stärken; stärker werden
strenuous anstrengend; unermüdlich
stress 1. Belastung *f*, Stress *m*; *emphasis*: Nachdruck *m*; Akzent *m*, Betonung *f*; **2.** betonen; *be ~ed* gestresst sein; **~ful** stressig
stretch 1. (sich) strecken; (sich) dehnen; *rope etc.*: spannen; *space, time*: sich erstrecken; **2.** Strecke *f*; Zeit(raum *f*) *f*; **~er** Trage *f*
strict streng; genau
stride 1. schreiten; **2.** großer Schritt
strike 1. schlagen; *hit*: stoßen gegen; treffen; *match*: anzünden; *find*: stoßen auf; *lightning*: einschlagen (in); *tent*: abbrechen; *clock*: schlagen; *s.o.*: j-m einfallen, j-m in den Sinn kommen; j-m auffallen; *econ.* streiken; *~ out* (aus)streichen; **2.** *econ.* Streik *m*; (Öl- *etc.*)Fund *m*; *mil.* Angriff *m*; **striker** *econ.* Streikende *m, f*; *soccer*: Stürmer(in)
striking auffallend; apart
string 1. *thread etc.*: Schnur *f*, Bindfaden *m*; Band *n*; Faden *m*, Draht *m*; *group, series*: Reihe *f*, Kette *f*; *mus.* Saite *f*; *the ~s pl* die Streichinstru-

mente *pl*; die Streicher *pl*; **2.** bespannen, besaiten; *pearls etc.*: aufreihen; **~ed instrument** Saiteninstrument *n*, Streichinstrument *n*
strip 1. (sich) ausziehen; abziehen, abreißen; **2.** Streifen *m*
stripe Streifen *m*; **striped** gestreift
stroke 1. streichen über; streicheln; **2.** Schlag *m*; *tech.* Hub *m*; *swimming*: Zug *m*; *med.* Schlag(anfall) *m*; *a ~ of luck* ein glücklicher Zufall
stroll 1. bummeln, spazieren; **2.** Bummel *m*, Spaziergang *m*; **~er** Sportwagen *m* (*for small children*)
strong stark; kräftig; fest; **~box** (Stahl)Kassette *f*; **~room** Tresor(raum) *m*
structure Struktur *f*; Bau *m*, Konstruktion *f*
struggle 1. kämpfen; sich abmühen; zappeln, um sich schlagen, um sich treten; **2.** Kampf *m*
strum klimpern auf
strut¹ schreiten
strut² Strebe *f*, Stütze *f*
stub 1. *pencil, cigarette*: Stummel *m*; *ticket, check*: Kontrollabschnitt *m*; **2. ~ out** ausdrücken
stubble Stoppeln *f*
stubborn eigensinnig, stur; hartnäckig
stud Beschlagnagel *m*; *collar*: Kragenknopf *m*; *shoes*: Stol-

student Schüler(in); Student(in)

studio Atelier *n*; Studio *n*, Einzimmerappartement *n*; ~ **couch** Schlafcouch *f*

studious fleißig

study 1. Studium *n*, Lernen *n*; *piece of work:* Studie *f*, Untersuchung *f*; *room:* Arbeitszimmer *n*; **2.** studieren; untersuchen; prüfen

stuff 1. F Zeug *n*; Sachen *pl*; **2.** (aus)stopfen, (voll) stopfen; füllen; ~ **o.s.** F sich voll stopfen; **~ing** Füllung *f*; **stuffy** stickig; spießig

stumble stolpern

stump *tree, leg, tooth etc.:* Stumpf *m*; *pencil, candle, cigar etc.:* Stummel *m*

stun betäuben

stunning toll, fantastisch; unglaublich

stupid dumm, **~ity** Dummheit *f*

stupor Betäubung *f*

sturdy robust, kräftig

stutter 1. stottern; **2.** Stottern *n*

sty[1] Schweinestall *m*

sty[2], **stye** Gerstenkorn *n*

style 1. Stil *m*; Mode *f*; **2.** entwerfen; **stylish** stilvoll; elegant

stylus *record player:* Nadel *f*

Styrofoam® Styropor® *n*

subconscious: *the* **~** das Unterbewusstsein *n*

subdivision Unterteilung *f*; Unterabteilung *f*

subdue überwältigen; **subdued** *light:* gedämpft; *person:* still, ruhig

subject 1. *noun* Thema *n*; *ped., univ.* Fach *n*; Untertan(in); Staatsangehörige *m, f*; *gr.* Subjekt *n*, Satzgegenstand *m*; **2.** *adj:* **be** ~ anfällig sein für; neigen zu; abhängig sein von, abhängen von; **3.** *v/t:* ~ **s.o./s.th. to s.th.** j-n/et. e-r Sache aussetzen

sublet untervermieten, weitervermieten

sublime großartig

submarine Unterseeboot *n*, U-Boot *n*

submerge (ein-, unter)tauchen

submission Unterwerfung *f*; *presentation:* Einreichung *f*; **submissive** unterwürfig

submit: ~ **(to)** *application etc.:* einreichen (*dat or* in); *surrender:* sich fügen (*dat or* in)

subordinate 1. Untergebene *m, f*; **2.** untergeordnet

subscribe spenden; ~ **to** *newspaper etc.:* abonnieren; **subscriber** Abonnent(in); *tel.* Teilnehmer(in); **subscription** Abonnement *n*; *membership fee:* (Mitglieds)Beitrag *m*; *donation:* Spende *f*

subside sich senken; sinken; *wind:* sich legen

subsidiary 1. untergeordnet,

subsidize 598

in compounds: Neben...; **2.** *econ.* Tochtergesellschaft *f*
subsidize subventionieren
subsist leben (**on** von); **~ence** Existenz *f*
substance Substanz *f*, Stoff *m*; *das* Wesentliche
substantial beträchtlich; kräftig, solide; *meal:* gehaltvoll, reichlich
substitute 1. Ersatz *m*; Stellvertreter(in), Vertretung *f*; *sport:* Auswechselspieler (-in), Ersatzspieler(in); **2. ~ for** einspringen für, vertreten; **~ s.th. for s.th.** et. durch et. ersetzen; **substitution** Ersatz *m*
subtitle Untertitel *m*
subtle *difference etc.:* fein; *clever:* raffiniert; scharfsinnig
subtract abziehen, subtrahieren (**from** von)
suburb Vorort *m*, Vorstadt *f*;
suburban vorstädtisch, *in compounds:* Vorort..., Vorstadt...
subway U-Bahn *f*; *Brt.* Unterführung *f*
succeed Erfolg haben; gelingen; (nach)folgen
success Erfolg *m*; **~ful** erfolgreich; **~ion** (Aufeinander)Folge *f*; **in ~** nacheinander; **~ive** aufeinander folgend; **~or** Nachfolger(in)
such solch; so, derartig; **~ a** so ein(e)
suck saugen; lutschen (an);

~er F Trottel *m*
sudden(ly) plötzlich
suds *pl* Seifenschaum *m*
sue (ver)klagen
suede Wildleder *n*
suet Talg *m*
suffer (er)leiden
sufficient genügend, genug, ausreichend
suffix Nachsilbe *f*
suffocate ersticken
sugar 1. Zucker *m*; **2.** zuckern
suggest vorschlagen, anregen; hinweisen auf; schließen lassen auf; andeuten; **~ion** Vorschlag *m*, Anregung *f*; Hinweis *m*; Andeutung *f*; Unterstellung *f*; **~ive** zweideutig; anzüglich
suicide Selbstmord *m*
suit 1. Anzug *m*; Kostüm *n*; *card games:* Farbe *f*; *jur.* Prozess *m*; **2.** *be acceptable or convenient:* passen, recht sein; *color, clothes:* stehen, *clothes a.* kleiden; **~ yourself** mach, was du willst; **~able** passend, geeignet; **~case** Koffer *m*
suite Zimmerflucht *f*, Suite *f*; *furniture:* Garnitur *f*
sulfur Schwefel *m*
sulk schmollen; **sulky** schmollend
sullen mürrisch
sulphur *Brt.* → **sulfur**
sultry schwül
sum 1. Summe *f*; Betrag *m*; *math.* Rechenaufgabe *f*; *do*

~s rechnen; 2. ~ up zusammenfassen; abschätzen
summarize zusammenfassen; **summary** (kurze) Inhaltsangabe, Zusammenfassung *f*
summer Sommer *m*
summit Gipfel *m*
summon zitieren; *meeting etc.*: einberufen; *jur.* vorladen; **~ up** *courage etc.*: zusammennehmen; **summons** *jur.* Vorladung *f*
sun Sonne *f*; **~bathe** sonnenbaden, sich sonnen; **~beam** Sonnenstrahl *m*; **~burn** Sonnenbrand *m*
sundae Eisbecher *m* (mit Früchten *etc.*)
Sunday Sonntag *m*
sundial Sonnenuhr *f*
sunglasses *pl* Sonnenbrille *f*
sunken versunken; *cheeks*: eingefallen, *eyes*: eingesunken
sunny sonnig
sun|rise Sonnenaufgang *m*; **~roof** Dachterrasse *f*; *mot.* Schiebedach *n*; **~set** Sonnenuntergang *m*; **~shade** Sonnenschirm *m*; **~shine** Sonnenschein *m*; **~stroke** Sonnenstich *m*; **~tan** Bräune *f*
super F super; spitze
super... *in compounds*: Über..., über...
superb hervorragend, ausgezeichnet
supercilious hochmütig, hochnäsig

supposed

superficial oberflächlich
superhuman übermenschlich
superintendent Aufsicht *f*, Aufsichtsbeamte *m*, Aufsichtsbeamtin *f*; *Brt. police*: Kommissar(in)
superior 1. ranghöher; besser; überlegen; hervorragend; **2.** Vorgesetzte *m, f*
super|market Supermarkt *m*; **~natural** übernatürlich; **~sonic** *in compounds*: Überschall...
superstition Aberglaube *m*; **superstitious** abergläubisch
supervise beaufsichtigen, überwachen; **supervisor** Aufsicht *f*
supper Abendessen *n*; → **lord**
supple geschmeidig
supplement 1. *noun* Ergänzung *f*; Nachtrag *m*; (Zeitungs- *etc.*)Beilage *f*. **2.** *v/t* ergänzen; **~ary** zusätzlich
supplier Lieferant(in); **supply 1.** liefern; versorgen; **2.** Lieferung *f*; Versorgung *f*; *econ.* Angebot *n*; *mst pl* Vorrat *m*
support 1. Stütze *f*; *tech.* Träger *m*; *fig.* Unterstützung *f*; **2.** tragen, (ab)stützen; unterstützen; *family etc.*: ernähren, unterhalten
suppose annehmen, vermuten; **be ~d to ...** sollen; **supposed** angeblich

suppress unterdrücken; **~ion** Unterdrückung *f*

suppurate eitern

supremacy Vormachtstellung *f*

supreme höchst, oberst; höchst, größt

surcharge Aufschlag *m*, Zuschlag *m*; *post.* Nachgebühr *f*

sure sicher; gewiss; **make ~ that** sich (davon) überzeugen, dass; **~!** klar!; **~ly** sicher, doch

surety Bürge *m*, Bürgin *f*; Bürgschaft *f*, Sicherheit *f*

surf 1. surfen; **~ the net** *computer:* im Internet surfen; **2.** Brandung *f*

surface 1. Oberfläche *f*; **2.** auftauchen (*a. fig.*)

surf|**board** Surfbrett *n*; **~er** Surfer(in), Wellenreiter(in); **~ing** Surfen *n*, Wellenreiten *n*

surge 1. *fig.* Woge *f*; **2.** drängen; *a.* **~ up** rage *etc.*: aufwallen

surgeon Chirurg(in)

surgery Chirurgie *f*; Operation *f*; *Brt.* (Arzt)Praxis *f*; *Brt.* Sprechzimmer *n*; *Brt.* Sprechstunde *f*; **~ hours** *pl* Sprechstunde *f*

surgical chirurgisch

surly mürrisch

surname Familienname *m*, Nachname *m*

surpass übertreffen

surplus 1. Überschuss *m*; **2.** überschüssig

surprise 1. Überraschung *f*; **2.** überraschen

surrender sich ergeben, kapitulieren

surrogate Ersatz *m*; **~ mother** Leihmutter *f*

surround umgeben; umstellen; **~ing** umliegend; **~ings** *pl* Umgebung *f*

survey 1. *v/t* (sich) betrachten; begutachten; *area of land:* vermessen; **2.** *noun* Umfrage *f*; Begutachtung *f*; Vermessung *f*

survival Überleben *n*; **survive** überleben; erhalten bleiben; **survivor** Überlebende *m*, *f*

susceptible: ~ to empfänglich für; anfällig für

suspect 1. *v/t* verdächtigen; vermuten; *distrust, doubt:* anzweifeln; **2.** *noun* Verdächtige *m*, *f*; **3.** *adj* verdächtig

suspend *payment, sales etc.:* (vorübergehend) einstellen; *judgement:* aussetzen; *s.o.* j-n suspendieren; *sport:* sperren; **~er** Strumpfhalter *m*, Straps *m*; Sockenhalter *m*; *pl* Hosenträger *pl*

suspense Spannung *f*

suspension (vorübergehende) Einstellung *f*; Suspendierung *f*; *sport:* Sperre *f*; *mot.* Aufhängung *f*; **~ bridge** Hängebrücke *f*

suspicion Verdacht *m*; Misstrauen *n*; **suspicious** ver-

switchboard

dächtig; argwöhnisch, misstrauisch
sustain *interest etc.*: aufrechterhalten; *give strength*: stärken; *jur. objection*: stattgeben (*dat*)
swab Tupfer *m*; *med.* Abstrich *m*
swagger stolzieren
swallow[1] schlucken
swallow[2] Schwalbe *f*
swamp 1. Sumpf *m*; **2.** überschwemmen (*a. fig.*)
swan Schwan *m*
swap (ein)tauschen
swarm 1. Schwarm *m*; **2.** wimmeln (**with** von)
sway (sich) wiegen; schaukeln; schwanken
swear schwören; fluchen; ~ *s.o.* in j-n vereidigen
sweat 1. Schweiß *m*; **2.** schwitzen; **~er** Pullover *m*
sweaty verschwitzt
Swede Schwede *m*, Schwedin *f*; **Sweden** Schweden *n*; **Swedish** schwedisch
sweep 1. fegen (*a. fig.*), kehren; *person*: rauschen; Schwung *m*; Fegen *n*, Kehren *n*; **~er** Schornsteinfeger(in), (Straßen)Kehrer(in); Kehrmaschine *f*; *soccer*: Libero *m*
sweet 1. süß; niedlich; lieb, reizend; **2.** *Brt.* Bonbon *m*, *n*; *Brt.* Nachtisch *m*; *pl* Süßigkeiten *f*; **~en** süßen; **~heart** Schatz *m*, Liebste *f*; **~ pea** Gartenwicke *f*

swell *fig.* anwachsen lassen, vergrößern; *a.* ~ **out** *sails*: (sich) blähen; *a.* ~ **up** *med.* (an)schwellen; **~ing** *med.* Schwellung *f*
sweltering drückend, schwül
swerve zur Seite schwenken
swift schnell, rasch
swim 1. (durch)schwimmen; *go* **~ming** schwimmen gehen; **my head was ~ming** mir drehte sich alles; **2.** Schwimmen *n*; *go for a* ~ schwimmen gehen; **swimmer** Schwimmer(in)
swimming Schwimmen *n*; ~ **pool** Swimmingpool *m*, Schwimmbecken *n*; ~ **trunks** *pl* Badehose *f*
swimsuit Badeanzug *m*
swindle betrügen (**out of** um)
swine *contp.* Schwein *n*
swing 1. (hin u. her) schwingen, schaukeln; **2.** Schwingen *n*; Schwung *m*; Schaukel *f*; *fig.* Umschwung *m*
swirl 1. (herum)wirbeln; **2.** Wirbel *m*
Swiss 1. schweizerisch, *in compounds*: Schweizer...; **2.** Schweizer(in); **the** ~ *pl* die Schweizer *pl*
switch 1. *electr.* Schalter *m*; *rail.* Weiche *f*; Umstellung *f*, Wechsel *m*; *thin stick*: Gerte *f*; **2.** *electr.* (um)schalten; *rail.* rangieren; wechseln; ~ **off** abschalten, ausschalten; ~ **on** anschalten, einschalten; **~board** *electr.* Schalttafel

Switzerland

f; (Telefon)Zentrale f
Switzerland die Schweiz
swivel (sich) drehen
sword Schwert n
syllable Silbe f
syllabus Lehrplan m
symbol Symbol n; **~ic** symbolisch; **~ize** symbolisieren
symmetrical symmetrisch; **symmetry** Symmetrie f
sympathetic mitfühlend; **sympathize** mitfühlen; sympathisieren; **sympathy** Mitgefühl n; Verständnis n; pl on s.o.'s death: Beileid n
symphony Sinfonie f
symptom Symptom n
synchronize aufeinander abstimmen; synchronisieren
synonym Synonym n; **~ous** synonym, gleichbedeutend
synthetic synthetisch; in compounds: Kunst...
Syria Syrien n
syringe Spritze f
syrup Sirup m
system System n; Organismus m; **~atic** systematisch

T

tab Aufhänger m, Schlaufe f; Etikett n
table Tisch m; Tabelle f; **~cloth** Tischdecke f; **~spoon** Esslöffel m
tablet Tablette f
tabloid Boulevardblatt n, Boulevardzeitung f
taboo 1. tabu; **2.** Tabu n
tacit stillschweigend
tack 1. Stift m, Reißzwecke f, Heftzwecke f; Heftstich m; **2.** heften
tackle 1. (Angel- etc.)Gerät n; Flaschenzug m; football, soccer etc.: Angriff m; **2.** (an)packen, in Angriff nehmen; football, soccer etc.: angreifen
tact Takt m; Feingefühl n; **~ful** taktvoll
tactics pl, sg Taktik f

tactless taktlos
tadpole Kaulquappe f
tag 1. Etikett n, Schildchen n; **2.** auszeichnen
tail 1. Schwanz m; hinterer Teil, Schluss m; **2.** F beschatten; **~back** Rückstau m; **~coat** Frack m; **~light** Rücklicht n, Schlusslicht n
tailor Schneider m; **~-made** maßgeschneidert
tail| pipe Auspuffrohr n; **~wind** Rückenwind m
tainted food, drink: verdorben
take nehmen; (an-, ein-, entgegen-, heraus-, hin-, mit-, weg)nehmen; fassen, ergreifen; fangen; (hin-, weg)bringen; halten (for für); auffassen; annehmen; accept s.th. unpleasant, suffer

s.th.: ertragen, aushalten; fassen, Platz haben für; *bath*: nehmen; *food*: zu sich nehmen; *seat etc.*: einnehmen; *trip, walk, vacation*: machen; *bus, train etc.*: nehmen; *temperature*: haben; *size*: haben; *phot. picture*: machen; *exam*: machen; *notes*: machen; *opportunity, measures*: ergreifen; *oath*: ablegen; *advice*: annehmen; *time, patience*: erfordern, brauchen; *time*: dauern; *newspaper etc.*: beziehen; ~ *after s.o.* j-m ähneln; ~ **down** *building*: abreißen; *write down*: notieren, aufschreiben; ~ **in** *person*: (bei sich) aufnehmen; *clothes*: enger machen, *fig. understand*: verstehen, erfassen; *be* ~**n** *in by* hereinfallen auf; ~ **off** *remove*: abnehmen, wegnehmen; *hat etc.*: abnehmen; *piece of clothing*: ablegen, ausziehen; *aviat.* starten; ~ *a day off* sich e-n Tag frei nehmen, sich Urlaub machen; ~ **on** *workers etc*: einstellen; *work etc.*: annehmen, übernehmen; ~ **out** herausnehmen, entnehmen; *person*: ausführen; *insurance*: abschließen; ~ **over** *office, task*: übernehmen; ~ **to** Gefallen finden an; ~ **up** aufheben, hochheben; aufnehmen; *activity, space*: sich befassen mit; *idea etc.*: aufgreifen; *position*: einnehmen; *space, time*: in Anspruch nehmen

takeoff *aviat.* Start *m*

takings *pl econ.* Einnahmen *pl*

tale Erzählung *f*; Geschichte *f*

talent Talent *n*, Begabung *f*; ~**ed** begabt

talk 1. sprechen, reden; sich unterhalten; ~ *s.o. into s.th.* j-n zu et. überreden; ~ *s.th. over* et. besprechen; **2.** Gespräch *n*; Unterhaltung *f*; Unterredung *f*; Gerede *n*; Vortrag *m*; ~**ative** gesprächig; geschwätzig

tall hoch; *person*: groß

tallow Talg *m*

talon *bird*: Klaue *f*

tame 1. zahm; *fig.* lahm, fad(e); **2.** zähmen

tamper: ~ *with* sich zu schaffen machen an

tampon Tampon *m*

tan 1. (Sonnen)Bräune *f*; **2.** bräunen; braun werden

tangerine Mandarine *f*

tangle 1. Gewirr *n*; Durcheinander *n*; **2.** (sich) verwirren, (sich) verheddern; durcheinander bringen

tank *mot. etc.* Tank *m*; *mil.* Panzer *m*

tankard Humpen *m*

tanker Tanker *m*, Tankschiff *n*; Tankwagen *m*

tanned braun (gebrannt)

tantrum: *have/throw a* ~ e-n Wutanfall kriegen

tap¹ 1. *tech.* Hahn *m*; **2.** natu-

tap

ral resources: erschließen; *supplies*: angreifen; *telephone*: anzapfen, abhören

tap² 1. klopfen mit (**on** auf); antippen; 2. (leichtes) Klopfen; **~ dance** Stepptanz *m*

tape schmales Band; *adhesive ~*: Klebstreifen *m*; *sport*: Zielband *n*; *for recording*: (Magnet-, Video-, Ton-)Band *n*; **~ measure** Maßband *n*

taper: **~ off** spitz zulaufen

tape| recorder Tonbandgerät *n*; **~ recording** Tonbandaufnahme *f*

tapestry Gobelin *m*, Wandteppich *m*

tapeworm Bandwurm *m*

tar 1. Teer *m*; 2. teeren

target Ziel *n*; Schießscheibe *f*, Zielscheibe *f* (*a. fig.*)

tariff Zoll(tarif) *m*; *esp. Brt. hotel*: Preisliste *f*

tarmac Asphalt *m*; *aviat.* Rollbahn *f*, Rollbahn *f*

tarnish *metal*: anlaufen; *reputation etc.*: beflecken

tarpaulin Plane *f*

tart Obsttorte *f*, Obstkuchen *m*; F Nutte *f*

tartan Schottenstoff *m*; Schottenmuster *n*

tartar Zahnstein *m*

task Aufgabe *f*; **~ force** Sondereinheit *f*

tassel Quaste *f*

taste 1. Geschmack *m*; 2. schmecken; kosten, probieren; **~ful** *fig.* geschmackvoll;

~less geschmacklos

tasty schmackhaft

tattered zerlumpt; zerfetzt

tattoo 1. Tätowierung *f*; *mil.* Zapfenstreich *m*; 2. (ein-)tätowieren

taunt 1. Stichelei *f*; 2. verhöhnen, verspotten

Taurus *astr.* Stier *m*

taut straff; angespannt

tax 1. Steuer *f*; Abgabe *f*; 2. besteuern; *s.o.'s patience etc.*: strapazieren; **~ation** Besteuerung *f*

taxi 1. Taxi *n*, Taxe *f*; 2. *aviat.* rollen; **~ driver** Taxifahrer(in); **~meter** Taxameter *n*, *m*; **~ rank**, **~ stand** Taxistand *m*

tax|payer Steuerzahler(in); **~ return** Steuererklärung *f*

T-bar *a.* **~ lift** Schlepplift *m*

tea Tee *m*; **~bag** Teebeutel *m*; **~ break** Teepause *f*

teach unterrichten (**in** *dat*); lehren; **~ s.o. s.th.** j-m et. beibringen; **~er** Lehrer(in)

teacup Teetasse *f*

team Team *n*, (Arbeits)Gruppe *f*; *sport*: Team *n*, Mannschaft *f*; **teamster** Lkw-Fahrer *m*; **~work** Zusammenarbeit *f*, Teamwork *n*

teapot Teekanne *f*

tear¹ Träne *f*

tear² 1. *v/t* zerreißen; **~ open** *letter etc.*: aufreißen; *v/i* (zer)reißen; *move quickly*: rasen; 2. Riss *m*

tearful tränenreich; weinend

tearoom Teestube f
tease necken, hänseln; ärgern, reizen
teaspoon Teelöffel m
teat zo. Zitze f; Brt. baby's bottle: Sauger m
tea towel Geschirrtuch n
technical technisch; in compounds: Fach-...; **technician** Techniker(in)
technique Technik f, Verfahren n
technology Technologie f, Technik f
tedious langweilig
teenage(d) im Teenageralter; für Teenager; **teenager** Teenager m
teens pl Teenageralter n
teethe zahnen
teetotaler Am., **teetotaller** Brt. Abstinenzler(in)
telecast Fernsehsendung f
telecommunications Telekommunikation f, Fernmeldewesen n
telegram Telegramm n
telegraph telegrafieren; **~ic** telegrafisch
telephone 1. Telefon n, Fernsprecher m; **2.** telefonieren; anrufen; **~ booth** Am., **~ box** Brt. Telefonzelle f; **~ call** Telefongespräch n, Anruf m; **~ directory** Telefonbuch n; **~ exchange** Fernsprechamt n; **~ number** Telefonnummer f
teleprinter Fernschreiber m
telescope Teleskop n, Fernrohr n
teletext Videotext m
televise im Fernsehen übertragen
television Fernsehen n; **on ~** im Fernsehen; **watch ~** fernsehen; **~ (set)** Fernsehapparat m
telex 1. Telex n, Fernschreiben n; **2.** telexen
tell sagen; erzählen; names etc.: nennen; give s.o. orders: j-m sagen, befehlen (**to do** zu tun); **~ on s.o.** j-n verpetzen; **~er** (Bank)Kassierer(in); **~tale** verräterisch
temper Temperament n, Wesen n; **be in a good/bad ~** gut/schlecht gelaunt sein; **keep one's ~** sich beherrschen; **lose one's ~** die Beherrschung verlieren
temperament Temperament n
temperate climate, zone: gemäßigt
temperature Temperatur f; Fieber n
temple¹ Tempel m
temple² Schläfe f
temporary vorübergehend; provisorisch
tempt in Versuchung führen; verführen; verleiten; **~ation** Versuchung f; **~ing** verführerisch; verlockend
ten zehn
tenacious zäh, hartnäckig
tenant Mieter(in); Pächter(in)

tend tendieren, neigen (**to** zu); **~ency** Tendenz *f*; Neigung *f*

tender¹ zart, weich; *sensitive*: empfindlich; *gentle*: sanft, zärtlich

tender² *econ.* **1.** Angebot *n*; **2.** ein Angebot machen

tenderloin Filet *n*

tendon Sehne *f*

tendril Ranke *f*

tenement Mietshaus *n*, *contp.* Mietskaserne *f*

tennis Tennis *n*; **~ court** Tennisplatz *m*; **~ player** Tennisspieler(in)

tense gespannt, straff; *muscles, atmosphere etc.*: (an)gespannt; *nervous*: verkrampft, nervös; **tension** Spannung *f*; (An)Gespanntheit *f*

tent Zelt *n*

tentacle *zo.* Fangarm *m*; *zo.* Fühler *m*

tentative *not definite*: vorläufig; *hesitant*: vorsichtig, zögernd, zaghaft

tenterhooks: *be on* **~** wie auf glühenden Kohlen sitzen

tenth 1. zehnt; **2.** Zehntel *n*; **~ly** zehntens

tepid lau(warm)

term 1. Zeit(raum *m*) *f*, Dauer *f*; *contract etc.*: Laufzeit *f*; *ped., univ.* Semester *n*, *esp. Brt.* Trimester *n*; *expression*: (Fach)Ausdruck *m*, Bezeichnung *f*, *pl* Bedingungen *pl*; **~ of office** Amtszeit *f*; *be on good / bad* **~s** *with s.o.* gut / nicht gut mit j-m auskommen; **2.** nennen, bezeichnen als

terminal 1. Endstation *f*; *aviat.* Terminal *m*, *n*, (Flughafen)Abfertigungsgebäude *n*; *computer*: Terminal *n*; **2.** *med.* unheilbar

terminus Endstation *f*

terrace Terrasse *f*; Häuserreihe *f*; **~d house** *esp. Brt.* Reihenhaus *n*

terrible schrecklich

terrific F *very good*: toll, fantastisch; *great*: wahnsinnig

terrify: **~ s.o.** j-m schreckliche Angst einjagen

territory Territorium *n*, (a. Hoheits-, Staats)Gebiet *n*

terror Entsetzen *n*; Terror *m*; **~ism** Terrorismus *m*; **~ist** Terrorist(in); **~ize** terrorisieren

test 1. Test *m*, Prüfung *f*, Probe *f*; *school*: Klassenarbeit *f*; **2.** testen, prüfen; probieren

testament Testament *n*

testicle Hoden *m*

testify *jur.* aussagen

testimonial Referenz *f*, Zeugnis *n*; **testimony** *jur.* *statement*: (Zeugen)Aussage *f*; *proof*: Beweis *m*

test| **tube** Reagenzglas *n*; **~tube baby** Retortenbaby *n*

testy gereizt

text Text *m*; Wortlaut *m*; **~book** Lehrbuch *n*

textile Stoff *m*; *in compounds*: Textil...; *pl* Textilien *pl*

texture Beschaffenheit *f*; Struktur *f*
than als
thank 1. danken; **(no,) ~ you** (nein), danke; **2.** *pl* Dank *m*; **~s to** danken; **3.** *int:* **~** danke (schön); **~ful** dankbar; **~fully** zum Glück; **~less** undankbar
Thanksgiving (Day) Erntedankfest *n*
that 1. *pron and adj* jene(r, -s); das; **~ is (to say)** das heißt; **2.** *adv* **~** F so, dermaßen; **~ much** so viel; **3.** *relative pron (pl that)* der, die, das; **4.** *cj* dass
thatched *in compounds:* Stroh...; strohgedeckt
thaw 1. Tauwetter *n*; **2.** (auf)tauen
the 1. der, die, das, *pl* die; **2.** *adv:* **~ ... ~** je ... desto; **~ sooner ~ better** je eher, desto besser
theater *Am.*, **theatre** *Brt.* Theater *n*; *Brt.* → **operating theatre**
theft Diebstahl *m*
their *pl* ihr(e); **theirs** ihre(r, -s)
them sie *(acc pl);* ihnen *(dat)*
theme Thema *n*
themselves sie *(acc pl)* selbst; sich (selbst)
then 1. *adv* dann; da; damals; **by ~** bis dahin; **2.** *adj* damalig
theology Theologie *f*
theoretical theoretisch; **theory** Theorie *f*
therapeutic therapeutisch;

therapist Therapeut(in); **therapy** Therapie *f*
there da, dort; dahin, dorthin; **~ is** es gibt, es ist, *pl* **~ are** es sind; **~ you are** hier, bitte); na also!; **~about(s)** so ungefähr; **~fore** darum, deshalb
thermometer Thermometer *n*
thermos® *a.* **~ flask®** Thermosflasche® *f*
thesis These *f*; Dissertation *f*
they sie *pl;* man
thick dick; dicht; **~en** dick(er) werden; dichter werden; *sauce etc.:* eindicken, binden
thicket Dickicht *n*
thick|set untersetzt; **~skinned** dickfellig
thief Dieb(in)
thigh (Ober)Schenkel *m*
thimble Fingerhut *m*
thin 1. dünn; mager; *argument, excuse etc.:* schwach; **2.** verdünnen; dünner werden
thing Ding *n*; Sache *f*
think *v/i* denken; nachdenken; *v/t* denken, meinen, glauben; halten für; **~ of** denken an; sich erinnern an; *what do you* **~** of ...?; **~ s.th. over** sich et. überlegen, sich bedenken; **~ up** sich ausdenken; **~ tank** Sachverständigenstab *m*, Denkfabrik *f*
third 1. dritt; **2.** Drittel *n*; **~ly** drittens

third party insurance

third| party insurance Haftpflichtversicherung f; **~rate** drittklassig

thirst Durst m; **thirsty** durstig; **be ~** Durst haben

thirteen dreizehn; **thirteenth** dreizehnt; **thirtieth** dreißigst; **thirty** dreißig

this diese(r, -s); dies, das

thistle Distel f

thorn Dorn m; **thorny** dornig; fig. schwierig, heikel

thorough gründlich; **~bred** zo. Vollblüter m; **~fare** Durchgangsstraße f; **no ~!** Durchfahrt verboten!

those pl von **that** 1

though 1. cj obwohl; **as ~** als ob; 2. adv trotzdem

thought Gedanke m; Überlegung f; **~ful** nachdenklich; rücksichtsvoll; **~less** gedankenlos; rücksichtslos

thousand tausend; **thousandth** 1. tausendst; 2. Tausendstel n

thrash verdreschen, verprügeln; **~ about/around** um sich schlagen; sich hin u. her werfen; fish: zappeln; **~ing** Tracht f Prügel

thread 1. Faden m; tech. Gewinde n; 2. einfädeln; **~bare** fadenscheinig

threat Drohung f; danger: Bedrohung f; **~en** (be)drohen; **~ening** drohend

three drei

thresh dreschen

threshold Schwelle f

thrifty sparsam

thrill 1. erregen; begeistern; **be ~ed** (ganz) hingerissen sein; 2. Erregung f, Nervenkitzel m; **~er** Thriller m, Reißer m; **~ing** spannend, fesselnd, packend

thrive gedeihen; fig. blühen, florieren

throat Hals m; esp. front of neck: Kehle f, Gurgel f

throb hämmern, pochen, pulsieren

thrombosis Thrombose f

throne Thron m

throng 1. Schar f, Menschenmenge f; 2. sich drängen (in)

throttle 1. erdrosseln; mot., tech. drosseln; **~ back** tech. drosseln, reduce gas, oil: wegnehmen; 2. tech. Drosselklappe f

through 1. prp durch (a. fig.); bis (einschließlich); 2. adv durch; **put s.o. ~ to** tel. j-n verbinden mit; 3. adj durchgehend; in compounds: Durchgangs-; **be ~** fertig sein (**with** mit); **~out** 1. prp überall in; of time: während; 2. adv ganz, überall; die ganze Zeit (über); **~ traffic** Durchgangsverkehr m; **~ train** durchgehender Zug

throw 1. werfen; **~ the dice** würfeln; **~ off** abwerfen; abschütteln; get rid of: loswerden; **~ out** hinauswerfen; wegwerfen; **~ up** hochwerfen; (sich er)brechen; 2.

Wurf *m*; **~away** *in compounds*: Wegwerf...; Einweg...; **~-in** *soccer*: Einwurf *m*

thru F → **through**

thrush Drossel *f*

thrust 1. stoßen; 2. Stoß *m*; *phys.* Schub(kraft *f*) *m*

thruway Schnellstraße *f*

thud 1. dumpf (auf)schlagen, plumpsen; 2. dumpfes Geräusch, Plumps *m*

thumb 1. Daumen *m*; 2. **~ a lift** per Anhalter fahren; **~ through a book** ein Buch durchblättern; **~tack** Reißzwecke *f*

thump 1. dumpfes Geräusch, Plumps *m*; 2. schlagen, hämmern, pochen

thunder 1. Donner *m*; 2. donnern; **~storm** Gewitter *n*; **~struck** wie vom Donner gerührt

Thursday Donnerstag *m*

thus so; folglich, somit

thyroid (gland) Schilddrüse *f*

tick 1. Ticken; 2. **~ off** *mark on list*: abhaken, anhaken

ticket (Eintritts-, Theater*etc.*)Karte *f*; Fahrkarte *f*, Fahrschein *m*; Flugschein *m*, Ticket *n* (Preis- *etc.*)Schild *n*, Etikett *n* (Gepäck-, Parketc.)Schein *m*; (Lotterie)Los *n*; Strafzettel *m*; **~cancelling machine** *Am.*, **~cancelling machine** *Brt.* (Fahrschein)Entwerter *m*; **~ ma-**
chine Fahrkartenautomat *m*; **~ office** Fahrkartenschalter *m*

tickle kitzeln; **ticklish** kitz(e)lig (*a. fig.*)

tide Gezeiten *pl*; Flut *f*; **high-~** Flut *f*; **low-~** Ebbe *f*

tidy ordentlich, sauber; **~ up** aufräumen

tie 1. (an-, fest-, *fig.* ver)binden; **~ one's shoelaces** (sich) die Schnürsenkel binden; **the game was a ~d** *sport*: das Spiel endete unentschieden; 2. Krawatte *f*, Schlips *m*; *sport*: Unentschieden *n*; *rail.* Schwelle *f*; *mst pl* ig. Bande *pl*

tier (Sitz)Reihe *f*, Lage *f*, Schicht *f*; *fig.* Stufe *f*

tiger Tiger *m*

tight 1. *adj clothes etc.*: eng; knapp; *firm:* straff; fest; *stingy:* F knick(e)rig; *drunk:* F blau; 2. *adv* fest; **~en** festziehen, anziehen; *belt:* enger schnallen, **~ up** verschärfen; **~fisted** *stingy:* F knick(e)rig

tights Trikot *n*; *esp. Brt.* Strumpfhose *f*

tile 1. Kachel *f*, Fliese *f*; (Dach)Ziegel *m*; 2. kacheln, fliesen; (mit Ziegeln) decken

till¹ → **until**

till² (Laden)Kasse *f*

tilt kippen; (sich) neigen

timber *esp. Brt.* (Bau-, Nutz)Holz *n*

time 1. Zeit *f*; Uhrzeit *f*; *mus.* Takt *m*; *occasion, multiplica-*

tion: **Mal** *n;* ~ **is up** die Zeit ist um *or* abgelaufen; **for the** ~ **being** vorläufig; **have a good** ~ sich gut unterhalten *or* amüsieren; **what's the** ~? wie spät ist es?; **the first** ~ das erste Mal; **four** ~**s** viermal; ~ **after** ~, ~ **and** ~ **again** immer wieder; ~ **s** ständig, immer; **at any** ~, **at all** ~**s** jederzeit; **at the same** ~ gleichzeitig; **every** *I* ... jedes Mal, wenn ich ...; **how many** ~**s?** wie oft?; **in** ~ rechtzeitig; **in no** ~ im Nu; **on** ~ pünktlich; **2.** zeitlich abstimmen; timen (*a. sport*); (ab)stoppen, messen; ~ **card** Stechkarte *f;* ~ **clock** Stechuhr *f;* ~ **lag** Zeitdifferenz *f;* ~**less** zeitlos; immer während; ~ **limit** Frist *f;* ~**ly** rechtzeitig; ~**er** Schaltuhr *f;* ~**saving** zeitsparend; ~ **sheet** Stechkarte *f;* ~ **signal** *radio:* Zeitzeichen *n;* ~ **switch** Zeitschalter *m;* ~**table** Fahrplan *m,* Flugplan *m;* Stundenplan *m;* Zeitplan *m*

timid ängstlich; schüchtern

tin 1. Zinn *n; esp. Brt.* (Blech-, Konserven)Dose *f,* (Blech-, Konserven)Büchse *f,* in Dosen; ~**foil** Alufolie *f;* Stanniol(papier) *n*

tinge 1. Tönung *f;* fig. Anflug *m,* Spur *f;* **2.** tönen

tingle prickeln, kribbeln

tinkle klirren, klingen, klingeln

tinned *Brt. in compounds:* Dosen..., Büchsen...; ~ **fruit** *Brt.* Obstkonserven *pl*

tin opener *Brt.* Dosenöffner *m,* Büchsenöffner *m*

tinsel Lametta *n;* Flitter *m*

tint 1. (Farb)Ton *m,* Tönung *f;* **2.** tönen

tiny winzig

tip¹ Spitze *f;* cigarette: Filter *m*

tip² 1. Trinkgeld *n;* **2.** ~ *s.o.* j-m ein Trinkgeld geben

tip³ 1. Tipp *m;* **2.** ~ *s.o.* **off** j-m e-n Tipp *or* Wink geben

tip⁴: ~ **over/up** umkippen

tipped *cigarette:* mit Filter

tipsy F beschwipst

tiptoe 1. auf Zehenspitzen gehen; **2. on** ~ auf Zehenspitzen

tire¹ Reifen *m*

tire² ermüden; müde werden, müde machen; **tired** müde; erschöpft; **be** ~ **of s.th.** satt haben; ~**less** unermüdlich; ~**some** lästig

tiring ermüdend; anstrengend

tissue *biol.* Gewebe *n;* Papiertaschentuch *n;* → ~ **paper** Seidenpapier *n*

tit¹ Meise *f*

tit² *sl.* Titte *f*

titbit Leckerbissen *m*

title Titel *m;* Überschrift *f;* ~ **page** Titelseite *f*

to 1. *prp* zu; nach; an; in; bis (zu); ~ **me** etc. mir etc.; **from nine** ~ **five** von neun bis fünf

(Uhr); *ten minutes ~ ten* zehn Minuten vor zehn (Uhr); 2. *inf* zu; um zu; 3. *adv* zu, geschlossen; *pull ~ door*: zuziehen; *come ~* (wieder) zu sich kommen; *~ and fro* hin u. her, auf u. ab

toad Kröte *f*; **~stool** Giftpilz *m*

toast 1. Toast *m*; Trinkspruch *m*; 2. toasten, rösten; *fig.* trinken auf

tobacco Tabak *m*; **tobacconist** Tabak(waren)händler (-in); *~'s (shop)* Tabakladen *m*

toboggan 1. (Rodel)Schlitten *m*; 2. rodeln

today heute

toddle *small child*: auf wack(e)ligen *or* unsicheren Beinen gehen; **toddler** Kleinkind *n*

toe Zehe *f*; *shoe etc.*: Spitze *f*; **~nail** Zehennagel *m*

toffee Sahnebonbon *m, n*, Toffee *n*

together zusammen; gleichzeitig

toil sich plagen

toilet Toilette *f*; *~ paper* Toilettenpapier *n*; *~ roll* Rolle *f* Toilettenpapier

token Zeichen *n*; Spielmarke *f*

tolerable erträglich; leidlich; **tolerance** Toleranz *f*; **tolerant** tolerant (*of* gegenüber); **tolerate** dulden; ertragen

toll¹ Straßenbenutzungsgebühr *f*, Maut *f*

toll² *bell*: läuten

toll|gate Schlagbaum *m*; *~road* gebührenpflichtige Straße, Mautstraße *f*

tomato Tomate *f*

tomb Grab(mal) *n*; **~stone** Grabstein *m*

tomcat Kater *m*

tomorrow morgen; *the day after ~* übermorgen

ton *weight*: Tonne *f*

tone Ton *m*, Klang *m*

tongs *pl* (*a. a pair of ~*) e-e Zange

tongue Zunge *f*; Sprache *f*; (Schuh)Lasche *f*

tonic Stärkungsmittel *n*; Tonic *n*

tonight heute Abend; heute Nacht

tonsil *anat.* Mandel *f*; **tonsillitis** Mandelentzündung *f*; Angina *f*

too zu; zu sehr; *at end of sentence or clause*: auch

tool Werkzeug *n*

tooth Zahn *m*; **~ache** Zahnschmerzen *pl*; **~brush** Zahnbürste *f*; **~less** zahnlos; **~paste** Zahnpasta *f*, Zahncreme *f*; **~pick** Zahnstocher *m*

top 1. *highest part*: oberer Teil; Spitze *f* (*a. fig.*); Kopfende *n*, oberes Ende; Gipfel *m* (*a. fig.*); *tree*: Wipfel *m*, Krone *f*; *upper surface*: Oberteil, Oberseite *f*, *table etc.*: Oberfläche *f*, Deckel *m*, Verschluss *m*; *mot.* Verdeck

topic *n*; *mot. gear*: höchster Gang; *toy*: Kreisel *m*; **on ~** oben(auf); d(a)rauf; **on ~ of** (oben) auf; **2.** oberst; höchst, *in compounds*: Höchst..., Spitzen...; ~ **secret** streng geheim; **3.** bedecken; übertreffen; ~ **up** nachfüllen; nachschenken

topic Thema *n*; ~**al** aktuell

topple: ~ **over** umkippen

topsy-turvy F in e-r heillosen Unordnung

torch Taschenlampe *f*; Fackel *f*

torment 1. *noun* Qual *f*; **2.** *v/t* quälen, plagen

tornado Wirbelsturm *m*

torrent reißender Strom; *fig.* Schwall *m*; **torrential** sintflutartig

tortoise (Land)Schildkröte *f*

torture 1. Folter *f*; *fig.* Qual *f*; **2.** foltern; quälen

toss werfen; ~ **about** (sich) hin u. her werfen; ~ **up** hochwerfen; ~ **a coin** e-e Münze werfen

total 1. völlig, absolut; total; ganz, gesamt, *in compounds*: Gesamt...; **2.** Gesamtbetrag *m*, Gesamtmenge *f*; **3.** sich belaufen auf; ~ **up** zusammenzählen

totter (sch)wanken

touch 1. (sich) berühren; anrühren, anfassen; *fig.* rühren; ~ **down** *aviat.* aufsetzen; ~ **up** ausbessern, verbessern; **2.** *sense*: Tastsinn *m*, Tastgefühl *n*; Berührung *f*; *mus.* Anschlag *m*; *small amount*: Spur *f*; **get in ~ with s.o.** sich mit j-m in Verbindung setzen; ~**-and-go:** *it was* ~ es stand auf des Messers Schneide; ~**down** *aviat.* Aufsetzen *n*; ~**ing** rührend; ~**line** *esp. soccer*: Seitenlinie *f*

touchy empfindlich; heikel

tough zäh; *person*: gewalttätig; *fig.* hart, *a.* schwierig

tour 1. Tour *f*, (Rund)Reise *f*; (Rund)Fahrt *f*; Rundgang *m*; Tournee *f*; **2.** bereisen, reisen durch

tourist Tourist(in); *in compounds*: Touristen...; ~ **class** *aviat., naut.* Touristenklasse *f*; ~ **industry** Tourismusgeschäft *n*; ~ **information office, ~ office** Verkehrsverein *m*; ~ **season** Reisesaison *f*, Reisezeit *f*

tournament Turnier *n*

tousled zerzaust

tow 1. give s.o. a ~ j-n abschleppen; **take in ~** → **2.** (ab)schleppen

toward(s) auf ... zu, in Richtung; *of time*: gegen; ~ **s.th.:** j-m, *et.* gegenüber; *for*: zu

towel Handtuch *n*

tower 1. Turm *m*; **2.** ~ **over** überragen; ~ **block** *Brt.* Hochhaus *n*

town Stadt *f*; ~ **centre** *Brt.* Innenstadt *f*, City *f*; ~ **council** *group of people*: Stadtrat

tramp

m; **~ councillor** *Brt.,* councillor *Am.* Stadtrat *m*, Stadträtin *f;* **~ hall** Rathaus *n*

towrope Abschleppseil *n*
toxic giftig; **~ waste** Giftmüll *m;* **~ waste dump** Giftmülldeponie *f*
toy 1. Spielzeug *n, pl* Spielsachen *pl,* Spielzeug *n,* Spielwaren *pl; in compounds:* Spielzeug...; Zwerg...; **2. ~ with** spielen mit
trace 1. ausfindig machen, aufspüren, finden; durchpausen; **2.** Spur *f*
track 1. Spur *f;* Fährte *f; rail.* Gleis *n;* Pfad *m; racing:* (Aschen- *etc.*)Bahn *f; sport etc.:* verfolgen; **2. ~ down** aufspüren; **~ event** *sport:* Laufdisziplin *f;* **~suit** Trainingsanzug *m*
tractor Traktor *m*
trade 1. *econ.* Handel *m; line of business:* Branche *f,* Gewerbe *n; esp* Handwerksberuf *m;* **2.** Handel treiben, handeln (**in** mit); **~mark** Warenzeichen *n;* **~r** Händler *m*
tradesman (Einzel)Händler *m;* Lieferant *m*
trade(s) union *(abbr.* **TU)** Gewerkschaft *f*
tradition Tradition *f;* **~al** traditionell
traffic 1. Verkehr *m; (esp.* illegaler) Handel; **2.** *(esp.* illegal) handeln (**in** mit); **~ circle** Kreisverkehr *m;* **~ is-**

land Verkehrsinsel *f;* **~ jam** Verkehrsstau *m;* **~ light(s** *pl)* Verkehrsampel *f;* **~ sign** Verkehrszeichen *n,* Verkehrsschild *n;* **~ warden** *mot.* Parkwächter *m,* Politesse *f*
tragedy Tragödie *f;* **tragic** tragisch
trail 1. *v/t* verfolgen; *sport etc.:* zurückliegen hinter; **~ s.th.** (**after** *or* **behind one**) et. hinter sich herziehen *or* herschleifen; **~ s.th. on the ground** *etc.* et. über den Boden *etc.* schleifen lassen; *v/i* schleifen; *walk:* (hinterher)trotten; *sport etc.:* zurückliegen; **2.** Fährte *f,* Spur *f;* Pfad *m;* **~er** *mot.* Wohnwagen *m; mot.* Anhänger *m; esp. Brt. movie, TV:* Vorschau *f*
train¹ Zug *m; dress:* Schleppe *f; fig.* Reihe *f*
train² ausbilden, schulen; trainieren; *animal:* abrichten; ausgebildet werden; **2.** Handel *m;* **~ee** Auszubildende *m, f;* **~er** Ausbilder(in), Trainer(in); *Brt.* Turnschuh *m;* **~ing** Ausbildung *f,* Schulung *f;* Training *n;* Abrichten *n*
trait (Charakter)Zug *m*
traitor Verräter *m*
tram(car) Straßenbahn(wagen *m) f*
tramp 1. Landstreicher(in), Tramp *m;* **2.** trampeln; (durch)wandern

trample (zer)trampeln
tranquil ruhig, friedlich; **tranquility** Am., **tranquillity** Brt. Ruhe f, Frieden m; **tranquilize** Am., **tranquillize** Brt. beruhigen; **tranquilizer** Am., **tranquillizer** Brt. Beruhigungsmittel n
transact abwickeln; **~ion** Geschäft n, Transaktion f
transatlantic transatlantisch, in compounds: Übersee-
transcript Abschrift f
transfer 1. v/t versetzen (**to** nach); sport: transferieren; production, firm etc.: verlegen; money: überweisen; **2.** noun Versetzung f, Transfer m; Verlegung f; econ. Überweisung f; Umsteigefahrschein m; **~able** übertragbar
transform umwandeln; **~ation** Umwandlung f
transfusion (Blut)Transfusion f
transistor Transistor m; Transistorradio n
transit Durchgangsverkehr m, Transitverkehr m; **in ~** auf dem Transport
translate übersetzen; **translation** Übersetzung f; **translator** Übersetzer(in)
translucent lichtdurchlässig
transmission Übermittlung f; Übertragung f; mot. Getriebe n; **transmit** übertragen
transparent durchsichtig
transpire schwitzen; happen: passieren
transplant 1. v/t umpflanzen, verpflanzen; med. verpflanzen; **2.** noun Transplantation f, Verpflanzung f; organ etc.: Transplantat n
transport 1. noun Transport m, Beförderung f; Beförderungsmittel n, Verkehrsmittel n; **public ~** öffentliche Verkehrsmittel pl; **2.** v/t transportieren, befördern; **~ation** Transport m, Beförderung f
trap 1. Falle f (a. fig.); sl. mouth: Klappe f, Schnauze f; **2.** (in or mit e-r Falle) fangen
trash Abfall m; Schund m, Mist m; **~can** Abfalleimer m, Mülleimer m, in compounds: Schund...
travel 1. reisen; fahren; distance: zurücklegen; **2.** das Reisen; pl Reisen pl; **~ agency** Reisebüro n
traveler Am., **traveller** Brt. Reisende m, f; **traveler's check** Am. **traveller's cheque** Brt. Reisescheck m
travelsick reisekrank
trawler Fischdampfer m, Trawler m
tray Tablett n; **for documents etc.:** Ablage(korb m) f
treacherous verräterisch; tückisch; **treachery** Verrat m
treacle Brt. Sirup m
tread 1. treten; **2.** tires: Profil n

treason Landesverrat m
treasure 1. Schatz m; **2.** sehr schätzen; **treasurer** Schatzmeister(in)
Treasury Brt., ~ **Department** Am. Finanzministerium n
treat 1. behandeln; umgehen mit; ~ *s.o. to s.th.* j-m et. spendieren; **2.** (besondere) Freude, Überraschung f; *it's my* ~ ich lade dich ein; ~**ment** Behandlung f
treaty Vertrag m
treble 1. dreifach; **2.** (sich) verdreifachen
tree Baum m
trefoil Klee m
trellis Spalier n
tremble zittern
tremendous enorm, gewaltig; F klasse, toll
tremor Zittern n; Beben n
trench Graben m
trend Tendenz f, Trend m; **trendy** modern; *be* ~ als schick gelten, in sein
trespass: *no* ~ *ing* Betreten verboten; ~**er**: ~*s will be prosecuted* Betreten bei Strafe verboten!
trestle *esp.* Brt. Bock m, Gestell n
trial *jur.* Prozess m, Verhandlung f; *test*: Probe f; *on* ~ auf Probe, zur Probe
triangle Dreieck n; **triangular** dreieckig
tribe (Volks)Stamm m
tribunal Gericht(shof m) n

tributary Nebenfluss m
trick 1. Trick m; (Karten *etc.*)Kunststück n; Streich m; *play a* ~ *on s.o.* j-m e-n Streich spielen; **2.** überlisten
trickle tröpfeln; rieseln
trickster Betrüger(in); **tricky** schwierig; heikel; *person*: durchtrieben
tricycle Dreirad n
trifle Kleinigkeit f, Lappalie f; **trifling** geringfügig, unbedeutend
trigger 1. *gun*: Abzug m; **2.** ~ *off* auslösen
trim 1. schneiden, stutzen, trimmen; beschneiden; *decorate*: besetzen (*clothes*), schmücken; **2.** adrett, gepflegt; **3.** *in good* ~ F gut in Form; **trimmings** Besatz m; Zubehör n; *gastr.* Beilagen *pl*
trinket (*esp.* billiges) Schmuckstück
trip 1. (kurze) Reise; Ausflug m, Trip m; Stolpern n; *sl. on drugs*: Trip m; **2.** stolpern; *a.* ~ *s.o. up* j-m ein Bein stellen
tripe *gastr.* Kutteln *pl*
triple dreifach; ~ *jump* *sport*: Dreisprung m
triplets *pl* Drillinge *pl*
tripod Stativ n
trite abgedroschen, banal
triumph 1. Triumph m; **2.** triumphieren; ~**ant** triumphierend
trivial unbedeutend, trivial, alltäglich

trolley

trolley *esp. Brt.*: Einkaufswagen *m*; Gepäckwagen *m*; Kofferkuli *m*; (Tee-, Servier)Wagen *m*; **shopping** ~ Einkaufsroller *m*
troop 1. Schar *f*, Haufe(n) *m*; *pl* mil. Truppen *pl*; **2.** ~ **in(to)** hineinströmen
trophy Trophäe *f*
tropic *astr., geogr.* Wendekreis *m*; *pl* Tropen *pl*; ~**al** tropisch
trot 1. Trab *m*; **2.** traben
trouble 1. Schwierigkeiten *pl*, Ärger *m*; Mühe *f*; *pol.* Unruhe *f*; *med.* Beschwerden *pl*; **be in** ~ in Schwierigkeiten sein; **get into** ~ Ärger bekommen, Schwierigkeiten bekommen; **get s.o. into** ~ j-n in Schwierigkeiten bringen; **2.** beunruhigen; **be** ~**d by** leiden an, geplagt werden von; ~**-free** problemlos; ~**maker** Unruhestifter(in); ~**some** lästig
trough Trog *m*
trousers *pl* Hose *f*
trouser suit *Brt.* Hosenanzug *m*
trout Forelle *f*
truant Schulschwänzer(in); **play** ~ (die Schule) schwänzen
truce Waffenstillstand *m*
truck Last(kraft)wagen *m*; *Brt.* (offener) Güterwagen; ~ **driver**, ~**er** Lastwagenfahrer *m*; Fernfahrer *m*
truck farm Gemüse- u. Obstgärtnerei *f*
trudge stapfen
true *not false*: wahr; echt, wirklich; *accurate*: genau; *faithful, loyal*: treu
truly wirklich; **Yours** ~ Hochachtungsvoll (*at end of business letter*)
trumpet Trompete *f*
truncheon *esp. Brt.* Gummiknüppel *m*
trunk (Baum)Stamm *m*; *mot.* Kofferraum *m*; Schrankkoffer *m*; *elephant*: Rüssel *m*; *anat.* Rumpf *m*; *pl swimming*: Badehose *f*; ~ **road** *Brt.* Fernstraße *f*
trust 1. Vertrauen *n*; *jur.* Treuhand *f*; Treuhandvermögen *n*; *econ.* Trust *m*, Konzern *m*; **2.** (ver)trauen; sich verlassen auf
trustee *jur.* Treuhänder(in); Sachverwalter(in)
trust|ful, ~**ing** vertrauensvoll; ~**worthy** vertrauenswürdig
truth Wahrheit *f*; ~**ful** wahr(heitsliebend)
try 1. versuchen; (aus)probieren; *patience etc.*: auf e-e harte Probe stellen; ~ **a case** *jur.* e-n Fall verhandeln; ~ **s.o.** *jur.* j-m den Prozess machen (**for** wegen); ~ **on** anprobieren; ~ **out** ausprobieren; **2.** Versuch *m*; **have a** ~ e-n Versuch machen; ~**ing** anstrengend
TU *trade(s) union* Gewerkschaft *f*

tub Bottich *m*, Zuber *m*; F (Bade)Wanne *f*; *for ice cream, margarine etc.*: Becher *m*

tube Röhre *f* (*a. anat.*), Rohr *n*; *small cylinder*: Tube *f*; *rubber* ~: Schlauch *m*; **the** ~ TV F die Glotze; **the** ~ die (Londoner) U-Bahn; **~less** schlauchlos

tuberculosis Tuberkulose *f*

tuck stecken; **~ away** wegstecken, verstecken; **~ in/up** (warm) zudecken

Tuesday Dienstag *m*

tuft Büschel *n*

tug 1. Zug *m*, Ruck *m*; **2.** ziehen, zerren; **~-of-war** Tauziehen *n*

tuition Unterricht *m*; Unterrichtsgebühren *pl*

tulip Tulpe *f*

tumble 1. fallen, stürzen, purzeln; **2.** Sturz *m*; **~down** baufällig; **~dryer** *Brt.* Wäschetrockner *m*

tummy F Bäuchlein *n*

tumor *Am.*, **tumour** *Brt.* Tumor *m*

tumult Tumult *m*; **tumultuous** tumultartig, stürmisch

tuna Thunfisch *m*

tune 1. Melodie *f*; *out of* ~ verstimmt; **2.** *in radio, TV*: einstellen; *a.* **~ up** *mus. instruments*: stimmen; *engine*: tunen; **~ful** melodisch

Tunisia Tunesien *n*

tunnel Tunnel *m*

turbine Turbine *f*

turbot Steinbutt *m*

turbulent stürmisch, turbulent

tureen Terrine *f*

turf Rasen *m*; Rasenstück *n*, Sode *f*; **the** ~ die (Pferde-)Rennbahn; der (Pferde-)Rennsport

Turk Türke *m*, Türkin *f*

Turkey die Türkei

turkey Truthahn *m*, Truthenne *f*, Puter *m*, Pute *f*

Turkish türkisch

turmoil Aufruhr *m*

turn 1. (sich) (um-, herum-)drehen; wenden; *page*: umblättern; zukehren, zuwenden; lenken, richten; *tech.* formen, drechseln; (sich) verwandeln; sich (ab-, hin-, zu)wenden; abbiegen, einbiegen; *road*: e-e Biegung machen; *gray etc.*: werden; *leaves*: sich verfärben; *milk*: sauer werden; *weather*: umschlagen; ~ **left/right** (sich) nach links/rechts wenden; *mot.* links/rechts abbiegen; ~ **away** (sich) abwenden; abweisen; ~ **back** *v/i* umkehren; *v/t clock, watch*: zurückstellen; ~ **s.o.** *back* zurückschicken; ~ **down** *collar*: umschlagen; *blanket*: zurückschlagen; *gas*: kleiner stellen; *radio, TV*: leiser stellen; *offer, request*: ablehnen; ~ **in** zurückgeben; F ins Bett gehen; ~ **off** *v/t gas, water*

turning *etc.*: abdrehen; *light, radio etc.*: ausschalten, ausmachen; *v/i* abbiegen; ~ **on** *gas, water etc.*: aufdrehen; *machine etc.*: anstellen; *light, radio etc.*: anmachen, einschalten; ~ **out** force to leave: hinauswerfen; *light etc.*: abdrehen, ausschalten, ausmachen; *produce*: produzieren; *prove to be*: sich herausstellen; ~ **out well** *etc.* gut ausfallen, gut *etc.* ausgehen; ~ **round** sich umdrehen; ~ **to** sich zuwenden; ~ **to s.o.** sich an j-n wenden; ~ **up** *collar*: hochschlagen; *gas, heat, water, TV*: aufdrehen; *fig.* auftauchen; **2.** (Um)Drehung *f; bend*: Biegung *f*, Kurve *f*, Kehre *f*; Abzweigung *f; fig.* Wende *f*; **it's my ~** ich bin an der Reihe; **by ~s** abwechselnd; **take ~s** sich abwechseln

turning *Brt.* Abzweigung *f*; ~ **point** *fig.* Wendepunkt *m*

turnip Rübe *f*

turn|out Besucher(zahl *f*) *pl*; F Aufmachung *f*; *election*: Wahlbeteiligung *f*; ~**over** *econ*. Umsatz *m*; ~**pike** gebührenpflichtige Schnellstraße; ~**stile** Drehkreuz *n*; ~**table** Plattenteller *m*; ~**up** *Brt.* Hosenaufschlag *m*

turquoise Türkis *m*

turret Türmchen *n*

turtle (See)Schildkröte *f*; ~ **neck** Rollkragen(pullover) *m*

tusk Stoßzahn *m*

tutor Privatlehrer(in), Hauslehrer(in); Tutor(in)

tutorial Tutorenkurs *m*

tuxedo Smoking *m*

TV TV *n*, Fernsehen *n*; Fernseher *m*, Fernsehapparat *m*; **on ~** im Fernsehen; **watch ~** fernsehen

twang Näseln *n*

tweezers *pl* (*a. a pair of ~* e-e) Pinzette

twelfth zwölft

twelve zwölf

twentieth zwanzigst; **twenty** zwanzig

twice zweimal

twig (dünner) Zweig

twilight Zwielicht *n*; Dämmerung *f*

twin Zwilling *m*; *pl* Zwillinge *pl*; *in compounds*: Zwillings..., Doppel...; **~ beds** *pl* zwei Einzelbetten *pl*

twinge stechender Schmerz, Stechen *n*

twinkle glitzern, funkeln

twin town *Brt.* Partnerstadt *f*

twirl 1. (herum)wirbeln; **2.** Wirbel *m*

twist 1. (sich) drehen, (sich) winden; *wrapping*: sich wickeln; ~ **one's ankle** (mit dem Fuß) umknicken; ~ **off** *lid*: abschrauben; **2.** Drehung *f*; Biegung *f*

twitch 1. zucken (mit); **2.** Zucken *n*, Zuckung *f*

twitter zwitschern

two zwei; *cut in* ~ in zwei Teile schneiden; **~piece** zweiteilig; **~stroke** *mot. in compounds:* Zweitakt...; **~way traffic** Gegenverkehr *m*
type 1. Typ *m;* Art *f;* Sorte *f; print.* Type *f,* Buchstabe *m;* **2.** mit der Maschine schreiben, tippen; **~writer** Schreibmaschine *f;* **~written** maschine(n)geschrieben
typhoid (fever) Typhus *m*
typhoon Taifun *m*
typhus Flecktyphus *m*
typical typisch
typist Schreibkraft *f*
tyrannical tyrannisch; **tyrannize** tyrannisieren; **tyranny** Tyrannei *f*
tyrant Tyrann(in)
tyre *Brt.* → *tire¹*

U

udder Euter *n*
ugly hässlich; schlimm
UK *United Kingdom* das Vereinigte Königreich (*England, Scotland, Wales and Northern Ireland*)
ulcer Geschwür *n*
ultimate letzt; höchst; **~ly** letztlich
ultimatum Ultimatum *n*
ultra|sonic *in compounds:* Ultraschall...; **~sound** Ultraschall *m;* **~violet** ultraviolett
umbilical cord Nabelschnur *f*
umbrella (Regen)Schirm *m*
umpire Schiedsrichter(in)
UN *United Nations* UN *f,* Vereinte Nationen *pl*
un|abashed unverfroren; **~abated** unvermindert; **~able** unfähig, außerstande; **~acceptable** unannehmbar
unanimous einmütig; einstimmig

un|approachable unnahbar; **~armed** unbewaffnet; **~attached** ungebunden, frei; **~attended** unbeaufsichtigt; **~authorized** unberechtigt; unbefugt; **~avoidable** unvermeidlich
unaware: be ~ of s.th. *et.* nicht bemerken, sich e-r Sache nicht bewusst sein; **~s: catch/take s.o. ~** j-n überraschen
un|balanced unausgeglichen, labil; **~bearable** unerträglich; **~believable** unglaublich; **~bias(s)ed** unvoreingenommen; **~born** ungeboren; **~button** aufknöpfen; **~called-for** F unnötig; **~canny** unheimlich; **~ceasing** unaufhörlich; **~certain** unsicher, ungewiss, unbeständig; **~checked** ungehindert
uncle Onkel *m*

uncomfortable

un|comfortable unbehaglich; unbequem; **~common** ungewöhnlich; **~compromising** kompromisslos; **~conditional** bedingungslos; **~conscious** bewusstlos; unbewusst; **~controllable** unkontrollierbar; **~cover** aufdecken; **~daunted** unerschrocken; **~decided** unentschlossen; unentschieden, offen; **~deniable** unbestreitbar

under 1. *prp* unter; **2.** *adv* unten; darunter; **~age** minderjährig; **~bid** unterbieten; **~carriage** *aviat.* Fahrwerk *n*; **~cover** geheim; **~cover agent** verdeckter Ermittler; **~cut** unterbieten; **~developed** unterentwickelt; **~dog** Benachteiligte *m, f*; **~done** nicht gar, nicht durchgebraten; **~estimate** unterschätzen; **~exposed** *phot.* unterbelichtet; **~go** durchmachen; *operation etc.*: sich unterziehen

underground¹ *adv* unterirdisch, unter der Erde
underground² **1.** *adj* unterirdisch; *fig. in compounds:* Untergrund...; **2.** *noun Brt.* Untergrundbahn *f*, U-Bahn *f*
under|growth Unterholz *n*; **~line** unterstreichen; **~neath 1.** *prp* unter; **2.** *adv* darunter; **~nourished** unterernährt; **~pants** *pl* Unterhose *f*; **~pass** Unterführung *f*; **~privileged** benachteiligt; **~rate** unterschätzen; **~shirt** Unterhemd *n*; **~size(d)** zu klein; **~staffed** (personell) unterbesetzt; **~stand** verstehen; erfahren haben, gehört haben (*that* dass); **~standable** verständlich; **~standing 1.** verständnisvoll; **2.** Verständnis *n*; Abmachung *f*; **~statement** Understatement *n*, Untertreibung *f*; **~take responsibility** *etc.*: übernehmen; sich verpflichten (*to do* zu tun); **~taker** *Brt.* Leichenbestatter *m*; Bestattungsinstitut *n*; **~taking** Unternehmen *n*; **~value** unterschätzen; **~water** unter Wasser; *in compounds:* Unterwasser...; **~wear** Unterwäsche *f*; **~weight** Untergewicht *n*

un|deserved unverdient; **~desirable** unerwünscht; **~developed** unentwickelt; unerschlossen; **~disputed** unbestritten; **~do** aufmachen, öffnen; ungeschehen machen; **~doubted** unbestritten; **~ly** zweifellos, ohne (jeden) Zweifel; **~dress** (sich) ausziehen; **~earth** ausgraben, *fig. a.* ausfindig machen, aufstöbern; **~easy** unbehaglich; unruhig; unsicher; **~educated** ungebildet; **~employed 1.** arbeitslos; **2. the ~** *pl* die Arbeitslosen *pl*; **unemployment** Arbeitslosigkeit f; **~benefit** Brt., **~compensation** Am. Arbeitslosengeld n

un|ending endlos; **~equal** ungleich; **be ~ to s.th.** e-r Sache nicht gewachsen sein; **~erring** unfehlbar; **~even** uneben; ungleich(mäßig); **~number** ungerade; **~eventful** ereignislos; **~expected** unerwartet; **~failing** unerschöpflich; **~fair** ungerecht, unfair; **~faithful** untreu (**to** dat); nicht vertraut; **~fasten** aufmachen, öffnen; **~favorable** Am., **~favourable** Brt. ungünstig; **~feeling** gefühllos, herzlos; **~finished** unvollendet; unerledigt; **~fit** nicht fit, nicht in Form; **unsuitable**: **~** ungeeignet, untauglich; **~fold** auseinander falten; sich entfalten; **~foreseen** unvorhergesehen; **~forgettable** unvergesslich; **~fortunate** unglücklich; bedauerlich; **~ly** leider; **~founded** unbegründet; **~friendly** unfreundlich; **~furnished** unmöbliert; **~grateful** undankbar; **~guarded** unbedacht, unüberlegt; **~happy** unglücklich; **~harmed** unversehrt; **~healthy** ungesund, nicht gesund; **~heard-of** noch nie da gewesen; **~hoped-for** unverhofft; **~hurt** unverletzt

unification Vereinigung f

uniform 1. Uniform f; **2.** gleichmäßig; einheitlich

unify verein(ig)en

un|imaginable unvorstellbar; **~imaginative** einfallslos; **~important** unwichtig; **~inhabitable** unbewohnbar; **~inhabited** unbewohnt; **~injured** unverletzt; **~intelligible** unverständlich; **~intentional** unabsichtlich; **~interrupted** ununterbrochen

union *labor* **~:** Gewerkschaft f; *pol. etc.* Union f; Vereinigung f; **~ist** Gewerkschaftler(in)

unique einzigartig, einmalig

unit Einheit f

unite (sich) vereinigen; verbinden; **united** vereint, vereinigt; → **UK**; **UN**; **UNO**; **US**; **USA**

unity Einheit f

universal allgemein; *in compounds*: Universal...

universe (Welt)All n, Universum n

university Universität f

un|just ungerecht; **~kempt** ungepflegt; **~kind** unfreundlich; lieblos; **~known** unbekannt; **~leaded** *gas, petrol*: bleifrei

unless wenn ... nicht, es sei denn

un|like anders als; im Gegensatz zu; **~ly** unwahrscheinlich; **~limited** unbegrenzt; **~load** abladen, ausladen,

unlock

entladen; **~lock** aufschließen; **~lucky** unglücklich; *be ~* Pech haben; **~manned** unbemannt; **~married** unverheiratet, ledig; **~mistakable** unverkennbar; **~moved** ungerührt; **~natural** unnatürlich; **~necessary** unnötig; **~noticed** unbemerkt
UNO *United Nations Organization* UNO *f*, Organisation *f* der Vereinten Nationen
un|obtrusive unauffällig, bescheiden; **~occupied** *seat:* frei; *house, room etc.:* unbewohnt; **~official** nichtamtlich, inoffiziell; **~pack** auspacken; **~paid** unbezahlt; **~pleasant** unangenehm, unerfreulich; unfreundlich; **~plug** den Stecker herausziehen; **~precedented** beispiellos, noch nie da gewesen; **~predictable** unvorhersehbar; *person:* unberechenbar; **~pretentious** bescheiden, schlicht; **~qualified** unqualifiziert, ungeeignet; *absolute:* uneingeschränkt; **~questionable** unbestritten; **~real** unwirklich; **~realistic** unrealistisch; **~reasonable** unvernünftig; übertrieben, unzumutbar; **~reliable** unzuverlässig; **~rest** *pol.* Unruhen *pl*; **~restrained** hemmungslos, ungezügelt; **~roll** entrollen, aufrollen; **~ruly** unbändig; widerspenstig; **~said**
unausgesprochen; **~satisfactory** unbefriedigend, unzulänglich; **~savory** *Am.,* **~savoury** *Brt.* unerfreulich, widerlich; **~screw** abschrauben, losschrauben, aufschrauben; **~scrupulous** skrupellos; **~settled** *argument etc.:* ungeklärt, offen; *situation etc.:* unsicher; *weather:* unbeständig; *slightly* hässlich; **~skilled** ungelernt; **~sociable** ungesellig; **~social:** *~work* außerhalb der normalen Arbeitszeit arbeiten; **~sophisticated** einfach, unkompliziert; **~sound** nicht intakt, nicht in Ordnung; nicht stichhaltig; **~speakable** unbeschreiblich, entsetzlich; **~stable** unsicher, schwankend; labil; **~steady** wack(e)lig, unsicher, schwankend; **~stuck:** *come ~* abgehen, sich lösen; **~suitable** unpassend, ungeeignet; **suspecting** nichts ahnend, ahnungslos; **~swerving** unbeirrbar; **~thinkable** unvorstellbar; **~tie** ausknoten, *knot etc.:* lösen; losbinden
until bis; *not ~* erst; erst wenn, nicht bevor
un|timely vorzeitig; ungelegen, unpassend; **~tiring** unermüdlich; **~told** unermesslich; **~touched** unberührt; **~true** unwahr
unused[1] *adj* unbenutzt, ungebraucht

unused² *adj*: **be ~ to s.th.** et. nicht gewohnt sein
un|usual ungewöhnlich; **~veil** enthüllen; **~willing** widerwillig; **be ~ to do s.th.** et. nicht tun wollen; **~wind** abwickeln; *fig.* abschalten, sich entspannen; **~wrap** auspacken, auswickeln
up 1. *adv* (her-, hin)auf, aufwärts, nach oben, hoch, in die Höhe; oben; **~ to** bis (zu); **be ~ to s.th.** et. vorhaben; e-r Sache gewachsen sein; **it's ~ to you** das liegt bei dir; **2.** *prp* herauf, hinauf; oben auf; **3.** *adj* nach oben gerichtet, *in compounds*: Aufwärts...; auf(gestanden); *sun*: aufgegangen; *prices*: gestiegen; *time*: abgelaufen, um; **~ and about** F wieder auf den Beinen; **what's ~?** F was ist los? **4.** *noun* **~s and downs** *pl* Höhen u. Tiefen *pl*
up|bringing Erziehung *f*; **~date** auf den neuesten Stand bringen, aktualisieren; **~grade** nachbessern, aktualisieren; *person*: befördern; **~heaval** Umwälzung *f*; **~hill** bergan; bergauf führend; *fig.* mühsam; **~holster** *furniture*: polstern; **~holstery** Polsterung *f*; **~keep** Unterhalt(skosten *pl*) *m*; Instandhaltung(skosten *pl*) *f*
upon → **on**
upper ober, *in compounds*: Ober...; **~ class** Oberschicht *f*; **~most** oberst; an erster Stelle
up|right aufrecht; *fig.* rechtschaffen; **~rising** Aufstand *m*; **~roar** Aufruhr *m*; **~set** umkippen, umstoßen, umwerfen; *plan etc.*: durcheinander bringen, stören; *fig. person*: aus der Fassung bringen; **the fish has ~ me or my stomach** ich habe mir an dem Fisch den Magen verdorben; **be ~** aus der Fassung sein, durcheinander sein; **~shot** Ergebnis *n*; **~side down** verkehrt herum; *fig.* drunter u. drüber; **~turn** umdrehen, *a. fig.* auf den Kopf stellen; **~stairs** (nach) oben; **~stream** stromaufwärts; **~take:** F **be quick on the ~** schnell begreifen; **be slow on the ~** schwer von Begriff sein; **~-to-date** modern; aktuell, auf dem neuesten Stand; auf dem Laufenden; **~ward(s)** aufwärts; nach oben
uranium Uran *n*
urban städtisch, *in compounds*: Stadt...
urge 1. drängen; **~ on** antreiben; **2.** Drang *m*, Verlangen *n*
urgent dringend; **be ~** *a.* eilen
urinate urinieren; **urine** Urin *m*
urn Urne *f*
us uns
US *United States* Vereinigte Staaten *pl*

USA *United States of America* die USA *pl*, Vereinigte Staaten *pl* von Amerika

usage Sprachgebrauch *m*; Verwendung *f*, Gebrauch *m*; Behandlung *f*

use¹ *v/t* benutzen, gebrauchen, anwenden, verwenden; ~ **up** aufbrauchen, verbrauchen

use² *noun* Benutzung *f*, Gebrauch *m*, Verwendung *f*; Nutzen *m*, Zweck *m*; **be of** ~ nützlich sein; **it's no** ~ es ist zwecklos

used¹ *adj*: **be** ~ **to s.th.** an et. gewöhnt sein; **get** ~ **to s.th.** sich an et. gewöhnen

used² *adj* gebraucht; ~ **car** Gebrauchtwagen *m*

use|ful nützlich; **~less** nutzlos, zwecklos

user Benutzer(in); Anwender(in); **~-friendly** benutzerfreundlich

usher Platzanweiser *m*; 2. ~ **in** (hinein)führen

usherette Platzanweiserin *f*

usual gewöhnlich, üblich; **~ly** (für) gewöhnlich, normalerweise

utensil Gerät *n*

uterus Gebärmutter *f*

utility Nutzen *m*; **utilize** nutzen

utmost äußerst

utter total, völlig; **~ly** äußerst, total, völlig

U-turn *mot.* Wende *f*; *fig.* F Kehrtwendung *f*

UV *ultraviolet* ultraviolett

V

vacancy *job*: freie Stelle, offene Stelle; Leere *f*; *vacancies* Zimmer frei; **no vacancies** belegt; **vacant** *room etc.*: leer stehend, unbewohnt; *seat*: frei; *job*: frei, offen; *look etc.*: leer; *on door of toilet*: frei

vacation Urlaub *m*, Ferien *pl*; Semesterferien *pl*; Gerichtsferien *pl*; **~er** Urlauber(in)

vaccinate impfen; **vaccination** (Schutz)Impfung *f*; **vaccine** Impfstoff *m*

vacuum Vakuum *n*; ~ **bottle** Thermosflasche® *f*; ~ **cleaner** Staubsauger *m*; ~ **flask** *Brt.* Thermosflasche® *f*; **~-packed** vakuumverpackt

vagaries *pl weather etc.*: Launen *pl*

vagina *anat.* Vagina *f*, Scheide *f*

vague vage, verschwommen, unklar

vain eitel; vergebens, vergeblich; *in* ~ vergebens, vergeblich

valerian Baldrian *m*

valet (Kammer)Diener *m*

veneer

valiant tapfer
valid gültig; *reason etc.*: stichhaltig, triftig
valley Tal n
valuable 1. wertvoll; *time*: kostbar; **2.** *pl* Wertsachen *pl*
valuation Schätzung *f*; Schätzwert *m*
value 1. Wert *m*; *usefulness etc.*: Nutzen *m*; **2.** schätzen, veranschlagen; *fig.* schätzen, achten; **~added tax** (*abbr.* VAT) Mehrwertsteuer *f*; **~less** wertlos
valve Ventil *n*; *anat.* (Herz*etc.*)Klappe *f*
van Lieferwagen *m*; *Brt. rail.* Güterwagen *m*
vandalism Vandalismus *m*
vanilla Vanille *f*
vanish verschwinden
vanity Eitelkeit *f*; **~ case** Kosmetiktäschchen *n*
vantage point Aussichtspunkt *m*
vapor *Am.*, **vapour** *Brt.* Dampf *m*; Dunst *m*; **~ trail** *aviat.* Kondensstreifen *m*
variable variabel, veränderlich; wechselhaft; regulierbar
variation Abweichung *f*; Schwankung *f*; Variation *f*
varicose veins *pl* Krampfadern *pl*
varied unterschiedlich; abwechslungsreich
variety Abwechslung *f*; Vielfalt *f*; *econ.* Auswahl *f*, Sortiment *n* (**of** an); *bot.*, *zo.* Art *f*

entertainment: Varietee *n*
various verschieden; mehrere, verschiedene
varnish 1. Firnis *m*; Lack *m*; Glasur *f*; **2.** firnissen, lackieren, glasieren
vary (sich) (ver)ändern; variieren; *prices*: schwanken, abweichen
vase Vase *f*
vast gewaltig, riesig; weit, ausgedehnt
vat Fass *n*, Bottich *m*
VAT *value-added tax* MwSt., Mehrwertsteuer *f*
vault¹ (Keller)Gewölbe *n*; Gruft *f*; Tresorraum *m*
vault² 1. Sprung *m*; **2.** *a.* **~ over** springen über
VCR *video cassette recorder* Videorekorder *m*, Videogerät *n*
veal Kalbfleisch *n*; **roast ~** Kalbsbraten *m*
vegetable Gemüse(sorte *f*) *n*; *pl* Gemüse *n*
vegetarian 1. Vegetarier(in); **2.** vegetarisch
vehicle Fahrzeug *n*
veil 1. Schleier *m*; **2.** verschleiern
vein Ader *f*
velocity Geschwindigkeit *f*
velvet Samt *m*
vending machine (Verkaufs)Automat *m*
vendor Verkäufer(in); **news ~** Zeitungsverkäufer(in); **street ~** Straßenhändler *m*
veneer Furnier *n*

21 Uni German

venereal disease *med.* Geschlechtskrankheit *f*
venetian blind Jalousie *f*
Venezuela Venezuela
vengeance Rache *f;* **with a ~** F gewaltig, und wie
Venice Venedig *n*
venison Wildbret *n*
venom *zo.* Gift *n,* Gehässigkeit *f;* **~ous** *zo.* giftig; giftig, gehässig
vent 1. (Abzugs)Öffnung *f; clothes:* Schlitz *m;* **2.** *anger etc.:* abreagieren (**on** an)
ventilate (be)lüften; **ventilation** Lüftung *f;* **ventilator** Ventilator *m*
ventriloquist Bauchredner *m*
venture *econ.* Unternehmen *n,* Projekt *n*
verb Verb *n,* Zeitwort *n;* **~al** mündlich; wörtlich; verbal
verdict Urteil *n*
verge 1. Rand *m;* road: Seitenstreifen *m;* **be on the ~ of** kurz vor ... stehen; **be on the ~ of tears** *etc.* den Tränen *etc.* nahe sein; **2. ~ on** *fig.* grenzen an
verify bestätigen; nachweisen; (über)prüfen
vermicelli Fadennudeln *pl*
vermin Ungeziefer *n*
vernacular Dialekt *m,* Mundart *f*
versatile vielseitig, vielseitig verwendbar
verse Versdichtung *f;* Vers *m;* Strophe *f*
versed: be (well) ~ in beschlagen sein in, bewandert sein in
version Version *f;* Ausführung *f; description:* Darstellung *f; translation:* Übersetzung *f*
versus *(abbr.* **vs.**) *jur., sport:* gegen
vertebra *anat.* Wirbel *m*
vertebrate Wirbeltier *n*
vertical vertikal, senkrecht
vertigo Schwindel(gefühl *n*) *m*
very 1. *adv* sehr; *with sup:* aller...; **the ~ best** das Allerbeste; **2.** *adj:* **the ~ thing** genau das Richtige; **the ~ thought of** der bloße Gedanke an
vessel *anat., bot.* Gefäß *n*
vest Weste *f;* Unterhemd *n*
vestry *rel.* Sakristei *f*
vet → **veterinarian**
veteran Veteran *m*
veterinarian Tierarzt *m,* Tierärztin *f*
veterinary surgeon *Brt.* → **veterinarian**
veto 1. Veto *n;* **2.** sein Veto einlegen gegen
via über, via
vibrate vibrieren, zittern; schwingen; **vibration** Vibrieren *n,* Zittern *n;* Schwingung *f*
vicar Pfarrer *m;* **~age** Pfarrhaus *n*
vice¹ Laster *n*
vice² *esp. Brt.* → **vise**
vice... *in compounds:* Vize...

vice versa: *and* ~ und umgekehrt

vicinity Nähe *f*, Nachbarschaft *f*

vicious bösartig; boshaft, gemein

victim Opfer *n*

victorious siegreich; **victory** Sieg *m*

video 1. Video *n*; Videokassette *f*; F Videoband *n*; *esp. Brt.* Videorekorder *m*, Videogerät *n*; *in compounds:* Video-; **on** ~ auf Video; **2.** auf Video aufnehmen, aufzeichnen; ~ **camera** Videokamera *f*; ~ **cassette** Videokassette *f*; ~ **cassette recorder** → *video recorder*; ~ **clip** Videoclip *m*; ~ **game** Videospiel *n*; ~ **recorder** Videorekorder *m*, Videogerät *n*; ~ **recording** Videoaufnahme *f*, Videoaufzeichnung *f*; **~tape 1.** Videokassette *f*; Videoband *n*; **2.** → *video 2*

Vienna Wien *n*; **Viennese 1.** wienerisch; **2.** Wiener *m*, Wienerin *f*

view 1. Sicht *f*; Aussicht *f*, (Aus)Blick *m*; *opinion:* Ansicht *f*, Meinung *f*; *in* ~ *of* angesichts; *be on* ~ zu besichtigen sein; **2.** ansehen, besichtigen; betrachten; **~er** Fernsehzuschauer(in); ~ **finder** *phot.* Sucher *m*; ~ **point** Gesichtspunkt *m*, Standpunkt *m*

vigor Kraft *f*, Energie *f*; **~ous** energisch; kräftig

vigour *Brt.* → *vigor*

village Dorf *n*; **villager** Dorfbewohner(in)

villain Schurke *m*; *Brt.* F Ganove *m*

vindictive rachsüchtig; nachtragend

vine (Wein)Rebe *f*; *creeper:* Kletterpflanze *f*

vinegar Essig *m*

vineyard Weinberg *m*

vintage 1. *wine:* Jahrgang *m*; **2.** edel, erlesen; hervorragend

violate *treaty etc.:* verletzen, *a. oath, promise:* brechen; *law:* übertreten; **violation** Verletzung *f*, Bruch *m*, Übertretung *f*

violence Gewalt(tätigkeit) *f*; Heftigkeit *f*; **violent** gewalttätig, brutal; gewaltsam; heftig

violet 1. Veilchen *n*; **2.** violett

violin Violine *f*, Geige *f*; **~ist** Geiger(in)

VIP *very important person* VIP *m*

viper Viper *f*

viral *in compounds:* Virus-

virgin 1. Jungfrau *f*; **2.** jungfräulich, unberührt; **~ity** Jungfräulichkeit *f*

Virgo *astr.* Jungfrau *f*

virile männlich; potent; **virility** Männlichkeit *f*; Potenz *f*

virtual eigentlich; **~ly** praktisch, so gut wie; ~ **reality** virtuelle Realität

virtue Tugend f; Vorzug m; **virtuous** tugendhaft
virulent med. disease: (akut u.) bösartig; poison: stark
virus Virus n, m
visa Visum n
vise Schraubstock m
visibility Sicht(verhältnisse pl, -weite) f
visible sichtbar
vision Sehkraft f; fig. Weitblick m; Vision f
visit besuchen, museum etc.: a. besichtigen; **2.** Besuch m; Besichtigung f; **pay s.o. a ~** j-n besuchen; **~ing hours** pl hospital: Besuchszeit f; **~or** Besucher(in), Gast m
visor Visier n; (Mützen-)Schirm m; mot. Sonnenblende f
visual in compounds: Seh...; visuell; **~ aids** pl Anschauungsmaterial n, Lehrmittel pl; **~ display unit** Bildschirmgerät n, Datensichtgerät n; **~ize** imagine: sich vorstellen
vital essential: lebenswichtig; unbedingt notwendig; full of energy: vital; **~ity** Vitalität f
vitamin Vitamin n
vivacious lebhaft
vivid lebhaft, lebendig; colors: leuchtend
vocabulary Vokabular n, Wortschatz m; Wörterverzeichnis n
vocal in compounds: Stimm...; mus. Vokal..., Gesang(s)...; **~ cords** pl Stimmbänder pl
vocation Berufung f; Begabung f (**for** für)
vogue Mode f
voice 1. Stimme f; **2.** opinions, doubts etc.: äußern
void jur. ungültig
volatile chem. flüchtig; person: leicht aufbrausend; situation: explosiv
volcano Vulkan m
volley Salve f; (Stein- etc.)Hagel m; fig. Schwall m; tennis: Volley m, Flugball m; **~ball** Volleyball m
volt electr. Volt n; **~age** electr. Spannung f
volume book: Band m; amount of space: Volumen n, Rauminhalt m; total amount: Umfang m; sound: Lautstärke f
voluntary freiwillig; without payment: unbezahlt
volunteer 1. offer help etc.: anbieten; sich freiwillig melden (**for** zu); **2.** Freiwillige m, f; freiwilliger Helfer
voluptuous sinnlich; üppig
vomit v/t erbrechen; v/i sich übergeben
voracious gefräßig; unersättlich
vote 1. individual ~: (Wahl-)Stimme f; act of voting: Abstimmung f, Wahl f; result: Wahlergebnis n; ballot paper: Stimmzettel m; right to

walking shoes

~: Wahlrecht n; **2.** wählen; ~ **for**/**against** stimmen für/gegen; ~ **on** abstimmen über; **voter** Wähler(in)
voting booth Wahlkabine f
vouch: ~ **for** (sich ver)bürgen für; ~**er** Gutschein m, Kupon m
vow 1. Gelöbnis n; rel. Gelübde n; **2.** schwören
vowel Vokal m, Selbstlaut m
voyage Seereise f
vs. versus (= **against**) esp. sport, jur.: gegen
vulgar gewöhnlich, vulgär
vulnerable verwundbar; fig. verletzlich
vulture Geier m

W

wad (Watte- etc.)Bausch m; dollar bills: Bündel n; paper: Stoß m
waddle watscheln
wade (durch)waten
wafer (Eis- etc.)Waffel f; Oblate f; rel. Hostie f
waffle Waffel f
wag wedeln (mit)
wage[1] usually pl Lohn m
wage[2]: ~ **war on** Krieg führen gegen; fig. e-n Feldzug führen gegen
wage| **earner** Lohnempfänger(in); ~ **freeze** Lohnstopp m; ~ **packet** Lohntüte f; ~ **rise** Lohnerhöhung f
waggle wackeln (mit)
wagon, Brt. a. **waggon** Wagen m; Brt. rail. (offener) Güterwagen
wail jammern; heulen
waist Taille f; ~**coat** esp. Brt. Weste f; ~**line** Taille f
wait 1. warten (for auf); erwarten; ~ **on s.o.** j-n bedienen; **2.** Wartezeit f; ~**er** Kellner m, Ober m
waiting Warten n; "**no** ~" mot. on traffic sign: „Halt(e)verbot"; ~ **room** Wartezimmer n; rail. Wartesaal m
waitress Kellnerin f
wake[1] a. ~ **up** aufwachen; (auf)wecken
wake[2] Kielwasser n; **follow in the** ~ **of** fig. folgen auf
walk 1. gehen; zu Fuß gehen, laufen; spazieren gehen, wandern; person: begleiten, bringen; dog: ausführen; ~ **out** streiken; ~ **out on s.o.** j-n verlassen, j-n im Stich lassen; **2.** Spaziergang m; Wanderung f; (Spazier)Weg m; ~**about** Brt. F Bad n in der Menge; ~**er** Spaziergänger(in); Wanderer m, Wand(r)erin f
walking| **distance**: **be within** ~ leicht zu Fuß zu erreichen sein; ~ **shoes** pl Wanderschuhe pl

walkout Auszug *m*; Streik *m*
wall Wand *f*; Mauer *f*
wallet Brieftasche *f*
wall|flower *fig.* F Mauerblümchen *n*; **~paper 1.** Tapete *f*; 2. tapezieren; **~to-wall carpet(ing) 1.** Spannteppich *m*, Teppichboden *m*
walnut Walnuss(baum) *m f*
walrus Walross *n*
waltz 1. Walzer *m*; **2.** Walzer tanzen
wander (herum)wandern; *fig.* abschweifen
wane *moon*: abnehmen; *power etc.*: schwinden
want 1. wollen; brauchen; *ask for s.o.*: j-n verlangen, sprechen wollen; *lack*: nicht haben; **2.** Mangel *m* (**of** an); **for ~ of** in Ermangelung (*gen*), mangels; **~ad** Kleinanzeige *f*; **~ed** gesucht
wanton mutwillig
war Krieg *m*
warble trillern
ward 1. *hospital*: Station *f*; *jur.* Mündel *n*; **2. ~ off** abwehren; **~en** Aufseher(in); *Brt.* Heimleiter(in); **~er** *prison*: Aufsichtsbeamte *m*, Aufsichtsbeamtin *f*
wardrobe *Brt.* Kleiderschrank *m*; *clothes*: Garderobe *f*
ware *in compounds*: ...ware(n *pl*) *f*; **~house** Lagerhaus *n*
warfare Krieg *m*
warm 1. warm; *fig.* herzlich; **2.** *a.* **~ up** (auf-, an-, er)wärmen; sich erwärmen, warm werden, wärmer werden; **~hearted** warmherzig
warmth Wärme *f*
warm-up *sport*: Aufwärmen *n*
warn warnen (**against, of** vor); **~ing** Warnung *f*; **without ~** ohne Vorwarnung
warp *wood etc.*: sich verziehen, sich werfen
warrant 1. (Haft-, Durchsuchungs- *etc.*)Befehl *m*; **2.** rechtfertigen
warranty *econ.* Garantie(erklärung) *f*
wart Warze *f*
wary vorsichtig
was: I/he/she/it ~ ich/er/sie/es war; *gr. passive voice*: ich/er/sie/es wurde
wash 1. (sich) waschen; **~ up** *esp. Brt. plates, dishes etc*: spülen, abwaschen; **2.** Wäsche *f*; *med.* Waschlotion *f*; *med.* (Mund- *etc.*)Wasser *n*; **have a ~** sich waschen; **~able** waschbar; **~basin** *Brt.*, **~bowl** *Am.* Waschbecken *n*; **~cloth** *Am.* Waschlappen *m*; **~er** Waschmaschine *f*; *tech.* Unterlegscheibe *f*; → **dishwasher**
washing *cleansing*: Waschen *n*; *clothes*: Wäsche *f*; **~machine** Waschmaschine *f*; **~powder** Waschpulver *n*; **~-up** *Brt.* F Abwasch *m*; **do the ~** den Abwasch machen
washroom Toilette *f*

wasp Wespe f

waste 1. Verschwendung f; Abfall m; Müll m; **hazardous ~**, **special toxic ~** Sondermüll m; **special ~ dump** Sondermülldeponie f; **2.** verschwenden, vergeuden; **~ away** *person*: immer schwächer werden; **3.** überschüssig; *in compounds*: Abfall...; *land*: öde; **~ disposal** Abfallbeseitigung f; Müllbeseitigung f; Entsorgung f; **~ disposal site** Deponie f; **~ful** verschwenderisch; **~ gas** Abgas n; **~ paper** Altpapier n; **~paper basket** Papierkorb m; **~ pipe** Abflussrohr n

watch 1. zusehen, zuschauen; beobachten; sich ansehen; Acht geben auf; **~ for** warten auf; **~ out** F aufpassen; **~ out!** Vorsicht!, pass auf!; **~ out for** Ausschau halten nach; **~ TV** fernsehen; **2.** (Armband-, Taschen-)Uhr f; *guarding s.th.*: Wache f; **~dog** Wachhund m; **~ful** wachsam; **~maker** Uhrmacher(in)

water 1. Wasser n; **2.** gießen; bewässern; *lawn etc.*: sprengen; *animals*: tränken; **~ down** verdünnen; *fig.* abschwächen; *v/i eyes*: tränen; **make s.o.'s mouth ~** j-m den Mund wäss(e)rig machen; **~color** *Am.*, **~colour** *Brt.* Aquarell(malerei f) n; Wasserfarbe f; **~course** Wasserlauf m; **~cress** Brunnenkresse f; **~fall** Wasserfall m; **~hole** Wasserloch n; **~ing can** Gießkanne f; **~ level** Wasserstand(slinie f) m; **~ lily** Seerose f; **~mark** Wasserzeichen n; **~proof 1.** wasserdicht; **2.** *Brt.* Regenmantel m; **~shed** Wasserscheide f; **~side** Ufer n; **~tight** wasserdicht, *fig. a.* hieb- u. stichfest; **~way** Wasserstraße f; **~works** *usually sg* Wasserwerk n

watery wäss(e)rig

watt *electr.* Watt n

wave 1. Welle f; Winken n; **2.** schwenken; winken (mit); *hair*: (sich) wellen; *flags etc.*: wehen; **~ to/at s.o.** j-m zuwinken; **~ length** *phys.* Wellenlänge f (*a. fig.*)

waver flackern; schwanken

wavy wellig, gewellt

wax¹ 1. Wachs n; Ohrenschmalz m; **2.** wachsen, bohnern

wax² moon: zunehmen

way *road, path*: Weg m; *direction*: Richtung f; *distance*: Weg m, Entfernung f, Strecke f; *method, manner etc.*: Art f, Weise f, Methode f; **this ~** hierher; hier entlang; **the other ~ round** umgekehrt; **by the ~** übrigens; **by ~ of** *place*: über; *instead*: statt; **in a ~** in gewisser Weise; **give ~** nachgeben; *Brt. mot.* die Vorfahrt lassen (**to**

dat); abgelöst werden; **get one's (own)** j-n s-n Willen durchsetzen; **lead the** ~ vorangehen; **lose one's** ~ sich verlaufen, sich verirren; **make** ~ Platz machen (**for** für); ~ **back** Rückweg *m*; ~ **in** Eingang *m*; ~ **of life** Lebensart *f*, Lebensweise *f*; ~ **out** Ausgang *m*; *fig.* Ausweg *m*; **~ward** eigensinnig

we wir

weak schwach; *drink*: dünn; **~en** schwächen; schwächer werden (*a. fig.*); *fig.* nachgeben; **~ling** Schwächling *m*; **~ness** Schwäche *f*

wealth Reichtum *m*; *fig.* Fülle *f*; **~y** reich

wean entwöhnen

weapon Waffe *f*

wear 1. *v/t beard, glasses, jewelry etc.*: tragen, *coat etc.*: *a.* anhaben, *hat etc.*: *a.* aufhaben; abnutzen, abtragen; *v/i* sich abnutzen, verschleißen; ~ **away** (sich) abtragen; (sich) abschleifen; ~ **down** *tires*: (sich) ablaufen; *fig. person*: zermürben; ~ **off** *pain etc.*: nachlassen; ~ **out** (sich) abnutzen, (sich) abtragen; *fig. person*: erschöpfen; ~ **well** sich gut halten; 2. *in compounds*: ...kleidung *f*; ~ **and tear** Abnutzung *f*, Verschleiß *m*

weary müde, erschöpft

weasel Wiesel *n*

weather Wetter *n*; Witterung *f*; **~ chart** Wetterkarte *f*; **~ forecast** Wetterbericht *m*, Wettervorhersage *f*

weave weben; flechten

web Netz *n*; *zo.* Schwimmhaut *f*

wedding Hochzeit *f*; *in compounds*: Hochzeits...; **~ ring** Ehering *m*, Trauring *m*

wedge 1. Keil *m*; 2. verkeilen, festklemmen; **~ in** einkeilen, einzwängen

Wednesday Mittwoch *m*

wee F winzig; **a** ~ **bit** F ein kleines bisschen

weed 1. Unkraut *n*; 2. jäten; **~killer** Unkrautvertilgungsmittel *n*

week Woche *f*; **~day** Wochentag *m*; **~end** Wochenende *n*; **~ly** wöchentlich; *in compounds*: Wochen...

weep weinen; **~ing willow** Trauerweide *f*

weigh wiegen; *fig.* abwägen; ~ **down** niederdrücken; ~ **on** *fig.* lasten auf

weight Gewicht *n*; *fig.* Last *f*; *fig.* Bedeutung *f*; **~less** schwerelos; **~lessness** Schwerelosigkeit *f*; **~ lifting** Gewichtheben *n*

weighty schwer; *fig.* schwerwiegend

weir Wehr *n*

weird unheimlich; F sonderbar

welcome 1. *int*: ~ **home!** willkommen zu Hause (*Aus-*

trian, Swiss: a. zuhause)!; **2.** begrüßen (*a. fig.*); **3.** *adj* willkommen; **you're ~** nichts zu danken, keine Ursache, bitte sehr; **4.** Empfang *m*, Willkommen *n*

weld schweißen

welfare Wohl(ergehen) *n*; Fürsorge *f*; Sozialhilfe *f*; **be on ~** Sozialhilfe erhalten; **~ state** Wohlfahrtsstaat *m*; **~ work** Sozialarbeit *f*; **~worker** Sozialarbeiter(in)

well¹ 1. *adv* gut; **as ~** auch; **as ~ as** sowohl ... als auch; **not only ..., but ~** nicht nur ..., sondern auch; **2.** *adj* gesund; **feel ~** sich wohl fühlen; **get ~ soon!** gute Besserung!; **3.** *int* nun, also; **~ then** also gut

well² Brunnen *m*; (Öl)Quelle *f*; (Aufzugs- *etc.*)Schacht *m*

well-balanced ausgeglichen; ausgewogen; **~being** Wohl(befinden) *n*; **~done** *gastr.* durchgebraten; **~earned** wohlverdient

wellingtons *pl* Gummistiefel *pl*

well-known (wohl) bekannt; **~mannered** mit guten Manieren; **~off** wohlhabend; **~read** belesen; **~timed** (zeitlich) günstig, im richtigen Augenblick; **~to-do** wohlhabend; **~worn** abgetragen; *fig.* abgedroschen

were: you ~ du warst, Sie waren, **we/they ~** wir/sie waren, **you ~** ihr wart

west 1. *noun* point of compass: West; Westen *m*; **2.** *adj* westlich, *in compounds:* West...; **3.** *adv* nach Westen, westwärts; **western 1.** westlich, *in compounds:* West...; **2.** *movie:* Western *m*; **westward(s)** westlich, nach Westen

wet 1. nass, feucht; **2.** Nässe *f*, Feuchtigkeit *f*; **3.** nass machen, anfeuchten

whale Wal *m*

wharf Kai *m*

what 1. *pron* was; **~ about ...?** wie wärs mit ...?; **~ for?** wozu?; **so ~?** na und?; **2.** *adj* was für ein(e), welche(r, -s); **~ever 1.** *pron* was (auch immer); egal, was; **2.** *adj* welche(r, -s) ... auch (immer)

wheat Weizen *m*

wheel 1. Rad *n*; Steuer(rad) *n*; **2.** schieben; **~barrow** Schubkarren *m*; **~chair** Rollstuhl *m*; **~ clamp** *mot.* Parkkralle *f*

whelp Welpe *m*

when wann; wenn; als; **since ~?** seit wann?; **~ever** jedes Mal, wenn; wann (auch) immer

where wo; wohin; **~ ... from?** woher?; **~abouts 1.** *adv* wo etwa; **2.** *noun sg, pl* Verbleib *m*; Aufenthalt(sort) *m*; **~as** während, wohingegen; **~upon** worauf(hin)

wherever wo(hin) auch (im-

whet *fig. appetite:* anregen
whether ob
which welche(r, -s); der, die, das; was; **~ever** welche(r, -s) auch (immer); ganz gleich, welche(r, -s)
whiff Hauch *m*, leichter Geruch, leichter Duft (**of** von)
while 1. während; **2.** Weile *f*; **for a ~** e-e Zeit lang; **3.** **~ away the time** *etc.* sich die Zeit *etc.* vertreiben
whim Laune *f*
whimper wimmern
whimsical wunderlich; launisch
whine 1. jammern; *dog:* winseln, jaulen; **2.** Gejammer *n*; Winseln *n*, Jaulen *n*
whinny wiehern
whip 1. Peitsche *f*; **2.** peitschen; verprügeln; *cream etc.:* schlagen; *move quickly:* flitzen; **whipped cream** Schlagsahne *f*; **whipping** Prügel *pl*
whirl 1. wirbeln, sich drehen; **2.** Wirbel *m*; **~pool** Strudel *m*; Whirlpool *m*; **~wind** Wirbelsturm *m*
whirr *a.* **whir** schwirren
whisk 1. schnelle Bewegung; *gastr.* Schneebesen *m*; **2.** *white of egg etc.:* schlagen; **~ away/off** schnell verschwinden lassen
whisker *zo.* Barthaar *n*, Schnurrhaar *n*; *pl* Backenbart *m*

whisper 1. flüstern; **2.** Flüstern *n*
whistle 1. Pfeife *f*; Pfiff *m*; **2.** pfeifen
white 1. weiß; **2.** Weiß(e) *n*; Weiße *m, f*; **~ coffee** Milchkaffee *m*; **~-collar worker** (Büro)Angestellte *m, f*; **~ lie** F Notlüge *f*; **whiten** weiß machen, weiß werden; **~wash 1.** Tünche *f*; **2.** tünchen, anstreichen; *fig.* beschönigen
Whitsun Pfingsten *f*; *in compounds:* Pfingst...
whizz *a.* **whiz 1.** **~ by/past** F vorbeizischen, vorbeidüsen; **2.** F **As** *n*, Kanone *f* (**at** in); **~ kid** F Senkrechtstarter(in)
who wer; wen; wem; der, die, das
whodun(n)it F Krimi *m*
whoever wer/wen/wem auch (immer); jeder, der
whole 1. ganz; **2.** *das* Ganze *n*; **on the ~** im Großen u. Ganzen; **~food** Vollwertkost *f*; **~-hearted** uneingeschränkt; **~meal** *Brt.* → **whole wheat**; **~sale** Großhandel *m*; **~ dealer** → **~saler** Großhändler *m*; **~some** gesund; **wheat** *in compounds:* Vollkorn...; **~ bread** Vollkornbrot *n*
wholly völlig
whom wen; wem; den, die, das
whooping cough Keuchhusten *m*

whore Hure f
whose wessen; dessen, deren
why warum, weshalb; *that's* ~ deshalb
wick Docht m
wicked böse; schlecht; gemein
wicker *in compounds*: Korb...
wicket *cricket*: Tor n
wide breit; weit (offen); *fig.* umfangreich, vielfältig; **~angle lens** *phot.* Weitwinkelobjektiv n; **~awake** hellwach; *fig.* aufgeweckt, wach; **~ly** weit; **widen** verbreitern; (sich) erweitern; breiter werden; **~open** weit geöffnet; **~spread** weit verbreitet
widow Witwe f; **~ed** verwitwet; **~er** Witwer m
width Breite f
wield *influence, power etc.*: ausüben
wife (Ehe)Frau f, Gattin f
wig Perücke f
wild wild; stürmisch; außer sich (**with** vor); *be* ~ *about* (ganz) verrückt sein nach; **~cat** Wildkatze f; **~cat strike** wilder Streik
wilderness Wildnis f; *fig.* Wüste f
wild|fire: spread like ~ sich wie ein Lauffeuer verbreiten; **~life** Tier- u. Pflanzenwelt f
wilful *Brt.* → **willful**
will[1] *v/aux*: *I* ~ ich will/werde, *you* ~ du willst/wirst *etc.*
will[2] Wille m; Testament n
willful eigensinnig; vorsätzlich

windshield wiper

willing bereit (*to do* zu tun); (bereit)willig
willow *bot.* Weide f
willpower Willenskraft f
willy-nilly wohl oder übel
wilt verwelken, welk werden
wily gerissen, listig
win 1. gewinnen; siegen; **2.** *esp. sport*: Sieg m
wince (zusammen)zucken
winch *tech.* Winde f
wind[1] Wind m; *flatulence*: Blähungen pl
wind[2] sich winden, sich schlängeln; wickeln; kurbeln; ~ *up clock, watch*: aufziehen
winding gewunden; ~ **stairs** *pl* Wendeltreppe f
wind instrument Blasinstrument n
windlass *tech.* Winde f
windmill Windmühle f
window Fenster n; *for display of goods*: Schaufenster n; *for issue of tickets etc.*: Schalter m; ~ **box** Blumenkasten m; ~ **pane** Fensterscheibe f; ~ **shade** Rouleau n, Rollo n, Jalousie f; ~ **shopping: go** ~-en Schaufensterbummel machen; **~sill** Fensterbank f, Fensterbrett n
wind|pipe Luftröhre f; **~screen** *Brt. mot.* → **windshield**; **~screen wiper** *Brt. mot.* → **windshield wiper**; **~shield** *mot.* Windschutzscheibe f; **~shield wiper** *mot.* Scheibenwischer m

windy windig
wine Wein *m*
wing Flügel *m*; *Brt. mot.* Kotflügel *m*; *aviat.* Tragfläche *f*; **~er** *sport:* Außenstürmer(in), Flügelstürmer(in)
wink 1. zwinkern; 2. Zwinkern *n*
winner Gewinner(in), *esp. sport:* Sieger(in)
winning *fig.* gewinnend
winnings *pl* (Spiel)Gewinn *m*
winter 1. Winter *m*; 2. überwintern; **~ sports** *pl* Wintersport *m*
wintry winterlich; *fig.* frostig
wipe (ab-, auf)wischen; (ab)trocknen; **~ off** abwischen, wegwischen; tilgen; **~ out** auswischen; auslöschen, ausrotten; **~ up** aufwischen
wire 1. Draht *m*; *electr.* Leitung *f*; Telegramm *n*; 2. telegrafieren; **~less** drahtlos, *in compounds:* Funk...
wire netting Maschendraht *m*
wiry drahtig
wisdom Weisheit *f*, Klugheit *f*; **~ tooth** Weisheitszahn *m*
wise weise, klug; **~crack** F witzige Bemerkung; **~ guy** F Klugscheißer *m*
wish 1. wünschen; wollen; **~ s.o. well** j-m alles Gute wünschen; **~ for s.th.** sich et. wünschen; 2. Wunsch *m*; **best ~es all the best;** *card, letter:* Herzliche Grüße; **~ful thinking** Wunschdenken *n*

wishy-washy lasch, soso, farblos, *ideas:* a. verschwommen
wistful wehmütig
wit Geist *m*, Witz *m*; *a. pl* Verstand *m*; **be at one's ~s' end** mit s-r Weisheit am Ende sein
witch Hexe *f*; **~craft** Hexerei *f*
with mit; bei
withdraw *money:* abheben; *mil.* abziehen; (sich) zurückziehen
wither (ver)welken (lassen), verdorren (lassen)
withhold zurückhalten; vorenthalten
with|in innerhalb; **~ call / reach** in Ruf-/Reichweite; **~out** ohne
withstand *cold, heat, pressure etc.:* aushalten; *attack etc.:* standhalten
witness 1. Zeuge *m*, Zeugin *f*; 2. Zeuge sein von; bezeugen; beglaubigen; **~ box** *Brt.,* **~ stand** *Am.* Zeugenstand *m*
witticism geistreiche Bemerkung, witzige Bemerkung
witty geistreich, witzig
wizard Zauberer *m*; Genie *n*
wobble wackeln; *pudding, parts of body etc.:* schwabbeln; schwanken
wolf 1. Wolf *m*; 2. *a.* **~ down** F hinunterschlingen
woman Frau *f*; **~ doctor** Ärztin *f*; **~ly** fraulich, weiblich
womb Gebärmutter *f*
women's| refuge *Brt.,*

shelter *Am.* Frauenhaus *n*
wonder 1. gern wissen mögen, sich fragen, überlegen; sich wundern, erstaunt sein (**about** über); **2.** Staunen *n*, Verwunderung *f*; Wunder *n*; **~ful** wunderbar
wood Holz *n*; *a. pl* Wald *m*, Gehölz *n*; **~cut** Holzschnitt *m*; **~cutter** Holzfäller *m*; **~ed** bewaldet; **~en** hölzern (*a. fig.*), aus Holz, *in compounds*: Holz...; **~pecker** Specht *m*; **~s** *sg or pl* die Holzblasinstrumente *pl*; die Holzbläser *pl*; **~work** Holzarbeit *f*
woody waldig; holzig
wool Wolle *f*
woolen *Am.*, **woollen** *Brt.* **1.** wollen, *in compounds*: Woll...; **2.** *pl* Wollsachen *pl*, Wollkleidung *f*
woolly *Brt.*, **wooly** *Am.* wollig, *in compounds*: Woll...; *fig.* wirr
word 1. Wort *n*; *infomation, news*: Nachricht *f*; *promise*: Versprechen *n*; *pl* (Lied)Text *m*; **have a ~ with s.o.** kurz mit j-m sprechen; **2.** ausdrücken; *text*: abfassen, formulieren; **~ing** Wortlaut *m*; **~ processing** Textverarbeitung *f*; **~ processor** Textverarbeitungsgerät *n*
work 1. *v/i* arbeiten; *tech.* funktionieren, gehen; wirken; **~ to rule** *Brt.* Dienst nach Vorschrift tun; *v/t* bearbeiten; *machine etc.*: bedienen, betätigen; *fig.* bewirken; **~ off** *emotions*: abreagieren; **~ out** *v/t* ausrechnen; *plan etc.*: ausarbeiten; *v/i* klappen; *fig.* aufgehen; *sport*: trainieren; **~ up** *enthusiasm, courage etc.*: aufbringen; *appetite etc.*: sich holen; **be ~ed up** aufgeregt sein, nervös sein (**about** wegen); **2.** Arbeit *f*; Werk *n*; **~s** *pl tech.* Werk *n*, Getriebe *n*; **~s** *sg* Werk *n*, Fabrik *f*; **at ~** bei der Arbeit; **be out of ~** arbeitslos sein; **~aholic** Arbeitssüchtige *m, f*; **~day** Arbeitstag *m*; Werktag *m*; **on ~s** werktags; **~er** Arbeiter(in); Angestellte *m, f*
working *in compounds*: Arbeits...; **have a ~ knowledge of** ein bisschen was verstehen von; **~ day** → **workday**; **~ hours** *pl* Arbeitszeit *f*
workman Handwerker *m*; **~like** fachmännisch; **~ship** fachmännische Arbeit
work of art Kunstwerk *n*; **~out** *sport*: Training *n*; **~ permit** Arbeitserlaubnis *f*; **~place** Arbeitsplatz *m*
works council *committee*: Betriebsrat *m*; (*person*: member of a/the~)
work|shop Werkstatt *f*; *meeting*: Workshop *m*; **~station** Bildschirmarbeitsplatz *m*; **~-to-rule** *Brt.* Dienst *m* nach Vorschrift

world Welt *f*; **~ly** weltlich; irdisch; **~power** Weltmacht *f*; **~ war** Weltkrieg *m*; **~wide** weltweit

worm Wurm *m*; **~eaten** wurmstichig; **~'s-eye view** Froschperspektive *f*

worn-out abgenutzt, abgetragen; *very tired*: erschöpft

worried besorgt, beunruhigt

worry 1. *s.o.*: j-n beunruhigen, j-m Sorgen machen; sich Sorgen machen; *don't ~* keine Angst!; keine Sorge!; *2.* Sorge *f*; **~ing** beunruhigend

worse schlechter, schlimmer; **~ luck!** F (so ein) Pech!;

worsen schlechter machen, schlechter werden, (sich) verschlechtern

worship Verehrung *f*; *service*: Gottesdienst *m*; *2.* verehren, anbeten; am Gottesdienst teilnehmen

worst 1. *adj* schlechtest, schlimmst; *2.* *adv* am schlechtesten, am schlimmsten; *3.* *noun*: **the ~** der, die, das Schlechteste, der, die, das Schlimmste; **at (the) ~** schlimmstenfalls

worsted Kammgarn *n*

worth 1. wert; **~ reading** lesenswert; **~ seeing** sehenswert; *2.* Wert *m*; **~less** wertlos; **~while** lohnend; **be ~** sich lohnen

worthy würdig

would *pret of will*¹; **~ you like ...?** möchten Sie ...?

wound 1. Wunde *f*, Verletzung *f*; *2.* verwunden, verletzen (*a. fig.*)

wow *int* F wow!, Mensch!, toll!

wrap wickeln; *a. ~ up* einwickeln, einpacken; **wrapper** Verpackung *f*; (Schutz)Umschlag *m*; **wrapping** Verpackung *f*; **wrapping paper** Geschenkpapier *n*

wreath Kranz *m*

wreck 1. Wrack *n* (*a. fig.*); *nervous ~* Nervenbündel *n*; *2.* *plans etc.*: zunichte machen; *ruin*: zerstören; *be ~ed* zerschellen; Schiffbruch erleiden; **~age** Trümmer *pl* (*a. fig.*), Wrack(teile *pl*) *n*

wrecking | company Abbruchfirma *f*; **~ service** *mot.* Abschleppdienst *m*

wren Zaunkönig *m*

wrench 1. *knee etc.*: sich das Knie *etc.* verrenken; **~ s.th. away from s.o.** j-m *etc.* entwinden; **~ o.s. away from s.o.** sich von j-m losreißen; *2.* Ruck *m*; *med.* Verrenkung *f*; Schraubenschlüssel *m*

wrestle ringen; **wrestling** Ringen *n*

wretch Schuft *m*; *a. poor ~* armer Teufel *m*; *miserable, ill*: elend; *very bad*: scheußlich; *damned*: verdammt, verflixt

wriggle sich winden, zappeln; sich schlängeln

wring: (~ out (aus)wringen; **~ one's hands** die Hände ringen

wrinkle 1. Falte *f*, Runzel *f*; *in clothes:* Knitterfalte *f*; **2.** *v/t brow:* runzeln; *nose:* kraus ziehen, rümpfen; *v/i* knittern; faltig werden, runz(e)lig werden

wrist Handgelenk *n*; **~watch** Armbanduhr *f*

write schreiben; **~ down** aufschreiben, niederschreiben; **~ off** *s.o., project, debts etc.:* abschreiben; **~ out** *check etc.:* ausstellen; **~ protection** *computer:* Schreibschutz *m*

writer *letter etc.:* Schreiber (-in), Verfasser(in); *author:* Schriftsteller(in)

writhe sich krümmen

writing Schreiben *n*; (Hand-) Schrift *f*; **in ~** schriftlich; **~ desk** Schreibtisch *m*; **~ paper** Briefpapier *n*

written schriftlich

wrong 1. falsch, verkehrt; unrecht; **be ~** falsch sein, nicht stimmen; Unrecht haben; *clock, watch:* falsch gehen; **what's ~ with you?** was ist los mit dir?; **go ~** kaputtgehen; e-n Fehler machen; *fig.* schief gehen; **2.** Unrecht *n*; **~ful** unrechtmäßig; **~ly** falsch; zu Unrecht

wrought| iron Schmiedeeisen *n*; **~-iron** schmiedeeisern

WYSIWYG *What You See Is What You Get computer:* was du siehst (*on the screen*), bekommst du auch ausgedruckt

X

xenophobia Ausländerfeindlichkeit *f*

XL *extra large* (*size*) extragroß

Xmas F → **Christmas**

X-ray 1. Röntgenstrahl *m*; Röntgenaufnahme *f*; **2.** röntgen

Y

yacht Jacht *f*; *sport:* (Segel-) Boot *n*

yap kläffen

yard[1] (*abbr.* **yd**) Yard *n* (*91,44 cm*)

yard[2] Hof *m*

yarn Garn *n*

yawn 1. gähnen; **2.** Gähnen *n*

year Jahr *n*; **~ly** jährlich

yearn sich sehnen (**for** nach)

yeast Hefe *f*

yell 1. *a.* **~ out** schreien, brüllen; **~ at s.o.** j-n anschreien, j-n anbrüllen; **2.** Schrei *m*

yellow

yellow gelb; ♀ Pages® *pl tel.* die gelben Seiten *pl*, Branchenverzeichnis *n*; **~ press** Sensationspresse *f*

yelp (auf)jaulen

yes 1. *adv* ja; doch; **2.** Ja *n*

yesterday gestern; **~ afternoon/morning** gestern Nachmittag/Morgen; **the day before ~** vorgestern

yet 1. *adv* schon; noch; **as ~** bis jetzt, bisher; **not ~** noch nicht; **2.** *cj* aber, doch

yew Eibe *f*

yield 1. *v/t fruit:* tragen, *crop:* hervorbringen; *profit:* abwerfen; *result etc.:* ergeben, liefern; *v/i* nachgeben; **~ to s.o.** *mot.* j-m die Vorfahrt lassen; **2.** Ertrag *m*

yoghurt, yogurt Joghurt *m, n*

yolk (Ei)Dotter *m*, Eigelb *n*

you du, ihr, Sie; dir, euch, Ihnen; dich, euch, Sie; man

young 1. jung; **2.** *zo.* Junge *pl*

your dein(e); *pl* euer, eure; Ihr(e) (*a. pl.*)

yours deine(r, -s); *pl* euer, eure(s); Ihre(r, -s) (*a. pl.*)

yourself *reflexive form:* dir, dich, sich; *stronger form:* selbst; **by ~** allein

youth Jugend *f*; Jugendliche *m*; **~ful** jugendlich; **~ club** Jugendklub *m* **~ hostel** Jugendherberge *f*

Yugoslavia Jugoslawien *n*

yuppie, yuppy *young upwardly-mobile or urban professional* Yuppie *m*

Z

zap *TV* F zappen, umschalten

zeal Eifer *m*; **~ous** eifrig

zebra Zebra *n*; **~ crossing** Zebrastreifen *m*

zenith Zenit *m*, *fig. a.* Höhepunkt *m*

zero Null *f*; Nullpunkt *m*; **~ growth** *econ.* Nullwachstum *n*; **~ interest: have ~ in s.th.** F null Bock auf et. haben; **~ option** *pol.* Nulllösung *f*

zest Begeisterung *f*

zigzag Zickzack *m*

zinc Zink *n*

zip 1. Reißverschluss *m*; **2.** *a.* **~ up** den Reißverschluss zumachen; **~ code** Postleitzahl *f*

zipper Reißverschluss *m*

zodiac Tierkreis *m*; **sign of the ~** Tierkreiszeichen *n*

zone Zone *f*

zoo Zoo *m*

zoological zoologisch; **zoology** Zoologie *f*

zoom 1. F *prices etc.:* in die Höhe schnellen; *phot.* zoomen; **~ by/past** F vorbeisausen, vorbeidüsen; **~ in on s.th.** *phot.* et. heranholen; **2.** *a.* **~ lens** *phot.* Zoom(objektiv) *n*

Zurich Zürich *n*

ANHANG

States of the Federal Republic of Germany

Baden-Württemberg ['baːdən'vyrtəmbɛrk] Baden-Württemberg
Bayern ['baɪɔrn] Bavaria
Berlin [bɛr'liːn] Berlin
Brandenburg ['brandənbʊrk] Brandenburg
Bremen ['breːmən] Bremen
Hamburg ['hambʊrk] Hamburg
Hessen ['hɛsən] Hesse
Mecklenburg-Vorpommern ['meːklənbʊrk'foːrpɔmərn] Mecklenburg-Western Pomerania
Niedersachsen ['niːdərzaksən] Lower Saxony
Nordrhein-Westfalen ['nɔrtraɪnvɛst'faːlən] North Rhine-Westphalia
Rheinland-Pfalz ['raɪnlant'pfalts] Rhineland-Palatinate
Saarland ['zaːrlant]: *das* ~ the Saarland
Sachsen ['zaksən] Saxony
Sachsen-Anhalt ['zaksən'anhalt] Saxony-Anhalt
Schleswig-Holstein ['ʃleːsvɪç'hɔlʃtaɪn] Schleswig-Holstein
Thüringen ['tyːrɪŋən] Thuringia

States of the Republic of Austria

Burgenland ['bʊrgənlant]: *das* ~ the Burgenland
Kärnten ['kɛrntən] Carinthia
Niederösterreich ['niːdərˀøːstəraɪç] Lower Austria
Oberösterreich ['oːbərˀøːstəraɪç] Upper Austria
Salzburg ['zaltsbʊrk] Salzburg
Steiermark ['ʃtaɪərmark] Styria
Tirol [ti'roːl] Tyrol
Vorarlberg ['foːrˀarlbɛrk] Vorarlberg
Wien [viːn] Vienna

Cantons of the Swiss Confederation

Aargau ['aːrgau]: *der* ~ the Aargau
Appenzell [apən'tsɛl] Appenzell
Basel ['baːzəl] Basel, Basle
Bern [bɛrn] Bern(e)
Freiburg ['fraɪburk], French **Fribourg** [fri'buːr] Fribourg
Genf [gɛnf], French **Genève** [ʒə'nɛːv] Geneva
Glarus ['glaːrus] Glarus
Graubünden [grau'byndən] Graubünden, Grisons
Jura ['juːra]: *der* ~ the Jura
Luzern [lu'tsɛrn] Lucerne
Neuenburg ['nɔyənburk], French **Neuchâtel** [nøʃa'tɛl] Neuchâtel
Schaffhausen [ʃaf'hauzən] Schaffhausen
Schwyz [ʃviːts] Schwyz
Solothurn ['zoːloturn] Solothurn
St. Gallen [zaŋkt 'galən] St Gallen, St Gall
Tessin [tɛ'siːn]: *der* ~ the Ticino, *Italian* **Ticino** [ti'tʃiːno]: *das* ~ the Ticino
Thurgau ['tuːrgau]: *der* ~ the Thurgau
Unterwalden ['untərvaldən] Unterwalden
Uri ['uːri] Uri
Waadt [va(ː)t], French **Vaud** [vo] Vaud
Wallis ['valıs], French **Valais** [va'lɛ]: *das* ~ the Valais, Wallis
Zug [tsuːk] Zug
Zürich ['tsyːrıç] Zurich

Alphabetical List of the German Irregular Verbs

Infinitive – Past Tense – Past Participle

befehlen	befahl	befohlen
beginnen	begann	begonnen
beißen	biss	gebissen
bergen	barg	geborgen
bersten	barst	geborsten
betrügen	betrog	betrogen
bewegen	bewog	bewogen
biegen	bog	gebogen
bieten	bot	geboten
binden	band	gebunden
bitten	bat	gebeten
blasen	blies	geblasen
bleiben	blieb	geblieben
braten	briet	gebraten
brechen	brach	gebrochen
brennen	brannte	gebrannt
bringen	brachte	gebracht
denken	dachte	gedacht
dreschen	drosch	gedroschen
dringen	drang	gedrungen
dürfen	durfte	gedurft (v/*aux* dürfen)
empfehlen	empfahl	empfohlen
erschrecken	erschrak	erschrocken
erwägen	erwog	erwogen
essen	aß	gegessen
fahren	fuhr	gefahren
fallen	fiel	gefallen
fangen	fing	gefangen
fechten	focht	gefochten
finden	fand	gefunden
flechten	flocht	geflochten
fliegen	flog	geflogen

fliehen	floh	geflohen
fließen	floss	geflossen
fressen	fraß	gefressen
frieren	fror	gefroren
gären	gor (*esp. fig.* gärte)	gegoren (*esp. fig.* gegärt)
gebären	gebar	geboren
geben	gab	gegeben
gedeihen	gedieh	gediehen
gehen	ging	gegangen
gelingen	gelang	gelungen
gelten	galt	gegolten
genesen	genas	genesen
genießen	genoss	genossen
geraten	geriet	geraten
geschehen	geschah	geschehen
gewinnen	gewann	gewonnen
gießen	goss	gegossen
gleichen	glich	geglichen
gleiten	glitt	geglitten
glimmen	glomm	geglommen
graben	grub	gegraben
greifen	griff	gegriffen
haben	hatte	gehabt
halten	hielt	gehalten
hängen	hing	gehangen
hauen	haute (hieb)	gehauen
heben	hob	gehoben
heißen	hieß	geheißen
helfen	half	geholfen
kennen	kannte	gekannt
klingen	klang	geklungen
kneifen	kniff	gekniffen
kommen	kam	gekommen
können	konnte	gekonnt (*v/aux* können)
kriechen	kroch	gekrochen
laden	lud	geladen
lassen	ließ	gelassen (*v/aux* lassen)
laufen	lief	gelaufen
leiden	litt	gelitten

leihen	lieh	geliehen
lesen	las	gelesen
liegen	lag	gelegen
lügen	log	gelogen
mahlen	mahlte	gemahlen
meiden	mied	gemieden
melken	melkte (molk)	gemolken (gemelkt)
messen	maß	gemessen
misslingen	misslang	misslungen
mögen	mochte	gemocht (v/*aux* mögen)
müssen	musste	gemusst (v/*aux* müssen)
nehmen	nahm	genommen
nennen	nannte	genannt
pfeifen	pfiff	gepfiffen
quellen	quoll	gequollen
raten	riet	geraten
reiben	rieb	gerieben
reißen	riss	gerissen
reiten	ritt	geritten
rennen	rannte	gerannt
riechen	roch	gerochen
ringen	rang	gerungen
rinnen	rann	geronnen
rufen	rief	gerufen
salzen	salzte	gesalzen (gesalzt)
saufen	soff	gesoffen
saugen	sog	gesogen
schaffen	schuf	geschaffen
scheiden	schied	geschieden
scheinen	schien	geschienen
scheißen	schiss	geschissen
schelten	schalt	gescholten
scheren	schor	geschoren
schieben	schob	geschoben
schießen	schoss	geschossen
schlafen	schlief	geschlafen
schlagen	schlug	geschlagen
schleichen	schlich	geschlichen
schleifen	schliff	geschliffen
schließen	schloss	geschlossen

schlingen	schlang	geschlungen
schmeißen	schmiss	geschmissen
schmelzen	schmolz	geschmolzen
schneiden	schnitt	geschnitten
schreiben	schrieb	geschrieben
schreien	schrie	geschrie(e)n
schweigen	schwieg	geschwiegen
schwellen	schwoll	geschwollen
schwimmen	schwamm	geschwommen
schwingen	schwang	geschwungen
schwören	schwor	geschworen
sehen	sah	gesehen
sein	war	gewesen
senden	sandte	gesandt
sieden	sott	gesotten
singen	sang	gesungen
sinken	sank	gesunken
sitzen	saß	gesessen
sollen	sollte	gesollt (v/aux sollen)
spalten	spaltete	gespalten (gespaltet)
speien	spie	gespie(e)n
spinnen	spann	gesponnen
sprechen	sprach	gesprochen
sprießen	spross	gesprossen
springen	sprang	gesprungen
stechen	stach	gestochen
stecken	steckte (es stak)	gesteckt
stehen	stand	gestanden
stehlen	stahl	gestohlen
steigen	stieg	gestiegen
sterben	starb	gestorben
stinken	stank	gestunken
stoßen	stieß	gestoßen
streichen	strich	gestrichen
streiten	stritt	gestritten
tragen	trug	getragen
treffen	traf	getroffen
treiben	trieb	getrieben
treten	trat	getreten

trinken	trank	getrunken
tun	tat	getan
verderben	verdarb	verdorben
vergessen	vergaß	vergessen
verlieren	verlor	verloren
verschwinden	verschwand	verschwunden
verzeihen	verzieh	verziehen
wachsen	wuchs	gewachsen
waschen	wusch	gewaschen
weben	wob	gewoben
weisen	wies	gewiesen
wenden	wandte	gewandt
werben	warb	geworben
werden	wurde	geworden (worden*)
werfen	warf	geworfen
wiegen	wog	gewogen
winden	wand	gewunden
wissen	wusste	gewusst
wollen	wollte	gewollt (v/*aux* wollen)
wringen	wrang	gewrungen
ziehen	zog	gezogen
zwingen	zwang	gezwungen

* only in connection with the past participles of other verbs, e.g. **er ist gesehen worden** he has been seen.

Alphabetical List of the English Irregular Verbs

Infinitive – Past Tense – Past Participle

alight – alighted, alit – alighted, alit
arise – arose – arisen
awake – awoke, awaked – awoken, awaked
be – was (were) – been
bear – bore – borne *getragen*, born *geboren*
beat – beat – beaten, beat
become – became – become
beget – begot – begotten
begin – began – begun
bend – bent – bent
bet – bet, betted – bet, betted
bid – bade, bid – bidden, bid
bind – bound – bound
bite – bit – bitten
bleed – bled – bled
bless – blessed, blest – blessed, blest
blow – blew – blown
break – broke – broken
breed – bred – bred
bring – brought – brought
broadcast – broadcast(ed) – broadcast(ed)
build – built – built
burn – burnt, burned – burnt, burned
burst – burst – burst
buy – bought – bought
can – could
cast – cast – cast
catch – caught – caught
choose – chose – chosen
cling – clung – clung
come – came – come
cost – cost – cost
creep – crept – crept
cut – cut – cut
deal – dealt – dealt
dig – dug – dug
do – did – done
draw – drew – drawn
dream – dreamed, dreamt – dreamed, dreamt
drink – drank – drunk
drive – drove – driven
dwell – dwelt, dwelled – dwelt, dwelled
eat – ate – eaten
fall – fell – fallen
feed – fed – fed
feel – felt – felt
fight – fought – fought
find – found – found
flee – fled – fled
fling – flung – flung
fly – flew – flown
forbid – forbad(e) – forbid(den)

forecast – forecast(ed) – forecast(ed)
forget – forgot – forgotten
forsake – forsook – forsaken
freeze – froze – frozen
get – got – got, *Am. a.* gotten
gild – gilded – gilded, gilt
give – gave – given
go – went – gone
grind – ground – ground
grow – grew – grown
hang – hung – hung
have – had – had
hear – heard – heard
hew – hewed – hewed, hewn
hide – hid – hidden, hid
hit – hit – hit
hold – held – held
hurt – hurt – hurt
keep – kept – kept
kneel – knelt, kneeled – knelt, kneeled
knit – knitted, knit – knitted, knit
know – knew – known
lay – laid – laid
lead – led – led
lean – leant, leaned – leant, leaned
leap – leapt, leaped – leapt, leaped
learn – learned, learnt – learned, learnt
leave – left – left
lend – lent – lent
let – let – let
lie – lay – lain
light – lighted, lit – lighted, lit
lose – lost – lost
make – made – made

may – might
mean – meant – meant
meet – met – met
mow – mowed – mowed, mown
pay – paid – paid
prove – proved – proved, *Am. a.* proven
put – put – put
quit – quit(ted) – quit(ted)
read – read – read
rid – rid, *a.* ridded – rid, *a.* ridded
ride – rode – ridden
ring – rang – rung
rise – rose – risen
run – ran – run
saw – sawed – sawn, sawed
say – said – said
see – saw – seen
seek – sought – sought
sell – sold – sold
send – sent – sent
set – set – set
sew – sewed – sewn, sewed
shake – shook – shaken
shall – should
shave – shaved – shaved, shaven
shear – sheared – sheared, shorn
shed – shed – shed
shine – shone – shone
shit – shit(ted), shat – shit(ted), shat
shoot – shot – shot
show – showed – shown, showed
shrink – shrank, shrunk – shrunk

shut – shut – shut
sing – sang – sung
sink – sank, sunk – sunk
sit – sat – sat
sleep – slept – slept
slide – slid – slid
sling – slung – slung
slit – slit – slit
smell – smelt, smelled – smelt, smelled
sow – sowed – sown, sowed
speak – spoke – spoken
speed – sped, speeded – sped, speeded
spell – spelt, spelled – spelt, spelled
spend – spent – spent
spill – spilt, spilled – spilt, spilled
spin – spun – spun
spit – spat, *Am. a.* spit – spat, *Am. a.* spit
split – split – split
spoil – spoiled, spoilt – spoiled, spoilt
spread – spread – spread
spring – sprang, *Am. a.* sprung – sprung
stand – stood – stood
steal – stole – stolen
stick – stuck – stuck
sting – stung – stung
stink – stank, stunk – stunk
stride – strode – stridden

strike – struck – struck
string – strung – strung
strive – strove – striven
swear – swore – sworn
sweat – sweated, *Am. a.* sweat – sweated, *Am. a.* sweat
sweep – swept – swept
swell – swelled – swollen, swelled
swim – swam – swum
swing – swung – swung
take – took – taken
teach – taught – taught
tear – tore – torn
tell – told – told
think – thought – thought
thrive – thrived, throve – thrived, thriven
throw – threw – thrown
thrust – thrust – thrust
tread – trod – trodden
wake – woke, waked – woken, waked
wear – wore – worn
weave – wove – woven
weep – wept – wept
wet – wet, wetted – wet, wetted
win – won – won
wind – wound – wound
wring – wrung – wrung
write – wrote – written

Numerals

Cardinal Numbers

- **0** null *nought, zero*
- **1** eins *one*
- **2** zwei *two*
- **3** drei *three*
- **4** vier *four*
- **5** fünf *five*
- **6** sechs *six*
- **7** sieben *seven*
- **8** acht *eight*
- **9** neun *nine*
- **10** zehn *ten*
- **11** elf *eleven*
- **12** zwölf *twelve*
- **13** dreizehn *thirteen*
- **14** vierzehn *fourteen*
- **15** fünfzehn *fifteen*
- **16** sechzehn *sixteen*
- **17** siebzehn *seventeen*
- **18** achtzehn *eighteen*
- **19** neunzehn *nineteen*
- **20** zwanzig *twenty*
- **21** einundzwanzig *twenty-one*
- **22** zweiundzwanzig *twenty-two*
- **23** dreiundzwanzig *twenty-three*
- **30** dreißig *thirty*
- **40** vierzig *forty*
- **50** fünfzig *fifty*
- **60** sechzig *sixty*
- **70** siebzig *seventy*
- **80** achtzig *eighty*
- **90** neunzig *ninety*
- **100** hundert *a or one hundred*
- **101** hunderteins *a hundred and one*
- **200** zweihundert *two hundred*
- **572** fünfhundertzweiundsiebzig *five hundred and seventy-two*
- **1000** tausend *a or one thousand*
- **1999** neunzehnhundertneunundneunzig *nineteen (hundred and) ninety-nine*
- **500 000** fünfhunderttausend *five hundred thousand*
- **1 000 000** eine Million *a or one million*
- **2 000 000** zwei Millionen *two million*
- **1 000 000 000** eine Milliarde *a or one billion*

Ordinal Numbers

1. erste *first*
2. zweite *second*
3. dritte *third*
4. vierte *fourth*
5. fünfte *fifth*
6. sechste *sixth*
7. siebente *seventh*
8. achte *eighth*
9. neunte *ninth*
10. zehnte *tenth*
11. elfte *eleventh*
12. zwölfte *twelfth*
13. dreizehnte *thirteenth*
14. vierzehnte *fourteenth*
15. fünfzehnte *fifteenth*
16. sechzehnte *sixteenth*
17. siebzehnte *seventeenth*
18. achtzehnte *eighteenth*
19. neunzehnte *nineteenth*
20. zwanzigste *twentieth*
21. einundzwanzigste *twenty-first*
22. zweiundzwanzigste *twenty-second*
23. dreiundzwanzigste *twenty-third*
30. dreißigste *thirtieth*
40. vierzigste *fortieth*
50. fünfzigste *fiftieth*
60. sechzigste *sixtieth*
70. siebzigste *seventieth*
80. achtzigste *eightieth*
90. neunzigste *ninetieth*
100. hundertste *(one) hundredth*
101. hundert(und)erste *(one) hundred and first*
200. zweihundertste *two hundredth*
572. fünfhundert(und)zweiundsiebzigste *five hundred and seventy-second*
1000. tausendste *(one) thousandth*
1999. neunzehnhundert(und)neunundneunzigste *nineteen hundred and ninety-ninth*
500 000. fünfhunderttausendste *five hundred thousandth*
1 000 000. millionste *(one) millionth*
2 000 000. zweimillionste *two millionth*

Fractional Numbers and other Numerical Values

½	halb	*one* or *a half*
½	eine halbe Meile	*half a mile*
1½	anderthalb *or* eineinhalb	*one and a half*
2½	zweieinhalb	*two and a half*
⅓	ein Drittel	*one* or *a third*
⅔	zwei Drittel	*two thirds*
¼	ein Viertel	*one fourth, one* or *a quarter*
¾	drei Viertel	*three fourths, three quarters*
1¼	ein und eine viertel Stunde	*one hour and a quarter*
⅕	ein Fünftel	*one* or *a fifth*
3⅘	drei vier Fünftel	*three and four fifths*
0,4	null Komma vier	*point four (.4)*
2,5	zwei Komma fünf	*two point five (2.5)*

einfach *single*
zweifach *double*
dreifach *triple*
vierfach *fourfold*
fünffach *fivefold*

einmal *once*
zweimal *twice*
drei-, vier-, fünfmal *three* or *four* or *five times*
zweimal so viel (so viele) *twice as much (many)*

erstens, zweitens, drittens *first(ly), secondly, thirdly; in the first* or *second* or *third place*

$2 \times 3 = 6$ zwei mal drei ist sechs, zwei multipliziert mit drei ist sechs *two threes are six, two multiplied by three is six*

$7 + 8 = 15$ sieben plus acht ist fünfzehn *seven plus eight is fifteen*

$10 - 3 = 7$ zehn minus drei ist sieben *ten minus three is seven*

$20 : 5 = 4$ zwanzig (dividiert) durch fünf ist vier *twenty divided by five is four*

German Weights and Measures

I Linear Measure

1 mm *Millimeter*
millimeter, *Brt.* millimetre
= 0.039 inches

1 cm *Zentimeter*
centimeter, *Brt.* centimetre
= 10 mm
= 0.39 inches

1 m *Meter*
meter, *Brt.* metre
= 100 cm
= 1.094 yards
= 3.28 feet
= 39.37 inches

1 km *Kilometer*
kilometer, *Brt.* kilometre
= 1,000 m
= 1,093.637 yards
= 0.621 British or Statute Miles

II Square Measure

1 mm² *Quadratmillimeter*
square millimeter (*Brt.* millimetre)
= 0.0015 square inches

1 cm² *Quadratzentimeter*
square centimeter (*Brt.* centimeter)
= 100 mm²
= 0.155 square inches

1 m² *Quadratmeter*
square meter (*Brt.* metre)
= 1.195 square yards
= 10.76 square feet

1 a *Ar*
= 100 m²
= 119.59 square yards
= 1,076.41 square feet

1 ha *Hektar* hectare
= 100 a
= 10,000. m²
= 11,959.90 square yards
= 2.47 acres

III Cubic Measure

1 cm³ *Kubikzentimeter*
cubic centimeter (*Brt.* centimetre)
= 1,000 mm³
= 0.061 cubic inches

1 m³	*Kubikmeter* cubic meter (*Brt.* metre) = 1.307 cubic yards = 35.31 cubic feet	**V Weight**	
		1 g	*Gramm* gram(me) = 15.43 grains
1 RT	*Registertonne* register ton = 2.832 m³ = 100 cubic feet	**1 Pfd**	*Pfund* pound (German) = ½ kg = 500 g = 1.102 pounds (avdp.) = 1.34 pounds (troy)
IV Measure of Capacity		**1 kg**	*Kilogramm, Kilo* kilogram(me) = 1,000 g = 2.204 pounds (avdp.) = 2.68 pounds (troy)
1 l	*Liter* liter, *Brt.* litre = 2.11 pints (*Am.*) = 1.06 quarts (*Am.*) = 0.26 gallons (*Am.*) = 1.76 pints (*Brt.*) = 0.88 quarts (*Brt.*) = 0.22 gallons (*Brt.*)	**1 Ztr.**	*Zentner* centner = 100 Pfd = 50 kg = 110.23 pounds (avdp.) = 1.102 U.S. hundredweights = 0.98 British hundredweights
1 hl	*Hektoliter* hectoliter, *Brt.* hectolitre = 100 l = 26.42 gallons (*Am.*) = 2.84 bushels (*Am.*) = 22.009 gallons (*Brt.*) = 2.75 bushels (*Brt.*)	**1 t**	*Tonne* ton = 1,000 kg = 1.102 U.S. tons = 0.984 British tons

Rules for Conversion of Temperatures

$$°F = \frac{9}{5} °C + 32 \qquad °C = (°F - 32) \frac{5}{9}$$